게임을 위한 AI 3/e

게임을 위한 AI 3/e

문기영 옮김   이안 밀링턴 지음

i!i
에이콘

 에이콘출판의 기틀을 마련하신 故 정완재 선생님 (1935-2004)

| 옮긴이 소개 |

문기영(progc@naver.com)

1999년부터 게임 산업에 근무했다. 한국, 캐나다, 일본, 미국의 기업에서 일하며 다양한 게임을 개발했다. 저서로는 고등학교 3학년 때 저술한 『비주얼 베이직 6 게임 만들기』(피씨북, 2000)를 비롯해 『게임 개발 테크닉』(정보문화사, 2002), 『게임 프로그래밍으로 배우는 C#』, 『유니티 2D 모바일 게임 개발』(에이콘, 2014), 『아이들과 함께하는 코딩 놀이』(에이콘, 2018)가 있으며, 번역서로는 에이콘출판사에서 출간한 『언리얼 게임 엔진 UDK 3』(2012), 『언리얼 UDK 게임 개발』(2014), 『유니티 2D 플랫포머 게임 개발』(2015), 『언리얼 엔진 4 블루프린트 비주얼 스크립팅』(2016), 『하루 만에 혼자서 배우는 언리얼 엔진 4』(2017), 『유니티 게임 오디오 개발』(2018)이 있다.

『게임을 위한 AI 3/e』은 제가 번역을 맡기 이전에 원서를 직접 구매해 읽고 유용하게 참고한 책이었습니다. "이런 책은 많은 한국 게임 개발자가 읽었으면 좋겠다"는 생각이 있던 차에 번역 의뢰가 들어와 번역을 시작했습니다. 처음에 번역한 건 2판이었는데, 업무상 참관한 GDC^{Game Developers Conference}에서 이 책의 3판 출간 소식을 접했습니다. 당시 번역이 마무리된 상태였기 때문에 2판을 그대로 출간해도 되지 않을까 생각했지만, 3판을 읽어 보니 변경되거나 추가된 부분이 많았습니다. 결국 에이콘출판사 관계자분들과 상의한 후 3판을 번역해야 한다는 결론에 이르렀습니다. 덕분에 매우 두꺼워졌습니다!

개인적으로 열심히 번역했지만, 항상 부족함을 느낍니다. 원저의 명성에 먹칠하지 않을까 하는 조바심마저 듭니다. 역자는 아직(?) 현업에 종사하고 있는 게임 개발자로서 최대한 실무 용어를 그대로 사용하고자 굳이 한국어로 번역하지 않았습니다. 역자가 게임 개발을 시작했던 1999년에는 거의 상상하지 못했지만, 이 글을 쓰는 시점인 2023년에는 게임 개발 역시 글로벌화 돼가고 있습니다. 개발 팀도 한국인으로만 이뤄져 있지 않은 경우가 있는데, 따라서 용어 자체는 영문 그대로 배우는 것이 지금 당장은 사소한 불편이 있다 하더라도 이후에 커뮤니케이션하는 데 도움이 되리라는 믿음이 있기 때문입니다.

이제 책에 관해 이야기를 해보려 합니다. 이 책에서 다루는 AI 내용은 대부분의 게임 개발에서 사용하는 거의 모든 기술이라고 해도 과언이 아닙니다. 거의 전 분야에 걸친 게임 AI 개발 방법을 다루고 있기 때문에 일일이 나열하기보다 직접 목차를 봐주시면 좋을 것 같습니다. 또한 약간의 과장을 하자면 이 책에서 다루는 내용만 제대로 숙지해도 게임 개발에 사용되는 거의 모든 AI 기술을 안다고 말할 수 있다고 생각합니다.

2023년 현재는 비게임 개발 산업에서 사용되는 AI 기술(컴퓨터 비전 또는 LLM과 같은)이 게임 개발에 접목되는 경우도 있으며 반대의 사례도 상당히 많습니다. 이러한 내용은 이 책에서 깊게 다루고 있지 않지만, 그렇다고 해서 이 책에서 다루는 AI 기술이 구식이 됐다는 것은 결코 아닙니다. 앞으로 게임 AI에 이러한 AI 기술이 접목되면 우리가 지금까지 상상만 했던 게임이 개발되고 플레이해볼 수 있지 않을까 매우 기대됩니다.

아무쪼록 이 책에서 여러분들이 게임 개발에 사용되는 다양한 AI 개발 방법들을 배울 수 있기를 바라며 저 역시 게임 산업 종사자의 일원으로서 조금이나마 도움이 됐기를 바랍니다.

문기영 올림

| 지은이 소개 |

이안 밀링턴 ^{Ian Millington}

게임 산업 컨설턴트로서 AI, 콘텐츠 생성 및 시뮬레이션을 위한 차세대 기술을 개발했다. 전
세계의 기업과 협력해 수천 명의 전문가를 위한 기술과 교육을 제공해 왔으며 게임 업계 최초
로 AI에 특화된 미들웨어 회사 중 하나인 Mindlathe의 CEO를 역임했다.

| 차 례 |

1부 — AI와 게임

1장 소개 — 25

2장 게임 AI — 45

2부 — 기술

3장 이동   71

5장   의사결정   347

6장 전략적, 전술적 AI
563

8장 절차적 콘텐츠 생성   779

3부 — 지원 기술

10장 실행 관리　925

15장 AI 기반의 게임 장르   1103

AI와 게임

$2v$

v

소개 1장

게임 개발은 자신만의 기술적인 세계에 살고 있다. 게임 업계에서만 사용되는 숙어, 스킬, 도전 거리들이 있으며 이는 게임 개발이 재미있는 이유 중 하나다. 여기에는 새로운 프로그래밍 도전 거리들을 만나고 풀어낼 수 있는 좋은 기회가 있다.

게임 개발과 나머지 소프트웨어 산업이 함께하기 위한 많은 노력에도 불구하고(최소한 25년은 됐다) 게임 업계의 프로그래밍 스타일은 다른 개발 영역의 프로그래밍 스타일과 매우 달랐다.

게임 업계에서 속도에 초점을 맞춘다는 것은 임베디드 프로그래밍 또는 제어 애플리케이션 개발과 사뭇 다르며, 독특한 알고리듬 개발에 초점을 맞춘다는 것 역시 데이터베이스 서버 공학과 다르게 엄격함을 요구하지 않는다. 기법들은 각기 다른 곳에서 만들어졌는데 거의 예외 없이 비슷했다. 개발자마다 추가 레이어를 사용해 수정을 하지만 남겨진 알고리듬은 이해하기도 어렵고 개발사 간에 공유가 되는 것도 매우 어려웠다.

게임 개발은 흥미롭고 도전적일 수 있지만 개발자들이 원하는 정보를 얻기에는 매우 어려웠다. 20년 전, 실제 게임 개발자들이 게임에 사용했던 알고리듬이나 기법을 알아낸다는 것은 거의 불가능에 가까웠는데, 기술력을 갖춘 게임 개발사의 게임 개발 기법은 연금술과 같이 비밀스러웠기 때문이다. 시간이 흘러 책, 콘퍼런스, 정기 간행물들과 함께 인터넷이 나타나면서 수많은 웹사이트가 나타나게 돼 현재는 게임 개발 기법을 이전보다 훨씬 쉽게 배울 수 있게 됐다.

이 책은 많은 게임 개발 기법 주제 중 하나인 인공지능^AI, Artificial Intelligence^을 마스터할 수 있게 저술됐다. 특정 기법, 책, 텍스트, 강의를 보면 게임 AI를 매우 다양한 측면으로 바라보는데 이 책은 모든 것을 일관된 측면으로 바라본다. 나는 지금까지 다양한 장르의 게임에 사용된 수많은 AI 모듈을 개발했고 새로운 연구 및 기발한 방법들을 시용해 AI 미들웨어를 개발했으며 차세대 AI를 위한 연구 및 개발을 하고 있다. 이 책을 저술하면서 특히 AI가 어떻게 이뤄져야 하는지에 대한 나만의 생각을 최대한 배제하려고 노력했는데, 목표는 최대한 있는 그대로 설명하고(또는 대부분의 사람이 동의하는 차세대 기법들의 정의에 맞게) 게임 AI의 다양한 범위를 다루는 것이었다.

최대한 다양한 기법을 설명하려고 노력했고 각각에 따라 다른 접근법을 사용했다. 몇 가지 기법은 일반적인 접근법 및 개발 스타일에 대해 다룰 것이고 나머지 몇 가지는 알고리듬을 매우 자세히 살펴본다. 그리고 이 책의 범위를 벗어나는 매우 전문적인 주제에 대해서는 간략히 소개하는 정도로 다룰 것이다.

이 책의 독자 영역은 매우 폭넓게 설정했는데 취미로 하는 사람부터 게임 AI에 대해 탄탄한 이해를 하고자 하는 학생, 전문가까지 있다. 각각의 기법을 알아보기 전에 1장에서 AI의 역사, 사용되는 방법에 대해 소개하며 이 책 전체에서 인용하는 AI 모델에 대해 알아본다. 또한 책의 나머지가 어떻게 구성됐는지 설명할 것이다.

1.1 AI란 무엇인가?

AI란 사람 또는 동물이 할 수 있는 생각을 컴퓨터가 수행할 수 있게 하는 것이다.

예를 들어 계산, 정렬, 검색 등 이미 많은 문제를 우리는 컴퓨터의 초인적인 힘을 사용해 해결하고 있다. 보드 게임에서도 어떤 인간보다 컴퓨터가 더 잘한다. (리버시, 오셀로, 오목과 같은) 이런 문제들 대부분이 AI가 풀어야 할 문제들이었지만 컴퓨터로 해결될 수 있게 된 이후로 AI 개발자의 문제 영역에서 점차 벗어나게 됐다.

하지만 여전히 컴퓨터로 해결할 수 없는 문제들이 많이 존재한다. 예를 들어 가족의 얼굴을 인식하거나, 사람과 대화하거나, 다음에 무엇을 해야 할지 결정하거나 하는 창의적인 것들이다. 이러한 속성들을 표현하기 위해 어떤 알고리듬이 필요한지 알아내는 것과 같은 문제들 역시

AI 문제 영역에 있다.

AI와 AI가 아닌 것을 구분하려는 시도는 생각보다 어렵다. 진짜 AI가 무엇인지 '지능', '의식', '생각'을 정의하기 위한 토론을 하는 것은 분명 가치가 있지만 경험상 이것은 불가능한 작업이고 게임 개발 사업과는 크게 관련이 없다.

학계에서는 일부 AI 연구원들이 철학에 동기를 부여받기도 한다. 생각, 지능의 특성을 이해하고 생각이 어떻게 동작하는지 소프트웨어로 구현하는 것이다. 또 다른 연구원은 심리학에서 동기를 부여받기도 한다. 사람의 뇌, 정신이 어떤 메커니즘으로 동작하는지 이해하는 것이다. 나머지는 엔지니어링에 동기를 부여받기도 한다. 알고리듬을 만들어 사람과 같이 처리하는 태스크를 수행하는 것이다. 이렇게 세 가지로 구분된 방식은 학문적 AI의 핵심이며 서로 다른 사고방식은 그 주제의 다른 하위 분야에 대한 책임이 있다.

게임 개발자들은 실용적인 사람들이며 알고리듬을 만들어 캐릭터가 사람 또는 동물처럼 보이게 만들 수 있는 엔지니어링 측면에만 관심이 있다. 즉 개발자가 학계에서 연구된 것을 사용할 때는 이것을 사용해 실제로 업무를 끝낼 수 있을 때에만 사용한다.

그럼에도 학계에서 지금까지 연구된 AI들을 알아보며 어떤 주제들이 있었고, 가져다 사용할 만한 것들은 어떤 것들이 있는지 알아보는 것은 가치가 있다. 학술 인공 지능을 게임에 적용해볼 여유는 없지만 어떤 기법들이 게임에 사용됐는지 알아보는 것은 도움이 될 것이다.

1.1.1 학술 AI

학술 AI^{Academic AI}는 크게 시간대별로 초창기, 기호 시대^{symbolic era}, 자연 컴퓨팅/통계 시대^{natural computing/statistical era}의 3개로 나눌 수 있다. 시대별로 겹치는 부분도 있어 이것은 지나치게 단순화시킨 것이기도 하지만 시대를 구분해서 얻는 이점이 있다. 요약된 논문이 필요한 경우 [38]을 참고하자.

초창기

컴퓨터가 없던 AI의 초창기 시절에 심리 철학은 다음과 같은 질문들로 AI 세계로 진출했다. "생각은 어떻게 만들어지는가?", "무생물에게 생명을 불어넣을 수 있을까?", "죽은 사람과 산 사람의 차이는 무엇인가?" 이것과는 별로 관계가 없지만 18세기 유럽에서 기계 로봇이 대중에게 인기 있었다. 세기의 전환에 맞춰 화면에 움직임을 보여 줄 수 있는 기계 모델이 생겨났는 데 현재는 모델링 패키지를 이용해 동물과 같은 움직임을 게임 아티스트가 만들 수 있게 됐다 (학문적 역사와 토론에 대해서는 참고 문헌 [23]과 피아노를 연주하는 예제는 [74]를 참고하자).

1940년 전쟁으로 인해 적군의 비밀 코드 해석[8] 및 핵무기 계산을 위해 프로ㅡ램 가능한 컴 퓨터가 처음으로 개발됐다[46]. 컴퓨터의 도움이 없었다면 이 계산을 사람이 직접해야 했으므 로 AI에 관심이 가는 것은 당연했다. 튜링^{Turing}, 폰 노이만$^{von Neumann}$, 섀넌^{Shannon}과 같은 과학 자가 초창기 AI 계산에 관해 관심이 있었고 튜링의 경우 특히 이 분야의 아버지와 같은 인물이 었다. 그 결과 1950년대 튜링은 '컴퓨터와 지능'이라는 논문을 쓰기에 이른다[70].

기호 시대

1950년대 말부터 1980년대까지 AI 연구의 주 대상은 기호^{symbol} 시스템이었다. 기호 시스템은 2개의 컴포넌트로 나뉜다. 첫째는 지식 집합(단어, 숫자, 문장, 그림과 같은 것들을 기호로 표현)이 고 둘째는 추론 알고리듬$^{reasoning algorithm}$을 이용해 또 다른 기호(예를 들어 문제의 해법이거나 새로 운 지식)들을 만들어 내는 것이다.

전문가 시스템$^{expert system}$은 이 접근법에 가장 완벽한 AI 기법이기도 하다. 현재 AI에 관련된 모든 헤드라인 뉴스에 '딥러닝$^{deep learning}$'이라는 말을 사용하듯이 1980년대에는 '전문가 시스 템'이 말 그대로 대세였다. 이 시스템은 매우 큰 지식 데이터 베이스를 갖추고 새로운 것들을 발견하기 위한 룰^{rule}을 갖고 있다(5.8절). 게임에 적용할 수 있는 다른 기호 시스템의 예는 칠판 아키텍처$^{blackboard architecture}$(5.9절), 길 찾기^{pathfinding}(4장), 의사 트리$^{decision tree}$(5.2절), 상태 기계 $^{state machine}$(5.3절)가 있으며 더 많은 것을 이 책에서 설명하고 있다.

일반적인 기호 시스템의 일반적인 특징은 트레이드 오프$^{trade-off}$다. 문제를 해결할 때 지식을 많이 가지면 가질수록 추론을 덜하게 된다. 보통 추론은 검색 알고리듬을 사용하는데(결과 데이 터에서 가장 좋은 결과를 선택하기 위해) 이것이 AI의 기본 원리이기도 하다.

> 검색과 지식은 본질적으로 연결돼 있다. 더 많은 지식을 가지면 가질수록 여러분이 필요로 하는 답을 찾기 위해 검색을 덜 하게 된다. 반대로 검색을 더 많이 하면 할수록 지식을 덜 필요로 하게 된다.

이것은 1976년 연구원 뉴웰Newell, 사이먼Simon이 제안했고 이것으로 지능적인 행동들이 연구됐다(휴리스틱 검색이라고 알려져 있다). 이 이론은 견고하고 중요한 특징들을 갖고 있음에도 불구하고 많은 사람이 불신하게 됐는데 그 이유는 최근 AI 연구자들이 공학적인 측면에서 지식과 검색은 피할 수 없다는 것을 알아차리지 못했기 때문이다. 최근에 이것이 수학적으로 증명됐는데[76] AI 엔지니어들은 이것을 이미 알고 있었다.

자연 컴퓨팅/통계 시대

1980년대를 지나 1990년대 초에 진입하면서 기호 접근법에 대한 불만이 커지기 시작했다. 불만은 여러 곳에서 생겨났다.

엔지니어링 측면에서 문제들은 해결할 수 있었지만, 문제의 크기가 현실 세계만큼 복잡할 때 불확실성, 복잡성을 다루기 어려웠다. 간단한 문장의 경우 AI를 개발하기도 쉽고 이해하기도 쉬웠지만 실제 인간의 언어를 이해하는 것을 만들기에는 현실성이 떨어졌다.

기호 접근법은 생물학적으로 맞지 않는다는 영향력 있는 철학적 의견이 대다수였는데, 예를 들어 지게차의 원리를 공부하면서 인간의 근육이 어떻게 동작하는지 이해하려고 하는 것처럼 기호 경로 알고리듬을 사용해 인간이 경로를 계획하는 방법을 이해하려고 하는 것은 이치에 맞지 않는다는 것이었다.

그 결과 자연 컴퓨팅으로 발전하게 됐다. 자연 컴퓨팅은 생물학과 다른 자연 시스템에 의해 생겨났는데, 예를 들어 뉴런 네트워크neural network, 유전 알고리듬genetic algorithm, 모의 담금질 simulated annealing과 같은 기법들이 있다.[1] 이 기법들 중 일부는 1980~1990년대에 유행했는데 실제 알고리듬은 더 오래 전에 발명됐다. 예를 들어 뉴런 네트워크는 기호 시대 이전의 1943년에 논문이 출판됐다[39].

1990년대 박사학위를 준비하고 있을 때 전문가 시스템을 연구하는 곳은 찾기가 어려웠고 당시에 나는 유전 알고리듬을 연구하고 있었지만 다른 연구원들은 신경망을 연구하고 있었다.

AI 연구원들은 확률과 통계를 광범위하게 사용해 자연 컴퓨팅 기술을 최적화하고 이해하려고 했다. 연구가 진행됨에 따라 AI 연구원들은 새로운 접근법의 핵심 구성 요소가 실세계와 그다

---

1   오래됐지만 유전 알고리듬에 대한 소개는 [41], 모의 담금질은 [34]를 참고하자. 또한 현재는 딥러닝으로 다양한 문제를 해결하고 있으므로 신경망의 간략한 소개는 [21], 더 포괄적인 가이드는 [18]을 참고하자.

지 연관성이 없다는 것을 깨달았지만 불확실성을 처리하는 능력, 실세계 문제를 해결하는 데는 중요하다는 것을 깨달았다.

예를 들어 뉴런 네트워크는 수학적으로 확률과 통계 프레임워크로 설명될 수 있는데 모든 자연적인 해석의 필요성에 따라 확률 프레임워크는 현대의 통계적 AI, 베이지안^{Bayesian} 네트워크, 서포트 벡터 머신$^{SVM, Support-Vector Machine}$, 가우시안^{Gaussian} 프로세스로 확장할 수 있다.

지난 10년간 AI의 가장 큰 변화는 학계에서 온 것이 아니다. 현재 우리는 매일마다 뉴스에서 AI에 대해 설명하고 있는 시대에 살고 있다. 자율 주행 자동차, 딥페이크$^{deep fake}$, 바둑 세계 챔피언, 가상의 조수와 같은 새로운 것들이 넘쳐난다. 이것들은 딥러닝 시대이기도 하지만 이러한 시스템은 여전히 근본적으로 신경망에 의해 작동되며 계산 능력의 향상으로 인해 실용적으로 활용되고 있다.

공학

지난 5년간 훌륭한 애플리케이션들이 세간의 주목을 받으며 성장해 왔지만, 10년간 실제 문제들을 해결하는 데는 AI가 주요한 키 역할을 했다. 자동차의 내비게이션 시스템, 공장의 스케줄링, 음성 인식 및 발음, 대규모 검색과 같은 기술 모두 20년이 넘을 정도로 오래됐다. 예를 들어 구글^{Google}의 검색 기술은 AI 기술에 의해 오랫동안 뒷받침됐는데 현대 학술 AI를 대표하는 저서의 공동 저자(스튜어트 러셀$^{Stuart Russell}$ 교수와 함께)인 피터 노빅$^{Peter Norvig}$이 현재 구글의 연구 이사로 재직하고 있는 것은 우연이 아니다[54].

어떤 기술이 매우 인기가 있을 때 그 기술만이 유일하다고 생각하는 유혹에 빠지기 쉽다. 자연 컴퓨팅이 기술의 중심이 되면서 기호 시대는 죽었다고 생각할 수도 있다. 중요한 사실은 실용적인 AI 애플리케이션 개발에는 공짜 점심은 없다는 것이며, 결론적으로 하나의 접근법으로는 문제를 해결할 수 없다.

다시 한번 검색과 지식에 대한 균형에 대해 생각해 보자. 알파고의 세 번째 버전인 알파고 제로$^{AlphaGo Zero}$[60]는 게임에 대한 최소한의 규칙을 사용하지만 최고의 기술을 습득하기 위해 다양한 전략을 시도하기 위한 엄청난 양의 처리가 필요하다. 반면에 게임 캐릭터가 부상을 입었고 헬스 팩$^{health pack}$을 먹어야 하는 명시적인 처리가 필요하면 다음과 같이 코드를 작성할 수 있다.

```
IF injured THEN use health pack
```

이때 검색은 필요치 않다.

임의의 다른 알고리듬을 능가할 수 있는 유일한 방법은 더 많은 프로세싱 파워를 사용하거나 (더 많은 검색) 특정 문제의 세트에 집중하는 것인데, 왜냐하면 문제의 영역을 좁히고 집중하면 문제를 더 해결하기 쉽기 때문이다.

예를 들어 음성 인식 프로그램의 경우 입력 신호로 뉴런 네트워크가 디코드^{decode} 가능한 형태의 포맷으로 알려진 공식을 사용해 입력 신호를 제공한다. 그러면 결과로 기호 알고리듬이 단어를 사전에서 찾고 언어의 형태로 단어 인식한다. 확률적 알고리듬은 단어의 순서를 최적화해 구조에 맞게 인코딩^{encoding}하는 룰을 가질 것이고 그로 인해서 순서가 엉망인 것은 추천하지 않을 것이다. 즉 지식은 검색의 양을 줄이는 데 사용된다.

불행하게도 게임의 경우 게이머의 컴퓨터에서 동작하도록 개발되며 AI보다는 그래픽스^{graphics}를 처리하기 위해 더 많은 컴퓨터 자원을 사용한다. 그러한 이유로 보통 AI를 설계할 때 계산 양을 적게 사용하고 지식을 많이 사용하도록 설계한다. 많은 것이 변화하고 있지만 똑같은 결과를 얻기 위해 더 빠르고, 간단한 접근법들이 존재하며 게임에서 여전히 기호 기법들이 압도적으로 많이 사용되고 있다는 것을 기억하도록 하자.

1.1.2 게임 AI

〈팩맨$^{Pac-Man}$〉[140]은 많은 사람이 즐긴 초보적인 AI를 갖추고 있는 최초의 게임이다. 이 게임이 나오기 전까지는 〈퐁^{Pong}〉, 〈스페이스 인베이더$^{Space\ Invaders}$〉를 기반으로 유사 게임들이 많았다. 하시반 〈팩맨〉은 적 캐릭터가 존재했으며 플레이어와 똑같이 레벨을 돌아다니며 플레이어를 괴롭혀 플레이어의 인생을 힘들게 했다.

〈팩맨〉은 매우 간단한 AI 기법을 필요로 하는데 바로 상태 기계$^{state\ machine}$다(5장에서 알아볼 것이다). 4개의 적 몬스터는(이후에 아타리^{Atari} 2600으로 엉망으로 포팅^{porting}돼 깜빡이는 모습으로 보이면서 유령으로 불렸다) 플레이어를 쫓아다니거나 플레이어로부터 도망다닌다. 몬스터는 레벨의 교차 지점에 도착하면 무작위로 경로를 선택한다. 쫓아가기 모드에서는 몬스터마다 다른 선택을 해 플레이어마다 개성을 가질 수 있도록 했다. 〈팩맨〉 게임 메커니즘에 대한 자세한 분석은 [49]에서 알아볼 수 있다.

그 이후로 게임 AI는 1990년 중반까지도 별다른 변경점이 없었으며 컴퓨터가 조정하는 캐릭터들은 〈팩맨〉 유령의 움직임 정도였다.

〈골든 엑스Golden Axe〉[176]²가 8년 후에 출시됐는데 적 캐릭터들은 플레이어가 가까이 오기 전까지 제자리에 서 있다가 가까이 왔을 때 반응했다. 〈골든 엑스〉는 깔끔한 혁신을 이뤘는데 적들이 플레이어를 지나치게 되면 다시 원래 있던 제자리로 돌아가는 모드로 변경했다가 플레이어의 뒤쪽에서 공격을 하는 식으로 움직였다. 이 세련된 방식은 근본적으로는 〈팩맨〉에서 사용된 AI보다 크게 다를 것이 없다.

1990년 중반 AI가 게임의 셀링 포인트selling point가 되기 시작했다. 〈비니스 스틸 스카이Beneath a Steel Sky〉[174]와 같은 게임은 패키지 박스에 AI에 관해 언급하기도 했다. 아쉽게도 이것은 가상 극장virtual theatre 형식의 게임이었고 AI 시스템은 단순히 캐릭터를 앞뒤로 움직이는 수준이었다.

〈골든 아이 007Goldeneye 007〉[165]은 AI가 게임 플레이를 어떻게 발전시킬 수 있는지 가장 잘 보여 주는 게임이었다. 〈골든 아이 007〉에서 캐릭터는 잘 정의된 상태를 기반으로 동작했고 감각 시뮬레이션 시스템을 갖추고 있었다. 캐릭터는 다른 동료를 볼 수 있었고 동료가 죽었는지 살았는지 인지했다(11.4절에 자세한 설명이 있다). 감각 시뮬레이션은 당시 흥미로운 주제였는데 〈시프: 더 다크 프로젝트Thief: The Dark Project〉[132]와 〈메탈 기어 솔리드Metal Gear Solid〉[129]는 감각 시뮬레이션을 게임 디자인의 기본으로 삼았다.

1990년 중반 실시간 전략RTS, Real-Time Strategy 게임이 인기를 끌게 됐는데 〈워크래프트Warcraft〉[85]가 길 찾기pathfinding(4장)를 광범위하게 사용했다(길 찾기는 다른 프로젝트에서도 널리 사용됐다). AI 연구원들은 1998년 군 전투 시뮬레이션에서 군사의 감정 모델을 구현했는데 이것은 〈워해머Warhammer〉[141]에서 같은 것을 구현하기도 했다. 이것은 최초로 포메이션 시스템(3.7절)이 적용된 게임이기도 했다.

〈헤일로Halo〉[91]는 의사결정 트리(5.2절)를 사용했고 이것은 캐릭터가 무엇을 해야 할지 결정할 때 사용되는 표준적인 방법이 됐으며 〈F.E.A.R〉[144]에서는 같은 결과를 얻기 위해 목표지향 액션 계획(GOAP, Goal Oriented Action Planning)(5.7.6절)을 사용했다. 알파고의 성공과 함께

---

2   한국에서는 '황금 도끼'라는 타이틀로 소개됐다. - 옮긴이

딥러닝(7.9절)이 매우 뜨거운 주제로 급부상했지만 현재는 오프라인에서 효과적으로 동작한다.

일부 게임에서는 AI를 게임의 핵심 기능으로 하는 게임들이 많이 나왔다. 1997년에 출시된 〈크리처Creatures〉101가 대표적이고 그 이후 〈심즈The Sims〉[136]와 〈블랙 앤 화이트Black and White〉[131]가 그 뒤를 이었다. 크리처는 복잡한 AI 시스템을 갖춘 게임으로 뉴런 네트워크를 기반으로 크리처 각각의 뇌를 구현했으며 게임 디자이너 스티브 그랜드Steve Grand가 [19]에서 기술에 대해 더 자세히 설명하고 있다.

〈하프 라이프Half Life〉[193]와 〈라스트 오브 어스The Last of Us〉[149] 같은 게임에서는 AI가 제어하는 캐릭터가 등장하며 플레이어와 상호 작용하면서 게임 플레이를 진행시킨다. 화면에 나타나는 비중이 매우 높음에도 불구하고 이들이 실수하는 모습을 보는 것은 매우 드물다.

1인칭 슈팅 게임FPS, First Person Shooters과 RTS 게임은 AI 학계에서 흥미롭게 관찰하고 있고 RTS 게임의 경우는 군사를 위한 시뮬레이터용으로 발전하고 있다(추가로 〈풀 스펙트럼 워리어Full Spectrum Warrior〉[157]는 군사 시뮬레이터로 시작된 게임이기도 하다).

스포츠, 레이싱 게임의 경우 특별히 AI가 따로 존재한다. 현재까지 풀리지 않는 문제도 존재한다. 예를 들어 레이스 트랙에서 가장 빠른 경로를 계산하는 RPGRole-Playing Game 게임의 경우 복잡한 캐릭터의 상호작용을 구현하기 위해서 대화 트리를 사용하기도 한다(〈파사드Façade〉[161]와 〈블러드 앤드 로렐Blood and Laurels〉[130]).

지금까지 먼 길을 걸어왔고 다양한 AI가 있다는 것을 알아봤다. 하지만 1979년에 만들어진 간단한 AI가 여전히 사용되기도 한다. 왜냐하면 이것으로 충분하기 때문이다.

현대 게임 AI는 3대 요소, 즉 캐릭터 움직이기, 움직일 목표 지점의 결정, 전략적 전술적으로 생각하는 능력이 필요하다. 우리는 대부분의 기법에서 상태를 기반으로 AI를 다룰 것이지만 3대 기본 요소는 필요 조건이다.

1.2 게임 AI의 모델

이 책에는 많은 AI 기법이 존재하기 때문에 길을 잃기 쉽다. 그러므로 이러한 기법들이 어떻게 함께 동작할 수 있는지 이해하는 것이 중요하다.

게임에서 사용하는 AI의 이해를 돕기 위해 일관된 구조를 사용했는데, 중요한 점은 이 모델뿐만 아니라 다른 모델로도 기법들을 이해하는 데는 문제가 없다는 점이다. 물론 이 책에서는 지능이 있는 게임 캐릭터를 위한 명확한 설명을 위해 AI 모델의 구조에 맞게 기법들을 설명했다.

그림 1.1이 AI 모델이다. AI 태스크는 3개의 섹션(이동, 의사결정, 전략)으로 나눴고 2개의 섹션은 캐릭터 단위 기준으로 알고리듬을 다루고 있다. 마지막 섹션은 전체 팀 단위 로직을 위해 존재한다. 3개의 AI 요소들 주변에 있는 다른 AI 요소들은 추가적인 구조들을 담고 있다.

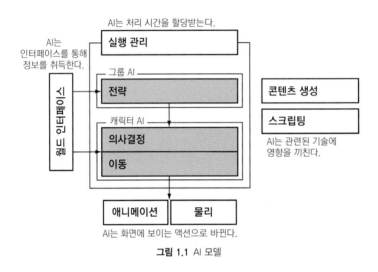

그림 1.1 AI 모델

모든 게임이 AI의 모든 요소를 필요로 하는 것은 아닌데 예를 들어 체스나 장기 같은 게임은 전략 레벨만 필요로 한다. 체스에 존재하는 말을 캐릭터라고 표현한다면 이러한 종류의 게임에서는 캐릭터의 개별적인 의사결정도 필요 없고 말이 어떻게 움직이는지도 알 필요가 없다.

한편으로 다른 게임들은 전략 레벨이 필요 없는 경우도 많다. 〈할로우 나이트^{Hollow Knight}〉[183]와 〈슈퍼 마리오 브라더스^{Super Mario Bros.}〉[152]와 같은 게임들은 순수한 반응형 게임인데 간단한 의사결정과 행동만 있으면 된다. 이러한 게임에서는 플레이어를 방해하기 위한 적 캐릭터들이 조직적으로 움직이지 않는다.

1.2.1 이동

이동^{movement}은 운동의 방향 전환 의사결정을 나타내는 알고리듬을 의미한다. 〈슈퍼 마리오 선샤인^{Super Mario Sunshine}〉[154]에서 총을 들고 있지 않은 적 캐릭터가 플레이어를 공격할 때 머리를 플레이어 방향으로 하고 최대한 가까이 다가가면 공격을 시도할 수 있다. 공격을 하기 위한 의사결정은 플레이어의 위치를 기반으로 이동 알고리듬을 수행해 이뤄진다. 공격이 이뤄지면 애니메이션이 재생되고 플레이어의 체력치가 감소하게 된다.

이동 알고리듬은 단순히 제자리로 돌아오는 것보다 더 복잡해질 수 있다. 캐릭터는 경로상에 존재하는 장애물을 피해 이동할 필요도 있고 여러 개의 문을 통해 이동해야 할 필요도 있다. 〈스프린터 셀Splinter Cell〉[189]에 등장하는 경비는 플레이어를 발견하면 거기에 반응하며 알람을 올리는데 이를 위해 벽에 가장 가까운 알람 포인트로 움직일 수 있는 내비게이션 시스템이 필요하다. 목표 지점까지 거리가 매우 멀면 장애물, 복도 처리를 위한 복잡한 내비게이션 시스템을 필요로 한다.

많은 액션이 애니메이션에 의해 수행된다. 예를 들어 〈심즈〉의 심Sim은 음식을 들고 테이블에 앉아 음식을 먹기 위한 액션을 수행한다. 이때 먹는 애니메이션이 플레이된다. 캐릭터가 음식을 먹어야 한다고 AI가 결정하고 나면 AI는 더 이상 필요 없게 된다(이 책에서는 애니메이션 기술들은 다루지 않는다). 만약 같은 캐릭터가 음식을 먹고 싶어 할 때 뒷문에 있었다면 이동 AI가 캐릭터를 의자 쪽으로 이동하게 하거나 음식을 얻을 수 있는 가까운 포인터로 이동시켜야 한다.

1.2.2 의사결정

의사결정은 캐릭터가 다음에 무엇을 해야 할지 결정한다. 일반적으로 각각의 캐릭터는 그들이 할 수 있는 행동에 따라(공격하기, 서 있기, 숨기, 탐험하기, 순찰 돌기 등) 다양한 행동을 가진다. 의사결정 시스템은 다양한 행동 중 게임의 순간에 가장 적절한 행동이 무엇인지 계산한다. 그리고 선택된 행위는 이동 AI, 애니메이션 시스템에 의해 수행된다.

의사결정 시스템의 단순함으로 인해 캐릭터는 행위 선택을 위한 매우 간단한 룰만 갖고 있을 수 있다. 예를 들어 〈젤다의 전설The Legend of Zelda〉의 농장에 등장하는 여러 동물은 플레이어가 가까이 다가가지 않으면 제자리에 계속 서 있고 가까이 다가섰을 때만 매우 짧은 거리를 이동하게 된다.

극단적으로 다른 예는 〈하프 라이프 2Half-Life 2〉[194]에 등장하는 적들이다. 적 캐릭터는 플레이어에게 다가가기 위해 매우 다양한 전략적 의사결정을 한다(예를 들어 수류탄을 던지고 바로 제압 사격을 멈추는 경우).

어떤 결정들은 수행을 하기 위해 이동 AI를 요구하기도 한다. 예를 들어 근접 공격인 경우 캐릭터는 적군에게 미리 가까이 다가가야 한다. 〈다크 소울Dark Souls〉[115]과 같은 전투가 매우 중요한 요소인 게임의 경우 의사결정은 캐릭터를 타깃으로 향한 후 어떤 공격을 할지, 결과적으로 어떤 애니메이션이 재생될 것인지 결정한다. 다른 것들은 거의 대부분 애니메이션에 의해 수행된다(〈심즈〉의 먹기 행동과 같은 경우). 또는 간단하게 게임의 상태가 바로 변경되는 경우도 있다(〈시드 마이어의 문명 VISid Meier's Civilization VI〉[113]에서 새로운 기술을 연구하는 경우 시각적인 피드백 없이 바로 변경된다).

1.2.3 전략

여러분은 이동, 의사결정 AI만 이용해도 게임을 만드는 데 무리가 없을 것이다. 대부분의 액션 기반의 게임들은 이 두 가지 기술만으로 제작할 수 있다. 하지만 팀을 조직하거나 전략적인 AI가 필요하다면 이야기가 달라진다.

이 책에서 전략이란 캐릭터 그룹에서 사용되는 대부분의 접근법을 말한다. 이 카테고리에서는 AI 알고리듬은 하나의 캐릭터만을 다루지 않고 모든 캐릭터에게 영향력을 끼치는 것을 의미한다. 그룹에 존재하는 각각의 캐릭터는 그들만의 의사결정 로직과 이동 알고리듬이 있지만 전체적으로 의사결정이 그룹의 전략에 맞게 수행된다.

〈하프 라이프〉[193]의 적 캐릭터들은 플레이어를 공격하기 위해 팀 단위로 둘러싸는 행동을 한다. 예를 들어 적 캐릭터는 자주 플레이어의 측면을 공격하기 위해 측면으로 이동하는 의사결정을 한다. 최근에 출시된 게임 〈메달 오브 아너Medal of Honor〉[78]와 같은 게임의 경우 팀 전략을 통해 세련된 게임 플레이를 제공하고 있다.

1.2.4 기반 구조

AI 알고리듬은 이야기의 절반에 불과하다 실제로 동작하는 게임 AI를 만들기 위해서는 추가적인 기반 구조가 필요하다. 예를 들어 게임에서 이동은 애니메이션, 물리 시뮬레이션 같은 것들이 필요하다.

비슷하게 AI는 게임에서 현명한 결정을 위해 추가 정보가 필요하다. 이것은 주로 퍼셉션perception(AI 학계에서 보통 이 용어를 사용한다)이라고 하며 캐릭터가 어떤 정보들을 알고 있는지 계산한다. 실제로 이것은 매우 광범위한 의미로 사용하는데 단순히 캐릭터가 보거나 듣는 것이 아니라 게임 월드와 AI 사이의 모든 인터페이스interface를 의미하기도 한다. 월드 인터페이싱World Interfacing의 대부분은 보통 AI 프로그래머에 의해 작성되며 우리의 경험으로 봤을 때 AI를 디버깅할 때 역시 가장 많은 노력이 필요하다.

마지막으로 게임의 각 영역(예를 들어 렌더링을 위한 LODLevel Of Detail 알고리듬)에서 수행 관리를 하듯이 AI 역시 기법, 알고리듬을 위해 수행 관리가 필요한데 이를 위해 전체 AI 시스템에는 직절한 프로세서 시간, 메모리가 필요하다.

애니메이션 시스템과 같은 구성 요소들은 AI 개발자에게 필요가 없다고 생각될 수 있는데(왜냐하면 애니메이션 시스템은 그래픽스 엔진 영역에 속하기 때문이다) AI가 제대로 동작하기 위해서는 이 구성 요소들은 반드시 필수적이다. 이 책에서는 각각의 구성 요소 역시 간단하게나마 알아볼 것이다.

1.2.5 에이전트 기반 AI

이 책에서는 비록 에이전트 기반agent-based 모델이라고 설명했지만 에이전트라는 용어를 많이 사용하지 않았다.

에이전트 기반 AI는 게임 데이터로부터 정보를 받아 자주적인 캐릭터를 생성하며 이러한 정보에 기반해 어떤 액션을 취할 것인지 결정하고 액션들을 수행하는 것을 말한다.

이것은 상향식bottom-up 디자인으로 볼 수 있는데 각각의 캐릭터가 어떻게 동작할 것인지 시작해 AI가 이것을 돕기 위해 필요한 것들을 구현하는 것이다. 게임의 전반적인 동작은 각각의 캐릭터들이 어떻게 함께 동작하는지를 정의하는 함수다. 우리가 사용하는 AI 모델의 처음 2개 요소들, 즉 이동, 의사결정은 게임의 에이전트를 구성한다.

반면에 비에이전트 기반non-agent-based AI는 모든 것이 어떻게 동작하는지 위에서 아래 방향인 하향식top down 형태로 동작한다. 하나의 시스템을 만들고 이것이 모든 것을 시뮬레이션하는데, 예를 들어 〈그랜드 테프트 오토 3Grand Theft Auto 3〉[104]의 교통, 보행자 시스템이 좋은 예가 된다. 모든 교통, 보행자 흐름은 현재 시간과 지역에 기반해서 계산된다. 자동차와 사람들은 플레이어가 볼 때 계산돼 처리된다.

일일이 구분 짓는 것은 쉽지 않다. 이 책에서는 기법들을 위에서 아래로 세부적으로 알아볼 것인데 대부분의 캐릭터 AI는 상향식으로 이뤄져 있다. 좋은 AI 개발자는 접근법에 상관없이 믿을 만한 기법들을 혼합하고 짜맞춰 작업을 끝낼 것이다. 실용적인 접근법은 개인적으로 항상 따르는 것인데, 그런 이유로 이 책에서는 에이진드 기빈이라는 용어의 사용 을 피하고 게임 캐릭터라고 일반적으로 말하는 것을 선호할 것이다.

1.2.6 책의 구성

각 장의 본문에서 AI 모델을 참고하고 모델의 어느 부분에 해당하는지 알려 줄 것이다. 이 모델은 어떻게 각각의 조각이 동작하는지 이해하는 데 도움을 줄 것이고 해당 기법의 다른 대안에는 어떤 것들이 있는지 알 수 있을 것이다.

기법들을 구분 짓기 위해 노력했지만 언제나 뚜렷하게 구분선이 존재하는 것은 아니다. 이것은 일반적인 모델이 되기 위해 의도적으로 만들어졌기 때문이다. 게임의 최종적인 코드에는 이러한 각각의 기법들, 기반 구조가 마치 하나처럼 보이게 될 것이다.

많은 기법은 하나 이상의 카테고리 영역으로서 동작한다. 길 찾기를 예로 들면 이동뿐만 아니라 의사결정도 포함한다. 비슷하게 전략 알고리듬의 경우 하나의 캐릭터 또는 전체 팀을 위한 위협, 기회 모두를 고려해서 의사결정을 할 것이다.

1.3 알고리듬, 자료 구조, 표현

이 책에서 설명하는 기법들은 구현을 위한 3개의 핵심 요소가 있다. 바로 알고리듬, 자료 구조(알고리듬에 의존하는), 알고리듬을 위한 게임 월드의 표현(인코딩된 적절한 자료 구조)이다. 각각의 요소들은 별도로 설명할 것이다.

1.3.1 알고리듬

알고리듬은 AI 문제를 해결하기 위한 단계별 프로세스다. 목표에 다다르기 위한 경로를 생성하는 알고리듬, 도망가는 적들을 가로막기 위해 어느 방향으로 움직여야 하는지 알아내는 알고리듬, 플레이어가 다음으로 어떤 행동을 하는지 미리 짐작하는 등 많은 것을 알아볼 것이다.

자료 구조는 동전의 양면처럼 알고리듬의 반대쪽과 같다. 자료 구조는 데이터를 담고 있고 알고리듬을 빠르게 처리해 솔루션을 찾을 수 있도록 도와준다. 보통 자료 구조는 알고리듬에 맞게 만들어지며 알고리듬의 수행 속도가 매우 밀접하게 연관돼 있다.

알고리듬을 구현하기 위해 다음과 같은 요소들을 알아야 할 필요가 있고 이 책에서 단계별로 설명하고 있다.

- 알고리듬이 해결해야 할 문제
- 어떻게 솔루션이 동작하는지 일반적인 설명. 필요하다면 다이어그램을 포함
- 알고리듬의 의사 코드
- 알고리듬을 지원하기 위한 자료 구조. 필요하다면 의사 코드 포함
- 특정 구현 노드
- 알고리듬의 성능 분석: 수행 속도, 메모리, 확장성
- 접근법의 약점

알고리듬들은 점진적으로 효율이 좋아지는 순으로 소개했다. 가장 간단한 알고리듬을 먼저 소개해 문제가 어떤 것인지 감을 잡은 뒤 복잡한 알고리듬은 왜 필요하고 구조가 어떤지에 대해 설명한다. 디딤돌 역할을 하는 부분들은 전체 시스템보다는 간략하게 설명했다.

게임 AI의 핵심 알고리듬들은 수백 가지가 넘는 변종이 있는데 이 책에서 그 모든 것을 설명하지는 못했다. 대신 핵심 알고리듬을 설명할 때 보통 가장 많이 사용하는 알고리듬을 선별해서 설명했다.

성능 특징

알고리듬들은 가능한 한 최대로 알고리듬의 실행 속성들을 포함하려고 노력했다. 수행 속도, 메모리 소비는 종종 해결하려는 문제의 사이즈에 종속적이다. 확장성을 고려할 때 표준 O( ) 표기법[3]을 사용했다.

알고리듬은 다음과 같이 수행 속도 $O(n \log n)$, 메모리 $O(n)$로 설명하며 이때 n은 문제의 요소, 예를 들어 해당 지역의 캐릭터 개수 또는 게임 레벨의 파워업power-up 개수와 같은 것들을 의미한다.

---

3   빅오 표기법(Big-O notation)이라고 부른다. - 옮긴이

일반적인 알고리듬 디자인에 대한 모든 좋은 글은(예를 들어 [9], [57] 참고) O( ) 값이 어떻게 유도됐는지 알고리듬의 실제 성능의 의미를 수학적으로 다룬다. 이 책에서는 유도 과정을 생략할 것이다. 왜냐하면 실제 구현하는 데 그다지 유용하지 않기 때문이다. 정확한 O( ) 값을 얻기보다는 수행 시간, 메모리의 근사치를 표시할 것이다.[4]

어떤 알고리듬은 성능 특징을 알기가 어려운 경우도 있다. 알고리듬 성능을 최악으로 만들기 위해 최악의 상황을 억지로 설정하면 되는데 일반적인 사용에 있어서 잘 동작하는 경우가 있다. 이러한 경우에는 예상된 결과와 최악의 결과 모두를 표시했다. 물론 여러분은 최악의 상황의 경우는 그냥 무시해도 괜찮을 것이다.

의사 코드

이 책에서 알고리듬은 간결함, 단순함을 위해 의사 코드^{pseudo-code}로 표현된다. 의사 코드는 상상 속의 프로그래밍 언어로서 특정 언어의 구현 내부 사항을 생략한다. 하지만 알고리듬의 동작 방식은 충분히 설명 가능하기 때문에 결론적으로 간단해진다. 이 책에서 제공하는 의사 코드는 다른 순수한 알고리듬 책에서 제공하는 의사 코드와는 차별화돼 있다.

특히 많은 AI 알고리듬은 리스트, 테이블, 그 외 다른 자료 구조들과 연관성이 깊은데 C++에서는 이러한 구조들을 사용하려면 함수 또는 라이브러리들을 통해 접근해야 한다. 반면 의사 코드에서는 이러한 자료 구조의 사용을 더 투명화시켜 코드를 더 단순화시켰다.

이 책에서 의사 코드를 작성할 때 다음과 같은 규칙들을 사용했다.

- 들여쓰기는 블럭 구조를 의미하며 보통 :을 사용했다.[5] 이때 중괄호나 'end'와 같은 문장은 포함하지 않는다. 이렇게 하면 중복 라인이 늘어나지 않기 때문에 코드를 더 간단하게 표현할 수 있다. 좋은 프로그래밍 스타일은 언제나 들여쓰기나 블럭 마커를 사용하는데 우리는 들여쓰기만 사용했다.
- 함수는 function이라는 키워드를 사용하고 클래스는 class 키워드를 사용했다. 클래스 상속은 클래스 이름 뒤에 키워드 extends를 사용했다.[6] 의사 코드는 필요하지 않는 경우

---

4   빅오 표기법의 자세한 내용은 다른 자료 구조 및 알고리듬 서적을 참고하길 바란다. – 옮긴이

5   :는 콜론이라고 한다. – 옮긴이

6   class Character extends Animal은 Character라는 클래스가 Animal을 상속했다는 의미다. – 옮긴이

에는 세터^{setter}, 게터^{getter}를 갖지 않는다. 그리고 모든 멤버 변수는 접근 가능하다.

- 함수 매개 변수[7]들은 함수가 정의되거나 호출될 때 괄호 안에 포함된다. 클래스 메서드는 인스턴스 변수와 메서드 사이에 .을 둬 호출한다. 예를 들어 instance.variable()과 같이 사용한다.

- 타입은 변수 또는 매개 변수 이름이 결정된 후 : 뒤에 타입을 적는다. 반환 타입의 경우에는 함수 다음에 -> 이후에 오는 것으로 결정한다.

- 모든 변수는 선언된 곳에서 로컬^{local}이다. 보통 함수 또는 메서드가 된다. 클래스 정의에서 선언된 변수들은 클래스 인스턴스 변수다.

- 하나의 기호 =는 할당 연산자이며 ==는 비교 기호다. 모든 수학적 연산에 대해, 예를 들어 +=와 같은 연산들이 존재한다.

- 반복은 while a 또는 for a in b와 같이 사용한다. 반복은 어떠한 배열에도 모두 동작하며 순열에 적용도 가능하다. 가령 for a in 0..5와 같다.

- 범위는 항상 최솟값을 포함하며 최댓값은 포함하지 않는다. 그래서 1..4는 숫자 (1, 2, 3)만 포함한다. 범위는 닫히지 않는 경우도 있는데, 예를 들어 1..은 1과 같거나 큰 모든 숫자를 의미하며 ..4는 0..4와 같다. 범위는 감소하는 경우로 표현할 수도 있는데, 예를 들어 4..0은 (3, 2, 1, 0)이다. 이때 명심해야 할 것은 역시 최댓값 4는 포함되지 않는다.[8]

- 불리언 연산자는 and, or, not이 있다. 불리언 값은 true 또는 false가 있다.

- 기호 #은 이후에 코드들을 주석 처리한다.

- 배열 요소들은 대괄호 [,]로 표현하며 0 인덱스다(예를 들어 배열 a의 첫 번째 요소는 a[0]으로 표현한다). 부분 배열은 범위로 표현 가능하다. a[2..5]은 배열 a의 세 번째 요소부터 다섯 번째 요소까지다. 열린 범위는 a[1..]와 같이 표현 가능하며 이는 a 배열의 첫 번째 요소만을 제외한 모든 요소다.

- 일반적으로 배열은 리스트와 같다고 가정했다. 배열을 리스트처럼 사용했고 요소를 자유롭게 추가하거나 지울 수 있다.

---

7   매개 변수(parameter)와 인수(argument)에는 차이점이 존재하는데 함수를 호출할 때 전달되는 값을 인수라고 하며, 함수를 정의할 때 인수를 받아 이름으로 사용하는 것을 매개 변수라 한다. 실제 현업에서는 크게 구분해서 사용하지 않는 경우도 있으나 구분해 사용하는 것이 명세서를 작성할 때 도움이 될 것이다.

8   루프를 사용해 배열을 반복할 때 이 표현을 사용한다. 배열을 위한 인덱스는 0..length(array)로 표현하며 이때 마지막 요소를 포함하지 않는다. 거꾸로 반복을 할 때는 length(array)..0으로 표현한다. −1과 같은 값을 코드에 포함하지 않음으로써 더 읽기 쉬운 코드가 된다고 느꼈기 때문에 이런 표기법을 사용했다.

다음 예제는 정렬되지 않은 배열에서 최댓값을 뽑는 알고리듬을 의사 코드로 표현해 봤다.

```
1  function maximum(array:float[])-> float:
2    max: float = array[0]
3    for element in array[1..]:
4      if element > max:
5        max = element
6    return max
```

때때로 알고리듬 특화된 문법이 필요하게 되면 그때 따로 설명할 것이다.

프로그래밍에 대해 많이 알고 있다면 의사 코드가 프로그래밍 언어 파이썬^{Python}과 유사하며 루비^{Ruby}, 루아^{Lua}와 구조가 비슷하다고 느낄지 모르겠다. 파이썬이 읽기 쉬운 언어이기 때문에 의도적으로 선택했는데[9] 그럼에도 파이썬을 사용하지 않은 이유는 유사 언어에 언어 구현에 편향된 요소들을 남겨 두고 싶지 않았기 때문이다.[10]

1.3.2 표현

게임의 정보는 수시로 AI으로 사용하기에 적합한 포맷으로 전환될 필요가 있다. 보통 이것은 다른 표현 또는 자료 구조로 변환된다. 게임은 레벨(또는 맵)을 다각형 집합으로 갖고 있을 수도 있고 3D 공간에 캐릭터의 위치(x, y, z)를 갖고 있을 수도 있다.

AI는 종종 효율적인 처리를 위해 이러한 정보들을 원하는 포맷으로 변환한다. 변환 과정에서 정보의 손실이 있을 수도 있기 때문에 이 과정은 매우 중요한데(이것이 포인트다. 관계가 없는 세부 정보를 버려 단순화시킨다) 여러분이 원했던 정보를 실수로 잃어버릴 수도 있기 때문이다.

표현^{representation}은 AI에서 핵심 요소이고 특정 키 표현은 게임 AI에서 매우 중요하다. 이 책에서 다루는 다양한 알고리듬에 맞는 포맷으로 게임 정보를 변환할 필요가 있다.

표현은 자료 구조와 비슷해 보이는데 표현이 어떻게 구현되는지에 대해서는 자세히 다루지 않을 것이다. 반면에 '게임 AI 코드와 어떻게 인터페이싱할 것인가'에 초점을 맞출 것이다. 이렇게 함으로써 AI 기법들을 게임에 어떻게 더 쉽게 통합시킬 수 있는지 배울 수 있을 것이다. 게임 데

---

9   파이썬이 작성하는 데 쉬운 언어라면 모르겠지만, 읽기 쉬운 언어라는 데 나는 동의하지 않는다. – 옮긴이

10 사실 파이썬과 루비가 빠른 프로토타이핑에 좋은 언어임에도 불구하고 실제 프로덕션 퀄리티의 게임의 AI 코어를 작성하기에는 느리다. 보통 게임에서 이 언어들은 스크립트 언어로 사용되며 5장에서 이 내용을 다룰 것이다.

이터를 알고리듬에 맞게 변환하는 코드를 작성해 알고리듬에 적용하면 된다.

예를 들어 알고리듬이 캐릭터가 건강하게 느끼거나 그렇지 않은 것을 계산하려 할 때 단순히 캐릭터의 함수를 호출해 그 상태를 알 수 있다.

```
1  class Character:
2      # 캐릭터가 건강하다고 느끼면 true를 리턴하고,
3      # 그렇지 않으면 false를 리턴한다.
4      function feelsHealthy() -> bool
```

다양한 방법으로 캐릭터의 건강 점수를 구현하면 된다. 불리언 값으로 'healthy'를 갖고 있어도 되고 캐릭터의 정신적인 상태를 점검해 건강 상태를 점수로 계산해도 된다. 왜냐하면 의사 결정 루틴에 관해서 이 값들이 어떻게 계산되는지는 별로 중요하지 않기 때문이다.

의사 코드의 인터페이스는 여러분이 원하는 어떠한 방법으로 구현^{implementation}돼도 상관없는데 표현이 특히 중요하거나 구현하기 까다로운 경우에는 가능한 구현 방법에 대해 더 자세히 설명할 것이다.

1.3.3 구현

10년 전에도 대부분의 개발자는 AI를 위해 C++를 사용했고 20년 전에는 C를 사용했다. 현재 게임 개발은 매우 다양해졌는데 게임 개발을 위해 스위프트^{Swift}나 자바^{Java} 또는 C#을 사용하는 경우도 있기 때문이다. 스크립트 언어를 위해 리스프^{Lisp}, 루아^{Lua}, 파이썬을 사용하는 경우도 있으며 액션 스크립트를 사용하는 경우도 있다. 개인적으로 이러한 언어들을 대부분 사용해 봤지만 이 책에서는 최대한 언어에 종속되지 않는 방법을 사용했다. 의사 코드는 여전히 C, C++와 같은 언어로 변환할 수 있고 일반적으로 매우 빠르게 동작할 것이다. 왜냐하면 최적화 대부분의 내용이 C++에 특화된 내용이기도 하기 때문이다.

1.4 책의 구성

이 책은 5부로 나뉘어 있다.

1부는 AI과 게임을 1장, 2장에서 설명한다. 책 전반적인 내용들을 알아보고 AI 개발자들이 실제 게임 캐릭터들을 만들면서 만나게 되는 문제들에 대해 알아본다.

2부는 이 책의 핵심인 AI 기술들에 대해 알아본다. AI 모델로 설명될 수 있는 다양한 AI 알고리듬들과 표현법에 대해서 알아본다. 각 장에서 의사결정(5장), 이동(3장), 길 찾기(4장, 게임 AI의 핵심인 의사결정과 이동 모두를 포함하는)를 배우며 전술, 전략 AI, 캐릭터 그룹 AI(6장) 등을 알아본다. 최근 게임 AI의 핵심 분야인 머신러닝(7장)을 배우고 마지막으로 프로시주얼procedural 콘텐츠 제작(8장)과 보드 게임 AI(9장)에 대해 알아본다. 게임을 개발하기 위한 하나의 AI 기법은 존재하지 않는다. 각각의 장에서 기법들을 배우고, 사용될 수 있는 기법들을 선택하고 혼합해서 여러분이 직접 개발하고 있는 게임에 적용해야 한다.

3부는 AI가 동작하기 위해 필요한 기술들을 알아본다. 게임의 실행 관리(10장)를 위한 월드 인터페이싱(11장) 그리고 게임 콘텐츠로부터 AI가 동작하기 위해 필요한 정보로 데이터를 변환하는 모든 방법(12장), 마지막으로 AI를 작성하기 위한 프로그래밍 언어(13장)에 대해 알아본다.

4부는 게임을 위한 AI 디자인에 대해 알아본다. 게임 장르별로 사용되는 기법들을 알아보고 (14장) 다양한 기법들 중 사용해야 할 기법에 망설이고 있다면 게임 스타일로 구분해 어떠한 기법들이 사용되는지 알 수 있다(당연하지만 다른 기법을 사용해도 된다). 또한 소수의 AI 특정 게임 장르의 경우 게임 플레이 메카닉에 따라 이 책의 어떤 AI 기법들을 이용할 수 있는지 알아본다 (15장).

마지막으로 부록에는 다른 정보들에 대한 참고 문헌을 제공한다.

게임 AI

2장

특정 기법들이나 알고리듬의 자세한 내용을 알아보기 이전에 게임 AI에서 어떤 것들을 필요로 하는지 생각해 보는 시간을 갖도록 하자. 2장에서는 게임 AI의 한 차원 높은 수준의 이슈들을 알아본다. 예를 들어 어떤 접근법이 동작하는지, 동작하기 위해 어떤 정보가 필요한지, 어떻게 하나로 만들어 내는지 알아볼 것이다.

2.1 복잡성의 잘못된 믿음

게임에서 AI가 복잡하면 캐릭터가 플레이어에게 더 사람처럼 보이리라는 것은 일반적으로 생각하는 잘못된 믿음이다. 좋은 AI를 만든다는 것은 올바른 알고리듬으로 올바른 행동을 하도록 만드는 것이다. 이 책에는 매우 다양한 기법이 존재하는데 가장 명백한 것으로 고르는 것이 항상 올바른 것은 아닐 수도 있다. 복잡하게 구현된 AI가 어설프케 동작하는 경우는 셀 수 없이 많으며 반면에 오히려 간단한 방법으로 만들어진 AI가 잘 동작하는 경우도 많다.

2.1.1 간단한 것들이 보기 좋을 때

1장에서 〈팩맨〉[140]을 언급한 바 있다. 이것은 캐릭터 AI가 최초로 적용된 게임 중 하나다. AI는 3개의 상태, 즉 플레이어가 코인을 모으고 있을 때는 노멀^{normal} 상태, 플레이어가 파워 업을 먹었을 때의 상태, 유령이 기지로 돌아갈 때 잠시 멈춰 있는 상태가 있다.

노멀 상태일 때 4개의 유령들(또는 몬스터들)은 목표점을 갖고 있고 교차로를 만날 때까지 직선으로 움직인다. 교차로에 위치하게 되면 목표점에 가까운 방향으로 이동한다. 이때 전체 경로를 계산하지 않으며 심지어 목표점이 도달 가능한지 여부도 검사하지 않는다. 단순히 앞으로 이동하기만 한다. 각각의 유령들이 목표점을 결정할 때는 간단한 코드를 사용한다. 블링키(빨간색)는 항상 플레이어의 위치를 목표점으로 한다. 핑키(분홍색)는 플레이어의 앞쪽 방향으로 4칸을 목표점으로 정한다. 이때 목표점이 벽의 안쪽이거나 바깥쪽인지는 상관없다. 잉키(밝은청색)는 플레이어의 위치에서 단순히 오프셋을 계산해 정한다. 마지막으로 클라이드(주황색)는 팩맨이 멀리 있으면 팩맨의 현재 위치를 목표점으로 사용하고 가까울 때는 게임판의 사각을 목표점으로 선택한다. 이러한 목표 선택 코드는 1~2줄의 코드만을 사용한다.

이것이 여러분이 생각할 수 있는 가장 간단한 AI라고 볼 수 있다. 더 간단한 형태라면 예측이 가능한 형태로 움직이거나 완전히 무작위로 행동할 것이다. 2개의 간단한 조합으로도 재미있는 게임 플레이를 만들어 냈다. 실제로 다른 성향의 유령 4개로 적들을 만들기에 충분해서 최근 웹 사이트에는 댓글이 나타나기도 했다. 다음 댓글은 최근 웹사이트에 나타난 것이다. "게임에 긴장감을 불어넣기 위해 게임의 일부 AI는 매우 영리하게 프로그램됐다. 유령은 그룹 짓고 플레이어를 공격하고 흩어진다. 각각의 유령들은 자신의 AI를 갖고 있었다."

다른 플레이어들은 유령들이 전략을 갖고 있다고 이야기했다. "4개의 유령들은 함정을 설치하게 프로그램돼 있다. 예를 들어 유령 블링키[Blinky]가 플레이어를, 나머지 유령 3마리가 있는 곳으로 유도한다."

다른 게임 개발자들도 그들의 게임에 이러한 경우가 있다고 많이 보고됐다. 리벨리언[Rebellion]사의 크리스 킹슬리[Chris Kingsley]는 출시되지 못한 닌텐도[Nintendo] 게임보이[Game Boy]용 타이틀에 대해 이야기했다. 적 캐릭터는 플레이어 앞에 머물다가 앞으로 다가오면서 무작위로 사이드스텝[sidestep]을 밟았는데 플레이어들은 적 캐릭터가 플레이어의 총 쏘는 패턴을 예상하고 측면으로 피한다고 생각했다. 분명한 사실은 플레이어의 총 쏘는 패턴을 예상하는 로직은 없었고 때마침 중요한 순간마다 측면으로 이동했을 뿐이었다. 이것은 플레이어로 하여금 AI가 마치 지각 능력이 있다고 오해하도록 만들었다.

2.1.2 복잡한 것들이 보기 안 좋을 때

물론 그 반대 상황도 쉽게 생겨난다. 많은 사람이 기대했던 게임 〈허디 거디^{Herdy Gerdy}〉[97]는 소니^{Sony}가 플레이스테이션 2^{PlayStation 2}를 출시하기 이전에 새로운 게임 플레이 가능성을 광고하기 위한 게임이었다. 이 게임은 동물들을 우리에 가두는 게임이다. 게임 레벨에는 캐릭터의 생태계가 표현되고 플레이어는 동물들을 종으로 구분해 가둬야 한다. 이러한 게임 플레이는 이전에도 미니 게임 형태로 제공됐지만 〈허디 거디〉는 게임 플레이 전체를 이것으로 채웠다. 이러한 종류의 게임 AI에 대한 이야기는 15장에서 다룬다.

아쉽게도 〈허디 거디〉는 캐릭터의 이동 AI의 기본을 무시했다. 충돌 체크가 제대로 되지 않아 캐릭터가 배경에 끼어 움직이지 못하는 경우가 자주 일어났다. 이것은 게임의 불만 요소 중 하나였다.

〈허디 거디〉와 달리 〈블랙 앤 화이트〉[131]는 상당한 성공을 거뒀는데 이 게임 역시 AI는 플레이어에게 실망감을 줬다. 이 게임은 캐릭터가 무엇을 해야 할지 예제와 반응으로 가르치는 게임이다. 보통 플레이어가 처음 게임을 플레이할 때 실수로 크리처에게 잘못된 습관을 가르치는데 그 결과 크리처는 아주 간단한 행동도 하지 못할 정도로 게임이 엉망이 돼 버렸다. 플레이어가 더 관심을 갖고 크리처가 어떻게 동작하는지 알아내면 그때 크리처 조작이 가능했다. 하지만 이때 즈음이면 이미 실제 크리처를 가르친다는 환상은 깨져 버린다.

우리가 지금까지 봐왔던 대부분의 복잡한 것들은 실제 게임에서 결과가 좋지 않았다. 개발자들에게는 계속해서 반복되는 유혹들이 있는데, 예를 들어 최신의 기술을 사용하는 것과 과대 포상된 알고리듬을 캐릭터 AI에 구현하는 것들이 있다. 머신러닝^{machine learning} AI를 적용했지만 개발 막바지에도 트랙 위에서 자동차가 제대로 조정도 못하고 있다면 언제나 간단한 알고리듬이 문제를 해결하고 게임을 출시 가능하게 할 것이다.

게임 AI 프로그래머에게 있어 언제 복잡한 시스템을 사용할지, 또는 간단한 시스템을 사용할지 결정하는 것은 매우 어려운 요소다. 좋은 AI 프로그래머들은 간단한 기법을 이용해서 복잡성의 환상을 줄 수 있게 한다.

게임 디자인과 구현 사이에 피드백 구간이 짧으면 짧을수록 더 좋다. 요구 사항에 약간의 수정을 하는 것만으로도 게임의 느낌이 완전히 달라질 수 있다. 어떤 경우에는 행동의 요구 사항을 더 간단하게 만들었음에도 아주 다양한 환경에서 잘 동작하는 AI가 되는 경우도 있다. 불행하게도 큰 게임 개발사에서 이러한 시도를 하는 것은 어렵다. 인디 또는 모바일 게임들의 경우 상대적으로 크기가 작기 때문에 이런 시도를 할 수 있는 기회가 더 많다.

2.1.3 퍼셉션 윈도우

여러분의 AI가 항상 존재하는 친구 또는 일대일 적들을 컨트롤하지 않는 한, 플레이어는 아주 짧은 시간 동안만 캐릭터들을 마주하게 될 것이다.

플레이어에게 죽게 되는 경비병에게는 상당히 짧은 시간이 될 수 있다. 더 어려운 적들의 경우는 화면에서 몇 분 이상 나타난 후 몰락의 길을 걷게 될 것이다.

현실 세계에서 우리는 누군가를 평가할 때 정보를 얻는 주변 환경, 그가 행하는 행동 등 보통 상대방의 입장에서 생각해 본다. 우리는 어두운 방에서 경비가 소리를 듣게 되면 전등 스위치를 눌러 방을 밝힐 것이라고 예상한다. 만일 경비원이 그렇게 하지 않으면 우리는 그를 어설프다고 생각할 것이다.

만약 우리가 누군가를 짧은 시간 동안만 마주친다면 그들의 상황을 이해할 충분한 시간이 없을 것이다. 예를 들어 경비가 소리를 들었음에도 그것을 외면하고 소리의 반대 방향으로 느리게 이동하는 것을 본다면 AI에 문제가 있다고 생각할 것이다. 경비는 소리가 난 방향으로 이동해야 한다. 우리가 근처에 어슬렁거릴 때 경비가 출구 쪽의 전등 스위치에 다가간다면 우리는 경비의 행동을 이해할 것이다. 다시 말하지만 경비가 전등 스위치를 켜지 않는다면 AI에 문제가 있다고 생각할 것이다. 물론 전등이 고장 났거나 동료와 담배를 피우기 위해 동료를 기다리고 있었을 수도 있다. 소리는 담배를 피울 수 있다는 동료의 의도된 신호일 수도 있다. AI가 이러한 사실을 모두 알고 있다면 우리는 AI가 매우 똑똑하다고 생각할 것이다.

이런 가망이 없는 상황을 퍼셉션 윈도우perception window라고 한다. 여러분은 캐릭터의 AI가 게임의 목적에 맞는지, 캐릭터로부터 주목받고 있는지 확인해야 한다. 임시 캐릭터에 더 많은 AI를 추가하면 희귀한 게이머들(여러분의 게임을 몇 시간 이상 하거나, 특이한 행동, 버그를 찾는 사람)로부터 사랑받을 것이다. 하지만 그 외의 사람들(퍼블리셔, 기자들을 포함해)은 여러분이 프로그래밍을 대충한다고 생각할 것이다.[1]

---

1   슬프지만 사실이다. – 옮긴이

2.1.4 행동의 변화

퍼셉션 윈도우는 시간에만 관계된 것은 아니다. 〈팩맨〉의 유령을 예를 들어 다시 생각해 보자. 유령들은 지각 능력이 있다고 보이진 않지만 부적절한 행동을 하지도 않는다. 왜냐하면 유령들은 드물게 행동을 변화시키기 때문이다(플레이어가 파워업 아이템을 먹었을 때만 행동에 변화가 일어난다).

게임 내 캐릭터가 행동을 변화할 때 변화는 행동 자체보다 훨씬 더 눈에 띈다. 같은 방법으로 캐릭터의 행동은 명백하게 바뀌어야 한다. 그렇지 않으면 좋지 않은 신호다. 만약 두 경비원이 대화를 하고 있을 때 여러분이 한 명을 총으로 쓰러뜨렸음에도 다른 경비원이 대화를 지속하면 안 된다.

행동의 변화는 플레이어가 가까이 있거나 발견되면 거의 항상 일어난다. 이것은 전략 게임이나 플랫폼 게임 모두 같다. 좋은 방법은 임시 캐릭터가 2개의 행동(보통 행동과 플레이어가 발견했을 때의 행동)만 갖도록 유지하는 것이다.

2.2 게임 내 AI의 종류

게임은 소프트웨어 엔지니어링 의미에서 프로그래밍이 미흡하다는 비판을 항상 받아왔다. 왜냐하면 속도와 기발함을 위해 트릭을 사용하고, 마법 같은 최적화, 증명되지 않은 기술들을 사용하기 때문이다. 게임 개발에 있어 게임 엔진의 경우 재사용하는 경우가 많지만, 게임플레이 코드는 보통 그렇지 않다(또는 재사용하지 않는다는 것을 전제하고 코드를 작성한다). 왜냐하면 대부분의 개발 일정은 짧기 마련이며 게임을 완성하기 위해 수단과 방법을 가리지 않기 때문이다. 게임 AI 역시 다를 것 없다.

게임에서 AI의 자격을 갖춘 것(예를 들어 게임 AI 프로그래머가 담당하는 역할은 무엇인지)과 나머지 프로그래밍 업계 또는 학계가 AI로 간주하는 것 사이에는 큰 격차가 있다.

우리의 경험에 의하면 게임을 위한 AI는 때때로 해킹(임시 해결책, 교묘한 결과), 휴리스틱^{heuristic}(모든 경우는 아니지만 대부분의 경우 잘 돌아가는), 알고리듬이다. 이 책의 대부분의 목표는 적절한 알고리듬을 구현하는 것이다. 왜냐하면 그것만이 분석적 검토가 가능하며 여러 게임에 사용 및 AI 엔진을 형성하기 때문이다.

하지만 앞서 설명한 두 가지(임시 해결책, 휴리스틱)도 캐릭터에 생명을 불어넣기 위해 매우 중요한 요소임에 틀림 없다.

2.2.1 해킹

"만약 이것이 생선같이 생기고 생선 같은 냄새가 난다면 이것은 아마도 생선일 것이다"라는 말이 있다. 심리학적 상관 관계는 행동주의다. 우리는 행동을 연구하고, 행동이 구성되는 방식을 이해함으로써 우리가 행동하는 일에 대해 이해할 수 있다.

심리학적 접근법은 많은 사람이 지지함에도 불구하고 신경 심리학의 출현으로 인해 대부분 대체되고 있다. 이는 AI에도 영향을 미쳤는데 한때 기계를 만들어 인간을 대체하는 것을 통해 인간의 지능에 대해 알아가는 것이 받아들여지는 시대가 있었다. 하지만 지금은 이것이 부실한 과학이라고 여겨지고 있다. 그런데 이런 모든 시도 이후에 체스를 플레이하는 기계를 만들게 됐고 10수를 앞서 보는 알고리듬을 개발하기에 이른다. 인간은 간단하게 이런 능력이 없다.

다른 한편으로 게임 내 AI는 행동주의가 답이다. 우리는 현실 세계에는 관심이 없다. 우리는 보기에 괜찮은 캐릭터를 만들고 싶고 대부분의 경우 이 의미는 인간의 행동에서 시작해 가장 쉬운 방법으로 소프트웨어를 구현하는 것이다.

게임 내 좋은 AI는 보통 이렇게 만들어진다. 개발자는 드물게 좋은 새로운 알고리듬을 만들고 보통 그들 스스로 질문을 던진다. "그래서 이걸로 뭘 할 수 있지?"라고 하지 말고 이것을 이용해 캐릭터를 디자인하고 관련된 도구를 이용해 결과를 얻기 위해 적용해 보자.

이 의미는 AI 기법으로 인지하지 못할 수도 있는 것이 게임 AI로서 동작할 수 있다는 점이다. 1장에서 〈팩맨〉의 유령 AI에 대해 알아봤는데(간단한 무작위 숫자를 신중하게 생성했다) 무작위 숫자를 생성하는 것은 AI 기법이 아니다. 대부분의 언어에는 무작위 숫자를 얻기 위한 내장 함수를 제공한다. 그래서 여기에 알고리듬을 붙이는 것은 별 의미가 없지만 매우 다양한 상황 속에서 동작할 수 있다.

또 다른 창의적인 AI 개발에 대한 예는 〈심즈〉[136]가 있다. 내부적으로 복잡한 것들이 돌아가고 있는데 엄청나게 많은 캐릭터 행위가 애니메이션과 의사소통한다. 〈스타 워즈: 에피소드 1 – 레이서Star Wars: Episode 1 - Racer〉[133]에서는 짜증이 난 캐릭터가 다른 캐릭터를 옆에서 치기도 한다. 〈퀘이크 2$^{Quake\ II}$〉[123]에서는 'gesture' 커맨드를 입력하면 다른 캐릭터에게 손가락 욕을 한다. 이 모든 것은 아주 큰 AI 기반 구조를 요구하지 않는다. 이것들은 복잡한 인식 모델, 예를 들어 학습, 유전 알고리듬과 같은 것들을 필요로 하지 않는다. 이것들은 약간의 코드를 작성해 제때에 알맞은 애니메이션을 재생하기만 하면 된다.

지능의 환상을 줄 수 있는 간단한 것을 찾으려고 항상 노력하자. 만약 여러분이 감정적인 매력을 가진 캐릭터를 원한다면 여러분의 게임 디자인에 감정 애니메이션(예를 들어 좌절감을 느낀 캐릭터가 머리를 쉬어 짜거나, 바닥을 발로 차는 등)을 추가할 수 있는지 체크해 봐야 한다. 필요한 상황에서 이러한 액션을 취해 주는 것은 캐릭터의 액션을 통해 캐릭터의 감정 상태를 표현하는 것보다 더 구현하기 쉽다. 캐릭터가 선택해야 할 행동들이 많거나 선택에 있어 여러 가지 고려해야 할 요인들이 많다면 단순히 무작위로 행위를 선택해 보는 것도 좋다(아마 각각의 행동들은 다른 확률 값을 갖고 있을 것이다). 여러분은 다르다는 것을 말할 수 있겠지만 게이머들은 그렇지 않을 수도 있기 때문에 복잡한 코드를 작성하기 전에 시도해 보는 것을 추천한다.

2.2.2 휴리스틱

휴리스틱은 경험에 근거한 법칙이다. 대부분의 경우에 해답을 얻을 수 있지만 모든 경우에 해답을 얻을 수는 없는 대략적/근사적 솔루션이다.

인간은 휴리스틱을 항상 사용한다. 우리는 행하는 모든 행동의 결과를 생각하지 않는다. 대신 우리는 과거에 행했던 것들을 원칙으로 삼고 행동한다. 예를 들면 "만일 뭔가를 잃어버렸다면 온 길을 되돌아가기", "절대 중고차 세일즈맨을 믿지 마라"와 같은 것들이다.

휴리스틱은 체계화되고 이 책의 몇 가지 알고리듬에서 설명하고 있다. AI 프로그래머에게 있어 휴리스틱은 보통 길 찾기, 목표지향적 행동을 떠올리게 한다. 이 책에서 다루는 많은 기법은 항상 명시적이지는 않지만 여전히 휴리스틱에 의존하고 있다. 의사결정, 이동, 전략적 사고(보드 게임 AI를 포함해) 등등 많은 것은 속도와 정확도 사이에 트레이드 오프가 있다. 정확도를 희생하면 보통 휴리스틱을 사용해서 답을 얻을 수 있다.

휴리스틱은 특정한 알고리듬을 필요로 하지 않는 일반적인 AI 문제에 다양하게 적용할 수 있다.

계속해서 써먹고 있는 〈팩맨〉을 예를 들어 유령은 플레이어와 부딪히면 현재 위치에서 리드
^{lead} 접합부의 방향으로 움직이는 경로를 취해 집으로 돌아간다. 플레이어에게 다가가는 경로
는 다소 복잡한데 스스로 방향 전환도 필요하고 플레이어가 계속해서 움직이고 있으면 절대로
따라잡지 못하는 경우도 있다. 하지만 경험 법칙에 의해 플레이어의 현재 방향으로 이동하는
행동을 하면 플레이어가 생각하기에 유령이 무작위로 움직이고 있다는 생각이 들지 않을 만큼
충분한 능력을 갖췄다고 보인다.

〈워크래프트〉[85](많은 RTS 게임이 참고로 삼고 있는)에는 캐릭터를 이동할 때 휴리스틱을 사용
하는데 적이 캐릭터의 범위에 있지 않으면 적의 원거리 공격 범위 안으로 이동하는 경우가 있
었다. 대부분의 경우는 문제없지만 그렇지 않은 경우도 있었다. 많은 게이머가 이 행동에 불만
이 있었는데 왜냐하면 적 타워는 적이 가까이 오면 원거리로 공격했기 때문이다. 이후에 RTS
게임들은 플레이어가 이와 같은 행동을 못하게 하기 위한 기능[2]을 추가했다.

보드 게임을 포함한 많은 전략 게임은 다양한 유닛, 객체에 그들이 얼마나 '좋은가'에 대한 하
나의 숫자 값을 부여한다. 이것을 휴리스틱으로 사용하는데 이것을 이용해 복잡한 수식에서
유닛의 능력을 표현한다. AI는 간단하게 이 값에 다른 숫자 값을 더해서 어느 팀이 더 앞서가
고 있는지 알 수 있다. RTS 게임에서는 유닛을 만들기 위한 비용을 비교해 공격에 적합한 유닛
을 찾아낼 수 있다. 단순히 숫자 값을 조절해 많은 유용한 효과를 얻을 수 있다.

이것을 위해 알고리듬이나 기법이 필요한 것은 아니다. 또한 출판된 어떠한 AI 연구 결과도 찾
을 수 없을 것이다. 기억할 것은 이것이 AI 프로그래머의 가장 기본적인 업무라는 것이다.[3]

일반적인 휴리스틱

AI와 소프트웨어에서 일반적으로 계속해서 나타나는 몇 안 되는 휴리스틱이 있다. 이것들은
처음 문제를 다룰 때 좋은 출발점이 된다.

가장 많은 제약 요소

현재 월드의 상태를 고려할 때 집합에서 하나의 아이템을 선택할 필요가 있다. 선택된 아이템
상태의 개수는 가장 작은 것이 선택 사항이 돼야 한다.

---

2   H키를 누르면 플레이어를 홀드시키는 기능 – 옮긴이
3   현업에서는 보통 이러한 작업을 튜닝 작업이라고 한다. – 옮긴이

예를 들어 캐릭터 그룹이 적들을 발견하고 적들 중 한 명이 외계 기술의 포스-필드^{force field} 방어구를 입고 있다고 가정하자. 그리고 이 방어구는 최신 레이저 소총만이 뚫을 수 있다. 캐릭터 그룹 중 1명이 레이저 소총을 갖고 있고 공격할 사람을 선택할 때 가장 많은 제약 요소를 가진 휴리스틱이 사용된다. 오직 하나의 멤버만이 적을 공격할 수 있기 때문에 이 액션을 취한다. 물론 레이저 소총은 다른 적들에게도 충분히 위협적이지만 다른 적들은 다른 멤버들이 효과적으로 공격할 수 있다.

가장 어려운 것을 먼저 한다

보통 가장 어려운 것을 하는 것이 다른 많은 액션에 영향을 준다. 그러므로 어려운 것을 먼저 하는 것이 쉬운 것을 찾아서 하는 것보다 좋다. 이것은 앞서 살펴본 가장 많은 제약 요소의 예다.

예를 들어 군대가 2개의 분대를 갖고 있고 슬롯^{slot}이 비어 있다고 가정하자. 컴퓨터는 오크^{Orc} 전사 5마리, 돌 트롤^{Stone Troll} 1마리를 생산하고 마지막으로 균형 잡힌 분대를 만들고자 한다. 이때 유닛^{unit}들을 어떻게 분대에 배치해야 할까? 돌 트롤이 할당하기 어렵기 때문에 돌 트롤을 가장 먼저 할당하는 것으로 선택한다.

만약 오크가 먼저 배치됐다면 2개의 분대가 밸런스가 잡혀 있을 것이다. 하지만 돌 트롤이 들어갈 위치가 두 분대 어디에도 없을 것이다.

가장 유망한 것을 먼저 시도한다

만약 AI가 선택할 수 있는 사항이 많다면 각각의 선택 사항에 간단한 점수를 주는 것이 가능하다. 점수가 정확하지 않아도 순수하게 무작위로 선택하는 것보다 점수로 내림차순 정렬해 선택 사항을 선택하는 것이 더 좋은 결과를 얻을 수 있을 것이다.

2.2.3 알고리듬

이제 AI 프로그래머 직업의 마지막 세 번째를 알아보도록 하자. 바로 '흥미로운 캐릭터 행동을 지원하기 위한 알고리듬 만들기'다. 해킹과 휴리스틱은 여러분을 오랜 시간 동안 작업하게 만들 것이다. 이것들에 의존한다는 것은 지속적으로 바퀴를 재발명해야 한다는 것을 의미한다. 일반적인 AI 기법들, 예를 들어 이동, 의사결정, 전략적 사고들은 끝없이 재사용할 수 있는 확실히 믿을 수 있는 방법의 모든 혜택을 누릴 수 있다.

이 책은 이런 기법들에 대한 책이다. 앞으로 다루게 될 몇 개의 장에서 많은 것을 소개할 것이다. 단지 기억해야 할 것은 복잡한 알고리듬이 최상의 방법인 상황에서 적어도 몇 개 정도는 간단한 해킹, 휴리스틱으로 해결할 수도 있다는 점이다.

2.3 속도, 메모리

AI 개발자의 가장 큰 제약은 게임 머신의 물리적인 한계점이다. 게임 AI는 처리 속도가 매우 빨라야 하며 기가바이트의 메모리를 사용할 수도 없다. 개발자는 보통 AI에 주어진 속도와 메모리 예산에 맞게 작업한다.

새로운 AI 기법들이 널리 사용되지 못하는 주요한 이유는 처리 속도와 메모리 요구 사항 때문이다. 간단한 데모에서 보여 주는 강력한 알고리듬은 실제 프로덕션 게임의 개발 기간을 멈추게 할 수 있다.[4]

2.3절에서는 AI 코드를 작성하고 디자인할 때 하드웨어에 관련된 로 레벨low-level 이슈들을 알아볼 것이다. 여기에서 제공하는 내용들은 모든 게임 코드를 위한 일반적인 조언들이다. 만약 여러분이 최근 게임 프로그래밍 이슈들에 대해 알고 있고 AI에 대해 바로 알고 싶다면 2.3절의 내용을 생략해도 좋다.

2.3.1 프로세서 이슈

실행되고 있는 게임의 가장 명백한 한계점은 바로 프로세서의 속도다. 그래픽스 기술이 발전하면서 그래픽스에 관련된 함수들이 그래픽스 하드웨어로 옮겨가고 있는 추세이며 일반적인 프로세서는 애니메이션, 충돌 감지와 같은 것들을 GPU와 CPU가 공유해 처리하거나 그래픽스 칩으로 완전히 옮겨졌다.

일반적으로 CPU는 더 빠르고 유연한 반면에 GPU는 병렬 처리에 매우 특화돼 있다. 작업을 작은 단위로 나눌 수 있고 이것들이 동시에 실행될 수 있으면 GPU를 활용해 병렬 처리하는 것이 CPU를 사용했을 때보다 수십, 수천 배 빨라질 수 있다.

---

4 간단히 말해서 데모에서는 동작하지만 실제 게임에는 써먹지 못하는 기술일 수도 있다는 것이다. – 옮긴이

현재는 상당한 양의 프로세싱 파워가 AI 또는 다른 기술에 사용될 수 있게 됐다(예를 들어 물리, 환경 오디오 등). 지난 5년간 20%에서 많은 경우 50%까지 AI 처리를 위해 프로세스를 사용할 수 있었다. 이것은 AI 개발자에게 명백하게 좋은 소식인데 더 복잡한 알고리듬을 사용할 수 있기 때문이다(특히 의사결정, 전략을 짜는 등). 물론 더 많은 처리 시간을 사용하고 새로운 기술을 사용함에도 근본적인 문제를 해결하지 못하는 경우가 있는데, 예를 들어 평균적인 길 찾기 시스템은 하나의 캐릭터를 움직이게 하는 데 수십 밀리초^{milisecond}가 걸린다. 이 말은 1,000명의 캐릭터가 움직이는 RTS 게임은 간단하게 프레임당 처리할 시간이 부족하다는 의미다.

게임에서 돌아가는 복잡한 AI는 여러 작은 부분들로 나뉘어야 한다. 그렇게 계산량을 프레임별로 분산시킬 수 있다. 리소스 관리 장에서 어떻게 이것을 가능케 하는지 알아볼 것이다. 이러한 기술들은 어떠한 AI 알고리듬에도 적용 가능하며 유용하게 사용할 수 있다.

SIMD

최근 게임들의 빠른 처리 시간과 AI 예산의 증가로 CPU도 빠른 처리를 위해 추가적인 기능들을 제공하게 됐다. SIMD^{Single Instruction, Multiple Data}가 그 대표적이다. 병렬 프로그래밍 기법으로서 하나의 명령어로 여러 데이터를 동시에 처리하는 것이다. 예를 들어 각각의 캐릭터가 가장 가까운 적과의 유클리드 거리와 도망칠 방향을 계산해야 할 때 AI는 한 번에 여러 캐릭터를 동시에 계산할 수 있다(현재 하드웨어에서는 보통 4개다).

이 책에는 SIMD을 사용하면 극적으로 이득을 얻을 수 있는 여러 알고리듬이 있는데 (스티어링 알고리듬이 대표적이다) 보통 모든 알고리듬에 SIMD를 신중하게 사용하면 속도를 향상시킬 수 있다. 콘솔 기계(Xbox360이나 PS3와 같은)에서는 SIMD가 개념적으로 별개의 프로세싱 유닛에서 수행될 수 있다. 이 경우 메인 CPU와 SIMD 유닛 사이에서 통신이 필요하며 추가적으로 코드를 동기화시키기 위한 연산도 있다. 이것들이 속도를 약간 감소시킬 수도 있다.

이 책에서는 알고리듬을 위한 SIMD 구현 사항을 제공하지 않는다. SIMD의 사용 유무는 동시에 같은 일을 하는 여러 캐릭터에 매우 의존적이다. 캐릭터 집합 데이터는 같이 있어야 한다(각각 캐릭터의 모든 데이터가 따로 있는 것이 아니라). 그래야 SIMD가 한 번에 데이터 접근이 가능하다. SIMD를 사용하려면 사용법에 맞게 코드를 재구성해야 하고 이것으로 인해 코드 읽기가 어려운 경우가 발생하기도 한다.

멀티코어 프로세싱, 하이퍼 스레딩

최근 프로세서는 동시에 실행되는 다양한 실행 경로를 갖고 있다. 코드는 프로세서로 넘겨지고 다양한 파이프라인으로 나뉘어 병렬로 수행된다. 각각의 파이프라인의 결과는 다시 조합돼 하나의 결과물로 나타난다. 어떠한 결과가 나른 결과에 의존하게 되는 경우가 있을 경우 백트래킹backtracking이나 명령어 집합을 다시 반복해야 하는 경우가 있을 수 있다. 프로세서에는 의존 관계가 있는 것을 예측하거나 코드를 분리할 부분을 찾는 알고리듬들이 존재한다. 이러한 것을 분기 예측branch prediction이라고 하며 이러한 프로세서의 디자인을 슈퍼스칼라superscalar라고 한다.

스레딩threading은 각각의 다른 코드를 동시에 수행할 수 있게 해주는 프로세스를 말한다. 직렬식 컴퓨터에서는 이것이 불가능했다. 이것이 가능해 보이게 하기 위해서 코드를 앞에서, 뒤에서 빠르게 교환하는 방식으로 시뮬레이션했다. 교환이 일어날 때마다(운영체제에 의해 관리되거나 콘솔에서는 수동으로 구현됐다) 모든 관련된 데이터 역시 교환돼야 하며 이것으로 인해 프로세스가 느려지거나 귀중한 사이클을 낭비하는 경우가 있다.

하이퍼 스레딩hyper-threading은 다른 스레드들을 다른 파이프라인에 보내는 슈퍼스칼라 프로세서 특성을 사용하는 인텔의 트레이드 마크다. 각각의 파이프라인은 처리가 필요한 다른 스레드들을 갖고 있고 스레드들은 병렬로 처리된다. 현 시대 콘솔들의(PS3, Xbox360) 프로세서들은 모두 멀티코어multi core다. 새로운 PC 프로세서들 역시 모두 같은 구조를 갖고 있다.

멀티코어 프로세서는 분리된 프로세싱 시스템을 갖고 있는데 각각의 스레드는 다른 프로세서 코어에 할당될 수 있고 하이퍼 스레딩과 같이 속도 향상을 시킬 수 있다(사실 더 빠르다. 왜냐하면 파이프라인 사이의 상호 의존성이 더 적기 때문이다).

어느 경우에도 AI 코드는 이러한 병렬 처리를 통해 각각의 캐릭터를 각각의 스레드에서 동작하게 해 이득을 볼 수 있다. 같은 플랫폼(예를 들어 인텔 기반의 PC)에서는 병렬 처리를 위한 셋업을 하기 위해 추가적인 함수가 필요하며 다른 경우에는 (예를 들어 PS3) 코드를 작성하기 이전에 병렬 처리를 위한 구조를 염두에 두고 작성해야 한다.[5]

미래의 하드웨어 플랫폼에서는 병렬 처리의 사용 정도가 증가할 것이다. 특히 콘솔에서 하나

---

5   PS3에서는 병렬 처리를 위해 SPU라는 것을 사용한다. - 옮긴이

의 거대한 CPU를 사용하는 것보다 가격이 싸고 많은 CPU를 병렬로 제공할 것이다. 이것은 하이퍼 스레딩이라고 불리지 않지만 기술은 여전히 그 자리에 있으며 최소한 10년 이상은 게임 개발의 주요한 요소로서 자리할 것이다.

가상 함수/간접

AI 프로그래머들 사이에서 특히 예민한 트레이드 오프 이슈가 바로 유연성과 간접 함수 호출의 사용이다. 일반적인 함수 호출에서는 머신 코드가 함수가 구현돼 있는 코드의 주소를 갖고 있고 프로세서가 메모리에 존재하는 이 위치로 점프해 처리를 진행한다(모든 처리가 끝나고 나면 다시 원래 자리로 돌아간다). 슈퍼스칼라 프로세서 로직은 이것을 최적화하고 점프가 어떻게 일어날 것인지 예측한다.

간접 함수 호출은 약간 다르다. 이것은 메모리상 함수의 코드 위치를 저장하고 있다. 프로세서는 메모리 위치에서 코드 위치를 꺼내 온 후 해당 위치로 점프한다. 이것이 C++에서 가상 함수가 동작하는 방법이다(실행되기 이전에 메모리, 가상 함수 테이블에서 함수의 위치를 알아낸다).

추가적인 메모리는 적은 양의 처리 시간을 필요로 하지만 프로세서의 분기 예측기에는 매우 큰 혼란을 준다(뒤에서 살펴보겠지만 메모리 캐시에도 나쁜 영향을 준다). 왜냐하면 프로세서가 다음에 어디로 갈지 예측을 못하기 때문이다. 이렇게 되면 프로세서는 멈추고, 파이프라인이 작업하던 것이 끝날 때까지 기다린다. 그리고 남은 부분부터 다시 시작한다. 이것은 추가로 클린업 cleanup 코드도 필요로 한다. 로 레벨에서 바라보면 간접 함수 호출은 직접 함수 호출보다 많은 비용이 발생한다는 것을 알 수 있다.

전통적인 게임 개발의 지혜는 불필요한 함수 호출, 특히 간접 함수 호출은 피하라는 것이다. 비록 가상 함수 호출이 코드를 더 유연하게 만들지라도 말이다. 이것들은 알고리듬이 매우 다양한 상황에서 동작하게 해주는데, 예를 들어 추적하기 행동의 경우 무엇을 추적하고 있는지 알 필요가 없다. 추적을 할 타깃의 위치만 알면 된다.

AI, 특히 다른 행동을 끼워 넣을 때 유용하다. 이것은 객체지향 언어에서 다형성이라고 한다. 예를 들어 일반적인 객체를 사용하는 알고리듬을 작성하고 다양한 구현 사항들을 대입시켜 동작하게 할 수 있다. 이 책에서는 다형성을 사용하는데 지금까지 개발했던 많은 게임 AI 시스템에서 다형성을 사용했다. 물론 프로덕션 코드를 위해서는 최적화가 필요하겠지만 다형성 스타일을 사용해 알고리듬을 보여 주는 것이 더 깔끔하다고 느꼈다. 웹사이트에서 제공하는 소스 코드의 다양한 구현 사항에서 다형성을 제거해 문제의 서브 집합에 대한 최적화된 솔루션을 구할 수 있다.

이것은 트레이드 오프다. 만약 여러분이 대상으로 삼고 있는 오브젝트를 알고 있다면 알고리듬에서 다형성을 제거해 속도 향상을 이뤄 낼 수 있다(특히 길 찾기에서는 속도 향상을 직접 경험하기도 했다).

실제 경험한 바에 따르면 (대부분의 개발자는 그렇지는 않겠지만) 간접 함수 호출로 인한 비효율을 크게 걱정할 필요가 없었다. 알고리듬이 잘 분산되면 추가적인 함수 콜 오버헤드 역시 분산될 것이며 추가적인 함수 콜 오버헤드는 거의 알아차리지 못할 것이다. 이전에는 게임 AI 프로그래머가 가상 함수 호출 때문에 게임이 느려진다고 이야기하던 적이 있었는데 프로파일링해 보면 그것이 병목 현상이었던 경우는 거의 없었다.

2.3.2 메모리 문제

대부분의 AI 알고리듬은 큰 메모리를 필요로 하지 않으며 대부분의 경우 10메가바이트 정도면 충분하다. 작은 용량을 필요로 하기 때문에 대부분의 모바일 디바이스에서 동작 가능하며 지형 분석이나 길 찾기 같은 무거운 알고리듬의 경우도 충분하다. 대규모 멀티플레이어 온라인 게임MMOG, Massively Multiplayer Online Game의 경우 이보다 더 많은 메모리를 사용하는데 이것은 보통 서버에서 동작하며 매우 큰 용량의 메모리를 사용한다(기가바이트 수준의 RAM을 사용).

할당, 가비지 컬렉션

할당allocation은 데이터를 보관할 수 있는 메모리 공간을 요청하는 작업이다. 더 이상 메모리가 필요 없어지면 메모리를 반환해야 하며 할당과 반환 같은 작업은 메모리만 사용 가능한 상태라면 대체로 매우 빠른 편이다.

C와 같은 저수준 프로그래밍 언어의 경우 프로그래머가 메모리 반환을 직접 처리해 줘야 한다. C++ 또는 스위프트 같은 언어들은 특정 오브젝트를 위한 메모리를 할당했을 때 레퍼런스 카운팅reference counting을 제공할 수 있다. 이것은 오브젝트의 생명 주기를 관리하며 더 이상 참조하는 오브젝트가 없을 때 메모리가 반환된다. 불행하게도 두 가지 방법 모두 제대로 메

모리가 반환되지 않는 경우가 발생할 수 있는데 프로그래머가 메모리를 직접 반환하는 부분을 까먹는다거나 레퍼런스 카운트를 사용할 때 순환 참조되는 경우가 발생돼 메모리 반환이 되지 않는 경우가 발생할 수 있다. 대부분의 고수준 프로그래밍 언어들은 이러한 쓰레기 더미들을 (반환돼야 하는데 반환되지 못한 메모리 덩어리들) 처리해 주는 알고리듬을 갖고 있는데 이것을 가비지 컬렉션garbage collection이라고 하며 아쉽게도 가비지 컬렉션은 비용이 꽤 비싸다. 특히 유니티 엔진Unity engine에서 모노 런타임mono runtime을 기반으로 동작하는 C#과 같은 언어에서는 가비지 컬렉션이 동작하면 렌더링 프레임이 눈에 띌 정도로 느려지며 시각적으로 매우 좋지 않은 결과를 만들어 낸다.

이것은 대부분의 개발자가 용납할 수 없는 수준이며 결과적으로 고수준 프로그래밍 언어에서 AI 알고리듬들은 동작하고 있을 때 메모리 할당 및 반환을 하지 않도록 만들어진다. 레벨이 시작될 때 관련된 모든 데이터를 미리 로드하고 레벨이 끝날 때만 데이터를 반환한다. 이 책에서 사용된 몇 가지 알고리듬은 새로운 오브젝트가 언제든지 만들어질 수 있고 필요가 없어질 때는 자동으로 모든 메모리가 반환된다고 가정하고 있다. 그런 이유로 가비지 컬렉션이 느린 플랫폼의 경우에는 책에서 제공된 알고리듬을 수정해야 할 수도 있다.

캐시

메모리 크기만이 메모리 사용의 제약 사항은 아니다. RAM으로부터 메모리에 접근하기 위한 시간과 프로세서가 메모리를 사용하기 위해 준비하는 시간이 메모리가 연산을 수행하는 것보다 더 많은 시간을 필요로 한다. 만약 프로세서가 메인 RAM에 의존하고 있다면 프로세서는 지속적으로 데이터를 위해 멈추고 기다릴 것이다.

최근의 모든 프로세서는 최소한 하나 이상의 캐시cache를 사용하고 있다(캐시란 프로세서 내부의 RAM의 복사본이며 매우 빠르게 조작 가능하다). 캐시는 보통 페이지에서 갖고 오며 메인 메모리의 전체 섹션이 프로세서로 스트리밍된다. 그리고 이것이 이후에 사용된다. 프로세서가 모든 작업을 끝내면 캐시 메모리는 메인 메모리로 되돌려진다. 프로세서는 보통 메인 메모리에서 동작하지 않고 모든 메모리는 캐시 안에 있어야 한다. 운영체제와 같은 시스템이 추가적인 복잡성을 추가하는데 메모리 요구가 생기면 운영체제 시스템의 루틴을 지나 요구 사항을 실제 메모리 또는 가상 메모리로 변환한다. 이것은 추가적인 제약을 도입하며 비슷하게 매핑mapping된 주소가 같은 시간에 이용 불가능할 수도 있다. 이를 앨리어싱 실패aliasing failure라고도 한다.

다수의 캐시 레벨은 하나의 캐시와 같은 방식으로 동작한다. 많은 양의 메모리를 가장 낮은 레벨의 캐시에 가져온다. 그것의 부분 집합은 더 높은 레벨의 캐시로 가져오며 프로세서는 가장 높은 수준의 레벨 캐시에서 동작한다.

만약 알고리듬이 메모리 주변에서 벗어나 데이터를 사용하면 원하는 메모리가 캐시에 순간마다 복사된다. 캐시 미스$^{cache\ miss}$는 시간 비용이 매우 많이 든다. 프로세서는 새로운 메모리 덩어리를 가져와 캐시에 복사하기 위해 1~2개의 명령어를 필요로 한다. 그리고 다시 되돌아가 다른 메모리 덩어리를 요청한다. 좋은 프로파일링 시스템은 캐시 미스가 나면 상황을 보여준다. 우리의 경험으로 볼 때 극적으로 속도가 빨라지는 경우는 알고리듬이 필요로 하는 모든 데이터가 같은 공간에 있게 만드는 것이었다. 이 책에서는 이해를 쉽게 하기 위해 객체지향 스타일로 데이터를 배치했다.

특정 게임 오브젝트를 위한 모든 데이터는 함께 유지해야 한다. 이것은 가장 캐시 효율적인 솔루션이 아닐 수도 있다. 게임 안에 1,000명의 캐릭터가 존재하면 그들의 위치 값을 배열 형태로 갖고 있는 것이 좋다. 그렇게 하면 알고리듬이 위치 값을 이용해 계산을 수행할 때 메모리 주위를 점프하지 않아도 되기 때문이다. 모든 최적화와 마찬가지로 프로파일링이 전부다. 하지만 일반적인 효율성의 수준은 데이터 일관성과 프로그래밍에 의해 얻을 수 있다.[6]

2.3.3 플랫폼

몇몇 게임 엔진을 중심으로 산업이 집중화되면서 플랫폼의 차이는 이전에 비해 AI 디자인에 영향을 덜 미치게 됐다. 그래픽스 프로그래머의 경우에는 여전히 콘솔 또는 모바일 플랫폼에 따라 많은 부분이 영향을 받지만 AI는 더 일반적으로 동작할 수 있다. 2.3.3절에서는 게임을 위한 각 주요 플랫폼들을 알아보고 AI 코드 관련 이슈들에 대해서 알아본다.

PC

PC는 가장 강력하기도 하면서 약하기도 한 게임 머신이다. 왜냐하면 PC는 일관성이 부족하기 때문이다. 콘솔은 고정된 하드웨어 스펙이 있지만 PC는 천차만별의 일관성 없는 구성이 존재한다. 옛날에는 더 힘들었지만 최근에는 DirectX와 같은 애플리케이션 프로그래밍 인터페

---

6   캐시 시스템을 적극적으로 활용해 프로그램을 디자인하는 방법이 있다. 구글에서 'data oriented design'이라고 검색하면 더 자세한 사항을 알 수 있다. – 옮긴이

이스^{API, Application Programming Interface}를 이용해 특정 하드웨어에 종속적이지 않게 게임을 만들 수 있다. 하지만 여전히 게임은 PC의 속도나 특정 기능 제공 여부에 따라 조정을 필요로 한다.

PC에서 소프트웨어를 개발할 때는 최저 사양과 최고 사양의 PC 사용자에 맞게 소프트웨어를 작성해야 한다. 그래픽스의 경우 이것을 구현하는 것이 그나마 간단하다. 예를 들어 저사양 머신에서는 고급 렌더링 기능을 꺼버리면 된다. 간단한 그림자 알고리듬을 사용하거나 픽셀 셰이더를 간단한 텍스처 매핑으로 교체할 수 있다. 그래픽스 설정은 보통 게임 플레이를 바꾸지 않는다.

AI는 다르다. 만약 AI에게 주어지는 처리 시간이 짧아지면 어떻게 될까? 결과적으로 수행을 덜 하게 되며 AI의 수준이 떨어짐으로써 게임의 난이도에 영향을 미치게 된다. 이것은 여러분의 품질 보증^{QA, Quality Assurance} 팀이 용납하지 않을 것이다.

비슷하게 저사양 PC에서 고사양 PC와 똑같은 양의 작업을 처리하려고 하면 더 시간이 오래 걸릴 것이고 결과적으로 낮은 프레임 레이트를 얻거나 캐릭터가 의사결정을 하기 위해 더 많은 프레임을 필요로 한다는 것을 의미한다. 결과적으로 반응 속도가 느린 캐릭터가 되고 게임 플레이 난이도가 낮아지게 된다. 결국 QA 팀이 이 문제를 찾아낼 것이다.

많은 개발자가 이 문제를 해결하기 위해 사용하는 방법은 저사양 PC를 기준으로 AI 목표를 잡는 것이다. 기술 설계 문서에 나와 있는 최소 사양과 같은 것들이다. AI 처리 시간은 기계의 능력에 따라 스케일되지 않는다. 빠른 기계는 AI 예산을 작게 잡고 처리한다.

많은 게임이 주변 캐릭터들, 예를 들어 길을 따라 걷는 보행자, 레이서를 환호하는 관중들, 하늘을 날아 다니는 새떼와 같은 경우를 AI가 컨트롤한다. 이러한 AI들은 자유롭게 확장 가능하다. 프로세서 처리 시간에 여유가 있다면 더 많은 캐릭터를 처리할 수 있다. 이와 관련된 내용은 리소스 관리 장에서 다루도록 하겠다.

콘솔

콘솔^{console}은 PC에 비해서 더 간단하게 작업할 수 있다. 여러분은 목표로 삼고 있는 기계에 대해 정확히 알 수 있고 타깃 머신에서 코드가 어떻게 동작하는지 모든 과정을 볼 수 있다. 새로운 하드웨어나 API 버전의 변경에 대한 미래를 걱정할 필요가 없다.

차세대 기술을 사용하는 개발자의 경우 보통 기계의 최종 스펙이나 확실한 하드웨어 플랫폼을 모를 수 있지만(최초 Xbox360 개발 키트는 전용 에뮬레이터 수준에 불과했다) 대부분의 콘솔 타깃은 고정돼 있다.

콘솔 개발에는 기술적 요구 사항 체크 리스트^TRC, Technical Requirements Checklist 프로세스가 있는데 이것은 게임 운영에 필요한 콘솔 제조사가 지정하는 최소한의 기준점이다. 예를 들어 프레임 레이트 문제와 같은 것들이 있다(다른 지역은 다를 수 있지만 PAL 또는 NTSC 같은). 이 의미는 AI 예산이 밀리초 같은 고정된 숫자를 사용하도록 강제될 수 있다는 것이고 고정된 목표를 위해 어떤 알고리듬을 사용해야 하는지 알 수 있다.

다른 한편으로 콘솔은 일반적으로 긴 처리 시간을 갖는다. 콘솔에서 전체 게임 빌드를 수행하지 않고 AI를 빌드하고 테스트할 수 있게 PC 개발 환경을 설정하는 것이 가능하며 이것은 개발에 필수적이다. 여러분이 새로운 코드를 추가하면 빠르게 확인할 수 있다. 보통 몇몇 기능을 삭제한 미니 애플리케이션으로 구현하며 공용 라이브러리를 사용해 전체 게임의 링크 과정을 생략한다. 콘솔에서도 똑같이 할 수 있다. 다만 기억해야 할 것은 콘솔에서는 추가적인 시간이 더 걸린다는 점이다. 매개 변수된 값들을 사용하는 AI의 경우 많은 트위킹^tweaking이 필요하다. 그리고 이것을 위해 게임 내부에 트위킹 시스템을 필요로 한다.[7]

일부 개발자들은 한 걸음 더 나아가 레벨 디자인 또는 AI 개발 도구를 PC와 콘솔 네트워크에 연결해 테스트하기도 한다. 이렇게 하면 캐릭터의 행동을 실시간으로 조정하면서 테스트할 수 있다. 이러한 것이 가능하려면 플랫폼에 따라 기반 구조가 필요한데 기반 구조가 제공되지 않으면 구현하는 것이 매우 어렵다(불현듯 닌텐도의 게임 큐브가 생각났다). 모든 경우 노력이 필요하며 이런 것들을 구현하는 것은 이 책의 범위를 벗어난다(비밀 협정도 있고 여기서 설명할 수가 없다). 이러한 영역을 위해 미들웨어를 개발하는 회사들이 있는데 플랫폼에 따라 훌륭한 디버깅 툴, 콘텐츠 뷰어와 같은 것들을 제공한다.

모바일

애플은 2007년에 아이폰을 출시했는데 1980년대 콘솔 기어가기 이후로 이보다 더 큰 혁명은 없었다. 이 책의 초판이 2006년에 출판됐을 때 모바일 게이밍 시장은 플레이스테이션 포터블

---

7   트위킹 시스템은 값을 조정할 수 있는 시스템을 말하며 이러한 시스템을 이용해 게임을 실행하고 있는 상태에서 값을 바꿔 게임 플레이를 테스트한다. - 옮긴이

PSP, PlayStation Portable, 닌텐도의 게임 보이 어드벤스GameBoy advance가 전부였다. 현재는 휴대용 게임 시장의 100%를 핸드폰과 태블릿이 점유하고 있다.

이 시장을 이끌고 있는 두 플랫폼이 존재하는데 바로 애플에서 제작한 iOS(iPhone, iPad, iPod Touch)와 안드로이드Android가 있다. 최근까지 이 두 플랫폼을 지원하기 위해서는 별도의 개발 과정을 거쳤다(비록 프로그램 내부의 하부까지 내려가면 C 또는 C++을 사용할 수 있지만). 애플의 경우 스위프트라는 고수준 언어를 사용하고, 안드로이드는 자바에서 코틀린Kotlin으로 변하고 있는 추세다.

게임 엔진의 양대산맥인 언리얼Unreal과 유니티Unity는 모바일 플랫폼을 위해 같은 게임 코드를 사용할 수 있도록 해서 플랫폼 의존성을 피할 수 있도록 해주고 있다. 반대로 모바일 개발자들도 이러한 도구들을 사용해 게임을 개발하면 모바일뿐만 아니라 PC에서 실행되는 게임을 개발할 수 있다.

게임을 실행할 수 있는 스마트폰의 능력은 이전 세대 콘솔에 비교할 수 있는 만큼 강력하며 결과적으로 더 이상 PC나 콘솔에서 동작하는 AI와 모바일용 AI를 구분할 필요가 없게 됐다. 물론 조금 더 가벼운 렌더링 기술을 쓰거나 군중의 크기를 줄일 수는 있지만 알고리듬 측면에서는 같은 것을 사용한다.

가상현실, 증강현실

이 책의 3판을 쓰고 있던 2019년 초, 가상현실과 증강현실은 지나치게 과장되고 게임 시장은 매우 작았다. 기술과 시상이 급속도로 발전하고 있기 때문에 지금 말하는 것들이 향후 2년 안에 맞을 확률은 매우 낮을 것이다.

가상현실VR, Virtual Reality은 사용자를 가상의 세계로 몰입하게 만들기 위해 입체적인 3D 관점을 제공한다. 하드웨어에 따라 사용자의 움직임을 감지해 게임 내에서 활용하는 경우도 있다. VR은 2개의 눈을 위한 장면을 렌더링하는데 멀미 현상을 피하기 위해 일반적으로 매우 높은 FPS를 유지한다(예를 들어 90 FPS).

지금까지 대부분의 가상현실 디바이스들은 기존에 존재하던 장비들, 예를 들어 PC(오큘러스 리프트Oculus Rift, 바이브Vive), 콘솔(플레이스테이션 VR)에 접목돼 사용됐다. 이 글을 쓰는 시점에서 가상현실 관련 회사들은 독립적인 VR 제품들을 내놓고 있는데 고성능 핸드폰과 비슷한 수준의 성능을 가진 모바일 프로세서들을 탑재하고 있다.

증강현실^{AR, Augmented Reality}은 컴퓨터가 생성한 화면을 실세계에 표시하기 위해 반투명 디스플레이를 사용한다. 마이크로소프트는 2016년 초에 개발 키트^{kit}를 출시했지만 일반 사용자를 위한 제품은 아직 출시되지 않았다. 매직리프^{Magic Leap}도 2018년 제품을 출시했는데 한정된 수요만 있었다. 최근에 출시된 〈포켓몬 고^{Pokémon Go}〉[150]는 핸드폰 카메라를 활용해 컴퓨터가 생성된 이미지를 실세계와 합성시켰다. 이것은 특별한 하드웨어를 필요로 하지 않고 핸드폰만 있으면 된다.

대부분의 상용 게임 엔진들은 VR 및 AR을 위한 솔루션을 제공하고 있으며 VR 및 AR 게임이라고 해서 특별히 다른 AI 로직을 사용하는 것은 아니다.

2.4 AI 엔진

지난 15년 동안 게임에 사용된 기법들은 뚜렷한 변화가 있었다. 업계에서 일을 시작했을 때 게임은 대부분 처음부터 만들어졌는데 코드의 일부분은 이전 프로젝트에서 복사, 붙여 넣기 해서 사용하고 또 어떤 부분은 코드를 다시 작성하기도 했다. 물론 대부분은 처음부터 작성했다.[8] 몇몇 회사들은 비슷한 스타일, 장르라면 여러 게임을 위해 같은 코드를 사용했다. 루카스 아츠^{LucasArts}의 SCUMM 엔진이 대표적인데 포인트 앤드 클릭^{point-and-click} 어드벤처 게임의 경우 지속적으로 엔진을 변화시키면서 게임 개발에 사용됐다.

그 이후로 게임 엔진은 회사가 게임 개발에 사용하는 일관된 기술 플랫폼이 됐다. 게임에서 사용하는 하위 단에서 돌아가는 기술들(OS 관련 시스템 작업들, 텍스처 로딩, 모델 포맷 등)은 모든 게임이 공유하고 장르에 특화된 기술들은 이것들의 윗단의 자리에서 동작한다. 만약 회사가 3인칭 액션 어드벤처 게임, 스페이스 슈터 게임을 만든다면 두 프로젝트 모두 같은 엔진을 사용해서 개발할 수 있다.

AI를 개발하는 방법도 변했다. 초기에 AI는 각각의 게임들, 캐릭터를 위해 따로 작성됐다. 게임의 새로운 캐릭터는 이것의 AI를 수행하는 코드 블록이 따로 존재하고 캐릭터의 행동은 작

---

8 웃자고 하는 말이지만 프로그래머의 키보드를 유심히 살펴보자. Ctrl, C, V 키의 글자가 지워진 것을 확인할 수 있을지도 모른다!
   – 옮긴이

은 프로그램이 제어하기 때문에 이 책에서 다루고 있는 의사결정 알고리듬 같은 것들이 필요 없었다.

현재의 게임 엔진들은 일반적인 AI를 지원하고 있고 레벨 에디터, 테크니컬 아티스트가 캐릭터를 디자인할 수 있도록 돼 있다. 엔진 구조는 고정돼 있고 각각의 캐릭터 AI는 적절한 방식으로 컴포넌트들을 조합할 수 있다. 예를 들어 이 책에서 설명한 알고리듬들은 프로그래머가 아니더라도 시각적인 도구를 통해 상태 머신(5.3절) 또는 비헤이비어 트리(5.4절)를 다룰 수 있다.

이제 게임 엔진을 구축하는 것은 재사용이 쉽고, 조합되고, 적용 가능한 AI 도구도 개발한다는 의미가 됐다. 이것을 지원하기 위해 다양한 장르를 위한 AI 구조가 필요하다.

2.4.1 AI 엔진의 구조

경험에 의하면 일반적인 AI 시스템이 가질 수 있는 기본적인 구조가 있는데 그림 2.1에서 기본적인 구조의 AI 모델을 소개한다.

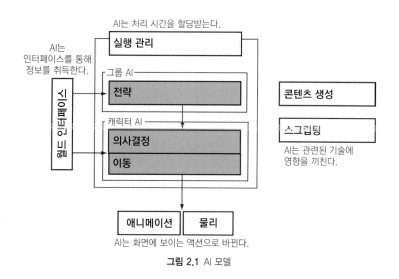

그림 2.1 AI 모델

첫째, 우리는 두 가지 범주의 기반 구조를 갖고 있어야 한다. AI 행동들을 관리하는 일반적인 메커니즘(뛰기 위해 어떤 행동을 결정해야 하는지)과 AI 정보를 전달하기 위한 월드 인터페이싱 시스템이 필요하다. 모든 AI 알고리듬은 이 메커니즘을 지켜야 한다.

둘째, AI가 원하는 무엇이든지 화면에서 행동할 수 있는 수단이 있어야 한다. 이것은 이동 및 애니메이션 컨트롤이 가능한 표준 인터페이스를 갖추면 된다. 예를 들어 '레버 1을 당긴다', '위치 x, y로 조용히 걷는다'라는 액션을 요청할 수 있다.

셋째, 표준 행동 구조는 서로 다른 두 알고리듬 사이의 연계가 가능해야 한다. 여러분은 각각의 새로운 게임을 위해 1~2개의 AI 알고리듬을 만들어야 함이 확실한데 모든 AI가 동일한 구조를 갖는 것은 많은 도움이 된다. 게임이 동작하는 동안 새로운 기술의 AI 코드 개발이 가능하며 이후에 기능이 완성되면 간단하게 교체할 수 있다.

물론 이 모든 것은 사전에 여러모로 고민해야 한다. 구조는 AI를 작성하기 이전에 적절하게 있어야 한다. 이 책의 3부에서 AI 엔진에서 구현해야 하는 최초의 지원 기법들을 설명할 것이다. 이후에 각각의 기법들은 적재 적소에서 사용될 것이다.

상용 게임 엔진들은 이 책에서 설명한 일부 기능들을 이미 갖고 있을 것이다. 이것들을 잘 조정해서 사용해야 한다. 예를 들어 모든 캐릭터의 AI가 매 프레임에 동작할 필요는 없다. 또한 애니메이션 스케줄링을 위한 기능들, 캐릭터의 시야 처리를 돕는 기본적인 도구들이 제공될 것이다. 엔진에서 제공하는 기본적인 기능들만 사용하면 모르겠지만 프로젝트를 진행하다 보면 일부 기능들을 직접 구현해야 하는 시기가 올 것이다.

이 책을 진행하면서 이 구조에 대해 계속해서 이야기하지는 않을 것이다. 모든 알고리듬은 각각 독립적이기 때문에 그 자체로 설명 가능하며 데모 또는 간단한 게임의 경우 필요한 기법을 선정해서 독립적으로 사용 가능하다.

2.4.2 툴체인 문제

완성된 AI 엔진은 다수의 캐릭터들에 적용 가능한 AI 알고리듬 집합을 갖고 특정 캐릭터의 정의는 컴파일된 코드가 아닌 데이터로 이뤄질 것이다(아마 스크립트 엔진에서 스크립트로 제공). 데이터는 캐릭터가 무슨 기법을 사용할 것인지, 어떻게 매개 변수화되고 조합될 것인지 정의할 것이다.

데이터는 어딘가에서 와야 한다. 데이터는 수동으로 만들 수도 있지만 이것은 AI를 매번 손으로 다시 작성하는 것과 별반 차이점이 없다. 아티스트, 디자이너가 쉽게 원하는 콘텐츠를 만들고 게임에 추가할 수 있도록 해주는 안정적이고 믿을 수 있는 툴체인은 게임 개발에서 떠오르고 있는 주제다. 많은 회사가 그들의 툴체인에 AI 컴포넌트를 개발하고 있는 중이다. 가령 캐릭터 행동을 설정하거나 전략적 위치 설정, 피해야 할 공간 등을 에디터에서 설정할 수 있다.

툴체인을 이용해서 개발하면 AI 기법을 선택해 결과를 볼 수 있다. 편집 도구에서 행동을 설정하면 이것은 항상 같은 방법으로 동작한다. 3장에서 다루는 조종 행동^{steering behaviour9}이 좋은 예가 된다. 이것들은 매우 간단하며 쉽게 매개 변수화된다(캐릭터의 물리적인 능력치와 함께). 이때 캐릭터 자체를 바꾸지는 않는다.

캐릭터가 특수한 경우들을 모두 고려할 때 조건들이 많아지는데 이렇게 조건들이 많은 행동은 사용하기가 더 어렵다. 룰 베이스 시스템^{rule-based system}은 복잡한 매칭 룰을 필요로 하며 이것들이 툴에서 제공될 경우 보통 프로그램 코드처럼 보인다. 그 이유는 프로그래밍 언어가 룰들을 표현하기에 가장 자연스럽기 때문이다.

2.4.3 모든 것을 함께

AI 엔진의 최종적인 구조는 그림 2.2와 같다. 데이터는 도구(모델링, 레벨 에디터)에서 만들어지고 게임을 위해 패키징된다. 레벨이 로드되면 게임 AI 행동이 레벨 데이터로부터 생성되고 AI 엔진에 등록된다. 게임을 플레이하는 동안 메인 게임 코드는 AI 엔진을 호출해 행동을 업데이트한다. 월드 인터페이스를 통해 정보를 얻고 마지막으로 출력 데이터를 게임 데이터에 적용한다.

AI 기법들은 개발되고 있는 게임의 장르에 크게 의존한다. 우리는 여러 가지 장르의 게임을 위한 다양한 기법들을 알아볼 것이다. 여러분이 개발할 게임 AI를 위해 찾고자 하는 행동을 얻기 위해서는 목적에 따라 다양한 기법들을 조합해 볼 필요가 있다. 책의 마지막 장에서 몇 가지 힌트를 제공한다. 주요 장르의 게임에서 어떤 방식으로 게임을 위한 AI가 사용되고 있는지 차근차근 알아볼 것이다.

---

9   'steering behavior'는 업계에서는 '스티어링 비헤이비어'라고 영문 그대로 말하며 이 책에서는 '조종 행동', '스티어링 행동'으로 번역했다. – 옮긴이

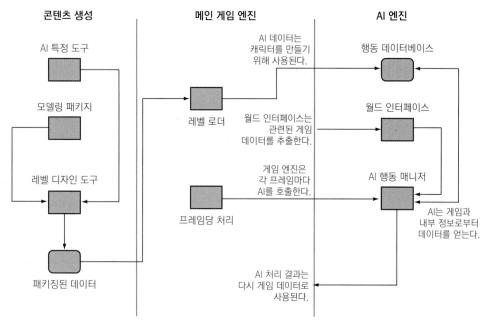

그림 2.2 AI 모형도

기술

2 ^{PART}

AI의 가장 기본적인 요구 사항 중 하나는 게임에서 캐릭터가 현명하게 주위를 돌아다닐 수 있게 하는 것이다. 초기 AI에 의해 제어되는 캐릭터들(〈팩맨〉의 유령 또는 〈퐁〉의 변종인 거구로 매달린 박쥐)도 이동 알고리듬을 갖고 있었고 현재에도 아직 그 방법이 존재한다.

이동은 우리의 AI 모델에서 최하위 레벨에 존재하는데 그림 3.1을 참고하자.

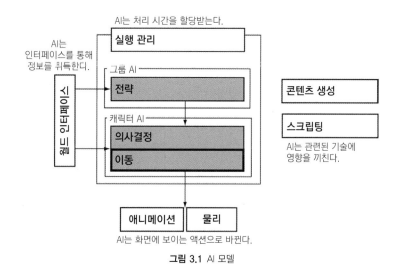

그림 3.1 AI 모델

많은 게임이 이동 알고리듬에만 의존하는, 보기에 꽤 좋은 AI를 갖고 있지만 고급 의사결정은 없는 경우가 있다. 극단적인 경우 몇몇 게임은 캐릭터가 이동할 필요가 없는 경우도 있다. 예를 들어 리소스 관리 게임이나 턴제turn-based 게임의 경우 보통 이동 알고리듬이 필요 없다. 왜냐하면 캐릭터가 어디로 이동할지 결정하고 나면 단순히 캐릭터를 해당 위치에 배치만 하면 되기 때문이다.

AI와 애니메이션 사이에서 사용되는 기술이 중첩되는 경우도 있는데 왜냐하면 애니메이션은 한편으로 이동에 관한 것이기도 하기 때문이다. 3장에서는 이동에 대해 광범위하게 알아본다. 캐릭터가 맵을 돌아다닐 때 얼굴이나 팔다리가 아닌 캐릭터 이동 자체에 대해 알아본다. AI와 애니메이션을 뚜렷하게 구분 짓는 것은 쉽지 않지만 대부분의 많은 게임은 애니메이션이 이동을 포함해 캐릭터를 제어한다. 인 게임 컷신in game cut-scene이나 완전히 애니메이션에서만 제어되는 것들도 요즘은 게임플레이에 합쳐지고 있다. 물론 그렇다고 해서 AI가 이것들을 관리하는 것은 아니기에 우리가 더 자세히 알아보지는 않을 것이다.

3장에서는 AI가 제어하는 다양한 이동 알고리듬에 대해서 알아볼 것이다. 예를 들어 간단한 〈팩맨〉에서부터 자동차를 조정하거나 3차원 공간에서 우주선을 조종하는 복잡한 조종 행동에 대해 알아볼 것이다.

3.1 이동 알고리듬의 기본

여러분이 개발하고 있는 게임이 경제 시뮬레이터와 같은 것이 아니라면 게임 캐릭터들은 돌아다닐 필요가 있다. 각 캐릭터는 현재 위치와 움직임을 제어할 수 있게 할 물리적 특성을 추가로 갖고 있고 이동 알고리듬은 캐릭터가 다음으로 이동할 곳을 결정하기 위해 이러한 속성 값들을 사용하게 설계돼 있다.

모든 이동 알고리듬은 기본적으로 같은 형태를 갖고 있는데 이것들은 상태, 월드 상태에 대한 기하학적 데이터를 갖고, 만들고자 하는 움직임을 나타내는 기하학적 출력물을 만들어 낸다. 그림 3.2에 모양이 나타나 있다. 그림에서 캐릭터의 속도는 옵션으로 표기돼 있다. 왜냐하면 이 속성 값은 특정 이동 알고리듬에서만 필요로 하기 때문이다.

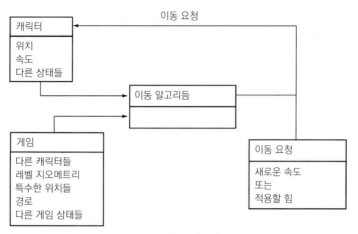

그림 3.2 이동 알고리듬의 구조

일부 이동 알고리듬은 매우 적은 입력을 사용하기도 하는데, 예를 들어 캐릭터의 현재 위치와 쫓아갈 적의 위치만 있으면 된다. 다른 경우에는 현재 게임의 상태, 레벨 지오메트리geometry와 같이 많은 상호 작용을 필요로 하기도 한다. 이동 알고리듬은 벽에 부딪히는 것을 피하는데 이 것을 위해 충돌 가능성을 체크하고 레벨 지오메트리에 접근 가능해야 한다.

알고리듬의 결과물은 알고리듬에 따라 매우 다를 수 있다. 대부분의 게임에서 알고리듬의 결 과는 원하는 속도 값을 나타낸다. 예를 들어 캐릭터가 동쪽에 있는 적을 보게 되면 동쪽 방향 으로 최대 속도로 움직여야 할 수도 있다. 보통 오래된 게임에서는 두 가지 속도만을 가진다. 바로 멈춰 있거나 뛰는 것이다(때에 따라 걷기 속도로 움직일 수도 있다). 그렇게 되면 알고리듬의 결과물은 단순히 이동해야 할 방향만을 나타낸다. 이것은 운동학적 이동kinematic movement이며 캐릭터가 어떻게 가속하거나 감속하는지에 대해서는 설명하지 않는다.

최근 조종 행동에 많은 관심이 있었는데 조종 행동은 크레이그 레이놀즈Craig Reynolds가 만든 이 동 알고리듬이다[51]. 이것은 운동학kinematic이 아니고 역학dynamic이다. 역학은 현재 캐릭터의 모션을 고려한다. 역학 알고리듬은 보통 현재 캐릭터의 위치와 속도를 알아야 하며 캐릭터의 속도를 변화시키는 목적으로 힘 또는 가속도를 출력한다.

역학은 추가적인 복잡성을 더한다. 여러분의 캐릭터가 한 장소에서 다른 장소로 이동해야 한다고 가정해 보자. 운동학 알고리듬은 간단하게 목표 지점으로 방향을 나타낸다. 여러분은 해당 목표 지점에 도착할 때까지 해당 방향으로 움직일 수 있고 알고리듬이 아무런 방향을 주지 않는다면 여러분이 도착 지점에 도착했다는 것을 알 수 있다. 동적 이동 알고리듬은 더 많은 것을 계산한다. 우선 올바른 방향으로 가속을 시작해야 하고 목표 지점에 가까이 갔을 때 반대 방향으로 가속해야 한다. 그렇게 함으로써 속도가 목표 지점에 정지하기 위해 정확한 비율로 감소하게 된다. 크레이그 레이놀즈가 워낙 잘 만들었기 때문에 우리는 그가 만든 가장 일반적인 용어를 따르며 조종 행동의 모든 역학 이동 알고리듬을 알아볼 것이다.

또한 크레이그 레이놀즈는 매우 많은 영화, 게임에서 새떼, 무리 지어 이동하는 동물들의 움직임을 만들어 내는 무리 짓기 알고리듬^{flocking algorithm}을 개발했다. 3장에서 이 알고리듬에 대해서도 알아볼 것이다. 플로킹^{flocking}이 워낙 유명한 알고리듬이라 가끔씩 모든 조종 행동 알고리듬을 플로킹이라고 부르는 경우도 있다.

3.1.1 2차원 운동

많은 게임의 AI는 2차원^{2D, Two Dimensions}에서 동작한다. 최근에는 2차원 게임들이 드물지만 게임상에 나타나는 캐릭터들은 보통 중력에 영향을 받고 바닥에 붙어 있어, 움직임에 제약을 받기 때문에 2차원으로 운동을 표현할 수 있다.

많은 AI의 이동이 2차원으로 구현할 수 있기 때문에 대부분의 고전적인 알고리듬은 2차원을 기준으로 정의돼 있다. 알고리듬을 살펴보기 전에 2차원 수학과 이동을 다루기 위한 데이터에 대해 알아보도록 하자.

캐릭터들을 점으로 표현

캐릭터들은 보통 게임 공간을 차지하는 3차원^{3D, Three Dimensions} 모델로 이뤄져 있지만 많은 이동 알고리듬은 캐릭터를 하나의 점으로 취급한다. 충돌 감지, 장애물 회피를 포함한 다른 알고리듬은 캐릭터 크기를 사용하기도 하는데 이동 자체는 캐릭터를 하나의 점이라고 가정한다.

이것은 물리 프로그래머가 사용하는 방법과 비슷하다. 물리 프로그래머는 질량의 중심에 있는 '강체^{rigid body}'를 게임 객체로서 취급한다. 충돌 감지와 다른 힘들은 객체의 어디에나 적용할 수 있지만 객체의 이동을 결정하는 알고리듬은 이것을 변환해서 질량의 중심만 처리한다.

3.1.2 정역학

2차원에서 캐릭터 오브젝트는 위치를 나타내기 위해 2개의 선형 좌표를 갖는다. 이러한 좌표들은 2개의 월드 축에 대한 상대 좌표이며 중력의 방향에 수직이다. 그리고 이 2개의 월드 축은 서로 수직이다. 이러한 기준 축을 '2D 공간의 정규 직교 기저^{orthonormal basis of the 2D space}'라고 부른다.

대부분의 게임에서 지오메트리는 3차원으로 저장되고 렌더링된다. 모델의 지오메트리는 3D로 표현되고 3축을 갖는 정규 직교 기저를 갖고 있다. 보통 x, y, z로 부른다. y축은 보통 중력의 반대 방향을 의미하며 'up'이라고 한다. x, z는 바닥에 눕혀져 있는 축이다. 캐릭터의 이동은 x, z축 값들을 변경하며 그림 3.3과 같다. 이러한 이유로 책에서 2D 지오메트리를 표현할 때 축 이름으로 x, y를 사용하면서도 캐릭터를 2차원 이동으로 표현할 때는 x, z 값들을 사용할 것이다.

2개의 선형 좌표 이외에 객체의 임의의 방향을 표현하기 위해 방위^{orientation} 값이 필요하다. 방위 값은 기준 축으로부터의 각도를 나타낸다. 우리의 경우 기준 축은 양의 z축이며 시계 반대 방향으로 각도를 사용하며 라디안 값으로 표현한다. 이것은 게임 엔진에서 거의 표준이기도 하다. 각도 값이 만약 0이라면 (방향이 0이라면) 캐릭터는 z축을 바라보게 된다.

그림 3.4에 이 3개의 값들이 레벨에서 캐릭터의 정적인 상태를 어떻게 표현하는지 보여 주고 있다.

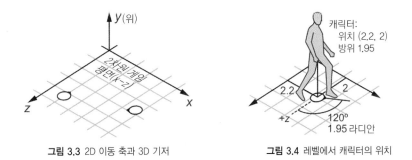

그림 3.3 2D 이동 축과 3D 기저　　　　**그림 3.4** 레벨에서 캐릭터의 위치

이 데이터 값들을 조작하는 알고리듬 또는 방정식을 정적^{static}이라고 한다. 왜냐하면 데이터는 캐릭터의 이동에 관한 어떠한 정보도 갖고 있지 않기 때문이다. 이 데이터 구조를 다음과 같이 사용할 수 있다.

```
1  class Static:
2    position: Vector
3    orientation: float
```

방위orientation라는 용어를 3장 전체에 걸쳐 사용할 것이다. 방위는 캐릭터가 바라보고 있는 방향이라는 의미다. 캐릭터를 렌더링할 때 회전 행렬rotation matrix을 사용해 어떠한 방향으로 바라보게 만들 것이다. 이러한 이유로 몇몇 개발자는 방위를 회전이라는 의미로 사용하기도 한다. 3장에서 회전rotation을 사용할 때 회전이라는 의미는 오직 방위를 바꾸는 과정으로서 사용하며 이것은 능동적인 과정이다.

2½ 차원

3D 기하학에서 몇몇 수학은 복잡하다. 3차원에서 이동 표현은 2차원의 확장으로서 간단하지만 방위는 다루기 힘들고 결과적으로 피하는 것이 좋다(최소한 3장의 마지막 부분까지는). 타협점으로 개발자는 2D와 3D 사이의 2½D라고 하는 것을 사용한다.

2½D에서 3D 위치를 사용하지만 방위는 2차원에 있는 것처럼 하나의 숫자 값으로 표현한다. 대부분의 게임은 캐릭터가 중력의 영향을 받기 때문에 캐릭터의 세 번째 차원은 바닥 위치로 제한된다. 왜냐하면 중력에 의해 캐릭터가 바닥으로 당겨지기 때문이다. 바닥에 붙어 있을 때 효과적으로 2차원 연산이 가능하다. 물론 점핑, 절벽에서 떨어지기, 엘리베이터를 사용하는 것들은 모두 세 번째 차원을 필요로 한다.

위, 아래로 이동할 때도 캐릭터는 일반적으로 똑바로 서 있다. 캐릭터가 걸을 때, 뛸 때, 벽쪽에 기댈 때 앞쪽으로 기울일 수 있지만 실제로 이것이 캐릭터의 이동에는 영향을 주지는 않는다. 이것은 주로 애니메이션 효과일 뿐이다. 만약 캐릭터가 똑바로 유지된다면 우리가 고려해야 할 것은 up축에 대한 회전뿐이다.

이것은 2.5D로 작업할 때 장점을 얻을 수 있는 상황이지만 수학적으로 단순화시키면 대부분의 경우 유연성은 떨어진다.

물론 여러분이 비행 시뮬레이터 또는 스페이스 슈터를 만들고 있다면 AI에는 모든 방향이 매우 중요하다. 그러므로 완전한 3차원을 필요로 하게 된다. 만약 여러분의 게임 세계가 완전히 평평하고 캐릭터가 점프나 수직으로 움직일 수 없는 경우에는 2D를 사용하는 것이 좋다. 3장의 마지막 부분에서 완전한 3D 모션을 살펴보겠지만 대부분의 경우 2½D가 최적의 솔루션이며, 3장에서 다루는 모든 알고리듬은 2½D에서 동작하게 디자인됐다.

수학

3장의 나머지 부분에서는 여러분이 기본 벡터와 행렬 수학에 대해 알고 있다고 가정할 것이다(예를 들어 벡터의 합, 차 또는 스칼라 곱). 컴퓨터 그래픽에서 사용되는 벡터와 행렬의 수학적인 내용은 이 책의 설명 범위를 넘어간다. 이것은 슈나이더Schneider, 에벌리Eberly가 쓴 책[56]이나 훨씬 더 깊은 수준의 컴퓨터 게임 수학 주제를 다룬 책[36]을 참고하면 된다. 위치는 벡터로 표현되며 x, z가 사용된다. 2½D에서는 y값이 사용된다.

2차원에서 방향을 나타내기 위해 각도가 필요하다. 이 값은 스칼라 값으로 표현된다. 각도는 양의 z에서 측정되고 y축에 대해 오른손 법칙을 사용한다(위에서 $x-z$ 평면을 바라보면 시계 반대 방향으로 회전하는 것을 알 수 있다). 그림 3.4에 어떻게 스칼라 방향이 측정되는지 알 수 있다.[1] 많은 상황에서 방위를 표현할 때 벡터를 사용하는 것이 더 편리하다. 이 경우에 벡터는 단위 벡터(길이가 1인 벡터)이며 캐릭터가 향하고 있는 방향을 표현한다. 이는 직접 간단한 삼각법을 이용해 스칼라 방향으로부터 계산될 수 있다.

$$\vec{\omega_v} = \begin{bmatrix} \sin \omega_s \\ \cos \omega_s \end{bmatrix}$$

ω_s은 방위 값으로서 스칼라이고 $\vec{\omega_v}$은 방위를 벡터로 표현한 것이다. 여기서는 오른손 좌표계를 사용하고 있는데 많은 게임 엔진에서 기본으로 사용하고 있는 좌표계다.[2]

여러분이 왼손 좌표계를 사용한다면 간단하게 x축 값의 부호를 바꾸면 된다.

$$\vec{\omega_v} = \begin{bmatrix} -\sin \omega_s \\ \cos \omega_s \end{bmatrix}$$

만약 여러분이 방위 값으로부터 얻은 벡터를 사용한다면 그림 3.5와 같이 캐릭터가 바라보고 있는 단위 벡터일 것이다.

---

1   왼손 법칙, 오른손 법칙에 대해 잘 이해가 되지 않는다면 역자가 만든 동영상(http://www.thisisgame.com/webzine/series/nboard/212/?series=99&n=51407)이 있으니 참고하면 도움이 될 것이다. – 옮긴이

2   이 책의 모든 알고리듬은 왼손 좌표계에서도 올바르게 동작한다. 좌표계의 변환에 대한 더 자세한 내용은 [13]을 참고하자.

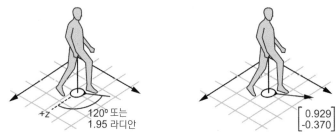

그림 3.5 방위로부터 벡터를 얻은 모습

3.1.3 운동학

지금까지 각 캐릭터는 2개의 정보를 갖고 있었다. 바로 위치와 방위다. 현재 속도를 즉각 바꿀 수 있게 현재 위치와 방위에 기반해 목표 속도를 계산하는 이동 알고리듬을 만들 수 있다.

대부분의 게임에서 이것은 괜찮지만 비현실적으로 보일 수 있다. 왜냐하면 현실 세계에서는 속도가 즉각적으로 바뀔 수 없다는 뉴턴^{Newton}의 운동 법칙이 있기 때문이다. 만약 캐릭터가 한 방향으로 움직이고 있다가 방향이나 속도를 즉각적으로 바꾼다면 보기에 이상할 것이다. 부드러운 움직임이나 갑자기 가속을 하지 않은 캐릭터를 만들려면 스무딩 알고리듬^{smoothing} ^{algorithm}이나 현재 속도를 고려해 속도를 바꾸는 로직이 필요하다.

이를 지원하기 위해 캐릭터는 현재 속도나 위치를 추적해야 한다. 그리고 알고리듬은 각 타임 프레임에서 속도를 조금씩 바꿔 감으로써 부드러운 모션을 만들어 낼 수 있다.

캐릭터는 그들의 선형 속도, 각속도를 모두 추적할 필요가 있다. 선형 속도는 x, z 요소를 갖고 있고 정규 직교 기저의 각각의 축에서 캐릭터의 속도를 나타낸다. 만약 우리가 2½D에 있다면 선형 속도를 위해 x, y, z의 세 요소가 있을 것이다.

각속도$^{angular \; velocity}$는 캐릭터의 방위가 얼마나 빠르게 변화하고 있는지를 나타낸다. 이것은 하나의 라디안^{radian} 값으로 표현되고 초당 얼마만큼의 라디안이 변화하는지를 의미한다.

각속도를 회전^{rotation}이라고 부를 것이다. 회전이 모션을 의미하기 때문이다. 선형 속도는 간단하게 속도^{velocity}라고 나타낸다. 결과적으로 캐릭터를 위한 운동학 데이터를 다음과 같이 하나의 구조에 표현할 수 있다.

```
1  class Kinematic:
2      position: Vector
3      orientation: float
4      velocity: Vector
5      rotation: float
```

조종 행동은 운동학적 데이터와 함께 작동한다. 이것은 레벨을 돌아다니기 위해 캐릭터의 속도를 변경하기 위한 가속도를 반환하며, 이것의 출력 값은 가속도의 집합이다.

```
1  class SteeringOutput:
2      linear: Vector
3      angular: float
```

독립적 바라보기

캐릭터가 움직이는 방향은 캐릭터가 바라보는 방향과 아무런 연관성이 없다는 것을 알 수 있다. 캐릭터는 x축을 바라보면서 z축으로 움직일 수 있다. 물론 대부분의 게임 캐릭터는 이렇게 행동하지 않고 얼굴이 바라보는 방향으로 움직인다.

많은 조종 행동은 얼굴 방향을 무시하는데 캐릭터 데이터의 선형 컴포넌트를 직접 사용한다. 이러한 경우 방위는 업데이트돼야 하며 결과적으로 모션의 방향과 매치시킨다. 이것은 현재 캐릭터의 이동 방향으로 얼굴 방향을 설정하면 되지만 이렇게 하면 방위가 급격하게 변화할 수 있다.

더 좋은 방법은 원하는 방향으로 조금씩 이동하는 것이다. 그림 3.6에서 캐릭터는 방위 값을 프레임당 변화하고 있다. 삼각형은 방위를 의미하고 회색 그림자는 이전 프레임에서 캐릭터가 어디를 향하고 있었는지 의미한다.

프레임 1 프레임 2 프레임 3 프레임 4

그림 3.6 여러 프레임에 걸쳐 부드럽게 방향 전환한다.

위치, 방위의 갱신

만약 여러분의 게임이 물리 엔진을 사용한다면 캐릭터의 위치와 방위를 업데이트하는 데 물리 엔진이 사용될 것이다. 일부 개발자들은 물리 엔진을 충돌 감지에만 사용하고 이동은 스스로 작성한 로직으로 처리하는 사람도 있을 것이다. 만약 여러분이 위치와 방위를 직접 처리하고 싶다면 다음에 소개하는 간단한 알고리듬을 참고하자.

```
1  class Kinematic:
2
3    ... 이전과 같은 데이터 구조
4
5    function update(steering: SteeringOutput, time: float):
6      # 위치, 방위 업데이트
7      half_t_sq: float = 0.5 * time * time
8      position += velocity * time + steering.linear * half_t_sq
9      orientation += rotation * time + steering.angular * half_t_sq
10
11     # 속도, 회전
12     velocity += steering.linear * time
       orientation += steering.angular * time
```

업데이트는 모션을 위해 고등학교 물리 수준의 방정식을 사용한다. 프레임 레이트가 높을 경우 이 함수에 전달된 갱신 시간은 매우 작을 가능성이 높다. 이 시간 값의 제곱은 더 작게 되며 위치, 방향 변화의 가속도는 매우 작은 값이 될 것이다. 업데이트 알고리듬에서 이와 같은 항들을 없애는 것이 더 일반적인데 뉴턴-오일러-1 Newton-Euler-1 적분법으로 알려진 것이 있다.

```
1  class Kinematic:
2
3    ... 이전과 같은 데이터 구조
4
5    function update (steering: SteeringOutput, time: float):
6      # 위치, 오리엔테이션 업데이트
7      position += velocity * time
8      orientation += rotation * time
9
10     # 속도, 회전
11     velocity += steering.linear * time
12     orientation += steering.angular * time
```

이것이 게임에서 가장 일반적으로 사용하고 있는 방법이다. 여기서 나타낸 코드들은 모두 더하기, 스칼라 곱과 같은 일반적인 벡터 수학 연산을 통해 얻어냈다. 여러분은 사용하는 언어에 따라 연산들을 바꿔야 할 수도 있다.

모건 카우프만Morgan Kaufmann 출판사의 인터랙티브 3D 테크놀로지Interactive 3D Technology 시리즈인 『GAME PHYSICS 게임 물리』(와우북스, 2014)[12]와 내가 쓴『게임 물리 엔진 개발Game Physics Engine Development』[40]에서 물리학 전체 범위를 커버하는 다양한 업데이트 방법에 대해 자세히 설명하고 있다(벡터와 행렬 연산의 상세한 구현에 대해서도 설명하고 있다).

가변 프레임 레이트

이 책에서는 속도를 프레임 기준이 아닌 초 단위를 기준으로 가정했다. 오래된 게임들은 프레임 기준으로 속도를 사용하는데 이것은 이제 거의 사용되지 않으며 가끔 그래픽 업데이트와 무관하게 고정된 프레임으로 업데이트가 필요할 때만 사용된다(유니티의 FixedUpdate 함수가 그렇다). 엔진에서 이러한 함수가 지원된다고 하더라도 가변 프레임을 지원해 명시적인 업데이트 시간을 사용하는 것이 좋다. 만약 캐릭터가 초당 1미터씩 움직이고 마지막 프레임이 20밀리초의 주기를 갖는다면 캐릭터는 20밀리미터를 움직여야 한다.

힘 그리고 발동 작용

현실 세계에서는 객체에 가속도를 적용해 움직이게 할 수 없다. 우리는 힘을 적용하고 힘이 객체의 운동 에너지를 변화시켜 가속하게 된다. 가속도는 물체의 관성에 의존할 것이다. 관성은 가속도에 서항하며 높은 관성은 같은 힘이 주어졌을 때 낮은 가속도를 갖게 한다.

게임에서 이 모델이 동작하기 위해 선형 관성을 위한 객체의 질량을 사용하고 각 가속도를 위해 관성 모멘트(또는 3차원에서 관성 텐서)를 사용한다.

더 복잡한 업데이트 함수를 사용해 캐릭터의 새로운 속도, 위치를 계산할 수 있다. 물리 엔진이 사용하는 방법은 다음과 같다. AI는 힘을 적용해 캐릭터의 모션을 제어한다. 이 힘들은 캐릭터의 모션에 영향을 줄 수 있다. 이 방법은 인간형 캐릭터에게는 일반적이지 않지만 자동차 게임의 경우에 거의 대부분이 이 방법을 사용한다. 엔진의 구동력 및 스티어링steeting 휠과 연관된 힘은 AI가 차량의 이동을 제어할 수 있는 유일한 방법이다.

잘 만들어진 조종 알고리듬^{steering algorithm}은 출력 값으로 가속도를 내뱉도록 정의돼 있어 알고리듬이 힘을 직접적으로 사용하는 것은 일반적이지 않다. 보통 이동 컨트롤러^{movement controller}가 캐릭터의 역학을 후처리하며 이것을 발동 작용^{actuation}이라고 한다.

발동 작용은 입력으로 원하는 속도의 변화를 받고 직접적으로 운동학 시스템에 적용한다. 그리고 액추에이터^{actuator}가 힘을 계산해 원하는 속도에 근접한다.

단순한 차원에서 이야기하자면 이것은 힘을 주기 위해 가속력에 관성력을 곱하는 문제다. 캐릭터는 어떤 힘을 가할 수 있다고 가정하지만 항상 그런 것은 아니다(예를 들어 정지된 자동차는 수평으로 가속할 수 없다). 액추에이터는 AI와 물리학의 통합에서 중요한 주제이며 이것은 3.8절에서 더 자세히 다루도록 하겠다.

3.2 운동학 이동 알고리듬

운동학 이동 알고리듬^{kinematic movement algorithm}은 정적인 데이터(위치, 방위)를 사용하고 원하는 속도를 결괏값으로 내뱉는다. 결괏값은 보통 참/거짓 형태이거나 목표 방향, 최대 속도로 이동 또는 정지 상태로 있기 등이다. 속도의 급격한 변화는 여러 프레임에 걸쳐 부드럽게 될 수 있지만 운동학 알고리듬은 가속도를 사용하지 않는다.

많은 게임은 문제를 더 단순화하기 위해 캐릭터가 이동하는 방향으로 캐릭터의 방위를 결정한다. 캐릭터가 멈춰 있다면 미리 설정된 방향이나 움직이고 있던 마지막 방향을 향하고 있을 것이다. 이동 알고리듬이 목표 속도를 반환하고 나면 방향을 설정하기 위해 사용될 것이다.

이것은 간단하게 다음 함수로 구현할 수 있다.

```
1  function newOrientation(current: float, velocity: Vector) -> float:
2    # 속도를 갖고 있는지 체크한다.
3    if velocity.length() > 0:
4      # 속도로부터 방위 값을 결정한다.
5      return atan2(-static.x, static.z)
6
7    # 그렇지 않으면 현재 방위 값을 사용한다.
8    else:
9      return current
```

여기서는 운동학 이동 알고리듬인 찾기^{seek}와 배회하기^{wander}를 알아볼 것이다. 운동학 이동 알고리듬을 만드는 것은 매우 간단하기 때문에 동적인 이동 알고리듬을 알아보기 전에 이 두 가지만 알아보도록 할 것이다.

간단하다고 해서 그것이 일반적이지 않거나 중요하지 않은 것은 아니다. 운동학 이동 알고리듬은 여전히 많은 게임에서 가장 기본적으로 쓰이고 있는 알고리듬이며 동적인 알고리듬은 널리 보급되고 있기는 하지만 아직 많은 개발자가 사용하고 있지는 않다.

3.2.1 찾기

찾기 행동은 입력으로 캐릭터와 목표물의 정적인 데이터를 사용한다. 캐릭터에서 목표물을 향하는 방향을 계산하고 이 라인을 따르는 속도를 요구한다. 방위 값은 보통 생략되지만 앞서 살펴본 newOrientation 함수를 사용해 이동하는 방향으로 얼굴의 방향을 바꿀 수 있다.

알고리듬은 다음과 같다.

```
1  class KinematicSeek:
2      character: Static
3      target: Static
4
5      maxSpeed: float
6
7      function getSteering(): -> KinematicSteeringOutput:
8          result = new KinematicsSteeringOutput()
9
10         # 목표로의 방향을 얻는다.
11         result.velocity = target.position - character.position
12
13         # 속도는 이 방향으로 최대 스피드로 설정한다.
14         result.velocity.normalize()
15         result.velocity *= maxSpeed
16
17         # 이동 방향으로 캐릭터의 방향을 설정한다.
18         character.orientation = newOrientation(
19             character.orientation,
20             result.velocity)
21
22         result.rotation = 0
23         return result
```

normalize 메서드를 사용해 벡터를 정규화해 길이를 1로 만든다. 벡터가 0이라면 아무것도 변하지 않는다.

자료 구조 및 인터페이스

3장의 초기에 설명했던 Static 데이터를 사용하고 출력 값으로 KinematicSteeringOutput 구조를 사용했다. KinematicSteeringOutput는 다음과 같다.

```
1  class KinematicSteeringOutput:
2      velocity: Vector
3      rotation: float
```

이 알고리듬에서 캐릭터의 방향은 간단하게 현재 움직이는 방향으로 설정하고 회전rotation은 전혀 사용하지 않았다. newOrientation을 주석 처리해서 원하는 대로 방위 값을 설정할 수 있다. 예를 들어 게임 〈툼레이더Tomb Raider〉[95]처럼 캐릭터가 어느 한 곳을 바라보면서 다른 방향으로 움직이거나 〈아이작의 번제The Binding of Isaac〉[151]처럼 트윈 스틱 슈터twin-stick shooter로 만들 수 있다.

성능

이 알고리듬은 시간과 공간 복잡도 모두 O(1)이다.

도망가기

캐릭터가 목표물로부터 멀리 도망가게 하고 싶다면 getSteering 함수의 두 번째 라인을 반대 방향으로 향하게 하면 된다.

```
1  # 목표로부터 멀어지는 방향을 얻는다.
2  steering.velocity = character.position - target.position
```

캐릭터는 최대 속도로 반대 방향으로 움직인다.

도착하기

앞서 살펴본 알고리듬들은 캐릭터를 추적하는 데 사용된다. 하지만 절대 목표 지점에 도착할 수 없다. 캐릭터가 게임 세계의 특정 지점으로 이동해야 한다면 이 알고리듬은 문제를 일으킬 수 있다. 왜냐하면 항상 최대 스피드로 움직이기 때문에 목표 지점을 지나칠 경우에 다시 돌아오기 위해서 목표 지점을 두고 왔다 갔다 움직이기 때문이다. 이것은 받아들이기 어렵고 목표 지점에서 멈추게 해야 한다.

이 문제를 피하기 위해서 두 가지 선택을 해야 한다. 목표 위치에 큰 반지름 값을 설정해 알고리듬이 반지름 안에 들어가면 목표에 도착했다는 것을 알릴 수도 있고, 다른 방법으로는 캐릭터와 목표 지점의 거리에 따라 스피드를 조절해 캐릭터가 느리게 움직이도록 하면 왔다 갔다 하는 것을 방지할 수 있다.

아쉽게도 두 번째 접근법은 캐릭터가 왔다 갔다 하는 것을 완벽하게 방지할 수는 없는데 그래서 보통은 두 가지 방법을 섞어서 사용한다. 캐릭터의 속도를 조절할 수 있으면 더 적은 범위의 반지름 값을 사용할 수 있고, 그렇게 하면 왔다 갔다 하는 행동과 갑자기 멈추는 것을 방지할 수 있다.

찾기 알고리듬을 수정해 캐릭터가 정해진 반지름 범위에 있는지 체크할 수 있고 범위 안에 있으면 아무런 동작을 필요로 하지 않는다. 만일 캐릭터가 범위 바깥에 있다면 고정 시간으로 목표 지점까지 이동시킨다(고정 시간은 현재 0.25초로 설정했다. 필요하다면 이 값을 수정하면 된다). 만일 캐릭터가 너무 빨리 움직인다면 최대 속도를 비교해 최대 속도로 제한한다. 목표 지점에 다다르면 캐릭터는 속도를 늦추게 된다. 고정된 시간의 값이 높으면 높을수록 부드럽게 감속하며, 낮으면 낮을수록 급격하게 변화한다.

알고리듬은 다음과 같다.

```
1   class KinematicArrive:
2       character: Static
3       target: Static
4
5       maxSpeed: float
6
7       # 충족하는 반경
8       radius: float
9
10      # 목표 지점까지의 상수 시간
11      timeToTarget: float = 0.25
12
```

```
13    function getSteering() -> KinematicSteeringOutput:
14        result = new KinematicSteeringOutput()
15
16        # 목표물로 방향을 구한다.
17        result.velocity = target.position - character.position
18
19        # 우리가 범위 안에 있는지 체크한다.
20        if result.velocity.length() < radius:
21            # 스티어링 요구를 하지 않는다.
22            return null
23
24        # 타깃으로 이동하며 timeToTarget 시간 안에 도착한다.
25        result.velocity /= timeToTarget
26
27        # 너무 빠르다면 최대 속도로 제한한다.
28        if result.velocity.length() > maxSpeed:
29            result.velocity.normalize()
30            result.velocity *= maxSpeed
31
32        # 이동하는 쪽으로 바라본다.
33        character.orientation = newOrientation(
34            character.orientation,
35            result.velocity)
36
37        # 출력
38        result.rotation = 0
39        return result
```

length라는 함수는 벡터의 길이를 리턴한다.

3.2.2 배회하기

운동학적 배회하기 행동은 언제나 현재 캐릭터의 현재 방향으로 최대 스피드로 이동한다. 조종 행동은 이동하면서 캐릭터의 방향을 바꾼다. 그림 3.7을 보면 프레임이 변화할 때마다 캐릭터가 어떻게 변화하는지 알 수 있다. 주의할 점은 매 프레임에 앞쪽으로 이동하고 있다는 점이다(즉 이전 프레임에서 캐릭터가 바라보는 방향으로 이동한다).

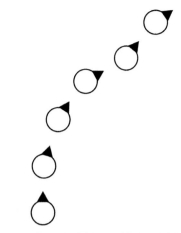

그림 3.7 운동학적 배회하기를 사용하는 캐릭터의 모습

의사 코드

다음과 같이 구현 가능하다.

```
1   class KinematicWander:
2       character: Static
3       maxSpeed: float
4
5       # 최대 회전 속도. 이 값보다 작아야 부드럽게 회전이 가능하다.
6       maxRotation: float
7
8       function getSteering() -> KinematicSteeringOutput:
9           result = new KinematicSteeringOutput()
10
11          # 방향으로부터 벡터를 만들어 속도를 얻는다.
12          result.velocity = maxSpeed * character.orientation.asVector()
13
14          # 방향은 무작위로 설정한다.
15          result.rotation = randomBinomial() * maxRotation
16
17          return result
```

자료 구조

방위 값은 3장의 초기에 사용했던 식을 이용해 방위 값을 방향 벡터로 변환하는 asVector 함수
를 이용했다.

구현 노트

무작위 회전을 위해 randomBinomial 함수를 이용했다. 이것은 프로그래밍 언어의 표준 라이브러리는 아니지만 매우 편리한 무작위 숫자 생성 함수다. 이 함수는 무작위 숫자를 −1에서 1 사이의 범위 값으로 반환한다. 이 함수는 다음과 같이 구현했다.

```
1    function randomBinomial() -> float:
2        return random() - random()
```

이때 random() 함수의 반환 값의 범위는 0에서 1사이 값이다.

현재 배회하기 행동은 대부분 현재 방향을 유지하면서 움직이게 된다. 물론 갑자기 방향을 선회하는 경우도 있긴 하다.

3.3 조종 행동

조종 행동은 이전에 살펴본 이동 알고리듬에 속도와 회전을 추가해 구현할 수 있고 PC와 콘솔 게임 개발에 널리 적용돼 사용되고 있다. 드라이브 장르 게임인 경우 절대적으로 사용되고 있으며 그 외의 게임 장르에서는 신중하게 사용되고 있다.

다양한 조종 행동이 있는데 보통 이름이 혼용돼 혼란을 야기하는 경우가 있다. 이 분야는 계속해서 발전하고 있지만 이름을 부르는 데 있어서는 명확한 이름 지정 방식이 존재하지 않아서 하나의 조종 행동 또는 여러 개의 조종 행동을 조합했을 때는 어떤 이름으로 불러야 할지 정해지지 않았다.

이 책에서는 기초가 되는 조종 행동과 이것들을 조합해서 만들 수 있는 조종 행동을 분리해서 알아볼 것이다.

다양한 행동에 대한 많은 문헌과 코드 샘플을 볼 수 있는데 대부분 여러 개의 조종 행동을 조합해서 얻은 결과물들이다. 동물원에서 동물들을 분류하기보다는 몇 가지 예외 사항을 제외하고 조종 행동들의 기본적인 구조를 먼저 알아볼 것이다.

3.3.1 조종의 기본

대체로 대부분의 조종 행동은 비슷한 구조를 갖고 있다. 입력으로 이동하고 있는 캐릭터의 운동 데이터와 목표물의 정보를 필요로 한다. 목표물의 정보는 프로그램에 따라 다르다. 예를 들어 추적하기나 피하기의 경우 목표물은 보통 움직이고 있는 캐릭터가 되며 장애물 피하기 행동의 경우 게임 월드의 충돌 데이터를 필요로 한다. 경로 따라가기 행동의 경우에는 특정한 경로 데이터가 필요할 수도 있다.

조종 행동에 필요한 입력 값들은 AI가 작업하기에 좋은 포맷이 아닐 수도 있다. 예를 들어 충돌 피하기 행동의 경우 레벨에 설정된 충돌 데이터를 직접 접근할 필요가 있다. 이것은 매우 비싼 비용을 필요로 하기도 하는데 레이 캐스트^{ray cast}를 사용해 플레이어의 모션을 예상하거나 미리 레벨을 통해 이동해 봐야 할 수도 있다.

많은 조종 행동은 목표 그룹에서 동작한다. 예를 들어 유명한 무리 행동의 경우 무리의 평균 위치를 향해 이동할 수 있다. 이와 같은 행동의 경우 타깃 집합을 간단히 하기 위해 행동이 반응할 수 있도록 처리가 필요하다. 이것은 속성들을 평균화시키거나(예를 들어 질량 중심을 찾는다거나) 재정렬, 검색이 필요할 수 있다(최근점으로부터 멀어지거나 충돌을 피하는 행동).

알아둘 것은 하나의 조종 행동이 모든 것을 해결하려고 하지는 않는다는 점이다. 가령 캐릭터 추적 행동에서 충돌을 피하는 행동을 하거나 파워업 아이템을 우회하는 이동을 하지는 않는다. 하나의 조종 행동 알고리듬은 하나의 동작만을 한다. 그리고 그 하나의 동작을 하기 위한 입력만을 필요로 한다. 더 복잡한 행동을 얻기 위해서는 여러 조종 행동을 조합해서 사용한다.

3.3.2 변수 매칭

가장 간단한 조종 행동류는 변수 매칭^{variable matching}에 의해 동작한다. 이것들은 하나 또는 그 이상의 캐릭터 키네마틱 데이터가 하나의 목표 키네마틱 데이터와 매치하는지 검사한다. 우리는 타깃의 위치가 매치하는지 검사할 수 있다. 예를 들어 다른 요소들은 개의치 않는다. 이것은 타깃 위치로 가속하게 하고 가까이 다다르면 감속한다. 다른 방법으로 타깃의 방향과 일치하도록 회전시키기 위해 방향이 매치하는지 검사할 수 있다. 심지어 타깃의 속도를 매치할 수도 있다. 예를 들어 경로에 고정된 거리를 유지하면서 평행하게 움직일 수 있다.

변수 매칭 행동은 2개의 키네마틱 입력을 필요로 한다. 캐릭터 키네마틱과 타깃 키네마틱이다. 다른 이름의 조종 행동은 속성들을 추가해 다양한 요소의 조합으로 매칭을 시도한다. 매치되는 요소들의 조합을 알려 주는 일반 변수 매칭 조종 행동을 만드는 것도 가능하지만 특별히 도움이 되지는 않는다.

나는 지금까지 몇 차례 이러한 유형의 구현 사항들을 봤는데 문제는 하나 이상의 키네마틱 요소가 같은 시간에 매치됐을 때 발생한다. 이것들은 쉽게 충돌이 발생한다. 타깃의 위치와 방향을 독립적으로 매치할 수 있지만 만약 위치와 속도를 매칭한다면 어떻게 될까? 속도를 우선적으로 매치한다면 절대로 위치는 매칭시킬 수가 없다(가까워질 수 없으므로).

더 좋은 방법은 매칭 알고리듬을 요소별로 개별적으로 처리하고 이후에 올바른 순서대로 조합하는 것이다. 이것은 하나의 하드 코딩된 조종 행동을 사용하는 것이 아닌, 3장에서 배우는 모든 조종 행동 조합 기법을 사용할 수 있게 한다.

조종 행동을 조합하는 알고리듬은 충돌을 해결한다. 각각의 매칭 조종 행동에는 매칭이 이뤄지지 않도록 반대로 행동하는 것들이 있는데 타깃을 추적하는 행동의 반대는 타깃으로부터 멀어지는 것이다. 우리는 찾기 행동을 살펴봤는데 이것의 반대 동작을 만들기 위해서는 약간의 수정이 필요하다. 앞으로 여러 조종 행동을 알아볼 것이고 그 반대의 행동을 하는 것들도 알아볼 것이다.

3.3.3 찾기, 도망가기

찾기는 캐릭터의 위치를 타깃 위치로 매치시킨다. 키네마틱 찾기 알고리듬은 타깃으로 방향을 알아내고 가능한 한 빠르게 머리를 해당 방향으로 향한다. 조종 행동의 출력 값이 가속도이기 때문에 가능한 한 가속을 한다. 당연하지만 이것은 계속해서 가속을 한다. 속도는 계속 빨라진다. 대부분의 캐릭터는 최대 속도가 존재하고 무한히 빠르게 움직일 수 없기 때문에 최댓값은 명확하게 설정되고 변수 또는 상숫값으로 존재한다. 현재 캐릭터의 속도는(속도 벡터의 길이) 지속적으로 체크되고 최대 속도를 넘어가면 최대 속도에 한정된다. 이것은 보통 업데이트 함수의 후처리 과정에서 이뤄지며 조종 행동에서 처리하지 않는다.

```
1  class Kinematic:
2      # ... 이전 멤버 데이터들 ...
```

```
 3
 4      function update(steering: SteeringOutput,
 5                                    maxSpeed: float,
 6                                    time: float):
 7          # 위치와 방향을 갱신한다.
 8          position += velocity * time
 9          orientation += rotation * time
10
11          # 속도와 회전을 갱신한다.
12          velocity += steering.linear * time
13          orientation += steering.angular * time
14
15          # 속도를 체크하고 넘어가면 자름 처리한다.
16          if velocity.length() > maxSpeed:
17              velocity.normalize()
18              velocity *= maxSpeed
```

물리 엔진에 의존하는 게임의 경우 보통 최대 스피드를 사용하지 않고 항력^{drag}을 사용한다. 항력이(업데이트 함수에서 적용되는) 자동적으로 최대 스피드를 제한한다.

항력은 다른 면으로도 이 알고리듬에 도움이 된다. 가속은 항상 타깃을 향하는데 타깃이 만일 움직이고 있다면 추적 행동은 방향으로 곧장 움직이지 않고 궤도를 선회한다. 시스템 안에 항력이 존재하면 궤도는 안쪽으로 선회하게 된다. 항력이 충분히 크다면 플레이어는 궤도가 안쪽으로 선회하는 것을 보지 못하고 곧바로 타깃으로 움직이는 것을 보게 될 것이다.

그림 3.8에 찾기, 도망가기 행동의 결과를 볼 수 있다.

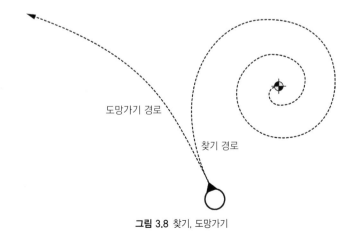

그림 3.8 찾기, 도망가기

의사 코드

동적인 찾기 구현은 키네마틱 버전과 매우 비슷하다.

```
1   class Seek:
2       character: Kinematic
3       target: Kinematic
4
5       maxAcceleration: float
6
7       # 원하는 스티어링의 출력 값을 반환한다.
8       function getSteering() -> SteeringOutput:
9           result = new SteeringOutput()
10
11          # 타깃으로 방향을 얻는다.
12          result.linear = target.position - character.position
13
14          # 이 방향으로 최대 가속도를 얻는다.
15          result.linear.normalize()
16          result.linear *= maxAcceleration
17
18          result.angular = 0
19          return result
```

키네마틱 버전에 있던 방향 전환에 관한 코드는 삭제했다. 방향은 간단하게 설정할 수 있고 더 유연한 방법은 변수 매칭 알고리듬을 사용해 캐릭터의 방향을 설정하는 것이다. 정렬 행동의 경우 이후에 소개할 것이고 각 가속도를 이용해 방향을 전환하면 더 괜찮은 결과를 얻을 수 있다.

자료 구조 및 인터페이스

이전에 정의한 SteeringOutput 구조체를 이용해 linear와 angular 값을 설정하고 출력으로 내보낸다.

성능

이 알고리듬의 공간 및 시간 복잡도는 O(1)이다.

도망가기

도망가기는 찾기의 반대 행동이다. 타깃으로부터 가능한 한 멀리 떨어지는 것이 도망이다. getSteering 함수의 두 번째 코드를 다음과 같이 수정하면 도망을 구현할 수 있다.

```
1  # 타깃으로의 방향을 구한다.
2  steering.linear = character.position - target.position
```

캐릭터는 타깃의 반대 방향으로 가능한 한 빠르게 이동한다.

3.3.4 도착하기

찾기는 언제나 가능한 최대 속도로 목표를 향해 가속한다. 타깃이 지속적으로 움직이고 있다면 별다른 문제가 없다고 하지만 캐릭터가 타깃에 도착하면 찾기는 앞뒤로 왔다 갔다 하면서 이동을 하게 될 것이다. 아니면 타깃 주위를 빙빙 돌기 시작할 것이다. 캐릭터가 타깃에 도착하기를 원한다면 캐릭터는 타깃에 다다랐을 때 속도를 줄여야 하며 이것이 도착하기 행동이다. 그림 3.9에 이 행동의 결과를 보여 주고 있다. 찾기, 도착하기에 의한 경로의 자취를 볼 수 있다. 도착하기는 타깃으로 곧장 가지만 찾기의 경우 타깃을 선회하며 진동한다. 동적 찾기의 진동은 키네마틱 찾기보다는 나쁘지 않은데 왜냐하면 캐릭터가 방향을 즉각적으로 바꿀 수 없으므로 시각적으로 보기에 더 좋기 때문이다.

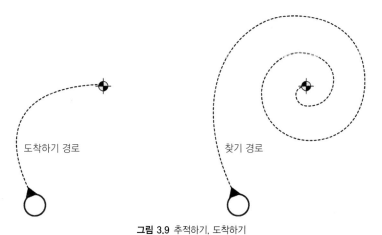

그림 3.9 추적하기, 도착하기

동적 도착하기 행동은 키네마틱 버전보다 조금 더 복잡하다. 이것은 2개의 반지름을 사용한다. 첫 번째 도착 반경은 이전과 같이 캐릭터가 타깃의 근처에 있게 만들어 주고, 두 번째 반경은 더 크게 설정한다. 캐릭터는 이 반경을 지나면 속도를 줄이기 시작한다. 알고리듬은 캐릭터를 위해 속도를 계산하고 속도를 줄이기 위한 반경에 다다르면 이때 캐릭터의 속도는 캐릭터의 최대 속도와 같다. 목표 지점에 이르면 속도가 0이 되며(즉 타깃에 도착하면 속도가 0이다) 이 사이에 있을 때 타깃과의 거리를 이용해 속도가 보간된다.

타깃으로 향하는 방향은 이전과 같이 계산되며 그 이후 타깃 속도를 얻기 위해 속력과 결합된다. 알고리듬은 캐릭터의 현재 속도를 보고 가속도를 계산해 타깃 속도를 얻는다. 우리는 속도를 즉각적으로 바꿀 수 없기 때문에 목표로 하는 고정된 시간 속에서의 속도에 기반해 가속도를 계산한다.

이것은 캐릭터가 0.25초에 도착하기 위해서 사용한 키네마틱 도착하기 방법과 정확히 같은 방법이다. 동적 도착하기를 위한 고정된 시간은 더 작다. 우리는 출발점으로 0.1을 사용할 것이다. 캐릭터가 원하는 시간에 도착하기에 너무 빠르다면 타깃 속도는 실제 속도보다 더 적을 것이다. 즉 가속도는 반대 방향이 된다(반대 방향으로 가속하므로 캐릭터의 속도가 줄어들게 된다).

의사 코드

알고리듬의 전체 소스는 다음과 같다.

```
1  class Arrive:
2      character: Kinematic
3      target: Kinematic
4
5      maxAcceleration: float
6      maxSpeed: float
7
8      # 타깃의 도착 반경
9      targetRadius: float
10
11     # 속도를 늦추기 시작하기 위한 반경
12     slowRadius: float
13
14     # 목표 속도를 달성하기 위한 시간 값
15     timeToTarget: float = 0.1
```

```
16
17      function getSteering() -> SteeringOutput:
18          result = new SteeringOutput()
19
20          # 타깃으로의 방향을 얻는다.
21          direction = target.position - character.position
22          distance = direction.length()
23
24          # 이미 반지름 안에 있다면 아무런 동작을 하지 않는다.
25          if distance < targetRadius:
26              return null
27
28          # slowRadius의 반경보다 바깥에 있다면 속도를 최대로 설정한다.
29          if distance > slowRadius:
30              targetSpeed = maxSpeed
31          # 그렇지 않으면 속도를 계산한다.
32          else:
33              targetSpeed = maxSpeed * distance / slowRadius
34
35          # 타깃 속도는 속력과 방향을 조합해서 얻는다.
36          targetVelocity = direction
37          targetVelocity.normalize()
38          targetVelocity *= targetSpeed
39
40          # 타깃 속도에 도달하기 위해 가속한다.
41          result.linear = targetVelocity - character.velocity
42          result.linear /= timeToTarget
43
44          # 가속이 너무 빠른지 검사한다.
45          if result.linear.length() > maxAcceleration:
46              result.linear.normalize()
47              result.linear *= maxAcceleration
48
49          result.angular = 0
50          return result
```

성능

이 알고리듬은 이전과 같이 시간, 공간 복잡도 모두 $O(1)$이다.

구현 노트

많은 구현에서 타깃 반경을 사용하지 않는다. 왜냐하면 캐릭터가 타깃에 근접할 때 즈음에 속도를 늦추기 때문이다. 키네마틱 도착하기에서 봤던 것과 같은 떨림 현상은 없다. 타깃 반경을 지워도 별다른 차이점은 못 느끼겠지만 프레임이 낮거나 캐릭터가 매우 빠른 스피드, 늦은 가속도를 갖고 있을 때 중요할 수는 있다. 일반적으로 불안정성을 피하기 위해 타깃 주위로 오차 한계를 제공하는 것이 좋다.

떠나기

개념적으로 도착하기의 반대 행동이 떠나기^{leave}다. 굳이 이것을 구현하는 것은 의미가 없지만 타깃을 떠나는 동작이 필요하다면 아주 작은 가속도에서 시작해 점점 가속하는 것이 아닌 가능한 한 빠르게 가속하는 것을 원하므로 현실적으로 도착하기의 반대는 피하기가 목적에 부합한다.

3.3.5 줄 맞추기

줄 맞추기^{align}는 캐릭터의 방향을 타깃의 방향과 매치시킨다. 이때 캐릭터 또는 타깃의 위치와 속도는 관련이 없다. 다시 기억을 되짚어 보면 방향은 일반적인 키네마틱 이동에서 그다지 관련이 없다는 것을 알 수 있다. 줄 맞추기 조종 행동은 가속도와는 아무런 상관이 없고 오직 회전과 관련이 있다.

줄 맞추기는 도착하기와 비슷한 방식으로 동작한다. 타깃의 방향과 같아지기 위해 회전하며 타깃의 방향과 같으면 회전을 하지 않는다. 도착하기의 코드 대부분을 복사해서 사용할 수 있으며 회전에 관한 부분은 추가가 필요하다.

회전은 2π마다 반복하므로 캐릭터의 방향에서 단순히 뺄셈을 해서 방향을 구할 수 없다. 그림 3.10에 2개의 비슷한 줄 맞추기 상황이 있다. 캐릭터는 타깃으로부터 같은 각도 값을 갖고 있다. 만일 간단하게 두 각도를 뺀다면 첫 번째는 시계 방향으로 회전하며 두 번째는 올바른 방향을 찾기까지 한참을 회전해야 한다.

실제 회전의 방향을 찾기 위해서 타깃에서 캐릭터의 방향을 빼고 결괏값을 $(-\pi, \pi)$ 라디안으로 변환한다. 하나 이상의 2π를 더하거나 빼서 결괏값을 범위 안에 있게 한다. mod 함수를 이용해 배수를 사용할 수 있다. 대부분의 게임 엔진 또는 그래픽스 라이브러리에 관련된 함수가 있다 (언리얼 엔진에는 `FMath::FindDeltaAngle`이라는 함수가 있고 유니티에는 `Mathf.DeltaAngle`가 있다).

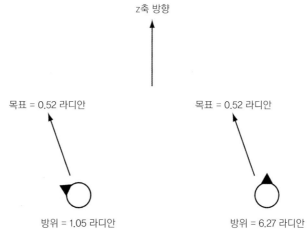

z축 방향

목표 = 0.52 라디안 ← 방위 = 1.05 라디안

목표 = 0.52 라디안 ← 방위 = 6.27 라디안

그림 3.10 2π 라디안 경계 기준으로 정렬

각도 값을 변환하고 나면 회전을 할 수 있다. 알고리듬은 도착하기와 매우 비슷하며 2개의 반지름을 갖고 있다. 하나는 속도 늦추기 용도이고 나머지 하나는 허용 가능한 타깃인지 아닌지 판단하기 용도다. 우리가 2D 또는 3D 벡터를 사용하지 않고 하나의 스칼라 값을 사용하고 있기 때문에 반지름은 간격 역할을 한다.

회전 값을 뺄셈할 때는 방위 값과는 다르게 순환되게 만들면 안 된다. 예를 들어 π회전과 3π회전은 다르다. 하지만 의도적으로 회전 값이 매우 클 수 있으며 매우 큰 회전 값은 매우 빠른 회전을 의미한다. 객체가 매우 빠른 속도를 갖고 있다면(레이싱 차량의 바퀴의 경우) 64비트를 사용하는 기어가기에서는 문제가 되지 않지만 32비트를 사용하는 기어가기에서는 문제가 될 소지가 있다. 잘 만들어진 물리 엔진에서는 이런 문제가 이미 해결됐겠지만 알고 있어서 나쁠 것은 없다.

의사 코드

대부분의 알고리듬은 도착하기와 비슷하며 간단히 변환 코드만 추가했다.

```
1  class Align:
2      character: Kinematic
```

```
3        target: Kinematic
4
5        maxAngularAcceleration: float
6        maxRotation: float
7
8        # 도착하기를 위한 타깃 반경
9        targetRadius: float
10
11       # 속도 늦추기를 위한 반경
12       slowRadius: float
13
14       # 목표 속도를 달성하기 위한 시간
15       timeToTarget: float = 0.1
16
17       function getSteering() -> SteeringOutput:
18           result = new SteeringOutput()
19
20           # 타깃으로의 방향 회전을 얻는다.
21           rotation = target.orientation - character.orientation
22
23           # 회전 값을 (-pi, pi) 범위로 만든다.
24           rotation = mapToRange(rotation)
25           rotationSize = abs(rotation)
26
27           # 이미 반경 안에 있다면 아무런 동작을 하지 않는다.
28           if rotationSize < targetRadius:
29               return null
30
31           # slowRadius 바깥쪽에 있다면 최대 회전 속도를 사용한다.
32           if rotationSize > slowRadius:
33               targetRotation = maxRotation
34           # 그렇지 않으면 계산해서 사용한다.
35           else:
36               targetRotation =
37                   maxRotation * rotationSize / slowRadius
38
39           # 최종 타깃 회전은 속력과 방향을 이용해서 구한다.
40           targetRotation *= rotation / rotationSize
41
42           # 목표 회전에 이르기 위해 가속한다.
43           result.angular = targetRotation - character.rotation
44           result.angular /= timeToTarget
```

```
45
46          # 가속이 너무 빠른지 검사한다.
47          angularAcceleration = abs(result.angular)
48          if angularAcceleration > maxAngularAcceleration:
49              result.angular /= angularAcceleration
50              result.angular *= maxAngularAcceleration
51
52          result.linear = 0
53          return result
```

abs 함수는 절댓값을 얻는 함수다(abs는 absolute의 약자다). 예를 들어 −1은 1이 된다.

구현 노트

도착하기 구현에서 2개의 벡터를 정규화했다. 이 코드에서 스칼라 값을 정규화해 +1 ~ −1 사이의 값으로 제한하고 이것은 다음과 같이 구현한다.

```
normalizedValue = value / abs(value)
```

C와 C++과 같이 float 숫자 값의 비트 패턴 접근이 가능한 언어의 경우 부호 비트 값을 조작해서 구현할 수 있다. 대부분의 경우 if 문장을 사용해서 구현하는데 어떤 C 라이브러리의 경우 sign 함수 구현이 매우 빠른 경우가 있다.

성능

이 알고리듬은 시간 및 공간 복잡도 모두 $O(1)$이다.

반대 행동

줄 맞추기의 반대 행동은 없다. 왜냐하면 방향은 항상 2π로 반복되기 때문이다. 타깃의 반대 방향으로 바라보려면 간단히 π를 더하면 된다.

3.3.6 속도 매칭

지금까지 타깃의 위치를 매칭시키는 행동을 알아봤다. 똑같은 방식을 속도에도 사용할 수 있다.

속도 매칭^{velocity matching}은 타깃의 모션을 흉내낼 때 사용할 수 있지만 그다지 유용하지는 않다. 이것은 다른 행동들과 조합됐을 때 빛을 발한다. 예를 들어 이것은 무리 짓기 조종 행동의 중요한 구성 요소 중 하나다.

도착하기 행동에서 타깃의 거리에 따라 속도를 계산하는 알고리듬을 이미 구현했다. 참고로 속도 매칭 구현을 보이기 위해 도착 행동을 제거할 수 있다.

의사 코드

기능을 뺀 코드는 다음과 같다.

```
 1  class VelocityMatch:
 2      character: Kinematic
 3      target: Kinematic
 4
 5      maxAcceleration: float
 6
 7      # 목표 속도를 달성하기 위한 시간
 8      timeToTarget = 0.1
 9
10      function getSteering() -> SteeringOutput:
11          result = new SteeringOutput()
12
13          # 타깃 속도를 얻기 위한 가속
14          result.linear = target.velocity - character.velocity
15          result.linear /= timeToTarget
16
17          # 가속이 너무 빠른지 체크한다.
18          if result.linear.length() > maxAcceleration:
19              result.linear.normalize()
20              result.linear *= maxAcceleration
21
22          result.angular = 0
23          return result
```

성능

이 알고리듬의 시간 및 공간 복잡도는 O(1)이다.

3.3.7 위임 행동

지금까지 찾기, 도망가기, 도착하기, 줄 맞추기와 같은 여러 행동을 계산하고 만들어 봤다.

모든 행동은 같은 구조를 갖고 있는데 가령 타깃, 위치, 방향을 계산한다. 그리고 이것을 다른 스티어링 계산을 위해 위임할 수 있다. 타깃 계산은 여러 입력 타입을 가질 수 있는데, 예를 들어 뒤쫓기^{pursue}의 경우 다른 대상의 움직임을 기반으로 찾기의 대상을 계산한다. 충돌 피하기의 경우 도망가기를 기반으로 장애물의 근접 타깃을 계산한다. 그리고 배회하기의 경우 이동 경로의 주변을 이리저리 돌아다니도록 타깃을 설정한다.

사실 찾기, 줄 맞추기, 속도 매칭은 기초적인 행동일 뿐이다(회전 매칭 행동도 있는데 지금까지 적용된 프로그램을 본 적은 없다). 이전 알고리듬에서 봤듯이 도착하기는 속도를 만드는 단계와 속도를 매칭시키는 두 부분으로 나눌 수 있다. 이것은 일반적이며 많은 위임 행동은 나중에 알아볼 것이지만 다른 행동들의 기반 행동으로 사용될 수 있다. 도착하기는 뒤쫓기의 기반 행동으로 동작하며 뒤쫓기는 또 다른 알고리듬의 기반 행동으로 사용될 수 있다.

이와 같은 의존성을 얻기 위해 프로그래밍의 다형성을 사용할 것이다. 여러분은 다른 방법으로 위임^{delegation}을 사용할 수도 있다. 기본이 되는 알고리듬을 새로운 기법의 멤버로 둘 수 있다. 두 가지 접근법 모두 문제점이 있는데 가령 하나의 행동이 다른 행동을 확장할 때 선택 가능한 타깃을 계산하는 데 있어 상속이라는 의미는 부모의 타깃을 선택하지 않고 자식이 타깃을 변경해 사용하는 것을 의미한다.

위임 접근법을 사용하면 각각의 위임된 행동들이 최대 가속도와 같은 올바른 캐릭터 데이터를 갖고 있는지 체크해야 한다. 위임은 자식이 사용하지 않을 많은 데이터 복사본을 생성하는 단점이 있다.

3.3.8 뒤쫓기, 도피하기

지금까지는 단순히 타깃의 현재 위치를 사용해 이동을 했다. 만일 이동하는 타깃을 추적해야 한다면 현재 위치를 단순히 따라가는 것만으로는 충분하지 않다. 왜냐하면 시간은 흐르고 목표로 했던 위치는 이미 이동돼 있기 때문이다. 타깃이 가까이 있으면 이것은 큰 문제가 되지 않지만 타깃과의 거리가 먼 경우에는 눈으로 보기에도 올바른 위치로 이동하는 것 같지 않는 결과를 얻는다. 그림 3.11에 이와 같은 상황이 연출돼 있다.

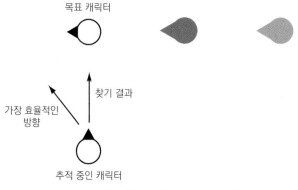

목표 캐릭터

찾기 결과

가장 효율적인
방향

추적 중인 캐릭터

그림 3.11 잘못된 방향으로 이동하고 있는 찾기 행동

타깃의 현재 위치를 사용하지 않고 미래의 위치를 계산해서 방향을 설정할 필요가 있다. 어린 시절 술래잡기 놀이를 할 때 가장 잡기 어려운 친구는 보통 달려가는 방향을 바꿔 예측을 벗어나는 친구였다는 것을 기억하자.

예측을 위해 모든 종류의 알고리듬을 사용할 수 있지만 대부분 지나치다. 캐릭터의 추적을 위해 예측과 전략에 관한 많은 연구가 이뤄졌었는데(이것은 군사 연구에서 매우 활발한 주제인데 예를 들어 미사일을 피하는 경우가 있다) 크레이그 레이놀즈의 접근법은 더 간단하다. 타깃이 현재 속도로 계속해서 이동하고 있다고 가정하며 거리가 매우 멀 경우에 합리적이다.

알고리듬은 캐릭터와 타깃의 거리를 얻고 최대 속도로 도달하기 위해서 얼마나 걸리는지 알아낸다. 이때 예측을 위해 시간을 사용한다. 타깃이 현재 속도로 계속 움직인다고 가정하고 새로운 위치를 계산한 후 찾기 행동을 사용하면 된다.

캐릭터가 느리게 움직이거나 타깃이 너무 멀리 있다면 예측된 시간은 매우 길 것이다. 이 경우 타깃은 영원히 도달하기 어려울 것이고 얼마나 멀리 내다볼 것인지 제한을 걸어 둬야 한다. 이를 위해 알고리듬은 최대 시간을 갖고 있고 예측된 타임이 이 값보다 크다면 최대 시간을 사용한다.

그림 3.12에 같은 타깃을 갖는 찾기 행동과 뒤쫓기 행동을 보여 주고 있다. 뒤쫓기 행동이 더 효과적으로 추적하고 있다는 것을 알 수 있다.

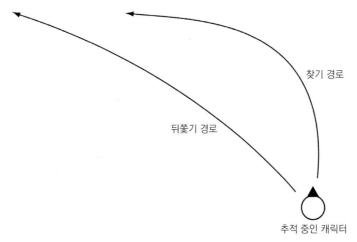

찾기 경로

뒤쫓기 경로

추적 중인 캐릭터

그림 3.12 찾기, 뒤쫓기

의사 코드

뒤쫓기 행동은 찾기를 상속하고 임시 타깃을 계산하고 찾기 행동에 입력 값으로 보낸다.

```
1   class Pursue extends Seek:
2       # 최대 예측 시간
3       maxPrediction: float
4
5       # 찾기 행동에 있는 타깃 데이터를 무효화한다. 다른 말로 말하면
6       # 이 클래스에는 2개의 타깃 데이터가 존재한다.
7       # Seek.target은 부모 클래스의 타깃이며 자동으로 계산된다.
8       # Pursue.target이 추적하려는 타깃이다.
9       target: Kinematic
10
11      # ... 부모 클래스로부터 상속한 다른 데이터들
12
13      function getSteering() -> SteeringOutput:
14          # 1. 찾기 행동에 넘겨줄 타깃을 계산한다.
15          direction = target.position - character.position
16          distance = direction.length()
17
18          # 현재 속력을 설정한다.
19          speed = character.velocity.length()
20
21          # 속력이 너무 작을 때 적절한 예측 시간을 설정한다.
22          if speed <= distance / maxPrediction:
```

```
23              prediction = maxPrediction
24
25          # 그렇지 않으면 예측 시간을 계산해서 설정한다.
26          else:
27              prediction = distance / speed
28
29          # 찾기 행동에 타깃을 설정한다.
30          Seek.target = explicitTarget
31          Seek.target.position += target.velocity * prediction
32
33          # 2. 찾기 행동의 로직을 실행한다.
34          return Seek.getSteering()
```

구현 노트

이 코드에서 멤버 변수의 이름을 선정하는 데 있어 약간 좋지 않은 기법을 사용했다. 대부분의 프로그래밍 언어에서 같은 이름을 갖는 두 변수를 만들 수 있는데 뒤쫓기를 위한 타깃의 변경이 찾기의 타깃 변경에 영향을 끼치지 않는다.

하지만 조심해야 한다. 어떤 언어의 경우(예를 들어 파이썬) 이렇게 사용할 수 없다. 상속 관계가 있는 클래스라고 하더라도 다른 멤버 변수의 이름을 설정해야 한다.

이전에 설명했듯이 알고리듬에서 상속 관계를 없애면 퍼포먼스가 더 올라간다. 사용하는 모든 데이터를 뒤쫓기 클래스에 놓고 찾기 클래스의 상속을 없앤 후 찾기 행동의 모든 동작을 뒤쫓기 행동에 넣으면 된다. 이것은 빠르지만 각각의 행동을 만들 때 코드의 복사본이 늘어나며 알고리듬을 재사용할 때 코드를 보기 어렵게 만든다.

성능

이 알고리듬의 시간 및 공간 복잡도는 O(1)이다.

도피하기

뒤쫓기의 반대는 도피하기다. 타깃의 예측된 위치를 계산한 후 찾기 행동에 이 결과를 입력으로 주기보다는 도망가기[flee]에 위임하면 된다. 앞서 살펴본 코드에서 클래스 정의를 바꾸어 Seek을 상속하지 않고 Flee를 상속한다. 그리고 Seek.getSteering 함수를 호출하지 않고 Flee.getSteering을 호출하면 된다.

지나치기

만일 따라가는 캐릭터가 타깃보다 더 빠를 경우에 타깃을 지나칠^{overshooting} 수 있고 타깃 주위를 맴돌 수 있다. 이것은 정확히 찾기 행동과 같다. 이 행동을 피하기 위해서는 찾기 행동을 호출하지 않고 도착하기를 이용하면 된다. 이것이 바로 논리적으로 분리된 행동을 조합해서 얻을 수 있는 장점이다. 다른 행동을 원하면 코드를 약간만 수정해서 원하는 동작을 얻을 수 있다.

3.3.9 바라보기

바라보기^{face} 행동은 캐릭터를 타깃으로 바라보게 만든다. 방위 값을 계산한 후 줄 맞추기 행동에 회전을 하도록 해 타깃을 바라보게 만든다. 타깃 방향은 캐릭터의 타깃 상대 위치로부터 계산된다. 이것은 운동학적 이동에서 사용된 getOrientation과 같다.

의사 코드

구현은 매우 간단하다.

```
1  class Face extends Align:
2      # Align.target 멤버 변수를 재정의한다.
3      target: Kinematic
4
5      # ... 부모 클래스로부터 상속받은 다른 데이터들 ...
6
7      # 뒤쫓기에서 구현한 것과 같은 내용
8      function getSteering() -> SteeringOutput:
9          # 1. 줄 맞추기에 전달할 타깃을 계산한다.
10         # 타깃으로의 방향을 계산한다.
11         direction = target.position - character.position
12
13         # 방향의 크기가 0인지 검사한다. 0이라면 아무런 동작을 하지 않는다.
14         if direction.length() == 0:
15             return target
16
17         # 줄 맞추기에 위임한다.
18         Align.target = explicitTarget
19         Align.target.orientation = atan2(-direction.x, direction.z)
20         return Align.getSteering()
```

3.3.10 이동할 곳으로 바라보기

여기서는 캐릭터가 이동하고 있는 방향으로 얼굴 방향을 설정하지 않아도 된다고 가정했다. 하지만 대부분의 경우에는 캐릭터가 이동하고 있는 방향으로 얼굴 방향을 설정하길 원한다. 키네마틱 이동 알고리듬에서는 방향을 직접 설정할 수 있으나 줄 맞추기 행동을 사용할 때는 캐릭터에 각 가속도를 줘 방향을 설정하도록 해야 한다. 이 경우 캐릭터는 얼굴의 방향을 서서히 변화하며 특히 헬리콥터나 호버크래프트와 같은 공중에 떠 있는 교통 수단이나 옆으로 움직일 수 있는 사람 캐릭터인 경우에 보기에 더 자연스럽다.

이것은 앞서 살펴본 바라보기 행동과 비슷한데 타깃 방향은 현재 캐릭터의 속도로부터 계산되고 속도가 없다면 방향은 현재 방향을 유지한다. 이때 방향의 우선순위는 없다.

의사 코드

구현은 바라보기 행동보다 더 쉽다.

```
1   class LookWhereYoureGoing extends Align:
2       # 타깃 멤버 변수를 재정의할 필요가 없다.
3       # 명시적으로 사용하지 않기 때문이다.
4
5       # ... 부모 클래스로부터 상속받은 데이터들 ...
6
7       function getSteering() -> SteeringOutput:
8
9           # 1. 줄 맞추기 행동에 위임할 타깃을 계산한다.
10          # 방향 벡터가 0이라면 아무것도 하지 않는다.
11          velocity: Vector = character.velocity;
12          if velocity.length() == 0:
13              return null
14
15          # 그렇지 않다면 속도에 기반해 타깃을 결정한다.
16          target.orientation = atan2(-velocity.x, velocity.z)
17
18          # 2. 줄 맞추기 행동에 위임한다.
19          return Align.getSteering()
```

구현 노트

이번에는 다른 타깃 멤버 변수가 필요 없었다. 타깃은 단순히 계산해 의해 생성되고 `Align.target`

에 전달해 타깃이 설정되게 했다(추적하기와 다른 상속된 알고리듬에서 사용했던 방법과 마찬가지로).

성능

이 알고리듬의 시간 및 공간 복잡도는 O(1)이다.

3.3.11 배회하기

배회하기 행동은 캐릭터가 아무런 방향성을 갖지 않고 움직이게 한다.

키네마틱 배회하기 행동은 방향을 무작위로 선택해 움직였다. 움직임의 경우 부드럽게 움직이지만 방향 부분에 있어서는 버그가 있는 것처럼 보일 것이다. 배회하기 행동의 기본적인 아이디어는(무작위 방향으로 이동하는) 선형적으로 고르지 못한 움직임을 가진다.

키네마틱 버전은 간접 레이어를 추가해 회전을 지원하지만 역시 불안정한 회전을 한다. 별도의 레이어를 추가해 난수 생성기에 의한 캐릭터의 방향을 더 부드럽게 만들 수 있다.

키네마틱 배회하기를 위임된 찾기 행동과 같다고 생각할 수 있다. 캐릭터 주위에 원이 있고 타깃이 존재한다. 행동이 실행될 때마다 원에 존재하는 타깃을 무작위로 약간씩 움직인 후 캐릭터가 타깃으로 찾기 행동을 실행한다. 그림 3.13에 이와 같은 동작이 묘사돼 있다.

타깃을 제한하는 원을 이동시켜 행동을 더 개선시킬 수 있다. 만약 원을 캐릭터의 앞쪽으로 이동시키고(앞쪽이라는 의미는 현재 캐릭터가 바라보는 방향을 의미한다) 크기를 약간 축소하면 그림 3.14와 같이 된다.

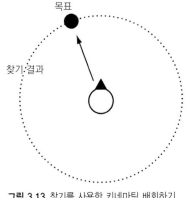

그림 3.13 찾기를 사용한 키네마틱 배회하기

그림 3.14 배회하기 행동

캐릭터는 매 프레임 바라보기 행동을 사용해 타깃으로 방향을 바라본다. 또한 현재 캐릭터 방향으로 최대 가속도를 적용한다. 또 다른 방법으로는 타깃을 찾고, '이동할 곳으로 바라보기' 행동을 사용해 구현할 수도 있다.

어느 경우에나 캐릭터의 방향은 함수가 호출될 때 지속적으로 유지된다(그래서 방향이 부드럽게 변화한다). 캐릭터를 마주하는 원의 가장자리 각도가 얼마나 빠르게 회전할지 결정한다. 만약 타깃이 이러한 원의 가장자리에 있다면 회전은 더 빨라지며 타깃이 원의 가장자리 주위에 있다면 캐릭터의 방향은 부드럽게 변화한다.

배회하기 행동은 어느 쪽으로든 캐릭터를 회전시킬 것이고 타깃은 원의 가장자리에 있을 것이다.

의사 코드

```
1   class Wander extends Face:
2       # 배회하기 원의 앞 방향 오프셋과 반경을 가진다.
3       wanderOffset: float
4       wanderRadius: float
5
6       # 배회하기의 최대 회전율
7       wanderRate: float
8
9       # 배회하기 타깃의 현재 방향
10      wanderOrientation: float
11
12      # 캐릭터의 최대 가속도
13      maxAcceleration: float
14
15      # 이번에도 새로운 타깃은 필요하지 않다.
16      # ... 상속된 데이터들 ...
17
18      function getSteering() -> SteeringOutput:
19          # 1. 바라보기 행동에 위임하기 위한 타깃을 계산한다.
20          # 배회하기의 방향을 갱신한다.
21          wanderOrientation += randomBinomial() * wanderRate
22
23          # 합쳐진 타깃 방향을 계산한다.
24          targetOrientation = wanderOrientation + character.orientation
25
```

```
26          # 배회하기 원의 중심을 계산한다.
27          target = character.position +
28                      wanderOffset * character.orientation.asVector()
29
30          # 타깃 위치를 계산한다.
31          target += wanderRadius * targetOrientation.asVector()
32
33          # 2. 바라보기 행동에 위임한다.
34          result = Face.getSteering()
35
36          # 3. 현재 방향에 최대 가속도로 linear 값을 설정한다.
37          result.linear =
38              maxAcceleration * character.orientation.asVector()
39
40          # 반환
41          return result
```

자료 구조 및 인터페이스

방향으로 벡터를 얻기 위해 asVector 함수를 사용한다.

성능

이 알고리듬의 시간 및 공간 복잡도는 $O(1)$이다.

3.3.12 경로 따라가기

지금까지 하나의 타깃이나 타깃이 아예 없는 행동들을 알아봤다. 경로 따라가기는 전체 경로를 타깃으로 사용하는 조종 행동이다.

경로 따라가기를 사용하는 캐릭터는 한 방향으로 경로를 따라다니며 이동하고 보통 다른 위임된 행동들을 사용해서 구현한다. 현재 캐릭터의 위치와 경로에 기반해 타깃의 위치를 계산한다. 그리고 찾기 행동을 사용해 이동한다. 이때 도착하기는 사용할 필요가 없다. 왜냐하면 타깃은 항상 경로상에서 이동하고 있을 것이기 때문이다.

타깃 위치는 두 단계에 걸쳐 계산되는데, 첫째는 현재 캐릭터의 위치를 경로상에 가장 가까운 점과 매핑시킨다. 이것은 말은 쉽지만 복잡한 절차가 될 가능성이 있다. 특히 경로에 커브가 존재하거나 세그먼트가 많을 경우에 그렇다. 둘째는 매핑된 위치보다 고정된 거리만큼 떨어진 경로상의 미래 위치를 찾아내는 것이다. 경로를 따라 방향을 바꾸려면 이 거리의 지점을 바꾸면 된다. 그림 3.15에 이와 같은 동작을 나타냈다. 현재 경로가 나타나 있고 타깃은 경로상에 미래의 위치에 나타나 있다. 이 접근법은 가끔 '토끼 추적하기'라고 한다.

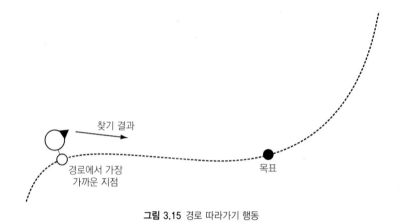

그림 3.15 경로 따라가기 행동

다른 방법으로 구현하는 방법도 있다. 타깃을 살짝 다르게 설정하는 것이다. 첫째로 짧은 시간 안에 캐릭터가 위치할 곳을 예측한다. 그리고 이것을 경로상에 가장 가까운 점과 매핑시킨다. 이것은 타깃이 될 가능성이 있는 지점이다. 만약 새로운 타깃이 이전 프레임에 비해 경로상에 더 멀리 배치되지 않으면 이것을 타깃으로 사용한다. 이것을 '예측 경로 따라가기predictive path following'라고 한다. 그림 3.16에서 이것을 보여 준다. 예측 경로 따라가기가 경로가 복잡할 때 더 부드럽게 경로를 따라간다. 하지만 두 경로가 가까이 있을 경우에 코너를 생략하는 단점이 있다.

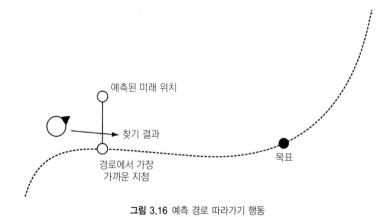

그림 3.16 예측 경로 따라가기 행동

그림 3.17에 코너를 생략하는 행동이 어떤 결과를 나타내는지 보여 준다. 캐릭터는 전체 경로의 일부를 생략하게 된다.

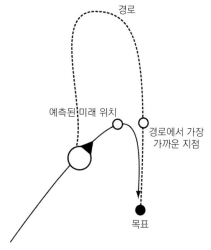

그림 3.17 경로 일부가 생략된 예측 경로 따라가기

이것은 여러분이 원하지 않는 결과일 수도 있다(예를 들어 순찰 경로나 레이싱 트랙에서 경로를 생략하면 안 된다).

의사 코드

```
1    class FollowPath extends Seek:
2        path: Path
3
4        # 타깃의 위치를 설정하기 위한 경로상 거리.
5        # 이 값은 캐릭터가 반대 방향으로 이동할 경우 음수 값이 될 수 있다.
6        pathOffset: float
7
8        # 경로상 현재 위치
9        currentParam: float
10
11       # ... 상속받은 데이터들 ...
12
13       function getSteering() -> SteeringOutput:
14           # 1. 바라보기 행동에 넘길 타깃을 계산한다.
15           # 경로상 현재 위치를 찾는다.
16           currentParam = path.getParam(character.position, currentPos)
```

```
17
18        # 변위를 적용
19        targetParam = currentParam + pathOffset
20
21        # 타깃 위치를 얻는다.
22        target.position = path.getPosition(targetParam)
23
24        # 2. 찾기 행동을 실행한다.
25        return Seek.getSteering()
```

path.getParam을 호출할 때 예측 위치를 계산해서 예측 버전의 알고리듬을 만들 수 있다. 그것을 제외하면 앞에서 살펴본 알고리듬과 거의 동일하다.

```
1    class FollowPath extends Seek:
2        path: Path
3
4        # 타깃의 위치를 설정하기 위한 경로상 거리.
5        # 이 값은 캐릭터가 반대 방향으로 이동할 경우 음수 값이 될 수 있다.
6        pathOffset: float
7
8        # 경로상 현재 위치
9        currentParam: float
10
11       # 캐릭터의 미래 위치를 계산하는 데 필요한 시간 값
12       predictTime: float = 0.1
13
14       # ... 상속된 다른 데이터들 ...
15
16       function getSteering() -> SteeringOutput:
17           # 1. 바라보기 행동에 전달할 타깃 계산하기
18           # 예측된 미래 위치 찾기
19           futurePos = character.position +
20                       character.velocity * predictTime
21
22           # 경로상 현재 위치를 찾기
23           currentParam = path.getParam(futurePos, currentPos)
24
25           # 변위를 적용
26           targetParam = currentParam + pathOffset
27
28           # 타깃 위치를 얻는다.
29           target.position = path.getPosition(targetParam)
```

```
30
31          # 2. 찾기 행동을 실행한다.
32          return Seek.getSteering()
```

자료 구조 및 인터페이스

행동이 사용하는 path는 다음과 같은 인터페이스를 갖고 있다.

```
1   class Path:
2       function getParam(position: Vector, lastParam: float) -> float
3       function getPosition(param: float) -> Vector
```

두 함수 모두 경로 매개 변수 개념을 사용한다. 이것은 특별한 값으로서 경로를 따라 감소하지 않고 증가한다. 이것은 마치 경로를 따라 거리가 증가하는 것으로 생각할 수 있다. 보통 경로는 라인 또는 스플라인 커브로 이뤄져 있는데 두 가지 모두 매개 변수 개념을 사용할 수 있다. 매개 변수는 2D 또는 3D 공간의 경로상 위치를 결정하는 데 사용한다.

경로 타입

이러한 이동 처리를 구현하는 것(예를 들어 경로 클래스를 구현하는 것)은 경로의 형태에 따라 구현하기 힘든 경우가 있다.

대부분의 경우 그림 3.18과 같이 직선으로 이뤄진 라인들의 집합을 사용한다. 이 경우 변환은 어렵지 않다. getParam에서 라인 하나하나 접근해서 캐릭터에 가장 가까운 라인을 알아내고 가장 가까운 점을 알아낼 수 있다. 레이싱 게임에서 사용하는 부드럽게 연결된 커브의 경우 수학적으로 더 어렵다. 다양한 지오메트리geometry의 가장 가까운 점을 알아내는 알고리듬은 슈나이더Schneider와 에벌리Eberly[56]에 좋은 자료가 많다.

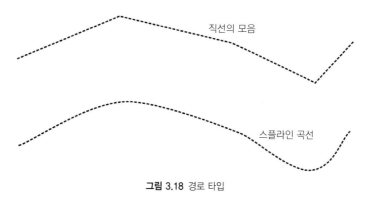

직선의 모음

스플라인 곡선

그림 3.18 경로 타입

매개 변수 추적하기

앞서 살펴본 의사 코드에서 경로 클래스에 전달하는 마지막 매개 변수는 현재 매개 변수 값을 계산하기 위해서 존재한다.

이것은 선들이 서로 매우 가까이 있을 때 이상한 현상을 피하기 위해서 사용한다. getParam 함수에서 lastParam 값과 가까운 경로만을 고려 대상으로 제한해 캐릭터가 예상 밖으로 멀리 못가게 한다. 이 기법은 새로운 값이 이전 값과 가깝게 만들며 응집성^{coherence}이라고 불리기도 한다. 그리고 이것은 많은 지오메트리 알고리듬의 특징 중 하나다. 그림 3.19에 응집성이 없는 경우에 어떤 지점을 선택해야 하는지 애매한 상황이 나타나 있다. 이때 이전 위치를 이용하면 문제를 쉽게 해결할 수 있다.

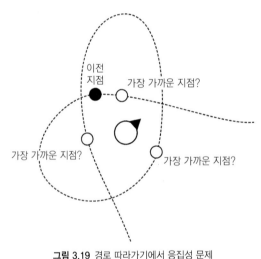

그림 3.19 경로 따라가기에서 응집성 문제

물론 여러분이 코너를 없애거나 캐릭터가 일부 경로를 생략하길 원한다면 응집성을 없애거나 범위 매개 변수를 추가해 검색 알고리듬에서 일부를 제외할 수 있다.

성능

이 알고리듬의 시간 및 공간 복잡도는 $O(1)$이며 getParam 함수는 보통 $O(1)$이나 라인 개수가 n개이면 $O(n)$이 될 수 있다. 이 경우 getParam 함수는 크기에 따라 알고리듬 성능이 달라질 수 있다.

3.3.13 분리

분리^{separation} 행동은 보통 군중 시뮬레이션에서 사용된다. 군중 시뮬레이션은 많은 캐릭터가 대략 같은 방향으로 이동하며 집단을 이뤄 혼잡을 만들어 내는 것이다. 이때 각각의 캐릭터가 다른 방향으로 서로 얽히면서 이동하는 경우 제대로 동작하기가 어려운데 이후에 다룰 충돌 피하기^{collision avoidance} 행동의 경우 이것을 해결하기 위해 사용된다.

대부분의 경우 분리 행동은 출력 값이 없다. 이것은 이동을 제안하지도 않고 다른 캐릭터가 일정 범위 안에 들어오면 도피하기 행동을 실행시켜 다른 캐릭터로부터 멀어지게 하는 것이다. 기본적인 도피하기 행동과는 다르게 분리 행동의 세기는 타깃과의 거리와 연관돼 있다. 분리의 세기는 공식에 따라 감소할 수 있지만 선형 또는 역제곱 법칙^{inverse square law} 감쇠가 일반적이다.

선형 분리는 다음과 같다.

```
strength = maxAcceleration * (threshold - distance) / threshold
```

역제곱 법칙은 다음과 같다.

```
strength = min(k / (distance * distance), maxAcceleration)
```

두 경우 모두 거리는 캐릭터와 가장 가까운 이웃 캐릭터로부터 얻는다. 임곗값^{threshold}은 분리가 일어나는 최소 거리를 뜻하며 maxAcceleration은 캐릭터의 최대 가속도다. 상숫값 k는 양의 값으로 설정된다. 이것은 거릿값을 이용해 얼마나 빠르게 분리의 세기가 감소되는지 조정한다.

분리는 가끔씩 반발^{repulsion} 조종 행동이라고 하기도 한다. 왜냐하면 물리적으로 밀어내는 힘과 같이 동작하기 때문이다(역제곱 법칙은 자기 반발과 같기 때문이다).

회피 임곗값 내에 여러 캐릭터들이 있으면 스티어링이 계산되고 합산된다. 최종적인 값은 maxAcceleration 값보다 클 수 있는데, 이때는 이 값으로 제한된다.

의사 코드

```
1  class Separation:
2      character: Kinematic
```

```
3      maxAcceleration: float
4
5      # 잠재적인 타깃 리스트들
6      targets: Kinematic[]
7
8      # 액션을 취하기 위한 임곗값
9      threshold: float
10
11     # 역제곱 법칙 힘을 위한 감쇠 상수 계수
12     decayCoefficient: float
13
14     function getSteering() -> SteeringOutput:
15         result = new SteeringOutput()
16
17         # 모든 타깃을 순회한다.
18         for target in targets:
19
20             # 타깃이 가까운지 검사한다.
21             direction = target.position - character.position
22             distance = direction.length()
23
24             if distance < threshold:
25                 # 반발력을 계산한다.
26                 strength = min(
27                     decayCoefficient / (distance * distance),
28                     maxAcceleration)
29
30                 # 가속을 한다.
31                 direction.normalize()
32                 result.linear += strength * direction
33
34         return steering
```

구현 노트

앞서 살펴본 알고리듬에서 각각의 캐릭터들이 분리가 필요한지 계산했다. 캐릭터의 개수가 작다면 이 접근법이 가장 빠르다. 그런데 만약 레벨에 캐릭터가 100명이 넘는다면 더 빠른 방법이 필요하다.

보통 그래픽스, 물리 엔진에서 어떤 오브젝트들이 다른 오브젝트들과 가까운지 아닌지 검사하

는 기법들을 사용하는데 오브젝트가 공간을 표현하는 자료 구조에 저장되면 질의를 만들기가 쉽다. 다중 해상도 맵, 쿼드트리^{quadtree}, 옥트리^{octree} 또는 BSP^{Binary Space Partition} 같은 자료 구조들이 빠른 계산을 위해 사용된다. 이것들 모두 AI에서 잠재적인 타깃들을 찾는 데 매우 효과적으로 사용된다.

충돌 감지^{collision detection}를 위한 공간 데이터 구조를 구현하는 것은 이 책의 범위를 벗어난다. 이 분야에 대한 더 자세한 내용은 에릭손^{Ericson}[14]와 반 덴 베르겐^{Van den Bergen}[73]을 참고하자.

성능

이 알고리듬의 공간 복잡도는 $O(1)$이고 시간 복잡도는 $O(n)$이다. n은 검사가 필요한 잠재적인 타깃의 개수다. 만일 잠재적인 타깃을 알고리듬에서 다루기 이전에 제외할 수 있는 방법이 있다면 알고리듬의 성능을 더 향상시킬 수 있다. BSP 시스템을 예를 들자면 시간 복잡도 $O(\log n)$을 가진다. 이때 n은 게임에서 고려하는 잠재적인 타깃 개수다. 앞서 살펴본 알고리듬은 타깃들의 개수에 따라 소요 시간이 비례하는 성질이 유지된다.

끌림

역제곱 법칙을 사용할 때 음숫값을 사용하면 끌림힘을 얻는다. 캐릭터는 범위 내 다른 것들에 끌린다. 물론 이것은 드물지 않다.

어떤 개발자들은 레벨과 캐릭터에 어트랙터^{attractor}와 리펄서^{repulsor}를 많이 사용해 캐릭터의 움직임을 조정하는 경우도 있다. 캐릭터들은 목표에 끌리고 장애물에 대해서는 배척한다. 표면상으로 이 접근법은 단순하지만 세심하지 않으면 망치기 십상이다.

조종 행동을 조합하는 다음 절에서 많은 수의 어트랙터와 리펄서가 왜 캐릭터들을 정기적으로 멈추게 하는지 그리고 왜 끝내 더 복잡한 알고리듬으로 해결할 수밖에 없는지 알아본다.

독립

분리 행동은 그 자체로 많이 사용되지는 않는다. 캐릭터는 분리할 때 흔들리지만 그 이후에는 이동하지 않는다. 분리는 다른 조종 행동과 조합돼 사용되는 것으로 디자인됐기 때문에 3장의 나머지 부분에서 지속적으로 다룰 것이다. 다음 절에서 어떻게 조합하는지 알아본다.

3.3.14 충돌 피하기

도시 지역에서는 같은 공간에서 많은 캐릭터가 돌아다니는 것이 일반적이다. 이 캐릭터들은 서로 얽혀 있는 궤도를 갖고 있으며 그렇기 때문에 이동 중에 다른 캐릭터들과 충돌을 피해야 한다. 간단한 접근법으로 캐릭터의 앞쪽 원뿔에 있는 타깃만을 고려해 도피하기와 분리하기 행동을 섞어서 사용하는 것이다. 그림 3.20에 캐릭터의 원뿔 영역에 들어간 다른 캐릭터를 볼 수 있다.

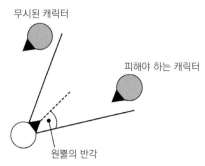

그림 3.20 충돌 피하기를 위한 분리 원뿔

원뿔 체크는 내적 연산을 사용해서 검사할 수 있다.

```
1   if dotProduct(orientation.asVector(), direction) > coneThreshold:
2       # 회피한다.
3   else:
4       # 아무것도 하지 않는다.
```

direction은 캐릭터의 방향을 뜻하며 coneThreshold 값은 원뿔의 코사인 반각이다. 그림 3.20에 이것을 나타내고 있다. 만일 여러 캐릭터가 원뿔을 갖고 있고 행동이 이것들을 피해야 한다면 보통 평균 위치, 모든 캐릭터의 속도를 찾아 타깃으로부터 도피하기를 시도하는 것으로 충분하다. 다른 방법으로 원뿔에 가장 가까운 캐릭터만을 이용하고 나머지는 무시하는 방법도 있다. 이 접근법의 구현은 간단하지만 불행히도 캐릭터가 많아지면 제대로 동작하지 못하는 경우가 많다.

캐릭터는 실제로 충돌 여부를 고려하지 않고 가까이 왔을 때 공황panic 리액션을 취한다. 그림 3.21에서 캐릭터는 실제 충돌이 일어나지 않지만 충돌 피하기 접근법이 여전히 액션을 취하는 것을 알 수 있다. 그림 3.22에 또 다른 상황이 연출돼 있다. 여기서 캐릭터는 충돌할 것이지만 도피하기 행동을 취하지 않는다. 왜냐하면 원뿔 검사에서 서로의 캐릭터가 충돌하기 직전까지 존재하지 않기 때문이다.

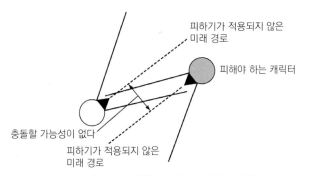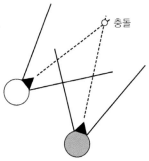

그림 3.21 두 캐릭터 모두 원뿔에 존재하지만 충돌하지 않는다.

그림 3.22 원뿔 내부에 있지 않지만 충돌이 예측된다.

더 좋은 방법은 캐릭터가 현재 속도를 유지한다고 가정했을 때 미래에 충돌할 것인지 아닌지 예측하는 것이다. 두 캐릭터의 가장 가까운 점을 찾아내 이 점들의 거리를 알아낸 후 이 거리가 임곗값보다 작을 경우에 충돌할 것이라고 예측하는 것이다. 그림 3.23에 이 상황이 나타나 있다.

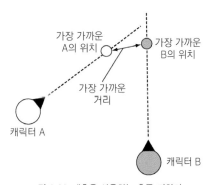

그림 3.23 예측을 사용하는 충돌 피하기

이 접근법에서 보통 궤도상 존재하는 미래의 교차 지점은 동일하지 않다. 캐릭터는 매우 다른 속도로 이동하고 있을 수 있고 그렇기 때문에 같은 지점에 도달하는 시간은 다를 수 있다. 캐릭터가 충돌한다면 궤도가 교차하는지 아닌지 간단하게 알 수가 없다. 대신에 캐릭터들이 가까운 지점에 있는 순간을 알 수 있고 이때 충돌 여부를 체크해 분리를 유도할 수 있다.

최단 접근법^{closest approach}의 시간은 다음과 같다.

$$t_\text{closest} = \frac{d_p.d_v}{|d_v|^2}$$

d_p는 현재 캐릭터에서 타깃의 위치로 상대적인 위치다(이전 행동에서 이것을 거리 벡터라고 했다).

$$d_p = p_t - p_c$$

d_v는 상대 속도다.

$$d_v = v_t - v_c$$

만약 최단 접근 시간이 음수라면 캐릭터는 이미 타깃으로부터 멀어지고 있다는 뜻이다.

이럴 때는 아무런 행동을 취할 필요가 없다. 이때 캐릭터의 위치와 최단 접근 타깃은 다음과 같이 계산할 수 있다.

$$p_c' = p_c + v_c t_\text{closest}$$
$$p_t' = p_t + v_t t_\text{closest}$$

이제 이 위치를 도피하기 행동의 입력으로 사용할 수 있다. 도피하기의 입력으로 현재 위치가 아닌 예측한 미래의 위치를 사용한다. 다시 말하자면 행동은 처음부터 보정된 위치를 목표로 해서 이동한다.

실제 구현을 위해서 캐릭터와 타깃이 이미 충돌 상태에 있는지 체크하는 것이 좋다. 이 경우 미래에 충돌 여부를 계산할 것이 아니라 바로 액션을 취해야 한다. 추가로 이 접근법은 캐릭터의 중심과 타깃이 어느 지점에서 충돌할 때 결괏값을 리턴하지 않는다. 합리적인 구현은 특별히 추가 코드가 들어가며 좋지 않은 상황에서 캐릭터가 다른 방향으로 사이드스텝하게 만든다. 이것은 도피하기 행동으로 캐릭터의 현재 위치로 되돌리기 하는 것과 같이 매우 간단하게 구현할 수 있다.

캐릭터 그룹을 피할 때는 위치와 속도의 평균 값을 이용해도 이 접근법으로는 제대로 구현할 수 없다. 그보다 검색 알고리듬을 이용해 누가 최단 접근을 사용했을 때 첫 번째로 반응할 것인지 알아낸 후 먼저 반응 처리하는 것이다. 가장 먼저 충돌이 예상되는 캐릭터를 피하기 처리한 후에 조종 행동은 또 다른 캐릭터에 순서대로 반응 처리하면 된다.

의사 코드

```
1   class CollisionAvoidance:
2       character: Kinematic
3       maxAcceleration: float
4
5       # 잠재적인 타깃 리스트
6       targets: Kinematic[]
7
8       # 캐릭터의 충돌 반경
9       # 모든 캐릭터가 같은 충돌 반경을 가진다고 가정한다.
10      radius: float
11
12      function getSteering() -> SteeringOutput:
13          # 1. 충돌에 가장 가까운 타깃을 찾는다.
14          # 첫 번째 충돌 시간을 저장한다.
15          shortestTime: float = infinity
16
17          # 충돌되는 타깃을 저장하고 이후에 재계산을 줄이기 위해
18          # 다른 데이터들도 저장한다.
19          firstTarget: Kinematic = null
20          firstMinSeparation: float
21          firstDistance: float
22          firstRelativePos: Vector
23          firstRelativeVel: Vector
24
25          # 각각의 타깃을 순회한다.
26          for target in targets:
27
28              # 충돌하는 데 걸리는 시간을 계산한다.
29              relativePos = target.position - character.position
30              relativeVel = target.velocity - character.velocity
31              relativeSpeed = relativeVel.length()
32              timeToCollision = dotProduct(
33                  relativePos, relativeVel) /
34                  (relativeSpeed * relativeSpeed)
35
36              # 충돌할 것인지 검사한다.
37              distance = relativePos.length()
38              minSeparation =
39                  distance - relativeSpeed * shortestTime
40              if minSeparation > 2*radius:
```

```
41              continue
42
43          # 이것이 가장 짧은 시간인지 검사한다.
44          if timeToCollision > 0
45              and timeToCollision < shortestTime:
46
47              # 시간, 타깃 그리고 다른 데이터를 저장한다.
48              shortestTime = timeToCollision
49              firstTarget = target
50              firstMinSeparation = minSeparation
51              firstDistance = distance
52              firstRelativePos = relativePos
53              firstRelativeVel = relativeVel
54
55      # 2. 스티어링을 계산한다.
56      # 타깃이 없다면 알고리듬을 끝낸다.
57      if not firstTarget:
58          return null
59
60      # 이미 충돌돼 있거나 충돌할 것이라면 현재 위치에 기반해
61      # 스티어링을 한다.
62      if firstMinSeparation <= 0 or distance < 2*radius:
63          relativePos =
64              firstTarget.position - character.position
65
66      # 그렇지 않다면 상대적인 미래 위치를 계산한다.
67      else:
68          relativePos = firstRelativePos +
69                      firstRelativeVel * shortestTime
70
71      # 타깃을 피한다.
72      relativePos.normalize()
73
74      result = new SteeringOutput()
75      result.linear = relativePos * maxAcceleration
76      result.anguar = 0
77      return result
```

성능

이 알고리듬의 공간 복잡도는 O(1)이고 시간 복잡도는 $O(n)$이다. 이때 n은 잠재적인 타깃의
개수다.

이전 알고리듬과 같이 잠재적인 타깃의 개수를 줄일 수 있는 방법을 사용하면 알고리듬의 성능을 개선시킬 수 있고 알고리듬이 검사하는 타깃들의 개수에 따라 소요 시간이 비례하는 성질이 유지된다.

3.3.15 장애물, 벽 피하기

충돌 피하기 행동은 타깃이 구체라고 가정하며 타깃의 중심점과 가까이 있을 때 고려 대상으로 삼는다.

이것은 게임 내 다른 장애물에도 똑같이 적용할 수 있지만 작은 오브젝트 또는 목재 통과 같은 경우에는 이 방법의 사용을 추천하지 않는다.

더 복잡한 장애물은 단순히 구^{circle}로 표현할 수 없다. 예를 들어 계단은 커다란 구로 표현할 수 없으며 캐릭터가 분명히 계단 바깥쪽에 있음에도 불구하고 충돌을 감지하고 피한다면 이상하다고 생각할 것이다. 게임에서 가장 많이 사용하는 장애물은 벽인데 이것 역시 단순한 구로 표현할 수 없다. 벽과 같은 장애물 피하기 행동은 충돌을 피하기 위해 다른 접근법을 사용해야 한다.

움직이는 캐릭터는 움직이는 방향으로 하나 또는 그 이상의 광선^{ray}을 발사한다. 만약 이 광선들이 장애물과 충돌하면 충돌을 피해야 할 타깃이 생성되고 캐릭터가 이 타깃으로 기본 찾기 행동을 실행한다. 보통 광선은 무한이 아니며 해당 방향으로 짧은 거리를 가진다(보통은 몇 초후에 도달할 수 있는 거리에 위치한다).

그림 3.24에 캐릭터가 벽에 충돌하는 광선 하나를 발사한 상황이 나타나 있다. 표면에서 고정 거리를 가진 타깃 위치를 만들기 위해 충돌 지점과 충돌의 노멀을 사용한다.

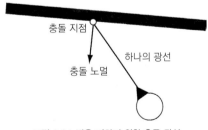

그림 3.24 벽을 피하기 위한 충돌 광선

의사 코드

```
1   class ObstacleAvoidance extends Seek:
2       detector: CollisionDetector
3
4       # 벽으로의 최소 거리(충돌을 피하기 위해 얼마의 거리를 갖고 있는가)
5       # 캐릭터의 반경보다 커야 한다.
6       avoidDistance: float
7
8       # 충돌을 위해 앞으로 내다볼 거리
9       # (예를 들어 충돌 광선의 거리)
10      lookahead: float
11
12      # ... 부모에서 상속된 데이터들 ...
13
14      function getSteering() -> SteeringOutput:
15
16          # 1. 찾기 행동에 위임할 타깃을 계산한다.
17          # 충돌 광선 벡터를 계산한다.
18          ray = character.velocity
19          ray.normalize()
20          ray *= lookahead
21
22          # 충돌을 찾는다.
23          collision = detector.getCollision(
24                      character.position, ray)
25
26          # 충돌이 없다면 아무 행동을 취하지 않는다.
27          if not collision:
28              return null
29
30          # 그렇지 않으면 타깃을 만들고 찾기에 위임한다.
31          target = collision.position +
32                  collision.normal * avoidDistance
33
34          return Seek.getSteering()
```

자료 구조 및 인터페이스

충돌 감지기^{collision detector}는 다음과 같은 인터페이스를 갖고 있다.

```
1    class CollisionDetector:
2        function getCollision(position: Vector, moveAmount: Vector) -> Collision
```

getCollision는 주어진 위치에서 moveAmount만큼 이동하면서 첫 번째 충돌을 반환한다. 같은 방향에 있는 더 먼 거리에 있는 충돌은 무시된다.

보통 이것은 position에서 시작해 position + moveAmount으로 광선을 만들어 벽이나 장애물에 충돌됐는지 검사한다.

getCollision 함수의 반환 값 구조는 다음과 같다.

```
1    class Collision:
2        position: Vector
3        normal: Vector
```

position은 충돌 지점이고 normal은 충돌이 됐던 지점에서의 노멀^{normal}이다. 이것은 업계에서 사용하는 충돌 감지 로직의 표준 구조이며 대부분 이러한 데이터를 제공한다(유니티 엔진에서 Physics.Raycast, 언리얼 엔진에서 Traces를 참고하자).

성능

충돌 감지(충돌 감지는 O(1)이라고 가정하자)를 제외한 이 알고리듬의 시간 및 공간 복잡도는 O(1)이다. 실제로 충돌 감지의 레이 캐스트는 꽤 비싼 편이므로 O(1)이 되지는 않는다(배경 또는 환경의 복잡도에 따라 다르므로). 여러분은 이 알고리듬에서 가장 많은 시간을 소요하는 것이 충돌 감지 로직이 될 것이라고 예상하는 편이 좋다.

충돌 감지 문제들

지금까지 충돌 감지를 위해 하나의 광선만 사용한다고 가정했다. 실제로 이것은 좋은 방법이 아니다.

그림 3.25에 하나의 광선만을 사용하면 벽 충돌을 감지 못하는 사례가 나타나 있다. 보통 캐릭터는 2개 또는 3개 이상의 광선을 사용한다. 그림의 하단에 동물의 수염과 같은 기능을 하는 3개의 광선을 사용하는 캐릭터의 예가 나타나 있다. 이 캐릭터는 벽을 긁지 않을 것이다.

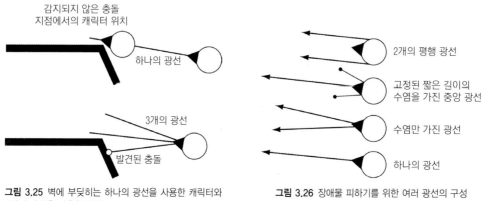

그림 3.25 벽에 부딪히는 하나의 광선을 사용한 캐릭터와 3개의 광선을 사용한 경우

그림 3.26 장애물 피하기를 위한 여러 광선의 구성

다양한 광선의 기본 구성은 벽 피하기를 위해 반복해서 사용된다. 그림 3.26에 이와 같은 상황을 나타냈다.

어떤 광선 구성이 더 빠르거나 좋다고 말할 수 없다. 각각의 구성마다 특별한 성격이 있다. 하나의 광선에 짧은 수염을 갖고 있는 구성은 초기에 알고리듬을 테스트할 때 좋지만 좁은 통로를 지나갈 때는 사용하는 것이 불가능에 가까우며 하나의 광선을 사용하는 것은 오목한 통로에서 유용하지만 장애물들을 긁기 십상이다. 병렬 구성은 이후에 살펴볼 텐데 모서리가 둔각인 지역에 잘 동작하지만 모서리가 예각일 경우에는 그렇지 않다.

모서리 함정

다수의 광선을 사용하는 벽 피하기 기본 알고리듬은 각진 모서리에서 치명적인 문제점을 갖고 있다(볼록한 모서리와 같은 일반적으로 예각인 경우). 그림 3.27에서 함정에 빠진 캐릭터를 볼 수 있다. 현재 캐릭터의 왼쪽 광선이 벽에 부딪히고 조종 행동이 충돌을 피하기 위해 왼쪽으로 회전하면 바로 오른쪽 광선이 벽에 충돌한다. 그리고 다시 조종 행동이 캐릭터를 오른쪽으로 회전하게 만든다.

이 행동이 게임에서 실행되면 캐릭터는 벽 쪽으로 부딪힐 때까지 움직이게 될 것이고 모서리 함정에서 벗어날 수가 없게 된다.

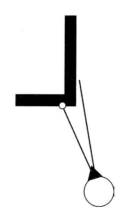

그림 3.27 여러 광선의 모서리 함정

넓은 팬 각도를 가진 팬 구조는 이 문제를 완화시킨다. 넓은 팬 각도를 갖고 모서리 함정을 피하거나 각도를 작게 유지해 캐릭터가 좁은 통로를 지나가게 하는 것 사이에서 트레이드 오프가 존재한다. 최악의 경우에 팬 각도가 π에 가까운 경우 캐릭터는 충돌 감지에 빠르게 대응하지 못해 벽에 부딪힐 수도 있다.

여러 개발자는 조정 가능한 팬 각도를 사용해 이 문제를 해결한다. 캐릭터가 충돌 없이 움직이고 있다면 팬 각도는 좁게 설정되고 충돌이 감지되면 팬 각도를 넓히는 것이다. 만약 캐릭터가 많은 충돌을 감지한다면 팬 각도는 더 넓어져 캐릭터가 모서리에 빠지는 것을 방지한다.

또 다른 개발자는 모서리 함정을 위해 특별히 다른 코드를 사용하기도 한다. 만약 모서리 함정이 감지되면 광선 중 하나가 선택되고 나머지 광선들은 잠시 동안 무시하는 것이다.

두 접근법 모두 잘 동작하고 가장 실용적인 방법들을 제공한다. 물론 완벽한 방법이 있긴 하다. 그림 3.28과 같이 광선을 사용하는 것이 아닌 투영 볼륨projected volume을 사용해 충돌을 감지하는 것이다.

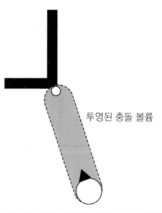

투영된 충돌 볼륨

그림 3.28 투영 볼륨을 사용하는 충돌 감지

많은 게임 엔진이 사실적인 물리 효과를 모델링하기 위해 이 기능을 사용한다. 물리에 기반한 투영 거리projection distance를 계산하는 것은 매우 작지만 조종 행동에서 사용하는 것은 계산이 느릴 수 있다.

추가로 볼륨 쿼리에서 온 충돌 데이터는 복잡성을 수반할 수 있다. 물리와는 다르게 첫 번째 충돌 지점(예를 들어 캐릭터 모델의 폴리곤 모서리)을 고려하는 것이 아니라 전체적으로 봤을 때 캐릭터가 벽에 반응하는 것을 고려해야 하기 때문이다. 그렇기 때문에 벽 피하기에 있어 예측 볼륨을 사용하는 믿을 만한 방법은 현재까지 없다.

현재까지 가장 실용적인 솔루션은 조정 가능한 팬 각도를 사용하고 하나의 긴 광선과 나머지 2개의 짧은 광선을 사용하는 것이다.

3.3.16 요약

그림 3.29에 지금까지 알아본 조종 행동의 족보를 나타냈다. 여기서 어떠한 행동이 다른 행동을 확장한다면 해당 행동을 부모로 두고 확장된 행동을 자식으로 표현했다.

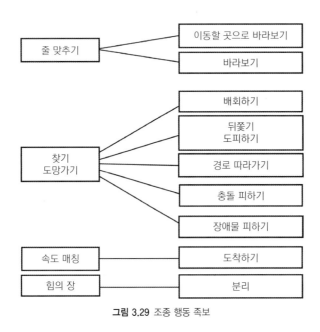

그림 3.29 조종 행동 족보

3.4 조종 행동의 결합

개별적으로 조종 행동들은 복잡한 이동 문제들을 충분히 해결할 수 있다. 대부분의 게임에서 조종은 간단히 주어진 위치로 이동하는 정도로 동작한다. 예를 들어 찾기 행동과 같은 것이 그렇다.

고수준의 의사결정 알고리듬은 캐릭터가 이동하고자 하는 위치를 결정할 책임이 있는데 이것은 보통 목표 지점으로 향하는 중간 목표를 생성하는 길 찾기 같은 알고리듬이 있다.

지금까지는 하나의 조종만 다뤘지만 움직이는 캐릭터는 보통 하나 이상의 조종 행동이 필요하다. 목표 지점에 도달해야 하고 다른 캐릭터와 충돌을 피하면서 안전하게 이동해야 한다. 그리고 벽에 부딪히는 것도 피해야 한다. 벽과 장애물 피하기는 다른 행동들과 같이 동작하게 하기 위해서 특히 주의가 필요하다. 추가로 무리 짓기나 포메이션^{formation} 같은 복잡한 조종은 하나 이상의 다른 행동과 같이 동작할 때만 동작하기도 한다.

이 절에서 여러 조종 행동을 조합하는 방법에 대해 알아볼 것이다. 예를 들어 조종 출력 값들을 섞어 충돌 피하기를 지원하기 위한 복잡한 파이프라인 구조를 어떻게 디자인하는지 알아본다.

3.4.1 혼합과 중재

여러 조종 행동을 결합함으로써 더 복잡한 움직임을 만들어 낼 수 있다. 조종 행동을 결합하는 데는 두 가지 방법이 있다. 바로 혼합과 중재다.

각 방법은 조종 행동의 목록을 사용한다. 각각의 조종 행동의 출력 값과 하나의 종합적인 스티어링 출력 값을 만들어 낸다. 혼합은 모든 조종 행동을 실행하고 가중치 또는 우선순위를 이용해 결괏값들을 결합하고 하나의 결괏값을 만들어 낸다. 이것은 매우 복잡한 행동을 만들기에 충분하다. 하지만 캐릭터의 움직임에 많은 제한 사항이 있으면 문제점이 발생한다. 중재는 하나 또는 그 이상의 조종 행동을 선택해 캐릭터를 조정하며 어떤 행동을 선택해야 하는지에 대한 중재 계획의 전체 범위가 있다.

혼합과 중재는 상호 배타적인 접근법이 아니며 연속체의 끝이다. 혼합은 시간이 흐름에 따라 가중치 또는 우선순위를 가질 수 있는데 어떤 프로세스가 현재 게임의 상태 또는 캐릭터의 내부 상태의 반응에 따라 이 가중치들을 바꿀 수 있다.

조종 행동에 사용되는 가중치는 0이 될 수 있으며 효과적으로 동작을 멈출 수 있다. 동시에 중재 구조의 경우 실행돼야 할 조종 행동을 반환하지 않고 다른 행동들을 결합하기 위한 블렌딩 가중치의 집합을 반환할 수 있다.

일반적인 조종 시스템은 혼합 및 중재 모두의 요소를 결합할 필요가 있으며 우리는 각각의 알고리듬을 알아볼 것이지만 이상적인 구현으로는 이러한 요소 모두를 결합한다.

3.4.2 가중 혼합

조종 행동들을 결합하는 가장 간단한 방법은 가중치를 이용해서 행동의 결괏값들을 혼합하는 것이다.

게임에 폭동을 일으키는 캐릭터 집단이 있다고 가정해 보자. 캐릭터들은 서로 부딪히지 않으면서 덩어리처럼 움직일 필요가 있다. 각각의 캐릭터는 다른 캐릭터와 안전 거리를 유지하면서 주변에 위치한다. 그들의 전체적인 행동은 2개의 행동을 혼합해서 얻을 수 있다. 그룹의 중앙에 도착하기 행동을 사용하고 근처 캐릭터들과는 분리하기 행동을 사용하는 것이다. 캐릭터는 항상 모든 사항을 고려하며 한 가지 동작만을 수행하지 않는다.

알고리듬

조종 행동의 그룹은 하나의 행동처럼 동작하게 혼합될 수 있다. 각각의 조종 행동이 가속을 요청하면 이것은 마치 하나인 것처럼 동작한다.

이러한 가속도들은 가중치가 적용된 선형 합을 사용해 결합되며 각 동작에 고유한 계수가 사용된다.

가중치들을 혼합할 때 제약은 없으며 반드시 하나의 합으로 표현돼야 할 필요도 없다. 물론 드물게 필요한 경우가 있긴 하다(가중 평균이 아니다). 합으로부터 최종 가속도는 캐릭터의 능력에 비해 너무 클 수 있고 최대 가속도에 의해 제한될 수 있다(복잡한 액추에이션actuation 스텝은 항상 사용될 수 있다. 3.8절에서 다룬다).

군중 예제의 경우 분리하기와 결합하기를 위해 모두 가중치 1을 사용할 수 있다. 이 경우 요구되는 가속도는 최대 가속도로 더해지고 절삭될 수 있다. 이것은 알고리듬의 출력 값이다. 그림 3.30에 이 과정이 나타나 있다.

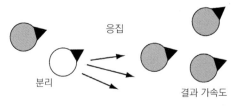

그림 3.30 조종 출력 값을 혼합

모든 매개 변수화된 시스템과 같이 가중치를 선택하는 것은 영감을 얻은 추측을 동반하거나 좋은 시행착오가 필요하다. 유전 알고리듬이나 신경망을 사용해 스티어링의 가중치를 발전시키는 연구도 있었는데 결과는 좋지 않았다. 여전히 수작업으로 실험을 하는 것이 가장 합리적인 방법으로 보인다.

의사 코드

조종을 혼합하는 알고리듬은 다음과 같다.

```
1   class BlendedSteering:
2       class BehaviorAndWeight:
3           behavior: SteeringBehavior
4           weight: float
5
6       behaviors: BehaviorAndWeight[]
7
8       # 최대 가속도 및 회전
9       maxAcceleration: float
10      maxRotation: float
11
12      function getSteering() -> SteeringOutput:
13          result = new SteeringOutput()
14
15          # 모든 가속도를 누적한다.
16          for b in behaviors:
17              result += b.weight * b.behavior.getSteering()
18
19          # 결괏값을 제한하고 반환한다.
20          result.linear = max(result.linear, maxAcceleration)
21          result.angular = max(result.angular, maxRotation)
22          return result
```

자료 구조

SteeringOutput 구조의 인스턴스가 함께 추가될 수 있고 스칼라 값으로 곱해질 수 있다고 가정한다. 각각의 연산들은 구성 요소별로 수행될 수 있다(예를 들어 선형과 각 컴포넌트는 개별적으로 추가되고 곱해져야 한다).

성능

이 알고리듬은 가속도를 위해 임시 기억 장소를 사용한다. 공간 복잡도는 $O(1)$이며 시간 복잡도는 $O(n)$이다. 이때 n은 조종 행동의 리스트 개수다. 이 알고리듬의 현실적인 수행 시간은 조종 행동 컴포넌트의 효율성에 의존한다.

무리 짓기와 떼 짓기

새들의 무리 이동을(boids라고 알려진) 시뮬레이션하는 조종 행동의 최초 연구는 크레이크 레이놀즈에 의해 시작됐다. 무리 짓기는 가장 일반적인 조종 행동이며 간단한 가중치 혼합을 사용한다.

모든 조종 행동을 '무리 짓기'라고 부르는 것은 흔히 잘못된 것이다. 심지어 AI 프로그래머가 잘못 부르는 경우를 보기도 했다.

무리 짓기 알고리듬은 3개의 간단한 조종 행동을 혼합해서 동작한다. 가까운 새로부터 떨어지기(분리하기), 무리의 속도, 방향을 똑같이 유지하면서 움직이기(정렬하기, 속도 매칭), 무리의 질량 중심으로 이동이 있다. 응집cohesion 조종 행동은 무리의 질량 중심을 이용해 타깃을 계산한다. 그리고 도착하기 행동에 타깃을 전달한다.

보통 간단한 무리 짓기 행동을 위해서 모든 가중치가 같아도 충분하다. 하지만 분리하기는 응집보다 중요하며 그것은 줄 맞추기보다 중요하다는 뜻이다. 뒤에 설명한 2개는 반대로 보이기도 한다.

이 행동들은 그림 3.31과 같이 나타난다.

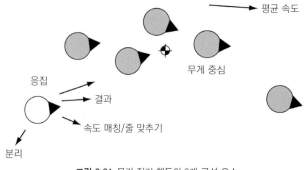

그림 3.31 무리 짓기 행동의 3개 구성 요소

대부분의 무리 짓기 행동의 구현에서 멀리 떨어진 새들은 무시한다. 각각의 행동은 고려 대상으로 삼는 이웃 무리를 갖고 있다. 분리하기 행동만이 주변의 새들을 피하고, 응집과 줄 맞추기는 위치, 얼굴 방향, 이웃 무리의 속도를 계산한다. 비록 레이놀즈는 각도 차단도 추천했지만 지역은 가장 일반적으로 반지름 차단을 사용한다. 이는 그림 3.32에 나타냈다.

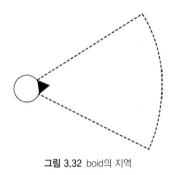

그림 3.32 boid의 지역

문제점들

실제 게임에서 조종 행동을 혼합할 때 중요한 여러 문제가 있는데, 조종 행동의 혼합을 실외 환경에서 사용하는 것이 우연이 아니다.

실세계와 같은 곳에서 캐릭터는 배경에 끼이는 현상이 나타날 수 있고 디버그하는 것이 매우 어려울 수 있다. 모든 AI 기법과 같이 여러분이 필요로 할 때 디버깅 정보를 얻고 행동들의 입력, 출력 값들을 시각적으로 보여 줄 수 있는 기능은 필수적이다.

현재 이러한 문제들이 있지만 조종 시스템에 중재 개념을 적용하며 이러한 문제를 해결한 수 있다.

▌안정적 균형

조종 행동을 혼합할 때 두 조종 행동이 충돌하는 경우 문제가 발생한다. 이 경우 캐릭터는 아무런 행동을 하지 않는 평형 상태에 빠지게 된다. 그림 3.33에 캐릭터가 적들을 피함과 동시에 목적지로 이동하려는 상황이 나타나 있다. 찾기 행동은 도피하기 행동과 정확히 균형을 이루고 있다.

이 균형은 스스로 처리하게 된다. 적이 움직이지 않는다면 수치 불안정성은 캐릭터에게 극히 작은 가로 속도$^{lateral\ velocity}$를 제공하며, 목적지에 도달하기 위해 균형이 깨진다. 이것이 불안정 균형이다.

그림 3.33 불안정 균형

그림 3.34에 더 심각한 상황들을 나타냈다. 캐릭터가 균형 상태를 약간 벗어나도(예를 들어 수치 오류가 발생하면) 곧바로 평형 상태로 돌아간다. 캐릭터는 벗어날 수 없다. 고정된 곳에서 움직이지 않으며 멍청하게 보일 것이다. 평형 상태는 안정적이다.

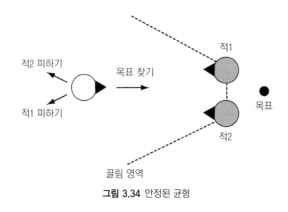

그림 3.34 안정된 균형

안정적 균형은 끌림 영역^{basin of attraction}을 갖는데, 캐릭터가 평형 상태에 빠지게 되는 영역을 말한다. 영역이 크다면 캐릭터가 함정에 걸리는 가능성이 매우 커진다. 그림 3.34에 무한의 거리를 가진 복도가 있을 때 끌림 영역을 보여 주고 있다. 반면에 불안정 균형은 0 크기의 영역을 가진다.

끌림 영역은 위치 집합으로만 정의되지는 않는다. 캐릭터가 움직이는 경로나 특정 방향에만 반응할 수도 있다. 그러한 이유로 시각화하거나 디버깅하는 것이 매우 어려울 수 있다.

| 제약된 환경

단일한 또는 혼합된 조종 행동은 약간의 제약이 있는 환경에서도 잘 동작한다. 열린 3D 공간에서 이동은 약간의 제약만을 가진다. 하지만 대부분의 게임에서는 월드를 2D로 제약한다. 실내 환경, 레이스 트랙, 포메이션 모션과 같은 모든 것은 캐릭터의 움직임에 제약을 크게 증가시킨다.

그림 3.35에 뒤쫓기 조종 행동이 이상한 방향을 추천하고 있다는 것을 볼 수 있다. 뒤쫓기 행동은 벽과 충돌하고 벽 피하기는 적이 있는 곳과는 완전히 반대 방향으로 움직이게 한다.

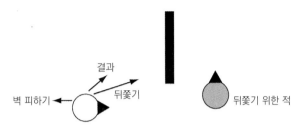

그림 3.35 장애물을 피할 수도 없고 추적할 수도 없다.

이 문제는 보통 캐릭터가 좁은 출입구를 예각 이동으로 지나갈 때 발생한다. 그림 3.36에 이 상황이 나타나 있다. 장애물 피하기 행동이 캐릭터가 문을 지나가게 만들어 원래 취하려고 했던 경로를 갈 수 없게 하고 있다.

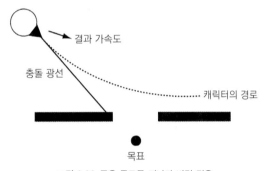

그림 3.36 좁은 통로를 지나가 버린 경우

좁은 경로를 탐색하는 문제점은 많은 개발자가 항상 반복해서 겪기 때문에 게임 디자이너는 AI를 위해 넓은 통로를 제공하기도 한다.

| 근시

조종 행동은 지역적으로 동작하며 가까운 환경만을 고려해 의사결정을 한다. 인간으로서 우리는 액션의 결과를 예상하고 이것이 가치가 있다고 판단될 경우에 수행한다. 기본 조종 행동은 이것을 할 수 없다. 그래서 흔히 목표를 얻기 위해 잘못된 경로를 선택하기도 한다.

그림 3.37에 캐릭터가 표준 벽 피하기 기법을 이용해 벽을 피하는 것을 보여 주고 있다. 캐릭터는 잘못된 면을 선택해서 절대로 적을 잡을 수 없게 될 것이지만 한동안 그것을 깨닫지 못할 것이다.

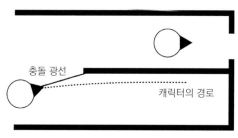

그림 3.37 먼 거리에서 조종 행동이 실패하는 경우

이 문제를 해결하기 위해서 조종 행동을 보완할 수 있는 방법은 없다. 미리 보기를 하지 않는 행동은 한계를 넘을 수 없고 좌절할 수 있다. 이 문제를 해결할 수 있는 단 한 가지 방법이 있는데 바로 조종 시스템에 길 찾기를 통합하는 것이다. 통합하는 방법은 4장에서 길 찾기 알고리듬을 알아볼 때 배울 것이다.

3.4.3 우선순위

지금까지 특정 조건에서 가속만을 요청하는 다양한 조종 행동을 알아봤다. 항상 가속도를 만들어 내는 찾기, 도피하기와는 다르게 충돌 피하기, 분리하기, 도착하기는 많은 경우에 가속도를 주지 않는다.

이 행동들이 가속도를 제공할 때 이것을 무시하는 것은 현명하지 못하다. 예를 들어 충돌 피하기 행동의 경우 다른 캐릭터와 충돌을 막기 위해 바로 피하는 동작이 수행돼야 하기 때문이다.

여러 행동이 결합될 때 그들의 가속도 요청은 다른 가속도 요청에 의해 희석되는데, 예를 들어 찾기 행동의 경우 최대 속도로 어떠한 방향으로 가속도를 반환하는데 이것이 충돌 피하기 행동과 결합될 경우 충돌 피하기 행동의 영향력은 50%을 넘지 못하게 된다. 이것은 캐릭터가 처해 있는 상황을 벗어나기에는 충분하지 못할 수도 있다.

알고리듬

행동 결합의 변형은 우선순위를 이용해 가중치를 교체한다. 우선순위 기반^{priority-based} 시스템 안에서 행동은 일반적인 결합 가중치를 갖고 그룹으로 정렬된다. 이 그룹들은 이후에 우선순위에 의해 배치된다.

조종 시스템은 각각의 그룹을 차례로 고려한다. 그룹 내 조종 행동들을 결합하고 최종 결괏값이 매우 작다면(또는 조정 가능한 값 이하라면) 무시된 후 다음 그룹을 고려한다. 결괏값을 비교할 때는 0과 비교하지 않는 것이 좋은데 0 값은 조종 행동이 절대로 도달할 수 없고 계산의 수치적 불안정성을 의미하기 때문이다. 작은 상숫값(대표적으로 입실론^{epsilon} 값이 있다)을 사용해 이 문제를 피한다.

결괏값이 작지 않은 그룹을 찾으면 이 결괏값으로 캐릭터를 움직이는 데 사용한다.

캐릭터를 추적하는 경우 세 가지 그룹(충돌 피하기 그룹, 분리하기 그룹, 추적하기 그룹)을 가질 수 있다. 충돌 피하기 그룹은 장애물 피하기, 벽 피하기, 다른 캐릭터를 피하는 행동을 가진다. 분리하기 그룹은 다른 멤버와의 거리를 너무 가까이하지 않게 유지하는 분리하기 행동 하나만 가진다. 추적하기 그룹은 타깃에 다가가기 위한 추적 조종 행동을 가진다.

만약 캐릭터 주변에 어떠한 방해 요소도 없다면 충돌 피하기 그룹은 아무런 가속도를 리턴하지 않는다. 분리하기 그룹은 그 이후에 고려되지만 아무런 액션을 취하지 않는다. 마지막으로 추적 그룹이 고려되며 추적을 위해 가속도가 필요하다. 만약 캐릭터의 현재 모션이 추적하기에 완벽하다면 이 그룹은 아무런 가속도를 리턴하지 않는다. 이 경우 고려할 그룹이 더 이상 없게 되며 마시 수석 행농에 의해 독점적으로 컨트롤되고 있듯이 캐릭터는 가속이 없게 된다.

다른 시나리오의 경우 캐릭터가 벽에 충돌할 것 같으면 충돌 피하기 그룹이 가속도를 리턴하며 충돌을 피하도록 돕는다. 캐릭터는 가속도를 바로 취하며 다른 그룹에 있는 조종 행동은 고려되지 않는다.

의사 코드

우선순위 기반 조종 알고리듬은 다음과 같다.

```
1  # 0과 근접한 매우 작은 값.
2  epsilon: float
```

```
3
4    class PrioritySteering:
5        # 블랜딩 가중치를 가진 행동들의 집합을 가진 BlendedSteering
6        # 인스턴스들의 리스트를 가진다.
7        groups: BlendedSteering[]
8
9        function getSteering() -> SteeringOutput:
10           for group in groups:
11               # 값을 축적하기 위해 스티어링 구조를 만든다.
12               steering = group.getSteering()
13
14               # 값이 임곗값보다 크면 반환한다.
15               if steering.linear.length() > epsilon or
16                   abs(steering.angular) > epsilon:
17                    return steering
18
19           # 우리가 여기까지 왔다는 것은 어떠한 그룹도 가속을 주기에 충분한
20           # 조건이 되지 못했다는 뜻이다. 이때는 마지막 그룹의 결괏값을
21           # 반환한다.
22           return steering
```

자료 구조 및 인터페이스

우선순위 조종 알고리듬은 BlendedSteering 인스턴스의 리스트를 사용한다. 각각의 인스턴스는 하나의 그룹을 만들고, 앞서 작성한 알고리듬에서 그룹 안에 있는 행동들을 결합해서 사용한다.

구현 노트

이 알고리듬은 스칼라(각 가속도)의 절댓값을 찾는데 abs 함수를 사용하며 이 함수는 대부분의 표준 라이브러리이기도 하다.

선형 가속도 벡터의 크기를 얻기 위해서 length 메서드를 사용했다. 입실론 값과 단순히 비교만 하지만 크기의 제곱을 사용할 수도 있다(물론 이렇게 되면 비교가 되는 입실론 값도 제곱 값으로 돼야 한다). 크기의 제곱을 사용하면 루트 계산을 안 해도 되기 때문에 계산을 더 빠르게 할 수 있다.[3]

---

3   루트 계산을 하지 않는 코딩 테크닉은 거리 계산을 할 때도 자주 사용되므로 기억해 두자. – 옮긴이

성능

알고리듬은 속도 향상을 위해 임시 공간이 필요하다. 공간 복잡도는 O(1)이며 시간 복잡도는 O(n)이다. 이때 n은 모든 그룹 내 조종 행동의 총 개수다. 다시 말하자면 알고리듬의 실행 속도는 getSteering 메서드에 의존한다.

평형 대비책

우선순위 기반 접근법의 주요한 기능 중 하나는 안정적인 평형 상태에 대처할 수 있다는 점이다. 만약 행동 그룹이 평형 상태라면 이것의 가속도 총합은 0에 가까울 것이다. 이 경우 알고리듬은 가속도를 얻기 위해 다음 그룹으로 넘어가게 된다.

우선순위가 가장 낮은 것(예를 들어 배회하기)에 하나의 행동을 추가해 평형 상태를 없애는 대비책을 마련할 수 있다. 이 상황이 그림 3.38에 나타나 있다.

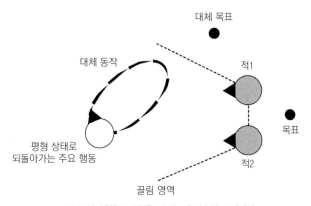

그림 3.38 불안정 평형을 피하는 우선순위 스티어링

약점

이것은 불안정한 평형에서 잘 동작하지만(예를 들어 제외 영역에 걸쳐 서서히 움직이는) 안정된 평형 상태가 큰 경우 피할 수 없다.

안정된 평형 상태에서 폴백fallback 동작은 평형 지점에서 캐릭터를 밖으로 내보내며 결과적으로 높은 우선순위 행동이 가속도 요청을 하게 된다. 만약 폴백 동작이 캐릭터를 내보내지 않는다면 더 높은 우선순위 행동이 캐릭터를 평형 지점으로 되돌릴 것이다. 캐릭터는 평형 상태에서 이리저리 움직이게 되겠지만 절대로 그 상태를 벗어날 수는 없을 것이다.

변수 우선순위

앞서 살펴본 알고리듬은 우선순위를 표현하기 위해 고정된 순서를 사용하고 있다. 리스트에 있던 행동 그룹들은 먼저 나타난 그룹이 더 높은 우선순위를 갖는다. 대부분의 경우 우선순위를 변경하는 것은 매우 쉽다. 충돌 피하기의 경우 이것이 활성화됐을 때 항상 배회하기보다 높은 우선순위를 갖는다.

어떠한 경우에는 더 많은 제어를 필요로 할 수 있다. 예를 들어 충돌 피하기 행동은 충돌이 근접한 상황이 되기 전까지는 낮은 우선순위를 갖다가 충돌이 예상될 때 우선순위를 변경할 수 있다.

각각의 그룹들이 동적인 우선순위 값을 갖도록 우선순위 알고리듬의 기본형을 수정할 수 있다. PrioritySteering.getSteering 메서드의 도입 부분에서 우선순위를 요청하고 이 값으로 그룹들을 정렬할 수 있다. 알고리듬의 나머지 부분들은 이전과 동일하게 동작한다.

이 방법은 캐릭터가 끼어드는 문제를 해결할 수 있음에도 불구하고 그 외적으로 실용적인 이점이 조금밖에 없다. 그러므로 이 방법을 사용하기보다는 협력 중재 시스템을 사용하는 편이 더 좋다.

3.4.4 협력 중재

지금까지 독립적인 방식으로 조종 행동 결합에 대해 알아봤다. 각각의 조종 행동은 자기 자신만 알고 있고, 항상 같은 결과를 반환했다. 반환이 필요한 스티어링 가속도를 계산하기 위해 하나 또는 여러 개의 결괏값들을 섞었다. 각각의 조종 행동은 매우 간단하고 교체 가능하며 독립적으로 테스트 가능하다는 장점이 있다.

하지만 우리가 봤듯이 중요한 약점들이 존재한다. 최근에는 조종 행동을 결합하는 세련된 알고리듬들이 생겨나고 있는데 이것의 핵심 기능은 다른 행동들과 협력하는 것이다.

추적하기 행동을 사용해 타깃을 추적하면서 동시에 벽을 피하는 캐릭터의 예를 들어 보자. 그림 3.39에 가능한 상황을 나타내고 있다. 충돌이 임박해 있고 피할 필요가 있다.

충돌 피하기 행동은 벽과의 충돌을 피하기 위해 가속도를 만든다. 충돌이 임박해 있기 때문에 이 행동을 우선으로 처리해 캐릭터를 벽에서 멀어지게 가속시킨다.

캐릭터의 전반적인 모션은 그림 3.39에 나타냈다. 캐릭터가 벽에 거의 충돌할 때 극적으로 피하는 것을 보여 주고 있다. 왜냐하면 벽 피하기 행동이 접선 가속도만을 제공하기 때문이다.

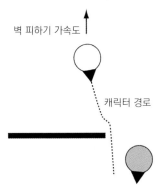

그림 3.39 추적 중 충돌에 임박해 있다.

이 상황은 추적하기와 벽 피하기 행동을 결합해서 완화시킬 수 있다(물론 간단한 결합은 불안정 평형 같은 상황을 만들 수 있다). 이 경우에도 여전히 문제점이 나타날 수 있다. 왜냐하면 추적하기 행동으로 만들어진 전방으로 향하는 가속도는 벽 피하기 행동에 의해 희석될 수 있기 때문이다.

그럴듯한 행동을 얻기 위해서는 벽 피하기 행동이 추적하기 행동이 이루고자 하는 것이 무엇인지 고려해야 한다. 그림 3.40에 동일한 상황이 나타나 있다. 여기서 벽 피하기 행동은 상황에 맞게 동작한다. 이것은 추적하기 행동이 어디로 갈지 그리고 두 행동을 고려해 반환할 가속도를 취한다.

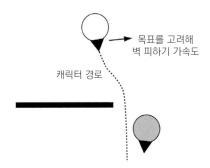

그림 3.40 상황에 맞게 동작하는 벽 피하기

현재 상황을 고려하는 방법은 조종 알고리듬의 복잡도를 증가시키며 하나의 행동만 하는 간단한 빌딩 블록을 더 이상 사용할 수 없다.

많은 협력 중재 구현 기법을 5장에서 배울 것이다. 효율적으로 이동할 장소와 방법을 결정하기 위해 의사결정 트리, 상태 기계, 칠판 아키텍처와 같은 것들이 사용됐다. 특히 칠판 아키텍처는 조종 행동을 협력하게 만들기에 적합하다. 각각의 행동은 칠판으로부터 다른 행동이 하려는 행동을 읽을 수 있고 이것을 전문가라고 한다.

아직까지는 어떤 접근법이 게임을 위한 사실상의 표준이 될지는 확실하지 않다. 협력하는 조종 행동은 많은 개발자가 우연히 독립적으로 발견했고 어느 정도 이상적인 구현의 의견 일치가 되기까지는 시간이 걸릴 것이다.

하지만 비록 의견이 일치하지 않더라도 예제를 살펴보는 것은 가치가 있는데, 5장에서 살펴볼 의사결정 기법을 사용하지 않는 접근법인 조종 파이프라인 알고리듬을 알아보도록 하자.

3.4.5 조종 파이프라인

조종 파이프라인 접근법은 단순한 혼합 또는 조종 행동의 우선순위 및 전체 이동 계획 솔루션 (4장에서 다룬다) 구현 사이의 중간 단계로 마르친 채디$^{\text{Marcin Chady}}$에 의해 만들어졌다. 이것은 조종 행동 간의 상호 작용을 허용하는 적극적인 협동 중재 접근법이다. 이것은 좁은 통로, 길찾기, 스티어링 통합과 같은 것을 포함해 여러 문제가 있는 상황에서 우수한 성능을 제공한다.

지금까지 소수의 개발자들에 의해 사용돼 왔는데 이 절을 읽을 때 명심할 것은 여기서 소개하는 것은 여러 협력 중재 접근법의 하나라는 점이다. 이것이 유일한 방법이라고 제안하는 것이 아님을 알아 두길 바란다.

알고리듬

그림 3.41은 스티어링 파이프라인의 일반적인 구조를 보여 주고 있다.

파이프라인에는 4개의 스테이지가 있다. 타기터^{targeter}는 이동 목표가 어디인지를 담당하며 디컴포저^{decomposer}는 메인 목표를 이루기 위한 서브 목표를 제공한다. 컨스트레인트^{constraint}(제약)는 캐릭터가 목표를 이룰 수 있게 하는 방법들에 대해 제한을 둔다. 액추에이터^{actuator}는 캐릭터의 물리적인 이동 능력에 제한을 둔다.

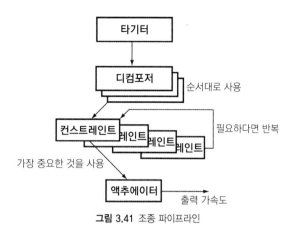

그림 3.41 조종 파이프라인

스테이지의 마지막 단계에서 하나 또는 그 이상의 컴포넌트가 존재할 수 있는데 파이프라인의 컴포넌트들은 서로 다른 처리를 하며 모든 조종 행동들의 협력 방법은 스테이지에 따라 달라진다.

타기터

타기터는 캐릭터를 위한 최상위 레벨의 목표를 만든다. 여기에는 위치, 방향, 속도, 회전과 같은 여러 타깃이 있을 수 있다. 이러한 각각의 요소를 채널channel이라고 부른다. 예를 들어 위치 채널position channel, 속도 채널velocity channel이라고 부른다. 알고리듬에 있는 모든 목표는 지정된 채널의 일부 또는 전부를 가질 수 있다. 지정되지 않은 채널은 간단히 무시해도 된다.

각각의 채널은 다른 행동들에 의해서 제공될 수 있다(예를 들어 적을 추적하는 타기터는 위치와 관련된 티깃을 만들고 방향으로 향하는 타기터는 방향에 관련된 타깃을 만든다). 또는 여러 채널은 하나의 타기터에 의해서 요청될 수 있다. 여러 타기터가 사용될 때 각각의 채널에서 오직 하나의 목표만을 생성한다. 여기서 제작할 알고리듬은 이러한 방식으로 동작할 것이기 때문에 다른 타기터가 결괏값을 덮어쓰는 것을 방지하기 위한 동작이 필요 없다.

비록 타깃의 일부는 한 번에 달성 불가능하겠지만 조종 시스템은 가능한 한 모든 채널을 수행하려고 할 것이다. 액추에이션 스테이지에서 이 가능성에 대해 다시 해결점을 찾을 것이다.

언뜻 보기에 조종을 위해 하나의 타깃을 선택하는 것이 이상하게 보일 수 있다. 도망 또는 장애물 피하기와 같은 행동들은 타깃으로부터 도망가는 것이 목표다. 파이프라인은 캐릭터의 관점에서 목표를 생각하게 강제한다. 만약 목표가 달아나는 것이라면 타기터는 어디로 달아나야 할지 선택하며 목표는 매 프레임 바뀔 수 있다. 하지만 오직 하나의 목표만이 존재한다.

장애물 피하기와 같은 또 다른 '달아나기' 행동의 경우 조종 행동에서 목표가 되지 못한다. 이 것은 캐릭터의 움직임에 제약을 거는 컨스트레인트 때문인데 컨스트레인트 스테이지에서 알 아보도록 한다.

디컴포저

디컴포저^{decomposer}는 전체 목표를 여러 관리 가능한 서브 목표로 분할해 더 쉽게 성취할 수 있 는 형태로 만든다.

타기터는 게임 레벨 어딘가에 목표를 생성할 수 있다. 예를 들어 디컴포저는 이 목표를 체크할 수 있고 이것이 직접적으로 성취 가능한지 아닌지 볼 수 있다. 그리고 성취 가능한 경로의 계 획을 세운다(예를 들어 길 찾기 알고리듬을 사용해). 이것은 서브 목표로 계획의 첫 번째 단계를 반 환한다. 조종 파이프라인에 원활한 경로 계획을 통합하는 것이 디컴포저의 가장 일반적인 사 용 예다.

파이프라인에는 여러 개의 디컴포저가 있을 수 있다. 그리고 이들의 순서는 중요하다. 첫 번째 디컴포저에 타기터 스테이지에서 얻은 목표를 전달한다. 디컴포저는 아무것도 안 하거나(목표 를 분해할 수 없다면) 새로운 서브 목표를 반환할 수 있다. 서브 목표는 처리된 후 다음 디컴포저 에 전달된다. 그리고 이 과정이 모든 디컴포저가 처리할 때까지 반복된다.

순서가 매우 엄격하게 적용되기 때문에 매우 효율적으로 이것들을 계층적으로 분해할 수 있다. 초기 디컴포저는 대규모로 넓은 범위로서 동작한다. 예를 들어 대략적인 길 찾기로서 구 현될 수도 있다. 서브 목표는 여전히 캐릭터의 원래 목표로부터 멀리 떨어져 있을 수 있다. 이 후에 디컴포저는 서브 목표를 분해해 개선시킬 수 있다. 이것들은 서브 목표들만 분해할 수 있 기 때문에 더 자세히 분해하기 위한 큰 그림을 고려하지 않는다. 이 접근법은 이후에 계층적 길 찾기에 대해 알아볼 때 비슷하다고 생각될 것이다. 조종 파이프라인이 있기 때문에 계층적 길 찾기 엔진은 필요 없다. 왜냐하면 더 복잡한 그래프를 위해 단순한 길 찾기 디컴포저 집합 을 사용할 수 있기 때문이다.

컨스트레인트

컨스트레인트는 캐릭터의 목표 또는 서브 목표를 성취하는 능력을 제한하는 데 이용된다. 현재 서브 목표를 향해 이동하는 제한 조건을 위반하는 경우 컨스트레인트는 이것을 감지하고 피할 수 있는 방법을 제안한다. 또한 장애물을 표현하는 경향이 있다. 예를 들어 움직이는 캐릭터, 정적인 벽과 같은 것들이 있다.

컨스트레인트는 아래에 설명한 바와 같이 액추에이터와 동시에 사용된다. 액추에이터는 현재 캐릭터가 취할 서브 목표의 경로를 처리한다. 각각의 컨스트레인트는 해당 경로가 합리적인지 아닌지 검토한다. 만약 경로가 제약 조건을 위반하면 제약 조건을 위반하지 않는 새로운 서브 목표를 반환한다. 그 이후에 액추에이터는 유효한 경로를 발견할 때까지 새로운 경로들을 검토한다.

명심할 것은 컨스트레인트는 서브 목표 안의 특정 채널들만 제공한다. 그림 3.42에 곧 있을 충돌을 보여 주고 있다. 충돌 피하기 컨스트레인트는 그림과 같이 서브 목표를 제공해 캐릭터가 장애물을 돌아가게 만든다. 마찬가지로 이것은 위치 채널을 그대로 두고 장애물로부터 멀리 떨어지게 하기 위한 속도를 제안해 캐릭터가 충돌 라인을 피하게 만든다. 실제로 가장 좋은 방법은 캐릭터의 이동 능력에 의존하며 실험을 필요로 한다.

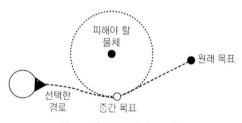

그림 3.42 충돌 피하기 컨스트레인트

물론 하나의 제약을 풀어 냄으로써 다른 제약 조건을 위반하는 경우도 있다. 그렇기 때문에 알고리듬은 모든 제약 조건을 성립하기 위한 적절한 타협점을 찾기 위해 반복을 필요로 하기도 한다. 이것을 수행하는 것은 항상 가능하지 않고 스티어링 시스템은 무한으로 반복하는 경우를 피하는 로직이 필요할 수도 있다. 조종 파이프라인은 특별한 조종 행동을 필요로 하는데 바로 데드락deadlock이다. 앞서 이야기한 상황에서 배타 제어를 하기 위해 존재한다. 이것은 간단한 배회하기 행동을 사용해 캐릭터가 곤란한 상황에서 벗어나게 구현할 수도 있다. 더 복잡한 방법은 '포괄적 운동 계획 알고리듬comprehensive movement planning algorithm'을 사용하는 것이다.

조종 파이프라인은 많은 수의 캐릭터를 시뮬레이션할 수 있도록 의도적으로 최소의 조종 행동을 제공한다. 전체 계획 시스템 알고리듬을 사용하도록 교체해 파이프라인이 중재 이동 문제를 풀 수 있도록 할 수 있으며, 경험상 가장 간단하게 유지하는 것이 가장 좋았다. 대부분의 상황에서 추가적인 복잡노를 필요로 하지 않았고 기본 알고리듬으로 충분했다.

현재 상태로는 에이전트가 알고리듬에 의해 복잡한 환경 속에서 움직이는 것을 보장받지 못한다. 데드락 메커니즘은 곤란한 상황에서 벗어나게 하기 위한 길 찾기 또는 다른 상위 레벨 메커니즘을 사용할 수 있게 해주지만 특별히 디자인된 조종 시스템은 필요로 할 때 최대 속도로 동작할 수 있게 해준다. 알고리듬은 최대한 간단한 것을 사용하도록 하자.

액추에이터

파이프라인의 다른 스테이지들과는 달리 액추에이터는 캐릭터마다 하나씩만 존재한다.

액추에이터는 캐릭터가 어떻게 현재 서브 목표를 성취하는지 결정하는데 서브 목표와 캐릭터의 물리적 기능에 대한 내부 지식을 감안할 때 이것은 캐릭터가 목표로 이동하는 방법을 나타내는 경로를 반환한다.

액추에이터는 서브 목표의 어떠한 채널이 우선순위를 갖는지 그리고 무시돼야 하는지 결정한다.

예를 들어 걸어 다니는 보초병이나 둥둥 떠다니는 유령과 같은 간단한 캐릭터의 경로들은 굉장히 간단하다(목표 지점으로 직선으로 움직일 수 있다). 액추에이터는 보통 속도와 회전 채널을 무시할 수 있고 타깃으로 바라보도록 만들 수 있다.

만약 액추에이터가 속도에 관여하고 목표가 타깃에 정해진 속도로 도착해야 하는 경우 목표 지점을 재빠르게 움직여야 할 수도 있다. 그림 3.43에 이와 같은 상황을 나타냈다.

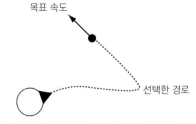

그림 3.43 목표 속도에 달성하기 위해 빠르게 움직인다.

AI가 조종하는 자동차와 같은 제약이 더 많은 캐릭터는 더 복잡한 액추에이션을 가진다. 예를 들어 자동차는 움직이지 않을 때 회전할 수 없고, 현재 향하고 있는 방향이 아닌 곳으로 움직일 수도 없다. 또한 타이어의 그립은 최대 회전 속도를 제한한다. 생성된 경로는 더 복잡할 수 있다. 그리고 특정 채널을 무시하는 것을 필요로 할 수도 있다. 예를 들어 서브 목표가 다른 방향을 향하고 있을 때 특정 속도를 달성하기 원하면 이 목표가 불가능하다는 것을 알 수 있다. 그 결과 우리는 방향 채널을 무시할 것이다.

액추에이터의 복잡도는 보통 알고리듬 때문에 증가한다. 그리고 이것은 알고리듬의 구현 결정 사항임을 명심할 가치가 있다. 예를 들어 파이프라인은 필요에 따라 다양한 액추에이터를 지원하는데, 간단한 경우에는 거의 비용이 들지 않는 경우도 있지만 복잡할 경우 실행 시간에 더 큰 비용이 드는 경우도 있다.

액추에이션^{actuation}(발동 작용)은 일반적인 주제로서 3장 뒷부분에서 다룬다. 그러므로 현재 이 부분에 대해서 자세히 알아보지는 않을 것이다. 여기서는 액추에이터가 목표를 갖고 있고 캐릭터가 목적지에 도착하기까지 필요한 경로를 반환한다고 가정한다.

결국에는 조종을 수행할 것이고 액추에이터의 마지막 작업은 예측된 경로를 따르기 위한 힘과 토크(또는 모터 컨트롤)를 반환하는 것이다(3.8절 참고).

의사 코드

조종 파이프라인은 다음과 같은 알고리듬으로 구현된다.

```
1   class SteeringPipeline:
2       character: Kinematic
3
4       # 파이프의 각 단계에서의 컴포넌트 리스트
5       targeters: Targeter[]
6       decomposers: Decomposer[]
7       constraints: Constraint[]
8       actuator: Actuator
9
10      # 제약 없는 경로를 찾기 위한 알고리듬의 시도 횟수를 갖고 있다.
11      constraintSteps: int
12
13      # 데드락 조종 행동
```

```
14       deadlock: SteeringBehavior
15
16       function getSteering() -> SteeringOutput:
17           # 먼저 최고 수준의 목표를 얻는다.
18           goal: Goal = new Goal()
19           for targeter in targeters:
20               targeterGoal = targeter.getGoal(character)
21               goal.updateChannels(targeterGoal)
22
23           # 이제 이것을 분해한다.
24           for decomposer in decomposers:
25               goal = decomposer.decompose(character, goal)
26
27           # 액추에이션과 컨스트레인트 과정을 반복한다.
28           for i in 0..constraintSteps:
29               # 액추에이터로부터 경로를 얻는다.
30               path = actuator.getPath(character, goal)
31
32               # 제약 조건을 위반하는지 검사한다.
33               for constraint in constraints:
34                   # 위반 사항을 찾았다면 다른 제안을 얻는다.
35                   if constraint.isViolated(path):
36                       goal = constraint.suggest(
37                               character, path, goal);
38
39                       # 새로운 목표를 위한 경로를 얻기 위해
40                       # 루프의 바깥으로 나간다.
41                       break continue
42
43               # 여기에 도착했다면 올바른 경로를 찾았다는 것이다.
44               return actuator.output(character, path, goal)
45
46           # 여기에 도착했다면 컨스트레인트 스테이지를 벗어난 것이기 때문에
47           # 데드락 행동에게 위임한다.
48           return deadlock.getSteering()
```

자료 구조 및 인터페이스

파이프라인의 각각의 컴포넌트를 표현하기 위해 인터페이스 클래스들을 사용한다. 각각의 단계에서 다른 인터페이스들이 필요하다.

타기터

타기터는 다음과 같다.

```
1  class Targeter:
2      function getGoal(character: Kinematic) -> Goal
```

getGoal 함수는 타기터 목표를 반환한다.

디컴포저

디컴포저는 다음과 같은 인터페이스를 갖고 있다.

```
1  class Decomposer:
2      function decompose(character: Kinematic, goal: Goal) -> Goal
```

decompose 메서드는 목표를 입력으로 취하고 가능하다면 서브 목표를 반환한다. 만약 디컴포저가 목표를 분해하지 못하면 입력으로 취했던 목표를 그대로 반환한다.

컨스트레인트

컨스트레인트는 다음 2개의 메서드를 갖고 있다.

```
1  class Constraint:
2      function willViolate(path: Path) -> bool
3      function suggest(character: Kinematic,
4                       path: Path,
5                       goal: Goal) -> Goal
```

willViolate 메서드는 주어진 경로가 특정 지점에서 제약 조건을 위반하면 true를 반환한다. suggest 메서드는 캐릭터가 제약을 피하게 할 수 있는 새로운 목표를 반환한다. 여기서 suggest는 항상 willViolate 메서드가 true를 반환하고 나서 사용한다. 보통 willViolate는 경로가 문제가 있는지 알아내기 위해서 계산을 필요로 하게 되는데 만일 그렇다면 그 계산 결과를 클래스 내부에 저장해 놨다가 suggest 메서드가 바로 재사용하게 할 수 있다. 새로운 목표를 구하는 계산도 willViolate 메서드에서 계산해 suggest 메서드는 단순히 결괏값을 반환하는 정도로 구현할 수 있다. 제안에 필요하지 않는 모든 채널은 현재 목표에서 값이 구해져 메서드로 전달된다.

액추에이터

액추에이터는 경로를 만들고 조종 결과를 반환한다.

```
1   class Actuator:
2       function getPath(character: Kinematic, goal: Goal) -> Path
3       function output(character: Kinematic,
4                       path: Path,
5                       goal: Goal) -> SteeringOutput
```

getPath 함수는 캐릭터가 목표로 향하기 위한 경로를 반환하며 output 함수는 주어진 경로를 성취하기 위한 조종 결과를 반환한다.

데드락

데드락 행동은 일반적인 조종 행동이다. getSteering 함수는 간단히 조종 파이프라인에서 반환된 조종 결과를 반환한다.

목표

목표goal는 채널들이 사용돼야 하는지에 대한 표시와 함께 각각의 채널을 저장해야 한다. updateChannel 메서드는 다른 목표 오브젝트로부터 적절한 채널들을 설정한다. 구조는 다음과 같이 구현될 수 있다.

```
1   struct Goal:
2       # 각각의 채널들이 사용되고 있는지 검사하는 플래그
3       hasPosition: bool = false
4       hasOrientation: bool = false
5       hasVelocity: bool = false
6       hasRotation: bool = false
7
8       # 각각의 채널들을 위한 데이터
9       position: Vector
10      orientation: float
11      velocity: Vector
12      rotation: float
13
14      # 이 목표를 업데이트
15      function updateChannels(other: Goal):
16          if other.hasPosition:
```

```
17          position = other.position
18          hasPosition = true
19      if other.hasOrientation:
20          orientation = other.orientation
21          hasOrientation = true
22      if other.hasVelocity:
23          velocity = other.velocity
24          hasVelocity = true
25      if other.hasRotation:
26          rotation = other.rotation
27          hasRotation = true
```

경로

현재 파이프라인의 컴포넌트에서 경로를 위한 데이터 구조는 약간 불명확하게 보인다. 경로의 포맷은 이 알고리듬에 아무런 영향을 주지 않고 단순히 조종 컴포넌트를 경유하는 바뀌지 않는 데이터일 뿐이다.

실제 프로젝트에서 나는 이 알고리듬을 사용하기 위해 두 가지 다른 버전의 경로 구현을 사용했다. 길 찾기 스타일 경로는 라인 세그먼트들의 집합으로 이뤄져 점 대 점$^{point-to-point}$ 이동 정보를 제공했다. 이것은 캐릭터가 매우 빠르게 턴^{turn}하는 경우에 적합하다. 예를 들어 걷는 사람이 있다. 점 대 점 경로는 매우 빠르게 생성할 수 있고 매우 빠르게 제약 조건을 위반하는지 알 수 있다. 그리고 액추에이터에 의해 매우 쉽게 힘으로 변환 가능하다.

이 알고리듬의 오리지널 버전은 더 일반적인 경로 표현을 사용한다. 경로는 작전 행동 리스트로 만들어진다. 예를 들어 '가속' 또는 '일정한 반경으로 턴'과 같은 것이다.

이것들은 조종 알고리듬의 최종 버전인 레이싱 게임을 포함해 복잡한 조종 요구 사항에 적합하며 제약 조건의 위반을 체크하는 것이 더 복잡할 수 있다. 왜냐하면 곡선 경로 섹션을 수반하기 때문이다. 그러므로 게임에서 작전 시퀀스를 사용하기 이전에 직선 경로로 만족하는지 실험해 볼 필요가 있다.

성능

이 알고리듬의 공간 복잡도는 O(1)이다. 알고리듬은 현재 목표를 위한 임시 저장소만 사용하며 시간 복잡도는 O(cn)이다.

이때 c는 제약 스텝의 개수이며 n은 제약의 개수다. 비록 c가 상수이지만(그 결과 알고리듬의 시간 복잡도가 $O(n)$이라고 말할 수 있다) 파이프라인에 제약이 더 많이 추가되면 값이 증가한다. 이전에 제약 개수와 비슷하게 제약 스텝의 개수를 사용했다. 그래서 시간 복잡도가 $O(n^2)$이 됐다.

제약 위반 검사는 루프에서 가장 낮은 포인트에 위치하고 있으며 이것의 성능은 치명적이다. 디컴포저가 없는 조종 파이프라인을 프로파일링해 보면 알고리듬에서 가장 많은 시간이 소비되는 곳이 이 함수다. 디컴포저가 보통 길 찾기를 제공하고 수행 시간이 많이 소비된다(비록 대부분의 경우 비활성화돼 있지만). 길 찾기가 광범위하게 사용되는 게임의 경우 (예를 들어 목표가 항상 캐릭터로부터 매우 먼 경우) AI의 속도가 받아들이지 못할 정도가 될 것이다. 조종 알고리듬은 이때 여러 프레임으로 나눠서 처리해야 한다.

예제 컴포넌트

액추에이션은 3장의 뒷부분 3.8절에서 다룰 것이다. 하지만 파이프라인의 타기터, 디컴포저, 컨스트레인트 스테이지에서 어떻게 사용되고 있는지 간단히 알아볼 가치가 있다.

타기터

추적 타기터는 움직이는 캐릭터를 지속적으로 추적한다. 이것은 대상이 향하는 방향으로 현재 위치보다 조금 앞쪽에 목표를 생성한다. 이때 거리는 대상의 속도와 타기터에 있는 lookahead 매개 변수에 의해 결정된다.

```
1  class ChaseTargeter extends Targeter:
2      chasedCharacter: Kinematic
3
4      # 움직임을 어느만큼 예측하는지 컨트롤한다.
5      lookahead: float
6
7      function getGoal(kinematic):
8          goal = Goal()
9          goal.position = chasedCharacter.position +
10                      chasedCharacter.velocity * lookahead
11         goal.hasPosition = true
12         return goal
```

디컴포저

길 찾기 디컴포저는 그래프에 길 찾기를 수행한 후 주어진 목표를 반환된 계획의 첫 번째 노드로 교체한다. 4장에서 더 자세한 내용을 다룬다.

```
1   class PlanningDecomposer extends Decomposer:
2       graph: Graph
3       heuristic: function(GraphNode, GraphNode) -> float
4
5       function decompose(character: Kinematic, goal: Goal) -> Goal:
6           # 먼저 현재 위치와 목표를 그래프의 노드로 만든다.
7           start: GraphNode = graph.getNode(kinematic.position)
8           end: GraphNode = graph.getNode(goal.position)
9
10          # 노드가 같다면 아무것도 할 필요가 없다.
11          if startNode == endNode:
12              return goal
13
14          # 그렇지 않으면 경로를 생성한다.
15          path = pathfindAStar(graph, start, end, heuristic)
16
17          # 경로의 첫 번째 노드를 얻고 위치를 알아낸다.
18          firstNode: GraphNode = path[0].asNode
19          position: Vector = graph.getPosition(firstNode)
20
21          # 목표를 갱신하고 반환한다.
22          goal.position = position
23          goal.hasPosition = true
24          return goal
```

컨스트레인트

장애물 피하기 제약은 장애물을 하나의 3D 점과 상숫값 반지름을 가진 구로 취급한다. 단순함을 위해 액추에이터가 제공하는 경로가 라인 세그먼트의 집합이라고 가정한다. 그리고 각각은 시작 지점과 종료 지점을 갖고 있다.

```
1   class AvoidObstacleConstraint extends Constraint:
2       # 바운딩 구 장애물
3       center: Vector
4       radius: float
```

```
5
6      # 장애물의 오차 한계를 반경의 비율 값으로 갖고 있다
7      # (이 값은 1보다 커야 한다).
8      margin: float
9
10     # 조건 위반이 발생하면 문제가 발생한 경로의 일부분을 저상하나.
11     problemIndex: int
12
13     function willViolate(path: Path) -> bool:
14         # 경로의 각 라인 세그먼트를 체크한다.
15         for i in 0..len(path):
16             segment = path[i]
17
18             # 충돌이 일어나면 현재 세그먼트를 저장한다.
19             if distancePointToSegment(center, segment) < radius:
20                 problemIndex = i
21                 return true
22
23         # 어떠한 세그먼트도 문제를 발생시키지 않았다.
24         return false
25
26     function suggest(path: Path, goal: Goal) -> Goal:
27         # 구의 중심에서 세그먼트의 가장 가까운 포인트를 찾는다.
28         segment = path[problemIndex]
29         closest = closestPointOnSegment(segment, center)
30
31         # 중심점을 지나는지 체크한다.
32         if closest.length() == 0:
33             # 세그먼트로 직각인 벡터를 얻는다.
34             direction = segment.end - segment.start
35             newDirection = direction.anyVectorAtRightAngles()
36             newPosition = center + newDirection * radius * margin
37
38         # 그렇지 않다면 포인트를 반경 넘어 투영 처리한다.
39         else:
40             offset = closest - center
41             newPosition = center +
42                 offset * radius * margin / closest.length()
43
44         # 목표를 설정하고 반환한다.
45         goal.position = newPosition
46         goal.hasPosition = true
47         return goal
```

suggest 메서드는 실제보다 더 복잡하게 보인다. 최근점 접근법과 투영을 사용해서 새로운 목표를 찾고 그 결과 장애물을 피해갈 수 있다. 경로가 장애물의 중심을 지나가는지 체크해야 한다. 이 경우 투영을 사용할 수 없다. 만일 중심을 지나간다면 구체의 끝부분 아무 지점을 선택해 세그먼트 접선을 타깃으로 삼는다. 그림 3.44에 두 상황을 나타내고 마진^{margin}이 어떻게 동작하는지도 보여 주고 있다.

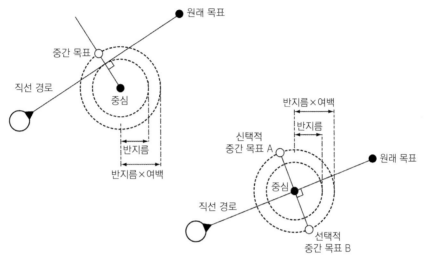

그림 3.44 장애물 피하기 투영과 직교

나는 anyVectorAtRightAngles 메서드를 추가했다. 이것은 벡터에 직교하는 벡터를 만들어 낸다. 보통 이것은 참조로 하는 방향 벡터와 오리지널 벡터를 외적 연산을 사용해 구한다. 만약 참조로 히는 방향 벡터가 오리지널 벡터와 같다면 다른 백업 기준 방향 벡터가 필요하다.

결론

조종 파이프라인은 많은 협력 중재 메커니즘 중 하나다. 다른 접근법, 예를 들어 의사결정 트리나 칠판 아키텍처와는 다르게 조종 파이프라인은 조종만을 위해서 디자인됐다.

다른 한편으로 이것은 가장 효과적인 기법은 아니다. 간단한 시나리오에서는 매우 빠르게 동작하지만 상황이 복잡해지면 느려질 수 있다. 만약 캐릭터가 지능을 가진 것처럼 움직이게 하고 싶다면 수행 속도에 더 많은 노력을 들여야 할 것이다(사실 이것을 보장하기 위해서는 풀 모션 계획이 필요하며 이것은 조종 파이프라인보다 느릴 것이다). 많은 게임에서 조종을 개선하는 것은 중요한 이슈가 아니다. 그리고 이것은 블랜딩과 같은 조종 행동을 조합해서 해결하는 것이 더 쉬울 수도 있다.

3.5 예측 물리학

3D 게임에서 AI의 일반적인 요구 사항은 물리 시뮬레이션과 잘 상호 작용하는 것이다. 이것은 〈퐁〉과 같은 게임의 AI와 같이 매우 간단할 수 있다. 예를 들어 공의 현재 위치와 배트를 움직여 공을 가로챌 수 있다. 또는 캐릭터가 공을 던지는 가장 좋은 경우를 계산해 뛰어가고 있는 팀원에게 공을 성공적으로 보내는 경우를 생각해 볼 수 있다. 이러한 예를 이미 앞서 살펴봤다. 뒤쫓기 조종 행동에서 타깃의 속도를 이용해 미래 위치를 예측했었다. 가장 복잡한 경우에는 날아오는 수류탄의 명중률을 최소화하기 위해 서 있어야 할 위치를 결정하는 것을 생각해 볼 수 있다.

각각의 경우에 캐릭터의 현재 움직임에 기반해서 AI를 움직이지는 않는다(비록 그것이 팩터의 일부일지라도). 반면에 다른 캐릭터 또는 오브젝트의 움직임에 기반해 동작한다.

당연히 움직임 예측의 가장 일반적인 요구 사항은 총기의 조준하기와 발사하기다. 이것은 이른바 '발사 솔루션'이라는 탄도 방정식을 필요로 한다. 이 절에서는 발사 솔루션과 수학적인 배경에 대해 알아본다. 그리고 폭넓은 궤적 예측^{predicting trajectory}의 요구 사항과 복잡한 이동 패턴을 가진 반복적인 예측 오브젝트의 메서드에 대해 알아볼 것이다.

3.5.1 조준하기, 발사하기

총기 그리고 상상 속의 적들은 게임 디자인의 핵심 기능이다. 여러분이 생각할 수 있는 거의 모든 게임에서 캐릭터는 발사체 무기를 다룰 수 있다. 판타지 게임에서 이것은 화살이나 파이어볼^{fireball} 마법이 될 수 있고 공상 과학 게임에서는 분열기^{disruptor}나 페이저^{phaser}가 있다.

이것은 AI에서 두 가지 공통적인 요구 사항을 필요로 한다. 캐릭터는 정확히 발사할 수 있어야 하며 날아오는 탄약에 반응할 수 있어야 한다. 두 번째 요구 사항은 날아오는 탄약이 너무 많거나 빠른 경우에 캐릭터가 반응하기 힘들면 보통 생략된다. 반면에 로켓 추진 유탄^{RPG, Rocket-Propelled Grenade} 또는 박격포와 같은 무기를 대할 때 반응이 느리면 지능이 낮게 보일 것이다.

캐릭터가 탄약을 쏘거나 맞는 것에 관계없이 무기의 예상 궤도는 이해할 필요가 있다. 빠른 궤적을 그리면서 짧은 거리를 갖는 경우 이것은 직선으로 근사할 수 있다. 그래서 오래된 게임의 경우 간단한 직선 테스트를 이용해도 됐다. 점점 더 복잡한 물리 시뮬레이션의 도입으로 직선으로 탄약을 발사할 경우 적군의 다리에 탄약이 떨어질 수 있기 때문에 더 정확한 궤도를 예측하는 것은 AI에서 핵심 부분이다.

3.5.2 발사체 궤도

중력에 의해 움직이는 발사체의 경우 궤도는 곡선을 그리게 된다. 공기의 저항 또는 다른 간섭이 없는 경우 곡선은 포물선을 그린다. 그림 3.45에 이것을 나타냈다.

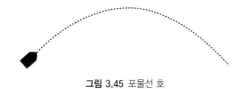

그림 3.45 포물선 호

식에 따라 움직이는 발사체는 다음과 같다.

$$\vec{p_t} = \vec{p_0} + \vec{u}s_m t + \frac{\vec{g}t^2}{2} \tag{3.1}$$

$\vec{p_t}$는 (3차원 공간에서) 주어진 시간 t에서의 위치이고 $\vec{p_0}$는 발사체의 시작 위치(역시 3차원 공간)이며 s_m은 무기의 속도(탄약이 무기를 떠났을 때의 속력, 이것은 벡터가 아니다), $\vec{u}$는 정규화된 무기의 방향, t는 탄약이 발사된 이후에 시간의 길이다. 마지막으로 $\vec{g}$는 중력 가속도다. 표기법에서 $\vec{x}$는 x가 벡터를 의미하고 다른 것들은 스칼라 값이다.

중력 가속도는 다음과 같다.

$$\vec{g} = \begin{bmatrix} 0 \\ -9.81 \\ 0 \end{bmatrix} \text{ms}^{-2}$$

(예를 들어 9.81ms^{-2}은 아래 방향) 게임 환경에서 이 값은 너무 느릴 수 있다. 물리 미들웨어 회사, 예를 들어 하복^{Havok}은 이 값의 두 배를 사용하는 것을 권고하고 있다. 물론 보기에 더 좋게 만들기 위해서 이 값을 더 조정해야 할 것이다.

궤도 방정식을 이용해 가장 간단히 할 수 있는 것은 캐릭터가 날아오는 발사체에 맞는지 아닌지 검사하는 것이다. 이것은 느리게 움직이는 발사체(예를 들어 수류탄)가 있는 슈터 게임에서 캐릭터가 가져야만 하는 기본 요소 중 하나다.

이것을 발사체가 어디에 떨어질 것인지, 궤도에 캐릭터가 맞는지 두 가지로 구분해서 알아볼 것이다.

떨어지는 곳 예측하기

AI는 날아오는 수류탄이 어디에 떨어질 것인지 그리고 그 지점으로부터 재빨리 벗어날 수 있어야 한다(예를 들어 도망가기 조종 행동을 사용하거나 더 복잡한 조종 시스템을 조합해 회피 경로를 고려하는 등). 만약 시간이 충분하다면 AI 캐릭터는 수류탄 쪽으로 최대한 빠르게 달려가서(도착하기 행동arrive behavior을 사용해서) 수류탄을 집어 다시 던질 수도 있을 것이다. 이것은 상대방으로 하여금 수류탄을 던질 때 핀을 뽑고 일정 시간을 기다렸다가 던져야만 하게 만들 수 있다.

수류탄이 어디에 떨어지는지 발사체 방정식을 고정 값 p_y를 이용해서 알아낼 수 있다(예를 들어 높이). 만약 수류탄의 현재 속도와 위치를 알고 있다면 위치의 y 요소 값을 풀고 수류탄이 알려진 위치에 도달했을 때 시간 값을 구할 수 있다(예를 들어 캐릭터가 딛고 서 있는 바닥의 높이).

$$t_i = \frac{-u_y s_m \pm \sqrt{u_y^2 s_m^2 - 2g_y(p_{y0} - p_{yt})}}{g_y} \tag{3.2}$$

p_{yi}는 임팩트의 위치이고 t_i는 이것이 일어났을 때 시간이다. 방정식에는 하나도 없거나 또는 1~2개의 솔루션이 있을 수 있다. 만약 솔루션이 없으면 발사체는 절대로 타깃의 높이에 다다를 수 없다. 그 의미는 항상 아래쪽에 있다는 것이다. 만약 하나의 솔루션만이 존재한다면 발사체는 궤적의 정점에서 타깃의 높이에 다다를 수 있으며 그렇지 않다면 발사체는 위로 올라갈 때와 내려올 때 해당 높이에 도달하게 된다. 우리는 발사체가 하강할 때 관심이 있으므로 시간 값이 큰 것을 사용한다(오를 때의 시간 값이 내려갈 때의 시간 값보다 작으므로). 만약 시간 값이 0보다 작다면 발사체가 이미 타깃 높이 아래로 내려갔다는 의미이고 다시 도달할 수 없다는 것을 의미한다. 식 3.2의 시간 값 t_i는 식 3.1에 대입해 임팩트의 위치를 알 수 있다.

$$\vec{p_i} = \begin{bmatrix} p_{x0} + u_x s_m t_i + \frac{1}{2} g_x t_i^2 \\ p_{yi} \\ p_{z0} + u_z s_m t_i + \frac{1}{2} g_z t_i^2 \end{bmatrix} \tag{3.3}$$

만일 중력이 아래 방향으로만 동작한다면 더 간단히 할 수 있다.

$$\vec{p_i} = \begin{bmatrix} p_{x0} + u_x s_m t_i \\ p_{yi} \\ p_{z0} + u_z s_m t_i \end{bmatrix} \tag{3.4}$$

수류탄의 경우 임팩트가 발생하는 시간을 수류탄의 퓨즈 길이로 알 수 있으므로 수류탄을 집을 것인지 아니면 수류탄으로부터 도망쳐야 할 것인지 결정할 수 있다.

여기서 알아 둬야 할 점은 레벨의 바닥이 급격하게 바뀌지 않는다는 것을 가정으로 하고 있다는 점이다. 만약 캐릭터가 절벽이나 보도 위에 있다면 수류탄은 이 높이에 터지지 않고 아래로 향하거나 그 뒤로 떨어질지도 모른다. 식 3.3을 사용해 임팩트 포인트가 유효한지 아닌지 검사할 수 있다.

재빠르게 변하는 실외 레벨을 위해서는 식 3.3에 p_y를 사용함으로써 (x, z) 좌표를 생성할 수 있다. 그리고 이 (x, z) 좌표 값이 안정화될 때까지 반복한다. 이때 안정화가 된다는 보장은 없지만 대부분의 경우 그렇다. 실제로 높은 폭발성 발사체는 보통 큰 영역에 데미지를 주고 발사체의 도착 지점을 예측하는 데 있어서 부정확성은 캐릭터가 도망갈 때 발견하기 어렵다.

마지막으로 날아오는 발사체의 충돌 예측에 있어서 참고할 것은 캐릭터가 위치하고 있는 바닥의 높이는 캐릭터가 캐치할 수 있는 높이가 아니라는 점이다. 만약 캐릭터가 날아오는 오브젝트를 잡으려고 한다면(예를 들어 야구와 같은 스포츠 게임이라면) 목표 높이 값은 캐릭터의 가슴 위치 정도로 설정해야 할 것이다. 그렇지 않으면 날아오는 오브젝트가 발바닥에 떨어지고 말 것이다.

3.5.3 발사 솔루션

포인트 $\vec{E}$로 주어진 목표를 맞추기 위해 식 3.1을 풀어야 한다. 대부분의 경우 발사 지점 $\vec{S}$를 알고 있고(예를 들어 $\vec{S} \equiv \vec{p_0}$) 탄약 속도 s_m, 중력 가속도 $\vec{g}$를 알고 있다. 우리는 발사할 방향 $\vec{u}$를 찾아야 한다(물론 느리게 움직이는 탄약이 중요하다면 충돌 시간을 찾는 것도 유용하다).

궁수나 수류탄을 던지는 사람은 발사체의 속도를 조절할 수 있다(예를 들어 그들은 탄약 속도 s_m을 결정할 수 있다). 하지만 대부분의 무기들은 s_m이 고정 값이다. 여기서 한 가지 가정을 할 것인데, 속도 선택이 가능한 캐릭터는 언제나 최단 시간에 발사체가 목적지에 도착한다는 것이다. 이 경우 언제나 선택 가능한 최대 속도를 선택한다.

많은 장애물(바리케이트, 장선, 기둥과 같은)이 있는 실내 환경에서 캐릭터가 수류탄을 느리게 포물선을 그리며 던지는 것이 이점이 되기도 한다. 장애물들을 다루는 것은 매우 복잡하며 가장 좋은 방법은 시행착오를 통하는 것이다. 다양한 s_m을 사용할 수 있는데 보통 제한된 개수만큼 시도한다(예를 들어 '빠르게 넌시기', '느리게 던지기', '떨어뜨리기' 등). 이 책을 위해서 s_m이 상수이며 미리 알려져 있다고 가정한다.

식 3.1은 벡터 계수를 갖고 있다. 발사 벡터는 정규화돼야 한다.

$$|\vec{u}| = 1$$

그리고 4개의 미지수와 4개의 식이 있다.

$$E_x = S_x + u_x s_m t_i + \frac{1}{2} g_x t_i^2$$
$$E_y = S_y + u_y s_m t_i + \frac{1}{2} g_y t_i^2$$
$$E_z = S_z + u_z s_m t_i + \frac{1}{2} g_z t_i^2$$
$$1 = u_x^2 + u_y^2 + u_z^2$$

이것들은 발사 방향을 찾을 수 있게 한다. 그리고 타깃까지의 발사체의 시간을 알아낼 수 있다. 첫째로 t_i를 위한 식을 구한다.

$$|\vec{g}|^2 t_i^4 - 4(\vec{g}.\vec{\Delta} + s_m^2)t_i^2 + 4|\vec{\Delta}|^2 = 0$$

$\vec{\Delta}$은 시작 지점에서 끝 지점으로의 벡터이고 이것은 $\vec{\Delta} = \vec{E} - \vec{S}$로 구한다. t_i는 4차이며 홀수곱이 아니다. 그 결과 2차 방정식 공식을 이용해 t_i^2에 대해 풀고 결과에 루트를 취하면 다음과 같은 수식을 얻는다.

$$t_i = +2\sqrt{\frac{\vec{g}.\vec{\Delta} + s_m^2 \pm \sqrt{(\vec{g}.\vec{\Delta} + s_m^2)^2 - |\vec{g}|^2|\vec{\Delta}|^2}}{2|\vec{g}|^2}}$$

시간을 위한 2개의 실수 솔루션을 얻는데 이 두 실수의 최대는 양수다. 주의할 것이 있는데 2개의 음수 해도 고려할 수 있다(첫 번째 루트의 앞에 있는 양수 기호를 음수로 바꾼다). 하지만 여기서는 음수 해를 생략했다. 왜냐하면 시간의 음수 값의 의미는 양수 값으로 사용했을 때 조준하기 방향의 반대와 같기 때문이다.

다음과 같을 때 솔루션은 존재하지 않는다.

$$(\vec{g}.\vec{\Delta} + s_m^2)^2 < |\vec{g}|^2|\vec{\Delta}|^2$$

이 경우 타깃 포인트는 주어진 탄약의 속도로는 맞출 수 없다. 만약 솔루션이 하나만 있다면 끝 지점이 발사 능력의 최대 한계 지점에 있다고 볼 수 있다. 보통은 두 가지 솔루션이 존재하고 타깃으로 다른 호를 그리며 날아간다. 이것은 그림 3.46에 나타나 있다.

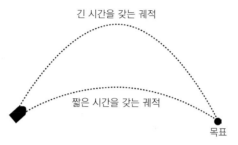

그림 3.46 발사 가능한 두 가지 솔루션

두 가지 솔루션 중 하나를 선택할 때는 거의 항상 가장 낮은 호를 그리는 것을 선택한다. 왜냐하면 더 적은 시간 값을 갖기 때문이며 이것은 적들이 짧은 시간에 날아오는 발사체에 반응하기 어렵게 만든다. 발사체가 성벽을 넘겨야 하는 경우에는 더 긴 호를 선택할 필요도 있다. 적절한 t_i값이 선택되면 발사 벡터를 다음과 같은 식을 이용해 결정할 수 있다.

$$\vec{u} = \frac{2\vec{\Delta} - \vec{g}t_i^2}{2s_mt_i}$$

이 식의 중간 유도는 연습으로 남겨 뒀다. 이것은 복잡해 보이지만 다음과 같이 쉽게 구현될 수 있다.

```
1   function calculateFiringSolution(start: Vector,
2                                    end: Vector,
3                                    muzzleV: float,
4                                    gravity: Vector) -> Vector:
5
6       # 타깃에서 시작점으로 향하는 벡터를 계산한다.
7       delta = start - end
8
```

```
 9        # 이차 방정식의 계수 a, b, c를 계산한다.
10        a = gravity.squareMagnitude()
11        b = -4 * (dotProduct(gravity * delta) + muzzleV * muzzleV)
12        c = 4 * delta.squareMagnitude()
13
14        # 솔루션이 없는지 검사한다.
15        b2minus4ac = b * b - 4 * a * c
16        if b2minus4ac < 0:
17            return null
18
19        # 후보가 될 시간 값을 찾는다.
20        time0 = sqrt((-b + sqrt(b2minus4ac)) / (2*a))
21        time1 = sqrt((-b - sqrt(b2minus4ac)) / (2*a))
22
23        # 타깃으로 향하는 시간을 찾는다.
24        if time0 < 0:
25            if time1 < 0:
26                # 유효한 시간이 없다.
27                return null
28            else:
29                ttt = time1
30        else:
31            if time1 < 0:
32                ttt = time0
33            else:
34                ttt = min(time0, time1)
35
36        # 발사 벡터를 반환
37        return (delta * 2 - gravity * (ttt*ttt)) / (2 * muzzleV * ttt)
```

이 코드에서 두 벡터의 스칼라 곱을 위해 a * b 표기법을 사용했다. 알고리듬의 시간 및 공간 복잡도는 모두 $O(1)$이다.

3.5.4 발사체와 항력

게임에 공기 저항을 도입하는 경우 상황은 더 복잡하게 된다. 발사 솔루션을 만들 때 대부분의 개발자가 공기 저항을 무시하는 경우를 볼 수 있는데 보통 발사체의 항력을 무시해도 근사치를 얻는 수준에서는 용납할 수 있기 때문이다. 항력을 포함하는 궤도 계산은 물리 엔진에 의해 좌우된다. 만약 물리 엔진이 항력을 포함한다면(대부분 수치 불안정성을 방지하기 위해 사용한다)

항력을 고려하지 않은 발사체 계산은 거리가 멀 경우에 부정확한 결과를 내놓을 것이다. 물리 엔진을 사용한다고 하더라도 항력을 고려하지 않고 구현해 보는 것은 가치가 있다. 보통 결과는 유용하고 구현하기 매우 간단할 것이다.

항력을 고려한 발사체의 궤적은 더 이상 포물선을 그리지 않는다. 발사체가 움직일 때 점점 느려지며 전체적인 경로는 그림 3.47과 같다.

그림 3.47 항력이 고려된 발사체의 움직임

발사체에 항력을 고려하는 것은 복잡한 수학 지식을 요구하기 때문에 이러한 이유로 대부분의 게임에서는 항력을 무시하거나 이후에 알아볼 시행 착오$^{\text{trial and error}}$ 방법을 사용한다.

실세계에서 항력은 매우 다양한 요소에 의해 생겨나지만 컴퓨터 시뮬레이션에서는 보통 매우 간단하게 표현할 수 있다. 대부분의 물리 엔진에서 항력은 속도 또는 속도의 제곱과 관계된 몸체의 움직임의 속도에 관여한다. 몸체에 적용되는 항력을 D라고 하면(1차원) 식은 다음과 같다.

$$D = -kv - cv^2$$

v는 발사체의 속도이고 k와 c는 상수다. k 계수는 가끔씩 점성 저항$^{\text{viscous drag}}$이라고 부르기도 하며 c는 공기 항력$^{\text{aerodynamic drag}}$ 또는 탄도 계수$^{\text{ballistic coefficient}}$라고 한다. 이것들은 다소 혼란스러울 수 있는데 왜냐하면 이것들은 현실 세계의 점성과 공기 항력에 직접적으로 부합하지는 않기 때문이다.

간단한 운동 방정식을 2차 미분 방정식으로 바꿔 이 요소들을 반영할 수 있다.

$$\ddot{\vec{p_t}} = g - k\dot{\vec{p_t}} - c\dot{\vec{p_t}}|\dot{\vec{p_t}}|$$

불행히도 방정식의 세 번째 항인 $c\dot{\vec{p_t}}|\dot{\vec{p_t}}|$은 한 방향의 항력에서 다른 방향의 항력과 관련된다. 이 시점까지 발사체의 운동이 각각의 차원마다 독립적이라고 가정했다. 항력이 발사체의 전체 속도와 관련돼 있다고 가정한다. 예를 들어 x축으로 느리게 움직이고 있다고 하더라도 z축으

로 빠르게 움직일 때 많은 항력을 경험하게 될 것이다. 이것은 비선형 미분 방정식의 특징이기도 하며 이런 때 발사하기 솔루션을 위한 쉬운 방정식은 존재하지 않는다.

유일한 옵션은 발사체의 비행 시뮬레이션을 위해 반복적인 방법을 사용하는 것이다. 아래에 나타나 있는 접근법을 사용하는 것으로 돌아갈 것이다.

세 번째 항을 제거하면 방정식은 다음과 같다.

$$\ddot{\vec{p_t}} = g - k\dot{\vec{p_t}} \tag{3.5}$$

이 수식이 수학적으로 쉽게 만든다 하더라도 물리 엔진을 위한 일반적인 설정은 아니다. 만약 여러분이 더 정확한 발사하기 솔루션을 원하고 물리를 컨트롤 가능하다면 다음에 소개할 것이 옵션이 될 수 있다. 그렇지 않으면 여러분은 반복적인 방법을 사용할 것이다. 파티클의 움직임을 위한 방정식을 얻기 위해 식을 풀 수 있는데 수학적으로 관심이 없다면 다음 절을 생략해도 된다.

유도를 생략하고 식 3.5를 풀어 파티클의 궤적을 찾으면 다음과 같다.

$$\vec{p_t} = \frac{\vec{g}t - \vec{A}e^{-kt}}{k} + \vec{B} \tag{3.6}$$

$\vec{A}$와 $\vec{B}$는 파티클의 시간 $t = 0$일 때 위치와 속도 상숫값이다.

$$\vec{A} = s_m\vec{u} - \frac{\vec{g}}{k}$$

그리고 다음과 같다.

$$\vec{B} = \vec{p_0} - \frac{\vec{A}}{k}$$

항력을 적용한 발사체의 궤적을 위해 이 식을 사용할 수 있다. 또는 더 복잡한 물리 시스템을 위한 반복적인 알고리듬의 기초로 사용할 수 있다.

회전하기 그리고 들어 올리기

발사체가 비행할 때 회전을 하면 계산은 더 복잡해진다. 지금까지 모든 발사체는 비행할 때 회전을 하지 않는다고 가정했다.

발사체가 회전하면(예를 들어 골프공) 추가적으로 양력$^{lift\ force}$이 생기게 되고 예상하기가 매우 복잡해진다. 만약 이 현상을 재현해야만 하는 매우 정교한 골프 게임 시뮬레이터를 개발한다면 운동 방정식만으로는 해결하기 불가능하다. 공이 떨어지는 위치를 예상하기 위한 가장 좋은 방법은 시뮬레이션 코드를 돌려 보는 것이다(속도에 따라 시뮬레이션의 정확도를 조정하는 방법으로).

3.5.5 반복 타기팅

발사체 솔루션을 위한 방정식을 만들 수 없는 경우, 식이 매우 복잡할 경우, 또는 실수를 범하기 쉬운 경우에 반복 타기팅 기법을 사용할 수 있다. 이는 장거리 무기와 대포(군사 용어로 '이펙트^{effect}'라고 완곡하게 말한다)와 유사하다.

문제점

우리는 발사체를 위한 방정식을 푸는 것이 불가능하거나 간단하지 않더라도 주어진 타깃을 맞추기 위한 발사체 솔루션을 구하려 한다.

개발할 발사하기 솔루션은 근사 또는 대략적인 것이 될 테지만(예를 들어 타깃에서 약간 벗어나는 경우) 정확도를 조절할 수 있어야 한다. 그래서 작거나 큰 목표물을 제대로 맞출 수 있어야 한다.

알고리듬

알고리듬은 두 가지 단계를 갖고 있다. 우선 초기 발사하기 솔루션으로 추측을 한다. 그리고 궤적 방정식이 처리돼 발사하기 솔루션의 정확성이 충분한지 검사한다(예를 들어 타깃에 히트됐는지). 만약 정확하지 않다면 이전 추측 데이터에 기반해 새로운 추측을 생성한다.

테스팅 프로세스는 궤적이 타깃 위치에 얼마나 근접하는지 체크한다. 어떤 경우에는 운동 방정식을 이용해 수학적으로 찾을 수 있다(이럴 때 운동 방정식을 풀 수 있고 반복적인 방법을 사용하지 않고 발사하기 솔루션을 찾을 수도 있다). 대부분의 경우에 가장 가까운 접근 지점을 찾는 유일한 방법은 발사체의 궤적을 따르며 가장 가까운 접근 지점을 기록하는 것이다.

이 과정을 더 빠르게 하기 위해서 궤적의 일부분만을 검사한다. 간단한 궤적과 상대적으로 느리게 움직이는 발사체의 경우 0.5초마다 검사할 수 있다. 바람, 들어올리기, 공기 역학적 힘이 적용돼 빠르게 움직이는 물체의 경우 아마 1/10초 또는 1/100초마다 검사가 필요할 것이다. 발사체의 위치는 매시간 간격마다 계산된다. 이 위치 값들은 라인 세그먼트들로 연결돼 있고 타깃과 가장 가까운 라인 세그먼트의 점을 찾을 수 있다. 우리는 구분적 선형 커브로 궤적을 근사시킨다.

너무 멀리 있는 경우 체크를 하지 않기 위해 추가적인 테스트를 할 수도 있다. 이것은 일반적인 전체 충돌 검사 프로세스는 아니다. 왜냐하면 시간을 필요로 하기 때문이다. 하지만 발사체의 높이가 타깃의 높이보다 낮을 때 간단히 멈출 수 있다.

발사하기 솔루션을 위한 초기 추측은 이미 알아본 발사하기 솔루션 함수로부터 만들어질 수 있다. 우리는 항력이 없거나 다른 복잡한 움직임이 없다고 가정한다. 초기 추측을 한 이후에 개선은 게임에 존재하는 힘들에 의존한다. 만약 바람이 없다면 $x-z$ 평면에서의 첫 번째 추측의 방향은 올바를 것이다(베어링^{bearing}이라고 부른다). $x-z$ 평면과 발사하기 방향 사이의 각도만을 조정할 필요가 있다(엘리베이션^{elevation}이라고 부른다). 이것은 그림 3.48에 나타나 있다.

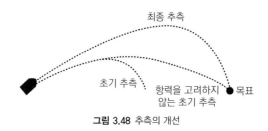

그림 3.48 추측의 개선

항력을 고려한다면 엘리베이션은 초기 추측에서 만들어진 것보다 더 높게 설정돼야 한다. 만약 발사체에 띄우는 힘이 없다면 엘리베이션의 최대는 45°가 된다. 이 값보다 크다면 최대 거리는 줄어들게 된다. 만약 발사체에 띄우는 힘이 있다면 더 높게 설정해 더 멀리 날아갈 수 있게 한다. 결국 거리가 더 길어지게 된다.

만약 옆바람^{crosswind}을 갖고 있다면 엘리베이션을 조정하는 것만으로는 충분하지 않을 것이다. 베어링도 조정할 필요가 있다. 두 가지 모두 조정하면서 반복하는 것이 좋다. 예를 들어 올바른 거리를 얻기 위해 엘리베이션을 먼저 설정하고 타깃의 방향으로 발사체가 도착하기 위해 베어링을 조절한다. 그리고 다시 타깃까지 올바른 거리를 얻기 위해 엘리베이션을 다시 설정하고 이 과정을 반복한다.

추측을 개선하는 것이 즉흥적이라고 느낌을 받았다면 여러분의 느낌이 정확했다고 볼 수 있다. 사실 군사 무기를 위한 진짜 타기팅 시스템은 발사체를 위해 복잡한 시뮬레이션을 사용하며 매우 다양한 알고리듬을 사용한다. 예를 들어 휴리스틱, 최적의 솔루션을 찾기 위해 검색 기법을 사용한다.

게임에서 가장 좋은 접근법은 AI를 실제 게임 환경에서 실행하고 추측 규칙을 지속적으로 개선시키는 것이다. 수정의 순서가 무엇이 되든 물리 법칙을 고려하는 개선 알고리듬이 어떤 것이든 바이너리 검색은 좋은 출발점이 되며, 컴퓨터 과학에서 많은 알고리듬의 기초로 사용된다. 이에 관해서는 알고리듬 또는 컴퓨터 과학에 대한 좋은 책들에서 자세히 설명하고 있다.

의사 코드

개선 알고리듬이 우리가 만들려는 게임의 종류에 따라 매우 달라질 수 있기 때문에 아래에 나타낸 의사 코드에서는 항력만 존재하는 발사체의 발사하기 솔루션을 찾아낼 것이라고 가정한다. 이것은 문제를 간소화시켜 고도의 각도만을 알아내 발사하기 방향을 알아낼 수 있게 한다.

이와 같은 기술이 내가 상업용 액션 게임에서 사용한 가장 복잡한 기술이었다. 물론 이전에도 설명했듯이 군사 시뮬레이션에서는 더 복잡한 상황이 발생할 수 있다.

다음 발사체를 위한 운동 방정식은 점성 저항만을 고려한다.

```
1  function refineTargeting(start: Vector,
2                           end: Vector,
3                           muzzleV: float,
4                           gravity: Vector,
5                           margin: float) -> Vector:
6
7      # 발사 각도에 기반한 발사하기 솔루션을 계산한다.
8      function checkAngle(angle):
9          # 타깃 오프셋을 얻는다.
10         deltaPosition: Vector = target - source
11         direction = convertToDirection(deltaPosition, angle)
12         return direction, distance
13
14     # 항력을 무시한 발사체 솔루션을 사용해 초기 추측을 한다.
15     direction = calculateFiringSolution(
```

```
16                source, target, muzzleVelocity, gravity)
17
18        # 이것으로 충분한지 검사한다.
19        distance = distanceToTarget(direction, source,
20                                         target, muzzleV)
21        if -margin < distance < margin:
22            return direction
23
24        # 그렇지 않으면 바이너리 검색을 한다. 이때 minBound 밑으로 내려가는지
25        # maxBound를 넘어가는지 확인한다.
26        angle: float = asin(direction.y / direction.length())
27        if distance > 0:
28            # 최댓값을 찾았으므로 가능한 최단 샷을 사용한다.
29            maxBound = angle
30            minBound = -pi / 2
31            direction, distance = checkAngle(minBound)
32            if -margin < distance < margin:
33                return direction
34
35        # 최대 경계를 찾을 수 있는지 검사할 필요가 있다. 최대 거리는
36        # 45도로 설정했을 때 얻을 수 있다.
37        else:
38            minBound = angle
39            maxBound = pi / 4
40            direction, distance = checkAngle(maxBound)
41            if -margin < distance < margin:
42                return direction
43
44            # 최대 거리 샷이 가능한지 검사한다.
45            if distance < 0:
46                return null
47
48        # 이제 최소, 최대 경계를 얻었으니 바이너리 검색을 한다.
49        distance = margin
50        while abs(distance) >= margin:
51            angle = (maxBound - minBound) / 2
52            direction, distance = checkAngle(angle)
53
54            # 경계를 바꾼다.
55            if distance < 0:
56                minBound = angle
57            else:
```

```
58              maxBound = angle
59
60          return direction
```

자료 구조 및 인터페이스

코드는 3개의 함수로 이뤄져 있다. calculateFiringSolution 함수는 가장 먼저 정의한 함수이며 초기 예측을 구하기 위해 사용한다.

distanceToTarget 함수는 물리 시뮬레이터를 실행시키고 발사체가 목표물에 얼마나 근접하는지 반환한다. 이 값의 부호는 매우 중요하다. 이 값이 양수라면 발사체가 타깃을 넘어갈 것이고 음수라면 발사체가 다다르지 못할 것이다. 간단하게 3D 거리 테스트는 언제나 양수 거리 값을 반환한다. 그러므로 시뮬레이션 알고리즘은 너무 가까운지 또는 너무 먼지에 따라 기호를 설정해야 한다.

convertToDirection 함수는 각도를 이용해 발사하기 방향을 만든다. 이것은 다음과 같이 구현할 수 있다.

```
1    function convertToDirection(deltaPosition: Vector, angle: float):
2        # 평면의 방향 찾기
3        direction = deltaPosition
4        direction.y = 0
5        direction.normalize()
6
7        # 수직 요소 추가하기
8        direction *= cos(angle)
9        direction.y = sin(angle)
10
11       return direction
```

성능

알고리듬의 공간 복잡도는 $O(1)$이고 시간 복잡도는 $O(r\log n^{-1})$이다. r은 물리 시뮬레이터에서 최근점 접근법을 사용해 타깃을 결정할 때 사용하는 샘플링 해상도이며 n은 부딪힌 것이 발견됐는지 여부를 결정하는 정확도 임곗값이다.

운동 방정식 없는 반복 타기팅

앞서 살펴본 알고리듬에서 물리 시뮬레이션을 블랙 박스처럼 다루고 있는데 운동 방정식의 일부분을 사용해 이것을 구현할 수 있다고 가정한다.

실제 게임에서 오브젝트의 궤적은 질량과 속도만으로 결정되지 않는다. 여기에는 항력도 있고 리프트, 바람, 중력과 같이 많은 요소에 영향받는다. 이렇게 되면 운동 방정식만으로 발사체의 궤적을 예측하는 것은 불가능에 가깝다.

발사체가 이와 같이 복잡한 것에 영향받는다면 목표물에 더 가까운 발사체의 궤적을 예측하는 다른 방법을 고려해야만 한다. 발사가 된 후의 발사체 운동은 물리 시스템에 의해 계산된다. 같은 물리 시스템을 사용해 타기팅 목적으로서 미니어처 시스템의 운동을 수행할 수 있다.

알고리듬을 반복할 때마다 발사체가 설정되고 발사된다. 그리고 물리 시스템이 업데이트된다 (보통 엔진의 정상 동작에 비해 다소 넓은 간격으로 업데이트되며 매우 높은 정확도는 필요하지 않는다). 물리 업데이트는 반복적으로 호출돼, 업데이트 후에 발사체의 위치가 기록되며 이전에 봤던 구분적 선형 곡선을 형성한다. 이후에 타깃 발사체의 최근점을 찾는 데 사용된다.

이 방법은 물리 시뮬레이션이 발사체의 운동 역학을 캡처하는 데 필요한 만큼 복잡할 수 있다는 이점을 갖는다. 심지어 움직이는 타깃과 같은 다른 요소들을 포함할 수 있다.

다른 한편으로 이 방법은 격리 시뮬레이션을 쉽게 설정할 수 있는 물리 엔진을 필요로 한다. 만약 물리 엔진이 동시에 하나의 시뮬레이션만 처리한다면(예를 들어 현재 게임 월드) 이것은 문제가 될 소지가 있다. 물리 시스템이 이것을 허락한다고 하더라도 이 기법은 많은 시간을 소모할 수 있다. 간단한 방법이(예를 들어 발사체를 위해 힘만 설정하는 경우) 동작하지 않을 때 고민할 가치가 있다.

예측의 다른 용도

발사체 모션의 예측은 게임에서 가장 복잡한 예측 종류 중 하나다.

아이스 하키, 당구 또는 스누커^{snooker} 시뮬레이터와 같은 게임에서 충돌은 게임플레이의 중요한 구성 요소이며 AI는 충돌의 결과를 예측할 수 있어야 한다. 이것은 보통 반복 타기팅 알고리듬을 확장해 이뤄 낼 수 있다. 예를 들어 시뮬레이션을 돌려 보고 목표에 얼마만큼 다가갔는지 미리 알아볼 수 있다.

3장의 처음부터 끝까지 아주 흔한 다른 예측 기법(개발자 대부분은 이것의 목적이 모션 예측이라는 것을 의식하지 못한다)을 사용했다.

예를 들어 추적하기 조종 행동에서 AI는 목적지의 앞쪽으로 이동할 지점을 선택하고 방향을 설정해 움직인다.

여기서는 목표가 같은 방향으로 현재 속도를 유지하며 움직일 것이라고 가정할 것이다. 그리고 효과적으로 잡아내기 위해 타깃 위치를 선택한다. 만약 여러분이 학교에서 술래잡기 게임을 했던 것을 기억한다면 잘하는 친구들은 같은 방법을 사용하고 있다는 것을 알 수 있다. 바로 모션을 예측해서 잡거나 도망다닌다. 뒤쫓기 행동$^{pursuit\ behavior}$의 예측을 더 복잡하게 만들어 타깃의 모션을 제대로 예측할 수 있다(예를 들어 만약 타깃이 벽에 부딪힐 것 같다면 타깃이 현재 방향과 속도를 유지하지 않고 충돌을 피하기 위해 방향을 바꿀 것이라는 것을 알고 있다).

추적하기 행동$^{chase\ behavior}$을 위한 복잡한 모션 예측은 활발한 학술 연구 대상이다(그리고 이것은 이 책의 범위를 벗어난다). 연구의 결과가 있음에도 불구하고 게임은 여전히 간단한 버전을 사용한다. 왜냐하면 그들이 익숙하게 해오던 것을 바로 바꾸기는 어렵기 때문이다.

모션 예측은 캐릭터 기반의 AI 외에도 광범위하게 사용되기 시작했다. 멀티플레이어 게임을 위한 네트워킹 기술은 캐릭터의 모션이 지연되거나 네트워크에 의해 중단된 경우에 이를 대처할 수 있어야 한다. 이 경우 서버는(거의 항상 간단한 방법을 사용한다. '지금처럼' 접근법이 바로 그것이다) 캐릭터가 어디에 있을지 예측 가능해야 한다. 만약 예측이 틀렸다면 캐릭터를 올바른 위치로 서서히 이동시키거나(대규모 멀티플레이어 게임에서 보통 사용한다) 곧바로 해당 위치로 이동시키면 된다(슈터 게임에서는 보통 이렇게 한다). 이것은 게임 디자인에 따라 선택할 수 있다.

3.6 점핑

슈터 게임에서 점핑^{jumping}은 캐릭터 이동에 있어 가장 큰 문제다. 보통의 조종 알고리듬은 슈터 게임에서 핵심 기능인 점프를 생각하지 않고 디자인됐다.

점프는 본질적으로 위험하다. 다른 조종 액션과는 달리 점프는 실패할 수도 있으며 이 경우 되돌리기가 매우 어렵거나 불가능할 수도 있다(실패하면 대부분 캐릭터는 죽게 된다).

예를 들어 평평한 레벨에서 캐릭터가 적을 추적하는 경우를 생각해 보자. 조종 알고리듬은 적이 현재 속도를 유지하며 움직인다고 생각하고 캐릭터의 궤적을 그것에 대응해 움직이도록 설정한다. 다음 프레임에 알고리듬이 실행된 후(보통 다음 프레임이라는 의미는 AI가 실행된 후 몇 프레임을 더 지나간 후를 말한다) 캐릭터가 궤적을 따라 가다기 이 경로에 문제가 있음을 깨달은 후 감속을 한다. 그리고 조종 알고리듬은 다시 타깃이 현재 속도로 움직인다고 추측한다. 비록 캐릭터가 감속하더라도 알고리듬은 그렇지 않을 수 있다. 각각의 의사결정은 틀릴 수 있으며 알고리듬은 다음 프레임이 실행될 때 복구 가능하다. 에러의 비용은 거의 0에 가깝다.

반면에 만약 캐릭터가 2개의 플랫폼 사이를 점프하려고 의사결정을 하고 나면 이때 에러 비용은 더 크다. 조종 컨트롤러는 캐릭터가 올바른 방향과 속도로 움직이고 정확한 타이밍에 점프를 하도록 해줘야 한다(최소한 점프 타이밍이 늦지 않게). 캐릭터 움직임의 작은 변화에도(깎인 장애물, 총기 반동 또는 폭발로 인한 움직임) 캐릭터가 점프할 때 제대로 된 지점으로 점프하지 않고 실패로 인한 죽음에 이를 수 있다.

조종 행동은 시간이 지남에 따라 효과적으로 처리를 분산시킬 수 있다. 의사결정은 매우 쉽게 이뤄지지만 지속적으로 의사결정을 재고해 전체적으로 만족할 만한 결과를 얻는다. 하지만 점프는 예외다. 점프는 실패에 매우 민감하다.

3.6.1 점프 포인트

점프를 지원하기 위한 가장 간단한 방법은 레벨 디자이너에게 책임을 지게 하는 것이다. 점프 가능한 위치에 라벨을 표시한다. 이 영역은 수동으로 배치되고 캐릭터가 각기 다른 속도로 점프할 수 있다면 점프 포인트에 점프가 가능한 최소 속도를 갖고 있어야 한다. 이 속도는 점프가 올바르게 수행되기 위해 필요한 최소한의 속도다.

구현에 따라 캐릭터는 가능한 한 목표 속도에 다다르기 위하거나 단순히 방향과 속도만을 체크할 수도 있다.

그림 3.49에 점프 포인트가 배치된 통로를 볼 수 있다. 통로 사이를 이동하고자 하는 캐릭터는 충분한 속도를 가져야 하며 점프 포인트는 다른 플랫폼을 향한 방향과 최소 속도를 갖고 있다.

그런데 캐릭터가 점프할 때 정확한 방향으로 점프를 군이 하지 않아도 된다. 그림 3.50에 정확하지 않은 방향으로 캐릭터가 점프하고 있는 것을 볼 수 있다.

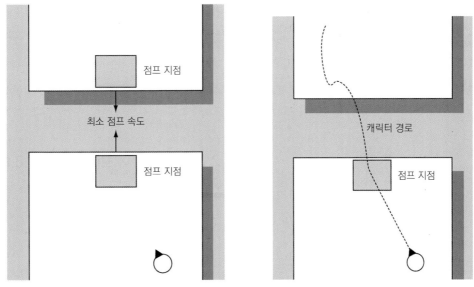

| 그림 3.49 통로 사이의 점프 포인트 | 그림 3.50 점프 속도의 유연성 |

하지만 만약 캐릭터가 도달하려는 지역이 충분히 크지 않다면 이러한 점프는 죽음을 부를 수도 있다. 그림 3.51에 이와 같은 상황을 나타냈다.

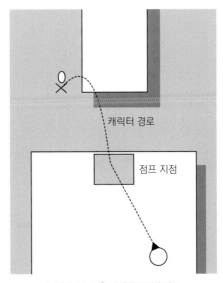

그림 3.51 좁은 플랫폼으로의 점프

점프 달성하기

점프를 달성하기 위해 캐릭터는 속도 매칭 조종 행동을 사용할 수 있다. 점프가 이뤄지기 전에 움직임의 목표는 점프 포인트다. 그리고 속도 매칭에 필요한 속도는 점프 포인트가 제공한다. 캐릭터가 점프 포인트 사이를 지나갈 때 점프 액션이 수행되고 캐릭터는 공중에 떠 있는 상태가 된다. 이 접근법은 약간의 처리 시간이 필요하다.

1. 캐릭터는 점프를 하기 위한 결정이 필요하다. 점프 도착 지점에 필요한 길 찾기 시스템을 사용한다거나 간단한 조종 행동을 사용해 튀어나온 바위 쪽으로 향하게 한다.
2. 캐릭터는 점프를 달성하기 위한 점프 포인트를 인식할 필요가 있다. 이것은 길 찾기 시스템(아래에 점프 링크 절 참고)을 사용하면 보통 자동적으로 일어나지만 로컬 조종 행동을 사용한다면 점프를 달성하기 위해 충분한 시간을 갖고 있는지 결정하기 어려울 수도 있다. 이를 위해 적당한 내다보기 기능이 필요하다.
3. 캐릭터가 사용할 점프 포인트를 찾고 나면 속도 매칭에서 새로운 조종 행동으로 바뀌어 올바른 속도와 방향을 이용해 점프를 하게 된다.
4. 캐릭터가 점프 포인트를 터치할 때 점프 액션이 요청된다. 캐릭터는 언제 또는 어떻게 점프하는지 알 필요가 없다. 그냥 점프 포인트에 부딪히면 공중으로 던져지게 된다.

약점

이 절 앞부분의 예제에서 이 접근법의 약점에 대해 알아차렸을 것이다. 대부분의 경우 점프 포인트가 모든 점프 상황에 필요한 정보를 충분히 갖지 못한다는 약점이 있다.

그림 3.52에 모든 정보를 제공하기 어려운 점프 포인트를 사용한 다양한 점프가 나타나 있다. 얇은 통로에 점프하려면 정확한 방향을 필요로 하고 좁은 난간에 점프하려면 정확한 속도를 필요로 한다. 마지막으로 발판에 점프하려면 정확한 방향과 속도 모두 필요로 한다. 점프의 어려움에 있어 어디에서 점프했느냐도 매우 중요함을 알 수 있다. 그림 3.52의 각각의 점프를 보면 반대쪽에서 점프하는 것은 쉬울 것이다.

덧붙여 말하면 실패했다고 하는 모든 점프는 다를 수 있다. 가령 캐릭터가 점프에 실패해 무릎까지 차오른 물에 빠진다면 어렵지 않게 목적지로 올라갈 수 있겠지만 끓는 용암에 빠진다면 정확성은 매우 중요해질 수 있다.

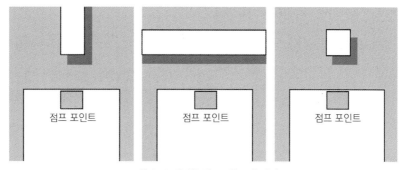

그림 3.52 어려운 점프 포인트 세 가지

우리는 더 많은 정보를 점프 포인트에 추가할 수 있다. 가령 제한 속도, 점프에 실패하면 얼마나 잘못될 수 있는지와 같은 정보를 레벨 디자이너가 직접 넣을 수 있기 때문이다. 하지만 이와 같은 데이터는 오류가 발생할 수 있는 경향이 있으며 튜닝하기 어려울 수 있다. AI가 잘못된 방법으로 점프를 시도하지 않으면 QA가 이 문제를 발견하기 매우 어려울 수 있다. 일반적인 방법은 점프 포인트의 배치를 제한하는 것이다. 위험한 점프가 없다는 것을 AI가 알고 있다면 실패할 가능성도 적다.

보통 레벨 디자이너는 이 문제를 방지하기 위해 레벨 구조에 제한을 둔다. 플레이어는 성공할 수도 있지만 AI에게는 실패할 가능성이 높은 위험한 점프들의 개수를 줄인다. 그리고 이동 중에 이와 같은 점프는 선택하지 않는다. 이는 AI 개발의 여러 측면에서 전형적이다. 레벨 디자이너는 게임의 레벨에 자연스럽게 제한 사항을 걸어 두거나 다른 방법을 사용해 AI가 약점을 노출하지 않도록 해야 한다.

3.6.2 착륙장

더 나은 대안으로는 점프 포인트와 착륙장을 같이 사용하는 것이다. 착륙장은 점프 포인트와 마찬가지로 레벨에서 영역을 차지한다. 각각의 점프 포인트는 착륙장과 쌍으로 존재한다. 이제 점프 포인트에서 필요한 데이터를 간단히 할 수 있다. 레벨 디자이너가 필요한 속도를 설정하기보다는 캐릭터가 알아서 하게 만들 수 있다. 캐릭터가 점프를 시도할 때 추가적인 처리 단계가 필요하다. 이전 절에서 알아본 궤적 예측 코드와 비슷하게 캐릭터는 착륙장에 도착하기 위해 필요한 속도를 계산한 후 속도 매칭 알고리듬을 사용해서 속도를 맞춘다. 이 접근법은 오류를 크게 개선한다. 왜냐하면 디자이너가 점프 포인트에 설정한 속도 값보다 캐릭터가 필요한 속도를 계산하는 것이 더 정확하기 때문이다.

캐릭터가 점프를 시도할 때 물리를 고려해 스스로 계산할 수 있도록 하는 것은 다른 장점이 존재한다. 만약 캐릭터가 무거운 무기를 들고 있다면 점프를 높게 하지 못할 것이다. 이 경우 더 높은 속도를 유지해야 지점 사이를 뛰어다닐 수 있으며 점프 궤적을 계산해 더 정확한 속도를 얻을 수 있다.

궤적 계산

궤적 계산은 이전에 살펴본 발사하기 솔루션과 약간 다르다. 현재 우리는 시작 지점 S와 끝 지점 E, 중력 g, 속도의 y축 성분 값 v_y를 알고 있다. 하지만 시간 t 또는 속도의 x, z성분을 모른다. 결과적으로 3개의 방정식과 3개의 미지수를 갖고 있다.

$$E_x = S_x + v_x t$$
$$E_y = S_y + v_y t + \frac{1}{2} g_y t^2$$
$$E_z = S_z + v_z t$$

여기서 중력과 점프가 수직 방향으로만 적용된다고 가정한다. 다른 중력 방향을 지원하려면 최대 점프 속도를 y 방향뿐만 아니라 임의의 벡터를 갖게 해야 한다. 그리고 위의 방정식은 점프 벡터와 알려진 점프 속도 벡터 측면에서 다시 작성돼야 한다. 특히 대부분의 경우 여기서 보인 것과 같이 y축 점프 방향만 필요로 하기 때문에 수학적으로 풀기 어려운 것은 피하는 것이 좋다.

또한 궤적에는 항력이 없다고 가정한다. 이것은 가장 일반적인 상황이다. 항력은 일반적으로 계산에서 무시되거나 존재하지 않는다. 만약 여러분이 항력을 고려한다면 이 방정식을 3.5.4절에서 제공하는 것으로 교체하길 바란다.

방정식은 다음과 같이 풀 수 있다.

$$t = \frac{-v_y \pm \sqrt{2g(E_y - S_y) + v_y^2}}{g} \tag{3.7}$$

$$v_x = \frac{E_x - S_x}{t}$$

$$v_z = \frac{E_z - S_z}{t}$$

식 3.7은 2개의 솔루션을 갖고 있다. 이상적으로 가장 빠른 시간에 점프를 하고 싶기 때문에 두 값 중 작은 값을 사용한다. 불행히도 이 값은 실제로 실행하기에 불가능한 속도일 수 있기 때문에 이 경우에는 더 높은 값을 사용해야 한다.

이제 점프 포인트와 착륙장을 사용한 점핑 조종 행동을 구현할 수 있다. 이 행위는 점프 포인트가 생성되고 점프를 시도할 때 동작한다. 만약 점프를 할 수 없다면 아무런 효과가 나타나지 않는다. 가속도 역시 요구되지 않는다.

의사 코드

점핑 행동은 다음과 같이 구현할 수 있다.

```
1   class Jump extends VelocityMatch:
2       # 점프 포인트로 사용할 포인트들
3       jumpPoint: JumpPoint
4
5       # 점프가 가능한지 체크한다.
6       canAchieve: bool = false
7
8       # 캐릭터의 최대 속도
9       maxSpeed: float
10      maxTakeoffYSpeed: float
11
12      # 점프를 위한 조종 행동을 얻는나.
13      function getSteering() -> SteeringOutput:
14          # 성취하려는 속도를 갖고 있는지 체크한다.
15          if not target: calculateTarget()
16          if not canAchieve: return null
17
18          # 점프 포인트에 히트했는지 검사한다.
19          # character는 VelocityMatch 클래스로부터 상속했다.
20          if character.position.near(target.position) and
21             character.velocity.near(target.velocity):
22              # 점프를 수행하고 null을 반환한다
23              # (공중에 있기 때문에 조종이 필요 없다).
24              scheduleJumpAction()
25              return null
```

```
26
27          # 조종을 위임한다.
28          return VelocityMatch.getSteering()
29
30      # 궤적 계산을 한다.
31      function calculateTarget():
32          target = new Kinematic()
33          target.position = jumpPoint.takeoffLocation
34
35          jumpVector = jumpPoint.landingLocation -
36                        jumpPoint.takeoffLocation
37
38          # 최초 점프 시간을 계산한다.
39          sqrtTerm = sqrt(2 * gravity.y * jumpVector.y +
40                            maxTakeoffYSpeed * maxTakeoffYSpeed)
41          time: float = (maxTakeoffYSpeed - sqrtTerm) / gravity.y
42          checkCanAchieveJumpTime(jumpVector, time)
43          if not canAchieve:
44              # 사용할 수 없다면 다른 시간을 시도한다.
45              time = (maxTakeoffYSpeed + sqrtTerm) / gravity.y
46              checkCanAchieveJumpTime(jumpVector, time)
47
48      # 주어진 시간에 점프를 할 수 있는지 검사한다.
49      function checkJumpTime(time):
50          # 평면 속도를 계산한다.
51          vx = jumpVector.x / time
52          vz = jumpVector.z / time
53          speedSq = vx * vx + vz * vz
54
55          if speedSq < maxSpeed*maxSpeed:
56          # 솔루션이 있으므로 저장한다.
57          target.velocity.x = vx
58          target.velocity.z = vz
59          canAchieve = true
```

자료 구조 및 인터페이스

다음과 같이 간단한 점프 포인트 자료 구조에 의존한다.

```
1   class JumpPoint:
2       takeoffLocation: Vector
3       landingLocation: Vector
```

178

벡터의 near 메서드를 사용해 주어진 벡터가 대략적으로 비슷한지 검사한다. 이것은 캐릭터가 완벽하지 않은 조건이라도 점프할 수 있게 한다. 캐릭터는 점프 포인트를 정확히 맞추지 못할 가능성이 크다. 그렇기 때문에 이 함수는 오차 범위를 제공한다. 오차 범위는 특히 게임과 속도에 의존한다. 빠르게 움직이거나 매우 큰 캐릭터는 더 큰 오차 범위가 필요하다.

마지막으로 우리는 scheduleJumpAction 함수를 사용해 캐릭터가 공중에 떠 있게 한다. 이 함수는 액션을 일반적인 액션 큐^{action queue}(5장에서 이 구조에 대해 더 자세히 알아본다)에 넣거나 간단히 요구되는 수직 속도를 캐릭터에 적용한다. 그렇게 해서 위쪽으로 오르게 한다. 후자의 접근법은 테스팅하기에 충분하지만 정확한 시간에 점프 애니메이션을 플레이하기에는 어려울 수 있다. 이후에 알아보겠지만 액션 해결 시스템^{action resolution system}을 통해 점프하면 애니메이션을 선택하는 과정을 더 간단히 할 수 있다.

구현 노트

조종 시스템의 일부로서 이 행동을 구현할 때 이것이 캐릭터의 모든 부분을 컨트롤할 수 있도록 하는 것은 중요하다. 만약 조종 행동이 블렌딩 알고리듬을 통해 결합된다면 거의 대부분 실패할 것이다. 예를 들어 캐릭터가 점프의 접선 지점에서 적을 피하려고 한다면 궤적이 뒤엉켜 버리거나 점프 포인트에 제대로 도착하지 못하거나(그 결과 점프를 못하게 된다) 또는 잘못된 방향으로 점프를 하고 떨어지게 될 것이다.

성능

이 알고리듬의 시간 및 공간 복잡도는 O(1)이다.

점프 링크

많은 개발자가 새로운 게임 엔티티^{entity}로서 점프 포인트를 사용하는 것보다 길 찾기 프레임워크에 점핑 기능을 통합한다. 길 찾기는 4장에서 다룰 것이기 때문에 여기서 너무 자세히 다루지는 않겠다.

길 찾기 시스템의 일부로서 게임 안에 위치 네트워크를 만든다. 위치 간 연결들은 정보들을 갖고 있다(보통 위치 간 거리 정보). 우리는 이 연결에 간단히 점핑 정보를 추가할 수 있다.

틈새의 양쪽에 존재하는 2개의 노드를 연결하고 여기에 점프가 필요하다는 의미로 라벨을 붙인다. 실시간으로 이 링크는 점프 포인트와 착륙장으로 취급된다. 그리고 앞서 개발한 알고리듬에 적용해 점프를 수행할 수 있다.

3.6.3 홀 필러

캐릭터가 점프 포인트를 선택하도록 하기 위해 개발자들이 사용하는 또 다른 접근법이 있다. 레벨 디자이너는 점프 가능하다고 라벨이 붙은, 보이지 않는 오브젝트를 구덩이에 채워 넣는다.

캐릭터는 정상적으로 움직이지만 장애물 피하기 조종 행동을 가진다(이것을 점프 디텍터^{jump} ^{detector}라고 부를 것이다). 이 행동은 점프 가능한 갭^{gap} 오브젝트와의 충돌을 다른 일반적인 충돌과 다르게 처리한다. 벽들을 피할 때와는 다르게 최대 스피드로 돌진한다. 충돌 지점에서(예를 들면 구덩이에 떨어지기 직전) 점프 액션이 수행되고 공중으로 뛰어오른다.

이 접근법은 점프 가능한 특정 지점들을 필요로 하지 않기 때문에 매우 유연하다. 예를 들어 방에 깊은 구덩이가 있다고 생각하자. 캐릭터는 어느 지점에서나 점프를 할 수 있다. 만약 캐릭터가 구덩이 쪽으로 향한다면 점프 디텍터가 자동적으로 점프를 실행시킬 것이다. 이때 구덩이 양쪽에 점프 포인트를 둘 필요가 없다.

단방향 점프도 쉽게 구현할 수 있다. 만약 구덩이가 있고 한쪽이 다른 한쪽보다 낮다면 그 상황을 그림 3.53처럼 나타낼 수 있다. 이 경우 캐릭터는 높은 쪽에서 낮은 쪽으로 점프할 수 있다. 그 반대는 불가능하다. 사실 점프 포인트(타깃 속도를 라벨로 설정하며 이것들은 3D 버전의 점프 포인트들과 같다)와 비슷하게 작은 버전의 충돌 지오메트리를 사용할 수 있다.

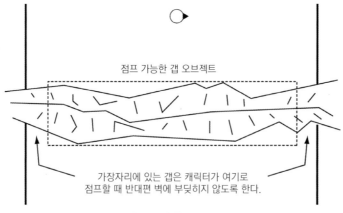

점프 가능한 갭 오브젝트

가장자리에 있는 갭은 캐릭터가 여기로
점프할 때 반대편 벽에 부딪히지 않도록 한다.

그림 3.53 단방향 협곡 점프

홀 필러$^{hole\ filler}$가 유연하고 편리하지만 이 접근법은 착륙 지역$^{landing\ area}$에 더 민감하다. 타깃 속도 또는 캐릭터가 착륙하고자 하는 곳에 대한 정보가 없다면 착륙 지점을 놓치는 것을 피하기 위해 점프를 올바르게 하는 방법을 찾기가 어려울 것이다. 앞서 살펴본 구덩이 예는 이 접근법의 가장 이상적인 상황이다. 왜냐하면 착륙 지역이 크고 점프 실패의 가능성이 매우 적기 때문이다.

만약 이 접근법을 사용한다면 이 접근법의 단점을 알아차리기 어렵게 레벨을 디자인하자. 충분히 점프 및 착지가 가능한 공간으로 둘러싸인 갭을 갖도록 하자.[4]

3.7 조직된 움직임

게임은 점점 더 캐릭터 그룹의 조직된 움직임을 하도록 요구되고 있다. 조직된 모션은 2 레벨로 나타난다. 각각 의사결정을 하고 서로를 보완해 최종적으로 조직된 움직임을 보이도록 한다. 또는 움직임 전체를 미리 정해진 움직임으로 의사결정을 할 수 있다.

전략적 의사결정은 6장에서 알아볼 것이다. 이 절에서는 캐릭터 그룹이 함께 이동하는 판단을 내린 후 응집 방식으로 움직이는 것에 대해 알아본다. 이것은 보통 포메이션 모션$^{formation\ motion}$이라고 부른다.

포메이션 모션은 캐릭터 그룹의 움직임이다. 그 결과로 그룹을 유지한다. 가장 간단하게 기하학적 패턴으로 구성된 V 모양이나 나란히 줄을 세워 구성할 수 있다. 하지만 제한이 있는 것은 아니다. 포메이션은 또한 주변 환경을 사용할 수 있다. 예를 들어 캐릭터 분대는 포메이션 조종을 약간 수정해 커버 포인트 사이로 움직일 수 있다. 포메이션 모션은 팀 기반의 스포츠 게임, 분대 기반, 실시간 전략 게임, 1인칭 슈터 게임, 레이싱 게임, 액션 어드벤처에서 사용되고 있다. 이 기법은 협력적 전술 의사결정$^{collaborative\ tactical\ decision\ making}$에 비해 훨씬 작성하기 쉽고 실행하기 쉬우며 안정된 행동을 하는 간단하고 유연한 기법이다.

---

4   게임 디자인에 관한 이야기지만 점프의 시작 지점과 도착 지점의 높낮이, 벌어진 길이를 조절해 레벨의 난이도를 조절하는 경우도 있다. 더 자세한 내용은 게임 디자인에 관련된 서적을 참고하자. – 옮긴이

3.7.1 고정된 포메이션

포메이션 운동의 종류 중 가장 간단한 것은 고정된 기하학적 대형을 사용하는 것이다. 포메이션은 슬롯 집합으로 정의된다. 예를 들어 캐릭터가 위치할 수 있는 포지션을 가진다. 그림 3.54에 밀리터리 게임에서 보통 사용하는 대형을 보여 주고 있다.

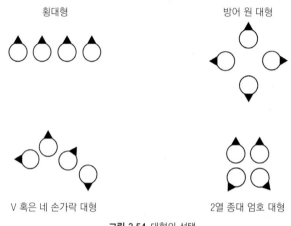

그림 3.54 대형의 선택

하나의 슬롯은 리더^{leader} 슬롯으로 표시된다. 그리고 다른 모든 슬롯은 이 슬롯의 상대적인 위치로 정의된다. 리더 슬롯은 대형에서 다른 슬롯들을 위한 기준점 역할을 한다.

리더 슬롯의 위치에 있는 캐릭터는 포메이션에 제한 없이 월드를 자유자재로 움직일 수 있다. 이것은 어떠한 조종 행동을 사용해도 되고 고정 경로를 따라가거나 여러 조종 행동이 혼합돼 움직여도 상관없다. 어떠한 메커니즘을 사용하건 간에 포메이션의 위치를 고려하지 않는다.

포메이션 패턴은 게임상에 위치를 잡고 방향을 갖는다. 즉 리더 슬롯이 위치를 자리잡으며 방향을 갖는다. 리더가 움직일 때 게임상 포메이션 패턴도 움직인다. 결과적으로 패턴 내부의 다른 슬롯들도 조화를 이루며 움직인다.

포메이션 내부의 각 추가 슬롯은 다른 추가 캐릭터들로 채워진다. 각 캐릭터의 위치는 포메이션에 의해 결정된다. 이때 다른 키네마틱 또는 조종 시스템을 필요로 하지 않는다. 보통 캐릭터는 슬롯의 위치와 방향으로 바로 설정된다.

만약 슬롯이 리더 슬롯에 상대적으로 r_s에 위치하면 캐릭터의 슬롯은 다음과 같다.

$$p_s = p_l + \Omega_l r_s$$

p_s는 게임 내 슬롯의 최종 위치이고 p_l는 리더 캐릭터의 위치다. 마지막으로 Ω_l는 리더 캐릭터의 방향이다. 같은 방법으로 슬롯 안의 캐릭터의 방향은 다음과 같다.

$$\omega_s = \omega_l + \omega_s$$

ω_s은 리더의 방향에 상대적인 슬롯 s의 방향이고 ω_l은 리더의 방향이다.

리더 캐릭터의 움직임이 다른 캐릭터들을 안고 가고 있다는 사실을 알아 두자. 알고리듬이 사용할 이동에 필요한 것은 다른 비-포메이션^{non-formation} 기반의 캐릭터들과 다를 것이 없다. 하지만 회전 속도와(말도 안 되는 속도로 캐릭터가 움직이는 것을 피하기 위해) 충돌 또는 장애물 피하기 행동^{obstacle avoidance behavior}과 같은 것들은 포메이션 전체의 사이즈를 고려해야만 한다.

실제로 이와 같은 리더의 움직임에 대한 제약은 매우 간단한 요구 사항일지라도 이와 같은 포메이션 종류를 사용하기 어렵게 한다(예를 들어 전략 게임에서 작은 분대를 움직이지만 10,000유닛을 컨트롤한다면).

3.7.2 확장 가능한 포메이션

대부분의 경우 포메이션 구조는 포메이션에 참가하고 있는 캐릭터의 수에 의존할 것이다. 예를 들어 방어 원의 경우 수비수가 20명일 때가 5명일 때보다 더 넓을 것이다. 수비수가 100명 정도가 된다면 몇몇 동심원을 그릴 수 있는 구조가 된다. 그림 3.55에 이와 같은 상황이 나타나 있다.

그림 3.55 여러 캐릭터의 개수를 가진 방어 포메이션

확장 가능한 포메이션^{scalable formation}을 구현할 때 슬롯의 위치, 방향 리스트가 없이 구현하는 것도 일반적이다. 예를 들어 포메이션에 참가하는 캐릭터의 개수만큼 동적으로 슬롯의 위치를 계산하는 함수를 사용할 수 있다.

암시적 확장 가능한 포메이션은 〈홈월드^{Homeworld}〉[172]에서 명확하게 볼 수 있다. 우주선이 포메이션에 추가될 때 포메이션이 이를 수용하고 슬롯의 분배 방식이 그에 맞춰 바뀐다. 지금까지 예제와는 다르게 〈홈월드〉는 포메이션 이동을 위해 더 복잡한 알고리듬을 사용한다.

3.7.3 창발적 포메이션

창발적 포메이션^{emergent formation}은 확장성에 다른 방법을 제공한다. 각각의 캐릭터는 조종 시스템을 갖고 있고 도착하기 행동을 사용한다. 캐릭터는 그룹 내 다른 캐릭터들의 위치 값에 기반해 타깃을 설정한다.

예를 들어 V 모양의 포메이션을 만든다고 상상해 보자. 각각의 캐릭터에게 타깃을 설정하도록 할 수 있고 만약 다른 캐릭터가 이미 타깃을 선점했다면 다른 타깃을 선택하도록 한다. 비슷하게 만약 다른 캐릭터가 타깃과 매우 가까이 있다면 다른 타깃을 선택하도록 알아본다. 타깃이 선택된 이후에는 이후의 모든 프레임 동안 해당 타깃을 기준으로 위치와 방향을 업데이트한다. 만약 타깃에 다가가는 것이 불가능하다면(예를 들어 벽에 가로막혀 있다면) 새로운 타깃을 선택한다.

전반적으로 창발적 포메이션은 그룹을 V 포메이션으로 구성한다. 만약 포메이션에 많은 멤버가 존재한다면 V의 막대 사이에 다른 V 모양으로 채운다. 그림 3.56과 같이 캐릭터의 개수에 상관없이 전체적으로 화살촉 효과가 나타난다. 그림에서 라인은 캐릭터들이 연결되고 따라가는 의미를 가진다.

이 접근법에는 정해진 포메이션의 기하학적 모양이 없다. 그리고 그룹은 리더를 반드시 가질 필요가 없다(만약 그룹의 어떤 멤버가 다른 멤버로부터 상대적인 위치를 알아내려고 하지 않는다면). 각각의 플록^{flock} 멤버들의 조종 행동으로 나타난 플로킹^{flocking} 행동과 마찬가지로 개별적인 각각의 캐릭터 규칙으로부터 포메이션이 나타난다.

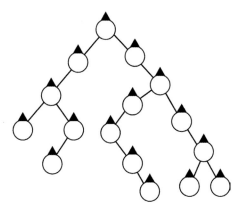

그림 3.56 창발적 화살촉 포메이션

이 접근법은 각각의 캐릭터가 장애물과 잠재적인 충돌에 반응하게 할 수 있는 장점이 있다. 방향을 바꾸거나 벽 충돌을 고려할 때 포메이션의 크기를 고려할 필요가 없다. 왜냐하면 각각의 포메이션에서 알맞게 동작할 것이기 때문이다(조종 시스템에 피하기 행동avoidance behavior이 있는 동안).

이 접근법은 간단하고 효과적이지만 제대로 동작하게 하기 위해 규칙들을 세팅setting하는 것이 어려울 수 있다. 앞서 살펴본 V 포메이션 예제의 경우 캐릭터들이 V 포메이션의 중심에서 포지션을 잡기 위해 서로 밀어내는 것을 볼 수 있는데 각 캐릭터가 목표를 설정할 때 같은 규칙이 V 포메이션과는 다르게 하나의 긴 대각선으로 구성된 모양을 갖추게 할 수도 있다.

창발적 포메이션을 디버깅하는 것은 다른 창발적 행동과 같이 어려울 수 있다. 전반적으로 포메이션 모션이 아닌 규칙성 없는 무질서이지만 군사 그룹에서는 이러한 무질서가 창발적 포메이션이 실용적으로 사용되는 사례가 되기도 한다.

3.7.4 2-레벨 포메이션 조종

2-레벨 조종 시스템을 이용해 창발적 접근법의 유연성을 사용한 기하학적 포메이션을 결합할 수 있다. 이전과 같이 슬롯의 고정 패턴을 정의해 기하학적 포메이션을 사용할 수 있고 초기에는 리더 캐릭터가 있다고 가정하지만 이후에는 이 요구 사항이 삭제될 것이다.

캐릭터를 각각의 슬롯에 바로 배치하지 않고 창발적 접근법을 사용해 슬롯을 도착하기 행동의 타깃으로 설정한다. 캐릭터들은 그들만의 충돌 피하기 행동과 필요한 다른 조합 조종 행동을 가질 수 있다.

이것이 2-레벨 조종이다. 왜냐하면 2개의 조종 시스템이 차례대로 있기 때문이다. 먼저 포메이션 패턴을 리드하는 리더 스티어가 있고, 다음에 각 캐릭터가 포메이션 안에서의 패턴을 유지하는 데 사용하는 스티어가 있다.

리더가 최대 속도로 움직이지 않는 한 각각의 캐릭터는 주변 환경을 고려해 슬롯의 위치에 머물 유연성을 갖는다. 그림 3.57에 V 포메이션 안에서 나무 사이를 움직이고 있는 다수의 에이전트가 나타나 있다. 보다시피 V 모양의 특성이 나타나 있지만 각각의 캐릭터는 나무와의 충돌을 피하기 위해 슬롯의 위치에서 약간 벗어나 있다.

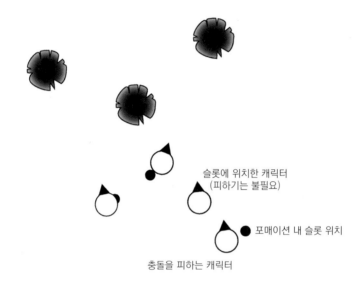

그림 3.57 V 안에 있는 2-레벨 포메이션 모션

캐릭터가 도달하려고 하는 슬롯 위치는 도달 불가능할 수도 있지만 조종 알고리듬은 계속 동작하는 것을 보장한다.

리더를 제거하기

앞서 살펴본 예에서 만약 리더가 나무를 피하기 위해 옆으로 움직일 필요가 있다면 포메이션 안에 있는 모든 슬롯이 옆으로 움직일 것이고 모든 다른 캐릭터도 옆으로 움직여 슬롯으로 이동하려 할 것이다. 이것은 보기에 약간 이상할 수 있는데 아무리 캐릭터들 스스로 장애물을 극복하기 위해 움직임을 다르게 한다고 해도 리더의 움직임에 따라 다른 캐릭터들이 리더를 흉내내는 것처럼 보일 수 있기 때문이다.

리더로부터 포메이션의 가이드 역할을 없앨 수 있고 여전히 모든 캐릭터가 똑같이 슬롯에 반응하게 할 수 있다. 바로 보이지 않는 리더를 사용하면 된다. 예를 들어 독립적인 조종 시스템을 이용해 포메이션 전체를 조정한다. 물론 슬롯 각각은 제외한다. 이것이 두 번째 단계의 2-레벨 포메이션이다.

새로운 리더가 안 보이기 때문에 작은 장애물들, 다른 캐릭터들과 부딪히는 것 또는 작은 지형 기능들을 걱정할 필요가 없다. 보이지 않는 리더는 게임 내에서 여전히 고정된 위치 값을 가질 것이며 위치 값은 포메이션 패턴의 기준 위치 그리고 다른 캐릭터들을 위한 올바른 슬롯 위치 값을 위해 사용된다. 패턴 안에 있는 리더 슬롯의 위치는 다른 캐릭터들과 부합하지 않으며 슬롯과 같이 동작하지 않기 때문에 패턴의 앵커 포인트anchor point라고 부르기로 한다.

포메이션을 위해 분리된 조종 시스템을 사용하는 것은 보통 구현 사항을 단순화시킨다. 서로 다른 역할을 가진 캐릭터를 가질 필요가 없기 때문에 리더가 죽었을 때 리더를 대행하는 다른 캐릭터를 선택해야 하는 고민을 할 필요가 없다.

앵커 포인트를 위한 조종은 보통 간소화된다. 야외 환경에서 고수준의 도착하기 행동을 사용할 필요가 있는데, 예를 들어 경로 따라가기가 있다. 실내 환경에서는 벽과 같은 매우 큰 장애물을 고려할 필요가 있는데 포메이션 패턴의 일부가 벽을 지나가는 경우 캐릭터는 벽에 서 있을 것이고 슬롯을 따라가지 못하게 만든다.

포메이션 이동 조절하기

지금까지 정보는 오직 한 방향, 즉 포메이션에서 캐릭터 방향으로만 있었다.

2-레벨 조종 시스템을 사용할 때 이것은 문제를 일으킨다. 포메이션은 캐릭터보다 앞서 나갈 수 있으며 캐릭터들이 따라가는 데 문제가 있다는 사실을 의식하지 못한다. 포메이션이 캐릭터에 의해 움직이면 이것은 그나마 덜한데 왜냐하면 포메이션 내부의 다른 캐릭터들이 직면하는 문제들은 리더와 같은 문제를 같기 때문이다.

우리가 앵커 포인트를 직접 움직일 때 보통 작은 장애물들이나 다른 캐릭터들을 무시한다. 포메이션 내부의 캐릭터들은 예상된 것보다 더 많이 움직이는데 왜냐하면 이러한 장애물들을 고려해야 하기 때문이다. 이것은 포메이션과 캐릭터들이 조화되지 않는 결과를 만든다.

경험상 포메이션의 최대 속도를 캐릭터의 반 정도로 설정하는 것이 좋았는데 결과적으로 속도가 느려진다. 복잡한 환경에서는 포메이션의 감속이 예측 불가능한 경우도 있으며 빠른 속도가 문제가 되는 몇 가지를 제외하곤 전체 게임에 부담을 주지 않게 느린 포메이션을 사용하는 것이 좋다.

더 좋은 방법은 현재 슬롯에 있는 캐릭터의 속도에 기반해 포메이션의 이동을 조절하는 것이다. 예를 들어 가죽끈에 앵커 포인트를 연결해 놓는 것과 같다. 만약 슬롯 안에 있는 캐릭터들이 목표물에 다다르기 힘들 경우 이들이 목표물을 따라잡을 수 있도록 포메이션이 기다린다.

이것은 매 프레임에 앵커 포인트의 키네마틱을 재설정하는 것으로 쉽게 구현할 수 있다. 슬롯 안의 캐릭터를 위해 위치, 방향, 속도, 회전은 평균 값으로 설정하면 된다. 만약 앵커 포인트의 조종 시스템이 먼저 실행된다면 이것은 앞쪽으로 먼저 움직일 것이고 나머지 슬롯들도 움직여 캐릭터를 움직이게 한다. 슬롯 캐릭터들이 움직인 후 앵커 포인트는 다시 되돌아가 너무 멀리 떨어지지 않도록 한다.

위치 값들이 매 프레임에 리셋되기 때문에 타깃 슬롯 위치는 캐릭터의 약간 앞쪽에 있게 된다. 도착하기 행동을 사용한다는 의미는 각 캐릭터가 짧은 거리를 이동하는 것에 대해 상당히 무심하며 슬롯 캐릭터의 스피드가 감속된다는 것을 뜻한다. 결국 포메이션의 스피드가 감소된다 (왜냐하면 슬롯 캐릭터들의 이동 평균 속도가 계산되기 때문이다). 다음 프레임의 포메이션 속도는 더 작을 것이다. 프레임이 진행될수록 중단 속도가 느려진다.

오프셋은 일반적으로 앵커 포인트를 작은 거리만큼 질량 중심에서 앞쪽으로 이동시키기 위해 사용한다. 가장 간단한 방법은 포메이션 속도로 주어진 고정된 거리만큼 이동하는 것이다.

$$p_{\text{anchor}} = p_c + k_{\text{offset}} v_c \qquad (3.8)$$

p_c는 포지션, v_c는 질량 중심의 속도다. 또한 포메이션의 조종을 위한 속도는 매우 높은 가속도와 속도를 설정해야 한다. 포메이션은 실제로 주어진 가속도와 속도에 다다를 수 없는데 왜냐하면 캐릭터들의 실제 이동 값에 의해 저지되기 때문이다.

드리프트

포메이션 모션을 조절하는 것은 포메이션의 앵커 포인트가 항상 슬롯의 질량 중심에 있는 것을 요구한다(예를 들어 평균 위치 값). 그렇지 않고 포메이션이 멈춰 있길 바란다면 앵커 포인트는 이전 프레임에 없는 평균 지점으로 리셋될 것이다.

슬롯은 새로운 앵커 포인트를 기반으로 업데이트되고 앵커 포인트는 다시 움직인다. 그 결과 전체 포메이션이 레벨에서 서서히 이동한다.

포메이션의 질량 중심 계산을 기반으로 각 슬롯의 오프셋을 다시 계산해야 하지만 비교적 쉽다.

$$p_c = \frac{1}{n} \sum_{i=1..n} \begin{cases} p_{s_i} & \text{슬롯 } i \text{가 사용되고 있다면} \\ 0 & \text{그렇지 않으면} \end{cases}$$

p_{si}는 슬롯 i의 위치 값이다. 오래된 값에서 새로운 앵커 포인트로 바뀔 때 다음과 같이 각 슬롯의 좌표 변경이 필요하다.

$$p'_{s_i} = p_{s_i} - p_c \tag{3.9}$$

효율성을 위해 매 프레임에 계산하지 않고 한 번만 계산해 슬롯 좌표를 저장한다. 이 계산은 오프라인에서 수행할 수도 있지만 불가능할 수도 있다. 슬롯의 다양한 조합은 서로 다른 시간에 사용될 수 있다. 예를 들어 슬롯 안에 캐릭터가 죽었을 때 질량 중심이 바뀌기 때문에 슬롯 좌표는 다시 계산돼야 한다.

드리프트[drift]는 앵커 포인트가 패턴 안의 슬롯에서 평균 방향에 있지 않을 때 일어나기도 한다. 이 경우 레벨에서 이동하기보다는 포메이션이 그 자리에서 회전하는 것으로 보일 것이다. 점유된 슬롯들의 평균 방향을 기반으로 모든 방향의 오프셋을 사용할 수 있다.

$$\vec{\omega_c} = \frac{\vec{v_c}}{|\vec{v_c}|}$$

$\vec{v_c}$ 벡터는 다음과 같다.

$$\vec{v_c} = \frac{1}{n} \sum_{i=1..n} \begin{cases} \vec{\omega_{s_i}} & \text{슬롯 } i \text{가 사용되고 있다면} \\ 0 & \text{그렇지 않으면} \end{cases}$$

$\vec{w}_{si}$은 슬롯 i의 방향이다. 평균 방향은 벡터로부터 얻고 범위 $(-\pi, \pi)$의 각도 w_c로 변환할 수 있다. 이전과 같이 오래된 값에서 새로운 앵커 포인트로 바뀔 때 각 슬롯의 방향은 다음과 같다.

$$\omega'_{s_i} = \omega_{s_i} - \omega_c$$

슬롯의 변경이 있기 전까지는 내부적으로 캐시돼 가능한 한 적은 횟수로 수행해야 한다.

3.7.5 구현

이제 2-레벨 포메이션 시스템을 구현할 수 있다. 이 시스템은 포메이션 매니저로 이뤄져 있고 포메이션 패턴과 슬롯 캐릭터들을 위해 타깃을 만드는 역할을 한다.

```
1   class FormationManager:
2       # 캐릭터 하나를 위한 슬롯 할당 구조체
3       class SlotAssignment:
4           character: Character
5           slotNumber: int
6       slotAssignments: SlotAssignment[]
7
8       # Static(위치와 방향과 같은) 데이터는 현재 채워진 슬롯의
9       # 드리프트 오프셋을 표현한다.
10      driftOffset: Static
11
12      # 포메이션 패턴
13      pattern: FormationPattern
14
15      # 슬롯에 대한 캐릭터 할당을 업데이트한다.
16      function updateSlotAssignments():
17          # 매우 간단한 할당 알고리듬: 각 캐릭터들을 순회하고
18          # 순차적으로 슬롯 번호를 할당한다.
19          for i in 0..slotAssignments.length():
20              slotAssignments[i].slotNumber = i
21
22          # 드리프트 오프셋을 업데이트한다.
23          driftOffset = pattern.getDriftOffset(slotAssignments)
24
25      # 새로운 캐릭터를 추가한다. 사용할 수 있는 슬롯이 없다면
26      # false를 반환한다.
27      function addCharacter(character: Character) -> bool:
```

```
28          # 패턴이 더 많은 슬롯을 필요로 하는지 검사한다.
29          occupiedSlots = slotAssignments.length()
30          if pattern.supportsSlots(occupiedSlots + 1):
31              # 새로운 슬롯 할당을 추가한다.
32              slotAssignment = new SlotAssignment()
33              slotAssignment.character = character
34              slotAssignments.append(slotAssignment)
35              updateSlotAssignments()
36              return true
37          else:
38              # 여기까지 오면 캐릭터 추가 실패
39              return false
40
41      # 슬롯에서 캐릭터를 삭제한다.
42      function removeCharacter(character: Character):
43          slot = charactersInSlots.findIndexOfCharacter(character)
44          slotAssignments.removeAt(slot)
45          updateSlotAssignments()
46
47      # 각 캐릭터에게 새로운 타깃 위치를 설정한다.
48      function updateSlots():
49          # 앵커 포인트를 찾는다.
50          anchor: Static = getAnchorPoint()
51          orientationMatrix: Matrix = anchor.orientation.asMatrix()
52
53          # 각 캐릭터를 순회한다.
54          for i in 0..slotAssignments.length():
55              slotNumber: int = slotAssignments[i].slotNumber
56              slot: Static = pattern.getSlotLocation(slotNumber)
57
58              # 앵커 포인트의 위치와 방향으로 변환한다.
59              location = new Static()
60              location.position = anchor.position +
61                                  orientationMatrix * slot.position
62
63              location.orientation = anchor.orientation +
64                                  slot.orientation
65
66              # 드리프트 요소를 더한다.
67              location.position -= driftOffset.position
68              location.orientation -= driftOffset.orientation
69
```

```
70              # 캐릭터에 위치를 설정한다.
71              slotAssignments[i].character.setTarget(location)
72
73         # 이 포메이션의 특징점
74         function getAnchorPoint() -> Static
```

간결함을 위해 코드에서 findIndexFromCharacter 메서드를 사용해 slotAssignments 리스트에서 슬롯을 찾을 수 있다고 가정한다. 비슷하게 주어진 인덱스를 사용해 요소를 삭제하는 removeAt 메서드도 사용했다.

자료 구조 및 인터페이스

포메이션 매니저는 getAnchorPoint 함수를 사용해 포메이션의 현재 앵커 포인트에 접근한다. 이것은 리더 캐릭터의 위치와 방향, 수정된 포메이션의 캐릭터 질량 중심 또는 보이지 않지만 2-레벨 조종 시스템을 위한 앵커 포인트가 될 수 있다.

getAnchorPoint를 구현하는 방법 하나는 포메이션의 현재 캐릭터 질량 중심을 반환하는 것이다.

포메이션 패턴 클래스는 패턴을 위한 앵커 포인트에 상대적인 슬롯 오프셋을 생성한다. 이 작업은 주어진 슬롯 집합의 드리프트 오프셋이 요구된 이후에 수행된다. 드리프트 오프셋 계산에 있어 패턴은 슬롯을 필요로 하는데 만약 포메이션이 확장 가능하고 점유된 슬롯의 개수에 의존해 다양한 슬롯 위치 값을 반환한다면 getDriftOffset 함수에 슬롯을 전달해 각 슬롯의 위치 값을 계산할 수 있다.

각각의 특정한 패턴(예를 들어 V, 쐐기, 원)은 포메이션 패턴 인터페이스에 매치되는 자신만의 클래스 인스턴스를 필요로 한다.

```
1    class FormationPattern:
2        # 캐릭터가 슬롯 집합에 있으면 드리프트 오프셋을 계산한다.
3        function getDriftOffset(slotAssignments) -> Static
4
5        # 주어진 슬롯 인덱스의 위치를 계산해 얻는다.
6        function getSlotLocation(slotNumber: int) -> Static
7
8        # 패턴이 주어진 슬롯의 개수를 지원하면 true를 반환한다.
9        function supportsSlots(slotCount)
```

매니저 클래스에서 포메이션 매니저에게 제공되는 캐릭터들이 슬롯 타깃을 설정할 수 있다고 가정했다. 인터페이스는 매우 간단하다.

```
1  class Character:
2      # 캐릭터의 조종 타깃을 설정한다.
3      function setTarget(static)
```

구현 주의 사항

실제로 이 인터페이스의 구현은 특정 게임을 위한 캐릭터 데이터에 의존한다. 여러분의 게임 엔진에서 어떻게 데이터를 관리하느냐에 따라 캐릭터 데이터에 직접 접근하기 위해 포메이션 매니저 코드를 수정할 필요가 있다.

성능

타깃 업데이트 알고리듬의 시간 복잡도는 $O(n)$이고 n은 포메이션에서 사용하고 있는 슬롯의 개수다. 공간 복잡도는 $O(1)$이며 이때 결과 데이터로 사용되는 데이터 $O(n)$은 제외한다. 하지만 이 역시 알고리듬의 일부이긴 하다.

캐릭터를 추가하거나 삭제하는 것은 두 부분으로 이뤄져 있다. 첫째, 슬롯의 어사인먼츠 리스트assignments list에서 캐릭터를 추가하고 삭제한다. 둘째, 캐릭터의 결과 리스트에서 슬롯의 어사인먼츠를 업데이트한다.

캐릭터를 추가하는 작업은 시간 및 공간 복잡도가 $O(1)$이다. 캐릭터를 삭제하는 것은 슬롯 리스트에서 캐릭터를 찾는 작업이 필요하다. 적합한 해싱hashing 표현법을 사용하면 시간 복잡도 $O(\log n)$, 공간 복잡도 $O(1)$이 된다.

앞서 살펴본 것과 같이 할당 알고리듬assignment algorithm의 시간 복잡도는 $O(n)$이며 공간 복잡도는 $O(1)$이다(다시 이야기하지만 할당하는 데 필요한 자료 구조는 제외했다). 보통 할당 알고리듬은 지금보다 더 정교하고 $O(n)$보다 더 많은 시간을 필요로 하는데 3장의 뒷부분에서 알아볼 것이다.

이러한 알고리듬이 적합하다면 변화가 생긴 슬롯만 다시 할당하는 것과 같이 최적화를 할 수 있다(가령 새로운 캐릭터가 추가됐을 때 다른 캐릭터들의 슬롯 번호는 바뀔 필요가 없을 것이다). 의도적으로 이 알고리듬을 최적화하지 않았는데 왜냐하면 이 알고리듬이 갖고 있는 문제를 해결하기 위해 더 복잡한 할당 기법들을 사용해야 하기 때문이다.

예제 포메이션 패턴

더 견고하게 만들기 위해 사용 가능한 포메이션 패턴을 고려해 보도록 하자. 방어적 원형 defensive circle은 캐릭터들을 원의 둘레에 있게 해 그들의 등이 원의 중심으로 향하도록 한다. 원은 다수의 캐릭터들로 이뤄져 있다(너무 많은 수의 캐릭터는 이상해 보이겠지만 개수의 제한을 두진 않을 것이다).

방어적 원형 포메이션 클래스는 다음과 같다.

```
1   class DefensiveCirclePattern:
2       # 캐릭터의 반지름은 원 둘레에 주어진 캐릭터들이 얼마나 가까운 거리에
3       # 있을 수 있는지 결정하는 데 사용된다.
4       characterRadius: float
5
6       # 할당 데이터에서 패턴의 슬롯 개수를 계산한다.
7       # 이것은 포메이션 패턴 인터페이스의 일부가 아니다.
8       function calculateNumberOfSlots(assignments) -> int:
9
10          # 채워진 슬롯의 개수를 찾는다.
11          # 슬롯은 가장 큰 슬롯의 개수를 담고 있다.
12          filledSlots: int = 0
13          for assignment in assignments:
14              if assignment.slotNumber >= maxSlotNumber:
15                  filledSlots = assignment.slotNumber
16
17          # 가장 큰 값의 슬롯에서 1을 한다.
18          return filledSlots + 1
19
20      # 패턴의 드리프트 오프셋(평균 위치)을 계산한다.
21      function getDriftOffset(assignments) -> Static:
22          # 각 할당의 기여도를 결과에 더한다.
23          result = new Static()
24
25          for assignment in assignments:
26              location = getSlotLocation(assignment.slotNumber)
27              center.position += location.position
28              center.orientation += location.orientation
29
30          # 드리프트 오프셋을 얻기 위해 나눈다.
31          numberOfAssignments = assignments.length()
32          result.position /= numberOfAssignments
33          result.orientation /= numberOfAssignments
34          return result
```

```
35
36        # 슬롯의 위치를 계산한다.
37        function getSlotLocation(slotNumber: int) -> Static:
38            # 슬롯 개수에 기반해서 원 주위로 슬롯들을 배치한다.
39            angleAroundCircle = slotNumber / numberOfSlots * pi * 2
40
41            # 반지름은 캐릭터의 반지름과 캐릭터의 개수에 의존한다.
42            # 우리는 캐릭터들의 어깨 사이에 빈틈이 없기를 원한다.
43            radius = characterRadius / sin(pi / numberOfSlots)
44
45            result = new Static()
46            result.position.x = radius * cos(angleAroundCircle)
47            result.position.z = radius * sin(angleAroundCircle)
48
49            # 캐릭터들은 원의 바깥쪽을 바라본다.
50            result.orientation = angleAroundCircle
51
52            # 슬롯 위치를 반환한다.
53            return result
54
55        # 현재는 어떠한 슬롯 개수라도 상관없다.
56        function supportsSlots(slotCount) -> bool:
57            return true
```

이전에 살펴봤던 의사 코드에서 사용한 할당 알고리듬을 사용한다면 슬롯의 개수가 할당 개수와 같을 것이다(캐릭터들은 슬롯에 순차적으로 할당돼 있다). 이 경우 calculateNumberOfSlots 메서드는 다음과 같이 간단하게 구현할 수 있다.

```
1    function calculateNumberOfSlots(assignments) -> int:
2        return assignments.length()
```

일반적으로 유용한 할당 알고리듬들은 위와 같은 경우에 해당되지 않지만, 퍼포먼스를 고려하지 않는다면 대부분의 경우에 사용할 수 있다.

3.7.6 2-레벨 이상으로 확장하기

2-레벨 조종 시스템은 그 이상으로 레벨을 확장해 포메이션의 포메이션을 만들 수 있는 능력이 있다. 이것은 많은 유닛이 등장하는 군사 시뮬레이션 게임에서 매우 중요하다. 실제 군대가 이렇게 조직화돼 있다.

앞서 살펴본 프레임워크는 어떤 깊이의 포메이션이라도 간단하게 확장해서 지원할 수 있다. 각 포메이션은 리더 캐릭터에 해당하거나 추상적인 방법으로 포메이션을 나타내는 조종 앵커 포인트를 가진다. 앵커 포인트를 위한 조종은 차례대로 관리할 수 있다. 다른 포메이션에 의해 앵커 포인트는 더 높은 레벨의 포메이션 슬롯 위치를 유지하려고 한다.

그림 3.58에 미국 보병 병사 훈련 설명서의 적응 예를 보여 준다[71]. 보병 화력팀은 특징적인 손가락 포메이션을 갖고 있다(군대 용어로 쐐기^{wedge} 대형이라고 한다). 이런 손가락 포메이션은 전체 보병 분대로 조합된다. 차례대로 분대 포메이션은 상위 레벨 포메이션에서 사용된다. 예를 들면 소총 소대를 위한 종대 이동이 있다.

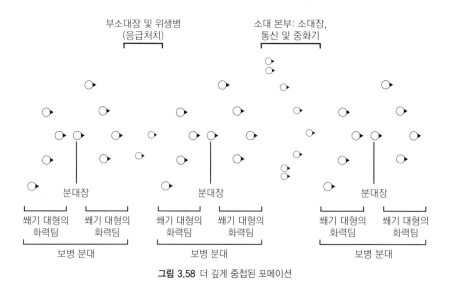

그림 3.58 더 깊게 중첩된 포메이션

그림 3.59는 그림 3.58의 전체 구조를 구성하는 방법을 설명하기 위해 자신의 각 포메이션을 보여 준다.[5] 분대 포메이션에는 3개의 슬롯이 있으며 그중 하나는 개별적인 캐릭터가 사용한다. 같은 방식이 전체 소대 레벨에서 일어난다. 나머지 병사들은 포메이션의 슬롯들을 사용한다. 캐릭터와 포메이션이 동일한 인터페이스를 사용하기 때문에 포메이션 시스템은 개인 또는 전체 하위 포메이션을 단일 슬롯에 넣을 수 있다.

---

5   여기서 사용된 군사 다이어그램은 NATO 회원국이 모두 공유하는 기호를 사용한다. 군사 기호에 관한 더 자세한 내용은 Kourkolis[31] 을 참고하고 AI를 학습하는 데 이 책의 모든 내용을 이해할 필요는 없다.

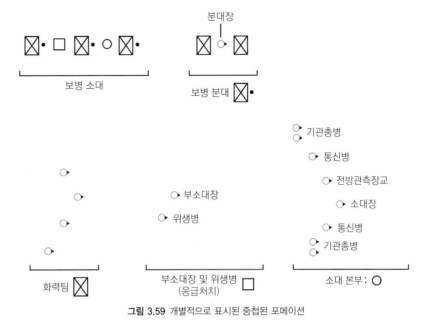

그림 3.59 개별적으로 표시된 중첩된 포메이션

앞서 보여 준 분대, 소대 포메이션 예제는 현재 구현에서 약점을 드러내고 있다. 분대장의 슬롯이 소총 팀에 의해 점유되는 것을 막을 수 있는 것이 없으며 2명의 리더와 하나의 소총 팀을 형성하는 것을 막을 수 있는 방법이 없다. 이러한 상황을 피하려면 슬롯에 역할을 추가하는 개념이 필요하다.

3.7.7 슬롯의 역할과 더 나은 할당법

지금까지 어떠한 캐릭터라도 슬롯을 점유할 수 있다고 가정했다. 이런 경우가 일반적이라면 어떤 포메이션은 명시적으로 각 캐릭터가 지정된 역할을 가질 수 있도록 한다. 군사 시뮬레이션 게임에서 화력팀은 소총수, 척탄병, 기관총 사수, 분대 리더가 있는데 이들은 각각 지정된 자신만의 위치를 갖고 있다. 실시간 전략 게임에서는 보통 수비 포메이션의 중앙에 중화기를 유지하고 선봉에 빠른 보병 부대를 사용한다.

포메이션의 슬롯은 역할을 갖고 있을 수 있고 오직 그 역할을 수행하는 캐릭터만 슬롯을 점유할 수 있다. 포메이션이 캐릭터 그룹에 의해 할당될 때(보통 이것은 캐릭터에 의해 수행된다) 캐릭터가 자신의 역할에 가장 적합한 슬롯을 찾아 할당한다. 슬롯의 역할을 사용할 때 슬롯을 무작위로 선택해서는 안 된다. 많은 수의 캐릭터가 서로 포메이션에 위치하기 위해 뒤엉킬 것이기 때문이다.

슬롯의 역할을 사용한다면 포메이션의 슬롯에 캐릭터를 할당하는 것은 어렵거나 오류가 발생하기 쉽다. 역할을 사용함에 따라 이것은 복잡한 문제가 될 수 있는데 게임에서는 단순화를 통해서 충분한 성능을 제공할 수 있다.

고정된 또는 부드러운 역할들

판타지 RPG 게임에서 캐릭터의 포메이션을 상상해 보자. 그들은 던전^{dungeon}을 탐험하고 파티^{party}는 싸우기 위해 준비해야 한다. 원거리 공격을 하는 마법사는 포메이션의 중앙에 위치하고 그를 주변으로 맨손으로 싸우는 검사가 호위하고 있다.

이런 기능은 슬롯의 역할을 사용해서 구현할 수 있다. 예를 들어 3개의 역할을 갖고 있다고 가정해 보자. 마법사(마법사는 적을 공격하기 위해 시야가 필요하지 않다고 가정), 원거리 무기 유저(마법사의 경우 원거리 공격을 위해 파이어볼을 사용한다), 검사(맨손으로 싸우는)가 있다. 이것들을 '근접', '미사일', '마법'이라고 짧게 부르도록 하자.

비슷하게 각 캐릭터는 하나 또는 하나 이상의 역할을 가진다. 예를 들어 엘프^{elf}는 검으로도 싸울 수 있고 원거리에서 화살로 공격할 수도 있다. 반면에 드워프^{dwaf}는 단지 도끼만을 사용한다. 캐릭터들은 슬롯에서 지원하는 역할에 따라 슬롯을 점유할 수 있다. 이것은 고정된 역할$^{hard\ role}$이라고 알려져 있다.

그림 3.60에 파티가 포메이션에 할당되는 모습을 보여 주고 있다. 네 종류의 캐릭터가 있다. 근접 공격을 하는 파이터^{fighter}는 F, 근접과 원거리 모두 공격을 하는 엘프는 E, 원거리에서 화살로 공격하는 궁수^{archer}는 A, 마지막으로 마법 공격을 하는 마법사^{mage}는 M이라고 하자. 첫 번째 파티는 포메이션에 잘 할당됐지만 모두 근접 공격을 하는 두 번째 파티는 그렇지 않다.

다양한 파티를 위해 여러 포메이션을 준비해 두는 것으로 이런 문제를 해결할 수 있다. 사실 이것이 최적의 솔루션이 될 수 있을지도 모른다. 칼을 휘둘러 대는 검사의 파티는 고도로 훈련된 궁수와는 다르게 움직일 것이기 때문이다. 불행하게도 이를 위해서는 너무 많은 수의 포메이션을 준비해 둬야 한다. 만약 플레이어가 포메이션을 바꿀 수 있다면 준비해 둬야 할 포메이션이 수백 개에 이를지도 모른다.

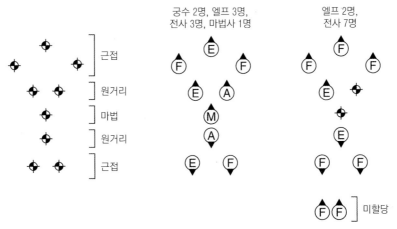

이 있는 위치의 상단 라벨:

궁수 2명, 엘프 3명,
전사 3명, 마법사 1명

엘프 2명,
전사 7명

근접

원거리

마법

원거리

근접

미할당

그림 3.60 RPG 포메이션. 역할이 채워진 2개의 포메이션을 볼 수 있다.

다른 한편으로 포메이션을 확장할 수 있는 로직을 사용할 수 있다. 예를 들어 각각의 역할에 캐릭터의 개수를 제공한다. 그리고 그 캐릭터들을 위한 최적화된 포메이션을 생성하는 코드를 작성한다. 이것은 인상적인 결과를 만들어 낸다. 하지만 복잡한 코드를 작성해야 하는 비용이 발생한다. 대부분의 개발자는 많은 콘텐츠를 코드에서 분리하기를 원한다. 이상적으로 포메이션 패턴을 생성하거나 역할을 정의하기 위해 도구를 사용한다.

간단히 타협할 수 있는 접근법은 부드러운 역할$^{soft\ role}$이 있다. 이때 역할은 깨질 수도 있다. 캐릭터가 수행해야 할 역할 리스트를 갖고 있지 않고 모든 역할마다 수행하기 위해서 얼마나 어려운지를 값으로 표현하는 것이다. 이전 예제에서 엘프는 근접과 미사일 역할에 대해 작은 값을 갖고 있다. 반면에 마법 역할에는 높은 값을 갖고 있다. 비슷하게 파이터는 미사일과 마법 역할에 높은 값을 갖고 있고 근접에 낮은 값을 갖고 있다.

이 값은 슬롯 비용$^{slot\ cost}$이라고 알려져 있다. 캐릭터가 슬롯을 취하지 못하게 하려면 슬롯의 비용을 무한으로 설정하면 되는데 보통은 매우 큰 값으로 설정한다. 아래에 나타낸 알고리듬에서는 너무 큰 값을 사용해 데이터 타입의 최대치에 근접하면 제대로 된 성능을 발휘하지 못한다(예를 들어 FLT_MAX와 같은). 왜냐하면 추가적인 비용이 들기 때문이다. 캐릭터가 슬롯을 점유하게 만들려면 슬롯의 비용을 0으로 설정하면 된다. 하나의 캐릭터를 위해 다양한 수준의 할당을 할 수 있다. 예를 들어 마법사는 근접 역할에 대해 매우 높은 슬롯 값을 가질 수 있지만 반면에 미사일 역할에 대해서는 약간 작은 비용을 가질 수 있다.

여기서는 총 비용을 최소화하는 방식으로 슬롯에 캐릭터를 할당하고 싶다. 만약 캐릭터를 위한 적합한 슬롯이 남아 있지 않을 경우 여전히 부적합한 슬롯에 캐릭터를 할당할 수 있다. 총 비용은 더 높을 것이지만 캐릭터가 갈 곳이 없는 상황은 만들어지지 않는다. 예제에서 각 역할을 위한 슬롯 비용은 다음과 같다.

	마법사	원거리	근접
궁수	1000	0	1500
엘프	1000	0	0
전사	2000	1000	0
마법사	0	500	2000

그림 3.61에 다양한 범위의 파티가 포메이션에 할당되는 것을 보이고 있다. 이와 같은 유연한 슬롯 비용을 부드러운 역할이라고 한다. 이것은 고정된 역할과 같이 동작하지만 부적합한 캐릭터가 있더라도 실패하지 않는다.

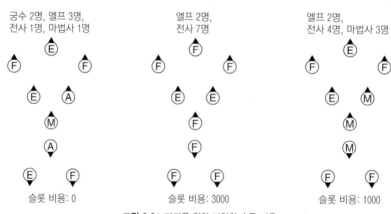

그림 3.61 파티를 위한 다양한 슬롯 비용

3.7.8 슬롯 할당

3.7절에서 여러 번 슬롯 할당에 대해 알아봤지만 알고리듬에 대해서는 알아보지 않았다.

슬롯 할당은 게임에서 상대적으로 적게 발생한다. 대부분의 경우 캐릭터 그룹은 간단히 슬롯 주위를 따라갈 것이다. 할당은 보통 비조직적인 캐릭터 그룹이 포메이션에 할당될 때 발생하며 캐릭터가 전술적인 움직임에 의해 슬롯을 자발적으로 변경하려 할 때도 발생한다.

다수의 캐릭터와 슬롯을 위한 할당은 다양한 방법으로 이뤄질 수 있다. 간단히 모든 가능한 할당을 체크해 최소 비용의 슬롯을 선택할 수 있다. 불행하게도 할당하는 횟수가 매우 빠르게 커질 수 있는데, 가령 k개의 캐릭터를 n개의 슬롯에 할당 가능한 개수는 다음과 같은 순열 공식으로 얻을 수 있다.

$$_nP_k \equiv \frac{n!}{(n-k)!}$$

20개의 슬롯과 20개의 캐릭터를 가진 포메이션은 2,500조의 가능한 할당을 가진다. 간단히 말해 이것을 자주 실행하지 않더라도 모든 할당을 검사할 수는 없다. 그리고 아무리 효율적인 알고리듬이라고 하더라도 이것을 해결할 수 없다. 할당 문제는 NP 완전NP-complete 문제이기 때문에 어떠한 알고리듬이라고 하더라도 합리적인 시간 안에 이것을 해결할 수 있는 솔루션은 존재하지 않는다.

대신 휴리스틱을 사용해 문제를 간단히 할 수 있다. 이때 가장 좋은 할당을 얻을 것이라는 보장은 없지만 괜찮은 할당을 매우 빠르게 얻을 수 있다. 휴리스틱은 캐릭터가 결국 슬롯에 안착할 것이라고 가정하는 데 따라서 캐릭터 각각을 살펴보고 낮은 비용을 가진 슬롯에 할당한다.

물론 마지막까지 캐릭터를 남겨 두면 슬롯 어디에도 넣을 공간이 없는 경우가 생길 수도 있다. 제한이 많은 캐릭터를 먼저 고려하고 유연한 캐릭터를 이후에 처리하는 방법을 사용해 성능을 향상시킬 수 있다. 캐릭터들은 할당의 용이성 값을 구해 슬롯을 찾는 것이 얼마나 어려운지 알 수 있다.

할당의 용이성 값은 다음과 같이 구할 수 있다.

$$\sum_{i=1..n} \begin{cases} \frac{1}{1+c_i} & \text{만약 } c_i < k \\ 0 & \text{그렇지 않으면} \end{cases}$$

c_i는 슬롯 i를 점유하는 데 드는 비용이고 n은 가능한 슬롯의 개수다. 마지막으로 k는 슬롯 비용의 한계다. 이 값을 넘어서는 슬롯은 점유하는 데 너무 많은 비용이 든다고 생각한다.

소수의 슬롯들만 점유 가능한 캐릭터들은 높은 슬롯 비용을 갖고 있을 것이다. 그래서 낮은 용이성 순위를 가질 것이다. 수식을 보면 각각의 롤을 위한 비용을 더하지 않고 각각의 슬롯 비용을 더한 것을 주목하도록 하자. 드워프는 근접 슬롯만 점유할 수 있겠지만 다른 타입보다 근접 슬롯의 개수가 두 배 많을 경우에는 상대적으로 여유가 있을 것이다. 비슷하게 마법과 미사일 역할을 모두 수행할 수 있는 마법사의 경우 10개의 슬롯을 가진 포메이션에서 하나만 선택해야 한다면 융통성이 없을 수 있다.

캐릭터 리스트는 할당의 용이성 값에 따라 정렬되며 가장 어려운 캐릭터가 처음으로 할당된다. 이러한 접근법은 대부분의 경우에 잘 작동하며 포메이션 할당을 위한 표준 접근법이기도 하다.

일반화된 슬롯 비용

슬롯 비용은 캐릭터와 슬롯 역할에 반드시 의존할 필요가 없다. 슬롯 비용은 캐릭터가 슬롯을 점유하는 데 필요한 모든 어려움을 포함하도록 일반화시킬 수 있다.

예를 들어 포메이션이 넓게 펼쳐져 있을 때 더 먼 슬롯을 선택하도록 할 수도 있다. 비슷한 방법으로 보병들은 탱크보다 더 앞쪽으로 이동하도록 만들 수 있다. 이것은 포메이션이 모션에 사용될 때 중요한 이슈는 아니지만 방어적 포메이션에서는 중요할 수 있다. 이것이 슬롯 점수(단순히 높은 점수는 나쁘고 낮은 점수는 좋다고 생각하지 않고)를 사용하지 않고 슬롯 비용을 사용하는 이유이기도 하다. 거리는 슬롯 비용 자체로 사용되는 경우도 있다.

포메이션 위치를 취할 때 다른 트레이드 오프가 있을 수도 있다. 방 주위에 있는 커버 포인트에 방어 슬롯이 있을 수 있는데 캐릭터들은 제공되는 커버의 순서대로 위치를 차지해야 한다. 부분적으로 커버된 경우 더 나은 슬롯을 사용할 수 없는 경우에만 사용해야 한다.

슬롯 비용의 변동 요인에 상관없이 할당 알고리듬은 정상적으로 동작한다. 실제 구현에서 슬롯 비용은 메서드 호출로 일반화했고 할당 코드는 캐릭터에게 특정 슬롯을 점유하기 위해 얼마나 비용이 소비될 것인지 묻는 방식으로 구현됐다.

구현

이제 일반화된 슬롯 비용을 사용해 할당 알고리듬을 구현할 수 있다. 앞서 보인 것과 같이 `calculateAssignment` 메서드는 포메이션 매니저 클래스의 일부분이다.

```
1  class FormationManager
2
3      # ... 이전과 같은 변수들 ...
4
```

```
5    function updateSlotAssignments():
6        # 슬롯과 비용을 담고 있다.
7        class CostAndSlot:
8            cost: float
9            slot: int
10
11       # 캐릭터의 할당 용이성 값과 슬롯 리스트를 가진다.
12       class CharacterAndSlots:
13           character: Character
14           assignmentEase: float
15           costAndSlots: CostAndSlot[]
16
17       characterData: CharacterAndSlots[]
18
19       # 캐릭터 데이터를 수집한다.
20       for assignment in slotAssignments:
21           datum = new CharacterAndSlots()
22           datum.character = assignment.character
23
24           # 각 유효한 슬롯을 추가한다.
25           for slot in 0..pattern.numberOfSlots:
26               cost = pattern.getSlotCost(assignment.character)
27               if cost >= LIMIT: continue
28
29               slotDatum = new CostAndSlot()
30               slotDatum.slot = slot
31               slotDatum.cost = cost
32               datum.costAndSlots += slotDatum
33
34               # 캐릭터의 할당 용이성 값에 더한다.
35               datum.assignmentEase += 1 / (1 + cost)
36
37           datum.costAndSlots.sortByCost()
38           characterData += datum
39
40       # 최소 용이성 값이 가장 먼저 나오도록 캐릭터의 할당들을 정렬한다.
41       characterData.sortByAssignmentEase()
42
43       # 어느 슬롯이 채워졌는지 추적하기 위한 boolean 배열
44       # 크기는 numberOfSlots과 같고 초깃값은 false로 초기화된다.
45       filledSlots = new Boolean[pattern.numberOfSlots]
46
47       # 할당을 만든다.
```

```
48          assignments = []
49          for characterDatum in characterData:
50              # 열려 있는 리스트의 첫 번째 슬롯을 선택한다.
51              for slot in characterDatum.costAndSlots:
52                  if not filledSlots[slot]:
53                      assignment = new SlotAssignment()
54                      assignment.character = characterDatum.character
55                      assignment.slotNumber = slot
56                      assignments.append(assignment)
57
58                      # 슬롯을 예약한다.
59                      filledSlots[slot] = true
60
61                      # 다음 캐릭터로 간다.
62                      break continue
63
64              # 여기까지 왔다면 캐릭터가 유효한 할당을 갖고 있지 않다는
65              # 말이다. 플레이어에게 이 사실을 알리는 액션이 필요할 것이다.
66              throw new Error
```

break continue 문장은 내부 루프를 빠져나가고 다음 요소로 바깥쪽 루프로 재시작하라는 의미다. 다른 프로그래밍 언어에서는 이와 같은 코드 흐름을 조정하기가 쉽지 않은 경우도 있다. 자바에서는 가장 바깥쪽 루프에 라벨을 설정하고 continue 문장에 이름을 설정해 루프를 재시작할 수 있다. 사용하고 있는 언어에 따라 구현 방식이 다를 수 있으므로 같은 효과를 얻기 위해 자료를 참고하자.

자료 구조 및 인터페이스

코드 내부에서 자료 구조의 복잡성을 의도적으로 숨겨 놨다. 코드에는 2개의 리스트가 있는데 characterData와 CharacterAndSlots 구조체에 있는 costAndSlots가 있다. 그리고 이 데이터들은 정렬돼 있다.

첫 번째 경우, 캐릭터 데이터는 할당의 용이성 값에 따라 정렬돼 있다. 이때 사용된 메서드는 sortByAssignmentEase다. 이것은 아무 정렬 알고리듬을 사용해도 구현할 수 있는데 다른 방법으로는 링크드 리스트linked list를 사용해 데이터가 매우 빠르게 삽입되도록 할 수도 있다. 만약 리스트가 배열로 구현된다면 (보통의 경우 빠른) 정렬은 퀵소트quicksort와 같은 빠른 알고리듬을 사용하는 것이 좋다.

두 번째 경우, 캐릭터 데이터가 sortByCost 메서드에 의한 슬롯 비용으로 정렬된다면, 다시 말하지만 밑단에 있는 자료 구조가 요소를 매우 빠르게 삽입할 수 있는 구조인 경우 리스트로 구현할 수 있다.

성능

알고리듬의 공간 복잡도는 $O(kn)$이고 이때 k는 캐릭터의 개수, n은 슬롯의 개수다. 시간 복잡도는 $O(ka \log a)$이며 a는 캐릭터가 점유할 수 있는 슬롯의 평균 개수다. 이것은 보통 슬롯의 최대 개수보다 낮은 값을 갖고 있는데 슬롯의 개수가 늘어나면 늘어날수록 같이 늘어난다. 만약 캐릭터를 위한 유효한 슬롯의 개수가 슬롯의 총 개수에 비례하지 않는다면 알고리듬의 시간 복잡도는 $O(kn)$이다.

어느 경우에도 $O(_nP_k)$보다는 상당히 빠르다.

보통 이 알고리듬의 문제점으로 드러나는 것은 속도가 아니라 메모리다. 필요한 경우에 더 적게 메모리를 사용하면서 같은 효과를 갖는 알고리듬이 존재한다. 하지만 실행 시간이 증가한다.

구현에 관계없이 이 알고리듬은 보통 자주 사용하기에는 속도가 충분히 빠르지 않다. 할당이 가끔씩 일어나기 때문에(유저가 새로운 패턴을 선택하거나 새로운 유닛을 포메이션에 추가하는 경우) 여러 프레임에 걸쳐 분할할 수 있으며 플레이어는 포메이션이 만들어지기 이전에 몇 프레임이 딜레이되는 것을 알아차리기 힘들다.

3.7.9 동적인 슬롯과 플레이

지금까지 포메이션 패턴 안에 슬롯들이 앵커 포인트에 상대적으로 고정돼 있다고 가정했다. 포메이션은 게임 레벨에서 돌아다닐 수 있는 고정된 2D 패턴이다. 지금까지 개발한 프레임워크는 동적인 포메이션으로 확장하는 것이 가능하다. 동적인 포메이션은 시간에 따라 모양이 바뀌는 것을 말하며 패턴 안에서 슬롯은 움직일 수 있다. 포메이션의 앵커 포인트를 두고 상대적으로 움직일 수 있다.

이것은 포메이션 자체가 움직이지 않는 스포츠 게임의 세트 플레이를 구현하거나 기본적인 전략적 움직임을 위해 움직임의 정도를 도입할 때 유용하다.

그림 3.62에 야구 교과서의 더블 플레이(병살)의 야수 움직임을 보여 주고 있다.

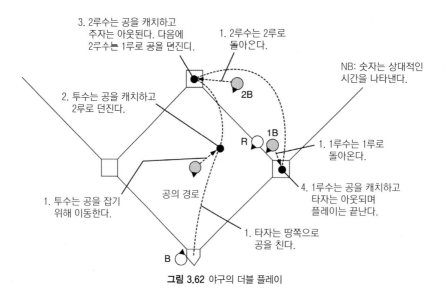

그림 3.62 야구의 더블 플레이

이것은 포메이션으로 구현할 수 있다. 각각의 야수는 포지션에 따라 고정된 슬롯을 가진다. 초기에 그들은 고정된 패턴의 포메이션에 있고 보통 상태에서의 야수의 위치에 있다(물론 수비 전략에 따라 고정된 위치가 다르다). AI가 더블 플레이를 감지하면 포메이션 패턴을 동적으로 더블 플레이 패턴으로 바꾼다. 슬롯은 패턴의 경로에 따라 움직이고 야수들은 두 타자를 잡기 위해 준비한다.

어떤 경우에는 슬롯들이 경로를 따라 이동하지 않아도 된다. 예를 들어 단순히 새로운 위치로 점프할 수도 있고 도착하기 행동을 사용해 지정된 위치로 이동할 수도 있다. 더 복잡한 경우에는 경로가 정확하지 않을 수도 있고 이럴 때는 캐릭터가 직접 목적지로 이동하는 것을 계획할 수도 있다.

동적인 포메이션을 지원하기 위해 시간을 도입할 필요가 있다. 패턴 인터페이스가 시간 값을 취할 수 있도록 간단히 확장할 수 있다. 이것은 포메이션이 시작된 후 경과된 시간 값을 의미한다. 패턴 인터페이스의 모습은 다음과 같다.

```
1  class FormationPattern:
2
```

```
3       # ... 이전과 같은 요소들 ...
4
5       # 주어진 시간의 슬롯 인덱스 위치를 얻는다.
6       function getSlotLocation(slotNumber: int, time: float) -> Static
```

불행히도 포메이션의 슬롯들은 시간이 경과함에 따라 위치가 변화하기 때문에 드리프트 문제를 일으킬 소지가 있다. 매 프레임에 정확도를 유지하기 위해 드리프트 오프셋을 재계산하도록 시스템을 확장할 수 있다. 많은 게임에서 동적인 슬롯을 사용하고 세트 플레이에서 2-레벨 조종을 사용하지 않는다. 예를 들어 야구, 축구 게임에서 슬롯의 움직임의 경우 스크럼선^{line of scrimmage}상 고정된 위치를 갖는다. 이 경우 2-레벨 조종이 필요하지 않다(포메이션의 앵커 포인트가 고정된다). 그리고 드리프트는 구현 사항에서 없앨 수 있기 때문에 이슈가 되지 않는다.

많은 스포츠 게임에서 필드 위 플레이어들의 조직된 움직임을 관리하기 위해 포메이션 움직임과 비슷한 기법들을 사용한다. 물론 실제 선수들이 현장에서 일어나는 일을 잊어버리지 않도록 주의해야 한다.

움직이는 슬롯 위치가 미리 정의될 필요는 없다. 슬롯의 움직임은 AI 로직에 따라 동적으로 결정될 수 있다. 극단적으로 이것은 캐릭터가 게임에서 전략적인 상황에 반응해 어디든지 이동할 수 있도록 유연성을 제공한다. 하지만 움직임에 대한 코드의 영역이 바뀔 뿐 어떻게 구현해야 하는지는 여전히 의문점이 남는다.

실제 사용하려면 중간 단계의 솔루션이 합리적이다. 그림 3.63에서 축구 게임의 코너킥 상황을 보여 주고 있다. 그림에서 3명이 고정된 플레이 모션을 짓고 있다.

그림 3.63 축구 게임에서 코너킥 상황

핵심 세트 플레이 플레이어들의 상대적인 위치는 고정인 반면에 나머지 공격수들은 상대팀의 수비수 위치에 따라 계산해서 움직인다. 그래서 코너킥을 차는 선수는 공이 가야 할 위치를 미리 알고 있다. 코너킥을 차는 선수는 세트 플레이어의 핵심 선수를 위해 기다리며 어느 선수에게 공을 올려 줄 것인지 결정한다. 이것은 모두 상대 수비수들의 움직임에 따라 결정한다.

의사결정은 5장에 있는 어느 기법을 사용해도 구현할 수 있다. 예를 들어 A, B, C의 슈팅 가능한 지역에서 상대팀 플레이어를 보고 슛하기 가장 좋은 각도를 가진 캐릭터를 노릴 수 있다.

3.7.10 전술적 움직임

포메이션의 중요한 내용은 전술적 팀 기반 움직임이다.

주변 지역이 안전하지 않으면 군사 팀은 각각 적군으로부터 서로의 망을 봐주면서 적에게 다가간다. 교대 전진이라고 알려진 이 움직임은 아군이 다음 커버 지점으로 이동하는 동안 움직이지 않는 멤버들이 아군을 보호하며 망을 본다. 그림 3.64에 이 상황을 그림으로 나타내고 있다.

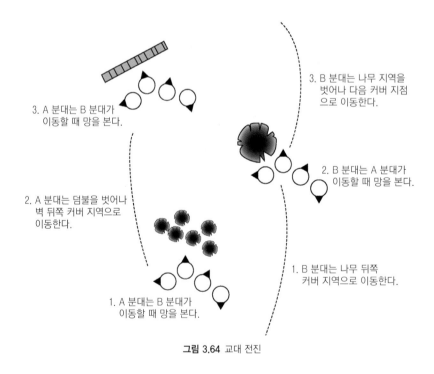

3. A 분대는 B 분대가 이동할 때 망을 본다.

2. A 분대는 덤불을 벗어나 벽 뒤쪽 커버 지역으로 이동한다.

1. A 분대는 B 분대가 이동할 때 망을 본다.

3. B 분대는 나무 지역을 벗어나 다음 커버 지점으로 이동한다.

2. B 분대는 A 분대가 이동할 때 망을 본다.

1. B 분대는 나무 뒤쪽 커버 지역으로 이동한다.

그림 3.64 교대 전진

동적인 포메이션 패턴은 스포츠 게임의 세트 플레이뿐만 아니라 교대 전진을 만들 때도 사용할 수 있다. 스포츠 필드에 설정된 위치들 사이를 이동하는 것보다 포메이션 슬롯은 예측 가능한 순서로 캐릭터에 가까운 커버 사이로 이동한다.

먼저 게임 내 커버 포인트 집합에 접근할 필요가 있다. 커버 포인트는 게임 내에서 캐릭터가 해당 지점을 선점했을 때 안전한 지역을 말한다. 이 위치들은 레벨 디자이너에 의해 수동으로 만들거나 레벨의 모습을 본 후 계산해서 만들 수 있다. 6장에서 커버 포인트가 어떻게 만들어지는지 더 자세히 알아볼 것이다. 지금은 커버 포인트 집합이 이미 존재한다고 가정한다.

다음에는 포메이션의 앵커 포인트를 감싸는 공간에 커버 포인트 리스트를 얻는 빠른 방법이 필요하다. 교대 전진 포메이션 패턴은 이 리스트에 접근하며 포메이션의 앵커 포인트에 가장 가까운 커버 포인트 집합에 접근한다. 만약 4개의 슬롯이 있다면 4개의 커버 포인트를 찾는다.

각 슬롯의 반환 위치를 얻을 때 포메이션 패턴은 각 슬롯을 위해 커버 포인트 집합의 하나를 사용한다. 그림 3.65를 보면 포메이션의 앵커 포인트에 각각 대응하는 가장 가까운 커버 포인트가 있다.

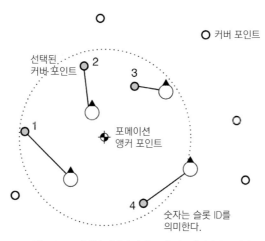

그림 3.65 포메이션 패턴이 커버 포인트를 연결시키고 있다.

포메이션 패턴은 기하학적으로 고정되지 않고 환경에 연결돼 있다. 포메이션이 움직임과 동시에 슬롯에 관계된 커버 포인트가 커버 포인트 집합에서 빠지게 된다. 하나의 커버 포인트가 리스트에서 빠져나오면 다른 것(동작의 정의에 따라)이 들어오게 된다.

커버 포인트가 사라진 슬롯에 새로 도착한 커버 포인트를 제공하는데 이때 모든 커버 포인트를 설정하지 않는다. 왜냐하면 각각의 캐릭터가 특정 슬롯에 할당돼 있고 슬롯 ID(우리의 경우 정수형 값)는 최근에 사라진 슬롯의 ID와 같은 ID를 가져야 하기 때문이다. 유효한 커버 포인트들은 모두 같은 ID를 가져야 한다. 이것은 새로운 커버 포인트를 사용할 때 같은 ID 값이 재사용된다.

그림 3.66에 슬롯 4번을 사용하는 캐릭터가 나타나 있다. 시간이 조금 흐른 후 커버 포인트는 더 이상 유효하지 않고 새롭게 설정된 커버 포인트가 설정된다. 이때 슬롯 ID는 여전히 같은 4번을 사용하며 새로운 커버 포인트를 향해 움직여야 한다는 것을 알 수 있다.

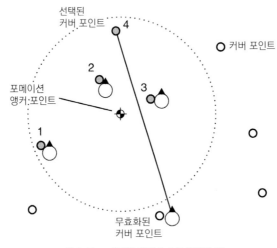

그림 3.66 교대 전진 안에서 슬롯 변화의 예

전술적 모션과 앵커 포인트 조정

이제 전술적 포메이션에 따라 포메이션 시스템을 실행할 수 있으며 이때 앵커 포인트의 움직임을 끌 필요가 있다. 왜냐하면 캐릭터들은 하나의 커버 포인트 집합에 고정될 수 있기 때문이다. 포메이션이 움직이지 않기 때문에 질량 중심은 바뀌지 않으며 그 결과 앵커 포인트는 앞쪽으로 움직이지 못하고 포메이션은 새로운 커버 포인트를 찾으려고 하지 않을 것이다.

조정 장치가 꺼져 있기 때문에 캐릭터에 비해 앵커 포인트를 느리게 움직이는 것이 필수적이다. 교대 전진은 빠른 전략이 아니므로 어떠한 경우에도 기대한 대로 움직이는 것을 볼 수 있을 것이다.

다른 방법으로는 앵커 포인트와 같은 역할을 하는 리더 캐릭터를 갖는 아이디어로 돌아가는 것이다. 리더 캐릭터는 플레이어가 조정하거나 조종 행동으로 조정된다. 리더 캐릭터가 움직이면 분대의 나머지도 교대 전진 경계로 이동한다. 만약 리더 캐릭터가 최대 속도로 움직이면 분대의 나머지들은 방어 위치를 취할 시간이 없게 된다. 결국 리더를 뒤쫓는 형태로 움직이게 될 것이다. 만약 리더가 느리게 움직인다면 분대의 나머지는 올바르게 엄호할 것이다.

이것을 지원하기 위해 리더에 가까운 커버 포인트들은 커버 포인트 집합에서 제외돼야 한다. 그렇지 않으면 다른 캐릭터가 리더 위치로 커버를 하기 위해 달려올지 모른다.

3.8 모터 제어

지금까지 물리 상태에 직접 영향을 미치도록 해 캐릭터를 움직여 봤다. 이것은 대부분의 경우 만족할 만한 결과물을 얻어내지만 점점 물리 시뮬레이션에 의해 모션이 조정되고 있는 추세다. 레이싱 게임에서는 이러한 방법이 보편적으로 사용되고 있으며 날아다니는 캐릭터를 위해 인간형 캐릭터 물리로 구분돼 사용되고 있다.

조종 행동의 출력물은 이동 요청으로 보일 수 있다. 예를 들어 도착하기 행동의 경우 한 방향으로 가속도를 요청할 수 있다. 이동 솔루션에 모터 제어 레이어를 추가해 이동 요청 및 최선의 방법으로 실행하게 할 수 있다. 이것이 작동 과정이다. 간단한 경우에는 이것으로 충분하지만 액추에이터가 조종 행동의 출력에 영향을 미치게 할 수 있는 능력을 필요로 하는 경우도 있다.

레이싱 게임의 자동차에 대해 생각해 보자. 자동차는 움직임에 물리적인 제약이 있다. 자동차는 움직이지 않거나 빠르게 움직일 때는 회전할 수 없다. 천천히 움직이면서 회전이 가능한데 (미끄러지지 않고) 속도가 빠르지 않을 때는 더 빠르게 멈출 수 있다. 그리고 차량이 향하고 있는 방향으로만 움직일 수 있다(여기서 파워 슬라이드는 무시하며, 드리프트라고도 한다). 반면에 탱크는 다른 특성을 갖고 있다. 탱크는 정지된 상태에서 회전이 가능하다. 하지만 뾰족한 코너에서는 속도를 늦추긴 해야 한다. 사람 역시 다른 특성을 갖고 있다. 사람은 모든 방향으로 빠르게 가속 가능하지만 방향에 따라 다른 최대 속도를 가진다. 가령 앞으로 달릴 때, 옆으로 뛸 때, 뒤로 뛸 때 각각 최대 속도가 다르다.

게임 내에서 차량을 시뮬레이션할 때 차량의 물리적인 능력을 고려해야 한다. 조종 행동은 차량이 행할 수 없는 가속도를 요청할 수 있기 때문에 캐릭터가 수행할 수 있는 전략 몇 가지가 필요하다.

1인칭 또는 3인칭 게임에서 가장 많이 발생하는 상황은 애니메이션을 매칭시키는 것이다. 일반적으로 캐릭터는 애니메이션의 팔레트를 갖고 있다. 예를 들어 걷기의 경우 초당 움직일 수 있는 거리가 0.8미터 또는 1.2미터에 따라 애니메이션이 조정된다. 조깅 애니메이션의 경우 초당 2~4미터를 지원할 수 있다. 캐릭터는 2개의 속도 범위에 따라 움직일 필요가 있다. 다른 속도를 지원하지 않는다. 액추에이터는 가능한 애니메이션의 범위를 이용해 조종 요구 사항이 가능한지 체크할 필요가 있다. 액추에이터를 위한 두 가지 방법은 출력 필터링^{output filtering}과 능력에 맞는^{capability-sensitive} 조종이 있다.

3.8.1 출력 필터링

액추에이션을 위한 간단한 접근법은 조종 출력 값을 캐릭터의 능력에 맞게 필터링하는 것이다. 그림 3.67에 멈춰 있는 자동차가 다른 차를 쫓아가려고 하는 것을 볼 수 있다. 표시된 선형 및 각 가속도는 뒤쫓기 조종 행동을 만들어 낸다. 보다시피 자동차는 주어진 가속도를 처리할 수 없다. 옆으로 바로 움직일 수 없기 때문에 앞으로 나아가지 않고서는 회전할 수 없다.

그림 3.67 요청된 후 필터링된 가속도

필터링 알고리듬은 간단히 이뤄질 수 없는 조종 출력 값을 없앤다. 결과적으로 각 가속도는 사라지고 앞쪽으로 작은 선형 가속도만 남는다.

212

필터링 알고리듬이 매 프레임에 실행되면(조종 행동이 매 프레임 동작하지 않더라도) 자동차는 지정된 경로를 취할 것이다. 매 프레임에 자동차는 앞쪽으로 가속하고 각가속할 것이다. 회전과 선형 모션은 자동차를 올바른 방향으로 이동하도록 해 목적지로 바로 이동할 수 있게 해준다.

이 접근법은 매우 빠르고 구현하기 쉽다. 그리고 놀랍도록 효과적이다. 게다가 자연스럽게 흥미로운 행동을 제공하기도 한다. 만약 아래의 예제에서 자동차를 회전할 때 목표물이 뒤쪽에 있으면 자동차는 그림 3.68과 같이 J-턴을 한다.

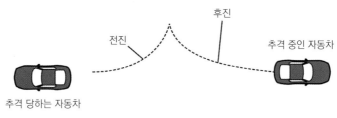

그림 3.68 J-턴이 나타난다.

하지만 이 접근법에는 문제가 존재한다. 사용하지 못하는 모션의 컴포넌트를 지우면 원래 요청됐던 가속도보다 훨씬 작은 가속도만이 남아 있게 된다. 앞서 살펴본 예를 보면 원래 요청됐던 가속도보다 더 적은 가속도로 움직인다는 것을 볼 수 있다. 이 경우 보기에 크게 나쁘지 않다. 자동차가 회전을 수행하기 위해 천천히 움직인다고 정당화할 수 있다.

또는 최종적인 결과물을 수정해서 초기에 요청된 것과 같은 크기로 만들 수도 있다. 이때 캐릭터가 필터링됐을 때 더 늦게 움직이지 않도록 확인할 필요가 있다.

그림 3.69에 필터링의 문제점을 보여 주고 있다. 자동차가 수행할 수 없는 요청 사항을 제외했더니 아무것도 하지 않는 상태가 됐다. 이로 인해 자동차는 타깃이 움직이거나 계산의 수치 에러가 교착 상태를 해결하기 전까지 아무것도 하지 않게 된다.

이것을 해결하려면 최종 결과가 0인 경우를 감지하고 다른 방법을 결합해야 한다. 이것은 아래에 설명할 능력에 맞는 기법과 같은 완전한 솔루션 또는 간단한 휴리스틱을 사용해 앞쪽으로 운전하고 회전은 어렵게 하는 방법이 될 수 있다.

추격 중인 자동차

요청된 가속도
(보정을 끝낸)

추격 당하는 자동차

그림 3.69 모든 것이 필터링돼 아무것도 하지 않는다.

내가 경험한 대부분의 경우에 필터링 기반의 작동으로 충분했다. 동작하지 않는 경우는 조종 요청에 약간의 오류가 있을 때였다. 매우 빠른 속도로 운전, 좁은 공간을 지나가기, 애니메이션 매칭, 점프와 같은 행동을 할 때 조종 요청은 가능한 한 유지해야 한다. 필터링은 또 다른 문제를 만들 수도 있지만, 공정하게 말하자면 다른 접근법도 마찬가지로 문제를 가질 수도 있다(더 적게 발생하겠지만).

3.8.2 능력에 맞는 조종

액추에이션을 위한 다른 접근법은 액추에이션을 조종 행동 내부에 넣는 것이다. 캐릭터가 이동하고자 하는 곳을 기반으로 이동 요청을 만들지 않고 AI가 캐릭터의 물리적인 능력을 고려하는 것이다.

캐릭터가 적을 뒤쫓을 때 적을 잡아내기 위한 각각의 최적 방법을 고려한다. 수행 가능한 작전들의 집합이 작다면(예를 들어 앞으로 이동하거나 왼쪽 또는 오른쪽으로 회전) 간단히 각각을 살펴보고 그것이 끝난 후 상황을 결정한다. 최종적으로 결정되는 액션은 최적의 상황을 만들어 내는 것이다(예를 들어 캐릭터가 목표물과 가장 가까운 상태가 되는).

다만 캐릭터가 취할 수 있는 액션의 범위는 무제한으로 다양한 속도로 움직일 수도 있고 아주 다양한 각도로 회전할 수도 있다. 그렇기 때문에 현재 캐릭터 상태에 기반해 어떤 액션을 취하기 위해서는 휴리스틱 집합이 필요하다. 3.8.3절에서 일반적인 이동 AI의 휴리스틱 집합 예제가 있다.

이 접근법의 핵심은 조종 행동이 어떤 이동을 취할 것인지 결정하기 위해 필요한 정보를 사용할 수 있다는 점이다. 그림 3.70에 옆으로 미끄러지며 장애물을 피해야 하는 자동차를 보여 주고 있다.

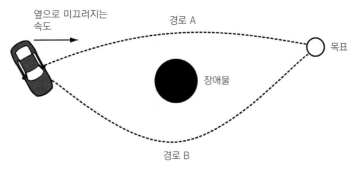

그림 3.70 휴리스틱이 올바른 결정을 할 수 있게 한다.

그냥 보통의 장애물 피하기 조종 행동을 사용하면 경로 A가 선택되며 출력 필터링을 사용하면 자동차를 반대 방향으로 밀어내고 왼쪽으로 회전하게 된다. 장애물을 둘러싼 두 경로 모두를 고려하는 휴리스틱 집합을 사용한 새로운 장애물 피하기 알고리듬을 만들 수 있다(3.8.3절과 같은).

자동차는 목표물에 다가갈 때 앞쪽으로 나아가는 것을 선호하고, 가속해 경로 B를 선택함으로써 충돌을 피할 수 있다.

실제로 능력에 맞는 조종을 위한 특정 알고리듬은 존재하지 않는다. 이것은 단지 휴리스틱을 이용해 인간과 같이 주어진 상황에서 똑같은 결정을 하게 만들 뿐이다. 예를 들어 다른 차량이 주어진 상황에 처한다 하더라도 같은 결정을 한다.

조합 조종 행동에 대처하기

액추에이션을 조종에 넣는 것이 명백한 솔루션으로 보일 수도 있겠지만 조합 조종 행동과 함께 동작할 때는 문제가 발생할 수 있다. 실시간 게임의 경우를 예를 들어 한 프레임에 여러 조종이 함께 동작하면 액추에이션은 더 종합적으로 동작해야 한다.

조종 알고리듬의 강력한 기능 중 하나는 3장의 초반에서 이미 살펴봤던 조합을 사용해 복잡한 행동을 만드는 것이었다. 하지만 각 행동이 캐릭터의 물리적 능력을 고려하고 이것들이 조합됐을 때는 합리적인 결과를 제공하지 않을 수도 있다.

만약 조종 행동을 혼합하거나 조합한다면(칠판 시스템, 상태 기계 또는 조종 파이프라인을 사용해) 바로 동작을 수행하지 않고 마지막 단계까지 기다리는 것이 좋다.

액추에이션의 마지막 단계는 보통 휴리스틱 집합을 포함한다. 이 단계에서 특정 조종 행동의 내부 동작에 관여하지는 않는다. 예를 들어 장애물 피하기의 대체 솔루션과 같은 것을 볼 수 없다. 결과적으로 액추에이터의 휴리스틱은 입력에 따라 가장 합리적인 이동을 추측하며 추가 데이터 없이 하나의 입력 요구 사항을 수행하는 것으로 제한된다.

3.8.3 일반적인 액추에이션 속성

이 절에서는 상황에 맞는 액추에이션 수행을 위한 가능한 휴리스틱 집합과 함께 게임에서 이동 AI의 다양한 일반적인 액추에이션의 제한 사항들에 대해 알아본다.

인간 캐릭터

인간 캐릭터는 비록 정면으로 향하고 있을 때 어느 방향보다 빠르게 움직일 수 있지만 바라보는 방향에 상대적인 어느 방향으로도 이동할 수 있다. 결과적으로 인간 캐릭터는 목표물이 매우 가깝지 않은 이상 목표물에 다가가기 위해 옆으로 걷거나 뒤로 걸으려고 시도하지 않는다.

또한 느리게 움직일 경우에는 매우 빠르게 회전이 가능하지만 빠르게 뛰고 있는 경우에는 회전 속도가 느려진다. 이것은 보통 '즉각 회전하기'turn on the spot' 애니메이션이라고 하는데 멈춰 있거나 또는 매우 느리게 움직이는 캐릭터가 사용한다. 걷거나 뛸 때 캐릭터는 느리게 움직이거나 즉각 회전 또는 어떠한 모션을 취할 수 있다(보통 직선이 아닌 커브를 따라 움직이는 걷기 또는 뛰기 애니메이션).

인간 캐릭터를 위한 액추에이션은 매우 많은 애니메이션에 의존한다. 4장의 마지막에서 목표에 도달할 수 있는 최고의 애니메이션 조합을 찾을 수 있는 기법을 알아볼 것이다. 하지만 대부분의 개발자는 휴리스틱 집합을 사용한다.

- 캐릭터가 멈춰 있거나 매우 느리게 움직이고 있고 목표물로부터 매우 가까운 거리에 있다면 뒤로 걷거나 옆으로 움직인다고 하더라도 바로 접근할 수 있다.
- 만약 목표가 조금 멀리 있다면 캐릭터는 즉각 회전을 한 후 방향을 목표물로 설정하고 앞쪽으로 걸어갈 것이다.

- 캐릭터가 조금 빨리 움직이고 있고 목표가 속도에 의존하는 호 안에 있다면 앞쪽으로 계속해서 움직이면서 회전한다(이동할 때 회전에 자연스럽게 제한을 둬 보기에 이상하지 않은 애니메이션이 나타나도록 한다).
- 타깃이 호의 바깥에 있다면 움직이는 것을 멈추고 움직이기 전에 방향을 바꾼다.

사이드스텝을 위한 반지름은 얼마나 '매우 느리게 움직이는가'의 의미로 사용한다. 그리고 호를 결정하기 위한 모든 매개 변수는 캐릭터가 사용할 애니메이션의 크기에 의존한다.

자동차와 오토바이

일반적으로 자동차는 제약이 매우 크다. 멈춰 있을 때 회전하지 못하거나 조정할 수 없고 옆으로 움직일 수도 없다. 움직이고 있을 때도 타이어의 접지력에 의한 회전의 제약이 있다.

직선 도로에서 자동차는 가속하는 것보다 더 빨리 브레이크를 밟을 수 있고 뒤로 움직일 때보다 앞으로 최고 속도로 움직일 수 있다. 오토바이의 경우는 거의 항상 뒤로 움직이는 것에 제약이 따른다.

그림 3.71을 보면 자동차를 위한 2개의 판단 호^{decision arc}가 있다. 전방 호^{forward arc}는 브레이크를 밟지 않고 자동차가 회전 가능한 목표들을 포함하고 있고, 후방 호^{rear arc}는 후진하기 위한 목표들을 포함하고 있다. 오토바이를 위한 후방 호는 0이고 후진으로 주행하는 자동차를 피하기 위해 보통 최대 범위를 갖기도 한다.[6]

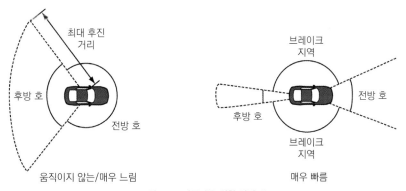

그림 3.71 자동차를 위한 판단 호

6　후진으로 주행하는 자동차는 없지만 미국 로스앤젤레스에서 후진으로 수 킬로미터를 주행한 운전자가 있었던 실제 사건에 기반한 저자의 위트 있는 표현이기도 하다. - 옮긴이

자동차의 속도가 빠르면 호가 줄어들게 되는데 줄어드는 속도는 타이어의 그립 특성에 의존하고 조정을 통해서 비율 값을 찾아야 한다. 만약 차가 느리게 움직인다면(멈춰 있지는 않고) 두 호는 그림 3.71과 같이 접촉한다. 두 호는 차가 느리게 움직이고 있을 때 접촉한 상태로 있어야 한다. 그렇지 않으면 자동차는 목표물로 방향을 전환하기 위해 브레이크를 시도할 것이고 멈춰 있는 상태에서는 회전을 할 수 없으므로 목표에 다가갈 수 없게 된다. 빠른 속도에서 호가 접촉하고 있다면 차가 너무 빨리 이동하고 있다는 뜻이고 급회전하거나 미끄러질 수 있다.

- 차가 멈춰 있다면 가속한다.
- 차가 움직이고 있고 목표물이 두 호 사이에 있다면 미끄러짐 현상이 나타나지 않게 최대 속도로 회전하면서 브레이크를 밟아야 한다. 결국 목표물은 전방 호 범위에 들어오게 되고 자동차는 전방으로 가속할 수 있다.
- 만약 목표물이 전방 호 영역에 들어와 있으면 계속해서 전방으로 이동 가능하다. 이 경우 자동차는 가능한 한 빠르게 가속한다. 다른 자동차들은 최적의 속도에 맞게 움직인다 (예를 들어 일반 도로에서 제한 속도에 맞춰 가며).
- 목표물이 후방 호 영역에 있다면 뒤쪽으로 가속하면서 해당 방향으로 차를 조정한다.

휴리스틱은 매개 변수화하기 매우 어려울 수 있다. 특히 자동차의 역학을 제어하려면 그렇다. 옆으로 미끄러지는 것을 피하면서 타이어를 최고 수준까지 통제할 수 있는 전방 호를 찾는 것은 어렵다. 대부분의 경우 조심스럽게 행동하는 것이 최선이긴 하지만 오차 범위를 사용하는 것이 도움이 될 때도 있다.

일반적인 전략은 인위적으로 AI가 조종하는 자동차의 그립을 조절하는 것이다. 그립이 플레이어의 자동차와 같다면 전방 호는 설정될 수 있고 그래서 한계 역시 설정될 수 있다. 이것은 자동차의 능력을 제한하는 방법이고 그렇기 때문에 말도 안 돼 보이는 행동을 막을 수 있고 플레이어에게 불공평한 느낌을 주지 않는다. 다만 이 접근법에는 유일한 단점이 있는데 자동차가 절대로 옆으로 미끄러지지 않는다는 점이다. 게임에서 이러한 상황을 연출하고 싶다면 문제가 될 수 있다.

이와 같은 휴리스틱들은 자동차가 미끄러지지 않게 하기 위해 설정돼 있다. 많은 게임에서 휠 회전과 브레이크 턴과 같은 것이 일반적이다. 이것이 가능하게 하기 위해서 매개 변수들을 수정해야 한다.

전술 차량(탱크)

탱크는 자동차, 오토바이와 매우 비슷하게 동작한다. 탱크는 앞뒤로 움직일 수 있으며(보통 자동차, 오토바이보다 느리게 가속한다) 어떤 속도로든 회전이 가능하다. 탱크가 매우 빠르게 움직일 때 회전 능력은 그립에 제한되며 속도가 느리거나 멈춰 있을 때 회전은 매우 빠르게 진행된다.

탱크는 자동차와 똑같은 방식으로 판단 호$^{\text{decision arc}}$를 사용한다. 하지만 휴리스틱을 사용하는데 두 가지 차이점이 있다.

- 두 호는 속도가 0일 때만 서로 닿을 수 있다. 탱크는 앞쪽으로 움직이지 않으면서도 회전할 수 있기 때문에 움직이는 와중에도 브레이크를 밟아 급커브를 수행할 수 있다. 실제로 이것은 가끔씩 필요로 하지만 앞쪽으로 움직이는 와중에도 급커브를 하기 위해 멈출 필요가 없다.
- 탱크는 멈춰 있을 때 가속을 할 필요가 없다.

3.9 3차원에서의 이동

지금까지 알아본 조종 행동은 3차원 공간에서 수직으로 이동하는 것은 허용하지만 회전에 있어서는 up 벡터를 유지하도록 강요했다.

이것을 2½D라고 하며 대부분의 게임 개발에 적합하다.

캐릭터가 중력에 제한되지 않는다면 완전한 3차원 이동을 필요로 한다. 지붕이나 벽을 따라 달려가는 캐릭터들, 공중에 떠 있는 탈 것들, 어떠한 방향으로도 회전이 가능한 포탑들 모두 완전한 3차원 이동 예가 된다.

2½D 알고리듬이 구현하기 쉽기 때문에 완전한 3차원을 알아보기 이전에 알아볼 가치가 있다. 왜냐하면 언제나 주어진 상황을 2½D로 표현해 속도 향상을 꾀할 수 있는 경우가 있기 때문이다. 예를 들어 3장의 마지막에는 2½D 수학을 사용해 비행기의 뱅킹^{banking}이나 트위스팅^{twisting}을 구현할 수 있는데 물론 예외적으로 3D 수학을 사용하는 것보다 더 시간이 많이 걸리는 경우도 있다.

3.9절에서는 3차원에 방위와 회전을 도입하는 방법에 대해 알아보자. 그 이후 이전에 살펴본 조종 알고리듬들의 변경 사항들에 대해 고려해 보자. 마지막으로 3D 조종의 일반적인 문제들에 대해서 알아볼 것이다(예를 들어 공중에 떠 있는 비행기의 회전을 제어하는 등).

3.9.1 3차원에서의 회전

3차원을 처리하기 위해서는 방향과 회전을 어떤 각도에서도 처리할 수 있도록 확장해야 한다. 3차원에서 방향과 회전은 자유도 3[three degree of freedom]을 가진다. 회전은 x, y, z축을 기준으로 회전을 표현한 3D 벡터를 사용할 수 있다. 하지만 3개의 값만으로는 효과적으로 방향을 표현할 수 없는데 그 이유에 대한 자세한 내용은 이 책에서 다루지 않는다.[7]

3D 방향을 표현하기 위한 방법은 쿼터니언[quaternion]을 사용하는 것이다. 이 값은 4개의 요소로 이뤄져 있으며 크기는 항상 1이다(유클리드 거리가 1). 길이가 1이면 자유도 4에서 자유도 3으로 줄일 수 있다.

수학적으로 쿼터니언은 다원수[hypercomplex number]다. 이것은 4개의 요소를 가진 벡터와 같지 않다. 그러므로 쿼터니언들의 곱 그리고 위치 벡터와의 곱을 계산하는 방법이 필요하다. 좋은 3D 수학 라이브러리들은 이러한 처리를 하는 코드가 있을 것이며 사용하고 있는 그래픽스 엔진이 있다면 거의 대부분 쿼터니언을 사용하고 있을 것이다.

방향을 표현하기 위해 행렬[matrix]를 사용할 수도 있는데 이 방법은 1990년대 중반까지는 거의 대부분의 개발자가 사용하던 방법이었다. 9개의 요소로 이뤄진 행렬은 자유도를 3으로 줄이기 위한 추가적인 제약들이 있었다. 제약들이 깨지지 않았는지 검사하기 위해 많은 검사가 필요하기 때문에 이 방법은 더 이상 널리 사용되지 않고 있다.

2D에서 방향은 회전보다 더 복잡하다. 2D 방향은 2라디안을 주기로 가지며, 회전은 어떤 값이든 가질 수 있다. 3D라고 해서 차이점은 없다. 방향은 쿼터니언으로 표현하며 회전은 일반적인 벡터가 된다.

회전 벡터는 3개의 요소를 갖고 있는데 회전축과 회전 속도에 관계가 있다. 수식은 다음과 같다.

---

7   더 자세한 내용은 짐벌락(gimbal lock)에 대해서 알아보도록 하자. – 옮긴이

$$\vec{r} = \begin{bmatrix} a_x \omega \\ a_y \omega \\ a_z \omega \end{bmatrix} \tag{3.10}$$

$[a_x\ a_y\ a_z]^T$는 회전의 축이고 ω는 각속도(초당 라디안)다(단위는 매우 중요하며 수학에서 초당 도로 표현하면 문제를 더 복잡하게 만든다).

방향 쿼터니언은 4개의 요소, 즉 $[r\ i\ j\ k]$를 갖고 있다(가끔씩 $[w\ x\ y\ z]$로 부르기도 한다). 이는 축과 각에 관련돼 있다. 이때 축과 각도는 참조 방향에서 원하는 방향으로 최소 회전을 의미한다. 모든 방향의 표현은 참조 방향에서 하나의 고정된 축을 기준으로 회전하는 것으로 표현할 수 있다. 축과 각도는 다음 식을 사용해 쿼터니언으로 변경할 수 있다.

$$\hat{q} = \begin{bmatrix} \cos\frac{\theta}{2} \\ a_x \sin\frac{\theta}{2} \\ a_y \sin\frac{\theta}{2} \\ a_z \sin\frac{\theta}{2} \end{bmatrix} \tag{3.11}$$

$[a_x\ a_y\ a_z]^T$는 축이며 θ는 각도, $\hat{q}$는 쿼터니언이다. 쿼터니언의 요소를 표기할 때 다른 표현으로는 r을 가장 끝에 두는 경우도 있다.

쿼터니언에는 4개의 숫자가 있는데 우리는 자유도 3이 필요하다. 쿼터니언에 제약을 주기 위해 크기를 1로 만들어 준다(크기가 1인 쿼터니언을 단위 쿼터니언이라고 한다).

$$r^2 + i^2 + j^2 + k^2 = 1$$

쿼터니언으로 작업을 하고 나면 항상 이것을 확인하는 것을 잊지 말도록 하자. 기하 애플리케이션에서 쿼터니언을 다룰 때 일반적으로 단위 쿼터니언을 가정하는데 수치 오차가 발생할 수 있다. 그래서 대부분의 쿼터니언 수학 라이브러리들은 쿼터니언을 주기적으로 단위 쿼터니언으로 만들어 주는 추가적인 코드가 들어 있다. 우리가 다루는 쿼터니언들을 단위 쿼터니언이라고 가정하자. 쿼터니언 수학은 매우 넓은 분야이고 이 책에서는 다음 절을 진행하기 위해 필요한 부분만 알아볼 것이다. 에벌리^{Eberly}[12]에 쿼터니언 조작에 대한 더 자세한 내용이 설명돼 있으므로 참고하자.

3.9.2 조종 행동을 3차원으로 변환하기

3차원으로 가기 위해서는 회전에 관련된 수학만 변경하면 된다. 이전에 만든 조종 행동을 3차원으로 바꾸려면 회전 컴포넌트를 갖지 않는 요소들(예를 들어 추적하기, 도착하기)과 정렬하기와 같은 회전 컴포넌트를 가진 요소들을 분류해야 한다. 전자는 3차원으로 바로 변환 가능하며 회전 컴포넌트를 가진 요소들은 각속도를 계산하기 위해 다른 수학을 필요로 한다.

3차원에서의 선형 조종 행동

3장의 2개의 절에서 14개의 조종 행동들을 알아봤다. 이 중 10개(찾기, 도망가기, 도착하기, 추적하기, 도피하기, 속도 매칭, 경로 따라가기, 분리하기, 충돌 피하기, 장애물 피하기)는 회전 컴포넌트가 없다.

각 행동은 선형으로 동작한다. 이들은 주어진 선형 위치와 속도를 매칭시키거나 또는 위치가 매칭되는 것을 피하려 한다. 그 어떤 행동도 3차원으로 확장하기 위해 수정을 필요로 하지 않는다. 식도 바뀌지 않고 그대로 동작한다.

3차원에서의 회전 조종 행동

남아 있는 조종 행동들은 줄 맞추기, 바라보기, 움직이는 방향으로 바라보기, 배회하기와 같이 네 가지가 있다. 각 행동은 회전 컴포넌트를 갖고 있으며 줄 맞추기와 움직이는 방향으로 바라보기, 바라보기는 모두 순수하게 회전에 관련된 행동들이다. 줄 맞추기는 주어진 방향으로 매칭시키고, 바라보기는 주어진 위치로 회전하며 움직이는 방향으로 바라보기는 현재 속도 벡터 쪽으로 회전한다.

세 가지 회전 행동들은 운동학의 네 가지 요소 중 세 가지를 기반으로 방향을 가진다. 배회하기 행동은 약간 다른데 이것의 방향은 반무작위로 변경되며 조종 행동의 선형 컴포넌트에 영향을 준다. 배회하기는 이후에 따로 논의할 것이다.

3.9.3 정렬

정렬은 입력으로 목표 방향 값을 취하며 캐릭터의 현재 방향을 목표 방향으로 매칭시킨다. 이것이 동작하려면 목표와 현재 방향 쿼터니언 사이에서 요구되는 회전을 찾아야 한다. 시작 방향에서 목표 방향으로 변환하기 위한 쿼터니언은 다음과 같다.

$$\hat{q} = \hat{s}^{-1}\hat{t}$$

$\hat{s}$는 현재 방향이고 $\hat{t}$는 목표 쿼터니언이다. 우리는 쿼터니언을 단위 쿼터니언이라고 가정하고 있으므로(요소들의 제곱의 합은 1) 쿼터니언의 역수는 쿼터니언 켤레 $\hat{q}*$와 같고 다음과 같다.

$$\hat{q}^{-1} = \begin{bmatrix} r \\ i \\ j \\ k \end{bmatrix}^{-1} = \begin{bmatrix} r \\ -i \\ -j \\ -k \end{bmatrix}$$

다른 말로 하면 축 값들이 반전됐다고 볼 수 있다. 왜냐하면 쿼터니언의 역은 같은 축을 기준으로 회전하고 각도만 반대 방향이기 때문이다(예를 들어 $\theta^{-1} = -\theta$). 쿼터니언의 x, y, z 요소들은 $\sin\theta$와 관련되고($\sin-\theta = -\sin\theta$) w는 $\cos\theta$와 관련되며($\cos-\theta = -\cos\theta$) w 값은 변하지 않은 상태로 둔다.

이 쿼터니언을 회전 벡터로 변환할 필요가 있기 때문에 먼저, 쿼터니언을 회전축과 각도로 분리한다.

$$\theta = 2\cos^{-1} q_w$$

$$\vec{a} = \frac{1}{\sin\frac{\theta}{2}} \begin{bmatrix} q_i \\ q_j \\ q_k \end{bmatrix}$$

원래의 정렬 행동과 같은 방식으로 캐릭터가 목표 방향에 도착했을 때 회전 속도는 0이길 원한다. 우리는 회선축과 회선 삭노를 알고 있기 때문에 남아 있는 작업은 회전 속도를 찾는 것뿐이다.

올바른 회전 속도를 찾는 것은 2차원에서 0 방향에서 시작해 목표 방향 θ를 찾는 것과 같다. 2차원에서 사용한 같은 알고리듬을 적용해 회전 속도 ω를 얻고 회전축과 결합하면 된다. 식 3.10을 사용하면 된다.

3.9.4 벡터에 정렬하기

바라보기와 움직이는 방향으로 바라보기 조종 행동은 캐릭터가 정렬해야 하는 벡터로부터 시작한다. 전자의 경우 현재 캐릭터의 위치에서 목표 위치로의 벡터이고 후자의 경우 속도 벡터를 사용한다. 우리는 캐릭터가 주어진 방향으로 Z축에 위치하고 있다고 가정한다(축을 바라보고 있다).

2차원에서 벡터로부터 목표 방향을 계산하기 위해 atan2 함수를 사용하는 것은 매우 쉽다. 대부분의 컴퓨터 프로그래밍 언어에서 이 함수를 지원한다. 아쉽게도 3차원에서는 이것을 계산하는 쉬운 방법은 없다.

실제로 그림 3.72에서 보다시피 주어진 벡터를 내려다보는 방향은 무한히 많다. 점선 벡터는 단색 벡터를 x–z 평면에 투영한 벡터이며 그림자라고 생각하면 이해하기 쉽다. 회색 벡터들은 3개의 축을 의미한다. 이것은 벡터를 단일 방향으로 변환하는 방법이 한 가지만 존재하지는 않는다는 의미다. 문제를 단순화시키기 위해서 가정을 필요로 한다.

그림 3.72 벡터당 무한의 방향이 존재한다.

가장 일반적인 가정은 목표를 기본 방향으로 편향하는 것이다. 방향을 선택할 때 기본 방향에 최대한 가까운 쪽으로 선택한다. 다르게 말하면 기본 방향으로부터 시작해 최소한의 회전만 하는 것이다. 결과적으로 로컬 z축이 타깃 벡터로 향한다.

최소 회전은 기본 방향의 z–방향을 벡터로 변환한 후 목표 벡터와 벡터 곱을 취해 얻을 수 있다. 벡터 곱은 다음과 같다.

$$\vec{z_b} \times \vec{t} = \vec{r}$$

$\vec{z_b}$은 기본 방향에서 로컬 z–방향 벡터를 의미하며 $\vec{t}$는 목표 벡터, $\vec{r}$은 다음과 같이 외적으로 정의된다.

$$\vec{r} = \vec{z_b} \times \vec{t} = (|\vec{z_b}||\vec{t}|\sin\theta)\vec{a_r} = \sin\theta\vec{a_r}$$

θ는 각도이며 $\vec{a_r}$은 최소 회전축이다. 축이 단위 벡터이므로 (즉, $|\vec{a_r}| = 1$) 각도는 다음과 같이 얻을 수 있다. $\theta = \sin^{-1}|\vec{r}|$ 그리고 $\vec{r}$을 이것으로 나누면 축을 얻는다. 이것은 $\sin\theta = 0$일 때 동작

하지 않는다(예를 들어, $\theta = n\pi$, $n \in \mathbb{Z}$). 이것은 회전의 물리적 속성에 대한 우리의 직감에 해당하기도 하다. 회전 각도가 0이라면 회전축에 대해 이야기하는 것은 아무런 의미가 없다. 만약 회전이 90도를 지나면 모든 축이 관련되며 다른 축보다 작은 회전을 필요로 하는 특정 축이 존재하지 않는다. $\sin\theta \neq 0$인 동안에는 축과 각도를 이용해 타깃 방향을 만들어 쿼터니언 $\hat{r}$로 만들 수 있다(식 3.11을 사용). 그리고 다음 식을 적용한다.

$$\hat{t} = \hat{b}^{-1}\hat{r}$$

$\hat{b}$은 기본 방향의 쿼터니언 표현이고 $\hat{t}$은 정렬하기 위한 목표 방향이다.

만약 $\sin\theta = 0$이라면 두 가지 상황에 있다고 생각할 수 있다. 목표 z축이 기본 방향의 z축과 같거나 180도 반대에 있을 때 그렇다. 다른 말로 표현하자면 $\vec{z}_b = \pm\vec{z}_t$인 경우다. 이러한 경우에 기본 방향의 쿼터니언을 부호에 따라 처리한다.

$$\hat{t} = \begin{cases} +\hat{b} & \text{만약 } \vec{z}_b = \vec{z}_t \\ -\hat{b} & \text{그렇지 않으면} \end{cases}$$

가장 일반적인 기본 방향은 [1 0 0 0]이다. 타깃이 x-z 평면에 있을 때 캐릭터가 똑바로 서 있게 한다. 기본 방향 벡터를 바꾸면 시각적인 효과를 제공할 수 있는데, 예를 들어 캐릭터의 회전이 빠르면 기본 방향 벡터를 기울여 회전에 의지하도록 만들 수 있다. 이러한 처리를 다음 바라보기 조종 행동에서 구현해 볼 것이다.

3.9.5 바라보기

벡터에 정렬하기 방법을 사용하면 얼굴과 움직이는 방향으로 바라보기를 쉽게 구현할 수 있는데 기존에 사용하던 atan2 대신 앞서 살펴본 새로운 타깃 방향을 구하는 계산식으로 교체하면 된다.

예를 들어 3차원에서 바라보기 구현을 어떻게 하는지 알아보도록 하자. 이 알고리듬은 앞서 살펴본 알고리듬에 수정을 가한 버전이므로 알고리듬 자체는 더 깊게 설명하지 않도록 하겠다(알고리듬에 대해 궁금한 점이 있다면 이전 버전을 참고하자).

```
1   class Face3D extends Align3D:
2       # 바라보기를 계산하기 위해 사용되는 기본 방향
```

```
3      baseOrientation: Quaternion
4
5      # 타깃 재정의
6      target: Kinematic3D
7
8      # ... 부모 클래스로부터 받은 다른 데이터들 ...
9
10     # 주어진 벡터를 위한 방향 계산
11     function calculateOrientation(vector):
12         # z축을 기본 방향으로 변형해 기본 벡터를 얻는다
13         # (이것은 각 기본 방향마다 한 번씩만 수행하면 된다. 그러므로
14         # 캐시될 수 있다).
15         zVector = new Vector(0, 0, 1)
16         baseZVector = zVector * baseOrientation
17
18         # 기본 벡터가 타깃과 같다면 기본 쿼터니언을 반환한다.
19         if baseZVector == vector:
20             return baseOrientation
21         elif baseZVector == -vector:
22             return -baseOrientation
23
24         # 그렇지 않으면 목표로 향하는 최소 회전을 찾는다.
25         axis = crossProduct(baseZVector, vector)
26         angle = asin(axis.length())
27         axis.normalize()
28
29         # 쿼터니언으로 만들고 반환한다.
30         sinAngle = sin(angle / 2)
31         return new Quaternion(
32             cos(angle/2),
33             sinAngle * axis.x,
34             sinAngle * axis.y,
35             sinAngle * axis.z)
36
37     # 추적하기와 같이 구현
38     function getSteering() -> SteeringOutput3D
39         # 1. 정렬에 위임하기 위한 타깃을 계산한다.
40         # 목표물로의 방향을 구한다.
41         direction = target.position - character.position
42
43         # 방향이 0이라면 목표를 그대로 반환한다.
44         if direction.length() == 0:
45             return null
```

```
46
47          # 2. 정렬에 위임한다.
48          Align3D.target = explicitTarget
49          Align3D.target.orientation = calculateOrientation(direction)
50          return Align3D.getSteering()
```

벡터의 외적은 crossProduct 함수를 사용해서 얻는다.

또한 쿼터니언에 의해 벡터가 변환되는 방법을 살펴볼 필요가 있다. 앞서 살펴본 코드에서 * 연산자를 볼 수 있는데 결과적으로 벡터 * 쿼터니언은 벡터를 반환하고 이것은 주어진 벡터가 쿼터니언에 의해 회전된 것과 같다. 수학적으로 다음과 같다.

$$\hat{v}' = \hat{q}\hat{v}\hat{q}^*$$

$\hat{v}$는 다음과 같이 벡터로 만든 쿼터니언이다.

$$\hat{v} = \begin{bmatrix} 0 \\ v_x \\ v_y \\ v_z \end{bmatrix}$$

$\hat{q}^*$는 쿼터니언의 켤레이며 단위 쿼터니언의 역과 같다. 이것은 다음과 같이 구현할 수 있다.

```
1    # 주어진 쿼터니언으로 벡터를 변환
2    function transform(vector, orientation):
3        # 벡터를 쿼터니언으로 변환한다.
4        vectorAsQ = new Quaternion(0, vector.x, vector.y, vector.z)
5
6        # 변환한다.
7        vectorAsQ = orientation * vectorAsQ * (-orientation)
8
9        # 다시 벡터로 만들어서 반환한다.
10       return new Vector(vectorAsQ.i, vectorAsQ.j, vectorAsQ.k)
```

쿼터니언 곱은 다음과 같이 정의할 수 있다.

$$\hat{p}\hat{q} = \begin{bmatrix} p_r q_r - p_i q_i - p_j q_j - p_k q_k \\ p_r q_i + p_i q_r + p_j q_k - p_k q_j \\ p_r q_j + p_j q_r - p_i q_k + p_k q_i \\ p_r q_k + p_k q_r + p_i q_j - p_j q_i \end{bmatrix}$$

쿼터니언의 곱셈은 다른 계산 법칙과는 다르게 순서가 중요하다. 쿼터니언의 곱은 교환 법칙이 성립하지 않는다. 즉 $\hat{p}\hat{q} \neq \hat{q}\hat{p}$이다.

3.9.6 움직이는 방향으로 바라보기

움직이는 방향으로 바라보기는 바라보기와 매우 비슷하다. getSteering 함수에서 방향 벡터를 구하는 계산 로직만 캐릭터의 현재 속도에 기반하도록 수정하면 된다.

```
1    # 목표물로 방향 계산
2    direction: Vector = character.velocity
3    direction.normalize()
```

3.9.7 배회하기

2D 버전의 배회하기에서 목표 지점은 캐릭터 앞쪽으로 일정 거리만큼 떨어져 있는 원 오프셋으로 제한되고, 목표 지점은 이 원을 돌며 무작위로 선택됐다.

3D 버전에서는 같은 동작을 위해 구를 사용해 목표물의 위치를 제한하며 여전히 캐릭터의 앞쪽으로 일정 거리만큼 구의 위치가 결정된다. 구 표면의 위치를 표현하려면 하나의 각도만으로는 부족한데 쿼터니언을 사용하면 이 문제를 해결할 수 있다. 단점으로는 방향에 약간의 무작위성을 주기 위해서 수학 계산을 필요로 한다는 점이다.

다른 방법으로 타깃의 위치를 3D 벡터로 표현하는 방법이 있다. 벡터는 단위 벡터로 표현하고 위치를 업데이트하려면 단순히 벡터의 각 요소에 무작위로 값을 더한 후 다시 벡터를 정규화하면 된다. 무작위로 벡터를 변경하다가 0 벡터가 되는 것을 피하려면(왜냐하면 0 벡터는 정규화를 할 수가 없으므로) 변경의 최댓값이 $\frac{1}{\sqrt{3}}$이 되도록 하면 된다.

구 위에서 목표 위치가 업데이트되고 나면 캐릭터의 방향에 따라 변환하고 배회하기 반지름으로 크기를 조정한다. 마지막으로 2D 때와 같이 배회하기 오프셋만큼 이동한다. 여전히 타깃은 캐릭터의 앞쪽에 있을 것이고 회전각이 낮게 유지된다.

배회하기 오프셋을 위해 하나의 값만을 사용하지 않고 이제는 벡터를 사용한다. 이렇게 하면 캐릭터에 상대적인 배회하기 원의 위치를 어느 곳이든 설정할 수 있다. 특별히 유용한 기능은 아니지만 캐릭터의 앞쪽으로 배치하기 위해서 필요하며 (예를 들어 양의 z축 값을 갖고 나머지 x, y 는 0인) 벡터로 표현하면 문제를 수학적으로 간소화시킬 수 있다. 최대 가속 속성 또한 스칼라 값을 벡터로 사용하면 유연성이 향상된다.

월드상의 타깃 위치를 얻고 나면 3D 바라보기 행동을 사용해 회전 및 가능한 멀리 앞쪽으로 이동할 수 있다.

많은 3D 게임에서 위, 아래 방향이 있다는 느낌을 주고 싶은데, 만약 캐릭터가 $x-z$ 평면에서 위, 아래 방향을 너무 빠르게 움직이면 게임의 몰입도가 떨어지게 된다. 이것을 제대로 구현하려면 타깃 위치를 조정하기 위해 2개의 반경을 사용할 수 있다. 반경 하나는 x와 z 컴포넌트 값을 조정할 때 쓰이고 나머지 하나는 y 컴포넌트 값을 조정할 때 쓰인다. 만약 y 스케일 값이 작다면 배회하기는 $x-z$ 평면에서 더 빠르게 방향을 돌릴 것이다. 앞서 구현해 본 바라보기 행동은 y축의 방향이 위쪽으로 돼 있고, 이렇게 하면 날아다니는 캐릭터, 예를 들어 꿀벌이나 새 또는 전투기를 위한 자연스러운 움직임이 가능하다.

새로운 배회하기 행동의 구현은 다음과 같다.

```
1  class Wander3D extends Face3D:
2      # 배회하기 원의 반경과 오프셋을 가진다.
3      wanderOffset: Vector
4      wanderRadiusXZ: float
5      wanderRadiusY: float
6
7      # 배회하기 방향이 변경되는 최대 속도를 가진다. 계산된 벡터의 길이가 0이
8      # 되는 것을 피하려면 1/sqrt(3) = 0.577보다 작아야 한다.
9      wanderRate: float
10
11     # 배회하기 타깃의 현재 오프셋
12     wanderTarget: Vector
13
14     # 캐릭터의 최대 가속도, 3D 벡터이며 보통 z 컴포넌트의 값만
15     # 0이 아닌 값으로 설정된다.
16     maxAcceleration: Vector
17
18     # ... 부모 클래스로부터 상속받은 다른 데이터들 ...
19
20     function getSteering() -> SteeringOutput3D
21         # 1. 바라보기 행동에 위임하기 위한 타깃을 계산한다.
```

```
22        # 배회하기 방향을 업데이트한다.
23        wanderTarget.x += randomBinomial() * wanderRate
24        wanderTarget.y += randomBinomial() * wanderRate
25        wanderTarget.z += randomBinomial() * wanderRate
26        wanderTarget.normalize()
27
28        # 변환된 목표 방향을 계산하고 스케일한다.
29        target = wanderTarget * character.orientation
30        target.x *= wanderRadiusXZ
31        target.y *= wanderRadiusY
32        target.z *= wanderRadiusXZ
33
34        # 배회하기 원의 중심으로 오프셋 처리한다.
35        target += character.position +
36                       wanderOffset * character.orientation
37
38        # 2. 바라보기 행동에 위임한다.
39        result = Face3D.getSteering(target)
40
41        # 3. 선형 가속도를 캐릭터 방향의 최대 가속도로 설정한다.
42        result.linear = maxAcceleration * character.orientation
43
44        # 반환한다.
45        return result
```

다시 말하지만 대부분의 코드가 2D 버전을 기반으로 하고 있으며 성능의 특징들도 비슷하다. 그러므로 더 자세한 정보는 2D 버전을 살펴보자.

3.9.8 회전축 속이기

3D 공간에서 탈 것들이 움직일 때 가장 일반적인 문제점은 바로 회전축이다. 우주선이든 항공기이든 3개의 회전축(그림 3.73 참고) 롤^{roll}, 피치^{pitch}, 요^{yaw}를 갖고 있으며 각기 다른 속도를 갖고 있다. 항공기를 예로 들면 롤이 피치보다 빠를 것이라고 추측할 수 있으며, 피치 또한 요보다 빠르다고 추측할 수 있다.

만약 비행기가 직선으로 날아가고 있으며 요 회전을 필요로 한다면, 먼저 롤을 해 비행기의 위쪽 방향을 회전하고 싶은 방향으로 만든 후, 피치 회전을 해 원하는 방향으로 이동할 수 있다. 이것이 항공기가 조종되는 방식이며 날개와 조종면의 설계에 물리적인 요소들을 고려해야 한다는 것을 의미한다. 우주에서는 제한 사항이 없지만, 우리는 플레이어에게 물리 법칙을 따르는 어떠한 감각을 주고 싶다. 이러한 감각을 갖고 난 후라면 요 회전은 보기에 이상할 것이다. 그러므로 다음과 같은 규칙을 적용하는 경향이 있다. 바로 롤과 피치가 요를 만든다는 것이다.

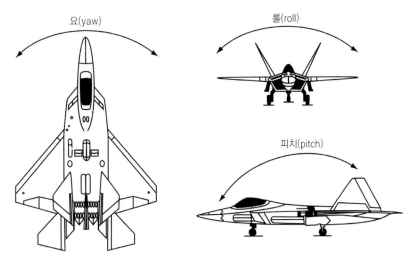

그림 3.73 항공기의 로컬 회전축

대부분의 항공기는 롤 회전은 조금만 하고 피치 회전을 주로 사용함으로써 턴을 만든다. 평범한 비행기 레벨에서, 피치를 사용해 우회전을 수행하려면 $\frac{\pi}{2}$ 라디안으로 롤 회전하는 것을 필요로 한다. 이것은 항공기의 기수가 땅바닥을 향해 급격하게 움직이므로 회전을 잃지 않도록(경비행기에서는 시도조차 할 수 없다) 상당한 보정을 필요로 한다. 항공기의 로컬 업 벡터를 회전 방향으로 바로 기울이기보다는 각도를 조금씩 바꾸는 것이 좋다. 피치와 롤의 조합을 사용해 턴을 만든다. 어느 정도로 기울여야 하는지는 속도에 따라 다르다. 항공기가 빠를 경우 롤이 커지는데, 보잉^{Boeing} 747과 같은 경우는 $\frac{\pi}{12}$ 라디안(15도)이고 F-22 랩터^{Raptor}의 경우는 $\frac{\pi}{4}$ 라디안(45도) 정도, 〈스타워즈$^{Star\ Wars}$〉의 X-윙^{Wing} 같은 경우는 $\frac{5\pi}{12}$ 라디안(75도)가 적당하다.

3차원 공간에서 움직이는 대부분의 비행기는 상하$^{up\text{-}down}$ 축이 있다. 이것은 3D 스페이스 슈터 또는 비행기 시뮬레이터에서 볼 수 있다. 예를 들어 〈홈월드〉와 같은 게임은 명시적인 상, 하 방향이 있고 움직이지 않을 경우에 방향을 잡는다. 위 방향은 매우 중요하다.

항공기는 수직 방향이 아닌 직선으로 움직이기 때문에 스스로 위로 정렬하는 경향이 있다.

항공기의 위 방향은 이동하면서 최대한 위쪽을 향하도록 하는데 이것은 항공기 물리학의 결과다. 항공기의 날개는 위쪽 방향으로 들어 올리기 위해 설계됐고, 만약 로컬 위 방향을 위를 향하도록 유지하지 않는 경우에는 항공기가 하늘에서 떨어질 것이기 때문이다.

공중전에서, 예를 들어 항공기가 더 나은 시야를 얻기 위해 일직선으로 움직이는 동안 롤 회전한다. 하지만 이것은 사소한 효과일 뿐이며 대부분의 경우 롤 회전을 하는 것은 턴을 하기 위해서다.

항공기의 물리적 특성을 고려한 피치, 롤, 요를 계산하는 액추에이터를 만드는 것은 가능하며 만약 이러한 항공기를 제어하기 위한 AI를 개발하려면 직접 만들 수 있다. 그러나 대다수의 경우 이것은 과도한 작업을 수반하는데 왜냐하면 보통의 경우는 보기에 괜찮은 적군 수준이면 충분하기 때문이다.

또한 조종 행동을 추가해 회전이 있을 때마다 롤 회전을 약간 강제하는 것도 가능하다. 이것은 잘 동작하지만 랙[lag]이 발생할 수 있다. 조종사는 피치를 하기 전에 롤을 할 것이다. 만약 조종 행동이 항공기의 회전 속도를 보고 있고, 속도에 기반해 롤을 하게 되면 딜레이가 발생할 수밖에 없다. 물론 조종 행동이 매 프레임에 동작하면 이것은 큰 문제가 되지 않지만 1초에 한 번씩 동작하거나 하면 매우 이상한 결과를 얻을 것이다.

위의 두 가지 방법 모두 3장에서 이미 다룬 기술에 의존하므로 여기서 다시 다루지는 않을 것이다. 대신 또 다른 접근법이 있는데 이미 출시된 다양한 스페이스 슈터 게임 또는 비행기 게임에서 사용된 방법인 회전축 속이기다. 이 방법은 즉각적으로 반응하고 조종 시스템에 부담을 주지 않는데 왜냐하면 후처리 과정이기 때문이다. 이것은 2½D에 적용해 3D 회전의 환상을 줄 수 있다.

알고리듬

이동은 조종 시스템을 사용해 처리된다. 방향을 위해서 두 가지 값을 유지해야 하는데 하나는 운동학적 데이터의 일부이며 조종 시스템에서 사용된다. 그리고 나머지 하나는 표시하기 위해서 계산된다. 알고리듬은 운동학적 데이터에 기반해 이후 값을 계산한다.

먼저 속도를 찾는다(운송 수단의 속도 벡터의 크기). 만약 속도가 0이라면 운동학적 방향은 변경하지 않고 그대로 사용된다. 속도가 임곗값 이하일 경우에는 운동학적 방향과 알고리듬의 결과를 섞고 이것을 사용한다. 속도가 임곗값 이상일 경우에는 알고리듬의 모든 것을 결정한다. 임곗값 이하로 떨어지면 속도가 0이 될 때까지 알고리듬에서 계산된 방향과 운동학적 방향이 혼합돼 운동학적 방향이 사용된다.

속도가 0일 때는 움직임이 없기 때문에 아무것도 만들 수 없다. 그러므로 조종 시스템에 의해 만들어진 방향을 사용한다. 임곗값과 블렌딩은 운송 수단이 정지하는 속도가 느려지지 않도록 한다. 만약 여러분이 개발하고 있는 프로그램에서 정지할 수 있는 기능이 없는 경우에는(예를 들어 호버 기능이 없는 항공기) 블렌딩은 없앨 수 있다.

알고리듬은 3단계로 결과 방향을 생성한다. 그런 다음에 결과는 앞서 설명한 대로 운동학적 방향과 혼합된다.

첫 번째로 업^{up} 벡터에 대한 운송 수단의 방향은 운동학적 방향에서 얻을 수 있다. 이 값을 θ라고 부를 것이다.

두 번째로 운송 수단의 기울기는 위 방향으로 운송 수단의 속도 벡터의 구성 요소를 보면 알 수 있다. 최종 방향은 다음과 같이 주어진 수평선 위의 각도를 알 수 있다.

$$\phi = \sin^{-1} \frac{\vec{v}.\vec{u}}{|\vec{v}|}$$

v는 속도이며(운동학적 데이터에서 얻은) u는 위 방향의 유닛 벡터다.

세 번째로 운송 수단의 롤은 위쪽 방향으로 운송 수단의 회전 속도를 보면 알 수 있다. 롤은 다음과 같이 구할 수 있다.

$$\psi = \tan^{-1} \frac{r}{k}$$

r은 회전이고 k는 얼마나 기울어야 하는지를 제어하기 위한 상수다. 회전이 k와 같다면 운송 수단은 $\frac{\pi}{2}$라디안만큼 롤을 가진다. 이 방정식을 사용하면 운송 수단은 절대로 π라디안의 롤을 얻지 못한다. 하지만 매우 빠른 회전은 급격한 롤을 갖게 될 것이다. 결과 방향은 θ, φ, ψ 순서로 3개의 회전을 결합해 계산된다.

의사 코드

구현된 알고리듬은 다음과 같은 구조를 가진다.

```
1    function getFakeOrientation(kinematic: Kinematic3D,
2                                maxSpeed: float,
3                                rollScale: float):
4        current: Quaternion = kinematic.orientation
5
6        # 혼합 팩터를 찾는다.
7        speed = kinematic.velocity.length()
8
9        if speed == 0:
10           # 멈춰 있다면 변화는 없다.
11           return current
12       else if speed < maxSpeed:
13           # 변화되지 않은 방향을 일부 사용한다.
14           fakeBlend = speed / maxSpeed
15       else:
16           # 완전히 속인다.
17           fakeBlend = 1.0
18
19       kinematicBlend = 1.0 - fakeBlend
20
21       # 속인 방향 축을 찾는다.
22       yaw = current.as2DOrientation()
23       pitch = asin(kinematic.velocity.y / speed)
24       roll = atan2(kinematic.rotation, rollScale)
25
26       # 쿼터니언으로 묶는다.
27       faked = orientationInDirection(roll, Vector(0, 0, 1))
28       faked *= orientationInDirection(pitch, Vector(1, 0, 0))
29       faked *= orientationInDirection(yaw, Vector(0, 1, 0))
30
31       # 결과를 혼합한다.
32       return current * (1.0 - fakBlend) + faked * fakeBlend
```

자료 구조 및 인터페이스

코드는 적절한 벡터와 쿼터니언 수학 루틴을 사용할 수 있는지 여부에 의존하며 생성자를 통해 벡터를 만들 수 있다고 가정했다.

대부분의 연산 로직은 표준적인 방법으로 표현됐고 대부분의 벡터 수학 라이브러리에서 사용 가능할 것이다. 하지만 orientationInDirection 함수는 일반적인 경우는 아니다. 이 함수는 고

정 축을 기준으로 주어진 각도만큼 회전한 쿼터니언을 반환한다. 다음과 같은 방법으로 구현
할 수 있다.

```
1  function orientationInDirection(angle, axis):
2      sinAngle = sin(angle / 2)
3      return new Quaternion(
4          cos(angle / 2),
5          sinAngle * axis.x,
6          sinAngle * axis.y,
7          sinAngle * axis.z)
```

이 코드는 식 3.11과 같다.

구현 노트

같은 알고리듬이 다른 상황에서도 쓸모가 있다. 롤(ψ)의 방향을 반대로 해서 차량을 바깥쪽으
로 굴러가게 만들 수 있다. 이것은 자동차의 끈적한 서스펜션 효과를 만들기 위해(자동차에는
제어할 수 있는 수직 속도가 없으므로) 적용할 수 있으며 이 경우 높은 k값을 필요로 한다.

성능

이 알고리듬은 메모리와 시간에서 O(1)를 가진다. 아크사인^{arcsine}과 아크탄젠트^{arctan}를 호출하
며 3번의 orientationInDirection 함수 호출이 있다. 아크사인과 아크탄젠트는 다른 삼각 함
수들에 비해서 보통 속도가 더 느리며 빠른 구현을 위한 다양한 방법들이 존재한다. 특히 저해
상도 룩업^{lookup} 테이블(256개의 요소를 갖는)을 사용하는 것은 현재 요구 사항으로 충분한데, 보
통의 경우 256개의 피치, 롤 값을 제공하는 것만으로도 플레이어가 부드럽다고 느끼기 때문
이다. 알고리듬의 나머지 부분들은 매우 효율적이어서 여러분의 게임에서 수천 개의 움직이는
캐릭터를 갖고 있지 않은 이상 느린 삼각함수가 문제될 리는 거의 없을 것이다.

연습 문제

3.1 다음 그림에서 AI 캐릭터의 중심 $p = (5, 6)$에 있고 $v = (3, 3)$의 속도로 움직이고 있다고
     가정하자. 목표 위치 $q = (8, 2)$에 있다고 할 때 목표를 찾기 위한 방향은 무엇인가? (힌
     트: 삼각함수는 필요하지 않으며, 간단한 벡터 연산이면 된다.)

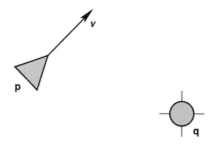

3.2 연습 문제 3.1과 동일한 상황에서 도망가기를 위한 방향은 무엇인가?

3.3 연습 문제 3.1과 동일한 상황에서 AI 캐릭터의 최대 속도가 5라면 찾기와 도망가기 행동을 위한 조종 속도는 무엇인가?

3.4 3.2.2절에서 설명한 randomBinomial 함수가 0 주위의 값들을 더 많이 반환하는 이유는 무엇인가?

3.5 연습 문제 3.1과 동일한 상황에서 동적인 버전의 찾기 행동을 사용하고 최대 가속도가 4라고 가정했을 때 찾기와 도망가기의 최종 조종 속도는 무엇인가?

3.6 동적인 이동 모델을 사용해 연습 문제 3.5에 대한 답을 했다면 캐릭터의 최종 위치와 방향은 어떻게 되는가? 시간은 $\frac{1}{60}$, 최대 속도는 5라고 가정하자.

3.7 연습 문제 3.1에서 타깃이 $u = (3, 4)$와 같은 속도로 움직이고 있고 최대 예측 시간이 ½초라면 타깃의 예상 위치는 어떻게 되는가?

3.8 연습 문제 3.7에서 예상 위치를 사용해 뒤쫓기, 도피하기를 하면 결과 조종 벡터는 무엇이 되는가?

3.9 그림 3.74에 나타낸 세 가지 그림은 크레이그 레이놀즈의 플로킹 행동에서 자주 사용되는 분리, 결합, 정렬의 한 예다.

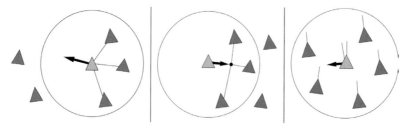

그림 3.74 플로킹 조종 행동의 구성 요소

다음 표에 캐릭터들의 위치(상대적인 좌표), 속도를 나타냈다.

캐릭터	위치	속도	거리	거리 제곱
1	(0, 0)	(2, 2)	0	0
2	(3, 4)	(2, 4)		
3	(5, 12)	(8, 2)		

a. 표의 나머지 부분들을 채우자.

b. 표에 입력한 값을 사용해 역제곱 법칙(k = 1로 가정하고 최대 가속도 없음)을 사용해 비정 규화된 분리 방향을 계산한다.

c. 모든 캐릭터의 질량 중심을 계산해 비정규화된 결합 방향을 계산한다.

d. 마지막으로 다른 캐릭터들의 평균 속도를 이용해 비정규화된 정렬 방향을 계산한다.

3.10 연습 문제 3.9의 답안과 분리, 결합, 정렬의 가중치를 각각 $\frac{1}{5}, \frac{2}{5}, \frac{2}{5}$로 사용해 원하는 (정 규화된) 플로킹 방향이 (0.72222, 0.69166)과 같이 나타나는지 보여라.

3.11 캐릭터 A가 (4, 2)에 위치해 있고 속도는 (3, 4)를, 캐릭터 B는 (20, 12)에 위치해 있고 속 도는 (−5, −1)을 갖고 있다고 가정하자. 가장 가까운 접근 시간(연습 문제 3.1 참고)을 계산 해 충돌할 것인지 결정한다. 충돌한다면 캐릭터 A를 위한 도피하기 조종 벡터는 무엇이 되는가?

3.12 AI가 조종하는 우주선이 목표물을 추적하고 있고 현재 속도가 (3, 4)라고 하자. 만약 충 돌 회피 그룹이 높은 우선순위로 조종 벡터를 (0.01, 0.03)를 추천한다면 이때 왜 낮은 우선순위 행동을 고려하는 것이 합리적인지 생각해 보자.

3.13 축구 게임에서 공이 바닥에 있을 때 위치로 (11, 4)을 사용하고 방향은 $(\frac{3}{5}, \frac{4}{5})$, 스피드는 10일 때 식 3.2을 사용해 공을 발로 찬 후, 다시 바닥에 닿을 때까지 시간을 구하라.

3.14 연습 문제 3.13 답안과 간소화된 버전의 식 3.3을 사용해 볼의 위치를 계산해 보자. 다른 플레이어가 볼에 어떠한 영향을 주지 않았음에도 불구하고 볼의 최종 위치가 다른 이유 는 무엇인가?

3.15 그림 3.49를 참고해 캐릭터가 점프 포인트를 향하고 있고 0.1초 안에 도착한다고 가정 한다. 그리고 현재 (0, 5)의 속도로 이동하고 있다. 만약 점프의 최소 속도가 (0, 7)이라 면 필요로 하는 속도 매칭 조종 벡터는 몇인가?

3.16 점프 포인트와 랜딩 패드가 같은 위치에 있을 때 식 3.7은 대략 $t = 0.204v_y$ 감소함을 보여라.

3.17 점프 포인트가 (10, 3, 12)에 있고 랜딩 패드가 (12, 3, 20)에 있을 때 y축 방향의 최대 점프 속도가 2라고 하면 필요로 하는 점프 속도는 몇인가?

3.18 V 포메이션에서 3명의 캐릭터가 있다고 가정하자.

캐릭터	할당된 슬롯 위치	실제 위치	실제 속도
1	(20, 18)	(20, 16)	(0, 1)
2	(8, 12)	(6, 11)	(3, 1)
3	(32, 12)	(28, 9)	(9, 7)

a. 포메이션의 질량 중심 P_c와 평균 속도 V_c를 계산한다.

b. 이 값들과 식 3.8($k_{offset} = 1$)을 사용해 P_{anchor}를 계산한다.

c. 식 3.9와 같이 새롭게 계산된 앵커 포인트를 사용해 슬롯 위치를 업데이트한다.

d. 캐릭터 3이 사망한 경우, 앵커와 슬롯 포지션에 어떤 영향을 미치는가?

3.19 그림 3.60에서 만약 포메이션 내 2개의 빈 슬롯이 아직 할당되지 않은 파이터로 채워진다면 총 슬롯 비용은 어떻게 되는가? 그림 3.61에서 사용된 슬롯 비용 테이블을 그대로 사용해서 계산해 보자.

3.20 그림 3.61(k는 1600으로 가정)에서 사용된 네 종류의 캐릭터들을 위한 할당 값을 계산해 보자.

3.21 축과 각도 표현이 항상 단위 쿼터니언을 만들어 내는지 확인하자.

3.22 3D 공간에서 캐릭터의 현재 방향이 X축을 향하고 있다고 가정하자. 이때 축 $\left(\frac{8}{170}, \frac{15}{17}, 0\right)$을 기준으로 $\frac{2\pi}{3}$만큼 회전하기 위한 회전은 무엇인가?

3.23 플라이트 시뮬레이터 게임에서 비행기의 속도가 (5, 4, 1)이고 방위 $\frac{p}{4}$, 회전 $\frac{p}{16}$, 롤 스케일이 $\frac{p}{4}$일 때 연관된 가짜 회전은 몇인가?

길 찾기   4장

게임 캐릭터들은 보통 레벨을 돌아다닌다. 가드^{guard}가 맹목적으로 걸어 다니는 정찰로나 강아지가 임의로 정처없이 돌아다니는 울타리가 쳐진 작은 지역과 같은 것들은 종종 개발자에 의해 지정된다. 고정된 경로는 구현하기가 간단하지만 오브젝트가 밀려나서 움직이거나 하면 바보가 되기 십상이다. 배회하는 캐릭터는 목적이 없어 보이고 상황에 따라 꼼짝없이 움직이지도 못하는 경우도 발생한다.

좀 더 복잡한 캐릭터들은 어디로 이동해야 하는지 미리 알 수 없는 경우도 있다. 전략 시뮬레이션 게임의 유닛은 게이머에 의해 언제나 지도의 특정 지점으로 이동하도록 명령받을 수 있고, 스텔스 게임에서 경비원의 경우 경비의 강화를 위해 가장 가까운 경보 지점으로 이동해야 할 필요도 있다. 또한 플랫폼 게임에서 적들은 게이머를 쫓아가기 위해 사용 가능한 플랫폼들을 필요로 할 수도 있다.

이렇게 다양한 게임 캐릭터를 위해서 AI는 게임 레벨을 통해 자신이 있는 지점에서부터 목표 지점까지 적절한 경로를 계산할 수 있어야 한다. 또한 우리는 이러한 경로가 가능한 한 짧고 빠르며 합리적이길 바란다(게임 캐릭터가 부엌에서 다락으로 가기 위해 라운지를 통해서 간다면 이는 그다지 현명해 보이지 않을 것이다).

이것은 길 찾기^{pathfinding} 또는 경로 탐색이라고 부르며 때때로 경로 계획이라고 부르기도 하는

데 이것은 대부분의 게임 AI에 있다. 우리의 게임 AI 모델(그림 4.1)에서 길 찾기는 의사결정과 이동 사이의 경계에 있다. 보통 단순히 목적지에 가기 위해서 어디로 이동해야 하는지 알아내기 위해 길 찾기가 사용되는데, 목적지는 다른 AI에 의해 결정되며 길 찾기는 단순히 목적지로 가는 방법을 알아낸다. 이것을 구현하려면 이동 제어 시스템에 끼워 넣어야 하며 경로 계획을 할 필요가 있을 경우에만 호출된다. 이것은 3장 이동 알고리듬에서 설명했다.

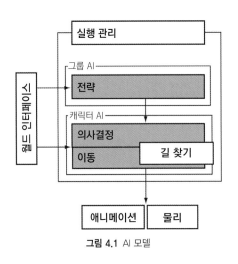

그림 4.1 AI 모델

물론 길 찾기는 어디로 이동하는 것뿐만 아니라 어떻게 목적지에 갈 것인지에 대한 결정을 내리면서 상황을 주도할 수도 있다. 여기서 길 찾기의 여러 버전, 경로와 목적을 찾는 데 사용되는 열린 목표 길 찾기에 대해 알아볼 것이다.

대부분의 게임은 A*라고 부르는 알고리듬을 기반으로 한 길 찾기 솔루션을 사용한다. 이 알고리듬은 효율적이고 쉽지만 레벨 데이터에 직접적으로 적용될 수 없다. 알고리듬이 게임 레벨에 직접적으로 사용되려면 특정 데이터 구조(비음수 기반 가중치 그래프)로 표현된 이후에만 사용할 수 있다.

4장에서는 그래프의 데이터 구조와 A* 알고리듬의 형이라고 할 수 있는 다익스트라^{Dijkstra} 알고리듬에 대해 살펴본다. 다익스트라가 길 찾기보다 전술적인 의사결정에서 더 자주 사용되지만 이 알고리듬은 A*보다 단순하기 때문에 A* 알고리듬을 살펴보면서 자세히 알아볼 것이다. 그래프 자료 구조와 대부분의 게임에서 사용하는 레벨 데이터를 표현하는 방법이 다르기 때문에 레벨 지오메트리를 길 찾기 데이터에 맞게 바꾸기 위해 필요로 하는 지식 표현 문제에 대한 약간의 세부 사항들을 살펴볼 것이다. 마지막으로 A* 알고리듬의 수많은 변형 중 일부 유용한 것들을 알아보도록 하자.

4.1 길 찾기 그래프

A*나 다익스트라(또는 이 알고리듬의 많은 변형)는 게임 레벨을 형성하는 지오메트리에 직접적으로 적용될 수 없다. 길 찾기 알고리듬은 그래프 형태로 나타나는 레벨의 단순화된 형태를 필요로 한다. 만약 단순화가 제대로 처리된다면 길 찾기에 의해 반환되는 계획들은 매우 유용해질 것이다. 다른 한편으로 단순화하는 과정에서 정보를 잃어버릴 수 있으며 이러한 정보가 중요한 정보일 가능성도 있다. 단순화를 제대로 처리하지 않으면 최종 경로가 좋지 않다는 것을 의미한다.

길 찾기 알고리듬은 방향성 있는 비음수 가중치 그래프를 사용하며 조금 더 단순한 그래프 구조를 통해 길 찾기 그래프에 대해 이해하도록 하자.

4.1.1 그래프

그래프graph는 보통 도표로 나타내는 수학 구조다. 그래프라는 표현은 원통 그래프나 막대 그래프와 같은 다른 모든 도표를 뜻하는 것과는 아무 상관이 없다. 그래프 도표에서 연결connection은 노드를 연결해 놓는 것이다. 그림 4.2에 그래프 구조를 보여 주고 있다.

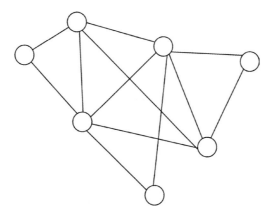

그림 4.2 일반적인 그래프

형식적으로 그래프는 노드들의 집합과 연결 집합으로 이뤄져 있는데 하나의 연결은 순서와 상관없는 노드들의 한 쌍을 말한다(연결점의 각 끝에 있는 노드들).

길 찾기를 위해서 각 노드는 보통 1개의 방, 복도, 플랫폼, 또는 야외 공간의 작은 지역과 같은 게임 레벨에 대한 지역을 의미한다. 만약 하나의 방이 복도에 인접해 있다면 방을 나타내는 노드는 복도를 나타내는 노드와 연결을 갖고 있을 것이다. 이러한 방식으로 전체 게임 레벨이 각 지역으로 나뉘고, 이 지역들이 모두 함께 연결된다. 4장의 뒷부분에서 이 모델을 따르지 않는 그래프로 게임 레벨을 나타내는 다른 방법을 살펴볼 것이지만 대부분의 경우에는 이러한 접근 방식을 취한다.

레벨의 한 장소에서 다른 장소로 가기 위해서 연결을 사용한다. 만약 출발 노드에서 목표 노드로 바로 갈 수 있다면 삶은 단순할 것이다. 그렇지 않다면 이동하는 중간 지점들을 노드를 통해 연결들을 이용해야만 한다.

그래프를 통한 경로는 0개 또는 그 이상의 연결들로 이뤄진다. 만약 시작과 끝 노드가 같다면 이 경로에는 연결이 없다. 노드들이 연결돼 있다면 단 하나의 연결만이 필요하고 그 이상의 노드들도 같은 방법으로 적용된다.

4.1.2 가중 그래프

가중 그래프는 보통의 그래프와 같이 노드들과 연결들로 이뤄져 있다. 연결에 붙어 있는 한 쌍의 노드들에 숫자 값을 추가한다. 수학적 그래프 이론에서 이것을 가중치라고 부르고 게임에서는 흔히 비용^{cost}이라고 부른다(하지만 그래프는 비용화된 그래프라고 부르는 것 대신 여전히 가중 그래프라고 부른다).

그래프를 그리는데(그림 4.3) 각 연결이 연관된 비용 가치로 표시되는 것을 볼 수 있다. 길 찾기 그래프에서 비용은 종종 시간이나 거리로 나타낸다. 만약 플랫폼을 나타내는 하나의 노드가 다음 플랫폼을 나타내는 노드까지 먼 거리에 있다면 연결의 비용은 클 것이다. 이와 유사하게 덫으로 덮인 2개의 방 사이에서 이동하는 것은 긴 시간이 걸릴 것이고, 그러므로 비용도 커질 것이다.

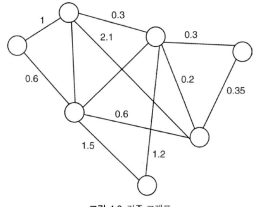
그림 4.3 가중 그래프

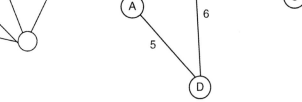
그림 4.4 A에서 C까지 경로의 총 비용은 4 + 5 = 9

그래프에서 비용은 단순히 시간이나 거리보다 더 많은 것을 의미할 수 있다. 비용이 시간, 거리, 그 외의 요소들의 결합인 상황에서 경로 탐색의 수많은 적용법을 볼 것이다. 시작 노드에서 목적 노드까지 한 그래프를 통한 하나의 전체 경로에서, 전체 경로 비용을 알아낼 수 있다. 이것은 단순히 경로에서 각 연결들의 비용의 합이다. 그림 4.4에서 만약 노드 B를 지나 A에서 노드 C를 향하고 있다면 노드 A에서 B까지 비용이 4이고 B에서 C까지 비용이 5라면 경로의 전체 비용은 9가 된다.

지역에서 포인트 표현

여러분은 두 지역이 연결돼 있을 때(예를 들어 하나의 방과 복도) 그 둘 사이의 거리(그 사이를 이동하기 위해 걷는 시간)가 0이 된 것이라는 것을 즉시 알아챌 수 있을 것이다. 만약 여러분이 출입구에 있다면 방에서 복도 쪽의 출입구로 이동하는 것은 순식간일 것이다. 그렇다면 모든 연결점이 0의 비용을 갖고 있어야 하지 않을까?

각 지역에서 하나의 대표점으로부터 연결 거리나 시간을 측정하려는 경향이 있기 때문에 방의 중심이나 복도의 중심점을 사용한다. 만약 방이 크고 복도가 길다면 그들의 중심점들 사이에는 거리가 높을 가능성이 높고 이때 비용이 커진다.

그림 4.5에 길 찾기 그래프 도표를 볼 수 있다. 하나의 대표점은 각각의 지역에 표시된다.

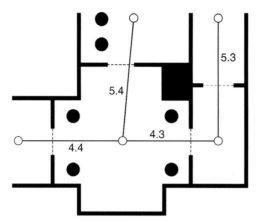

그림 4.5 레벨 지오메트리에 그려진 가중 그래프의 모습

이러한 접근 방식의 분석은 이후에 더 자세히 알아볼 것이며 길 찾기를 위한 게임 레벨 표현법의 미묘함과 이러한 것이 일으키는 문제들에 대해 더 상세히 다루게 될 것이다.

비음수 제한

2개의 지점에서 거리가 음수일 수가 없고, 해당 지점으로 가기 위한 시간의 비용이 음수일 수 없기 때문에 음수인 비용을 갖고 있는 것은 이해하기가 어려울 수 있다.

그러나 수학적 그래프 이론은 음수 가중치를 허용하며 이것은 몇몇 실질적인 문제에서 장점을 갖고 있다. 이러한 문제들은 보통의 게임 개발에서는 사용되지 않고 이 책의 범위를 벗어나지만 음수 가중치와 함께 사용되는 알고리듬을 쓰는 것은 전형적으로 비음수 가중치와 함께 쓰이는 알고리듬보다 훨씬 더 복잡하다.

특히 다익스트라와 A* 알고리듬은 오직 비음수 가중치만 사용한다. 음수인 가중치를 사용해서 그래프를 만드는 것이 가능하지만 대부분의 경우 다익스트라와 A* 알고리듬은 무한 루프가 될 가능성이 있다. 이것은 알고리듬에서 생기는 에러가 아니다. 수학적으로 음수 가중치를 가진 짧은 경로는 없기 때문에 단순하게 말해 해답이 존재하지 않는다.

이 책에서 '비용^{cost}'이라는 용어를 사용할 때 이것은 비음수 가중치를 의미한다. 비용은 항상 양수이며 음수 가중치나 음수 가중치와 함께 적용되는 알고리듬을 사용할 필요도 없다. 지금까지 나는 게임 프로젝트에서 음수 가중치를 사용한 경우가 없었기 때문에 아마 여러분도 필요가 없을 것이다.

4.1.3 유향 가중 그래프

많은 상황에서 가중 그래프는 게임 레벨을 나타내기에 충분하고 이러한 포맷을 사용한 게임을 여럿 봤다. 그러나 여기서 한 단계 더 나아갈 수 있는데 주요 경로 탐색 알고리듬은 개발자들에게 종종 유용한 유향 그래프(그림 4.6)와 같은 좀 더 복잡한 그래프 사용을 지원한다.[1]

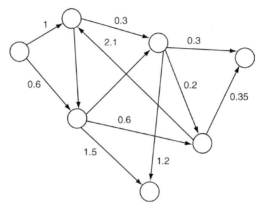

그림 4.6 유향 가중 그래프

지금까지 우리는 노드 A에서 노드 B로 갈 수 있다면(예를 들어 방과 복도) 그 반대인 노드 B에서 노드 A로도 갈 수 있다고 가정했다. 연결은 양쪽 방향으로 가능하고 그 비용은 양방향에서 동일하다. 유향 그래프는 대신 연결이 오직 한 방향이라고만 가정한다. 만약 노드 A에서 노드 B까지 갈 수 있다면 그리고 그 반대도 가능하다면 그래프에는 2개의 연결이 있을 것이다. 하나는 A에서 B로, 나머지 하나는 B에서 A로 간다.

이것은 많은 상황에서 유용한데, 첫 번째로 A에서 B로 이동할 수 있다는 것이 A에서부터 B까지 도달 가능하다는 것을 의미하지는 않을 수 있기 때문이다. 만약 노드 A가 오르막인 통로를 나타내고 노드 B가 통로 아래에 있는 창고의 바닥을 나타내면 이때 캐릭터는 A에서 B로 쉽게 떨어질 수 있지만 반대로 다시 뛰어올라갈 수는 없을 것이다.

두 번째로 각기 다른 방향으로 2개의 연결을 갖고 있다는 것은 2개의 각기 다른 비용이 존재한다는 것을 의미한다. 통로의 예를 다시 한번 들어 보자. 이번에는 사다리를 더해 보자. 시간적인 면에서 비용에 대해 생각해 보면 통로에서 떨어지는 것은 시간이 거의 걸리지 않지만

---

1   유향 그래프는 방향 그래프(directed graph) 또는 다이그래프(digraph)라고도 한다. – 옮긴이

사다리를 다시 기어올라가는 것은 몇 초 이상이 걸릴 것이다. 비용이 연결과 연결돼 있기 때문에 간단하게 표현하자면 노드 A(통로)에서 B(바닥)까지의 연결은 적은 비용을 갖고, B에서 A까지 연결은 더 큰 비용을 갖고 있다.

수학적으로 유향 그래프는 무향non-directed 그래프와 연결을 구성하는 한 쌍의 노드에 순서가 정해졌다는 사실 이외에는 동일하다. 무향 그래프에서의 연결 〈노드 A, 노드 B, 비용〉이 유향 그래프에서의 〈노드 B, 노드 A, 비용〉과 동일하지만 그들은 각기 다른 연결이다.

4.1.4 용어

그래프에 대한 용어는 매우 다양하다. 수학적인 문맥에서는 노드node 대신 정점vertex을 사용하고 연결 대신 에지edge를 볼 수 있다(그리고 이미 살펴본 바와 같이 비용보다 가중치를 사용한다는 것을 알 수 있다). 길 찾기를 연구하는 많은 AI 개발자가 수학적인 분야에 노출돼 있기 때문에 이러한 용어를 사용한다. 때때로 게임 개발자들에게 정점은 완전히 다른 것을 의미하기 때문에 약간 혼란스러울 수 있다.

게임 논문이나 세미나에서 길 찾기 그래프를 위한 서로 합의된 용어는 아직 없는데 로케이션location이나 노드를 위해 닷dot을 사용하는 경우도 있고 연결 대신에 호, 경로, 링크, 선이라는 용어를 쓰는 경우도 있었다.

우리는 노드와 연결이라는 용어가 더 흔하게 쓰이고 상대적으로 의미를 갖고 있고(점이나 선과는 다르게) 모호함을 피하기 위해(호와 정점은 게임 그래픽스에서 다른 의미를 갖고 있다) 이 용어를 사용할 것이다.

이에 덧붙여서 유향 비음수 가중 그래프는 대부분의 길 찾기 분야에서는 그냥 단순히 그래프라고 부르는데 앞으로 어떤 종류의 그래프를 의미하는지 여러분이 알고 있다고 가정하고 단순히 그래프라고 표기할 것이다.

4.1.5 표현

다익스트라, A*와 같은 길 찾기 알고리듬이 사용될 수 있도록 그래프를 표현하는 방법이 필요하다.

알고리듬은 주어진 노드로부터 나갈 수 있는 연결들을 찾아야 할 필요가 있으며 이러한 각 연결들은 목적지에 대한 접근 권한과 비용을 갖고 있어야 한다.

다음과 같은 인터페이스를 사용해 알고리듬을 표현할 수 있다.

```
1  class Graph:
2      # 주어진 노드로부터 나아갈 수 있는 연결들의 배열을 반환한다.
3      function getConnections(fromNode: Node) -> Connection[]
4
5  class Connection:
6      # 이 연결의 시작 노드를 반환한다.
7    fromNode: Node
8
9      # 이 연결이 향하는 노드를 반환한다.
10   toNode: Node
11
12     # 연결의 비음수 비용을 반환한다.
13     function getCost() -> float
```

그래프 클래스는 주어진 노드들의 연결 배열을 반환하며 연결로부터 끝 노드와 비용을 얻어낼 수 있다.

이 클래스의 간단한 구현으로 각 노드들에 연결된 연결들을 리스트 형태로 얻을 수 있고 각 연결들은 각자의 비용을 갖고 끝 노드를 메모리에 저장하고 있다.

더 복잡한 구현은 필요한 경우에만 게임 레벨의 구조를 사용해 비용을 계산할 수 있다.

인터페이스에서 노드를 위한 데이터 타입을 명시하지 않고 있는 것을 알 수 있는데 왜냐하면 명시할 필요가 없기 때문이다. 많은 경우, 노드에는 유일한 번호를 할당하고 숫자 값을 사용하는 것만으로도 충분하기 때문이다. 이러한 구현은 A*의 빠른 최적화를 가능하게 하기 때문에 강력한 방법이라는 것을 볼 수 있게 될 것이다.

4.2 다익스트라

다익스트라 알고리듬은 이것을 고안한 수학자인 에츠허르 다익스트라[Edsger Dijkstra]의 이름에서 따온 것이다('GOTO 구문은 유해하다'라고 말한 것으로 유명).

다익스트라 알고리듬은 본래 게임의 길 찾기를 위해 고안된 것이 아니다. 이 알고리듬은 '최단 경로'라고 부르는 수학 그래프 이론에서의 문제를 풀기 위해 고안됐다.

게임에서 경로 탐색은 시작점과 목적지가 있는 반면, 최단 경로 알고리듬은 초기점에서 모든 곳으로 가는 최단 경로를 찾기 위해 만들어졌다. 이것은 경로 탐색에 대한 해답을 주기도 하지만(결국 모든 경로를 찾기 때문에) 다른 경로를 사용하지 않을 것이라면 낭비가 있는 편이다. 목적지에 대한 경로만을 찾기 위해 알고리듬을 조금 수정할 수 있지만 여전히 꽤 비효율적이다.

이러한 문제 때문에 경로 탐색을 위해서 다익스트라 알고리듬이 사용된 것은 거의 본 적이 없고 군사 시뮬레이션의 매우 복잡한 경로 탐색 시스템에서 일반적인 속성들을 분석하기 위해서 사용된 것은 본 적이 있다. 그럼에도 이 알고리듬은 전략적 분석(6장에서 더 자세히 알아본다)에서 중요한 알고리듬이고 게임 AI 다른 분야에서 여전히 사용되고 있다.

이 알고리듬은 A* 알고리듬의 더 간단한 버전이기 때문에 다음 절을 통해 더 자세히 알아보도록 하자.

4.2.1 문제

하나의 그래프(유향 비음수 가중 그래프)와 그 그래프 안에 2개의 노드(출발과 목적지)가 주어졌을 때 출발 지점으로부터 목적지까지 가능한 모든 경로 사이에서 최종 경로 비용이 가장 적은 경로를 생성하길 원한다.

경로에는 같은 최소 비용을 가진 여러 개의 경로가 있을 수 있다. 그림 4.7은 10개의 가능한 경로를 보여 주고 모든 경로는 같은 최소 비용을 갖고 있다. 최상의 경로가 하나 이상 있을 때 하나만 반환할 것을 예상하고 그것이 어떤 경로가 될 것인지는 신경쓰지 않는다.

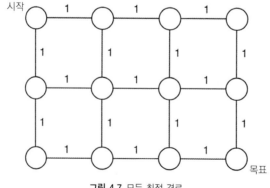

그림 4.7 모든 최적 경로

알고리듬이 반환하는 것은 경로의 노드들이 아닌 연결들의 집합이라는 것을 기억할 것이다. 두 노드는 하나 이상의 연결이 있을 수 있으며 각 연결은 다른 비용을 갖고 있을 수 있다(예를 들어 각 경로가 통로에서 떨어지는 것일 수도 있고 사다리를 올라가는 것일 수도 있다). 그러므로 어떤 연결들을 사용해야 하는지 알 필요가 있다. 노드들의 목록만으로는 충분하지 않다.

노드 한 쌍 사이에는 하나의 연결이 있고, 2개 이상의 연결이 있다면 언제나 비용이 더 적은 것을 선택해야 한다. 몇몇 애플리케이션에서는 게임의 진행 또는 캐릭터의 능력에 따라 비용이 변화하고 다수의 연결들을 지속적으로 추적하는 것이 유용한 경우도 있다.

다수의 연결들을 위해 알고리듬을 수정할 필요는 없고 중요한 애플리케이션에서 이 알고리듬은 필수적이다. 우리는 경로가 연결들로 이뤄졌다고 가정할 것이다.

4.2.2 알고리듬

비공식적으로 다익스트라는 알고리듬의 연결들을 따라 시작점에서부터 퍼져 나가면서 작용한다. 더 먼 거리에 있는 노드들로 퍼져 나가면서 방향을 계속해서 기록한다(시작점으로 되돌아가기 위해 바닥에 분필로 화살표를 그리는 것을 상상해 보자). 결국 목적지에 도착할 것이며 완전한 경로를 만들기 위해 시작점까지 화살표를 따라갈 수 있을 것이다. 다익스트라가 퍼지는 과정을 조절하기 때문에 분필로 그린 화살표를 따라가면 최단 경로를 가진다는 것이 보장된다.

이것을 좀 더 자세히 알아보도록 하자.

다익스트라는 반복적으로 동작한다. 반복이 될 때마다 그래프의 하나의 노드를 고려하고 나가는 연결을 따라간다. 첫 번째 반복에서는 시작점을 고려한다. 연속적인 반복에서 다음 고려해야 할 노드를 선택하는데 이것은 조만간 더 자세히 설명할 것이다. 각 반복에서의 노드를 '현재 노드current node'라고 부를 것이다.

현재 노드 처리

하나의 반복 동안 다익스트라는 현재 노드로부터 나가는 연결들을 고려한다. 각각의 연결에서 다익스트라는 종료 노드를 찾고 시작점으로부터 종료 노드까지의 연결들을 따라 최종 비용을 저장한다. 이것을 '지금까지−비용cost-so-far'이라고 부를 것이다.

시작 노드가 현재 노드인 첫 번째 반복에서 지금까지 비용은 단순히 연결의 비용이 된다. 그림

4.8은 첫 번째 반복 후의 상황을 보여 준다. 각 노드는 시작 노드에 연결돼 있고 지금까지-비용은 현재 지점까지 이끌어 왔던 연결들의 비용과 연결 비용이 같다.

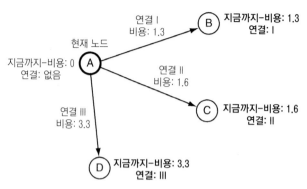

그림 4.8 첫 번째 노드에서 다익스트라

첫 번째 이후의 반복에서는 각 연결의 종료 노드에 대한 지금까지-비용은 각 연결의 비용의 총합이며 현재 노드의 지금까지-비용이다(즉 연결점이 시작된 노드). 그림 4.9는 같은 그래프의 또 다른 반복을 보여 준다. 여기서 노드 E에 저장된 지금까지-비용은 노드 B로부터 온 지금까지-비용의 총합이며 B에서 E까지 연결 IV의 연결 비용이다.

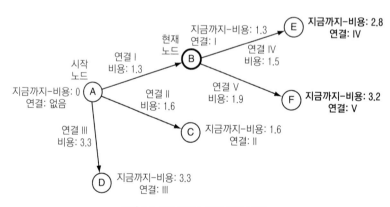

그림 4.9 여러 개의 노드와 다익스트라

시작 노드의 지금까지-비용을 0으로 설정하는 것 외에는 알고리듬의 구현에 있어서 첫 번째와 그 이후의 반복 사이에 차이점은 없다. 즉 모든 반복에 대해 동일한 코드를 사용할 수 있다.

노드 리스트

알고리듬은 보이는 모든 노드에 대해 2개의 리스트(열린, 닫힌)로 구분해서 추적한다. 열린 리스트는 알고리듬이 본 모든 노드에 대한 목록을 갖지만 실제로 이 노드들이 반복에서 처리된 것을 의미하지는 않는다. 처리가 된 노드들은 닫힌 리스트에서 관리된다. 알고리듬 시작 부분에서는 열린 리스트에 시작 노드(지금까지-비용은 0인 상태)만 포함하고 닫힌 리스트는 아무것도 포함하지 않는다.

각 노드는 다음 3개의 카테고리 중 하나에 속한다. 반복 내에서 처리되고 닫힌 리스트에 있거나, 다른 노드에 의해 방문됐지만 아직 처리되지 않아 열린 리스트에 있거나, 이 둘 중 어떤 것에도 속하지 않을 수 있다. 노드는 닫혔거나 열렸거나 미방문일 수 있다.

각 반복에서 알고리듬은 열린 리스트에서 지금까지-비용이 가장 낮은 노드를 선택한다. 그 이후 처리는 일반적인 방법으로 처리한다. 처리된 노드는 이후에 열린 리스트에서 삭제되고 닫힌 리스트로 이동된다.

여기에 문제가 하나 있는데 우리는 현재 노드에서 연결을 따라갈 때 방문해 본 적이 없는 노드에 다다를 것이라고 가정하고 있다는 점이다. 때로는 열리거나 닫힌 리스트에 있는 노드에 다다를 수도 있는데 이런 경우에는 약간 다른 방식으로 다뤄야 한다.

열리거나 닫힌 노드의 지금까지-비용 계산하기

반복하는 동안 열린 또는 닫힌 노드에 도착하면 노드는 이미 지금까지-비용 값을 갖고 있을 것이고 그 연결에 다다르는 기록이 있을 것이다. 단순히 이 값을 설정하는 것은 알고리듬이 이미 했던 이전 작업을 중복해서 쓰는 것이다.

대신 이미 발견했던 경로보다 지금 발견한 경로가 더 나은 것인지 확인한다. 지금까지-비용 값을 계산하고 만약 이 값이 기존 값보다 크다면(대부분의 경우 이 값이 더 높을 것이다.) 노드를 업데이트하지 않는다.

만약 새로운 지금까지-비용이 노드의 현재 지금까지-비용보다 작다면 더 나은 값으로 업데이트하고 연결 기록을 설정한다. 노드는 이제 열린 리스트에 배치된다. 만약 이 노드가 이전에 닫힌 리스트에 있었다면 그 리스트에서 삭제돼야 한다.

엄밀히 말해 다익스트라는 가까운 노드에 대한 좋은 경로를 절대 발견하지 못하기 때문에 지금까지-비용을 계산하지 않고 먼저 노드가 가까운지 체크한다. 그러나 A*에서는 이렇게 동작하지 않는 것을 보일 것이고 두 경우 모두에서 빠른 경로를 확인해야 한다.

그림 4.10에서 그래프의 열린 노드를 업데이트하는 것을 볼 수 있다. 노드 C를 통한 새로운 경로가 더 빠르기 때문에 D에 대한 기록은 업데이트된다.

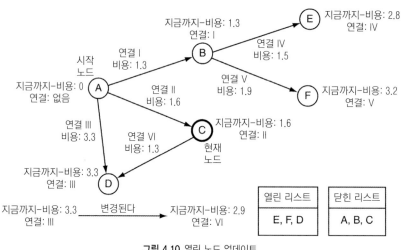

그림 4.10 열린 노드 업데이트

알고리듬 종료

기본적인 다익스트라 알고리듬은 열린 리스트가 비었을 때 종료된다. 알고리듬은 시작 노드에서 도달 가능한 모든 노드를 고려하고 닫힌 리스트에 있게 된다.

경로 탐색을 위해서 목표 노드에 도달하는 것만 관심 있기 때문에 더 빠르게 알고리듬을 종료할 수 있다. 알고리듬은 열린 리스트에서 목표 노드가 가장 작을 때 종료할 수 있다.

이것은 곧 이전 반복에서 목표 노드에 이미 도착했다는 것을 의미한다. 그렇다면 왜 목표 노드를 발견하자마자 종료하지 않는 것일까?

그림 4.10을 다시 보도록 하자. 만약 D가 목표 노드라면 B 노드를 처리하고 있을 때 이것을 발견할 것이다. 이때 알고리듬을 멈춘 후 경로 A-B-D를 얻는다. 그런데 이것은 최단 경로가 아니다. 더 짧은 경로가 없다는 것을 확실히 하기 위해 목표 노드가 가장 작은 지금까지-비용

을 갖고 있다는 것을 확실히 할 필요가 있다. 이 지점, 오직 이 지점에서만 다른 처리되지 않은 노드가 이보다 더 긴 경로라는 것을 알 수 있다.

실제 상황에서 이 규칙은 종종 깨질 수 있는데 목표 노드까지 우리가 찾은 첫 번째 경로가 최단 경로인 경우가 많으며 더 짧은 경로가 있다고 하더라도 대개 아주 조금 더 길기 때문에 많은 개발자는 열린 리스트에서 목표 노드가 선택되기를 기다리기보다는 목표 노드가 보이자마자 알고리듬을 바로 종료한다.

경로 획득

최종 단계는 경로를 획득하는 것이다.

목표 노드에서 시작해 노드로 도달하기 위해 사용된 연결들을 살펴본다. 그 이후에 연결의 시작 노드로 돌아가 똑같은 과정을 반복한다. 이 과정을 반복하면서 연결들을 저장한다. 시작 노드가 원래의 시작 노드와 같을 때까지 과정을 반복한다. 모든 과정이 끝나면 연결은 맞지만 순서가 거꾸로 돼 있기 때문에 순서를 역으로 바꿔 준다.

그림 4.11은 알고리듬이 실행되고 난 후 그래프의 모습을 보여 주고 있다. 목표 노드로부터 기록을 따라 발견된 연결들의 나열은 올바른 경로를 제공하기 위해 순서가 바뀌어 있다.

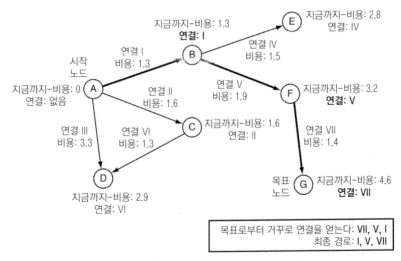

그림 4.11 계획을 위한 연결 따라가기

4.2.3 의사 코드

다익스트라 경로 탐색은 입력으로 그래프(앞부분에서 주어진 인터페이스에 준하는)를 취하고 시작 노드와 끝 노드를 가진다. 알고리듬은 시작 노드에서 끝 노드로의 경로를 나타내는 연결 배열을 반환한다.

```
1   function pathfindDijkstra(graph: Graph,
2                             start: Node,
3                             end: Node) -> Connection[]:
4
5       # 각 노드의 정보를 추적하기 위해 필요한 구조체
6       class NodeRecord:
7           node: Node
8           connection: Connection
9           costSoFar: float
10
11      # 시작 노드를 위한 레코드를 초기화
12      startRecord = new NodeRecord()
13      startRecord.node = start
14      startRecord.connection = null
15      startRecord.costSoFar = 0
16
17      # 열린, 닫힌 리스트 초기화
18      open = new PathfindingList()
19      open += startRecord
20      closed = new PathfindingList()
21
22      # 각 노드 처리를 반복한다.
23      while length(open) > 0:
24          # 열린 리스트에서 가장 작은 요소를 찾는다.
25          current: NodeRecord = open.smallestElement()
26
27          # 이것이 목표 노드라면 종료한다.
28          if current.node == goal:
29              break
30
31          # 그렇지 않다면 노드로부터 나가는 연결을 얻는다.
32          connections = graph.getConnections(current)
33
34          # 연결들을 반복한다.
35          for connection in connections:
```

```
36                  # 끝 노드를 위한 비용을 얻는다.
37                  endNode = connection.getToNode()
38
39                  endNodeCost = current.costSoFar + connection.getCost()
40
41                  # 노드가 닫혔다면 생략한다.
42                  if closed.contains(endNode):
43                      continue
44
45                  # 노드가 열려 있고 좋지 않은 경로를 찾았다면
46                  else if open.contains(endNode):
47                      # 열린 리스트 안에서 endNode에 해당하는 레코드를 찾는다.
48                      endNodeRecord = open.find(endNode)
49                      if endNodeRecord.cost <= endNodeCost:
50                          continue
51
52                  # 그렇지 않다면 미방문 노드이므로 레코드를 생성한다.
53                  else:
54                      endNodeRecord = new NodeRecord()
55                      endNodeRecord.node = endNode
56
57                  # 노드의 비용과 연결을 업데이트한다.
58                  endNodeRecord.cost = endNodeCost
59                  endNodeRecord.connection = connection
60
61                  # 열린 리스트에 추가한다.
62                  if not open.contains(endNode):
63                      open += endNodeRecord
64
65              # 현재 노드를 위한 연결들은 모두 살펴봤다. 그러므로
66              # 닫힌 리스트에 추가하고 열린 리스트에서 삭제한다.
67              open -= current
68              closed += current
69
70      # 여기까지 왔다면 목표 노드를 찾았거나 더 이상 검색할 노드가 없다는 뜻이다.
71      if current.node != goal:
72          # 목표를 찾지 못한 상태이고 더 이상 검색할 노드가 없다.
73          return null
74
75      else:
76          # 경로 안에 있는 연결 리스트를 컴파일한다.
77          path = []
```

```
78
79          # 경로를 거꾸로 따라간다.
80          while current.node != start:
81              path += current.connection
82              current = current.connection.getFromNode()
83
84          # 경로의 순서를 바꾼 후 반환한다.
85          return reverse(path)
```

다른 함수들

경로 탐색 리스트는 다른 리스트와 비슷하게 동작하는 특수화된 자료 구조다. NodeRecord 구조체 집합을 갖고 있으며 추가적인 함수들을 갖고 있다.

- smallestElement()는 리스트에서 가장 작은 지금까지−비용 값을 가진 NodeRecord 구조체를 반환한다.
- contains(node)는 리스트가 주어진 노드와 같은 NodeRecord를 갖고 있을 때 true를 반환한다.
- find(node)는 주어진 노드와 같은 노드의 NodeRecord를 반환한다.

추가로 reverse(array)는 일반적인 배열의 역순으로 배열된 복사본을 반환한다.

4.2.4 자료 구조 및 인터페이스

알고리듬에서 사용하고 있는 자료 구조는 세 가지가 있다. 즉 최종 경로를 담고 있는 단순 리스트simple list, 열린·닫힌 리스트를 위한 경로 탐색 리스트pathfinding list, 마지막으로 노드의 연결 리스트인 그래프graph다.

단순 리스트

단순 리스트는 경로 탐색 과정의 마지막에서만 사용되므로 성능에 영향을 주지 않는다. 이것은 기본 링크드 리스트(c++의 std::list와 같은)로 구현되거나 크기 변경이 가능한 배열(예를 들어 std::vector와 같은)로 구현될 수 있다.

경로 탐색 리스트

다익스트라 알고리듬(그리고 A*)에서 열린 · 닫힌 리스트는 알고리듬의 성능에 직접적으로 영향을 미치는 중요한 자료 구조다. 경로 탐색 대부분의 최적화는 이 부분에 의존한다. 특히 네 가지 연산이 중요하다.

1. 리스트에 요소를 추가(+= 연산자)
2. 리스트에서 요소를 삭제(-= 연산자)
3. 가장 작은 요소 찾기(smallestElement 메서드)
4. 특정 노드에 대응하는 요소를 리스트에서 찾기(contains과 find 메서드)

네 가지 연산의 적절한 균형을 찾는 것이 빠른 구현을 위한 열쇠다. 불행하게도 균형은 게임마다 다르다는 점이다. 경로 탐색 리스트는 경로 찾기에 A*와 함께 가장 많이 사용되기 때문에 여러 가지 최적화 방법들이 해당 알고리듬에만 적용된다. 그러므로 A*를 알아볼 때까지 기다리도록 하자.

그래프

4장의 첫 번째 절에서 그래프에 의해 나타나는 인터페이스를 다뤄 봤다.

getConnections 메서드는 루프의 마지막에 호출되며 일반적으로 올바르게 작동하는 데 중요한 요소다. 가장 일반적인 구현은 노드의 룩업 테이블을 갖는 것이다(노드들은 연속된 번호로 이뤄진다). 룩업 테이블의 요소는 연결의 배열 객체이며 따라서 getConnections 메서드는 최소한의 처리만을 필요로 하고 효과적으로 동작한다.

게임 레벨을 경로 탐색 그래프로 변경하는 방법은 이 간단한 룩업 접근법을 허락하지 않는다. 그로 인해 훨씬 더 느리게 경로 탐색을 하게 된다. 이러한 상황은 4.4절에서 더 자세히 다룰 것이다.

Connection 클래스의 getToNode와 getCost 메서드는 성능에 더 많은 영향을 끼친다. 그러나 대부분의 구현 사항에서는 처리를 하지 않고 간단히 저장된 값을 반환하기만 한다. Connection 클래스는 다음과 같다.

```
1   class Connection:
2       cost: float
3       fromNode: Node
4       toNode: Node
5
6       function getCost() -> float:
7           return cost
8
9       function getFromNode() -> Node:
10          return fromNode
11
12      function getToNode() -> Node:
13          return toNode
```

이러한 이유로 Connection 클래스는 성능 병목 현상이 일어나기 어렵다. 물론 이러한 값들도 어딘가에서는 계산이 돼야 할 필요가 있다. 이 계산은 보통 게임 레벨이 그래프로 전환될 때 계산 가능하며 경로 탐색과는 독립적인 오프라인 과정에서 계산될 수 있다.

4.2.5 다익스트라의 성능

메모리와 속도에 있어 다익스트라의 성능은 대부분 경로 탐색 리스트 자료 구조에 의존한다.

일단 자료 구조의 성능은 무시하고 알고리듬의 전반적인 성능을 이론적으로 살펴보자. 알고리듬은 끝 노드에 가까운 그래프 내 각 노드를 고려한다. 이것을 숫자 n이라고 부른다. 각각의 노드들은 밖으로 나가는 연결에 대해 내부 루프를 처리한다. 하나의 노드마다 밖으로 나가는 연결의 평균 개수를 m이라고 하자. 알고리듬은 $O(nm)$ 실행 속도를 가진다. 최대 메모리 사용량은 열린·닫힌 리스트의 크기에 의존한다. 알고리듬이 끝날 때 닫힌 리스트에는 n개의 요소가 있을 것이고 열린 리스트에는 nm개 이상의 요소가 없을 것이다(사실 열린 리스트에는 n개 요소보다 작게 있을 것이다). 그러므로 메모리는 $O(nm)$이 된다.

자료 구조 시간을 포함하기 위해 추출 및 smallestElement 연산이 n번 호출되는 동안 리스트 추가와 찾기 연산은 nm번 호출된다. 추가와 찾기 연산의 수행 시간이 $O(m)$보다 크거나 추출 및 smallestElement 연산이 $O(1)$보다 크다면 실제 성능은 $O(nm)$보다 더 낮다.

주요 연산의 속도를 향상시키기 위해 자료 구조를 선택할 때 $O(nm)$ 메모리 요구 사항보다 나쁜 것을 선택한다.

다음 절에서 리스트 구현에 대해 더 자세히 알아볼 때 성능에 영향을 주는 것들을 고려할 것이다.

만약 여러분이 갖고 있는 컴퓨터 공학 교과서에서 다익스트라를 본다면 아마 $O(n^2)$이라고 할 것이다. 사실 이것은 정확히 앞서 살펴본 결과와 같다. 그래프가 빽빽하게 연결돼 있다면 $m \approx n$이고 가장 최악의 성능을 갖는다. 하지만 이것은 게임 레벨을 그래프로 표현할 때 절대로 일어날 수 없다. 다른 방법으로 노드 리스트를 위해 피보나치 힙$^{Fibonacci\ heap}$ 자료 구조를 사용하면 시간 복잡도가 $O(m + n \log n)$가 될 수 있다.

4.2.6 약점

다익스트라의 가장 큰 문제는 최단 경로를 찾기 위해 전체 그래프를 무분별하게 검색한다는 점이다. 만약 가능한 모든 노드에 대한 최단 경로를 찾고 있는 것이라면 이것은 유용하지만 두 지점 간의 경로 탐색에 대해서 이 방법은 낭비가 심하다.

알고리듬을 실행해 열린·닫힌 리스트로부터 노드들을 보여 줌으로써 알고리듬이 동작하는 방식을 시각적으로 표현할 수 있다. 그림 4.12에서 이를 보여 주고 있다.

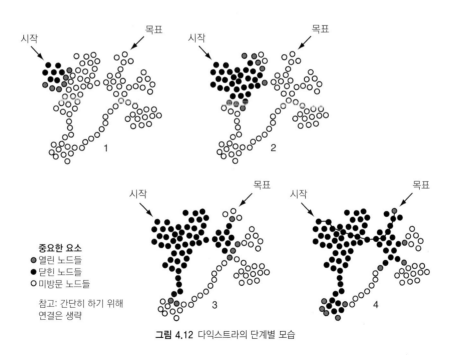

그림 4.12 다익스트라의 단계별 모습

각각의 경우에 검색 범위는 열린 리스트의 노드로 구성된다. 이는 시작점(더 작은 거리 값을 갖고 있다)에 가까운 노드들이 이미 처리돼 있고 닫힌 리스트에 들어가 있기 때문이다.

그림 4.12의 마지막 부분은 알고리듬이 종료될 때 리스트의 상태를 보여 준다. 선은 계산된 가장 최상의 경로를 보여 준다. 대부분의 레벨이 이미 탐색됐으며 생성된 경로로부터 이미 멀리 떨어져 있는 것을 주목하자.

많은 노드가 고려됐지만 최종 경로에 포함되지는 않았다. 그리고 고려됐던 노드의 수를 채우기[fill] 알고리듬이라고 부른다. 전반적으로 각 노드들을 고려하는 과정을 처리하는 시간이 걸리기 때문에 가능한 한 적은 수를 고려하길 원한다.

때때로 다익스트라는 상대적으로 적은 수의 채우기와 함께 검색 패턴을 생성할 것이다. 이것은 규칙이라기보다 예외적인 상황이다. 거의 대부분의 경우 다익스트라는 엄청난 수의 채우기를 다뤄야 한다.

다익스트라와 같이 많은 채우기를 가진 알고리듬은 한 지점에서 다른 지점으로의 경로 탐색에서 비효율적이며 거의 쓰이지 않는다. 이러한 이유로 새로운 경로 탐색 알고리듬인 A*가 떠올랐다. 이는 작은 채우기 버전의 다익스트라라고 생각할 수 있다.

4.3 A*

게임에서 경로 탐색은 A*와 동의어다. 1968년에 처음으로 소개됐으며[20] 이 산업에서는 1990년을 시작으로[65] 어디에서나 볼 수 있게 됐다. A*는 실행하기 쉽고, 효율적이며, 여러 범위에서 최적화할 수 있다. 지난 20년 동안 다뤄 온 모든 경로 탐색 시스템은 주요 알고리듬으로써 다양한 변형의 A*를 갖고 있으며, 이 알고리듬은 경로 탐색을 위해 사용되는 것을 넘어서 훨씬 더 많은 애플리케이션을 갖고 있다. 5장에서는 A*가 어떻게 캐릭터의 여러 복잡한 움직임을 계획하기 위해 사용될 수 있는지 살펴볼 것이다.

다익스트라 알고리듬과는 달리 A*는 점 간의 경로 탐색을 위해 디자인됐으며 그래프 이론에서 최단 경로를 찾는 문제를 풀기 위해 사용되지 않는다. 앞으로 살펴볼 것과 같이 이 알고리듬은 더 복잡한 경우에도 적용될 수 있지만 항상 시작점에서 목적지까지 하나의 경로만을 반환한다.

4.3.1 문제

여기서 문제는 다익스트라 경로 탐색 알고리듬으로 풀었던 것과 동일하다.

하나의 그래프(가중 유향 비음수 그래프)와 그 그래프 안에 2개의 노드(출발 노드와 목적지 노드)가 주어졌을 때 출발점에서 목적지까지 가능한 모든 경로 사이에서 경로의 전체 경로 비용이 가장 작은 경로를 만들어 내기를 원한다. 최소 비용 경로는 시작 노드에서부터 목적지 노드까지의 연결 리스트로 이뤄져 있다.

4.3.2 알고리듬

비공식적으로 이 알고리듬은 다익스트라 알고리듬과 같은 방식으로 동작한다. 가장 작은 지금까지-비용 값을 갖고 있는 열린 노드를 항상 고려하는 것 대신에 전반적으로 최단 경로를 알려 줄 가능성이 높은 노드를 선택한다. '가능성이 높다'라는 것은 휴리스틱에 의해 제어된다는 것을 의미한다. 휴리스틱이 정확하다면 알고리듬은 효율적일 것이다. 만약 휴리스틱이 좋지 않다면 알고리듬은 다익스트라보다 더 나쁠 것이다.

좀 더 자세히 말하자면 A*는 프로그램이 반복될 때 잘 작동된다. 각 반복마다 알고리듬은 그래프의 노드 하나를 고려하고 나가는 연결을 따라간다. 노드, 다시 말해 현재 노드$^{current node}$는 다익스트라와 유사한 선택 알고리듬을 사용해서 선택되지만 이 노드는 휴리스틱의 중요한 차이점을 갖고 있는데 이에 대해서는 나중에 다시 다룰 것이다.

현재 노드 처리하기

프로그램이 반복되는 동안 A*는 현재 노드로부터의 밖으로 나가는 연결들을 고려한다. 각 연결들은 끝 노드를 찾고 지금까지 경로의 전체 비용('지금까지-비용'이라고 부르는)과 전에 그랬던 것과 같이 종료 노드에서부터 이 노드가 도착한 곳까지의 전체 비용을 저장한다.

추가로 한 가지 값을 더 저장하는데 이 노드를 통해 시작 노드로부터 목적 노드까지 경로에 대한 전체 비용의 측정 값을 저장한다. 이 값을 '측정된-전체-비용$^{estimated-total-cost}$'이라고 부를 것이다. 이 측정은 두 가지 값의 합이다. 지금까지-비용과 이 노드로부터 목적 노드까지 얼마나 먼 거리에 있는지다. 이 측정 값은 독립된 코드에 의해 생성되며 알고리듬의 한 부분은 아니다.

이러한 측정 값은 노드의 '휴리스틱 값'이라고 불리며 음수가 될 수 없다(그래프에서 비용이 비음수이기 때문에 음수 값이 있다는 것은 이치에 맞지 않는다). 이런 휴리스틱 값의 생성이 A* 알고리듬 구현에 있어 중요한 열쇠가 되며 이후에 더 자세히 알아볼 것이다.

그림 4.13은 하나의 그래프에서 여러 개의 노드에 대해 계산된 값을 보여 준다. 이 노드들은 휴리스틱 값이 적혀 있으며 2개의 계산된 값(지금까지-비용과 측정된-전체-비용)은 이 알고리듬이 고려하는 노드에 의해 보여진다.

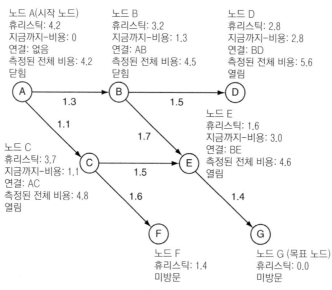

그림 4.13 A*의 측정된-전체-비용

노드 리스트

전과 같이 알고리듬 방문은 했지만 처리되지 않은 열린 노드와 이미 처리된 닫힌 노드의 리스트를 갖고 있다. 연결의 끝에서 노드들이 발견될 때 이 노드들은 열린 리스트로 이동된다. 노드들이 반복되면서 처리될 때 노드들은 닫힌 리스트로 이동된다.

이전과는 다르게 가장 작게 측정된-전체-비용을 가진 열린 리스트로부터의 노드는 각 반복 때마다 선택된다. 이것은 가장 작은 지금까지-비용을 가진 노드와는 거의 항상 다르다. 이런 변화는 알고리듬이 더 유망한 노드들을 먼저 시험해 볼 수 있도록 한다.

만약 한 노드가 작은 측정-전체-비용을 갖고 있다면 이것은 상대적으로 짧은 지금까지-비용과 목적지까지 닿기 위해 가야 하는 상대적으로 작은 측정 거리를 갖고 있을 것이다. 만약 측정 값이 정확하다면 가장 이익이 높은 지역으로 탐색의 범위를 줄이면서 목적지에 더 가까운 노드가 먼저 고려된다.

열린·닫힌 노드를 위한 지금까지-비용 계산

전과 같이, 반복하는 동안에 열린·닫힌 노드에 도착한다면 이 노드의 기록된 값을 수정해야 할 것이다.

평소와 같이 지금까지-비용을 계산하며 만약 이 새로운 값이 이 노드에 대해 이미 존재하는 값보다 더 적다면 이를 업데이트해야 한다. 이러한 비교를 오직 지금까지-비용에 대해서만 하며(이 비용이 측정에 대한 어떠한 요소도 포함하지 않기 때문에 이 값만이 신뢰 가능한 값이다), 측정-전체-비용에 대해서는 하지 않는다는 것을 알아 두자.

다익스트라와 달리 A* 알고리듬은 닫힌 리스트에 이미 있는 노드에 대해 더 좋은 루트를 발견할 수 있다. 만약 이전 측정이 굉장히 좋았다면 이 노드가 가장 좋은 선택지가 아닐 때도, 좋은 것이라고 생각하면서 이미 처리됐을 수도 있다.

이것은 연쇄적으로 계속해서 발생하는 문제를 야기한다. 만약 하나의 미심쩍은 노드가 처리되고 닫힌 리스트에 들어간다면 이것은 이 노드의 모든 연결이 고려됐다는 것을 의미한다. 노드의 모든 세트가 이 미심쩍은 노드의 지금까지-비용에 기반해 노드 자신의 지금까지-비용 값을 가진다. 노드에 대한 값을 업데이트하는 것만으로는 충분하지 않다. 모든 연결은 새로운 값을 전파하기 전에 다시 한번 체크돼야만 한다.

열린 리스트의 노드를 변경하는 경우 열린 리스트에서 노드의 연결이 아직 처리되지 않았기 때문에 이를 다시 한번 체크하는 것은 불필요하다.

다행히 알고리듬이 새로운 값을 재계산하고 이를 전파하도록 만들 수 있는 쉬운 방법이 있다. 닫힌 리스트에서 노드를 없앨 수 있고 열린 리스트에 다시 넣을 수 있다. 그러면 이 노드는 모든 연결이 다시 고려될 때까지 기다릴 것이다. 노드의 값에 의존하는 모든 노드는 결과적으로 한 번 더 처리될 것이다.

그림 4.14는 이전 다이어그램과 같이 같은 그래프를 보여 주고 있지만, 이후에 2개의 반복을 더 보여 주고 있다. 그림은 그래프에서 닫힌 노드가 업데이트되는 것을 보이고 있다. 노드 C를 통해 E로 가는 새로운 경로는 더 빠르며, 이에 따라 노드 E에 대한 기록이 업데이트되고 열린 리스트에 위치하게 된다. 이 다음 반복에서 노드 G에 대한 값은 이에 맞춰 수정된다.

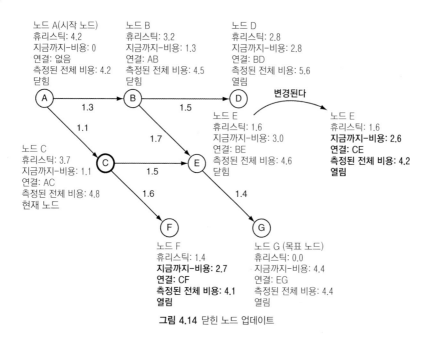

그림 4.14 닫힌 노드 업데이트

값이 수정된 닫힌 노드는 닫힌 리스트에서 제거되며 열린 리스트에 들어간다. 값이 수정된 열린 노드는 전과 같이 열린 리스트에 머물게 된다.

알고리듬 종료

다양한 A* 알고리듬 구현 사항에서 열린 리스트에서 목표 노드가 가장 작을 때 종료한다.

그러나 이미 봤던 바와 같이 가장 작은 측정-전체-비용 값을 갖고 있는 노드(닫힌 리스트에 들어가게 되며 다음 반복에서 처리된다)는 후에 값을 수정해야 할 필요가 있을 수도 있다. 노드가 열린 리스트에서 가장 작다고 해서 최단 경로를 갖고 있다고 보장할 수 없다. 그러므로 목표 노드가 열린 리스트에서 가장 작을 때 A*를 종료하면 안 된다.

최적의 결과를 보장하기 위해 A*를 더 오래 작동시킬 수 있는지 묻는 것은 자연스러운 질문이다. 열린 리스트에 있는 노드가 가장 작은 지금까지-비용(측정-전체-비용이 아니라)을 갖고 목적지까지의 경로 비용보다 더 큰 지금까지-비용을 갖고 있을 때, 알고리듬이 종료하도록 함으로써 A*를 더 오래 동작시킬 수 있다. 이렇게 하면 지름길을 형성하는 경로가 더 이상 발견되지 않을 것이라는 것을 보장할 수 있다.

이것은 다익스트라에서 볼 수 있는 종료 조건과 실제로 같은 것이며 이러한 조건들을 부여하는 것은 다익스트라 경로 탐색 알고리듬을 실행할 때와 같은 양만큼의 채우기^{fill}를 생성시키는 것을 볼 수 있다. 노드들은 다른 순서로 검색해 볼 수 있고 열린 리스트에서 노드들의 집합은 약간 차이가 있을 수 있지만 대략적인 채우기 수준은 같을 것이다. 달리 말하자면 A*의 성능이 다익스트라와 그다지 차이가 없게 만든다.

A* 구현은 알고리듬이 이론적으로 최적이 아닌 결과를 만들 수 있다는 사실에 의존한다. 다행히 이것은 휴리스틱 함수를 사용해서 제어할 수 있다. 휴리스틱 함수의 선택에 의해, 최적의 결과를 보장할 수 있고 또는 의도적으로 정확도를 낮추고 실행 속도를 높일 수도 있다. 4.3절의 뒷부분에서 휴리스틱의 영향에 대해 다시 이야기할 것이다.

A*는 자주 최적의 결과를 얻지 못하기 때문에 A*를 구현하는 많은 경우 목표 노드가 열린 리스트에서 가장 작은 값을 가질 때까지 기다리지 않고 처음 방문될 때 중단된다. 이렇게 했을 때 성능상의 이점은 다익스트라에서 하는 것만큼 크진 않지만, 이 알고리듬을 사용하는 개발자들은 최적의 결과보다 더 빠른 수행 속도가 중요하다고 생각한다.

경로 획득

최종 경로를 얻는 것은 이전과 똑같다. 목표 노드에서 시작하고 시작 노드로 되돌아가면서 연결들을 취하면 경로를 얻는다. 이 연결들은 올바른 경로를 만들기 위해 다시 한번 순서를 바꿔 준다.

4.3.3 의사 코드

이전과 똑같이 경로 탐색은 입력으로 그래프(이전 절에서 주어진 인터페이스에 맞춰), 시작 노드, 종료 노드를 취한다. 또한 주어진 노드에서 목표에 도달하는 데 필요한 예상 비용을 생성할 수 있는 객체가 필요하다. 코드에서 이 객체를 '휴리스틱'이라고 한다. 이것은 자료 구조 절에서 더 자세하게 설명할 것이다.

이 함수는 시작 노드에서 종료 노드까지 경로를 표현하는 연결 오브젝트의 배열을 반환한다.

```
1   function pathfindAStar(graph: Graph,
2                          start: Node,
3                          end: Node,
4                          heuristic: Heuristic
5                          ) -> Connection[]:
6
7       # 이 구조는 각 노드에 필요한 정보를 추적하는 데 사용된다.
8       struct NodeRecord:
9           node: Node
10          connection: Connection
11          costSoFar: float
12          estimatedTotalCost: float
13
14      # 시작 노드를 위한 기록을 초기화한다.
15      startRecord = new NodeRecord()
16      startRecord.node = start
17      startRecord.connection = null
18      startRecord.costSoFar = 0
19      startRecord.estimatedTotalCost = heuristic.estimate(start)
20
21      # 열린·닫힌 리스트를 초기화한다.
22      open = new PathfindingList()
23      open += startRecord
24      closed = new PathfindingList()
25
26      # 각 노드 처리를 반복한다.
27      while length(open) > 0:
28          # estimatedTotalCost를 사용해 열린 리스트에서 가장 작은 요소를 찾는다.
29          current = open.smallestElement()
30
31          # 목표 노드라면 종료한다.
32          if current.node == goal:
33              break
34
35          # 그렇지 않다면 나가는 연결들을 얻는다.
36          connections = graph.getConnections(current)
37
38          # 각 연결들을 반복 처리한다.
39          for connection in connections:
40              # 끝 노드를 위해 예상 비용을 얻는다.
41              endNode = connection.getToNode()
```

```
42          endNodeCost = current.costSoFar + connection.getCost()
43
44          # 노드가 닫혔다면 건너뛰거나 닫힌 리스트에서 삭제한다.
45          if closed.contains(endNode):
46              # endNode에 해당하는 기록을 닫힌 리스트에서 찾는다.
47              endNodeRecord = closed.find(endNode)
48
49              # 짧은 경로를 찾지 못했다면 건너뛴다.
50              if endNodeRecord.costSoFar <= endNodeCost:
51                  continue;
52
53              # 그렇지 않으면 닫힌 리스트에서 삭제한다.
54              closed -= endNodeRecord
55
56              # 노드의 오래된 비용 값을 사용해 값비싼 휴리스틱
57              # 함수를 호출하지 않고 휴리스틱을 계산할 수 있다.
58              endNodeHeuristic = endNodeRecord.estimatedTotalCost -
59                                              endNodeRecord.costSoFar
60
61          # 노드가 열려 있고 더 좋은 경로를 찾지 못했다면 건너뛴다.
62          else if open.contains(endNode):
63              # endNode에 해당하는 레코드를 열린 리스트에서 찾는다.
64              endNodeRecord = open.find(endNode)
65
66              # 경로가 더 좋지 않다면 건너뛴다.
67              if endNodeRecord.costSoFar <= endNodeCost:
68                  continue;
69
70              # 다시, 휴리스틱을 계산힌다.
71              endNodeHeuristic = endNodeRecord.cost -
72                                          endNodeRecord.costSoFar
73
74          # 그렇지 않으면 미방문 노드를 가진다. 그러므로 새로운 기록을 추가한다.
75          else:
76              endNodeRecord = new NodeRecord()
77              endNodeRecord.node = endNode
78
79              # 기존 기록이 없으므로 휴리스틱 함수를 사용해
80              # 휴리스틱 값을 계산할 필요가 있다.
81              endNodeHeuristic = heuristic.estimate(endNode)
82
83          # 비용, 연결, 측정-전체-비용을 업데이트한다.
84          endNodeRecord.cost = endNodeCost
```

```
85            endNodeRecord.connection = connection
86            endNodeRecord.estimatedTotalCost = endNodeCost + endNodeHeuristic
87
88          # 그리고 열린 리스트에 추가한다.
89          if not open.contains(endNode):
90              open += endNodeRecord
91
92      # 모든 작업이 끝났다. 그러므로 현재 노드를 닫힌 리스트에 넣고
93      # 열린 리스트에서 삭제한다.
94      open -= current
95      closed += current
96
97  # 목표를 찾았거나 더 이상 검색할 노드가 없다면
98  if current.node != goal:
99      # 목표도 찾지 못하고 더 이상 고려할 노드도 없다면 해답이 없다는 것이다.
100     return null
101
102 else:
103     # 경로 안의 연결 리스트를 컴파일한다.
104     path = []
105
106     # 연결들을 따라 경로를 구축한다.
107     while current.node != start:
108         path += current.connection
109         current = current.connection.getFromNode()
110
111     # 경로의 순서를 바꾸고 반환한다.
112     return reverse(path)
```

다익스트라로부터의 변화

알고리듬 자체는 다익스트라와 거의 동일하다. 닫힌 리스트에서 노드의 업데이트 및 삭제될
필요가 있는지 체크해야 하는 추가적인 작업이 있다. 또한 휴리스틱 함수를 사용해 노드의 측
정-전체-비용을 계산하기 위해 2개의 라인이 추가됐고 이 정보를 유지하기 위해 NodeRecord
구조에 필드가 추가됐다.

휴리스틱 값은 이미 존재하는 노드의 비용 값으로부터 유도할 수 있고, 필요하지 않은 이상 휴
리스틱 함수를 호출하지 않는다. 만약 노드가 휴리스틱 값을 계산했다면 노드가 업데이트가
필요할 때 재사용될 것이다.

이러한 변화 외 다른 부분들은 동일하다.

코드에 대해 조금 더 설명을 하자면 smallestElement는 이전과 같이 가장 작은 지금까지−비용 값이 아닌 가장 작은 측정−전체−비용 값을 가진 NodeRecord를 반환한다. 그렇지 않으면 같은 구현 사항이 사용될 수 있다.

4.3.4 자료 구조 및 인터페이스

경로를 구축하기 위해 사용된 그래프 및 경로 자료 구조는 다익스트라 알고리듬에서 사용된 것과 모두 동일하다. 경로 탐색 리스트 자료 구조는 지금까지−비용보다는 측정−전체−비용을 고려하는 smallestElement를 사용하지만 그렇지 않은 경우에는 같다.

마지막으로 주어진 노드에서 목적지까지 거리의 측정치를 구하기 위해 휴리스틱 함수를 추가했다.

경로 탐색 리스트

다익스트라에서 했던 연산들과 같이 경로 탐색 리스트는 다음과 같다.

1. 리스트에 요소를 추가(+= 연산자)
2. 리스트에서 요소를 삭제(-= 연산자)
3. 가장 작은 요소 찾기(smallestElement 메서드)
4. 특정 노드에 대응하는 요소를 리스트에서 찾기(contains과 find 메서드)

연산 3번과 4번은 일반적으로 최적화할 때 가장 많이 이득을 볼 수 있는 부분이다(이런 것들을 최적화하는 것이 종종 1번과 2번을 변화하게 함에도 불구하고). 4.3.4절의 뒷부분에서 리스트 구조를 사용하지 않는 방법인 4번을 위한 특정 최적화 방법을 알아볼 것이다.

리스트에서 가장 작은 요소를 찾는 3번의 단순한 구현은 열린 리스트에서 모든 노드를 순회하면서 가장 작은 값을 찾는 것이다. 이 과정의 속도를 높이기 위해서 많은 방법이 있고 모든 방법은 리스트가 구조화되는 방법을 바꿔서 가장 좋은 노드가 빠르게 발견될 수 있도록 한다.

이런 종류의 특수화된 리스트 자료 구조는 우선순위 큐poriority queue라고 부른다. 이것은 가장 좋은 노드를 찾는 데 시간을 줄여 준다.

이 책에서는 가능한 한 우선순위 큐 구현에 대해 깊게 다루지 않을 것이다. 왜냐하면 우선순위 큐의 자세한 내용은 일반적인 알고리듬 책에서 흔히 다루고 있기 때문이다.

┃ 우선순위 큐

가장 단순한 접근 방법은 열린 리스트가 정렬되도록 하는 것이다. 이것은 가장 좋은 노드를 바로 얻을 수 있다는 것을 의미하는데, 이는 노드가 리스트에서 가장 첫 번째에 놓이기 때문이다.

하지만 리스트를 정렬하는 데 시간이 걸린다. 데이터를 필요로 할 때마다 정렬할 수 있지만 이렇게 하면 시간이 굉장히 오래 걸릴 것이다. 더 효율적인 방법은 열린 리스트에 새로운 요소가 추가될 때 올바른 위치에 있는지 보는 것이다. 이전에 우리는 순서에 상관하지 않고 굉장히 빠른 과정을 통해 새로운 노드를 리스트에 추가했다. 새로운 노드를 정렬된 위치에 넣는 것은 시간이 더 걸리게 마련이다.

이것은 자료 구조를 디자인할 때 흔히 발생하는 트레이드 오프다. 만약 항목을 추가하는 것을 빠르게 만들고 싶다면 데이터를 가져올 때 시간이 걸릴 것이고, 검색을 최적화하면 항목을 추가하는 것이 시간이 걸릴 것이다. 만약 열린 리스트가 이미 정렬돼 있다면 새로운 항목을 추가하는 것은 새로운 항목을 위해 리스트에서 올바른 삽입 위치를 찾는 것을 포함하게 된다. 지금까지 구현에서 링크드 리스트^{linked list}를 사용했는데, 링크드 리스트에서 삽입 위치를 찾기 위해 전체 경로 측정치가 우리의 값보다 클 때까지 각 아이템을 순회한다. 이것은 가장 좋은 노드를 찾는 것보다는 빠르지만 여전히 아주 효율적이진 않다.

만약 링크드 리스트 대신 배열을 사용한다면 삽입 위치를 찾기 위해 2진 검색법을 사용할 수 있다. 이것은 더 빠르고, 큰 리스트의 경우에(보통 열린 리스트는 매우 크다) 속도를 매우 빠르게 할 수 있다.

정렬된 리스트에 추가하는 것은 정렬되지 않은 리스트로부터 제거하는 것보다 더 빠르다. 만약 노드를 제거하는 것만큼 자주 노드를 추가한다면 정렬된 리스트를 갖고 있는 것이 더 나을 것이다. 불행히도 A*는 열린 리스트에서 검색하는 것보다 더 많은 노드를 추가한다. 이 알고리듬은 닫힌 리스트로부터 노드를 거의 제거하지 않는다.

우선순위 힙

우선순위 힙$^{priority\ heap}$은 요소들이 트리 형태로 표현된 배열 기반의 자료 구조다. 트리의 각 항목들은 2개의 자식을 가질 수 있고 이 둘 모두 더 높은 값을 가져야 한다.

트리는 균형이 잡혀 있기 때문에 어떤 가지도 다른 가지보다 한 레벨 이상 더 깊지 않다. 게다가 이 가지들은 왼쪽에서부터 오른쪽까지 각 레벨을 가득 채운다. 그림 4.15를 보면 알 수 있다.

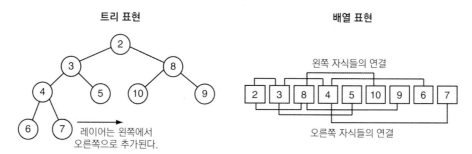

그림 4.15 우선순위 힙

또한 이 구조는 메모리 안에서 간단한 배열로 트리를 사상할 수 있기 때문에 유용하다. 노드의 왼쪽과 오른쪽 자식은 배열에서 $2i$와 $2i + 1$로 각각 나타낼 수 있으며 i는 배열에서 부모 노드의 위치다. 그림 4.15를 보면 트리의 연결들이 배열위에 표현된 것을 볼 수 있다.

이렇게 표현된 힙과 함께 사용되는 정렬 알고리듬을 힙소트^{heapsort}라고 하며 매우 널리 알려져 있다. 이것은 노드들이 순서에 맞게 정렬될 수 있게 하기 위한 트리 구조의 이점을 갖고 있다. 가장 작은 요소를 찾는 것은 일정한 시간(가장 작은 요소는 항상 가장 첫 번째 요소나)이 걸린다. 가장 작은 요소를 제거하는 것 또는 새로운 요소를 추가하는 것은 n이 리스트에서 요소의 수를 나타낼 때 $O(\log n)$의 시간이 걸린다.

우선순위 힙은 스케줄링 문제에서 흔하게 사용되는 잘 알려진 자료 구조이며 운영체제의 프로세스 매니저의 핵심이기도 하다.

버킷 우선순위 큐

버킷 우선순위 큐$^{bucketed\ priority\ queue}$들은 부분적으로 정렬된 데이터를 가진 좀 더 복잡한 자료 구조다. 부분적인 여러 작업에서 성능이 혼합되도록 설계됐으므로 항목을 추가하는 시간이 오래 걸리지 않으며 제거하는 것이 여전히 빠르다.

같은 이름을 가진 버킷은 값이 명시된 범위 내에서 정렬되지 않은 항목을 갖고 있는 작은 리스트들이다. 버킷 자체는 정렬돼 있지만 버킷의 콘텐츠는 그렇지 않다.

이러한 종류의 우선순위 큐에 추가하려면 노드가 들어맞는 버킷을 찾아야 한다. 그 이후 버킷 리스트의 앞쪽에 이것을 더한다. 이 과정을 그림 4.16에 나타냈다.

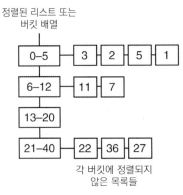

그림 4.16 버킷 우선순위 큐

이 버킷들은 우선순위 큐 자체 또는 배열로서 단순한 리스트에 배열될 수 있다. 뒤의 경우에 가능한 값의 범위는 상당히 작아야 한다(전체 경로 비용은 보통 작은 규모다). 그러면 버킷들은 고정된 간격으로 배열될 수 있다. 첫 번째 버킷은 0에서 10까지의 값을 갖고 있고, 두 번째 버킷은 10에서 20 등의 값을 갖는다. 이 경우 자료 구조는 올바른 버킷을 찾기 위해 탐색을 할 필요가 없다. 노드 추가의 속도를 훨씬 더 높이고 버킷을 바로 찾을 수 있다.

가장 작은 점수를 가진 노드를 찾기 위해, 비어 있지 않은 첫 번째 버킷으로 간 후 가장 좋은 노드를 검색한다.

버킷의 숫자를 바꿈으로써 추가 및 삭제 시간의 균형을 얻을 수 있다. 매개 변수를 조정하는 것은 시간을 많이 뺏기는 작업이지만 가끔씩 필요한 과정이기도 하다. 매우 큰 그래프, 예를 들어 대규모 멀티플레이 온라인 게임과 같은 레벨을 위해서 속도를 높이는 작업은 그만한 가치가 있다. 대부분의 경우에 있어서는 필요하지 않다.

정렬되지 않은 아이템이 포함된 버킷 리스트를 담고 있는 버킷 리스트(기타 등등)를 정렬하는 '멀티-레벨 버킷들'과 같은 좀 더 복잡한 구현도 있다. 우리는 멀티-레벨-버킷 리스트를 사용하는 경로 탐색 시스템을 만들었지만 이것은 프로그램이 필요로 해서 만들었다기보다는 자만심으로 인한 행동이었으며 다시는 이런 행동을 하지 않을 것이다!

구현

내 경험으로 보자면 많은 애플리케이션에서 우선순위 힙과 버킷 큐 사이에서 선택을 하는 것은 드물다. 두 가지 접근 방식을 모두 사용해 제품을 만들었던 경험으로 봤을 때 매우 큰 경로 탐색 문제인 경우(그래프 내 수백만 개의 노드를 갖고 있을 때) 버킷 우선순위 큐가 프로세서의 메모리 캐시와 비슷하게 사용되며 따라서 좀 더 빨랐다. 실내를 표현한 레벨과 같이, 수천 또는 수만 개의 노드를 갖고 있는 경우에는 우선순위 힙으로 충분했다.

휴리스틱 함수

휴리스틱에 대해 사람들은 보통 함수로 이야기하며 함수로 구현될 수 있다. 이 책 전체의 의사 코드에서 휴리스틱은 하나의 객체로 표현했다. 알고리듬에서 사용하는 휴리스틱 객체는 단순한 인터페이스를 갖고 있다.

```
1  class Heuristic:
2      # 주어진 노드에서 목표 노드까지의 비용을 얻는다.
3      function estimate(node: Node) -> float
```

모든 목적지를 위한 휴리스틱

레벨의 모든 가능한 목표 노드를 위해 휴리스틱 함수를 다르게 만든다는 것은 힘들기 때문에 휴리스틱은 종종 목표 노드에 의해 매개 변수로 나타낸다. 일반적인 휴리스틱 함수 구현은 그래프 내 두 노드 사이의 거리로 나타낸다. 인터페이스는 다음과 같은 모습을 하고 있다.

```
1   class Heuristic:
2       # 휴리스틱에서 계산에 사용할 목표 노드를 담고 있다.
3       goalNode: Node
4
5       # 주어진 노드에서 저장된 목표 노드까지 가기 위한 측정 비용을 계산한다.
6       function estimate(node: Node) -> float:
7           return estimate(fromNode, goalNode)
8
9       # 주어진 두 노드 사이의 측정 비용을 계산한다.
10      function estimate(fromNode: Node, toNode: Node) -> float
```

그리고 다음과 같이 사용된다.

```
1   pathfindAStar(graph, start, end, new Heuristic(end))
```

| 휴리스틱 속도

휴리스틱은 루프^{loop} 안에서 가장 마지막에 호출된다. 왜냐하면 계산에 필요한 다른 데이터를 필요로 할 수 있기 때문이다. 만약 처리가 복잡해 휴리스틱을 평가하기 위해 사용되는 시간이 복잡하다면 경로 탐색 알고리듬에 많은 영향을 줄 수 있다.

특정 상황의 경우에는 휴리스틱 값의 룩업 테이블을 만들어 놓을 수도 있는데 대부분의 경우에는 조합의 개수가 너무 크기 때문에 이러한 표를 만드는 것이 합리적이지 않다.

경로 탐색 시스템에 프로파일러를 실행해 휴리스틱을 최적화하기 위한 방법을 찾아보는 것은 필수적이다. 프로그램 실행의 80% 이상의 시간이 휴리스틱을 평가하기 위해서 사용될 때 개발자들이 경로 탐색 알고리듬으로부터 속도를 더 올리기 위해 노력하는 상황을 많이 봤기 때문이다.

4.3.5 구현 노트

지금까지 봤던 A* 알고리듬 디자인은 가장 보편적인 것이다. 이것은 어떠한 종류의 비용 값, 노드를 위한 타입, 사이즈의 범위가 큰 그래프에 상관없이 잘 작동한다. 그러나 이러한 보편성은 상당한 대가가 따른다.

대부분의 게임 경로 탐색을 위해 더 나은 A* 구현 방법이 있다. 특히 그래프에서 상대적으로 작은 수(약 2MB 메모리를 채우기 위해서 10만 개의 노드를 사용)의 노드들이 있다고 가정하면 이러한 노드들은 정수를 사용해서 숫자가 매겨질 수 있으며 이렇게 하면 구현 속도를 굉장히 높일 수 있다.

이런 노드를 배열 A*(이름 자체는 우리가 만들었고 엄밀히 말하자면 알고리듬은 여전히 A*와 같다)라고 한다.

반환된 비용 값의 구조와 그래프에 대해 만들어질 수 있는 가정에 의존해 훨씬 더 나은 구현 방법을 생각할 수 있다. 이러한 구현의 대부분은 이 책의 범위는 벗어난다(경로 탐색의 다양한 변형을 설명하는 것만으로도 책 한 권 분량은 넘는다). 하지만 가장 중요한 부분은 4장의 끝에서 설명할 것이다.

보편적인 A* 구현은 여전히 유용하다. 몇몇의 경우 노드의 개수가 중간에 변하거나 단순히 메모리가 충분하지 않은 경우도 있을 수 있다. 보다 더 효율적인 구현 방법을 찾을 수 없을 때는 보편적인 A* 구현을 사용하는 것으로 충분하다.

4.3.6 알고리듬 성능

다시 말하지만 A*의 성능을 결정하는 데 가장 큰 요소는 경로 탐색 리스트, 그래프, 휴리스틱과 같은 자료 구조의 성능이다.

하지만 여기서는 이러한 것들을 무시하고 간단히 알고리듬 자체로만 보도록 하자(즉 모든 자료 구조 연산이 상수 시간을 갖는다고 가정한다).

A*가 수행하는 반복의 수는 전체 측정–경로–값$^{\text{total estimated-path-cost}}$이 목적지보다 더 적은 노드의 수에 의해 주어진다. 이 숫자를 l이라고 부를 것이며 다익스트라에 대한 성능 분석에서의 n과 이 숫자는 다르다. 보편적으로 l은 n보다 더 작아야 한다. A*의 내부 루프는 다익스트라와 같은 복잡성을 갖고 있으며, 그러므로 전과 동일하게 각 노드로부터 나가는 연결의 평균수가 m일 때 알고리듬의 전체 속도는 $O(lm)$이다. 메모리 사용은 열린 리스트에서 $O(lm)$이며 메모리 사용이 최고점일 때 그렇다.

경로 탐색 리스트와 그래프에 관한 다익스트라의 성능에 넛붙여 휴리스틱 힘수기 추가된다. 휴리스틱 함수는 루프 내에서 영향력이 작으며 $O(lm)$번 호출된다. 물론 휴리스틱 함수는 약간의 처리 과정을 필요로 하며 알고리듬의 실행 시간에 영향을 주지만 경로 탐색 문제의 성능에 직접적으로 영향력을 주는 경우는 드물다.

일반적으로 휴리스틱의 실행 및 메모리 복잡도는 $O(1)$이며 알고리듬의 성능에 영향을 거의 주지 않는다. 이러한 경우를 알고리듬의 순서가 코드의 실제 성능에 크게 영향을 주지 않는 예라고 볼 수 있다.

4.3.7 노드 배열 A*

노드 배열 A*는 일반적인 A* 알고리듬의 구현보다 대부분 더 빠르게 동작한다. 지금까지 살펴본 구현에서 열린·닫힌 리스트에서 각 노드를 위한 데이터들은 NodeRecord 인스턴스로 저장된다. 레코드는 노드가 처음 고려되고 열린·닫힌 리스트로 이동할 때 만들어진다.

리스트에는 특정 노드에 해당하는 레코드를 검색하는 중요한 단계가 있다.

노드 배열 유지

메모리 사용량을 늘려 실행 속도를 향상시킬 수 있다. 이를 위해 알고리듬이 시작되기 전에 전체 그래프에서 모든 노드에 대한 노드 레코드의 배열을 만든다. 이 노드 배열은 절대로 고려될수 없는 노드(따라서 메모리 낭비가 있는)와 생성된 노드에 대한 레코드를 포함한다.

만약 노드가 연속적인 번호를 가진 정수를 사용해 번호가 매겨지면 두 리스트의 노드를 검색할 필요가 없다. 노드 번호를 사용해 배열에서 레코드를 찾을 수 있다(4장의 시작 부분에서 이 부분에 대해 이미 언급했다).

노드가 열리거나 닫혔는지 검사하기

노드에 대한 더 좋은 경로를 찾았는지 또는 두 리스트 중 어디에 노드를 추가해야 하는지 확인하기 위해 노드 데이터를 찾아야 한다.

알고리듬은 노드가 이미 존재하는지 확인하기 위해 열리거나 닫힌 리스트를 검사한다. 이것은 처리하기가 매우 느린데 특히 각 리스트에 많은 노드가 있을 때 그렇다. 노드를 보고 리스트를 바로 알 수 있다면 유용할 것이다.

노드가 있는 리스트를 찾으려면 노드 레코드에 새 값을 추가하면 된다. 이 값은 노드가 어떤 카테고리(unvisited, open 또는 closed)에 있는지 나타낸다. 이렇게 하면 검색 단계를 빠르게 만들 수 있다(왜냐하면 실제로 검색이 없기 때문이다).

새로운 NodeRecord 구조는 다음과 같다.

```
1  # 노드를 위한 정보를 추적하기 위한 구조체
2  class NodeRecord:
3      node: Node
```

276

```
4      connection: Connection
5      costSoFar: float
6      estimatedTotalCost: float
7      category: {CLOSED, OPEN, UNVISITED}
```

카테고리는 OPEN, CLOSED 또는 UNVISITED가 될 수 있다.

닫힌 리스트는 필요하지 않다

미리 모든 노드를 만들고 배열에 배치했으므로 닫힌 리스트를 더 이상 유지할 필요가 없다. 닫힌 리스트가 사용되는 경우는 노드가 포함됐는지 보고 포함됐다면 노드 레코드를 검색하는 것이었다. 이제 노드 레코드를 바로 사용할 수 있고 레코드의 카테고리 값을 보고 닫혀 있는지 확인하면 된다.

열린 리스트 구현

가장 낮은 점수를 가진 요소를 검색할 수 있어야 하므로 같은 방법으로 열린 리스트를 제거할 수 없다. 열린·닫힌 리스트에서 노드 레코드를 검색해야 하는 경우 배열을 사용할 수 있지만 노드의 우선순위 큐를 보관하기 위해 별도의 자료 구조가 필요하다.

우선순위 큐에 모든 노드 레코드를 담고 있을 필요가 없기 때문에 단순화시킬 수 있다. 보통 우선순위 큐는 노드 번호만 갖고 있으면 된다. 이 번호는 노드 배열에서 레코드를 바로 조회하는 데 사용된다.

다른 방법으로, 우선순위 큐는 노드 레코드를 링크드 리스트로 만들어 노드 배열 레코드와 서로 연결할 수 있다.

```
1   # 노드를 위한 정보를 추적하기 위한 구조체
2   class NodeRecord:
3       node: Node
4       connection: Connection
5       costSoFar: float
6       estimatedTotalCost: float
7       category: {CLOSED, OPEN, UNVISITED}
8       nextRecordInList: NodeRecord
```

배열은 순서를 변경하지 않지만 배열 내 각 요소에는 연결된 리스트의 다음 레코드에 대한 링크드 리스트가 있다. 링크드 리스트에는 노드들이 나열돼 있고 열린 리스트에서 가장 좋은 노드를 검색하는 우선순위 큐로 사용될 수 있다.

전체 버킷 우선순위 큐를 지원하기 위해 레코드에 다른 요소를 추가하는 구현을 이미 살펴봤는데 경험상 일반적인 접근 방법은 낭비되는 메모리(대부분의 노드들이 리스트에 포함되지 않음), 불필요한 코드 복잡성(우선순위 큐를 유지하는 보기 안 좋음), 캐시 문제(메모리 영역을 이리저리 움직여서 캐시 미스가 발생)가 있었다. 특별히 다른 방법을 사용해야 하는 이유가 없다면 노드 인덱스와 총 비용을 위한 별도의 우선순위 큐를 사용하는 것이 바람직하다.

큰 그래프를 위한 변형

사전에 미리 모든 노드를 만드는 것은 대부분의 노드를 고려하지 않을 경우 공간 낭비가 된다. PC에서 작은 그래프를 사용하는 경우 메모리 사용량을 늘려 속도를 향상시키는 것은 좋지만 큰 그래프 또는 메모리가 제한된 콘솔에서는 문제가 될 수 있다.

C 또는 포인터가 있는 다른 언어에서는 레코드의 배열 자체가 아니라 노드 레코드에 대한 포인터 배열을 만드는 두 가지 방법을 혼합해 모든 포인터를 처음에 NULL로 설정한다.

A* 알고리듬에서 이전처럼 노드가 필요할 때 노드를 만들고 배열에 적절한 포인터를 설정한다. 노드가 있는 리스트를 찾으려면 포인터가 NULL인지, 포인터가 있다면 열린 목록 또는 닫힌 목록에 있는지 확인할 수 있다.

이 접근법은 모든 노드를 미리 할당하는 것보다 작은 메모리를 필요로 하지만 매우 큰 그래프의 경우에는 여전히 많은 메모리를 차지할 수 있다.

4.3.8 휴리스틱 선택하기

휴리스틱이 정확할수록 A*가 더 빠르고 효과적으로 실행된다. 완벽한 휴리스틱 값을 얻는다면(두 노드 사이의 최소 거리를 반환한다) A*는 정답으로 바로 갈 수 있다. 이때 알고리듬은 $O(p)$가 되고 p는 경로에서 스텝의 개수를 의미한다.

안타깝게도 두 노드 사이의 정확한 거리를 계산하려면 노드 사이의 최단 경로를 찾아야 한다. 이것은 곧 길 찾기 문제를 해결하는 것을 의미한다. 즉 지금 우리가 해결하려고 하는 문제다!

완벽하지 않은 휴리스틱의 경우 A*는 휴리스틱의 값이 높거나 낮음에 따라 약간 다르게 동작한다.

휴리스틱 과소평가

만약 휴리스틱 값이 너무 낮게 설정된다면 실제 경로 길이를 과소평가해 A*가 더 오래 동작하게 된다. 측정-전체-비용은 지금까지-비용으로 편향된다(왜냐하면 휴리스틱 값은 실제보다 작으므로). 따라서 A*는 목표에 가까운 노드들보다는 시작 노드에 가까운 노드들을 검사하는 것을 선호하게 된다. 결과적으로 목적지까지 경로를 찾는 데 걸리는 시간이 늘어난다.

모든 가능한 경우에서 휴리스틱이 과소평가되면 결과적으로 A*는 가능한 최상의 경로가 된다. 결국 다익스트라 알고리듬이 생성하는 경로와 완전히 동일해진다. 이렇게 하면 비최적 경로를 선택하는 문제를 피할 수 있다.

그러나 휴리스틱이 과대평가되는 경우에는 경로에 대해 보증할 수 없게 된다.

정확도가 성능보다 더 중요한 애플리케이션에서는 추론이 과소평가되도록 하는 것이 중요하다. 상업 및 학술적 문제에서 경로 계획에 대한 기사를 읽는 경우 정확성은 종종 매우 중요하며, 따라서 다양한 과소평가 방법들이 있다. 휴리스틱을 과소평가하는 문헌들은 게임 개발자들에게 많은 영향을 미친다. 여러분에게는 휴리스틱의 과대평가를 잘 활용하는 것을 추천한다. 게임은 최적의 솔루션을 찾는 것이 아니라 얼마나 믿을 만하게 보이느냐가 중요하기 때문이다.

휴리스틱 과대평가

휴리스틱이 너무 커서 실제 경로 길이를 과대평가하면 A*가 최상의 경로를 반환하지 않을 수 있다. A*는 노드 사이의 연결에 비용이 많이 드는 경우에도 더 적은 수의 노드로 경로를 생성하려고 할 것이다.

측정-전체-비용 값은 휴리스틱으로 편향될 것이다. A* 알고리듬은 지금까지-비용보다 이동 거리가 적은 노드를 선호하는 경향이 있다. 이렇게 하면 목표를 향한 검색은 빠르지만 거기에 도달할 수 있는 최상의 경로는 누락될 가능성이 있다.

이것은 경로의 전체 길이가 최상의 경로 길이보다 클 수 있음을 의미한다. 다행스러운 것은 이러한 경로가 꼭 나쁜 경로는 아니라는 점이다. 휴리스틱이 최대 x까지 과대평가되면 최종 경로는 x보다 길지 않다.

휴리스틱 과대평가 방법은 가끔 '허용할 수 없는 경험적 방법'이라고도 한다. 이것은 우리가 사용할 수 없다는 것을 의미하지 않는다. 대신 A* 알고리듬이 더 이상 최단 경로를 반환하지 않는다는 것을 의미한다.

과대평가는 목표에 더 빠르게 갈 수 있기 때문에 A*를 거의 완벽하게 만들 수 있다. 휴리스틱이 약간만 과대평가된다면 최상의 경로와 동일한 경로를 생성하는 경향이 있으므로 결과의 품질은 크게 중요한 문제가 아니다.

하지만 오차 범위가 크다. 휴리스틱을 더 많이 과대평가하면 A*의 결과는 빠르게 나빠진다. 휴리스틱에 일관성이 없으면 과소평가하는 것이 더 효율적일 수 있으며 정답을 얻는 추가 이점을 얻을 수 있다.

이제 게임에서 사용되는 일반적인 휴리스틱 예들을 살펴보자.

유클리드 거리

길 찾기 문제의 비용 값이 게임 레벨의 거리를 사용한다고 상상해 보자. 연결 비용은 두 지역의 대표 지점 간 거리에 의해 생성된다. 이 경우 일반적인 휴리스틱은 유클리드 거리다. 이렇게 하면 과소평가하는 것이 보장된다.

유클리드 거리는 일직선 거리이며 공간상 2개의 점 사이의 거리로 측정한다. 이때 중간에 벽이나 장애물들은 고려하지 않는다.

그림 4.17에 실내 레벨에서 유클리드 거리로 측정하는 모습을 보여 주고 있다. 두 노드 사이의 연결의 비용은 각 지역의 대표 포인트의 거리로 얻을 수 있다. 측정 값은 직접 연결이 없더라도 목표 노드의 대표 지점까지의 거리로 표시된다.

유클리드 거리는 항상 정확하거나 과소평가된다. 벽이나 장애물이 있으면 추가 거리가 발생한다. 만약 장애물이 없다면 휴리스틱은 정확하다. 그렇지 않다면 과소평가된다.

야외 환경에서는 이동에 대한 제약이 거의 없으므로 유클리드 거리가 매우 정확하고 빠른 속도를 제공한다. 그림 4.17과 같은 실내 환경에서는 극단적인 과소평가로 최적의 길 찾기가 되지 못한다.

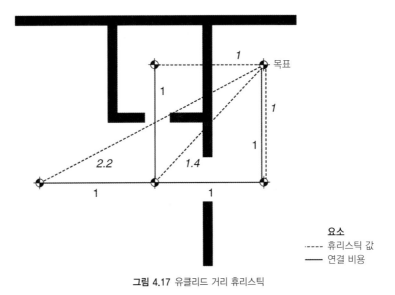

그림 4.17 유클리드 거리 휴리스틱

그림 4.18은 타일 기반의 실내 및 실외 레벨에서 길 찾기 작업에 대한 채우기 시각화를 볼 수 있다. 유클리드 거리 휴리스틱을 사용해 실내 레벨을 채우기 하면 그림과 같이 성능이 좋지 않음을 알 수 있다. 실외는 최소 채우기가 되며 성능이 좋다.

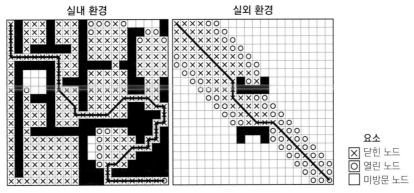

그림 4.18 유클리드 거리 채우기의 특징

클러스터 휴리스틱

클러스터 휴리스틱cluster heuristic은 노드를 클러스터로 그룹화해 동작한다. 클러스터에 있는 노드들은 상호 연결된 레벨의 일정 영역을 표현한다. 그래프를 사용한 클러스터링 알고리듬은 자동으로 수행할 수 있지만 더 자세한 내용은 이 책의 범위를 벗어난다. 보통 클러스터링은 수 작업 또는 레벨 디자인의 부산물이다(포털 기반의 게임 엔진은 각 방을 위한 클러스터를 가진다).

클러스터의 각 쌍 사이에서 최단 경로 길이를 얻을 수 있는 룩업 테이블을 준비한다. 이것은 모든 클러스터 쌍 사이에서 길 찾기를 수행하고 결과를 저장하는 오프라인 처리 단계다. 적정 수준의 시간 안에서 수행되고 합리적인 메모리를 사용할 수 있도록 충분히 작은 클러스터 집합이 선택된다.

휴리스틱이 게임에서 호출될 때 시작 및 목표 노드가 같은 클러스터에 있다면 유클리드 거리(또는 다른 방법)가 사용돼 결과를 얻을 수 있다. 그렇지 않으면 테이블에서 얻는다. 그림 4.19의 그래프는 양방향으로 모두 같은 비용을 갖고 있다.

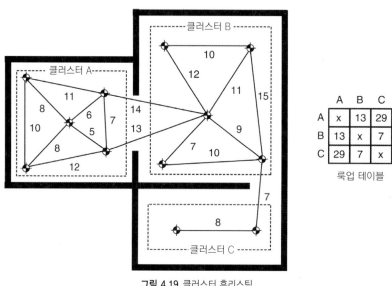

그림 4.19 클러스터 휴리스틱

클러스터 휴리스틱은 실내 환경에서 길 찾기 성능을 극적으로 향상시킨다. 왜냐하면 벽 사이 통로를 연결하는 복잡한 경로를 고려하기 때문이다(벽을 통과하는 거리는 작지만 방 사이를 오가는 복도 같은 경우는 오차가 더 크게 마련이다).

그러나 주의 사항이 있다. 클러스터의 모든 노드가 같은 휴리스틱 값을 갖고 있기 때문에 A* 알고리듬은 클러스터를 통해 최적의 경로를 쉽게 찾을 수 없다. 채우기 관점에서 시각화하면 클러스터는 알고리듬이 다음 클러스터로 이동하기 전에 클러스터가 거의 모두 채워지는 경향이 있다.

클러스터의 크기가 작다면 이것은 문제가 되지 않고 휴리스틱의 정확도도 뛰어나다. 하지만 룩업 테이블은 커질 것이다(따라서 전처리 시간도 엄청나게 늘어날 것이다).

클러스터의 크기가 크다면 성능 향상의 한계가 발생하고 간단한 휴리스틱이 더 좋은 선택이 된다.

나는 클러스터 내에서 더 나은 측정치를 제공하기 위해 개인적으로 클러스터 휴리스틱에 대한 다양한 실험을 해봤는데 여기에는 각 측정을 위한 다양한 유클리드 거리 계산들이 포함돼 있다. 성능 향상을 위한 기회들은 있지만 신뢰할 수 있고 검증된 기술은 아직 없다. 게임의 특정 레벨 디자인의 문맥에 따라 실험이 필요하다.

클러스터링은 4.6절에서 설명한 계층적 길 찾기와 밀접한 관련이 있으며 위치 집합도 함께 클러스터링된다. 클러스터 사이의 거리에 대해 여기서 살펴볼 계산 중 일부는 클러스터 간 휴리스틱을 계산하는 데 사용할 수 있다.

이러한 최적화가 없다고 하더라도 클러스터 휴리스틱은 실내 환경에서 사용해 볼 가치가 충분하다.

A*의 채우기 패턴

그림 4.20은 다양한 휴리스틱을 사용한 A*의 타일 기반 실내 환경 채우기 패턴을 보여 주고 있다.

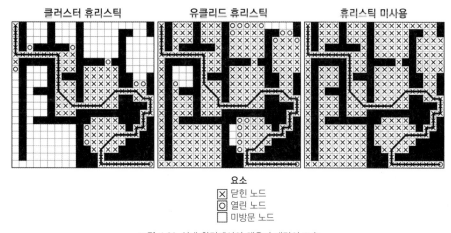

그림 4.20 실내 환경에서의 채우기 패턴의 모습

첫 번째 예제는 레벨에 맞게 조정된 클러스터 휴리스틱을 사용한다. 두 번째 예제는 유클리드 거리를 사용하고, 마지막 예제는 휴리스틱을 0으로(극단으로 과소평가했을 때) 사용한다. 각 예제마다 다른 채우기를 갖고 있는데 클러스터 휴리스틱은 거의 채워지지 않은 반면 휴리스틱을 0으로 설정한 것은 대부분의 레벨을 채운다.

이것은 2장에서 살펴본 지식과 트레이드 오프의 좋은 예다.

만약 휴리스틱이 더 복잡하고 게임 레벨의 특성에 잘 맞으면 A* 알고리듬은 더 적은 검색을 하고, 문제에 대한 많은 지식을 제공한다. 이것의 궁극적인 확장은 지식을 갖춘 휴리스틱이다. 지금까지 살펴봤듯이 검색 없이도 최적의 A* 성능을 얻을 수 있다.

다른 한편으로 유클리드 거리는 작은 지식을 제공한다. 두 지점 사이를 이동하는 비용은 거리에 따라 다르다. 약간의 지식으로도 큰 도움이 되지만 완벽한 휴리스틱보다는 더 많은 검색을 요구하며 휴리스틱 값이 0이면 지식이 없으므로 많은 검색이 필요하다.

실내 환경에서 큰 장애물이 있을 때 유클리드 거리는 실제 거리를 나타내는 가장 좋은 지표는 아니다. 실외 환경에서 훨씬 정확하다. 그림 4.21은 실외 환경에서 장애물이 적을 때, 휴리스틱이 0일 때와 유클리드 거리 휴리스틱이 적용된 것을 볼 수 있다. 보다시피 유클리드 휴리스틱은 더 정확하고 채우기도 적다.

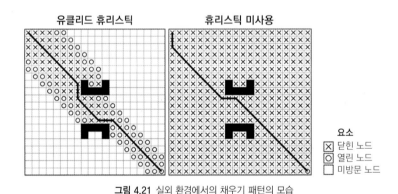

그림 4.21 실외 환경에서의 채우기 패턴의 모습

이 경우 유클리드 거리는 매우 좋은 휴리스틱이고 이보다 더 좋은 결과를 얻을 수 없다. 사실 클러스터 휴리스틱은 실외에서 성능을 향상시키는 방법은 아니다.

휴리스틱의 품질

휴리스틱을 만드는 것은 과학이라기보다는 예술에 가깝다. 이것의 중요성은 AI 개발자들에게 과소평가되고 있는데 우리의 경험에 비춰 볼 때 많은 개발자가 그다지 큰 고민 없이 유클리드 거리 휴리스틱을 사용하고 낙관적인 결과를 바랐다.

제대로 된 휴리스틱을 얻는 유일한 방법은 알고리듬의 채우기를 시각화하는 것이다. 게임을 플레이하는 중간 또는 끝났을 때 통계치를 얻고 이후에 검토할 수 있다. 괜찮다고 생각했던 휴리스틱 값을 사용했음에도 불구하고 종종 좋지 않은 결과를 얻는 경우가 있었다.

그래프의 구조와 연결을 조사해 자동으로 휴리스틱을 생성하는 연구가 진행됐는데 결과적으로 유클리드보다 더 좋은 결과를 만들고 거리 기반이 아닌 그래프도 지원할 수 있다고 한다. 하지만 아직 입증할 만한 충분한 결과는 없는 것 같다.

대부분의 개발자들은 최적의 휴리스틱 값을 찾길 원하지만 과소평가를 고려하지는 않는 것 같다. 가장 간단하고 일반적인 휴리스틱은 유클리드 거리이며 더 좋은 연구가 이뤄지기 전까지는 한동안 지속될 것이다.

다익스트라는 A*의 자식이다

다익스트라 알고리듬이 A*의 하위 집합임을 아는 것이 중요하다. A*에서 지금까지−비용에 휴리스틱 값을 추가해 노드의 측정−전체−비용을 계산한다. 그 이후 A*는 이 값을 기반으로 처리할 노드를 선택한다.

만약 휴리스틱이 언제나 0을 반환하면 측정−전체−비용은 언제나 지금까지−비용과 같다. A* 가 측정−전체−비용이 가장 작은 노드를 선택할 때, 결국 지금까지−비용이 가장 작은 노드를 선택한다. 이것은 다익스트라와 동일하다. 휴리스틱이 0인 A*는 다익스트라와 같다.

4.4 월드 표현

지금까지 길 찾기는 비용과 노드 및 연결로 구성된 그래프에서 동작한다고 가정했다. 이것은 길 찾기 알고리듬이 알고 있는 세상이지만 게임은 노드와 연결로 구성돼 있지 않다.

게임 레벨을 길 찾기에 넣으려면 맵의 지오메트리와 캐릭터의 이동 기능을 그래프의 노드와 연결 및 값을 계산하는 비용 함수로 변환해야 한다.

길 찾기의 월드 표현을 위해 게임 레벨을 노드 및 연결에 해당하는 연결된 영역으로 나눈다. 이를 위한 여러 가지 방법을 분할 방식(분할 스키마)division scheme이라고 한다. 긱 분할 방식은 양자화/지역화, 생성, 유효성이라는 세 가지 중요한 속성으로 차례대로 알아보도록 하자.

레벨 디자이너에 의해 만들어지는 길 찾기 데이터 생성 및 자동화는 12장에서 더 자세히 다룰 것이다. 큰 규모의 게임 개발에서 월드 표현의 구현은 보통 툴 및 기술 구현 문제와 관련이 있다.

양자화/지역화

길 찾기 그래프는 실제 게임 레벨보다 훨씬 간단하므로 게임에서의 위치 값들을 그래프 내 노드로 변환시키는 작업들이 필요하다. 예를 들어 캐릭터가 스위치에 도달하기를 원하면 스위치의 위치와 이러한 위치 값을 그래프 노드로 변환할 수 있어야 한다. 이 과정을 양자화quantization라고 한다.

마찬가지로 캐릭터가 길 찾기에 의해 생성된 경로를 따라 움직이는 경우 캐릭터가 올바르게 움직일 수 있도록 경로들을 게임 월드의 위치 값으로 다시 변환해야 한다. 이것을 지역화localization라고 한다.

생성

연속된 공간을 영역과 길 찾기를 위한 연결로 나누는 방법에는 여러 가지가 있다. 흔히 사용하는 몇 가지 표준적인 방법이 존재한다. 수동(사람이 손으로 직접 분할)으로 또는 알고리듬을 사용해 자동으로 할 수도 있다.

이상적으로는 당연히 자동으로 동작하는 기술을 사용하고 싶다. 하지만 수동으로 작업하는 경우 특정 게임 레벨에 맞춰 조정될 수 있으므로 일반적으로 가장 좋은 결과물을 얻을 수 있다.

수동 기술에 사용되는 가장 일반적인 분할 방식은 보로노이 다이어그램Voronoi diagram이라고 불리기도 하는 디리클레 도메인Dirichlet domain이다. 가장 일반적인 알고리듬 방법은 타일 그래프, 가시성 포인트, 내비게이션 메시navigation mesh다. 이 중 내비게이션 메시와 가시성 포인트는 종종 사람의 지도하에 따라 자동으로 생성하는 데 도움을 받는다.

유효성

캐릭터에게 노드 A에서 B로 이동해야 한다고 알려 주면 캐릭터는 이동할 수 있어야 한다. 즉 캐릭터가 노드 A에 있을 때 노드 B의 어느 지점으로든 도달할 수 있어야 한다는 의미다. 만약 A와 B 주변의 양자화 영역이 이동을 허용하지 않으면 길 찾기가 쓸모없는 계획을 세울 수도 있다.

분할 체계는 연결된 두 영역의 모든 점이 서로 도달할 수 있는 경우 유효하다. 실제로 대부분의 분할 체계는 유효성을 강요하지 않는다. 그림 4.22와 같이 다양한 유효성 레벨이 있을 수 있다.

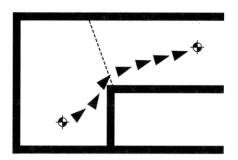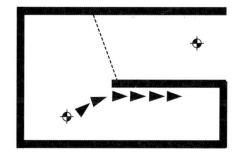

그림 4.22 2개의 잘못된 양자화로 인해 경로 실행이 불가능한 경우

그림의 왼쪽은 그다지 나쁘지 않다. '벽 피하기' 알고리듬(3장 참고)은 문제에 쉽게 대처할 수 있다. 동일한 알고리듬을 사용하는 그림의 오른쪽은 목적지에 갈 수 없으며, 분할 방식은 그다지 의미가 없다. 분할선은 예측하기 어렵고 약간의 변화만으로도 걷잡을 수 없이 유효성에 문제가 생긴다.

각 분할 방식에 의해 생성된 그래프의 유효성 속성을 이해하는 것은 매우 중요하다. 최소한 사용할 수 있는 캐릭터 이동 알고리듬의 유형에 큰 영향을 미친다.

이제 게임에서 사용되는 주요한 분할 방식들을 살펴보자.

4.4.1 타일 그래프

타일 기반 레벨은 2D 기반 등각^{isometric} 그래픽[2]이 나타나면서 거의 사라졌다. 그러나 타일 자체는 죽지 않았다. 엄밀히 말해 타일로 구성되지는 않았지만 많은 수의 3D 게임도 3D 모델을

---

2   쿼터뷰(quarter view)라고도 한다. - 옮긴이

배치할 때 그리드^{grid}를 사용한다. 그래픽의 기본은 여전히 규칙을 가진 그리드로 이뤄져 있다.

그리드는 타일 기반 그래프로 쉽게 바꿀 수 있다. 많은 실시간 전략 게임이 타일 기반 그래프를 광범위하게 사용하며 야외 환경을 갖춘 게임들은 높이 및 지형 데이터를 기반으로 한 그래프를 사용한다.

타일 기반 레벨은 월드를 정사각형 영역으로 나눈다(턴제 전쟁 게임들의 경우에는 육각형 영역을 사용하기도 한다).

분할 방식

길 찾기 그래프의 노드는 게임 월드에서 타일을 표현한다. 게임 월드의 각 타일은 일반적으로 이웃 집합들이(예를 들어 직사각형 그리드의 주변 8개 타일) 있다. 노드 사이의 연결들은 인접한 노드에 연결된다.

양자화/지역화

어떤 타일이 월드의 어디에 있는지 결정할 수 있고, 이와 같은 처리는 보통 빠르게 수행된다. 정사각형 그리드의 경우 캐릭터의 x, z 좌표를 사용해 포함된 사각형을 결정할 수 있다. 예를 들어 다음과 같다.

```
1  tileX: int = floor(x / tileSize)
2  tileZ: int = floor(z / tileSize)
```

floor() 함수는 주어진 인수와 같거나 작은 가장 높은 정수를 반환하는 함수이고[3] tileX와 tileZ는 타일의 격자 내에서 타일을 식별한다.

비슷하게 지역화를 위해 타일의 대표점(타일의 가운데 위치)을 사용해 노드를 다시 게임 월드의 위치로 변환할 수 있다.

생성

타일 기반 그래프는 자동으로 생성된다. 이들은 항상 규칙적이므로(항상 동일하게 연결이 가능하고 양자화가 간단하므로) 실시간으로 생성될 수도 있다.

---

3   예를 들어 5.1이 주어지면 5를 반환하고 5.9는 5를 반환한다. −5.1의 경우에는 −6을 반환한다. − 옮긴이

타일 기반 그래프의 구현은 미리 각 노드에 대한 연결을 저장할 필요가 없다. 이것은 길 찾기가 요청할 때 생성될 수 있다.

대부분의 게임은 타일에 차단 처리를 할 수 있다. 이 경우 그래프는 타일에 대한 연결을 반환하지 않고 길 찾기는 이 타일을 통과하려고 시도하지 않는다. 실외 환경의 높이 필드(높이 값의 사각형 그리드)를 표현하는 타일 기반 그리드의 비용은 종종 경사도에 따라 다르다. 높이 필드^{height field} 데이터는 거리 및 경사도를 기반으로 연결 비용을 계산하는 데 사용된다. 높이 필드의 각 샘플은 그래프의 타일 중심점을 나타내며 두 점 사이의 거리 및 높이 변화를 기반으로 비용을 계산할 수 있다. 이렇게 하면 내리막길로 가는 것이 오르막길로 가는 것보다 비용이 낮게 설정된다.

유효성

타일 기반 레이아웃을 사용하는 많은 게임에서 타일은 완전하게 차단되거나 비어 있을 수 있다. 이 경우 연결된 타일이 비어 있으면 그래프가 유효함을 보장할 수 있다.

그래프 노드의 일부분이 차단돼 있을 때는 그래프가 유효하지 않을 수 있다. 물론 차단된 영역이 어느 정도인지에 따라 결정된다. 그림 4.23은 두 가지 경우를 보여 주고 있다. 하나는 부분 막힘으로 인해 그래프가 유효화되고 나머지는 무효가 된다.

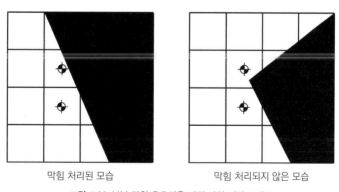

막힘 처리된 모습   막힘 처리되지 않은 모습

그림 4.23 부분 막힘 유효성을 가진 타일 기반 그래프

유용성

타일 기반 레벨은 그래프 표현으로 변환하는 것이 매우 쉽지만, 종종 게임 내 타일의 개수가 생각보다 많을 수 있다. 규모가 작은 RTS 레벨도 수십만 개의 타일을 가질 수 있기 때문에, 즉

길 찾기가 경로를 계획하기 위해 많은 처리를 필요한다는 것을 의미한다.

길 찾기에 의해 반환된 경로를 그래프(경로 안에서 각 노드를 위해 지역화를 사용)에 그리면 불규칙스럽게 보일 것이다. 이것은 그림 4.24에 나타나 있다.

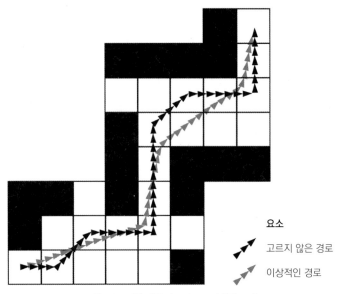

그림 4.24 타일 기반 경로가 고르지 않은 모습

사실 이러한 문제는 다른 모든 분할 방식이 갖고 있는 문제이지만 특히 타일 기반 그래프에서 더 두드러지게 나타난다(4.4.7절에서 이 문제를 해결하는 방법을 다룬다).

4.4.2 디리클레 도메인

디리클레 도메인은 2차원에서 보로노이 폴리곤*Voronoi polygon*이라고도 하며 평면을 특정 점까지의 거리가 가장 가까운 점의 집합으로 분할하는 알고리듬이다.

분할 방식

길 찾기 노드는 특징 포인트라고 불리는 공간에서 연관된 포인트를 가지며 디리클레 도메인에 있는 모든 위치를 노드에 매핑해 양자화를 수행한다. 게임 내 위치를 위한 노드를 결정할 때 가장 가까운 특징점을 찾는다.

특징점 집합은 보통 레벨 디자이너가 레벨 데이터의 일부로서 지정한다.

디리클레 도메인은 소스 지점에서 시작된 원뿔이라고 생각할 수 있다. 그림 4.25의 톱 뷰top view에서 바라봤을 때 각 원뿔의 영역은 해당 소스 지점에 속한다는 것을 알 수 있다. 이렇게 시각화하는 것은 문제가 발생했을 때 문제 해결을 위한 유용한 도구가 될 수 있다.

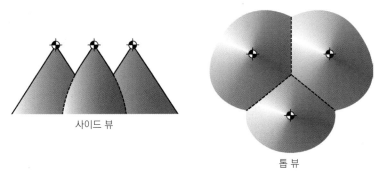

그림 4.25 원뿔 모양의 디리클레 도메인

기본 아이디어는 각 노드를 위한 다양한 폴오프falloff 함수를 사용하는 것이다. 어떤 노드는 양자화 단계에서 더 크게 당긴다. 이것은 때때로 가중 디리클레 도메인weighted Dirichlet domain이라고도 한다. 각 포인트는 연관된 가중치를 갖고 있고 영역의 크기를 제어한다. 가중치를 변경하는 것은 원뿔의 기울기를 변경하는 것과 같다. 쪼그라진 원뿔은 더 큰 지역을 가진다. 기울기를 변경하면 이상한 효과를 얻을 수도 있으니 기울기를 조절할 때는 주의가 필요하다.

그림 4.26 통로에서 디리클레 도메인의 모습을 보여 주고 있다. 통로의 끝부분이 잘못된 소스 지점에 속한다는 것을 알 수 있다. 뚱뚱한 원뿔이 뾰족하게 됐다. 이것은 길 찾기를 디버깅할 때 어려워질 수 있다.

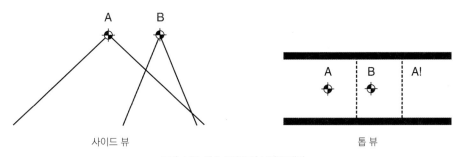

그림 4.26 변수 폴오프의 문제 도메인

가중 디리클레 도메인에 가중치를 수동으로 할당한다면 문제가 있는지 확인하기 위해 시각적으로 겹치는지 볼 수 있는 것이 좋다.

연결은 도메인의 경계에 배치된다. 연결 패턴은 들로네 삼각화^{Delaunay triangulation}라고 부르는 보로노이 다이어그램과 깊은 관계를 가진 수학적 구조를 사용해 찾을 수 있다. 들로네 삼각화의 변^{edge}은 그래프의 연결이며 정점들은 도메인의 특정 지점이다. 포인트의 집합을 사용해 들로네 삼각화를 만드는 것은 이 책의 범위를 벗어나며 들로네 삼각화의 구현에 대한 자세한 내용은 웹에서 찾을 수 있다. 접근법에 대한 학술 조사는 [66]을 참고하자.

대부분의 개발자는 알고리듬이 수학적으로 올바른지 관심이 많지 않다. 아티스트가 레벨 디자인의 일부로 연결을 지정하도록 하거나 연결을 확인하기 위해 레이 캐스트를 사용한다. 여러분이 들로네 삼각화를 사용한다고 해도 실제로 이동될 수 있는지는 확인해야 한다. 예를 들어 벽이 있을 수도 있기 때문이다.

양자화/지역화

위치는 가장 가까운 특징점을 찾아 양자화된다.

모든 점에서 가장 가까운 점을 찾는 것은 시간이 많이 걸리는 작업이다(n이 도메인의 개수라면 $O(n)$을 필요). 일반적으로 일종의 공간 분할 알고리듬(쿼드 트리^{quad-tree}, 옥트리^{octree}, BSP 또는 멀티 해상도 맵^{multi-resolution map})을 사용해 근처에 있는 점만 고려할 수 있다.

노드의 지역화는 도메인을 형성하는 특징점의 위치로 주어진다(예를 들어 위에서 살펴봤던 원뿔의 끝 부분).

유효성

디리클레 도메인은 복잡한 모양을 만들 수 있다. 한 도메인의 한 지점에서 연결된 도메인의 다른 지점으로 이동할 때 또 다른 세 번째 도메인을 지나가지 못하도록 하는 방법은 없다. 세 번째 도메인은 지나갈 수 없도록 설정될 수도 있으며 길 찾기에 의해 무시됐을 수도 있다. 이 경우 경로를 따라가게 되면 문제가 발생한다. 따라서 엄격하게 말하자면 디리클레 도메인은 유효하지 않은 그래프를 만들 수도 있다.

실제로 노드의 배치는 종종 장애물의 구조를 기반으로 하기도 한다. 일반적으로 장애물은 그들의 도메인을 갖지 않으므로 그래프의 무효성은 드물게 발생한다.

여러분의 캐릭터가 모든 문제를 해결하고 행복하게 벽을 피하면서 이동하려면 백업 메커니즘을 제공할 수 있다(예를 들어 벽 피하기 조종 행동을 사용).

유용성

디리클레 도메인은 매우 널리 사용되고 있다. 프로그래밍하기도 쉽고(연결을 자동으로 생성) 쉽게 변화를 줄 수도 있다. 레벨 지오메트리를 변경하지 않고도 레벨 에디팅 툴에서 그래프의 구조를 빠르게 변경할 수 있다.

4.4.3 가시성 포인트

임의의 2D 환경을 통한 최적 경로는 환경의 볼록한 꼭지점에서 변곡점(예를 들어 방향이 바뀌는 경로상의 점)을 항상 갖는다는 것을 알 수 있다. 만약 캐릭터가 반경을 갖고 이동하고 있다면 변곡점은 정점에서 떨어진 거리에 있는 원호로 대체될 수 있다. 그림 4.27에서 이러한 모습을 볼 수 있다.

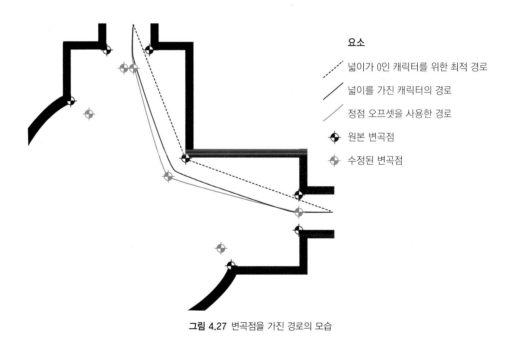

그림 4.27 변곡점을 가진 경로의 모습

3차원에서도 똑같이 적용되지만 변곡점은 볼록 폴리곤 모서리 또는 정점에 위치한다.

어느 쪽이건 상관없이 정점에서 짧은 거리를 이동한 특징점을 선택해 이러한 변곡점을 근사할 수 있다. 결과적으로 곡선은 아니지만 믿을 만한 경로를 얻을 수 있다. 이러한 새로운 특징점은 기존 지오메트리의 모서리에서 약간 튀어나오도록 계산해서 얻을 수 있다.

분할 방식

이러한 변곡점은 최단 경로에서 자연스럽게 발생하기 때문에 길 찾기 그래프의 노드로 사용할 수 있다.

실제 레벨의 지오메트리를 사용하면 너무 많은 변곡점이 생긴다. 이러한 대규모 레벨의 지오메트리는 단순화시킬 필요가 있다. 이러한 변곡점들은 충돌 지오메트리에서 가져오는 것이 가능하나 필요에 따라 만들어야 할 필요도 있다.

이러한 변곡점들은 그래프를 만들 때 노드 위치로 사용될 수 있다.

점들이 어떻게 연결되는지 알아보기 위해 레이 캐스트(광선)를 사용하며 광선이 다른 지오메트리와 충돌하지 않으면 연결된다. 이것은 한 점이 다른 점에서 볼 수 있다고 말하는 것과 같다. 그러한 이유로 이것을 '가시성 포인트'라고 한다. 많은 경우에 있어서 결과 그래프는 매우 크다. 예를 들어 복잡한 동굴에는 수백 개의 변곡점이 있을 수 있으며 각 변곡점은 다른 변곡점을 볼 수 있을 것이다. 이것은 그림 4.28에서 볼 수 있다.

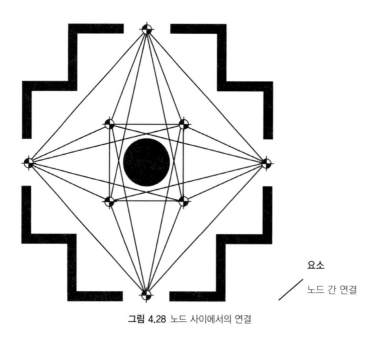

요소

／ 노드 간 연결

그림 4.28 노드 사이에서의 연결

양자화, 지역화, 유효성

가시성 포인트는 보통 디리클레 양자화를 위해 도메인의 중심을 나타내기 위해 사용된다.

또한 디리클레 도메인이 양자화를 위해 사용되는 경우 연결된 두 노드가 서로 도달하지 못할 수도 있다. 디리클레 도메인에서 이미 봤듯이 이것은 그래프가 무효라는 의미다.

유용성

가시점 포인트는 단점들이 있음에도 불구하고 자동 그래프 생성에 널리 알려진 방법이다. 그러나 우리는 결과물이 노력에 비해 가치가 있다고 생각하지 않는다. 경험상 결국 손으로 작업을 해야 하는 경우가 많았다. 대신 내비게이션 메시를 추천한다. 물론 일부 AI 개발자들은 우리의 견해에 동의하지 않을 수도 있다.

4.4.4 내비게이션 메시

타일 기반 그래프, 디리클레 도메인, 가시성 포인트 모두 여러분이 사용할 수 있는 도구이지만 현대 게임들의 대다수는 길 찾기를 위해 내비게이션 메시(또는 네브메시^{navmesh}라고도 한다)를 사용한다.

길 찾기를 위한 내비게이션 메시 접근법은 레벨 디자이너가 미리 레벨의 연결, 영역, AI가 있는지의 여부 등등을 지정해 동작한다. 레벨 자체는 폴리곤으로 구성하며 이 구조를 길 찾기 표현의 데이터로 사용한다.

분할 방식

많은 게임이 디자이너가 설정한 바닥 폴리곤을 영역으로 사용한다. 각 폴리곤은 그림 4.29와 같이 그래프에서 노드 역할을 한다.

그래프는 레벨의 메시 지오메트리를 기반으로 하므로 보통 내비게이션 메시라고 한다.

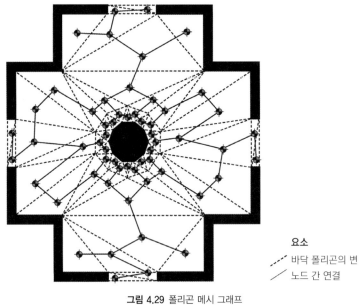

요소

╱ 바닥 폴리곤의 변

╱ 노드 간 연결

그림 4.29 폴리곤 메시 그래프

폴리곤이 변을 공유하면 노드가 연결된다. 바닥 폴리곤은 일반적으로 삼각형이지만 사각형 일 수도 있다. 따라서 노드에는 3~4개의 연결이 있게 된다. 내비게이션 메시를 생성하는 것은 일 반적으로 아티스트가 특정 폴리곤을 맥스나 마야와 같은 모델링 툴을 사용해 라벨링한다. 내 비게이션 메시와 다른 이슈지만 사운드 효과나 특정 이벤트 설정과 같은 처리를 위해서도 같 은 작업을 필요로 한다. 내비게이션 메시는 타일 기반 그래프를 제외하면 아티스트가 해야 할 작업이 많지 않다.

양자화/지역화

위치는 지역화돼 폴리곤 바닥에 포함될 수 있다. 올바른 폴리곤을 찾기 위해 많은 수의 폴리곤 을 검색하거나 속도를 빠르게 하기 위해 복잡한 공간 자료 구조를 사용할 수 있다. 하지만 대 부분 일관성 있는 가정을 사용한다.

일관성은 캐릭터가 이전 프레임에서 어느 위치에 있었는지 알면 다음 프레임에서 동일한 노 드 또는 인접한 노드에 있을 가능성이 높다는 것을 말한다. 이러한 노드들을 먼저 검사할 수 있다. 이 접근법은 많은 분할 방식에서 유용하지만 내비게이션 맵을 처리할 때 특히 더 중요 하다.

캐릭터가 바닥에 있지 않을 때 뭔가 잘못된 것을 알아차릴 것이다. 간단히 캐릭터의 아래에 있는 첫 번째 폴리곤을 찾아 양자화할 수 있다. 안타깝게도 캐릭터가 넘어지거나 점프하면 부적절한 노드에 배치될 수 있다. 예를 들어 그림 4.30에서 캐릭터는 통로를 사용하고 있지만 플랫폼 아래에 있는 위치로 양자화된다. 이것은 캐릭터가 방 아래쪽에 있는 것처럼 경로를 다시 만들게 될 것이고 이는 명백히 우리가 원하는 결과는 아니다.

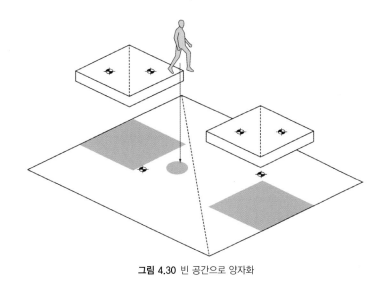

그림 4.30 빈 공간으로 양자화

지역화는 폴리곤의 어느 점이든 선택할 수 있지만 보통 지오메트리의 중심(정점의 평균 위치)을 사용한다. 이것은 삼각형에서는 잘 동작하지만 사각형 또는 4개 이상의 정점으로 이뤄진 폴리곤에서는 폴리곤이 오목하게 있어야 한다. 그래픽 엔진에서 사용하는 지오메트리 기본 요소들이 이미 이러한 요구 사항을 갖고 있다. 그러므로 렌더링에 사용된 것과 동일한 프리미티브 primitives를 사용한다면 문제 없을 것이다.

유효성

내비게이션 메시에 의해 만들어진 영역은 문제가 될 가능성이 있다. 왜냐하면 한 영역에서 연결된 다른 영역의 어떠한 점이라도 이동할 수 있다고 가정했고 실제로는 그렇지 않을 수 있기 때문이다. 그림 4.31에서 볼 수 있듯이 영역은 삼각형 쌍을 포함하고 있고 이 사이로 이동하는 것은 불가능하기 때문이다.

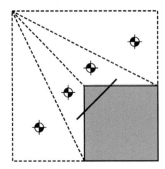

그림 4.31 내비게이션 메시의 비-보간(non-interpolation)

바닥 폴리곤이 레벨 디자이너에 의해 만들어지기 때문에 이러한 이슈들은 해결 가능하다. 훌륭한 레벨 디자이너는 이러한 문제를 해결하기 위해 폴리곤을 자연스럽게 만들 것이고 큰 문제가 없을 것이다.

유용성

이 접근법을 사용하려면 추가적으로 에이전트의 지오메트리를 고려해 처리할 필요가 있다. 바닥 폴리곤의 모든 위치로 캐릭터가 움직일 수 있는 것은 아니기에(예를 들어 벽에 너무 가까이 있는 경우) 자르기가 필요한 경우도 있다. 공유하는 모서리를 찾음으로써 생성된 연결에 영향을 줄 수 있다. 이 문제는 출입구와 같은 볼록한 영역에서 특히 두드러진다.

특히 게임 캐릭터가 벽, 천장을 가로지르는 경로 또는 다른 형태의 레벨을 움직여야 하는 경우, 예를 들어 캐릭터가 벽에 붙어 있을 때 유용하게 사용될 수 있다. 다른 월드 표현을 사용했다면 동일한 결과를 얻는 것이 매우 힘들 것이다.

노드로서의 모서리

바닥 폴리곤은 폴리곤 사이의 모서리에 노드를 할당하고 폴리곤의 면에 걸친 연결을 사용해 길 찾기 그래프로 변환될 수 있다. 그림 4.32에서 이것을 볼 수 있다.

이 접근법은 포털portal 기반 렌더링에서도 일반적으로 사용된다. 노드들은 포털에 할당되고 시야 내에 있는 모든 포털이 연결된다. 포털 렌더링은 그래픽스 기술이며 전체 레벨의 지오메트리를 포털로 연결된 청크chunk로 분할한다. 레벨을 청크로 분할하면 어떤 청크를 화면에 그려야 하는지 알아내는 것이 쉽기 때문에 렌더링 시간이 단축된다. 이 부분에 대한 더 자세한 내용은 이 책의 범위를 벗어난다. 자세한 내용은 게임 엔진 디자인에 관련된 다른 책을 참고하자.

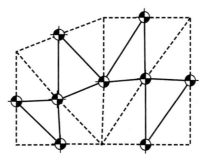

그림 4.32 내비게이션 메시의 포털 표현

내비게이션 메시에서 모든 바닥 폴리곤의 모서리는 포털처럼 동작하고 노드로서 존재한다. 이를 위해 시선^{line-of-sight} 검사는 할 필요가 없다. 정의에 따라 볼록한 바닥 폴리곤의 각 모서리는 다른 모든 모서리에서 볼 수 있다.

우리가 읽었던 몇몇 기사들은 바닥 폴리곤의 모서리에 있는 노드가 최적의 위치에 동적으로 배치되도록 제안했었다. 즉 캐릭터가 움직이는 방향에 따라 노드들이 다른 위치에 있을 수 있다. 이것은 그림 4.33에서 볼 수 있다.

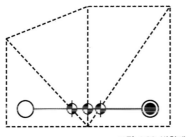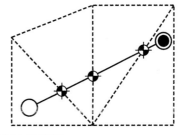

그림 4.33 방향에 따라 다른 노드 위치들

이것은 일종의 연속 길 찾기의 한 예이며, 4장의 뒷부분에서 연속 길 찾기를 위한 알고리듬을 살펴볼 것이다. 하지만 내 생각에 이것이 조금 과도한 면이 있다고 보며 고정된 그래프를 이용하는 것이 더 좋다고 생각한다. 만약 결과 그래프가 이상해 보인다면 경로 다듬기 과정(4.4.7절에서 알아볼 것이다)으로 충분할 것이다.

노드로서의 폴리곤과 모서리 표현은 내비게이션 메시로 알려져 있다. 종종 하나 또는 다른 접근법을 가정하고 있으므로 소스를 살펴보고 어떤 것을 사용하고 있는지 분명히 하는 것이 좋다.

4.4.5 이동 불가 문제

위치만 처리해야 하는 영역과 연결들은 논의한 적이 없었다. 일부 타일 기반 게임에서 타일들은 위치와 방향을 갖고 있고 에이전트가 한 번의 스텝에 이동하지 못하고 회전만 할 수도 있다.

그림 4.34에 에이전트는 이동하지 않고 회전할 수 없으며 한 번에 90도만 회전할 수 있다. 노드 A1, A2, A3, A4 모두 동일한 위치에 해당되지만 다른 방향을 나타내며 서로 다른 연결 집합을 가진다. 에이전트 상태의 양자화는 위치와 방향 모두를 고려해야 한다. 이 그래프의 계획은 이동과 회전의 나열이 될 것이다. 그림 4.35에 그림 4.34의 계획을 볼 수 있다.

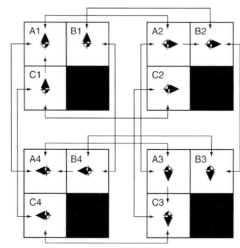

그림 4.34 이동 불가 타일 기반 월드

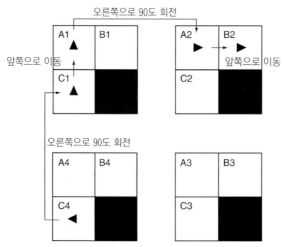

그림 4.35 이동 불가 타일 그래프에서의 계획

300

4.4.6 비용 함수

가장 간단한 예로, 최단 경로를 찾는 경우 연결 비용은 거리로 나타낼 수 있다. 비용이 높을수록 노드 간 거리가 커진다.

만약 가장 빠른 길을 찾는 데 관심이 있다면 시간에 의존하는 비용 값을 사용할 수 있다. 이는 거리를 사용할 때와 같은 것이 아니다. 왜냐하면 10미터 길이의 사다리를 오르는 것보다는 10미터 달리는 것이 더 빠르기 때문이다.

내비게이션 소프트웨어에서 경로를 계획할 때 사용하는 알고리듬은 4장의 내용과 동일하다. 내비게이션 프로그램은 보통 사용자에게 가장 빠른 경로 혹은 짧은 경로를 선택할 수 있도록 하는데 이는 곧 다른 비용 함수를 사용하는 것과 같다. 그래프의 비용을 계산할 때 다른 것들도 고려해 볼 수 있다. 예를 들어 RTS의 경우에 적이 화재에 노출됐거나 위험한 지형에 너무 가까이 다가간 경우 특정 연결을 더 비싸게 만들 수 있다. 가장 안전한 경로는 비용 값이 가장 낮은 경로가 될 것이다.

종종 비용 함수는 다른 고려 사항들과 혼합될 수 있으며 각기 다른 캐릭터마다 다른 비용 함수가 있을 수 있다. 예를 들어 정찰팀은 가시성과 속도에 관심을 가지며 무거운 포병 무기는 지형 난이도에 더 관심이 있을 것이다. 이를 전술적 길 찾기라고 하며 6장에서 더 자세히 살펴볼 것이다.

4.4.7 경로 다듬기

그래프의 노드에서 노드로 이동하는 경로가 다소 엉뚱한 것으로 보일 수도 있다. 경로 생성에 큰 영향을 주는 노드를 배치했을 때 경로가 이상하게 될 수도 있다. 그림 4.36에서 다양한 경로의 모양을 볼 수 있다. 표시된 경로는 지속적으로 방향을 전환하며 경로를 따르는 캐릭터는 그다지 지능적으로 보이지 않을 것이다.

일부 월드의 표현은 다른 것보다 더 거친 경로에 취약하다. 가시성 포인트 연결을 가진 포털 표현은 부드러운 경로를 만들 수 있지만 타일 기반 그래프는 매우 불규칙한 모양을 가질 것이다. 마지막 경로는 캐릭터가 경로를 어떻게 해석하느냐에 따라 달라진다. 만약 캐릭터가 경로 따라가기 조종 행동(3장 참고)을 사용할 경우 경로가 부드럽게 될 것이다. 경로를 다듬기 전에 항상 게임을 먼저 테스트해 보길 바란다.

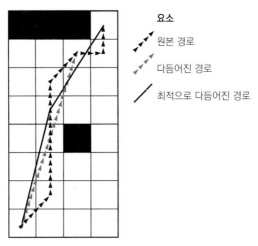

요소

⟫⟫ 원본 경로

⟩⟩ 다듬어진 경로

／ 최적으로 다듬어진 경로

그림 4.36 최적으로 경로 다듬기가 된 경로의 모습

일부 게임에서 경로 다듬기는, AI를 똑똑하게 보이게 하기 위해 필수적이다. 경로 다듬기 알고리듬은 상대적으로 구현하기가 쉽지만 레벨 지오메트리에 대한 접근이 가능해야 한다. 즉 시간이 다소 걸릴 수 있다는 의미다.

알고리듬

알고리듬에서 2개의 인접한 노드 사이에 경로가 있다고 가정할 것이다. 다시 말하자면 분할 방식이 유효하다고 가정한다.

먼저 빈 경로를 만들고 이것은 출력 경로가 된다. 그리고 빈 경로에 시작 노드를 추가한다. 출력 경로는 입력 경로와 동일한 노드에서 시작하고 끝난다.

입력 경로의 세 번째 노드에서 시작해 광선이 출력 경로의 마지막 노드에서 시작해 차례차례 각 노드로 캐스팅된다. 세 번째 노드에서 시작하는 이유는 첫 번째와 두 번째 노드 사이에 이미 명확한 라인이 있기 때문이다. 광선이 통과하지 못한다면 입력 경로의 이전 노드가 출력 경로에 추가된다. 레이 캐스팅은 입력 경로의 다음 노드에서 다시 시작되며 마지막 노드에 도착하면 마지막 노드가 출력 경로에 추가된다. 이제 출력 경로가 따라가야 할 경로로서 사용된다.

그림 4.36은 이 알고리듬을 사용해 부드럽게 처리된 경로를 보여 준다.

이 알고리듬은 부드러운 경로를 생성하기는 하지만 가장 좋은 결과를 얻기 위해 모든 것을 검색하지는 않는다. 그림에서 경로는 부드러워질 수 있는 만큼 최대한 부드럽게 표현됐지만 이 알고리듬으로 만들 수는 없다. 가장 부드러워진 경로를 생성하려면 가능한 모든 경로를 검색해야 한다. 하지만 이런 경우는 거의 없다.

의사 코드

경로 다듬기 알고리듬은 노드로 구성된 입력 경로를 취하고 부드러운 출력 경로를 반환한다.

```
1    function smoothPath(inputPath: Vector[]) -> Vector[]:
2
3        # 만약 경로가 2개의 노드밖에 없다면 부드럽게 할 수가 없으므로
4        # 그냥 반환한다.
5        if len(inputPath) == 2:
6            return inputPath
7
8        # 출력 경로를 컴파일한다.
9        outputPath = [inputPath[0]]
10
11       # 입력 경로에서 우리가 어디에 있는지 추적한다.
12       # 연결된 0번, 1번이 이미 처리됐으므로 2번부터 시작한다.
13       inputIndex: int = 2
14
15       # 입력 경로에서 마지막이 될 때까지 루프를 반복한다.
16       while inputIndex < len(inputPath) - 1:
17           # 광선을 날린다.
18           fromPt = outputPath[len(outputPath) - 1]
19           toPt = inputPath[inputIndex]
20           if not rayClear(outputPath[len(outputPath)-1],
21               # 검사가 실패했다면 출력 리스트에 전달된 마지막 노드를 추가한다.
22               outputPath += inputPath[inputIndex-1]
23
24           # 다음 노드를 검사한다.
25           inputIndex ++
26
27       # 입력 경로의 마지막에 도달했다면 마지막 노드를 출력 경로에
28       # 추가하고 출력 경로를 반환한다.
29       outputPath += inputPath[len(inputPath)-1]
30
31       return outputPath
```

자료 구조 및 인터페이스

의사 코드는 노드의 리스트로 동작한다. 지금까지 길 찾기 알고리듬은 연결의 리스트로 경로를 반환했다. 이러한 종류의 경로를 입력으로 사용할 수 있지만 출력 경로는 연결로 구성될 수 없다. 다듬기 알고리듬은 시야에 있는 노드들을 연결하지만 그들 사이에는 아무런 연결이 없다. 왜냐하면 그래프에 연결이 있었다면 연결에 큰 비용이 드는 경우가 아니라면 길 찾기가 부드럽게 경로를 직접 찾았을 것이기 때문이다.

성능

경로 다듬기 알고리듬은 메모리 O(1)이며 임시 저장소만 필요할 뿐이다. 시간 복잡도는 $O(n)$이며 n은 경로에서 노드의 개수다.

이 알고리듬에서 소요된 대부분의 시간은 레이 캐스팅 검사를 수행하는 데 소비된다.

4.5 A*의 개선

좋은 휴리스틱 값을 사용하면 A*는 매우 효과적인 알고리듬이다. 간단하게 구현했을지라도 한 프레임에 수만 노드를 처리할 수 있다. 이전 절에서 살펴본 것과 같은 추가 최적화를 진행하면 여기에서 더 좋은 성능을 얻을 수 있다.

많은 게임의 배경은 수십에서 수백만 개의 위치를 포함할 정도로 거대하다. 대규모 멀티플레이어 온라인 게임MMOG의 경우에는 이보다 수백 배 더 클 수도 있다. 이렇게 큰 배경 크기에서도 A* 알고리듬은 동작할 수 있지만 엄청나게 느릴 것이고 메모리 사용량 또한 클 것이다. 그러므로 알고리듬이 실용적으로 동작하지 않을 것이다. 또한 캐릭터가 도시 사이를 이동할 때 도로에서 8킬로미터 떨어진 곳에 있는 작은 돌맹이를 피하는 경로까지 고려한다면 이것은 약간 과도한 면이 있다. 이럴 때 계층적 길 찾기를 사용하면 문제를 더 잘 해결할 수 있다.

특정 게임에서는 길 찾기 계획이 빠르게 이뤄져야 하는 경우가 종종 있다. 예를 들어 군대 전체가 전투를 위해 경로를 세워야 할 수도 있다. 동적 길 찾기와 같은 다른 방법을 사용해 속도를 높일 수도 있고, 일부 성능을 낮추는 대신 메모리 사용량을 줄이는 방법도 있다.

4장의 나머지 부분에서 이러한 문제 중 일부를 자세히 살펴보고 다양한 A*의 변종들에 대한 특징들을 제공할 것이다.

4.6 계층적 길 찾기

계층적 길 찾기는 사람과 거의 같은 방식으로 경로를 계획한다. 전체 계획의 개관을 먼저 설정하고 그 이후에 이것들을 필요에 따라 수정하면서 앞으로 나아간다. 고차원적 단계에서 개관은 다음과 같다. '뒤쪽 주차장에 가려면 계단을 내려가고, 앞 로비에서 나온 후, 빌딩 옆으로 간다' 또는 '사무실을 가로질러, 방화문을 지나, 화재 진압기로 내려간다.' 더 긴 경로의 경우 고차원적 계획은 더 추상적이다. 가령 '런던 사무실로 가려면 먼저 공항으로 가고, 비행기를 탄 후, 도착하면 공항에서 택시를 탄다.'

경로의 각 스테이지는 별개의 경로 계획으로 구성된다. 예를 들어 공항으로 가려면 경로를 알아야 한다. 이 단계의 가장 첫 번째는 자동차에 가는 경로를 세우는 것이다. 차례로 뒤쪽 주차장으로 가는 계획을 필요로 할 수도 있고, 책상을 정리하고 사무실에서 나오는 계획을 필요로 하기도 한다.

이것은 길 찾기의 매우 효율적인 방법이다. 우선 추상적인 경로를 계획한다. 그리고 계획의 첫 번째 단계를 수행한다. 단계를 완료하기 위한 경로를 찾은 후 실제로 이동할 수 있을 때까지 하위 단계로 내려간다. 초기 멀티 레벨 계획을 끝내고 나면 이전 구역을 완료할 때 경로의 다음 부분만을 계획하면 된다. 주차장(여기에서 런던 사무실까지)에 가는 중간에 계단의 바닥에 도착하면 로비를 통해 다시 계획한다. 자동차에 도착했을 때 추상적인 계획의 '자동차 타기' 단계를 완료했고 이제 '공항으로 운전' 단계를 계획할 수 있다.

각 레벨의 계획은 일반적으로 간단하며 오랜 시간 동안 길 찾기 문제를 분리해 현재 경로의 일부만 수행하고 이것이 완료되면 다음 경로의 일부분만 실행한다.

4.6.1 계층적 길 찾기 그래프

더 높은 레벨에서 경로를 찾는 것도 여전히 A* 알고리듬과 모든 최적화 알고리듬을 사용할 수 있다. 하지만 계층적 길 찾기를 지원하기 위해 그래프 데이터를 변경할 필요가 있다.

노드

클러스터를 형성하기 위해 위치들을 그룹화한다. 예를 들어 방을 위한 개별적인 위치들은 그룹화할 수 있다. 방 하나에 50개의 내비게이션 포인트가 있을 수 있지만 하이 레벨 계획에서는 이것들을 하나로 취급할 수 있다. 그림 4.37과 같이 길 찾기에서 이 그룹은 하나의 노드로 취급된다.

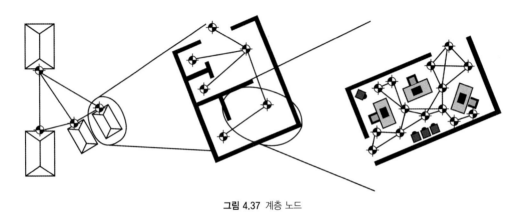

그림 4.37 계층 노드

이 처리는 필요한 만큼 반복해서 수행할 수 있다. 하나의 건물 안에 있는 모든 방을 위한 노드들은 하나의 그룹으로 표현할 수 있으며 이것은 다른 건물과 결합할 수도 있다. 최종적인 결과는 계층적 그래프가 된다. 계층 구조의 각 레벨에서 그래프는 길 찾기가 동작하고 있는 다른 그래프처럼 동작한다.

이 그래프에서 길 찾기가 동작하려면 그래프의 가장 작은 레벨에 노드(게임 레벨의 캐릭터의 위치에서 유도된)를 상위 레벨의 노드로 변환할 수 있어야 한다. 이것은 일반 그래프의 양자화 과정과 같다. 일반적인 구현 방법은 현재 레벨에서 상위 레벨의 그룹으로 가는 매핑을 저장하는 것이다.

연결

길 찾기 그래프는 연결뿐만 아니라 노드도 필요로 한다. 상위 레벨 노드 간의 연결은 그룹화된 영역 사이의 이동 기능을 반영할 필요가 있다. 만약 하나의 그룹 안에 있는 하위 레벨 노드가 다른 그룹 내 하위 레벨과 연결됐다면 캐릭터는 그룹 사이를 이동할 수 있고 두 그룹은 연결을 가진다.

그림 4.38은 계층 구조에서 다음 레벨에 노드의 연결을 기반으로 하는 두 노드 사이의 연결을 보여 준다.

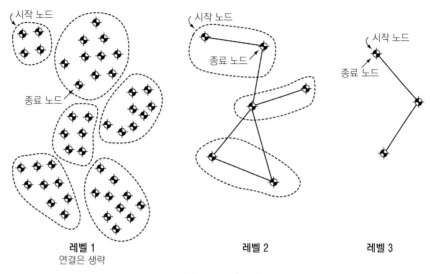

그림 4.38 계층적 그래프

연결 비용

두 그룹 간 연결의 비용은 그룹 간 이동의 어려움을 반영해야 한다. 이것은 수동으로 설정하거나 그룹 사이의 연결 비용 값으로 계산할 수 있다.

이것의 계산은 꽤 복잡한데 그림 4.39에서 보는 것처럼 그룹 C에서 그룹 D로 이동하는 비용이 그룹 A(비용 4) 또는 그룹 B(비용 2) 중 어디에서 C로 가는가에 따라 나르기 때문이다.

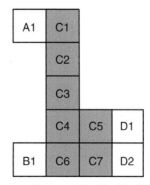

그림 4.39 그룹으로 표시된 타일 기반 레벨의 표현

일반적으로는 이러한 문제를 최소화하기 위해 그룹이 선택돼야 하지만 쉽게 해결하기는 어렵다.

그룹 간 연결 비용을 계산할 때 이러한 문제를 해결하기 위한 세 가지 다른 휴리스틱 방법이 있다.

| 최소 거리

첫 번째 방법은 최소 거리를 사용하는 것이다. 이 방법에 의하면 두 그룹 간 이동 비용은 해당 그룹의 노드 사이에서 가장 저렴한 비용을 사용하는 것이다. 길 찾기가 두 위치 간 경로를 찾을 때 최단 경로를 찾기 때문에 이것은 의미가 있다. 앞서 살펴본 예제에서 C에서 D로 이동하는 비용은 1이다. 만약 A 또는 B에서 C로 간다면 D로 가기 위해 하나 이상의 이동이 필요하다. 1이라는 값은 확실히 낮지만 여러분이 원하는 최종 경로가 얼마나 정확한지에 따라 중요한 속성이 될 수 있다.

| 최대 거리

두 번째 방법은 최대 거리를 사용하는 것이다. 각각 들어오는 연결마다, 임의의 적당히 나가는 연결까지의 최소 거리가 계산된다. 이 계산은 일반적으로 길 찾기를 사용해 수행된다. 이 값 중 가장 큰 값은 나가는 연결의 비용에 더해지고 그룹 간의 비용으로 사용된다.

이 예에서 C에서 D로 이동하는 비용을 계산하려면 2개의 비용이 계산돼야 한다. C1에서 C5(4)로의 최소 비용과 C6에서 C7(1)로의 최소 비용이다. 이 중에서 가장 큰 (C1에서 C5)는 C5에서 D1(1)으로 이동의 비용을 추가하고 이것은 최종 C에서 D로의 비용이 5임을 알 수 있다. C1이 아닌 다른 곳에서 C에서 D로 가려면 이전 휴리스틱과 같이 값은 매우 높을 것이다.

| 최소 평균 거리

극단적인 상황에서는 중간 값이 좋을 때도 있다. '최소 평균' 거리는 일반적으로 좋은 선택이다. 이것은 최대 거리와 같은 방법으로 계산될 수 있고 결괏값은 단순히 최댓값을 사용하는 것이 아니라 평균 값이 된다. 예를 살펴보면 B에서 시작해 C에서 D로 가는 경우(C6과 C7을 지난다) 비용은 2가 된다. A에서 출발한다면(C1에서 C5를 지나) 비용은 5가 된다. 그러므로 C에서 D로 가는 평균 비용은 $\frac{31}{2}$이 된다.

| 휴리스틱 요약

최소 거리 휴리스틱은 매우 낙관적이다. 이것은 그룹 내에서 노드를 돌아다니는 데 드는 비용은 절대로 없다고 가정한다. 최대 거리 휴리스틱은 비관적이다. 가능한 가장 큰 비용 중 하나를 찾아 사용한다. 최소 거리 평균은 다양한 길 찾기 요청에 대해 평균 비용을 사용하기 때문에 실용적이다.

우리가 선택하는 접근법은 정확도에 의해서만 결정되는 것은 아니다. 각 휴리스틱은 계층적 길 찾기에 의해 반환되는 경로의 종류에 영향을 받는다. 계층적 길 찾기 알고리듬을 더 자세히 살펴본 이후에 왜 그렇게 되는지 다시 알아보도록 하자.

4.6.2 계층적 그래프 길 찾기

계층적 그래프 길 찾기는 일반적인 A* 알고리듬을 사용한다. 이것은 계층 구조의 가장 상위 레벨에서 시작해 하위 레벨로 내려오면서 A* 알고리듬을 여러 번 반복해서 사용한다. 상위 레벨에서 결과는 하위 레벨 수준에서 수행해야 하는 작업을 제한하는 데 사용된다.

알고리듬

계층적 그래프는 매우 다양한 레벨을 가질 수 있기 때문에 가장 먼저 해야 할 것은 시작할 레벨을 찾는 것이다. 최소한의 작업을 수행하기 위해 가능한 한 최상위 레벨을 원하며 사소한 문제는 무시하고 싶다.

초기 레벨은 시작 및 목표 노드의 위치가 같은 노드에 없는 첫 번째 레벨이어야 한다. 시작 및 목표 노드가 같다면 하위 레벨은 불필요한 작업을 할 것이고 높은 레벨은 별로 하는 게 없을 것이다.

그림 4.38에서 길 찾기는 레벨 2에서 시작해야 한다. 왜냐하면 레벨 3은 시작과 끝 위치가 같은 노드에 있기 때문이다.

초기 레벨에서 계획이 발견되면 계획의 초기 단계들이 설정돼야 한다. 초기 단계는 캐릭터를 이동시키는 데 가장 중요하므로 정제할 필요가 있다. 이 단계에서 계획의 세밀한 부분까지는 알 필요가 없을 것이다. 왜냐하면 얼마 지나지 않아 작업이 진행될 것이기 때문이다.

고수준 레벨 계획에서 첫 번째 단계는 고려하는 것이다. 때로는 처음 몇 가지를 고려하는 것이 유용할 수 있으며 이것이 다양한 게임 월드에서 시도돼야 할 필요가 있는 휴리스틱이다. 이 작은 부분은 계층에서 살짝 낮은 레벨을 계획함으로써 정제될 것이다.

시작 지점은 동일하지만 끝 지점을 동일하게 유지하면 이 수준에서 전체 그래프를 계획하므로 이전 계획이 낭비된다. 따라서 끝 지점은 고수준 계획에서 첫 번째 이동이 끝날 때 설정된다.

예를 들어 방들을 위한 계획을 만든다면 고려해야 할 첫 번째 단계는 로비에 있는 캐릭터가 경비실로, 그리고 그곳에서 병기고까지 안내할 수 있는 계획을 줄 수 있어야 한다. 다음 단계로 방 안의 장애물 주변을 조정하는 데 관심이 있기 때문에 시작 위치(캐릭터의 현재 위치)를 유지한다. 하지만 끝 위치는 로비와 경비실 사이에 있는 출입구로 설정한다. 이 단계에서 경비실과 그 밖의 곳에서 해야 할 모든 것에 대해 무시한다.

레벨을 낮추고 끝 위치를 재설정하는 과정을 그래프의 가장 낮은 레벨에 도달할 때까지 반복한다. 이제 캐릭터가 해야 할 일에 대한 세부 계획을 갖고 있다. 처음 몇 단계까지만 자세하게 살펴봤지만 목표를 완료하는 데 충분히 도움이 될 것이라고 확신할 수 있다.

의사 코드

계층적 길 찾기를 위한 알고리듬은 다음과 같다.

```
1    function hierarchicalPathfind(graph: Graph,
2                                  start: Node,
3                                  end: Node,
4                                  heuristic: Heuristic
5                                  ) -> Connection[]:
6
7        # 찾을 경로가 없는지 확인한다.
8        if start == end:
9            return null
10
11       # 노드의 쌍을 설정한다.
12       startNode: Node = start
13       endNode: Node = end
14       levelOfNodes: int = 0
15
16       # 그래프의 레벨을 내림차순으로 순회한다.
```

```
17    currentLevel: int = graph.getLevels()-1
18    while currentLevel >= 0:
19        # 현재 레벨의 시작과 끝 노드를 찾는다.
20        startNode = graph.getNodeAtLevel(0, start, currentLevel)
21        endNode = graph.getNodeAtLevel(levelOfNodes,
22                                        endNode,
23                                        currentLevel)
24
25        levelOfNodes = currentLevel
26
27        # 시작과 끝 노드가 같다면?
28        if startNode == endNode:
29            # 이 레벨을 생략한다.
30            continue
31
32        # 같지 않다면 계획을 실행할 수 있다.
33        graph.setLevel(currentLevel)
34        path = pathfindAStar(graph, startNode, endNode, heuristic)
35
36        # 이 계획의 첫 번째 이동을 취하고 다음 계획을 위해 사용한다.
37        endNode = path[0].getToNode()
38
39    # 마지막으로 고려한 계획이 레벨 0이므로 반환한다.
40    return path
```

자료 구조 및 인터페이스

그래프 자료 구조에 몇 가지 추가를 했다. 이것의 인터페이스는 다음과 같다.

```
1    class HierarchicalGraph extends Graph:
2
3        # 그래프로부터 getConnections을 상속한다.
4
5        # 그래프에 있는 레벨 개수를 리턴한다.
6        function getLevels() -> int
7
8        # 그래프를 설정해 이후에 호출되는 모든 getConnections이 현재
9        # 그래프에 대응하도록 만든다.
10       function setLevel(level: int)
11
12       # 입력 레벨에 있는 노드를 출력 레벨에 있는 노드로 변환한다.
```

```
13    function getNodeAtLevel(inputLevel: int,
14                            node: Node,
15                            outputLevel: int) -> Node
```

setLevel 메서느는 그래프를 특정 레벨로 전환한다. 모든 getConnections 함수 호출은 비계층적 그래프에 있는 레벨처럼 동작한다. A* 함수는 이것이 계층적 그래프와 함께 동작하는지 알수 있는 방법이 없다. 왜냐하면 필요가 없기 때문이다.

getNodeAtLevel 메서드는 계층의 서로 다른 레벨 사이에서 노드를 변환한다. 노드의 레벨을 상위 단계로 높이면 매핑된 상위 레벨 노드를 간단히 찾을 수 있다. 노드의 레벨을 하위 단계로 낮추면 한 노드는 다음 레벨에서 임의의 수의 노드에 매핑될 수 있다.

이는 노드의 위치를 게임 위치로 지역화하는 것과 동일한 과정이다. 노드에는 여러 위치가 있지만 지역화에서 하나를 선택한다. 같은 것이 getNodeAtLevel 메서드에서도 일어나야 한다. 상위 레벨 노드를 대표할 수 있는 하나의 노드를 선택할 필요가 있다. 이것은 보통 중심에 가까운 노드, 가장 큰 영역 또는 가장 많이 연결된 노드(경로 계획을 위한 중요한 가이드가 될 수 있는)를 다루는 노드일 수 있다.

우리는 개별적으로 하위 레벨에 고정된 노드를 사용했고 이는 같은 상위 레벨 노드에 매핑된 모든 노드의 중심에 가장 가까운 노드를 찾아 생성했다. 이것은 인간의 개입을 필요로 하지 않는 빠르고 기하학적인 전처리 단계다. 노드는 이후에 상위 레벨 노드와 함께 저장되며 추가적인 처리 없이 요청이 있을 때 반환 가능하다. 이 방법은 효과적이고 별다른 문제는 없었지만 다른 방법을 사용해 본다거나 레벨 디자이너에 의해 수동으로 만들어 보는 방법을 사용해 볼 수도 있다.

성능

A* 알고리듬은 이전 버전에서 특별히 수정을 한 것이 없으므로 이전과 동일한 성능을 갖고 있다.

계층적 길 찾기 함수는 메모리 O(1)이며 시간 복잡도는 $O(p)$이다. 이때 p는 그래프의 레벨 개수다. 전반적으로 함수의 시간 복잡도는 $O(plm)$인데 보기에 기본 길 찾기 알고리듬보다 느려 보인다.

또한 계층적 그래프는 구조적으로 잘못 설계돼 전반적으로 성능이 낮을 수도 있는데 일반적으로는 O(lm) A* 알고리듬의 p개의 스테이지가 있을 때 각각의 반복 횟수 (l)는 기본 A* 호출보다 훨씬 작은 경우가 많고 그러므로 실제 성능은 상당히 높을 것이다.

큰 그래프(예를 들어 수만 개의 노드)의 경우 계층 구조를 사용해 실행 속도가 두 자릿수로 향상되는 경우는 드물지만, 2003년에 이 기술을 사용해 1억 노드가 있는 그래프에서 캐릭터를 위한 길 찾기를 실시간으로 사용해 본 적이 있다(AI는 프로세서의 10%만을 사용).

4.6.3 계층적 길 찾기에서 제외하기

캐릭터는 짧은 시간 동안 이전 알고리듬에 의해 만들어진 계획을 따라갈 수 있다. 가장 낮은 레벨 계획의 마지막에 도달하면 다음 부분을 위한 계획이 필요하다.

계획이 모두 소진되면 알고리듬이 다시 호출되고 다음 부분이 반환된다. 만약 계획이 저장되는 길 찾기 알고리듬(4.7절에서 볼 수 있다)을 사용하면 상위 레벨 계획은 처음부터 다시 만들어질 필요는 없다(비용이 많은 처리가 거의 없다).

일부 애플리케이션에서는 세부적인 전체 계획을 앞쪽에 두는 것을 선호할 수도 있다. 이 경우에도 여전히 계획을 효율적으로 만들기 위해 계층적 길 찾기가 사용될 수 있다.

동일한 알고리듬을 따르지만 시작 및 끝 위치는 절대로 이동하지 않는다. 추가 수정이 없으면 각 레벨마다 모든 계획을 수행하기 때문에 낭비가 심할 것이다.

각 하위 레벨에서 이러한 문제를 피하려면 길 찾기가 고려할 수 있는 유일한 노드는 상위 레벨 계획의 일부분인 그룹 노드 내에 있는 노드다.

예를 들어 그림 4.40에서 첫 번째 상위 레벨 계획을 보여 주고 있다. 하위 레벨 계획이 만들어지면(같은 시작 및 끝 위치에서) 모든 검정색으로 칠해진 노드는 무시된다. 이것들은 길 찾기에 의해 고려조차 되지 않는다. 다만 이렇게 되면 검색의 크기는 크게 줄어들지만 그림과 같이 최상의 경로는 놓칠 수 있다.

이것은 표준 계층적 길 찾기 알고리듬만큼 효율적이지는 않지만 여전히 매우 강력한 기술이다.

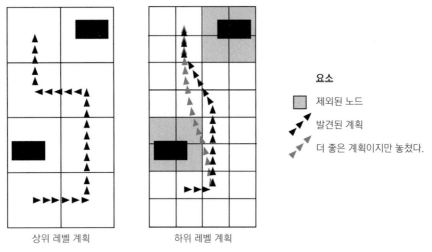

요소

제외된 노드

발견된 계획

더 좋은 계획이지만 놓쳤다.

상위 레벨 계획   하위 레벨 계획

그림 4.40 계층 구조가 내려갈 때 노드를 끈다.

4.6.4 길 찾기에서 계층 구조의 이상한 효과

계층적 길 찾기는 완벽한 해결책이 아닌 근사치를 제공한다는 점을 인식하는 것이 중요하다. 다른 휴리스틱과 마찬가지로 어떤 환경에서는 성능이 좋지만 그렇지 않은 환경에서는 나쁜 성능을 보여 준다. 상위 레벨 길 찾기는 하위 레벨에서 짧은 길이 될 수 있는 경로를 찾는 것일 수 있다. 이 짧은 길은 절대로 찾을 수 없다. 왜냐하면 상위 레벨 경로가 고정돼 있고 다시 고려할 수 없기 때문이다.

이 근사치는 최하위 레벨 그래프를 계층적 그래프로 전환했을 때 계산된 연결 비용이다. 노드 그룹을 통해 가능한 모든 경로를 하나의 값으로 정확하게 나타낼 수 없기 때문에 항상 어느 정도는 틀릴 것이다.

그림 4.41과 그림 4.42는 연결 비용을 계산하는 방법들이 잘못된 경로를 생성하는 경우를 보여 주고 있다.

그림 4.41은 방 사이의 모든 연결의 최소 비용이 1이기 때문에 경로 계획자가 더 짧은 경로보다 최소 방의 개수를 가진 경로를 선택하는 것을 볼 수 있다. 최소 비용 방법은 방들의 크기가 비슷할 때 효과적으로 동작한다.

그림 4.42에서 연결의 최댓값이 매우 크기 때문에 짧은 노선이 사용되지 않는다는 것을 볼 수 있다. maxmin 알고리듬은 모든 경로가 여러 방을 통과해야 하는 경우에 잘 동작한다.

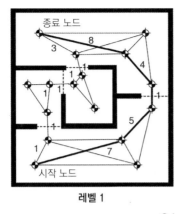
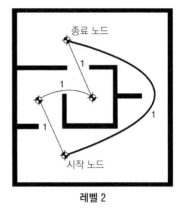

레벨 1   레벨 2

요소

╱ 생성된 경로: 비용 = 25

╱ 최적의 경로: 비용 = 9

그림 4.41 최소 방법의 좋지 않은 예

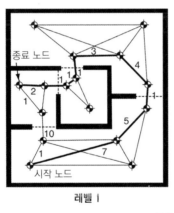
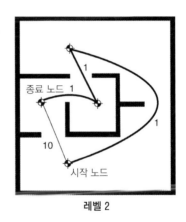

레벨 Ⅰ   레벨 2

요소

╱ 생성된 경로: 비용 = 25

╱ 최적의 경로: 비용 = 12

그림 4.42 maxmin 방법의 좋지 않은 예

같은 예에서 평균 최소 방법을 사용하는 것은 별다른 도움이 되지 않는다. 왜냐하면 방 사이에 하나의 경로밖에 없기 때문이다. 짧은 경로는 여전히 사용되지 않는다. 평균 최소 방법은 방 사이에 연결들이 거의 없거나 대부분의 방이 길거나 얇은 경우(예를 들어 복도와 같은) 보통 최대 방법보다 잘 동작한다.

이러한 방법들의 실패는 우리가 아직까지 발견하지 못한 더 좋은 방법이 있다는 것을 의미하지 않는다. 어떤 경우에는 모든 방법이 잘못될 수 있다. 어떤 방법을 쓰든 잘못된 것이 어떤 영향을 미치는지 이해하는 것이 중요하다. 위 시나리오 중 하나 또는 그 조합이 게임의 최적 트레이드 오프를 제공할 수 있지만 이를 찾는 것은 보통 많은 테스트와 조정이 필요하다.

4.6.5 인스턴스된 지오메트리

싱글 플레이어 게임이나 레벨 기반 멀티플레이어 게임에서 모든 레벨의 디테일은 일반적으로 고유하다. 만약 같은 지오메트리가 여러 번 사용된다면 보통 조금씩 다르게 마련이다. 길 찾기 그래프는 전체 레벨에서 고유하며 레벨에서 둘 이상의 영역에 대해 그래프의 동일한 하위 영역들을 사용하는 것은 앞뒤가 맞지 않는다.

대규모 멀티플레이어 게임의 경우 전체 월드는 하나의 레벨로 이뤄질 수 있다. 다양한 모델링으로 이뤄진 레벨에서 같은 세부 묘사를 찾기는 거의 불가능할 것이다. 대부분의 대규모 멀티플레이어 게임은 랜드스케이프landscape(일반적으로 타일 기반 그래프로 길 찾기 시스템에 전달하기 위한 높이 필드)의 토폴로지topology에 대한 하나의 큰 정의를 사용한다. 이 랜드스케이프 위에 건물이나 별도로 표현된 건물 내부를 나타내는 미니 레벨 입구들이 배치된다. 무덤, 성, 동굴 또는 우주선과 같은 모든 것이 이런 방식으로 구현될 수 있다. 우리는 분대 기반 게임에서 섬을 연결하는 다리 모델을 이 방식으로 구현했다. 간단히 설명하기 위해 앞으로는 이 절에서 모든 것을 건물로 지칭하겠다.

배치된 건물들은 일반적으로 비슷하지만 때때로 고유한 경우도 있다(게임 콘텐츠와 관련이 있는 특수한 경우). 예를 들어 20개의 농가들이 있을 수 있지만, 전 세계에는 수백 개의 농가가 있을 수 있다. 게임에서 농가를 위한 지오메트리 복사본을 많이 갖고 있지 않는 것과 같은 방식으로 길 찾기 그래프도 복사본을 많이 갖고 있으면 안 된다.

대신 길 찾기 그래프를 인스턴스화해 건물의 모든 복사본에 대해 재사용할 수 있도록 한다.

알고리듬

게임의 각 건물 유형에 대해 별도의 길 찾기 그래프가 있다. 길 찾기 그래프는 건물에서 '출구'로 표시된 특별한 연결을 갖고 있다. 이러한 연결은 '출구 노드'라고 부르는 노드에서 나온다. 이것은 건물 그래프의 다른 어떠한 노드에도 연결돼 있지 않다.

게임의 각 건물 인스턴스들에 대한 타입 정보와 메인 길 찾기 그래프(전체 월드를 위한 그래프)에서 출구가 연결된 노드를 보관한다. 마찬가지로 건물 그래프에서 각 출구 노드에 연결해야 하는 노드 리스트를 메인 그래프에 저장한다. 이것은 건물의 길 찾기 그래프가 어떻게 다른 월드에 연결돼 있는지에 대한 정보를 제공한다.

인스턴스 그래프

건물 인스턴스는 길 찾기에 의해 사용되는 그래프를 제공한다. 이것을 인스턴스 그래프[instance graph]라고 부르도록 한다. 노드에서 연결 집합을 요청할 때마다 해당 건물 유형 그래프를 참조하고 결과를 반환한다.

길 찾기가 어떤 건물 인스턴스에 있는지 헷갈리는 것을 방지하기 위해 인스턴스는 각 인스턴스에 고유하게 노드가 변경되도록 한다.

인스턴스 그래프는 변환기처럼 동작한다. 노드에서 연결을 요청하면 요청한 노드를 건물 그래프에서 이해할 수 있는 노드 값으로 변환한다. 그 이후 그림 4.43과 같이 연결 요청을 건물 그래프에 위임한다. 마지막으로 노드 값이 모두 다시 인스턴스형으로 바뀌고 길 찾기 결과로 반환한다.

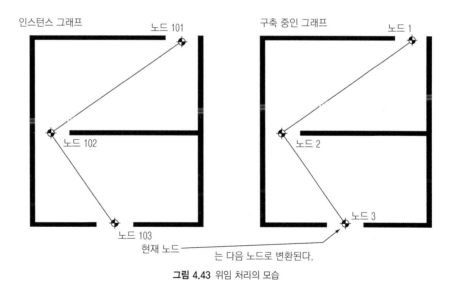

그림 4.43 위임 처리의 모습

출구 노드의 경우 추가적인 단계가 필요하다. 건물 그래프는 일반적으로 호출되며 결과는 변환된다. 만약 노드가 출구 노드라면 인스턴스 그래프는 메인 길 찾기 그래프에서 대상을 적절한 노드로 설정해 출구 연결을 추가한다.

서로 다른 건물 노드 사이에서 거리를 말하기 어렵기 때문에 출구 연결의 연결 비용은 보통 0으로 설정한다. 이것은 연결의 출발, 목표 노드가 같은 공간에 있다고 말하는 것과 같다.

▌ 월드 그래프

건물 인스턴스로 들어가는 것을 지원하려면 비슷한 처리가 메인 길 찾기 그래프에서도 필요하다. 요청된 각 노드는 정상적인 연결 집합을 갖고 있다(예를 들어 타일 기반 그래프에서 8개의 인접한 이웃).

또한 건물 인스턴스에 연결할 수도 있다. 건물 인스턴스에 연결한다면 월드 그래프는 적절한 연결을 목록에 추가해야 한다. 이 연결의 대상 노드는 인스턴스 정의에서 찾을 수 있고 그 값은 인스턴스 그래프 형식이다. 그림 4.44에서 볼 수 있다.

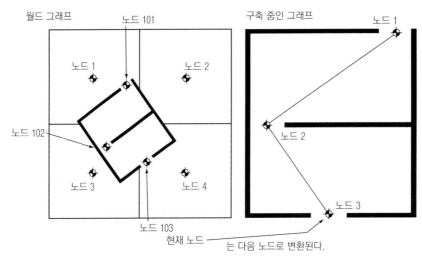

그림 4.44 월드 그래프에서 인스턴스의 모습

4장에서 구현한 길 찾기는 한 번에 하나의 그래프만 처리할 수 있다. 월드 그래프는 모든 인스턴스 그래프를 관리해 전체 그래프를 생성하는 것처럼 보이게 한다. 노드로부터 연결을 요청받을 때 먼저 어떤 건물 인스턴스인지 또는 메인 길 찾기 그래프에서 왔는지 확인한다. 노드가 건물에서 왔다면 getConnections 요청을 처리하기 위해 해당 건물에 위임하고 그 결과를 변경하지 않고 반환한다. 노드가 건물 인스턴스에서 오지 않았다면 메인 길 찾기 그래프로 위임하지만 이번에는 입구 노드에 대한 연결을 건물에 추가한다.

인스턴스화가 필요한 게임에서 길 찾기를 처음부터 만들려면 경로 찾기 알고리듬에 직접 인스턴스를 포함할 수 있으므로 최상위 그래프와 인스턴스된 그래프 모두를 호출할 수 있다. 이 접근법은 계층적 길 찾기나 노드 배열 A*와 같은 최적화를 시도할 경우 훨씬 더 어려울 수 있으므로 여기서는 기본적인 길 찾기 구현만을 알아보도록 할 것이다.

의사 코드

인스턴스된 지오메트리를 구현하려면 2개의 새로운 그래프, 건물 인스턴스와 메인 길 찾기 그래프가 필요하다.

같은 데이터를 필요하므로 인스턴스 그래프 클래스로 건물 인스턴스를 저장하기 위한 데이터를 추가했다. 인스턴스 그래프 구현은 다음과 같다.

```
1   class InstanceGraph extends Graph:
2       # 위임할 건물 그래프
3       building: Graph
4
5       # 출구 노드를 위한 데이터
6       class ExitNodeAssignment:
7           fromNode: Node
8           toWorldNode: Node
9
10      # 외부 월드에 대한 연결의 출구 노드의 해시
11      exitNodes: HashMap[Node -> ExitNodeAssignment[]]
12
13      # 이 인스턴스에서 사용되는 노드 값 오프셋
14      nodeOffset: Node
15
16      function getConnections(fromNode: Node) -> Connection[]:
17          # 노드를 건물 그래프 값으로 변환한다.
18          buildingFromNode: Node = fromNode - nodeOffset
19
20          # 건물 그래프로 위임한다.
21          connections = buildingGraph.getConnections(buildingFromNode)
22
23          # 반환된 연결을 인스턴스 노드 값으로 변환한다.
```

```
24          for connection in connections:
25              connection.toNode += nodeOffset
26
27              # 이 노드에서 출구들을 위한 연결들을 추가한다.
28              for exitAssignment in exitNodes[fromNode]:
29                  connection = new Connection()
30                  connection.fromNode = fromNode
31                  connection.toNode = exitAssignment.toWorldNode
32                  connection.cost = 0
33                  connections += connection
34
35          return connections
```

메인 길 찾기 그래프는 다음과 같다.

```
1   function MainGraph extends Graph:
2       # 나머지 월드를 위한 그래프
3       worldGraph: Graph
4
5       # 건물 인스턴스를 위한 데이터
6       class EntranceNodeAssignment:
7           fromNode: Node
8           toInstanceNode: Node
9           buildingGraph: Graph
10
11      class Buildings extends HashMap[Node -> EntranceNodeAssignment[]]:
12          # 주어진 노드가 갖고 있는 그래프를 반환한다. 아니면 null을 반환한다.
13          function getBuilding(node) -> Graph
14
15      # 출입 노드 할당
16      buildingInstances: Buildings
17
18      function getConnections(fromNode: Node) -> Connection[]:
19          # fromNode가 임의의 건물 인스턴스의 범위에 있는지 검사한다.
20          building = buildingInstances.getBuilding(fromNode)
21
22          # 건물을 갖고 있다면 건물에게 위임한다.
23          if building:
24              return building.getConnections(fromNode)
25
26          # 그렇지 않으면 월드 그래프에 위임한다.
27          connections = worldGraph.getConnections(fromNode)
28
```

```
29            # 이 노드에서 입구들을 위한 연결들을 추가한다.
30            for building in buildingInstances[fromNode]:
31                connection = new Connection
32                connection.fromNode = fromNode
33                connection.toNode = building.toInstanceNode
34                connection.cost = 0
35                connections += connection
36
37            return connections
```

자료 구조 및 인터페이스

인스턴스 그래프 클래스에서 노드 번호로 인덱싱된 출구 노드를 해시로 접근해 출구 노드 할당의 리스트를 반환한다. 이 처리는 그래프에 연결 요청이 있을 때마다 호출되므로 가능한 한 효율적으로 동작해야 한다. 월드 그래프 클래스에 있는 건물 인스턴스 구조는 동일한 요구 사항이 필요하다.

유사 코드에서 볼 수 있듯이 건물 인스턴스 구조는 getBuilding 메서드 또한 갖고 있다. 이 메서드는 노드를 취해 인스턴스 그래프의 일부인 경우 목록에서 건물 인스턴스를 반환한다. 만약 노드가 메인 길 찾기 그래프에 속하면 메서드는 null을 반환한다. 이 메서드는 속도가 매우 중요하다. 하지만 각 건물마다 노드 값의 범위가 사용되기 때문에 쉽게 해시 테이블로 구현할 수가 없다. 좋은 방법은 건물의 nodeOffsets에 대한 이진 검색^{binary search}을 수행하는 것이다. 길 찾기가 건물 인스턴스의 노드를 요청하면 동일한 건물의 다른 노드에 대한 요청할 가능성이 높다는 사실을 이용해 속도를 더 높일 수 있다.

구현 노트

인스턴스 노드 값과 건물 노드 값을 변환하는 처리는 노드들이 숫자 값인 것으로 가정한다. 이것은 노드 구현의 가장 일반적인 방법이지만 그렇지 않고 내부 데이터가 감춰진 데이터로 구현한 경우도 있다. 이 경우 변환은(의사 코드에서 nodeOffset을 더하거나 빼는) 노드 데이터 타입에 대한 다른 조작으로 대체된다.

타일 기반 월드에 대한 메인 길 찾기 그래프는 보통 암묵적이다. 새로운 암묵적 그래프 구현에서 다른 암묵적 구현으로 위임하는 대신 둘을 결합하는 것이 좋다. getConnections 메서드는 인접한 타일 각각에 대한 연결을 편집하고 건물 입구를 검사한다.

성능

인스턴스 그래프와 월드 그래프는 입구 또는 출구 연결을 위해 해시 테이블을 사용해야 한다. 이 부분은 경로 찾기 루프의 가장 낮은 부분에서 실행되므로 속도가 매우 중요하다. 균형 잡힌 해시의 경우 해시 검색 속노가 O(1)에 근접한다.

월드 그래프는 노드 값에서 건물 인스턴스를 검색할 필요가 있다. 노드가 숫자 값인 경우 합리적인 해시 테이블의 개수를 사용해 작업을 수행할 수 없다. 이진 검색 구현의 시간 복잡도는 $O(\log_2 n)$이고 n은 월드에서 건물의 개수다. 캐시 구조를 사용하지 않으면 가장 나쁠 경우 $O(\log_2 n)$이지만 캐시를 적극적으로 활용하면 O(1)까지 줄일 수 있다.

두 알고리듬 모두 메모리의 경우 O(1)이다.

약점

이 접근법은 상당히 복잡하므로 길 찾기 루프의 속도를 낮춘다. 길 찾기의 성능은 그래프 자료 구조에 매우 민감하다. 이 방법을 사용해서 실행 속도가 반으로 줄어드는 것을 보았다. 게임 레벨이 하나의 마스터 그래프를 만들 정도로 충분히 작다면 추가 최적화를 하는 것은 의미가 없다.

그러나 인스턴스된 건물이 있는 거대한 월드의 경우 옵션이 아닐 수도 있으며 인스턴스화된 그래프만 사용할 수도 있다. 길 찾기 시스템이 계층적이지(만약 그래프가 충분히 커서 인스턴스화된 건물을 필요로 하는 경우 계층적 길 찾기도 필요하다) 않은 경우에는 인스턴스화된 그래프를 사용하는 것은 개인적으로 고려하지 않는다. 이 경우 각 건물 인스턴스들은 한 계층 위의 단일 노드로 취급될 수 있다. 계층적 길 찾기 알고리듬을 사용할 때 인스턴스화된 지오메트리로 이동하면 경로 찾기 속도가 무시할 정도로 작아진다.

노드 오프셋 설정하기

이 코드가 동작하려면 모든 건물 인스턴스가 고유한 노드 값 집합을 갖고 있는지 확인해야 한다. 노드 값은 같은 건물 타입의 인스턴스 내에서 고유해야 하며 다른 건물 타입 역시 마찬가지다. 만약 노드 값이 숫자 값이면 첫 번째 건물 인스턴스에 메인 길 찾기 그래프의 노드 개수와 동일한 nodeOffset을 할당하면 된다. 이후 다음 건물 인스턴스는 이전 건물 그래프의 노드 수에 따라 이전 건물과 다른 오프셋을 가진다.

예를 들어 10,000개 노드의 길 찾기 그래프와 3개의 건물 인스턴스를 갖고 있다고 가정해 보자. 첫 번째와 세 번째 건물은 그래프에 100개의 노드가 있는 유형의 인스턴스다. 두 번째 건물에는 그래프에 200개의 노드가 있다. 그러면 건물 인스턴스에 대한 노드 오프셋 값은 10,000, 10,200, 마지막으로 10,300이 된다.

4.7 길 찾기의 다른 아이디어들

A* 알고리듬에는 특정 애플리케이션을 위해 개발된 다양한 버전이 있다. 이러한 알고리듬 모두를 설명하려면 이 책의 분량만큼 많을 것이다. 4.7절에서는 다양한 버전의 A* 알고리듬 중 가장 흥미로운 몇 가지를 살펴볼 것이다. 알고리듬 사양을 포함한 자세한 정보는 이 책의 끝부분에 있는 참고 문헌을 살펴보자.

4.7.1 열린 목표 길 찾기

많은 애플리케이션에서 목표가 되는 하나 이상의 노드가 있을 수 있다. 예를 들어 캐릭터가 알람 포인트로 가는 길 찾기를 하는 경우 알람이 하나 이상 있을 수 있기 때문에 여러 개의 가능한 목표가 있을 수 있다.

단순히 노드가 목표인지 확인하는 대신 노드가 그 목표인지 확인해야 한다. 이것은 휴리스틱의 설계에 영향을 미친다. 휴리스틱은 가장 가까운 목표까지의 거리를 정확하게 알려야 한다. 그렇게 하려면 어떤 목표가 선택돼야 하는지 이해해야 한다.

캐릭터가 2개의 알람 포인트 중 하나에 도달해 알람을 켜려고 하는 상황을 상상해 보자. 알람 포인트 A는 가깝지만 플레이어에 의해 막혀 있다. 알람 포인트 B는 더 먼 거리에 있다. 휴리스틱은 포인트 B로 가는 완전히 잘못된 방향에 있는 영역을 포함해 포인트 A에 가까운 레벨의 영역에 낮은 점수를 준다. 왜냐하면 휴리스틱은 이러한 영역을 위한 목표로서 포인트 A가 선택될 것이라고 믿기 때문이다.

길 찾기는 B로 가는 경로를 찾기 전에 B 방향을 향한 잘못된 영역들을 포함해 A 주변을 모두 검색한다. 최악의 시나리오에서는 A가 막혀 있다는 것을 알기 전에 전체 레벨을 모두 검색할 수도 있다.

이런 종류의 문제 때문에 게임 AI에서 서로 멀리 떨어진 여러 목표를 사용하는 경우는 거의 없다. 보통은 어떤 알람 포인트로 가야 할 것인지 결정하는 의사결정 처리가 있고 길 찾기는 단순히 경로만을 찾도록 한다.

4.7.2 동적 길 찾기

지금까지 길 찾기가 작업하고 있는 게임 레벨에 대한 모든 것을 알 수 있다고 가정했다. 또한 알고 있던 것들이 바뀔 수 없다고 가정했다. 예를 들어 연결은 항상 사용 가능하고, 비용은 항상 같다.

지금까지 살펴본 방법은 환경이 예기치 않은 방식으로 바뀌거나 정보가 완전하지 않은 경우 제대로 동작하지 않는다.

적 지형을 통해 움직이는 군인을 상상해 보자. 그들은 적의 포위망과 방어망을 보여 주는 지도와 어쩌면 위성 정보를 갖게 될 것이다. 이러한 정보에도 불구하고 맵에 표시되지 않은 새로운 장소를 발견할지도 모른다. 인간은 새로 발견된 적의 분대에게 발각되는 것을 피하기 위해 경로를 변경하면서 새로운 정보를 수용할 수 있다.

표준 길 찾기 알고리듬을 사용해 같은 결과를 구현할 수 있다. 예상한 것과 일치하지 않은 정보를 찾을 때마다 다시 계획을 세울 수 있다. 새로운 길 찾기는 발견한 새로운 정보를 포함시키도록 한다.

이 방법은 효과적이며 대부분의 경우 완벽하게 동작한다. 하지만 게임 레벨이 끊임없이 변한다면 재계획이 계속해서 발생할 것이다. 결국 이것은 길 찾기를 곤경에 빠지게 한다. 이전 계획을 끝내기 전에 다시 재계획이 발생할 수 있으므로 앞으로 진행할 수가 없게 된다.

동적 길 찾기는 길 찾기 알고리듬이 바뀐 계획의 일부분만 재계산하도록 한다. A*의 동적인 버전은 D*이라고 부른다. 불확실한 환경에서 길 찾기에 소요되는 시간을 대폭 단축할 수 있지만 나중에 필요할 수 있는 중간 데이터를 유지하기 위해 많은 저장 공간이 필요하다. D*에 관한 문헌은 [62]에서 찾을 수 있고 더 개선된 버전은 [63]에서 찾아볼 수 있다.

4.7.3 다른 종류의 정보 재사용

길 찾기가 진행되는 동안 얻은 중간 정보(열린 리스트에 있는 부모 노드들이나 경로 예상치)는 작업이 중간에 변경되면 유용하게 사용될 수 있다. 이것은 D*와 유사한 동적 길 찾기에서 사용하는 접근법이다.

비록 작업이 변경되지 않더라도 얻어진 중간 정보는 길 찾기의 속도를 높이는 데 유용하게 사용된다. 예를 들어 A에서 D까지의 최단 경로가 [ABCD]라고 계산하면 B에서 D까지 최단 경로는 [BCD]가 된다.

부분적인 계획을 스토리지에 저장하면 향후 검색 속도가 크게 빨라질 수 있다. 만약 길 찾기가 이전에 만들어 놓은 계획의 일정 영역에 방문하면 저장해 놓은 계획을 사용해 많은 처리 시간을 절약할 수 있다.

완벽한 계획은 쉽게 저장되고 확인할 수 있다. 만약 정확히 같은 작업이 두 번 수행되면 계획을 재사용할 수 있다. 하지만 정확히 같은 작업을 여러 번 수행할 가능성은 적다. 더 세련된 알고리듬, 예를 들어 평생 계획 A*$^{\text{LPA*, Lifelong Planning A*}}$는 계획의 작은 부분에 대한 정보를 저장하며, 이는 다양한 길 찾기 작업에서 유용하게 사용된다.

동적 길 찾기와 마찬가지로 이 알고리듬은 스토리지 요구 사항도 크고 1인칭 슈팅 게임의 길 찾기 그래프로는 적합할 수 있지만 크고 넓은 야외 환경의 레벨에서는 유용하지 않을 수 있다. 물론 속도만 빠르면 유용하게 사용될 것이다.

4.7.4 로우 메모리 알고리듬

길 찾기 알고리듬을 디자인할 때 메모리는 매우 중요한 문제다. 메모리 요구 사항이 낮은 A* 알고리듬에는 널리 알려진 두 가지 변형이 존재하는데 그러한 이유로 동적 길 찾기와 같은 최적화에 덜 개방적이다.

반복적 깊이 증가 A*

반복적 깊이 증가 A*$^{\text{IDA*, Iterative Deepening A*}}$[30]는 열린·닫힌 리스트를 갖지 않으며 표준 A* 알고리듬과 다르게 보인다.

IDA*는 컷오프 값으로 시작한다. 이 값보다 경로의 총 길이가 길어지면 경로 탐색을 중지한다. 알고리듬은 컷오프 값보다 작은 목표를 찾을 때까지 가능한 모든 경로를 효과적으로 검색한다.

초기 컷오프 값은 작아서 (이것은 시작 노드의 휴리스틱 값이며 일반적으로 경로 길이를 과소평가한다) 목표에 도달하는 적절한 경로가 없을 가능성이 높다.

각 가능한 경로가 재귀적으로 고려된다. 전체 경로의 추정치는 일반적인 A* 알고리듬과 똑같이 계산된다. 만약 전체 경로 추정치가 컷오프보다 작다면 알고리듬은 경로를 확장하고 계속해서 찾는다. 모든 경로를 검사하면 컷오프가 약간 증가되고 처리가 다시 시작된다.

새로운 컷오프 값은 이전 반복에서 얻어낸 컷오프 값보다 크면서 최소 경로 길이여야 한다.

컷오프 값이 계속해서 증가하므로 컷오프 값은 결국 시작부터 목표까지의 거리보다 크게 될 것이고 올바른 경로가 찾아질 것이다.

이 알고리듬은 현재 테스트 중인 계획의 노드 리스트 이외의 다른 스토리지를 요구하지 않는다. 알고리듬의 구현은 50라인 정도의 코드밖에 안 될 정도로 매우 구현하기 쉽다.

불행하게도 계획을 반복해서 실행하면 일반적인 A* 알고리듬보다 효율적이지 않으며 경우에 따라 다익스트라 알고리듬보다도 비효율적이다. 메모리가 핵심 제한 요소인 경우(예를 들어 휴대용 장치)를 위해 예약해야 한다.

일부 길 찾기가 아닌 상황에서 IDA*는 훌륭하게 사용되는 경우도 있다. 5장(5장에서 IDA*의 전체 구현을 볼 수 있다)에서 목표지향 행동 계획, 의사결정 기술을 알아볼 때 영광의 순간을 얻게 될 것이다.

단순 메모리 제한 A*

단순 메모리 제한 A*SMA*, Simplified Memory-bounded A*는 열린 리스트에 고정 사이즈로 제한을 둬 저장 문제를 해결한다. 새 노드가 처리될 때 최대 경로 길이(휴리스틱 포함)가 리스트의 다른 어떤 노드보다도 크다면 버려진다. 그렇지 않으면 리스트에 추가되고 리스트에 들어 있던 가장 큰 경로 길이는 삭제된다.

이 접근법은 IDA* 보다 훨씬 효율적이지만 검색하면서 동일한 노드를 여러 번 다시 방문할 수 있으며 휴리스틱에 매우 민감하다. 과소평가된 휴리스틱은 쓸모없는 노드로 인해 중요한 노드가 열린 리스트에서 꺼내지는 경우를 만들 수 있다.

SMA*는 손실^{lossy} 메커니즘의 한 예다. 검색 효율을 낮추기 위해 중요하지 않다고 가정하는 정보를 버린다. 하지만 그것이 중요하지 않다는 보장은 없다. SMA*를 사용하는 모든 경우 반환되는 최종 경로가 최적 경로가 될 것이라는 보장은 없다. 초기에 가망성이 없는 노드들은 고려목록에서 제외될 수 있으며 알고리듬은 겉으로 보기에 예상할 수 없는 라인을 따라 가면서 최단 경로를 발견했을 것이다.

열린 리스트의 크기를 크게 설정하면 이 문제를 쉽게 해결할 수 있지만 메모리 사용에 제한이 많은 상황에서는 사용할 수 없다. 극단적으로 열린 리스트에서 노드가 1개로 제한돼 있으면 알고리듬이 목표로 이동하지만 가장 좋을 것 같은 경로를 고려하지 않는 것을 볼 수 있다.

나는 메모리 제한이 높은 애플리케이션에서 SMA*가 A*의 대안으로 과소평가되고 있다고 생각한다. 왜냐하면 길 찾기를 최적화할 때 가장 중요한 문제 중 하나가 메모리 캐시 성능이기 때문이다. 열린 리스트의 크기를 정확히 알맞게 제한함으로써 SMA*는 캐시 미스 및 앨리어싱과 관련된 문제를 방지할 수 있다.

4.7.5 중단 가능한 길 찾기

계획은 시간이 많이 걸리는 과정이다. 큰 그래프의 경우 가장 좋은 길 찾기 알고리듬을 사용한다고 하더라도 경로를 계획하는 데 수십 밀리초가 걸릴 수 있다. 길 찾기 코드가 60 또는 30분의 1초마다 렌더링되는 제약 조건에서 실행돼야 한다면 계획을 완료하는 데 충분한 시간이 없을 것이다.

길 찾기는 쉽게 중단될 수 있다. A* 알고리듬은 4장에서 설명했듯이 반복 중에 멈출 수 있고 다시 재개할 수 있다. 알고리듬을 다시 시작하기 위해 필요한 데이터는 열린 리스트와 닫힌 리스트에서 얻을 수 있다.

길 찾기 알고리듬은 보통 여러 프레임에 걸쳐 수행될 수 있도록 작성되며 알고리듬이 나중에 사용할 수 있도록 프레임 간 데이터가 유지된다. 알고리듬이 수행되는 동안 캐릭터는 여전히 움직일 수 있기 때문에 이런 경우 알고리듬을 재시작하지 않아도 되는 D* 또는 LPA* 알고리듬이 유용하다.

중단 가능한 알고리듬에 필요한 코드와 사용법에 대해 10장에서 더 자세히 설명하도록 한다.

4.7.6 계획 풀링

초기에 길 찾기는 실시간 전략 시뮬레이션 게임에서 광범위하게 사용됐다. 많은 수의 유닛이 게임 환경을 자율적으로 탐색할 수 있어야 했고 많은 길 찾기 요청이 동시에 이뤄졌다.

다음 캐릭터로 넘어가기 전에 하나의 캐릭터를 위한 길 찾기 작업을 간단하게 완료할 수 있다. 많은 캐릭터와 함께 길 찾기가 여러 프레임에 걸쳐 나뉘면 길 찾기 시간 대기가 늘어날 수 있다.

다른 방법으로 게임 내 각 캐릭터들을 위한 별도의 길 찾기 인스턴스를 사용할 수 있다. 안타깝게도 길 찾기 알고리듬에 관련된 데이터가 커질 수 있으며 특히 알고리듬 채우기가 높거나 노드 배열 A*와 같은 알고리듬을 사용하는 경우에 더 그렇다. 모든 캐릭터의 데이터가 메모리에 딱 맞더라도 캐시에는 맞지 않을 수 있으므로 성능은 느려질 수 있다.

RTS 게임은 길 찾기 풀^{pool}과 큐^{queue}를 사용한다. 캐릭터가 경로 계획을 할 때 길 찾기 대기열에 요청을 보낸다. 고정된 길 찾기 집합은 이러한 요청을 순서대로 처리한다(FIFO는 First In First Out이라는 의미로 선입선출을 뜻한다).

대규모 멀티플레이어 게임에서 NPC 캐릭터의 길 찾기를 제공하기 위해 동일한 접근법이 사용됐다. 서버 기반 길 찾기 풀은 게임 내 캐릭터들의 요청을 처리한다.

나는 많은 AI 캐릭터가 나오는 MMORPG 게임 시스템에서 작업할 때 LPA* 알고리듬 계열들이 가장 좋은 알고리듬이라는 것을 알았다. 각 길 찾기는 정기적으로 다른 경로를 계획해야 하기 때문에 이전에 실행했던 정보가 실행 시간을 줄이는 데 매우 유용했다. 어떤 길 찾기 요청의 경우 다른 캐릭터가 과거에 비슷한 경로를 찾아야만 했을 가능성이 크다. 이것은 특히 계획의 상위 레벨 요소가 수천 개 또는 수백만 개의 요청에 공통적이므로 계층적 길 찾기가 수행되는 경우에 그렇다.

데이터를 저장하는 작업을 필요로 할지라도 데이터를 재사용하는 알고리듬이 더 효율적이다. 계획의 일부분을 저장하거나 각 노드에 대한 짧은 경로 정보를 유지하는 것을 포함해 모든 형태의 데이터 재사용이 유리하다(LPA*와 같은).

각 길 찾기에 많은 양의 추가 데이터가 있음에도 불구하고 메모리 사용 테스트에서 실제로 메모리 사용량을 줄이는 경우가 많았다. 길 찾기가 더 빠르다는 것은 같은 수의 요청을 처리할 수 있는 길 찾기의 개수가 적다는 뜻이므로 결과적으로 사용되는 메모리가 작아진다.

이 접근법은 한 번에 며칠 또는 몇 주 동안 동일한 게임 레벨이 실행되는 MMORPG(새로운 건물이 추가되거나 새로운 콘텐츠가 길 찾기 그래프에 추가되는)에서 특히 중요하다. RTS에서는 중요도가 낮지만 길 찾기 코드가 성능의 병목 현상이라면 이 알고리듬을 사용해 볼 가치가 있다.

4.8 연속 시간 길 찾기

지금까지 이산적인^{discrete} 길 찾기를 사용했다. 길 찾기 시스템에서 사용할 수 있는 유일한 선택은 특정 위치와 시간에 이뤄진다. 길 찾기 알고리듬은 방향을 바꾸는 선택을 하지 않는다. 이것은 단지 그래프의 노드 간에 이동만 한다. 노드의 위치는 그래프를 작성한 사람이 책임진다.

지금까지 봤듯이 대부분의 게임에서 요구하는 길 찾기 작업에 대처하기에는 충분하다. 고정된 그래프의 경직성 중 일부는 경로 평탄화 또는 조종 행동을 사용함으로써 완화할 수 있다(3장에서 자세한 내용을 살펴봤다).

하지만 여전히 일반적인 길 찾기를 적용할 수 없는 몇 가지 시나리오가 남아 있다. 이것은 예측은 가능하지만 길 찾기 작업이 빠르게 변하는 경우다. 이것을 순간적으로 변하는 그래프로 볼 수 있고 D*와 같은 알고리듬은 동적으로 변하는 그래프를 다룰 수 있지만 그래프가 자주 변하지 않을 때만 효율적이다.

4.8.1 문제점

연속 시간 길 찾기를 필요로 했던 상황은 바로 차량 길 찾기였다. 그림 4.45와 같이 바쁜 도시의 도로를 따라 이동하는 AI 제어 경찰 차량이 있다고 상상해 보자. 범죄자를 추적하거나 지정된 장소로 도착하려고 할 때 자동차는 최대한 빨리 도달해야 한다. 예를 들어 두 차선 사이를 주행할 충분한 공간이 없다고 가정하자. 그러면 한 차선에 머물러 있을 수밖에 없다.

각 차선에는 주행하고 있는 차량이 있다. 차량들이 예측 가능하게 움직이는 한(예를 들어 차선을 자주 바꾸지 않는다) 차량이 제어되는 방식에는 관심을 끄도록 할 것이다.

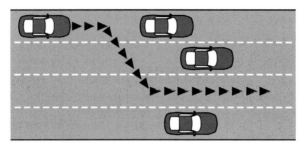

그림 4.45 경찰차가 4차선 도로 위에서 움직이고 있다.

경찰차를 위한 길 찾기 작업은 언제 차선을 변경할 것인지 결정하는 것이다. 경로는 인접한 차선에서 일정 기간으로 구성된다. 도로를 따라 몇 미터마다 노드를 배치해 이 작업을 분리할 수 있다. 각 노드에서 연결들은 동일한 차선의 다음 노드 또는 인접한 차선의 노드에 연결된다.

만약 다른 차량이 빨리 움직이는 경우(예를 들어 다가오는 차량) 일정 거리의 노드 간격은 경찰 차량이 더 빨리 갈 수 있는 기회를 놓치게 만들 수 있다. 노드가 임의의 방식으로 배치되기 때문에 플레이어는 경찰차가 가끔씩 아슬아슬하게 방향을 바꾸는 것(노드가 정렬되면)을 볼 수 있을 것이다. 노드가 차량의 흐름에 대응하지 않으면 방향을 바꿀 수 있어 보임에도 불구하고 방향을 바꾸지 않는 장면들을 볼 수 있을 것이다.

노드의 간격을 줄이면 도움은 되지만 차량들이 빠르게 움직이는 경우 그래프의 밀도가 높아져야 할 것이며 많은 차량으로 인해 탐색이 불가능해질 것이다.

정적 그래프를 사용한다고 하더라도 A*와 같은 알고리듬을 사용해 길 찾기를 수행할 수 없었다. A*는 두 노드 간 이동하는 비용이 첫 번째 노드까지의 경로와 무관하다고 가정한다. 이것은 현재 상황에는 맞지 않는다. 만약 차량이 노드에 도달하는 데 10초가 걸린다고 하면 차량 사이에 공간이 있을 수 있다는 의미이며 해당 연결 비용은 적을 것이다. 만약 차량이 같은 노드에 12초가 걸린다면 공간이 닫혀 있을 수 있고 연결은 더 이상 유효하지 않을 것이다. A* 알고리듬은 이러한 종류의 그래프에서 사용하기 어렵다.

그러므로 연속적인 문제에 대처할 수 있는 다른 길 찾기 알고리듬이 필요하다.

4.8.2 알고리듬

경찰차는 차선의 어느 지점에서나 차선을 변경할 수 있다. 즉 특정 위치만 국한되지 않는다.

이제 문제를 두 가지 부분으로 나눠서 살펴보자. 첫 번째는 어디에서 차선을 변경할 것인지 결정하는 것이고 두 번째는 지점들 사이의 경로를 찾아내는 것이다.

알고리듬은 두 부분은 나뉜다. 차선 변경을 위한 위치와 시간에 대한 정보가 포함된 동적 그래프를 만든다. 그 이후에 일반적인 길 찾기 알고리듬(예를 들어 A*)을 사용해 최종 경로에 도달하면 된다.

이전에 설명했듯이 A*는 이러한 문제를 해결할 수 없다고 했다. A*를 사용하려면 먼저 그래프를 재해석해 위치를 나타내지 않도록 변경해야 한다.

노드를 상태처럼

지금까지 길 찾기 그래프에서 각 노드가 게임 레벨의 위치 또는 방향을 나타내는 것으로 가정했다. 또한 연결은 노드에서 도달할 수 있는 위치를 표현했었다.

이전에 강조했듯이 길 찾기 시스템은 그래프가 무엇을 나타내는지 이해하지 못한다. 단순히 그래프의 관점에서 최상의 경로를 찾으려고만 한다.

노드를 위치로 표현하는 대신 노드를 도로의 상태로 표현할 수 있다. 노드는 두 가지 요소, 즉 위치와 시간을 갖는다. 시작 노드에서 끝 노드에 도달할 수 있고 노드에 도달하는 데 걸리는 시간이 맞다면 두 노드 사이에 연결이 존재한다.

그림 4.46에 이것을 보여 주고 있다. 두 번째 차선에는 같은 위치에 2개의 노드 C와 D가 있으며 각 노드는 다른 시간을 갖고 있다. 만약 차량이 A에서 같은 차선에 머물러 있다면 5초 안에 구간의 끝인 C에 도달할 수 있다. 차선 1을 통해 노드 B로 차량을 운행한 경우에는 노드 D에 도달하는 데 7초가 걸린다. 노드 C와 D는 그림 4.46에서 볼 수 있듯이 약간 떨어져 있어 연결을 볼 수 있다. 현재 우리는 차선 번호와 거리에만 관심이 있기 때문에 달라 보일 수 있지만 실제로는 정확히 같은 위치를 나타낸다.

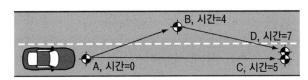

그림 4.46 같은 위치에 있는 다른 시간 값을 가진 노드들

이런 종류의 그래프를 사용한다는 의미는 경로에 의존하는 비용을 제거했다는 뜻이다. 즉 C와 D는 다른 노드가 된다. 만약 7초가 아니라 5초 이후에 교통량이 다르다면 C와 D에서 나온 연결 비용은 다를 것이다. 하지만 문제없다. 어차피 다른 노드들이기 때문이다. 길 찾기 알고리듬은 경로가 어디에서 왔는지 걱정할 필요가 없다.

길 찾기 그래프에 시간이라는 개념을 도입하면 이제 A*를 사용할 수 있다.

그래프의 크기

안타깝게도 아직 문제를 해결한 것은 아니다. 이제 차선 변경을 할 수 있는 위치들뿐만 아니라 도로를 따라 무한한 개수의 노드가 있다. 효과적으로 그래프를 사용하기에는 아직 갈 길이 멀다.

이 문제는 작업과 관련된 그래프의 하위 부분만 동적으로 생성해서 해결할 수 있다. 그림 4.47은 다가오는 교통의 틈으로 차가 옆으로 미끄러지는 간단한 경우를 보여 주고 있다.

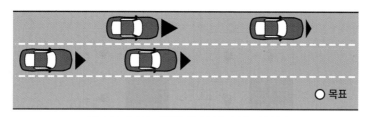

그림 4.47 다가오는 차량들 사이의 빈 공간을 검색한다.

차선을 효과적으로 바꾸는 데는 여러 가지 방법이 있다. 최대한 빨리 중앙 차선으로 주행한 후 빈 공간이 가까워질 때까지 브레이크를 건 후 차선에 진입할 수 있다. 아니면 다른 차량들이 모두 지나갈 때까지 기다릴 수도 있다. 이렇듯 다양한 방법이 있을 수 있다.

휴리스틱을 사용해서 문제를 해결할 수 있다. 먼저 두 가지 가정이 필요하다. 첫 번째, 차량이 차선을 변경하려고 하면 가능한 한 빠르게 한다. 두 번째, 다음 차선으로 변경하려고 할 때 최대한 빨리 이동한다.

첫 번째 가정은 타당하다. 차선을 바꿀 수 있을 때 바꾸는 것이, 어떻게 될지 모르는 미래를 대비하는 것보다 좋기 때문이다.

두 번째 가정은 차량의 최대 속도를 최대한 유지하도록 만든다. 첫 번째 가정과는 다르게 이것은 가장 좋은 옵션이 아닐 수도 있다. 그림 4.48에서 극단적인 예를 볼 수 있다.

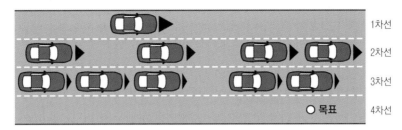

그림 4.48 최대 속도가 좋지만은 않은 예

그림 4.48에서 볼 수 있듯이 1차선은 비어 있지만 2차선과 3차선에는 차량들이 혼잡해 있다. 만약 차량이 2차선의 앞쪽에 있는 빈 공간으로 진입하게 되면 그 이후에 3차선으로 바로 들어가기가 어렵다. 하지만 2차선의 두 번째 공간과 3차선의 빈 공간이 정렬될 때까지 기다린다면 3차선을 지나 4차선으로 들어갈 수 있을 것이다. 즉 이런 경우에는 느리게 가는 것이 좋다.

운전자가 서둘러서 어딘가로 가야 할 때 가능한 한 가장 빨리 달릴 수 있지만 이것이 최적은 아닐 수 있다. 하지만 최적이 아닐지라도 이 가정을 사용하면 AI 운전자는 간단한 경우에 기회를 놓치지 않고 차선을 변경할 수 있을 것이다.

그래프 작성 방법

그래프는 길 찾기 알고리듬의 요구 사항에 따라 만들어진다. 초기 그래프는 단일 노드만 있고 AI 징철자의 현재 위치와 시간을 가신다.

길 찾기가 현재 노드로부터 나가는 연결을 요청하면 그래프는 도로위 차량들을 검색하고 네 가지 연결 집합을 반환한다.

첫 번째로, 비어 있는 각 인접한 차선에 대한 하나의 노드의 연결을 반환한다. 이 노드를 차선 변경 노드lane change node라고 부를 것이다. 연결 비용은 현재 속도에서 차선을 변경하는 데 필요한 시간이며, 목적지 노드는 차선 변경을 반영하는 위치와 시간 값을 갖는다.

두 번째로, 그래프는 현재 차선의 다음 차 바로 뒤에 있는 노드에 연결을 추가하며, 가능한 한 빨리 주행하고 차량의 속도와 일치한 상태에서 감속한다고 가정한다(예를 들어 최고 속도를 유지하게 되는 경우 앞차량과 충돌하게 된다). 3장에서 도착하기와 속도 매칭 행동을 사용해 이것을 계산할 수 있다.

이 노드를 경계 노드^{boundary node}라고 부를 것이다. 만약 AI가 충돌을 피하지 못하면(빠르게 설수 없는 경우) 경계 노드는 생략된다. 즉 길 찾기가 충돌의 가능성을 고려조차 하시 못하게 만든다.

세 번째로, 그래프는 AI가 현재 차선의 다음 차량에 도달할 때까지, 인접한 차선의 차량을 지난 후 현재 차선을 따르는 노드에 대한 연결을 반환한다. 이러한 노드들을 계산하기 위해 차량이 경계 노드에 대해 계산한 것과 동일한 속도로 이동한다고 가정한다. 즉 가능한 한 빨리 이동하지만 앞 차량과 충돌하지 않아야 한다. 이러한 노드들을 안전한 기회 노드^{safe opportunity node}라고 부를 것이다. 왜냐하면 앞 차량과 충돌을 피하면서 차선을 변경할 수 있는 기회를 표현하기 때문이다. 그림 4.49에 이러한 상황을 보여 주고 있다.

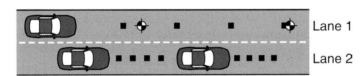

그림 4.49 차선에 노드를 배치하는 모습

2D 그래픽으로 시간이 지나가는 것을 표현하기가 어렵기 때문에 각 차량의 위치를 1초 간격으로 검은색 점으로 표시했다. 현재 차선의 노드는 각 차량의 현재 위치 바로 뒤에 배치되지 않고 AI가 도달할 때 각 차의 위치 바로 뒤에 배치된다.

네 번째로, 그래프는 안전하지 않은 기회 노드를 반환한다. 이들은 안전한 기회 노드와 동일하지만 차량이 항상 최고 속도로 주행하고, 전방에 있는 차량과 충돌을 피하지 않는다고 가정하고 계산된다. 운전자가 다른 차선으로 변경할 예정이고, 변경할 수 있다면 전방에 있는 차량과의 충돌을 피하기 위해 속도를 줄일 필요가 없다.

4개의 연결 그룹이 동일한 집합으로 반환된다는 것을 눈여겨볼 필요가 있다. 이것들 모두 경찰차의 현재 위치에서 나아갈 수 있는 연결들이다. 길 찾기 알고리듬에서 이것들을 특별히 구별할 수 있는 방법은 없다. 단지 모든 연결과 노드들은 요청에 의해서 생성될 뿐이다.

연결은 비용 값을 포함하고 있다. 우리는 가능한 한 빨리 움직이려고 하기 때문에 비용 값은 시간 측정 값을 의미한다. 비용 값에는 다른 추가 요소들을 포함할 수도 있다. 예를 들어 경찰 차의 경우 범인을 따라잡기 위해 지름길로 움직이는 경우 무고한 사람들과 얼마나 충돌할 수 있는가에 대한 요소들을 고려할 수도 있다.

각 연결을 가리키는 노드에는 위치와 시간 정보가 포함된다.

지금까지 봤듯이 모든 노드와 연결을 미리 만들 수 없다. 이것들은 그래프에서 나아가는 연결이 요청될 때 만들어진다.

길 찾기 알고리듬은 계속해서 반복되고 그래프는 새로운 시작 노드로 다시 호출된다. 이 노드는 위치와 시간을 모두 갖고 있으므로 도로상 차량의 위치가 어디에 있는지 예측할 수 있고 연결 생성의 처리가 반복된다.

길 찾기 선택

그래프를 통과하는 2개의 경로는 동일한 노드(예를 들어 위치와 시간이 같은 노드)에서 끝날 수 있다. 이 경우 노드를 떠나는 모든 연결은 모든 측면에서 동일해야 한다. 이것은 실제로 매우 드물게 발생하며 길 찾기 그래프는 연결된 네트워크보다는 트리를 닮은 경향이 있다.

이미 방문한 노드를 다시 검토하는 경우는 드물기 때문에 다시 참조할 수 있도록 많은 노드를 저장하는 것은 의미가 없다. 큰 크기의 결과 그래프를 생각하면 메모리 절약을 위한 A*의 변형을 사용하는 것이 최선의 선택이다. IDA*는 노드에서 나가는 연결을 검색하는 데 시간이 많이 소요되므로 적합하지 않다. IDA*는 반복할 때마다 같은 노드 집합을 반복해 상당한 성능 저하를 초래한다. 각 노드의 연결을 캐시해 줄일 수 있지만 IDA*의 메모리를 절약하는 특징에 위배된다.

내가 실험했던 결과에서 SMA*가 이러한 종류의 연속적이고 역동적인 작업에서 탁월한 선택으로 보였다.

4.8절의 나머지 부분들은 동적 그래프 알고리듬에만 관련된 것이다. 계획을 담당하는 길 찾기의 선택은 그래프의 구현 방식과 무관하다.

4.8.3 구현 노트

연결 자료 구조에 운전 동작들을 저장해 놓는 것이 편리하다. 길 찾기에서 최종 경로가 반환되면 운전 AI는 운전 동작들을 실행할 필요가 있다. 각 연결은 네 가지 카테고리 중 하나에서 올 수 있으며 스티어링, 가속, 브레이크와 같은 특정 순서를 가진다. 이 순서는 다시 계산될 필요가 없는데 왜냐하면 이미 길 찾기 그래프에서 계산됐기 때문이다. 순서들은 차량을 움직이는 코드에 직접 동작들을 전달할 수 있다.

4.8.4 성능

임시 영역만을 사용하기 때문에 메모리는 O(1)이며, 시간 복잡도는 O(n)이다. n은 현재 차선에서 가장 가까운 차량보다 인접한 차선에서 가까운 차량의 개수다. 알고리듬의 성능은 인접한 차량의 데이터를 수집함으로써 저하될 수 있다. 교통 패턴을 저장하는 자료 구조에 따라 O($\log_2 m$) 알고리듬이 된다. 여기서 m은 차선에 있는 차량의 개수다(예를 들어 주변 차량의 이진 탐색을 수행하는 경우). 검색 결과를 캐싱하면 실제 성능을 O(n)으로 만들 수도 있다.

이 알고리듬은 길 찾기 루프의 가장 아래쪽에 있으므로 속도가 매우 중요하다.

4.8.5 약점

연속 시간 길 찾기는 구현하기가 상당히 복잡한 알고리듬이며 동적 노드의 배치를 디버깅하는 것은 특히 더 어려울 수 있다. 처음 연속적인 계획 시스템을 개발할 때 많은 어려움을 겪었으며 특히 노드의 시간을 시각화하는 데 어려움이 있었다.

이 알고리듬은 제대로 작동하더라도 빠르지 않기 때문에 계획의 일부분에서만 사용하는 것이 좋다. 지금까지의 내용을 바탕으로 만든 경찰차 운전 게임에서 100미터 정도의 길만 계획할 수 있도록 했다. 나머지 경로는 교차로 기준으로만 계획됐다. 차량을 운전하는 길 찾기 시스템은 계층적이며 연속 계획은 계층 구조에서 가장 낮은 레벨이었다.

4.9 이동 계획

월드 표현에 대한 절에서 캐릭터의 방향과 위치가 계획에 사용되는 상황을 간략하게 살펴봤다. 이것은 지점에서 쉽게 방향을 바꾸지 못하는 캐릭터들을 위한 경로를 만드는 데 도움이 된다. 대부분의 경우 길 찾기는 높은 수준에서 사용되며 세세한 제약 사항들은 고려할 필요가 없다. 이런 부분들은 조종 행동에 의해 처리된다. 그러나 캐릭터는 점점 더 제약이 많아지며 3장에서 살펴본 조종 행동만으로는 만족할 만한 결과물을 만들 수 없다.

부족함을 알 수 있었던 첫 번째 게임 장르는 도시 운전 게임이었다. 자동차나 화물차와 같은 차량은 차량의 물리적인 특징에 따라 수많은 제약 사항을 가질 수 있다(예를 들어 화물차의 경우 미끄러지는 것을 피하기 위해 미리 감속을 해야 할 수도 있다).

레이싱 장르가 아닌 1인칭 또는 3인칭 액션 게임도 캐릭터 또는 환경에 많은 제약 요소가 있어 조종 행동만으로는 부족하다. 환경에 따른 캐릭터 애니메이션의 요구 사항도 높아졌기 때문에 이동 계획^{movement planning} 알고리듬을 사용해 캐릭터를 현명하게 움직이게 해야 한다.

4.9.1 애니메이션

게임에서 대부분의 캐릭터는 움직일 때 사용되는 제한된 애니메이션 개수를 갖고 있다. 예를 들어 걷기, 뛰기, 전력 질주와 같은 애니메이션들을 갖고 있다. 마찬가지로 돌아서기 애니메이션도 있다. 예를 들어 걷는 중에 돌아서기, 지점에서 돌아서기, 앉아 있는 상태에서 돌아서기와 같은 애니메이션들이 있다.

이러한 각 애니메이션은 다양한 이동 시나리오에서 사용될 수 있다. 예를 들어 걷기 애니메이션은 발이 땅에 닿아야 하고 미끄러지면 안 된다. 그러므로 캐릭터는 애니메이션에 맞게 특정 속도로 움직여야 한다. 애니메이션 속도를 증가시켜 더 빠른 모션을 만들 수 있지만 한계가 있다. 결국 캐릭터에 대한 환상은 깨지게 된다.

직선 운동과 각 운동의 다양한 이동 속도 범위에 적용할 수 있는 애니메이션을 시각화하는 것이 가능하다. 그림 4.50에 캐릭터의 선형 및 각속도에 따라 어떤 애니메이션을 사용할 수 있는지 보여 주고 있다.

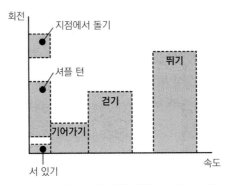

그림 4.50 허용된 애니메이션을 위한 속도 다이어그램

눈여겨볼 것은 모든 속도에 따라 애니메이션을 찾을 수 있는 것은 아니라는 점이다. 즉 이러한 속도에서는 캐릭터가 애니메이션을 플레이할 수 없다.

추가로 애니메이션이 끝나기 전에 애니메이션을 중지하는 것이 의미가 없을 수 있다는 점이다. 대부분의 애니메이션들은 걷기에서 뛰기, 서 있기에서 앉기와 같이 중간 사이에 전이를 갖고 있는데 걷기에서 뛰기 애니메이션을 제대로 재생하려면 걷기 애니메이션이 올바른 지점에 도달할 때까지 기다려야 한다. 이것은 각각의 움직임이 게임 월드에서 자연스러운 길이를 갖고 있다는 것을 의미한다. 이 경우에도 다이어그램을 통해 볼 수 있다. 하지만 이번에는 위치와 방향의 관계로서 표시된다.

그림 4.51을 보면 애니메이션이 제대로 재생되기 위한 범위가 훨씬 작다는 것을 알 수 있다.

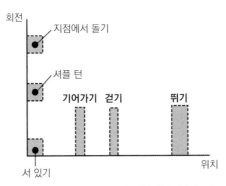

그림 4.51 허용된 애니메이션을 위한 위치 다이어그램

이러한 제약 조건을 벗어나는 몇 가지 방법이 있다. 절차적 애니메이션^{procedural animation}은 필요

한 중간 동작을 실시간으로 생성해서 사용하는 방법이다. 절차적 애니메이션은 여전히 연구 중에 있으며 대부분의 경우 그 결과가 만족스럽지 못하기 때문에 여전히 개발자들은 적절한 애니메이션 집합을 사용하는 방법을 고수하고 있다.

4.9.2 이동 계획

제약이 많은 환경에서 특정 애니메이션들은 캐릭터가 올바르게 움직일 수 있는지 여부에 큰 영향을 줄 수 있다. 예를 들어 30도 우회전하기 전에 정확히 2미터 앞으로 움직여야 하는 캐릭터는 1.5미터 전진하고 45도만큼 회전하는 애니메이션을 사용할 수 없다.

특정 대규모 군사 행동을 구현하려면 특정 애니메이션 시퀀스가 중요할 수 있다. 이 경우 전체 상태를 유지하는 이동을 계획하기 위해 이동 계획이 필요하다.

계획 그래프

길 찾기와 마찬가지로 이동 계획은 그래프 표현을 사용한다. 그래프의 각 노드는 지점에 있는 캐릭터의 위치와 상태를 나타낸다. 노드는 캐릭터의 위치 벡터, 속도 벡터, 허용되는 애니메이션 집합을 포함할 수 있다. 예를 들어 달리는 캐릭터는 빠른 속도를 가지며 '달리기', '달리기에서 걷기 전이', '다른 오브젝트와 충돌' 애니메이션들을 가질 수 있다.

그래프에서 연결은 유효한 애니메이션을 나타낸다. 애니메이션이 완료된 후 캐릭터의 상태를 나타내는 노드로 연결된다. 예를 들어 달리기 애니메이션은 캐릭터가 2미터 더 나아가고 같은 속도로 움직일 수 있다.

이렇게 정의된 그래프를 사용하면 캐릭터의 상태가 얼마나 목표에 가까운지 결정하는 휴리스틱을 사용할 수 있다. 만약 목표가 피복이 벗겨진 전선으로 가득 찬 방을 통해 움직이는 것이라면, 목표는 반대편의 문이 될 수 있으며 휴리스틱은 거리에 기반할 것이다. 만약 목표가 빠르게 움직이는 플랫폼의 가장자리에 도달하는 것이라면, 목표는 위치와 속도 모두를 포함할 필요가 있다.

계획

이렇게 정의된 그래프를 사용하면 일반 A* 알고리듬을 사용해 경로를 계획할 수 있다. 반환된 경로는 애니메이션 집합으로 이뤄져 있고 순서대로 실행해 캐릭터가 목표로 이동할 수 있게 한다.

목표를 광범위한 방법으로 정의하려면 주의를 기울여야 한다. 만약 정확한 위치와 방향이 목표로 주어지면 정확하게 도달할 수 있는 애니메이션 시퀀스가 없을 수 있으며 계획 알고리듬은 실패할 수밖에 없다(가능한 모든 애니메이션 조합을 고려하기 때문에 시간 낭비도 심하다). 그러므로 목표는 캐릭터가 '충분히 가까운지' 징도로만 확인힌다. 다양한 범위의 상태가 허용될 수 있다.

무한 그래프

애니메이션을 사용해 거리의 범위와 속도의 범위를 통해 이동할 수 있다는 것을 기억하자. 각 가능한 거리와 속도는 다른 상태가 된다. 한 상태에서 캐릭터는 다음 애니메이션을 재생하는 속도에 따라 여러 유사한 상태 중 하나로 전환될 수 있다. 만약 속도나 위치가 연속적(실수로 표현된)이라면 무한한 개수의 가능한 연결들이 있을 것이다.

A*는 무한 그래프에 적용될 수 있다. A*의 각 반복에서 모든 자식 노드가 휴리스틱 함수를 사용해 검사되고 열린 리스트에 추가된다. 여기서 무한 루프에 빠지는 것을 피하려면 가장 좋은 자식 노드만 열린 리스트에 추가하면 된다. 보통 이 작업은 하나 이상의 자식 노드에 휴리스틱을 사용해 골라낸다. 알고리듬은 이전의 가장 좋았던 것들을 기반으로 몇 번 더 반복할 수 있고 최고의 후속 노드를 발견할 때까지 계속할 수 있다. 이 기술은 게임이 아닌 다른 분야에서 사용됐고 느렸으며 휴리스틱 함수의 품질에 매우 민감했다.

A*를 무한 그래프에서 적용하는 데 관련된 골치 아픈 문제들을 피하려면 가능한 범위를 작은 값으로 나누는 것이 일반적이다. 만약 애니메이션이 15~30프레임으로 재생될 수 있다면 계획 설계자에 표시되는 가능한 값은 네 가지(15, 20, 25, 30)가 될 수 있다.

또 다른 방법으로는 이전 절의 연속 시간 길 찾기에서 본 휴리스틱을 사용하는 것이다. 이를 통해 그래프의 어떤 부분이 유용한지에 기반해 길 찾기 그래프의 서브 집합을 동적으로 생성할 수 있다.

구현 이슈

이 방법으로 연결의 개수를 제한하더라도 그래프에는 여전히 많은 수의 가능한 연결들이 있으며 실제로 매우 커지는 경향이 있다. 최적화된 A*는 그래프의 노드 수를 미리 알아야 한다. 이동 계획에서 그래프는 보통 즉시 생성된다. 자식 노드는 허용 가능한 애니메이션을 현재 상태에 적용해서 생성된다. 기본적으로 두 가지 리스트 A*가 이동 계획에 가장 적합하다.

일반적으로 이동 계획은 작은 이동 시퀀스에만 적용된다. 캐릭터의 조종 행동이 대규모 길 찾기 계획에서 사용되는 것처럼 이동 계획을 사용해 전체 경로의 다음 부분에 대한 세부 사항을 채울 수 있다. 만약 전기선이 있는 방을 통과해야 한다면(피복이 벗겨졌기 때문에 위험) 이동 계획은 반대편에 도달하기 위한 애니메이션 시퀀스만을 만들 것이다. 고려해야 할 사항들이 많은 그래프의 크기와 계획에 필요한 시간이 있기 때문에 안전하게 갈 수 있는 경로를 생성하지 않을 것이다.

4.9.3 예제

예를 들어 두 발로 걷는 캐릭터를 생각해 보자. 캐릭터는 다음 애니메이션들, 걷기, 서 있기에서 걷기, 걷기에서 서기, 옆으로 이동, 지점에서 돌기를 갖고 있다. 각 애니메이션은 두 가지 위치에서 시작하거나 끝난다. 그림 4.52를 보면 위치는 상대로 표현하고, 애니메이션은 전이로 표현한 상태 머신을 볼 수 있다.

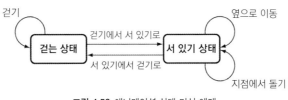

그림 4.52 애니메이션 상태 머신 예제

애니메이션은 그림 4.53의 그래프와 같이 이동 거리 범위에 적용할 수 있다.

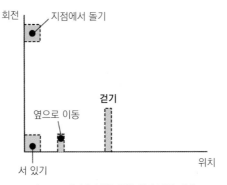

그림 4.53 애니메이션을 위한 위치 범위 예제

그림 4.54에서 캐릭터는 용암이 가득한 방을 통해 움직인다. 여기에는 캐릭터가 걸으면 안 되는 위험한 영역이 많다. 캐릭터는 초기 위치에서 반대쪽 출입구로 올바른 이동 순서를 찾아야 한다. 목표는 방향이 없는 다양한 위치로 표시된다. 목표에 도달했을 때 캐릭터의 이동 속도, 방향, 애니메이션 상태는 상관하지 않는다.

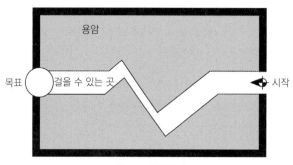

그림 4.54 위험한 방

A* 스타일 알고리듬을 실행하면 그림 4.55와 같은 생성된 경로를 얻는다. 걷기, 돌아서기, 옆으로 걷기 조합을 사용해 위험을 피할 수 있음을 알 수 있다.

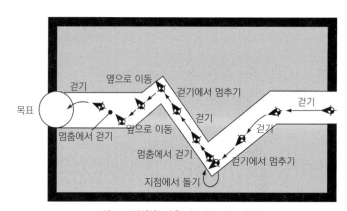

그림 4.55 위험한 방을 지나가는 경로 예제

4.9.4 발걸음

이동 계획을 확장하는 최신 연구는 발걸음에 대한 연구다. 캐릭터의 발이 올바른 위치에서만 땅에 닿도록 조합할 수 있는 일련의 애니메이션을 만든다. 이 기능은 계단을 오르거나 플랫폼을 가로지르거나 나뭇가지를 밟지 않는 캐릭터에게 유용하다.

가장 최신의 3인칭 게임은 발걸음을 정확하게 계단에 고정시킨다. 내가 아는 한, 현재 출시되는 게임들은 순수하게 지역 제약 조건을 사용해 이를 구현하고 있다. 캐릭터의 발걸음을 검사해 가장 가까운 적절한 위치로 이동시킨다. 이것은 애니메이션을 위한 역기구학inverse kinematics 알고리듬을 사용하며 AI와는 아주 약간만 관여돼 있다.

발걸음 계획은 목표를 달성하기 위해 일련의 애니메이션을 사용해 정확한 위치에 발을 설정한다. 이런 수준의 움직임을 만들기 위한 그래프는 엄청나게 복잡하므로 일반적인 게임에서 사용하기에는 약간 거리감이 있다. 발걸음 계획을 길 찾기의 세 번째 단계로 사용해 몇 가지 애니메이션만 생성하게 할 수도 있다. 하지만 지금까지 이것을 실제로 적용한 사람을 본 적이 없다.

연습 문제

4.1 그림 4.4와 같은 그래프는 노드와 에지의 집합으로 표현할 수 있다.

노드 = {A, B, C, D}
에지 = {(A,B):4, (B,A):4, (A,D):5, (D,A):5, (B,D):6,
        (D,B):6, (B,C):5, (C,B):5}

다음 설명은 토마스 로사노-페레스Tomas Lozano-Perez와 레슬리 캘블링Leslie Kaelbling의
MITMassachusetts Institute of Technology 강의 노트에서 발췌한 가중 유향 그래프의 설명이다.

노드 = {S, A, B, C, D, G}
에지 = {(S,A):6, (S,B):15, (A,C):6, (A,D):12, (B,D):3, (B,G):15,
        (D,C):9, (D,G):6}

그래프의 다이어그램을 그려 보자.

4.2 연습 문제 4.1에서 그린 그래프에서 *S*가 시작 노드이고 *G*가 목표 노드라고 하자. 다익스트라 알고리듬을 사용해 최소 비용 경로를 찾는다고 할 때 알고리듬의 두 번째 단계에서 열린 리스트의 내용은 어떻게 되는지 나머지 5개 빈칸을 채워 보자.

	열린 리스트
1	0: S
2	6: A ← S, 15: B ← S
3	
4	
5	
6	
7	

4.3 연습 문제 4.2에서 처음 목표 노드를 찾았을 때 바로 멈추지 않는 이유를 설명해 보자.

4.4 노드 A에 대해 A:5라고 쓰는 것은 이 노드의 휴리스틱 함수 값이 5라는 뜻이다. 질문 1에서 그린 다이어그램을 다음 휴리스틱 값으로 변경해 보자.

노드 = {S:0, A:6, B:9, C:3, D:3, G:0 }

4.5 A* 알고리듬을 연습 문제 4.2에서 본 그래프에 똑같이 적용하면 열린 리스트의 값은 어떻게 되는지 테이블의 빈칸을 채워 보자.

	열린 리스트
1	0: S
2	12:A ← S, 24 B ← S
3	
4	
5	

4.6 연습 문제 4.5의 그래프를 사용할 때 휴리스틱이 실제 비용을 과소평가하기 전에 D에서 휴리스틱의 최댓값은 얼마인가?

4.7 모든 노드 A와 A의 모든 자식 노드 B에 대해 A에서 목표에 도달하는 예상 비용이 A에서 B까지 도달하는 비용과 B에서 목표에 도달하는 예상 비용보다 크지 않은 경우를 휴리스틱이라 부른다. 식으로 표현하면 다음과 같다.

$$h(A) \leq \text{cost}(A, B) + h(B)$$

연습 문제 4.4에서 정의한 휴리스틱 함수가 일관성이 있는가?

344

4.8 A*에서 사용된 휴리스틱이 일관성 있고 허용된다면 닫힌 리스트가 필요하지 않은 이유를 설명해 보자.

4.9 허용 가능한 휴리스틱을 일관성을 갖도록 만들려면 어떻게 해야 하는가?

4.10 다음 표는 지도상 연관된 셀들의 비용을 보여 주고 있다. 예를 들어 비용 1을 가진 셀cell들은 평탄한 초원을 의미하고 비용 3을 가진 셀들은 더 높은 지역을 의미한다.

1	1	1	1	1	1	1	1	1	1	1	1	1
1	1	1	1	1	3	1	1	1	1	1	1	1
1	1	1	3	3	3	3	3	3	1	3	3	1
1	1	1	1	3	3	3	1	1	1	1	1	1
1	1	1	1	1	3	3	1	1	1	1	1	1
1	1	1	1	1	1	1	1	1	1	1	1	1
1	1	1	1	1	1	1	1	1	1	1	1	1
1	1	1	1	3	1	1	1	1	1	3	1	3
3	3	1	3	3	1	3	3	1	3	3	3	3
1	1	1	3	3	1	1	1	1	3	3	3	3
1	1	1	1	3	1	1	1	1	1	3	1	3
1	1	1	1	1	1	1	1	1	1	1	1	1

A*의 속도를 높이고 싶다면 산악 지역의 비용을 인공적으로 늘리거나 줄여야 한다. 왜 그런가? 변경했을 때 단점은 무엇인가?

4.11 제곱근 계산이 느리기 때문에 게임에서 사용되는 일반적인 트릭은 거리의 제곱과 모든 거리들을 비교하는 것이다. A*에서 휴리스틱을 위해 유클리드 거리 대신에 거리 세곱을 사용하는 것이 좋은 생각이 아님을 설명해 보자.

4.12 타일 그래프로 표현된 세계에서 m이 두 타일 간에 이동하는 데 드는 최소 비용일 때 맨해튼 거리Manhattan distance 휴리스틱은 다음과 같이 정의된다.

$$h(n) = m(|\text{start}_x - \text{goal}_x| + |\text{start}_z - \text{goal}_z|)$$

타일 그래프에서 맨해튼 거리 휴리스틱을 사용했을 때, 유클리드 거리보다 좋은 이유를 설명해 보자.

4.13 그림 4.29에서 에지를 노드로 고려해 얻을 수 있는 내비게이션 메시를 그려 보자.

4.14 게임은 경로 비용을 계산할 때 거리 외에 많은 다른 요소를 고려해야 한다. 6장에서 더 많은 예를 알아보겠지만 이 시점에서 여러분 스스로 어떤 것들이 있을 수 있는지 생각해 보자.

4.15 그림 4.56과 같은 타일 기반에서 B그룹에서 C그룹으로 이동하는 데 드는 최소, 최내 최소, 평균 최소 거리 비용 값을 계산해 보자.

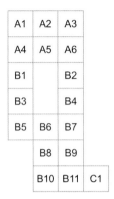

그림 4.56 그리드로 표현한 게임 레벨의 모습

4.16 그림 4.57의 다이어그램은 4개의 노드가 있는 레벨 일부를 보여 주고 있다. S는 시작 지점이고 G는 목표 지점, A는 출입구 노드, B는 일반적인 노드다. 노드 S, A, G는 3단위 떨어져 있고 B는 4단위 떨어져 있다.

캐릭터가 문을 열려면 문 앞에 t초 동안 서 있어야 한다고 가정하자. 캐릭터가 1초에 1단위씩 이동한다고 할 때 $t = 1$과 $t = 7$에 대해서 그림 4.46과 같은 '노드를 상태처럼' 그래프를 그려 보자. 문이 열릴 때까지 기다리는 것보다 그냥 돌아다니는 것이 더 빠른가?

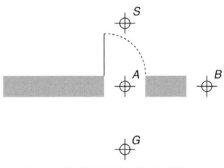

그림 4.57 레벨에서 중요한 지점들이 표현된 모습

의사결정 5장

게이머에게 게임 AI가 무엇인지 물어보자. 아마도 그들은 캐릭터가 무엇을 할지 결정하는 능력인 의사결정에 대해 생각할 것이며 이러한 의사결정(이동, 애니메이션 등)을 수행하는 것은 당연하다고 생각할 것이다.

실제로 의사결정은 대개 훌륭한 게임 AI를 만들기 위해 필요한 노력의 일부분에 불과하다. 대부분의 게임은 상태 기계와 의사결정 트리라는 매우 간단한 의사결정 시스템을 사용한다. 규칙 기반 시스템도 드물지만 중요하다.

최근 몇 년간 퍼지 로직과 신경망 같은 더 복잡한 의사결정 도구에 관심이 증가했다. 그러나 개발자들이 이러한 기술을 재빠르게 수용하지는 않았다. 그것들을 제대로 작동하게 하는 것은 어려울 수 있기 때문이다.

의사결정은 AI 모델의 중간 구성 요소(그림 5.1)다. 5장의 제목에도 불구하고 전술적, 전략적 AI에 쓰이는 여러 다른 기술도 다룰 것이다. 여기에 나오는 모든 기술은 캐릭터 내부와 캐릭터 간 의사결정에 적용할 수 있다.

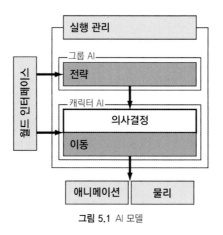

그림 5.1 AI 모델

5장에서는 몇 분 만에 구현할 수 있는 매우 간단한 메커니즘부터, 복잡하지만 게임에 임베드 embed되는 프로그래밍 언어를 완성하기 위해 풍부한 행동을 지원하는 포괄적인 의사결정까지 다양한 범위의 의사결정 도구를 살펴볼 것이다. 5장의 끝부분에서는 의사결정의 출력과 그 결과로 어떻게 액션을 취할지 살펴볼 것이다.

5.1 의사결정에 대한 개관

의사결정 기술에는 여러 가지가 있지만, 작동하는 방법은 한 가지라고 볼 수 있다.

5장에서는 수행하고자 하는 액션을 생성하는 데 쓰이는 정보 집합을 처리한다. 의사결정에 대한 입력은 캐릭터가 갖고 있는 지식이고 출력은 액션 요청이다. 그 지식은 외부 지식과 내부 지식으로 세분화될 수 있다. 외부 지식은 캐릭터가 주위 게임 환경, 즉 다른 캐릭터의 위치, 레벨의 레이아웃, 스위치가 조작됐는지, 소음이 나는 방향 등에 대해 아는 것이다. 내부 지식은 캐릭터의 내부 상태나 생각 과정, 즉 체력, 궁극적인 목표, 몇 초 전 무슨 행동을 하고 있었는지 등이다.

일반적으로 같은 지식은 5장의 어떤 알고리듬에도 동일하게 사용될 수 있지만 일부 내부 데이터의 경우에는 특정 알고리듬에 종속적일 수 있다(예를 들어 상태 머신은 현재 캐릭터의 상태가 무엇인지 알고 있어야 하며, 목표지향 행동의 경우에는 현재 목표가 무엇인지 알고 있어야 한다).

알고리듬은 따라서 게임에 두 가지 방법으로 영향을 줄 수 있다. 캐릭터의 외부 상태를 변경하는 액션(스위치 조작, 무기 발사, 방으로 들어가기 같은)이나 내부 상태만 영향을 주는 액션(예를 들어 새로운 목표를 수립하거나 확률을 변경하는 등)을 요청할 수 있다. 그림 5.2에서 이것을 볼 수 있다.

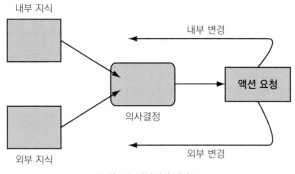

그림 5.2 의사결정 개략도

정의에 따르면 내부 상태를 변경하는 것은 플레이어에게 보이지 않는다. 같은 예로 사람의 정신 상태는 특별히 화면에 표시하지 않는 이상 볼 수 없으며 대부분의 의사결정 알고리듬은 내부 상태를 변경하는 것이 주를 이룬다. 변경은 플레이어 캐릭터의 의견, 감정 상태, 새로운 목표와 같은 것들을 설정할 수 있다. 다시 말하자면 일반적으로 알고리듬에 특정한 방식으로 내부 변경을 수행하고 외부 액션들은 각 알고리듬에 대해 동일한 형태로 생성될 수 있다.

지식의 형식과 양은 게임의 요구 사항에 의존하며 지식 표현은 본질적으로 대부분의 의사결정 알고리듬과 연관된다. 그것은 지식 표현과 별개로 완전히 일반적이기는 힘들다. 다만 11장에서 폭넓게 적용할 수 있는 메커니즘을 살펴볼 것이다.

반면에 액션은 그보다는 일관적으로 다룰 수 있다. 5장의 끝에서 액션의 표현과 실행의 문제로 돌아갈 것이다.

5.2 의사결정 트리

의사결정 트리decision tree는 빠르고 쉽게 구현되며 이해하기도 쉽다. 기본적인 알고리듬을 확장하면 꽤 복잡하게 만들 수도 있지만, 우리가 살펴볼 것은 가장 간단한 의사결정 기법이며 캐릭터를 조종하거나 애니메이션 제어 같은 게임 내 의사결정에 폭넓게 쓰인다.

의사결정 트리는 모듈화돼 있고 만들기 쉽다는 장점이 있다. 나는 이것이 애니메이션으로부터 복잡한 전략과 전술적인 AI까지 포함해 모든 곳에 쓰이는 것을 본 바 있다.

비록 현재의 게임에서는 드물지라도 의사결정 트리는 학습될 수 있고, 학습된 트리는 (예를 들어 신경망의 가중치에 비해) 이해하기 쉽다. 7장에서 이 주제로 돌아갈 것이다.

5.2.1 문제

지식 집합이 주어졌을 때 우리는 가능한 액션 집합으로부터 그에 맞는 액션을 생성해야 한다. 입력과 출력의 연관은 매우 복잡할 수도 있다. 다른 집합의 입력에 같은 액션이 사용될 수 있지만, 하나의 입력에 대한 작은 변화가 말이 되는 액션과 멍청해 보이는 액션의 차이를 만들 수도 있다. 출력을 조종하는 데 중요한 입력 값을 허용하는 동시에 여러 입력을 하나의 액션으로 그룹화하는 방법이 필요하다.

5.2.2 알고리듬

의사결정 트리는 연결된 결정점^{decision point}으로 구성된다. 트리는 시작 결정점을 가지며, 그것을 루트^{root}라고 한다. 루트로부터 시작하는 각각의 결정에서, 진행하는 옵션의 집합이 선택된다.

각각의 선택은 캐릭터의 지식에 기반해 만들어진다. 의사결정 트리가 대개 간단하고 빠른 의사결정 메커니즘으로 사용되기 때문에, 캐릭터는 대개 개인적으로 알고 있는 사항의 표현을 갖기보다는 전역 게임 상태를 바로 참고한다.

알고리듬은 더 고려할 의사결정이 없을 때까지 의사결정 노드 각각에서 선택하면서 트리와 함께 진행한다. 트리의 각각의 잎^{leaf}에 액션이 붙고 의사결정 알고리듬이 액션에 도달할 때 그 액션이 수행된다.

대부분의 의사결정 트리 노드는 보통 두 가지의 결과만을 의미하는 간단한 결정을 만든다. 그림 5.3에서 의사결정은 적의 위치에 관계된다.

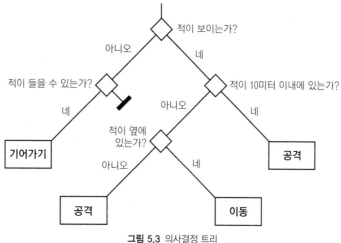

그림 5.3 의사결정 트리

하나의 액션이 여러 분기의 끝에 위치할 수 있다는 것을 주목하자. 그림 5.3에서 캐릭터는 적을 볼 수 없거나 측면에 있지 않는 한 공격하기로 결정할 것이다. 공격 액션은 2개의 잎에 있다.

그림 5.4는 같은 트리인데 의사결정이 이뤄진 것이다. 하나의 액션으로 도달하는 것을 보여 주는 알고리듬에 의해 선택된 경로가 강조돼 있으며 캐릭터가 이것을 수행할 수 있다.

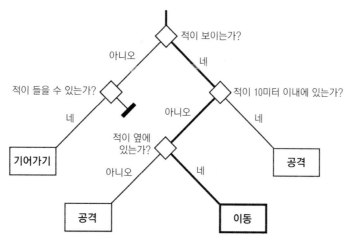

그림 5.4 의사결정 트리에서 결정이 이뤄지고 난 후의 모습

결정

트리에서의 결정^{decision}은 간단하다. 일반적으로 하나의 값을 검사하고 논리 로직을 포함하지 않는다(즉 AND나 OR로 조합되지 않는다).

구현과 캐릭터의 지식에 저장된 값의 데이터 형식에 따라 다른 종류의 검사가 가능하다. 대표적인 집합이 다음 표에 나타나 있다.

데이터 형식	결정
부울 논리형	값이 참인지
열거형(값 집합에서 하나만 허용)	주어진 값 집합에 해당하는지
숫자형(정수나 부동 소수점)	주어진 범위에 해당하는지
3D 벡터	벡터가 주어진 범위의 길이인지(예를 들어 캐릭터와 적의 거리를 검사하는 데 쓰일 수 있다.)

기본적인 타입 외에 객체지향 게임 엔진에서는 의사결정 트리가 인스턴스의 메서드를 액세스하는 것이 흔하다. 이것은 앞의 테이블에서 간단한 의사결정을 적용해 값을 반환하는 동시에, 최적화되고 컴파일된 코드로 더욱 복잡한 처리를 위임하게 할 수 있다(예를 들어 시야 처리나 물리 예측과 같은).

의사결정의 조합

의사결정 트리는 효율적이다. 왜냐하면 의사결정이 대개 매우 간단하기 때문이다. 각각의 결정은 오직 하나의 검사만 수행한다. 검사의 논리적 조합이 필요할 때는 트리 구조로서 이것을 표현한다.

두 의사결정을 AND시키기 위해서는 그것들이 트리에서 연속으로 위치한다. 그림 5.5의 첫 번째 부분이 두 결정의 트리를 나타내며, 액션 1이 수행되기 위해서는 둘 다 참이어야 한다. 이 트리는 '만약 A이고 B이면 액션 1을 수행한다. 그렇지 않으면 액션 2를 수행한다'라는 로직을 갖는다.

두 의사결정을 OR시키기 위해서도 결정들을 연속으로 배치한다. 그러나 두 액션이 위의 AND 예제에서와 반대로 된다. 그림 5.5의 두 번째 부분은 이것을 나타낸다. 어느 검사 중 하나라도 참일 때 액션 1이 수행된다. 두 검사 모두 통과하지 못할 때만 액션 2가 수행된다. 이 트리는 '만약 A 또는 B이면 액션 1을 수행한다. 그렇지 않으면 액션 2를 수행한다'라는 로직을 갖는다.

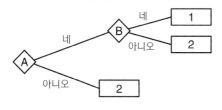

만약 A AND B라면 액션 1을 취하고
그렇지 않으면 액션 2를 취한다.

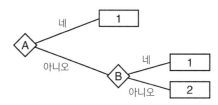

만약 A OR B라면 액션 1을 취하고
그렇지 않으면 액션 2를 취한다.

그림 5.5 AND와 OR을 표현하는 트리

어떤 논리 조합도 구성할 수 있는 간단한 의사결정 트리의 이 능력은 다른 의사결정 시스템에서도 사용된다. 5.8절의 Rete 알고리듬에서 이것을 다시 살펴볼 것이다.

의사결정의 복잡도

의사결정이 트리로 구성되므로 고려돼야 할 의사결정의 수는 대개 트리의 의사결정 수보다 훨씬 적다. 그림 5.6은 15개의 결정과 16개의 액션을 가진다. 알고리듬이 실행되면 오직 4개의 결정만이 고려되는 것을 볼 수 있다.

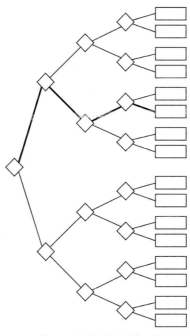

그림 5.6 결정이 이뤄진 넓은 트리

의사결정 트리는 만들기 쉽고 단계별로 만들 수 있다. 초기에는 간단한 트리가 구현되고 게임 AI가 테스트된 후 특별한 경우를 잡아내거나 새로운 행동을 추가하기 위해 의사결정이 추가될 수 있다.

분기

지금까지 살펴본 예제와 5장의 나머지 대부분에서 의사결정은 두 가지 선택으로 결정한다. 이 것을 2진 의사결정 트리라고 부른다. 물론 2개 이상의 선택을 가질 수 있는 트리를 만들지 못 할 이유가 없다. 각각의 분기에서 다른 수의 결정을 하는 트리도 가능하다.

군사 시설에 있는 보초 캐릭터를 상상해 보라. 보초는 기지의 현재 경계 상태에 따라 의사결정을 해야 한다. 이 경계 상태는 예를 들어 '녹색', '황색', '적색', '흑색'의 경우 중 하나일 수 있다. 위에 기술된 간단한 2진 의사결정 트리를 사용해 의사결정을 하기 위해 그림 5.7을 만들어야 한다.

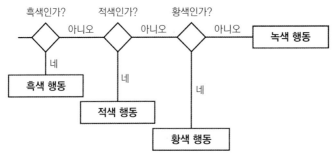

그림 5.7 깊은 2진 의사결정 트리

같은 값(경계 상태)은 세 번 검사될 수 있다. 이것은 가장 가능성 높은 상태가 먼저 오게 배치 한다면 큰 문제가 되지 않는다. 그렇더라도 의사결정 트리는 결정을 하기 위해 같은 일을 여러 번 해야 한다.

각 의사결정점에서 여러 분기를 갖도록 허용할 수 있다. 같은 의사결정 트리를 4개의 분기를 사용하면 그림 5.8처럼 표현할 수 있다.

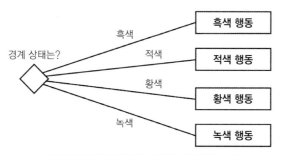

그림 5.8 4개의 분기를 갖는 납작한 의사결정 트리

이 구조는 더 납작해 한 결정만을 필요로 하고 명백히 효율적이다. 명백한 이점에도 불구하고 의사결정 트리는 2개의 결정만을 갖는 것이 흔하다.

1. 다중 분기에 대한 코드는 일련의 2진 테스트로 나타낼 수 있고(예를 들어 C 언어에서 if 문과 같은) 다중 분기를 갖는 의사결정 트리가 더 간단하더라도 속도 면에서 의미가 있을 정도로 다르지 않다.
2. 대부분의 학습 알고리듬은 의사결정 트리가 2진일 것을 요구 사항으로 하고 있다.
3. 가장 중요한 것은 2진 의사결정 트리가 더 쉽게 최적화될 수 있으며 도구 개발 면에서도 이득이 많다는 것이다.

복잡한 트리로 할 수 있는 것은 2진 트리에서도 모두 할 수 있다. 따라서 하나의 결정에는 2개의 분기만 존재하는 것이 전통이 됐다. 전부는 아니지만 대부분의 경우 의사결정 트리 시스템은 2진이었다. 이것은 단지 구현 선호의 문제라고 생각한다.

5.2.3 의사 코드

의사결정 트리는 입력으로 트리 정의를 갖는데, 이는 의사결정 트리 노드로 구성된다. 의사결정 트리 노드는 결정이나 액션일 수 있다. 객체지향 언어에서는 이것들이 트리 노드 클래스의 하위 클래스일 수 있다. 기저 클래스는 의사결정 트리 알고리듬을 수행하는 데 쓰이는 메서드를 지정한다. 기저 클래스에 그것이 정의돼 있지는 않다(즉 순수 가상 함수다).

```
1  class DecisionTreeNode:
2      # 재귀적으로 트리를 순회
3      function makeDecision() -> DecisionTreeNode
```

액션은 단순히 트리가 도달했을 때에 수행할 액션의 세부 사항들을 포함한다. 액션 구조는 게임에서 필요로 하는 액션 정보에 의존한다(5.10절의 액션 구조 참고). makeDecision 함수는 단순히 액션을 반환한다(곧 이것이 어떻게 사용되는지 살펴볼 것이다).

```
1  class Action extends DecisionTreeNode:
2      function makeDecision() -> DecisionTreeNode:
3          return this
```

의사결정은 다음 형식을 갖는다.

```
1   class Decision extends DecisionTreeNode:
2       trueNode: DecisionTreeNode
3       falseNode: DecisionTreeNode
4
5       # 서브클래스에서 정의된다.
6       function testValue() -> any
7
8       # 테스트를 수행
9       function getBranch() -> DecisionTreeNode
10
11      # 재귀적으로 트리를 순회
12      function makeDecision() -> DecisionTreeNode
```

여기서 trueNode와 falseNode 멤버는 트리에서의 다른 노드에 대한 포인터이고, testValue 함수는 테스트의 기초를 구성하는 캐릭터의 지식 내의 데이터를 반환한다. getBranch 함수는 테스트를 수행하고 어떤 분기를 따라갈지 결정한다. 대개 테스트의 형식(네 가지 데이터 형식)에 따라 다른 노드 구조의 형식이 있다. 예를 들어 부동 소수점 값을 위한 의사결정은 다음과 같이 보일 수 있다.

```
1   class FloatDecision extends Decision:
2       minValue: float
3       maxValue: float
4
5       function testValue() -> float
6
7       function getBranch() -> DecisionTreeNode:
8           if maxValue >= testValue >= minValue:
```

```
9            return trueNode
10       else:
11            return falseNode
```

의사결정 트리는 루트 노드에 의해 참조된다. 의사결정이 없는 의사결정 트리는 루트에 액션을 가질 수 있다. 이것은 의사결정 트리에서 강제로 특정한 액션을 항상 수행하게 해 캐릭터의 AI를 프로토타이핑할 때 유용하다.

의사결정 트리 알고리듬은 makeDecision 메서드에 의해 재귀적으로 수행된다. 그것은 다음과 같이 표현된다.

```
1  class Decision extends DecisionTreeNode:
2      function makeDecision() -> DecisionTreeNode:
3          # 의사를 결정하고 결과에 따라 재귀한다.
4          branch: DecisionTreeNode = getBranch()
5          return branch.makeDecision()
```

makeDecision 함수는 의사결정 트리의 루트 노드에서 초기에 호출된다.

다중 분기

간단하게 다중 분기를 지원하는 의사결정을 구현할 수 있다. 일반적인 모습은 다음과 같다.

```
1  class MultiDecision extends DecisionTreeNode:
2      daughterNodes: DecisionTreeNode[]
3
4      function testValue() -> int
5
6      # 테스트를 수행하고 따라갈 노드를 반환한다.
7      function getBranch() -> DecisionTreeNode:
8          return daughterNodes[testValue()]
9
10     # 재귀적으로 알고리듬을 수행한다.
11     function makeDecision() -> DecisionTreeNode:
12         branch: DecisionTreeNode = getBranch()
13         return branch.makeDecision()
```

여기에서 daughterNodes는 가능한 testValue의 값과 트리의 분기 사이의 매핑이다. 이것은 해시 테이블이나 숫자 테스트 값이라면 2진 검색 알고리듬으로 검색될 수 있는 딸 노드의 배열로 구현될 수 있다.

5.2.4 지식 표현

의사결정 트리는 원시 데이터 형식과 직접적으로 작동한다. 의사결정은 정수, 부동 소수점 숫자, 부울 논리형이나 다른 게임에 특정적인 데이터 종류에 기반할 수 있다. 의사결정 트리의 장점 중 하나는 게임의 나머지 부분에서 쓰이는 형식으로부터의 지식 변환을 필요로 하지 않는다는 것이다.

이에 따라 의사결정 트리는 대부분 게임의 상태를 직접 액세스하도록 구현된다. 플레이어가 적으로부터 얼마나 떨어져 있는지 의사결정 트리가 알아야 한다면 플레이어와 적의 위치를 바로 액세스하는 경우가 대부분이다.

이러한 변환 과정 없음은 잡기 어려운 버그를 만들 수 있다. 트리에서의 어떤 결정이 매우 드물게 쓰인다면 그것은 잘못됐는지 잘 드러나지 않을 수 있다. 개발 과정에서 게임 상태는 주기적으로 변화하며, 이러한 이유로 특정 구조나 구현의 변화가 의사결정에 버그가 발생하는 원인이 될 수 있다. 예를 들어 카메라가 어느 쪽을 향하고 있는지 감지하고 있는 경우 카메라 방향을 나타내기 위해 간단한 각 표현에서 사원 수로 변환된다면 의사결정이 망가질 것이다.

이러한 상황을 피하기 위해 어떤 개발자는 게임 상태로의 모든 접근을 분리시키기도 한다. 더 자세한 내용은 11장의 월드 인터페이싱에서 알아보도록 하자.

5.2.5 구현 노트

위의 함수는 노드가 액션인지 결정인지 구분하는 능력과 결정에 대해 테스트 함수를 호출해 올바른 테스트 논리를 수행하는 능력에 의존한다(즉 객체지향 프로그래밍 용어로, 테스트 함수가 다형성을 가져야 한다).

실행 시간 정보를 갖는 객체지향 언어를 사용하면 둘 다 구현하기 쉽다(즉 실행 시간에 인스턴스가 어떤 클래스에 속하는지 알아낼 수 있다).

C++로 작성되는 대부분의 게임은 런타임 타입 정보[RTTI, RunTime-Type Information]를 속도의 이유로 끈다. 이 경우 '~의 인스턴스인지' 테스트는 각각의 클래스에 포함된 확인 코드나 또 다른 손으로 작성한 방법을 사용해 이뤄져야 한다.

마찬가지로, 많은 개발자는 가상 함수(다형성의 C++ 구현)의 사용을 피한다. 이 경우 어떤 결정이 필요한지 탐지해 적절한 테스트 코드를 호출하기 위해 손으로 작성한 메커니즘이 필요하다.

5.2.6 의사결정 트리의 성능

이미 살펴봤듯이 의사결정 트리 알고리듬은 매우 간단하다는 것을 알 수 있다. 추가적인 메모리를 사용하지 않으며 성능 역시 방문하는 노드 수에 비례한다.

각각의 결정이 상수 시간을 소모하고 트리가 균형 잡혀 있다고 가정하면(더 자세한 내용은 다음 절에서 설명한다), 알고리듬의 성능은 $O(\log_2 n)$이다. 여기서 n은 트리의 결정 노드 개수이며 최악의 경우에는 $O(n)$이다.

의사결정 트리가 상수 시간을 소모하는 것은 흔한 일이다. 5.2절의 앞부분 표에 나온 예제 결정은 모두 상수 시간 과정이다. 그러나 시간을 더 소모하는 결정들이 있다. 예를 들어 어떤 적이 보이는지 검사하는 결정은 지형에서 시야를 검사하는 복잡한 레이 캐스팅을 수반할 수 있다. 이 결정이 의사결정 트리에 위치한다면 의사결정 트리의 실행 시간은 이 하나의 결정에 압도된다.

5.2.7 트리의 균형을 맞춘다

의사결정 트리는 빠르게 동작하도록 의도됐으며 균형 잡혀 있을 때 가장 빠르다. 균형 잡힌 트리는 각각의 분기에 비슷한 수의 잎을 가진다. 그림 5.9의 의사결정 트리를 비교해 보자. 두 번째 것은 균형 잡혀 있다(각각의 분기에 같은 수의 행동이 있다). 반면에 첫 번째는 극도로 균형 잡혀 있지 않다. 둘 다 8개의 행동과 7개의 결정을 가진다.

행동 H를 얻기 위해서는 첫 번째 트리는 8개의 결정을 해야 한다. 반면 두 번째 트리는 단지 3개만 필요하다. 사실 모든 행동이 비슷하게 일어날 확률이라면 첫 번째 트리는 평균 $4\frac{1}{2}$개의 결정이 필요하고, 두 번째 트리는 항상 3개의 결정만 필요하다.

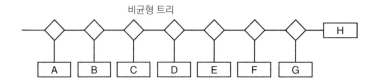

비균형 트리

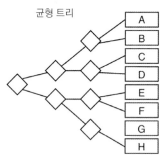

균형 트리

그림 5.9 균형 잡힌 트리와 그렇지 않은 트리

최악의 경우 심하게 균형 잡히지 않은 트리에서 의사결정 트리 알고리듬은 $O(\log_2 n)$에서 $O(n)$으로 된다. 명백하게 각각의 결정에서 같은 수의 잎을 갖는 균형 잡힌 트리가 되도록 가능한 한 유지하는 것이 좋다.

비록 균형 잡힌 트리가 이론적으로 최적이지만 실제로 가장 빠른 트리 구조는 약간 더 복잡하다.

실제로는 각 결정의 결과들이 일어날 확률이 비슷하지 않다. 그림 5.9의 예제 트리를 다시 살펴보자. 대부분의 경우 행동 A에 도달한다면 첫 번째 트리가 더 효율적이다. 즉 한 단계만에 A로 간다. 두 번째 트리는 A에 도달하기 위해 3개의 결정을 거쳐야 한다.

모든 결정이 동등하지 않다. 시간이 많이 소요되는 결정(가장 가까운 적과의 거리를 찾는 등)은 확실히 필요할 때만 이뤄져야 한다. 이것을 트리의 아래쪽에 위치시키는 것은 트리의 균형을 해치더라도 좋은 생각이다.

최대 성능을 위한 트리 구성은 마법에 가깝다. 의사결정 트리는 아무래도 매우 빠르기 때문에 거기서 속도를 쥐어짜내는 것은 거의 중요하지 않다. 다음과 같은 일반 가이드라인을 따르도록 하자. 즉 트리를 균형 잡되 주로 사용되는 분기를 잘 사용되지 않는 것보다 짧게 하고, 가장 비용이 비싼 결정을 뒤에 하도록 배치한다.

5.2.8 트리를 넘어

지금까지 트리에서 엄격한 분기 패턴을 유지했지만, 여러 분기가 새로운 결정으로 병합되도록 허용할 수 있다. 그림 5.10에서 예를 볼 수 있다.

앞서 개발한 알고리듬은 특별한 수정 없이 이런 종류의 트리를 지원할 수 있다. 단순히 트리에서 하나보다 많은 trueNode나 falseNode에 같은 결정을 할당하면 된다. 그리고 나면 여러 길로 도달할 수 있다. 이것은 같은 액션을 여러 잎에 할당하는 것과 같다.

불행하게도 알고리듬은 루프가 발생했을 때 제대로 처리할 수 없으므로 주의해야 한다. 그림 5.11에서 트리의 세 번째 결정은 트리의 이전으로 가는 falseNode를 가진다. 이 처리는 영원히 반복하기 때문에 절대로 잎을 찾지 못한다.

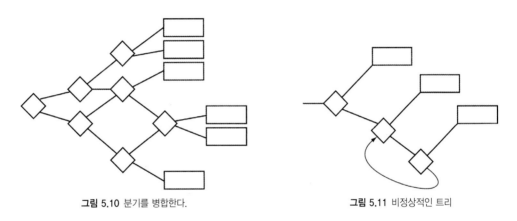

그림 5.10 분기를 병합한다.　　　　　　**그림 5.11** 비정상적인 트리

엄격하게 올바른 의사결정 트리는 방향성 무순환 그래프^{DAG, Directed Acyclic Graph}라고 불린다. 이 알고리듬의 문맥에서는 이것을 의사결정 트리로 부른다.

5.2.9 무작위 의사결정 트리

종종 우리는 행동의 선택이 완전히 예측 가능하기를 원하지 않는다. 일정한 무작위 행동 요소는 예측 불가능성, 흥미와 변화를 더한다.

무작위 요소를 갖는 결정을 의사결정 트리에 추가하는 것은 간단하다. 예를 들어 난수를 생성하고 그 값에 기반해 분기를 선택할 수 있다.

의사결정 트리는 세계의 상태에 즉시 반응하는 만큼 자주 수행되도록 고안됐기 때문에 무작위 결정은 문제를 일으킨다. 그림 5.12의 트리를 매 프레임에 수행하는 것을 상상해 보자.

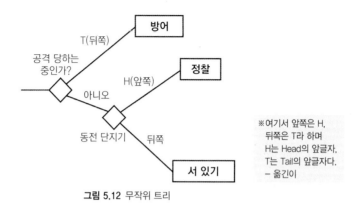

그림 5.12 무작위 트리

요원이 공격받고 있지 않는 한, 정지와 순찰 행동은 무작위로 선택될 것이다. 이 결정은 프레임마다 이뤄져 캐릭터는 정지와 이동 상태에서 머뭇거리는 것처럼 보일 것이다. 이것은 이상하게 보일 가능성이 높고 플레이어에게 용납될 수 없을 것이다.

의사결정 트리에서 무작위 결정을 추가하려면 의사결정 과정이 안정적이어야 한다. 즉 세계 상태에 관련 있는 변화가 없다면 의사결정에 변화가 없어야 한다. 이것은 요원이 특정 세계 상태에 대해 모든 시간에 같은 의사결정을 내려야 한다는 것을 의미하지는 않는다. 매우 다른 시간에 같은 상태를 맞는 상태에서 다른 결정을 내를 수 있지만 연속적인 프레임에서는 하나의 결정에 머물러야 한다.

이전의 트리에서 요원이 공격받지 않는 모든 시간에서 요원은 정지하거나 순찰해야 한다. 우리는 요원이 무엇을 하든 신경 쓰지 않지만 선택이 이뤄지면 그것을 계속해야 한다.

이것은 무작위 의사결정 트리가 이전에 어떤 결정을 내렸는지 추적하는 것을 통해 달성할 수 있다. 의사결정이 처음 고려될 때 무작위로 결정이 선택된다. 그리고 그 결정은 저장된다. 다음번에 결정이 고려될 때 무작위성은 없고 이전의 선택이 자동적으로 이뤄진다.

의사결정 트리가 다시 수행된다면 같은 결정은 고려되지 않는다. 그것은 다른 결정이 다른 길로 갔다는 것을 의미하며, 세계의 어떤 것이 변화했다는 것이다. 이러한 경우 우리가 한 선택을 제거해야 한다.

의사 코드

다음은 무작위 2진 결정에 대한 의사 코드다.

```
1   class RandomDecision extends Decision:
2       lastFrame: int = -1
3       lastDecision: bool = false
4
5       function testValue() -> bool:
6           frame = getCurrentFrame()
7
8           # 저장된 결정이 너무 오래됐는지 검사한다.
9           if frame() > lastFrame + 1:
10              # 새로운 결정을 하고 저장한다.
11              currentDecision = randomBoolean()
12
13          # 어떤 경우든 프레임 값을 업데이트해야 한다.
14          lastFrame = frame()
15
16          return currentDecision
```

사용되지 않는 각 결정으로 가지 않고 이전 값을 제거하기 위해, 결정을 저장한 프레임 번호를 저장한다. 테스트 메서드가 호출되면 이전 저장 값은 이전 프레임에 저장돼 있어서 그것을 사용한다. 그것이 이전 프레임보다 먼저 저장됐다면 새로운 값을 만든다.

이 코드는 두 함수에 의존한다.

- frame은 현재 프레임 번호를 반환한다. 이것은 프레임마다 1씩 증가해야 한다. 의사결정 트리가 매 프레임에 호출되지 않으면 프레임은 의사결정 트리가 호출될 때 증가하는 함수로 대체돼야 한다.
- randomBoolean은 참이나 거짓 부울 값을 무작위로 반환한다.

무작위 결정을 위한 이 알고리듬은 위에 제시된 의사결정 트리 알고리듬에 사용될 수 있다.

시간 초과 처리

요원이 같은 행동을 계속해서 반복한다면 이상하게 보일 것이다. 위 예제에 나온 의사결정 트리에서는 우리가 공격하지 않으면 영원히 정지해 있을 수 있다. 저장된 무작위 결정은 시간 제한 정보를 둘 수 있으며 요원은 때때로 행동을 변화시킨다.

의사 코드는 다음과 같다.

```
1   class RandomDecisionWithTimeOut extends Decision:
2       lastFrame = -1
3       currentDecision: bool = false
4
5       # 이 프레임을 지나면 새로운 결정을 만든다.
6       timeOut: int = 1000
7       timeOutFrame: int = -1
8
9       function testValue() -> bool:
10          frame = getCurrentFrame()
11
12          # 저장된 결정이 너무 오래됐거나 시간 초과인지 검사한다.
13          if frame > lastFrame + 1 or frame >= timeOutFrame:
14              # 새로운 결정을 내리고 그것을 저장한다.
15              currentDecision = randomBoolean()
16
17              # 다음 새로운 결정을 설정한다.
18              timeOutFrame = frame + timeout
19
20          # 어떤 경우든 프레임 값을 업데이트해야 한다.
21          lastFrame = frame
22
23          return currentDecision
```

마찬가지로, 의사결정 구조는 이전의 의사결정 트리 알고리듬에 직접적으로 사용될 수 있다.

시간을 체크하는 더 복잡한 방법이 여럿 있을 수 있다. 예를 들어 변화를 주기 위해 정지 시간을 임의로 정한다. 또는 시간 초과가 될 때 행동을 여러 가지로 해 요원이 연속해서 여러 번 정지해 있지 않도록 한다. 여러분의 상상력을 활용하길 바란다.

무작위 의사결정 트리 사용하기

의사결정 트리 알고리듬을 간단히 확장하는 방법을 보여 주기 위해 이 절을 포함시켰다. 이것은 흔한 기법은 아니며 실제로 나 역시 한번 사용해 봤을 뿐이다.

이것은 기법의 한 종류이나, 매우 작은 구현 비용으로 간단한 알고리듬에 생명감을 불어넣는다. 의사결정 트리의 계속되는 문제점은 예측 가능성이다. 게이머는 AI의 행동을 쉽게 예측할 수 있기 때문에 이 방법을 사용해 간단한 무작위 요소를 도입하는 것은 단점을 보완할 수 있도록 해준다. 따라서 이 기법은 더 널리 쓰일 가치가 있다고 생각한다.

5.3 상태 기계

보통 게임 캐릭터는 한정된 방법으로 행동한다. 캐릭터는 어떤 사건이나 영향이 있을 때가 아니면 같은 행동을 계속한다. 〈헤일로^{Halo}〉[91]의 커버넌트^{Covenant} 전사를 예를 들면 계속 기지에 서 있다가 플레이어를 알아차리면 공격 모드로 전환해 은신처를 이용해 숨고 발사한다.

의사결정 트리를 사용해 이러한 종류의 행동을 만들 수 있지만 대부분의 경우 이러한 목적으로 고안된 상태 기계를 사용하는 것이 더 쉽다.

상태 기계는 이런 종류의 의사결정에 가장 많이 쓰이고, 스크립팅(12장 13.3절)과 함께 현재 게임에서 의사결정 시스템의 다수를 차지한다. 상태 기계는 그들을 둘러싼 세계의 상태(의사결정 트리처럼)와 내부 구조(그들의 상태)를 모두 고려한다.

기본적인 상태 기계

상태 기계에서 각 캐릭터는 한 상태를 차지한다. 보통, 액션이나 행동은 각 상태에 대응한다. 따라서 캐릭터가 상태에 머무른다면, 같은 액션을 계속 수행한다.

상태들은 전이^{transition}로 서로 연결된다. 각 전이는 한 상태에서 목적 상태인 다른 상태로 이끈다. 그리고 각각은 연관된 조건을 가진다. 게임에서 특정 전이의 조건이 만족되면 캐릭터는 전이의 목적 상태로 상태를 변화시킨다. 전이의 조건이 만족될 때 격발^{trigger}됐다고 말한다. 그리고 전이가 새로운 상태로 이끌었을 때 발포^{fire}됐다고 말한다.

그림 5.13은 3개의 상태(수비, 싸움, 도망)를 가진 간단한 상태 기계를 보여 준다. 각 상태는 고유한 전이를 갖는 것을 보자.

5장에 있는 상태 기계 도식은 소프트웨어 공학에서 폭넓게 쓰이는 표준 표기법인 통합 모델링 언어$^{UML, Unified Modeling Language}$에 기초한다. 상태는 둥근 모서리 사각형으로 표시된다. 전이는 그것을 격발시키는 조건 레이블이 달린, 화살표 직선으로 표시된다. 조건은 각 괄호 안에 기술된다.

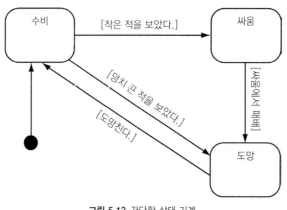

그림 5.13 간단한 상태 기계

그림 5.13의 칠해진 원은 격발 조건 없이 하나의 전이만 가진다. 그 전이는 상태 기계가 처음 실행될 때 진입하는 초기 상태로 향한다.

5장을 이해하기 위해 UML에 대해 깊이 알지 않아도 된다. UML에 대해 더 알고 싶으면 파일론^{Pilone}과 피트먼^{Pitman}[48]을 추천한다.

의사결정 트리에서 항상 같은 결정의 집합이 사용된다. 그리고 트리에서 어떤 액션도 도달할 수 있다. 상태 기계에서는 현재 상태에서 출발하는 전이만 고려되며 모든 액션이 도달 가능하지는 않다.

유한 상태 기계

게임 AI에서 이 성질의 상태 기계는 보통 유한 상태 기계^{FSM, Finite State Machine}라고 불린다. 5장과 6장부터 점점 더 강력한 상태 기계 구현을 다룰 것이다. 이 모든 것은 FSM이라고 불린다.

이것은 비게임 프로그래머에게 혼란을 일으키는데 그들에게 FSM은 특정한 타입의 간단한 상태 기계를 가리키기 때문이다. 컴퓨터 과학에서 FSM은 보통 텍스트를 파싱하는 알고리듬을 가리킨다. 컴파일러는 입력 코드를 컴파일러가 해석하는 기호로 토큰화하기 위해 FSM을 사용한다.

게임 FSM

기본적인 상태 기계 구조는 매우 일반적이고 어떤 구현이라도 가능하다. 나는 게임 FSM을 구현하는 매우 다양한 방법을 봤고, 2명의 개발자가 똑같은 기법을 쓰는 것을 거의 보지 못했다. 이 점은 '상태 기계' 알고리듬이 되는 단일 알고리듬을 도출하기 힘들게 한다.

5.3절의 뒷부분에서 FSM의 여러 구현 스타일을 살펴볼 것이지만 하나의 주된 알고리듬만을 파헤쳐 볼 것이다. 알고리듬을 선택하는 데 기준은 유연성과 구현의 깔끔함이다.

5.3.1 문제

상태 기계는 어떤 종류의 전이 조건도 가질 수 있도록 해야 하며 이 상태 기계는 앞서 나타낸 구조를 따르며 한 번에 한 상태를 차지한다.

5.3.2 알고리듬

나는 어떤 특정한 코드도 포함하도록 구현될 수 있는 일반적인 상태 인터페이스를 사용할 것이다. 상태 기계는 가능한 상태들의 집합을 추적하고 그것이 어떤 상태에 있는지 기록한다. 각각의 상태와 더불어 일련의 전이가 간직된다. 각 전이는 다시 적절한 조건으로 구현될 수 있는 일반적인 인터페이스다. 이것은 격발됐는지 아닌지 간단히 상태 기계에 보고한다.

각 반복(보통 각 프레임)에서 상태 기계의 업데이트 함수가 호출된다. 이것은 현 상태로부터 어떤 전이가 격발됐는지 점검한다. 격발된 첫 전이가 발포되기로 예약된다. 메서드는 그러면 현재 활성 상태로부터 수행할 액션의 목록을 컴파일한다. 전이가 격발되면 발포된 것이다.

격발과 발포를 이렇게 구분하는 것은 전이가 고유한 액션을 가질 수 있도록 해준다. 종종 한 상태에서 다른 상태로 전이하는 것은 어떤 액션을 수행하는 것을 수반한다. 이 경우에는 발포된 전이가 필요로 하는 액션을 상태가 반환하는 것에 추가한다.

5.3.3 의사 코드

상태 기계는 상태들의 목록과 현재 어느 상태에 있는지를 가진다. 그것은 전이를 격발하고 발포하기 위한 업데이트 함수와 수행할 액션을 반환하는 함수를 가진다.

```
1  class StateMachine:
2      # 한 번에 하나의 상태에 있다.
3      initialState: State
4      currentState: State = initialState
5
6      # 전이를 검사하고 적용한다. 액션의 목록을 반환한다.
```

```
7    function update() -> Action[]:
8        # 전이가 격발되지 않았다고 가정한다.
9        triggered: Transition = null
10
11       # 각 전이를 검사해 첫 격발이 이뤄지는 전이를 저장한다.
12       for transition in currentState.getTransitions():
13           if transition.isTriggered():
14               triggered = transition
15               break
16
17       # 발포할 전이가 있는지 검사
18       if triggered:
19           # 목표 상태를 찾는다.
20           targetState = triggered.getTargetState()
21
22           # 옛 상태의 탈출 액션,
23           # 전이 액션, 새 상태로의 진입 액션을 추가
24           actions = currentState.getExitAction()
25           actions += triggered.getAction()
26           actions += targetState.getEntryAction()
27
28           # 전이를 완성하고 액션 목록을 반환한다.
29           currentState = targetState
30           return actions
31
32       # 그렇지 않으면 현재 상태의 액션을 반환
33       else:
34           return currentState.getAction()
```

5.3.4 자료 구조와 인터페이스

상태 기계는 특정한 인터페이스를 갖는 상태와 전이를 갖는 것에 의존한다. 상태 인터페이스는 다음과 같은 형태를 갖는다.

```
1    class State:
2        function getAction() -> Action[]
3        function getEntryAction() -> Action[]
4        function getExitAction() -> Action[]
5        function getTransitions() -> Transition[]
```

각각의 getXAction 메서드는 수행할 액션의 목록을 반환한다. 다음에서 살펴볼 것처럼 getEntryAction은 전이로 인해 상태로 진입할 때 호출되고, getExitAction은 상태에서 탈출할 때 호출된다. 나머지 시간에 상태가 활성 상태일 때는 getAction이 호출된다. getTransitions 메서드는 이 상태에서 나가는 전이의 리스트를 반환한다.

전이 인터페이스는 다음과 같은 형태를 갖는다.

```
1   class Transition:
2       function isTriggered() -> bool
3       function getTargetState() -> State
4       function getAction() -> Action[]
```

isTriggered 메서드는 전이가 발포할 수 있다면 참을 반환하고, getTargetState 메서드는 어떤 상태로 전이할지를 반환하고, getAction 메서드는 전이가 발포할 때 수행할 액션의 목록을 반환한다.

전이 구현

상태 클래스는 단 하나의 구현만이 필요하다. 3개의 액션 목록과 전이 목록을 자료 멤버로 가지며 get 메서드로 이것들을 반환한다.

같은 방법으로 목표 상태와 액션 목록을 전이 클래스에 저장하고 그것의 메서드가 저장된 값을 반환하게 할 수 있다. isTriggered 메서드는 일반화하기가 더 어렵다. 각각의 전이는 고유한 조건 집합을 갖고, 이 메서드의 힘은 원하는 어떤 종류의 테스트도 구현할 수 있는 전이를 허용하는 데 있다.

상태 기계는 보통 데이터 파일에 정의가 되고 실행 시간에 게임에서 읽혀지기 때문에 일반적인 전이 집합을 갖는 것이 흔하다. 그러면 상태 기계는 각 상태에 적합한 전이를 사용해 데이터 파일로부터 구성된다.

이전 의사결정 트리에 관한 절에서 기본 자료형에 대해 작용하는 일반적인 테스트 결정을 살펴봤다. 상태 기계에도 같은 원리가 적용될 수 있다. 즉 보고 있는 데이터가 주어진 범위에 속할 때 격발되는 일반적인 전이를 가질 수 있다.

의사결정 트리와는 다르게 상태 기계는 더 복잡한 질의를 만드는 테스트의 결합 방법을 간단하게 제공하지 않는다. 적이 멀리 있고 체력이 낮을 때의 조건에 기반한 전이가 필요할 때 격발을 조합하는 방법이 필요하다.

상태 기계를 위한 다형성 디자인을 유지하며 또 다른 인터페이스를 추가해 이것을 완수할 수 있다. 다음과 같은 형식의 일반적인 전이 클래스를 사용할 수 있다.

```
1   class Transition:
2       actions: Action[]
3       function getAction() -> Action[]:
4           return actions
5
6       targetState: State
7       function getTargetState() -> State:
8           return targetState
9
10      condition: Condition
11      function isTriggered() -> bool:
12          return condition.test()
```

isTriggered 함수는 condition 멤버에 테스트를 위임한다.

컨디션은 다음과 같은 간단한 형식을 갖는다.

```
1   class Condition:
2       function test() -> bool
```

그다음 특정 테스트를 위해 Condition 클래스의 서브−클래스 집합을 만들 수 있다(의사결정 트리 때 했던 것처럼).

```
1   class FloatCondition extends Condition:
2       minValue: float
3       maxValue: float
4
5       function testValue() -> float # 관심 있는 게임 데이터를 테스트
6
7       function test() -> bool:
8           return minValue <= testValue <= maxValue
```

AND, NOT, OR 같은 논리형 서브-클래스를 사용해 조건을 결합시킬 수 있다.

```
1   class AndCondition extends Condition:
2       conditionA: Condition
3       conditionB: Condition
4       function test() -> bool:
5           return conditionA.test() and conditionB.test()
6
7   class NotCondition extends Condition:
8       condition: Condition
9       function test() -> bool:
10          return not condition.test()
11
12  class OrCondition extends Condition:
13      conditionA: Condition
14      conditionB: Condition
15
16      function test() -> bool:
17          return conditionA.test() or conditionB.test()
```

이와 같이 필요로 하는 복잡도만큼 결합시킬 수 있다.

단점

전이에 대한 이 접근법은 많은 유연함을 주지만, 많은 수의 메서드 호출이라는 비용을 지불해야 한다. C++에서 이런 메서드 호출은 다형적이어야 하고, 이것은 호출을 느리게 하고 프로세서를 혼란시킨다. 이 모든 것은 시간 소요를 증가시키며 매 프레임에 많은 캐릭터가 사용하기에는 적당하지 않을 수 있다.

전이를 위한 조건을 표현하기 위해 스크립팅 언어를 사용하기도 한다. 스크립팅 언어를 사용하면 디자이너들이 상태 기계 룰을 자유롭게 만들 수 있지만 속도가 느리다는 단점이 있다.

5.3.5 성능

상태 기계 알고리듬은 격발된 전이와 현재 상태를 저장할 메모리만 필요하다. 그것은 메모리로 O(1)이고, 시간으로는 O(m)이다. 여기서 m은 상태당 전이의 수다.

이 알고리듬은 상태와 전이 클래스 모두에서 다른 함수를 호출하고, 대부분의 경우 이 함수들의 실행 시간이 알고리듬 대부분의 시간을 차지한다.

5.3.6 구현 노트

앞에서 언급한 바와 같이 상태 기계를 구현하는 방법은 많다.

5.3절에 기술된 상태 기계는 최대한 유연하게 했다. 어떤 종류의 상태 기계로라도 실험할 수 있고 흥미로운 기능을 추가할 수 있는 구현을 목표로 노력했다. 많은 경우에 이것은 너무 유연하다. 유연성 중 일부만 사용한다면 쓸데없이 비효율적일 가능성이 크다.

5.3.7 하드 코딩된 FSM

몇 년 전에는 거의 모든 상태 기계가 하드 코딩됐다. 전이 규칙과 액션 수행은 게임 코드의 일부였다. 레벨 디자이너가 상태 기계를 만드는 데 권한이 커짐에 따라 덜 흔해졌지만 여전히 아직도 중요한 접근법이다.

의사 코드

하드 코딩된 FSM에서 상태 기계는 현재 어떤 상태에 처해 있는지를 나타내는 열거 값과 전이가 이뤄져야 하는지 검사하는 함수로 구성된다. 여기에 우리는 이 둘을 하나의 클래스 정의로 결합했다(비록 하드 코딩된 FSM은 여전히 C로 작업하는 개발자와 연관되는 경향이지만).

```
1   class MyFSM:
2
3       # 각 상태의 이름을 정의
4       enum State:
5           PATROL
6           DEFEND
7           SLEEP
8
9       # 현재 상태
10      myState: State
11
12      function update():
13
```

```
14        # 올바른 상태를 찾는다.
15        if myState == PATROL:
16            # 예시 전이
17            if canSeePlayer():
18                myState = DEFEND
19            else if tired():
20                myState = SLEEP
21
22        elif myState == DEFEND:
23            # 예시 전이
24            if not canSeePlayer():
25            myState = PATROL
26
27        elif myState == SLEEP:
28            # 예시 전이
29            if not tired():
30                myState = PATROL
31
32        function notifyNoiseHeard(volume: float):
33            if myState == SLEEP and volume > 10:
34                myState = DEFEND
```

이것은 상태 기계의 전형이라기보다는 특정 상태 기계의 의사 코드임을 유의하도록 하자. 업데이트 함수에서 각 상태에 대한 코드 블록이 있다. 그 코드 블록에서 각 전이에 대한 조건이 차례로 검사되고 필요시 상태가 업데이트된다. 이 예제에서 전이는 모두 함수를 호출한다 (tired와 canSeePlayer). 이것은 현재 게임 상태에 대해 접근할 수 있다고 가정하는 것이다.

추가로 별도의 함수 notifyNoiseHeard에 상태 전이를 추가했다. 캐릭터가 큰 소음을 들을 때마다 게임 코드가 이 함수를 호출한다고 가정한다. 이것은 상태 전이에 대한 폴링^{polling}(정보를 명시적으로 물어봄)과 이벤트 기반(정보가 들리기를 기다림) 접근법의 차이를 보여 주는데 11장의 세계 인터페이싱은 이 차이에 대해 상세한 정보를 담고 있다.

매 프레임에 전과 마찬가지로 업데이트 함수가 호출된다. 그리고 출력 액션을 생성하기 위해 현재 상태가 사용된다. 이것을 하기 위해 FSM은 다음 형식의 조건 블록을 포함하는 메서드를 가질 수 있다.

```
1  function getAction() -> Action:
2      if myState == PATROL:
3          return new PatrolAction()
4      elif myState == DEFEND:
5          return new DefendAction()
6      elif myState == SLEEP:
7          return new SleepAction()
```

상태 기계는 실행돼야 할 액션을 반환하는 대신 단순히 액션을 직접 실행하는 경우도 있다.

성능

이 접근법은 메모리를 사용하지 않고 시간 복잡도는 $O(n+m)$이다. 여기서 n은 상태의 수, m은 상태당 전이의 수다. 이것은 유연한 구현보다 나쁜 성능을 갖지만 상태가 많지 않으면(예를 들어 수천 개의 상태) 보통 더 빠르다.

단점

하드 코딩된 상태 기계가 작성하기에는 쉬워도 관리하기가 어렵기로 악명이 높다. 게임에서의 상태 기계는 종종 거대해지며, 이것은 추하고 불명확한 코드로 나타나게 될 수 있다.

하지만 대부분의 개발자가 생각하는 하드 코딩된 상태 기계의 주된 문제점은 각 캐릭터의 행동들을 AI 개발자가 작성해야 한다는 것이고, 행동을 변경시킬 때마다 게임을 재컴파일해야 한다는 것이다. 취미로 게임을 만드는 사람들에게는 이 점이 큰 문제가 되지 않을 수 있지만, 빌드가 수 분에서 수 시간 걸리는 큰 게임 프로젝트에서는 치명적일 수 있다.

더 복잡한 구조들도, 이를테면 계층적 상태 기계(5.3.8절에 설명)는 하드 코딩된 FSM으로 조합하기가 어렵다. 더 유연한 구현으로, 출력을 디버깅하는 것은 모든 상태 기계에 쉽게 추가될 수 있어서 AI의 문제를 해결해 나가는 것을 쉽게 해준다.

5.3.8 계층적 상태 기계

상태 기계는 그 자체로 강력한 도구이지만, 특정 행동을 표현하기에는 어려울 수 있다. 흔한 어려움은 '알람 행동'이다.

바닥을 청소하며 시설을 배회하는 서비스 로봇을 상상해 보도록 하자. 로봇은 떨어진 물체를 찾아다니고 주워서 쓰레기 압축기로 가져간 후 버릴 수 있다. 이것은 일반 상태 기계로 간단히 구현할 수 있다(그림 5.14 참고).

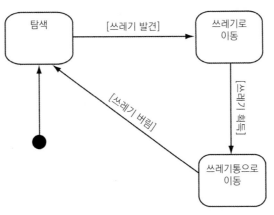

그림 5.14 기본적인 청소 로봇 상태 기계

운 나쁘게 로봇은 전력이 모자랄 수 있다. 그때는 로봇이 가장 가까운 충전 지점으로 달려가서 충전해야 한다. 로봇이 무엇을 하고 있었는지와 상관없이 로봇은 멈춰야 하고 완전히 충전되면 떠난 곳으로 가야 한다. 충전 주기에 따라, 예를 들어 플레이어는 들키지 않고 살금살금 이동하거나 지역의 모든 전기를 차단해 로봇을 무력화시킬 수 있다.

일반 행동을 중지시키고 중요한 것에 반응하는 것, 이것이 알람 메커니즘이다. 상태 기계로 이것을 표현하는 것은 상태의 수를 두 배로 증가시키게 된다. 한 수준의 알람일 때 이것은 문제가 아니다. 하지만 복도에서 싸움이 벌어질 경우 로봇이 숨기를 원하면 어떻게 될까? 만약 숨기 본능이 충전 본능보다 중요하다면 충전을 중단하고 숨으러 갈 것이다. 전투가 끝나면 떠난 곳으로 충전하러 가야 한다. 그리고 그전에 하던 것을 다시 할 것이다. 단지 2 수준의 알람으로 16개의 상태를 갖게 된다.

모든 로직을 단일의 상태 기계에 결합하기보다는 여러 개로 분리할 수 있다. 각 알람 메커니즘은 원래의 행동과 함께 고유의 상태 기계를 갖는다. 각 알람 메커니즘은 계층으로 배열돼 있으며, 더 높은 수준의 상태 기계가 알람에 반응하지 않을 때 다음 상태 기계만이 고려된다.

그림 5.15는 위의 도식에 정확히 대응하는 하나의 알람 메커니즘을 보여 준다.

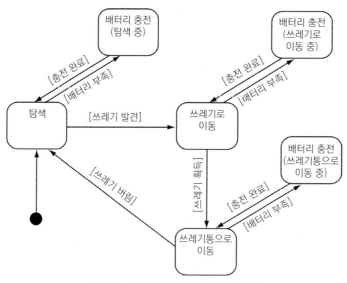

그림 5.15 표준 상태 기계에서의 알람 메커니즘

계층적 상태 기계를 표시하기 위해 하나의 상태 기계를 다른 하나에 중첩시킬 것이다 (그림 5.16). 칠해진 원은 다시 상태 기계의 출발점을 나타낸다. 복합 상태로 처음 진입되면 H*로 표시된 원이 어떤 서브–상태로 진입해야 하는지 표시한다.

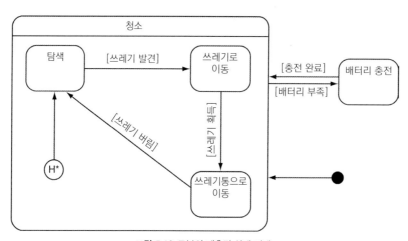

그림 5.16 로봇의 계층적 상태 기계

복합 상태로 이미 진입했다면 이전 서브–상태가 반환된다. H* 노드는 이 때문에 '역사 상태 history state'라고 불린다.

H 뒤에 왜 별표가 붙었는지와 다른 UML 상태 차트 다이어그램의 특이 사항은 5장의 범위를 넘는다. 상세를 위해서는 파일론^{Pilone}과 피트먼^{Pitman}[48]을 참고하자.

비-알람$^{non-alarm}$ 상태를 추적하기 위해 별개의 상태를 가지는 대신, 중첩된 상태를 소개한다. 우리는 충전 중이라도 청소 상태 기계의 상태를 계속 추적한다. 충전이 끝나면 청소 상태 기계는 떠난 곳으로 갈 것이다.

그 효과는 동시에 여러 상태에 있게 되는 것이다. 알람 메커니즘에서 '충전' 상태에 있는 동시에 청소 기계에서 '물체를 집는다' 상태에 있을 수 있다. 엄격한 계층이 있기 때문에 어떤 상태가 이기는지에 대한 혼란은 절대 없다. 계층에서 가장 높은 상태가 항상 통제된다.

이것을 구현하려면 프로그램의 상태 기계를 단순히 재배치해 필요할 경우 한 상태 기계가 다른 상태 기계를 호출할 수 있도록 한다. 만일 충전하는 상태 기계가 '청소 중' 상태라면 청소 상태 기계를 호출하고 실행할 액션을 물어본다. '충전 중' 상태라면 충전 액션을 실행한다.

이렇게 하면 코드가 깔끔하지 않겠지만 원하는 시나리오는 구현할 수 있다. 다행히 대부분의 계층적 상태 기계는 계층 간 전이를 지원하고, 결과적으로 더 복잡한 알고리듬이 필요하게 된다.

예를 들어 수집할 물체가 없으면 유용한 다른 어떤 행위를 할 수 있도록 로봇을 확장해 보자. 가령 배터리가 다 닳을 때까지 가만히 서 있는 것보다는 충전을 하고 있는 편이 나을 것이다. 새로운 상태 기계는 그림 5.17에서 볼 수 있다.

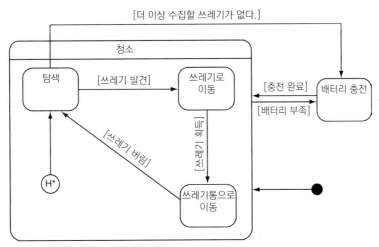

그림 5.17 교차-계층 전이를 갖는 계층적 상태 기계

'탐색' 상태에서 바로 '충전' 상태로 가는 전이를 추가했음을 주목하라. 이 전이는 수집할 물체가 없을 때 격발된다. 이 상태로부터 직접 전이했기 때문에 안쪽 상태 기계는 더 이상 어떤 상태도 갖지 않는다. 로봇이 충전을 완료하고 알람 시스템이 다시 청소로 전이했을 때 로봇은 어디서부터 수집할지에 대한 기록이 없다. 따라서 로봇은 초기 노드('탐색')에서부터 상태 기계를 시작해야 한다.

문제

계층적 상태 기계를 지원하는 상태 기계 시스템을 구현하고 싶다. 또한 기계의 다른 계층 사이를 전이하고 싶다.

알고리듬

계층적 상태 기계에서 각 상태는 독자적으로 완전한 상태 기계일 수 있다. 따라서 전체 계층을 처리하기 위해 재귀적 알고리듬에 의존한다. 대부분의 재귀적 알고리듬처럼, 이것은 따라가기에 교묘한 기법을 필요로 할 수 있다. 여기서 다루는 가장 간단한 알고리듬은 두 배로 교묘한 기법을 필요로 한다. 왜냐하면 다른 지점에서 계층을 위아래로 재귀 호출하기 때문이다. 다음 절에서 다루는 의사 코드를 살펴보면서 어떻게 동작하는지 살펴보기를 권한다.

시스템의 첫 부분은 현재 상태를 반환한다. 반환 결과는 상태들의 리스트이며 계층의 높은 수준에서 낮은 수준으로 정렬돼 있다. 상태 기계는 계층을 반환하기 위해 현재 상태를 물어본다. 만약 상태가 말단 상태라면 상태 자체를 반환하고 그렇지 않으면, 현재 상태를 반환한 후 스스로 자체 현재 상태에서 계층을 추가한다.

그림 5.18에서 현재 상태는 [상태 L, 상태 A]다.

계층적 상태 기계의 두 번째 부분은 업데이트다. 원래의 상태 기계에서 우리는 각 상태 기계가 초기 상태에서 출발했다고 가정했다. 상태 기계가 항상 한 상태에서 다른 곳으로 전이하기 때문에 상태가 없는지 체크할 필요는 절대 없다. 계층에서의 상태 기계는 상태가 없을 수 있다. 왜냐하면 계층 간 전이를 할 수 있기 때문이다. 그러면 업데이트의 첫 단계는 상태 기계가 상태를 갖는지 체크하는 것이다. 그렇지 않으면 상태 기계는 초기 상태로 진입해야 한다.

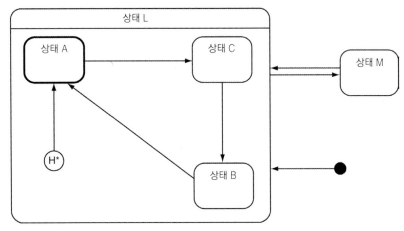

그림 5.18 계층에서의 현재 상태

다음으로 현재 상태가 실행하기를 원하는 전이를 갖는지 체크한다. 계층에서 더 높은 수준의 전이가 항상 우선권을 갖고, 서브-상태의 전이는 상위-상태가 격발하는 전이를 가지면 고려되지 않는다.

격발된 전이는 세 가지 종류, 즉 현재 수준의 계층에서의 전이, 상위 계층으로의 전이, 하위 계층으로의 전이 중의 하나일 수 있다. 명백히 전이는 목표 상태보다는 많은 데이터를 제공해야 한다. 목표 상태가 얼마나 많은 단계를 위아래로 이동하는지의 상대 수준을 반환하도록 한다.

명시적인 수준을 필요로 하지 않고 단순히 목표 상태를 찾기 위해 계층을 검색할 수 있다. 이것이 더 유연하지만(수준 값이 틀렸는지 걱정할 필요가 없다), 훨씬 많은 시간을 소모한다. 하이브리드 방식이지만 완전히 자동적인 확장이 오프라인으로 계층을 한 번 검색하고 적절한 수준 값을 모두 저장할 수 있다.

따라서 격발된 전이는 수준 0(상태가 같은 수준에 있다), 수준 0 초과(계층에서 상태가 더 높이 있다), 또는 수준 0 미만(계층에서 상태가 더 낮게 있다)이며 어떤 카테고리에 속하는지에 따라 다르게 행동한다.

수준이 0이면 전이는 보통 상태 기계 전이이고, 유한 상태 기계에서 사용되는 것과 같은 알고리듬으로 현재 수준에서 수행될 수 있다.

수준이 0보다 크면 현재 상태에서 빠져나와야 하고 이 수준에서는 어떤 것도 수행될 필요가 없다. 전이가 이뤄지지 않은 업데이트 함수를 호출한 자 모두에 대한 표시와 함께 탈출 액션이 반환된다. 우리는 그 탈출 액션, 대기하는 전이, 전이를 전달할 더 높은 수준의 수를 반환할 것이다. 이 수준 값은 반환될 때 1 감소한다. 업데이트 함수는 계층에서 다음으로 가장 높은 상태 기계로 돌아갈 것이다.

수준이 0보다 작으면 현재 상태는 계층에서 현재 수준의 목표 상태의 조상으로 전이할 필요가 있다. 게다가 그 상태의 자식들도 최종 목표 상태의 수준으로 내려가는 같은 일을 해야 한다. 이를 달성하기 위해 updateDown이라는 별도의 함수를 사용한다. 이것은 재귀적으로 목표 상태의 수준에서 현재 수준으로 되돌아오는 전이를 수행하고 그 와중에 탈출과 진입 액션을 반환한다. 그러면 전이는 완료되고 계속될 필요가 없다. 모든 축적된 액션이 반환될 수 있다.

이렇게 현재 상태가 격발되는 전이를 가질 때의 모든 가능성을 다뤘다. 현재 상태가 격발되는 전이를 갖지 않는다면 액션은 상태 기계 자체의 현재 상태에 좌우된다. 그렇지 않고 현재 상태가 일반 상태이면 전과 마찬가지로 일반 상태에 연관된 액션들을 반환할 수 있다.

만약 현재 상태가 상태 기계이면 어떤 전이를 격발시킬 기회를 줘야 한다. 업데이트 함수를 호출함으로써 이것을 할 수 있다. 업데이트 함수는 어떠한 전이도 처리할 것이고 자동적으로 전이한다. 위에서 본 바와 같이 발포하는 더 낮은 수준의 전이는 더 높은 수준에 있는 목표 상태를 가질 수 있다. 업데이트 함수는 액션의 리스트를 반환할 것이다. 그러나 업데이트 함수는 계층을 올라가는 아직 발포되지 않은 전이도 반환할 수 있다.

만약 그러한 전이가 발생하면 수준이 체크된다. 수준이 0이면 전이는 현재 수준에서 수행돼야 하며 일반적인 전이처럼 다뤄진다. 수준이 0보다 크다면(여기서 수준 값은 0보다 작을 수 없다. 왜냐하면 계층을 올라가고 있기 때문이다) 상태 기계는 전이를 위로 올려 보낸다. 현재 상태에서 탈출exit하면서 다음 정보들을 반환한다(탈출 액션, 현재 상태의 업데이트 함수에 의해 수행되는 액션, 대기 중인 전이들 마지막으로 전이의 수준보다 하나 작은 값).

현재 상태의 업데이트 함수에서 전이가 반환되지 않으면 단순히 액션 리스트를 반환하면 된다. 우리가 계층의 최상위에 있다면 리스트만으로 좋다. 아래로 내려가고 상태 안에 있으면 반환하는 리스트에 상태의 액션을 추가해야 한다.

운 좋게도 이 알고리듬은 설명보다 구현이 더 쉽다. 어떻게 그리고 왜 그것이 작동하는지 보기 위해 예제를 살펴보자.

예제

그림 5.19는 예제로 사용할 계층적 상태 기계를 보여 준다.

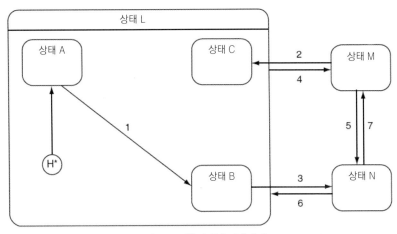

그림 5.19 계층적 상태 기계 예제

각 예제에 반환되는 액션을 명확히 하기 위해 S−진입이 상태 S의 진입 액션들의 집합이고, 비슷하게 S−활성과 S−탈출은 활성과 탈출 액션들이라고 한다. 전이들에서 같은 형식을 사용한다(1−전이들을 전이 1과 관련된 액션들이라고).

이 예제들은 훑어보면 혼란스럽게 보일 수도 있다. 알고리듬을 이해하는 데 어려움이 있다면 위의 다이어그램과 다음 절의 의사 코드를 단계별로 따라갈 것을 권한다.

상태 L에서 시작하고 전이가 격발되지 않는다고 가정한다. [L, A] 상태로 전이할 것이다. L의 초기 상태가 A이기 때문이다. 업데이트 함수는 L−활성과 A−진입을 반환할 것이다. L에 머물러 있고 A로 진입하기 때문이다.

이제 전이 1이 격발되는 유일한 것이라고 가정한다. 최상위 수준 상태 기계는 유효한 전이가 없음을 탐지할 것이다. 그래서 그러한 것이 있는지 상태 기계 L을 호출할 것이다. L은 현재 상태 (A)가 격발된 전이를 갖는다는 것을 찾아낸다. 전이 1은 현재 수준의 전이다. 따라서 L 내에서 처리되고 다른 곳으로 넘겨지지 않는다. A는 B로 전이하고, L의 업데이트 함수는 A−탈출,

1-액션, B-진입을 반환한다. 최상위 수준 상태 기계는 이 액션들을 받아서 자신의 활성 액션에 추가한다. 줄곧 상태 L에 머물렀기 때문에 최종 액션의 집합은 A-탈출, 1-액션, B-진입, L-활성이다. 현재 상태는 [L, B]다.

이 상태로부터 전이 4가 격발된다. 최상위 수준 상태 기계는 전이 4가 격발되는 것을 보며, 이는 최상위 수준의 전이이기 때문에 즉시 처리한다. 전이는 상태 M으로 가고 대응하는 액션은 L-탈출, 4-액션, M-진입이다. 현재 상태는 [M]이다. L은 아직 상태 B에 있는 기록을 유지하지만 최상위 수준의 상태 기계가 상태 M에 있기 때문에 이 기록은 현재로서는 사용되지 않음을 주목하라.

전이 5를 통해 일반적인 방식으로 상태 M에서 상태 N으로 갈 것이다. 그 절차는 이전 예제와 비-계층적^{non-hierarchical} 상태 기계와 정확히 같다. 이제 전이 6이 격발된다. 전이의 수준이 0이기 때문에 최상위 상태 기계는 전이를 곧바로 처리한다. 즉 상태 L로 전이하고 N-탈출, 6-액션, L-진입을 반환한다. 이제 L의 상태 B에 있다는 기록이 중요해진다. 현재 상태는 [L, B]이며 B-진입 액션을 반환하지 않는다. 왜냐하면 이전에 상태 L을 떠날 때 B-탈출 액션을 반환하지 않았기 때문이다. 이러한 구현은 순전히 개인적인 선호일 뿐이며 어떻게 다룰 것인가에 따라 달라질 수 있다. 만약 여러분의 경우 상태 B가 탈출 및 재진입하는 것을 허용하게 하려면 알고리듬을 수정하면 된다.

이제 상태 [L, B]로부터 전이 3이 격발된다고 가정한다. 최상위 수준의 상태 기계는 격발을 찾지 못한다. 따라서 존재하는 격발을 찾기 위해 상태 기계 L을 호출한다. L은 상태 B가 격발된 전이를 갖는다는 것을 찾는다. 이 전이는 1의 수준을 갖는다. 전이의 목표 상태는 계층에서 한 수준 높다. 수준이 높다는 것은 상태 B가 탈출돼야 한다는 의미이며 결론적으로 현재 수준에서 처리할 수 없다는 뜻이다. 우리는 미완료 전이와 수준 빼기 1(즉 0 다음 위 수준이 전이를 처리할 필요가 있다는 것을 나타냄)과 함께 B-탈출로 돌아온다. 따라서 제어는 최상위 수준 업데이트 함수로 돌아간다. 최상위 업데이트 함수는 L이 수준 0의 전이를 가진다는 것을 볼 수 있으며 상태 N으로 일반적인 방식으로 전이한다. 이때 다음의 순서 B-탈출, L-탈출, 3-액션, N-진입을 가진다. 여기서 유심히 봐야 할 것은 세 번째 예제와 달리, L은 더 이상 상태 B에 있다는 사실을 추적하지 않는다는 것이다. 왜냐하면 상태(B)로부터 전이했기 때문이다. 상태 L로 돌아가기 위해 전이 6을 발포시키면 상태 L의 초기 상태(A)로 진입할 것이다(첫 예제처럼).

마지막 예제는 0보다 작은 수준의 전이를 다룬다. 상태 N에서 상태 M으로 전이 7을 통해 움직였다고 가정한다. 이제 전이 2가 격발되도록 만든다. 최상위 수준 상태 기계는 현재 상태(M)을 보고 전이 2가 격발된 것을 발견한다. 전이는 −1의 수준을 갖는다. 왜냐하면 계층 구조에서 한 수준 내려가고 있기 때문이다. 수준이 −1이면 상태 기계는 재귀적 전이를 위해 updateDown 함수를 호출한다. updateDown 함수는 최종 목표 상태 C를 포함하는 상태 기계 L에서 출발하며 해당 수준에서 전이를 수행하도록 요청한다. 상태 머신 L은 다시 최상위 상태 기계에게 해당 수준에서 전이를 수행하도록 요청한다. 최상위 상태 기계는 상태 M에서 상태 L로 변경되며 M-탈출, L-진입을 반환한다. 제어는 상태 기계 L의 updateDown 함수로 되돌아가며 현재 어떤 상태에 있는지 확인한다(이전 예제에서 상태 B에서 떠났으므로 현재 상태에는 없다). 최상위 상태 기계에 의해 반환된 액션에 C-진입을 추가한다. 그러면 제어는 최상위 상태 기계의 update 함수로 되돌아 간다. 하위로 전달된 전이는 처리되고 다음과 같은 액션들 M-탈출, 2-액션, L-진입, C-진입이 결과에 추가된다.

만약 상태 기계 L이 여전히 상태 B에 있다면 L의 updateDown 함수가 호출될 때 B에서 C로 전이할 것이고 B-탈출과 C-진입이 최상위 상태 기계로부터 받은 액션 목록에 추가될 것이다.

의사 코드

계층적 상태 기계 구현은 이 책에서 긴 알고리듬에 속한다. State와 Transition 클래스는 일반적인 유한 상태 기계의 것과 비슷하다. HierarchicalStateMachine 클래스는 상태 전이를 실행하고, SubMachineState는 상태 기계와 상태의 기능을 결합하며 계층에서 최상위 수준이 아닌 상태 기계에서 사용된다. Transition을 제외한 모든 클래스들은 HSMBase를 상속하며, 계층 구조의 요소들을 같은 방식으로 처리해 알고리듬을 간단하게 한다.

HSMBase는 다음과 같은 형식이다.

```
1  class HSMBase:
2      # update에 의해 반환되는 구조체
3      class UpdateResult:
4          actions
5          transition
6          level
7
8      function getAction():
```

```
9        return []
10
11    function update() -> UpdateResult:
12        UpdateResult result = new UpdateResult()
13        result.actions = getActions()
14        result.transition = null
15        result.level = 0
16        return result
17
18    function getStates() -> State[] # base에서 구현되지 않은 함수
```

HierarchicalStateMachine 클래스는 다음과 같이 구현된다.

```
1    class HierarchicalStateMachine extends HSMBase:
2        # 계층에서 이 수준의 상태들의 리스트
3        states: State
4
5        # 기계가 현재 상태를 갖지 않을 때의 초기 상태
6        initialState: State
7
8        # 기계의 현재 상태
9        currentState: State = initialState
10
11        # 현재 상태 스택을 얻는다.
12        function getStates() -> State[]:
13            if currentState:
14                return currentState.getStates()
15            else:
16                return []
17
18        # 재귀적으로 기계를 업데이트
19        function update() -> Action[]:
20            # 상태에 없으면 초기 상태를 사용
21            if not currentState:
22                currentState = initialState
23                return currentState.getEntryActions()
24
25            # 현재 상태에서 전이를 찾기 시도
26            triggeredTransition = null
27            for transition in currentState.getTransitions():
28                if transition.isTriggered():
29                    triggeredTransition = transition
```

```
30              break
31
32          # 찾으면 결과 구조체를 만든다.
33          if triggeredTransition:
34              result = new UpdateResult()
35              result.actions = []
36              result.transition = triggeredTransition
37              result.level = triggeredTransition.getLevel()
38
39          # 그렇지 않으면 결과를 위해 재귀해 내려간다.
40          else:
41              result = currentState.update()
42
43          # 결과가 전이를 포함하는지 체크
44          if result.transition:
45              # 수준에 기반해 행동한다.
46              if result.level == 0:
47                  # 우리의 수준이다. 그것을 대우한다.
48                  targetState = result.transition.getTargetState()
49                  result.actions += currentState.getExitActions()
50                  result.actions += result.transition.getActions()
51                  result.actions += targetState.getEntryActions()
52
53                  # 현재 상태를 설정
54                  currentState = targetState
55
56                  # 보통 액션을 추가(우리는 상태일 수 있다.)
57                  result.actions += getActions()
58
59                  # 전이를 지워서 다른 것이 그것을 하지 않도록 한다.
60                  result.transition = None
61
62              else if result.level > 0:
63                  # 상위 수준으로 갈 운명이다.
64                  # 현재 상태를 빠져나온다.
65                  result.actions += currentState.getExitActions()
66                  currentState = null
67
68                  # 레벨의 숫자를 감소시킨다.
69                  result.level -= 1
70
71              else:
```

```
72              # 아래로 내려가야 한다.
73              targetState = result.transition.getTargetState()
74              targetMachine = targetState.parent
75              result.actions += result.transition.getActions()
76              result.actions += targetMachine.updateDown(
77                  targetState, -result.level)
78
79              # 전이를 지워서 다른 것이 그것을 하지 않도록 한다.
80              result.transition = null
81
82          # 전이를 얻지 않으면
83          else:
84              # 단순히 일반 액션을 할 수 있다.
85              result.action += getActions()
86
87      # 축적된 결과를 반환
88      return result
89
90  # 부모 계층을 재귀로 올라간다.
91  # 상응해, 주어진 수준의 숫자만큼 각 상태로 전이한다.
92  function updateDown(state: State, level: int) -> Action[]:
93      # 최상위 수준에 있지 않으면 계속 재귀
94      if level > 0:
95          # 부모에게 우리 자신을 전이로 전달
96          actions = parent.updateDown(this, level-1)
97
98      # 그렇지 않으면 추가할 액션이 없다.
99      else:
100         actions = []
101
102     # 현재 상태가 있다면 거기서 빠져나온다.
103     if currentState:
104         actions += currentState.getExitActions()
105
106     # 새 상태로 이동해 모든 액션을 반환
107     currentState = state
108     actions += state.getEntryActions()
109     return actions
```

State 클래스는 이전과 거의 같다. 그러나 getStates에 대한 구현을 추가한다.

```
1   class State extends HSMBase:
2       function getStates() -> State:
3           # 우리가 단지 상태이면 스택은 단지 우리뿐이다.
4           return [this]
5
6       # 전과 마찬가지...
7       function getActions() -> Action[]
8       function getEntryActions() -> Action[]
9       function getExitActions() -> Action[]
10      function getTransitionss() -> Action[]
```

마찬가지로, Transition 클래스는 전이의 수준을 얻는 메서드를 추가한 것 빼고는 같다.

```
1   class Transition:
2       # 전이의 출발지와 목표의 계층에서의 수준 차이를 반환
3       function getLevel() -> int
4
5       # 전과 마찬가지...
6       function isTriggered() -> bool
7       def getTargetState() -> State
8       def getAction() -> Action[]
```

마지막으로, SubMachineState 클래스는 상태와 상태 기계의 기능을 병합한다.

```
1   class SubMachineState extends State, HierarchicalStateMachine:
2       # 상태로 라우트
3       function getAction() -> Action[]:
4           return State.getActions()
5
6       # 업데이트를 상태 기계로 라우트
7       function update() -> Action[]:
8           return HierarchicalStateMachine.update()
9
10      # 활성화된 자식에 우리 자신을 추가함으로써 상태를 얻는다.
11      function getStates() -> State[]:
12          if currentState:
13              return [this] + currentState.getStates()
14          else:
15              return [this]
```

구현 노트

의사 코드에서 SubMachineState를 구현하기 위해 다중 상속을 사용했다. 다중 상속을 지원하지 않는 언어(프로그래머)를 위해서는 두 가지 옵션이 있다. SubMachineState는 HierarchicalStateMachine을 캡슐화하거나 HierarchicalStateMachine이 State의 서브-클래스로 변환될 수 있다. 후자의 단점은 최상위 수준의 상태 기계가 업데이트 함수로부터 항상 상태 기계의 활성 액션을 반환할 것이라는 점이다. 그리고 getStates는 항상 활성 액션을 리스트의 헤드로 가질 것이다.

우리는 상태 기계를 위해 다형성 구조를 사용하기로 다시 선택했다. 다형성 메서드 호출 없이 같은 알고리듬을 구현할 수 있지만 이것은 연습으로 남겨 두겠다. 수년 전 계층적 상태 기계를 개발하고 배포한 경험으로 보았을 때 PC와 PS2 게임 내 프로파일링 결과에서 메서드 호출 오버헤드는 병목이 아니었다. 물론 수백에서 수천 개의 상태를 가진 시스템에서는 캐시^{cache} 효율성 문제가 큰 역할을 해 그럴 수도 있다.

계층적 상태 기계의 어떤 구현은 같은 수준에서만 전이가 일어날 수 있게 요구 조건을 강제해 훨씬 간단하게 만들 수 있다. 이 요구 조건으로 모든 재귀 코드가 제거될 수 있다. 계층 간 전이가 필요하지 않다면 이 간단한 버전이 구현하기 더 쉬울 것이다. 그러나 더 빨라지는 않을 것이다. 왜냐하면 같은 수준에서는 재귀가 사용되지 않기 때문이다. 위의 코드는 모든 전이가 0 수준인 것 정도로 빠를 것이다.

성능

알고리듬은 메모리로 $O(n)$이다. 여기서 n은 계층에서의 레이어의 수다. 레이어는 계층을 위아래로 재귀할 때 액션을 위한 임시 저장소를 요구한다.

비슷하게, 알고리듬은 시간으로 $O(nt)$이다. 여기서 t는 상태당 전이의 수다. 발포할 알맞은 전이를 찾기 위해 잠재적으로 계층의 각 수준의 각 전이와 $O(nt)$ 처리를 검색해야 한다. level < 0과 level > 0 모두의 경우에 재귀는 $O(n)$이고, 전체 알고리듬에서 $O(nt)$에 영향을 미치지 않는다.

5.3.9 의사결정 트리와 상태 기계를 결합하기

전이의 구현은 의사결정 트리 구현과 다소 유사하다. 이것은 우연의 일치가 아니며 더 앞으로 나아갈 수 있다.

388

의사결정 트리는 일련의 조건을 매칭하는 효율적인 방법이고, 이것은 상태 기계에서 전이를 매칭하는 데 적용될 수 있다.

상태에서의 전이를 의사결정 트리로 치환해 두 접근법을 결합할 수 있다. 이전의 액션 대신 트리의 잎이 새로운 상태로의 전이가 된다.

간단한 상태 기계는 그림 5.20처럼 보일 것이다.

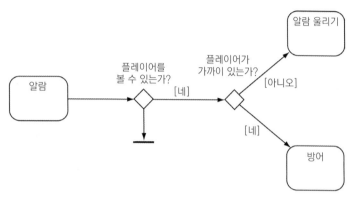

그림 5.20 의사결정 트리 전이를 갖는 상태 기계

다이아몬드 기호도 UML 상태 차트 다이어그램의 일부다. 다이아몬드 기호는 결정을 나타낸다. UML에서는 결정과 전이의 구분이 없다. 그리고 결정 자체는 보통 레이블이 붙지 않는다.

이 책에서는 결정에 수행하는 테스트 레이블을 붙였다.

'경계' 상태에 있을 때 의사결정 트리에서 보초는 하나의 전이만 갖는다. 그것은 보초가 플레이어를 볼 수 있는지 빠르게 확인한다. 보초가 플레이어를 볼 수 없다면 전이는 끝나고 새로운 상태로 도달하지 않는다. 보초가 플레이어를 볼 수 있다면 의사결정 트리는 플레이어와의 거리에 기반해서 선택을 한다. 이 선택의 결과에 따라 '경보 울림'이나 '방어'의 두 상태가 도달될 수 있다. 후자는 추가 테스트(플레이어와의 거리)가 통과해야만 도달할 수 있다.

의사결정 노드 없이 같은 상태 기계를 구현하기 위해서는 그림 5.21의 상태 기계가 필요하다. 이제 매우 복잡한 두 조건을 갖고 둘 다 같은 정보(플레이어와의 거리, 알람 포인트와의 거리)를 평가해야 한다는 것을 주목하자. 조건이 시간을 많이 소모하는 알고리듬(우리 예제에서는 시야 같은 것)이라면 의사결정 트리 구현이 더 빠를 것이다.

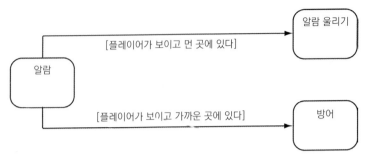

그림 5.21 의사결정 트리 전이를 갖지 않는 상태 기계

의사 코드

의사결정 트리를 지금까지 개발한 상태 기계 프레임워크에 통합시킬 수 있다.

전과 같이 의사결정 트리는 DecisionTreeNode들로 구성된다. 이것들은 의사결정(전과 같이 같은 Decision 클래스를 사용)이나 TargetState들(기본 의사결정 트리의 Action 클래스를 대체)일 수 있다. TargetState들은 전이해서 갈 상태를 저장하고 액션을 저장할 수 있다. 전과 같이 의사결정 트리의 분기가 아무 결과도 내지 못한다면 트리의 잎 노드에 null 값을 가질 수 있다.

```
1   class TargetState extends DecisionTreeNode:
2       getAction() -> Action[]
3       getTargetState() -> State
```

의사결정 알고리듬은 변경돼야 한다. 반환할 Actions들을 테스트하는 대신에 그것은 이제 TargetState 인스턴스를 테스트한다.

```
1   function makeDecision(node) -> DecisionTreeNode
2       # 결정해야 하는지 체크
3       if not node or node is_instance_of TargetState:
4           # 목표(또는 널 목표)에 도달; 그것을 반환
5           return node
6       else:
7           # 결정을 내리고 결과에 따라 재귀한다.
8           if node.test():
9               return makeDecision(node.trueNode)
10          else
11              return makeDecision(node.falseNode)
```

그러면 이 의사결정 트리를 지원하는 Transition 인터페이스 구현을 만들 수 있다.

```
1   class DecisionTreeTransition extends Transition):
2       # 결정이 이뤄졌을 때 결정 트리의 끝에서 목표 상태를 저장
3       targetState: State = null
4
5       # 트리의 루트 결정
6       decisionTreeRoot: DecisionTreeNode
7
8       function getAction() -> Action[]:
9           if targetState:
10              return targetState.getAction()
11          else:
12              return []
13
14      function getTargetState() -> State:
15          if targetState:
16              return targetState.getTargetState()
17          else:
18              return null
19
20      function isTriggered() -> bool:
21          # 결정의 결과를 얻고 저장한다.
22          targetState = makeDecision(decisionTreeRoot)
23
24          # 목표 상태가 목적지를 가리키면 참을 반환하고, 그렇지
25          # 않으면 격발하지 않는 것으로 가정한다.
26          return targetState != null
```

5.4 행동 트리

행동 트리^{behavior tree}는 AI 캐릭터를 만드는 인기 있는 툴이 됐다. 〈헤일로 2^{Halo 2}〉[92]는 행동 트리의 사용 예가 상세하게 기술된 첫 번째 기록적인 게임이었고 그때부터 많은 게임이 이를 모방했다.

행동 트리는 AI에서 사용됐던 다양한 기술(계층적 상태 기계, 스케줄링, 계획, 액션 실행)을 종합한 것이다. 이것은 이해하기 쉽고 비-프로그래머^{non-programmer}가 만들기 쉽다. 하지만 행동 트리로는 잘 하기 힘든 것들도 있으며 항상 의사결정의 좋은 해결책은 아니다.

행동 트리는 계층적 상태 기계와 많은 부분을 공유한다. 그러나 행동 트리에서는 주 구성 요소가 상태가 아닌 태스크다. 태스크는 게임 상태의 값을 찾아보거나 애니메이션을 실행하는 것처럼 간단한 것일 수 있다.

태스크는 더 복잡한 액션을 표현하기 위해 서브-트리sub-tree로 구성된다. 이에 상응해 이 복잡한 액션들은 다시 더 높은 수준의 행동을 구성할 수 있다. 이 조합성이 행동 트리에 힘을 주는 것이다. 모든 태스크가 공통 인터페이스를 갖고 독립적이기 때문에 태스크는 계층에서 서브-태스크sub-task가 어떻게 구현되는지 걱정하지 않고 쉽게 계층(즉 행동 트리)으로 구성될 수 있다.

태스크의 종류

행동 트리에서의 태스크들은 모두 같은 기본 구조를 갖는다. 태스크는 뭔가를 하기 위해 CPU 시간을 할당받고 준비가 끝나면 성공이나 실패의 상태 코드(부울 값이면 충분하다)를 반환한다. 어떤 개발자들은 더 다양한 범위의 반환 값을 사용하기도 한다. 태스크가 예기치 않은 오류를 내뱉는다거나 스케줄링 시스템에서 더 많은 시간을 필요로 할 때 오류의 상태를 포함할 수 있다.

모든 종류의 태스크가 임의의 복잡한 코드를 가질 수 있지만 가장 작은 부분으로 분해될 때 가장 큰 유연성을 가질 수 있다. 행동 트리는 GUIGraphical User Interface로 편집할 때 가장 빛을 발한다. 테크니컬 아티스트와 레벨 디자이너들은 도구를 통해 잠재적으로 복잡한 AI 행동을 제작할 수 있다.

현재 단계에서 우리의 간단한 행동 트리는 세 가지 태스크로 구성될 것이다. 바로 조건, 액션, 복합체다.

조건은 게임의 어떤 속성을 테스트한다. 근접(캐릭터가 적과 X 단위 안에 있나?), 시야, 캐릭터의 상태(건강한지? 탄약이 있는지?) 등의 테스트가 있을 수 있다. 이런 종류의 테스트는 보통 재사용을 위해 얼마간의 매개 변수와 함께 별개의 태스크로 구현돼야 한다. 각 조건은 조건이 만족되면 성공 상태 코드를 반환하고 그렇지 않으면 실패를 반환한다.

액션은 게임의 상태를 변경시킨다. 애니메이션을 위한, 캐릭터 이동을 위한, 캐릭터의 내부 상태 변경을 위한(예를 들어 휴식은 체력을 증가), 오디오 샘플을 재생하는, 플레이어가 대화에 참여하는, 특별한 AI 코드에 참여하게 하는(길 찾기 등) 액션이 있을 수 있다. 조건과 마찬가지로 각 액션은 자신의 구현을 가져야 할 것이다. 그리고 여러분의 엔진에는 그것들이 많을 수 있다. 대부분의 경우 액션은 성공하는 경우에 해당하지만(실패할 가능성이 있다면 액션을 취하기 이전에 조건을 사용해서 검사하는 편이 좋다) 액션이 완료될 수 없다면 실패하는 액션을 작성하는 것도 가능하다.

조건과 액션이 의사결정 트리와 상태 기계에서의 이전 논의와 비슷해 보인다면 그래야 하는 것이 맞다. 그것들은 각 기법에서 비슷한 역할을 한다(그리고 5장의 뒷부분에서 같은 기능을 하는 더 많은 기법을 살펴볼 것이다). 하지만 행동 트리의 핵심적인 차이점은 모든 태스크에 하나의 공통 인터페이스를 사용하는 것이다. 이것은 행동 트리에 다른 것이 무엇이 있는지 모르고도 임의의 조건, 액션, 그룹이 결합될 수 있다는 것을 의미한다.

조건과 액션 모두 트리의 잎에 위치한다. 대부분의 가지는 복합 노드로 구성된다. 이름에서 알수 있듯이 복합 노드들은 자식 태스크(조건, 액션, 복합체)의 모음을 추적하고, 행동은 자식의 행동에 기반한다. 복합체는 조건과는 달리 보통 몇 개의 복합 태스크만 존재한다. 왜냐하면 몇 개의 그룹화하는 행동들로 매우 복잡한 행동을 만들 수 있기 때문이다.

간단한 행동 트리에서는 두 가지의 복합 태스크인 셀렉터selector와 시퀀스sequence를 고려할 것이다. 둘 다 차례로 각각의 자식 행동을 실행한다. 자식 행동이 종료되고 상태 값을 반환하면 복합체는 자식을 통해 계속 갈지 거기서 멈추고 값을 반환할지를 결정한다.

셀렉터는 자식들 중 하나가 성공적으로 실행되면 바로 성공 상태 코드를 반환한다. 자식들이 실패하면 계속해서 다음 자식들을 체크한다. 만일 모든 자식을 검사했다면 실패 상태 코드를 반환한다.

시퀀스는 자식 중 하나가 실패하면 즉시 실패 상태 코드를 반환하며 자식들이 성공하고 있다면 계속해서 진행된다. 모든 자식을 체크하고 나면 성공을 반환한다.

셀렉터는 성공적인 가능한 액션 중 첫 번째를 고를 때 사용된다. 셀렉터는 안전한 곳을 원하는 캐릭터를 표현할 수 있다. 그것을 하는 방법은 여러 가지가 있을 수 있다(엄호를 받는다거나 위험 지역을 탈출한다거나 보조를 찾는다). 셀렉터는 첫 번째로 엄호를 받기를 시도한다. 이것이 실패하면 지역을 탈출할 것이다. 그것이 성공하면 멈출 것이다. 보조를 찾는 것은 의미가 없다. 왜냐하면 캐릭터의 안전한 곳 찾기 목표가 달성됐기 때문이다. 모든 옵션을 성공 없이 소모했다면 셀렉터는 실패하게 된다.

셀렉터 태스크는 그림 5.22에 그림으로 표현됐다. 먼저 셀렉터는 플레이어를 공격하는 것을 표현하는 태스크를 시도한다. 성공하면 끝난다. 공격 태스크가 실패하면 셀렉터 노드는 대신에 도발하는 애니메이션을 시도한다. 최후의 수단으로 모든 것이 실패하면 캐릭터는 단지 위협적으로 노려볼 수 있다.

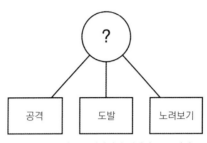

그림 5.22 행동 트리에서의 셀렉터 노드 예제

시퀀스는 수행돼야 할 일련의 태스크를 나타낸다. 이전 예제에서 각각의 안전지대로 도달하는 액션은 시퀀스로 구성될 수 있다. 엄호를 받기 위해서는 엄호 지점을 찾고, 거기로 이동하고, 범위에 다다르면 엄폐물 뒤에 도착하기 위해 구르는 애니메이션을 재생한다. 시퀀스에서의 어떤 단계가 실패하면 전체 시퀀스는 실패한 것이다. 목표한 엄호 지점에 도달하지 못하면 안전지대에 도달하지 못한 것이다. 시퀀스는 모든 태스크가 성공해야 시퀀스가 전체적으로 성공했다고 볼 수 있다.

그림 5.23은 시퀀스 노드를 사용한 간단한 예제를 보여 준다. 이 행동 트리에서 첫 번째 자식 태스크는 보이는 적이 있는지 체크하는 조건이다. 첫 자식 태스크가 실패하면 시퀀스 태스크도 즉시 실패한다. 첫 번째 자식 태스크가 성공하면 우리는 보이는 적이 있다는 것을 알 수 있다. 이후 시퀀스 태스크는 다음 자식 태스크를 계속 실행한다. 이것은 돌아서 도망가는 태스크다. 모든 태스크가 성공적이라면 시퀀스는 성공적으로 종료될 것이다.

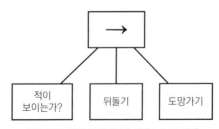

그림 5.23 행동 트리에서의 시퀀스 노드 예제

간단한 예제

간단하지만 강력한 행동 트리를 만들기 위해 이전 예제의 태스크를 사용할 수 있다. 이 예제의 행동 트리는 플레이어가 서 있는 방으로 들어가려고 하는 적 캐릭터를 표현한다.

나는 트리가 어떻게 만들어지고 확장되는지 강조하기 위해 트리를 단계별로 만들 것이다. 행동 트리를 정제하는 과정은 행동 트리를 사용할 때의 매력적인 부분이다. 왜냐하면 간단한 행동들이 플레이 테스팅을 통해 뭉쳐지고 정제돼 최종적인 결과를 얻기 때문이다.

첫 번째 단계로, 그림 5.24는 단일 태스크로 구성된 행동 트리를 보여 준다. 이것은 이동 액션이며 엔진이 어떤 스티어링 시스템을 사용하든 상관없이 사용될 것이다.

그림 5.24 가장 간단한 행동 트리

이 태스크를 실행하기 위해 CPU 시간을 할당하고 방으로 이동한다. 이것은 〈하프 라이프^{Half-}^{Life}〉 이전의 게임들에서 사용할 수 있는 최신 AI였다. 그러나 이제는 아니다. 그럼에도 이 간단한 예제가 주는 시사점은 행동 트리를 이용해서 AI를 개발할 때 뭔가를 작동시키기 위해 필요한 것은 간단한 행동 전부라는 것이다.

현재 적 캐릭터는 너무 멍청하다. 왜냐하면 플레이어가 문을 닫아 버리면 적 캐릭터가 당황하게 될 것이기 때문이다.

따라서 트리를 조금 더 복잡하게 만들어야 한다. 그림 5.25에서 행동 트리는 셀렉터로 구성되며 각각 시퀀스 자식을 갖고 있다. 첫 번째의 경우 조건 태스크를 사용해 문이 열렸는지 검사한다. 그것이 통과되면 방으로 이동한다. 두 번째는 문으로 이동하고 애니메이션을 재생한 후 문을 연다. 그리고 방으로 이동한다.

이 행동 트리가 어떻게 실행되는지 생각해 보자. 먼저 문이 열려 있다고 상상해 보자. CPU 시간이 주어졌을 때 셀렉터는 첫 번째 자식을 시도한다. 그 자식은 열린 문을 통과하는 시퀀스 태스크로 구성된다. 조건은 문이 열렸는지 검사하며 문이 열려 있기 때문에 성공을 반환한다. 다음으로 시퀀스 태스크는 다음 자식으로 이동하며 문을 통과한다. 대부분의 액션처럼 항상 성공한다. 따라서 전체 시퀀스는 성공을 반환한다. 최상위 수준으로 되돌아오면 셀렉터는 첫 번째 자식(시퀀스)이 성공했으므로 다른 자식을 시도하지 않는다. 즉시 성공을 반환한다.

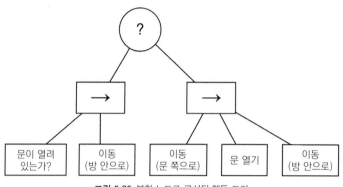

그림 5.25 복합 노드로 구성된 행동 트리

문이 닫혀 있을 때 무엇이 일어나는가? 전과 같이 셀렉터는 첫 번째 자식을 시도한다. 그 시퀀스는 조건을 시도한다. 이번에는 조건 태스크가 실패한다. 시퀀스는 굳이 계속 진행할 필요가 없다. 왜냐하면 하나의 자식이 실패하게 되면 즉시 실패를 반환하기 때문이다. 최상위로 되돌아가면 셀렉터는 첫 번째 자식(시퀀스)이 실패했기 때문에 당황하지 않고 다음 자식을 테스트한다. 캐릭터는 문으로 이동하고, 열고, 들어가게 된다.

이 예제는 행동 트리의 중요한 특징을 보여 준다. 시퀀스에서의 조건은 프로그래밍 언어에서 IF-문과 비슷하다. 조건이 만족되지 않으면 시퀀스는 그 지점을 넘어 진행하지 않는다. 시퀀스가 이번에는 셀렉터 안에 위치하면 IF-ELSE-문의 효과를 얻는다. 두 번째 자식은 조건이 첫 번째 자식에서 만족되지 않을 때만 시도된다. 의사 코드로는 이 행동 트리는 다음과 같다.

```
1  if is_locked(door):
2      move_to(door)
3      open(door)
4      move_to(room)
5  else:
6      move_to(room)
```

의사 코드와 다이어그램은 두 경우 모두에서 마지막 이동 액션을 사용한다는 것을 보여 준다. 여기에 잘못된 것은 없다. 서브-트리를 효율적으로 재사용하는 방법을 5.4절의 뒷부분에서

396

살펴볼 것이다. 지금으로서는 더 간단한 의사 코드처럼 행동 트리를 리팩터할 수 있다는 것을 언급할 가치가 있다.

```
1  if is_locked(door):
2      move_to(door)
3      open(door)
4      move_to(room)
```

결과는 그림 5.26에 나타나 있다. 한 가지 눈여겨볼 것은 트리의 깊이가 더 깊어진 것이다. 또한 트리에 또 하나의 레이어를 추가해야 했다. 어떤 사람은 행동 트리를 소스 코드의 용어로 생각하기를 좋아하지만, 그것이 간단하거나 효율적인 트리를 만드는 방법에 대한 통찰을 꼭 준다고 볼 수는 없다.

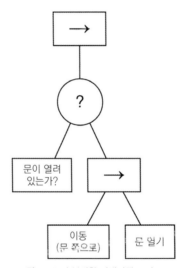

그림 5.26 더 복잡한 리팩터된 트리

5.4절의 마지막 예제에서 플레이어가 문을 잠갔을 경우를 다룰 것이다. 이 경우 문이 열릴 수 있다고 가정하는 것은 캐릭터에게 충분치 않으며 문이 잠겼는지 검사해야 한다. 그림 5.27은 이 상황에 대처하는 행동 트리를 보여 준다. 문이 닫혔는지 점검하는 지점과 같은 곳에 문이 잠겼는지 점검하는 조건이 나타나지 않음을 주목하자. 대부분의 사람은 문을 봐서는 잠겼는지 알 수 없다. 따라서 적이 문으로 가서 열기를 시도하고, 잠겨 있다면 행동을 바꾸기를 원한다. 예제에서 적 캐릭터는 어깨로 문을 쳐서 열 것이다.

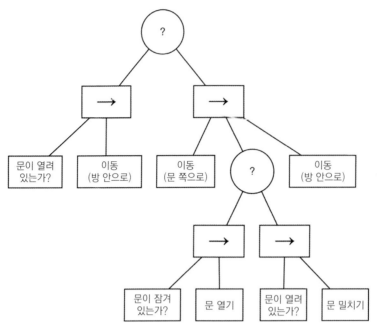

그림 5.27 사용 가능한 최소한의 적군 행동 트리

나는 행동 트리의 자세한 실행 경로를 설명하지 않을 것이다. 여러분 스스로 행동 트리가 어떻게 단계별로 수행되는지 살펴보도록 하자. 문이 열렸을 때, 닫혔을 때, 잠겼을 때 어떻게 동작하는지 이해해야 한다.

이제 행동 트리의 다른 공통적인 특징을 살펴볼 시간이 왔다. 시퀀스와 셀렉터들은 층들이 번갈아 가면서 구성된다. 우리가 갖고 있는 태스크는 시퀀스와 셀렉터밖에 없기 때문에(현재로서는) 항상 이 방법으로 트리가 만들어지게 된다.[1] 5.4절의 뒷부분에 나오는 다른 종류의 태스크가 있지만 시퀀스와 셀렉터가 가장 흔하며 층들이 교차하면서 나타나는 구조는 꽤 흔하다.

적의 방으로 들어가는 행동이 현재 세대의 게임에서는 받아들여질 만한 지점에 거의 도달했다. 여기서 우리가 할 수 있는 것이 더 있다. 예를 들어 깨고 들어갈 수 있는 창이 있는지 검사하는 행동을 추가할 수 있다. 문을 밀기 위해 물체를 집게 할 수도 있다. 그리고 떠난 척해서

---

1   이에 대한 이유는 명확하진 않다. 만약 여러분이 만들고 있는 트리에 다른 셀렉터를 가진 셀렉터가 있다고 생각해보자. 결과적으로 자식 셀렉터가 부모 셀렉터에 삽입돼 동작하는 것과 정확히 동일한 결과를 만들어 낸다. 예를 들어 손자가 성공을 반환하면 즉시 부모도 성공을 반환하며 결과적으로 조부모도 성공을 반환한다. 비슷한 예로 시퀀스가 다른 시퀀스를 자식으로 가질 때도 비슷하게 동작한다. 결국 동일한 유형의 Composite은 두 단계로 나눌 필요가 없다. 하지만 기능적으로는 동일하더라도 그룹으로 나눠서 작업할 때 사람이 이해하기 쉬운 경우가 있는 것처럼 비기능적 이유가 있을 수 있다.

플레이어가 나타나기를 기다리게 할 수도 있다.

결국 우리가 무엇을 하게 되든 행동 트리를 확장하는 것은 정확히 여기서 본 바와 같다. 각 중간 단계에서 캐릭터 AI를 플레이할 만하게 하는 것이다.

행동 트리와 반응적 계획

행동 트리는 매우 간단한 형태의 계획을 구현한다. 종종 이것은 반응적 계획이라고 불린다. 셀렉터는 캐릭터가 행동들을 시도할 수 있게 한다. 그리고 실패하면 다른 행동으로 옮겨 가게 한다. 이것은 계획의 매우 복잡한 형태는 아니다. 캐릭터가 미리 생각할 수 있는 유일한 방법은 여러분이 손으로 행동 트리에 알맞은 조건을 추가할 때 가능하다. 반면에 이 원시적인 계획은 캐릭터의 현실감을 향상시킬 수 있다.

행동 트리는 캐릭터가 취할 수 있는 모든 액션을 표현한다. 최상위 수준에서 각 잎으로 가는 경로는 한 액션의 경로를 표현하고[2] 행동 트리 알고리듬은 그 경로를 왼쪽에서 오른쪽으로 찾는다. 다른 말로 이것은 깊이 우선 탐색depth-first search을 한다.

물론 행동 트리나 깊이 우선 반응적 계획에 고유한 것은 없다. 다른 기법을 사용해서도 같은 것을 할 수 있지만 전형적으로 그것들은 훨씬 어렵다. 예를 들어 문이 잠겼을 때 문 열기를 시도하고 미는 행동은 유한 상태 기계로 구현할 수도 있다. 그러나 대부분의 사람은 그것을 만드는 것이 꽤 비직관적이라고 여길 것이다. 상태 전이의 규칙에 명시적으로 실패했을 때 행동을 작성해야 할 것이다. 물론 특정 효과를 위해 스크립트를 작성하는 것은 어려운 일이 아니지만 자연스럽게 동작하는 행동 트리에 걸맞은 스크립트를 작성하는 것은 매우 많은 기반 코드가 필요하며 때때로 스크립트로 변환하기 어려운 경우가 있음을 알게 될 것이다.

5.4.1 행동 트리 구현하기

행동 트리는 독립된 태스크로 구성되며 각각 고유의 알고리듬과 구현을 갖는다. 이것들은 서로 어떻게 구현됐는지 모르고도 서로 호출할 수 있도록 기본 인터페이스를 따른다. 5.4.1절에서는 앞서 소개했던 태스크에 기반한 간단한 구현 사항들을 알아볼 것이다.

---

2   엄밀하게 말하자면 셀렉터의 각 잎들과 시퀀스의 마지막 잎에만 해당된다.

5.4.2 의사 코드

행동 트리를 코드 수준에서 이해하는 것은 쉽다. 트리의 모든 노드가 상속받을 수 있는 태스크의 기반 클래스를 보는 것부터 시작할 것이다. 기반 클래스는 태스크를 실행시킬 수 있는 메서드를 지정한다. 메서드는 성공과 실패를 표현하는 상태 코드를 반환해야 한다. 이 구현에서 가장 간단한 접근법을 사용하고 부울 값인 True와 False를 사용하며 메서드의 구현은 보통 기반 클래스에 정의되지 않는다(즉 순수 가상 함수로서만 존재한다).

```
1  class Task:
2      # 성공(True)이나 실패(False)를 반환한다.
3      function run() -> bool
```

적이 근처에 있다고 단언하는 태스크의 예제는 다음과 같다.

```
1  class EnemyNear extends Task:
2      function run() -> bool:
3          # 적이 가까이에 없다면 실패를 반환한다.
4          return distanceToEnemy < 10:
```

간단한 태스크의 다른 예는 애니메이션 재생이다.

```
1   class PlayAnimation extends Task:
2       animationId: int
3       speed: float = 1.0
4
5       function run() -> bool:
6           if animationEngine.ready():
7               animationEngine.play(animationId, speed)
8               return True
9           else:
10              # 실패했다면 애니메이션은 재생될 수 없다.
11              return False
```

이 태스크는 특정한 하나의 애니메이션을 재생하도록 매개 변수를 갖는다. 그리고 그것은 애니메이션 엔진이 사용 가능한지 사용 전에 점검한다.

애니메이션 엔진을 사용할 수 없는 한 가지 이유는 이미 다른 애니메이션을 재생하느라 바쁠 수 있기 때문이다. 실제 게임에서는 애니메이션에 대해 이것보다 더 많은 제어를 원한다. 예를 들어 캐릭터가 달리는 동안 머리 움직임 애니메이션을 재생할 수 있다. 이 절에서 리소스 검사를 구현하는 더 포괄적인 방법에 대해 살펴볼 것이다.

Selector 태스크는 간단하게 구현될 수 있다.

```
1  class Selector extends Task:
2      children: Task[]
3
4      function run() -> bool:
5          for c in children:
6              if c.run():
7                  return True
8
9          return False
```

시퀀스 노드는 비슷하게 구현될 수 있다.

```
1  class Sequence (Task):
2      children: Task[]
3
4      function run() -> bool:
5          for c in children:
6              if not c.run():
7                  return False
8          return True
```

성능

행동 트리의 성능은 행동 트리가 갖고 있는 태스크에 의존한다. 트리는 셀렉터와 시퀀스 그리고 노드 성능이 O(1)인 잎 태스크(조건과 액션)로 구성되며 공간 복잡도는 O(n), 시간 복잡도는 O(log n)이다. 여기서 n은 트리의 노드 개수다.

구현 노트

의사 코드에서 태스크의 반환 값으로 성공과 실패를 표현하기 위해 부울 값을 사용했었다. 실무에서는 부울 값보다는 더 유연한 반환 값 타입을 사용하는 것이 좋은 생각이다(C 계열 언어에서는 enum이 이상적). 왜냐하면 두 반환 값보다 많은 것을 필요하게 될 것이고 수십 개의 태스크 클래스 구현에서 반환 값을 바꾸는 것은 개발에서 심각한 지연이 될 수 있기 때문이다.

비결정적 복합 태스크

잠시 셀렉터와 시퀀스를 떠나기 전에 AI를 더 흥미롭고 다채롭게 만들 수 있는 간단한 변형들을 살펴볼 가치가 있다. 위 구현은 엄격한 순서로 각각의 자식을 실행시켰다. 그 순서는 트리를 정의하는 사람에 의해 미리 정의됐고 이것은 대부분의 경우에 필요하다. 앞서 살펴본 간단한 예제에서 문을 통과하기 전에 열렸는지 필수로 검사해야 한다. 그 순서를 바꾸는 것은 매우 이상하게 보일 것이다. 셀렉터의 경우에도 비슷하게, 문이 이미 열려 있다면 문을 밀치는 것은 의미가 없으므로 쉽고 명백한 해결책을 먼저 시도해야 한다.

하지만 어떤 경우에는 항상 같은 순서로 같은 것을 시도하는 예측 가능한 AI를 초래할 수 있다. 많은 시퀀스에서 특정 순서일 필요가 없는 액션들이 있다. 방에 들어가 있는 우리를 내쫓기 위해 적이 연기를 피우기로 결심한다면, 불을 피우기 위해 성냥과 가솔린을 얻을 필요가 있을 것이다. 이때 성냥 또는 가솔린을 얻는 순서는 중요하지 않다. 플레이어가 똑같은 순서로 움직이는 행동을 여러 번 봤다면 캐릭터들은 바보 같아 보일 것이다.

셀렉터에서 이러한 상황이 더 명백하다. 적 가드^{guard}가 진입하는 다섯 가지 방법이 있다고 하자. 그들은 열린 문으로 들어갈 수 있고, 닫힌 문을 열 수 있고, 잠긴 문을 밀칠 수 있고, 플레이어를 연기로 쫓을 수 있고 또는 창문을 강타할 수 있다. 이들 중 두 번째가 항상 순서대로 시도되기를 원한다. 하지만 나머지 셋을 정규 셀렉터에 넣으면 플레이어는 강제된 진입의 종류가 어떤 것이 처음 오는지를 알게 된다. 강제된 진입 액션이 대개 작동했다면(예: 문이 보강될 수 없다, 불이 꺼질 수 없다, 창이 방책이 쳐지지 않았다), 플레이어는 리스트에서 첫 번째 전략 이외의 것을 볼 수 없을 것이다. 이것은 트리 제작자의 AI 노력을 낭비한 셈이 된다.

이런 제약은 AI 문헌에서 '부분–순서^{partial-order}' 제약이라고 불린다. 일부분은 엄격히 순서가 정해지고 다른 것은 아무 순서로나 처리될 수 있다. 행동 트리에서 이것을 지원하려면 자식을 무작위 순서로 실행할 수 있는 셀렉터와 시퀀스를 사용해야 한다.

가장 간단한 것은 단일 자식을 반복적으로 시도하는 셀렉터다.

```
1  class RandomSelector extends Task:
2      children: Task[]
3
4      function run() -> bool:
```

```
5        while True:
6            child = randomChoice(children)
7            if child.run():
8                return true
```

이 방법은 무작위성을 얻을 수 있지만 두 가지 문제가 있다. 먼저 같은 자식을 한 번 이상 실행할 수 있다. 심지어 연속으로 실행될 수도 있으며 모든 자식이 실패해도 포기하지 않고 계속해서 실행하려 한다. 이런 이유로 이 방법은 별로 유용하지 않지만 다음 절에서 설명할 병렬 태스크와 조합되면 여전히 사용될 수 있다.

더 나은 접근법은 모든 자식을 무작위 순서로 순회하는 것이다. 이것을 셀렉터나 시퀀스에 적용할 수 있는데 무작위 순서 섞기 프로시저^{random shuffling procedure}를 사용하면 된다. 구현은 다음과 같다.

```
1  class NonDeterministicSelector extends Task:
2      children: Task[]
3      function run() -> bool:
4          shuffled = randomShuffle(children)
5          for child in shuffled:
6              if child.run():
7                  return true
8          return false
```

그리고

```
1  class NonDeterministicSequence extends Task:
2      children: Task[]
3      function run() -> bool:
4          shuffled = randomShuffle(children)
5          for child in shuffled:
6              if not child.run():
7                  return false
8          return result
```

자식을 실행하기 전에 단지 섞는 단계를 추가한다. 이것은 무작위성을 유지하지만 모든 자식이 실행되고 모든 자식이 소모될 때 중지하는 것을 보장한다.

많은 표준 라이브러리는 무작위 순서 섞기 루틴을 벡터나 리스트 데이터 타입에 갖고 있는데 여러분이 사용하는 언어에 이것이 제공되지 않는다면 더스텐펠드Durstenfeld의 순서 섞기 알고리듬을 구현하는 방법은 다음과 같다.

```
1  function randomShuffle(original: any[]) -> any[]:
2      list = original.copy()
3      n = list.length
4      while n > 1:
5          k = random.integerLessThan(n)
6          n--;
7          list[n], list[k] = list[k], list[n]
8      return list
```

이제 완전히 순서 있는 그리고 비-결정적 복합체를 가진다. 부분 순서 AI 전략을 만들기 위해 이것들을 행동 트리에 넣었다. 그림 5.28은 앞의 예제(방에 들어가려는 적 AI)에 대한 트리를 보여 준다. 비-결정적 노드는 기호에 물결표와 회색칠로 나타냈다.

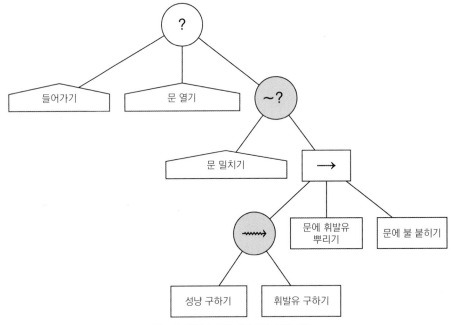

그림 5.28 부분 순서를 가진 행동 트리 예제

404

그림이 비록 플레이어를 연기로 쫓는 저수준의 상세를 보여 주지만, 각각의 전략은 고정된 순서의 복합 태스크로 구성된 형태를 갖는다. 일반적으로 비-결정적 태스크들은 고정된 순서 태스크의 프레임워크 안에 놓인다.

5.4.3 데코레이터

지금까지 행동 트리의 세 가지 구성 요소, 즉 조건, 액션, 복합체를 봤다. 이제 네 번째로 중요한 것이 있다. 바로 데코레이터^{decorator}다.

'데코레이터'라는 이름은 객체지향 소프트웨어 공학에서 따왔다. 데코레이터 패턴은 또 다른 클래스를 포장해 그것의 행동을 수정하는 클래스를 가리킨다. 데코레이터가 포장하는 클래스와 같은 인터페이스를 가진다면 소프트웨어의 다른 부분은 그것이 원래 클래스인지 또는 데코레이터인지 몰라도 된다.

행동 트리의 문맥에서 데코레이터는 단일 자식 태스크를 갖고 그것의 행동을 어떤 방법으로 수정하는 태스크 종류다. 이것은 단일 자식을 가진 복합 태스크로 생각할 수 있다. 앞으로 살펴볼 소수의 복합 태스크와는 달리 여러 종류의 유용한 데코레이터가 있다.

데코레이터의 간단하고 흔한 한 카테고리는 자식 행동을 실행할지 말지를 결정한다(보통 '필터'라고 부른다). 데코레이터가 자식 행동을 실행할 수 있게 허용하면 반환하는 상태 코드가 필터의 결과가 된다. 자식 행동을 허용하지 않으면 보통 실패를 반환해 셀렉터가 대체 액션을 선택할 수 있게 된다.

유용한 표준 필터들이 있다. 예를 들어 태스크가 실행될 수 있는 횟수를 제한할 수 있다.

```
1  class Limit extends Decorator:
2      runLimit: int
3      runSoFar: int = 0
4
5      function run() -> bool:
6          if runSoFar >= runLimit:
7              return false
8          runSoFar++
9          return child.run()
```

이것은 플레이어가 보강한 문을 캐릭터가 계속해 밀치지 않게 하는 데 사용될 수 있다.

실패할 때까지 태스크를 실행하도록 데코레이터를 사용할 수 있다.

```
1  class UntilFail extends Decorator:
2      function run() -> bool:
3          while True:
4              result: bool = child.run()
5              if not result:
6                  break
7          return True
```

그림 5.29에 나온 것처럼 행동 트리를 구성하기 위해 다른 태스크와 데코레이터를 결합할 수 있다. 이 행동 트리를 만드는 코드는 다음과 같이 태스크 생성자를 시퀀스해 호출하는 것이 될 것이다.

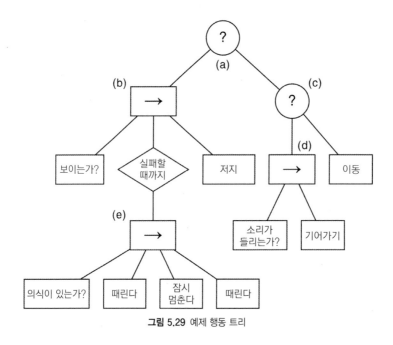

그림 5.29 예제 행동 트리

```
1  ex = Selector(
2      Sequence(
3          Visible,
4          UntilFail(
```

```
 5              Sequence(
 6                  Conscious,
 7                  Hit,
 8                  Pause,
 9                  Hit)),
10              Restrain),
11          Sequence(
12              Audible,
13              Creep),
14          Move)
```

이 트리의 기본 행동은 전과 비슷하다. 그림에서 (a)로 표시된 루트의 셀렉터 노드는 초기에 셀렉터 노드의 첫째 자식 태스크를 시도할 것이다. 이 첫째 자식은 그림에서 (b)로 표시된 시퀀스 노드다. 보이는 적이 없으면, 시퀀스 노드 (b)가 즉시 실패하고 루트의 셀렉터 노드 (a)가 그것의 두 번째 자식을 시도할 것이다.

루트 노드의 두 번째 자식은 (c)로 표시된 또 다른 셀렉터 노드다. 루트 노드의 첫째 자식 (d)는 소리가 들리는 적이 있으면 성공한다. 소리가 들릴 때는 캐릭터가 기어갈 것이다. 시퀀스 노드 (d)는 소리가 들릴 때 성공적으로 종료할 것이다. 셀렉터 노드 (c)도 성공적으로 종료하게 된다. 이것은 이제 루트 노드 (a)가 성공적으로 종료하게 한다.

지금까지는 데코레이터에 도달하지 않았다. 따라서 행동은 전에 본 것과 정확히 같다.

보이는 적이 있는 경우에 시퀀스 노드 (b)는 계속 시퀀스 노드의 자식을 실행시킬 것이다. 결국 데코레이터에 도달한다. 데코레이터는 시퀀스 노드 (e)를 실패할 때까지 실행시킬 것이다. 노드 (e)는 캐릭터가 더 이상 의식이 없을 때만 실패할 것이다. 따라서 캐릭터는 적이 의식을 잃을 때까지 계속 때린다. 그 후 셀렉터 노드는 성공적으로 종료할 것이다. 시퀀스 노드 (b)는 결국 무의식의 적을 묶는 태스크를 실행할 것이다. 노드 (b)는 이제 성공적으로 종료할 것이다. 그 다음 루트 노드 (a)가 곧바로 성공적으로 종료한다.

시퀀스 노드(e)가 고정된 반복의 때리기, 멈춤, 때리기를 포함하는 것을 주목하라. 따라서 적이 시퀀스에서의 첫 번째 때리기에 의식을 잃게 되더라도 캐릭터는 정복된 적을 최종적으로 한 번 더 때릴 것이다. 이것은 캐릭터가 잔인한 성격을 가진다는 인상을 준다. 이렇듯 잠재적으로 중요한 세부 사항을 미세하게 통제할 수 있다는 점이 행동 트리의 또 다른 중심적인 매력 가운데 하나다.

태스크를 언제, 얼마나 자주 호출할지를 변경하는 필터뿐만 아니라 다른 데코레이터가 태스크의 상태 코드를 수정하는 데 쓰일 수 있다.

```
1  class Inverter extends Decorator:
2      function run() -> bool
3          return not child.run()
```

여기서 단지 몇 개의 간단한 데코레이터만 보여 줬다. 구현할 수 있는 것은 더 많고 아래에서 더 살펴볼 것이다. 위의 각 데코레이터는 기반 클래스 Decorator에서 상속했다. 기반 클래스는 단순히 그것의 자식 태스크를 관리하기 위해 고안됐다. 간단한 구현으로는 다음과 같다.

```
1  class Decorator extends Task:
2      # 이 태스크가 꾸미는 자식을 저장
3      child: Task
```

단순성에도 불구하고 이 코드를 공통 기반 클래스에 놓는 것이 좋은 구현이다. 실용적인 행동 트리 구현을 만들 때 자식 태스크가 언제 그리고 누구에 의해 세트되는지 결정할 필요가 있을 것이다. 한 곳에 자식 태스크 관리 코드가 있는 것은 유용하다. 같은 조언이 복합 태스크에도 통한다. 셀렉터와 시퀀스 아래에 기반 클래스를 공통으로 갖는 것이 현명하다.

데코레이터로 자원 보호

다른 것을 알아보기 이전에 예제처럼 구현하기 쉽지 않은 중요한 데코레이터 유형이 하나 있다. 그것은 앞서 PlayAnimation 태스크를 구현할 때 왜 필요한지 이미 알아봤다.

행동 트리의 일부분은 어떤 제한된 자원을 자주 액세스해야 한다. 예제에서 이것은 캐릭터의 뼈대였다. 애니메이션 엔진은 동시에 각 뼈대의 부분 애니메이션만 재생할 수 있다. 캐릭터의 손이 재장전 애니메이션을 플레이하면서 움직이고 있다면 손을 흔들어 달라고 요구할 수 없다. 또한 코드 수준에서 제한이 있을 수도 있다. 예를 들어 사용 가능한 제한된 수의 길 찾기 인스턴스를 가질지도 모른다. 앞서 말한 것처럼 다른 캐릭터는 그것들을 사용할 수 없고 플레이어가 제한을 알아채지 않도록 행동을 선택해야 한다.

순수하게 게임의 측면에서 자원이 제한되는 경우도 있다. 두 오디오 샘플을 동시에 재생하지 못할 이유는 없다. 그러나 그것들이 같은 캐릭터에서 나는 소리라면 이상할 것이다. 마찬가지로, 한 캐릭터가 벽에 붙은 헬스 팩을 사용하고 있다면 다른 캐릭터는 그것을 사용할 수 없어야 한다. 발사자의 경우 커버 포인트에도 같은 것이 적용 가능하다. 비록 어떤 커버 포인트에는 두세 캐릭터를 허용하고 다른 곳에는 하나만 허용할지라도 말이다.

이런 각 경우에 자원이 사용 가능하도록 액션을 실행하기 전에 확보해야 한다. 이것은 세 가지 방법으로 할 수 있다.

1. PlayAnimation에서 했던 것처럼 행동에 테스트를 하드 코딩한다.
2. 테스트를 수행하기 위해 조건 태스크를 만들고 시퀀스를 사용한다.
3. 자원을 보호하기 위해 데코레이터를 사용한다.

첫 번째 방법은 우리가 본 것이다. 두 번째는 그림 5.30처럼 보이는 행동 트리를 만드는 것이다. 여기서 시퀀스는 첫 번째로 조건을 시도한다. 그것이 실패하면 전체 시퀀스가 실패한다. 성공하면 애니메이션 액션이 호출된다.

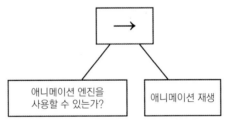

그림 5.30 조건과 셀렉터를 사용해 자원을 보호하기

이것은 완전히 수용 가능한 방법이다. 그러나 이것은 매번 올바른 구조를 만드는 행동 트리 디자이너에 의존한다. 점검할 많은 자원이 있을 때 이것은 과도하게 노동 소모적이다.

세 번째 옵션은 데코레이터를 사용하는 것이고, 이것은 에러를 덜 만들고 더 우아하다.

우리가 만들려고 하는 데코레이터의 버전은 세마포어^{semaphore}라고 불리는 메커니즘을 사용할 것이다. 세마포어는 병렬이나 멀티스레드 프로그래밍과 관련이 있다(그리고 이것은 다음 절에서 살펴볼 것처럼 우리가 관심 있어 하는 것이 우연의 일치가 아니다). 이것은 원래 다익스트라^{Dijkstra} 알고리듬으로 유명한 에츠허르 다익스트라$^{Edsger Dijkstra}$가 발명한 것이다.

세마포어는 제한된 자원이 과도하게 예약되지 않도록 하는 메커니즘이다. PlayAnimation 예제와 다르게 세마포어는 한 번에 한 사용자로 제한되지 않는 자원에 대처할 수 있다. 예를 들어, 10명의 패스파인더pathfinder의 풀pool을 가질 수 있다. 이것은 동시에 최대 10명의 패스파인더가 길을 찾고 있을 수 있음을 의미한다. 세마포어는 사용 가능한 자원의 수와 현재 사용자수의 상부를 유지하는 방식으로 작동한다. 자원을 사용하기 전에 코드 조각은 세마포어에게 그것을 '획득'할 수 있는지 물어야 한다. 코드가 일을 끝내면 세마포어에게 그것이 '해제'될 수 있다고 통지해야 한다.

스레드에 안전하려면 세마포어는 어떤 기반 구조를 가져야 한다. 보통 락lock을 위해 저수준 운영체제 기본 기능에 의존한다. 대부분의 프로그래밍 언어는 세마포어를 위한 좋은 라이브러리를 갖고 있다. 따라서 직접 이것을 구현할 필요는 없을 것이다. 세마포어가 제공되고 다음 인터페이스를 갖는다고 가정하면 코드는 다음과 같다.

```
1  class Semaphore:
2      maximumUsers: int
3
4      # 획득이 성공하면 참, 그렇지 않으면 거짓을 반환
5      function acquire() -> bool
6
7      # 반환 값이 없다.
8      function release()
```

세마포어 구현과 함께 다음과 같이 데코레이터를 만들 수 있다.

```
1   class SemaphoreGuard extends Decorator:
2       # 자원을 보호하기 위해 사용하는 세마포어를 저장
3       semaphore: Semaphore
4
5       function run() -> bool:
6           if semaphore.acquire()
7               result = child.run()
8               semaphore.release()
9               return result
10          else:
11              return false
```

세마포어를 획득할 수 없을 때 데코레이터는 실패 상태 코드를 반환한다. 이것은 트리의 상위에 있는 선택 태스크가 경합 자원이 없는 다른 액션을 찾게 해준다.

가드^{guard}는 그것이 보호하는 자원이 실제로 무엇인지 몰라도 된다는 것을 주목하라. 단지 세마포어만을 필요로 할 뿐이다. 이것이 의미하는 것은 이 하나의 클래스와 세마포어를 만들 수 있는 능력으로 어떤 종류의 자원도 보호할 수 있다는 것이다. 예를 들어 애니메이션 엔진, 헬스팩, 길 찾기 풀과 같이 어떤 것이든 가능하다.

이 구현에서 세마포어가 트리에서 여러 곳에 있는 여러 가드 데코레이터에 사용되기를 기대한다(또는 커버 포인트처럼 트리에서 여러 캐릭터를 위해).

여러 데코레이터에서 세마포어를 만들고 액세스하기 쉽게 하고자 이름으로 생성하는 팩토리^{factory}를 사용하는 것을 흔하게 볼 수 있다.

```
1  semaphoreHashtable: HashTable[string -> Semaphore] = {}
2
3  function getSemaphore(name: string, maximumUsers: int) -> Semaphore:
4      if not semaphoreHashtable.has(name):
5          semaphoreHashtable[name] = new Semaphore(maximumUsers)
6      return semaphoreHashtable.get(name)
```

단순히 고유한 이름을 지정하는 것으로 디자이너와 레벨 생성자들이 새로운 세마포어 가드를 생성하는 것이 쉬워졌다. 또 다른 방법은 SemaphoreGuard 생성자에 이름을 전달해 그 이름으로 세마포어를 찾거나 생성하는 것이다.

이 데코레이터는 자원이 과도하게 예약되는 것을 방지하는 강력한 방법을 제공한다. 하지만 지금까지 이 상황은 거의 일어날 것 같지 않다. 우리는 태스크들이 결과를 반환할 때까지 실행된다고 가정했다. 따라서 한 태스크가 한 시섬에 실행되고 있다. 이것은 주요한 제약이다. 이 문제를 제거하기 위해 동시성, 병렬 프로그래밍과 타이밍에 대해 이야기할 것이다.

5.4.4 동시성과 타이밍

지금까지 동시에 여러 행동을 실행하는 문제를 잘 피해 왔다. 의사결정 트리는 빠르게 수행되도록 고안됐고(실행할 수 있는 결과를 얻는다) 상태 기계는 장기간 실행되는 프로세스지만 상태는 명시적이기 때문에 각 프레임(전환 처리가 필요)을 짧은 시간 동안 실행하기 쉽다.

행동 트리는 다르다. 우리는 행동 트리에서 완료하는 데 시간이 걸리는 행동을 할 수 있다. 문으로 이동, 문 열기 애니메이션 재생, 잠긴 문을 밀치기 모두 시간을 소모한다. 우리의 게임이 연이은 프레임에 AI로 돌아온다면 AI는 무엇을 할지 어떻게 알까? 확실히 트리의 최상위에서 다시 시작하고 싶지는 않다. 왜냐하면 중간까지 올바른 순서로 잘 실행됐을 수 있기 때문이다.

간단히 말하면 지금까지 살펴본 행동 트리는 거의 쓸모가 없다. 행동 트리는 우리가 일종의 동시성(동시에 여러 부분의 코드가 작동하는 능력)을 가정하지 않고는 작동하지 않는다.

이 동시성을 구현하는 하나의 방법은 각 행동 트리가 각각의 스레드에서 작동한다고 상상하는 것이다. 이 방법으로 액션은 실행되기에 몇 초가 걸릴 수 있다. 스레드는 액션이 일어나고 있을 때는 자다가 다시 일어나서 True를 반환한다.

더 어려운 방법은 10장에서 살펴볼 협동적 멀티태스킹과 스케줄링 알고리듬 같은 것을 써서 행동 트리들을 병합하는 것이다. 실무에서 동시에 많은 스레드를 돌리는 것은 큰 낭비다. 심지어 멀티코어 기계에서도 각 코어에 하나의 스레드가 돌고 그 위에 가벼운 소프트웨어 스레드가 도는 협동적 멀티태스킹 방법을 쓸 필요가 있다.

비록 이것이 가장 흔한 구현이지만 더 깊게 들어가지는 않겠다. 알고리듬은 책의 뒷부분에서 논의되며 세부 사항은 이 알고리듬에 특정되지 않는다. 현재로서는 이런 복잡성을 피하기 위해 필요한 만큼의 스레드가 포함된 멀티스레드 구현을 사용하고 있는 것처럼 행동할 것이다.

기다리기

앞선 예제에서 캐릭터가 플레이어를 치는 Action들 사이를 기다리게 하는 Pause 태스크를 만났다. 이것은 매우 흔하고 유용한 태스크다. 간단히 현재 스레드를 잠시 자게 함으로써 그것을 구현할 수 있다.

```
1   class Wait extends Task:
2       duration: int
3
4       function run() -> bool:
5           sleep(duration)
6           return result
```

물론 기다리기로 할 수 있는 더 복잡한 것도 있다. 예를 들어 오래 실행되는 태스크를 타임 아웃 시키고 값을 조기에 반환하게 할 수 있다. 캐릭터의 행동에 변화를 주기 위해 Action이 특정 시간 구간 내에 다시 실행되거나 반환하기 전에 무작위 시간을 기다리는 것을 막는 Limit

태스크의 버전을 만들 수 있다.

이것은 타이밍 정보를 이용해 만들 수 있는 태스크의 시작에 불과하다. 이 아이디어들은 구현하는 데 어렵지 않으므로 의사 코드를 제공하지 않을 것이다.

병렬 태스크

우리의 새로운 동시적 세계에서 세 번째 복합 태스크를 활용할 수 있다. 그것은 'Parallel(병렬)'이라고 불린다. 그리고 이것은 Selector, Sequence와 함께 거의 모든 행동 트리의 기반을 형성한다.

Parallel 태스크는 Sequence 태스크와 비슷한 방법으로 행동한다. 그것은 자식 태스크들의 집합을 갖고, 그들 중 하나가 실패할 때까지 실행시킨다. 그 지점에서 Parallel 태스크 전체가 실패한다. 모든 자식이 성공적으로 종료되면 Parallel 태스크는 성공을 반환한다. 이 방법으로 Sequence 태스크와 그것의 비-결정적 변형과 동일하다.

차이점은 태스크들을 실행하는 방법이다. 한 번에 하나의 태스크를 실행하는 것 대신에 모두를 동시에 실행한다. 이것은 새 스레드를 여러 개 만들어서(자식당 하나) 자식 태스크를 같이 시작시키는 것으로 볼 수 있다.

자식 태스크 중 하나가 실패로 끝나면 Parallel은 아직 실행되고 있는 다른 모든 자식 스레드를 종료시킬 것이다. 스레드들 중 일부만 종료시키는 것은 문제를 일으킬 수 있다. 그러면 게임이 일관되지 않거나 자원(획득한 세마포어 등)을 해제하지 못하게 된다. 종료 프로시저는 스레드의 직접 종료보다는 요청을 통해 구현된다. 행동 트리의 모든 태스크는 종료 요청을 받을 수 있어야 하고 적절히 자신을 정리할 수 있어야 한다.

우리가 개발한 시스템에서 태스크는 이것을 위한 추가 메서드를 가진다.

```
1  class Task:
2      function run() -> bool
3      function terminate() # 반환 값이 없다.
```

완전히 동시적인 시스템에서 종료 메서드는 보통 플래그를 설정하고, 실행 메서드는 이 플래그가 설정됐는지 주기적으로 체크하고 그렇다면 종료할 책임이 있다. 다음의 코드는 종료 메

서드에 실제 종료 코드를 갖고 있다.[3]

스레드 API를 사용한 Parallel 태스크의 모습은 다음과 같다.

```
1   class Parallel extends Task:
2       children: Task[]
3
4       # 실행되고 있는 모든 자식들을 갖고 있다.
5       runningChildren: Task[] = []
6
7       # run 메서드의 최종 결과를 담고 있다.
8       result: bool
9
10      function run() -> bool:
11          result = null
12
13          # 내부 함수들, run 함수 내부에 정의
14
15          function runChild(child):
16              runningChildren += child
17              returned = child.run()
18              runningChildren -= child
19
20              if returned == false:
21                  # 바깥쪽 result 변수에 값 설정
22                  result = false
23
24                  # 실행되고 있는 모든 자식을 멈춘다.
25                  terminate()
26
27              else if runningChildren.length == 0:
28                  result = true
29
30          function terminate():
31              for child in runningChildren:
32                  child.terminate()
33
34          # 자식들을 모두 실행
35          for child in children:
36              thread = new Thread()
```

---

3   실제로 이것은 최선의 방법은 아니다. 왜냐하면 종료 코드는 실행 메서드의 현재 상태에 의존하고 같은 스레드에서 실행돼야 하기 때문이다. 반면에 종료 메서드는 병렬 스레드에서 호출되며 가능한 적은 작업을 수행해야 한다. 불리언 플래그(참/거짓)를 설정하는 작업은 매우 간단하므로 가장 좋은 접근법이다.

```
37              thread.start(runChild, child)
38
39          # 반환할 결과를 얻을 때까지 기다린다.
40          while result == null:
41              sleep()
42
43          return result
```

run 메서드에서 각 자식에 대해 하나의 새 스레드를 만든다. 스레드의 start 메서드가 실행할 함수를 첫 번째 매개 변수로, 그 함수로 전달할 매개 변수들을 나머지 매개 변수로 갖는다고 가정한다. 여러 언어의 스레딩 라이브러리는 그런 방식으로 작동한다. 함수가 다른 함수에 전달되지 않는 자바 같은 언어에서는 인터페이스를 구현하는 또 다른 클래스(아마도 내부 클래스)를 작성할 필요가 있다.

스레드를 만들고 난 후에 run 메서드는 계속 자고 있다. 결과 변수가 세트됐는지를 보기 위해서만 깨어난다. 많은 스레딩 시스템은 조건 변수를 사용하거나 한 스레드가 직접 다른 것을 깨울 수 있게(자식 스레드가 결괏값이 변할 때 직접 부모 스레드를 깨울 수 있다) 해서 변수 변화를 대기하는 방법을 제공한다. 상세한 내용은 시스템 문서를 참고하자.

runChild 메서드는 새로 만들어진 스레드에 의해 호출되고 자식 태스크가 일을 하게 하기 위해 그것의 run 메서드를 호출할 책임이 있다. Parallel 태스크가 종료되면 그것은 적절히 실행 중인 스레드 집합을 종료시킨다. 마지막으로 runChild는 전체 Parallel 태스크가 False를 반환해야 하는지, 자식이 마지막으로 종료하는지, Parallel이 True를 반환해야 하는지를 체크한다. 세 조건 모두 만족하지 못하면 결과 변수는 변하지 않고, 전체 Parallel의 run 메서드의 루프는 계속 잠 상태다.

Parallel의 정책

Parallel을 사용할 때, Parallel에 대한 한 가지 특정한 정책을 가정했다는 것을 언급할 필요가 있다. 바로 Parallel 태스크가 언제, 무엇을 반환할지를 결정하는 방법이다. 우리의 정책에서 하나의 자식이 실패하면 가능한 한 빨리 실패를 반환하고 모든 자식이 성공하면 성공을 반환했다. 위에서 언급한 바와 같이 이것은 Sequence 태스크와 같은 정책이다. 비록 이것은 가장 흔한 정책이지만 유일한 것은 아니다.

Selector 태스크의 정책을 적용해 첫 번째 자식이 성공하면 성공을 반환하고 모두 실패했을 때만 실패를 반환하게 Parallel을 구성할 수도 있다. 일정 비율의 자식이 성공이나 실패를 한 것에 따라 성공이나 실패를 반환하도록 하이브리드 정책도 사용할 수 있다.

디자이너와 레벨 디자이너가 직관적으로 이해하고 재미있는 행동을 만드는 유용한 태스크를 찾는 것보다 가능한 태스크 변형을 브레인스토밍하는 것이 훨씬 쉽다. 너무 많은 태스크나 너무 많은 매개 변수를 가진 태스크는 생산성에 좋지 않기 때문에 나는 이 책에서 가장 흔하고 유용한 변형에서 벗어나지 않으려고 했다. 물론 다른 개발 스튜디오, 책, 컨퍼런스에서는 다른 방법들을 마주칠 수 있을 것이다.

Parallel 사용하기

Parallel 태스크는 동시에 일어나는 Action 집합에 가장 눈에 띄게 사용된다. 예를 들어 주 무기를 바꾸면서 욕설을 하는 동시에 굴러서 엄폐를 하도록 Parallel을 사용할 수 있다. 이 세 가지 Action은 충돌하지 않는다(예를 들어 같은 세마포어를 사용하지 않는다). 따라서 그것들을 동시에 수행할 수 있다.

고수준에서 캐릭터 그룹의 행동을 컨트롤하는 데 Parallel을 사용할 수 있다(예를 들어 밀리터리 슈터에서 화력 팀). 그룹의 각 멤버가 각각의 Action을 위한 행동 트리를 갖지만(예를 들어 슈팅, 엄호 받기, 재장전, 애니메이션, 오디오 재생), 이 그룹 Action들은 그룹의 행동을 선택하는 고수준의 Selector 안의 Parallel 블록에 포함된다. 만약 팀 멤버 중 하나가 전략에서 역할을 수행하지 못하면 Parallel은 실패를 반환하고 Selector는 또 다른 옵션을 선택해야 할 것이다. 이것은 그림 5.31에 추상적으로 나와 있다. 각 캐릭터의 서브-트리는 자체로도 복잡하기 때문에 여기에서 상세히 보여 주지 않는다.

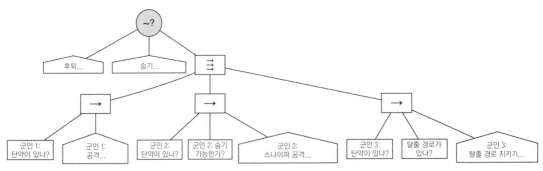

그림 5.31 그룹 행동을 구현하기 위해 Parallel을 사용하기

416

위에서 논의한 Parallel의 두 가지 사용법은 Action 태스크를 결합하는 것이다. Condition 태스크를 결합하기 위해서도 Parallel을 사용할 수 있다. 이것은 완료하는 데 시간과 자원이 소모되는 특정 Condition 테스트를 가질 때 특히 유용하다. Condition 테스트의 그룹을 같이 시작시킴으로써 실패가 발생하면 즉시 다른 것들을 중지시켜 전체 테스트의 패키지에 필요한 자원을 감소시킨다.

물론 빠른 Condition 테스트를 처음에 놓고 자원을 더 복잡한 테스트에 쓰기 전에 행동하게 함으로써 Sequence로도 비슷한 것을 할 수 있다(이것은 시야 테스트 같은 복잡한 기하 테스트에 좋은 방법이다). 그러나 보통은 실패할 것 같은 복잡한 테스트를 미리 명확하게 결정하지 못할 수도 있다. 그러한 경우에 Condition들을 Parallel에 두면 그것들 중 하나가 실패했을 때 다른 것도 중지시키게 된다.

조건 체크를 위한 병렬 태스크

Parallel 태스크의 마지막 흔한 사용은 Action을 수행하는 동안 특정 Condition이 만족하는지 계속해서 체크하는 것이다. 예를 들어 같은 편 AI 캐릭터가 플레이어가 진행할 수 있도록 은행 컴퓨터를 조작해 문을 열기를 원할 수 있다. AI 캐릭터는 플레이어가 입구에서 경비원과 게임 플레이 하는 동안 문을 열려고 하는 자신의 임무에 만족해할 것이다.

그림 5.32와 그림 5.33처럼 구현하기 위해 Parallel 태스크를 사용할 수 있다.

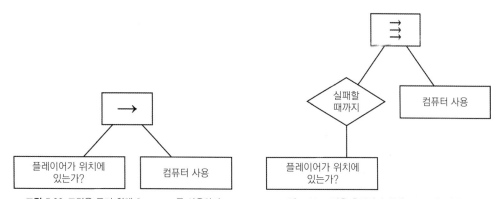

그림 5.32 조건을 두기 위해 Sequence를 사용하기   **그림 5.33** 조건을 추적하기 위해 Parallel을 사용하기

두 그림 모두에서 Condition은 플레이어가 올바른 위치에 있는지 체크한다. 그림 5.32에서 우리는 전과 같이 플레이어가 위치에 있어야만 AI가 Action을 수행하도록 Sequence를 사

용한다. 이 구현의 문제점은 캐릭터가 일을 시작할 때 플레이어가 즉시 움직일 수 있다는 점이다. 그림 5.33에서 Condition은 항상 체크되고 있다. 만약 그것이 실패하면(플레이어가 움직여서) 캐릭터는 하고 있던 것을 멈출 것이다. 이 트리를 플레이어가 그의 기지로 돌아오도록 장려하는 캐릭터를 갖는 셀렉터에 임베드할 수 있다.

Condition을 반복적으로 체크하기 위해 데코레이터가 실패해야만 반환하는 UntilFail 데코레이터를 사용했다. 위에 나온 Parallel 구현에 기반하면 그림 5.33에 아직도 해결할 방법이 없는 문제가 하나 있다. 이후에 이 문제에 대해 다시 살펴보겠지만 연습삼아 이 트리의 실행 경로를 따라가면서 문제가 어떤 것인지 알 수 있겠는가?

Condition들이 만족하는 것을 확실히 하기 위해 Parallel 블록을 사용하는 것은 행동 트리에서 중요한 사용 예다. 이것으로 상태 머신의 강력함, 특히 중요한 이벤트가 발생하고 새로운 기회가 생겼을 때 작업을 전환하는 상태 머신의 능력을 얻을 수 있다. 이벤트 트리거로 상태 간 전이하기보다 서브-트리를 상태로 사용해 조건 세트와 함께 병렬로 실행하게 할 수 있다. 상태 기계에서 조건이 만족하면 전이가 발생한다. 행동 트리와 함께 행동은 조건이 충족되는 한 실행된다. 상태 기계와 같은 행동은 그림 5.34에 있는 상태 기계를 사용해 나타난다.

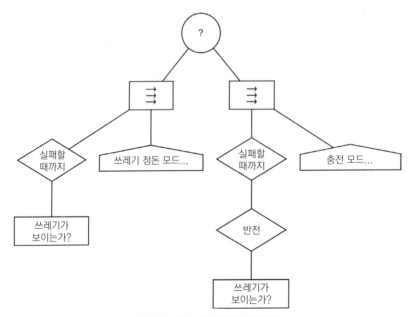

그림 5.34 행동 트리 버전의 상태 기계

이것은 5장의 앞부분에서 본 수위 로봇을 위한 단순한 트리이며 정돈 모드(정돈할 쓰레기가 있는 한) 또는 충전 모드의 두 가지 행동을 가진다. 각 '상태'는 Parallel 노드를 머리로 갖는 서브-트리로 표현됨을 주목하라. 각 트리의 Condition은 상태 기계에서 기대하는 것과는 반대다. 각 Condition은 상태에 머물기 위한 조건을 나열한다. 모든 상태 기계 전이들을 위한 조건들의 논리적 보수complement다.

최상위 Repeat와 Select 노드는 로봇이 뭔가를 계속하도록 유지한다. 반복 Decorator가 절대 참이나 거짓을 반환하지 않는다고 가정한다. 따라서 로봇은 어떤 조건을 만족하는지에 따라 행동 중 하나를 변경하면서 계속할 것이다.

이 수준에서 Condition들은 그렇게 복잡하지는 않다. 그러나 더 많은 상태에 캐릭터를 두기 위해 필요한 Condition은 급속하게 다루기 힘들어진다. 이것은 특별히 에이전트들이 몇 개의 알람 행동, 즉 게임에서 중요한 사건에 즉각적이고 반응적인 액션을 취하게 다른 것을 인터럽트하는 행동 레벨을 필요로 할 때다. Parallel 태스크와 Condition으로 이것들을 코딩하는 것은 직관적이지 않게 된다. 왜냐하면 사건이 없는 것이 액션 변화가 없는 것이라고 보기보다는 사건을 액션의 변화를 일으킨다고 여기어가기 때문이다.

따라서 상태 기계 같은 행동을 보이는 행동 트리를 만드는 것이 기술적으로는 가능해도 비직관적인 트리를 만듦으로써만 그렇게 할 수 있다. 5.4.4절의 끝 부분에서 행동 트리의 한계를 살펴볼 때 이 문제를 다시 다루겠다.

태스크 내부 행동

그림 5.33의 예제는 행동 트리와 함께 Parallel을 사용할 때 자주 일어나는 어려움을 보여 줬다. 그것이 나타내는 바와 같이 보여진 트리는 플레이어가 위치에서 벗어나지 않으면 절대 반환하지 않는다. 캐릭터는 행동을 수행할 것이다. 그러고는 UntilFail Decorator가 끝날 때까지 서서 기다린다. 이것은 물론 플레이어가 가만히 있는 한 그렇게 하지 않는다. Sequence의 끝에 캐릭터가 플레이어에게 문을 향해 가는 방향을 말해 주는 Action을 추가할 수 있다. 또는 False를 반환하는 태스크를 추가할 수 있다. 이것들은 모두 Parallel 태스크를 확실히 종료시킨다. 그러나 그것은 실패로 종료할 수도 있다. 그리고 트리에서 그것의 위에 있는 어떤 노드도 그것이 종료 후에 실패했는지 모를 것이다.

이 문제를 해결하기 위해 행동이 또 하나의 행동에 직접 영향을 줄 수 있어야 한다. Sequence 가 UntilFail 행동을 무력화시키고 그것이 True를 반환하게 하는 Action을 끝내도록 할 필요 가 있다. 그러면 전체 Action이 완료될 수 있다.

두 가지 새로운 태스크를 사용해 이것을 할 수 있다. 첫 번째는 Decorator다. 그것은 단순히 자식 노드가 일반적으로 실행되게 한다. 자식이 결과를 반환하면 결과를 트리에서 위로 전달 한다. 하지만 자식이 아직 작동 중이면 종료해 달라는 요청을 받을 수 있다. 그때는 미리 정해 진 결과를 반환한다. 이것을 구현하기 위해 동시성을 다시 사용해야 할 것이다.

```
1   class Interrupter extends Decorator:
2       # 자식이 실행 중인가?
3       isRunning: bool
4
5       # run 메서드를 위한 최종 결과를 저장
6       result: bool
7
8       function run() -> bool:
9           result = undefined
10
11          # 모든 자식을 시작시킨다.
12          thread = new Thread()
13          thread.start(runChild, child)
14
15          # 반환할 결과를 가질 때까지 기다린다.
16          while result == undefined:
17              sleep()
18
19          return result
20
21      function runChild(child):
22          isRunning = True
23          result = child.run()
24          isRunning = false
25
26      function terminate():
27          if isRunning:
28              child.terminate()
29
30      function setResult(desiredResult: bool):
31          result = desiredResult
```

이 태스크가 친숙하게 보이는 것은 Parallel과 같은 로직을 공유하기 때문이다. 이것은 외부 원점으로부터 결과를 세트하기 위해 호출될 수 있는 단일 메서드(두 번째 태스크)를 추가한 것을 빼고는 단일 자식의 Parallel과 동등하다. 이것이 호출될 때 단순히 외부 Interrupter에서 결과를 세트하고서 성공을 반환한다.

```
1  class PerformInterruption extends Task:
2      # 인터럽트할 인터럽터
3      interrupter: Interrupter
4
5      # 추가하고 싶은 결과
6      desiredResult: bool
7
8      function run() -> bool:
9          interrupter.setResult(desiredResult)
10         return true
```

이 두 태스크는 트리에서의 어떤 두 지점과도 통신할 수 있는 능력을 준다. 효과는, 엄격한 계층을 깨고 수평적으로 태스크가 상호 작용할 수 있도록 하는 것이다.

이 두 태스크들로 그림 5.35처럼 컴퓨터를 사용하는 AI 캐릭터의 트리를 다시 만들 수 있다.

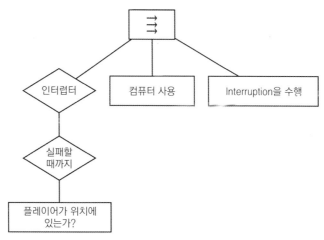

그림 5.35 Condition들을 추적하기 위해 Parallel과 Interrupter를 사용하기

실무에서는 행동이 짝지어서 협동하는 다른 방법들이 있다. 하지만 그것들은 자주 Decorator와 Action 패턴을 따른다. 또 다른 Action 태스크에 의해 활성화/비활성화돼 그것의 자식이

실행되는 것을 멈추게 할 수 있는 Decorator를 가질 수 있다. 태스크가 반복되는 횟수를 제한하는, 그러나 또 다른 태스크에 의해 그것이 리셋될 수 있는 Decorator를 가질 수도 있다. 자식의 변환 값을 갖고 있다가 다른 태스크가 시키면 부모에게 반환하는 Decorator도 가질 수 있다. 옵션은 거의 무한하다. 그리고 행동 트리 시스템은 매우 많은 수의 사용 가능한 태스크를 가질 때까지 팽창할 수 있다. 이때 디자이너가 실제로 사용하는 것은 몇 개에 불과하다.

결국 이 간단한 종류의 행동 간 통신은 충분하지 않을 것이다. 특정 행동 트리는 태스크가 다른 태스크와 풍부한 대화를 할 수 있을 때에 가능할 것이다.

5.4.5 행동 트리에 데이터를 추가하기

아주 간단한 행동 간 통신을 넘기 위해서 행동 트리의 태스크가 다른 것과 데이터를 공유할 수 있게 해야 한다. 지금까지 본 행동 트리 구현을 사용해 AI를 구현하려고 하면 데이터가 없다는 문제에 부딪힐 것이다. 방으로 들어가려고 하는 적 예제에서 캐릭터가 들어가려고 하는 방이 어디인지에 대한 표시가 없었다. 레벨의 각 영역에 대한 개별 분기를 갖는 큰 행동 트리를 만들 수도 있었지만 이것은 명백하게 낭비다.

실제 행동 트리 구현에서는 태스크가 어디에 일을 해야 하는지 알아야 한다. 태스크를 프로그래밍 언어에서의 서브루틴이나 함수로 생각할 수 있다. 예를 들어 연기를 피워 플레이어를 쫓아내는 것을 표현하는 서브-트리를 가질 수 있다. 이것이 서브루틴이라면 어떤 방에 연기를 피울지 컨트롤하는 매개 변수를 가질 것이다.

```
1  function smoke_out(room):
2      matches = fetchMatches()
3      gas = fetchGasoline()
4      douseDoor(room.door, gas)
5      ignite(room.door, matches)
```

행동 트리에서는 서브-트리가 많은 연관 시나리오에서 사용될 수 있도록 하는 비슷한 메커니즘이 필요하다. 물론 서브루틴의 파워는 단지 매개 변수를 취하는 것에 있지 않고, 여러 상황에서 그것을 계속 재사용할 수 있다는 점에 있다(어떤 것에도 불을 붙이는 '점화' 액션을 많은 전략에서 사용할 수 있다). 나중에 행동 트리를 서브루틴으로 재사용하는 논점으로 돌아올 것이다. 지금은 그것이 어떻게 데이터를 얻는지에 집중할 것이다.

비록 데이터가 행동 트리 간에 전달되기를 원하지만, 그것의 고상하고 일관적인 API를 깨고 싶지는 않다. 확실히 데이터를 실행 메서드에 대한 매개 변수로서 태스크에 전달하고 싶지 않다. 이것은 자식 태스크가 취해야 하는 매개 변수가 무엇인지와 어떻게 이 데이터를 찾는지 각 태스크가 알아야 함을 의미한다.

태스크가 생성되는 시점에 태스크를 매개 변수가 붙게 할 수 있다. 왜냐하면 적어도 프로그램의 어떤 부분은 무슨 노드가 생성되는지 항상 알아야 할 것이기 때문이다. 그러나 대부분의 구현에서 이것은 작동하지 않는다. 행동 노드는 대개 레벨이 로드될 때 트리로 조합된다(다시 말하지만, 곧 이 구조를 곧 세밀하게 검사할 것이다). 보통 트리를 실행하면서 동적으로 만들지 않는다. 물론 구현에 따라 동적 트리 구성을 허용하는 경우도 있지만 대부분의 경우 행동이 시작되기 전에 어떤 트리를 사용할지 정해 놓는다.

가장 이치에 맞는 방법은 행동이 필요로 하는 데이터를 태스크와 분리시키는 것이다. 행동 트리가 필요로 하는 모든 데이터를 외부 데이터 저장소에 저장함으로써 그렇게 할 수 있다. 이 데이터 저장소를 칠판blackboard이라고 부를 것이다. 5장의 뒷부분 칠판 아키텍처 절에서 데이터 구조의 표현과 그것의 사용에 대한 넓은 의미를 볼 것이다. 지금은 칠판이 어떤 종류의 데이터도 저장할 수 있고 관심 있어 하는 태스크는 그것을 질의해 필요한 데이터를 얻을 수 있다는 것만 알아 두자.

외부 칠판을 사용해 다른 것과 독립적이지만 필요 시 통신할 수 있는 태스크들을 작성할 수 있다.

예를 들어 분대-기반 게임에서 자율적으로 적과의 교전을 시작하는 협동적인 AI를 가질 수 있다. 한 태스크가 적을 선택하고(예를 들어 거리나 전술적 분석을 사용) 다른 태스크나 서브-트리가 적과 교전하도록 작성할 수 있다. 적을 선택하는 태스크는 선택한 것을 칠판에 적어 놓는다. 적과 교전하는 태스크는 현재 적을 알아내기 위해 칠판에 질의한다. 행동 트리는 그림 5.36과 같다. 적 탐지기는 칠판에 다음과 같이 적을 것이다.

```
target: enemy-10f9
```

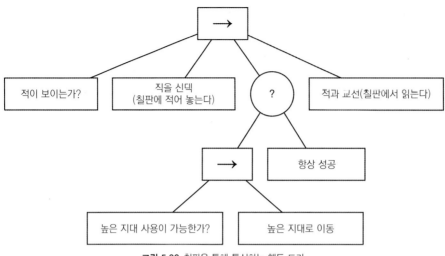

그림 5.36 칠판을 통해 통신하는 행동 트리

Move와 Shoot At 태스크는 칠판에 현재 '목표' 값을 묻고 그것의 행동에 매개 변수를 붙이기 위해 목표 값을 사용할 것이다. 태스크는, 칠판이 목표를 갖지 않으면 태스크가 실패하고 행동 트리는 다른 것을 하기 위해 탐색할 수 있도록 작성돼야 한다.

의사 코드로는 다음과 같다.

```
1   class MoveTo extends Task:
2       # 우리가 사용하는 칠판
3       blackboard: Blackboard
4
5       function run() -> bool:
6           target = blackboard.get('target')
7           if target:
8               character = blackboard.get('character')
9               steering.arrive(character, target)
10              return true
11          else:
12              return false
```

적 탐지기는 다음과 같다.

```
1   class SelectTarget extends Task:
2       blackboard: Blackboard
3
```

```
 4      function run() -> bool:
 5          character = blackboard.get('character')
 6          candidates = enemies_visible_to(character)
 7          if candidates.length > 0:
 8              target = biggest_threat(candidates, character)
 9              blackboard.set('target', target)
10              return true
11          else:
12              return false
```

이 두 경우 모두에서 태스크가 칠판을 찾아봄으로써 컨트롤하는 캐릭터를 찾을 수 있다고 가정했다. 대부분의 게임에서 어떤 행동 트리가 여러 캐릭터에 사용되기를 원할 것이다. 따라서 각각은 자신의 칠판을 가질 것이다.

어떤 구현은 칠판을 전체 트리에 대해 하나를 갖기보다는 특정 서브-트리에 연관시킨다. 이것은 서브-트리가 각각의 사적 데이터 저장 영역을 갖게 해준다. 칠판은 서브-트리의 노드 사이에서 공유되지만 서브-트리들 사이에서는 공유되지 않는다. 이것은 특정 자식을 실행시키기 전에 새로운 칠판을 생성하는 데코레이터를 사용해 구현될 수 있다.

```
 1   class BlackboardManager extends Decorator:
 2       blackboard: Blackboard = null
 3
 4       function run() -> bool:
 5           blackboard = new Blackboard()
 6           result = child.run()
 7           delete blackboard
 8
 9           return result
```

이 방법을 쓰면 칠판의 계층을 얻는다. 태스크가 어떤 데이터를 찾게 될 때 가장 가까운 칠판부터 찾고 그 위의 것, 그 위의 것을 결과를 찾을 때까지 연결해서 칠판을 찾는다.

```
 1   class Blackboard:
 2       # 못 찾으면 갈 칠판
 3       parent: Blackboard
 4
 5       # 연관 배열로서의 데이터
 6       data: HashTable[string -> any]
```

```
 7
 8      function get(name: string) -> any:
 9          if name in data: return data[name]
10          else if parent: return parent.get(name)
11          else: return null
```

칠판을 못 찾았을 때 이렇게 행동하도록 함으로써 프로그래밍 언어처럼 행동하게 된다. 프로그래밍 언어에서 이런 구조를 '스코프 체인scope chain4'이라고 부른다.

구현에서 빠진 최종 요소는 행동 트리가 가장 가까운 칠판을 찾는 메커니즘이다. 가장 쉬운 방법은 칠판을 트리의 run 메서드의 매개 변수로 아래로 전달하는 것이다. 그러나 우리가 인터페이스를 바꾸기를 원하지 않는다고 말하지 않았던가? 맞다. 하지만 우리가 피하려고 했던 것은 다른 태스크에 대해 다른 인터페이스를 가져서 태스크는 무슨 매개 변수를 넘길지 알아야하는 것이었다. 모든 태스크가 유일한 매개 변수로 칠판을 받게 함으로써 태스크에 익명성을 유지한다.

태스크 API는 이제 다음과 같다.

```
1    class Task:
2        function run(blackbaord: Blackboard) -> bool
3        function terminate()
```

그리고 BlackboardManager 태스크는 단순히 자식으로 새 칠판을 도입해, 실패 시 주어진 칠판으로 가도록 한다.

```
1    class BlackboardManager extends Decorator:
2        blackboard: Blackboard = null
3
```

---

4   여기서 우리가 만들고 있는 스코프 체인은 동적 스코프 체인(dynamic scope chain)이라 한다. 프로그래밍 언어에서 동적 스코프는 스코프 체인이 구현된 초기 방식이었지만 심각한 버그 및 코드를 유지보수하기에 너무 어려웠기 때문에 현대적인 프로그래밍 언어는 모두 정적 스코프 체인으로 넘어갔다. 하지만 행동 트리의 경우 동적 스코프는 큰 문제가 아니며 보다 직관적일 수 있다. 데이터 공유에 대해 진지하게 생각한 개발자는 내가 아는 한 없는 것으로 알고 있으며 두 가지 접근 방식을 모두 실제로 경험한 사람도 없다고 생각한다.
    (추가적인 설명을 곁들이자면 프로그래밍 언어에서 변수가 참조될 때 컴파일러 입장에서 해당 변수가 어느 것을 참조해야 하는지 알아내는 것에 있어 어려움이 있을 수 있다. 예를 들어 C 언어에서 {} 안에 있는 변수는 동일한 이름을 가진 바깥쪽 변수보다 우선으로 참조된다. 이러한 방식을 정적 스코프(lexical scope)라 하며 함수의 호출 스택을 위로 올라가면서 참조를 찾는 것을 동적 스코프(dynamic scope)라고 한다. 실제로 프로그래머가 참조하려고 하는 변수가 어느 것을 의미하는지는 호출 스택을 따라가는 것보다 정적 스코프가 더 쉽게 예측 가능하므로(프로그래머 입장에서) 거의 모든 현대 언어들이 정적 스코프를 채용한 것이라고 생각하면 된다.) - 옮긴이

```
4       function run(blackboard):
5           newBlackboard = new Blackboard()
6           newBlackboard.parent = blackboard
7           result = child.run()
8           delete newBlackboard
9           return result
```

칠판의 계층을 구현하는 또 다른 방법은 태스크가 트리에서 위에 있는 태스크에 질의를 할 수 있도록 하는 것이다. 이 질의는 칠판을 제공할 수 있는 `BlackboardManager` 태스크에 도달할 때까지 재귀적으로 트리를 올라간다. 이 방법은 태스크의 run 메서드의 원래 매개 변수 없는 API를 유지하지만, 추가로 코드 복잡성을 더한다.

어떤 개발자는 완전히 다른 방법을 사용한다. 어떤 기업 내in-house 기술은 스케줄링 시스템에 이미 실행할 약간의 코드와 데이터를 전달하는 메커니즘을 갖는다. 이 시스템들은 행동 트리를 위해 칠판 데이터를 제공하도록 목적이 변경될 수 있다. 그러면 게임 엔진에 장착된 데이터 디버깅 툴에 자동으로 액세스할 수 있게 된다. 이 경우 두 가지 방법을 구현하는 것은 노력의 낭비다.

어떤 방법으로 구현하든지 칠판 데이터는 어떤 복잡도의 트리에서도 부분 간 통신을 가능하게 해준다. 동시성에 관한 위의 절에서 한 태스크가 다른 것을 호출하는 짝을 가졌다. 이 간단한 방법은 더 풍부한 데이터 교환 메커니즘이 없을 때는 쓸 만하다. 그러나 행동 트리 태스크가 전체 칠판에 액세스하도록 한다면 그 방법은 사용돼서는 안 된다.

이 경우 메서드를 호출하기보다는 칠판을 읽고 쓰는 것으로 통신하는 것이 더 좋다. 모든 태스크가 칠판을 사용해 동일한 방식으로 통신하게 되면, 기존 데이터를 새로운 방식으로 사용하는 새로운 태스크 작성이 가능하므로 기능 확장을 더 빨리 할 수 있다.

5.4.6 트리 재사용

5.4.6절의 마지막 부분에서는 행동 트리가 처음에 어떻게 만들어지는지, 여러 캐릭터에 어떻게 재사용하는지, 여러 문맥에서 어떻게 서브-트리를 여러 번 사용할 수 있는지에 대해 상세히 살펴볼 것이다. 이것들은 개별적이지만 고려해야 할 중요한 요소다. 관련된 해결책을 하나씩 살펴보자.

트리를 인스턴스화하기

혹시 객체지향^{object-oriented} 프로그래밍을 배웠다면 어떤 것의 인스턴스와 클래스의 이분법에 대해 알 것이다. 우리에게 탄산 음료 기계의 클래스가 있을 수 있지만 사무실 로비에 있는 특정 탄산 음료 기계는 그 클래스의 인스턴스다. 클래스는 추상적 개념이고, 인스턴스는 구체적 실체다. 이것은 많은 상황에 적용된다. 그러나 전부는 아니다. 특히 게임 개발에서는 2개가 아닌 3개의 추상화 수준을 때때로 보게 된다. 지금까지 5장에서 이 구별을 무시했었다. 그러나 행동 트리를 안정적으로 인스턴스화하고 재사용하려면 이제 여기에도 손대야 한다.

첫 번째 단계로서 의사 코드에서 정의했던 클래스를 가진다. 클래스들은 어떤 태스크를 성취하기 위한 추상적인 아이디어를 표현한다. 예를 들어 애니메이션 재생을 위한 태스크나 캐릭터가 공격 범위에 있는지 검사하는 조건을 가질 수 있다.

두 번째 단계로서 행동 트리에 배치된 클래스의 인스턴스가 있다. 지금까지 본 예제는 트리의 특정 부분에 있는 태스크 클래스의 인스턴스로 구성된다. 그림 5.29의 행동 트리 예제에서 두 Hit 태스크를 볼 수 있다. 이것들은 Hit 클래스의 두 인스턴스다. 각 인스턴스는 PlayAnimation 태스크는 어떤 애니메이션을 재생할지, EnemyNear 조건은 주어진 반경 등 매개 변수를 가진다.

세 번째 단계로서 행동 트리는 행동들의 집합을 정의하는 방법이다. 그러나 그 행동들은 같은 시간이나 다른 시간에 게임에서 여러 캐릭터에게 속할 수 있다. 특정 시간에 특정 캐릭터에 대해 행동 트리가 인스턴스화돼야 한다.

이 세 단계의 추상화는 대부분의 일반적인 클래스 기반 언어에 대응되지 않는다. 그리고 이것을 깔끔하게 하려면 뭔가를 더 해야 한다. 다음과 같은 방법이 있다.

1. 3개 이상의 추상화 층을 지원하는 언어 사용
2. 캐릭터에 대한 트리를 인스턴스화할 때 복제 작업 사용
3. 중간 층의 추상화에 중간 형식을 만들기
4. 로컬 상태를 유지하지 않고 개별의 상태 객체를 사용하는 행동 트리를 사용

첫 번째 방법은 아마도 실용적이지 않을 텐데, 클래스를 사용하지 않는 객체지향^{OO, Object Orientation} 방법이 있다. 그것은 프로토타입^{protype} 기반 객체지향이라고 불리고, 어떤 수의 추상화 층도 지원한다. 클래스 기반 OO보다 확실히 더 강력하지만 프로토타입 기반은 훨씬 나중

에 발견됐고, 개발자들의 의식에 자리 잡기에는 어려운 시간이 있었다. 이것을 지원하는 유일하게 널리 퍼진 언어는 자바스크립트^{JavaScript}다. [5]

두 번째 방법은 구현하기와 이해하기에 가장 쉽다. 이 방법의 아이디어는 두 번째 추상화 층에서 정의한 개별 태스크 클래스로부터 행동 트리를 만드는 것이다. 그러면 그 행동 트리를 '원형^{archetype}' 또는 프리팹^{prefab}으로 사용한다. 이것을 안전한 장소에 보관하고 어떤 행동도 거기에 실행시키지 않는다. 그 행동 트리의 인스턴스가 필요할 때마다 원형의 복사본을 사용한다. 이 방법으로 트리의 모든 구성을 얻지만 우리 소유의 복사본을 얻는다. 이를 얻는 하나의 방법은 자신의 복사본을 만드는 복제 메서드를 각각의 태스크가 갖게 하는 것이다. 그러면 트리의 최상위 태스크가 자신을 복제하도록 요구하고 재귀적으로 복사본을 만들게 할 수 있다. 이것은 매우 단순한 API를 선사하지만 메모리 파편화 문제를 야기할 수 있다. 일부 언어에서는 '깊은 복사$^{deep-copy}$' 기능이 내부 기능으로 제공돼 보다 간편하게 알고리듬을 구현할 수 있다.

세 번째 방법은 행동 트리의 명세가 데이터 형식으로 저장돼 있을 때 유용하다. 이것은 일반적으로 사용되는 방법이다. AI 작성자는 행동 트리에 어떤 노드가 있고 어떤 특성을 가져야 하는지에 대한 데이터 구조를 출력하는 편집 툴을 사용한다. 트리에 대해 이 명세를 가진다면 원형으로 전체 트리를 갖고 있을 필요가 없다. 단지 명세를 저장하고 인스턴스가 필요할 때마다 인스턴스를 만들어 낸다. 여기서 시스템의 유일한 클래스는 원조 태스크 클래스다. 그리고 유일한 인스턴스는 최종 행동 트리다. 사용자가 정의한 데이터 형식을 갖춘 중간 층을 만들고 필요에 따라 인스턴스화된다. 상용 게임 엔진 Unity가 프리팹을 인스턴스화하기 위해 사용하는 방식이 이와 동일하나. 실세로 프리팹은 XML로 저장된다.

네 번째 방법은 다소 구현하기 복잡하지만 몇몇 개발자에 의해 알려진 방법이다. 이 방법의 아이디어는 특정 캐릭터를 위한 태스크에 쓰이는 어떤 상태도 저장하지 않는 태스크를 작성하는 것이다. 그것들은 중간 수준의 추상화에서 어떤 데이터도 저장할 수 있다(항상 모든 캐릭터에 같은 것, 그러나 그 행동 트리에 특징적인 것). 예를 들어 Composite 노드는 그것이 관리하는 자식의

---

5 자바스크립트에서 프로토타입 기반 객체지향에 대한 역사는 그다지 아름답지만은 않다. 클래스 기반 객체지향에 익숙한 프로그래머들이 적응하기에 어려울 수 있으며 인터넷에서 조금만 관련 내용을 살펴보면 자바스크립트의 객체지향 모델이 얼마나 잘못됐는지 설명하는 많은 글이 있다. 이는 자바스크립트 평판에 상당한 영향을 미쳤고 결과적으로 최근의 자바스크립트 명세서에는 클래스 기반 모델을 추가했다. 물론 이러한 클래스들은 프로토타입을 위한 구문적 설탕(syntactic sugar)(보통 현업에서는 '구문적 설탕'이라고 하지 않고 영어 발음 그대로 사용한다. – 옮긴이)일 뿐이며 뭔가 다른 것처럼 보이게 만든다. 결과적으로 프로그래머들은 언어의 가장 강력하고, 유연한 측면 중 하나를 낭비하게 됐다.

리스트를 저장할 수 있다(실행 시간에 자식이 동적으로 추가되거나 제거되지 않도록 하는 한). 하지만 Parallel 노드는 현재 실행되고 있는 자식을 추적할 수 없다. 현재의 활성 자식 리스트는 시간 마다 캐릭터마다 다르게 될 것이다. 이 데이터들은 어딘가에 저장돼야 한다. 그렇지 않으면 행동 트리가 작동하지 않는다. 따라서 이 방법은 칠판과 유사한 별개의 데이터 구조를 사용한다. 그리고 모든 캐릭터에 특정적인 데이터가 거기에 저장될 것을 요구한다. 이 방법은 두 번째 추상화 층을 인스턴스로 취급하고 세 번째 추상화 층을 표현하기 위해 새 종류의 데이터 구조를 추가한다. 그것은 가장 효율적이지만 많은 기록 작업이 필요하다.

물론 이 세 계층 문제는 행동 트리에만 있는 것은 아니다. 기저 클래스가 나중에 구성되고 구성이 인스턴스화될 때에는 항상 일어나는 문제다. 게임 요소의 구성을 비프로그래머에게 허용하는 것은 큰 규모의 게임 개발에 매우 흔해서(데이터에 의한 개발이라고 보통 불림) 이 문제는 계속 일어난다. 따라서 어떤 게임 엔진이든 이미 이 상황에 대처하기 위한 툴을 갖고 있고, 위에서 개괄한 방법들은 학문적으로만 가치가 있게 된다. 여러분은 엔진이 제공하는 것을 사용하게 될 것이지만 프로젝트에서 이 문제에 가장 처음 봉착한 사람이라면, 옵션들을 고려하고 다른 사람에게도 이용될 수 있는 시스템을 만드는 것에 시간을 들일 가치가 있다.

전체 트리의 재사용

적절한 행동 트리를 인스턴스화하는 메커니즘으로 많은 캐릭터가 같은 행동을 사용할 수 있는 시스템을 만들 수 있다.

개발 중에 AI 작성자들은 게임을 위한 행동 트리를 만들고 각각에 고유한 이름을 부여한다. 그러면 언제든 이름으로 트리를 찾기 위해 팩토리 함수가 질의를 받을 수 있다.

일반적인 적 캐릭터의 정의를 할 수 있다.

```
1   Enemy Character (goon):
2       model = "enemy34.model"
3       texture = "enemy34-urban.tex"
4       weapon = pistol-4
5       behavior = goon-behavior
```

새로운 폭력배[goon]을 만들 때 게임은 새로운 폭력배 행동 트리를 요청한다. 복제 기법을 사용하면 다음과 같은 코드를 갖는다.

```
1   function createBehaviorTree(type: string) -> Task:
2       archetype = behaviorTreeLibrary[type]
3       return archetype.clone()
```

성가신 코드는 명백히 아니다. 이 예제에서 행동 트리 라이브러리가 필요할 모든 행동 트리의 원형으로 채워질 것으로 가정했다. 이것은 해당 레벨에서 필요한 트리만 로드해 원형으로 인스턴스화하기 위해 보통 레벨의 로딩 때 이뤄진다.

서브-트리의 재사용

행동 라이브러리가 있을 때 그것을 캐릭터를 위해 전체 트리를 만드는 것 이상으로 사용할 수 있다. 여러 문맥에서 사용하도록 이름 있는 서브-트리를 저장하기 위해 사용할 수도 있다. 그림 5.37의 예제를 보자.

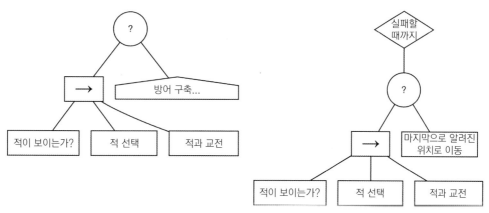

그림 5.37 캐릭터에 걸친 공통의 서브-트리들

이것은 별개의 두 행동 트리를 보여 준다. 각각은 적과 교전하도록 고안된 서브-트리를 가짐에 주목하라. 수십 종류의 캐릭터를 위한 수십 개의 행동 트리를 가진다면 이 서브-트리들을 지정하고 복제하는 것은 너무나 낭비적일 것이다. 그것들을 재사용하면 좋을 것이다. 재사용함으로써 나중에 따라갈 수 있고 버그를 고치거나 더 복잡한 기능을 추가하고 게임의 모든 캐릭터가 즉시 업데이트를 받게 할 수 있다.

행동 트리 라이브러리에 부분의 서브-트리를 저장할 수 있다. 모든 트리가 단일 루트 태스크를 갖고, 모든 태스크가 같게 보이기 때문에 라이브러리에 저장하는 것이 서브-트리인지 전체 트리인지는 상관없다. 서브−트리에 추가된 복잡성은 라이브러리에서 그것을 꺼내는 방법과 전체 트리에 임베드하는 방법이다.

가장 간단한 해결책은 행동 트리의 새 인스턴스를 만들 때 이 찾아보기^{lookup}를 하는 것이다. 찾아보기를 하기 위해서는 라이브러리에서 이름 있는 서브−트리를 찾게 하는 새로운 '참조^{reference}' 태스크를 행동 트리에 추가한다. 이 태스크는 절대 실행되지 않는다. 단지 인스턴스화 메커니즘에 또 다른 서브−트리를 이 지점에 삽입하기 위해 존재한다.

다음과 같이 재귀적 복제를 사용하면 간단하게 구현할 수 있다.

```
1   class SubtreeReference extends Task:
2       # 우리가 참조하는 서브-트리
3       referenceName: string
4
5       function run() -> bool:
6           throw Error("This task isn't meant to be run!")
7
8       function clone() -> Task:
9           return createBehaviorTree(referenceName)
```

이 접근법에서 원형 행동 트리는 참조 노드들을 가지며 전체 트리를 인스턴스화할 때 라이브러리에 의해 만들어진 서브−트리의 복사본으로 교체된다.

행동 트리가 만들어질 때 캐릭터가 사용하기 위해 서브−트리가 인스턴스화됨을 주목하자. 메모리가 제한된 플랫폼이나 수천 AI 캐릭터를 가진 게임에서는 필요하게 될 때까지 서브−트리 만드는 것을 연기하는 것이 좋다. 큰 행동 트리의 부분이 잘 쓰이지 않는 경우 메모리를 절약하는 것이다. 행동 트리가 많은 특수 경우(예를 들어 특정한 흔하지 않은 무기를 쓰는 방법이나 플레이어가 영리하게 매복하는 경우)의 분기를 가질 때에 특히 메모리를 절약한다. 매우 특징적인 이 서브−트리들은 메모리를 낭비하며 모든 캐릭터에 대해 만들어질 필요가 없다. 대신 드문 상황이 일어나면 필요에 따라 만들어질 수 있다.

데코레이터를 사용해 메모리를 절약할 수 있다. 데코레이터가 처음 시작할 때 단 한 번만 child를 만든다.

```
1   class SubtreeLookupDecorator extends Decorator:
2       subtreeName: string
```

```
 3
 4    function run() -> bool:
 5      if child == null:
 6        child = createBehaviorTree(subtreeName)
 7        return child.run()
```

행동 트리를 가능한 작게 유지하려면 자식이 사용된 후 메모리에서 삭제해야 한다.

방금 본 기법으로 게임에서 많은 캐릭터에 재사용될 수 있는 전체 트리와 특정 요소를 가진 종합적인 행동 트리를 만드는 도구를 얻었다. 작성할 수 있는 수십 개의 태스크와 행동뿐만 아니라 행동 트리로 할 수 있는 것은 더 많다. 행동 트리는 확실히 흥미로운 기술이다. 그러나 모든 문제를 풀지는 못한다.

5.4.7 행동 트리의 한계

행동 트리가 처음 알려졌을 때는 그다지 관심을 받지 못했지만 지난 10년간 인기 있는 게임 엔진의(예를 들어 언리얼 엔진과 같은) 도구 지원을 받음으로써 게임 AI의 핵심 기술이 됐다. 어떤 사람들은 이것을 게임 AI에서 생기는 거의 모든 문제에 대한 해결책이라고 보지만 약간 조심할 필요는 있다. 이런 유행은 엎치락뒤치락하는데 행동 트리의 장단점을 이해하는 것은 매우 중요하다.

우리는 이미 행동 트리의 주요 한계를 봤다. 행동 트리는 앞에서 본 상태 기반 행동을 표현하는 데는 어색하다. 만일 캐릭터가 액션의 성공 또는 실패에 따른 행동의 타입 간에 전이한다면(아무것도 하지 못한다면 캐릭터가 이상해질 때) 행동 트리는 잘 작동한다. 그러나 캐릭터가 외부 사건에 반응해야 하면 훨씬 어렵다(순찰을 인터럽트해 숨거나 경보를 울리는 예). 또는 탄약이 다 떨어져가는 것 같을 때 전략을 바꿔야 하는 캐릭터보다는 훨씬 번거로워진다. 행동 트리로 이 행동들이 구현될 수 없다고 주장하는 것이 아니고 그렇게 하는 것이 성가시다는 것을 주목하라.

행동 트리는 상태의 용어를 사용해 생각하고 고안하기 더 어렵기 때문에 행동 트리에만 의존하는 AI는 이 종류의 행동을 피하는 경향이 있다. 아티스트나 레벨 디자이너가 만든 행동 트리를 보면 캐릭터의 눈에 띄는 기질 변화나 경보 행동을 피하는 경향이 있다. 이것은 조금 안타깝다. 왜냐하면 이 방법은 아주 간단하면서도 AI의 수준을 올릴 수 있기 때문이다.

물론 하이브리드 시스템을 만들 수 있다. 여기에서 캐릭터는 여러 행동 트리를 갖고 현재 어떤 행동 트리를 실행시키는지 결정하는 상태 기계를 사용한다. 위에서 본 행동 트리 라이브러리 기법을 사용해서 두 방법 모두의 장점을 얻는다. 불행하게도 AI 작성자와 툴체인^{toolchain} 개발자에게 상당한 추가석 심을 요구한다. 왜냐하면 두 종류(상태 기계와 행동 트리) 모두 지원해야 하기 때문이다.

다른 방법은 상태 기계처럼 행동하는 행동 트리에 태스크를 만드는 것이다(중요한 사건을 감지하고 또 다른 서브-트리를 시작하기 위해 현재 서브-트리를 중지시키는 것). 하지만 작성 난이도가 높아지는데, AI 작성자가 이 상대적으로 복잡한 태스크에 매개 변수를 붙이는 시스템을 만들어야 하기 때문이다.

행동 트리는 게임 AI에 있어서 중요한 성과이고, 개발자들은 여전히 몇 년간 행동 트리의 잠재력을 탐험하고 있을 것이다. 개발자들이 예술의 경지를 추구하는 한, 각각의 방법으로 그것을 시험하기 때문에 이 한계를 피하는 가장 좋은 방법에 대한 강한 합의점은 없을 것이다.

5.5 퍼지 로직

지금까지 다룬 결정은 짧고 명료했다. 조건과 결정은 참이나 거짓이었고, 그것을 가르는 선에 대해서는 의문을 제기하지 않았다. 퍼지 로직$^{fuzzy\ logic}$은 회색 지대에 대처하기 위해 고안된 수학적 기법이다.

위험한 환경을 통과하는 캐릭터 AI를 작성한다고 상상해 보자. 유한 상태 기계 방법으로는 두 가지 상태, 즉 '주의'와 '자신만만' 중 한 가지를 고를 수 있다. 캐릭터가 주의하고 있으면 천천히 위험을 주시하며 살금살금 움직일 것이다. 하지만 캐릭터가 자신감에 충만해 있다면 보통 걸을 때와 같이 일반적으로 걷게 될 것이다. 캐릭터가 레벨을 통과함에 따라 이것은 두 상태 간 전환을 할 것이다. 캐릭터가 점점 용감해진다고 생각할 수 있겠지만 살금살금 움직이던 것을 갑자기 멈추고 아무 일도 없었던 것처럼 걸어가지 않는 한 이것을 알아차리기 힘들다.

퍼지 로직은 주의와 자신만만의 경계를 흐리게 해서 자신감 수준의 전체 스펙트럼을 준다. 퍼지 로직으로 '주의할 때 천천히 걷는다'와 같은 결정을 계속 내릴 수 있지만, '천천히'와 '주의해'는 모두 얼마간의 정도를 포함할 수 있다.

5.5.1 주의 사항

퍼지 로직은 게임 업계에서 상대적으로 보급이 많이 돼 있고 여러 게임에서 사용된다. 그 이유로 이 책에 퍼지 로직에 대한 것을 포함하기로 했다. 그러나 퍼지 로직은 타당한 이유를 갖고 주류 AI 학계에서는 대체로 평판이 좋지 않다는 점을 알 필요가 있다.

더 자세한 정보에 대해서는 러셀Russel과 노르빅Norvig[54]를 읽어 보자. 하지만 실무적인 요점은 어떤 불확실성을 표현할 때는 확률을 사용하는 것이 항상 더 좋다는 것이다. 다시 말해 어떤 베팅 게임을 하더라도 확률 이론에 기반하지 않은 플레이어는 결국 돈을 잃는다는 것이 오래 전에 증명됐다. 그 이유는 확률 이론뿐만 아니라 다른 불확실성에 관한 다른 이론의 결점을 상대방이 이용할 수 있기 때문이다.

퍼지 로직이 널리 퍼지게 된 부분적 이유는 확률 기법을 사용하는 것은 느릴 것이라는 인식 때문이다. 베이즈 망Bayes net과 다른 그래픽 모델링 기법으로 인해 그러한 인식은 더 이상 문제가 아니다. 이 책에서는 베이즈 망만 다루지 않고 마르코프Markov 시스템과 같은 다른 연관된 방법을 살펴볼 것이다.

5.5.2 퍼지 로직의 소개

5.5.2절은 5장의 기법을 이해하는 데 필요한 퍼지 로직의 개괄을 담고 있다. 퍼지 로직은 많은 사소한 기능과 함께 그 자체로 큰 주제다. 이 이론의 모든 흥미롭고 유용한 점을 다루기에는 공간이 부족하다. 넓은 기반을 갖고자 하면 이 주제에 관해 널리 사용되는 버클리Buckley와 에슬라미Eslami[7]를 추천한다.

퍼지 집합

전통적인 논리에서 '술어'의 개념을 사용한다. 이것은 어떤 것의 특성이나 설명이다. 캐릭터는 예를 들어 배고플 수 있다. 이 경우 '배고프다'는 술어다. 그리고 모든 캐릭터는 술어를 갖거나 갖지 않거나 둘 중 하나다. 마찬가지로, 캐릭터는 다쳤을 수 있다. 얼마나 다쳤는지에 대한 것은 없다(각 캐릭터는 술어를 가졌는지 아닌지만 가능하다).

이 술어들을 집합으로 볼 수 있다. 술어가 적용되는 모든 것은 집합에 있는 것이고 그렇지 않으면 집합 밖에 있는 것이다.

이 집합들은 전통적인 집합^{classical set}이라고 불린다. 그리고 전통적인 논리는 완전히 집합의 용어로 공식화될 수 있다.

퍼지 로직은 술어에 값을 부여해 술어의 개념을 확장시킨다. 따라서 캐릭터는, 예를 들어 0.5만큼 다칠 수 있고 0.9만큼 배고플 수 있다. 다침 값 0.7의 캐릭터는 0.3의 캐릭터보다 더 다친 것이다. 집합에 속하거나 속하지 않기보다 모든 것이 부분적으로 집합에 속할 수 있고, 어떤 것은 다른 것보다 더 속한다고 할 수 있다.

퍼지 로직의 용어로 이 집합은 퍼지 집합^{fuzzy set}이라고 불리고, 숫자 값은 속함 정도^{degree of membership}라고 불린다. 따라서 배고픔 값 0.9의 캐릭터는 0.9 속함 정도의 배고픔 집합에 속한다고 할 수 있다.

각각의 집합에서 속함 정도 1은 퍼지 집합에 완전히 속함을 나타낸다. 그것은 전통적 집합의 구성과 동치다. 마찬가지로, 0 값은 퍼지 집합에 완전히 속하지 않음을 나타낸다. 아래에서 논리의 법칙을 볼 때 집합 구성이 0이나 1일 때 전통적 논리가 통함을 볼 수 있을 것이다.

이론적으로는 속함의 정도를 나타낼 때 어떤 범위도 사용할 수 있다. 일관되게 이 책에서 0에서 1 사이의 값을 속함 정도로 사용할 것이다. 이것은 대부분의 퍼지 로직 문헌과 공통이다. 그러나 퍼지 로직을 구현할 때 부동 소수점보다 빠르고 정확하기 때문에 정수(예를 들어 0에서 255)를 사용하는 것은 꽤 흔하다.

어떤 값을 사용하더라도 퍼지 로직을 벗어나선 의미가 없다. 흔하게 하는 실수가 있는데 값을 확률이나 비율로 해석하는 것이다. 때때로 그렇게 보는 것은 도움이 된다. 하지만 퍼지 로직 기법을 적용하는 것은 확률 기법을 적용하는 것과는 거의 같지 않고 혼란스러울 것이다.

여러 집합에 속하기

어떤 것도 동시에 여러 집합의 구성원이 될 수 있다. 예를 들어 캐릭터는 배고프고 다쳐 있을 수 있다. 이것은 전통적 집합과 퍼지 집합에서 동일하다.

종종 전통적 로직에서 상호 배제적인 술어의 집합이 있다. 예를 들어 캐릭터는 다치고 건강할 수는 없다. 퍼지 로직에서는 더 이상 그렇지 않다. 캐릭터는 다쳐 있고 건강할 수 있고, 키가 크고 작을 수 있고, 자신만만하고 호기심 있을 수 있다. 캐릭터는 단순히 각 집합에 대해 다른 속함 정도를 가질 수 있다(예: 0.5 다치고 0.5 건강).

상호 배제의 퍼지 동치는 속함 정도의 합이 1이어야 한다는 것이다. 따라서 다침과 건강의 집합이 상호 배제적이라면 0.4 다치고 0.7 건강한 것은 올바르지 않다. 마찬가지로, 3개(자신만만, 호기심, 놀람)의 상호 배제적 집합을 가질 경우 캐릭터가 0.2 자신만만하고 0.4 호기심이 있다면 0.4 만큼 놀랄 것이다.

퍼지 결정의 구현이 이것을 강제하게 하는 것은 흔치 않다. 대부분의 구현은 속함 집합의 합이 거의 1이 되도록 하는 퍼지화 메서드(다음 절을 보라)에 의존해 속함 값의 어떤 집합도 허용한다. 실제로는 약간 떨어진 값이 결과에 차이를 거의 만들지 못한다.

퍼지화

퍼지 로직은 퍼지 집합의 속함 정도에만 적용된다. 이것은 대부분의 게임이 데이터를 저장하는 형식이 아니므로 어떤 변환이 필요하다. 일반 데이터를 속함 정도로 바꾸는 것은 퍼지화 fuzzification라고 불린다. 반대로 하는 것은 당연히 역퍼지화defuzzification라고 한다.

수치 퍼지화

가장 흔한 퍼지화 기법은 숫자 값을 하나 이상의 퍼지 집합의 속함으로 바꾸는 것이다. 게임에서의 캐릭터는, 예를 들어 체력의 숫자를 가질 수 있다. 이것은 '건강'과 '다침'의 퍼지 집합의 속함으로 변경하기를 원하는 것이다.

이것은 속함 함수로 이룰 수 있다. 각각의 퍼지 집합에서 함수는 입력 값(이 경우 체력)을 속함 정도로 대응시킨다. 그림 5.38은 두 속함 함수를 보여 준다. 하나는 '건강' 집합, 하나는 '다침' 집합에 대한 것이다.

이 함수들의 집합으로부터 속함 값을 판독할 수 있다. 두 캐릭터가 표시됐는데 캐릭터 A는 0.8 건강, 0.2 다침이고 캐릭터 B는 0.3 건강, 0.7 다침이다. 이 경우 속함 함수의 출력 값이 항상 합이 1이 되도록 했음을 주목하라.

같은 입력 값에 의존하는 속함 함수의 개수에 제한이 없다. 그리고 그것들의 합은 1이 아니어도 된다. 하지만 대부분의 경우에 그렇게 하는 것이 편리하다.

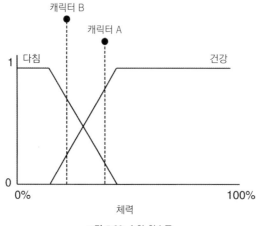

그림 5.38 속함 함수들

다른 데이터 타입의 퍼지화

게임 문맥에서 종종 부울 값과 열거형을 퍼지화할 필요가 있다. 가장 흔한 방법은 각 집합에 미리 정해진 속함 값을 정하는 것이다.

캐릭터는 강력한 무기를 들고 있는지 표시하는 부울 값을 가질 수 있다. 속함 함수는 참과 거짓에 대해 저장된 값을 갖는다. 그리고 적절한 값이 선택된다. 퍼지 집합이 직접 부울 값에 대응한다면(예를 들어 퍼지 집합은 '강력한 무기 소유'라면) 속함 값은 0과 1일 것이다.

같은 구조가 열거 값에도 적용된다. 여기에서는 3개 이상의 옵션이 있다. 가능한 값은 각각 미리 정해진 속함 값을 갖는다. 쿵푸 게임을 예를 들면 캐릭터는 기량을 표시하는 벨트 집합 중에 하나를 갖는다. '무서운 파이터' 퍼지 집합에서 속함 정도를 알아내려면 그림 5.39의 속함 함수가 사용될 수 있다.

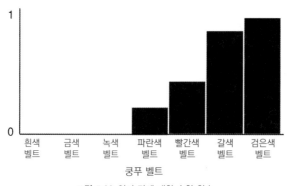

그림 5.39 열거 값에 대한 속함 함수

역퍼지화

필요한 퍼지 로직을 적용한 후에 퍼지 집합에 대한 속함 값의 집합이 남는다. 이것을 유용한 데이터로 전환하려면 역퍼지화defuzzification 기법이 필요하다.

앞에서 본 퍼지화 기법은 꽤 명백하고 거의 모든 곳에 있다. 이에 상응하는 명확한 역퍼지화 방법은 없다. 여러 가능한 역퍼지화 기법이 있는데 어떤 것이 최상인지에 대한 합의는 없다. 모두 비슷한 기본 구조를 갖지만, 효율성과 결과의 안정성 면에서 다르다.

역퍼지화는 속함 값의 집합을 단일 출력 값으로 변환한다. 출력 값은 거의 항상 숫자다. 그것은 출력 값에 대한 속함 함수의 집합을 갖는 것에 의존한다. 우리는 퍼지화 방법을 역으로 하고자 한다. 즉 우리가 아는 속함 값을 내는 출력 값을 찾는 것이다.

이것이 직접 가능한 경우는 드물다. 그림 5.40에서 속함 값 0.2, 0.4, 0.7이 각각 '기어가기', '걷기', '뛰기'의 퍼지 집합에 해당한다.

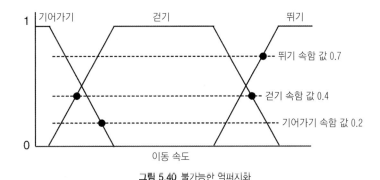

그림 5.40 불가능한 역퍼지화

속함 함수들은 퍼지화 시스템에 입력했을 때 속함 값들을 얻을 수 있는 이동 속도에 대한 어떤 값을 얻는 것이 불가능하다는 것을 보여 준다. 하지만 가능한 한 근사치를 얻고자 하며 각각의 방법들은 문제에 대해 다른 방식으로 접근한다.[6]

역퍼지화 방법을 기술하는 용어에 혼란이 있음에 유의할 필요가 있다. 같은 이름으로 다른 알고리듬을 기술하는 것을 종종 볼 것이다. 속함 정도에 진정한 의미가 없다는 것은 다르지만 비

---

6 예를 들어 속함 함수 세 가지(기어가기, 걷기, 뛰기)가 있고 이동 속도(v라 하자)를 퍼지화시키면 기어가기 x, 걷기 y, 뛰기 z와 같은 값들을 얻는다. 이때 x, y, z를 역퍼지화해 v를 얻을 수 있는 과정을 이야기하는 것이며 이것은 그림 5.40에서는 1:1 대응은 불가능하다는 것이다. – 옮긴이

슷한 방법이 종종 동일하게 유용한 결과를 생성해 혼란과 다양한 접근법을 초래한다는 것을 의미한다.

가장 높은 속함을 사용하기

단순하게 가장 큰 속함 정도를 갖는 퍼지 집합을 선택하고 그것에 기반한 출력 값을 선택할 수 있다. 위의 예제에서 '달림' 속함 값은 0.7이어서 달리는 것을 대표하는 속도를 선택할 수 있다.

흔히 선택되는 4개의 점, 즉 함수가 1을 반환하는 최솟값(집합의 속함으로 1을 내는 가장 작은 값), 최댓값(같은 방법으로 계산), 이 둘의 평균, 함수의 이등분이 있다. 함수의 이등분은 속함 함수의 곡선 아래 부분을 적분해 계산되고 이 영역을 이등분하는 점을 선택하는 것이다. 그림 5.41은 하나의 속함 함수에 대해 다른 방법과 함께 이것을 보여 준다.

적분 과정이 시간을 소모하지만 오프라인으로 한번에 수행될 수 있다. 결괏값은 항상 그 집합에 대한 대표 점으로 사용된다.

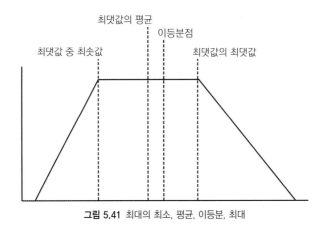

그림 5.41 최대의 최소, 평균, 이등분, 최대

그림 5.41은 예제에 대해 네 가지 값 모두를 보여 준다.

이것은 매우 빠른 기법이고 구현하기가 간단하다. 불행하게도 매우 조악한 역퍼지화를 제공할 뿐이다. 속함 값 0 기어가기, 0 걷기, 1 달리기의 캐릭터는 0.33 기어가기, 0.33 걷기, 0.34 달리기의 캐릭터와 똑같은 속도로 달릴 것이다.

속함에 기반해 섞기

이 한계를 넘는 간단한 방법은 대응하는 속함 정도에 기반한 각 특징 점을 섞는 것이다. 따라서 0 기어가기, 0 걷기, 1 달리기 캐릭터는 달리기 집합의 특징 속도(위에서 본 방법 중의 하나로 계산됨: 최소, 최대, 이등분 또는 평균)를 사용할 것이다. 0.33 기어가기, 0.33 걷기, 0.34 달리기 캐릭터는 (0.33 * 특징 기어가기 속도) + (0.33 * 특징 걷기 속도) + (0.34 * 특징 달리기 속도)의 속도를 갖는다.

유일한 단서 조항은 곱셈 계수가 평준화되도록 하는 것이다. 0.6 기어가기, 0.6 걷기, 0.7 달리기의 캐릭터를 가질 수 있다. 단순히 속함 값에 특정 점을 곱하는 것은 출력 속도를 달리기보다 빠르게 만들 것이다.

최솟값이 섞일 때 결과 역퍼지화는 종종 최대의 최소법 또는 최대의 왼쪽^{LM, Left of Maximum}이라고 불린다. 마찬가지로, 최대의 섞임은 최대의 최대(이것도 가끔 LM!) 또는 최대의 오른쪽이라고 불린다. 평균 값의 섞임은 최대의 평균^{MoM, Mean of Maximum}이라고 할 수 있다.

불행하게도 어떤 문헌은 역퍼지화에 하나의 속함 함수만 갖는 것을 기반으로 한다. 이 문헌에서는 섞이지 않은 형태를 표현하기 위해 사용되는 같은 메서드 이름을 발견할 것이다. 역퍼지화 방법에 대한 용어는 종종 추측해서 알아맞히기의 문제다. 실제로 잘 작동하는 것을 찾으면 그것들이 어떻게 불리는지는 중요하지 않다.

무게 중심

이 기법은 면적의 중심이라고도 불린다. 이 방법은 최댓값이 아니라 모든 속함 값을 고려한다.

첫째로, 각 속함 함수는 그것의 대응하는 집합에 대한 속함 값에서 잘린다. 따라서 캐릭터가 달리기 속함이 0.4이면, 속함 함수는 0.4 위에서 잘린다. 이것은 그림 5.42에 하나의 함수와 전체 함수에 대해 나타나 있다.

잘린 영역의 무게 중심은 각각을 차례로 적분해 찾는다. 이 점은 출력 값으로 쓰인다. 무게 중심 점은 그림에 레이블이 붙었다.

이 방법을 사용하는 것은 시간을 소모한다. 영역의 이등분 방법과 다르게 적분을 오프라인에서 할 수는 없다. 왜냐하면 각 함수가 어떤 수준에서 잘릴지 미리 알 수 없기 때문이다. 결과 적분(속함 함수가 알려진 적분을 갖지 않는다면 종종 수치적)은 시간을 소모할 수 있다.

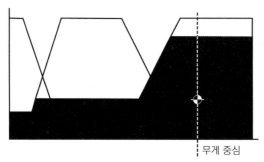

무게 중심

그림 5.42 잘린 속함 함수와 잘린 모든 속함 함수

이 무게 중심 방법이 종종 사용되지만 이것은 IEEE^Institute of Electrical and Electronics Engineers의 퍼지 컨트롤에서 같은 이름으로 된 방법과는 다름을 지적할 필요가 있다. IEEE 버전은 무게 중심을 계산하기 전에 각 함수를 잘라내지 않는다. 결과 점은 따라서 각 속함 함수에 상수이며 우리의 분류에서 혼합 점 기법에 속한다.

역퍼지화 방법을 선택하기

비록 무게 중심 방법이 많은 퍼지 로직 애플리케이션에서 선호되지만, 구현하기에 꽤 복잡하고 새로운 속함 함수를 추가하기는 어렵다. 혼합 점 방법으로 나오는 결과는 종종 적당히 좋고 계산이 빠르다.

그것은 속함 함수를 사용할 필요를 없애 구현 속도를 개선한다. 각 함수의 대표 점을 계산하는 대신에 단순히 값을 지정할 수 있다. 그러면 이 값들은 보통의 방법으로 섞일 수 있다. 예제에서 기어가기 속도는 초당 0.2미터, 걷기는 초당 1미터, 달리기는 초당 3미터라고 지정할 수 있다. 그러면 역퍼지화는 단순히 평준화된 속함 정도에 기반한 이 값들의 가중 합이다.

부울 값으로 역퍼지화

부울 출력으로 도달하기 위해 단일 퍼지 집합과 자름 값을 사용한다. 집합의 속함 정도가 자름 값보다 작으면 출력은 거짓으로 간주되며 그렇지 않으면 참으로 간주된다.

여러 퍼지 집합이 결정에 기여할 필요가 있으면 대개 퍼지 룰(아래 참고)을 사용해 단일 집합으로 결합된다. 그러면 이것은 부울 출력을 하도록 역퍼지화될 수 있다.

열거 값으로 역퍼지화

열거 값을 역퍼지화하는 방법은 그것이 연속돼 있는지 독립적 카테고리인지에 따라 다르다.

앞의 쿵푸 벨트 예제는 연속을 형성한다. 벨트들은 증가하는 기량에 따른 순서가 있다. 반면에 열거 값 집합은 수행할 다른 액션을 표현할 수도 있다(캐릭터는 먹을지, 잘지, 영화를 볼지 결정할 수 있다). 이것들은 순서로 쉽게 나타낼 수 없다.

순서를 정할 수 있는 열거는 대개 숫자 값으로 역퍼지화된다. 각 열거 값은 겹치지 않는 수의 범위에 대응한다. 역퍼지화는 다른 숫자 출력과 똑같이 수행되고, 그러면 추가의 단계가 출력을 적합한 범위에 놓아 열거 옵션 중의 하나로 변환시킨다. 그림 5.43은 이것이 쿵푸 예제(역퍼지화 결과는 '기량' 값을 낳는다. 이것은 적합한 벨트 색깔로 변환된다)에 대해 돌아가는 것을 보여 준다.

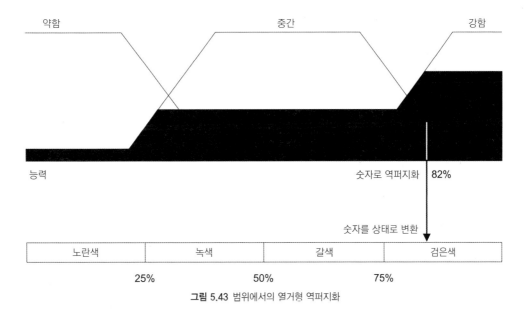

그림 5.43 범위에서의 열거형 역퍼지화

순서가 정해질 수 없는 열거는 보통 퍼지 집합이 가능한 각 옵션에 대응하도록 해 역퍼지화한다. '먹기', '자기', '영화 보기'에 대해 각각 퍼지 집합이 있을 수 있다. 가장 큰 속함 값을 가진 집합이 선택되고, 그것에 대응하는 열거 값이 출력이다.

사실들을 결합하기

퍼지 집합과 그것의 속함, 퍼지 로직에서 데이터를 가져오는 방법을 다뤄서 이제 로직 자체를 살펴볼 수 있다. 퍼지 로직은 전통적 로직과 비슷하다. 논리 연산자(AND, OR, NOT 같은)는 복잡한 사실들의 참 여부를 이해하기 위해 간단한 사실들의 참 여부를 결합하는 데 쓰인다. 2개의 사실 '비가 온다'와 '춥다'를 안다면 '비가 오고 춥다'도 참인 것을 안다.

전통적 논리와는 다르게 이제 각 간단한 사실은 참이나 거짓이 아니고 수치 값이다(그것의 대응하는 퍼지 집합의 속함 정도). 부분적으로 비가 올 수 있다(속함 0.5). 그리고 약간 추울 수 있다(속함 0.2). '비가 오고 춥다'와 같은 복합 문장의 참 값을 처리할 수 있어야 한다.

전통적 로직에서 진리표$^{truth\ table}$를 사용한다. 이것은 구성원의 가능한 참 값에 따라 복합 문장의 참 값이 무엇인지 알려 준다. 따라서 AND는 다음과 같이 표시된다.

A	B	A AND B
거짓	거짓	거짓
거짓	참	거짓
참	거짓	거짓
참	참	참

퍼지 로직에서 각 연산자는 각각의 입력의 참 정도에 기반해 참 정도를 계산하는 수치적 룰을 갖는다. AND에 대한 퍼지 룰은 다음과 같다.

$$m_{(A\ \text{AND}\ B)} = \min(m_A, m_B)$$

여기서 m_A는 집합 A의 속함 정도(즉 A의 참 값)이다. 약속한 대로 전통적 논리에 대한 진리표는 0을 거짓으로, 1을 참으로 사용할 때 이 룰에 대응한다.

A	B	A AND B
0	0	0
0	1	0
1	0	0
1	1	1

대응하는 OR에 대한 룰은 다음과 같다.

$$m_{(A\ \text{OR}\ B)} = \max(m_A, m_B)$$

그리고 NOT에 대한 것은 다음과 같다.

$$m_{(\text{NOT}\ A)} = 1 - m_A$$

전통적 로직과 마찬가지로, NOT 연산자는 단일 사실에만 연관되고, AND와 OR는 2개의 사실에 연관된다.

전통적 로직에 있는 같은 대응이 퍼지 로직에도 사용된다. 따라서 다음과 같다.

$$A \text{ OR } B = \text{NOT}(\text{NOT } A \text{ AND NOT } B)$$

이 대응을 사용해 퍼지 로직 연산자에 대한 다음의 표를 얻는다.

식	동치	퍼지 식
NOT A		$1-m_A$
A AND B		$\min(m_A, m_B)$
A OR B		$\max(m_A, m_B)$
A XOR B	NOT(B) AND A OR NOT(A) AND B	$\max(\min(m_A, 1-m_B), \min(1-m_A, m_B))$
A NOR B	NOT(A OR B)	$1-\max(m_A, m_B)$
A NAND B	NOT(A AND B)	$1-\min(m_A, m_B)$

이 정의들은 가장 일반적인 것이다. 어떤 연구자는 AND와 OR에 대해 다른 정의를 사용할 것을 제안했다. 따라서 다른 연산자에 대해서도 이 정의들을 사용하는 것은 상당히 안전하다. 다른 정의 식들은 거의 항상 사용될 때 명시적이다.

퍼지 룰

필요한 마지막 퍼지 로직의 요소는 퍼지 룰의 개념이다. 퍼지 룰은 다른 퍼지 집합에 대한 새로운 속함 값을 생성하기 위해 어떤 퍼지 집합의 알려진 속함에 관계된다. 예를 들어 '코너에 가깝고 빨리 움직이고 있으면 감속해야 한다'라고 말할 수 있다.

이 룰은 두 입력 집합, 즉 '코너에 가깝다'와 '빨리 움직인다'에 관계된다. 그것은 세 번째 집합 '감속해야 한다'의 속함 정도를 결정한다. 위의 AND 정의를 사용해 이것을 알 수 있다.

$$m_{\text{감속해야 한다}} = \min(m_{\text{코너에 가깝다}}, m_{\text{빨리 움직인다}})$$

'코너에 가깝다'가 속함 0.6이고 '빨리 움직인다'가 속함 0.9인 것을 알면 '감속해야 한다'의 속함이 0.6이라는 것을 안다.

5.5.3 퍼지 로직 의사결정

의사결정을 하기 위해 퍼지 로직으로 할 수 있는 것이 많이 있다. 전통적인 로직인 AND, NOT, OR을 갖는 어떤 시스템에도 그것을 사용할 수 있다. 그것은 상태 기계에서의 전이가 발포돼야 하는지 결정하기 위해 사용될 수 있다. 5장의 뒤에서 논의되는 룰 기반 시스템의 룰에도 사용될 수 있다.

5.5.3절에서는 퍼지 로직 AND 연산자를 수반하는 룰만 사용하는 의사결정 구조들에 대해 살펴볼 것이다.

알고리듬은 이름이 없다. 개발자들은 그것을 단순히 '퍼지 로직'이라고 부른다. 그것은 퍼지 로직의 부분 영역인 퍼지 컨트롤에서 따왔고 대개 입력 집합에 기반해 액션을 취하는 공업용 컨트롤러를 만드는 데 쓰인다.

어떤 학구적인 사람은 그것을 퍼지 상태 기계라고 부른다. 이것은 다음 절에서 볼 다른 알고리듬에 더 많이 쓰이는 이름이다. 예상한 대로 이 알고리듬들에 대한 명명법이 다소 퍼지하다고 말할 수 있다.

문제

많은 문제에서 액션의 집합이 수행될 수 있다. 하지만 어떤 것이 최고인지 항상 명확하지는 않다. 종종 극단이 부르기는 매우 쉽지만 가운데에 회색 영역이 있다. 액션 집합이 온/오프가 아니고 어떤 정도로 적용될 수 있을 때 특히 솔루션을 고안하기 어렵다.

차를 운전하는 위의 예제를 보자. 차에 사용 가능한 액션들은 조종과 속도 조절(가속과 감속)을 포함한다. 둘 다 어떤 정도로 행해질 수 있다. 멈추기 위해 빠르게 감속하거나 속도를 약간 줄이기 위해 브레이크를 살짝 건드릴 수 있다.

차가 급 커브로 고속으로 진입하고 있다면 감속해야 한다는 것이 명확하다. 차가 코너를 빠져나와 직진 도로가 펼쳐지면 가속 페달을 바닥까지 밟고 싶다. 이 극단들은 명확하다. 하지만 정확히 언제 브레이크를 밟고 얼마나 세게 페달을 밟을지는 훌륭한 드라이버와 평범한 사람을 가르는 회색 영역이다.

여태 사용한 의사결정 기법은 이런 상황에서 별 도움이 안 된다. 예를 들어 올바른 시간에 브레이크를 거는 데 도움을 주도록 의사결정 트리나 유한 상태 기계를 만들 수 있다. 그러나 그 것은 할지 안 할지를 처리할 뿐이다.

퍼지 로직 의사결정 작성자는 이 회색 영역을 표현하도록 해야 한다. 극단적 상황에 대처할 수 있는 퍼지 룰을 사용할 수 있다. 이 룰들은 어떤 상황에서도 어떤 액션이 최상인지에 대한 이 치에 맞는(최적은 아닐지라도) 결론을 생성해야 한다.

알고리듬

의사결정 작성자는 어떤 수의 입력도 가질 수 있다. 이것들은 수치적, 열거적 또는 부울 값일 수 있다.

각 입력은 앞에 설명된 속함 함수를 사용해 퍼지 상태에 매핑된다.

어떤 구현은 속함 정도의 합이 1이 되도록 입력이 2개 이상의 퍼지 상태로 분리될 것을 요구 한다. 다시 말해, 상태 집합은 입력에 대해 모든 가능한 상태를 표현해야 한다는 것이다. 5.5.3절 뒤에서 이 속성이 어떻게 최적화하게 해주는지 볼 것이다. 그림 5.44는 세 입력 값을 가진 예제를 보여 준다. 첫 번째와 두 번째는 대응하는 2개의 상태를 갖고, 세 번째는 3개의 상태를 갖는다.

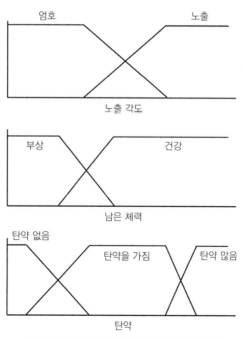

그림 5.44 퍼지 의사결정에서 상태로의 배타적 매핑

따라서 새로운 입력의 집합은 많은 상태로 매핑된다. 이것은 상호 배제적인 그룹으로 배열될 수 있다.

이 입력 상태들에 추가적으로 출력 상태들의 집합도 있다. 이 출력 상태들은 일반적인 퍼지 상태이며 캐릭터가 취할 수 있는 가능한 액션들을 표현한다.

입력과 출력을 연결하는 것은 퍼지 룰의 집합이다. 대개 룰은 이 구조를 갖는다.

```
IF input 1 state AND . . . AND input n state THEN output state
```

예를 들어 그림 5.44의 세 입력을 사용해 이런 룰을 가질 수 있다.

```
IF chasing AND corner-entry AND going-fast THEN brake
IF leading AND mid-corner AND going-slow THEN accelerate
```

룰은 구조화돼 룰의 각 절은 각각 다른 새 입력으로부터의 상태다. 절은 항상 퍼지 AND로 결합된다. 예제에서 항상 세 절이 있다. 왜냐하면 세 새로운 입력이 있기 때문이고 각 절은 각 입력으로부터의 상태 중 하나를 나타내기 때문이다.

완전한 룰 집합을 갖는 것이 공통 요구 사항이다(각 입력으로부터의 상태 조합 각각 하나씩). 예제에서는 18($2 \times 3 \times 3$) 개의 룰을 만든다.

출력을 만들기 위해 각 룰을 다니며 출력 상태에 대한 속함 정도를 계산한다. 이것은 단순히 그 룰의 입력 상태에 대한 최소(AND로 결합되기 때문) 속함 정도를 취하는 것이다. 출력에 대한 최종 속함 정도는 적용 가능한 룰의 최대 출력이 될 것이다.

예를 들어 앞 예제의 크게 단순화된 버전에서 2개의 입력이 있다(코너 위치와 속도). 각각은 2개의 가능한 상태를 가진다. 룰 블록은 다음과 같다.

```
IF corner-entry AND going-fast THEN brake
IF corner-exit AND going-fast THEN accelerate
IF corner-entry AND going-slow THEN accelerate
IF corner-exit AND going-slow THEN accelerate
```

다음의 속함 정도를 갖게 된다.

$$Corner\text{-}entry = 0.1$$
$$Corner\text{-}exit = 0.9$$
$$Going\text{-}fast = 0.4$$
$$Going\text{-}slow = 0.6$$

그러면 각 룰의 결과는 다음과 같다.

$$Brake = \min(0.1, 0.4) = 0.1$$
$$Accelerate = \min(0.9, 0.4) = 0.4$$
$$Accelerate = \min(0.1, 0.6) = 0.1$$
$$Accelerate = \min(0.9, 0.6) = 0.6$$

따라서 최종 브레이크 값은 0.1이고, 최종 가속은 각각의 룰에서 최대이므로 0.6이다.

아래의 의사 코드는 지름길을 포함한다. 이 말은 모든 룰에 대해 모든 값을 계산할 필요가 없다는 것을 의미한다. 두 번째 가속 룰을 보면, 예를 들어 가속 출력이 최고 0.4라는 것을 알 수 있다(첫 번째 가속 룰의 결과). 0.1 값을 보자마자 이 룰이 0.1 초과의 출력을 갖지 않을 것임을 알게 된다(최소를 취하기 때문에). 이미 0.4 값인 상황에서 현재 룰은 가속에 대해 최댓값일 수는 없다. 따라서 이 룰을 처리하는 것을 멈출 수 있다.

출력 상태에 대해 올바른 속함 정도를 생성하고 나서 무엇을 할지 결정하기 위해 역퍼지화를 수행할 수 있다. 예제에서는 얼마나 세게 가속이나 감속 페달을 밟을지를 나타내는 수치 값을 출력할 수 있다(이 경우 적당한 가속).

▎룰 구조

위에서 사용한 룰 구조에 대해 명확히 할 필요가 있다. 이것은 출력 상태의 속함 정도를 효율적으로 계산하게 하는 구조다. 룰은 단순히 상태의 리스트로 저장될 수 있다. 그리고 그것은 항상 같은 방법으로 다뤄진다. 왜냐하면 같은 크기이기 때문이다(입력 변수당 하나의 절). 그리고 그것의 절은 항상 AND로 결합된다.

나는 퍼지 로직 자체에 기본적인 것처럼 이 구조를 보여 주는 여러 잘못된 논문, 문서, 강연들을 봤다. 퍼지 연산의 어떤 종류(AND, OR, NOT 등)나 어떤 수의 절을 룰 구조에 사용해도 잘못된 것은 없다. 많은 수의 입력을 가진 매우 복잡한 의사결정에서는 일반적인 퍼지 로직 룰을 파싱하는 것이 빠를 수 있다.

한 입력에 대한 퍼지 상태의 집합이 모든 가능한 상태를 대표하고 모든 가능한 룰 조합이 주어진다는(블록 포맷block format 룰이라고 부른다) 제약으로 시스템은 깔끔한 수학적 속성을 갖는다. 임의의 퍼지 연산자로 결합된 임의의 수의 절을 사용한 일반적인 룰은 블록 포맷 룰의 집합으로 표현될 수 있다.

이것을 보는 데 어려움이 있다면 AND된 룰의 완전한 집합으로 어떤 진리표도 나타낼 수 있다는 것을 보라(시도해 보자). 임의의 일관된 룰 집합은 고유한 진리표를 갖고, 블록 포맷 룰을 사용해 이것을 직접 모델링할 수 있다.

이론적으로는 임의의 (충돌하지 않는) 룰 집합은 우리의 포맷으로 변환될 수 있다. 비록 이 목적의 변환이 있지만 기존 룰 집합을 변환하는 데만 실용적으로 유용하다. 게임을 만들 때는 필요한 포맷으로 룰을 인코딩하기 시작하는 것이 더 좋다.

의사 코드

퍼지 의사결정자는 다음처럼 구현될 수 있다.

```
1  function fuzzyDecisionMaker(inputs: any[],
2                              membershipFns: MembershipFunction[][],
3                              rules: FuzzyRule[]) -> float[]:
4
5      # 각각의 입력 상태와 출력 상태의 속함 정도를 저장
6      inputDom: float[] = []
7      outputDom: float[] = [0,0,...,0]
8
9      # 입력을 상태 값으로 변환
10     for i in 0..len(inputs):
11         # 입력 값을 얻음
12         input = inputs[i]
13
14         # 이 입력에 대한 속함 함수를 얻음
15         membershipFnList = membershipFns[i]
16
17         # Go through each membership function
18         for membershipFn in membershipFnList:
19             # 입력을 속함 정도로 변환
20             inputDom[membershipFn.stateId]=
21                 membershipFn.dom(input)
22
```

```
23          # 각 룰을 순회
24          for rule in rules:
25              # 현재 결과 상태에 대한 출력 속함 정도를 얻음
26              best = outputDom[rule.conclusionStateId]
27
28              # 현재까지 본 최소의 inputDom을 저장
29              min = 1
30
31              # 룰의 인풋 안의 각 상태를 순회
32              for state in rule.inputStateIds:
33                  # 이 상태의 속함 정도를 얻음
34                  dom = inputDom[state]
35
36                  # 여태까지의 최고 결과보다 작으면 탈출해도 된다.
37                  # 왜냐하면 비록 이 룰에서 가장 작지만 결과는
38                  # 전체에서 최고가 아닐 것이기 때문이다.
39                  if dom < best:
40                      break continue # 즉 다음 룰로 간다.
41
42                  # 지금까지의 최소 속함 정도인지 체크
43                  if dom < min:
44                      min = dom
45
46              # min은 이제 입력의 최소 속함 정도를 갖는다.
47              # 그리고 위에서 멈추지 않았으므로, 그것은 현재 최대보다
48              # 크다는 것을 안다. 따라서 현재의 최대에 기록한다.
49              outputDom[rule.conclusionStateId] = min
50
51          # 속함 정도의 출력 상태를 반환
52          return outputDom
```

이 함수는 입력으로 입력 변수 집합, 속함 함수 리스트들의 리스트와 룰의 리스트를 받는다.

속함 함수는 리스트의 각 함수가 같은 입력 변수를 처리하는 리스트로 정리된다. 이 리스트들은 입력 변수당 하나의 원소를 가진 전체 리스트로 결합된다. inputs와 membershipFns 리스트는 따라서 같은 수의 원소를 갖는다.

자료 구조 및 인터페이스

다음 형식으로 속함 함수를 구조체로 다뤘었다.

```
1   class MembershipFunction:
2       stateId: int
3       function dom(input: any) -> float
```

여기서 stateId는 함수가 속함 정도를 계산하는 퍼지 상태의 고유한 정수 식별자다. 속함 함수가 0-기반 식별자 집합을 정의한다면 대응하는 속함 함수는 단순히 배열에 저장될 수 있다.

룰도 위의 코드에서 구조체로 행동할 수 있고 다음 형식을 갖는다.

```
1   class FuzzyRule:
2       inputStateIds: int[]
3       conclusionStateId: int
```

여기서 inputStateIds는 룰의 좌변 상태를 위한 식별자의 리스트다. 그리고 conclusionStateId는 룰의 우변 상태를 위한 정수 식별자다.

conclusionStateId는 새로 생성된 속함 함수가 배열에 기록되는 것에도 사용된다. 입력과 출력 상태에 대한 id 번호는 둘 다 0에서 시작하고 연속이어야 한다(즉 입력 0과 출력 0, 입력 1과 출력 1 등). 그것들은 2개의 별도 배열을 향하는 색인으로 다뤄진다.

구현 노트

위에 제시된 코드는 종종 PC의 SSE 확장이나 (털 이득을 보는) PS2의 벡터 유닛 같은 SIMD Single Instruction Multiple Data 하드웨어를 위해 구현될 수 있다. 이 경우 제시된 코드는 제거될 것이며 이렇게 분기가 많은 알고리듬은 병렬화하는 데 적합하지 않다.

실제 구현에서는 매번 속함 함수를 통하는 것보다는 프레임 간 똑같이 유지되는 입력 값에 대한 속함 정도를 유지하는 것이 보통이다.

룰 블록은 크지만 예측 가능하다. 모든 가능한 조합이 주어지기 때문에 입력 상태 id를 저장할 필요가 없도록 룰에 순서를 매길 수 있다. 결론을 포함하는 단일 배열이 사용될 수 있다. 이것은 각 가능한 입력 상태 조합에 대해 오프셋으로 색인화된다.

성능

이 알고리듬의 공간 복잡도는 $O(n + m)$이며 n은 입력 상태의 개수이고 m은 출력 상태의 개수다. 그것은 단순히 각각의 속함 정도를 저장한다.

452

알고리듬 자체 바깥에서는 룰이 저장돼야 한다. 이것은 메모리를

$$O\left(\prod_{k=0}^{i} n_k\right)$$

만큼 필요로 한다. 여기에서 n_i는 입력 변수당 상태의 수이고, i는 입력 변수의 수이다. 따라서

$$n = \sum_{k=0}^{1} n_k$$

알고리듬의 시간 복잡도는

$$O\left(i \prod_{k=0}^{i} n_k\right)$$

이다.

$$\prod_{k=0}^{i} n_k$$

개의 룰이 있다. 그리고 각각은 i개의 절을 갖는다. 각 절은 알고리듬에서 평가돼야 한다.

단점

이 방법의 압도적인 단점은 확장성의 부재다. 작은 수의 입력 변수와 작은 수의 변수당 상태 수에는 잘 작동한다. 각각 5개의 상태를 가진 10개의 입력 변수 시스템을 처리하려면 거의 1,000만 개의 룰이 필요하다. 이것을 작성하는 것은 어느 누구라도 능력 밖일 것이다.

이 종류의 더 큰 시스템에 대해서는 작은 수의 일반적인 퍼지 룰을 사용하거나, 룰을 만들 때 Combs 방법을 사용할 수 있다. 여기서 룰의 개수는 입력 상태의 개수만큼 선형적으로 증가한다.

Combs 방법

Combs 방법은 전통적 로직의 간단한 결과에 의존한다.

```
(a AND b) ENTAILS c
```

위의 형식을 다음과 같이 나타낼 수 있다.

```
(a ENTAILS c) OR (b ENTAILS c)
```

여기서 ENTAILS는 고유의 진리표를 갖는 부울 연산자다.

a	b	a ENTAILS b
true	true	true
true	false	false
false	true	true
false	false	false

연습으로 앞 두 논리 식에 대해 진리표를 작성하고 그것들이 같은지 점검해 볼 수 있다.

ENTAILS 연산자는 'IF a THEN b'와 동치다. 그것은 a가 참이면 b가 참이어야 한다는 것이다. a가 참이 아니면 b가 참인지 아닌지는 상관없다.

다음을 가정해 보자.

```
IF 내가 욕조에 있다 THEN 나는 젖었다.
```

따라서 내가 욕조에 있다면 젖을 것이다(물론 빈 욕조에 있는 가능성을 배제하면). 하지만 다른 많은 이유로도 젖을 수 있다(비를 맞아서, 샤워를 해서 등). 따라서 젖은 것이 참이고 욕조에 있는 것이 거짓이면 룰은 여전히 성립한다.

이것이 의미하는 것은

```
IF a AND b THEN c
```

를

```
(IF a THEN c) or (IF b THEN c)
```

로 쓸 수 있다는 것이다.

454

앞에서 룰의 결론은 서로 OR된다고 했다. 따라서 새 포맷 룰을 2개의 분리된 룰로 쪼갤 수 있다.

```
IF a THEN c
IF b THEN c
```

이 논의의 목적을 위해 이것을 Combs 형식이라고 부르겠다(비록 이것이 널리 쓰이는 용어는 아니지만).

같은 것이 더 큰 룰에도 적용된다.

```
IF a1 AND ... AND an THEN c
```

는

```
IF a1 THEN c
...
IF an THEN c
```

로 다시 쓸 수 있다.

따라서 모든 가능한 상태의 조합을 수반하는 룰에서 IF 절에 한 상태와 THEN 절에 한 상태를 갖는 단순한 룰의 집합으로 옮겨 왔다.

어떤 조합도 더 이상 갖지 않기 때문에 입력 상태만큼의 룰 수가 있을 것이다. 10개의 입력과 각각에 5개의 상태를 갖는 예제는 1,000만 개 대신 단지 50개의 룰을 만들 뿐이다.

룰이 이 형식으로 항상 분해될 수 있다면 왜 블록 포맷 룰을 다룰까? 지금까지는 하나의 룰을 분해하는 것을 봤고 문제를 감추고 있었다. 다음 룰의 쌍을 고려하자.

```
IF corner-entry AND going-fast THEN brake
IF corner-exit AND going-fast THEN accelerate
```

이것들은 4개의 룰로 분해된다.

```
IF corner-entry THEN brake
IF going-fast THEN brake
IF corner-exit THEN accelerate
IF going-fast THEN accelerate
```

이것은 일관되지 않은 룰의 집합이다. 동시에 브레이크와 가속을 할 수는 없다. 그래서 빨리 가고 있을 때 어떤 것을 해야 할까? 물론 정답은 코너에 있는지에 달려 있다.

따라서 하나의 룰이 분해될 수 있지만 하나 넘는 룰은 그렇지 않다. 블록 포맷 룰과는 다르게 Combs 포맷 룰을 사용해 임의의 진리표를 나타낼 수 없다. 이것 때문에 일반적인 룰 집합을 이 형식으로 전환convert할 수 있는 변환transformation이 없다. 특정 룰 집합이 Combs 포맷으로 변환될 수 있지만, 그것은 단순히 행복한 우연의 일치다.

Combs 방법은 대신에 무(無)에서 출발한다. 퍼지 로직 디자이너가 룰을 구성하고 Combs 포맷으로만 제한한다. 퍼지 로직 시스템의 전체 복잡도는 필연적으로 제한될 것이다. 그러나 룰을 다루기 쉬움은 더 쉽게 미세 조정할 수 있음을 의미한다.

블록 포맷은 다음과 같았다.

```
IF corner-entry AND going-fast THEN brake
IF corner-exit AND going-fast THEN accelerate
IF corner-entry AND going-slow THEN accelerate
IF corner-exit AND going-slow THEN accelerate
```

위 블록은 다음과 같이 표현될 수 있다.

```
IF corner-entry THEN brake
IF corner-exit THEN accelerate
IF going-fast THEN brake
IF going-slow THEN accelerate
```

다음의 입력으로,

$$Corner\text{-}entry = 0.1$$
$$Corner\text{-}exit = 0.9$$
$$Going\text{-}fast = 0.4$$
$$Going\text{-}slow = 0.6$$

블록 포맷 룰은 다음 결과를 준다.

$$Brake = 0.1$$
$$Accelerate = 0.6$$

반면에 Combs 방법은 결과가 다음과 같다.

$$Brake = 0.4$$
$$Accelerate = 0.9$$

두 결과의 집합 모두 역퍼지화될 때 모두 적당한 가속을 내놓는다.

Combs 방법은 퍼지 로직 시스템에서 놀랄 만큼 실용적이다. Combs 방법이 전통적인 로직(예를 들어 상태 전이용 조건을 만들 때)에 사용되면 구제 불능으로 제약적이 될 것이다. 하지만 퍼지 로직에서는 동시에 여러 퍼지 상태가 활성화될 수 있고, 이것은 그것이 다른 것과 상호 작용할 수 있다는 것을 의미한다(예를 들어 동시에 브레이크와 가속을 할 수 있다. 그러나 전체 속도 변화는 두 상태의 속함 정도에 달렸다). 이 상호 작용은 Combs 방법이 여전히 상태 간 상호 작용 효과를 만들 수 있는 룰을 만든다는 것을 의미하며 그 상호 작용들은 더 이상 룰에 명시적이지 않다.

5.5.4 퍼지 상태 기계

비록 개발자들이 퍼지 상태 기계에 대해 말을 하곤 하지만, 그들이 의미하는 것은 다를 때가 많다. 퍼지 상태 기계는 퍼지 요소를 갖는 어떤 상태 기계도 될 수 있다. 그것은 격발하기 위해 퍼지 로직을 사용하는 전이를 가질 수 있고, 전통적 상태 대신 퍼지 상태를 사용할 수도 있다. 심지어 둘 다 할 수도 있다.

비록 여러 방법을 봤지만 그중 어떤 것도 널리 퍼지지 않았다. 예제로 전이를 위해 트리거를 갖춘 퍼지 상태를 가진 간단한 상태 기계를 살펴볼 것이다.

문제

정규 상태 기계는 캐릭터가 명확하게 어떤 상태에 있을 때 적합하다. 앞서 봤듯이 회색 지대가 존재하는 많은 상황이 있다. 동시에 여러 상태에 캐릭터가 있을 수 있게 하면서 올바로 상태 전이를 다루는 상태 기계를 가질 수 있기를 원한다.

알고리듬

재래식의 상태 기계에서는 단일 값으로 현재 상태를 추적했다. 이제 얼마간의 속함 정도[DOM, Degree Of Membership]를 갖고 어떤 또는 모든 상태에 있을 수 있다. 각 상태는 따라서 고유의 DOM 값을 갖는다. 어떤 상태가 현재 활성인지 알아내려면(즉 0보다 큰 DOM을 갖는) 모든 상태를 단순히 순회할 수 있다. 대부분의 실용적 애플리케이션에서 상태들의 일부분만 한 시점에 활성화될 것이다. 따라서 모든 활성 상태의 리스트를 별개로 추적하는 것이 더 효율적이다.

상태 기계의 각 반복에서 모든 활성 상태에 속하는 전이들은 격발할 기회가 있다. 각 활성 상태의 첫 번째 전이가 발포된다. 이것은 여러 전이가 한 반복에서 일어날 수 있다는 것을 의미한다. 이것은 기계의 퍼지성을 유지하기 위해 필수적이다.

불행하게도 직렬 컴퓨터에서 상태 기계를 구현할 것이므로 전이는 동시에 일어날 수 없다. 모든 발포 전이를 캐시[cache]에 저장하고 그것들을 동시에 실행시킬 수 있다. 우리의 알고리듬에서는 간단한 과정을 사용할 것이다. DOM이 감소하는 순서로 각 상태에 속하는 전이를 발포할 것이다.

전이가 발포하면 어떤 수의 새 상태로도 전이할 수 있다. 전이 자체도 연관된 전이 정도를 갖는다. 목표 상태의 DOM은 현재 상태의 DOM과 전이 정도가 AND된 것으로 주어진다.

예를 들어 상태 A가 0.4 DOM이고 그것의 전이 중 하나인 T가 전이 정도 0.6으로 다른 상태 B로 이끈다. 이제 B의 DOM이 현재 0이라고 가정하자. 새 B의 DOM은 이렇게 될 것이다.

$$M_B = M_{(A \text{ AND } T)} = \min(0.4, 0.6) = 0.4$$

여기서 M_x는 전과 마찬가지로 집합 x의 DOM이다.

상태 B의 현재 DOM이 0이 아니면 새 값은 기존 값과 OR된다. 그것이 현재 0.3이라고 가정하자. 그러면 다음과 같다.

$$M'_B = M_{(B \text{ OR } (A \text{ AND } T))} = \max(0.3, 0.4) = 0.4$$

동시에 전이의 시작은 NOT T와 AND된다. 즉 시작 상태를 떠나지 않는 정도는 1 빼기 전이 정도로 주어진다. 예제에서는 전이 정도가 0.6이다. 이것은 전이의 0.6이 일어난다고 하는 것과 동치다. 따라서 전이의 0.4는 일어나지 않는다. 상태 A의 DOM은 다음과 같다.

$$M'_A = M_{(A\text{ AND NOT }T)} = \min(0.4, 1 - 0.6) = 0.4$$

이것을 명확한 논리로 변환한다면 일반 상태 기계 행동과 같다. 켜지는 시작 상태와 발포되는 전이가 AND된 것이 종료 상태가 켜지도록 만든다. 그러한 어떤 전이도 종료 상태를 켜지게 만들 것이므로 여러 가능한 원천이 있을 수 있다(즉 그것들은 OR된다). 마찬가지로, 전이가 발포됐을 때 시작 상태는 꺼진다. 왜냐하면 그 효과는 전이가 활성화를 수행시켰고 그것을 전달한 것이기 때문이다.

전이는 유한 상태 기계와 같은 방식으로 격발된다. 이 기능을 메서드 호출 뒤에 숨길 것이다. 따라서 필요하면 퍼지 로직을 수반한 테스트를 포함해 어떤 종류의 테스트도 수행될 수 있다.

필요한 유일한 다른 수정은 액션이 수행되는 방법이다. 퍼지 로직 시스템의 액션이 대개 역퍼지화된 값과 연관되고, 역퍼지화는 대개 둘 이상의 상태를 사용하므로 상태가 직접 액션을 요청하는 것은 이치에 맞지 않는다. 대신에 모든 액션 요청을 상태 기계 밖으로 분리하고 추가적으로 요구되는 액션을 결정하는 외부 역퍼지화 절차를 가정한다.

의사 코드

알고리듬은 앞에서 본 상태 기계보다 간단하다. 다음 방법으로 구현할 수 있다.

```
1   class FuzzyStateMachine:
2       # 현재 속함 정도와 함께 상태를 저장
3       class StateAndDOM:
4           state: int
5           dom: float
6
7       # DOM 값과 함께 초기 상태들을 저장
8       initialStates: StateAndDOM[]
9
10      # DOM 값과 함께 현재 상태들을 저장
11      currentStates = initialStates
12
13      # 전이를 체크하고 적용한다.
14      function update():
15          # 현재 상태들을 DOM 순서로 정렬한다.
16          statesInOrder = currentStates.sortByDecreasingDOM()
17
```

```
18          # 각 상태를 순회
19          for state in statesInOrder:
20
21              # 상태의 각 전이를 순회
22              for transition in currentState.getTransitions():
23
24                  # 격발을 체크
25                  if transition.isTriggered():
26                      # 전이의 전이 정도를 얻는다.
27                      dot = transition.getDot()
28
29                      # 전이를 얻었으므로 각 목표를 처리
30                      for endState in transition.getTargetStates():
31                          # 상태를 업데이트
32                          end = currentStates.get(endState)
33                          end.dom = max(end.dom,min(state.dom, dot))
34
35                          # 상태를 추가해야 하는지 체크
36                          if end.dom > 0
37                              and not end in currentStates:
38                                  currentStates.append(end)
39
40                      # 전이에서 현재 상태를 업데이트
41                      state.dom = min(state.dom, 1 - dot)
42
43                      # 시작 상태를 제거해야 하는지 체크
44                      if state.dom <= 0.0:
45                          currentStates.remove(state)
46
47                      # 이 활성 상태에 대해 더 이상 전이를 보지 않는다.
48                      break
```

자료 구조 및 인터페이스

CurrentStates 멤버는 StateAndDom 인스턴스의 리스트다. 일반 리스트 스타일 연산(즉 순회, 원소 삭제, 멤버인지 테스트, 원소 추가)뿐만 아니라 이 알고리듬에 특징적인 두 연산을 지원한다.

SortByDecreasingDOM 메서드는 DOM 값이 작아지는 순으로 정렬된 리스트의 복사본을 반환한다. 리스트의 StateAndDom 인스턴스의 어떤 것도 복사본을 만들지 않는다. 복사본이 필요한

데 왜냐하면 내용을 반복하는 동안 원본에 변경을 가할 것이기 때문이다. 이것은 무한 루프(이 알고리듬에서는 무한 루프가 없을 것이지만)와 같은 문제를 일으킬 수 있다. 좋은 프로그래밍 습관이 아니므로 최대한 피해야 한다.

get 메서드는 그것의 state 멤버의 StateAndDom 인스턴스를 찾는다.

그것은 따라서 다음 형식을 갖는다.

```
1   class StateAndDomList extends StateAndDom[]:
2       function get(state: int) -> StateAndDom
3       function sortByDecreasingDOM() -> StateAndDomList
```

여기서 베이스 클래스는 확장할 수 있는 배열을 다루는 어떤 데이터 구조라도 될 수 있다. 전이는 다음 형식을 갖는다.

```
1   class Transition:
2       function isTriggered() -> bool
3       function getTargetStates() -> int[]
4       function getDOT() -> float
```

isTriggered 메서드는 전이가 발포될 수 있으면 참을 반환하고, getTargetStates는 전이할 상태 리스트를 반환하고, getDOT는 전이 정도를 반환한다.

구현 노트

Transition 클래스의 isTriggered 메서드는 표준 상태 기계와 같은 방법으로 구현될 수 있다. 의사결정 트리를 포함해 5장의 앞부분에서 만든 기반 구조를 사용할 수 있다.

또한 전이를 결정하기 위해 퍼지 로직을 포함할 수 있다. 전이 정도는 이 퍼지 로직을 상태 기계에 노출하는 메커니즘을 제공한다.

예를 들어 isTriggered 메서드가 전이 조건이 DOM 0.5로 만족됐는지 결정하는 어떤 퍼지 로직을 사용한다고 가정하자. 그러면 전이 정도로 0.5를 노출할 수 있고 전이는 상태 기계에서 일반 액션의 절반 정도를 가질 것이다.

성능

알고리듬은 각 활성 상태를 위해 임시 저장소를 필요로 해 공간 복잡도는 $O(n)$이다. 여기서 n은 활성 상태(즉 DOM > 0인 것들)의 개수다.

알고리듬은 각 활성 상태에 대한 각 전이를 보아 시간 복잡도는 $O(nm)$이다. 여기서 m은 상태당 전이의 수다.

이전의 모든 의사결정 툴처럼 성능과 메모리 요구는 데이터 구조의 알고리듬이 시간과 메모리 둘 다 $O(1)$이 아닐 경우 쉽게 훨씬 커질 수 있다.

다중 전이 정도

목표 상태당 다른 전이 정도를 갖는 것이 가능하다. 목표 상태에 대한 속함 정도는 이전과 마찬가지 방법으로 계산된다.

시작 상태의 속함 정도는 더 복잡하다. 전과 마찬가지로, 현재 값을 취해서 전이 정도의 NOT 과 AND한다. 그러나 이 경우에는 여러 전이 정도가 있다. 단일 값을 구하려면 전이 정도의 최대를 취한다(즉 먼저 그것들을 OR한다).

예를 들어 다음 상태들을 갖고 있다고 하자.

$$\text{State A} = 0.5$$
$$\text{State B} = 0.6$$
$$\text{State C} = 0.4$$

그러면 다음 전이를 적용하면

$$A \longrightarrow B_{DOT=0.2} \text{ AND } C_{DOT=0.7}$$

다음을 얻는다.

$$\text{State B} = \max(0.6, \min(0.2, 0.5)) \qquad = 0.6$$
$$\text{State C} = \max(0.4, \min(0.7, 0.5)) \qquad = 0.5$$
$$\text{State A} = \min(0.5, 1 - \max(0.2, 0.7)) = 0.3$$

다시, 일반 로직의 용어로 이것을 풀면 유한 상태 기계의 행동과 대응된다.

다른 상태들로의 다른 전이 정도를 갖고 완전한 퍼지 전이 효과를 얻었다. 전이 정도는 한 상태에서 다른 것으로 완전히 전이하는 것 사이의 회색 영역을 나타낸다.

5.6 마르코프 시스템

퍼지 상태 기계는 동시에 여러 상태에 있을 수 있으며 각각은 연관된 속함 정도를 갖고 있다. 전체 집합에서 비례적으로 존재하는 것은 퍼지 로직 밖에서도 유용하다. 반면에 퍼지 로직은 속함 정도에 외부 의미를 할당하지 않는다(그것들은 유용한 양으로 역퍼지화돼야 한다). 상태에 대해 수치 값으로 직접 처리하는 것이 유용할 때가 있다.

우선순위 값 집합을 가질 수 있는데, 예를 들어 어떤 그룹의 캐릭터들이 습격의 선두에 설지 조종하는 것, 또는 단일 캐릭터가 레벨에서 각 저격 위치의 안전성을 수치 값으로 사용할 수도 있다.

이들 애플리케이션은 모두 동적 값에서 이득을 본다. 캐릭터가 다르거나 전투에서 체력이 변동하면 다른 전술 상황에 놓이게 된다. 저격 위치의 안정성은 적의 위치와 방벽이 파괴됐는지에 따라 달라질 수 있다.

이 상황은 정기적으로 일어난다. 그리고 상태 기계가 값을 조작하는 것과 비슷한 알고리듬을 만드는 것은 상대적으로 간단하다. 그러나 이 종류의 알고리듬이 어떻게 불리는지에 대한 합의는 없다. 대개 구현이 퍼지 로직을 사용하는지에 관계없이 퍼지 상태 기계라고 불린다. 이 책에서는 '퍼지 상태 기계fuzzy state machine' 용어를 퍼지 로직을 수반하는 알고리듬에만 붙일 것이다. 구현의 배후에 있는 수학은 마르코프 과정Markov process이다. 따라서 알고리듬을 마르코프 상태 기계라고 부를 것이다. 이 명명법은 널리 퍼지지 않았음을 염두에 두자.

상태 기계를 살피기 전에 마르코프 과정에 대해 간략히 소개하겠다.

5.6.1 마르코프 과정

수치 상태의 집합을 숫자의 벡터로 표현할 수 있다. 벡터에서의 각 위치는 단일 상태에 대응한다(예를 들어 단일 우선순위 값이나 특정 위치의 안전도). 그 벡터는 상태 벡터state vector라고 불린다.

벡터에 어떤 값이 오는지에 대한 제약은 없다. 어떤 수의 0도 올 수 있고, 전체 벡터의 합이 어떤 값도 될 수 있다. 애플리케이션은 허용되는 값에 고유의 제약을 둘 수 있다. 값이 분포를 나타낸다면(예를 들어 대륙의 각 영역에 어느 비율의 적 병력이 있는지) 그것들은 합이 1일 것이다. 수학에서의 마르코프 과정은 거의 항상 확률 변수의 분포와 관련이 있다. 따라서 많은 문헌은 상태 벡터의 합이 1이라고 가정한다.

전이 행렬의 액션에 따라 상태 백터 안의 값들이 변화한다. 1계$^{first\text{-}order}$ 마르코프 과정(우리가 고려할 유일한 것)은 새로운 상태 벡터를 이전 값으로부터 생성하는 단일 전이 행렬을 갖는다. 고계$^{higher\ order}$ 마르코프 과정도 이전 반복에서의 상태 벡터를 고려한다.

전이 행렬은 항상 정사각형이다. 행렬에서 (i, j)에 있는 원소는 신^{new} 벡터에서의 원소 j에 추가되는 구^{old} 상태 벡터에서의 원소 i의 비중을 나타낸다. 마르코프 과정의 한 반복은 상태 벡터를 전이 행렬로 일반적인 행렬 곱셈 법칙을 사용해 곱하는 것으로 구성된다. 결과는 원본과 같은 크기의 상태 벡터다. 신 상태 벡터의 각 원소는 구 벡터에서의 모든 원소가 기여하는 부분을 갖는다.

보수적 마르코프 과정

보수적 마르코프 과정은 상태 벡터 값들의 합이 시간에 따라 변하지 않음을 확실히 한다. 이것은 상태 벡터의 합이 항상 고정돼 있어야 하는(예를 들어 분포를 표현하거나 게임에서의 같은 객체의 수를 표현한다면) 애플리케이션에 필수적이다. 전이 행렬의 각 행이 합이 1이면 과정이 보수적인 것이다.

반복된 과정

상태 벡터에 같은 전이 행렬이 계속해서 반복해 적용되는 것이 일반적으로 가정된다. 상태 벡터에서의 최종, 안정적인 값들이 무엇인지 계산하는 기법들이 있다(존재한다면 그것은 행렬의 고유 벡터^{eigenvector}라고 불린다).

이 반복된 과정은 마르코프 체인$^{Markov\ chain}$을 형성한다.

그러나 게임 애플리케이션에서는 어떤 수의 전이 행렬이 있는 것도 흔하다. 다른 전이 행렬은 게임에서 다른 사건을 표현하고 적절하게 상태 벡터를 업데이트한다.

저격수 예제로 돌아와서, 저격 위치 네 지점의 안전도를 나타내는 상태 벡터를 가진다고 하자.

$$V = \begin{bmatrix} 1.0 \\ 0.5 \\ 1.0 \\ 1.5 \end{bmatrix}$$

이것은 합이 4.0이다.

첫 번째 위치에서 쏘는 것은 적에게 위치를 알리게 된다. 그 위치의 안전도는 감소할 것이다. 하지만 적이 공격의 방향에 집중하는 동안 다른 위치는 그에 따라서 더 안전하다. 이 경우를 나타내기 위해 전이 행렬을 사용할 수 있다.

$$M = \begin{bmatrix} 0.1 & 0.3 & 0.3 & 0.3 \\ 0.0 & 0.8 & 0.0 & 0.0 \\ 0.0 & 0.0 & 0.8 & 0.0 \\ 0.0 & 0.0 & 0.0 & 0.8 \end{bmatrix}$$

이것을 상태 벡터에 적용해 새로운 안전도 값을 얻는다.

$$V = \begin{bmatrix} 0.1 \\ 0.7 \\ 1.1 \\ 1.5 \end{bmatrix}$$

이것은 합이 3.4다.

따라서 총 안전도는 낮아졌다(4.0에서 3.4로). 저격 위치 1의 안전도는 크게 감소했다(1.0에서 0.1로). 하지만 다른 세 지점의 안전도는 약간 증가했다. 다른 저격 지점 각각에서 쏘는 것에 대한 비슷한 행렬이 있을 것이다.

각 행렬이 같은 형식을 갖는다면 전체 안전도는 계속 감소할 것임을 주목하라. 조금 후에는 어떤 곳도 안전하지 않을 것이다. 이것은 현실적이다(얼마 동안 저격당한 후에 적은 어느 곳도 안전하지 않다고 확신한다). 하지만 게임에서 우리는 발사가 없다면 안전도가 증가하기를 원한다. 다음과 같은 행렬을 만약 총 발사 없이 매 분이 지나가는 데 적용한다면 이것을 달성할 수 있다.

$$M = \begin{bmatrix} 1.0 & 0.1 & 0.1 & 0.1 \\ 0.1 & 1.0 & 0.1 & 0.1 \\ 0.1 & 0.1 & 1.0 & 0.1 \\ 0.1 & 0.1 & 0.1 & 1.0 \end{bmatrix}$$

알려진 확률 분포를 다루는 것이 아닌 한, 전이 행렬의 값은 손으로 만들어질 것이다. 원하는 효과를 내기 위해 값들을 튜닝하는 것은 어려울 수 있다. 그것은 상태 벡터에서 어떤 값이 쓰이는지에 의존한다. 내가 작업한 애플리케이션(조종 행동과 룰 기반 시스템에서의 우선순위와 관련)에서 최종 캐릭터의 행동은 값 범위에 꽤 민감하지 않았고 너무 어렵지 않았다.

수학과 과학에서의 마르코프 과정

수학에서 1계 마르코프 과정은 미래가 과거 말고 현재에만 의존하는 임의의 확률 과정이다. 그것은 시간에 따른 확률 분포의 변화를 모델링하는 데 쓰인다.

상태 벡터에서의 값들은 사건 집합의 확률들이다. 그리고 전이 행렬은 각 사건이 마지막 시행이 주어진 상황에서 다음 시행에 가질 확률을 결정한다. 상태는 하루의 날씨를 표현하는 맑음의 확률이거나 비의 확률일 수 있다. 초기 상태 벡터는 하루의 알려진 날씨를 표시한다(예를 들어 맑으면 [1 0]), 그리고 전이를 적용해 다음날이 맑을 확률을 결정할 수 있다. 전이를 반복해 적용함으로써 마르코프 체인을 가진다. 그리고 미래의 어느 시점에서도 날씨의 각 종류의 확률을 결정할 수 있다.

AI에서 마르코프 체인은 현재 상황에서 미래를 예측하는 것에서 더 흔하게 발견된다. 예를 들어 음성 인식을 위한 몇몇 기법의 기초가 된다. 여기서 비슷하게 들리는 단어의 모호성을 제거하기 위해 사용자가 다음에 무엇을 말할지 예측하는 것은 괜찮은 방법이다.

전이 행렬의 값을 계산하거나 근사해 마르코프 체인으로 학습을 하는 알고리듬도 있다. 음성 인식 예제에서는 마르코프 체인이 특정 사용자가 말하려고 하는 것을 더 잘 예측하기 위해 학습을 수행한다.

5.6.2 마르코프 상태 기계

마르코프 과정을 사용해 상태에 대한 수치 값을 사용하는 의사결정 도구를 만들 수 있다.

상태 기계는 상태 벡터 위에서 전이를 수행함으로써 게임에서의 조건이나 사건에 반응해야 한다. 얼마간 조건이나 사건이 일어나지 않으면 기본 전이가 일어날 수 있다.

알고리듬

상태 벡터를 간단한 숫자 리스트로 저장한다. 게임의 나머지 코드는 어떤 방법으로든 필요한 데 이 값들을 사용할 수 있다.

전이 집합을 저장한다. 전이는 격발 조건과 전이 행렬 집합으로 이뤄진다. 격발 조건은 정확히 정규 상태 기계와 같은 형식이다.

전이는 전체 상태 기계에 속하고 개별 상태에는 그렇지 않다.

각 반복에서 각 전이의 조건을 조사하고 어떤 것을 격발시킬지 결정한다. 그러면 격발하는 첫 번째 전이가 발포 요구를 받고 새 값을 내기 위해 전이 행렬을 상태 벡터에 적용한다.

▌기본 전이

다른 전이가 격발하지 않는 경우 잠시 후에 기본 전이가 일어나길 바란다. 시간에 의존하는 전이 조건을 구현함으로써 이것을 할 수 있다. 그러면 기본 전이는 단지 타이머가 카운트다운되면 격발하는 리스트의 또 다른 전이다. 그러나 전이는 상태 기계를 주시하고 있을 것이다. 그리고 또 다른 전이가 격발할 때마다 시계를 리셋시키는 것을 확실히 한다. 이것을 하기 위해 격발 상태에 대한 전이를 직접 요구할 수 있다(이것은 중복 노력이다). 또는 상태 기계는 메서드를 통해 그 정보를 노출시켜야 할 수도 있다.

상태 기계는 이미 전이가 격발하지 않는지를 알기 때문에 기본 전이를 특별 경우로 상태 기계에 가져오는 것이 더 흔하다. 상태 기계는 기본 타이머와 기본 전이 행렬을 가진다. 임의의 전이가 격발하면 타이머가 리셋된다. 전이가 격발하지 않으면 타이머가 감소한다. 타이머가 0이 되면 기본 전이 행렬이 상태 벡터에 적용되고 타이머는 다시 리셋된다.

전이가 일정 기간의 무활동inactivity 뒤에 일어나야 한다면 정규 상태 기계로도 이것이 가능하다는 것을 주목하라. 그러나 나는 수치적 상태 기계에서 더 많이 봤다.

▌액션

유한 상태 기계와 다르게, 우리는 특정 상태에 있지 않다. 따라서 상태가 캐릭터가 어떤 액션을 취할지를 직접 컨트롤할 수 없다. 유한 상태 기계 알고리듬에서 상태 클래스는 상태가 활성인 한 수행할 액션을 반환할 수 있다. 전이도 전이가 활성일 때 수행할 액션을 반환했다.

마르코프 상태 기계에서는 전이가 여전히 액션을 반환한다. 그러나 상태는 그렇지 않다. 어떤 방법으로 상태 벡터에서의 값을 사용하는 추가 코드가 있을 수 있다. 저격수 예제에서 최대 안전도 값을 단순히 취해서 그 위치에서 발사하도록 예정해 놓을 수 있다. 숫자가 어떻게 해석되든 개별 코드 조각이 값을 액션으로 변환하기 위해 필요하다.

의사 코드

마르코프 상태 기계는 다음과 같다.

```
1   class MarkovStateMachine:
2       # 상태 벡터
3       state: float[N]
4
5       # 기본 전이를 사용하기 전에 기다릴 기간
6       resetTime: int
7
8       # 기본 전이 행렬
9       defaultTransitionMatrix: float[N, N]
10
11      # 현재 카운트다운
12      currentTime: int = resetTime
13
14      # 전이의 리스트
15      transitions: MarkovTransition[]
16
17      function update() -> Action[]:
18          # 각 전이가 격발했는지 체크
19          triggeredTransition = null
20          for transition in transitions:
21              if transition.isTriggered():
22                  triggeredTransition = transition
23                  break
24
25          # 발포할 전이가 있는지 체크
26          if triggeredTransition:
27              # 타이머 리셋
28              currentTime = resetTime
29
30              # 행렬과 상태 벡터를 곱한다.
31              matrix = triggeredTransition.getMatrix()
```

```
32              state = matrix * state
33
34              # 격발된 전이의 액션 리스트를 반환한다.
35              return triggeredTransition.getAction()
36
37          else:
38              # 그렇지 않으면 타이머를 체크
39              currentTime -= 1
40
41              if currentTime <= 0:
42                  # 기본 전이를 실행
43                  state = state * defaultTransitionMatrix
44                  currentTime = reset Time
45
46              # 전이가 격발되지 않았기 때문에 액션을 반환하지 않는다.
47              return []
```

자료 구조 및 인터페이스

상태 기계에서의 전이 리스트는 다음 인터페이스로 인스턴스를 저장한다.

```
1   class MarkovTransition:
2       function isTriggered()
3       function getMatrix()
4       function getAction()
```

5.7 목표지향 행동

지금까지 반응하는 방법에 집중했다. 입력 집합이 캐릭터에 제공되며 행동은 적합한 액션을 선택한다. 욕구나 목표에 대한 구현은 없었다. 캐릭터는 단지 입력에 반응할 뿐이다.

물론 가장 단순한 의사결정 기법을 갖고도 캐릭터가 목표나 욕구가 있는 것처럼 보이게 할 수는 있다. 적을 죽이려는 욕구가 있는 캐릭터는 적을 사냥할 것이고, 적의 모습에 반응해 공격할 것이고, 적이 없다면 찾을 것이다. 같은 캐릭터는 살려는 명백한 욕구도 있을 것이다. 이 경우 낮은 체력이나 위험의 존재에 반응해 자신의 보호를 고려할 것이다. 기반 구조는 입력에 반응하는 것일 수 있다. 하지만 캐릭터는 그렇게 보일 필요는 없다.

내 경험으로는 이것이 AI 학계 사람들이 종종 게임 AI에 대해 근본적으로 잘못 이해하는 것이다. 게임 세계는 본질적으로 제한이 존재하며, 게임 기획자가 플레이어와의 상호 작용을 제어할 수 있기 때문에 간단한 기술로도 충분히 더 똑똑하게 만들 수 있다. 현실을 왜곡하는 행위가 나쁘지만은 않다. 왜냐하면 이것이 곧 우리의 작업 방식이기도 하며 플레이어들은 캐릭터를 제어하는 것이 무엇인지보다 캐릭터가 보기에 올바르게 동작하는지가 더 중요하기 때문이다.

앞서 설명한 것처럼 간단한 기술로도 게임 개발이 가능하지만, 캐릭터의 목표 찾기에 있어 더 유연한 여러 접근법이 존재한다. 특정 장르에 있어서는 이미 밝혀진 좋은 접근법이 있는데 바로 〈심즈〉[136]와 같은 시뮬레이션 게임에서 볼 수 있다.

여기에서 몇몇 캐릭터만 동시에 화면에 나타난다. 각각은 환경과 액션에 관련돼 시간에 따라 변하는 감정과 육체적 매개 변수의 범위를 갖는다. 캐릭터가 항상 독립적인 액션을 할 수 있음에도 플레이어는 종종 캐릭터의 액션을 직접 컨트롤할 수 있다.

〈심즈〉와 같은 게임에서 게임 전체에 대한 목표는 없다. 〈고스트 마스터Ghost Master〉[177] 같은 다른 타이틀에서는 명확한 목표가 있다(게이머는 여러 유령과 초자연적 힘을 사용해 거주자를 놀라게 해서 집 밖으로 쫓아내려고 한다).

이 게임에서는 넓은 범위의 액션들이 캐릭터에게 사용 가능하다. 액션은 주전자 끓이기, 소파에 앉기, 다른 캐릭터에게 말하기 등을 포함할 수 있다. 액션 자체는 미리 정해진 애니메이션으로 표현된다.

캐릭터는 적합한 액션을 선택함으로써 정서적, 육체적 상태를 나타낼 필요가 있다. 그들은 배고플 때 먹고, 피곤할 때 자고, 외로울 때 친구와 수다 떨고, 사랑이 필요할 때 안아야 한다. 우리는 단순히 캐릭터의 현재 정서적, 육체적 매개 변수에 기반해 사용 가능한 액션을 선택하는 의사결정 트리를 실행시킬 수 있다. 모든 캐릭터로부터 선택하는 글자 그대로 수백 개의 매개 변수화된 액션이 있다.

더 좋은 방법은 캐릭터에게 가능한 액션을 제공하고 캐릭터가 현재의 필요에 가장 부합하는 것을 선택하도록 하는 것이다.

이것은 명시적으로 캐릭터의 내부 목표를 만족시키는 것을 찾는 목표지향 행동$^{GOB, Goal-Oriented}$ ^{Behavior}이다. 이 책의 많은 알고리듬처럼 그 이름은 느슨하게 적용 가능하다. GOB는 다른 사람에게 다른 것을 의미할 수 있고, 종종 막연하게 임의의 목표 찾기 의사결정자나 여기에 있는 것과 비슷한 특정 알고리듬을 가리킨다. 우리는 그것을 일반적인 용어로 사용할 것이다.

5장에서는 매우 간단한 GOB 프레임워크와 효용^{utility} 기반 GOB 의사결정자를 볼 것이다. 목표를 달성하기 위해 액션의 시퀀스를 계획할 수 있는, 기본 GOB 시스템의 확장인 목표지향 액션 계획$^{GOAP, Goal-Oriented Action Planning}$도 볼 것이다.

5.7.1 목표지향 행동

목표지향 행동은 목표나 욕구를 고려하는 어떤 기법들도 포괄하는 용어다. GOB에 대한 단일 기법은 없고, 5장에서의 다른 기법(특히 룰 기반 시스템)은 목표 찾기 캐릭터를 만드는 데 사용될 수 있다. 목표지향 행동은 아직 게임에서 드물다. 따라서 가장 인기 있는 기법이 무엇인지 말하기는 힘들다.

5.7.1절에서는 현재 목표에 기반해 액션의 범위 중에서 선택할 수 있는 효용 기반 의사결정 시스템을 볼 것이다. 그것은 우리가 직접 구현한 것에 기반한 시스템이고 두 회사에서 사용되는 것을 본 적이 있다.

목표

캐릭터는 하나 이상의 동기^{motive}라고도 불리는 목표를 가질 수 있다. 수백 개의 가능한 목표가 있을 수 있고, 캐릭터는 그것들을 몇 개라도 활성 상태로 가질 수 있다. 캐릭터는 먹기, 체력 재생, 적 살상 같은 목표를 가질 수 있다. 각 목표는 숫자로 표현되는 중요도$^{level of importance}$(고집이라고도 한다)를 가질 수 있다. 높은 고집을 갖는 목표는 캐릭터의 행동에 더 강하게 영향을 미치는 경향을 가질 것이다.

캐릭터는 목표를 충족시키거나 고집을 감소시킬 것이다. 어떤 게임은 목표가 완전히 만족되게 한다(적 사살 등). 다른 게임은 항상 있는 고정된 목표 집합을 갖고 목표가 충족될 때 단순히 고집을 감소시킨다(예를 들어 캐릭터는 항상 건강함 유지 목표를 가질 수 있다. 그러나 이미 건강하다면 작은 고집을 갖는다). 고집 값이 0인 것은 완전히 만족한 목표와 동치다.

우리는 여기서 목표와 동기를 의도적으로 동의어처럼 다뤘다. 좋은 게임 캐릭터를 만들 때 이 두 가지를 유사한 개념으로 다루거나 적어도 어느 정도 섞어서 사용하면 보다 효과적이기 때문이다. 엄밀하게 말하자면 목표와 동기는 다른 개념이다. 예를 들어 동기는 믿음에 기반해 목표가 생길 수 있다(적이 동료를 죽였다는 믿음, 동료의 복수를 위한 동기로 적 사살 목표를 가질 수 있다). 정확한 정의는 연구자마다 다를 수 있으며 우리의 경우 알고리듬 구현에 있어 정의의 세부 사항은 필요하지 않으므로 동기와 목표를 같은 것으로 취급하고 그냥 '목표'라고 부를 것이다.

고집 값 없이 목표를 쉽게 구현할 수 있다. 하지만 그것은 어떤 목표에 집중할지를 정하는 것을 어렵게 한다. 부울 값보다는 실수를 사용하기로 정했다. 왜냐하면 결과 알고리듬은 더 이상 복잡하지 않기 때문이다. 여러분의 게임에 수백 개의 목표를 가진 수천 개의 캐릭터가 있다면 단지 온/오프 목표를 사용해 저장 공간을 줄이는 것이 가치 있을 수 있다.

〈심즈〉와 같은 게임에서 캐릭터의 육체적, 감정적 매개 변수는 목표 값으로 해석될 수 있다. 캐릭터는 배고픔 동기를 가질 수 있는데 배고픔 값이 더 높으면 먹기가 더 절박한 목표가 된다.

액션

목표 집합뿐만 아니라 선택할 가능한 액션 묶음이 필요하다. 이 액션들은 중앙에서 생성될 수 있지만 세계의 객체에 의해 생성되는 것이 일반적이다. 〈심즈〉 세계에서 주전자는 '주전자 끓이기' 액션, 빈 오븐은 '날 음식 넣기' 액션을 가능성 리스트에 추가한다. 액션 게임에서 적은 '나를 공격하라' 액션을 도입할 수 있고 문은 '잠금' 액션을 노출할 수 있다.

사용 가능한 액션은 게임의 현재 상태에 의존한다. 빈 오븐은 캐릭터가 '삽입' 액션을 하기 전에 날 음식을 들고 있는지 점검할 수 있다. 날 음식을 포함하는 오븐은 더 많은 음식이 추가되는 것을 허용하지 않는다. 그것은 '음식 조리' 액션을 노출한다. 마찬가지로, 문은 이미 잠겨 있다면 '잠금 해제' 액션을 노출하고, 잠금 해제가 허용되기 전에 '열쇠 삽입' 액션을 노출할 수 있다.

옵션 리스트에 액션이 추가됨에 따라 액션은 캐릭터가 가진 각 동기에 따라 등급이 매겨진다. 이 등급은 특정 동기에 대해 얼마나 액션에 영향을 미칠지를 보여 준다. 따라서 '게임 콘솔로 플레이' 액션은 행복을 증가시킬 수 있으나 에너지를 감소시킬 수 있다.

슈팅 게임에서 액션은 더 원자적이다. 각 액션은 달성될 수 있는 목표의 리스트를 준다. 예를 들어 '발사' 액션은 적 사살 목표를 충족시킬 수 있다. '덫 내놓기' 액션 등도 그렇다.

액션이 충족시키기로 한 목표는 여러 단계가 걸릴 수 있다. 예를 들어 날 음식 조각은 배고픔을 충족시킬 수 있다. 캐릭터가 그것을 집어 들면 덜 배고파질 것이다. 그러나 이제 빈 오븐은 '삽입' 액션을 제공할 것이다. 그러면 캐릭터에게 먹일 수 있다. 같은 것이 '음식 조리' 액션, '오븐에서 음식 꺼내기' 액션, 최종적으로 '먹기' 액션을 통해서 계속된다. 어떤 게임에서, 단일 액션은 액션의 시퀀스로 구성된다. 예를 들어 '발사' 액션은 '무기 꺼내기', '조준', '발사' 액션들로 구성될 수 있다. 5장의 뒷부분에 있는 액션 실행 선택은 이 종류의 복합 액션에 대해 더 자세히 다룬다.

5.7.2 단순 선택

이제 가능한 액션 집합과 목표 집합을 가진다. 액션은 다른 목표들을 충족시키고자 한다. 사람 시뮬레이션 예제를 계속하면 다음과 같다.

```
Goal: Eat = 4 Goal: Sleep = 3
Action: Get-Raw-Food (Eat - 3)
Action: Get-Snack (Eat - 2)
Action: Sleep-In-Bed (Sleep - 4)
Action: Sleep-On-Sofa (Sleep - 2)
```

액션을 선택하고 지적으로 행동을 보이기 위해 여러 의사결정 도구를 사용할 수 있다. 단순한 방법은 가장 절박한 목표(최대 고집을 갖는 것)를 고르고 그것을 완전히 충족시키거나 고집을 최대로 낮추는 액션을 찾는 것이다. 위의 예제에서 이것은 '날 음식 얻기' 액션(그러면 조리와 먹기로 이끌 수 있다)일 수 있다. 액션이 추구하는 목표 고집의 변화는 효용(캐릭터에게 유용한 정도)의 발견적 어림값이다. 캐릭터는 자연히 최대 효용의 액션을 선택하고 싶고 목표의 변화는 그렇게 하는 데 사용된다.

둘 이상의 액션이 목표를 충족할 수 있다면 그 둘 중 하나를 무작위로 선택하거나 단순히 처음 발견한 것을 선택할 수 있다.

의사 코드

이것은 다음과 같이 구현할 수 있다.

```
1   function chooseAction(actions: Action[], goals: Goal[]) -> Action:
2       # 시도하고 충족시킬 목표를 찾는다.
3       topGoal: Goal = goals[0]
4       for goal in goals[1..]:
5           if goal.value > topGoal.value:
6               topGoal = goal
7
8       # 수행할 최상의 액션을 찾는다.
9       bestAction: Action = actions[0]
10      bestUtility: float = -actions[0].getGoalChange(topGoal)
11
12      for action in actions[1..]:
13          # 변화를 역으로 한다. 왜냐하면 낮은 변화 값이 좋기 때문이다
14          # (목표의 값을 감소시키기를 원한다).
15          # 하지만 효용은 대개 높은 값이 좋도록 매겨진다.
16          utility = -action.getGoalChange(topGoal)
17
18          # 가장 작은 변화(최고 효용)를 찾는다.
19          if thisUtility > bestUtility:
20              bestUtility = thisUtility
21              bestAction = action
22
23      # 수행할 최상 액션을 반환한다.
24      return bestAction
```

이것은 단순히 두 max() 스타일 코드 블록이다. 하나는 목표이고 나머지 하나는 액션을 위한 것이다.

자료 구조 및 인터페이스

위 코드에서 목표는 다음 형식과 같다.

```
1   class Goal:
2       name: string
3       value: float
```

그리고 액션은 다음 형식을 갖는다고 가정했다.

```
1   class Action:
2       function getGoalChange(goal: Goal) -> float
```

목표가 주어졌을 때 getGoalChange 함수는 액션을 수행했을 경우 나타나는 고집의 변화를 반환한다.

성능

알고리듬의 시간 복잡도는 $O(n+m)$이다. 여기서 n은 목표의 수, m은 가능한 액션의 수다. 공간 복잡도는 $O(1)$이고 단지 임시 저장소만 필요로 한다. 목표가 연관된 0 기반 정수(그것은 매우 간단한데 왜냐하면 목표의 전체 범위는 보통 게임이 실행되기 전에 알려지기 때문이다)로 식별된다면, 액션 구조의 getGoalChange 메서드는 배열의 변화를 찾음으로써 단순히 구현될 수 있다. 이것은 상수 시간 작업이다.

단점

이 방법은 특히 제한된 수의 액션을 가진 게임에서(슈팅 게임, 3인칭 액션이나 어드벤처 게임이나 RPG 등에서) 간단하고 빠르고 놀라울 정도로 이치에 맞는 결과를 낸다.

그러나 주요 단점이 두 가지 있다. 액션이 가질 수도 있는 부수 효과를 고려하지 못하고, 타이밍 정보를 수반하지 않는다. 이어서 이 문제들을 해결할 것이다.

5.7.3 전체 효용

앞의 알고리듬은 두 단계로 작동했다. 먼저 어떤 목표를 감소시킬지 고려했고, 그렇게 하는 최상의 방법을 결정했다. 불행하게도 가장 절박한 목표를 다루는 것은 다른 것에 부수 작용^{side effects}을 가져올 수 있다.

나음은 고집이 5점 척도로 측정되는 또 다른 사람 시뮬레이션 예제다.

```
Goal: Eat = 4 Goal: Bathroom = 3
Action: Drink-Soda (Eat - 2; Bathroom + 3)
Action: Visit-Bathroom (Bathroom - 4)
```

예제에 나타난 배고프고 화장실 가고 싶은 캐릭터는 아마 소다를 마시고 싶어하지 않을 것이다. 소다는 과자를 먹고 싶은 욕구를 지연시킬 수 있지만 5점 척도의 최상위에 화장실 욕구를 위치시키게 된다. 명백히 인간은 화장실에 잠깐 가는 몇 분을 위해 과자 먹기를 참을 수 있다는 것을 안다.

이런 비고의적인^{unintentional} 상호 작용은 난처해질 수 있다. 하지만 그것은 동등하게 치명적일 수 있다. 슈팅 게임에서 캐릭터는 헬스 팩에 대한 절박한 필요를 가질 수 있지만 그것을 얻기 위해 바로 수풀에 뛰어드는 것은 이치에 맞는 전략이 아니다. 명백히 액션의 부수 효과를 고려해야 한다.

캐릭터의 불만^{discontentment}이라는 새 값을 도입해 이것을 할 수 있다. 그것은 목표 고집 값에 기반해 계산되며 높은 고집은 캐릭터를 더 불만스럽게 만든다. 캐릭터의 목표는 전체 불만 수준을 낮추는 것이다. 그것은 더 이상 단일 목표에 집중하지 않고 전체 집합에 집중한다.

캐릭터의 불만을 얻기 위해 단순히 모든 고집 값을 더할 수 있다. 더 좋은 방법은 고집에 비중을 둬 높은 값이 비례적으로 높은 불만 값으로 기여하도록 하는 것이다. 이것은 높은 목표 값을 강조하고 많은 중간 값이 높은 목표를 압도하는 것을 막는다. 내 실험에 따르면 목표 값을 제곱하는 것으로 충분하다.

예를 들면 다음과 같다.

```
Goal: Eat = 4 Goal: Bathroom = 3
Action: Drink-Soda (Eat - 2; Bathroom + 2)
  afterwards: Eat = 2, Bathroom = 5: Discontentment = 29
Action: Visit-Bathroom (Bathroom - 4)
  afterwards: Eat = 4, Bathroom = 0: Discontentment = 16
```

결정을 내리기 위해 각 가능한 액션이 차례로 고려된다. 예측은 액션이 완료된 후 전체 불만으로 구성된다. 최저 불만으로 이끄는 액션이 선택된다. 위의 리스트는 앞에서 본 것과 같은 예제에서의 이 선택을 보여 준다. 이제 '욕실 방문' 액션이 최적인 것으로 올바르게 식별된다.

불만은 단순히 최저로 하고자 하는 점수다. 그것을 어떤 것으로도 부를 수 있다. 검색 문헌(GOB와 GOAP가 학계 AI에서 발견되는 곳)에서는 그것이 에너지 측도^{energy metric}라고 알려졌다. 이것은 검색 이론이 물리 과정의 행동에 관계되기 때문이다(특히 결정의 생성과 금속의 고체화). 그리고 그렇게 만드는 점수는 에너지와 동등하기 때문이다. 이 절에서 불만을 계속 사용하겠다. 그리고 7장의 학습 알고리듬 문맥에서는 에너지 측도로 돌아올 것이다.

의사 코드

알고리듬은 다음과 같다.

```
 1  function chooseAction(actions: Action[], goals: Goal[]) -> Action:
 2      # 각 액션을 돌면서 불만을 계산
 3      bestAction: Action = null
 4      bestValue: float = infinity
 5
 6      for action in actions:
 7          thisValue = discontentment(action, goals)
 8          if thisValue < bestValue:
 9              bestValue = thisValue
10              bestAction = action
11
12      return bestAction
13
14  function discontentment(action: Action, goals: Goal[]) -> float:
15      # 이동합(running total)을 저장
16      discontentment: float = 0
17
18      # 각 목표를 순회
19      for goal in goal:
20          # 액션 후의 새 값을 계산
21          newValue = goal.value + action.getGoalChange(goal)
22
23          # 이 값의 불만을 얻는다.
24          discontentment += goal.getDiscontentment(value)
25
26      return discontentment
```

여기서 과정을 두 함수로 나눴다. 두 번째 함수는 특정 액션을 수행한 후의 총 불만을 계산한다. 그것은 이제 Goal 구조체의 getDiscontentment 메서드를 호출한다.

목표의 고집 값 제곱을 사용하는 대신 불만 기여도를 계산하는 것은 추가적인 유연성을 갖도록 해준다. 예를 들어 생존과 같은 목표들은 매우 중요하고 결과적으로 높은 불만 값을 갖게 된다. 이런 목표들은 고집의 세제곱 또는 더 큰 지수로 거듭제곱한 값을 가진다. 반면에 중요하지 않은 것들은 작은 기여도만 가지며 게임에 따라 조정이 필요하다.

자료 구조 및 인터페이스

액션 구조체는 전과 같지만 Goal 구조체는 다음과 같이 구현되는 getDiscontentment 메서드를 추가한다.

```
1   class Goal:
2       value: float
3
4       function getDiscontentment(newValue: float) -> float:
5           return newValue * newValue
```

성능

이 알고리듬은 여전히 공간 복잡도 O(1)이지만 시간 복잡도는 이제 O(nm)이다. 여기서 n은
목표의 개수, m은 전과 같이 액션의 수다. 이것은 가능한 각 액션에 대한 각 목표의 불만 계
수를 고려해야 하며, 많은 수의 액션과 목표에 대해 이것은 원래 버전보다 심각하게 느려질 수
있다.

작은 수의 액션과 목표에 대해 적합한 최적화가 있으면 그것은 훨씬 빠를 수 있다. 이 최적화
속도 개선은 알고리듬이 SIMD 최적화에 적합하기 때문이다. 여기서 각 목표에 대한 불만 값
은 병렬로 계산된다. 원래의 알고리듬은 같은 잠재력을 갖지 않는다.

5.7.4 타이밍

어떤 액션을 취할지 정보를 가진 결정을 하기 위해 캐릭터는 액션이 얼마나 걸릴지 알아야
한다. 에너지가 부족한 캐릭터는 8시간 수면보다 작은 회복을 빨리 얻는 것(예를 들어 초콜릿 바
먹기)이 더 낫다. 액션은 완료되는 데 걸리는 시간을 노출해 의사결정에 그것을 이용할 수 있게
한다.

목표에 여러 단계가 걸리는 액션들은 목표에 도달하는 전체 시간을 추정해야 한다. 예를 들어
'날 음식 집기' 액션은 30분 소요를 보고할 수 있다. 집기 액션은 거의 순간적이지만 음식이 준
비되기 전에 여러 단계(긴 조리 시간을 포함해)를 더 거칠 수 있다.

타이밍은 대개 두 요소로 나뉜다. 액션은 대개 완료되기 위해 시간을 소모한다. 그러나 어떤
게임에서는 올바른 위치로 이동하는 데 상당한 시간을 쓰고 액션을 시작한다. 어떤 게임에서
는 종종 게임 시간^{game time}이 극도로 압축되기 때문에 액션을 시작하는 데 드는 시간이 중요해
진다. 레벨의 한쪽에서 다른 쪽으로 걸어갈 때 20분의 게임 시간이 걸릴 수 있다. 이것은 10분
짜리 액션을 수행하기 위한 오래 걸리는 여행이다.

필요하다면, 액션을 시작하는 데 필요한 여행의 길이는 직접 액션에 의해 제공되지 않는다. 그 것은 추측('시간은 캐릭터에서 물건으로 직선 거리에 비례한다'와 같은 발견적 방법)으로 제공되거나 정확하게 계산(최단 경로를 얻는 것)돼야 한다(6장 참고).

가능한 모든 액션에 길 찾기를 수행하는 것은 상당한 부담이다. 수백 개의 물체와 수백, 수 천 개의 가능한 액션을 가진 게임 레벨에서 각각의 타이밍을 계산하는 길 찾기는 실용적이지 않다. 발견적 방법이 사용돼야 한다. 이 문제에 대한 대체 방법은 5.7.4절의 끝에서 설명하는 '냄새나는' GOB 확장에 의해 소개된다.

시간을 수반하는 효용

의사결정에 시간을 사용하기 위해 두 가지 중 선택할 수 있다. 즉 불만이나 효용 계산에 시 간을 넣을 수 있고, 또는 다른 것이 동일하다면 긴 것보다 짧은 액션을 선호할 수 있다. discontentment 함수를 수정해 짧은 액션이 작은 값을 반환하도록 이전 구조체에 추가하기는 상대적으로 쉽다. 그것에 대해 여기서 상세히 설명하지는 않을 것이다.

더 흥미로운 방법은 추가 시간의 결과를 고려하는 것이다. 어떤 게임에서 목표 값은 시간에 따 라 변한다. 즉 캐릭터는 음식을 먹지 않는 한 점점 심하게 배고파질 수 있거나, 탄약 팩을 발견 하지 못하면 탄약 팩이 고갈되거나, 또는 캐릭터는 더 오래 방어 자세를 유지할수록 콤보 공격 의 파워가 세진다.

목표 고집이 스스로 변할 때 액션이 직접 어떤 목표에 영향을 줄 뿐만 아니라 자연히 액션이 수행되는 데 필요한 시간이 다른 것들에 영향을 준다. 이것은 앞에서 본 불만 계산에 포함될 수 있다. 만약 시간에 따라 목표 값이 어떻게 변하는지 안다면(그리고 그것은 되돌아와야 할 큰 '만 약'이다), 그 변화를 불만 계산에 넣을 수 있다.

욕실 예제로 돌아와서, 음식이 절박한 캐릭터가 있다.

```
Goal: Eat = 4 changing at + 4 per hour
Goal: Bathroom = 3 changing at + 2 per hour
Action: Eat-Snack (Eat - 2) 15 minutes
    afterwards: Eat = 2, Bathroom = 3.5: Discontentment = 16.25
Action: Eat-Main-Meal (Eat - 4) 1 hour
    afterwards: Eat = 0, Bathroom = 5: Discontentment = 25
Action: Visit-Bathroom (Bathroom - 4) 15 minutes
    afterwards: Eat = 5, Bathroom = 0: Discontentment = 25
```

캐릭터는 명백히 욕실을 걱정하기 전에 음식을 찾을 것이다. 그것은 오래 걸리는 식사와 빠른 간식 중에 고를 수 있다. 빠른 간식은 지금 고르는 액션이다. 오래 걸리는 식사는 너무 오래 걸려서 완료될 때면 욕실에 가고자 하는 필요성이 극도로 높아질 것이다. 이 액션을 하면 전체 불만은 높다. 반면에 간식 액션은 빨리 끝나고 많은 시간을 준다. 욕실에 바로 가는 것은 최적의 옵션이 아니다. 왜냐하면 배고픔 동기가 너무 절박하기 때문이다.

많은 액션을 고려해야 하는 게임 또는 게임이 진행되는 중간에 목표가 바뀌지 않는 경우(고집 값은 선택에 영향을 줄 뿐 캐릭터의 내부 상태를 지속적으로 변화시키지 않는다) 이 접근법은 잘 동작하지 않을 것이다.

의사 코드

알고리듬의 이전 버전에서 단지 discontentment 함수만 변해야 한다. 다음과 같다.

```
1   function discontentment(action: Action, goals: Goal[]) -> float:
2       # 합을 유지한다.
3       discontentment: float = 0
4
5       # 각 목표를 순회한다.
6       for goal in action:
7           # 액션을 취한 후 새로운 값을 계산한다.
8           newValue = goal.value + action.getGoalChange(goal)
9
10          # 시간으로 인한 변화를 계산한다.
11          newValue += action.getDuration() * goal.getChange()
12
13          # 이 값의 불만 값을 얻는다.
14          discontentment += goal.getDiscontentment(newValue)
```

두 액션(전과 마찬가지)과 목표의 일반 변화율에 액션의 지속 시간을 곱한 것에 의한 목표의 새 기대 값을 수정함으로써 작동한다.

자료 구조 및 인터페이스

Goal과 Action 클래스 모두에 메서드를 추가했다. 목표 클래스는 이제 다음과 같은 형식이다.

```
1   class Goal:
2       value: float
```

```
3       function getDiscontentment(newValue: float) -> float
4       function getChange() -> float
```

GetChange 메서드는 목표가 단위 시간당 일반적으로 겪는 변화의 양을 반환한다. 다음에서 어떻게 이것을 하는지에 대해 다시 볼 것이다.

액션 인터페이스는 다음과 같다.

```
1   class Action:
2       function getGoalChange(goal: float) -> float
3       function getDuration() -> float
```

여기서 새 getDuration 메서드는 액션을 수행하는 데 걸리는 시간을 반환한다. 이것은 이어지는 액션을 포함할 수 있다. 만약 액션이 시퀀스의 일부라면 액션을 시작하기 위해 적합한 위치에 도달하는 시간을 포함할 수도 있다.

성능

이 알고리듬은 정확히 전과 같은 성능 특성을 갖는다. 메모리로 O(1)과 시간으로 O(nm)(전과 마찬가지로, n은 목표의 수이고 m은 액션의 수)이다. Goal.getChange와 Action.getDuration 메서드가 단순히 저장된 값을 반환하면 알고리듬은 기본 형에서 약간의 추가 작업만을 필요로 한다.

시간에 따른 목표 변화를 계산하기

일부 게임에서 시간에 따른 목표의 변화는 디자이너에 의해 설정되고 고정된다. 예를 들어 〈심즈〉는 각 동기가 변화하는 기본 비율을 갖는다. 비록 비율이 상수가 아니고 상황에 따라 변화해도 게임은 여전히 비율을 알고 있다. 왜냐하면 그것에 기반해 지속적으로 각 동기를 업데이트하고 있기 때문이다. 두 상황 모두에서 단순히 getChange 메서드에서 올바른 값을 직접 사용할 수 있다.

그러나 어떤 상황에서는 그 값에 대해 액세스를 할 수 없다. '부상' 동기가 맞은 수에 의해 컨트롤되는 슈팅 게임에서 그 값이 어떻게 변할지 미리 알 수 없다(이것은 게임에서 무엇이 일어나는지에 의존한다). 이 경우 변화율을 근사시켜야 한다.

가장 간단하고 효과적인 방법은 정기적으로 각 목표의 변화를 기록하는 것이다. GOB 루틴이 실행될 때마다 빠르게 각 목표를 체크하고 그것이 얼마나 변화했는지 알아낸다(이것은 $O(n)$ 과정이며 알고리듬의 실행 시간에 크게 영향 주지 않는다). 변화는 다음과 같은 최근 가중 평균에 저장될 수 있다.

```
1  rateSinceLastTime = changeSinceLastTime / timeSinceLast
2  basicRate = 0.95 * basicRate + 0.05 * rateSinceLastTime
```

여기서 0.95와 0.05는 합이 1이 되는 어떤 수라도 된다. TimeSinceLast 값은 GOB 루틴이 마지막으로 수행된 때로부터 지난 단위 시간 수다.

이것은 캐릭터의 행동에 자연스러운 패턴을 준다. 그것은 사실상의 구현 노력 없이 문맥 민감 의사결정의 느낌을 주고, 최근 가중 평균은 매우 간단한 정도의 학습을 제공한다. 캐릭터가 맞고 있다면 자동적으로 더 방어적으로 행동할 것이다(왜냐하면 더 많은 체력을 소모하는 액션을 기대할 것이기 때문이다). 반면에 잘 하고 있다면 더 대담해지기 시작할 것이다.

계획의 필요성

어떤 선택 메커니즘을 사용하든(물론 적합한 이유로) 액션은 캐릭터가 실행할 수 있을 때 선택할 수 있다고 가정했다. 따라서 캐릭터가 분별 있게 행동하고 현재 불가능한 액션을 선택하지 않는 것을 기대한다. 우리는 한 액션이 많은 목표에 대해 갖는 효과를 고려하는 메서드를 봤고 전체적으로 최고의 결과를 주는 액션을 선택했다. 최종 결과는 종종 더 복잡한 것 없이 게임에서 사용하기에 적합하다.

불행하게도 아직까지 우리의 방법이 해결할 수 없는 다른 종류의 상호작용이 있다. 액션이 상황에 의존적이기 때문에 한 액션이 다른 액션들을 활성화하거나 비활성화하는 것이 보통이다. 이와 같은 문제는 GOB를 사용하는 게임(《심즈》를 포함해 이것은 레벨 디자인을 가이드하는 AI 기법의 한계의 훌륭한 예시다)에서 의도적으로 고안됐다. 하지만 중요할 때는 간단한 시나리오를 생각하는 것이 쉽다.

판타지 롤플레잉 게임을 상상해 보자. 여기서 마법을 쓰는 캐릭터는 지팡이에 5개의 에너지 크리스탈이 있다. 강력한 스펠은 여러 에너지 크리스탈을 사용한다. 캐릭터는 치유를 절박하게 원하고 그녀에게 내려오는 많은 오거ogre를 막고 싶다. 동기와 가능한 액션은 다음과 같다.

```
1  Goal: Heal = 4
2  Goal: Kill-Ogre = 3
3  Action: Fireball (Kill-Ogre - 2) 3 energy-slots
4  Action: Lesser-Healing (Heal - 2) 2 energy-slots
5  Action: Greater-Healing (Heal - 4) 3 energy-slots
```

최고의 조합은 'lesser healing' 스펠을 시전하고 나서 'fireball' 스펠을 시전하는 것이다. 이때 정확히 5개의 마법 슬롯을 사용한다. 하지만 여기까지의 알고리듬을 따라오면 마법사는 최고의 결과를 주는 스펠을 선택할 것이다. 명백히 'lesser healing'은 그녀에게 'greater healing'보다 나쁜 체력 조건을 준다. 따라서 그녀는 후자를 선택한다. 이제 불행히 그녀는 지팡이에 충분한 에너지가 없어서 오거 밥이 되고 만다. 이 예제에서 지팡이의 마법을 동기의 일부로 포함할 수 있었다(사용되는 슬롯의 수를 최소화). 그러나 영구적인 효과(열리는 문, 닫히는 덫, 보호되는 길, 주의하는 적)가 수백 개 있는 게임에서 수천 개의 추가 동기를 필요로 할 것이다.

캐릭터가 적절하게 효과를 기대하고 액션의 시퀀스를 이용할 수 있게 하기 위해 계획이 어느 정도 도입돼야 한다. 목표지향 액션 계획은 기본 의사결정 과정을 확장한다. 그것은 캐릭터가 총체적 최적 목표 달성을 제공하는 상세한 액션의 순서를 계획할 수 있게 한다.

5.7.5 총체적 효용 GOAP

효용 기반 GOB 방법은 단일 액션의 효과를 고려한다. 액션은 어떻게 그것이 각 목표 값을 변화시킬지 알려 주고, 의사결정자는 전체 값 집합, 따라서 전체 불만이 그다음 무엇이 될지 예측하는 데 그 정보를 사용한다.

이것을 연속된 액션에 확장시킬 수 있다. 4개의 액션의 최고 순서를 결정하고 싶다고 가정하자. 네 액션의 모든 조합을 고려할 수 있고 모두가 완료된 후의 불만 값을 예측할 수 있다. 최저의 불만 값은 선호돼야 하는 액션의 순서를 나타내고, 즉시 그것들의 첫 번째를 실행할 수 있다.

이것은 기본적으로 GOAP의 구조다. 순서 안의 여러 액션을 고려하고 장기적으로 캐릭터의 목표에 가장 맞는 순서를 찾으려고 한다. 이 경우 목표가 충족되는지 나타내기 위해 불만 값을 사용하고 있다. 이것은 유연한 방법이고 단순하지만 꽤 비효율적인 알고리듬을 초래한다. 5.7.6절에서 단일 목표를 충족하기 위해 액션을 계획하려는 GOAP 알고리듬을 볼 것이다.

GOAP를 어렵게 하는 두 가지 복잡성이 있다. 첫째, 사용 가능한 액션의 조합이 매우 많다. 원래의 GOB 알고리듬은 시간으로 $O(nm)$이었지만, k 단계로는, 순진한 GOAP 구현은 시간으로 $O(nm^k)$가 될 것이다. 정당한 수의 액션들(〈심즈〉는 수백 가지 가능성이 있음을 기억하라)과 정당한 수의 미리 볼 단계들에 대해 이것은 받아들일 수 없을 만큼 길다. 적은 수의 목표와 액션을 사용하거나 이 복잡성을 줄일 어떤 방법을 사용해야 한다.

둘째, 사용 가능한 액션들을 순서로 묶는 것으로 액션이 활성화되거나 비활성화되는 문제를 풀지 못했다. 액션이 완료된 후 목표가 어떨지 알아야 하는 것뿐만 아니라 그때 어떤 액션이 사용 가능한지도 알아야 한다. 현재 집합에서 네 액션의 순서를 찾을 수 없다. 왜냐하면 네 번째 액션을 수행할 때에는 그것이 사용 가능하지 않기 때문이다.

GOAP를 지원하기 위해 존재 가능한 액션 가능성을 생성하고 사용하기 위해 월드의 미래 상태를 알아야 한다.

이것을 성취하기 위해 세계의 모델, 즉 실제 게임 상태를 변경하지 않고 쉽게 변형되고 조작될 수 있는 세계의 상태 표현을 사용한다. 우리의 목적에는 이것이 게임 세계의 정확한 모델일 수 있다. 의도적으로 모델에 허용되는 것을 제한함으로써 캐릭터의 믿음과 지식을 모델링할 수도 있다. 다리 아래의 트롤에 대해 모르는 캐릭터는 모델에 그것을 갖고 있으면 안 된다. 믿음의 모델링 없이 캐릭터의 GOAP 알고리듬은 트롤의 존재를 찾고 계획에 그것을 고려한다. 그것은 이상하게 보일지라도 보통은 알아챌 수 없다.

각 캐릭터의 게임 상태의 전체 복사본을 저장하는 것은 과잉일 경향이 있다. 게임 상태가 매우 간단하지 않는 한, 대개 추적할 데이터의 수백 수만 아이템이 있을 것이다. 대신 세계 모델은 차이점의 리스트로 구현될 수 있다. 모델은 실제 게임 데이터와 다를 때의 정보만 저장한다. 이 방법으로 알고리듬이 모델에서 데이터 조각을 찾아야 한다면 처음에 차이점 리스트를 찾는다. 데이터가 거기에 없으면 그것이 게임 상태에서 변하지 않았다는 것을 알고 그것을 꺼내 온다.

알고리듬

GOAP에 대한 비교적 간단한 문제를 설명했다. GOAP에 대한 상이한 학문적 접근 방법이 있으며 이들은 훨씬 더 복잡한 문제 영역을 허용한다. 제약 조건(일련의 액션 중 변하지 않아야 하는 세계에 대한 것), 부분 순서(아무 순서로나 수행될 수 있는 액션 순서나 액션 그룹), 불확실성(액션의 결과가 정확히 어떻게 될지 모르는) 같은 기능은 모두 대부분의 게임에서 필요 없는 복잡성을 더한다. 우리가 주고자 하는 알고리듬은 GOAP만큼 간단하지만 경험으로는 일반 게임 애플리케이션에 쓰기 괜찮다.

우리는 세계 모델을 갖고 시작한다(그것은 세계의 현재 상태와 일치하거나 캐릭터의 믿음을 나타낸다). 이 모델에서 캐릭터에 대해 사용 가능한 액션 목록을 얻을 수 있어야 하고 단순히 모델의 사본을 얻을 수 있어야 한다. 계획은 얼마나 많은 이동을 미리 볼지를 나타내는 최대 깊이 매개 변수에 의해 통제된다.

알고리듬은 깊이 매개 변수의 값보다 하나 많은 원소를 가진 세계 모델의 배열을 생성한다. 이 것들은 알고리듬이 진행되면서 세계의 중간 상태를 저장하는 데 쓰일 것이다. 첫 번째 세계 모델은 현재 세계 모델로 설정된다. 그것은 초기에 0인 계획의 현재 깊이의 기록을 저장한다. 그것은 현재까지의 최고 액션 순서와 그것이 초래하는 불만 값을 추적한다.

알고리듬은 한 반복에서 단일 세계 모델을 처리하며 반복적으로 작동한다. 만약 현재 깊이가 최대 깊이이면 알고리듬은 불만 값을 계산하고 현재까지의 최적 값과 비교한다. 새 순서가 최적이면 저장된다.

현재 깊이가 최대 깊이보다 작으면 알고리듬은 현재 세계 모델에 사용 가능한 고려되지 않은 다음 액션을 찾는다. 그것은 다음 세계 모델을 현재 세계 모델에 액션을 적용시킨 결과로 배열에 설정하고 현재 깊이를 증가시킨다. 사용 가능한 액션이 더 이상 없다면 현재 세계 모델은 완료된 것이고 알고리듬은 현재 깊이를 1 감소시킨다. 현재 깊이가 결국 0이 되면 탐색이 끝난다.

이것은 재귀 없이 구현한 전형적인 깊이 우선 탐색 기법이다. 알고리듬은 가능한 모든 액션 순서를 최대 깊이까지 조사할 것이다. 위에서 언급한 바와 같이, 이것은 낭비가 심하고 적당한 문제에 대해서도 완료되는 데 너무 오래 걸린다. 불행하게도 그것은 모든 가능한 액션 순서 중 최고를 얻는 것을 보장하는 유일한 방법이다.[7] 대부분의 경우에 적당히 좋은 결과를 보장하는 것을 희생할 준비가 있다면 실행 시간을 극적으로 줄일 수 있다.

---

[7] 브루트 포스(Brute force) 검색의 하나로서 모든 경우의 수를 검색하기 때문에 최고를 보장하는 유일한 방법이지만 그 경우의 수가 매우 클 경우 검색 시간이 받아들이기 힘들 수도 있다. – 옮긴이

알고리듬을 빠르게 하기 위해 발견적 방법^{heuristic}을 사용할 수 있다. 우리는 더 높은 불만 값을 내는 액션을 전혀 고려하지 않는 것을 요구한다. 비록 작동하지 않는 경우가 있지만 이것은 대부분의 경우에 이치에 맞는 가정이다.

인간은 종종 일시의 불만을 감내한다. 왜냐하면 그것이 장기적으로 더 큰 행복을 갖다주기 때문이다. 어느 누구도 취업을 위한 면접을 즐기지 않지만 이후에 직업을 얻기 위해서는 가치가 있다.

반면에 이 방법은 계획 중간에 일어나는 곤란한 상황을 피하는 데 도움이 된다. 앞의 욕실 또는 소다 딜레마를 상기하라. 중간 불만 값을 보지 않으면 소다를 마시고 실수를 한 뒤 옷을 갈아입어서 결과적으로 적당한 불만 수준이 되는 계획을 세울 수 있다. 인간은 이렇게 하기를 원하지 않고 사고를 피하는 계획을 세운다.

이 발견적 방법을 구현하기 위해 매 반복에서 불만 값을 계산해 저장해야 한다. 불만 값이 이전 깊이에서의 값보다 높으면 현재 모델이 무시될 수 있고 즉시 현재 깊이를 감소시키고 다른 액션을 시도할 수 있다.

이 책을 쓸 때 만든 프로토타입에서 이것은 최대 깊이 4와 스테이지당 약 50개의 액션 선택을 갖는 〈심즈〉 같은 환경에서 100배의 속도 증가를 가져왔다. 최대 깊이 2조차 캐릭터가 액션을 선택하는 방법에 큰 차이를 만든다(그리고 증가하는 깊이는 매번 감소하는 사실성을 반환한다).

의사 코드

깊이 우선 GOAP은 다음 방법으로 구현할 수 있다.

```
1    function planAction(worldModel: WorldModel,
2                        maxDepth: int) -> Action:
3        # 각 깊이에 대한 세계 모델과 거기에 대응하는
4        # 액션에 대한 저장소를 만든다.
5        models = new WorldModel[maxDepth+1]
6        actions = new Action[maxDepth]
7
8        # 초기 데이터를 설정
9        models[0] = worldModel
10       currentDepth = 0
11
```

```
12      # 최고 액션을 추적한다.
13      bestAction = null
14      bestValue = infinity
15
16      # 깊이 0의 모든 액션을 완료할 때까지 반복한다.
17      while currentDepth >= 0:
18          # 최대 깊이에 있는지 체크
19          if currentDepth >= maxDepth:
20              # 불만 값을 계산한다.
21              currentValue =
22                  models[currentDepth].calculateDiscontentment()
23
24              # 현재 값이 최고이면 저장한다.
25              if currentValue < bestValue:
26                  bestValue = currentValue
27                  bestAction = actions[0]
28
29              # 이 깊이를 다 했다. 따라서 되돌아간다.
30              currentDepth -= 1
31          # 그렇지 않으면 다음 액션을 시도해야 한다.
32          else:
33              nextAction = models[currentDepth].nextAction()
34
35              if nextAction:
36                  # 적용할 액션이 있다. 현재 모델을 복사한다.
37                  models[currentDepth+1] = models[currentDepth]
38
39                  # 그리고 복사본에 액션을 적용한다.
40                  actions[currentDepth] = nextAction
41                  models[currentDepth+1].applyAction(nextAction)
42
43                  # 그리고 다음 반복에서 그것을 처리한다.
44                  currentDepth += 1
45
46              # 그렇지 않으면 시도할 액션이 없다.
47              # 따라서 이 레벨이 완료됐다.
48              else:
49                  # 다음 최고 레벨로 되돌아간다.
50                  currentDepth -= 1
51
52      # 반복을 완료했다. 따라서 결과를 반환한다.
53      return bestAction
```

models 배열의 WorldModel 인스턴스 간의 대입은 복사로 수행된다는 것을 가정한다.

```
models[currentDepth+1] = models[currentDepth]
```

레퍼런스를 사용하고 있다면 모델은 같은 데이터를 가리킬 것이고, applyAction 메서드는 액션을 둘 모두에 적용할 것이기 때문에 알고리듬은 작동하지 않을 것이다.

자료 구조 및 인터페이스

알고리듬은 두 자료 구조 Action과 WorldModel을 사용한다. 액션은 이전처럼 구현될 수 있고 WorldModel 구조는 다음 형식을 갖는다.

```
1  class WorldModel:
2      function calculateDiscontentment() -> float
3      function nextAction() -> Action
4      function applyAction(action: Action)
```

calculateDiscontentment 메서드는 모델에서 주어진 것처럼 세계의 상태와 관련된 총 불만을 반환해야 한다. 이것은 앞에서 사용한 것과 같은 총합 메서드를 사용해 구현될 수 있다.

applyAction 메서드는 액션을 받아서 세계 모델에 그것을 적용한다. 그것은 액션이 세계 모델에 어떤 효과를 줄지 예측하고 적절하게 그것의 내용을 업데이트한다.

그러면 nextAction 메서드는 적용될 수 있는 적합한 각 액션을 순회한다. 액션이 모델에 적용될 때(즉 모델이 변경됐다) 반복자는 초기화되고 세계의 새 상태로부터 사용 가능한 액션들을 반환하기 시작한다. 반환할 액션이 더 이상 없으면 그것은 null 값을 반환해야 한다.

구현 노트

이 구현은 클래스로 변환될 수 있고 알고리듬은 초기화 루틴과 단일 반복을 수행하는 메서드로 쪼개질 수 있다. 그러면 함수의 while 루프 내용은 스케줄링 시스템에 의해 임의의 횟수만큼 호출될 수 있다(적합한 알고리듬에 대한 실행 관리에 관해 10장을 보라). 이 방법은 특히 문제의 크기가 클 때 프레임 저하 없이 괜찮은 계획을 얻는 필수적인 방법이기도 하다.

알고리듬에서 다음에 취할 액션만 추적하고 반환한다는 점에 주목하자. 전체 계획을 반환하려면 전체 순서를 저장하기 위해 bestAction을 배열로 다룰 수 있도록 수정해야 한다.

성능

깊이 우선 GOAP는 메모리로 $O(k)$이고 시간으로 $O(nm^k)$이다. 여기서 k는 최대 깊이, n은 목표의 수(불만 값을 계산하는 데 사용), m은 평균 사용 가능한 액션 수다.

발견적 방법을 추가해 실제 실행 시간을 극적으로 줄일 수 있다(메모리 사용에는 영향이 없다). 하지만 확장의 차수는 여전히 같다.

대부분의 액션이 대부분의 목표 값을 변화시키지 않으면, 실제로 변하는 목표의 불만 기여도만 재계산함으로써 $O(nm)$으로까지 갈 수 있다. 실무에서는 이것이 큰 개선이 아니다. 왜냐하면 변화를 검사하는 추가 코드가 어쨌든 구현을 느리게 하기 때문이다. 내 경험으로 그것은 몇몇 복잡한 문제에 작은 속도 개선을 가져왔고 단순한 것에는 성능이 더 나빠졌다.

단점

비록 기법은 간단히 구현할 수 있지만 알고리듬적으로 여전히 억지스럽게 느껴진다. 이 책 전체에서 게임 개발자로서 작동하는 것은 무엇이든 허용된다는 것을 강조했다. 그러나 스스로 GOAP 시스템을 만들 때는 깊이 우선 탐색은 다소 순진하다고 느꼈다(AI 전문가로서는 나쁜 평판은 차치하고라도). 따라서 나는 더 복잡한 방법으로 갈 수밖에 없었다. 되돌아보면 알고리듬은 애플리케이션에 과도한 것이었고, 간단한 버전을 계속 유지했어야 했다. 사실 이 형식의 GOAP에서 깊이 우선 탐색보다 좋은 방법이 없다. 앞에서 본 것처럼 발견적 방법은 도움되지 않는 옵션을 가지치기함으로써 약간의 성능 향상을 가져올 수 있지만 전체적으로 더 좋은 방법은 없다.

이 모든 것은 계획을 가이드하기 위해 전체 불만 값을 사용하고 싶다는 것을 가정한다. 5.7.5절의 앞부분에서 충족시킬 단일 목표를 고르고(그것의 고집에 기반) 그것을 충족시키기 위해 적합한 액션을 선택하는 알고리듬을 봤다. 불만을 포기하고 이 문제에 돌아오면 4장의 길 찾기에서 봤던 A* 알고리듬을 적용할 수 있다.

5.7.6 IDA*로 하는 GOAP

우리의 문제 영역은 목표와 액션의 집합으로 구성된다. 목표는 추구할 단일 목표를 선택할 수 있게 하는 다양한 고집 수준을 가진다. 액션은 그것이 어떤 목표를 충족시키는지 말해 준다.

5.7.5절에서 단일 목표를 갖지 않고 모든 가능한 액션 순서의 최고를 찾으려고 했다. 이제 우리는 단일 목표를 갖고 목표로 이끄는 최고 액션 순서에 관심이 있다. 완전히 목표를 충족시키는 액션을 보는 것으로 문제를 제한할 필요가 있다. 가능한 한 많은 고집을 감소시키려는 앞의 방법들과 반대로(그것들을 모두 제거하는 특정 경우인 완전한 충족과 함께) 이제 목표로 삼을 단일 다른 목표를 가져야 하고, 그렇지 않으면 A*는 마법을 부리지 못한다.

이 경우 '최고'를 정의해야 한다. 이상적으로는 가능한 한 짧은 순서를 선호한다. 이것은 액션의 수에 관해서나 총 액션의 시간에 관해서 짧은 것일 수 있다. 시간이 아닌 어떤 자원이 각 액션에 사용되면(마법력, 돈 또는 탄약 같은) 이것도 고려 요소에 넣어야 한다. 길 찾기와 같은 방법으로, 계획의 길이는 하나의 값으로 표현될 수 있는 한 많은 요소의 조합일 수 있다. 최후 측정을 계획의 비용이라고 부를 것이다. 이상적으로 최저 비용의 계획을 찾고 싶다.

성취할 단일 목표와 최소화할 비용 측정을 갖고 계획자를 조종하기 위해 A*를 사용할 수 있다. A*는 많은 GOAP 애플리케이션에서 기본 형태로 사용된다. 그리고 그것의 수정판은 나머지 대부분에서 발견된다. 이미 4장에서 A*를 세밀하게 다뤘다. 따라서 그것이 어떻게 동작하는지 여기서 자세히 보지는 않을 것이다. 왜 이 알고리듬이 작동하는지에 대한 단계별의 정교한 분석은 4장에서 볼 수 있다.

IDA*

가능한 액션의 수가 많다면 순서의 수도 엄청나게 많아질 것이다. 길 찾기에서는 장소를 불문하고 상대적으로 적은 이웃 지점들이 있지만 게임에서는 주어진 상태에서 수백 가지의 가능한 액션이 있을 수 있다.

게다가 우리가 취할 수 있는 액션의 수에 제한이 없을 수도 있다. 언제 멈춰도 될지 모르기 때문에 목표에 도달하지 못한 채 몇 년 혹은 수십 년이 지날 수도 있다. 목표는 종종 달성할 수 없으므로 허용되는 액션의 수에 제한을 추가해야 한다. 이는 깊이 우선 탐색에서 최대 깊이에 해당한다. 길 찾기를 위한 알고리듬으로 A*를 사용할 때 우리는 목표로 향하는 길이 최소 1개 있다고 가정하므로 해결책을 찾을 때까지 깊이 탐색한다. 목표를 찾을 수 없다면 결국 길 찾기는 종료된다.

GOAP에서 같은 것은 일어나지 않는다. 항상 취할 액션이 있고 컴퓨터는 모든 가능한 액션 조합을 시도하는 방법이 아니고서는 목표가 도달 불가능한지 알아낼 수 없다. 목표가 도달 불가하면 알고리듬을 종료하는 대신 그저 계속 메모리 사용량이 늘어날 것이다. 이것을 피하기 위해 최대 깊이를 추가한다. 이 깊이를 추가하는 것은 알고리듬을 반복적 깊이 증가 버전의 A*를 사용하는 이상적 후보로 만든다.

4장에서 논의한 많은 A*의 변형은 GOAP에 작동한다. 전체 A* 구현, 노드 배열 A* 또는 간소화된 메모리 제한 A*^{SMA, Simplified Memory-bounded A*}을 사용할 수 있다. 그러나 내 경험으로는 반복적 깊이 증가 A*^{IDA, Iterative Deeping A*}가 자주 최고의 선택이었다. 그것은 메모리 과다 사용 없이 많은 액션을 다루고 탐색의 깊이를 쉽게 제한할 수 있게 한다. 5장의 문맥에서 그것은 앞의 깊이 우선 알고리듬과 비슷하다는 장점도 있다.

발견적 방법

모든 A* 알고리듬은 발견적 방법 함수를 요구한다. 발견적 방법은 목표가 얼마나 멀리 있는지 추정한다. 그것은 알고리듬이 목표에 가까운 액션을 선호할 수 있게 한다.

주어진 세계 모델이 목표가 충족되는 것과 얼마나 떨어져 있는지 추정하는 발견적 방법 함수가 필요할 것이다. 이는 특히 조정된 긴 액션 순서가 필요할 때 추정하기 어려운 것일 수 있다. 실제로는 그렇더라도 진행이 이뤄지지 않는 것처럼 보일 수 있다. 발견적 방법이 완전히 만들기 불가능하다면 null 발견적 방법을 사용할 수 있다(즉 항상 0의 추정치를 반환하는 것). 길 찾기에서처럼 이것은 A*가 가능한 모든 순서를 체크하는 다익스트라 알고리듬과 같은 방법으로 행동하도록 만든다.

알고리듬

IDA*는 시작 세계 모델에서 발견적 방법 함수를 호출함으로써 시작한다. 그 값은 현재 검색 자르기로 저장된다.

그러면 IDA*는 일련의 깊이 우선 탐색을 수행한다. 각 깊이 우선 탐색은 목표를 충족하는 순서를 찾거나 가능한 모든 순서가 소진될 때까지 진행된다. 탐색은 최대 탐색 깊이와 자르기 값모두에 의해 제한된다. 액션 순서의 총 비용이 자르기 값보다 크면 그 액션은 무시된다.

만약 깊이 우선 탐색이 목표에 도달하면 알고리듬은 결과로 나온 계획을 반환한다. 탐색이 거기에 도달하는 데 실패하면 자르기 값이 약간 증가하고 또 다른 깊이 우선 탐색이 시작된다.

자르기 값이 이전 탐색에서 발견된 자르기 값보다 큰 최소 총 계획 비용으로 증가된다.

IDA*에서 OPEN과 CLOSED 리스트 없이, 우리는 탐색에서 다른 지점에 중복 세계 상태를 찾는지를 추적하고 있지 않다. GOAP 애플리케이션은 그러한 중복을 많이 갖는 경향이 있다. 예를 들어 다른 순서의 일련의 액션은 종종 같은 결과를 갖는다.

각 깊이 우선 탐색에서 같은 액션 집합을 다시 탐색하는 것을 피하고 싶다. 이것을 돕기 위해 전치 표transposition table를 사용할 수 있다. 전치 표는 보드 게임을 위한 AI에서 흔하게 사용되는 데 9장에서 보드 게임 AI에 관해 다룰 것이다.

IDA*에서 전치 표는 간단한 해시hash다. 각 세계 모델은 그것의 내용을 위한 좋은 해시 값을 생성할 수 있어야 한다. 각 깊이 우선 탐색 단계에서 알고리듬은 세계 모델을 해시하고 그것이 이미 전치 표에 있는지 검사한다. 해시에 존재한다면 탐색은 그것을 처리하지 않는다. 그렇지 않으면 그것은 거기로 도달하는 데 쓰이는 순서의 액션의 수와 함께 추가된다.

이것은 해시 키hash key당 여러 엔트리가 있다는 점에서 일반 해시 테이블과 조금 다르다. 정규 해시 테이블은 무한한 수의 데이터를 취할 수 있지만 많이 적재할수록 점점 느려진다. 우리의 경우는 해시 키당 하나의 아이템만 저장할 수 있다. 또 다른 세계 모델이 같은 해시 키로 온다면 저장하지 않고 그것을 완전히 처리하거나 그 자리에 있는 세계 모델을 쫓아낼 수 있다. 이방법으로 메모리 과다 사용 없이 알고리듬의 속도를 높게 유지한다. 기존 엔트리를 쫓을지 결정하기 위해 간단한 경험칙을 쓴다. 현재 엔트리가 관련된 이동이 더 작으면 엔트리를 교체한다.

그림 5.45는 왜 이것이 작동하는지 보여 준다. 세계 모델 A와 B는 다지만 둘 다 정확히 같은 해시 값을 가진다. 레이블 없는 세계 모델은 고유의 해시 값을 가진다. 세계 모델 A는 두 번 나타난다. 두 번째 버전을 고려하는 것을 피할 수 있다면 많은 중복을 피할 수 있다. 그러나 세계 모델 B가 먼저 발견되고, 또한 두 번 나온다. 두 번째 나타남은 나중에 일어나며 처리할 후속 이동이 더 적다. 두 번째 A 또는 두 번째 B를 처리하지 않는 것 중 하나를 선택한다면 전체 작업을 줄이는 데 더 도움이 되기 때문에 A를 처리하는 것을 피하고 싶다.

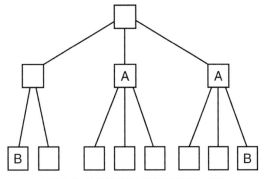

그림 5.45 전치 엔트리를 아래로 교체하는 이유

이 발견적 방법을 사용함으로써 충돌하는 해시 값은 더 높은 수준의 세계 상태를 선호하는 것으로 해결되며 예제에서 정확히 올바른 행동을 얻게 된다.

의사 코드

IDA*의 주 알고리듬은 다음과 같다.

```
 1  function planAction(worldModel: WorldModel,
 2                       goal: Goal,
 3                       heuristic: Heuristic,
 4                       maxDepth: int) -> Action:
 5
 6      # 초기 자르기는 시작 모델로부터의 발견적 방법이다.
 7      cutoff: float = heuristic.estimate(worldModel)
 8
 9      # 전치 표를 만든다.
10      transpositionTable = new TranspositionTable()
11
12      # 올바른 계획을 갖거나 가능한 것이 없다는 것을
13      # 알 때까지 깊이 우선 탐색을 반복한다.
14      while 0 < cutoff < infinity:
15          # 새 자르기나 탐색으로부터의 최고 액션을 얻는다.
16          cutoff, action = doDepthFirst(
17              worldModel, goal,
18              transpositionTable, heuristic,
19              maxDepth, cutoff)
20
21      # 액션을 가지면 반환한다.
22      return action
```

대부분의 작업은 doDepthFirst 함수에서 이뤄진다. 그것은 앞에서 본 깊이 우선 GOAP 알고리 듬과 매우 비슷하다.

```
1   function doDepthFirst(worldModel: WorldModel,
2                         goal: Goal,
3                         heuristic: Heuristic,
4                         transpositionTable : TranspositionTable,
5                         maxDepth: int,
6                         cutoff: float) -> (float, Action):
7
8       # 각 깊이에 있는 세계 모델에 대한 저장소와
9       # 거기에 해당하는 액션을 비용을 포함해 만든다.
10      models = new WorldModel[maxDepth+1]
11      actions = new Action[maxDepth]
12      costs = new float[maxDepth]
13
14      # 초기 데이터를 설정
15      models[0] = worldModel
16      currentDepth: int = 0
17
18      # 최소 가지치기된 자르기를 추적
19      smallestCutoff: float = infinity
20
21      # 깊이 0에서 모든 액션을 완료할 때까지 반복한다.
22      while currentDepth >= 0:
23          # 목표를 갖는지 검사
24          if goal.isFulfilled(models[currentDepth]):
25              # 깊이 우선 탐색에서 결과를 갖고 즉시 반환할 수 있다.
26              return 0, actions[0]
27
28          # 최대 깊이에 있는지 검사
29          if currentDepth >= maxDepth:
30              # 이 깊이를 완료해서 되돌아간다.
31              currentDepth -= 1
32
33              # 다음 반복으로 점프
34              continue
35
36          # 계획의 전체 비용을 계산한다.
37          # 모든 다른 경우에 그것이 필요할 것이다.
38          cost = heuristic.estimate(models[currentDepth]) +
39                  costs[currentDepth]
```

```
40
41        # 비용에 기반해 가지치기해야 하는지 검사
42        if cost > cutoff:
43            # 이것이 최소 가지치기인지 검사
44            if cutoff < smallestCutoff:
45                smallestCutoff = cutoff
46
47            # 이 깊이를 완료해서 되돌아간다.
48            currentDepth -= 1
49
50            # 다음 반복으로 점프
51            continue
52
53        # 그렇지 않으면 다음 액션을 시도해야 한다.
54        nextAction = models[currentDepth].nextAction()
55
56        if nextAction:
57            # 적용할 액션이 있다. 현재 모델을 복사한다.
58            models[currentDepth+1] = models[currentDepth]
59
60            # 그리고 액션을 복사본에 적용한다.
61            actions[currentDepth] = nextAction
62            models[currentDepth+1].applyAction(nextAction)
63            costs[currentDepth+1] = costs[currentDepth] +
64                                    nextAction.getCost()
65
66            # 이미 이 상태를 봤는지 검사
67            if not transitionTable.has(models[currentDepth+1]):
68
69                # 다음 반복에서 새 상태를 처리
70                currentDepth += 1
71
72            # 그렇지 않으면 그것을 처리할 필요가
73            # 없다. 왜냐하면 전에 봤기 때문이다.
74
75            # 새 모델을 전치 표에 할당
76            transitionTable.add(models[currentDepth+1],
77                                currentDepth)
78
79        # 그렇지 않으면 시도할 액션이 없다. 따라서 이 수준은 끝났다.
80        else:
81            # 다음 최고 수준으로 돌아간다.
```

```
82          currentDepth -= 1
83
84      # 반복을 완료했고, 액션을 찾지 못했다.
85      # 최소 자르기를 반환한다.
86      return smallestCutoff, null
```

자료 구조 및 인터페이스

세계 모델은 전과 똑같다. Action 클래스는 이제 getCost가 필요하다. 이것은 비용이 오로지 시간에 의해 통제된다면 앞에서 사용된 getDuration 메서드와 같을 수 있다.

Goal 클래스에 isFulfilled 메서드를 추가했다. 세계 모델이 주어졌을 때 그것은 세계 모델에서 목표가 충족되면 참을 반환한다.

발견적 방법 객체는 estimate 메서드를 가진다. 이것은 주어진 세계 모델로부터 목표에 도달하는 비용의 추산을 반환한다.

다음 인터페이스를 갖는 TranspositionTable을 추가했다.

```
1  class TranspositionTable:
2      function has(worldModel: WorldModel) -> bool
3      function add(worldModel: WorldModel, depth: int)
```

세계 모델로부터 해시 정수를 생성할 수 있는 해시 함수를 가진다고 가정해서 다음 방법으로 전이 표를 구현할 수 있다.

```
1  class TranspositionTable:
2      # 단일 표 엔트리를 저장
3      class Entry:
4          # 엔트리에 대한 세계 모델을 저장, 모든 엔트리는 초기에 비어 있다.
5          worldModel = null
6
7          # 세계 모델이 발견된 깊이를 저장
8          # 이것은 초기에 무한대다. 왜냐하면 add 메서드에서
9          # 사용하는 교체 전략이 비어 있는지 아닌지에 상관없이
10         # 같은 방식으로 처리할 수 있기 때문이다.
11         depth = infinity
12
13     # 고정된 크기의 엔트리 배열
```

```
14      size: int
15      entries: Entry[size]
16
17      function has(worldModel: WorldModel) -> bool:
18          # 해시 값을 얻는다.
19          hashValue: int = hash(worldModel)
20
21          # 엔트리를 찾는다.
22          entry: Entry = entries[hashValue % size]
23
24          # 올바른 것인지 검사
25          return entry.worldModel == worldModel
26
27      function add(worldModel: WorldModel, depth: int)
28          # 해시 값을 얻는다.
29          hashValue: int = hash(worldModel)
30
31          # 엔트리를 찾는다.
32          entry: Entry = entries[hashValue % size]
33
34          # 올바른 세계 모델인지 검사
35          if entry.worldModel == worldModel:
36              # 더 낮은 깊이를 가지면 새로운 것을 사용한다.
37              if depth < entry.depth:
38                  entry.depth = depth
39          # 그렇지 않으면 충돌(또는 빈 슬롯)이 있다.
40          else:
41              # 새 깊이가 낮으면 슬롯을 교체
42              if depth < entry.depth:
43                  entry.worldModel = worldModel
44                  entry.depth = depth
```

전이 표는 대개 매우 크지 않아도 된다. 예를 들어 동시에 10개의 액션과 깊이 10의 문제에서 단지 1000 원소의 전이 표를 사용할 수 있다. 항상 그렇듯이 실험과 프로파일링이 속도와 메모리 사용 간의 완전한 트레이드 오프를 얻는 열쇠다.

구현 노트

DoDepthFirst 함수는 데이터 2개, 즉 잘린 최소 비용과 시도할 액션을 반환한다. C++ 같은 언어에서는 다중 반환이 불편한데 보통 레퍼런스로 전달된다. 따라서 그 자리에서 변경될 수 있다. 이것은 웹사이트에 있는 소스 코드에서 채택된 방법이다.

성능

IDA*는 메모리로 O(t)다. 여기서 t는 전이 표에서 엔트리의 수다. 그것은 시간으로는 O(n^d)이다. 여기서 n은 각 세계 모델에서의 가능한 액션의 수이고, d는 최대 깊이다. 이것은 모든 가능한 대체물의 전체 탐색$^{exhaustive\ search}$만큼 시간이 걸리는 것처럼 보인다. 사실 탐색에서 확장적 가지치기는 IDA*를 사용함으로써 큰 속도 향상을 얻는다는 것을 의미한다. 하지만 최악의 경우(예를 들어 올바른 계획에 없을 때 또는 유일한 올바른 계획이 가장 비싼 것일 때) 전체 탐색만큼 많은 일을 해야 할 것이다.

5.7.7 냄새 나는 GOB

믿을 만한 GOB를 만드는 흥미로운 방법 하나는 11.4절에서 논의되는 감각 인지 시뮬레이션과 관련돼 있다.

이 모델에서 캐릭터가 가질 수 있는 각 동기('먹기'나 '정보 찾기' 같은)는 냄새의 종류로 표현된다. 이는 점차 게임 레벨을 통해 확산된다. 이와 관련된 액션을 갖는 객체는 액션이 영향을 미치는 각 동기당 하나씩 그런 '냄새'의 칵테일을 내놓을 것이다. 예를 들어 오븐은 '나는 음식을 제공할 수 있다' 냄새를 내고, 침대는 '나는 휴식을 줄 수 있다' 냄새를 낼 수 있다.

목표지향 행동은 캐릭터가 만족시키는 데 가장 신경을 쓰는 동기에 대한 냄새를 쫓는 캐릭터를 가짐으로써 구현될 수 있다. 예를 들어 극도로 배고픈 캐릭터는 '나는 음식을 제공할 수 있다' 냄새를 따라가서 조리 기구로 향할 것이다.

이 방법은 게임에서의 복잡한 길 찾기의 필요성을 줄인다. 캐릭터가 세 가지 가능한 음식 원천을 가지면, 재래식 GOB는 각 음식 원천으로 도달하기에 얼마나 어려운지 보기 위해 패스파인더를 사용한다. 그러면 캐릭터는 가장 편리한 원천을 선택한다.

냄새 방법은 음식의 위치로부터 확산돼 나간다. 그것은 모퉁이를 도는 데 시간이 걸린다. 그것은 벽을 뚫고 이동하지 못하고 자연적으로 복잡한 레벨을 통과하는 길을 찾는다. 그것은 신호의 강도를 포함할 수도 있다. 냄새는 음식 원천에서 가장 강하고 멀리 갈수록 희미해진다.

길 찾기를 피하기 위해 캐릭터는 각 프레임에서 가장 큰 농도의 냄새 방향으로 이동할 수 있다. 이것은 자연적으로 냄새가 캐릭터로 도달하는 길의 반대 방향이 된다. 그것은 목표를 향해 코를 따라간다. 마찬가지로, 냄새의 강도가 점점 없어지므로 캐릭터는 가장 쉬운 원천을 향해 이동하게 된다.

이것은 다른 원천이 다른 강도를 방출하게 해 확장될 수 있다. 예를 들어 정크 푸드junk food는 작은 신호를 낼 수 있고, 정성들인 음식은 더 많이 방출할 수 있다. 이렇게 캐릭터는 정말로 쉽게 접근할 수 있는 영양가가 적은 음식을 선호하고, 균형 잡힌 음식을 조리하기 위한 노력도 하게 된다. 이 확장이 없이는 캐릭터가 항상 주방에 있는 정크 푸드를 찾을 것이다.

이 '냄새' 방법은 〈심즈〉에서 캐릭터에게 적합한 액션을 안내하기 위해 사용됐다. 그것은 상대적으로 구현하기 간단하고(11장에 제시된 감각 관리 알고리듬을 사용할 수 있다) 실제감 있는 행동을 잘 제공한다. 그러나 몇몇 한계가 있고 게임에서 여기에 의존하려면 사용하기 전에 수정을 거쳐야 한다.

복합 액션

많은 액션은 다중 단계를 요구한다. 예를 들어 음식 조리는 날 음식 찾기, 조리, 먹기를 요구한다. 음식은 조리가 필요 없다고 판명될 수도 있다. 만약 캐릭터가 거기로 걸어가서 날음식을 들고 있지 않아 아무것도 조리할 수 없다면 '나는 음식을 제공할 수 있다' 신호를 발하는 조리 기구를 갖는 것은 의미 없다.

이 장르의 중요한 타이틀은 대개 이 문제에 대한 두 해결책, 즉 신호를 다양하게 하는 것과 이 신호들의 방출을 게임 캐릭터의 상태에 의존하게 하는 것을 조합한다.

▌ 액션 기반 신호

게임에서의 '냄새' 수는 잡아낼 다른 액션 뉘앙스를 허용하기 위해 증가될 수 있다. 다른 냄새는 조리된 음식이 아닌 날음식을 제공하는 객체가 가질 수 있다. 이것은 해결책의 우아함을 감소시킨다. 캐릭터는 추구하는 특정 동기에 대한 자취를 더 이상 쉽게 쫓을 수 없다. 동기를 나타내는 확산하는 신호 대신에 이제 그들은 개별 액션을 나타내는 효과가 된다. '나는 너를 먹일 수 있다' 신호 대신에 '나는 날 음식을 조리할 수 있다' 신호가 있다.

이것은 캐릭터가 현재 목표를 가장 잘 충족시키기 위해 어떤 액션을 작업할지의 일반 GOB 의사결정 단계를 수행할 필요가 있다는 것을 의미한다. 그들의 액션 선택은 사용할 수 있다고 아는 액션뿐만 아니라 현재 위치에서 탐지할 수 있는 액션 신호의 패턴에도 의존해야 한다.

반면에 이 기법은 넓은 범위의 가능한 액션을 지원하고 새 객체 집합이 만들어짐에 따라 쉽게 확장될 수 있다.

캐릭터 고유 시그널

다른 방법은 객체가 특정 시간에 캐릭터에 의해 사용될 수 있을 때만 신호를 방출하게 하는 것이다. 예를 들어 날음식 조각을 지참한 캐릭터는 오븐에 끌릴 수 있다(오븐은 이제 '나는 음식을 줄 수 있다' 신호를 낸다). 같은 캐릭터가 날 음식을 지참하지 않고 있다면 냉장고가 '음식을 줄 수 있다' 신호를 내고, 오븐은 아무 신호도 내지 않는다.

이 방법은 매우 유연하고 극적으로 복잡한 시퀀스의 액션에 필요한 계획의 양을 줄일 수 있다.

게임에서 확산되는 신호가 이제 하나의 특정 캐릭터에 의존한다는 중요한 단점이 있다. 두 캐릭터는 정확히 같은 물체를 지참하거나 정확히 같은 액션 집합을 수행할 수 있을 리가 거의 없다. 이것은 각 캐릭터에 대해 별개의 감각 시뮬레이션이 필요하다는 것을 의미한다. 게임이 느리게 움직이는 소수의 캐릭터를 가질 때 이것은 문제가 안 된다(캐릭터는 몇 백 프레임마다만 의사결정을 하고 감각 시뮬레이션은 여러 프레임에 쉽게 걸칠 수 있다). 더 크거나 빠른 시뮬레이션에서는 이것이 실용적이지 않다.

5.8 룰 기반 시스템

룰 기반[rule-based] 시스템은 1970년대와 1980년대 초기에 AI 연구의 선구자였다. 여러 유명한 AI 프로그램은 그것으로 만들어졌고, '전문가 시스템'의 실체로, 가장 널리 알려진 AI 기법이 됐다. 그것들은 비록 비효율적이고 구현하기 어렵다는 평판에도 불구하고 최소 20년 동안 게임 안팎에서 쓰였다. 이들은 꽤 흔치 않은 접근 방식으로 남아 있는데, 부분적으로는 유사한 행동들이 거의 항상 의사결정 나무나 상태 기계를 사용해 더 간단한 방법으로 달성될 수 있기 때문이다.

그러나 특히 디자이너가 쉽게 예측할 수 없는 방법으로 캐릭터가 세계에 대해 추론을 해야 하거나 의사결정 트리에 인코딩될 수 없을 때 고유의 강점이 있다.

룰 기반 시스템은 두 부분, 즉 AI가 이용할 수 있는 지식을 포함한 데이터베이스와 if-then 룰 집합으로 된 공통 구조를 갖는다.

룰은 'if' 조건이 충족됐는지 결정하기 위해 데이터베이스를 조사할 수 있다. 조건이 충족된 룰은 격발된다고 한다. 격발된 룰은 발포하기로 선택될 수 있고 이때 'then' 부분이 실행된다 (그림 5.46).

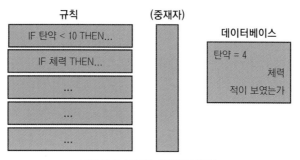

그림 5.46 룰 기반 시스템의 구조도

이것은 상태 기계 전이에서 사용된 것과 같은 명명법이다. 그러나 이 경우에 룰은 데이터베이스의 내용에 기반해 격발되고 그것들의 효과는 상태 전이를 일으키는 것보다 일반적일 수 있다.

많은 룰 기반 시스템은 세 번째 요소, 즉 어떤 격발된 룰이 발포될지를 결정하는 중재자arbiter를 추가한다. 간단한 룰 기반 시스템을 공통 최적화와 함께 먼저 보고, 5.8절의 뒷부분에서 중재자로 돌아올 것이다.

5.8.1 문제

전통적 AI에서의 룰 기반 시스템에서 전형적인 기능들을 가진 의사결정 시스템을 만들 것이다. 명세는 꽤 복잡하고 많은 게임에서 요구되는 것보다 유연하다. 하지만 같은 효과를 얻는 데는 상태 기계나 의사결정 트리가 더 간단할 것 같다.

5.8.1절에서 많은 룰 기반 시스템 구현에 공유되는 속성들을 살펴본다. 각 속성은 다음 알고리듬으로 지원된다. 데이터베이스의 내용과 매우 느슨한 문맥을 사용하는 룰을 소개한다. 이어지는 내용은 구현될 수 있는 각 요소에 대한 구조를 제시한다.

데이터베이스 매칭

룰의 'if' 조건은 데이터베이스에 대해 매치되며 성공적인 매치는 룰을 격발시킨다. 보통 패턴이라고 불리는 조건은 대개 데이터베이스에 있는 것과 같은 사실fact로 구성되며 AND, OR,

NOT 같은 부울 연산자^{Boolean operator}와 결합된다.

예를 들어 화력 팀의 군인들의 체력에 대한 정보를 담은 데이터베이스가 있다고 가정하자. 한 시점에서 데이터베이스는 다음 정보를 가진다.

```
Captin: health = 51
Johnson: health = 38
Sale: health = 42
Whisker: health = 15
```

통신 전문가, 위스커^{Whisker}는 그녀의 체력이 0으로 떨어질 때 라디오를 떼어 내야 한다. 다음과 같이 패턴을 보면 격발하는 룰을 사용할 수 있다.

```
Whisker: health = 0
```

물론 룰은 위스커가 아직 라디오를 갖고 있을 때만 격발해야 한다. 따라서 먼저 데이터베이스에 적절한 정보를 추가해야 한다. 데이터베이스는 이제 다음 정보를 갖는다.

```
Captin: health = 51
Johnson: health = 38
Sale: health = 42
Whisker: health = 15
Whisker: has-radio
```

이제 부울 연산자를 사용할 수 있다. 패턴은 다음과 같다.

```
Whisker: health = 0 AND Whisker: has-radio
```

실제로는 매치할 수 있는 패턴에서 더 유연함을 원한다. 예제에서 위스커가 죽지 않았더라도 많이 다쳤으면 라디오를 떼어 내고 싶다. 따라서 패턴은 범위를 매치해야 한다.

```
Whisker: health < 0 AND Whisker: has-radio
```

여기까지 친숙한 토대에 있다. 상태 전이를 격발하기 위해 만든 테스트 종류나 의사결정 트리에서의 의사결정과 비슷하다.

시스템의 유연성을 향상시키기 위해 매칭에 와일드 카드를 추가하는 것이 유용하다. 예를 들어 다음과 같이 말할 수 있다.

```
Anyone: health < 15
```

그리고 데이터베이스에서 체력이 15보다 작은 사람이 있으면 이 매치를 갖게 할 수 있다. 비슷하게 다음과 같이 말할 수 있다.

```
Anyone-1: health < 15 AND Anyone-2: health > 45
```

건강한 사람이 있는지 확인한다(예를 들어 건강한 사람이 약한 사람을 들고 가기를 원할 수 있다).

많은 룰 기반 시스템은 더 향상된 와일드 카드 패턴 매칭을 사용한다. 이것은 단일화^{unification}라고 불리며 와일드 카드를 포함할 수 있다. 주 알고리듬을 소개한 후 5.8.1절 뒷부분에서 단일화로 돌아올 것이다.

조건-액션 룰

조건-액션 룰은 캐릭터가 데이터베이스에서 매치를 찾은 결과로 어떤 액션을 수행하도록 한다. 비록 룰이 게임의 상태를 직접 수정하도록 작성될 수 있지만, 액션은 보통 룰 기반 시스템 밖에서 수행된다.

화력 팀 예제를 계속해 다음 룰을 만들 수 있다.

```
1   IF Whisker: health = 0 AND Whisker: has-radio
2   THEN Sale: pick up the radio
```

패턴이 매치되면 룰이 발포하고 룰 기반 시스템은 게임에 세일^{Sale}이 라디오를 집어야 한다고 말한다.

이것은 데이터베이스의 정보를 직접 변경하지 않는다. 세일이 실제로 라디오를 집을 수 있다고 가정하지 않는다. 위스커는 아래로 안전하게 내려갈 방법 없이 절벽에서 떨어졌을 수 있다. 세일의 액션은 여러 방법으로 실패할 수 있고 데이터베이스는 게임의 상태에 대한 지식만 포함해야 한다(실제로는 데이터베이스에 AI의 믿음을 포함시키는 것이 도움이 되며 그럴 경우 결과 액션이 더 잘 실패한다).

라디오를 집어 드는 것은 게임 액션이다. 의사결정자로서 행동하는 룰 기반 시스템이 수행할 액션을 선택한다. 게임은 액션이 성공하는지 결정하게 되고 그렇다면 데이터베이스를 업데이트한다.

데이터베이스 다시 쓰기 룰

룰의 결과가 직접 데이터베이스에 통합되는 경우가 있다.

전투기 조종사의 AI에서 다음 내용을 갖는 데이터베이스를 가질 수 있다.

```
Fuel: 1500 kg
Distance-from-base: 100 km
Enemies-sighted: Enemy-42, Enemy-21
Currently: patrolling
```

처음 세 요소인 연료, 기지까지의 거리, 발견된 적은 모두 게임 코드에 의해 컨트롤된다. 그것들은 게임의 상태의 속성을 가리키고 AI 스케줄링 액션에 의해서만 변화될 수 있다. 그러나 마지막 두 요소는 AI에 특정적이고 게임의 나머지와 연관이 없다.

적이 발견되면 조종사의 목표를 '지역 순찰'에서 '공격'으로 바꾸는 룰을 갖고 싶다고 가정한다. 이 경우 '목표 변경' 액션을 스케줄하도록 게임 코드에 요청할 필요가 없다. 다음과 같은 룰을 사용할 수 있다.

```
IF number of sighted enemies > 0 and currently patrolling THEN
    remove(currently patrolling)
    add(attack first sighted enemy)
```

remove 함수는 데이터베이스에서 데이터 조각을 제거하고 add 함수는 새로운 것을 더한다. 첫 번째 데이터 조각을 제거하지 않으면 지역 순찰과 공격 목표 모두 포함하는 데이터베이스를 갖게 된다. 어떤 경우에는 이것이 맞을 수도 있다(따라서 예를 들어 침입자가 파괴됐을 때 조종사가 다시 지역 순찰로 돌아갈 수 있다).

두 종류의 효과, 즉 게임에 의해 수행되는 액션을 요청하는 것과 데이터베이스를 조작하는 것을 결합하고 싶을 것이다. 추가적인 유연함을 위해 룰 발포의 결과로서 임의의 코드를 실행하고 싶을 수도 있다.

포워드와 백워드 체이닝

지금까지 설명한 룰 기반 시스템에서 게임에서 제품 코드에 사용된 유일한 것은 '포워드 체이닝forward chaining'이라고 알려졌다. 그것은 알려진 정보의 데이터베이스로부터 시작하고 데이터베이스 내용을 변경하는 룰을 반복적으로 적용한다(직접 또는 캐릭터 액션을 통해 게임 상태를 변경함으로써).

AI의 다른 영역에서 룰 기반 시스템에 대한 논의는 '백워드 체이닝backward chaining'을 언급할 것이다. 백워드 체이닝은 데이터베이스에서 찾을 수 있는 종류의 주어진 지식 조각으로부터 시작한다. 이 데이터 조각은 목표다. 시스템은 현재 데이터베이스 내용에서 목표로 이끄는 일련의 룰 발포에 대해 작업하기를 시도한다. 이는 목표를 생성할 수 있는지 확인하기 위해 규칙의 THEN 구성 요소를 확인하는 방식으로 작동한다. 목표를 생성할 수 있는 규칙을 찾으면 조건을 어떻게 충족시킬 것인지 확인하고 이 과정은 데이터베이스에서 관련된 모든 조건을 확인하는 것을 포함한다. 백워드 체이닝은 다양한 영역에서(정리 증명과 계획 같은) 매우 중요한 기술이지만 실제 게임에서 사용된 사례는 보지 못했다. 게임에서 사용될 수 있는 몇 가지 상황들을 상상해 볼 수 있지만 이 책의 목적을 벗어나므로 생략할 것이다.

데이터베이스에서의 데이터 형식

데이터베이스는 캐릭터의 지식을 포함한다. 그것은 게임 관련 데이터의 어떤 종류도 포함할 수 있어야 하고 각 데이터 아이템은 식별돼야 한다. 캐릭터의 체력을 데이터베이스에 저장하고 싶으면 체력 값과 그 값이 의미하는 어떤 식별자가 필요하다. 값 자체만으로는 충분하지 않다.

부울 값을 저장하는 데 관심이 있으면 식별자는 자체로 충분하다. 부울 값이 참이면 식별자가 데이터베이스에 위치하며 거짓이면 식별자는 포함되지 않는다.

```
Fuel = 1500 kg
patrol zone
```

이 예제에서 지역 순찰 목표는 값이 없는 식별자identifier이며 참 값을 갖는 부울Boolean이라 가정할 수 있다. 다른 예제 데이터베이스 항목은 식별자(예를 들어 'fuel')와 값(1500)을 갖는다. 데이텀Datum을 데이터베이스에서의 단일 항목이라고 정의하자. Datum은 식별자와 값으로 구성된다. 값은 필요 없을 수도 있다(그것이 참 값의 부울이라면). 그러나 편의성을 위해 명시적이라고 가정할 것이다.

이 종류의 Datum 객체만 갖는 데이터베이스는 불편하다. 캐릭터의 지식이 전체 화력 팀을 망라하는 게임에서 다음을 가질 수 있다.

```
Captain: weapon = rifle
Johnson: weapon = machine-gun
Captain: rifle-ammo = 36
Johnson: machine-gun-ammo = 229
```

이 중첩은 매우 깊어질 수 있다. 캡틴^{Captain}의 탄약을 찾고자 하면 여러 가능한 식별자, 즉 Captain's-rifle-ammo, Captain's-RPG ammo, Captain's-machine-gun-ammo 등을 검사해야 한다.

대신에 데이터에 대해 계층적 형식을 사용하고 싶다. Datum을 확장해 그것이 값을 저장하거나 Datum 객체의 집합을 저장할 수 있다. 이들 각 Datum 객체는 비슷하게 값이나 리스트를 포함할 수 있다. 데이터는 어떤 깊이로도 중첩된다.

Datum 객체는 여러 Datum 객체, 그러나 한 값만 포함할 수 있음을 주목하라. 그 값은 많은 변수를 포함하는 구조체나 필요하다면 함수 포인터까지도 포함해 게임이 이해하는 어떤 타입도 될 수 있다. 데이터베이스는 내장 타입을 포함해 그것이 이해하지 못하는 불투명한 타입으로 모든 값을 취급한다.

기호적으로, 데이터베이스의 Datum을 다음과 같이 나타낸다.

```
(identifier content)
```

여기서 content는 값이거나 Datum 객체의 리스트다. 이전 데이터베이스를 다음과 같이 표현할 수 있다.

```
(Captain's-weapon (Rifle (Ammo 36)))
(Johnson's-weapon (Machine-Gun (Ammo 229)))
```

이 데이터베이스는 두 Datum 객체를 가진다. 모두 한 Datum 객체(무기 종류)를 포함한다. 각 무기는 Datum을 하나 가진다. 이 경우 중첩은 멈추고 탄약은 값만을 가진다.

한 식별자에 한 사람에 대한 모든 데이터를 저장하기 위해 이 계층을 확장할 수 있다.

```
(
        Captain (Weapon (Rifle (Ammo 36) (Clips 2)))
        (Health 65)
        (Position [21, 46, 92])
)
```

이 데이터베이스 구조를 갖는 것은 더 복잡한 룰 매칭 알고리듬을 구현할 유연성을 준다. 이것은 더 강력한 AI를 구현할 수 있게 한다.

와일드 카드의 개념

내가 사용한 표기법은 LISP와 비슷하다. LISP는 1990년대까지 AI에서 주로 선택되는 것이었기 때문에 룰 기반 시스템에 대한 논문이나 책을 읽으면 친숙할 것이다. 그것은 우리의 필요에 따라 단순화된 버전이다. 이 문법에서 와일드 카드는 보통 다음과 같이 쓰여진다.

```
(?anyone (Health 0-15))
```

그리고 이것은 종종 변수 variables 라고 불린다.

5.8.2 알고리듬

데이터를 포함한 데이터베이스로부터 시작하자. 어떤 외부 함수의 집합이 게임의 현재 상태로부터 데이터를 데이터베이스로 이전시켜야 한다. 추가 데이터는 데이터베이스에 간직될 수 있다(룰 기반 시스템을 사용하는 캐릭터의 현재 내부 상태 같은). 이 함수들은 이 알고리듬의 부분이 아니다.

룰 집합도 제공된다. 룰의 IF 절은 데이터베이스에서 매치하기 위한 부울 연산자(AND, OR, NOT, XOR 등)로 결합되는 데이터 아이템들을 포함한다. 매칭이 값 자체나 수치 타입에 대해서는 작거나 크거나 범위 안에 있는 연산자에 의해서 결정된다고 가정한다.

룰은 조건-액션 룰이라고 가정한다. 룰은 항상 어떤 함수를 호출한다. 액션 중에 데이터베이스에 있는 값을 변경함으로써 이 프레임워크에서 데이터베이스 다시 쓰기 룰을 구현하는 것은 쉽다. 이것은 많은 산업 AI 시스템과는 다르게 게임에서 사용되는 룰 기반 시스템은 데이터베이스 다시 쓰기보다 조건-액션 룰을 더 많이 포함하는 경향이 있다는 것을 반영한다.

룰 기반 시스템은 반복에서 룰을 적용하고 어떤 수의 반복도 연속으로 수행될 수 있다. 발포된 룰에 의해서나 다른 코드가 데이터베이스의 내용을 업데이트하기 때문에 데이터베이스는 각 반복에서 변경될 수 있다.

룰 기반 시스템은 단순히 현재 데이터베이스에서 격발하는지 각 룰을 체크한다. 격발하는 첫 번째 룰이 발포되고, 그 룰에 관련된 액션이 실행된다.

이 매칭 알고리듬은 복잡할 것이 없다. 이것은 단순히 작동하는지 확인하기 위해 모든 가능성을 시도한다. 단순한 시스템을 제외하고는, 더 효율적인 알고리듬을 사용하는 것이 좋을 것이다. 책의 도입부에서 언급한 단순한 알고리듬은 그 자체로는 유용하지 않지만 더 나은 시스템을 만들기 위해 필요한 기본 동작 방식을 이해하는 데는 필수적이다. 5.8절의 뒷부분에서 더 빠른 매칭을 위한 업계 표준인 Rete를 소개할 것이다.

5.8.3 의사 코드

룰 기반 시스템은 다음과 같이 매우 간단하다.

```
1    function ruleBasedIteration(database: DataNode, rules: Rule[]):
2        # 각 룰을 검사
3        for rule in rules:
4            # 빈 바인딩 집합을 만든다.
5            bindings = []
6
7            # 격발을 검사
8            if rule.ifClause.matches(database, bindings):
9                # 룰을 발포
10               rule.getActions(bindings)
11
12               # 그리고 나간다. 이번 반복은 끝났다.
13               break
14
```

```
15        # 여기에 도달한다면 매치가 없는 것이어서 기본 액션을 하거나
16        # 그냥 아무것도 하지 않는다.
```

룰의 IF 절의 Matches 함수는 절이 매치 되는지 데이터베이스를 뒤지며 검사한다.

5.8.4 자료 구조 및 인터페이스

이렇게 간단한 알고리듬에서 대부분의 일이 자료 구조에서 이뤄진다는 것은 놀라운 것이 아니다. 특히 matches 함수가 주요 부담을 진다. 룰 매칭에 대한 의사 코드를 주기 전에 데이터베이스가 어떻게 구현되는지와 룰의 IF 절이 거기에 어떻게 작동하는지 봐야 한다.

데이터베이스

데이터베이스는 단순히 DataNode 클래스로 표현되는 데이터 아이템의 리스트나 배열일 수 있다. 데이터베이스의 DataGroup들은 추가의 데이터 노드를 저장한다. 따라서 전체 데이터베이스는 정보의 트리가 된다.

트리의 각 노드는 다음 기본 구조를 갖는다.

```
1  class DataNode:
2      identifier: string
```

비잎non-leaf 노드는 데이터에서의 데이터 그룹에 대응하며 다음과 같다.

```
1  class DataGroup extends DataNode:
2      children: DataNode[]
```

트리의 잎들은 실제 값을 갖고 있으며 다음과 같다.

```
1  class Datum extends DataNode:
2      value: any
```

데이터 그룹의 자식들은 또 다른 데이터 그룹이거나 Datum 중 어떤 데이터 노드도 될 수 있다. 비록 실제로 이것을 모든 세 구조체의 데이터 멤버를 포함하는 단일 구조체로 구현하는 것이 나을 때가 많지만 명확성을 위해 일정 형식의 다형성을 가정한다.

룰

룰은 다음 구조를 갖는다.

```
1  class Rule:
2      ifClause: Match
3      function getActions(bindings: Bindings)
```

IfClause는 데이터베이스에 매치하기 위해 사용되며 아래에서 설명된다. action 함수는 데이터베이스 내용을 변경하는 것도 포함해 요구되는 어떤 액션도 수행할 수 있다. 그것은 IF 절에서 와일드 카드로 매치되는 데이터베이스의 아이템들로 채워진 바인딩 리스트를 받는다.

IF 절

IF 절은 부울 연산자가 결합한 데이터베이스의 데이터 항목과 유사한 형식의 데이터 항목 집합으로 구성된다. 그것들은 데이터베이스를 매치할 수 있어야 한다. 따라서 일반적인 자료 구조를 IF 절에서의 요소의 기반 클래스로써 사용한다.

```
1  class Match:
2      function matches(database: DataNode,
3                       bindings: out Bindings) -> bool
```

Bindings 매개 변수는 입력과 출력으로 다 작용하므로 레퍼런스를 지원하는 언어에서는 레퍼런스로 전달될 수 있다. 초기에는 빈 리스트이어야 한다(위의 ruleBasedIteration 드라이버 함수에서 초기화된다). IF 절의 부분이 '상관없음' 값에 매치될 때(와일드 카드) 바인딩에 추가된다.

IF 절의 데이터 아이템은 데이터베이스의 것과 비슷하다. 그러나 두 추가적인 정제가 필요하다. 첫째, 와일드 카드를 구현하기 위해 식별자에 대해 '상관없음' 값을 지정할 수 있어야 한다. 이것은 단순히 이 목적을 위해 예약된 미리 준비된 식별자가 될 수 있다.

둘째, 값의 범위 매치를 지정할 수 있어야 한다. 단일 값 매칭에 있어 작다(less-than) 또는 크다(greater-than) 연산자는 범위 매칭을 사용할 수 있다. 단일 값은 넓이가 0이고 각 연산자들의 상한 또는 하한은 한쪽이 무한대를 의미한다. 결론적으로 일반적인 매치의 경우 범위 매치를 사용하면 된다.

트리의 잎에 위치한 Datum 구조체는 따라서 다음 형식의 DatumMatch 구조체로 교체될 수 있다.

```
1   class DatumMatch extends Match:
2       identifier: string
3       minValue: float
4       maxValue: float
```

부울 연산자는 상태 기계와 같은 방법으로 표현된다. 다른 연산자에 대해 클래스의 다형성을
사용한다.

```
1   class And extends Match:
2       match1: Match
3       match2: Match
4
5       function matches(database: DataNode,
6                       bindings: out Bindings) -> bool:
7           # 두 서브 매치 모두 매치되면 참
8           return match1.matches(database, bindings) and
9                  match2.matches(database, bindings)
10
11  class Not (Match):
12      match: Match
13
14      function matches(database: DataNode,
15                      bindings: out Bindings) -> bool:
16          # 서브 매치에 매치되지 않으면 참.
17          # 새 바인딩 리스트를 전달함을 주목하라.
18          # 왜냐하면 발견된 것에는 관심이 없다.
19          # 매치가 없음을 확실히 하고 있다.
20          return not match.matches(database, [])
```

같은 구현 단서가 상태 기계에 관한 5.3절에서 다룬 다형적 부울 연산자에 적용됨을 주목하라.
같은 솔루션이 코드를 최적화하는 데 적용될 수 있다.

마지막으로, 데이터 그룹을 매치할 수 있어야 한다. 식별자에 대해 '상관없음' 값을 지원해야
한다. 그러나 기본 데이터 그룹 구조체에 추가의 데이터가 필요하지는 않다. 다음과 같은 데이
터 그룹 매치를 가진다.

```
1   class DataGroupMatch extends Match:
2       identifier: string
3       children: Match[]
```

아이템 매칭

이 구조체는 데이터 아이템을 쉽게 결합하게 해준다. 이제 데이터 아이템 자체에 대해 매칭이 어떻게 수행되는지 살펴보겠다.

기본 기법은 룰에 있는 데이터 아이템(테스트 아이템이라고 불림)과 데이터베이스에 있는 임의의 아이템(데이터베이스 아이템이라고 불림)을 매치하는 것이다. 데이터 아이템이 중첩되므로 데이터 그룹과 Datum에 대해 다르게 행동하는 재귀 프로시저를 사용할 것이다.

어떤 경우이든 테스트 데이터 그룹이나 테스트 Datum은 데이터 아이템의 뿌리(즉 또 다른 데이터 그룹에 포함되지 않는다)이면, 데이터베이스의 어떤 아이템과도 매치될 수 있다. 이제 각 데이터베이스 아이템을 검사한다. 루트가 아니면 특정 데이터베이스 아이템만 매치하도록 제한될 것이다.

matches 함수는 기반 클래스인 Match에서만 구현될 수 있다. 단순히 데이터베이스의 개별 아이템을 한 번에 하나씩 매치하려고 한다. 알고리듬은 다음과 같다.

```
 1   class Match:
 2       # ... 전과 같은 멤버 데이터
 3       function matches(database: DataNode,
 4                        bindings: out Bindings) -> bool:
 5
 6           # 데이터베이스의 각 아이템을 순회
 7           for item in database:
 8               # 하나의 아이템이라도 매치하면 매치한 것이다.
 9               if matchesItem(item, bindings):
10                   return true
11
12           # 모든 아이템에 대해 매치가 실패했다.
13           return false
```

단순히 데이터베이스의 개별 아이템을 matchesItem 메서드에 대해 시도한다. MatchesItem 메서드는 특정 데이터 노드의 매칭을 검사한다. 전체 매치는 데이터베이스의 아이템 하나라도 매치하면 성공한다.

| Datum 매칭

테스트 Datum은 데이터베이스 아이템이 같은 식별자를 갖고 범위에 값이 있으면 매치된다.
다음과 같이 간단한 형식이다.

```
1   class DatumMatchextends DataNodeMatch:
2       # ... 전과 같은 멤버 데이터
3       function matches(database: DataNode,
4                        bindings: out Bindings) -> bool:
5
6           # 아이템이 같은 타입인가?
7           if not item insistence Datum:
8               return false
9
10          # 식별자가 매치하는가?
11          if identifier.isWildcard() and
12              identifier != item.identifier:
13              return false
14
15          # 값이 적합한가?
16          if minValue <= item.value <= maxValue:
17              # 바인딩 리스트에 추가해야 하는가?
18              if identifier.isWildcard():
19                  # 바인딩에 추가
20                  bindings.appendBinding(identifier, item)
21
22              # 참을 반환, 매치했기 때문에
23              return true
24          else:
25              return false
```

IsWildcard 메서드는 식별자가 와일드 카드면 참을 반환해야 한다. 예를 들어 식별자로 문자열
을 사용했고 LISP 스타일 와일드 카드 이름을 사용하고 싶었다면 첫 번째 글자가 물음표인지
검사할 수 있다. 웹사이트의 구현은 4바이트의 숫자를 식별자로 사용하고 첫 비트를 식별자가
와일드 카드인지 나타내도록 예약한다. IsWildcard 메서드는 단순히 이 비트를 검사한다.

바인딩 리스트는 식별자(이것은 항상 와일드 카드다)와 매치된 데이터베이스 아이템을 추가하는
appendBinding 메서드가 주어진다. 예를 들어 C++에서 STL list를 사용하고 있다면 그것을 리
스트나 pair 템플릿의 리스트로 갖고 새 식별자, 아이템 쌍을 붙일 수 있다. 또는 식별자로 인
덱스되는 해시 테이블을 사용할 수도 있다.

데이터 그룹 매칭

테스트 데이터 그룹은 식별자가 매치되고 모든 자식이 적어도 하나의 데이터베이스 데이터 그룹의 자식에 매치되면 데이터베이스 데이터 그룹에 매치된다. 데이터베이스 데이터 그룹의 모든 자식이 무엇인가에 매치돼야 하는 것은 아니다.

예를 들어, 매치 항목을 검색할 경우

```
(?anyone (Health 0-54))
```

다음을 매치하고 싶다.

```
(Captain (Health 43) (Ammo 140))
```

비록 ammo가 테스트 데이터 그룹에서 언급되지 않더라도 매치하고 싶다.

데이터 그룹에 대한 MatchesItem 함수는 다음과 같은 형식이다.

```
1   class DataGroupMatch extends DataNodeMatch:
2       # ... 전과 같은 멤버 데이터
3       function matches(database: DataNode,
4                        bindings: out Bindings) -> bool:
5
6           # 아이템이 같은 타입인가?
7           if not item insistence DataGroup:
8               return false
9
10          # 식별자가 매치하는가?
11          if identifier != WILDCARD and
12              identifier != item.identifier:
13              return false
14
15          # 모든 자식이 있는지
16          for child in self.children:
17              # 아이템의 자식을 데이터베이스인 것처럼 사용하고
18              # 재귀적으로 matches를 호출
19              if not child.matches(item.children):
20                  return false
21
22          # 모든 자식을 매치한 것이 틀림없다.
```

```
23            # 바인딩 리스트에 추가해야 하나?
24        if identifier.isWildcard():
25            # 바인딩 추가
26            bindings.appendBinding(identifier, item)
27
28        return true
```

요약

그림 5.47은 모든 클래스와 인터페이스를 하나의 다이어그램으로 보여 준다.

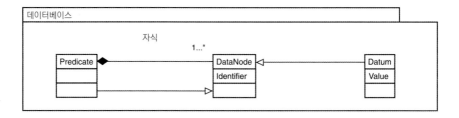

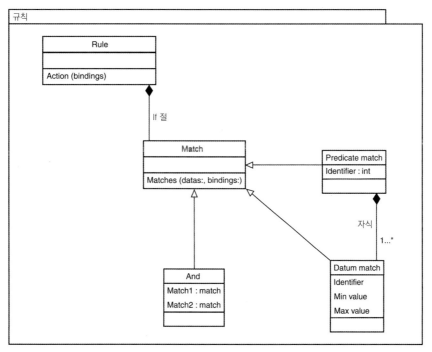

그림 5.47 매칭 시스템의 UML

이 그림은 표준 UML 클래스 다이어그램 형식으로 돼 있다. UML 전문가가 아니더라도 명백할 것으로 기대한다. UML에 대해 더 자세한 정보는 필론^{Pilone}과 피트먼^{Pitman}[48]을 참고하자.

5.8.5 룰 중재

동시에 여러 룰이 데이터베이스에 격발할 수 있다. 각 룰이 적용 가능하지만 오직 하나만 발포할 수 있다. 위에서 기술한 알고리듬에서 처음 격발된 룰이 발포가 허용되고 다른 룰은 고려되지 않는다고 가정했다. 이것은 간단한 룰 중재 알고리듬이다('첫 적용 가능'). 룰이 우선순위로 배열돼 있는 한 그것은 잘 작동한다.

일반적으로 룰 기반 시스템의 중재자는 복수의 룰이 격발될 때 어떤 룰이 발포할지를 결정하는 코드 조각이다. 중재에는 각각 특징이 있는 일반적인 방법이 여럿 있다.

첫 적용 가능

이것은 지금까지 사용된 알고리듬이다. 룰들은 고정된 순서로 제공되고 격발하는 리스트의 첫 번째 룰이 발포된다. 순서는 엄격한 우선순위를 강제하는데 리스트의 앞쪽에 있는 룰은 뒤의 룰보다 우선순위를 갖는다.

그러나 이 중재 전략으로 심각한 문제가 자주 발생한다. 룰이 데이터베이스의 내용을 변경하지 않고 외부 변화가 부과되지 않으면 시스템이 수행될 때마다 동일한 룰이 계속 발포될 것이다. 이것은 필요한 것일 수도 있다(만약 예를 들어 데이터베이스의 내용에 기반해 어떤 액션을 취할지 룰이 나타낸다면). 그러나 끝없는 반복으로 문제를 일으킬 수도 있다.

이 문제의 심각성을 감소시키는 간단한 확장이 있다. 끝없이 반복하면 안 되는 룰은 발포되자마자 일시 정지된다. 일시 정지는 데이터베이스의 내용이 바뀔 때에만 풀린다. 여기에는 각 룰의 일시 정지 상태를 추적하는 것과 데이터베이스가 수정될 때 그것을 청소하는 것을 수반한다.

불행하게도, 데이터베이스가 수정될 때마다 일시 정지를 청소해도 여전히 같은 상황이 일어날 수 있다. 데이터베이스의 어떤 내용이 계속 변화하고 있지만(그리고 만약 게임 세계로부터의 정보가 각 프레임에 거기에 쓰여지고 있다면 보통 그러하다), 문제 룰을 격발시키는 데이터의 아이템들이 안정적이면 룰은 계속 발포될 것이다. 어떤 구현은 룰이 격발되고 있는 개별 데이터의 아이템을 추적하고 그 특정 아이템이 변할 때까지 발포된 룰을 일시 정지시킨다.

가장 옛날에 사용된

연결 리스트는 시스템의 모든 룰을 저장한다. 이전과 마찬가지로 리스트는 순서대로 돼 있다고 보고 리스트에서 처음 격발된 룰이 발포된다. 룰이 발포될 때 리스트의 위치에서 제거되고 끝에 추가된다. 잠시 후 리스트는 사용 순서의 역순으로 룰을 포함하고, 따라서 처음 격발된 룰을 집는 것은 가장 옛날에 사용된 룰을 잡는 것과 같다. 이 방법은 루핑looping 문제를 해결하며 이것은 발포의 기회가 모든 룰에 걸쳐 균등하도록 확실히 한다.

랜덤 룰

여러 룰이 격발되면 한 룰이 무작위로 선택되고 발포될 수 있다.

이전 알고리듬들과 다르게 이 종류의 중재자는 모든 룰을 검사하고 모든 격발된 룰의 리스트를 얻어야 한다. 그러한 리스트로 그것은 한 멤버를 집어서 발포시킬 수 있다. 이전 알고리듬들은 처음 격발된 룰을 찾을 때까지만 리스트를 순회했다. 이 중재 방법은 따라서 덜 효율적이다.

가장 특수한 조건

룰의 조건이 충족되기 매우 쉽고 데이터베이스가 정기적으로 룰을 격발시킨다면 여러 상황에서 유용한 일반적인 룰이고 특수하지 않은 것일 가능성이 높다. 반면에 룰이 충족시키기에 어려운 조건을 갖고 있고 시스템이 룰이 격발하는 것을 발견하면 현재 상황에 매우 특수한 것일 가능성이 높다. 더 특수한 룰은 따라서 더 일반적인 룰보다 선호돼야 한다.

조건이 부울 결합 절로 표현되는 룰 기반 시스템에서 절의 수는 룰의 특수성의 좋은 지표다.

특수성은 룰의 구조에 기반해서만 판정될 수 있다. 시스템이 사용되지 전에 우선순위 순서가 계산될 수 있고 룰은 순서대로 정렬될 수 있다. 중재자 구현은 따라서 첫 적용 가능 방법과 동일하다. 조건의 절 수에 기반해 룰 순서를 자동으로 조절하는 오프라인 단계를 추가하기만 하면 된다.

동적 우선순위 중재

어떤 수치 우선순위 시스템에서도 시스템이 동작하는 동안 우선순위가 변경되지 않는다면 첫 번째 적용 가능한 규칙을 실행하는 것과 동일하다. 일부 기사들과 책에서 정적 우선순위를 위한 우선순위 기반 중재를 제시하기도 하지만 결국 우선순위를 내림차순해 첫 번째 적용 가능한 규칙을 실행하는 것과 동일한 결과를 도출한다. 하지만 우선순위가 동적으로 변할 때는 상황이 다르며 매우 유용하게 활용될 수 있다.

동적 우선순위는 현재 상황에서 그것의 액션이 얼마나 중요한지에 기반해 각 룰에 의해 반환될 수 있다. '헬스 팩이 없다'를 매치하는 룰이 있고, 예를 들어 헬스 팩을 찾는 액션을 예약한다고 가정하자. 캐릭터의 체력이 높으면 룰은 매우 낮은 우선순위를 반환할 수 있다. 격발하는 다른 룰이 있으면 헬스 팩 룰은 무시된다. 따라서 캐릭터는 하고 있는 것을 하고 대체물을 생각할 수 없을 때만 헬스 팩을 찾아갈 것이다. 그러나 캐릭터가 죽음에 가까울 때 룰은 매우 높은 우선순위를 반환한다. 캐릭터는 하고 있는 것을 멈추고 생명을 유지하기 위해 헬스 팩을 찾으러 갈 것이다.

여러 룰을 사용해 동적 우선순위를 구현할 수 있다(예를 들어 하나는 '헬스 팩이 없다 AND 낮은 체력', 하나는 '헬스 팩이 없다 AND 높은 체력'). 그러나 동적 우선순위를 사용하는 것은 룰이 갑자기 최고 우선순위가 되기보다는 점점 중요해지도록 할 수 있다.

중재자는 모든 룰을 검사하고 격발하는 룰 리스트를 집계한다. 그것은 리스트의 각 룰로부터 우선순위를 요청하고 가장 높은 값을 발포하도록 선택한다.

랜덤 룰 선택과 마찬가지로 이 방법은 무엇을 격발할지 결정하기 전에 모든 가능한 룰을 탐색하는 것을 수반한다. 또한 메서드 호출도 추가하는데 이 호출은 우선순위 계산을 안내하기 위해 데이터베이스에서 정보를 찾는 룰을 수반할 수 있다. 이 중재 알고리듬은 가장 유연하지만 위에서 설명한 5개의 중재 알고리듬 중 가장 시간 소모가 많다.

5.8.6 단일화

이전 예제에서 통신 전문가인 위스커^{Whisker}가 결국 죽었다고 가정하자. 그녀의 동료 세일^{Sale}은 라디오를 인수한다. 이제 세일이 심하게 다쳤다고 가정하자. 다른 누군가가 그 라디오를 인수해야 한다. 단순하게 각 사람이 다쳤을 때 라디오를 운반하도록 매치하는 룰을 가질 수 있다.

대신에 와일드 카드를 포함하는 룰을 도입할 수 있다.

```
(?person (health 0-15))
AND
(Radio (held-by ?person))
```

?person 이름은 아무 사람이나 매치한다. 이 와일드 카드들은 일반 와일드 카드(위의 매칭에 관한 절에서 소개한 종류)와는 조금 다르게 행동한다. 그것들이 일반 와일드 카드라면 룰은 다음 데이터베이스를 매치할 것이다.

```
(Johnson (health 38))
(Sale (health 15))
(Whisker (health 25))
(Radio (held-by Whisker))
```

첫 ?person은 세일을 매치한다. 그리고 두 번째로는 위스커를 매치한다. 이것은 우리가 원하는 것이 아니다. 우리는 모두에 대해 같은 사람을 원한다.

단일화에서 같은 것을 지칭하도록 와일드 카드의 집합이 매치된다. 우리의 경우에 룰은 위의 데이터베이스에 매치하지 않고 다음을 매치할 것이다.

```
(Johnson (health 38))
(Sale (health 42))
(Whisker (health 15))
(Radio (held-by Whisker))
```

여기서 두 와일드 카드는 같은 것을 매치한다(위스커).

각 와일드카드에 다른 사람을 매치하고 싶으면 각 와일드 카드에 다른 이름을 주어서 그렇게 요청할 수 있다. 예를 들어 다음 형식의 패턴을 사용할 수 있다.

```
(?person-1 (health 0-15))
AND
(Radio (held-by ?person-2))
```

단일화는 중요하다. 왜냐하면 그것은 룰 매칭을 훨씬 강력하게 만들기 때문이다. 단일화 없이 같은 효과를 내려면 예제에서 4개의 룰이 필요하다. 다음 패턴처럼 다른 상황도 있다.

```
(Johnson (health ?value-1))
AND
(Sale (health ?value-2))
AND
?value-1 < ?value-2
```

여기서 단일화가 사용 불가하다면 거의 무한 개의 일반 룰이 필요할 것이다(체력 값이 부동 소수점 수라고 가정하면 2^{32}보다 약간 작은 수의 룰이 필요해서 확실히 실용적으로는 너무 많다). 여분의 힘을 사용하기 위해 룰 기반 시스템이 단일화와 함께 패턴 매칭을 지원했으면 좋겠다.

성능

불행히도 단일화는 단점이 존재한다. 가장 명백한 것은 처리하기에 계산이 복잡하다는 점이다.

```
(Whisker (health 0))
AND
(Radio (held-by Whisker))
```

패턴을 매치하기 위해 절clause로 알려진 두 부분으로 나눌 수 있다. 각 절은 개별적으로 데이터베이스에 대해 검사될 수 있다. 두 절이 매치를 찾으면 전체 패턴이 매치된다.

식의 각 부분은 최대 O(n) 탐색이 필요하다. 여기서 n은 데이터베이스에서의 아이템 수다. 따라서 m개의 절을 갖는 패턴은 최악의 경우 O(nm) 과정이다. 최악의 경우라고 말한 이유는 왜냐하면 의사결정 트리에서 본 것처럼 같은 것을 여러 번 테스트해야 하는 것을 피할 수 있어서 O($m\log_2 n$) 과정에 도달하기 때문이다.

다음처럼 연결된 와일드 카드를 갖는 패턴에서 두 절을 나눌 수 없다.

```
(?person (health < 15))
AND
(Radio (held-by ?person))
```

첫 번째 절의 결과는 직접 두 번째 절의 패턴에 영향을 준다. 따라서 첫 번째 절 매칭은 다시 다음과 같이 된다.

```
?person = Whisker
```

그리고 두 번째 절은 이것을 찾는 것이다.

```
(Radio (held-by Whisker))
```

첫 번째 절은 잠재적으로 데이터베이스의 여러 아이템을 매치할 수 있다. 각각은 두 번째 절과 함께 시도돼야 한다.

이 방법을 사용해 2절 탐색은 $O(n^2)$ 시간이 걸리고 m개의 절을 갖는 패턴은 $O(nm)$ 시간이 걸린다. 이것은 원래의 패턴 때의 $O(nm)$에 비해 크게 증가한 것이다. 비록 단일화에 대한 $O(nm)$ 선형 알고리듬이 있지만(적어도 여기서 하고 있는 단일화 종류), 와일드 카드 없는 패턴에 사용된 간단한 분할 정복$^{divide-and-conquer}$ 방법보다 훨씬 복잡하다.

여기서 독립 단일화 알고리듬에 대해 시간을 쓰진 않을 것이다. 이 종류의 룰 기반 시스템에 자주 사용되지 않는다. 대신 매칭하는 다른 방법을 활용할 수 있다. 이것은 모든 룰을 발포하는 것을 빠르게 하면서 동시에 단일화를 수행하게 한다. 이 방법이 Rete다.

5.8.7 Rete

Rete 알고리듬은 룰을 데이터베이스에 대해 매칭하는 AI 업계 표준이다. 그것은 현재 나와 있는 가장 빠른 알고리듬은 아니며 더 빠른 방법을 기술한 여러 논문이 있다. 그러나 전문가 시스템이 상업적으로 가치가 있어서 전체 구현 상세를 공개하지 않는 경향이 있다.[8]

대부분의 상업적 전문가 시스템은 Rete에 기반한다. 그리고 우리가 게임에서 본 몇몇 더 복잡한 룰 기반 시스템은 Rete 매칭 알고리듬을 사용한다. 그것은 더 복잡한 최적화를 위해 기본적인 출발 점을 제공하는 비교적 간단한 알고리듬이다.

알고리듬

Rete 알고리듬은 모든 룰에 대한 패턴을 단일 자료 구조에 표현함으로써 작동한다. Rete는 유향 비순환$^{directed\ acyclic}$ 그래프다(이 구조에 대한 완전한 설명은 4장, 4.1절의 길 찾기 그래프를 참고).[9]

---

8   특허권을 가진 알고리듬을 사용할 때는 주의를 필요로 한다. 많은 알고리듬이 특허로 보호를 받고 있으며 알고리듬의 구현 사항이 공개됐다고 해서 반드시 특허가 없다는 뜻은 아니다. 소스 코드를 여러분이 직접 처음부터 작성했다고 하더라도 라이선스 비용을 지불해야 할 수도 있다. 나는 변호사가 아니므로 의문 사항이 있으면 지적 재산권 변호사에게 상담을 받는 것을 추천한다.

9   Rete는 해부학 용어로서 단순히 망막을 뜻하는 세련된 이름일 뿐이다.

그래프의 각 노드는 단일 패턴을 하나 이상의 룰로 표현한다. 그래프를 가로지르는 각 경로는 한 룰에 대한 전체 패턴 집합을 나타낸다. 각 노드에서 그 패턴에 매치되는 데이터베이스의 모든 사실의 전체 리스트도 저장한다.

그림 5.48은 다음 룰에 대한 간단한 Rete를 보여 준다.

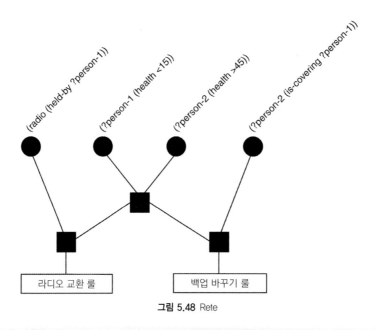

그림 5.48 Rete

```
1    Swap Radio Rule:
2        IF
3            (?person-1 (health < 15))
4            AND
5            (radio (held-by ?person-1))
6            AND
7            (?person-2 (health > 45))
8        THEN
9            remove(radio (held-by ?person-1))
10           add(radio (held-by ?person-2))
11
12   Change Backup Rule:
13       IF
14           (?person-1 (health < 15))
15           AND
16           (?person-2 (health > 45))
17           AND
```

```
18        (?person-2 (is-covering ?person-1))
19   THEN
20        remove(?person-2 (is-covering ?person-1))
21        add(?person-1 (is-covering ?person-2))
```

첫 번째 룰은 전과 같다. 만약 누군가가 라디오를 운반하고 죽음에 가깝다면 상대적으로 건강한 누군가에게 라디오를 준다. 두 번째 룰도 비슷하다. 전우를 이끌고 가는 리더가 죽음에 가깝다면 건강한 다른 사람으로 교대한다.

Rete 다이어그램에 세 종류의 노드가 있다. 망의 상부에 룰의 개발 절을 나타내는 노드가 있다(패턴 노드로 알려짐). 이들은 AND 연산을 나타내는 노드(결합[join] 노드라고 불림)들과 조합된다. 끝으로 하부 노드들은 발포될 수 있는 노드들을 나타낸다. Rete에 관한 많은 글은 이것들을 구현해 줘야 함에도 불구하고 망에 이 룰 노드를 포함하지 않는다. 다음 절을 주목하라. 다음은 두 룰에서 공유된다. 이것은 Rete 알고리듬의 주요 속도 기능 중 하나이며 매칭 노력을 중복하지 않는다.

```
(?person-1 (health < 15))

(?person-2 (health > 45))
```

| 데이터베이스 매칭

개념적으로 데이터베이스는 망의 상부에 입력된다. 패턴 노드들은 데이터베이스에서 매치를 찾으려고 시도한다. 그것들은 매치되는 모든 사실을 찾고 결합 노드들에 그것들을 아래로 전달한다. 사실들이 와일드 카드를 포함한다면 노드는 변수 바인딩도 아래로 전달할 것이다. 따라서

```
(?person (health < 15))
```

가

```
(Whisker (health 12))
```

를 매치하면 패턴 노드는 변수 바인딩

```
?person = Whisker
```

를 전달할 것이다.

패턴 노드는 점진적 업데이트를 할 수 있게 주어진 매칭 사실의 기록도 유지한다. 이것은 5.8.7절 뒷부분에서 논의된다.

하나의 매치를 찾는 것이 아니라 이제 모든 매치를 찾는다는 것을 주목하라. 패턴에 와일드 카드가 있다면 하나의 바인딩만이 아니라 바인딩의 모든 집합을 전달한다.

예를 들어 다음 사실과

```
(?person (health < 15))
```

다음 사실을 포함하는 데이터베이스를 가진다면

```
(Whisker (health 12))
(Captain (health 9))
```

두 가능한 바인딩 집합이 있다.

```
?person = Whisker
```

와

```
?person = Captain
```

물론 둘 다 동시에 참일 수는 없으나 무엇이 유용할지 아직 모르기 때문에 둘 다 전달한다. 패턴이 와일드 카드를 포함하지 않으면 우리는 그것이 뭔가를 매치하는지 아닌지에만 관심이 있다. 이 경우 첫 번째 매치를 찾자마자 진행할 수 있다. 왜냐하면 바인딩 리스트를 전달하지 않을 것이기 때문이다.

결합 노드는 그것의 두 입력 모두 매치되고 모든 변수가 동의하도록 확실히 한다.

그림 5.49는 세 상황을 보여 준다. 첫 번째 상황에서 각 입력 패턴 노드에 다른 변수들이 있다. 두 패턴 노드는 매치하고 매치를 전달한다. 결합 노드는 출력을 전달한다.

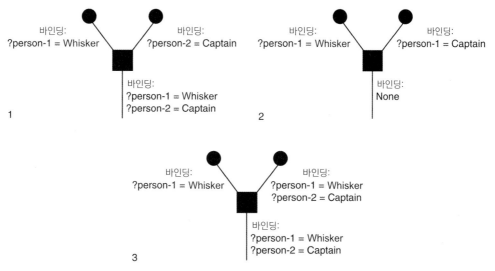

그림 5.49 변수 충돌이 있는 결합 노드 하나와 그렇지 않는 둘

두 번째 상황에서 결합 노드는 전과 같이 두 입력으로부터 매치를 받는다. 그러나 변수 바인딩들이 충돌하기 때문에 출력을 생성하지 않는다. 세 번째 상황에서 같은 변수가 두 패턴에서 발견된다. 그러나 충돌하지 않는 매치의 집합이 하나 있으며 결합 노드는 이것을 출력할 수 있다.

두 번째 상황에서 결합 노드는 이전과 마찬가지로 두 입력 모드에서 매치를 받지만 변수 바인딩이 충돌하므로 출력을 생성하지 않는다. 세 번째 상황에서 같은 패턴을 가진 변수들이 발견되지만 충돌하지 않는 집합 하나가 있고 결합 노드의 출력으로 선택한다.

결합 노드는 입력으로 받은 매치들과 변수 바인딩 목록을 포함하는 매치 리스트를 생성하며, Rete 알고리듬은 다른 결합 노드나 규칙 노드로 이것들을 전달한다. 만약 결합 노드가 입력으로부터 여러 가지 가능한 바인딩을 받는다면 올바른 바인딩을 위한 모든 가능한 조합을 계산해야 한다. 앞서 살펴본 예를 들어 AND 결합을 처리한다고 가정해 보자.

```
(?person (health < 15))
AND
(?radio (held-by ?person))
```

를 다음 데이터베이스에 대해

```
(Whisker (health 12))
(Captain (health 9))
(radio-1 (held-by Whisker))
(radio-2 (held-by Sale))
```

다음 패턴은

```
(?person (health < 15))
```

두 가능한 매치를 갖는다.

```
?person = Whisker
```

와

```
?person = Captain
```

```
(radio (held-by ?person-1))
```

패턴도 두 가능한 매치를 갖는다.

```
?person = Whisker, ?radio = radio-1
```

와

```
?person = Sale, ?radio = radio-2
```

결합 노드는 따라서 가능한 바인딩 집합을 2개 갖을 수 있으며 네 가지 가능한 조합이 있다. 하지만 하나만 적합하다.

```
?person = Whisker, ?radio = radio-1
```

따라서 이것만이 유일하게 전달된다. 만약 여러 조합이 유효하다면 여러 바인딩을 전달한다.

여러분의 시스템이 단일화를 지원할 필요가 없다면 결합 노드는 훨씬 더 간단해질 수 있다. 예를 들어 변수 바인딩은 전달될 필요가 없고 AND 결합 노드는 두 입력을 받으면 항상 출력할 것이다.

526

AND 결합 노드로 제한해야 하는 것은 아니다. 다른 부울 연산자에 대한 결합 노드 타입을 사용할 수 있다. 그것들 중 어떤 것(AND와 XOR 같은)은 단일화를 지원하기 위해 추가의 매칭을 요구한다. 그러나 다른 것들(OR 같은)은 단일화가 사용됐는지 아닌지 간단한 구현을 갖지 않는다. 대신 이 연산자들은 Rete의 구조에서 구현될 수 있다. 그리고 AND 결합 노드는 그것들을 표현하기에 충분하다. 이것은 의사결정 트리에서 본 바와 정확히 같다.

결국 하강하는 데이터는 멈출 것이다(결합 노드나 패턴 노드가 보낼 출력이 더 이상 없을 때). 또는 하나 이상의 룰에 도달할 것이다. 입력을 받는 모든 룰이 격발된다. 변수 바인딩과 그것을 격발시킨 사실과 함께 격발된 룰의 리스트를 유지한다. 이것을 '격발 레코드trigger record'라고 부른다. 룰은 만약 결합 노드나 패턴으로부터 여러 적합한 바인딩을 받았다면 다른 변수 바인딩들과 함께 여러 격발 레코드를 가질 수 있다.

어떤 종류의 룰 중재 시스템은 어떤 격발된 룰이 발포로 진행할지 결정해야 한다(이것은 Rete 알고리듬의 일부가 아니며 전과 마찬가지로 처리될 수 있다).

예제

초기 Rete 예제를 다음 데이터베이스에 적용하자.

```
(Captain (health 57) (is-covering Johnson))
(Johnson (health 38))
(Sale (health 42))
(Whisker (health 15) (is-covering Sale))
(Radio (held-by Whisker))
```

그림 5.50은 각 노드에 데이터가 저장된 네트워크를 보여 준다.

각 패턴 노드는 매치하는 모든 데이터를 아래로 전달하고 있음을 주목하라. 각 결합 노드는 필터로서 행동한다. 이 데이터베이스로 Swap Radio 룰만이 활성이다. Change Backup 룰은 격발되지 않는다. 왜냐하면 바로 위의 결합 노드가 충돌 없는 입력 집합을 갖지 않기 때문이다. Swap Radio 룰은 변수 바인딩의 완전한 집합을 얻고 발포를 요청받는다.

매번 전체 데이터베이스를 집어넣고 어떤 룰이 발포되는지 봄으로써 Rete를 사용할 수 있다. 이것은 간단한 방법이지만 많은 애플리케이션에서 데이터는 반복마다 많이 변하지 않는다.

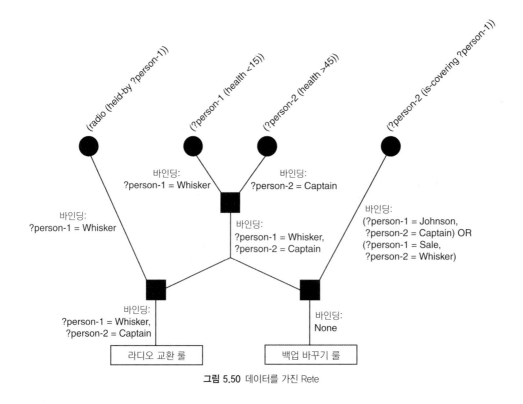

그림 5.50 데이터를 가진 Rete

Rete는 데이터 보관을 유지하고 그것을 필요로 하는 노드들만을 업데이트하도록 고안됐다. 각 노드는 매치하거나 성공적으로 결합할 수 있는 데이터베이스 사실의 리스트를 유지한다. 성공적인 반복에서 변경된 데이터만 처리된다. 그리고 충돌로 인해 방출되는 knock-on 효과가 Rete를 타고 내려가면서 다뤄진다.

업데이트 과정은 데이터베이스 사실을 제거하는 알고리듬과 더하는 알고리듬으로 구성된다(만약 값이 변경되면 데이터베이스 사실은 제거된 후 올바른 값을 갖고 다시 추가될 것이다).

사실을 제거하기

사실을 제거하기 위해서 제거 요청이 각 패턴 노드에 보내진다. 그 요청은 제거된 사실을 식별한다. 패턴 노드가 사실에 대한 저장된 매치를 갖는다면 그 매치가 제거된 후 제거 요청은 임의의 결합 노드로 보내진다.

결합 노드가 제거 요청을 받을 때 매치 리스트를 본다. 제거 사실을 사용하는 항목이 있다면 리스트에서 삭제하고 제거 요청을 아래로 전달한다.

룰 노드가 제거 요청을 받으면 제거된 사실을 포함하는 격발된 리스트로부터 격발 레코드를 제거한다.

어떤 노드도 저장소에 주어진 사실을 갖고 있지 않으면 아무것도 할 필요가 없으며 요청을 아래로 전달하지 않는다.

사실을 추가하기

사실을 추가하는 것은 제거하는 것과 매우 비슷하다. 각 패턴 노드는 새 사실을 담은 추가 요청을 받는다. 사실에 매치되는 패턴은 리스트에 추가되고 새 매치의 통지는 Rete를 통해 전달한다.

결합 노드가 새로운 매치를 받으면 새로운 사실을 사용해 충돌하지 않는 새로운 집합이 있는지 확인한다. 새로운 집합이 있다면 매치 리스트에 추가하고 새로운 매치의 통지를 아래로 전달한다. 이때 한 가지 주목할 것은 제거 요청과는 다르게 아래로 전달되는 통지는 수신한 것과 다르다. 결합 노드는 하나 이상의 새로운 사실을 포함하는 입력과 변수 바인딩의 전체 집합을 통지로서 아래로 전달한다.

룰 노드가 통지를 받는 경우에는 격발 레코드에 전달된 입력을 하나 이상 추가한다. 마찬가지로 사실이 노드를 업데이트하지 않는다면 추가 요청을 전달할 필요가 없다.

업데이트를 관리하기

각 반복에서 업데이트 루틴은 적절한 일련의 추가와 제거 요청을 패턴 노드에 보낸다. 패턴 노드는 이 과정에서 룰이 격발됐는지 검사하지 않고 모두 처리할 수 있게 한다. 일반적으로 제거를 먼저 하고 추가를 나중에 하는 것이 더 효율적이다.

모든 업데이트가 수행되고 난 후 격발된 리스트는 발포될 수 있는 모든 룰을 포함한다(그것들을 격발시키는 변수 바인딩과 함께). 룰 중재자는 어떤 룰이 발포해야 하는지 결정할 수 있다.

업데이트 예제

업데이트 프로시저를 설명하기 위해 이전의 예제를 사용할 것이다. 최종 업데이트 이래로 위스커는 med-pack을 사용했고 세일은 적 발포에 맞았다고 하자. 네 가지를 변경해야 한다.

```
remove (Whisker (health 12))
add (Whisker (health 62))
remove (Sale (health 42))
add (Sale (health 5))
```

첫 번째로 제거 요청은 모든 패턴에 주어진다. 낮은 체력의 검사는 매치 리스트에 있는 위스커에 대해서만 주로 일어난다. 이것은 삭제되며 제거 요청이 전달된다. 결합 노드 A는 요청을 받아 매치 리스트에서 위스커와 관련된 매치를 제거하고 요청을 전달한다. 결합 노드 B는 노드 A와 같은 것을 한다. 룰 노드는 이제 제거 요청을 받고 상응하는 항목을 격발된 리스트에서 제거한다. 같은 과정이 세일의 체력을 제거하는 데 대해서도 일어나서 그림 5.51에 나타난 Rete를 남긴다.

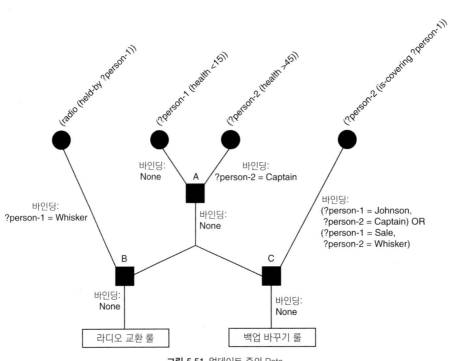

그림 5.51 업데이트 중의 Rete

이제 새 데이터를 추가할 수 있다. 첫 번째로 위스커의 새 체력이 추가되며 다음 패턴을 매치한다.

```
(?person (health > 45))
```

530

매치된 패턴은 새로운 매치에 대한 통지를 출력한다. 결합 노드 A는 통지를 받지만 새로운 매치를 찾을 수 없으므로 업데이트는 여기서 멈춘다. 두 번째로 세일의 새 체력을 추가한다.

```
(?person (health < 15))
```

패턴은 매치되고 통지를 결합 노드 A로 보낸다. 이제 결합 노드 A는 유효한 매치를 Rete를 통해 내려보낸다. 결합 노드 B는 매치를 만들 수 없지만 결합 노드 C(이전에 비활성화돼 있던)는 이제 새로운 매치를 만들 수 있다. '백업 바꾸기' 룰로 통지를 보내고 새로 격발된 상태를 격발 리스트에 추가한다. 최종 상황은 그림 5.52과 같다.

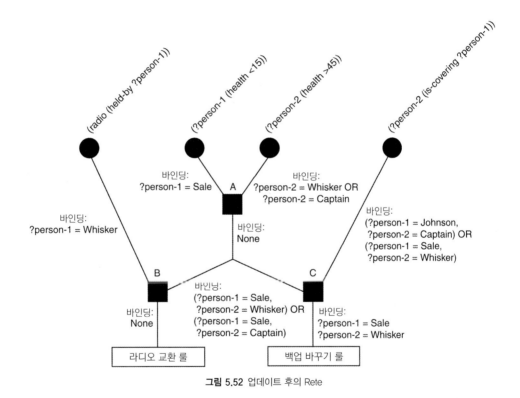

그림 5.52 업데이트 후의 Rete

업데이트 관리 알고리듬은 이제 리스트에서 발포할 격발된 룰을 하나 고른다. 우리의 경우 고를 것은 하나만 있으며 발포된다.

성능

Rete는 시간으로는 $O(nmp)$에 접근한다. 여기서 n은 룰 개수, m은 룰당 절 수, p는 데이터베이스의 사실 수다. 많은 수의 와일드 카드 매치가 가능하다면 결합 노드에서의 바인딩 단일화 과정이 성능을 좌우한다. 그러나 대부분의 실용적인 시스템에서 이것은 큰 문제가 아니다.

Rete는 메모리로는 $O(nmq)$이다. 여기서 q는 패턴당 와일드 카드 매치의 수다. 이것은 우리가 먼저 개발한 기본 룰 매칭 시스템보다 훨씬 높다. 게다가 빠른 업데이트를 활용하려면 반복 간에 데이터를 유지해야 한다. 많은 메모리를 사용하고 속도를 취한다.

5.8.8 확장

초기 AI 연구의 룰 기반 시스템의 편재[ubiquity]는 많은 확장, 수정, 최적화를 이끌었다. 룰 기반 시스템이 적용되는 각 영역(언어 이해, 산업 프로세스 컨트롤, 기계의 결함 진단 등)은 고유의 기법을 갖게 됐다.

이런 것들 중 일부만이 게임 개발에 직접 사용 가능하다. 룰 기반 시스템이 AI의 소수 적용 사례에만 필요하기 때문에 여기서는 대부분의 것을 무시할 것이다. 산업적 사용의 배경에 대해서 『Expert Systems: Principles and Programming』[15]을 추천한다. 그것은 비교적 일반적인 전문가 시스템 셸[shell]인 CLIPS을 부록으로 갖고 있다.

언급할 가치가 있을 만큼 널리 퍼진 두 확장 기능이 있다. 첫 번째는 게임 개발자에게 직접적인 유용성이 있는 큰 룰 기반 시스템 관리다. 두 번째는 전문가 시스템에 널리 쓰이고 AI 코드를 디버그할 때 게임 개발자에게 직접적으로 유용한 정당화[justification]다.

룰 기반 시스템에 대한 알고리듬으로 책 한 권을 쓸 수 있지만 게임 개발에서는 그 영역이 매우 작게 사용되므로 간단히 알아보겠다.

큰 룰 집합을 관리하기

내가 아는 한 개발자는 2차원(2D) 턴 기반 전쟁 게임 시리즈에서 팀 AI를 컨트롤하기 위해 룰 기반 시스템을 사용했다. 게임에서 사용된 룰은 크고, 시리즈의 각 게임이 릴리스됨에 따라 새 룰이 많이 추가됐다. 어떤 새 룰은 AI가 새 무기와 파워업에 대응하게 했고, 다른 새 룰은 이전 릴리스의 플레이어 피드백의 결과로 만들어졌다. 각 타이틀을 개발하는 과정에서, QA 부서에서 온 버그 리포트가 더 많은 룰이 추가되게 했다. 생산의 여러 반복 후에 룰 집합은 매우 컸고 관리하기 어려워졌으며 성능 문제도 가지게 됐다. 그렇게 큰 룰 집합으로 인해 Rete 매칭 알고 리듬마저도 너무 느렸다.

해결책은 룰을 그룹화하는 것이었다. 각 룰 집합은 필요에 따라 커지거나 꺼질 수 있다. 활성 집합에 있는 룰들만 격발이 고려된다. 비활성 집합의 룰들은 격발할 기회가 주어지지 않는다. 이것은 시스템을 어떤 시점에도 수천 개의 룰에서 수백 개를 넘지 않는 활성 룰로 감소시켰다.

이것은 많은 큰 룰 기반 시스템에서 사용되는 기법이다.

룰 기반 시스템은 항상 켜져 있는 단일 룰 집합을 포함한다. 이 룰 집합 안에는 어떤 수의 룰과 어떤 수의 다른 룰 집합도 있다. 이 수준 이하의 룰 집합은 커지거나 꺼질 수 있다. 이 스위칭 (켜짐/꺼짐)은 직접 게임 코드에 의해서 또는 다른 룰의 THEN 액션에 의해 수행될 수 있다.

대개 각 고수준 룰 집합은 여러 룰과 몇몇 룰 집합을 포함한다. 룰들은 포함된 집합을 커지거나 끌 때에만 사용된다. 이것은 계층에 배열돼 있는데 일을 하는 유용한 룰을 포함한 집합을 최하 위 수준에 둔다.

룰 기반 시스템의 각 반복에서 최상위 집합은 발포돼야 하는 하나의 격발된 룰을 제공하도록 요청받는다. 이 집합은 일반적인 방법으로 격발을 찾으며, 모든 구성 룰을 본다. 그것은 발포 돼야 하는 하나의 격발된 룰을 제공하라는 같은 질의를 그것이 포함하는 집합들에게 위임하기 도 한다. 각 집합은 발포할 룰을 어떤 것을 반환해야 하는지 정하는 중재 알고리듬 중의 하나 를 사용한다.

그림 5.53에 나타난 이 과정의 구현에서 계층에서의 각 집합에 대해 다른 중재 루틴이 설정될 수 있다. 최종에는 이 유연성이 사용되지 않고 가장 특수한 전략에 대해 모든 집합이 실행된다.

집합의 계층은 큰 유연성을 준다. 계층의 한 지점에서, 게임에서의 각 무기의 특수성에 대응하 는 모든 룰에 대한 룰 집합을 사용했다. 이 집합 중 하나, 즉 캐릭터가 든 무기에 해당하는 집 합만이 언제든 가능 상태다. 적합한 집합의 가능화는 게임 코드에 의해 다뤄진다.

계층의 또 다른 지점에서, 적의 존재 상황에서의 이동이나 자유 이동에 대한 룰을 포함한 집합 이 있다. 주변 적에 대한 정보가 데이터베이스에 어쨌든 추가되고 있었기 때문에 그것들을 포 함한 집합에 위치한 5개의 룰을 사용해 이 두 집합 사이를 전환했다.

룰 집합의 개관 구조도는 그림 5.53에 나타나 있다.

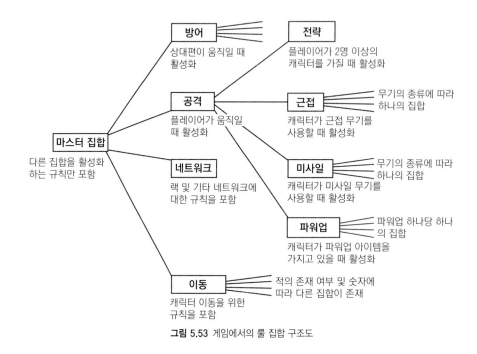

그림 5.53 게임에서의 룰 집합 구조도

전문가 시스템에서의 정당화

가장 일반적으로 전문가 시스템은 사람 전문가로부터의 지식을 인코드하고 그 전문가의 일을 수행하는 AI다. 대부분의 전문가 시스템은 룰 기반 시스템을 사용해 구현된다. 엄격히 말해, 전문가 시스템은 전문가 지식을 인코드하는 알고리듬과 룰의 조합인 최종 제품이다. 그 알고리듬 자체는 전문가 시스템 셸expert system shell 또는 산출 시스템production system(production이라는 용어는 알고리듬의 포워드 체이닝 성질을 가리킨다. 그것은 기존 데이터로부터 새 지식을 산출한다)이라고도 알려진 룰 기반 시스템이다.

많은 전문가 시스템 셸에 통합된 기본적인 룰 기반 시스템은 지식이 어떻게 추가됐는지를 기록하는 감사 추적 기능이다.

룰 기반 시스템이 데이터베이스 다시 쓰기 룰을 발포할 때, 추가된 데이터는 거기에 추가 정보를 저장한다. 데이터를 만든 룰, 룰이 매치한 데이터베이스의 데이터 아이템들, 이 아이템들의 현재값들, 시간 기록 등이 모두 일반적으로 유지된다. 이것을 발포 정보firing information이라고 부르자. 마찬가지로, 데이터의 아이템이 제거될 때 그것은 같은 발포 정보를 갖고 '삭제된' 리스트에 저장된다. 최종적으로 데이터의 아이템이 수정되면 예전 값은 발포 정보와 함께 간직된다.

게임 문맥에서 데이터베이스의 데이터는 게임에 의해 직접 추가되거나 수정될 수도 있다. 비슷한 감사 정보^{auditing information}가 룰의 발포에 의해서가 아니라 외부 프로세스에 의해 수정됐다는 표시와 함께 저장된다. 명백하게, 데이터 조각이 매 프레임에 변하면 데이터 조각이 취한 모든 값의 전체 기록을 유지하는 것이 적합하지 않을 수 있다.

데이터베이스의 어떤 데이터 조각도 이제 질의될 수 있다. 그리고 전문가 시스템 셸은 데이터가 거기에 어떻게 도달했는지와 현재 값이 어떻게 세트됐는지의 감사 자취를 반환할 것이다. 이 정보는 재귀적일 수 있다. 만약 관심 있는 데이터가 룰에서 왔다면 룰을 격발한 매치가 어디서 왔는지 물을 수 있다. 이 과정은 게임에 의해 추가된(또는 처음부터 있었던) 데이터 아이템만 남을 때까지 계속될 수 있다.

전문가 시스템에서 감사 추적에 사용되는 데이터는 시스템이 내리는 결정을 정당화하기 위해 사용된다. 전문가 시스템이 공장을 컨트롤하고 있고 생산 라인을 중지시키는 것을 결정할 때 정당화 시스템은 결정에 대한 이유를 줄 수 있다.

게임 문맥에서 플레이어에게 결정을 정당화할 필요가 없지만 테스팅 동안에 캐릭터의 행동을 정당화하는 메커니즘은 매우 유용할 때가 많다. 룰 기반 시스템은 5장의 이전 의사결정 기법보다 훨씬 더 복잡할 수 있다. 이상하게 보이는 행동의 상세하고 장기적인 원인을 찾는다면 디버깅에 걸리는 시간의 낭비를 방지할 수 있다.

게임에 특별히 포함하기 위해 전문가 시스템 셸을 만들었다. 머리카락을 뜯는 문제의 싸움 후 개발 사이클의 후반에 정당화 시스템을 추가했다. 디버깅 능력의 차이는 극적이었다. 출력의 샘플 부분이 다음에 나타나 있다(전체 출력은 200줄 정도다).

```
1  Carnage XS. V104 2002-9-12.
2  JUSTIFICATION FOR <Action: Grenade (2.2,0.5,2.1)>
3  <Action: grenade ?target>
4  FROM RULE: flush-nest
5  BINDINGS: target = (2.2,0.5,2.1)
6  CONDITIONS:
```

```
  7
  8    <Visible: heavy-weapon <ptr008F8850> at (2.2,0.5,2.1)>
  9      FROM RULE: covered-by-heavy-weapon
 10      BINDINGS: ?weapon = <ptr008F8850>
 11      CONDITIONS:
 12        <Ontology: machine-gun <ptr008F8850>>
 13          FROM FACT: <Ontology: machine-gun <ptr008F8850>>
 14        <Location: <ptr008F8850> at (312.23, 0.54, 12.10)>
 15          FROM FACT: <Location: <ptr008F8850> at (2.2,0.5,2.1)>
 16
 17    <Visible: enemy-units in group>
 18      ...
```

최종 게임이 발포 데이터를 저장하는 데 많은 메모리를 사용하지 않게 하기 위해 정당화 코드
는 조건부 컴파일돼 최종 제품에는 있지 않다.

5.8.9 다음에는 어디로

5.8절의 룰 기반 시스템은 이 책에서 다룰 가장 복잡한 배우지 않는 의사결정자를 대표한다.
정당화를 포함한 전체 Rete 구현과 룰 집합 지원은 행동의 믿을 수 없는 복잡함을 지원할 수
있는 강력한 프로그래밍 태스크다. 그것은 현재 세대 게임들에서 볼 수 있는(누군가가 충분한 좋
은 룰을 쓸 수 있다는 전제에) 것보다 더 발전된 AI를 지원할 수 있다. 비슷하게 GOAP는 현재 기
술 수준보다 앞서 있고 여러 큰 스튜디오에서 연구되고 있는 최첨단 AI다.

5장의 나머지에서는 약간 다른 각도에서 의사결정 문제들을 본다. 여러 의사결정자를 조합하
는 방법을 조사하고, 코드에서 직접 행동을 스크립트하고, 의사결정 알고리듬으로부터 요청된
액션을 실행해 볼 것이다.

5.9 칠판 아키텍처

칠판 시스템^{blackboard system}은 그 자체로는 의사결정 도구가 아니다. 그것은 여러 의사결정자의
액션을 조화시키는 메커니즘이다.

개별 의사결정 시스템은 의사결정 트리에서부터 전문가 시스템이나 7장에서 만날 신경망 같

은 학습 도구까지 어떤 방법으로도 구현될 수 있다. 칠판 아키텍처를 매력적으로 만드는 것은 유연성이다.

AI 문헌에서 칠판 시스템은 여러 관리 코드와 복잡한 자료 구조를 요구해 자주 크고 다루기 어렵다. 이 이유로 칠판 시스템은 게임 AI 개발자 사이에서 평판이 나쁘다. 동시에 많은 개발자는 '칠판 아키텍처'라는 용어에 관련시키지 않고 같은 기법을 쓰는 AI 시스템을 구현한다.

5.9.1 문제

우리는 여러 기법의 의사결정을 조화시키고 싶다. 각 기법은 다음에 무엇을 할지에 관한 제안을 할 수 있을 것이지만 최종 의사결정은 협력해야만 이뤄질 수 있다.

예를 들어 적 탱크를 조준하는 데 특수화된 의사결정 기법을 가질 수 있다. 그것은 발포할 탱크가 선택될 때까지는 작동할 수 없다. 발포 목표물을 선택하기 위해 다른 종류의 AI가 사용된다. 그러나 그 AI의 부분은 자체로는 발포를 하지 못한다. 비슷하게 목표 탱크가 선택될 때 발포가 가능한 상태에 있지 않을 수도 있다. 조준 AI는 길 찾기 계획 AI가 적합한 발포 위치로 이동할 수 있을 때까지 기다려야 한다.

각 AI의 부분을 연결해둘 수 있다. 목표 선택 AI는 목표를 선택하고, 이동 AI는 발포 위치로 이동하고, 탄도 AI는 발포 각을 계산한다. 이 방법은 매우 흔하지만 반대 방향으로 정보를 전달할 수는 없다. 만약 탄도 AI가 정확한 발사를 할 수 없다고 계산되면 조준 AI가 새 해법을 계산하기 위해 필요하다. 반면에 탄도 AI가 발포를 할 수 있으면 이동 AI를 고려할 필요조차 없다. 명백하게, 길에 물체가 있는지는 탄의 궤적에 영향을 주지 않는다.

우리는 모든 통신 채널이 명시적으로 설정되는 것을 요구하지 않고 각 AI가 자유롭게 통신하는 메커니즘을 갖고 싶다.

5.9.2 알고리듬

칠판 시스템의 기본 구조는 세 부분, 즉 여러 의사결정 도구 집합(칠판 용어로 전문가들이라고 불림), 칠판, 중재자로 이뤄진다. 이것은 그림 5.54에 나타나 있다.

칠판은 전문가가 읽고 쓸 수 있는 메모리 영역이다. 각 전문가는 모두가 이해할 수 없는 메세지가 칠판에 존재하지만 거의 같은 언어로 읽고 써야 한다.

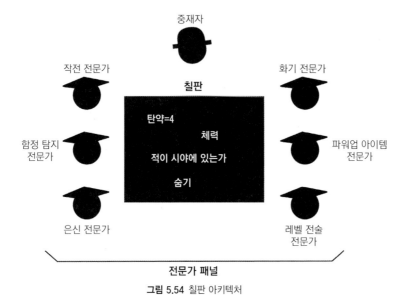

그림 5.54 칠판 아키텍처

각 전문가는 칠판을 보고 사용할 수 있는 뭔가가 있는지 결정한다. 그런 것이 있다면 잠시 분필과 지우개를 사용할 수 있는지 묻는다. 전문가들이 제어권을 얻으면 어떤 생각을 한 후 칠판에서 정보를 지우고 그들이 보는 적합한 새 정보를 쓴다. 잠시 후에 그 전문가는 제어권을 놓고 다른 전문가에게 기회를 준다.

중재자는 각 차례에 어떤 전문가가 제어권을 얻을지 선택한다. 전문가는 흥미로운 무언가를 말하고 싶다는 것을 나타내는 메커니즘이 있어야 한다. 중재자는 한 번에 하나를 선택하고 거기에 제어권을 준다. 흔히 하나 이하의 전문가가 제어권을 원하고 중재자는 필요가 없다.

알고리듬은 다음과 같이 반복적으로 작동한다.

1. 전문가들은 칠판을 보고 흥미를 표시한다.
2. 중재자가 제어권을 가질 전문가를 선택한다.
3. 그 전문가가 일을 해 칠판을 수정할 수도 있다.
4. 그 전문가는 제어권을 자발적으로 놓는다.

중재자에 사용되는 알고리듬은 구현마다 다를 수 있다. 우리가 사용할 간단하면서 일반적인 방법은 전문가가 수치 고집 값의 형태로 그들이 생각하는 유용성을 표시하도록 요구한다. 그러면 중재자는 단순히 가장 높은 고집 값을 가진 전문가를 선택할 수 있다. 같은 값일 경우 무작위로 전문가가 선택된다.

액션을 추출하기

제시된 액션은 전문가가 다른 정보를 쓰는 것과 같은 방법으로 전문가에 의해 칠판에 쓰여진다. 한 반복(또는 시스템이 오래 작동한다면 여러 반복)의 끝에서 칠판에 쓰인 액션은 제거되고 5장의 끝에 나오는 액션 실행 기법을 사용해 실행될 수 있다.

어떤 행동은 제대로 생각되기 전에 빈번하게 칠판에 제시될 수 있다. 탱크 예제에서 조준 전문가는 '탱크 15에 발포' 액션을 칠판에 게시할 수 있다. 알고리듬이 각 지점에서 멈추면 탄도와 이동 전문가가 동의할 기회를 얻기 전에 액션이 수행될 수 있다.

간단한 해결책은 동의 플래그와 함께 잠재적인 액션을 저장하는 것이다. 칠판의 액션은 모든 관련된 전문가가 거기에 동의했을 때만 수행돼야 한다. 이것은 시스템의 모든 전문가일 필요는 없고 그 액션을 수행하지 않는 이유를 찾을 수 있는 전문가이면 된다.

예제에서 '탱크 15에 발포' 액션은 탄도 전문가의 동의 슬롯을 가진다. 탄도 전문가가 그렇게 하라고 해야만 액션이 수행된다. 탄도 전문가는 진행을 거절할 수 있고 그 액션을 삭제하거나 '탱크 15에 발포하는 위치로 이동하라'라는 새 액션을 추가할 수 있다. '탱크 15에 발포' 액션이 여전히 칠판에 있으면 탄도 전문가가 발포 위치에 도달할 때까지 동의를 기다릴 수 있다.

5.9.3 의사 코드

다음의 `blackboardIteration` 함수는 입력으로 칠판과 전문가 집합을 받는다. 그것은 실행을 위해 전달되는 칠판 위의 액션 리스트를 반환한다. 그 함수는 중재자로서 행동해 위에 나온 가장 높은 고집 알고리듬을 따른다.

```
1   function blackboardIteration(blackboard: Blackboard,
2                                experts: Expert[]) -> Action[]:
3       # 주장을 얻기 위해 각 전문가를 순회
4       bestExpert: Expert = null
5       highestInsistence: float = 0
6
7       for expert in experts:
```

```
 8          # 각 전문가의 주장을 묻는다.
 9          insistence: float = expoert.getInsistence(blackboard)
10
11          # 여태까지의 가장 높은 값과 비교
12          if insistence > highestInsistence:
13              highestInsistence = insistence
14              bestExpert = expert
15
16      # 누구의 주장이 센가?
17      if bestExpert:
18          # 가장 주장이 센 전문가에게 제어권을 준다.
19          bestExpert.run(blackboard)
20
21      # 칠판으로부터 전달된 모든 액션을 반환한다.
22      return blackboard.passedActions
```

5.9.4 자료 구조 및 인터페이스

blackboardIteration 함수는 두 가지 데이터 구조에 의존한다(항목으로 구성된 칠판과 전문가의 리스트).

Blackboard는 다음과 같은 구조를 갖는다.

```
1   class Blackboard:
2       entries: BlackboardDatum[]
3       passedActions: Action[]
```

이것은 칠판 항목의 리스트와 실행할 준비가 된 액션의 리스트 두 요소를 갖는다. 칠판 항목의 리스트는 위의 중재 코드에서 사용되지 않고 5.9.4절의 뒷부분 칠판 언어에서 상세히 논의된다. 액션 리스트는 실행할 준비가 된 액션들을 포함한다(즉 허락이 필요한 전문가 모두의 동의를 얻었다). 즉 칠판의 특별 구역, 즉 동의된 액션만 놓이는 할 일 리스트로 볼 수 있다.

더 복잡한 칠판 시스템은 그것의 실행을 통제하는 칠판에 메타 데이터를 추가하거나, 성능을 추적하거나, 디버깅 정보를 제공한다. 룰 기반 시스템처럼 어떤 전문가가 언제 그것들을 추가했는지 알아낼 수 있는 각 항목에 대한 감사 자취를 저장하는 데이터를 추가할 수도 있다.

다른 칠판 시스템은 특별한 구역 없이 단지 칠판 자체의 또 다른 항목으로서 액션들을 저장

한다. 단순함을 위해 우리는 별도의 리스트를 사용하기로 결정했다. 액션이 실행할 준비가 됐을 때 '액션들' 구역에 쓰는 것과 확인되지 않은 액션들을 리스트에서 배제하는 것은 각 전문가의 책임이다. 이것은 액션 실행을 더 빠르게 한다. 확인된 액션을 표시하는 아이템을 찾으러 주된 칠판을 검색하기보다 간단히 이 리스트를 처리할 수 있다.

전문가들은 요구되는 어떤 방법으로도 구현될 수 있다. 우리의 경우 전문가는 중재자에 의해 관리돼야 하고 그러므로 아래 인터페이스를 따라야 한다.

```
1  class Expert:
2      function getInsistence(blackboard: Blackboard) -> float
3      function run(blackboard: Blackboard)
```

getInsistence 함수는 전문가가 칠판에 뭔가를 할 수 있다고 생각한다면 주장 값(0보다 큼)을 반환한다. 이것을 결정하기 위해 보통 칠판의 내용을 봐야 한다. 이 함수가 각 전문가에 대해 호출되기 때문에 칠판은 이 함수로부터 변경되지 않아야 한다. 예를 들어 한 전문가가 작업을 시작하기 이전에 다른 전문가가 칠판에서 관련 정보를 수정하거나 삭제할 수 있다. 결과적으로 원래의 전문가가 다시 제어권을 받을 때 필요한 정보가 칠판에서 사라졌으므로 더 이상 작업을 진행할 수 없게 된다.

getInsistence 함수도 가능한 한 빨리 수행돼야 한다. 전문가가 유용한지 결정하는 데 시간을 많이 소모하면 항상 유용하다고 주장해야 한다. getInsistence 함수는 제어권을 가질 때 세부 사항을 작업하며 시간을 보낼 수 있다. 우리의 탱크 예제에서, 발포 방법 전문가는 발포할 방법이 있는지 결정하기 위해 잠시 시간을 쓴다. 이 경우 그 전문가는 단순히 칠판에서 목표물을 찾는다. 그리고 하나를 발견하면 유용하다고 주장한다. 이 목표를 실제로 타격할 방법이 없음이 나중에 드러날 수도 있다. 그러나 그 처리는 전문가가 제어권을 가질 때 run 함수에서 되는 것이 가장 좋다.

run 함수는 중재자가 전문가에게 제어권을 줄 때 호출된다. 적합한 것을 보면 칠판에 데이터를 읽고 쓰고 반환한다. 일반적으로 전문가가 수행하는 데 가능한 한 적은 시간을 쓰는 것이 좋다. 전문가가 많은 시간을 요구하면 계산 도중에 멈추고 다음 반복에서 매우 큰 주장을 반환함으로써 이득을 볼 수 있다. 이 방법으로 전문가는 시간을 나눠 갖게 돼 게임의 나머지가 처리될 수 있게 한다. 9장에서 이러한 스케줄링과 시간 분할에 대해 자세히 다룰 것이다.

칠판 언어

지금까지 칠판의 데이터 구조에는 주의를 기울이지 않았다. 5장의 다른 기법들에서보다 칠판의 형식은 애플리케이션에 많이 의존한다. 칠판 아키텍처는 예를 들어 조종 캐릭터에 사용될 수 있다. 이 경우에 칠판은 3차원 위치 또는 작전의 조합 또는 애니메이션을 포함한다. 의사결정 아키텍처로 사용돼 칠판은 게임 상태, 적이나 자원의 위치, 캐릭터의 내부 상태에 대한 정보를 포함할 수 있다.

그러나 염두에 둘 일반적인 기능이 있는데 칠판 언어를 일반화시키는 것이다. 우리의 목표는 코드의 여러 부분이 유연하게 소통하는 데 있으므로 칠판의 정보는 적어도 세 부분, 즉 값, 타입 식별, 의미 식별을 필요로 한다.

데이터 조각의 값은 자명하다. 그러나 칠판은 구조체를 포함해 여러 가지 자료형에 대처해야 한다. 예를 들어 정수로 표현되는 체력 값과 3D 벡터로 표현되는 위치를 포함할 수 있다.

데이터가 여러 타입일 수 있으므로 내용이 식별돼야 한다. 이는 간단한 타입 코드일 수 있다. 그것은 전문가가 데이터에 대해 적절한 타입을 사용하도록 고안됐다(C/C++에서 이것은 보통 값을 적합한 타입으로 타입캐스트^{typecast}함으로써 이뤄진다). 칠판 항목들은 다형적으로 즉, FloatDatum, Vector3Datum 등의 서브 클래스로 제네릭 Datum 기반 클래스를 사용하거나 C++같은 언어에서 실행 시간 타입 정보^{RTTI}로, 또는 타입 식별자를 포함하는 서브 클래스로 칠판 항목들을 구현할 수 있으나 RTTI의 사용 여부에 상관없이 명시적으로 타입 집합을 만드는 것이 일반적이다.

타입 식별자는 데이터가 어떤 형식으로 돼 있는지 전문가에게 말해 준다. 그러나 전문가가 그것을 갖고 뭘 할지 이해하는 데 도움을 주지는 않는다. 일정한 의미 식별도 필요하다. 의미 식별자는 각 전문가에게 값이 의미하는 바를 말해 준다. 실제 제품 수준의 칠판 시스템에서 보통 문자열(데이터의 이름을 나타냄)로 구현된다. 게임에서 많은 문자열 비교는 실행을 느리게 하는데 따라서 일종의 매직 넘버가 자주 사용된다.

칠판 아이템은 따라서 다음과 같다.

```
1  class BlackboardDatum:
2      id: string
3      type: type
4      value: any
```

전체 칠판은 이러한 인스턴스의 리스트로 구성된다.

이 방법으로 복잡한 자료 구조는 내장 타입과 같은 방법으로 표현된다. 캐릭터에 대한 모든 데이터(체력, 탄약, 무기, 장비 등)는 칠판에서의 한 항목이나 개별 값의 전체 집합으로 표현될 수 있다.

룰 기반 시스템에서 사용한 것과 비슷한 방법을 채택해 시스템을 더 일반적으로 만들 수 있다. 계층적 자료 표현을 도입하는 것은 효과적으로 자료형을 확장하고 전문가들이 타입을 조작하기 위해 하드 코딩되지 않고 그것들의 부분을 이해할 수 있게 한다. 자바와 같은 언어에서는 타입의 구조를 알 수 있는 기능(리플렉션, reflection이라 알려져 있다)을 사용할 수 있는데 자주 사용하진 않는다. 반면에 C++에서는 리플렉션을 사용해 많은 유연성을 제공할 수 있다. 예를 들어 전문가는 무기가 땅에 있는지, 캐릭터가 들고 있는지, 현재 만들어지고 있는지에 상관없이 무기에 관한 정보를 얻을 수 있다.

게임이 아닌 AI에서 많은 칠판 아키텍처가 내용을 표현하기 위해 중첩된 데이터를 사용하는 이 방법을 따르지만 나는 게임에서 사용되는 것을 보지 못했다. 계층적 데이터는 룰 기반 시스템에 연관되는 경향이 있고 레이블 붙은 데이터의 납작한 리스트는 칠판 시스템에 연관되는 경향이 있다(비록 두 방법이 겹치지만 다음에서 살펴볼 것이다).

5.9.5 성능

칠판 중재자는 메모리를 사용하지 않고 $O(n)$ 시간이 걸린다. 여기서 n은 전문가의 수다. 각 전문가는 흥미로운 것이 있는지 칠판을 스캔할 필요가 있다. 항목의 리스트가 단순 리스트로 서상되나면 각 선문가에게 $O(m)$ 시간이 걸린다. 여기서 m은 칠판의 항목 수다. 이것은 칠판 항목이 일종의 해시로 저장되면 거의 $O(1)$ 시간으로 감소될 수 있다. 해시는 데이터의 의미에 기반한 찾기를 지원해야 한다. 따라서 전문가는 흥미로운 것이 있는지 빠르게 알 수 있다.

BlackboardIteration 함수에서 소모되는 대부분의 시간은 제어권을 가진 전문가의 run 함수에서 쓰여야 한다. 많은 수의 전문가가 사용되지 않는 한(또는 그들이 큰 선형 칠판을 검색), 각 run 함수의 성능은 알고리듬의 전체 효율성에 가장 중요한 요소다.

5.9.6 다른 것들은 칠판 시스템이다

칠판 시스템을 설명했을 때 그것이 세 부분, 즉 데이터를 가진 칠판, 칠판에서 읽기 쓰기를 하는 전문가(구현 방법은 여러 가지) 집합, 어떤 전문가가 제어권을 가질지 통제하는 중재자를 가진다고 했다. 그러나 이 요소를 갖는 것이 전부는 아니다.

룰 기반 시스템

룰 기반 시스템은 다음과 같은 세 요소를 가진다. 즉 데이터베이스는 데이터를 포함하고, 각 룰은 전문가와 비슷하고(데이터베이스에서 읽고 쓸 수 있다), 어떤 룰이 발포될지 제어하는 중재자가 있다. 룰의 격발은 전문가가 관심을 등록하는 것과 비슷하고, 중재자는 두 경우 모두에서 같은 방법으로 작동할 것이다.

이 유사성은 우연의 일치가 아니다. 칠판 아키텍처는 처음에 룰 기반 시스템의 일반화 종류로 제시됐다. 즉 룰이 어떤 종류의 격발을 가질 수도 있고 룰의 종류도 다양한 일반화다.

이것의 부수 효과는 칠판 시스템과 룰 기반 시스템을 게임에서 둘 다 사용하고자 하면 칠판 시스템만 구현하면 되는 것이다. 그러면 단순히 룰인 '전문가들'을 만들 수 있다. 칠판 시스템은 그것들을 관리할 수 있을 것이다.

물론 칠판 언어는 수행하고자 하는 룰 기반 매칭 종류를 지원할 수 있어야 할 것이다. 그러나 앞에서 살펴본 룰 기반 시스템에 필요한 데이터 형식을 구현하고자 한다면 더 유연한 칠판 애플리케이션에 사용 가능할 것이다.

여러분의 룰 기반 시스템이 꽤 안정적이고 Rete 매칭 알고리듬을 사용하고 있다면 그 대응은 깨질 것이다. 칠판 아키텍처가 룰 기반 시스템의 상위 집합이기 때문에 룰 처리에 특정적인 최적화에서 이득을 볼 수 없다.

유한 상태 기계

덜 명백하게, 유한 상태 기계도 칠판 아키텍처의 부분 집합이다(실제로 룰 기반 시스템의 부분 집합이어서 칠판 아키텍처에도 그렇다). 칠판은 단일 상태로 교체된다. 전문가는 전이로 교체돼 외부 요인에 기반해 행동할지 결정하고 그렇다면 칠판에 아이템을 다시 쓴다. 5장의 상태 기계에서는 중재자를 언급하지 않았다. 처음 격발된 전이가 발포한다고 단순히 가정했다. 이것은 단순히 첫 적용 가능 중재 알고리듬이다.

어떤 상태 기계에서도 다른 중재 전략이 가능하다. 동적 우선순위, 무작위화된 알고리듬, 또는 어떤 종류의 순서 지정도 사용할 수 있다. 그것들은 상태 기계가 간단하도록 고안됐기 때문에 보통 사용되지 않는다. 만약 상태 기계가 여러분이 찾는 행동을 지원하지 않는다면 중재가 문제일 리는 별로 없다.

상태 기계, 룰 기반 시스템, 칠판 아키텍처는 점점 증가하는 표현력과 복잡도의 계층을 형성한다. 상태 기계는 빠르고, 구현하기 쉽고, 제약적이다. 반면에 칠판 아키텍처는 실용적이기에는 너무 일반적으로 보일 수 있다. 소개에서 본 것처럼 일반적인 규칙은 여러분이 찾는 행동을 지원하는 가장 단순한 기법을 쓰라는 것이다.

5.10 액션 실행

5장을 통틀어 명백한 것처럼 액션에 대해 이야기했다. 의사결정 트리에서 룰 기반 시스템까지 모든 것은 액션을 생성한다. 그리고 우리는 그것들이 어떤 형식인지에 대해 명확하게 하지 않았다.

많은 개발자는 다른 개념으로 액션과 작업하지 않는다. 각 의사결정 기법의 결과는 어떤 태스크를 실행하기 위해 단순히 어떤 함수를 호출하고 상태 변수를 조작하거나 게임의 다른 부분(AI, 물리, 렌더링 등)을 질의하는 코드 조각이다.

반면에 캐릭터의 액션을 중심 코드 조각을 통해 처리하는 것이 이익일 수 있다. 그것은 캐릭터의 능력을 명시적으로 만들어 게임을 더 유연하게 만든다(새로운 종류의 액션을 쉽게 추가하고 제기할 수 있다). 그리고 AI를 너버싱하는 데 크게 도움을 줄 수 있다. 이것은 관리하고 실행시킬 수 있는 다른 알고리듬과 함께 액션의 다른 개념을 요구한다.

5.10절은 액션에 대해 일반적으로 그리고 어떻게 그것들이 일반적인 액션 관리자를 통해 스케줄되고 실행될 수 있는지 살펴본다. 다른 액션 종류들이 어떻게 실행되는지에 대한 논의는 중앙식 실행 관리자를 사용하지 않는 프로젝트에서도 관련이 있다.

5.10.1 액션의 종류

AI 결정의 결과로 나오는 액션의 종류를 네 가지, 즉 상태 변화 액션, 애니메이션, 이동, AI 요청으로 분류할 수 있다.

상태 변화 액션state change action은 가장 간단한 종류의 액션으로, 단순히 게임 상태의 일부를 변화시킨다. 그것은 종종 플레이어에게 직접 보이지 않는다. 예를 들어 캐릭터가 무기의 발포 모드를 변경하거나 헬스 팩 중 하나를 사용할 수 있다. 대부분의 게임에서 이러한 변화는 플레이어가 그것들을 수행할 때 애니메이션이나 시각적 피드백에만 관련된다. 다른 캐릭터에 대해서는 그것들이 단순히 게임의 상태 어딘가의 변수 변화를 수반한다.

애니메이션은 가장 기초적인 시각적 피드백이다. 이것은 캐릭터가 주문을 시전할 때의 파티클 효과이거나 무기 재장전을 표시하는 손의 빠른 움직임일 수 있다. 때때로 전투는 단순히 애니메이션의 문제다. 총의 반동, 올라간 방패 뒤에 숨기 또는 긴 칼 공격 콤보 등이 있다.

애니메이션은 더 화려할 수 있다. 미리 정해진 트랙을 따라 카메라를 보내고 여러 캐릭터의 움직임을 조정하며 게임 내 컷신cutscene을 요청할 수 있다.

액션은 캐릭터에게 게임 레벨을 가로지르는 어떤 이동을 요구할 수도 있다. 비록 어디서 애니메이션이 끝나고 이동이 시작하는지 항상 명확하지는 않지만, 우리는 여기서 더 큰 규모의 이동에 대해 생각하고 있다. 캐릭터에게 보호를 찾아 달리거나, 인근 파워-업을 수집하거나, 적을 추적하라고 말하는 의사결정자는 이동 액션을 만든다.

3장의 이동 알고리듬에서는 고수준 이동 요청(때때로 스테이징이라고 불림)을 기초 액션으로 변환하는 이 종류의 AI를 봤다. 이 기초 액션들(예를 들어 어떠어떠한 힘을 어떠어떠한 방향으로 가한다)은 게임 물리나 애니메이션 컨트롤러에 전달해 실행될 수 있다.

비록 이 이동 알고리듬들이 대개 AI의 부분으로 간주되지만, 여기서 그것들을 실행될 수 있는 단일 액션인 것처럼 다룬다. 게임에서 그것들은 적절할 알고리듬을 호출하고 결과를 물리나 애니메이션 층에 전달함으로써 실행된다. 즉 주로 액션의 다음 타입에 의해 구현된다.

복잡한 캐릭터에 대한 AI 요청에서 고수준 의사결정자는 어떤 저수준 의사결정자를 사용할지 결정하는 과제를 가진다. 예를 들어 실시간 전략 게임에서 한 팀을 컨트롤하는 AI는 이제 건설할 시간이라고 결정할 수 있다. 다른 AI는 어떤 건물이 건설돼야 하는지 결정할 수 있다. 분대 기반 게임에서는 한 수준의 출력이 다음 수준을 가이드하는(6장에서 특정한 전술 및 전략 AI 기법을 다룰 것이다) 여러 층의 AI가 가능하다.

단일 액션

의사결정 도구의 출력인 액션은 이 변형들의 일부나 전체를 결합할 수 있다. 사실 대부분의 액션은 적어도 2개의 요소를 갖는다.

무기 재장전은 상태 변화(캐릭터가 갖고 있는 것에서 총의 탄약 보충)와 애니메이션(손 움직임)을 둘 다 수반한다. 보호를 찾아 달리는 것은 AI 요청(길 찾기), 이동(길 따라가기), 애니메이션(공포에 질려 머리 위로 손을 흔듦)을 수반한다. 뭔가를 건설하고자 결정하는 것은 더 많은 AI(무엇을 건설할지 선택)와 애니메이션(건설 터의 굴뚝에 연기가 난다)을 수반한다.

애니메이션이나 이동을 수반한 액션은 시간을 소모한다. 상태 변화는 즉각적일 수 있고 AI 요청은 바로 우대될 수 있다. 그러나 대부분의 액션은 완료되기에 얼마간의 시간이 걸린다.

일반적 액션 관리자가 시간을 소모하는 액션에 대처해야 한다. 우리는 단순히 즉시 액션을 완료하지 못한다.

많은 개발자는 의사결정자가 액션이 완료될 때까지 매 프레임에 같은 액션을 스케줄하도록(또는 호출될 때 매번) 그들의 AI를 개조한다. 이것은 액션이 어느 때라도 인터럽트될 수 있는 장점이 있다. 그러나 그것은 의사결정 시스템이 상시적으로 처리되고 필요 이상으로 복잡해질 수 있다는 것을 의미한다.

예를 들어 수면과 방어 상태를 갖는 상태 기계를 보자. 캐릭터가 깨어나면 그것은 애니메이션과 움직임을 수반해 '깨어남' 액션을 수행해야 한다. 비슷하게 캐릭터가 낮잠을 자기로 결정하면 '자러 간다' 액션을 필요로 한다. 매 프레임에 계속 일어나거나 자러 가야 하면 상태 기계는 실제로 그림 5.55에 나타난 4개의 상태가 필요할 것이다.

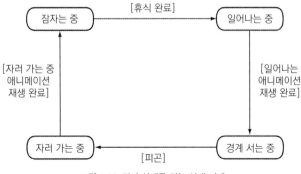

그림 5.55 전이 상태를 갖는 상태 기계

이것은 전이할 상태가 2개만 있을 때 문제가 되지 않지만 5개이면 전이는 40개의 추가 전이 상태를 수반한다. 그것은 곧 통제를 벗어난다.

얼마간의 지속을 갖는 액션을 지원할 수 있으려면 깨어남 액션은 단순히 수면 상태를 빠져나올 것을 요청받을 것이다. 자러 감 액션은 비슷하게 수면 상태로 들어갈 때 수행된다. 이 경우 상태 기계는 연속적인 처리가 필요하지 않다. 그것이 일어난다는 신호를 준 후, 다음 것으로 넘어가기 전에 캐릭터가 일어나는 애니메이션을 완료할 때까지 기다릴 수 있다.

액션 인터럽트하기

액션을 취하는 것은 시간을 사용하므로 실행되는 액션이 현명하게 보일 수도 있지만, 적절한 시간에 맞는 행동을 하지 않으면 바보처럼 보일 수도 있다. 캐릭터가 파워-업을 찾아 돌아다닐 때 적 분대가 매복하고 있다가 튀어나왔음에도 불구하고 계속 파워-업을 찾는다면 멍청하게 보일 것이다. 지금은 파워-업을 찾는 것을 중지하고 달아날 시간이다.

의사결정 시스템이 중요한 액션이 필요하다고 결정하면 그것은 현재 수행되고 있는 다른 액션들을 제칠 수 있어야 한다. 대부분의 게임들은 애니메이션의 일관성을 깨기 위해서도 그러한 돌발을 허용한다. 정상 상태에서 전체 애니메이션이 재생되는 반면에 캐릭터가 빠른 전환을 해야 하면 애니메이션이 다른 것을 위해 인터럽트될 수 있다(급격한 변화를 피하기 위해 여러 프레임이 섞일 수 있다).

액션 관리자는 다른 것들의 실행을 인터럽트하기 위해 액션에 높은 중요도를 허용해야 한다.

복합 액션

게임 캐릭터가 한 번에 하나만 하는 것은 흔하지 않다. 캐릭터의 액션은 대개 겹쳐 있다. 그것들은 레벨을 돌아다니며 적을 추적하고 헬스 팩을 사용하며 '역겨운 제스처를 함' 애니메이션을 재생할 수도 있다.

여러 의사결정 과정에 의해 생성될 수 있도록 이 액션들을 나누는 것이 일반적인 구현 전략이다. 체력 수준을 모니터하고 위험한 상황인 것 같으면 헬스 팩을 사용하는 것을 예정하기 위해 단순한 의사결정자를 사용할 수 있다. 어떤 적을 추적할지 선택하기 위해 또 다른 의사결정자를 사용할 수 있다. 이것은 그러면 추적 경로를 작업하기 위해 길 찾기 루틴으로 넘어갈 수 있다. 이에 따라 경로를 어떻게 따라갈지 작업하기 위해 다른 AI와 올바른 애니메이션을 예정하기 위해 또 다른 코드 조각을 사용할 수 있다.

이 시나리오에서 각 의사결정 시스템은 매우 특정한 형태의 한 액션을 출력하고 있다. 액션 관리자는 이 모든 액션들을 축적하고 어떤 것들이 중첩될 수 있는지 결정해야 한다.

다른 방법은 의사결정자가 복합 액션을 출력하도록 하는 것이다. 예를 들어 전략 게임에서 성공을 위해 여러 액션을 조율해야 할 수 있다. 의사결정 시스템은 완전한 화력의 측면 급습을 하는 동안 적 수비의 강한 부분에 작은 공격을 가하기로 결정할 수 있다. 두 액션 모두 함께 수행돼야 한다. 이 효과를 얻기 위해 개별 의사결정 루틴을 조율하는 것은 어려울 것이다.

이런 경우에 의사결정 시스템에서 반환된 액션은 여러 원자적 액션으로 구성돼야 하며 이들 모두 동시에 실행돼야 한다.

이것은 명백한 요구 사항이고 가장 중요한 것이다. 우리가 아는 한 AI 시스템은 개발 스케줄 후반까지 복합 액션의 필요성을 무시했다. 결국 의사결정 도구(읽기와 저장 포맷, 게임 코드의 나머지에 대한 접점, 스크립팅 언어와 다른 도구에 대한 연결을 포함해)는 재작성이 필요했고 이것은 미리 피할 수 있었던 주요 사항이었다.

스크립트된 행동

개발자들과 (더 흔하게는) 게임 저널리스트들은 때때로 '스크립트된 AI'에 대해 스크립팅 언어와 관련 없는 방법으로 이야기한다. 스크립트된 AI는 이 문맥에서 보통 캐릭터에 의해 항상 순서대로 수행되는 미리 프로그램된 액션 집힙을 의미하나. 여기에는 의사결정이 수반되지 않는다. 스크립트가 항상 처음부터 실행된다.

예를 들어 과학자 캐릭터가 방에 있을 수 있다. 플레이어가 방에 들어올 때 스크립트가 실행되기 시작한다. 캐릭터는 컴퓨터 은행으로 달려가서 자기 파괴 과정을 시작하고 문으로 달려가 빠져나온다.

이런 식으로 행동을 스크립팅하면 캐릭터가 결정을 하는 것보다 더 괜찮은 AI라는 인상을 줄 수 있다. 캐릭터는 짓궂게, 무모하게, 또는 비밀스럽게, 모두 AI 노력 없이 스크립트될 수 있다.

이 종류의 스크립트된 행동은 현재의 게임들에서는 덜 흔하다. 왜냐하면 플레이어가 종종 액션을 인터럽트할 잠재력을 갖기 때문이다. 예제에서 플레이어가 즉시 문으로 달려가 거기에서 있으면 과학자는 탈출할 수 없을 수도 있다. 그러나 스크립트는 그 과학자에게 방해물에 분별 있게 반응하도록 허용하지 않는다. 이 때문에 이런 종류의 스크립트된 행동은 최근 게임에서는 종종 게임 내 컷신cutscene으로만 제한된다.

스크립트된 행동은 의사결정을 제거할 필요 없이 여러 모습으로 수년 간 사용돼 왔다.

기초 액션들(지점으로 이동, 애니메이션 재생, 발포 같은)은 이후 단일 액션으로 취급되는 짧은 스크립트로 결합될 수 있다. 의사결정 시스템은 그 후에 기초 액션들을 나열하는 결정 스크립트를 수행하기로 결정할 수 있다.

예를 들어 슈팅 게임의 포격전에서 적 캐릭터들이 올바로 엄폐를 사용하는 것이 흔하다. 캐릭터는 굴러서 엄폐를 벗어나 다음 엄폐 지점으로 달리기 전에 적을 억제하는 포격을 쏟아 낼 수 있다. 이 스크립트(발포, 구르기, 달리기)는 하나로 취급될 수 있고, 의사결정 시스템은 전체 연쇄를 요청할 수 있다.

의사결정 기법이 관련되는 한 액션들의 연쇄는 하나의 액션이 된다. 각 요소를 차례로 요청할 필요가 없다. '새 엄폐로 달리기' 액션이 각 요소를 포함할 것이다.

이 방법은 캐릭터를 변하는 게임 환경에 좌우되게 하지 않고, 스크립트된 AI 방법의 장점들을 준다. 캐릭터가 스크립트 중간에 막히거나 방해받으면 그것은 항상 또 다른 액션 경로를 선택하기 위해 의사결정 알고리듬을 사용할 수 있다.

스크립트된 행동은 복합 액션과 비슷하다. 그러나 그것들의 요소는 차례로 실행된다. 복합 액션을 연쇄의 일부로 허용하면 캐릭터는 동시에 또는 순차적으로 어떤 수의 액션도 수행할 수 있다. 이것은 우리에게 강력한 메커니즘을 준다.

6장에서 스크립트된 행동으로 돌아올 것이다. 동시에 여러 캐릭터의 액션을 조율하는 것에 관해서라면 스크립트된 행동이 결정적인 기술이 될 수 있다. 그러나 그것들은 6.4.3절에서 논의할 여러 특성을 가져야 한다.

스크립트에 대한 첨언

내 생각으로는 이 종류의 액션 스크립트는 현대 게임 AI 개발의 필수 요소다. 여기서 내가 명확한 것을 장황하게 설명하는 것처럼 보일 수 있다. 그러나 업계는 스크립트를 오랫동안 알고 있었다. 그것들은 새롭거나 창의력이 넘치지 않는데 무슨 소란이란 말인가?

내 경험으로는 개발자들이 더 값 싸고 안정적으로 이 '낮은 기술' 방법으로 결과를 제공하기 위해 정기적으로 새로운 기술 연구를 뒤처지지 않게 따라간다. 내가 본 몇몇의 개발자들은 고도의 지능인 것 같은 느낌을 주려고 의도된 고수준 의사결정 기법(신경망, 정서 및 인지적 모델링 같은)을 실험해 왔다. 그러나 그것들 중 어느 것도 현재 기술 수준으로는 훌륭한 결과를 주지 않았다.

Valve와 EA 같은 회사는 이런 종류의 의사결정 스크립트를 약간 사용하는 비용으로 기술적 골치 아픔 없이 대부분의 효과를 얻을 수 있음을 깨달았다.

비록 그것들이 개조된 방법으로 보일 수 있지만 구현하기 쉽다는 점에서 그것들의 실용적 가치를 과대평가하기 어렵다. 스크립트된 AI의 나쁜 평판 때문에 그것들은 너무 자주 무시된다. 내 충고는 그것들을 자유롭게 사용하되 게임 마케팅 자료에서 자랑하지는 말라는 것이다!

5.10.2 알고리듬

코드는 세 가지 다른 유형을 다룬다.

기초 액션은 상태 변화, 애니메이션, 이동, AI 요청을 나타낸다. 이 구현에서 액션은 그것의 효과를 수행하는 데 책임이 있다. 나중에 논의되는 구현 노트는 이 가정을 자세히 다룬다.

기초 액션뿐만 아니라 두 유형의 복합 액션, 즉 액션 조합과 액션 연쇄를 지원한다.

액션 조합은 함께 수행돼야 하는 액션 집합을 제공한다. 예를 들어 재장전 액션은 한 애니메이션 액션(예를 들어 손 동작 애니메이션)과 한 상태 변화 액션(현재 무기의 탄약 초기화)으로 구성될 수 있다. 조합되는 모든 액션이 동시에 실행될 수 있다고 가정한다.

액션 연쇄는 액션 조합과 구조가 똑같지만 하나씩 차례로 수행하는 액션의 순서 있는 집합으로 취급된다. 연쇄는 또 다른 것으로 가기 전에 첫 번째 액션이 끝나기를 기다린다. 액션 연쇄는 '문 손잡이 당기기'와 같은 액션에 사용될 수 있다. 이 액션은 이동(손잡이로 감), 애니메이션

(손잡이 당김), 상태 변화(문의 잠김 상태 변화)를 수반한다. 액션 연쇄의 액션들은 액션 조합이거나 그 반대일 수 있다(즉 여러 액션을 함께 수행하고 다른 묶음을 수행 등). 복합 액션은 어떤 깊이의 조합으로도 중첩될 수 있다.

모든 액션(기초 또는 복합)은 만료 시간과 우선순위를 갖는다. 만료 시간은 액션이 버려지기 전에 얼마나 오래 대기해야 하는지를 컨트롤한다. 그리고 우선순위는 액션이 다른 액션이 우선권을 갖는지를 컨트롤한다. 추가로, 그것은 완료됐는지, 또 다른 액션과 동시에 실행될 수 있는지, 또는 그것이 현재 실행되고 있는 액션을 인터럽트해야 하는지 검사하기 위해 사용할 수 있는 메서드를 갖는다. 액션 연쇄는 현재 활성이고 이어 나오는 액션이 완료됨에 따라 이 기록을 업데이트할 책임이 있는 자신의 요소 액션을 추적한다.

액션 관리자는 두 그룹의 액션을 포함한다. 큐는 액션이 초기에 놓이고 실행될 수 있을 때까지 기다리는 곳이고 활성 집합은 현재 실행되고 있는 액션 그룹이다.

어떤 곳에서 온 액션도 큐에 합류하는 액션 관리자에 전달된다. 큐가 처리되고 높은 우선순위 액션들이 동시에 최대한 많은 것이 실행되게 우선순위의 내림차순으로 활성 집합으로 이동한다. 각 프레임에서 활성 액션들이 실행되며 실행이 완료되면 그 집합에서 제거된다.

아이템이 큐에 추가되고 현재 실행되고 있는 액션을 인터럽트하고 싶으면 우선순위가 검사된다. 현재 실행되고 있는 액션보다 우선순위가 높으면 인터럽트가 허용되고 활성 집합에 놓인다.

현재 실행되고 있는 액션이 없으면(그것들이 완료됐다), 최고 우선순위 액션은 큐에서 나와 활성 집합으로 간다. 관리자는 현재 활성 집합에 더 이상 추가할 수 없을 때까지 다음 최고 우선순위 액션이 동시에 실행될 수 있으면 그것을 추가한다.

5.10.3 의사 코드

액션 관리자 구현은 다음과 같다.

```
1  class ActionManager:
2      # 대기 중인 액션의 큐를 저장
3      queue: Action[]
4
5      # 현재 실행 중인 액션들
6      active: Action[]
7
```

```
 8        # 액션을 큐에 추가
 9        function scheduleAction(action: Action):
10            # 그것을 큐에 추가
11            queue += action
12
13        # 관리자를 처리
14        function execute():
15            # 시간을 업데이트
16            currentTime = getTime()
17            priorityCutoff = active.getHighestPriority()
18
19
20            # 유효기간이 지난 액션들을 큐에서 지운다.
21            for action in copy(queue):
22                if action.expiryTime < currentTime:
23                    queue -= action
24
25            # 액션을 모두 순회한다.
26            for action in copy(queue):
27                # 우선순위 컷오프보다 낮으면 포기한다.
28                if action.priority <= priorityCutoff:
29                    break
30
31                # 인터럽트가 있으면 처리한다.
32                if action.interrupt():
33                    queue -= action
34
35                    # 인터럽트가 활성화됐으므로
36                    # 이전 활성화된 것은 무시한다.
37                    active = [action]
38                    priorityCutoff = action.priority
39
40                else:
41                    # 이 액션을 추가할 수 있는지 검사
42                    canAddToActive = true
43                    for activeAction in active:
44                        if not activeAction.canDoBoth(action):
45                            canAddToActive = false
46                            break
47
48                    # 둘 다 처리할 수 있으면
49                    if canAddToActive:
50                        queue -= action
51                        active += action
52                        priorityCutoff = action.priority
```

```
53
54          # 지우거나 활성화된 액션을 실행한다.
55          for activeAction in copy(active):
56              if activeAction.isComplete():
57                  active -= activeAction
58              else:
59                  activeAction.execute()
```

execute 함수는 모든 스케줄링, 큐 처리, 액션 실행을 한다. scheduleAction 함수는 단순히 새 액션을 큐에 추가한다.

copy 함수는 액션 리스트(큐나 활성 집합)의 복사본을 만든다. 이것은 처리 함수의 두 최상위 루프에 필요하다. 왜냐하면 아이템이 루프 안에서 제거될 수 있기 때문이다.

5.10.4 자료 구조 및 인터페이스

액션 관리자는 다음 인터페이스의 일반적인 액션 구조에 의존한다.

```
1   class Action:
2       expiryTime: float
3       priority: float
4
5       function interrupt() -> bool
6       function canDoBoth(other: Action) -> bool
7       function isComplete() -> bool
```

기본 액션들은 각 메서드에 대한 다른 구현을 갖는다. 복합 액션은 이 Action 기반의 서브 클래스로 구현될 수 있다.

액션 조합은 다음과 같이 구현될 수 있다.

```
1   class ActionCombination extends Action:
2       # 서브 액션을 저장
3       actions: Action[]
4
5       function interrupt() -> bool:
6           # 서브 액션 중 하나라도 인터럽트 가능하면 그렇게 한다.
7           for action in actions:
8               if action.interrupt():
9                   return false
```

554

```
10        return false
11
12    function canDoBoth(other: Action) -> bool:
13        # 서브 액션 모두 동시 실행 가능하면 그렇게 한다.
14        for action in actions:
15            if not action.canDoBoth(otherAction):
16                return false
17        return true
18
19    function isComplete() -> bool:
20        # 모든 서브 액션이 완료되면 완료된 것이다.
21        for action in actions:
22            if not action.isComplete():
23                return false
24        return true
25
26    function execute():
27        # 모든 서브 액션을 실행한다.
28        for action in actions:
29            action.execute()
```

액션 연쇄는 간단하다. 그것들은 한 번에 한 서브 액션만 노출시킨다. 그것들은 다음과 같이 구현될 수 있다.

```
1    class ActionSequence extends Action:
2        # 서브 액션을 저장
3        actions: Action[]
4
5        # 현재 실행되고 있는 서브 액션의 인덱스를 저장
6        activeIndex: int = 0
7
8        function interrupt() -> bool:
9            # 첫 번째 서브 액션이 인터럽트할 수 있으면 인터럽트할 수 있다.
10            return actions[0].interrupt()
11
12        function canDoBoth(other: Action) -> bool:
13            # 모든 서브 액션이 동시 실행 가능하면 동시 실행할 수 있다.
14            # 첫 번째 것만 테스트했다면 중도에 양립할 수 없음을 발견하는
15            # 위험에 갑자기 빠진다.
16            for action in actions:
17                if not action.canDoBoth(other):
18                    return false
19            return true
```

```
20
21    function isComplete() -> bool:
22        # 모든 서브 액션이 완료되면 완료된 것이다.
23        return activeIndex >= len(actions)
24
25    function execute()
26        # 현재 액션을 실행
27        actions[activeIndex].execute()
28
29        # 현재 액션이 완료되면 다음으로 넘어간다.
30        if actions[activeIndex].isComplete():
31            activeIndex += 1
```

액션 구조체에 더해 관리자 알고리듬은 두 리스트 구조체(활성과 큐)를 갖는다. 둘 다 항상 내림차순으로 요소 액션을 저장한다. 동일한 우선순위 값을 가진 액션에 대해 순서는 정의되지 않는다. 증가하는 만료 시간 순서로 동일한 우선순위를 정렬함으로써 약간의 성능 향상을 얻을 수 있다(즉 더 빨리 만료되는 것이 리스트의 앞쪽에 있다).

그것의 리스트 같은 행태에 더해(아이템의 추가, 제거, 비우기 메서드), 활성 리스트는 메서드를 하나 더 가진다. getHighestPriority는 최고 우선순위 액션(즉 리스트의 첫 번째 것)의 우선순위를 반환한다.

5.10.5 구현 노트

활성 및 큐 리스트는 우선순위 힙heap으로 구현돼야 한다. 이것은 우선순위순으로 내용을 항상 유지하는 자료 구조다. 우선순위 힙은 어떤 알고리듬 문헌에도 상세히 나와 있다. 4장에서 더 자세히 논의했다.

우리는 이 알고리듬에서 액션들이 execute 메서드를 호출함으로써 실행될 수 있다고 가정했다. 이는 이 책 전체의 알고리듬에 사용된 다형적 구조체를 따른다. 의사결정자가 액션이 불투명한 메서드를 호출하게 하기 위해서만 임의의 코드 조각을 실행하지 않도록 액션 관리자를 만들었다면 이상할 것이다.

5.10절의 앞부분에서 본 바와 같이 액션은 대개 네 가지로 돼 있다. 웹사이트에 있는 것 같은 완전한 구현은 네 가지 타입의 액션을 갖는다. 각 타입의 액션은 게임에 의해 다른 방법으로 실행된다. 상태 변화는 단순히 게임 상태에 적용되고, 애니메이션은 애니메이션 컨트롤러에 의해

처리되고, 이동은 이 책의 뒤에 나오는 이동 알고리듬에 의해 처리되고, AI 요청은 다른 의사 결정자에 의해 처리될 수 있다. 웹사이트의 코드는 각 액션당 하나의 네 클래스만 사용한다. 그 클래스 각각의 매개 변수는 액션이 어떻게 실행되는지 결정한다.

디버깅

모든 캐릭터 액션을 중심점을 통해 보내는 것의 한 가지 장점은 디버깅을 위해 간단한 보고와 로깅을 추가할 수 있는 능력이다. 각 액션 클래스의 execute 메서드에서 로깅 데이터를 출력하는 코드를 추가할 수 있다. 액션은 디버깅에 도움을 주는 어떤 정보도 지참할 수 있다(예를 들어 액션을 가져온 의사결정자, 큐에 액션이 추가된 시간, 완료 여부 등).

분산된 AI를 디버그했던 경험에서는 여러 상황에서 중앙화된 액션 시스템으로 돌아오게 됐다. 중앙화된 방법을 사용하는 가장 큰 이유가 디버깅 때문이라고 생각한다.

5.10.6 성능

알고리듬의 공간 복잡도는 $O(n)$이다. 여기서 n은 큐에서의 최대 액션 수다. 알고리듬은 액션 생성자가 제대로 작동한다고 가정한다. 액션 생성자가 큐에 액션을 매 프레임에 넣는다면 큐는 급속도로 다루기 어려워질 것이다. 만료 시간 메커니즘이 도와줄 수 있다. 그러나 그렇게 빠르지는 않을 것이다. 최고의 해법은 관리자에 기여하는 것들이 그것을 넘치게 하지 않는 것이다. 이 점이 보장되지 않는 환경(예를 들어 관리자가 사용자 스크립트로부터 액션을 받을 때)에서는 큐의 크기에 제한이 가해질 수 있다. 새 액션이 가득 찬 큐에 더해질 때 최저 우선수위의 요소는 제거된다.

알고리듬의 시간 복잡도는 $O(mh)$이다. 여기서 m은 복합 액션의 서브 액션을 포함한 활성 집합의 액션 수이고 h는 역시 서브 액션을 포함한 큐의 액션 수다(마지막 문단의 n은 서브 액션을 제외한 큐의 액션들을 가리킨다). 이 시간 소모는 canDoBoth 테스트 때문이다. 이것은 활성 집합의 아이템들과 큐의 아이템들의 모든 조합을 테스트한다. 양 리스트에 많은 액션이 있을 때 이것은 큰 이슈가 될 수 있다.

이 경우에 알고리듬을 덜 유연하게 만들 수 있다. 활성 리스트의 액션을 조합하는 능력은 쉽게 제거될 수 있다. 그리고 모든 동시 액션이 액션 조합 구조체에 임베드함으로써 명시적으로 요청받도록 강제할 수 있다. 이것은 알고리듬의 시간 복잡도를 O(h)로 감소시킨다.

그러나 대개 단지 몇 개의 액션만 한 시점에 관리자에 존재하고 검사는 중대한 문제를 일으키지 않는다.

5.10.7 모두 합치기

그림 5.56은 액션 관리자를 사용한 전체 AI 구조를 보여 준다.

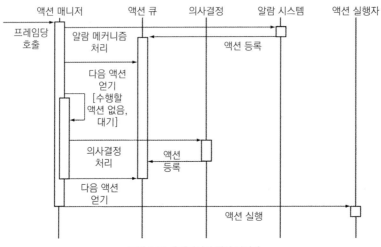

그림 5.56 문맥에서의 액션 관리자

알람 메커니즘은 매 프레임에 업데이트되고 필요하면 비상 액션을 예정할 수 있다. 그러면 액션의 큐가 대기 상태로 된다. 단일 의사결정 시스템이 있으며 이것은 액션 큐가 빌 때마다 호출된다(많은 요소 의사결정 도구로 구성될 수 있다). 올바른 액션이 큐에 있을 때 실행되도록 보내진다. 실행은 요청을 게임 상태, 애니메이션 컨트롤러, 이동 AI 또는 어떤 보조적인 의사결정자로 보내는 것에 의해 수행될 수 있다. 시스템이 액션이 큐에 더해지기 전에 시간을 다 쓰면 단순히 아무것도 하지 않고 반환한다.

이 구조는 복잡한 캐릭터를 만드는 포괄적인 아키텍처를 나타낸다. 보조 캐릭터를 위한 단순하고 빠르게 구현하는 AI에는 과도한 것일 수 있다. 포괄적인 아키텍처가 제공하는 유연성은 AI 개발에 매우 유용할 수 있다. 왜냐하면 캐릭터는 필연적으로 더 복잡한 행동을 요구하기 때문이다.

5.1 여기 캐릭터 AI의 명세서 일부가 있다.

> 체력이 50% 미만인 경우 적이 20미터 이내에 있지 않다면 스스로 치료해야 한다. 그렇지 않으면 공격해야 한다. 체력이 10% 이하라면 적들의 상태에 상관없이 치료해야 한다. 이때 헬스 팩을 들고 있다면 바로 사용하고 그렇지 않으면 헬스 팩을 찾기 위해서 탐색해야 한다.

가능한 동작이 힐링, 힐링 아이템 탐색, 적 공격이라고 가정할 경우 이 캐릭터의 동작을 구현할 이진 결정 트리를 그려 보자.

5.2 연습 문제 5.1에서 설계된 캐릭터 AI를 만들고 플레이 테스트했더니 적이 20미터 가까이 있을 때는 힐링 팩$^{\text{healing pack}}$을 찾으러 가지 않도록 해야 되겠다고 결정했다. 대신 새로운 행동인 '숨기'라는 행동을 하자. 연습 문제 5.1에서 만든 의사결정 트리를 최소한으로 수정해서 어떻게 이러한 행동을 하도록 만들 수 있을지 생각해 보자. 기존 의사결정 트리를 특정 부분을 수정해서 구현할 수 있을지, 완전히 새로 만들어야 할지 생각해 보자. 결정을 내렸다면 왜 그런 결정을 내렸는지 생각해 보자.

5.3 연습 문제 5.2에서 만들어진 AI로 게임을 테스트해 보니 캐릭터 AI의 행동이 너무 예측 가능하게 움직이는 것 같다. 의사결정 트리에서 어느 부분에 무작위 행동을 넣으면 될 것인지 생각해 보자. 의사결정 트리를 그려 보고 게임 플레이 관점에서 어떤지 생각해 보자.

5.4 연습 문제 5.1의 명세를 따른 행동을 유한 상태 기계로 그려 보자.

5.5 연습 문제 5.1과 연습 문제 5.4는 명세서의 요구 조건들을 모두 충족시켰지만 게임에서 그들이 다르게 행동할 수 있는 상황이 있는가?

5.6 연습 문제 5.3에서 만든 유한 상태 기계에 알람 메커니즘을 구현해 보자. 예를 들어 탄약이 다 떨어졌고 재장전하는 행동을 할 수 있도록 해보자. 이때 계층적 상태 기계를 사용해야 한다.

5.7 로봇 청소기가 있고 네 가지 행동, 즉 쓰레기 줍기, 쓰레기 버리기, 지정된 위치로 움직이기, 충전을 위해 플러그를 꽂기를 할 수 있다. 레벨 주위에 충전을 위한 지점들이 있다. 의사결정 트리를 사용해 상태 전이를 결정하는 상태 기계를 스케치해 보자.

5.8 월드를 돌아다니는 것과 헬스 팩을 줍는 것은 다른 기본 행동들이다. 행동 트리를 사용해 연습 문제 5.1의 명세를 구현해 보자. 최소한 하나의 시퀀스 노드를 사용해야 한다.

5.9 다음 의사 코드는 행동 트리처럼 구현될 수 있다.

```
1  if isLocked(door):
2      moveTo(door)
3      open(door)
4      moveTo(room)
```

의사결정 트리로 만들려면 어떻게 될까? 어느 접근법이 더 좋을까?

5.10 2.1.1절에서 〈팩맨〉의 유령 행동을 설명했다. 어떤 의사결정 도구를 사용할 것인가? 4개의 유령을 구현해 보자.

5.11 〈팩맨〉의 속편에서 게임 디자이너는 레벨에 문을 추가했다. 유령은 문을 열 수 있지만 시간이 걸린다. 연습 문제 5.10에서 여러분이 디자인한 AI가 추가된 문을 반영하려면 어떻게 해야 할까?

5.12 캐릭터는 퍼지 상태에서 다음과 같은 속함 정도를 갖고 있다.

상태	속함 정도	이동 속도
자신감	0.4	5
조심성	0.6	3
걱정	0.2	2
당황	0.0	1

표에서 볼 수 있듯이 각 상태에 따라 이동 속도를 갖고 있다. 다음과 같이 역퍼지화를 사용했을 때 이동 속도가 어떻게 되는가?

a. 가장 높은 속함 정도

b. 섞기

c. 중력의 중심

5.13 캐릭터가 자신감 AND 걱정 OR 당황이면 갈등 상태에 이르게 된다. 속함 정도를 계산하라.

560

5.14 연습 문제 5.13의 갈등 상태를 Combs 포맷으로 다시 작성해 보자. 같은 캐릭터의 속함 정도를 계산해 보자. 결과가 같을 것이라고 기대해도 좋은가?

5.15 전략 게임에서 다음 벡터는 주변 국가들과의 우정을 뜻한다.

$$\begin{bmatrix} 0.7 \\ 0.4 \\ 0.5 \\ 0.4 \end{bmatrix}$$

어느 나라도 협력적이거나 공격적인 행동을 취하지 않을 때 이 우정 레벨들은 마르코프 행렬에 의해 변한다.

$$M = \begin{bmatrix} 0.7 & 0.1 & 0.1 & 0.1 \\ 0.1 & 0.7 & 0.1 & 0.1 \\ 0.1 & 0.1 & 0.7 & 0.1 \\ 0.1 & 0.1 & 0.1 & 0.7 \end{bmatrix}$$

만약 협력적이거나 공격적인 행동 없이 계속된다면 우정 벡터의 안정적인 값은 무엇인가?

5.16 연습 문제 5.15의 행렬을 사용하되 우정 벡터과 다음과 같다면

$$\begin{bmatrix} 0.9 \\ 0.7 \\ 0.5 \\ 0.3 \end{bmatrix}$$

안정적 값은 무엇인가? 안정적 값이 시작 벡터의 값과 상관없이 동일하도록 마르코프 행렬을 만들 수 있는가?

5.17 컴퓨터 그래픽스에서 행렬의 곱을 통해 벡터에서 더하기/빼기 연산을 할 수 있다. 이를 위해 행 하나가 추가되고 값은 1로 설정한다(수학적으로 동차좌표계를 사용한다고 한다).

만일 우정 벡터가 다음과 같을 때

$$\begin{bmatrix} 0.9 \\ 0.7 \\ 0.5 \\ 0.3 \\ 1 \end{bmatrix}$$

마지막 값은 항상 1이며 우정 값을 의미하지 않는다. 이때 마르코프 행렬은

$$M = \begin{bmatrix} a & b & b & b & c \\ b & a & b & b & c \\ b & b & a & b & c \\ b & b & b & a & c \\ 0 & 0 & 0 & 0 & 1 \end{bmatrix}$$

우정당 0.5의 안정적 값을 얻을 수 있는가? (힌트: 여러 방법이 존재한다.)

5.18 로봇 청소기는 충전을 위해 목표를 가질 수 있다. 완충하는 데 1분(이동 시간 포함)이 걸리는 충전 지점으로 돌아가거나 배터리를 사용해 30초 동안 25% 충전할 수 있다. 일반적으로 로봇은 분당 충전량이 5% 감소한다. GOB가 로봇을 충전 지점으로 되돌리기 위해 선택하는 충전 레벨은 무엇인가?

5.19 연습 문제 5.18에서 로봇이 배터리를 더 자주 사용하도록 각 방법에 대한 충전 비율과 충전 시간을 어떻게 조정할 수 있는가?

5.20 완벽한 휴리스틱을 갖고 있다고 가정하고 같은 그래프를 갖고 있을 때 고려하는 상태의 수에 있어서 IDA*가 일반적 A*보다 더 좋은 성능을 내는가?

5.21 게임 디자인 문서에 다음과 같이 캐릭터 AI 명세서가 있다고 하자.

캐릭터는 정찰 경로를 따르고 혼자 있는 플레이어를 발견하면 곧장 달려와서 공격한다. 만약 플레이어에게 동료가 있다면 캐릭터는 알람을 울리고 그들의 동료가 올 때까지 기다린다.

위 명세를 따르는 룰베이스 시스템을 작성해 보자.

5.22 연습 문제 5.21에서 만든 규칙이 특정 중재 전략에 의존하는가? 그렇다면 어떤 전략이 유효한가?

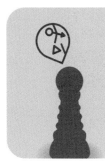

전략적, 전술적 AI 　6장

5장에서 살펴본 의사결정 기법에는 2개의 중대한 제약 사항이 있다. 첫째는 하나의 캐릭터만 사용한다는 점이고, 둘째는 주어진 상황에 대한 총체적인 예측을 했을 때 나올 수 있는 지식을 사용하려는 시도조차 하지 않는다는 점이다.

위 두 가지 제약 사항은 전략적, 전술적 AI 부문에서도 폭넓게 산재돼 있다. 6장에서는 캐릭터에 대한 전략적, 전술적 추론의 프레임워크를 제공해 줄 수 있는 기법들에 대해 살펴본다.

그 기법 중에는 의사결정과 다수의 캐릭터 사이의 조화를 이루기 위해 필요한 개략적인 정보의 전술적 상황을 추론하는 방법이 포함된다.

그림 6.1에서 볼 수 있듯이 지금까지 살펴봤던 AI 모델에서 세 번째 계층을 제공한다.

모든 게임에서 이 모델의 모든 부분이 필요하지 않다는 것을 다시 한번 기억하자. 많은 게임 장르에서 특히 전략적, 전술적 AI는 그야말로 필요가 없다. 게임 플레이어들이 예측 가능한 움직임을 보고 싶어하는 게임 장르(예를 들어 2차원 슈팅 게임이나 플랫폼 게임)에서 더 복잡한 움직임에 직면하는 것은 플레이어를 그야말로 좌절시킬 수 있다.

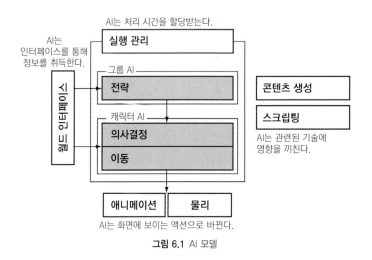

그림 6.1 AI 모델

게임 AI가 발전되고 있는 것을 볼 때 향후 5년 간은 전략적, 전술적 AI가 핵심 분야 중의 하나가 될 것이 명확하다. 최근 5년 동안에 AI로 컨트롤되는 캐릭터의 전술적 능력이 급격하게 증가되고 있는 것을 지켜봤고, 이러한 트렌드가 지속되는 이 순간에도 계속 개발되고 있다.

6.1 웨이포인트 전술

웨이포인트^{waypoint}는 게임 레벨 안에 있는 하나의 위치다. 앞서 4장에서 노드와 대표 지점 representative point이라 일컬어지는 웨이포인트를 만났었다. 길 찾기는 레벨을 통과하는 길에 있는 중간 지점처럼 노드를 사용한다. 그것이 웨이포인트의 본래 사용법이다. 그리고 여러 종류의 의사결정을 위해 길 찾기가 필요한데 길 찾기를 위한 데이터를 확장하는 과정에서 자연스럽게 발전한 기술들이 6장에 있다.

우리는 연결, 양자화 지역^{quantization regions}, 비용 등과 관련된 데이터를 필요로 하는 알고리듬을 따라 길 찾기 그래프의 노드로 표현될 수 있는 웨이포인트를 사용했었다. 웨이포인트를 전술적으로 사용하기 위해서 더 많은 데이터를 노드에 추가해야 하며, 저장되는 데이터는 웨이포인트의 사용 목적에 좌우된다.

6장에서는 평범하지 않은 전술적 특성을 가진 레벨 안에 있는 위치를 대표하기 위해 웨이포인트를 사용하는 것을 살펴볼 것이다. 왜냐하면 캐릭터가 전술적 이점을 취하기 위해 그 위치를 차지하기 때문이다. 처음에는 게임 디자이너에 의해 정해지는 전술적 정보와 자신의 위치를 가진 웨이포인트에 대해 고려해 볼 것이다. 그런 다음에는 자동으로 전술적 정보와 위치를 추론하는 방법을 살펴볼 것이다.

6.1.1 전술적 장소

전술적 장소를 표현하기 위해 사용되는 웨이포인트는 때때로 '랠리 포인트rally point'라고 부른다. 초창기에는 랠리 포인트가 시뮬레이션(특히 군사 시뮬레이션)에 사용됐는데, 이는 총격전에서 패배했을 때 캐릭터가 퇴각할 수 있는 안전한 장소를 표시하기 위함이었다. 이와 같은 원리는 현실에서 군대의 작전 수립에 사용된다. 소대가 적과의 교전을 벌일 때 전술적으로 안전하게 퇴각할 수 있는 것이 보장된 퇴각 장소를 사전에 결정하도록 하는 것이다. 이러한 방법으로 전투에 패배하더라도 전멸하지 않을 수 있다.

게임에서는 수비 장소나 숨을 장소를 표현하기 위해 전술적 장소를 흔히 사용한다. 게임의 정적인 지역에서 게임 디자이너는 보통 드럼통 뒤와 돌출벽을 숨기 좋은 장소로 표시할 것이다. 캐릭터가 적과 교전할 경우에는 피신하기 위해 가장 가까운 숨을 장소로 이동할 것이다.

또 다른 유명한 전술적 장소가 있다. 분대 단위 교전에서는 저격수의 위치가 전형적으로 중요하다. 게임 디자이너는 저격수를 위해 적합한 장소를 표시할 것이다. 그리고 저격 캐릭터는 몸을 숨기고 적을 조준하기 위한 목적으로 그곳으로 이동할 수 있다.

스텔스 게임stealth game에서 캐릭터는 어두운 장소들을 비밀스럽게 이동한다. 적의 시야 속에 들어오지 않는 한 캐릭터는 어두운 장소 사이에서 움직이도록 긴느놀닐 수 있다(감지 개념을 구현하는 법은 11장에서 다룰 것이다).

전술적 정보를 표현하기 위해 웨이포인트를 사용하는 다른 방법이 매우 많다. 넓은 각도로 사격을 실행할 수 있는 장소, 파워업power-up 아이템이 생성되는 장소, 넓은 장소를 볼 수 있는 정찰 장소, 숨을 수 있으며 발견됐을 경우 빠르게 퇴각이 가능하며 다수의 퇴각로가 보장되는 장소 등을 예로 들 수 있다. 전술적 장소는 노출된 장소, 가라앉은 모래 지역, 매복 핫스팟 등과 같이 회피를 위한 장소도 될 수 있다.

여러분이 만들고 있는 게임의 유형에 따라 캐릭터가 따를 수 있는 여러 종류의 전술이 있을 것이다. 이러한 각각의 전술마다 대응되는 전술적 장소가 있기 마련이다. 이것은 긍정적(전술을 도와주는) 또는 부정적(전술을 방해하는) 장소 중에 하나다.

장소의 집합

대부분의 게임은 한두 가지 전술적 위치만 제한적으로 사용하지 않는다. 게임 지형은 많은 웨이포인트의 집합을 포함하고 각각 전술적 질에 따라 부여된 라벨을 가진다. 만약 웨이포인트가 길 찾기에 사용된다면 연결점과 지역과 같은 길 찾기 데이터를 포함한다.

실제로는 숨기와 저격수 장소는 길 찾기 그래프의 구성 요소로는 별로 쓸모가 없다. 그림 6.2는 이런 상황을 잘 보여 준다. 비록 두 가지 세트의 웨이포인트를 결합하는 것이 대부분 흔하다고 하더라도 각각의 구분된 길 찾기 그래프와 전술적 장소 세트가 길 찾기에 효율적일 것이다. 내비게이션 메시^{navigation mesh}나 타일 기반 세계관과 같은 길 찾기 그래프를 표현하기 위해 다른 방법을 사용할 경우에는 당연히 효율적인 선택을 해야 한다.

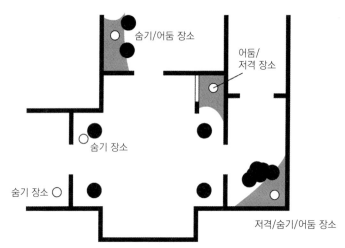

그림 6.2 최적의 길 찾기 그래프가 아닌 전술적 장소

6장에서 우리가 관심 있는 대부분의 장소는 길 찾기 그래프의 일부가 아닐 수 있다고 가정하겠다. 그 후에는 추가적인 노력 없이도 두 가지를 합치는 것만으로도 상황에 따라서는 매우 강력한 행동이 될 수 있음을 알게 될 것이다. 그러나 보통의 경우에는 두 기술을 연결할 이유가 없다.

그림 6.2는 게임 지형에서 세 가지 유형(숨기, 어둠, 저격수)이 결합된 전술적 장소의 전형적인 집합을 보여 준다. 몇몇 장소는 두 가지 이상의 전술적 특성을 갖고 있다. 예를 들어 대부분의 어둠shadow 장소는 동시에 숨기cover 장소가 되기 마련인데 두 가지 유형을 모두 가진 장소는 한 곳이 있다.

이 지형에서 쓸모 있는 지역을 모두 표시하는 것으로 많은 수의 웨이포인트를 만들 수 있다. 지형 디자이너는 꽤 좋은 양질의 행동을 얻기 위해서 필요하지만 많은 시간을 소모한다. 6장의 후반부에서 웨이포인트 데이터를 자동적으로 생산하는 방법들을 보게 될 것이다.

원시 그리고 합성 전술

대부분의 게임에서 미리 정의된 전술적 유형(예를 들어 저격수, 숨기, 어둠)의 집합을 가진다는 것은 흥미 있고 현명한 전술적 행동을 지지하기에 충분하다. 향후 6장에서 살펴볼 알고리듬은 이러한 고정된 범주 내에서 의사결정을 한다.

그러나 모델을 더 세련되게 만들 수도 있다. 저격수 위치를 살펴볼 때 저격하기 좋은 장소는 숨기 좋고 적을 볼 수 있는 넓은 시야가 제공되는 장소라고 말할 수 있다. 위 두 가지 요구점을 숨기와 시야로 분리할 수 있다. 만약 게임 내에서 잘 숨을 수 있고 동시에 넓은 시야가 제공되는 장소를 찾아 낼 수 있다면 군이 저격수 위치를 따로 정의할 필요가 없어진다. 저격수 장소가 숨기 장소와 동시에 정찰 장소인 것으로 말할 수 있다. 저격수 장소는 전술적 속성을 합성한 것이다. 합성 전술 유형은 두 가지 또는 그 이상의 원시 전술로 이뤄진다.

또한 우리 스스로 양쪽의 유형을 가진 한 가지 장소에 제한할 필요가 없다. 만약 캐릭터가 진투에서 공격적인 편에 속하게 되면 그 캐릭터는 정확한 사격을 할 수 있는 장소에 인접한 잘 숨을 수 있는 장소가 필요하다. 그 캐릭터는 장전할 시간을 벌 때나 적들의 공격이 거셀 때는 숨기 장소로 숨을 수 있고, 적을 공격할 때에는 정확한 사격을 할 수 있는 장소로 뛰어나올 수 있다. 사격 장소에 인접한 숨기 장소를 방어적 숨기 장소로 정의할 수 있다(보통의 경우 옆으로 구를 수 있을 정도의 장소, 진부한 만화에서 등장하는 숨었다 나오는 장소).

같은 방법으로 만약 매복하기에 좋은 장소를 찾는다면 숨기 좋은 장소와 인접한 노출된 장소를 찾아볼 수 있다. '숨기 좋은 장소'란 숨기 장소와 어둠 장소가 결합된 나름대로 알맞은 합성 전술이다.

그림 6.3은 예를 보여 준다. 통로를 따라 숨기^{cover} 장소, 어둠^{shadow} 장소, 노출된^{exposed} 장소가 표시돼 있다. 노출된 장소에 인접한 숨기와 어둠이 둘 다 갖춰진 장소를 좋은 매복 장소로 정한다. 만약 적이 노출된 장소로 이동할 때 어둠 속에 캐릭터가 숨어 있다면 적은 공격당하기 쉽다. 그림 6.3 속에 좋은 매복 장소가 표시돼 있다.

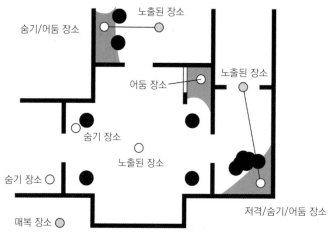

그림 6.3 다른 장소로부터 도출된 매복 장소

원시 전술을 저장해 놓는 것만으로도 이러한 합성 전술을 이용할 수 있다. 위의 예에서는 숨기, 어둠, 노출의 세 가지 전술적 속성만 저장했다. 이 세 가지 유형을 통해 매복을 하기 좋거나 매복을 피하기 좋은 최적의 장소를 계산해 낼 수 있다. 별로 자주 사용되지도 않는 웨이포인트 데이터 때문에 지형 디자이너의 업무를 늘리지 않고 메모리를 늘리지도 않고도 수많은 다른 전술을 이용할 수 있다. 그렇지만 메모리에서 이득을 보는 반면에 속도에서는 손해를 보게 된다. 가까운 매복 장소를 계산해 내기 위해서 범위 안에 있는 어둠 장소와 숨기 장소가 같이 있는 곳을 모두 찾아봐야 하고, 그때마다 인접한 곳에 노출된 장소가 있는지 또 찾아봐야 한다.

대부분의 경우에서 추가 계산은 별로 중요하지 않다. 예를 들어 만약 캐릭터가 매복 장소를 찾는 것이 필요하다면 여러 프레임에 걸쳐 생각하려고 할 것이다. 전술적 장소에 기초한 의사결정은 캐릭터가 모든 프레임을 필요로 하는 그런 종류의 것이 아니다. 그리고 캐릭터에게 상당한 수치의 시간이 절대적으로 필요한 것은 아니다.

그러나 캐릭터가 많거나 조건의 집합이 너무 복잡하다면 웨이포인트의 조합은 오프라인에서 미리 계산될 수 있다. 그리고 모든 합성 장소가 식별될 수 있다. 이렇게 하면 게임이 실행되는 동안 메모리를 절약할 수는 없지만 지형 디자이너에게 모든 장소의 유형을 정의하라고 시킬 필요가 없어진다. 이것은 나중에 다뤄질 것이고 원시 유형까지 발견해 내는 알고리듬을 사용할 수 있다. 6장에서 나중에 원시 유형을 자동적으로 발견하는 알고리듬을 볼 것이다.

웨이포인트 그래프와 위상학적 분석

그동안 살펴봤던 웨이포인트들은 각각 분리돼 있으며 고립돼 있다. 하나의 웨이포인트가 다른 웨이포인트에 도달할 수 있는지의 여부에 대한 정보가 없다. 6장을 시작하면서 웨이포인트가 길 찾기 그래프의 노드와 유사하다는 점을 언급했었다. 확실히 길 찾기 그래프의 노드를 전술적 장소처럼 사용할 수 있다(비록 항상 완벽하게 들어맞지는 않다고 하더라도 말이다. 6.3절에서 추후 설명하겠다).

길 찾기 그래프를 사용하지 않는다고 하더라도 전술적 위치와 보다 더 세련된 합성 전술에 대한 접근을 연결해 볼 수 있다.

치고 빠지기 공격^{hit and run attack}에 적합한 좋은 장소를 찾는다고 가정해 보자. 그림 6.4의 웨이포인트의 조합은 고려할 지형의 일부를 보여 준다. 웨이포인트가 연결돼서 다른 장소를 거쳐서 특정 장소로 직접 도달할 수 있다. 예를 들면 벽을 통과하는 연결점은 존재하지 않는다. 발코니에 있는 장소 A는 좋은 시야를 가져서 공격 장소의 후보다. 마찬가지로, 작은 대기실에 있는 장소 B도 유용한 장소다.

발코니는 대기실보다 확연히 좋은 장소다. 왜냐하면 탈출구가 3개가 존재하고 그중 하나만 방과 연결되기 때문이다. 만약 치고 빠지기 전술을 염두에 두고 있다면 시야가 좋으면서도 많은 탈출 루트를 보유한 상소가 필요하다.

이것이 바로 위상학적 분석이다. 위상학적 분석은 웨이포인트 그래프의 특성을 보면서 지형의 구조에 대해 추론하는 것이다. 이것은 합성 전술의 종류이기도 하지만 전술적 속성과 장소 못지않게 웨이포인트 간의 연결을 사용한다.

위상학적 분석은 길 찾기 그래프를 사용하거나 기본적인 전술적 웨이포인트를 사용해 실행될 수 있지만, 웨이포인트 사이의 연결을 필요로 한다. 만약 이러한 연결이 없다면 인접한 웨이포인트가 탈출구를 구성하는지 여부를 알 수 없을 것이고, 또한 웨이포인트 사이에 벽이 존재하는지 여부를 알 수 없을 것이다.

불행하게도 이런 종류의 위상학적 분석은 급격한 복잡도를 가질 수 있다. 복잡도는 웨이포인트의 밀도에 따라 크게 좌우된다. 그림 6.4의 장소 C를 보자. 이 사격 장소는 세 곳의 탈출 루트를 갖고 있다. 그러나 이런 경우의 탈출 루트들은 모두 즉각적으로 탈출할 수 있는 장소에 도달된다. 탈출 루트의 숫자라는 한 가지 요소만을 기초로 '치고 빠지기 공격' 장소를 물색하는 캐릭터는 방 중앙에서 자리를 잡으려는 실수를 하게 될지도 모른다.

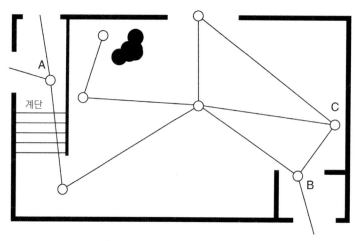

그림 6.4 웨이포인트 그래프의 위상학적 분석

물론 위상학적 분석을 좀 더 세련되게 만들 수 있다. 연결의 숫자뿐만 아니라 이러한 연결이 어디로 도달하는지도 고려하게 만들 수 있고 그 이상도 고려할 수 있다.

내가 경험한 바에 따르면 이런 종류의 분석은 매우 복잡하고 만만치 않은 작업이므로 대부분의 개발자들이 시간을 들여 구현하고 조정하는 걸 원치 않는 것 같다. 개인적인 견해로 위상 분석 시스템을 개발하는 것과 레벨 디자이너가 직접 전술적 위치를 적절하게 설정하는 것의 차이가 크지 않다. 그러므로 단순한 분석 수준이 아니라면 거의 항상 레벨 디자이너가 직접 처리하는 것이 낫다.

자동적인 위상학적 분석은 책과 논문에 종종 등장한다. 그것을 주의해서 다룬다면 제대로 작동하기까지 여러 달의 시간을 여러분이 절약할 수 있다는 것이 내 조언이다. 매뉴얼을 따라가는 방법이 장기적인 측면에서는 덜 고통스러운 방법이다.

지속적 전술

더 복잡한 합성 전술을 구현하기 위해서 부울 논리형과 거리를 둘 수 있다. 예를 들어 장소를 '숨기'나 '어둠'으로 표시하기보다는 숫자를 부여해 볼 수 있다. '숨기'에 해당하는 웨이포인트는 숫자 값을 가질 것이고 '어둠'에는 다른 숫자 값을 가질 것이다.

이러한 숫자 값의 의미는 게임에 따라 달라지고 편의상 특정 상하한 값을 갖게 된다. 그러나 좀 더 명확한 설명을 위해서 부동소수점 값은 (0, 1)의 상하한 범위를 가진다고 가정해 보면 1의 값을 가진 요소는 양의 상한값을 지시하게 된다(예를 들어 '숨기'와 '어둠'의 양이 최대). 그 값이 소수점일 필요는 없다. 만약 메모리 제약이 큰 플랫폼이나 부동소수점이 최적화되지 않은 하드웨어에서 구동할 게임을 제작한다면 쉽게 (0, 255)의 범위를 가진 정수형을 사용할 수도 있다.

이러한 정보를 통해 웨이포인트의 특성을 쉽게 분석해 볼 수 있다. 만약 캐릭터가 숨을 곳을 찾는다고 가정하면 이 캐릭터는 동일하게 도달 가능한 '숨기'= 0.9인 웨이포인트와 '숨기'= 0.6인 웨이포인트 중에 '숨기'= 0.9인 웨이포인트로 향할 것이다.

이러한 값을 퍼지 집합$^{\text{fuzzy set}}$의 요소 정도로 해석해 볼 수 있다(5장에서 살펴봤다). '숨기' 값이 0.9인 웨이포인트는 숨기 장소의 집합에서 높은 정도의 요소다.

요소의 정도로 값을 해석하는 것은 퍼지 논리 규칙을 사용하는 합성 전술을 생산할 수 있게 만들어 준다. 저격 장소를 적을 관찰하기 좋은 시야와 좋은 숨기 장소의 두 가지 합성 장소로 정의했던 것을 기억해 보자. 다른 말로 설명하자면, 다음과 같다.

```
sniper = cover AND visibility
```

만약 cover = 0.9이고 visibility = 0.7인 웨이포인트가 있다면 퍼지 규칙을 사용할 수 있다.

$$m_{(\text{A AND B})} = \min(m_A, m_B)$$

m_A와 m_B는 A와 B 요소의 정도 값이다. 데이터를 더해서 이렇게 얻을 수 있다.

$$\begin{aligned} m_{\text{sniper}} &= \min(m_{\text{cover}}, m_{\text{visibility}}) \\ &= \min(0.9, 0.7) \\ &= 0.7 \end{aligned}$$

따라서 저격수의 장소의 특성을 도출해낼 수가 있고, 캐릭터의 전술적 움직임에 기초해서 그 특성을 사용할 수 있다. 이 예는 구성 요소를 합치기 위해 AND 문만 사용하면 되기 때문에 굉장히 간단하다. 앞부분에서 살펴봤듯이 합성 전술의 굉장히 더 복잡한 조건을 고안해 낼 수 있다. 퍼지 상태의 요소의 값을 해석하는 것은 많은 설로 이뤄신 매우 복잡한 정의도 구현할 수 있게 해준다. 이렇게 결국 믿을 수 있는 값으로 귀결되는 테스트된 메커니즘을 제공한다.

이러한 접근 방식의 불이익으로는 각각의 웨이포인트가 완전한 집합의 값들을 저장해야만 한다는 것이 있다. 만약 다섯 가지의 다른 전술적 특성을 추적한다면 숫자가 사용되지 않는 상황에서 각 집합의 웨이포인트 리스트만 추적하면 된다. 이 방법은 저장 공간의 낭비가 없다. 반면에 숫자 값을 각각 저장하려고 한다면 각 웨이포인트마다 다섯 가지의 숫자가 필요하게 된다.

0 값을 저장하지 않음으로써 저장 공간을 아주 약간 절약할 수는 있다. 그러나 그렇게 하면 일이 더 복잡해진다. 왜냐하면 값뿐만 아니라 값의 의미까지 저장할 수 있는 신뢰할 만한 방법이 필요하기 때문이다(만약 항상 다섯 가지의 숫자를 저장한다면 배열^{array}상의 위치를 보고 각 숫자들의 의미를 구분할 수 있다).

큰 현실 세계를 보면, 실시간 전략 게임이나 굉장히 많은 다중 접속자 게임에서 사용된 방법으로 저장 공간을 절약할 방법을 찾을지도 모른다. 그러나 대부분의 사격 게임에서는 메모리 추가 사용이 문제를 일으키지는 않는다.

문맥 민감도

그러나 그동안 묘사해 왔던 방식으로 전술적 장소를 표시하는 것은 여전히 문제가 있다. 장소의 전술적 속성들은 대부분 캐릭터의 동작이나 현재 게임의 상태에 항상 민감하다.

예를 들어 드럼통 뒤에 숨는 것은, 캐릭터가 쭈그리고 있을 때만 숨기를 제공한다. 만약 캐릭터가 드럼통 뒤에 서 있다면 적들의 사격에 공격당하기 쉬운 대상이 된다. 마찬가지로, 돌출된 바위 뒤에 숨는 것은 만약 적이 내 뒤에 있다면 쓸모가 없다. 사격하는 적과 캐릭터 사이에 바위가 있는 것이 의미가 있다.

이러한 문제점은 숨기 장소에만 국한되지 않는다. 6장에 있는 어떤 전술적 장소라도 특정 상황에서는 무용지물이 될 수 있다. 만약 적이 측면 공격에 돌입한다면 캐릭터가 퇴각 장소로 움직이는 것은 무용지물이다. 왜냐하면 그 장소는 적의 손아귀에 있기 때문이다.

어떤 전술적 장소들은 더욱더 문맥적으로 복잡성을 가진다. 저격수 위치는 만약 모두가 저격수가 거기에 있다는 것을 알고 있으면 쓸모없어지기 마련이다. 난공불락의 은신처(우리가 생각했을 때는 지형 디자인의 실패)에 저격수가 숨어 있는 경우를 제외하고는 저격수의 위치는 적에게 비밀일 것이 어느 정도 요구된다.

문맥 민감도^{context sensitivity}를 구현하는 데는 두 가지 방법이 있다. 첫째로 각 노드마다 다량의 값을 저장해 볼 수 있다. 예를 들어 한 숨기 웨이포인트에는 네 가지 다른 방향^{direction}이 존재할 수 있다. 특정 상황에서 숨기 장소는 네 가지 방향 중 일부 방향만 숨기를 제공한다. 이러한 네 가지 방향을 웨이포인트의 상태^{state}로 일컫는다. 숨기에 있어서 네 가지 상태를 갖고 있고, 각각의 상태는 완벽하게 독립적인 숨기의 정도를 가질 것이다(만약 연속적인 전술 수치를 사용하지 않는다면 단지 Yes/No의 값을 가진다). 각기 다른 상태에 어떤 수치도 사용할 수 있다. 예를 들어 숨기 위해 캐릭터가 몸을 수그리는 추가적인 상태를 서술할 수 있다. 아니면 적의 소형 무기에 대해서는 숨어지는 반면에 RPG 로켓과 같은 중화기에는 보호받을 수 없는 상황이 있을 수 있기 때문에 적의 무기에 따라 달라지는 추가적인 상태를 서술할 수 있다.

숨기와 사격 장소(네 가지 방향을 사격 각도에 다시 이용할 수 있다)와 같이 상당히 명확한 상태의 조합 전술이라면 이것은 좋은 해결책이다. 퇴각 장소의 예와 같이 다른 타입의 문맥 민감도라면 적에 의해 전장이 좌우되고 있는 상태와 같이 합리적인 세트의 상태를 다루기가 어려워진다.

두 번째 방법으로는 웨이포인트마다 상태를 하나씩만 사용하는 것인데 앞부분에서 이미 살펴본 바 있다. 상태를 웨이포인트의 전술적 품질에 대한 최종 값으로 다루기보다는 이 값이 적절한지 확인하는 단계를 추가한다. 이런 확인 단계는 게임 상태에 대한 확인으로 구성될 수 있다. 숨기의 예에서 적의 시야선^{line-of-sight}에 들어왔는지의 여부를 확인해 볼 수 있다. 후퇴의 예에서 퇴각로가 적에게 장악돼 있는지 보기 위해 영향력 지도^{influence map}를 확인해 볼 수 있다 (6.2.2절 참고).

저격수의 예에서 쉽게 적이 저격 장소에 사격을 했던 적이 있는지(적이 저격 장소를 알고 있는지를 판단할 수 있는 휴리스틱)의 여부를 부울 논리형의 리스트로 보관해 놓을 수 있다. 이러한 사후로 처리하는 단계는 웨이포인트의 전술적 유형을 자동적으로 생성하는 작업과 유사성을 갖고 있다. 나중에 이러한 기술을 공부할 것이다.

각각의 방법에 대한 예로, 교전 중에 캐릭터가 재장전하기 위해 숨기 장소를 선택할 필요가 있을 경우를 생각해 보자. 그림 6.5를 보면 캐릭터가 선택할 수 있는 인접한 두 곳의 숨기 장소가 있다.

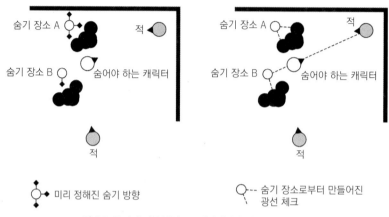

그림 6.5 두 가지 다른 방법으로 캐릭터가 숨기 장소를 선택하기

그림 6.5의 왼쪽 그림에서 숨기 장소는 각각 네 가지 방향 중에서 고유의 유형을 갖고 있다. 캐릭터는 각각의 적을 보고 방향을 판단하며 남쪽과 동쪽 방향으로부터 숨어야 된다고 결정한다. 따라서 캐릭터는 이러한 점을 고려한 숨기 장소를 확인한다. 숨기 장소 B가 이러한 점을 만족해 캐릭터는 숨기 장소 B를 선택한다.

그림 6.5의 오른쪽 그림에서는 사후 처리 단계를 사용한다. 캐릭터는 숨기 장소와 적이 있는 장소의 양쪽을 바라보는 시야 라인을 확인한다. 캐릭터는 숨기 장소 B가 양쪽의 시야 라인을 만족하지 않는다고 판단하고 적으로부터의 시야 라인을 갖춘 숨기 장소 A를 선호할 것이다.

이 두 가지 방법의 트레이드 오프는 질, 메모리, 실행 속도의 측면에 있다. 웨이포인트마다 여러 상태를 사용하는 것이 의사결정을 빠르게 한다. 게임 도중에 전술적 계산을 할 필요가 없다. 단지 우리가 어떤 상태에 관심 있는지만 알면 된다. 반면에 굉장히 높은 질의 전술을 얻기 위해서는 상당히 많은 상태가 필요할 것이다. 만약 숨기 장소를 계산할 때의 네 방향, 서 있을 때와 수그릴 때, 다섯 가지의 적의 무기를 상대할 때를 모두 고려하고자 한다면 웨이포인트마다 40가지 상태가 필요하다. 분명 급격하게 비대해진다.

사후 처리 단계를 실행하는 것은 좀 더 많이 유연할 수 있게 해준다. 이는 캐릭터가 배경의 특이점을 이용하는 것을 허락해 준다. 숨기 장소는 특정한 접근로(예를 들어 기둥이 숨기를 제공하는 장소)를 제외하고는 북쪽 방향의 적에게는 숨을 수 없다. 만약 적이 특정 접근로로 이동해 온다면 그 숨기 장소는 유효하다. 북쪽 방향의 공격으로부터의 숨기 장소를 고려할 때 간단한 상태만 사용한다면 캐릭터는 이러한 지형상의 특이점을 이용할 수 없게 된다.

반면에 사후 처리 단계는 시간을 잡아먹기 마련인데 특히 지형 기하학을 통해 시야선을 이용하려고 할 경우에는 더 시간을 잡아먹는다. 지금까지 봤던 상당수의 게임에서 전술적 시야선 확인은 게임에서 사용되는 시간을 상당히 많이 소모했다. 어떤 경우에는 프로세서의 30%를 넘게 잡아먹는 경우도 있었다. 만약 여러분이 빠르게 변화하는 전술적 상황에 반응해야 하는 많은 숫자의 캐릭터를 사용한다면 이런 시간상 단점을 용납할 수 없다. 만약 캐릭터가 여러 옵션을 고려해 볼 몇 초의 시간을 사용할 여유가 있다면 이런 시간상 단점은 문제가 안 될 가능성이 크다.

내 생각에는 분대 단위 교전 게임과 같이 좋은 전술적 플레이로부터 이득을 얻는 게임 종류는 사후 처리 접근이 필요하다. 그 외의 전술에 초점이 맞춰져 있지 않은 게임 종류는 소수의 상태만으로도 충분하다. 게임 디자이너가 두 가지 접근을 결합해 사용한다면 큰 성공을 거두게 될 것으로 생각된다. 다수의 상태는 시야선 확인에 필요한 숨기 웨이포인트의 숫자를 줄여 줄 수 있는 필터링 작업을 가능하게 해준다.

모두 함께 활용하기

우리는 전술적 웨이포인트의 복잡도를 고려해 왔다. 즉 장소의 전술적 유형의 간단한 라벨부터 합성 전술을 거쳐 퍼지 로직과 같이 문맥적 민감도까지 살펴봤다. 실제로는 대부분의 게임에서 이러한 전 과정이 필요하지는 않다.

많은 게임에서는 간단한 전술적 라벨만으로 하고 싶은 것을 모두 다 할 수 있다. 만약 전술적 라벨이 이상한 행동을 양산한다면 그다음 단계로 문맥적 민감도를 구현한다. 이렇게 하면 AI 역량의 큰 향상을 가져온다.

다음으로 연속적인 전술적 값을 추가하도록 시도하는 것을 조언하겠다. 그리고 캐릭터가 웨이포인트의 유형에 기초해 의사결정을 허락하도록 시도해 보자.

매우 전술적 플레이의 질이 판매량과 직결되는 높은 수준의 전술적인 게임에 있어서는 퍼지 로직을 동반한 합성 전술을 사용하면 장점이 있다. 그 장점은 지형 디자이너에게 정보를 변경하거나 추가하라고 요구하지도 않으면서도 새로운 전술을 사용할 수 있게 되는 것이다. 그동안 이런 과정을 모두 거쳐간 게임을 다뤄 보지 않았다. 그렇다고 하더라도 이런 과정은 군사 시뮬레이션 장르에서 새로운 것이 아니다.

6.1.2 전술적 장소 사용하기

그동안 게임의 지형이 전술적 웨이포인트와 함께 어떻게 증가될 수 있는지를 살펴봤다. 그러나 그 자체만으로는 값에 불과하다. 의사결정 속으로 데이터를 집어넣는 작업이 필요하다.

세 가지 접근을 알아볼 것이다. 첫째, 전술적 움직임을 제어하는 매우 간단한 프로세스다. 둘째, 의사결정 과정 속으로 전술적 정보를 포함시킨다. 셋째, 항상 전술적으로 알고 있는 캐릭터의 움직임을 생산하기 위해 길 찾기 하는 동안 전술적 정보를 사용한다. 세 가지 접근 모두 새로운 알고리듬이나 기술이 아니다. 지금까지 살펴본 것처럼 전술적 정보를 알고리듬 속으로 불러들이는 간단한 방법들이다.

당분간은 한 가지 캐릭터를 위한 의사결정에 한해 집중할 것이다. 6.4절에서 여러 캐릭터의 움직임을 조화시키는 작업으로 돌아갈 것이다. 그것들이 전술적으로 알고 있는 것을 확신하는 동안에 말이다.

간단한 전술적 움직임

대부분의 경우에 캐릭터의 의사결정 프로세스는 어떤 종류의 전술적 장소가 필요한지를 의미한다. 예를 들어 체력, 탄환 수 또는 적의 현재 위치와 같은 캐릭터의 현재 상태를 관찰하는 결정 트리를 가질 수 있다. 그 결정 트리가 실행된 후 캐릭터는 무기를 재장전할 필요가 있는지 결정한다.

의사결정 시스템에 의해 생성되는 액션은 '재장전'이다. 이것은 재장전 애니메이션을 재생하거나 캐릭터의 무기의 발사 수를 업데이트하면서 쉽게 달성할 수 있다. 그렇지 않으면 좀 더 전술적으로 숨기 장소와 같이 재장전에 적합한 장소를 찾는 것을 선택할 수 있다.

이것은 인접 전술적 웨이포인트에 문의함으로써 간단하게 달성된다. 적합한 웨이포인트(우리의 경우에는 숨기 웨이포인트)가 발견되면 현재 문맥에 그 웨이포인트가 적합한지 확신시켜 주는 것에 사후 처리 단계가 사용된다.

그 캐릭터는 적합한 장소를 선택하고 움직임의 목표로 사용한다. 그 선택은 단순하게 '가장 가까운 적합한 장소'가 될 수 있다. 이러한 경우에 캐릭터는 가까운 웨이포인트부터 확인하기 시작해서 적합한 장소를 찾을 때까지 거리를 늘려간다. 그렇게 하지 않으면 좋은 장소에 대한 숫자적 측정 같은 것을 사용할 수 있다. 만약 웨이포인트의 질에 대한 연속적인 값을 사용한다면 그것이 우리가 필요한 방법이다. 그러나 우리는 전체 지형에서 최고의 노드를 선택하려는 의도는 없다. 재장전을 위한 안전한 장소를 찾기 위해 전체 맵을 모두 찾아보는 것은 의미가 없다. 대신에 거리와 질 사이의 균형점을 찾을 필요가 있다.

이 접근법은 전술적 정보와 독립적으로 액션을 결정하고 이후에 전술적 정보를 활용해 의사결정을 달성한다. 이것은 대부분의 분대 단위 AI의 기초를 형성하는 강력한 기술이며 슈터에서 가장 중요하고 기본적인 것이기도 하다.

그러나 중대한 제약 사항이 있다. 의사결정 과정에 전술적 정보가 사용되지 않기 때문에 결정이 이뤄지고 난 직후에 마침내 바보같이 결정한 것을 발견할지도 모른다. 예를 들어 재장전을 하려는 의사결정이 이뤄지고 난 뒤에 가까이에 어디에도 안전한 장소가 없다는 것을 발견할지도 모른다. 이런 상황에 처한 사람은 다른 시도를 해볼 것이다. 예를 들어 도망가는 것을 선택할 수도 있다. 만약 캐릭터가 결정에만 전념한다면 멈춰 버릴 것이다.

보통 게임들은 AI가 이러한 현상을 감지하고 뒤로 돌아가서 결정을 다시 생각해 보도록 허락하지 않는다. 그래서 큰 문제가 생길 수 있다.

대부분의 게임에서는 실제 구동 중에 이러한 현상이 중대한 문제가 되지 않는다. 특히 지형 디자이너가 유능하다면 더욱 그렇다. 게임의 모든 지형에서 각 유형의 전술적 포인트가 보통은 고르게 다수 분포한다(아마도 저격 장소는 제외하고, 저격 장소를 찾기 위해 먼 거리를 헤매더라도 보통 신경 쓰지 않는다).

다른 데이터처럼 전술적 정보 사용하기

의사결정 과정 속으로 전술적 정보를 가져오는 가장 간단한 방법은 결정하는 주체가 게임 속의 다른 정보에 접근하는 것과 같은 방법을 주는 것이다.

예를 들어 만약 우리가 결정 트리를 사용하길 원한다면 캐릭터의 전술적 문맥에 기초해 결정이 이뤄지도록 허락할 수 있다. 그림 6.6에서 나오듯 가장 가까운 숨기 장소에 기초해 결정할 것이다. 이 경우 캐릭터는 숨기 장소로 가지 않기로 결정할 것이고, 그런 다음에 적합한 숨기 장소가 없는 것을 발견할 것이다. 숨기 장소로 가려는 결정은 숨기 장소가 이용 가능한 것인가를 계산에 넣는다.

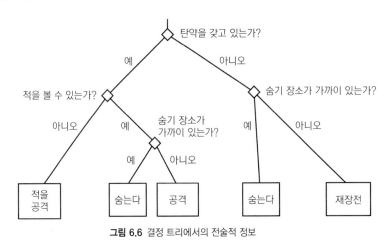

그림 6.6 결정 트리에서의 전술적 정보

마찬가지로 만약 상태 기계^{state machine}를 사용한다면 단지 웨이포인트의 이용 가능성에 기초한 어떤 전이점을 자극하기만 하면 된다.

두 경우 모두 의사결정 중에 발견한 적합한 웨이포인트를 저장해야 한다. 왜냐하면 의사결정이 이뤄지고 난 뒤에 웨이포인트를 사용하기 위해서다. 만약 첫 번째 예에 있는 결정 트리가 '숨기' 동작을 제안한다면 어떤 숨기 장소에 숨을 것인지 알아낼 필요가 있다.

이것은 앞부분에서 알아봤던 간단한 전술적 움직임 접근에서 사용된 인접한 결정 장소를 찾아보는 것과 동일한 것을 포함한다. 중복된 노력을 피하기 위해 결정 트리 처리 도중에 발견된 숨기 장소를 저장해야 한다. 그다음에 이동 AI에 그 목표를 사용하고 더 이상의 탐색을 하지 않고 곧바로 그 장소로 이동한다.

퍼지 논리 의사결정에서의 전술적 정보

결정 트리와 상태 기계에서 전술적 정보를 'yes'와 'no'의 상태로 사용할 수 있다. 아니면 결정 트리에서의 결정 노드 또는 상태 변화의 조건으로 사용할 수 있다.

한 단계 더 나아가서 결정을 내릴 때 전술적 장소의 질을 고려하도록 할 수 있다. 캐릭터가 두 가지 전략 중에 고민하는 것을 생각해 보자.

교전을 피하면서 숨기 장소 뒤에 진을 치고 있을 수 있고, 어둠 장소에서 매복해서 적이 못 보고 지나가게 할 수 있다. 연속적인 전술적 데이터를 각각의 장소에 사용한다. 숨기 장소의 질은 0.7이고 어둠 장소의 질은 0.9다.

결정 트리를 사용해서 숨기 장소가 있는지 쉽게 확인해 볼 것이고 숨기 장소를 찾았다면 캐릭터는 교전 피하기 전략을 따를 것이다. 두 전략 중 어떤 것을 선택할지 고민하는 것은 의미가 없다.

그러나 만약 퍼지 의사결정 시스템을 사용한다면, 의사결정 과정 속에 질의 값을 직접 사용할 수 있다. 5장에서 퍼지 의사결정 시스템이 퍼지 규칙의 세트를 가진다는 것을 기억해 보자. 퍼지 규칙은 여러 퍼지 세트 요소의 정도^{degree}와 어떤 동작이 선호되는지를 알려 주는 수치를 결합시킨다.

다른 요소 값의 정도처럼 이 방법을 통해 전략적 값을 포함할 수 있다.

예를 들어 다음과 같은 규칙을 가질 수 있다.

```
IF cover-point THEN lay-suppression-fire
IF shadow-point THEN lay-ambush[1]
```

위와 같은 전술 수치가 주어지면 다음과 같은 결과를 얻는다.

```
lay-suppression-fire : membership = 0.7
lay-ambush : membership = 0.9
```

만약 두 수치가 독립이면(두 가지를 동시에 하는 것이 불가능하면 독립이라 가정한다) 매복하기 동작을 선택한다.

그러나 이러한 규칙은 매우 복잡해질 수 있다.

---

1 cover-point: 숨기 장소, lay-suppression-fire: 교전 피하기, shadow-point: 어둠 장소, lay-ambush: 매복하기 – 옮긴이

```
IF cover-point AND friend-moving THEN lay-suppression-fire
IF shadow-point AND no-visible-enemies THEN lay-ambush[2]
```

이제 만약 요소의 수치를 가진다면

```
friend-moving = 0.9
no-visible-enemies = 0.5
```

다음과 결과를 갖게 된다.

```
lay-suppression-fire : membership = min(0.7, 0.9) = 0.7
lay-ambush : membership = min(0.9, 0.5) = 0.5
```

그리고 올바른 동작은 교전 피하기다.

의사결정 과정에 전술적 수치를 포함하는 것에는 의심할 여지없이 다수의 다른 방법이 있다. 그러한 방법들을 규칙 기반 시스템의 우선순위를 계산할 때 사용할 수 있다. 아니면 그러한 방법들을 학습 알고리듬^{learning algorithm}의 입력 값으로 포함할 수 있다. 퍼지 논리에 기반한 규칙을 사용하는 시스템에서 이런 접근 방식은 매우 강력한 결과를 낳으면서도 구현하기 간단한 확장을 제공해 준다. 그러나 이것은 자주 사용되는 기술은 아니다. 대부분의 게임에서는 의사결정에서의 전술적 정보를 훨씬 간단한 방법으로 이용한다.

인접한 웨이포인트 생성하기

만약 이러한 접근 방법 중에 하나를 사용하려고 한다면 빠른 인접한 웨이포인트 생성하기 기법을 필요로 하게 된다. 캐릭터의 위치가 주어졌을 때 거리에 따른 적합한 웨이포인트의 목록이 절실히 필요하다.

대부분의 게임 엔진은 인접한 대상을 재빠르게 계산해 내는 메커니즘을 제공한다. 쿼드 트리^{quad-tree}나 이진 공간 분할^{BSP, Binary Space Partition}과 같은 공간 데이터 구조는 종종 충돌을 발견하는 것에 이용된다. 다해상도 맵^{multi-resolution map}(다른 타일 크기의 계층 구조를 가진 타일 기반 방식)과 같은 공간 데이터 구조 역시 사용할 수 있다. 타일 기반 방식의 경우 다양한 반경에 대해 미

---

2   friend–moving: 아군의 이동, no–visible–enemies: 시야에 적이 없음 – 옮긴이

리 저장된 타일 패턴을 사용할 수 있다. 캐릭터의 타일에 패턴을 겹친 후, 패턴 내부에 있는 타일을 찾아 적절한 웨이포인트를 찾는다.

3장에서 이미 설명했는데 인접 발견과 충돌 발견에 사용되는 공간 데이터 구조는 이 책의 범위를 넘어선다. 시리즈의 책[14]에서 이 주제를 다룬다. 부록의 참고 문헌에 있다.

그러나 거리만 고려의 대상이 되는 것이 아니다. 그림 6.7에서 캐릭터는 통로에 있다. 가장 가까운 웨이포인트가 인접한 방 안에 있기 때문에 숨기 장소로 전혀 쓸모가 없다. 만약 숨기 장소를 거리만을 보고 선택한다면 캐릭터가 재장전하기 위해 방 안으로 뛰어드는 것을 볼 것이다. 복도 끝에 있는 상자를 이용하지도 않고 말이다.

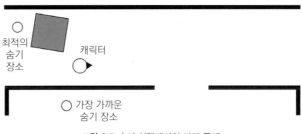

그림 6.7 숨기 선택에서의 거리 문제

지형 디자인을 세심하게 함으로써 이러한 문제를 최소화할 수 있다. 혹은 게임 레벨에서 얇은 벽을 사용하지 않는 것이 좋을 수도 있다. 또 이런 문제는 4장에서 살펴본 양자화 알고리듬을 혼동시킬 수 있다. 그러나 종종 이런 문제는 피할 수 없어서 최적의 해결책이 필요하다.

다른 접근 방식이 있다. 거리를 생성하기 위해서 길 찾기 과정을 수행함으로써 각각의 전술적 웨이포인트가 어떻게 인접해 있는지 판단하는 방식이다. 그 후에 이 방식은 간단한 유클리드 거리Euclidean distance를 사용하기보다는 지형의 구조를 계산에 넣는다. 기존에 찾았던 인접한 웨이포인트로의 경로보다 먼 경로가 될 것을 깨달으면 중간에 길 찾기를 멈출 수 있다. 이러한 최적화 과정을 거치더라도 이 방식은 프로세서의 부담을 어마어마하게 늘려 준다.

운 좋게도, 한번에 길 찾기를 수행해서 가까운 목표를 찾을 수 있다. 이는 또한 길 찾기를 수행할 때 발생했던 얇은 벽에 의한 문제를 해결해 준다. 그리고 추가적인 장점이 있는데 전술적 상황을 계산할 때마다 캐릭터가 움직이는 데 이 방식이 답변해 주는 길을 사용할 수 있다.

전술적 길 찾기

전술적 웨이포인트는 전술적 길 찾기에 또 사용될 수 있다. 전술적 길 찾기는 게임 인공지능에서 뜨거운 화제이지만, 기본적인 A* 길 찾기 알고리듬의 상대적으로 간단한 확장이다. 그러나 이것은 가장 가깝고 빠른 길을 찾기보다는 게임의 전술적 상황을 계산에 넣는다.

하지만 전술적 길 찾기는 전술적 분석과 더 흔하게 연관돼 있다. 6.3절에서 자세하게 논의할 것이다.

6.1.3 웨이포인트의 전술적 유형을 생성하기

지금까지 모든 게임 내의 모든 웨이포인트가 이미 생성돼 있다고 가정해 왔고, 각각 적절한 유형이 부여돼 있다고 가정해 왔다. 적절한 유형이란 위치의 전술적 특성을 위한 라벨 세트와 전술적 장소의 질에 대한 추가적인 데이터나 문맥에 민감한 정보가 부여된 것을 말한다.

가장 간단한 지형의 경우 보통 디자이너가 직접 만든다. 지형 디자이너는 숨기 장소, 어둠 장소, 시야가 좁은 장소, 저격수 장소를 만든다. 숨기 장소를 몇백 개 이하로 유지하는 한 큰 부담은 없다. 대부분의 슈터 게임이 이렇게 작업됐다. 하지만 게임이 복잡해지면 디자이너의 업무가 감당하지 못할 정도로 불어나게 된다.

만약 지형 디자이너가 문맥 민감한 정보를 만들거나 장소의 전술적 질을 정한다면 업무가 굉장히 어려워진다. 또한 디자이너가 필요로 하는 도구가 상당히 복잡해진다. 문맥 민감하고 연속적인 값을 갖는 전술적 웨이포인트를 다루는 데 있어서 다른 문맥적 상태를 구성할 수 있어야 하고 각각에 숫자를 부여할 수 있어야 할지도 모른다. 그 값을 알아볼 수 있게 만들기 위해 시각화visualization 기술이 필요할 것이다.

디자이너가 웨이포인트를 직접 배치하는 것은 불가능한 작업은 아니지만 이 역시 업무에 부담이 될 수 있으므로 참/거짓 값을 설정하는 간단한 작업이 아닌 이상 전술 정보를 설정하는 작업을 떠맡는 것을 주저하게 될지도 모른다.

다른 게임에서는 수동으로 장소를 만들 필요가 없을지도 모른다. 장소가 게임 구조를 통해 자동으로 생성되기 때문이다. 예를 들어 만약에 게임이 타일 기반의 격자 구조에 의존한다면 장소는 해당하는 타일 내에 위치한다. 장소가 어디 있는지 아는 반면에 각각의 전술적 유형을 모른다. 만약 게임의 지형이 미리 제작된 조각들로 조립된다면 전술적 장소가 미리 제작된 조각 내에 어디 있는지 알고 있다.

양쪽의 경우에서 각각의 웨이포인트 전술적 유형을 자동적으로 계산하는 메커니즘이 필요하다.

이것은 오프라인으로 선행 처리 단계를 사용함으로써 보통 수행된다. 필요하다면 게임 도중에도 수행될 수 있다. 게임 도중 수행의 경우는 현재 게임 문맥상 웨이포인트의 전술적 유형을 생성하도록 허락하는데 이는 더 세밀한 전술적 행동을 가능하게 해준다. 그러나 앞의 문맥 민감도 절에서 봤듯이 처리 속도에 큰 영향을 준다. 특히 고려해야 할 웨이포인트가 많아지면 더 심해진다.

전술적 질^{quality}을 계산하는 알고리듬은 어떤 타입의 전술에 관심을 두고 있는지에 의해 좌지우지된다. 전술의 타입이 많으면 계산도 많아진다. 관련 처리 과정을 충분히 느껴볼 수 있도록 6장에서 그동안 사용했던 웨이포인트 타입들을 살펴볼 것이다. 그 외의 전술은 이런 타입과 비슷한 경향이 있지만 약간의 수정이 필요할 수도 있다.

숨기 장소

숨기 장소의 질은 적의 다양한 공격들이 얼마나 성공적인가를 테스트함으로써 계산된다. 모의 실험으로 다양한 공격들이 얼마나 유효한가를 테스트한다.

모든 경우의 수를 테스트해 볼 수 있지만 시간이 너무 많이 소요된다. 지형 기하학적인 측면을 고려한 시야선 테스트를 하는 것으로 대략적으로 적의 공격 모의 실험을 대체할 수 있고 보다 더 쉽게 테스트할 수 있다.

숨기 장소의 후보가 되는 장소의 인접한 장소로부터 공격 테스트를 시작한다. 이 장소는 보통의 경우에 숨기 장소가 있는 방이나 숨기 장소에 인접한 방 안에 존재한다. 물론 전체 지형을 테스트해 볼 수 있겠지만, 어차피 모든 공격이 성공하지 않을 것이기 때문에 낭비일 뿐이다. 실외 지형에서는 무기 사정거리 안에 있는 모든 장소를 테스트해 봐야 될 수도 있는데 잠재적으로 시간이 많이 걸리는 프로세스다.

이것에 대한 한 가지 방법은 정규화된 각도에서의 공격을 테스트하는 것이다. 먼저 공격 장소가 숨기 장소와 같은 방이나 같은 구역 안에 있는지 확인하는 절차가 필요하다. 예를 들어 복도의 중앙에 있는 장소는 복도의 어떤 장소로부터라도 타격받을 수 있다. 그러나 만약 통로가 좁을 경우 각도를 이용하면 높은 숨기 값을 줄 수 있다. 대부분의 각도는 통로의 벽에 의해 보호되기 때문이다. 그러나 인접한 장소를 테스트하는 경우에는 매우 바빠질 수 있다. 벽에 의해 보호되지 않고 정확히 100% 노출되기 때문이다.

그러나 각도를 너무 정규화하는 것은 다른 문제를 낳을 수 있다. 만약 숨기 장소와 같은 고도를 가진 장소를 테스트한다면 잘못된 값을 얻을 수 있다. 예를 들어 기름통 뒤에 서 있는 캐릭터는 땅바닥 높이에서의 공격으로부터는 보호가 가능하지만 어깨 높이의 공격으로부터는 노출된다. 각도에 랜덤 오프셋random offset을 작게 부여하고 여러 높이에서 각각의 각도에 대해 여러 번 테스트해 봄으로써 이러한 문제를 풀 수 있다.

선택한 장소로부터 빛의 광선이 숨기 장소의 후보를 향해 비춘다. 중요한 것은 후보 장소의 사람 크기 만한 공간을 향해 무작위로 비춘다는 것이다. 만약 점을 향해 비춘다면 단지 바닥에 있는 작은 점만 테스트하게 되고 정작 캐릭터가 차지한 공간은 무시하게 된다.

이 프로세스는 다른 장소로부터 여러 번 반복된다. 영역을 비추는 광선의 일부분을 추적한다.

이러한 테스트를 위한 의사 코드는 다음과 같다.

```
1   function getCoverQuality(location: Vector,
2                            iterations: int,
3                            characterSize: float) -> float:
4       # 각도의 초깃값 설정하기
5       theta = 0
6
7       # 한 대도 안 맞은 것으로 시작한다.
8       hits = 0
9
10      # 유효한 광선이 없다.
11      valid = 0
12      for 1 in 0.. iterations:
13        # from location 생성하기
14        from = location
15        from.x += RADIUS * cos(theta) + randomBinomial() * RANDOM_RADIUS
16        from.y += rand() * 2 * RANDOM_RADIUS
17        from.z += RADIUS * sin(theta) + randomBinomial() * RANDOM_RADIUS
```

```
18
19        # 장소로부터 유효한지 확인하기
20        if not inSameRoom (from, location):
21          continue
22        else:
23          valid++
24
25        # to location 생성하기
26        to = location
27        to.x += randomBinomial() * characterSize.x
28        to.y += rand() * characterSize.y
29        to.z += randomBinomial() * characterSize.z
30
31        # 확인해 보기
32        if doesRayCollide (from, to):
33          hits++
34
35        # 각도 업데이트하기
36        theta += ANGLE
37
38      return float(hits) / float(valid)
```

이 코드에서 실제 광선을 비추는 것을 수행하기 위해 doesRayCollide()를 사용했다. rand()는 0에서 1 사이의 무작위 값을 리턴한다. randomBinomial()는 −1과 1 사이의 이항 식으로 분산된binomially distributed 무작위 값을 생성한다. inSameRoom()은 두 장소가 같은 방에 있는지 확인한다. 예를 들어 이것은 계층적인 길 찾기 그래프나 길 찾기pathfinder를 이용해 쉽게 할 수 있다.

함수 안에는 여러 상수가 있다. RADIUS 상수는 공격이 시작되는 곳으로부터 얼마나 멀리 떨어져 있는지 제어한다. 공격이 너무 쉽지 않도록 적당히 멀리 있어야 하지만 다른 방에 있을 정도로 멀리 떨어져 있으면 안 된다. 여러분의 지형 기하학의 크기scale에 달려 있다. RANDOM_RADIUS 상수는 장소로부터 얼마나 무작위 성향이 더해지는지 제어한다. 이 상수는 RADIUS * sin(ANGLE)보다 작아야 한다. 그렇지 않으면 다음 각도를 확인하기 위해 움직이는 것보다 멀리 움직이게 되고, 각도를 정확하게 확인하지 못하게 된다. ANGLE 상수는 장소 주위에서 고려해야 할 샘플이 얼마나 많은지를 제어한다. 각각의 각도가 여러 번 고려되기 위해서는 집합이어야 한다(반복의 횟수가 적을수록 ANGLE의 값이 커져야 한다).

위와 같은 방법으로 문맥 민감한 값이 계산될 수 있다. 어떤 문맥에 관심 있는지에 따라 모든 결과를 덩어리로 뭉치려고 하기보다는 각각의 방향에서 오는 광선이 비추는 부분이나 캐릭터가 서 있을 때와 웅크리고 있을 때의 부분을 계산할 필요가 있다.

만약 이 과정을 게임 도중에 실행하려고 한다면 방향을 무작위로 선택할 이유가 없어진다. 대신에 AI가 숨기 장소를 찾을 때 숨기 장소를 타격할 가능성을 확인하기 위해 적 캐릭터를 이용할 수 있다. 하지만 다른 무작위 값을 갖고 여러 번 테스트를 반복하는 것은 아직도 좋은 생각이다. 만약 시간이 중요한 화두라면 이 과정을 생략해서 단지 시야선만 확인할 수 있다. 이렇게 하면 알고리듬은 빨라지겠지만 광선 테스트를 방해하는 좁은 구조물에 의해 방해받을 수 있다.

가시성 점수

가시성 점수^{visibility point}는 숨기 점수를 계산했던 방법과 유사하게 시야선을 이용해 계산된다. 광선이 비출 때마다 숨기 장소와 인접한가를 고려해 장소를 선택한다. 이때 웨이포인트에서부터 광선을 발사한다(실제로는 웨이포인트를 차지하고 있는 캐릭터의 눈의 위치로부터 발사한다). 무작위 요소는 필요하지 않다. 눈의 위치를 직접 사용할 수도 있다.

웨이포인트를 위한 가시성의 질은 광선의 평균 길이와 관련이 있다(광선이 목표물에 도달하기까지의 길이). 광선이 도달되고 있기 때문에 적을 보거나 타기팅^{targeting}을 하기에 좋은 장소를 판단하려는 의도로, 웨이포인트에서 보이는 지형의 분량을 대체적으로 파악할 수 있다.

광선 테스트를 그룹화하는 것과 같은 방법으로 여러 다양한 상태의 수로 문맥 민감한 값을 생성할 수 있다.

얼핏 보기에는 가시성과 숨기는 그저 반대되는 것으로 보이기 십상이다. 만약 숨기 좋은 장소라면 가시성이 좋지 않은 장소일 것이다. 광선 테스트가 수행되는 방식에 따르면 이것은 사실이 아니다. 그림 6.8은 좋은 숨기와 합리적인 가시성을 동시에 가진 장소를 보여 준다. 이것은 사람들이 열쇠 구멍 사이로 염탐하는 것과 같은 논리다. 사람들은 열쇠 구멍을 통해 스스로를 적게 노출시키면서 많은 양의 시야를 확보할 수 있다.

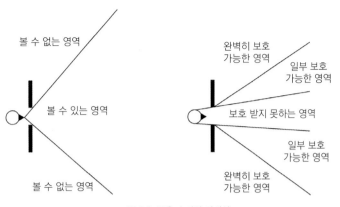

그림 6.8 좋은 숨기와 가시성

어둠 장소

어둠 장소는 지형을 향한 빛 비추기 모델에 기초해 계산될 필요가 있다. 대부분의 게임 스튜디오는 조명 지도를 계산하기 위한 선행 처리 과정으로 전체 조명^{radiosity}의 한 종류를 사용한다. 다량의 은닉^{stealth}과 관계된 타이틀에서 동적인 어둠 모델은 실행 시간으로 고정돼 있거나 움직이는 빛을 따라 어둠을 만든다.

어둠 장소의 질을 판단하기 위해서 웨이포인트 주변의 캐릭터 크기만한 공간으로부터 여러 샘플을 취한다. 각 샘플마다 빛의 양이 테스트된다. 이것은 어둠 장소가 맞는지 확인하기 위해 가까운 빛의 원천을 향해 광선을 비추는 것을 포함할지도 모른다. 아니면 이것은 비간접적인 조명의 강도를 체크하는 전체 조명 모델로부터 자료를 보는 것을 포함할 수도 있다.

숨기 장소의 목적이 감추는 것이기 때문에 샘플에서 최대 밝기를 얻는다. 만약 평균값을 취한다면 캐릭터는 적당히 머리와 몸이 적당한 어둠 속에 있는 것보다는, 머리는 밝은 빛에 노출돼 있지만 몸은 큰 어둠 속에 있는 장소를 선호할 것이다. 숨기 장소의 질은 캐릭터의 볼 수 있는 부분의 가시성과 관계 있고, 평균적인 가시성과 관계 있는 것이 아니다.

빛이 움직이면서 비추는 게임에서는 어둠 계산이 실시간으로 필요하다. 하지만 전체 조명은 매우 느린 프로세스이기 때문에 오프라인으로 사전에 수행되는 것이 최선이다. 두 가지 방법을 섞는 것은 문제가 될 수 있다. 개발자들은 신세대 하드웨어에서 구동되는 간단한 전체 조명 모델을 얻으려고 할 뿐이다. 실시간 렌더링^{rendering}을 위한 보편적인 답안이 나올 때까지 몇 년 안 남았다.

6장 전략적, 전술적 AI **587**

운 좋게도 현시대의 스텔스 게임의 경우에 전체 조명은 실시간으로 사용되지 않는다. 배경은 단순하게 직접적으로 빛으로 밝혀지고, 전체 조명은 스태틱 텍스처 맵static texture map에 의해 작동된다. 이러한 경우에는 어둠 계산이 심한 속도 감소없이 여러 프레임에 걸쳐 수행된다.

합성 전술

앞부분에서 봤듯이 합성 전술compound tactic은 일련의 원시 전술을 조합해 얻을 수 있는 것이다. 저격 장소는 숨기 장소와 좋은 시야 장소의 합성 장소다.

만약 합성 전술이 게임 내에 필요하다면 윗부분의 원시 계산의 결과를 사용해 선행 처리 과정의 일부로 생성할 수 있다. 원시 계산의 결과는 웨이포인트의 전술적 정보의 추가적인 경로에 저장될 수 있다. 이것은 상응하는 전술이 동시에 사용 가능해야만 작동한다. 게임 도중에 변화하는 정보를 기반으로 하는 합성 전술은 선행 처리할 수 없다.

대신 그때그때 대충 봐 가면서 인접한 웨이포인트의 전술적 데이터를 합성하면서 게임 실행 중에라도 합성 전술을 계산할 수 있다.

전술적 속성 생성하기와 전술적 분석

전술적 속성을 생성하는 것은 6.1.4절에서 다룰 기술과 밀접한 관련이 있다. 전술 분석도 유사한 방식을 사용한다. 어떤 방식이냐면 서로 상관없는 게임 지형을 결합해 전술적 속성을 찾으려고 시도하는 것이다.

장소의 전술적 속성을 극단적으로 자동화해 식별하는 방법은 게임 지형에 전술적 분석을 수행하는 것과 유사하다. 전술적 분석은 큰 스케일의 유형을 사용하는 경향이 있다. 예를 들어 숨기의 양보다는 힘의 균형이라든지 영향력의 균형을 사용한다.

그러나 유사성을 알아보는 것은 흔한 일이 아니다. 게임 AI에서 매우 새로운 기술이 있다면 여기에는 열렬한 추종자와 지지자를 보유하는 경향이 있다. 유사성을 알아보는 것은 가치 있는 일이다. 더욱이 두 가지 방식의 장점을 결합하는 것은 더 가치 있는 일이다. 왜냐하면 게임 디자인에 필요하기 때문이다.

6.1.4 자동적으로 웨이포인트 생성하기

대부분의 게임에서 웨이포인트는 지형 디자이너들이 정한다. 숨기 장소에서, 매복하기 쉬운 위치와 어두운 코너는 알고리듬보다는 사람이 잘 식별한다.

몇몇 디자이너는 자동적으로 웨이포인트를 위치시키는 것을 실험해 왔다. 우리가 봤던 것 중에 가장 유망한 접근 방식은 길 찾기를 위한 지형을 자동적으로 체크하는 것과 유사하다.

사람 플레이어 지켜보기

만약 여러분의 게임 엔진이 지원한다면 사람 플레이어들의 플레이 방식을 기록해 놓는 것은 전술적으로 중요한 장소에 대한 좋은 정보를 제공해 줄 수 있다. 각 캐릭터의 위치는 모든 프레임에 기록될 수 있고, 아니면 프레임을 건너뛰면서 기록될 수 있다. 만약 캐릭터가 대략 같은 장소에 계속 머물거나 여러 캐릭터가 게임이 진행되는 동안 반복적으로 한 장소를 사용한다면 그 장소는 전술적으로 중요한 장소일 가능성이 높다.

6.1.3절에서 알아본 전술적 질을 평가하는 알고리듬을 사용해 일련의 후보 장소들의 전술적 유형을 평가할 수 있다. 충분한 질을 가진 장소는 AI에서 사용될 용도의 웨이포인트로 저장된다.

여러분이 사용하는 것을 중단하는 것보다 후보 장소를 더 많이 생성하는 것이 가치 있는 일이다. 전술적 질을 평가함으로써 최고의 웨이포인트를 나머지로부터 가려낼 수 있다. 예를 들어 최고인 50개의 웨이포인트를 선택하는 데 주의할 필요가 있다. 왜냐하면 그런 장소들은 전술적으로 더 중요한 지역을 배재해 버리고 전체 지형 중에 일부 지역에만 국한돼 나타날 수 있기 때문이다.

특정 지역만을 범위로 삼고, 전술의 각 유형에 대한 소수의 최고 장소를 확인하는 것이 더 좋은 접근 방법이다. 이것은 6.1.5절에서 볼 수 있는 압축 알고리듬을 사용함으로써 달성될 수 있다. 사람 플레이어를 관찰해서 후보 장소를 생성하는 것을 하지 않는 자립적인 기술을 사용할 수도 있다.

웨이포인트 격자 압축하기

게임 지형에서 최고의 장소를 예상하려고 노력하기보다는 가능한 모든 장소를 다 테스트해서 최고를 찾을 수 있다.

이것은 지형의 바닥에 밀집 격자를 적용하고 각각에 대해 테스트해서 얻어질 수 있다. 먼저 캐릭터가 차지하려는 장소가 맞는지에 대해 테스트된다. 장애물 아래 있거나 벽에 너무 가까운 장소는 버려진다.

6.1.3절에서 살펴본 것과 같은 방법으로 전술적 품질에 대한 평가로 적합한 장소를 평가한다. 압축 단계를 수행하기 위해 전술적 유형에 진짜 값을 부여한 것으로 실행할 필요가 있다. 간단한 부울 논리형으로는 충분치 않다.

보통의 경우 각각의 전술적 성질에 대한 역치 값threshold value의 집합을 갖고 있다. 만약 장소가 어떤 성질에도 부합하지 않는다면 즉시 버려질 수 있다. 이것은 압축 과정을 훨씬 빠르게 한다.

유용해질 수도 있는 장소가 많이 지나갈 수 있도록 문턱 지형은 충분히 낮은 위치에 있어야 한다. 이것은 중요한 위치를 버리는 것을 최소화하기 위함이다. 실질적으로 숨기 장소가 없는 방 안에서는 아주 조금의 숨기를 제공하는 장소라도 최고의 숨기 장소가 될 것이다.

압축 알고리듬 안으로 남아 있는 장소들이 들어가게 되고, 각 지형의 각 전술적 유형에 대한 적은 수의 중요한 장소들만 남게 된다. 만약 앞부분에서 살펴본 '사람의 행동 관찰하기' 기법을 사용한다면 격자로부터 남아 있는 위치와 같은 방법으로 전술적 위치가 압축돼 나타나게 된다. 이것은 여러 문맥상으로 유용하기 때문에 압축 알고리듬을 자세하게 관찰하는 것은 가치 있는 일이다.

6.1.5 압축 알고리듬

최종 집합 안에 포함되기 위해 전술적 장소들을 서로 경쟁시키는 작업을 함으로써 압축 알고리듬을 구현한다. 우리는 매우 높은 질을 갖고 있거나 같은 유형의 웨이포인트로부터 멀리 떨어져 있는 장소의 목록을 가지려고 한다.

각 장소들의 짝 사이로 캐릭터가 쉽게 이동할 수 있는지를 먼저 체크한다. 약간의 일탈을 허용하는 것이 낫긴 하지만, 이 작업은 거의 항상 시야선 체크를 통해 이뤄진다. 만약 움직임 체크가 실패하면 장소는 다른 장소와 경쟁할 수 없게 된다. 예를 들어 한쪽 벽에 더 나은 장소가 존재한다는 이유만으로 다른 쪽 벽에 있는 웨이포인트를 제거할 것인가에 대한 여부를 이런 체크를 통해 확인할 수 있다.

만약 움직임 체크가 성공하면 각 장소의 질의 값이 비교된다. 만약 각 값들 사이의 차이가 장소들 사이의 거리 값(가중치가 부여된)보다 크다면 낮은 값을 가진 위치는 버려진다. 가중치를 사용할 때 어려우면서 빠른 규칙은 없다. 이것은 지형의 크기, 지형 기하학의 복잡도, 전술적 유형에 대한 질적인 값의 규모와 분포 등에 의해 좌우된다. 그 가중치는 정확한 숫자의 웨이포인트 출력 값을 얻기 위해 선택돼야 하고, 정확해 보이기 위해 손으로 수정돼야 하는 것을 의미해야 한다. 만약 여러분이 낮은 값의 가중치를 사용하고자 한다면 질의 값의 차이는 더욱더 중요해질 것이고, 더 적은 수의 웨이포인트가 남을 것이다. 높은 값의 가중치는 많은 웨이포인트를 생성한다.

만약 많은 수의 웨이포인트가 있다면 고려해야 할 짝의 수가 어마어마하게 많아진다. 최종 체크가 거리에 의존해 이뤄지기 때문에 정말 가까운 장소들의 짝만 고려함으로써 속도를 현저하게 빠르게 할 수 있다. 만약 격자 표현을 사용한다면 정말 쉽게 할 수 있다. 그렇게 하지 않는다면 합리적인 짝을 체크해 보기 위해 다른 방식의 공간 데이터 구조에 의존해야 할 것이다.

이러한 압축 알고리듬은 어떤 짝의 장소가 고려되는가에 크게 의존받는다. 그림 6.9는 세 곳의 장소를 보여 준다. 만약 A와 B를 경쟁시킨다면 A가 버려진다. 그다음에 B와 C가 경쟁하면 C가 이긴다. C 장소만 남게 된다. 반면에 만약 처음에 B와 C를 경쟁시키면 C가 이긴다. 그다음에는 A가 C와 너무 멀리 떨어져 있기 때문에 A와 C 모두 남는다.

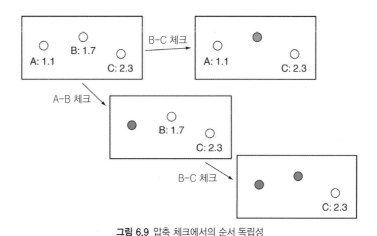

그림 6.9 압축 체크에서의 순서 독립성

이런 방식의 일련의 웨이포인트를 제거하는 것을 피하기 위해 가장 강력한 웨이포인트와 가장 약한 웨이포인트를 경쟁시키는 것으로 시작한다. 따라서 첫 번째 웨이포인트 체크는 가장 강한 것과 약한 것 사이의 체크다. 매우 밀접한 웨이포인트 짝만 고려할 것이기 때문에 첫 번째 체크는 가장 강한 웨이포인트와 인접한 웨이포인트 중에 가장 약한 값과의 비교가 될 가능성이 높다.

압축 단계는 반드시 각기 다른 전술적 질로 수행돼야만 한다. 예를 들어 숨기 장소를 버릴 필요가 없다. 왜냐하면 가까운 곳에 좋은 매복 장소가 있기 때문이다. 알고리듬을 통과한 전술적 장소는 압축 후에 남은 유형들이다.

의사 코드

이 알고리듬은 다음과 같이 구현된다.

```
1   function condenseWaypoints(waypoints: WaypointList,
2                              distanceWeight: float):
3       # 우리는 이것의 제곱이 필요하다.
4       distanceWeight *= distanceWeight
5
6       # 작아지는 순서로 정렬한다.
7       waypoints.sortReversed()
8
9       # Loop문을 만든다.
10      while current:
11          # 다음 웨이포인트를 얻는다.
12          current: Waypoint = waypoints.next()
13
14          # 이웃을 찾아서 정렬한다.
15          neighbors: WaypointList = waypoints.getNearby(current)
16          neighbors.sort()
17
18          # 차례대로 각각 체크한다.
19          while neighbors:
20              target: Waypoint = neighbors.next()
21
22              # 만약 타깃의 값이 우리의 값보다 높으면,
23              # 우리는 이미 이 체크를 수행했고
24              # (타깃이 현재값일 때), 모든 이웃에 대한 체크를 수행한 것이 된다.
25              if target.value > current.value:
```

```
26        break
27
28     # 쉬운 움직임을 체크하기
29     if not canMove(current, target):
30        continue
31
32     # 경쟁 계산 실행하기
33     deltaPos = current.position - target.position
34     deltaPos *= deltaPos * deltaWeight
35     deltaVal = current.value - target.value
36     deltaVal *= deltaVal
37
38     # 만약 값의 차이가 중대한지 체크하기
39     if deltaPos < deltaVal:
40        # 충분히 가까워서 타깃이 질 경우
41        neighbors.remove(target)
42        waypoints.remove(target)
```

자료 구조 및 인터페이스

웨이포인트로부터 값과 위치를 얻을 것으로 알고리듬에서 가정한다. 다음과 같은 구조를 가져야 한다.

```
1  class Waypoint:
2      # 웨이포인트의 장소 유지하기
3      position: Vector
4
5      # 우리가 압축하고 있는 선술을 위해 웨이포인트의 값 유지하기
6      value: float
```

데이터 구조에서 웨이포인트는 구성 요소를 순차적으로 추출하고 가까운 웨이포인트를 얻기 위해 공간적 질의$^{spatial\ query}$ 수행을 허용하는 알고리듬을 허락하는 방식으로 제공된다. 요소의 순서는 sort나 sortReversed를 불러와서 정렬된다. 요소의 정렬은 오름차순이나 내림차순으로 정렬된다. 이러한 인터페이스는 다음과 같다.

```
1  class WaypointList:
2      # 오름차순으로 반복자(iterator)를 초기화한다.
3      function sort()
4
```

```
5     # 내림차순으로 반복자(iterator)를 초기화한다.
6     function sortReversed()

7

8     # 주어진 것에 가까운 웨이포인트의 목록으로 구성된 새로운 리스트를 리턴한다.
9     function getNearby(waypoint: Waypoint) -> WaypointList

10

11    # 반복에서 다음 웨이포인트를 리턴한다.
12    # 정렬 함수 중의 하나를 호출함으로써 반복이 초기화된다.
13    # remove() 함수가 next() 함수의 호출 사이에서 호출되더라도 절대로 문제를
14    # 일으키지 않아야 한다는 점을 주의하라.
15    function next() -> Waypoint

16

17    # 웨이포인트를 리스트에서 제거하라.
18    function remove(waypoint: Waypoint)
```

상호 절충

플레이어의 행동을 관찰하는 것은 단순히 격자를 압축하는 것보다 더 나은 질의 전술적 웨이포인트를 생성한다. 반면에 그것은 플레이어의 행동을 수집하는 추가적인 인프라를 필요로 하고, 또 게임 테스터tester들의 많은 플레이 시간을 필요로 한다. 압축할 경우에도 동일한 질을 얻기 위해서는 유난히 밀집한 격자로부터 시작할 필요가 있다(평균적인 사람 크기의 캐릭터를 위한 대략 10센티미터 간격의 게임 공간). 또한 이것은 시간적 영향이 있다. 합리적인 크기의 지형에서는 수십억 개의 후보 장소를 체크할 수도 있다. 그러면 전술적 평가 알고리듬의 복잡도에 따라 몇 분이나 몇 시간이 소요될 수 있다.

이러한 알고리듬들로부터 나온 결과는 길 찾기 메시mesh(사람의 간섭 없이 사용돼 왔던)에서의 자동적인 생성보다 덜 튼튼하다. 왜냐하면 장소의 전술적 유형들은 매우 작은 장소에 적용되기 때문이다. 웨이포인트의 자동적인 생성은 장소를 생성하는 것과 장소에서 전술적 유형을 테스트하는 것을 포함한다. 만약 생성된 장소가 아주 살짝이라도 빗나가면 전술적 유형은 매우 달라질 수 있다. 예를 들어 기둥 약간 옆에 위치한 장소는 숨기를 제공하지 못한다. 반면에 기둥 바로 뒤에 위치한 장소는 완벽한 숨기를 제공할 것이다.

길 찾기 그래프를 생성할 때는 작은 에러가 차이를 만드는 경우는 거의 없다.

그렇기 때문에 어느 정도 사람의 간섭 없이 자동적인 전술적 웨이포인트 생성을 신뢰성 있게 사용하는 사람을 나는 아직 보지 못했다. 자동적 알고리듬은 전술적 위치에 대한 유용한 초기

추측값을 제공해 줄 수 있다. 그러나 지형 디자이너에 의해 장소가 수정되는 것을 허용하기 위해 여러분은 아마도 지형 디자인 도구에 기능들을 추가할 필요가 있을 것이다.

자동 시스템을 구현하는 것에 착수하기 전에 지형 디자인 구현에 있어서 시간을 절약하기 위해 노력할 것인지 정하라. 만약 여러분이 거대하고 전술적으로 복잡한 지형을 디자인하려고 하면 노력해야 할 것이다. 반면 각 종류의 지형마다 웨이포인트의 수가 수십 개에 불과하다면 수동으로 작업하는 것이 나을 것이다.

6.2 전술적 분석

모든 종류의 전술적 분석은 영향력 지도^{influence map}로 알려져 있다. 영향력 지도는 기술적으로 선구자적 위치에 있고 AI가 적군과 아군의 양쪽의 영역 간 영향력을 고려하는 실시간 전략 게임에서는 광범위하게 적용되고 있다. 유사한 방식의 기술이 분대 단위 사격 게임과 대규모 멀티플레이어 게임에도 침투하고 있다. 6장에서는 전술을 오직 군사적 영향력에만 기초하려는 점을 강조하고자 전술적 분석을 하는 것을 일반적 접근이라 부를 것이다.

군사 시뮬레이션에서 거의 동일한 접근 방식으로 흔히 지형 분석^{terrain analysis}(게임 AI에서도 사용되는 단어)으로 불리는 방식을 사용한다(단지 전술적 분석의 하나의 유형에 불과하다고 언급하는 것이 적절할지라도 말이다). 6.2절에서 영향력 매핑^{mapping}과 지형 분석을 둘 다 살펴볼 것이고, 그뿐만 아니라 일반적 전술적 분석 구조도 살펴볼 것이다.

전술적 웨이포인트 접근 방식과 전술적 분석 사이의 차이점은 별로 없다. 대체로 AI에 대한 언급들과 논문들은 서로를 분리된 것처럼 취급해 왔다. 그리고 틀림없이 구현하고자 하는 게임 장르에 따라서 기술적 문제들이 다르다. 그러나 일반적인 이론은 몹시 유사하며 어떤 게임(특히 사격 게임)에 있어서 제약 사항은 두 가지 접근 방법을 구현하는 것이 매우 같은 구조를 준다는 점을 의미한다.

6.2.1 게임 지형 표현하기

전술적 분석에 있어서는 게임 지형을 덩어리로 분리할 필요가 있다. 각 덩어리에 포함 지역은 우리가 관심 있는 전술과 대략 같은 성질을 가져야 한다. 예를 들어 우리가 어둠 장소에 관심이 있다면 덩어리 안의 모든 장소는 대략 같은 양의 빛이 비추고 있어야 한다.

지형을 나누는 방법은 매우 다양하다. 문제가 되는 점은 길 찾기(같은 움직임 특성을 가진 우리가 관심 있는 덩어리에서의 길 찾기)에서와 정확히 동일하다. 디리클레 도메인^{Dirichlet domain}, 바닥 폴리곤^{floor polygon} 등과 같은 접근 방법들이 모두 사용될 수 있다.

실시간 전략 게임 장르에서 전술적 분석의 혈통 때문에 요즘의 압도적 다수의 구현은 타일 기반의 격자에 기초하고 있다. 이러한 점은 기술이 점점 더 실내 게임에 적용됨에 따라 앞으로 몇 년 동안에 거쳐 바뀔 수 있다. 하지만 대부분 현재의 논문들과 책들은 빠짐없이 타일 기반 표현법에 대해 말하고 있다.

물론 이것은 지형이 스스로 타일 기반이어야 한다는 것을 의미하지는 않는다. 실시간 전략 게임과 슈팅 게임과 다른 장르에서 실외 부분은 지형 렌더링을 격자 기반 높이를 사용하고 있음에도 불구하고 실시간 전략 게임은 순수한 타일 기반을 더 이상 거의 사용하지 않는다. 타일 기반이 아닌 지형에서는 기하학적 구조에 격자를 부과할 수 있고 전술적 분석을 위해 격자를 사용할 수 있다.

나는 전술적 분석에 디리클레 도메인을 사용하는 게임에는 관여하지 않고 있다. 하지만 여러 개발자가 이런 접근을 실험해 왔고 어느 정도 성공을 거두고 있는 것으로 알고 있다. 더 복잡한 지형 표현의 단점은 수가 적고 더 동일한 지역을 갖는 것과 균형을 이루고 있다.

격자 표현을 처음부터 사용하라는 것이 내 조언이다. 그렇게 하면 쉽게 구현 가능하고 쉽게 디버깅할 수 있다. 핵심 코드가 튼튼할 때 다른 표현을 실험해 보자.

6.2.2 간단한 영향력 지도

영향력 지도는 각 지형상 장소에서의 군사적 영향력의 현재 균형점을 기록한다. 군사적 영향력에 영향을 끼칠 수 있는 요소가 많이 있는데, 군사 유닛의 근접성, 방어가 좋은 기지의 근접성, 유닛이 점령했던 시각으로부터 경과 시간, 주변 지형, 각 군사력의 재정적 상태, 날씨 등이 있다.

전술적, 전략적 AI를 만들 때, 광범위하게 다른 종류의 요소들을 이용할 수 있는 기회가 있다. 그러나 대부분의 요소는 작은 영향밖에 없다. 예를 들어 비가 내리는 날씨는 게임의 힘의 균형에 큰 영향을 끼치기 힘들다(현실에서는 교전 상황에 비가 큰 영향을 미칠 수 있음에도 불구하고 말이다). 많은 다른 요소로부터 다른 전술적 분석뿐만 아니라 복잡한 영향력 지도도 만들 수 있다. 그리고 이 절에서 나중에 이런 조합에 대해 알아볼 것이다. 지금으로서는 게임의 영향력 지도의 90%를 책임지고 있는 매우 간단한 영향력 지도에 집중하겠다.

대부분의 게임은 단순화된 추정을 적용함으로써 영향력 지도를 쉽게 만든다. 군사적 영향력은 주로 적 유닛, 적 기지, 적의 상대적인 군사력의 근접성에 관한 요소다.

간단한 영향력

만약 4명의 보병으로 구성된 공격대가 필드에 진을 치고 있다면 필드는 확실히 그들의 영향력 안에 있지만 아마도 그다지 강하지는 않을 것이다. 1개 소대 정도의 보통 군사력만으로도 이길 수 있을 정도다. 대신에 만약 같은 코너에 중무장 헬기 1대가 떠 있으면 필드는 헬기의 더 큰 영향력 안에 있을 것이다. 만약 그 코너가 대공포대에 의해 점령된다면 영향력은 두 군데 중에 어딘가에 있을 것이다(대공포는 보병에 약하므로).

영향력은 거리에 따라 줄어드는 것으로 간주된다. 보병 공격대의 결정적인 영향력은 인접 필드의 언덕 넘어서까지 미치지는 않는다. 아파치^{Apache} 헬기는 움직이기 쉽고 넓은 범위에 반응할 수 있다. 그러나 한 곳에 머물러 있으면 1마일(1.6킬로미터) 정도의 영향력밖에 없다. 대공포는 더 넓은 반경의 영향력을 가진다.

만약 영향력을 숫자로 표현한다면 영향력 수치는 거리에 따라 줄어든다. 더 멀어질수록 더 낮은 값을 갖는 것이다. 최종적으로 영향력을 더 이상 느끼지 못할 정도로 멀어지면 수치는 매우 낮아진다.

우리는 선형으로 감소하는 모델을 사용할 수 있다. 거리가 두 배로 멀어지면 영향력은 절반이 된다. 영향력은 다음과 같이 계산된다.

$$I_d = \frac{I_0}{1 + d}$$

I_d가 d 거리에서의 영향력이고 I_0는 거리가 0인 곳의 영향력이다. I_0는 영향력의 기본값과 동일하다. 초반에 많이 감소하고 후반에는 천천히 감소하게끔 계산을 할 수 있는데 다음과 같다.

$$I_d = \frac{I_0}{\sqrt{1 + d}}$$

아니면 처음에는 천천히 감소하고 멀어질수록 급격히 감소하는 계산을 할 수도 있다.

$$I_d = \frac{I_0}{(1+d)^2}$$

수식들을 살펴봤는데 다른 유닛마다 다른 감소 함수를 사용할 수 있다. 그러나 실제로는 선형으로 감소하는 함수가 완벽하게 합리적이고 좋은 결과를 주고 실행도 빠르다.

이런 분석이 작동하게 하기 위해서 각 유닛마다 영향력 수치를 부여할 필요가 있다. 이것은 유닛의 공격적인 힘이나 방어적인 힘과 같지 않을 수 있다. 정찰병은 자체 전투 능력이 거의 없음에도 불구하고 폭격을 유도할 수 있기 때문에 높은 영향력 값을 부여받을 수 있다.

이러한 수치는 게임 디자이너에 의해 보통 부여된다. 이러한 수치가 AI에 영향을 줄 수 있기 때문에 밸런스를 맞추기 위해서 약간의 조정은 항상 필요하다. 이러한 과정 속에서 영향력 지도를 그래픽 오버레이^{graphical overlay}로 시각화할 수 있으면 유용하다. 이것은 전술적 분석에 의해 선택된 유닛의 영향력을 확실하게 만든다.

거리에 따라 영향력 값이 감소하는 함수가 주어졌을 때 각 장소의 영향력을 계산할 수 있고, 어떤 유닛이 장소를 얼마나 제어하고 있는지 알 수 있다. 유닛의 영향력은 위의 함수로 얻는다. 적군과 아군의 영향력은 각 진영에 소속된 유닛들의 영향력을 더하면 구할 수 있다.

가장 높은 영향력 값을 가진 진영이 장소를 제어하고 있는 것으로 간주될 수 있다. 그리고 그 제어의 정도는 영향력이 제일 높은 진영과 그다음 진영의 영향력 값의 차이다. 만약 이 차이가 매우 크면 그 장소는 확고하다고 말할 수 있다.

최종 결과는 영향력 지도다. 영향력 지도의 값은 각 장소를 제어하고 있는 진영과 영향력의 정도를 보여 준다. 확고함의 정도를 보여 주는 것을 선택할 수도 있다.

그림 6.10은 소규모 실시간 게임의 모든 장소의 영향력 지도를 계산한 것이다. 흰색과 검은색의 진영이 2개가 있고, 소수의 유닛들이 각 진영에 소속돼 있다. 각 유닛의 영향력 수치는 숫자로 표현된다. 각 진영이 제어하고 있는 구역의 경계선^{boundaries}도 나온다.

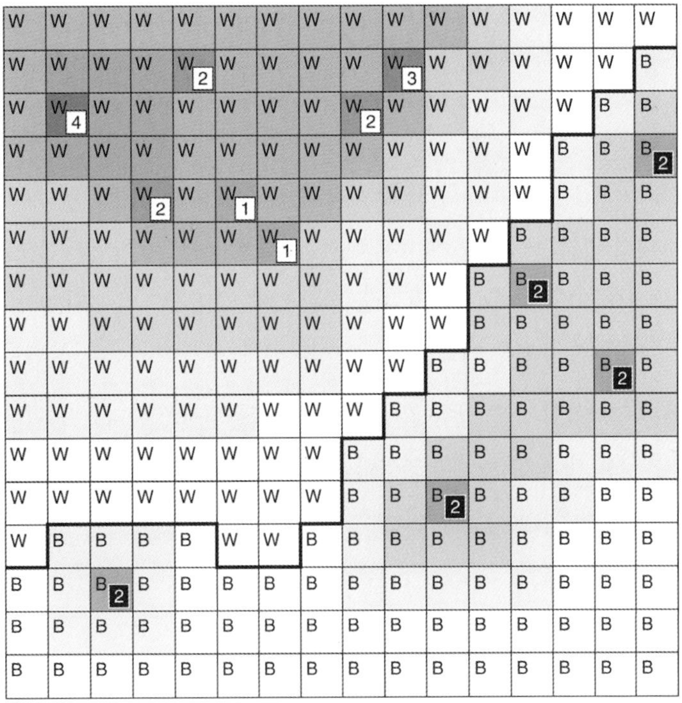

그림 6.10 영향력 지도의 예

영향력 계산하기

지도를 계산하기 위해 각 유닛을 각 장소마다 고려할 필요가 있다. 아주 작은 지형을 제외하고는 분명 어마어마하게 거대한 작업이다. 만약 수천 개의 유닛과 수백만 개의 장소가 있다면(요즘 실시간 전략 게임의 분량), 수십억 개의 계산이 필요해진다. 실제로 실행 시간은 $O(nm)$이 되고, 메모리는 $O(m)$이 필요하다. m은 장소의 숫자이고, n은 유닛의 숫자다.

이러한 문제를 개선하기 위한 세 가지 방법, 즉 효과의 제한된 범위[limited radius of effect], 컨볼루션 필터[convolution filter], 지도 홍수[map flooding]가 있다.

효과의 제한된 범위

첫 번째 방법은 각 유닛에 대한 '효과의 제한된 범위'다. 기본적 영향력에 따라 각 유닛은 최대한의 범위를 가진다. 이 범위를 초과하면 영향력이 얼마나 남아 있는가와 상관없이 유닛의 영향력은 없다. 최대 범위는 각 유닛에 대해 수동으로 세팅[setting]될 수 있거나 역치를 사용할 수도 있다. 만약 선형 영향력 감소 함수를 사용한다면, 그리고 역치 값(역치 이하의 영향력은 0으로 간주됨)을 사용한다면, 영향력의 범위는 다음과 같다.

$$r = \frac{I_0}{I_t - 1}$$

I_t는 역치 값이다.

이 방법은 각 유닛의 범위 안에서만 계산하는 것을 허락해 준다. 이 방법은 $O(nr)$의 실행 시간과 $O(m)$의 메모리를 가지며 r은 유닛의 평균 범위 안에 있는 장소의 수다. r이 m(지형의 모든 장소)보다 훨씬 작기 때문에 실행 시간이 현저히 감소한다.

이 방법의 단점은 영향력이 작을 경우에는 먼 범위에 적용되지 않는다는 점이다. 각각의 영향력이 매우 작을지라도 세 보병 유닛의 영향력을 합치면 중대한 영향력이 될 수 있다. 만약 역치 값에 의해 먼 범위의 영향력을 버리고 계산한다면 보병에 의해 포위된 장소도 영향력이 없는 것으로 계산된다.

컨볼루션 필터

두 번째 방법은 컴퓨터 그래픽 분야에서 흔하게 적용되는 기술이다. 유닛이 실제로 주둔하고 있는 장소에만 값이 저장된 영향력 지도로 시작한다. 여러분은 영향력이 없는 지형의 중앙에 단독으로 영향력이 주어진 점spot을 상상해 볼 수 있다. 그다음에 이 알고리듬은 각 장소를 통과하면서 값을 바꿔 준다. 그래서 각 장소는 고유의 값뿐만 아니라 이웃의 값도 포함하게 된다. 값이 경사지게 뻗어 나가는 형태를 띠면서 초기 점으로부터 값이 퍼져 나가는 효과가 있다. 높은 초깃값은 더 멀리 퍼져 나간다.

이 방법은 필터를 사용한다. 이 필터는 장소의 값이 이웃에 의해 어떻게 영향받는지를 설명해 주는 규칙이다. 필터에 따라서는 다른 종류의 퍼져 나감을 얻을 수 있다. 가장 흔한 필터는 가우시안Gaussian 필터다. 이 필터는 계산하기 편리한 수학적 성질을 갖고 있기 때문에 유용하다.

필터링을 수행하기 위해서 각 장소는 이 규칙에 의해 업데이트돼야 한다. 확실하게 영향력이 맵의 경계선까지 퍼져 나가게 하기 위해 전체적으로 여러 번 업데이트를 반복할 필요가 있다. 만약 게임에 장소의 숫자에 비해 매우 적은 수의 유닛만 있다면 이 방법은 수정하지 않은 처음의 알고리듬보다 더 복잡해진다. 그러나 이것은 그래픽 알고리듬이기 때문에 그래픽 기술을 사용해 구현하기 쉽다.

6장 후반에서 필터링에 대해서 알고리듬을 포함해 다시 다루겠다.

지도 홍수

마지막 방법은 훨씬 더 심한 간단화된 가정을 한다. 각 장소의 영향력은 그 장소에 미치는 유닛의 영향력 중에 가장 큰 값이 된다. 이런 가정하에서는 탱크가 거리를 점령하고 있으면 20명의 보병이 거리에 도착하더라도 탱크의 영향력이 장소의 영향력이 된다. 따라서 이 방법은 결점이 있다. 왜냐하면 아무리 많은 수의 약한 유닛이 있다고 하더라도 1개의 강한 유닛에 의해 무시당하기 때문이다. 따라서 아주 위험한 가정이다.

반면에 영향력 값을 계산하는 아주 빠른 알고리듬이 존재한다. 이 알고리듬은 4장에서 살펴본 다익스트라 알고리듬에 기반을 두고 있다. 이 알고리듬은 각 유닛으로부터 시작해 영향력을 확장하며 지도를 값의 홍수로 만든다.

지도 홍수는 보통의 경우에 실행 시간이 $O(min[nr, m])$이 걸리지만 많은 장소가 여러 유닛의 영향력 범위 안에 존재한다면 $O(nr)$시간을 넘게 된다. 메모리는 $O(m)$을 차지한다. 이 방법이 구현하기 쉽고 빠르기 때문에 많은 개발자가 이 방법을 선호한다. 이 알고리듬은 간단한 영향력 지도상에서 유용하다. 그리고 계산을 수행할 때 지형 분석과 결합하는 것이 가능하다. 6.2.6절에서 깊이 있게 분석할 것이다.

영향력 지도를 계산하는 데 어떤 알고리듬이 사용되든 시간이 걸린다. 지형에 대한 힘의 균형은 화면의 프레임이 갱신될 때마다 눈에 띄게 바뀌지는 않기 때문에 여러 프레임을 건너뛰면서 영향력 지도 알고리듬을 돌리는 것이 정상이다. 모든 알고리듬은 쉽게 중단될 수 있다. 현재의 영향력 지도는 완벽하게 최신이 아닌 반면에 알고리듬을 10초에 한 번씩만 돌려도 캐릭터 AI를 위한 데이터는 알아보기 충분할 정도로 최신이다.

6장에서 영향력 지도에 관한 전술적 분석의 종류를 살펴본 다음에 이 알고리듬에 대해 다룰 것이다.

애플리케이션

영향력 지도는 게임의 영역 중에 AI로 하여금 어디가 안전한지를 볼 수 있게 해주고 어디가 피신할 만한 곳인지, 그리고 경계선 중에 어디가 가장 약한지 볼 수 있게 해준다(즉 양 진영의 영향력 차이가 거의 없는 곳).

그림 6.11은 앞에서 살펴본 맵과 같은 맵인데 각 장소의 안전성을 보여 준다. 표시된 지역을 보자. 흰색의 진영이 이 지역에서 우세하고 있고, 경계선은 덜 안전하다. 창백한 색깔의 검은색 유닛 근처의 지역은 경계선보다 높은 안전성을 갖고 있다. 그곳은 공격을 시작하기 좋은 위치가 될 수 있나. 왜냐하면 흰색 진영의 경계는 검은색 진영보다 훨씬 약하기 때문이다.

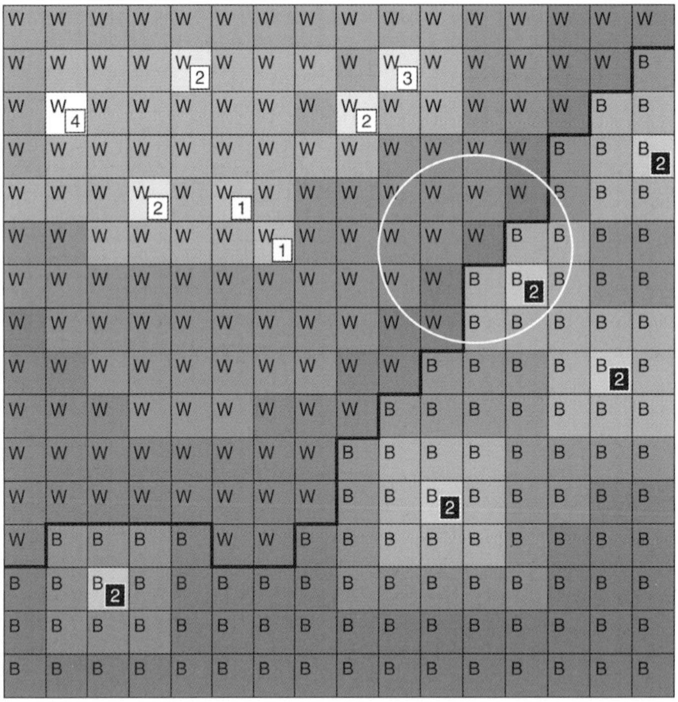

그림 6.11 영향력 지도의 지형의 안전성

영향력 지도는 공격 장소를 계획할 때나 움직임을 계획할 때 사용될 수 있다. 예를 들어 적의 진영을 공격하기로 의사결정하는 시스템은 현재의 영향력 지도를 관찰해 적에게 제어되고 있는 모든 경계점을 고려할 것이다. 가장 낮은 안전성 값을 보유한 장소가 종종 공격하기 좋은 위치가 된다. 공격하기 좋은 위치로부터 적의 방어가 취약한 영역까지 연속적으로 살펴보는 것은 더 세련된 방법이다. 이러한 분석 방법의 결과로 측면이 종종 약한 곳으로 나타난다. 가장 약한 곳을 공격하려는 AI는 자연적으로 측면 공격을 선호하는 경향이 있다.

영향력 지도는 완벽하게 전술적 길 찾기와도 잘 맞는다(6장 후반에서 자세하게 알아볼 것이다). 나중에 알아볼 다른 종류의 전술적 분석과 결합해 필요하다면 훨씬 더 세련되게 만들 수 있다.

602

모르는 것 다루기

만약 유닛에 대해 전술적 분석을 한다면 적 군사력을 과소평가하는 위험이 생긴다. 보편적으로 게임에서 플레이어들에게 게임 내의 모든 유닛을 볼 수 있게 허락해 주지 않는다. 실내 환경에서 플레이어는 오직 시야상 전방에 있는 캐릭터만 볼 수 있다. 실외 환경에서는 더 멀리 있는 캐릭터도 볼 수 있지만 언덕이나 지형상 장애물들에 의해 시야가 제한될 수 있다. 보통 이런 점을 '전장 속의 안개fog-of-war'라고 일컫는다(군사적 용어로서 fog-of-war(전쟁의 징조)와 같은 의미가 아니다).

그림 6.12의 왼쪽 그림은 흰색 진영이 볼 수 있는 유닛이 표현돼 있다. 물음표가 그려져 있는 사각 장소는 흰색 진영이 볼 수 없는 곳이다. 흰색 팀의 관점에서 바라본 영향력 지도는 지도의 많은 부분을 흰색 팀이 제어하고 있는 것으로 착각하게 만든다. 만약 현실을 알고 있다면 오른쪽 그림이 만들어질 수 있다.

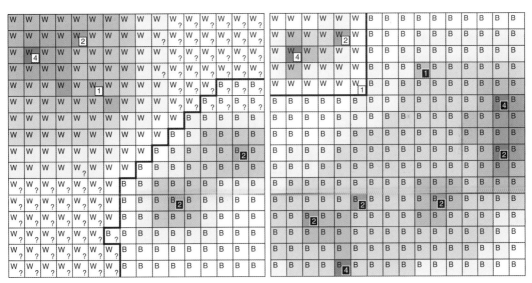

그림 6.12 인식의 제한으로 인한 영향력 지도 문제

지식의 제한으로 인한 두 번째 문제는 양 진영이 서로 다른 지식의 부분 집합을 갖고 있다는 것이다. 위의 예에서 흰색 팀의 유닛은 검은색 팀의 유닛이 알고 있는 것과 매우 다르게 알고 있다. 그들은 매우 다른 영향력 지도를 만든다. 부분적인 정보만 갖고 있으면 양 진영의 전술적 분석의 집합을 각각 갖고 있어야 한다. 지형 분석과 많은 전술적 분석들에서 양 진영이 같

은 정보를 갖고 있다면 집합을 1개만 갖고 있으면 된다.

어떤 게임은 이런 문제를 AI 플레이어에게 모든 정보를 알려 주면서 해결한다. 이렇게 하면 AI는 1개의 영향력 지도만 만들면 되고 영향력 지도는 양 진영에게 모두 정확하다. AI는 상대편의 군사력을 과소평가하지 않는다. 그러나 이것은 속임수^{cheating}로 간주된다. 왜냐하면 AI는 모든 정보를 알고 있는 반면에 사람 플레이어는 그렇지 않기 때문이다. 사람 플레이어는 잘 알지 못한다. 만약 사람 플레이어가 비밀리에 숨어서 매우 강력한 유닛을 만든다고 가정해 보자. AI가 모든 정보를 갖고 있기 때문에 숨어 있는 장소에 바로 공격해 올 것이고 사람 플레이어는 좌절에 빠질 것이다. 이러한 문제 때문에 게임 개발자들은 1개의 영향력 지도만을 사용하던 경향을 버리고 있다.

사람 플레이어가 부분적인 정보만 볼 수 있을 때 사람은 볼 수 없는 유닛을 예측해서 군사력을 측정한다. 중세시대 전장에서 창병^{pike men}이 일렬로 서 있다면 그 뒤에 궁수^{archer}가 일렬로 서 있을 것으로 예상해 볼 수 있다. 불행하게도 AI한테 볼 수 없는 군사력을 정확하게 예측해 보라고 하기는 정말 어렵다. 헤비안 학습^{Hebbian learning}을 이용한 중립 네트워크를 사용하는 것이 한 가지 방법이다. 7장에서 이에 대해 자세하게 설명하겠다.

6.2.3 지형 분석

영향력 지도 다음으로 가장 흔한 전술적 분석의 형태는 게임 지형에서의 성질을 다룬다. 반드시 야외 환경에서 작업할 필요는 없지만 이 기술은 야외 환경을 기반으로 만들어진 것이고, 따라서 '지형 분석'으로 불리는 것이 적절하다. 6장에서 이미 웨이포인트 전술에 대해 깊게 다뤘었다. 웨이포인트 전술은 실내 환경에 더 흔하지만 둘 사이의 큰 차이는 없다.

지형 분석은 풍경의 구조로부터 유용한 데이터를 추출하려고 노력한다. 주로 추출하는 데이터는 지형의 난이도(길 찾기 등에 사용)와 각 장소의 눈에 보이는 여부(공격하기 좋은 위치와 눈에 띄지 않는 위치)다. 그리고 어둠, 숨기, 회피의 정도도 같은 방법으로 획득할 수 있다.

영향력 지도와 다르게 대부분의 지형 분석은 항상 장소를 각각 계산한다. 유닛으로부터 퍼져 나가는 군사 영향력에 대한 최적화를 사용할 수 있고, 6장에서 알아볼 지도 홍수 기술을 사용할 수 있게 해준다. 여기에 지형 분석이 전형적으로 적용되지는 않는다.

이 알고리듬을 각 장소를 단순하게 모두 방문해 각각 분석한다. 이 분석 알고리듬은 추출하고 자 하는 정보의 유형에 많은 영향을 받는다.

지형 난이도

추출하기 가장 쉬운 정보는 한 장소의 지형 난이도다. 많은 게임은 다른 장소마다 각기 다른 지형상의 유형을 갖고 있다. 유형의 예를 들면 강, 습지, 초원, 산, 숲 등이 있다. 유닛은 이동 할 때 지형 유형에 따라 다른 난이도를 겪는다. 우리는 난이도를 바로 사용하면 되기 때문에 지형 분석을 할 필요가 없다.

지형 유형에 더해 장소의 울퉁불퉁함은 중요하게 고려된다. 만약 초원 장소가 경사도가 25% 라면 평평한 환경에 비해 상당히 이동하기 어려울 것이다.

만약 장소의 고도가 전체 지형에서 유일하다면(야외 지형에서 가장 흔한 접근 방법) 경사도는 이 웃 장소의 고도와 현 장소의 고도를 비교하면 쉽게 계산된다. 실내에서와 같이 장소가 상대적 으로 많은 양의 지형을 포함하면 일련의 무작위 장소 간의 고도 테스트를 하면 고도를 측정할 수 있다. 고도가 가장 높은 곳과 낮은 곳의 차이를 비교하면 울퉁불퉁함의 근사치를 구할 수 있다. 고도의 표본들 간의 변화도를 구해 볼 수 있는데 최적화 과정을 거치면 더 빠르게 할 수 있다.

고도 계산 방법 중에 어떤 것을 사용하든 이 기술을 사용하면 각 장소에 대해서 상수 시간대로 계산할 수 있다(장소마다 상수 개의 고도 체크를 한다고 가정한다). 이 기술은 지형 분석 알고리듬에 사용하면 더 빠르다. 그리고 지형이 변하지 않는다는 가정하에 지형 분석을 오프라인으로 미 리 처리해 놓으면 코드를 많이 최적화하지 않아도 지형 난이도를 쉽게 사용할 수 있다.

지형 유형에 대한 '기초 값'과 장소의 경사도에 대한 '추가적인 값'을 조합해 지형 난이도를 계 산할 수 있다. 두 값을 조합할 때 함수를 사용할 수 있는데 기초 값과 경사도 값에 대한 가중치 를 둔 선형 덧셈을 예로 들 수 있다. 다계층 분석 방식과 기초 난이도 경사도 분석 방식의 두 가지 다른 분석을 하는 것은 동일하다.

지형 난이도의 계산을 할 때 추가적인 요소를 포함하는 것을 막을 장애물은 없다. 만약 게임 이 장비equipment의 고장breakdown을 지원한다면 지형을 없앨 수 있는 요소를 더해야 할지도 모 른다. 예를 들어 사막은 건너기 쉬울지 몰라도 기계류가 크게 고장날 수 있다. 그럴 가능성은 게임 디자인을 어떤 방식으로 할 것인지에 긴밀하게 묶여 있다.

가시성 지도

두 번째로 가장 흔한 지형 분석은 가시성 지도^{visibility map}다. 장소가 얼마나 노출돼 있는지 평가하는 전술적 방법에는 여러 가지가 있다. 만약 AI가 정찰병을 컨트롤한다면 정찰병의 최대 시야 거리에 있는 장소를 알아야 한다. 만약 정찰병이 적 유닛에게 보이지 않고 이동하고자 한다면 정찰병은 잘 숨겨진 장소를 사용할 필요가 있다.

웨이포인트 전술의 가시성을 계산할 때와 같은 방법으로 가시성 지도를 계산한다. 즉 장소 간의 시야선을 확인하고 중요한 장소마다 모두 시야선을 확인한다.

장소와 다른 장소 사이의 가시성을 테스트할 때는 빠짐없이 철저히 할 것이다. 그러나 시간이 매우 많이 걸린다. 장소가 크다면 몇 분이 걸릴 수도 있다. 알고리듬이 매우 큰 지형을 렌더링^{rendering}하려고 한다면 볼 수 없을 것 같은 큰 구역을 제외해 버리는 중요한 최적화를 수행할 수 있다. 실내에서는 볼 수 없을 것 같은 구역을 제외하는 포괄적인 도구로 보통 상황이 개선된다. 이 책의 범위를 넘는 알고리듬은 프로그래밍 렌더링 엔진의 교재에서 대부분 다루고 있다.

다른 접근 방법으로 장소의 부분 집합만을 이용하는 것이 있다. 우리는 장소를 무작위로 선택해서 사용할 수 있다. 정확한 결과에 잘 부합하도록 충분한 개수의 장소를 무작위로 선택한다는 전제하에 말이다.

중요한 장소의 집합을 사용할 수도 있다. 이것은 지형 분석이 게임 실행 도중에 수행될 때만 사용된다. 여기서는 중요한 장소가 전술적으로 핵심적인 장소일 수 있고, 적의 장소일 수도 있다.

마지막으로 일정 각도마다 광선을 발사하면서 테스트를 시작해 볼 수 있는데 얼마나 먼 거리까지 광선이 도달하는지 테스트하는 것이고 이것을 웨이포인트 가시성 확인이라고 볼 수 있다. 이것은 실내 지형을 위한 좋은 방법이다. 실외 지형에서는 언덕과 계곡을 찾기 위해 굉장히 많은 숫자의 광선을 쏘지 않으면 안 되기 때문이다.

어떤 방법이 선택되든 상관없이 장소로부터 지도가 얼마나 가시성 있는지를 어떻게 측정하는가가 중요하다. 이것은 보통 시야에 들어오는 장소의 숫자가 된다. 아니면 일정 각도마다 광선을 발사해서 측정된 광선의 평균 길이가 될 수도 있다.

6.2.4 전술적 분석을 통한 학습

지금까지 게임 지형에 대해 정보를 찾는 것을 포함한 분석에 대해 알아봤다. 게임 지형과 내용을 분석함으로써 지도의 값들이 계산된다.

전술적 AI의 학습을 구현하기 위해 약간씩 다른 방법들이 성공적으로 사용돼 왔다. 우리는 전술 분석을 공백으로부터 시작하고 초깃값을 설정하기 위한 계산을 수행하지 않는다. 게임 도중에 관련 있는 사건이 벌어질 때마다 장소의 값을 변경해 준다.

예를 들어 캐릭터가 같은 함정에 반복적으로 빠지는 상황을 피하게 하려고 노력한다고 가정해 보자. 어떤 장소에 플레이어가 함정을 심어 놓고, 어디가 가장 피하기 좋은 위치인지를 우리가 알고 있을 가능성이 크다. 숨기 장소나 매복 장소에 대한 분석을 수행할 때 사람 플레이어는 알고리듬보다 더 똑똑해서 우리가 예상 못하는 창의적인 매복 장소를 찾을 수 있다.

이러한 문제를 극복하기 위해 파편 지도^{frag-map}를 만든다. 파편 지도에는 각 장소에 초깃값으로 0이 주어진다. AI는 캐릭터가 얻어맞을 때(자폭도 포함해)마다 관찰한 다음에 희생자에 대응되는 장소의 수를 뺀다. 이 빼기의 수는 체력이 깎인 만큼의 양과 비례할 수 있다. 구현할 때 대부분 개발자는 단순하게 캐릭터가 죽을 때마다 고정된 값을 사용한다(다른 플레이어에게 맞고 있을 때 자신의 캐릭터의 체력이 얼마나 깎였는지를 플레이어는 보통 모른다. 그래서 AI에게 그런 정보를 주는 것은 속임수가 될 수 있다). 치명적이지 않은 피해에 대해 작은 값을 사용하는 것을 대안으로 삼을 수 있다.

마찬가지로, 만약 캐릭터가 다른 캐릭터를 때리는 것을 AI가 본다면 공격자에 대응하는 장소의 값을 증가시킨다. 다시 말하지만, 이 값의 증가치는 피해량에 비례할 수도 있고, 사망할 때와 치명적이지 않을 때의 고정된 값을 사용할 수 있다.

시간이 경과됨에 따라 다음과 같은 장소의 그림을 그려 볼 수 있다. 즉 돌아다니기 위험한 장소(음의 값으로 지정)와 적을 공격하기 좋은 장소(양의 값으로 지정)다. 파편 지도는 어떤 분석과도 무관하게 독립적이다. 그리고 파편 지도는 경험을 통한 데이터 집합이다.

매우 자세한 지도에서 최고의 장소와 최악의 장소의 그림을 정확하게 그려 보는 것은 굉장히 많은 시간을 소요할 수 있다. 만약 여러 번의 전투 경험이 한 장소에서 쌓이면 적절한 값을 찾을 수 있다. 우리가 알고 있는 값을 확장해 경험하지 못한 장소를 예측하는 필터링 기술을 사용할 수 있다(6.2절에서 후반에 알아볼 것이다).

파편 지도는 오프라인 학습에 잘 맞는다. 오프라인 테스트를 진행하면서 잠재적인 장소를 잘 예측하기 위한 데이터가 쌓이게 되고 최종 게임에서는 고정될 것이다.

대신에 파편 지도는 게임 실행 도중에도 학습될 수 있다. 이런 경우에도 정말 명백한 것을 처음부터 시작해서 배우는 일을 피하기 위해 사전에 학습한 깃을 기본 정보로 사용한다. 이 경우 점진적으로 지도의 모든 값을 0으로 바꾸는 것이 흔한 일이다. 이렇게 파편 지도는 시간이 지남에 따라 전술적 정보 학습한 것을 망각^{unlearns}해 버린다. 이렇게 함으로써 캐릭터가 사람 플레이어의 플레이 스타일에 적응해 나간다고 확신할 수 있다.

처음에는 캐릭터가 선행 학습된 지도로부터 어떤 장소가 위험하거나 매우 좋은 장소인지 잘 알고 있을 것이다. 그러면 사람 플레이어는 이런 지식에 대응하려고 할 것이고 매우 좋은 장소의 취약점을 노출시키는 공격을 실행할 것이다. 만약 이런 매우 좋은 장소의 초깃값이 너무 높다면 AI가 이 장소가 사용할 가치가 없다는 것을 깨닫기까지 많은 횟수의 실패를 겪을 것이다. 이러면 사람 플레이어가 봤을 때는 매우 미련해 보일 것이다. 실패할 것이 뻔한 전술을 AI가 반복해서 사용하기 때문이다.

만약 점진적으로 모든 값을 0으로 줄인다면 그 과정이 끝난 후에는 사람 플레이어로부터 학습한 것으로 캐릭터의 정보가 바뀔 것이다. 그렇게 되면 캐릭터가 훨씬 강해져서 이기기 힘들어질 것이다.

그림 6.13은 이 과정을 보여 준다. 첫 번째 그림은 테스트 과정에서 만들어진 기본값을 보여 준다. 매복하기 좋은 장소는 A 장소이고, A 장소는 B와 C 장소의 두 방향으로 노출돼 있다. B와 C 위치에서의 각각 5번의 공격으로부터 A 장소에 있는 캐릭터가 10번 죽었다고 가정해 보자. 두 번째 그림은 망각 과정이 없었을 때의 값을 보여 주는데, A 장소가 아직도 최고의 매복 장소다. 파편 지도는 공격자 장소에 +1점을 더해 주고, 피해자 장소에 −1을 추가해 준다. 캐릭터가 학습을 완료하기까지 10번의 점수가 추가된다. 세 번째 그림은 새로운 값이 추가될 때마다 추가되기 전의 현재값에 0.9를 곱해 줬을 때의 결괏값을 보여 준다. 이런 경우에는 A 장소가 더 이상 AI에게 사용되지 않는다. 즉 실수를 통해 학습한 것이다. 현실의 게임에서는 더 빨리 망각하는 것이 유익할지도 모른다. 장소가 좋지 않다는 것을 AI가 학습하기 위해 같은 행동을 5번이나 반복시켜 줘야 한다는 점에서 사람 플레이어가 불만일 수 있다.

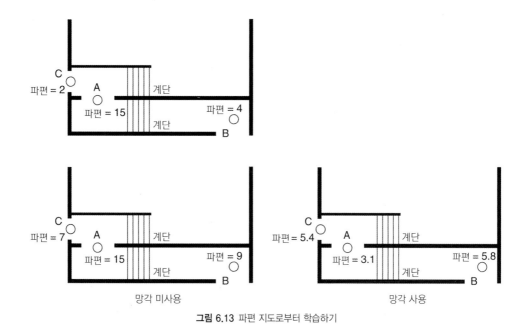

그림 6.13 파편 지도로부터 학습하기

만약 우리가 온라인으로 학습한다면 점진적으로 망각하는 것과 동시에 캐릭터가 지역에 대한 경험이 없는 상태에서 알고 있는 정보를 일반화하려고 노력하는 것이 중요해진다. 이것을 어떻게 하는지에 대한 정보를 6.2절에 나올 필터링 기술에서 줄 것이다.

6.2.5 전술적 분석을 위한 구조

지금까지 두 가지의 가장 흔한 전술적 분석을 알아봤다. 그것은 영향력 지도와 전술 분석이다. 영향력 지도는 각 장소의 군사적 영향력을 판단하는 것이고, 전술 분석은 각 장소의 전술적 특성의 영향을 판단하는 것이다.

그러나 전술적 분석은 이런 관심사에 국한돼 있지 않다. 전술적 웨이포인트에서 봤던 것과 같이 우리의 결정을 지지해 줄 전술적 정보의 다양한 조각이 있을 것이다. 실시간 전략 게임에서 추수하고 채굴하는 활동에 사용되는 천연 자원에 관한 지도를 만드는 데 우리의 관심이 있을 수 있다. 웨이포인트에서 봤던 관심사와 똑같은 것에 관심이 있을 수 있다. 즉 캐릭터가 은신하면서 이동할 수 있도록 도와주기 위해 어둠 지역을 추적하는 것에 관심이 있을 수 있다. 가능성들은 무궁무진하다.

언제 그리고 어떻게 업데이트되는 것이 필요한지를 기초로 한 전술적 분석의 다른 유형을 구분해낼 수 있다. 그림 6.14는 그 차이를 보여 준다.

그림 6.14 다양한 복잡도의 전술적 분석

지형에서 바뀌지 않는 유형을 계산하는 분석이 첫 번째 카테고리 안에 있다. 이 분석은 게임이 시작되기 전에 오프라인으로 미리 수행될 수 있다. 실외 지형을 수정할 수 없다면 실외 지형의 경사도는 변하지 않을 것이다(소수 실시간 전략 게임에서는 지형이 수정되는 것을 허용하고 있다). 지형의 조명이 변하지 않는다고 하면(즉 조명에 총을 쏘거나 조명을 끌 수 없다고 하면) 어둠 지역은 오프라인으로 계산될 수 있다. 만약 게임에서 동적인 어둠을 지원한다면 이런 것은 가능하지 않게 된다.

두 번째 카테고리는 게임 진행 도중에 천천히 바뀌는 분석들이 포함된다. 이런 분석들은 각 프레임마다 소수의 장소만 재고려하면서 아주 천천히 업데이트를 수행할 수 있다. 실시간 전략 게임의 군사적 영향력이 종종 이런 방식으로 처리된다. 도시 시뮬레이션 게임에서 소방과 경찰의 영향력 거리는 매우 천천히 바뀔 수 있다.

세 번째 카테고리는 게임 도중에 매우 빠르게 바뀌는 분석들이다. 이를 위해 모든 프레임마다 거의 대부분의 지형이 업데이트될 필요가 있다. 이런 분석들에게는 6장에서 나오는 알고리듬들이 별로 적합하지 않다. 빠르게 바뀌는 전술적 정보를 좀 더 다른 방식으로 다룰 필요가 있다.

모든 프레임마다 거의 대부분의 지형을 업데이트하는 것은 시간이 너무 많이 걸린다. 작은 크기의 지형도 눈에 띌 정도로 시간이 많이 걸릴 수 있다. 큰 지형을 가진 실시간 전략 게임에서 1개의 프레임 시간 안에 전체 지형을 다시 계산하는 것은 거의 불가능하다. 어떤 최적화도 효과가 없다. 왜냐하면 근본적인 한계를 갖고 있기 때문이다.

그러나 약간의 개선을 위해서 사용하고자 하는 일부 지역만 재계산하도록 제한을 둘 수 있다. 전체 지형을 모두 재계산하기보다는 가장 중요한 지형만 재계산한다. 이것은 특별 해결책^{ad hoc} solution이다. 이것은 필요하다고 판단할 때까지 데이터를 구별하는 작업을 한다. 어떤 장소가 중요한지를 판단하는 것은 어떤 전술적 분석이 사용되는가에 달려 있다.

중요한지를 판단하는 가장 간단한 방법은 AI 캐릭터의 이웃이다. 만약 AI가 적군의 시야선(적군이 숨기를 반복하며 움직이기 때문에 매우 빠르게 변한다)을 피해 방어적인 장소를 찾고 있다면 AI 캐릭터가 잠재적으로 움직일 수 있는 장소만 재계산하면 된다. 만약 잠재적 장소의 전술적 수치가 매우 빠르게 변한다면 오직 인접한 장소만을 제한을 두고 찾을 필요가 있다(그렇지 않으면 목표 위치가 우리가 도달할 즈음에는 이미 적의 시야선과 무관해질 수 있다). 이러한 제한으로 유용한 이웃 장소만 재계산하면 된다.

가장 중요한 장소를 판단하는 다른 접근법은 이차 전술적 분석^{second-level tactical analysis}을 사용하는 것이다. 이 방법은 점진적으로 업데이트될 수 있고 삼차 전술적 분석에 근사치를 준다. 근사치로 얻은 관심 지역은 최종 결정을 하기 위해 더 깊은 차원으로 검토될 수 있다.

예를 들어 실시간 전략 게임에서 슈퍼 유닛^{super unit}을 숨길 수 있는 장소를 찾으려고 할 수 있다. 적군의 정찰 공중 유닛이 쉽게 비밀 장소를 발견해 낼 수 있다. 일반적인 분석으로 좋은 숨기 장소를 계속 파악하고 있을 수 있다. 이것은 적군의 기갑부대와 레이더 기지(주로 고정돼 있다)의 현재 위치를 고려하는 이차 전술적 분석이 될 수 있다. 아니면 시야적으로 안 보이는 장소를 계산하는 지형학을 이용하는 일차 전술적 분석이 될 수 있다. 언제라도 게임에서 낮은 차원 분석을 통해 후보 장소를 물색할 수 있다. 그리고 정찰 공중 유닛의 현재 움직임을 고려한 완벽한 숨기 분석을 가동할 수 있다.

다층 분석

전술적 분석 각각의 결괏값은 각 위치마다의 데이터 집합이다. 영향력 지도는 영향력과 적아군 각 편의 구분(정수로 표현)과 추가적으로 안전한 정도(소수점 1개나 2개의 부동소수점으로 표현)를 제공한다. 어둠 분석은 각 장소에 대한 어둠의 정도(소수점 1개의 부동소수점으로 표현)를 제공한다. 그리고 경사도 분석은 경로를 따라 이동하기 어려운 정도를 나타낸다(소수점 1개의 부동소수점으로 표현).

6.1절에서는 좀 더 복잡한 전술적 정보를 다루기 위해 간단한 합성 전술에 대해 공부했다. 그것과 같은 과정이 전술적 분석에도 사용될 수 있다. 이것은 다층 분석multi-layer analysis이라 불리는데 그림 6.14에서 세 가지 전술적 분석 유형을 살펴봤다. 어떤 유형의 전술적 분석의 입력값이라도 합성 정보를 창조하는 데 사용될 수 있다.

레이더 기지를 어디에 설치하는가가 승리의 관건인 전략 시뮬레이션 게임을 가정해 보자. 개개의 유닛들은 멀리 보지 못한다. 상황 판단을 잘하기 위해서는 원거리 레이더를 설치할 필요가 있다. 레이더 기지를 설치할 최적의 장소를 찾는 좋은 방법이 필요하다.

예를 들어 좋은 레이더 장소가 다음과 같은 특성을 가진다고 가정해 보자.

- 넓은 범위의 시야(최대한 많은 정보를 취득하기 위해)
- 안전한 장소(레이더 기지는 쉽게 파괴되기 때문에)
- 다른 레이더 기지로부터 멀리 있을 것(중복을 피하기 위해)

실상에서는 더 많은 특성도 고려해야 하지만 일단 여기서는 세 가지만 고려해 보자. 위 세 가지 특성은 각각의 전술적 분석을 사용한다. '넓은 범위의 시야' 특성은 지형 분석의 한 종류를 사용하고 '안전한 장소' 특성은 영향력 지도에 기초를 둔다.

'다른 레이더 기지로부터 멀리 있을 것' 특성 또한 영향력 지도의 한 종류를 사용한다. 각각의 장소마다 레이더 기지로부터의 거리 값이 기록된 지도를 생성한다. 그 값은 가까운 기지로부터의 거리일 수도 있고, 여러 기지에서의 거리에 가중치를 둔 종류의 값일 수도 있다. 여러 기지의 위치를 미리 합성해 둔 영향력 지도 함수를 단순하게 사용할 수도 있다.

위 세 가지 전술적 분석은 최적의 레이더 기지 장소를 찾기 위해 한 가지 값으로 합성된다. 합성은 다음과 같은 형태다.

$$Quality = Security(안전) \times Visibility(시야) \times Distance(거리)$$

Security는 장소가 얼마나 안전한가를 나타낸다. 만약 한 장소가 다른 편에게 점령당했다면 그 값은 0이다. Visibility는 한 장소에서 얼마나 멀리 볼 수 있는가를 나타낸다. Distance는 가까운 레이더 기지로부터 얼마나 떨어져 있는지를 나타낸다. 만약 거리 대신에 레이더 기지로부터 영향력을 직접 계산해 사용하고 싶다면 다음과 같은 함수를 사용한다.

$$Quality = \frac{Security(안전) \times Visibility(시야)}{Tower\ Influence(영향력)}$$

당연히 Tower Influence 값은 0이 되면 안 된다.

그림 6.15는 세 가지 분석과 그것들을 한 가지 값으로 합성하는 것을 보여 준다. 비록 지형이 매우 작지만 차기 레이더 기지 후보로 적합한 곳을 확실하게 볼 수 있다.

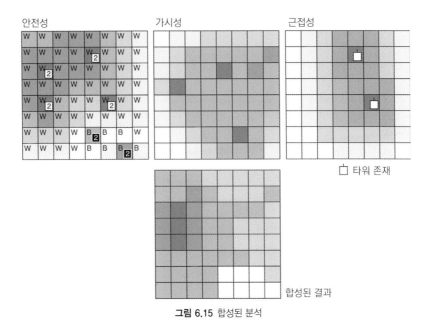

그림 6.15 합성된 분석

세 가지 분석을 합성하는 방법은 특별할 것이 없다. 예를 들어 세 가지를 합성할 내 각각 가중치를 두고 합성할 수 있다(적군이 섬령한 지역을 택하는 실수는 조심해야 한다). 세 가지를 합성하는 함수는 개발자가 만들어야 하고 정교한 튜닝과 수정이 필요하다.

나는 AI를 통해 함수가 수정이 필요하다면 게임 내에서 반드시 시각화할 수 있어야 한다는 점을 발견했다. 세 가지 분석을 합성한 결과를 볼 수 있도록 항상 시각적으로 레이더 기지 값을 볼 수 있는 모드(디버그 버전의 일부로만 사용하도록 하고 최종 버전에는 사용 안 함)를 이런 경우에 사용하도록 할 것이다.

합성할 때

전술 분석을 합성하는 것은 웨이포인트에서 합성 전술을 만들 때와 정확히 동일하다. 합성하는 절차를 언제 수행할지 선택할 수 있다.

만약 기초적인 분석이 오프라인으로 사전에 계산된다면 합성하는 것도 역시 오프라인으로 사전에 저장되는 것을 선택할 수 있다. 지형 난이도 분석에서 이 방법이 최고의 선택이 될 수 있다. 예를 들어 경사도 합성, 지형 타입, 적으로부터의 공격에 대한 노출 정도 등이 사전에 수행될 수 있다.

만약 기초적인 분석 값이 게임 도중에 변화한다면 합성값도 다시 계산돼야 한다. 위의 예에서 Security(안전) 값과 Distance(거리) 값이 게임 도중에 변한다면 전체 분석이 게임 도중에 다시 계산돼야 한다.

앞에서 살펴본 전술적 분석의 계층도를 고려해 봤을 때 합성 분석은 가장 위층의 기초 분석과 같은 카테고리에 존재할 것이다. 만약 기초 분석이 첫 번째 카테고리에 존재한다면 합성 분석 또한 첫 번째 카테고리에 존재할 것이다. 만약 기초 분석 중의 한 가지가 첫 번째 카테고리에 있고 기초 분석 중의 두 가지가 두 번째 카테고리에 존재한다면, 합성 전술은 두 번째 카테고리에 있을 것이다. 이 점을 게임 도중에 계속 업데이트할 필요가 있다. 그러나 급하게 할 필요는 없다.

자주 사용하지 않는 분석의 경우에는 필요할 경우에 그때 가서 계산하면 된다. 만약 기초 분석이 쉽게 만들어지는 것이라면 필요할 때 그때그때 값을 만들면 된다. 이 방법은 전술적 길 찾기와 같이 AI가 각 장소마다 한 번씩 분석하는 경우에 잘 통한다. 만약 AI가 전체 지형에서 가장 최적의 장소를 찾기 위해 동시에 모든 장소를 고려해야 할 필요가 있다면 그때그때 계산을 수행하는 것은 너무나 오래 걸린다. 이런 경우에는 백그라운드로 계산이 수행되는 것이 낫다 (업데이트를 한 번 하는 데 수백 프레임의 시간이 소요된다). 이는 필요할 때 완성된 값의 집합을 사용할 수 있게 하기 위해서다.

전술 분석 서버 구축하기

만약 여러분의 게임이 전술적 분석에 많이 의존하고 있다면 각기 다른 카테고리의 분석을 대처하기 위해 전술 분석 서버를 구축하는 것이 코딩 시간에 투자하는 것보다 가치 있을 것이다.

개인적인 의견을 말하자면 이 작업을 한 번만 하면 된다. 그러나 플러그인 모듈plug-in module과 같이 모든 종류의 분석과 조합을 허용하는 보편적인 애플리케이션 프로그래밍 인터페이스API, Application Programming Interface는 새로운 전술을 추가하는 속도의 향상을 도와주고 전술과 관련된 문제의 디버깅을 쉽게 해준다. 앞에서 살펴본 예와 다르게 이 시스템에서는 오직 가중치가 부여된 분석의 선형 결합linear combination만을 지원한다. 이것은 원시 분석 값을 합성 값으로 합성하는 법을 보여 주는 간단한 데이터 파일 형식을 만드는 것을 더 쉽게 하도록 도와준다.

이 서버는 여러 프레임에 거쳐 업데이트를 나눠서 수행하도록 배분할 수 있어야 한다. 그리고 일부 값은 오프라인이나 지형을 로딩할 때 계산하고 어떤 값들은 필요할 때 즉시 계산될 수 있도록 해야 한다. 이것은 실행 관리를 다루는 10장에서 배울 시간 쪼개기time-slicing와 자원 관리 시스템에 기반해서 쉽게 할 수 있다. 현재의 분석 값이 게임 지형에 디스플레이되는 것을 선택할 수 있도록 하는 보편적 디버깅 인터페이스를 구축하는 것은 매우 유용하다.

6.2.6 지도 홍수

4장에서 배웠던 기술이 게임 지형을 분리하는 데 사용된다. 특히 디리클레 정의역Dirichlet domains은 매우 광범위하게 사용된다. 그것들은 특성 포인트 집합의 구성원에 다른 것들보다 가까운 구역들이다.

같은 기술이 영향력 지도에서의 디리클레 정의역을 계산하는 데 사용될 수 있다. 그러나 타일 기반의 지형에서는 다른 구역의 집합을 조화시키기 어려울 수 있다. 다행스럽게도, 타일 기반의 지형에서 디리클레 정의역을 계산하는 기술이 있다. 그것은 바로 지도 홍수map flooding다. 지도 홍수는 어떤 장소가 가장 대상 장소에 인접해 있는지를 알아내는 것에 사용될 수 있다. 디리클레 정의역 외에도 지도 홍수는 지도 주변의 유형을 이동시키는 데 사용될 수 있다. 따라서 중간 장소의 유형도 계산될 수 있다.

유닛이 있는 장소와 같이 유형을 이미 알고 있는 장소의 집합으로부터 시작해 다른 장소의 유형까지 계산하고 싶을 것이다. 상세한 예를 들어 전략 게임에서의 영향력 지도를 살펴보자. 한 장소로부터 인접한 도시를 소유한 플레이가 그 장소를 소유하고 있는 예를 들어 보겠다. 이 예는 지도 홍수 알고리듬을 사용하면 매우 쉽게 처리된다. 알고리듬이 좀 더 많은 일을 할 수 있는가를 보여 주기 위해서 좀 더 조건을 추가해 문제를 어렵게 만들어 보겠다.

- 각 도시는 힘을 갖고 있고 강한 도시일수록 약한 도시보다 넓은 영역의 영향력을 갖는 경향이 있다.
- 도시의 영향력은 도시 밖으로 이어지는 구역으로도 확장돼야 한다. 영향력이 여러 구역으로 나뉠 수는 없다.
- 도시는 힘에 의존하는 영향력의 최대 반경을 지닌다.

지도의 영역을 계산하려면 각 장소마다 어떤 도시에 속하는지를 알아야 할 필요가 있다.

알고리듬

4장에서 배운 다익스트라 알고리듬의 변형 형태를 사용할 것이다.

이 알고리듬은 도시의 장소 집합으로부터 출발한다. 우리는 이것을 오픈 리스트 open list라 부른다. 이것의 안에서 지형상 각 장소의 영향력과 누가 도시를 지배하고 있는지를 기록할 것이다.

알고리듬에서 반복문이 진행되는 동안 가장 강력한 장소가 처리된다. 이 장소를 '현재 장소current location'라고 부른다. 현재 장소를 처리하는 것은 이웃 장소로부터 바라보는 것과, 현재 노드에 기록된 각 장소의 영향력 크기를 계산하는 것을 포함한다.

이 영향력 크기는 임의의arbitrary 알고리듬을 사용해 계산된다(즉 우리는 어떤 방식으로 계산이 수행되는지 관심 없다). 대부분의 경우에는 영향력 크기가 6장의 앞부분에서 살펴본 감소 방정식의 형태를 지닌다. 하지만 이것은 현재 장소와 이웃 장소의 거리를 고려해 생성될 수도 있다. 만약 이웃 장소가 도시의 영향력 반경 밖에 위치한다면(영향력 수치가 일정치 미만일 경우를 확인함으로 구현할 수 있다) 이웃 장소는 무시되고 더 이상 수행되지 않는다.

만약 이웃 장소에 다른 도시의 영향력이 기록돼 있다면 현재 기록된 영향력이 지금 보고 있는 도시의 영향력과 비교된다. 영향력이 높은 도시가 이길 것이고 이긴 도시와 그 도시의 영향력이 기록된다. 만약 이웃 장소에 기록된 값이 없다면 지금 보고 있는 도시와 그 도시의 영향력이 기록된다.

현재 장소가 처리되기만 하면 닫힌 목록closed list이라 불리는 새로운 목록에 저장된다. 이웃 노드가 도시와 영향력 집합을 가진다면 열린 목록open list에 저장된다. 만약 이웃 노드가 이미 닫힌 목록에 있다면 일단 그 목록에서 제외된다. 길 찾기 알고리듬과는 다르게 업데이트되는 장소가 닫힌 목록에 존재하지 않으리라는 보장을 할 수가 없다. 그래서 닫힌 목록에서 제외할 수 있는 권한을 부여해야 한다. 그 이유는 영향력에 관해 임의의 알고리듬을 사용하고 있기 때문이다.

의사 코드

이름이 바뀌는 것과 다르게 이 알고리듬은 다익스트라 길 찾기 알고리듬과 매우 유사하다.

```
1  # 함수는 다음과 같다.
2  function strengthFunction(city: City, location: Location) -> float
3
4  # 이 구조는 각 장소의 필요한 정보를 저장한다.
5  class LocationRecord:
6    location: Location
7    nearestCity: City
8    strength: float
9
10 function mapfloodDijkstra(map: Map,
11                           cities: City[],
12                           strengthThreshold: float,
13                           strengthFunction: function)
14                           -> LocationRecord[]:
15
16   # open과 closed 리스트를 초기화한다.
17   open = new PathfindingList()
18   closed = new PathfindingList()
19
20   # start 노드 기록을 초기화한다.
21   for city in cities:
22     startRecord = new LocationRecord()
23     startRecord.location = city.getLocation()
24     startRecord.city = city
25     startRecord.strength = city.getStrength()
26     open += startRecord
27
28   # 각 노드를 반복문으로 처리한다.
29   while length(open) > 0:
30     # open 리스트에서 가장 큰 element를 찾는다.
31     current = open.largestElement()
32
33     # 이웃 장소를 얻는다.
```

```
34       locations = map.getNeighbors(current.location)
35
36    # 각 장소마다 차례로 반복한다.
37    for location in locations:
38      # 마지막 노드의 영향력을 구한다.
39      strength = strengthFunction(current.city,location)
40
41      # 영향력이 너무 작으면 무시한다.
42      if strength < strengthThreshold:
43        continue
44
45      # 아니면 closed 상태이고 안 좋은 루트를 찾았다면
46      else if closed.contains(location):
47        # closed 리스트 내의 기록을 찾아본다.
48        neighborRecord = closed.find(location)
49        if neighborRecord.city != current.city and
50             neighborRecord.strength < strength:
51          continue
52
53      # 자 이제 도시를 바꾸러 간다.
54      # 아니면 open 상태이고 안 좋은 루트를 찾았다면
55      else if open.contains(location):
56        # open 리스트 내의 기록을 찾아본다.
57        neighborRecord = open.find(location)
58        if neighborRecord.strength < strength:
59          continue
60
61      # 방문하지 않은 노드가 있다면 기록해 놓는다.
62      else:
63        neighborRecord = new NodeRecord()
64        neighborRecord.location = location
65
66      # 만약 노드를 업데이트할 필요가 있으면 가격과 연결을 업데이트한다.
67      neighborRecord.city = current.city
68      neighborRecord.strength = strength
69
70      # 그리고 이것을 open 리스트에 더해 준다.
71      if not open.contains(location):
72        open += neighborRecord
73
74    # 현재 노드의 이웃 살피기가 끝났다면, 이것을 closed 리스트에
75    # 넣고 open 리스트에서 삭제한다.
```

```
76       open -= current
77       closed += current
78
79     # 이제 closed 리스트에는 각 도시에 해당하는 모든 장소가 포함돼 있다.
80     return
```

자료 구조 및 인터페이스

이 버전의 다익스트라 알고리듬은 주어진 장소에 인접한 장소를 생성 가능한 지도를 입력 값으로 받는다. 다음과 같은 형식을 지닌다.

```
1    class Map:
2      # 현재 장소의 이웃 리스트를 리턴한다.
3      function getNeighbors(location: Location) -> Location[]
```

격자 기반 지도의 일반적인 경우에 이것은 구현하기 매우 간단한 알고리듬이고 속도를 위해서 다익스트라에 직접 포함될 수도 있다.

이 알고리듬에서 처리되는 도시마다의 영향력과 위치를 찾을 수 있어야 한다. 더 단순하게 각 도시 클래스를 이런 정보를 직접적으로 제공해 줄 수 있는 특정 도시의 인스턴스로 가정한다. 이 클래스는 다음과 같은 형식을 지닌다.

```
1    class City:
2      # 도시의 장소
3      function getLocation() -> Location
4
5      # 도시로부터 부여된 영향력
6      function getStrength() -> float
```

최종적으로 open과 closed 리스트는 길 찾기에 사용되던 것과 동일한 모습을 보인다. 4장의 4.2절에서 이 구조의 완성품을 볼 수 있다. 유일한 차이점이라면 smallestElement 메서드를 largestElement 메서드로 대체했다는 것이다. 길 찾기의 경우에서는 가장 짧은 경로(즉 출발점과 가장 가까운 장소)를 찾는 데 관심이 있었다. 이번의 경우에는 가장 큰 영향력을 가진 장소에 관심이 있다(물론 출발 장소와 가장 가까운 장소도 된다).

성능

다익스트라 길 찾기와 마찬가지로 이 알고리듬은 $O(nm)$ 실행 시간을 가진다. 여기서 n은 한 도시에 속하는 장소의 수이고, m은 각 장소의 이웃의 숫자다.

전과 다르게 최악의 경우에도 메모리 필요량은 $O(n)$에 불과하다. 왜냐하면 도시의 영향력 반경안에 없는 장소는 무시하기 때문이다.

그러나 길 찾기와 마찬가지로 데이터 구조에서 사용하는 알고리듬은 사소하지 않다. 4장의 4.3절을 보면 리스트 데이터 구조에 대한 성능과 최적화에 대한 세부 내용이 있다.

6.2.7 컨볼루션 필터

그림을 흐리게 하는 알고리듬은 출처로부터 값을 펼치는 것과 관계되는 분석을 업데이트하는 유명한 방식이다. 특히 영향력 지도도 이런 특징을 갖고 있지만 다른 근접화 수단을 사용한다. 전술 분석은 종종 유익하지만 퍼져 나가는 모습을 보일 필요가 별로 없다.

유사한 알고리듬이 게임 밖에서도 사용된다. 물리학에서 여러 필드의 다른 종류의 행동을 시뮬레이션하는 데 사용되고 물리학 요소 주변의 열 교환 모델의 기초를 형성할 때도 사용된다.

여러분이 선호하는 그림 편집 프로그램 안의 흐리게 하는 효과는 합성곱 필터의 종류 중 하나다. 합성곱은 수학적 작업으로 이 책에서 다룰 필요가 없을 것이다. 필터의 수학적 정보를 원한다면 『Digital Image Processing』[17] 책을 추천한다. 합성곱 필터는 여러 이름을 갖고 있는데 여러분이 친숙한 장르에 따라서 Kernel filters, impulse response filters, finite element simulation 등의 이름을 가진다(합성곱 필터는 엄격하게 말하면 finite element simulation 에서 사용되는 기술 중의 하나일 뿐이다).[3]

알고리듬

모든 합성곱 필터는 동일한 기본 구조를 가진다. 장소의 값이 그 자신과 주변 장소의 값에 기초해 어떻게 업데이트되는지 업데이트를 정의함으로써 알아볼 수 있다. 사각 타일 기반의 지형에서 다음과 같은 행렬을 가질 것이다.

---

3   컨볼루션 필터는 유한 요소 시뮬레이션에서 사용되는 기술 중 하나에 불과하다.

$$M = \frac{1}{16} \begin{bmatrix} 1 & 2 & 1 \\ 2 & 4 & 2 \\ 1 & 2 & 1 \end{bmatrix}$$

매트릭스에서 우리가 관심 있어 하는 타일을 의미하는 중앙의 요소를 취함으로써 행렬을 해석한다. 따라서 행렬은 홀수개의 행과 열을 가져야 한다. 장소의 그 자신과 주변 장소의 현재 값으로부터 시작해, 매트릭스의 대응되는 값을 지도상의 각각의 값을 곱하고 그 결과를 더함으로써 새로운 값을 얻어낼 수 있다. 필터의 크기는 각 방향의 이웃 숫자다. 위의 예는 크기가 1인 필터다.

따라서 만약 다음과 같이 생긴 구역을 가진다면

$$\begin{matrix} 5 & 6 & 2 \\ 1 & 4 & 2 \\ 6 & 3 & 3 \end{matrix}$$

현재 값이 4(v값이라고 말한다)인 타일의 새로운 값을 알아내려 할 것이다. 다음과 같은 계산을 수행한다.

$$v = \begin{pmatrix} 5 \times \frac{1}{16} & + & 6 \times \frac{2}{16} & + & 2 \times \frac{1}{16} & + \\ 1 \times \frac{2}{16} & + & 4 \times \frac{4}{16} & + & 2 \times \frac{2}{16} & + \\ 6 \times \frac{1}{16} & + & 3 \times \frac{2}{16} & + & 3 \times \frac{1}{16} & \end{pmatrix} = 3.5$$

각 장소마다 행렬을 적용하고 새로운 값을 계산하는 이 과정을 반복한다. 그러나 주의할 필요가 있다. 만약 글을 읽는 순서(왼쪽으로부터 오른쪽으로, 위쪽으로부터 아래쪽으로)인 왼쪽–위쪽의 구석으로부터 시작한다면 왼쪽–위쪽 구석의 값은 여전히 과거 값이 그대로 남아 있을 것이다. 이러한 비대칭성은 이해해 줄 수 있는 수준이지만 모든 값을 동일하게 처리해 주는 것이 낫다.

이를 위해 시노를 2개 복사해야 한다. 첫 번째는 원본이다. 원본에는 과거 값이 들어 있고, 우리는 읽기만 할 것이다. 각 값을 계산할 때마다 복사본에 저장될 것이다. 모든 프로세스를 마치면 복사본에 정확한 업데이트 값이 들어 있을 것이다. 우리의 예를 보면 이 값은 다음과 같이 나올 것이다.

$$\begin{matrix} 3.875 & 4.25 & 3.813 \\ 3.188 & 3.5 & 3.438 \\ 3.625 & 3.625 & 3.438 \end{matrix}$$

영향력이 한 장소로부터 전 지도의 장소로 퍼져 나간다는 것을 확인하기 위해 이 과정을 여러 번 반복할 필요가 있다. 반복을 시작하기 전에 유닛이 존재하는 각 장소의 영향력 값을 설정한다.

각각의 방향으로 n개의 타일이 존재한다면(사각 타일 기반 지도를 가정한다) 모든 값이 정확하다는 것을 확인하기 위해 필터를 n번 통과해야 한다. 만약 원래 값이 지도의 중앙에 있다면 n번의 절반만 필요하다.

만약 매트릭스의 모든 요소를 더한 값이 1이라면 추가적인 반복을 하더라도 지도상의 모든 값이 변하지 않고 안정되는 상태에 도달할 것이다. 값들이 안정되면 더 이상 반복을 할 필요가 없다.

게임상에서는 시간이 매우 중요하기 때문에 우리는 정확한 값이 나올 때까지 필터를 반복해 계산하려고 많은 시간을 보내길 원하지 않는다. 필터를 통과하는 반복의 횟수를 제한할 수 있다. 종종 한 번의 필터를 통과하는 것을 생략해 버리고 앞의 프레임의 값을 그대로 사용할 수도 있다. 이 방법으로 흐리게 하는 효과는 여러 프레임에 거쳐서 나뉜다. 그러나 빠르게 움직이는 캐릭터가 있다면 문제가 될 수도 있다. 빠르게 움직이는 캐릭터가 지나가 버리고 난 뒤에도 아직도 예전 위치로 표시되는 문제가 발생한다. 하지만 이를 시험해 볼 가치는 있다. 우리가 알고 있는 대부분의 개발자는 한 번에 한 번씩만 필터를 사용한다.

경계선

알고리듬을 구현하기 전에 지도의 가장자리에서 무슨 일이 일어나는지 고려해 볼 필요가 있다. 가장자리에는 이웃 장소의 일부가 없기 때문에 행렬을 적용하는 것이 불가능하다.

이러한 문제를 해결하는 두 가지 접근법이 있다. 행렬을 수정하거나 지도를 수정하는 방법이다.

가장자리에서 존재하는 이웃 장소만 포함하도록 행렬을 수정할 수 있다. 예를 들어 왼쪽-위쪽 모서리에서 행렬은 다음과 같이 된다.

$$\frac{1}{9}\begin{bmatrix} 4 & 2 \\ 2 & 1 \end{bmatrix}$$

그리고 아래쪽 가장자리는 다음과 같이 된다.

$$\frac{1}{12} \begin{bmatrix} 1 & 2 & 1 \\ 2 & 4 & 2 \end{bmatrix}$$

이 접근법은 대부분 정확하고 좋은 결과를 준다. 불행하게도, 이 접근법은 아홉 가지의 다른 행렬을 보유해야 하고 정확한 타이밍에 행렬을 교체해야 한다. 나중에 알아볼 보통의 여과 알고리듬은 여러 장소를 동시에 처리하는 단일 명령 다중 데이터 처리^{SIMD, Single Instruction Multiple Data stream}를 사용하도록 매우 최적화될 수 있다. 만약 여러 행렬을 끊임없이 교체해야 할 필요가 있다면 이러한 최적화는 더 이상 달성하기 쉽지 않다. 그리고 속도면에서 많이 손해를 볼 것이다(실험해 본 결과 행렬을 교체해야 하는 버전은 1.5에서 5배 많은 시간이 걸린다).

두 번째 대안은 지도를 수정하는 것이다. 지도의 경계 주변으로 장소를 추가하고 그 값을 고정시킨다(여과 알고리듬을 통해 처리되지 않으므로 그 값이 변하지 않게 된다). 그렇게 하면 보통의 알고리듬을 사용해서 가장자리에 있는 타일의 데이터를 처리할 수 있게 된다.

이 방법은 매우 빠르고 실용적이지만 모서리에 인공물[4]을 남길 수 있다. 왜냐하면 경계 주변 값으로 어떤 값을 설정해야 할지 몰라서 0과 같이 임의의 숫자를 넣을 수밖에 없기 때문이다. 경계 주변의 장소는 끝없이 이러한 임의의 값으로 채워질 것이다. 예를 들어 만약 경계 주변 값이 0으로 설정이 되고 높은 영향력의 캐릭터가 그 옆에 있다면 그 캐릭터의 영향력은 낮아질 것이다. 왜냐하면 0의 값의 영향을 받을 것이기 때문이다.

이것이 흔히 관찰할 수 있는 인공물이다. 만약 영향력 지도를 색의 농도로 시각화한다면 지도 가장자리는 창백한 색깔이 띠를 두르고 있는 것으로 나타날 것이다. 경계 주변 값을 0 외에 다른 값으로 설정하더라도 마찬가지의 일이 일어날 것이다. 경계의 크기를 키우고 경계 값의 일부(비록 게임 지형의 일부가 아니더라도)를 정상적으로 업데이트하도록 허용해 주면 이런 현상이 완화된다. 이것은 문제를 해결하는 방법은 아니지만 눈에 덜 띄게 만들어 준다.

의사 코드

컨볼루션 알고리듬^{convolution algorithm}은 다음과 같이 구현된다.

---

4 게임에서는 보통 이 현상을 관찰하기 어렵지만 대부분의 카메라 보정 프로그램을 살펴보면 사진의 외곽선 부분이 이상하게 보이는 것을 볼 수 있다. – 옮긴이

```
1   # 매트릭스의 컨볼루션을 수행한다.
2   function convolve(matrix: Matrix, source: Matrix, destination):
3     # 매트릭스의 크기를 구한다.
4     matrixLength: int = matrix.length()
5     size: int = (matrixLength-1)/2
6
7     # 소스의 규모를 구한다.
8     height: int = source.length()
9     width: int = source[0].length()
10
11    # 매트릭스 사이즈과 동일한 경계점을 제외하면서,
12    # 목표 노드를 향해 처리한다.
13    for i in size..(width-size):
14      for j in size..(height-size):
15        # 목표점에서는 0으로 시작한다.
16        destination[i][j] = 0
17
18        # 매트릭스의 각 숫자를 처리한다.
19        for k in 0..matrixLength:
20          for m in 0..matrixLength:
21            # 요소를 더한다.
22            destination[i][j] +=
23                source[i+k-size][j+m-size] *
24                matrix[k][m]
```

이 알고리듬의 중첩된 반복문에 적용하기 위해 다음과 같이 생긴 드라이버 함수를 사용할 수 있다.

```
1   function convolveDriver(matrix: Matrix,
2                           source: Matrix,
3                           destination: Matrix,
4                           iterations: int):
5     # 소스와 목표점을 바꿀 수 있는 변수로 부여한다.
6     # (값이 아니라 참조로)
7     if iterations % 2 > 0:
8       map1: Matrix = source
9       map2: Matrix = destination
10    else:
11      # 소스 데이터를 목표점으로 복사한다.
12      # 그래서 목표점 데이터를 종결한다(여과의 횟수와 상관없이).
13      destination = source
```

```
14      map1: Matrix = destination
15      map2: Matrix = source
16
17   # 반복문을 처리한다.
18   for i in 0..iterations:
19      # 컨볼루션을 수행한다.
20      convolve(matrix, map1, map2)
21
22      # 변수를 서로 교체한다.
23      map1, map2 = map2, map1
```

비록 이미 살펴봤지만 이것은 흔하게 사용되지는 않는다.

자료 구조 및 인터페이스

이 코드는 특별한 데이터 구조나 인터페이스를 사용하지 않는다. 이 코드는 매트릭스와 소스
데이터 모두가 사각형 이중 배열(필요한 유형에 상관없이 숫자가 포함됨)로 필요하다. 매트릭스의
매개 변수는 사각 행렬을 필요로 한다. 그러나 소스 행렬은 어떤 사이즈여도 상관없다. 소스
매트릭스와 같은 사이즈인 목표 매트릭스도 또한 통과되고 그 내용은 모두 변경된다.

구현 노트

SIMD 하드웨어를 사용해 최적화를 수행하는 데 있어서는 이 알고리듬이 최선의 후보다. 다른
데이터에 대해 같은 계산을 수행할 수 있고 병렬 처리도 가능하다. SIMD의 장점을 취할 수 있
는 좋은 최적화된 컴파일러는 이러한 반복문을 자동으로 최적화해 줄 것이다.

성능

이 알고리듬은 $O(whs^2)$시간이 걸린다. w는 소스 데이터의 너비이고, h는 소스 데이터의 높
이이고, s는 여과 매트릭스의 크기다. 왜냐하면 소스 데이터를 업데이트하기 위해서 $O(wh)$의
메모리를 소모하기 때문이다.

메모리 크기가 문제가 된다면 소스 데이터를 쪼개서 작은 임시 배열에 저장하고, 소스 데이터
를 한 번에 한 덩어리씩 여과 계산을 실시한다. 이 접근법은 어떤 계산을 다시 반복하는 것을
포함하기 때문에 실행 시간이 느려지는 손해를 본다.

필터

여지껏 오직 한 가지 가능한 필터 매트릭스만 관찰했다. 이미지 처리에서는 다양한 필터를 사용해 여러 가지 효과를 얻을 수 있다. 그중 대부분은 전술 분석에 유용하지 않다.

그중 실용적으로 사용 가능한 두 가지에 대해서 알아볼 것이다. 바로 흐릿하게 하는 가우시안 블러$^{Gaussian\ blur}$와 첨예화 필터$^{sharpening\ filter}$다. 곤잘레스^{Gonzalez}와 우즈^{Woods}[17] 책에서는 더 많은 예를 포함하고 있고, 행렬이 어떤 효과를 어떻게 내는지, 왜 내는지 수학적으로 설명해 준다.

가우시안 블러

앞에서 살펴본 흐릿하게 만드는 필터는 가우시안 필터의 가족 중 하나다. 가우시안 필터는 전 지형에 퍼져 나가면서 값을 흐리게 한다. 이러한 점에서 영향력 지도에서 영향력을 펼쳐 나가기에 이상적이다.

어떤 사이즈의 필터라도 하나의 가우시안 필터 하나가 존재한다. 매트릭스의 값은 이항식의 구성 요소로 만들어진 2개의 벡터를 사용해 만들 수 있다. 몇몇 값은 이렇게 구성된다.

$$
\begin{bmatrix} 1 & 2 & 1 \end{bmatrix}
$$
$$
\begin{bmatrix} 1 & 4 & 6 & 4 & 1 \end{bmatrix}
$$
$$
\begin{bmatrix} 1 & 6 & 15 & 20 & 15 & 6 & 1 \end{bmatrix}
$$
$$
\begin{bmatrix} 1 & 8 & 28 & 56 & 70 & 56 & 28 & 8 & 1 \end{bmatrix}
$$

그다음에 외적$^{outer\ product}$을 수행한다. 따라서 사이즈가 2인 가우시안 필터는 다음과 같다.

$$
\begin{bmatrix} 1 \\ 4 \\ 6 \\ 4 \\ 1 \end{bmatrix} \times \begin{bmatrix} 1 & 4 & 6 & 4 & 1 \end{bmatrix} = \begin{bmatrix} 1 & 4 & 6 & 4 & 1 \\ 4 & 16 & 24 & 16 & 4 \\ 6 & 24 & 36 & 24 & 6 \\ 4 & 16 & 24 & 16 & 4 \\ 1 & 4 & 6 & 4 & 1 \end{bmatrix}
$$

이것을 매트릭스로 사용할 수 있지만 이렇게 하면 필터를 통과할 때마다 값이 천정부지로 증가할 것이다. 어느 정도의 값의 평균을 유지하기 위해, 그리고 값이 안정화되는 것을 확인하기 위해, 모든 요소의 값을 더해서 나눠 준다. 이번 경우에는 256이 된다.

$$M = \frac{1}{256} \begin{bmatrix} 1 & 4 & 6 & 4 & 1 \\ 4 & 16 & 24 & 16 & 4 \\ 6 & 24 & 36 & 24 & 6 \\ 4 & 16 & 24 & 16 & 4 \\ 1 & 4 & 6 & 4 & 1 \end{bmatrix}$$

만약 유닛의 영향력을 바꾸지 않은 채로 이 필터를 여러 번 계속해서 실행시키면 결국 전체 지형에서 같은 영향력 값(낮은 값이 될 것이다)을 갖게 될 것이다. 흐릿하게 하는 효과는 차이를 줄이는 역할을 하고 결국 차이가 남지 않게 될 것이다.

알고리듬을 통해 매번 각 유닛의 영향력을 더해 줄 수 있다. 이것도 비슷한 문제가 있다. 추가된 유닛과 동일하게 전 지형의 영향력이 바뀔 때까지 영향력 값은 각 반복 횟수마다 증가할 것이다.

이 문제를 풀기 위해 보통 편차[bias]를 도입한다. 이것은 앞에서 살펴본 파편 지도에서 사용됐던 망각 매개 변수와 동일한 것이다. 각 반복 횟수마다 유닛의 영향력을 더해 주고, 모든 장소의 영향력을 조금 감소시켜 줄 것이다. 감소된 영향력의 총량은 증가된 영향력의 총량과 같아야 한다. 이렇게 하면 전체 지형의 총량의 증가나 감소가 없게 된다. 그리고 영향력이 정확하게 퍼져 나가고 일정한 상태의 값으로 안정화된다.

그림 6.16은 사이즈가 2인 가우시안 필터의 효과를 보여 준다. 이 알고리듬은 값이 안정화될 때까지 반복적으로 실행된다(유닛의 영향력을 더해 주고 모든 장소의 영향력을 조금 감소시켜 주면서).

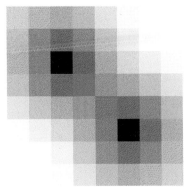

그림 6.16 영향력 지도에서 가우시안 블러의 스크린샷

분리 가능한 필터

가우시안 필터는 알고리듬의 속도를 올릴 수 있는 중요한 특성을 갖고 있다. 필터 행렬을 만들 때 다음과 같은 두 동일한 벡터의 외적을 사용했다.

$$\begin{bmatrix} 1 \\ 4 \\ 6 \\ 4 \\ 1 \end{bmatrix} \times \begin{bmatrix} 1 & 4 & 6 & 4 & 1 \end{bmatrix} = \begin{bmatrix} 1 & 4 & 6 & 4 & 1 \\ 4 & 16 & 24 & 16 & 4 \\ 6 & 24 & 36 & 24 & 6 \\ 4 & 16 & 24 & 16 & 4 \\ 1 & 4 & 6 & 4 & 1 \end{bmatrix}$$

업데이트 도중에 수직적 계산과 수평적 계산의 집합을 결합하는 행동으로 장소의 값이 계산된다는 것을 이 수식이 의미한다. 더한 것은 수직적, 수평적 계산이 같다는 것이다. 그것들을 두 가지 절차로 분리할 수 있다. 첫째는 이웃의 수직적 값에 기초를 둔 업데이트를 실시하는 것이고, 둘째는 이웃의 수평적 값을 이용하는 것이다.

원래 예로 돌아와 보자. 우리는 다음과 같이 생긴 지도의 일부를 갖고 있다.

$$\begin{matrix} 5 & 6 & 2 \\ 1 & 4 & 2 \\ 6 & 3 & 3 \end{matrix}$$

그리고 가우시안 블러로 알고 있는 행렬이 다음과 같다.

$$M = \frac{1}{16} \begin{bmatrix} 1 & 2 & 1 \\ 2 & 4 & 2 \\ 1 & 2 & 1 \end{bmatrix} = \frac{1}{4} \begin{bmatrix} 1 \\ 2 \\ 1 \end{bmatrix} \times \frac{1}{4} \begin{bmatrix} 1 & 2 & 1 \end{bmatrix}$$

원래의 업데이트 알고리듬을 두 가지 절차 프로세스로 대체한다. 첫째로 행을 통과하며 작업을 수행하고, 수직적 벡터를 적용한다. 바로 앞 수식에 나온 테이블 값을 각 구성 요소에 곱하고 더해 준다. 예에 있는 1 값을 w라고 부른다면 새로운 w값은 다음과 같다.

$$v = \begin{matrix} 5 \times \frac{1}{4} + \\ 1 \times \frac{2}{4} + \\ 6 \times \frac{1}{4} \end{matrix} = 3.25$$

마치 필터 행렬을 갖고 있는 것처럼 맵 전체에 이 과정을 반복한다. 업데이트를 통한 결과는 다음과 같다.

$$
\begin{array}{ccc}
5.000 & 4.750 & 3.500 \\
1.750 & 2.750 & 3.500 \\
4.250 & 3.750 & 3.250
\end{array}
$$

이 모든 과정이 끝나면 수평적 매트릭스(즉 [1 2 1]을 사용한다)를 사용해 계산을 수행한다. 다음과 같은 결과를 얻는다.

$$
\begin{array}{ccc}
3.875 & 4.25 & 3.813 \\
3.188 & 3.5 & 3.438 \\
3.625 & 3.625 & 3.438
\end{array}
$$

전과 정확하게 동일하다.

이 알고리듬의 의사 코드는 다음과 같다.

```
1   # 주어진 소스와 주어진 벡터의 외적을 하는
2   # 여과 행렬을 수행한다.
3   function separableConvolve(hvector: Vector,
4                              vvector: Vector,
5                              source: Matrix,
6                              temp: Matrix,
7                              destination: Matrix):
8       # 벡터의 사이즈를 찾는다.
9       vectorLength: int = hvector.length()
10      size: int = (vectorLength-1)/2
11
12      # 소스의 범위를 찾는다.
13      height: int = source.length()
14      width: int = source[0].length()
15
16      # 벡터의 사이즈와 동일한 경계점을 제외하면서
17      # 각 목표 노드를 통과시킨다.
18      for i in size..(width-size):
19        for j in size..(height-size):
20          # 배열을 0값으로 시작한다.
21          temp[i][j] = 0
22
23          # 벡터의 각 요소를 통과시킨다.
24          for k in 0..vectorLength:
25
26            # 구성 요소를 더한다.
27            temp[i][j] +=
```

```
28          source[i][j+k-size] *
29          vvector[k]
30
31   # 목표 노드를 다시 통과시킨다.
32   for i in size..(width-size):
33     for j in size..(height-size):
34       # 목표를 0으로 초기화한다.
35       destination[i][j] = 0
36
37       # 벡터의 각 요소를 통과시킨다.
38       for k in 0..vectorLength:
39         # 구성 요소를 더한다(소스가 아니고
40         # temp 배열로부터 자료를 받는다).
41         destination[i][j] +=
42            temp[i+k-size][j] *
43            hvector[k]
```

벡터 2개를 통과시키면서 벡터 2개의 외적으로 여과 행렬을 구한다. 위의 예에서는 각 방향에 대해 같은 벡터를 사용했지만 다른 벡터도 사용될 수 있다. 소스 데이터와 사이즈가 같은 temp로 불리는 이차 배열을 또한 통과시켰다. 이것은 업데이트 도중에 임시 저장 공간으로 사용될 것이다.

각 장소에 대한 9번의 계산을 수행(각각 곱셈과 덧셈을 포함)하기보다는 단지 6번(3번의 수직적 계산과 3번의 수평적 계산)만 수행했다. 더 큰 매트릭스일수록 더 많은 절약을 한다. 크기가 3인 매트릭스에서는 25번의 계산을 할 수도 있고, 분리 가능하면 10번의 계산을 할 수 있다. 그러나 이렇게 하면 임시 저장 공간을 두 배로 사용한다. 그래도 메모리 사용량은 여전히 $O(wh)$이다.

사실 가우시안 블러에 한정해 알아봤는데 왈츠^{Waltz}와 밀러^{Miller}[75] 책에 있는 SKIPSM이라 불리는 알고리듬이 더 빠르다. 이 알고리듬은 어셈블리어로 구현될 수 있고 CPU에서 매우 빠르게 실행된다. 그러나 이 알고리듬은 SIMD 하드웨어의 장점을 충분히 이용하도록 구현돼 있지는 않다. 따라서 실용적으로는 위에서 다룬 알고리듬의 최적화를 잘하면 상당히 잘 수행될 것이고, 상당히 유연하다.

가우시안 블러만 분리 가능한 것은 아니며 다른 합성곱 필터도 가능하다. 하지만 대부분의 경우에 있어서는 분리가 불가능하다. 만약 여러분이 광범위하게 사용 가능한 전술적 분석 서버

를 만들려고 한다면, 양쪽의 알고리듬을 모두 지원 가능해야 한다. 6장에서 나머지로 다룰 필터는 분리가 불가능하다. 그래서 그 필터들은 알고리듬이 매우 길다.

첨예화 필터

영향력을 흐릿하게 퍼져 나가게 만들기보다는 한 곳에 집중하기를 원할 수 있다. 만약 영향력의 중심 부위를 알아내고자 한다면(예를 들어 베이스 기지를 건설할 곳을 결정한다면) 날카롭게 만드는 필터인 첨예화 필터를 사용해야 한다. 첨예화 필터는 흐릿하게 만드는 필터의 반대의 방식으로 동작한다. 즉 가장 큰 값을 갖고 있는 구역에 값을 집중시킨다.

첨예화 행렬은 중앙에 양의 값이 주변의 음수에 의해 둘러싸여 있다. 예를 들면 다음과 같다.

$$\frac{1}{2} \begin{bmatrix} -1 & -1 & -1 \\ -1 & 18 & -1 \\ -1 & -1 & -1 \end{bmatrix}$$

행렬을 일반화하면 다음과 같다.

$$\frac{1}{a} \begin{bmatrix} -b & -c & -b \\ -c & a(4b+4c+1) & -c \\ -b & -c & -b \end{bmatrix}$$

여기서 a, b, c는 모두 양수인 실수가 돼야 하고 대개의 경우 $c < b$가 된다.

가우시안 블러와 같은 방법으로, 같은 원칙을 더 큰 매트릭스에도 적용한다. 각각의 경우에 중앙의 값은 양수가 돼야 하고 둘러싸고 있는 값은 음수가 돼야 한다.

그림 6.17은 위의 첫 번째 매트릭스의 효과를 보여 준다. 왼쪽의 그림은 영향력 지도가 한 번만 날카롭게 만들어진 것이다.

첨예화 필터가 영향력의 분산을 줄이는 작용을 하기 때문에 만약 여러 번 필터를 실행시킨다면 밋밋한 결과를 얻게 될 가능성이 높다. 오른쪽 그림은 값이 안정화될 때까지 알고리듬을 여러 번 반복해서 실행한(각 횟수마다 유닛의 영향력을 더해 주면서 편향된 값을 제거해 준다) 결과다. 결국 유닛이 주둔하고 있는 장소에만 영향력이 남아 있는 것을 관찰하게 된다(이 영향력 장소는 우리가 그전에 이미 알고 있었다).

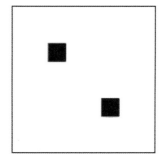

그림 6.17 영향력 지도에서의 첨예화 필터

첨예화 필터가 지형 분석에 매우 유용할 수 있고, 첨예화 필터는 보통의 경우에 소수의 횟수만 반복돼 실행되고 안정화될 때까지 실행되는 것은 드물다.

6.2.8 세포 오토마타

세포 오토마타^{cellular automata}는 주변 장소의 값에 기초해 한 장소의 값을 생성하는 업데이트 규칙이다. 세포 오토마타는 반복 프로세스이고 각 반복마다 직전의 반복에서 주변 장소 값을 받아서 계산을 수행한다. 이것은 지도 홍수보다 더 유연한 동적 프로세스를 만들고, 유용하고 새로운 효과를 생산해 줄 수 있다.

학계에서 세포 오토마타는 생물학적으로 그럴듯한 계산 모델로서 관심을 끌기 시작했지만(많은 학자가 이것이 생물학적으로 그럴듯하지 않다는 이유를 제시하기도 했다) 실용적으로는 거의 사용되지 못했다.

세포 오토마타는 오직 간단한 게임들에서만 사용돼 왔는데, 〈심시티〉[135] 같은 고전 도시 시뮬레이션 게임들을 예로 들 수 있다. 심시티에서는 도시가 성장해 나가는 방식에 있는 패턴 변화 모델에만 세포 오토마타를 사용했고 딱히 다른 AI에 사용하지는 않았다. 우리는 세포 오토마타를 시뮬에이션에서 저격수의 전술적 위치를 알아내기 위해 사용해 왔고 세포 오토마타가 전술적 분석에서 광범위하게 사용될 수 있을 것이라고 추정한다.

그림 6.18은 세포 오토마타에서 1개의 세포를 보여 준다. 이 세포는 값을 갖고 있는 주변 장소에 의존한다. 업데이트 규칙은 간단한 수학적 함수가 될 수도 있고, 복잡한 규칙의 조합이 될 수도 있다. 그림 6.18에서는 절충적인 예를 보여 준다.

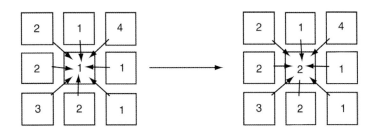

IF 둘 이상의 이웃이 높은 값을 가진다.
THEN 증가

IF 높은 값을 가진 이웃이 없다.
THEN 감소

그림 6.18 세포 오토마타

특히 주목할 점은 만약 각 장소의 수를 하나의 수학적 함수로 업데이트하려고 한다면 앞 절에서 살펴본 합성곱 필터를 갖게 되는 점이다. 사실 합성곱 필터는 세포 오토마타의 한 가지 예일 뿐이다. 이 점이 널리 알려져 있지 않아서 많은 사람은 세포 오토마타가 단지 각 장소가 별개의 값을 갖고 더 복잡한 업데이트 규칙을 가진 것으로 이해하는 경향이 있다.

전형적으로 주변의 둘러싸고 있는 장소의 값은 별개의 카테고리로 일단 분리된다. 그것들은 시작할 때 열거되는 값일 수 있다(예를 들어 도시 시뮬레이션 게임에서의 건물의 유형이나 실외 전략 게임에서의 지형의 유형). 그 대신에 실제 값을 여러 카테고리로 분리해야 할 수도 있다(예를 들어 경사도를 평평함, 완만함, 급경사, 절벽으로 나눌 수 있듯이).

각 장소가 여러 카테고리 중의 하나로 각각 지정된 지도에서 각 반복마다 각 장소에 카테고리를 부여하는 업데이트 규칙을 적용할 수 있다. 한 장소에 대한 업데이트는 오직 직전 반복에서의 장소 값들에 의존한다. 즉 알고리듬이 어떤 순서로 장소를 업데이트하더라도 상관없다는 뜻이다.

세포 오토마타 규칙들

카테고리를 출력 값으로 주는 업데이트 규칙을 가진 세포 오토마타 종류 중 가장 잘 알려진 부류는 각 장소에서의 이웃 장소의 수에 기반을 두고 있다. 그림 6.18은 단 2개의 카테고리만을 가진 규칙을 보여 준다. 이 규칙에서는 한 장소가 4개 이상의 안전한 이웃 장소를 가진다면 안전한 것으로 간주된다.

지도상의 모든 장소에 같은 규칙을 적용하면 안전한 구역이 볼록한 패턴으로 불규칙하게 나타날 수 있다(만약 AI가 안전지대의 골짜기로 유닛을 실수로 보낸다면 적군에게 쉽게 측면 공격을 당할 뿐이다).

세포 오토마타 규칙은 AI에 사용 가능한 정보를 고려하기 위해 만들어질 수 있다. 그러나 이러한 규칙은 매우 지역적이다. 간단한 규칙은 인접한 이웃 장소를 기초로 상소의 성격을 결정한다. 오토마타의 복잡도와 동적인 정도는 이러한 지역적 규칙이 상호 작용하는 것에 따른다. 만약 두 이웃 장소가 각 상대에 기초해 자신의 카테고리를 변경한다면 이러한 변경이 양측을 오가며 진동해 끊임없이 반복될 수 있다. 많은 세포 오토마타에서는 전체 맵을 아우르는 변경이 영원히 끝나지 않으면서 발생하는 더 복잡한 행동이 발생할 수 있다.

대부분의 세포 오토마타는 방향지향적이 아니다. 즉 이웃 장소 중의 하나를 나머지 다른 이웃 장소와 차별하지 않는다. 만약 도시 시뮬 게임의 어떤 장소에 세 곳의 인접한 범죄 발생 지역이 있다면 그 장소 또한 범죄 발생 지역으로 간주하는 규칙을 만들 수 있다. 이렇게 하면 그 장소의 이웃 장소 중에 범죄 발생 장소의 숫자가 더 늘어난다고 해도 아무런 영향이 없다. 이 점 때문에 지도상에서 어떤 장소라도 이 규칙을 적용하는 것이 가능하다.

그러나 모서리에 위치한 장소는 문제가 된다. 세포 오토마타의 학문 분야에서는 지도를 무한하거나 위아래가 서로 연결된 원통형으로 간주한다. 2개의 접근 방식 둘 다 모든 장소마다 같은 숫자의 이웃 장소가 있다. 실제 게임에서는 그렇지 않다. 사실 매번 격자 기반 지도를 사용하는 것이 아니기 때문에 이웃 숫자는 장소마다 달라질 수 있다.

다른 장소마다 다른 행동을 보이는 것을 피하기 위해서 보다 더 큰 이웃(바로 옆에 있지 않아도 됨)에 기초한 규칙을 사용할 수 있고, 숫자보다는 비율에 기초한 규칙을 사용할 수도 있다. 예를 들어 이웃 장소의 25% 이상이 범죄 발생 지역이라면 그 장소 역시 범죄 발생 지역으로 간주하는 규칙을 사용할 수 있다.

세포 오토마타 실행하기

오토마타를 업데이트하기 위해 전술적 분석을 2개로 복사해야 한다. 1개는 반복문 전단계의 값을 저장하고, 나머지 1개는 업데이트 값을 저장한다. 복사본끼리 교체해 사용할 수 있고, 같은 메모리를 반복해 사용할 수 있다.

각 장소는 이웃 장소를 입력 값으로 받고 출력 값을 분석의 새로운 복사본으로 내보내면서 순차적으로 고려된다(어떤 순서라도 상관없음).

만약 실수real-valued로 된 분석 값을 카테고리로 분리할 필요가 있다면 보통 전처리 과정처럼 먼저 수행된다. 열거된 카테고리를 나타내는 정수형 숫자를 포함하는 세 번째 복사본이 저장된다. 각 장소의 올바른 카테고리는 숫자로 표현된 소스 데이터로 채워진다. 최종적으로 세포 오토마타는 목표 지도를 만들기 위해 카테고리 출력 값을 실수로 바꾸면서 업데이트 규칙을 정상적으로 실행한다. 이 과정은 그림 6.19에 나온다.

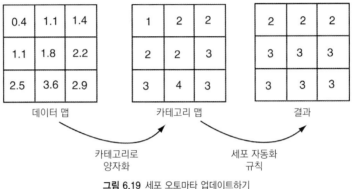

그림 6.19 세포 오토마타 업데이트하기

만약 함수의 업데이트 함수가 분기문이 없는 간단한 수학적 함수라면 그래픽 카드나 특수 벡터 연산 유닛에서도 구동이 가능한 병렬 코드로 사용될 수 있다. 이렇게 하면 속도를 극적으로 빠르게 만들 수 있다. 단 이러한 칩들에 여유가 있다는 전제하에서 빠르게 만들 수 있다(만약 그래픽 카드로 처리하는 것이 너무 소모적이라면 그냥 CPU로 구동하는 것이 낫다).

그러나 대부분의 경우에서 세포 오토마타의 업데이트 함수는 심하게 분기되는 경향이 있다. 그것들은 switch나 if 문을 매우 많이 사용한다. 이런 종류의 함수는 쉽게 병렬 처리되지 않고, CPU 1개에서 순차 처리해야 하고 속도를 느리게 만든다. 어떤 세포 오토마타 규칙 집합(특히 콘웨이Conway의 '라이프 게임The Game of Life' 오토마타는 가장 유명한 규칙의 집합이지만 게임에서는 별로 쓸모가 없다)은 분기문 없이 쉽게 만들 수 있고 매우 효율적인 병렬 처리가 가능하도록 만들어진다. 불행하게도, 코드를 다시 작성하는 것은 항상 현명한 것은 아니다. 왜냐하면 코드를 새로 작성하는 것이 분기가 최적화된 코드를 구동하는 것보다 오래 걸리기 때문이다.

세포 오토마타의 복잡도

세포 오토마타의 행동은 굉장히 복잡할 수 있다. 사실 어떤 규칙의 행동은 매우 복잡해서 값의 패턴이 프로그래밍 가능한 컴퓨터가 된다. 이 점이 이 방법을 사용하는 매력 포인트다. 즉 원하는 서의 대부분의 패턴으로도 규칙을 만들 수 있다.

불행하게도 행동이 너무 복잡해서 주어진 규칙이 어떻게 작동할지를 정확하게 예측할 방법이 없을 수 있다. 간단한 규칙들은 명확해 보일 것이다. 그러나 매우 간단한 규칙일지라도 굉장히 복잡한 행동에 이를 수 있다. 그 유명한 '라이프 게임'을 위한 규칙은 매우 간단하지만 완전히 예측 불가능한 패턴을 만들어 낸다(세포 오토마타를 구동할 때 어떤 일이 벌어질지 알아내는 것이 예측 불가능하다는 의미다).[5]

게임 프로그래밍에서는 이런 고급스러운 내용이 필요가 없다. 우리가 관심 있어 하는 전술적 분석은 이웃 장소로부터 한 장소의 특성을 생성한다. 이러한 분석의 결괏값이 안정적이길 원한다. 만약 기초 데이터(유닛의 위치 또는 지형의 생김새)가 동일하게 유지된다면 그 지도의 결괏값은 일정한 패턴으로 안정화돼야 할 것이다.

이렇게 안정화된 결괏값을 제공해 주는 규칙을 생성하는 보장된 방법이 비록 없다고 하더라도 경험을 통해 규칙에 역치를 설정하는 간단한 룰을 발견했다. 예를 들어 콘웨이의 '라이프 게임'에서는 장소를 on 또는 off할 수 있다. 이웃 장소가 8개인 격자 기반 지도에서 on인 이웃 장소가 3개이면 그 장소도 on이 되고, on인 이웃 장소가 3개 미만이거나 초과이면 그 장소에 off가 설정된다. 이렇게 2개 또는 3개인 이웃의 무리들이 복잡함과 예측 불가능한 행동을 초래한다. 만약 이웃이 3개 또는 4개일 때만 바뀌는 규칙이 있다면 전체 지도는 급격하게 채워지고 (초깃값과 매우 유사하게) 매우 안정화될 것이다.

역동성을 위해 게임에 복잡한 규칙을 만들 필요가 없다는 것을 명심하자. 게임 상황은 플레이어가 영향을 끼치며 바뀌 나갈 것이다. 종종 여러분은 너무 간단한 세포 오토마타 규칙을 만들기를 원할 것이지만 게임에서 구동되기만 하면 이 오토마타가 지루한 행동을 보일 것이다.

---

5 말 그대로 어떤 일이 일어날지 알아낼 수 있는 방법이 없으므로 결과를 알고 싶다면 오토마타를 실행해서 알아내야 한다.

애플리케이션과 규칙

세포 오토마타는 광범위한 주제이고 이것의 유연성은 병렬 처리를 선택하도록 유도한다. 이것을 지지하는 몇몇 응용과 규칙을 알아보는 것은 가치 있는 일이다.

안전 지역

6장의 앞부분에서 세포 오토마타 규칙이 안전 지역의 윤곽을 부드럽게 만들면서 유닛 배치에 실수를 줄여 주는 경향이 있는 것을 알아봤다. 이것은 수비하는 측이 지배하는 지역에 사용하기는 적합하지 않고 공격하는 측에게 사용하기 유용하다. 그 이유는 반격하는 전술들과 충돌하는 것을 피하기 위함이다.

그 규칙은 간단하다.

> 한 지역의 8개의 이웃 장소 중에 4곳 이상이 안전하면 그 장소는 안전하다
>
> (모서리 지역은 50% 적용).

도시 만들기

〈심시티〉는 이웃에 의존해 건물이 바뀌는 방식을 결정하기 위해 세포 오토마타를 사용한다. 예를 들어 황폐한 지역의 중앙에 있는 거주용 건물은 번창하지 않을 것이고 이용되지 않을 것이다. 〈심시티〉의 도시 모델은 복잡한 특허로 보호된다. 우리는 〈심시티〉의 규칙에 대해 추측을 할 수밖에 없고, 그것의 정확한 구현에 대해서는 알지 못한다.

〈심시티〉보다 덜 알려진 게임이 있는데 〈오토스타츠^{Otostaz}〉[178]라는 게임이다. 이 게임은 〈심시티〉와 같은 원칙을 사용하지만 좀 더 간단한 규칙을 가진다. 이 게임에서는 물 구역 하나와 나무 구역 하나에 인접하고 있고 비어 있는 땅에 선불이 생긴다. 이것이 1레벨 빌딩이다. 더 큰 건물은 2개의 1레벨 낮은 레벨의 빌딩에 인접하면 생기거나, 3개의 2레벨 낮은 건물에 인접하면 생기거나, 4개의 3레벨 낮은 건물에 인접하면 생긴다.

따라서 2레벨 건물은 1레벨 건물 2개를 이웃으로 하고 있는 땅에 생긴다. 3레벨 건물은 2개의 2레벨 건물에 인접하거나, 3개의 1레벨 건물에 인접하면 생긴다. 이웃 건물의 레벨이 낮아지거나 없어지더라도 한 번 생긴 건물은 없어지거나 레벨이 낮아지지 않는다(물론 플레이어가 직접 없앨 수는 있다). 이러한 점은 지도의 안정화를 방해하는 패턴을 피할 수 있게 해준다.

이것은 AI라기보다는 단순한 게임상 로직이다. 그러나 이와 같은 것을 실시간 전략 게임에서 베이스 기지를 구축할 때 이용할 수 있다. 전형적으로 실시간 전략 게임에서는 미네랄 같은 자원을 채취하고, 방어탑과 공장 건물과 연구 시설을 구축하기 위해 그 자원을 소모하는 흐름을 갖고 있다.

규칙의 집합을 다음과 같이 사용한다.

1. 자원에 인접한 장소는 방어탑을 건설하는 데 사용된다.
2. 방어탑 2개와 인접한 장소는 어떤 타입의 건물(공장, 훈련, 연구)도 지어질 수 있다.
3. 2개의 기초 건물에 인접한 장소는 다양한 타입의 고급 건물을 짓는 데 사용될 수 있다(타입에 제한을 두지 않는 이유는 한 곳에 같은 타입의 건물을 몰아 놓고 지으면 파괴당했을 때 타격이 크기 때문이다).
4. 최고급 건물은 2개의 고급 건물이 인접해야 한다.

6.3 전술적 길 찾기

전술적 길 찾기는 요즘 게임 개발 쪽에서 뜨거운 감자다. 전술적 길 찾기는 다음과 같은 사항, 즉 캐릭터의 이동, 전술적 주변 환경의 고려, 숨은 상태로 있기, 적의 공격 선상에서 피하기, 좋은 매복 장소 등의 사항에서 매우 인상적인 결과를 제공해 준다.

전술적 길 찾기는 보통의 길 찾기보다 훨씬 복잡하고, 고급 기법으로 알려져 있다. 마케팅 목적이라면 상관없지만 잘못 알려져 있는 사실로 인해 프로그래머들이 알고리듬을 구현하는 데 머뭇거릴 수 있다면 굉장히 불행한 일이다. 실제로 보통의 길 찾기와 전술적 길 찾기는 다른 것이 없다. 같은 길 찾기 알고리듬들은 같은 종류의 그래프 표현에 사용된다. 단 한 가지의 차이점은 전술적 길 찾기의 비용 함수가 거리나 시간뿐만 아니라 전술적 정보까지 포함하도록 확장된다는 것이다.

6.3.1 비용 함수

그래프 연결을 따라가는 이동의 비용은 거리와 시간에 의존하고(그렇지 않으면 꽤 먼 길로 돌아갈 수도 있다) 어떻게 행동이 전술적으로 합리적인지에도 의존한다.

연결의 비용은 다음과 같은 수식에 따른다.

$$C = D + \sum_i w_i T_i$$

여기서 D는 연결의 거리다(또는 시간이나 다른 비전술적 비용 함수가 될 수 있다. 이것을 연결의 기초 비용으로 일컫는다). w_i는 각 전술에 대한 가중치 계수다. T_i는 각 전술에 대한 각 연결의 전술적 질이다. i는 전술의 수다. 다음에 가중치 계수의 선택에 대해서 다시 알아볼 것이다.

유일한 문제점은 전술적 정보가 게임 내에서 저장되는 방식이다. 6장에서 그동안 알아본 것과 같이 전술적 정보는 장소를 기반으로 보통 저장된다. 전술적 웨이포인트나 전술적 분석의 경우 모두 전술적 유형은 각 장소에 저장된다.

장소 기반의 정보를 연결 기반의 비용으로 전환하기 위해 보통 연결된 두 장소의 전술적 유형의 값을 평균 낸다. 이렇게 하는 이유는 캐릭터가 각 장소에 절반의 시간씩 머문다고 가정하면 각 장소의 전술적 유형을 절반씩 이용하고 겪기 때문이다.

이런 가정은 대부분의 게임에서는 잘 통하지만 가끔 엉망인 결과를 낳는다. 그림 6.20은 2개의 좋은 숨기 장소 사이의 연결을 나타낸다. 그러나 그 연결선은 매우 노출돼 그것보다 긴 주변의 루트가 훨씬 실용적이 될 수 있다.

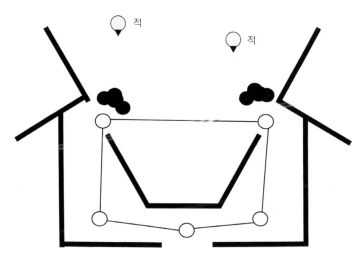

그림 6.20 연결 비용의 평균을 내는 것은 때때로 문제를 야기한다.

6.3.2 전술적 가중치와 관심 섞기

연결 비용 방정식에서 각 전술의 질에 대한 수치는 가중치로 곱해진 다음 최종 비용 값에 더해진다. 가중치 계수의 선택은 캐릭터에 의해 선택되는 길의 종류를 결정한다.

비용 기본값을 위해 가중치 계수를 또 사용할 수 있다. 그러나 이렇게 하는 것은 각각의 전술에 대해 가중치를 변경하는 것과 동일한 효과를 얻는다. 예를 들어 비용 기본값에 0.5 가중치를 주는 것은 각각의 전술에 2를 곱하는 것과 같은 효과다. 6장에서 비용 기본값에 대해서 구분된 가중치를 주는 방법은 사용하지 않을 것이다. 그러나 여러분이 실제 구현을 할 때 이 방법을 사용하는 것이 편리하다는 것을 알 수 있을 것이다.

만약 전술이 높은 가중치를 가진다면 이 전술을 가진 장소를 캐릭터가 피하려고 할 것이다. 예를 들어 매복 장소나 험난한 지형 장소의 경우에 그럴 수 있다. 반대로, 만약 가중치가 큰 음수 값을 가진다면 캐릭터는 그 높은 전술 값을 가진 장소를 선호할 것이다. 예를 들어 아군이 지배하고 있는 숨기 장소에 그럴 것이다.

연결 가능한 곳이 없는 그래프가 음수의 평균 가중치를 가질 수 있다는 점에 주의할 필요가 있다. 만약 전술이 큰 음수의 가중치를 갖고 높은 전술 값을 동반해 작은 비용 기본값을 가진다면 전체적인 비용은 음수의 결과를 갖게 된다. 4장에서 살펴본 바와 같이 음수의 비용은 A* 알고리듬과 같은 보통의 길 찾기 알고리듬에서는 지원되지 않는다. 비록 말이 행동보다 쉽지만 음수의 값이 발생하지 않도록 가중치가 선택될 수 있다. 언제나 양수의 값을 리턴하도록 안전망으로서 비용 값에 제한을 둘 수 있다. 이렇게 하면 실행 시간을 더 잡아먹게 되고 많은 전술적 정보를 잃어버릴 수도 있다. 만약 가중치가 좋지 않게 선택된다면 많은 연결선에 음수 값이 들어갈지도 모른다. 즉 가중치가 양의 값을 리턴하도록 제한을 두면 어떤 연결이 다른 연결(연결은 모두 같은 비용을 가진다)보다 나은지에 대한 정보를 잃어버린다.

뼈아픈 경험으로부터 얻은 교훈에 대해 말하자면 만약에 연결 값이 음수의 비용 값을 가진다면 최소한 디버깅 메시지가 여러분에게 나타날 수 있도록 하는 것을 추천한다. 음수의 가중치로 인해 발생하는 버그는 역추적해 디버깅하기 매우 힘들 수 있다(보통 길 찾기의 결과를 영원히 리턴하지 않는 버그를 낳는다. 그러나 이것보다 훨씬 사소한 버그도 낳는다).

사전에 미리 각 연결에 대한 비용을 계산할 수 있고 길 찾기 그래프에 저장할 수 있다. 각각의 전술적 가중치에 대한 연결의 비용이 한 집합씩 존재하게 될 것이다.

이것은 지형과 가시성과 같은 정적인 유형에 대해 잘 작동할 것이다. 군사 영향력의 균형, 적에게서 숨기 등과 같은 동적인 유형은 잘 받아들이지 못할 것이다. 이것을 하기 위해서는 연결의 비용이 필요할 때마다 비용 함수를 적용할 필요가 있다(한 프레임의 여러 요청에 대비하고자 캐시cache에 비용 값을 저장할 수 있다).

비용이 필요할 때마다 계산을 수행하는 것은 길 찾기의 속도를 현저하게 느리게 만든다. 최소한의 반복문으로 이뤄진 길 찾기 알고리듬에서 연결의 비용을 계산하는 것도 느려지는 것이 눈에 띌 정도다. 이것은 상호 교환적인 관계trade-off다. 캐릭터에게 더 나은 길을 찾아 주는 것이 그 길을 찾기 위해 더 많은 수행 시간을 소요하는 것보다 중요할 것인가?

시시각각 바뀌는 전술적 상황에 반응하는 것뿐만 아니라 각 프레임마다 비용 계산을 수행하는 것도 각 다른 캐릭터마다 다른 성격을 가진 모델을 만들기 위한 유연성을 제공한다.

예를 들어 실시간 전략 게임에서 정찰병, 경보병, 중포병 유닛이 있다고 가정하자. 그리고 지도의 전술적 분석은 지형 난이도, 가시성, 적 유닛과의 거리의 정보를 제공한다고 가정하자.

정찰병은 어떤 지형에도 상관없이 효과적으로 이동이 가능하다. 따라서 정찰병에게는 지형 난이도가 작은 양수의 가중치를 가진다. 그리고 정찰병은 적 유닛을 피하는 것에 굉장히 예민하기 때문에 적 유닛과의 거리에 큰 양수 가중치를 둔다. 마지막으로 정찰병은 큰 가시성을 갖고 장소를 찾을 필요가 있기 때문에 가시성에 큰 음수의 가중치를 부여한다.

경보병은 험난한 지형에 어려움을 약간 겪기 때문에 정찰병보다는 높은 값이지만 작은 양수 가중치를 가진다. 경보병의 임무는 적과 교전하는 것이다. 그러나 꼭 필요하지 않은 교전은 피하려고 하기 때문에 경보병의 적 유닛과의 거리에는 작은 양수 가중치를 둔다(만약 경보병이 전투를 하려고 한다면 음수의 가중치를 가진다). 경보병은 발각되지 않고 이동하려고 하기 때문에 가시성에 작은 양수 가중치를 가진다.

중포병은 험난한 지형을 지나갈 수가 없기 때문에 지형 난이도에 큰 양수의 가중치를 가진다. 근접 교전에 불리하기 때문에 적 유닛과의 거리에 큰 양수 가중치를 준다. 노출됐을 때에는 최우선으로 공격받기 때문에 발각되지 않고 이동해야 한다(언덕 뒤에서 공격하는 것이 성공적이다). 따라서 가시성에 큰 양수 가중치를 준다.

이러한 세 가지 루트는 3D 지형을 그린 그림 6.21에 나온다. 이 그림의 검은 점은 적 유닛의 위치다.

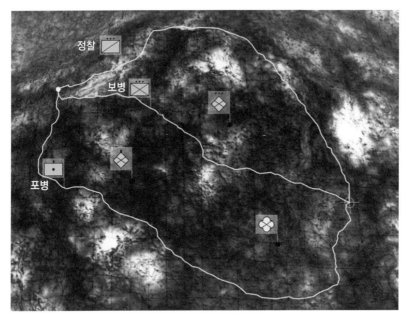

그림 6.21 전술적 길 찾기를 보여 주는 계획 시스템의 사진

각 유닛 유형에 따라 가중치가 고정일 필요는 없다. 유닛의 공격 성향에 따라 가중치를 조정할 수 있다. 경보병은 체력이 꽉 차 있을 때는 적과의 교전을 피하지 않을 것이다. 그러나 체력에 손상이 있을 때는 적 유닛과의 거리에 가중치 값을 증가시켜야 할 것이다. 만약 유닛이 체력을 회복시키기 위해 본 기지로 복귀해야 한다면 유닛은 적과의 교전을 피하면서 좀 더 보수적인 경로를 택할 것이다.

같은 소스 데이터와 같은 전술적 분석과 같은 길 찾기 알고리듬을 사용하더라도 다른 가중치를 가지면 완전히 다른 스타일의 전술적 움직임을 만들어 낼 수 있다. 그 전술적 움직임은 캐릭터 사이의 우선순위에서 뚜렷한 차이를 보여 줄 것이다.

6.3.3 길 찾기 발견적 알고리듬 수정하기

만약 연결 비용에 수정자^{modifiers} 상수를 더하거나 빼면 발견적 알고리듬을 잘못되게 만들 위험성이 있다. 발견적 알고리듬이 두 장소 사이에 가장 짧은 경로를 측정하는 데 사용된다는 것을 기억해 보자. 이것은 항상 실제의 가장 짧은 경로보다 짧은 값을 반환한다. 그렇지 않으면 길 찾기 알고리듬은 차선의 경로를 택할 것이다.

두 장소 사이의 유클리드 거리를 사용함으로써 발견적 알고리듬이 참이라는 것을 확신한다. 즉 실제 경로는 유클리드 거리 이상의 길이를 가질 것이다. 전술적 길 찾기에서는 더 이상 거리를 이동에 대한 비용으로 사용하지 않는다. 즉 연결에서 전술적 유형을 제외하는 것이 연결의 비용을 거리보다 작게 만들 수 있다. 이런 경우는 유클리드 발견적 알고리듬은 작동하지 않는다.

현실에서, 이런 상황을 한 번만 겪게 된다. 대부분의 경우에는 비용을 증가시켜 주는 것이 연결의 대부분을 제외하는 것보다 중요하다(가중치를 구현함으로써 이것이 사실임을 확인할 수 있다). 길 찾기 알고리듬은 불균형적으로 '증가'보다 '제외'가 중요하지 않은 지역을 피하려는 경향을 가질 것이다. 이런 지역은 전술적으로 매우 좋은 장소와 관련돼 있고, 캐릭터가 그 지역을 사용하려는 경향을 낮추려는 효과를 만든다. 이 지역이 특이하게도 좋은 전술적 장소가 되기 쉽기 때문에 캐릭터가 그 지역을 단지 좋다고 여기는 것만으로는 사람 플레이어에게는 잘 확신을 심어 주지는 않는다.

문제점을 발견했던 케이스에서는 캐릭터가 대부분의 전술적 유형에서 매우 큰 음수의 가중치를 사용했었다. 좋은 전술적 장소가 뻔히 보이는데도 불구하고 그 캐릭터는 평범한 장소를 사용했다.

이런 경우에는 유클리드 발견적 알고리듬의 크기를 조정했는데 단지 여기에 0.5를 곱했다. 이런 경우에는 채움^{fill}(4장에서 다뤘다)을 약간 더 만들었지만, 캐릭터가 좋은 장소를 놓치는 문제가 해결됐다.

6.3.4 길 찾기를 위한 전술적 그래프

영향력 지도(또는 다른 종류의 전술적 분석)는 전술적 길 찾기에 이상적이다. 전술적 분석에서의 장소는 게임 지형에 대해 자연스러운 표현을 하고 특히 야외 지형에서 더 그랬다. 실내 지형에서나 전술적 분석을 사용하지 않는 게임에서는 6장의 앞부분에서 다뤘던 웨이포인트 전술을 사용할 수 있다.

두 경우 모두 장소 하나만으로는 길 찾기에 충분하지 않다. 장소들 사이의 연결을 저장해 놓을 필요가 있다. 위상학적 전술을 포함하는 웨이포인트 전술에서 이미 이 작업을 했다. 보통의 웨이포인트 전술과 대부분의 전술적 분석에서 연결의 집합을 갖고 있는 것을 꺼렸다.

움직임을 확인하거나 웨이포인트 또는 장소 사이의 시야선을 확인함으로써 연결을 생성할 수 있다. 둘 사이를 쉽게 이동할 수 있는 장소는 계획된 루트를 통한 작전의 후보가 된다. 4장에서 장소의 집합 사이에서 연결을 자동적으로 생성하는 것에 대해 자세히 다뤘다.

전술적 길 찾기를 위한 가장 흔한 그래프는 실시간 전략 게임에서 사용되는 격자 기반의 그래프다. 이런 경우에는 연결이 매우 쉽게 생성된다. 즉 두 장소가 인접하고 있으면 연결이 존재하는 것이다. 두 장소 사이의 경사도가 특정 값을 초과하거나 두 장소 사이에 장애물이 존재하는 경우에 연결을 허용하지 않도록 수정할 수 있다. 4장에서 격자 기반의 길 찾기 그래프에 대해 더 많은 정보를 제공하고 있다.

6.3.5 전술적 웨이포인트 사용하기

전술적 분석과는 달리 전술적 웨이포인트는 게임 지형에서 아주 작은 구역을 다루는 전술적 유형을 가진다. 앞에서 살펴봤듯이 전술적 웨이포인트를 자동적으로 생성하는 경우 웨이포인트에서 조금만 이동해도 전술적으로 매우 큰 변화를 겪을 수 있다.

특이한 전술적 유형을 갖지 않는 장소에 추가적인 웨이포인트를 설정하는 것은 현명한 길 찾기 그래프를 만들기 위해 필요하다. 그림 6.22는 전술적 장소의 집합을 보여 준다. 어떤 장소도 다른 장소로부터 쉽게 도달할 수 없다. 길 찾기를 위해 현명한 그래프를 생성하기 위해, 또한 전술적 장소를 연결하기 위해 웨이포인트를 추가하는 것이 필요함을 이 그림에서 보여 준다.

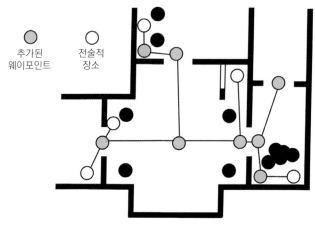

그림 6.22 웨이포인트 추가하기

이것을 달성하기 위한 가장 쉬운 방법은 보통의 길 찾기 그래프에 전술적 웨이포인트를 겹쳐서 합치는 것이다. 전술적 장소는 인접한 길 찾기 노드와 연결될 필요가 있다. 그러나 기본적인 그래프는 다른 지역 사이를 쉽게 이동할 수 있는 능력을 제공한다.

실내 전술적 길 찾기를 사용하는 개발자들은 길 찾기를 위해 노드를 배치할 때 사용하던 지형 디자인 프로세스(보통 양자화에 사용되는 디리클레 정의역을 사용한다) 안에 전술적 웨이포인트의 배치를 포함해 왔다. 길 찾기 노드 안에 전술적 정보를 포함할 수 있도록 지형 디자이너에게 허용함으로써 그래프 결괏값은 간단한 전술적 의사결정과 고급 전술적 길 찾기에 사용될 수 있게 된다.

6.4 협동 행동

지금껏 이 책에서 캐릭터 하나를 제어하는 기술에 대해서만 알아봤다. 앞으로 여러 캐릭터가 서로 같은 목표를 위해 협동하는 게임에 대해서 알아볼 것이다. 이것은 실시간 전략 게임에서 분대가 될 수도 있고, 사격 게임에서의 개인들이 짝을 이룬 것이 될 수도 있다.

또 달리 생길 수 있는 변화는 AI가 사람 플레이어와 협동할 수 있는 능력에 관한 것이다. 분대 단위의 적 캐릭터들이 하나의 팀으로 행동하는 것만으로는 충분하지 않다. 요즘에는 많은 게임에서 분대 단위의 AI 캐릭터가 사람 플레이어의 지휘를 받는 행동을 하도록 요구받는다. 이것은 사람 플레이어에게 명령을 내릴 수 있는 능력을 부여하는 원리로 작동된다. 예를 들어 실시간 전략 게임에서 사람 플레이어가 팀원 캐릭터들을 제어하는 것을 보면 사람 플레이어는 명령을 내리고 낮은 레벨의 AI 캐릭터가 명령을 수행하기 위해 움직인다.

하지만 점점 더 디자인은 명시적인 명령 없이 어느 정도의 협력을 요구한다. AI 캐릭터는 사람 플레이어의 의도를 알아챌 필요가 있고 그 의도에 따라 행동할 필요가 있다. 이것은 간단한 협동보다 훨씬 어려운 문제다. AI 캐릭터의 그룹은 계획에 따라서 서로에게 정확히 의사소통할 수 있다(예를 들어 메시지 시스템^{messaging system}의 종류 중 하나를 사용한다). 사람 플레이어만 오직 자신의 행동을 통해 자신의 의도를 내비칠 수 있고 이러한 의도가 AI 캐릭터들에게 이해될 수 있어야 한다.

게임에서의 이러한 변화는 AI에게 부담을 증가시켰다. 6.4절에서는 신뢰 가능한 팀 행동을 얻기 위해 사용되는 접근 방법들을 알아볼 것인데, 그 방법들은 홀로 사용될 수도 있고 여러 방법이 같이 사용될 수도 있다.

6.4.1 다층 AI

다층multi-tier AI 접근 방법은 여러 단계의 행동을 갖고 있다. 각 캐릭터마다 자신의 AI를 갖고 있고, 분대를 구성하는 캐릭터는 다른 AI의 집합을 갖고 있고, 분대 전체 단위나 전제 팀 단위로 다른 단계의 추가적인 AI를 가질 수 있다. 그림 6.23은 분대 단위 사격 게임에서의 AI 계층도 예를 보여 준다.

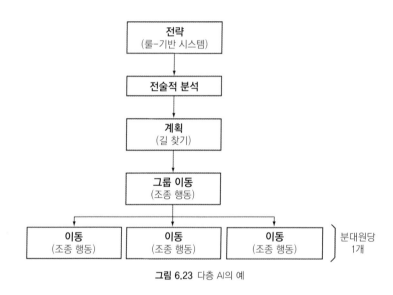

그림 6.23 다층 AI의 예

이러한 내용이 6장의 앞부분에서 살펴본 웨이포인트 전술과 전술적 분석의 일부분에 속한다고 가정해 왔다. 여기에 여러 캐릭터가 동시에 공유하는 전술적 알고리듬이 있다. 이 알고리듬은 게임 상황을 이해하고 규모가 큰 결정을 내리는 것을 추구한다. 결국 이러한 관점에서 각각의 캐릭터들은 그들만의 결정을 내릴 수 있게 된다.

다층 AI가 작동할 수 있는 여러 가지 방법이 있다. 그중 가장 극단적인 방법은 최상위 계층의 AI가 결정을 내리고 다음 계층으로 내려 보낸다. 그런 다음에 그 계층에서 결정을 내리고 최하위 계층까지 내려 보낸다. 이것은 하향식top-down 방법이라고 한다. 반대편의 극단의 방법은 최하위 AI가 스스로 동기를 불러일으키고, 상위 계층의 알고리듬에게 자신의 행동을 기초로 둔 정보를 제공해 준다. 이것을 상향식bottom-up 방법이라고 한다.

군대의 계층은 거의 하향식 방법이다. 정치인들이 장군들에게 명령을 내리고 장군들은 장교들에게 명령을 내려 보낸다. 명령은 그것이 최하위 병사에게 내려올 때까지 해석되고 증폭된다. 어떤 정보들은 아래에서 위로 올라갈 수 있어서 명령을 수정하도록 영향력을 끼칠 수 있다. 최하위 병사가 교전을 앞두고 적의 대량 살상무기를 정찰했다고 가정해 보자. 이 정보는 분대의 행동 변화를 야기할 수 있고, 명령 계층을 거꾸로 올라가서 정치인의 정책의 변화를 가져올 수 있다.

현재 게임 상태의 해석을 제공하는 높은 계층의 AI 알고리듬을 통해 상향식 방법은 각 개인의 캐릭터에 의한 자발적인 의사결정을 포함한다. 이 방법은 많은 수의 전략 게임에서 흔하게 볼 수 있지만, 개발자들은 보통 이것을 다층 AI로 의미하지는 않는다. 이것은 명확한 협동emergent cooperation과 큰 유사점을 갖고 있고 이 절에서 나중에 알아볼 것이다.

하향식 방법이 종종 사용되고 계층을 따라 내려오는 의사결정이 다층 알고리듬의 성격을 형성하는 것을 보여 준다.

다른 계층의 AI마다 다른 성격을 가진 것을 볼 수 있다. 이것은 그림 6.1에서 보여 준다. 높은 계층에서는 의사결정을 수행하거나 전술 도구를 가진다. 아래로 내려올수록 높은 단계에서 내려온 명령을 수행하도록 길 찾기나 이동 방법을 가진다.

그룹 의사결정

이 의사결정 도구는 5장에서 봤던 것과 같은 것에 불과하다. 그룹 의사결정 알고리듬에 필요한 특별한 것은 없다. 이것은 세계에 대한 입력을 받고, 개인의 캐릭터에 대한 행동을 이끌어 낸다.

최상위 계층에는 종종 전술적 추론 시스템이 있다. 이것은 전문가 시스템이나 정적 기계와 같은 의사결정 알고리듬을 포함한다. 또 전술적 분석이나 웨이포인트 전술 알고리듬도 종종 포함한다. 이러한 의사결정 도구는 이동, 숨기, 발각되지 않기를 잘할 수 있는 최적의 장소를 판단할 수 있다. 다른 종류의 의사결정 도구는 이동, 숨기, 발각되지 않기가 현재 상황에 민감한지 아닌지의 여부를 결정해야 한다.

이런 행동이 수행되는 방식에서 차이가 있다. 각 캐릭터를 기반으로 실행을 스케줄링하는 것보다는 그룹 의사결정에서는 상위 계층에서 하위 계층으로 하달되는 명령의 형식을 사용한다. 중간 계층에 있는 의사결정 도구는 현재 상황과 하달받은 명령을 동시에 입력 값으로 받는다. 그러나 이 의사결정 알고리듬은 전형적인 표준이다.

그룹 이동

3장에서 여러 캐릭터가 동시에 움직일 수 있는 이동 시스템을 알아봤다. 이것은 플로킹 같은 신형 조종 장치를 사용하거나 의도적인 대형 조종 시스템^{intentional formation steering system}을 사용한다.

3장의 3.7절에서 알아봤던 대형 조종 시스템은 다층 구조다. 이 시스템의 상위 계층에서는 전체 분대나 분대의 그룹을 조종한다. 하위 계층에서는 각 개인의 캐릭터가 장애물을 피하고 환경을 고려하면서 자신의 대형을 유지하기 위해 움직인다.

대형 기반 움직임이 더 광범위해지는 반면에 상위 계층에는 이동 알고리듬을 사용하지 않는 것이 일반화됐다. 하위 단계의 의사결정은 이동 명령으로 바뀐다. 이 방법을 사용하기로 선택했다면 하위 단계의 이동을 수행할 때 전체 AI가 멈추지 않도록 주의하자. 만약 상위 계층의 AI가 특정 장소를 공격하기로 결정했는데 이동 알고리듬으로 현재 장소에서 그 특정 장소로 도달이 불가능하다면 교착 상태에 빠진다.

이런 경우에는 이동 알고리듬이 피드백을 줘서 의사결정 시스템이 이를 고려하게 해야 한다. 이 피드백은 간단한 'stuck' 알람 메시지(11장에서 메시지 알고리듬에 대해 배운다)가 될 수 있고 어떤 종류의 의사결정 도구에서도 추가 구현할 수 있다.

그룹 길 찾기

그룹 길 찾기는 보통 개인 길 찾기보다 쉽다. 대부분의 게임은 여러 캐릭터가 서로 겹치지 않도록 캐릭터가 지나가기 충분한 공간을 주도록 디자인된다. 예를 들어 분대 기반의 게임에서 통로가 얼마나 넓게 디자인돼 있는지 여러분이 플레이하는 게임을 관찰해 보자. 보통은 캐릭터의 너비보다 훨씬 넓게 디자인돼 있다.[6]

---

6   사소하지만 이러한 크기에 따라 게임의 난이도가 결정되기도 한다. 더 자세한 내용은 레벨 디자인에 대한 서적을 참고하자. - 옮긴이

전술적 길 찾기를 사용할 때 분대에서 다양한 장르의 유닛을 사용하는 것이 흔하다. 분대 단위로 이동할 때는 개인이 혼자 이동할 때보다 길 찾기에 대한 전술적 이해를 다르게 혼합할 필요가 있다. 대부분의 경우에서 가장 약한 캐릭터의 전술적 이해를 기준으로 삼을 수 있다. 여러 분야에서 강점과 약점이 혼재해 있다면 혼합된 결과는 각 분야에서 최대 약점만 모은 것이 될 것이다.

지형 배수	정찰병	중화기병	보병	분대
경사도	0.1	1.4	0.3	1.4
근접도	1.0	0.6	0.5	1.0

표를 통해 예를 들어 봤다. 우리는 정찰병^{Recon}, 중화기병$^{Heavy\ weapon}$, 보병^{Infantry}을 편대 구성원으로 보유하고 있다. 정찰병은 적과의 만남을 피하려고 하겠지만, 모든 지형을 움직일 수 있다. 중화기병은 험난한 지형을 피하려고 하겠지만 교전을 피하려고 노력하지는 않는다. 전체 분대가 안전하게 이동하려면 적과의 만남을 피하면서도 험난한 지형을 피할 수 있는 길을 선택할 것이다.

대신에 적과 적당히 거리가 있고 적당히 험난한 지형의 길을 이동하는 결과를 낳는, 가중치를 혼합하는 방식을 사용할 수 있다. 이 방식은 제약 사항이 크게 제약이 안 되는 경우에는 괜찮지만, 예를 들어 포병이 숲을 지나가지 못하는 것처럼 큰 제약 사항이 되는 경우가 대부분이기 때문에 가장 약한 유닛의 전술적 이해를 기준으로 삼는 것이 안전하다.

때로는 전체 분대의 길 찾기 제약 사항이 분대 구성원 각 개인 어느 누구의 것과도 다를 경우가 있다. 이 경우는 공간에 대해서 종종 관찰된다. 덩치가 큰 캐릭터는 좁은 지역을 통과하지 못하지만 다른 유닛은 잘 통과가 된다. 이런 경우에는 전술적 이해를 혼합할 때 규칙을 가미할 필요가 있다. 이 규칙은 보통 전담의 코드가 담당한다. 그리고 이 코드에는 결정 트리, 전문가 시스템, 다른 의사결정 기술이 포함될 수 있다. 이 알고리듬의 내용은 게임에서 달성하고자 하는 효과와 고려하고 있는 제약 사항에 달려 있다.

플레이어 포함시키기

다층 AI가 대부분의 분대와 팀 기반의 게임에서 유용하다고 하더라도 팀의 일부분인 사람 플레이어에는 잘 대처하지 못한다. 그림 6.24는 고차원의 의사결정이 만들어진 상황에서 사람 플레이어가 이를 뒤엎는 경우를 보여 준다. 이런 경우에는 다른 팀원들의 행동이 사람 플레이어의 관점에서는 멍청해 보인다. 결국 이 사람의 결정이 현명하고, 다른 지각 있는 사람들도 이를 따라할 것이다. 다층 구조의 AI는 이런 상황에서 문제를 일으킨다.

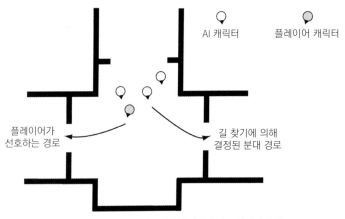

그림 6.24 다층 구조의 AI와 플레이어가 잘 조화되지 못함

보통은 플레이어가 항상 전체 팀을 위한 의사결정을 한다. 게임 디자인은 플레이어가 명령을 할 수 있도록 만들 수 있으며 궁극적으로 플레이어는 전체 팀을 이끌기 위한 의사결정의 책임이 있다. 만일 플레이어가 레벨을 플레이하는 데 있어 하나의 길만 선택해야 한다면 게임에 불만이 생길 수 있다. 또한 게임 초반에는 경로를 따라가기 어려울 수 있고, 결국에는 게임 디자인이 선형적이며 제한적이라는 것을 깨닫게 될 것이다. 게임 디자이너는 이 문제를 피하기 위해 사람 플레이어에게 제약 사항을 강제한다. 어떤 루트가 가장 좋은지를 명확하게 함으로써 사람 플레이어는 적시에 최적의 장소로 이동하도록 제약을 받는다. 하지만 너무 심하게 제약한다면 게임을 재미없게 느끼게 될 것이다.

때때로 플레이어보다 더 높은 수준의 의사결정을 못할 때가 많다. 만약 사람 플레이어를 계층에서 최상위로 위치시킨다면 다른 캐릭터들은 순전히 사람 플레이어가 원하는 바에 기초해 행동한다. 의사결정 계층의 의도와는 상관없이 말이다. 물론 사람이 무엇을 원하는가를 이해하는 것이 가능하다는 이야기를 하려는 것이 아니다. 캐릭터의 움직임이 사람과 충돌하지 않기만 하면 된다. 그림 6.25는 다층 AI가 분대 단위의 사격 게임에서 사람을 포함하는 구조를 보여 준다.

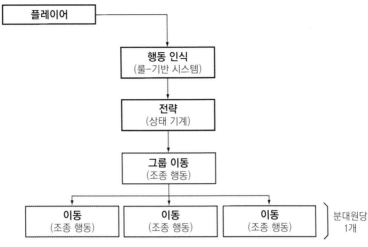

그림 6.25 사람 플레이어를 포함하는 다층 구조

사람 플레이어와 다른 캐릭터 사이에 중간 계층이 존재한다는 점에 주목하자. AI에게 주어진 첫 번째 일은 사람 플레이어가 무슨 행동을 할 것인지 해석하는 것이다. 플레이어의 현재 위치와 이동 방향을 관찰하는 것만으로 단순하게 해석하는 것이 가능하다. 예를 들어 플레이어가 통로를 따라 이동한다면 AI는 사람 플레이어가 계속 통로를 따라 이동할 것이라고 추측할 수 있다.

다음 계층에서는 분대원들이 플레이어가 의도하는 행동을 지원할 수 있는 전술을 결정하도록 하는 것이 AI에게 필요하다. 만약 플레이어가 통로를 따라 이동한다면 분대원들은 플레이어 뒤에서 지원하는 것을 최선으로 결정할 것이다. 플레이어가 통로의 교차로를 향해 다가간다면 분대원들은 교차로를 지원하기로 결정할지도 모른다. 플레이어가 큰 방을 향해 이동한다면 분대원들은 플레이어의 측면을 보호하거나 방의 출구를 확보하려고 노력할 것이다. 이 계층의 의사결정은 5장의 어떤 의사결정 도구로도 구현될 수 있다. 의사결정 트리는 여기의 예로도 충분하다.

이 전체적인 전략으로부터 각 개인의 캐릭터는 자신의 이동을 결정한다. 캐릭터들은 플레이어의 뒤에서 지원을 하기 위해 걷거나 방의 출구까지 가장 빠른 길을 찾기 위해 걸을 것이다. 이 계층의 알고리듬은 보통 길 찾기나 조종의 한 종류가 쓰인다.

플레이어의 명백한 명령

다층 AI에서 플레이어를 포함하는 다른 방법은 플레이어에게 정해진 특정 명령만 내릴 수 있는 능력을 부여하는 것이다. 실시간 전략 게임에서는 이 방법을 사용한다. 사람 플레이어의 진영에서는 플레이어가 최상위 계층을 차지한다. 플레이어는 각 캐릭터가 수행할 명령을 결정한다. 낮은 계층의 AI에서는 이 명령을 받아서 최적으로 달성되도록 명령을 수행한다.

예를 들어 유닛은 적 장소를 공격하도록 명령받을 수 있다. 낮은 계층의 의사결정 시스템은 어떤 무기를 선택할지, 어느 정도의 거리로 적에게 접근할지를 계산한다. 그것보다 더 낮은 계층에서는 이 정보를 이용해 길 찾기 알고리듬을 통해 루트를 제공한다. 조종 시스템이 그다음 단계에서 나올 수 있다. 이것이 바로 사람 플레이어가 최상위 계층에 위치해 특정 명령을 내리는 다층 AI다. 플레이어는 다른 캐릭터처럼 취급받지 않는다. 그는 단지 순전히 명령을 내리는 장군님으로 존재한다.

그러나 사람들은 플레이어를 가장 부지런하게 움직인다. 여기에 플레이어의 명령을 구현하는 다른 가능성이 있다. 〈SOCOM: U.S. Navy SEALS〉[200]와 같은 분대 기반의 게임에서는 사람 플레이어에게 자신의 의도에 대한 정보를 주는 일반적인 명령을 내릴 수 있도록 허용해 줬다. 이것은 매우 간단하다. 특정 게임 장소에 대한 방어를 요청하고 지원 사격을 요청하고 총공격을 요청한다. 캐릭터가 명령을 잘 수행하기 위해 상당량의 해석이 여전히 필요하다(보통의 게임에서는 이것을 설득력 있게 구현하는 것에 실패한다).

〈풀 스펙트럼 워리어Full Spectrum Warrior〉[157]에서는 다른 타협점을 찾을 수 있는데, 큰 명령을 위주로 수행되는 동시에 개인 캐릭터에게도 상황에 따라 직접적인 명령을 내릴 수 있게 하고 있다.

의도를 알아채는 문제는 매우 어렵기 때문에 분대 기반 게임에서는 플레이어의 명확한 명령을 사용하는 것이 가치 있어 보인다. 특히 여러분이 플레이어와 함께 분대로 움직이도록 하는 것이 어렵다면 더욱 그렇다.

다층 AI 구조 만들기

다층 AI는 두 가지 기반 요소가 있어야 잘 작동한다.

- 높은 계층에서 낮은 계층으로 명령을 내려 줄 수 있도록 하는 커뮤니케이션 메커니즘. 이것은 전체적인 전략과 캐릭터의 타깃과 전형적인 다른 정보에 대한 정보를 포함할 필

요가 있다(다른 캐릭터가 이미 자리 잡은 장소를 피하는 정보 또는 이동할 전체 루트에 대한 정보).

- 필요할 때 적시에 정확한 명령을 내려 줄 수 있는 계층 스케줄링 시스템

10장에서 커뮤니케이션 매커니즘에 대해 더 논의해 볼 것이다. 다층 AI에서는 고급의 커뮤니케이션 메커니즘까지는 필요 없다. 전형적으로 통과될 수 있는 여러 메시지가 있을 뿐이다. 그리고 이 메시지는 낮은 계층에서 쉽게 찾을 수 있는 장소에 간단히 저장된다. 예를 들어 우리는 각 행동에게 미결 서류함in-tray에 명령이 저장될 수 있도록 할 수 있다. 상위 계층의 AI는 자신의 명령을 낮은 단계 행동의 미결 서류함에 넣을 수 있다.

스케줄링은 전형적으로 더 복잡하다. 9장에서는 전반적인 스케줄링 시스템에 대해 알아볼 것이고, 10.1.4절에서는 계층 스케줄링 시스템으로 결합하는 것에 대해 알아볼 것이다. 이것은 낮은 계층의 행동이 하달받은 명령에 따라 여러 다른 알고리듬을 통해 구동할 수 있기 때문에 중요하다. 만약 높은 계층의 AI가 캐릭터에게 플레이어를 지키라고 말해 준다면 그들은 대형을 유지하며 움직임 조종 시스템을 사용할 것이다. 만약 높은 계층의 AI가 캐릭터에게 탐험하라고 지시한다면 그들은 길 찾기가 필요한지와 둘러볼 곳에 대한 전술적 분석이 필요할 수도 있다. 두 행동의 집합 모두 항상 가능해야 될 필요가 있고 우리는 행동을 정돈할 튼튼한 방법이 필요하다. 이 방법은 프레임 속도를 늦추지 않도록 해야 하고 특정 코드 때문에 교착 상태에 빠지지 않아야 한다.

그림 6.26은 분대 기반의 다층 AI에서 구동이 가능한 계층 스케줄링 시스템을 보여 준다. 9장에서 그림 안의 요소들이 어떻게 구현되는지에 대한 정보를 제공하겠다.

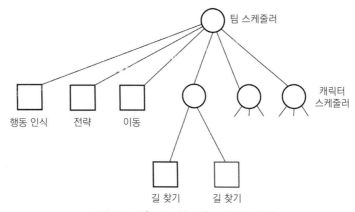

그림 6.26 다층 AI를 위한 계층 스케줄링 시스템

6.4.2 창발적 협동

지금까지 각 개인의 캐릭터가 명령에 제어당하는 협동 메커니즘에 대해 알아봤다. 이 제어는 플레이어의 특정 명령일 수도 있고, 전술적 의사결정 도구일 수도 있고, 아니면 그룹을 위해 작동하는 다른 의사결정 도구일 수도 있다.

이것은 매우 강력한 기법인데 그룹의 목표와 그룹이 수행하는 명령에 대한 우리가 생각하는 방식과 자연스럽게 맞는다. 그러나 이것은 높은 계층의 결정의 질에 의존한다는 약점을 갖고 있다. 만약 캐릭터가 높은 계층의 명령을 사정이 있어 지키지 못하게 된다면, 어떤 능력도 발전시키지 못하고 남아 있을 것이다.

대신에 좀 덜 중심화된 기법을 사용할 수 있는데 이것은 다수의 캐릭터가 서로 협동해 일을 하는 것이다. 다층 AI에서와 같은 방법으로 협동할 필요가 없다. 하지만 서로가 무슨 일을 하는지 고려하면서 전체가 하나로 움직이는 것처럼 행동할 수 있다. 대부분의 분대 기반 게임에서 선택받는 방식이다.

각각의 캐릭터는 스스로의 의사결정을 한다. 그러나 의사결정은 다른 캐릭터가 하는 일을 고려하면서 이뤄진다. 다른 캐릭터를 향해 움직이는 것처럼 간단할 수 있다(캐릭터가 서로 붙어 있도록 하는 결과를 낳는다). 아니면 다른 캐릭터를 보호하거나 숨어 있도록 조종하는 것처럼 더 복잡할 수도 있다.

그림 6.27은 유한 상태 기계를 보여 주는데 4개의 캐릭터가 사격 팀에 속해 있다. 유한 상태 기계 안의 4개의 캐릭터는 팀으로 행동하는 데 서로를 지원하고 붙어 있을 수 있다. 높은 계층의 명령이 없다.

만약 팀의 구성원이 제외된다면 나머지 잔여 구성원은 여전히 효과적으로 행동하는데, 그들을 서로 안전하게 유지하고 필요하다면 공격적인 움직임을 보여 준다.

이것을 확장해 팀에 개성을 부여하면서 캐릭터마다 다른 상태 기계를 사용하도록 할 수 있다. 예를 들면 수류탄 투척병은 엄폐물 뒤에서 적을 향해 공격하도록 선택될 수 있고, 의무병은 쓰러진 전우를 치료하도록 지명될 수 있고, 통신병은 적을 향해 공중 폭격을 요청할 수 있다. 이 모든 것이 개인적인 상태 기계를 통해 수행된다.

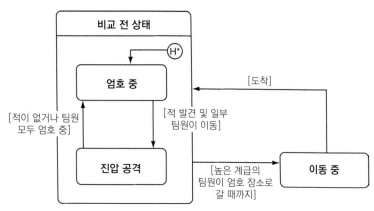

그림 6.27 사격 팀의 창발적 행동의 상태 기계

확장성

더 많은 캐릭터를 협동 그룹에 더함에 따라 복잡도의 임계점에 도달할 것이다. 이 임계점을 넘어서는 순간부터 그룹의 행동을 제어하기가 힘들어진다. 이렇게 되는 정확한 순간은 각 개인의 행동의 복잡도에 달려 있다.

예를 들어 레이놀드의 플로킹^{Reynolds's flocking} 알고리듬은 알고리듬에 약간의 수정만 가해서 수백 개에 이르는 개인을 컨트롤한다. 6.4절의 앞부분에서의 사격 팀의 행동은 최대 6개나 7개의 캐릭터로 구성된다. 그 이상을 초과하면 그들은 덜 효과적이게 된다. 확장성은 각 캐릭터마다 표현될 수 있는 행동의 수에 의존한다. 그 행동이 상대적으로 안정적이기만 하면(플로킹 알고리듬에서처럼), 전체 그룹은 높은 복잡도를 보인다고 하더라도 적당히 안정적인 행동을 보여 줄 수 있다. 만약 각 캐릭터가 다른 모드로 바꿀 수 있다고 한다면(유한 상태 기계를 예로 들 수 있음) 심한 진동을 보여 줄 수 있다.

하나의 캐릭터가 행동을 바꾸면서 다른 캐릭터에게도 행동을 바꾸도록 강제하는 경우에 문제가 발생할 수 있는데, 다른 캐릭터가 원래 캐릭터의 행동을 다시 바꾸게 되고 이러한 진동이 반복된다. 의사결정에서의 과거 이력을 어느 정도 유지하는 것이 도움이 되지만(즉 환경이 바뀌더라도 캐릭터가 하던 것을 어느 정도 시간 동안 유지하는 것) 오직 약간의 시간만 벌어 줄 뿐이고 문제의 해결책이 되는 것은 아니다.

이 문제를 해결하기 위해 두 가지 선택 중에 택해야 한다. 첫째는 각각의 캐릭터가 지킬 규칙을 간단히 하는 것이다. 이것은 동일한 캐릭터를 많이 사용하는 게임에 적절하다. 만약 총 쏘는 게임에서 적이 1,000명이 넘게 있다면 적이 매우 단순해야 말이 되는 것이고 적 개인의 지능보다 적의 숫자가 도전 의식을 일으키게 된다. 반면에 캐릭터의 숫자가 두 자리가 넘어가기도 전에 확장성 문제를 겪는다면 큰 문제가 될 수 있다.

가장 좋은 해결책은 다른 계층의 창발적 행동을 가진 다층 AI를 구축하는 것이다. 상태 기계의 예와 매우 유사한 규칙의 집합을 가질 수 있는데 여기서 각 개인은 캐릭터 하나를 분대의 한 단위로 취급하는 것이 아니고 분대를 한 단위로 취급한다. 그러면 분대에 속해 있는 캐릭터들은 각 단계로부터 내려진 명령에 반응할 수 있는데 즉각적으로 명령을 따를 수도 있고, 주어진 명령을 좀 더 응용해 명령을 의사결정 과정의 한 부분으로 사용할 수도 있다.

만일 만들고자 하는 목표가 순수한 창발적 행동이라면 이것은 약간 눈속임으로 보일 것이다. 하지만 더 동적이며 도전적인 우수한 AI를 얻고자 하는 목표를 가졌다면 이것은 충분한 타협안이 될 수 있다.

내 경험상 창발적 행동의 추종자인 개발자들은 확장성 문제를 일찍이 겪어 왔고 좀 더 실용적인 방법으로 변화를 주는 것으로 해결해 왔다.

예측성

이런 창발적 행동의 부작용은 디자인할 때 의도하지 않았던 그룹 집단 행동을 얻는다는 것이다. 이것은 양날의 검인데 그룹의 명확한 지능을 발견할 수 있다는 장점이 될 수 있지만, 이 장점이 거의 발생하지 않는다. 가장 가능성 높은 결과는 그룹이 정말 멍청해 보이는 짜증나는 행동을 벌이기 시작한다는 것이다. 캐릭터 개인의 행동을 수정함으로써 이런 집단 행동을 뿌리 뽑는 것은 매우 어려울 수 있다.

원하는 집단 행동을 발생시키기 위해 개인의 행동을 만들어 나가는 것은 거의 불가능한 일이다. 내 경험으로서는 개인 행동에 변화를 계속 줘서 여러분이 원하는 집단 행동과 비슷해지는 결과가 나오길 바라는 것이 최선이다. 이것이 바로 여러분의 원하는 것과 정확히 같은 것일 수도 있다.

만약 높은 계층의 행동에 대한 높은 지능을 만들고자 한다면 항상 명백하게 구현하게 될 것이다. 창발적 행동은 유용하고 구현하기 재미가 있다. 그러나 적은 노력을 들여서 상당히 좋은 AI를 얻을 수 없다는 점은 확실하다.

6.4.3 그룹 행동 스크립트

첫 번째 원칙으로 그룹의 구성원들이 함께 행동하는 것이 어렵다는 점을 명심하자. 강력한 툴은 어떤 캐릭터가 어떤 순서로 어떤 동작을 적용하는지 보여 주는 스크립트를 사용한다. 5장에서 동작 실행과 차례로 실행될 수 있는 원시 동작의 순서로서의 스크립트 동작에 대해 살펴봤다.

캐릭터마다 개인적인 스크립트를 보유한 그룹으로 이것을 확장할 수 있다. 그러나 캐릭터 하나와는 다르게 여러 캐릭터 사이의 협동을 유지하는 것은 타이밍 문제 때문에 어렵다. 그림 6.28은 2개의 캐릭터가 터치다운을 기록하기 위해 협동할 필요가 있는 미식 축구의 상황을 보여 준다. 만약 간단한 이 행동 스크립트를 사용한다면 우선은 전체적인 행동이 성공이겠지만 둘째는 실패한다.

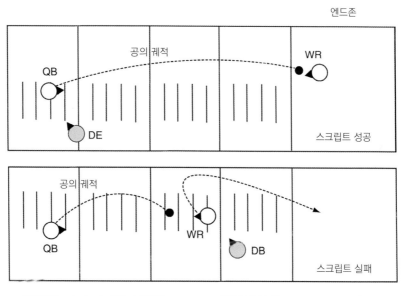

쿼터백(Quadterback, QB) 스크립트

1. 와이드 리시버[7] 선택
2. 리시버가 달리는 방향으로 패스

와이드 리시버(WR, Wide Receiver) 스크립트

1. 패스를 받는 데 자유로운 공간 찾기
2. 패스를 받기
3. 엔드존(End Zone)으로 달린다.

그림 6.28 타이밍 데이터를 필요로 하는 순차적 행동

7　와이드 리시버는 미식 축구에서 패스를 받는 것을 주요 역할로 하는 포지션이다. – 옮긴이

협동 스크립트가 작동이 되게 하려면 스크립트에 상호 의존의 개념을 집어넣어야 할 필요가 있다. 하나의 캐릭터가 수행하고 있는 행동은 다른 캐릭터의 행동과 타이밍이 맞아야 한다.

이것을 간단하게 신호를 사용해 달성할 수 있다. 순차적인 행동 대신에 다음의 두 가지 새로운 요소를 허용한다. 바로 신호와 기다림이다.

- **신호**: 신호는 식별자를 갖고 있다. 이것은 관심 있어 하는 누군가에 대한 메시지다. 비록 이것은 사건이나 감각 시뮬레이션 메커니즘(정교한 제어가 필요할 경우 사용됨, 11장에 나옴)을 통해 전달될 수 있다고 하더라도 전형적인 별개의 AI 행동이다.
- **기다림**: 기다림도 역시 식별자를 갖고 있다. 이것은 적합한 신호를 받지 못하면 스크립트에서 다른 요소들이 진행되는 것을 정지시킨다.

더 나아가서 추가적인 프로그래밍 언어 구조, 즉 분기문, 반복, 계산문들을 더할 수 있다. 이렇게 하면 어떤 종류의 로직도 스크립트 언어로 구현 가능하겠지만 구현의 복잡도가 엄청나게 증가되고 스크립트 콘텐츠를 만드는 사람의 부담을 증가시킨다.

신호와 기다림을 추가하는 것은 여러 캐릭터 사이의 동작을 협동시키기 위해 간단한 동작 순서를 사용하는 것을 허락해 준다.

이러한 타이밍과 관련된 요소와 더불어 어떤 게임에서는 1개 캐릭터의 범주를 넘는 행동을 허용해 준다. 벽을 넘기 위해 분대 단위의 게임에서 2명의 병사가 필요하다. 1명은 발판이 돼 주고 1명은 벽을 오른다. 이러한 예를 보면 행동이 여러 캐릭터가 공유하는 순서로 이뤄질 수 있다. 이 예에서는 타이밍이 기다림을 통해 구현될 수 있다. 하지만 이 행동은 따로따로 독립적으로 처리하기보다는 특별하게 구별돼 각 캐릭터가 협동해서 행동을 수행해야 함을 지각하는 방식으로 구현된다.

5장에서의 요소를 더하면서 순차적 협동 행동은 다음과 같은 기초 요소를 가진다.

- **상태 변화 행동**state change action: 어떤 캐릭터에게도 특정 행동을 요구하지 않으면서 게임 상태를 어느 정도 변화시키는 행동을 말한다.
- **애니메이션 행동**animation action: 캐릭터에 대한 애니메이션을 제공하고 게임 상태를 업데이트하는 행동을 말한다. 보통 게임에서의 다른 행동과는 독립적인 관계다. 보통 한 번에

2개 이상의 캐릭터에 의해 수행될 수 있는 종류의 행동이다. 특별한 식별자를 통해 구현될 수 있다. 따라서 서로 다른 캐릭터들은 서로 협동해 행동하는 것과 동시에 같은 행동하는 것이 언제 필요한지 이해할 수 있다.

- **AI 행동**^{AI action} : AI의 어떤 다른 부분을 구동하는 행동이다. 대부분 이동에 관한 행동인데 캐릭터에게 특정한 조종 행동을 하게 만든다. 매개 변수를 사용할 수 있다. 예를 들어 도착하는 행동은 목표 조합을 갖게 한다. 캐릭터가 자신을 공격하는 적을 목표로 바라볼 때 사용되거나 목적을 달성하기 위한 루트를 계획할 때도 사용될 수 있다.
- **합성 행동**^{Compound Action} : 행동을 여러 개 취해서 동시에 수행한다.
- **순차적 행동**^{Action Sequence} : 행동을 여러 개 취해서 순차적으로 수행한다.
- **신호**^{Signal} : 여러 캐릭터에게 신호를 보낸다.
- **기다림**^{Wait} : 다른 캐릭터로부터 신호가 오기를 기다린다.

합성 행동과 순차적 행동의 의사 코드를 포함해 첫 다섯 가지 유형의 구현은 5장에서 다뤘다. 행동의 타이밍을 맞추는 것을 지원하는 행동 실행 시스템을 만들기 위해서 신호와 기다림을 구현할 필요가 있다.

의사 코드

기다림 행동은 다음과 같이 구현된다.

```
1   class Wait extends Action:
2       # 고유의 식별자를 가진다.
3       identifier: string
4
5       # 기다림을 수행할 동안에 할 행동
6       whileWaiting: Action
7
8       function canInterrupt() -> bool:
9           # 우리는 언제든지 이 행동을 중단시킬 수 있다.
10          return true
11
12      function canDoBoth(otherAction: Action) -> bool:
13          # 우리는 동시에 다른 행동을 수행할 수 없다.
14          # 그렇지 않으면, 기다리고 있는 동안에 다음 행동이 실행돼 버릴 수 있다.
15          return false
16
```

```
17    function isComplete() -> bool:
18      # 식별자가 종료 됐는지를 확인한다.
19      if globalIdStore.hasIdentifier(identifier):
20        return true
21
22    function execute():
23      # 우리의 기다림 행동을 실행한다.
24      return whileWaiting.execute()
```

기다림이 작동되는 동안 캐릭터가 멈춰 있는 것을 원하지 않는다는 점에 주의하자. 캐릭터가 기다리고 있을 동안 수행할 행동을 코드에 집어넣었다.

신호는 구현이 더 쉽다. 이것은 다음과 같은 방식으로 구현된다.

```
1   class Signal extends Action:
2     # 고유의 식별자를 가진다.
3     identifier: string
4
5     # 신호가 왔는지를 체크한다.
6     delivered: bool = false
7
8     function canInterrupt() -> bool:
9       # 우리는 언제든지 이 행동을 중단시킬 수 있다.
10      return true
11
12    function canDoBoth(otherAction: Action) -> bool:
13      # 우리는 동시에 다른 행동을 수행할 수 있다.
14      # 즉, 이 행동을 수행하기 위해 한 프레임도
15      # 기다릴 필요가 없고 바로 수행될 수 있다.
16      return true
17
18    function isComplete() -> bool:
19      # 신호를 보내고 나서야 이 사건이 종료된다.
20      return delivered
21
22    function execute():
23      # 신호를 보낸다.
24      globalIdStore.setIdentifier(identifier)
25
26      # 신호를 보내면 기록한다.
27      delivered = true
```

자료 구조 및 인터페이스

globalIdStore라는 신호 식별자에서 확인되는 중앙 저장 공간이 있다고 가정한다. 이것은 간단한 해시^{hash} 집합이 될 수 있다. 그러나 오래된 식별자는 가끔씩 지워서 비워야 한다. 다음과 같은 인터페이스를 가진다.

```
1  class IdStore:
2    function setIdentifier(identifier: string)
3    function hasIdentifier(identifier: string) -> bool
```

구현 노트

이 방법의 다른 문제는 신호가 다르게 발생하는 것들 사이에서의 혼란이 있을 수 있다는 것이다. 만약 캐릭터의 집합이 같은 스크립트를 한 번 이상 수행한다면 이전 횟수 때에 수행돼서 저장된 신호가 여전히 존재할 것이다. 이것은 기다림이 실제로는 기다리지 않게 되는 것을 의미한다.

이러한 이유로 스크립트를 재실행하기 전에 저장 공간을 비워 두도록 고안하는 것이 현명하다. 만약 같은 스크립트를 동시에 여러 번 실행하게 된다면(즉 2개의 분대가 다른 장소에서 같은 행동을 수행한다면) 식별자끼리 확실하게 구별할 필요가 있다. 만약 이런 상황이 여러분의 게임에서 발생할 수 있다면 각 분대 사이에서 좀 더 정교하게 다듬어진 메시지 전달 기술(예를 들어 11장에서 나오는 메시지 전송 알고리듬)이 필요하다. 그런 다음에 애매모호함을 걷어내고 각 분대는 분대 내부 구성원끼리만 소통하게 된다.

성능

기다림과 신호 행동은 시간 및 공간 복잡도가 O(1)이 된다. 위에 있는 구현에서 Wait 클래스는 신호를 체크하기 위해 IdStore 인터페이스에 접근할 필요가 있다. 만약 저장 공간이 해시 집합이라면(해시를 사용하는 성향이 높다) 계산의 복잡도는 $O(\frac{n}{b})$가 되는데 여기서 n은 저장 공간 내의 신호의 숫자이고 b는 해시의 크기다.

비록 기다림 행동은 행동 매니저가 다른 행동을 처리하는 것을 멈추게 할 수 있지만, 알고리듬은 각 프레임마다 일정한 시간 안에 결과를 반환할 것이다(기다림 행동만 처리한다고 가정했을 때).

스크립트 만들기

스크립트를 위한 기반을 구축하는 것은 전체 구현에 드는 노력의 절반만 차지한다. 최종 엔진에서는 지형 디자이너와 캐릭터 디자이너가 스크립트를 만들 수 있도록 허락해 주는 메커니즘이 필요하다.

이것을 하는 가장 흔한 방법은 행동과 신호와 기다림을 대표하는 간단한 텍스트 파일을 사용하는 것이다. 13장의 13.3절에서 텍스트 파일을 읽고 해석하는 기능을 가진 파서parser를 어떻게 만드는지에 대한 고급 정보를 줬다. 대신에 몇몇 회사에서는 시각적인 요소가 없는 스크립트를 만들기 위해 디자이너에게 시각적인 도구를 사용하는 것을 허락한다. 12장에서 기업에 소속된 AI 편집자가 게임을 생산할 때 사용하는 도구들에 대한 많은 정보를 제공한다.

군사적 전술에 대한 6.4.4절의 내용은 실제 게임 시나리오 작업에 사용되는 협동 행동에 대한 스크립트의 예를 포함하고 있다.

6.4.4 군사적 전술

지금까지 전술적, 전략적 AI를 구현하기 위한 보편적인 방법들을 알아봤다. 대부분의 기술적인 요구 사항들은 이 책 전체에 산재해 있는 상식 수준의 활용 기술을 사용해 충족시킬 수 있다. 여기에 특별한 전술적 추론 알고리듬을 더한다. 이것은 그룹 단위의 캐릭터가 대면하는 전체 상황에 대해 더 나은 아이디어를 제공한다.

게임을 개발할 때 행동을 지원하는 기술뿐만이 아니라 행동에 들어가는 내용을 지원하는 기술도 필요하다. 비록 이것이 게임 장르와 캐릭터가 구현되는 방식에 따라 굉장히 다양해지겠지만 군사 유닛의 전술적 행동을 위해 필요한 사용 가능한 자원이 있다.

특히 미국 군대와 NATO 군대에 사용되는 특정한 전술에 대해 자유롭게 사용 가능한 정보가 많이 있다. 이 정보는 정규군을 훈련시키는 매뉴얼로 구성돼 있다.

미군의 훈련 매뉴얼은 중세 전투부터 제2차 세계대전뿐만 아니라 미래 공상 전쟁까지 다양한 장르의 전술을 구현할 때 사용될 수 있는 중요한 자원이다. 이 자원에는 다양한 목적을 달성할 때 필요한 순차적인 사건에 대한 정보를 담고 있다. 이 정보는 시가전, 정글에서의 이동, 중화기와의 교전, 건물과 방에서의 교전, 방어 기지 건설을 포함하고 있다.

이런 종류의 정보가 다층 AI나 창발적 AI보다는 협동 스크립트 방법이 더 어울린다는 사실을 발견했다. 스크립트 집합은 개개 작업의 단계를 표현하도록 창조될 수 있다. 그리고 스크립트 집합은 하위 레벨 이벤트를 조화시켜 고급 레벨 스크립트로 만들 수 있다. 스크립트 행동에는 스크립트가 실행되는 동안 행동을 알아볼 수 있게끔 유지하도록 피드백을 줄 필요가 있다. 최종 결과는 약간 기묘하게 보일 수 있다. 캐릭터들은 목표를 달성하기 위해 물 흐르듯 원활하게 협동하면서 움직이고 복잡한 일련의 행동을 일사불란하게 수행하는 것을 보게 될 것이다.

예로 들었던 스크립트와 같은 종류의 것들은 보통의 상황에 필요하다. 지금부터는 실내에서의 분대 기반 총 싸움 게임의 구현에 대해 알아보자.

사례 연구: 공격팀이 집을 점령하기

테러리스트를 제압하는 것이 전문인 특수 부대의 AI 분대를 구현하는 게임에 대해 알아보자. 이 분대의 목표는 집을 재빠르게 점령하고, 매복하고 있는 적을 제압해 위협을 제거하도록 최대한 재빠르고 격렬하게 공격한다. 이 시뮬레이션에서 사람 플레이어는 분대의 구성원이 아니라 여러 분대원의 행동을 스케줄링하고 제어하는 역할을 한다.

이 내용에 관해서는 U.S Army Field Manual 3-06.11 Combined Arms Operations in Urban Terrain[72] 매뉴얼이 출처임을 밝힌다. 이 매뉴얼은 통로를 따라 이동하기, 방을 점령하기, 교차로를 건너가기, 실내에서의 교전 방법에 대한 순차적인 그림을 포함하고 있다.

그림 6.29에서는 방을 점령하기에 대한 순차적인 그림이 나온다. 첫째, 문 앞에 대형을 이뤄 모인다. 둘째, 수류탄을 방 안으로 던진다(민간인이 방 안에 포함돼 있다면 섬광 수류탄을 던진다). 첫 번째 병사가 방 안으로 진입하고 벽 쪽으로 이동해 코너 측의 위치를 차지해 지원한다. 두 번째 병사도 마찬가지로 코너를 차지한다. 나머지 병사들은 방 중앙 쪽으로 직접 진입한다. 각 병사는 이동할 때마다 적을 발견하는 즉시 발포한다.

이 게임은 4개의 스크립트를 사용한다.

- 문 밖의 장소로 이동하기
- 수류탄 투척하기
- 방의 코너로 진입하기
- 문 안으로 공격 들어가기

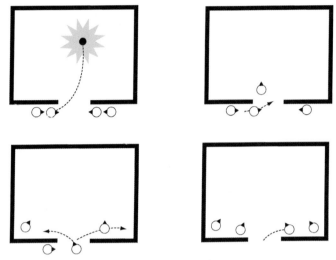

그림 6.29 방 점령하기

최상위 스크립트는 이러한 행동을 순차적으로 조직화시킨다. 이 스크립트는 먼저 2개의 코너를 계산할 필요가 있다. 이 두 코너는 문에서 가장 가까운 두 코너인데 문에서 너무 가까운 코너는 방어 요소가 부족해 제외된다. 게임의 구현 단계에서는 웨이포인트 전술 시스템을 사용해 이미 방 안의 모든 코너가 인식이 돼 있다.

이런 방법으로 가까운 코너를 판단하는 것은 그림 6.30에 나오는 다른 형태의 방에서도 같은 스크립트를 사용하도록 허용해 준다.

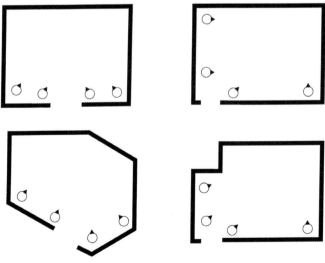

그림 6.30 다른 형태의 방들

앞에서 살펴본 '신호'와 '기다림' 함수를 사용한 스크립트 사이의 상호작용은 수류탄이 폭발할 때까지 기다리게 해주고, 교전 상태를 유지하면서 지정된 순서로 목표 장소로 이동하게 해준다.

분대원이 2명이거나 3명일 경우에는 위와 다른 최상위 스크립트가 사용된다. 하지만 하위 레벨의 스크립트는 동일하게 사용된다. 분대원이 3명일 경우의 스크립트는 2명이 코너를 점령할 동안 오직 1명만 문 쪽에 남겨진다. 분대원이 2명일 경우의 스크립트는 오직 코너만 점령되고 문 쪽에는 아무도 없다.

연습 문제

6.1 그림 6.31 지도의 전술적 장소에는 유형이 적혀 있지 않다.

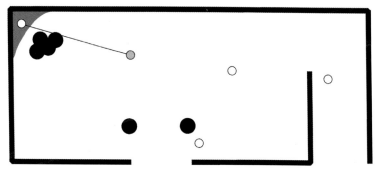

그림 6.31 게임 레벨의 전술적 장소들

어떤 장소가 숨기 장소이고, 어떤 장소가 노출된 장소이고, 어떤 장소가 좋은 매복장소인지 등을 표시해 보자.

6.2 549페이지에서 제시하고 있는 것은 웨이포인트 값을 유형의 정도 값으로 간주하고 있다. 대신에 이 값을 확률로 해석해 보자. 그다음에는 숨기와 좋은 시야의 값을 각각 독립인 것으로 가정해 보자. 그렇다면 어떤 장소가 좋은 저격 장소가 될 가능성이 높은가?

6.3 그림 6.32는 숨기 장소를 포함하는 지도다.

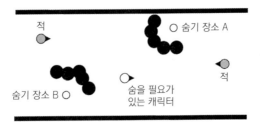
그림 6.32 게임 레벨의 숨기 장소들

각 적으로부터의 시야선 테스트를 후처리^post-processing해 나온 결괏값과 숨기 장소를 선행 판단한 것과 비교해 보자.

6.4 그림 6.6에 나오는 결정 트리와 유사한 행동을 보여 주는 상태 기계를 디자인해 보자.

6.5 연습 문제 6.3의 그림에서 나오는 2개의 숨기 장소의 숨기의 질을 실행 시간^runtime에 구해 보라. 왜 숨기 장소 B를 랜덤 오프셋을 주고 테스트하는 것이 더 신뢰성이 있을까?

6.6 그림 6.9의 웨이포인트의 값이 A가 1.7, B가 2.3, C가 1.1이라고 가정해 보자. 압축 알고리듬을 적용할 때의 결과는 무엇일까? 이 결과가 바람직한가?

6.7 다음의 컨볼루션 필터를 6.2.7절에 나오는 3×3 부분에 계산해 보자.

$$M = \frac{1}{9} \begin{bmatrix} 1 & 1 & 1 \\ 1 & 1 & 1 \\ 1 & 1 & 1 \end{bmatrix}$$

이 필터가 하는 역할은 무엇인가? 이 필터는 유용한가? 모서리 부분에서 나타날 수 있는 문제는 무엇이고, 이 문제를 어떻게 해결할 수 있을까?

6.8 그림 6.33의 군사 유닛 배치에 대한 영향력 지도를 계산하기 위해 선형 영향력 감소 함수를 사용해 보자.

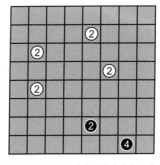
그림 6.33 그리드 기반 레벨에서의 군사력

만약 이 문제를 손수 풀고 있다면 쉽게 하기 위해 맨해튼 거리^{Manhattan distance}를 사용해서 계산하자. 그리고 최대 영향력의 반경을 4로 가정한다. 만약 코드를 작성하고 있다면 거리에 따라 다른 세팅(영향력 감소 함수, 최대 반경)을 해 실험해 보자.

6.9 안전한 장소를 결정하기 위해 8번 문제에서의 영향력 지도를 사용하자. 경계 지역 중에서 어떤 장소가 검은색이 공격하려고 하는 장소인지 알아보자.

6.10 연습 문제 6.9에서 경계 지역들의 안전한 정도만을 계산할 수 있었다면 유닛 중에 무시할 수 있는 유닛이 무엇이었고 왜 그랬는지를 설명해 보자.

6.11 연습 문제 6.9를 변형해 흰색은 힘의 크기가 2인 검은색 유닛에 대해서는 모른다는 가정하에 흰색의 관점에서 안전한 정도를 계산해 보자.

6.12 연습 문제 6.11에서 계산된 값을 사용해 흰색이 오른쪽에서 왼쪽으로 아래쪽을 따라 공격을 개시한다고 가정해 보자. 그렇다면 어떻게 파편 지도가 모르고 있던 적 유닛의 존재를 알려 주도록 도와줄 수 있을까?

6.13 만약 연습 문제 6.11에서 흰색이 잘못된 정보를 갖고 있다는 사실을 검은색이 알았다면 어떻게 이 점을 검은색이 이용할 수 있을까? 특별히 장소의 숨기의 수치를 계산해 보자. 숨기 수치가 높은 장소는 들키지 않을 가능성을 높여 준다. 장소의 실제 안전한 정도도 계산해 보고, 적의 관점에서의 안전한 정도(틀린 것이지만)를 계산해 보자. 이 세 가지 계산을 통해 숨겨진 유닛의 배치를 제일 좋게 하도록 고안해 보자.

6.14 연습 문제 6.8의 지도를 사용해 6.2.7절의 도입부에 있는 3×3 컨볼루션 필터를 사용하고 영향력 지도를 계산하자. 이 문제를 풀기 위해 컴퓨터를 사용해도 된다.

학습   7장

학습^{learning}은 게임에서 인기 있는 주제다. 원칙적으로 학습 AI는 기술을 학습하고 끊임없이 도전하면서 각 플레이어에게 적응할 잠재력을 갖고 있으며 좀 더 믿을 수 있는 캐릭터를 만들어 낼 수 있다. 또한 학습은 게임에 특화된 AI에 필요한 노력을 줄여 주는 잠재 능력도 갖고 있다. 즉 캐릭터는 그들의 환경과 전술적 선택 사항에 대해 학습할 수 있어야 한다.

하지만 실제로 이러한 요구 사항들을 충족시키지 못하고, 시도해 보는 것조차 쉽지 않다. 학습을 여러분의 게임에 적용하려면 신중한 계획과 함정 요소를 잘 이해하는 것이 필요하다. 학습에 대한 과한 기대는 현실을 잘 반영하지 못하고 있지만, 기술의 양면성을 이해하고 있고 현실에서 적용할 수 있는 방법을 알고 있다면, 게임에서 학습의 장점을 이용하지 못할 이유는 없다.

아주 간단한 숫자를 다루는 것부터 복잡한 신경망을 사용하는 것까지 다양한 범위의 학습 기술이 있다. 지난 몇 년 동안 대부분의 관심은 딥러닝^{deep learning}에 집중돼 왔지만, 다른 많은 실용적인 접근법이 있다. 각 기술을 실제로 사용하기 전에 각각의 독특한 방식을 이해할 필요가 있다.

7.1 학습의 기초

학습이 언제 일어나는지, 무엇을 학습할 것인지, 학습이 캐릭터의 행동에 어떤 영향을 미칠 것인지를 근거로 여러 그룹의 기술들을 분류할 수 있다.

7.1.1 온라인, 오프라인 학습

학습은 플레이어가 플레이하고 있는 게임 도중에도 수행될 수 있다. 이것이 온라인 학습이며 캐릭터가 플레이어의 스타일에 동적으로 적응하도록 허락해 주고 끊임없는 도전을 제공한다. 플레이어의 플레이 시간이 길어질수록 플레이어의 성향은 컴퓨터에 의해 좀 더 쉽게 예측될 수 있다. 그리고 캐릭터의 행동 성향도 플레이어의 스타일을 따라가게 된다. 이것은 적들로부터 계속되는 도전을 부여받도록 할 때 사용될 수 있고 플레이어에게 게임을 즐길 때 더 많은 스토리 라인을 제공할 때 사용될 수 있다.

불행하게도, 온라인 학습도 예측 가능성과 테스트와 관련된 문제를 양산한다. 만약 게임이 계속적으로 변화하고 있다면 문제와 버그를 재현하는 것이 힘들 수 있다. 만약 적 캐릭터가 플레이어를 괴롭힐 제일 좋은 방법으로 벽을 향해 돌진하는 것을 선택했다면 이 행동을 재현하는 것은 재앙에 가깝다(최악의 경우 모든 게임의 순서를 이전과 정확하게 똑같이 반복해야 할 수도 있다). 이 문제에 대해 곧 다룰 것이다.

대부분의 학습은 오프라인으로 수행되는데 게임이 구동될 때 수행되기도 하고, 게임이 출시되기 전에 개발사에서 더 자주 수행된다. 이것은 실제 게임에 대한 데이터를 처리하면서 전략을 계산하거나 전략으로부터의 매개 변수를 계산하면서 수행되며 예측 불가능한 학습 알고리듬을 무한정 테스트할 수 있도록 한다.

게임에서 학습 알고리듬은 보통 오프라인으로 수행되며 온라인으로 수행되는 경우는 많지 않다. 최근에는 정확한 길 찾기, 이동, 물리 엔진으로 부트스트랩 상호작용과 같은 멀티플레이어 맵에서의 전술적 특성을 학습하기 위해 오프라인 학습 사용이 점차 증가하고 있다.

게임 레벨 사이의 학습은 오프라인 학습이 적용된다. 왜냐하면 캐릭터가 실행되고 있을 때는 학습되지 않기 때문이다. 그러나 이것은 온라인 학습처럼 불리한 점이 많다. 이것을 짧게 유지할 필요가 있다(계층에 대한 로딩 시간은 보통의 경우 제작사나 콘솔 제작자의 허용 기준에 속한다). 버그를 수십 번 게임 플레이하지 않고도 재구현할 수 있어야 한다. 게임으로부터 얻은 데이터가 적합한 형식으로 쉽게 사용 가능하도록 만들 필요가 있다(예를 들어 거대한 로그 파일로부터 데이터를 꺼내기 위해 긴 후처리$^{post-processing}$ 과정을 사용할 수 없다).

7장에서 다룰 기법 대부분은 오프라인과 온라인 양쪽에 모두 적용 가능하다. 온라인에 적용된다면 이후에 학습으로 취득할 데이터는 게임으로부터 생성된 것처럼 제공될 것이다. 오프라인에 적용된다면 미리 저장된 데이터가 나중에 사용될 것이다.

7.1.2 내부 행동 학습

가장 간단한 종류의 학습은 작은 지역에서의 캐릭터 행동을 바꾸는 것이다. 이것은 행동의 전부를 바꾸지 않고 약간 바꾼다. 이런 내부 행동 학습은 쉽게 컨트롤되고 쉽게 테스트된다.

정확한 물리 모델에 의해 포탄의 표적을 구하는 것의 학습, 지형에서 최적의 순찰 루트를 학습, 방 안에서 최적의 지원 장소를 학습, 도망가는 적을 성공적으로 쫓는 방법을 학습하는 것들이 내부 행동 학습의 예다. 7장의 학습 예 대부분은 내부 행동 학습의 예가 될 것이다.

내부 행동 학습 알고리듬은 캐릭터가 뭔가 특별하게 행동할 필요가 있을 때는 도움이 되지 못한다. 예를 들어 만약 캐릭터가 달리기와 점프를 학습해 높은 선반에 도달하려고 노력하고 있다면 캐릭터에게 계단을 사용해 보라고 권유하지 못한다.

7.1.3 상호 행동 학습

게임에서 학습 AI는 곧 행동을 배우는 것이다. 내가 말하는 행동이라는 것의 의미는 질적으로 다른 모드^{mode}의 행동이다. 예를 들어 적을 잘 죽이는 방법을 학습하는 캐릭터에게 매복하고 있으라고 할 수 있다. 아니면 도망가는 오토바이를 막기 위해 거리에 줄을 걸어서 막으라는 행동을 학습할 수 있다. 실수로부터 게임에서 어떻게 행동해야 할지를 학습한 캐릭터는 심지어 최고수의 사람 플레이어에게도 무서운 적이 될 수 있다.

불행하게도, 이런 종류의 AI는 순전히 판타지일 뿐이다.

횟수를 거듭하면 온라인이든지 오프라인이든지 점차 많은 양의 캐릭터 행동이 학습될 것이다. 이들 중 일부는 여러 범위의 행동 중에서 어떤 것을 선택할지 배우는 것일 수 있다(그렇지만 기본적인 행동들은 개발자에 의해 정해질 필요가 있다). 모든 것을 학습하는 것이 경제적인가 하는 것에는 의문이 많다. 기본적인 이동 시스템, 의사결정 도구, 가능한 행동의 집합, 고급 의사결정 등은 직접적으로 구현하기가 쉽고 빠르며 상호 행동 학습으로 매개 변수를 변경할 수 있다.

학습 AI에서 미개척 분야에 있는 것은 의사결정이다. 개발자들은 학습 시스템에서 5장에서 다룬 기술을 대체하려고 많은 실험을 하고 있다. 고정된 행동의 집합 내에서 의사결정을 하는 것은 단지 상호 행동 학습의 한 종류일 뿐이고, 7장에서 다룰 것이다.

7.1.4 주의 사항

현실에서는 학습이 여러분이 생각하는 만큼 광범위하게 사용되지 않는다. 그 이유 중의 하나는 학습 기술의 복잡도가 높기 때문이다(최소한 길 찾기와 이동 알고리듬보다는 복잡하다). 그러나 게임 개발자들은 더 복잡한 기술들도 항상 정복해 왔다. 특히 기하 관리 알고리듬을 개발할 때 그랬다. 학습에서 가장 큰 문제는 재현 가능성과 관련된 문제와 질적인 측면을 컨트롤하는 문제다.

게임이 여러 시간 동안 진행되는 동안 적 캐릭터가 환경과 사람 플레이어의 행동에 대해 학습하는 게임을 상상해 보자. 어떤 지형에서 플레이하고 있는 동안에 게임 테스트하는 사람들^{QA}은 적의 한 그룹이 움직이지 않으면서 동굴 안에 갇혀 있는 것을 알아챘다. 이런 일은 그들이 학습한 특정한 집합의 내용 때문에 일어난다. 이런 경우에 버그를 발견해서 고치고 다시 테스트하는 것은 똑같은 학습 경험을 재현하는 것과 관련이 있는데 이를 재현하는 것은 거의 불가능하다.

이런 종류의 예측 불가능성은 게임 캐릭터의 학습 능력을 제한한다는 이유로 종종 언급된다. 회사들은 상용 학습 AI를 개발할 때 AI 학습이 잘못 배우는 것을 피하는 것이 불가능하다는 점을 종종 발견한다.

학습에 대해 꾸며 낸 기사들을 읽어 보면, 종종 학습에 대한 잠재력을 드라마틱한 시나리오를 사용해 최대한 포장해 보여 준다. 스스로에게 물어보자. 만약 캐릭터가 이런 드라마틱한 행동의 변화를 학습한다면 그 캐릭터는 드라마틱하게 엉망인 행동도 배울 수 있다. 이것이 학습의 결과라고 하더라도 최악의 게임 플레이 경험을 준다면 여러분은 이것을 사용할 수가 없다. 학습이 더 유연해질수록 게임 플레이할 때 컨트롤하기 힘들어질 것이다.

이 문제에 대한 일반적인 해결책은 게임에서 학습할 수 있는 것을 제한하는 것이다. 예를 들어 처리할 수 있는 범위에 한해 특정한 학습 시스템을 제한하는 것이다. 이 학습 시스템은 커버가 올바르게 보이는지 확인함으로써 테스트될 수 있으며 쉽게 시각화 및 확인될 수 있다.

이런 모듈화된 방법에서는 다양한 학습 시스템이 적용되는 것을 막을 필요가 없다(하나는 범위를 정하고 다른 것은 정확한 타깃을 학습하는 식으로 하면 된다). 단지 이것들이 서로 조잡하게 상호 작용하지 않도록 예의 주시할 필요가 있다. 예를 들어 범위를 정하는 AI가 범위를 우연히 두드려 맞추는 것과 동일한 방법으로 타깃을 학습하는 AI도 두드려 맞출 수 있다.

7.1.5 과도한 학습

AI 학습에서 흔하게 발견되는 문제는 과적합이나 과도한 학습이다. 이것은 학습 알고리듬이 많은 경험을 쌓고 배우면 이런 문제에만 반응하도록 학습할지도 모른다는 것을 의미한다. 우리는 학습 AI가 적당히 제한된 횟수의 경험으로부터 일반화돼 다양하고 새로운 상황을 대처할 수 있는 능력을 키우기를 원한다.

알고리듬마다 과적합 문제에 있어서 다른 취약성을 갖고 있다. 신경망 네트워크는 매개 변수를 잘못 정했거나 네트워크가 너무 방대해 쉽게 학습하기 힘들 경우에 특히 과적합될 수 있다. 이후에 각각의 알고리듬을 배워 보면서 이러한 이슈들에 대해 알아 보겠다.

7.1.6 다양한 종류의 학습 알고리듬

7장에서는 점진적으로 복잡성과 정확도가 증가하는 학습 알고리듬에 대해 알아볼 것이다. 7.2절에서 배울 다양한 매개 변수 조정 기술 같은 대부분의 기본 알고리듬은 종종 생각만큼 학습이 잘 안 된다.

다른 한편으로 강화 학습과 신경망 네트워크가 있는데 이 두 분야 모두 현재 활발하게 연구되고 있는 분야로, 나중에 다룰 것이다. 여기서 이 두 기술의 빙산의 일각에 불과한 부분밖에 다루지 못할 테지만 알고리듬을 실행할 수 있을 정도로 충분히 설명할 것이다. 더 중요한 것은 이러한 기술이 대부분의 게임에서 그다지 유용하게 사용되지 못할 것이라는 점이다.

7.1.7 노력의 균형

학습 알고리듬에서 기억해야 할 가장 중요한 것은 노력의 균형이다. 학습 알고리듬은 여러분이 구현 작업을 덜해도 되기 때문에 매력적이다. 모든 만일의 사태를 예상할 필요도 없고, 캐릭터 AI를 특출나게 잘 만들 필요도 없다. 대신, 보편적인 목적의 학습 도구를 만들고 문제에 정말로 교묘한 해답을 찾도록 허락할 수 있다. 노력의 균형은 학습 알고리듬을 사용해 결과를 얻기 위해 들어간 노력이 학습 알고리듬을 사용하지 않고 들인 노력보다 적어야 한다는 것을 말한다.

불행하게도, 이것은 거의 불가능하다. 학습 알고리듬을 만드는 것은 엄청나게 손이 많이 가는 일이 될 수 있다. 즉 적절한 방법으로 데이터가 입력돼야 하고, 적절한 결과가 나오는지를 확인해야 하고, 잘못된 것을 학습하지 않도록 테스트하는 작업을 해야 한다.

학습에 있어서 노력의 균형을 신중하게 고려할 것을 개발자들에게 조언한다. 만약 사람들에게 있어 기술을 구현하기가 힘들고 해결하기도 힘들면 컴퓨터에게도 마찬가지로 까다로울 수 있다. 만약 사람이 차를 운전하고 코너를 돌 때 타이어 접지력의 한계점을 넘지 않는 법을 배우지 못한다면 컴퓨터도 역시 학습 알고리듬을 사용해 쉽게 배우기가 어려울 것이다. 즉 원하는 결과를 얻기 위해서는 많은 추가 작업을 수행해야 한다.

7.2 매개 변수 수정

가장 간단한 학습 알고리듬은 하나 이상의 매개 변수의 값을 계산하는 종류의 것이다. 숫자로 된 매개 변수는 AI 개발에 두루 사용된다. 스티어링 계산, 길 찾기 비용 함수, 전술적 관심사에 대한 가중치 계산, 의사결정에서의 확률 등등의 많은 영역에서 마법의 숫자[magic number]가 사용된다.

이런 값들은 캐릭터의 행동에 많은 효과를 줄 수 있다. 예를 들어 의사결정 확률에서 작은 변화를 주면 AI가 매우 다른 플레이 스타일로 변모할 수 있다.

이러한 매개 변수는 학습에 사용하기 좋은 후보다. 대부분의 경우 매개 변수 작업은 오프라인으로 수행되지만 때때로 온라인으로 수행될 수도 있다.

7.2.1 매개 변수 지형

매개 변수 학습을 이해하는 흔한 방법은 '적합도 지형' 또는 '에너지 지형'이라고 불리는 것이다. 지역을 특정화하는 것으로 매개 변수 값이 사용되는 것을 가정해 보자. 단독 매개 변수는 곡선을 따라가는 어딘가의 장소다. 2개의 매개 변수는 평야에 있는 장소다.

각 장소마다(예를 들어 매개 변수의 각 값마다) 어떤 에너지 값이 있다. 이 에너지 값(어떤 학습 기술에서는 적합도라고 부른다)은 얼마나 매개 변수가 게임에 좋은 값을 갖고 있는지 표현한다. 이것을 점수처럼 생각해도 된다.

그림 7.1을 보면 에너지 값이 매개 변수 값에 대응되는 그래프를 볼 수 있다.

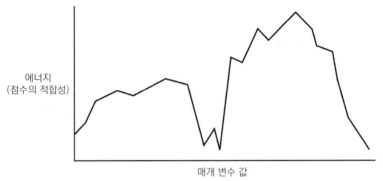

그림 7.1 에너지 지형의 일차원 문제

그래프가 지형을 반영해 주름 잡힌 성질을 갖고 있기에 많은 문제가 있다. 특히 2개의 매개 변수를 최적화해야 될 때 문제가 있다(즉 삼차원 구조를 만들어야 한다). 이런 이유로 이것을 보통 에너지 지형이나 적합도 지형이라 부른다.

매개 변수 학습 시스템의 목표는 매개 변수의 최적의 값을 찾는 것이다. 에너지 지형 모델은 보통 낮은 에너지 값이 더 좋은 것으로 가정한다. 따라서 지형에서 계곡을 찾으려고 노력한다. 적합도 지형은 보통 반대다. 이 경우에는 최대점을 찾으려고 노력한다.

에너지 지형과 적합도 지형의 차이점은 단지 용어상의 차이일 뿐이다. 같은 기술이 두 지형에 모두 적용된다. 단지 최대점(적합도)과 최소점(에너지)을 구하는 것을 바꿀 뿐이다. 종종 다른 기술이 다른 용어를 선호한다는 것을 알게 될 것이다. 예를 들어 이 절에서 언덕 오르기 적합도 지형의 측면에서 논의될 것이고, 담금질^{annealing}이 에너지 지형의 측면에서 논의될 것이다.

에너지와 적합도

에너지와 적합도는 함수나 수식으로 생성되는 것이 가능하다. 만약 수식이 단순한 수학적 수식이면 이것을 미분할 수 있을 것이다. 수식이 미분 가능하면 최적의 값은 확실하게 발견될 수 있다. 이런 경우에는 매개 변수 최적화가 필요 없고 쉽게 최적 값을 찾고 사용할 수 있다.

하지만 대부분의 경우에는 미분 가능하지 않다. 적절한 매개 변수 값을 찾는 유일한 방법은 게임이 실행되고 있을 때 제대로 작동되고 있는지 살펴보는 방법뿐이다. 이런 경우에는 매개 변수의 성능을 점검하고 적합도나 에너지 값을 매기는 코드를 삽입할 필요가 있다. 이 절의 기술들은 모두 이런 출력 값에 의존한다.

예를 들어 만약 의사결정 확률에 정확한 매개 변수를 생성하려고 노력하고 있다면 캐릭터에게 여러 게임을 플레이시키고 어떤 점수를 획득하는지 보려고 할 것이다. 적합도가 점수가 될 것이고 높은 점수를 획득하면 좋은 결과를 의미한다.

각각의 기술에서 시도해 볼 필요가 있는 몇 가지 다른 매개 변수들을 살펴볼 것이다. 만약 각 게임의 한 세트가 5분으로 주어져 있다면 학습이 너무 오래 걸릴 수 있다. 한 집합의 매개 변수의 값을 재빠르게 판단하는 메커니즘이 존재해야 한다. 예를 들어 화면을 렌더링하지 않고 다른 속도로 여러 번 실행하는 것을 허용할 수도 있다. 또는 게임을 실행하지 않고 않고도 특정 평가 기준에 기초해 값을 생성하는 발견적 방법을 사용할 수도 있다. 게임을 실행하지 않고 확인할 수 있는 방법이 없다면 7장에서 나오는 기술들은 쓸모가 없어질 가능성이 높다.

에너지와 적합도가 시간에 걸쳐 변화하거나 어느 정도의 추측을 포함하는 것을 막을 수는 없다. 종종 AI의 성능은 플레이어가 무엇을 하는가에 달려 있는데 온라인 학습에서 이러한 점이 우리가 원하는 것이다. 최적의 매개 변수 값은 플레이어가 게임에서 다르게 행동함에 따라 변화할 것이다. 이 절에 있는 알고리듬들은 불확실하고 변화하는 적합도나 에너지 값에 잘 대처한다.

모든 경우에 매개 변수 값들을 입력 값으로 넣고 이에 대한 적합도나 에너지 값을 출력 값으로 도출하는 함수가 있다고 가정할 것이다. 이것은 발견적 방법을 사용한 빠른 과정일 수도 있고, 게임을 구동하면서 테스트하는 것일 수도 있다. 매개 변수 변경을 위한 이러한 알고리듬들은 블랙박스로 간주될 수 있다.

7.2.2 언덕 오르기

처음에는 최적의 매개 변수 값을 추정해서 설정한다. 이 값은 완전히 무작위로 설정되는데 프로그래머의 직관에 의존할 수도 있고 이전에 알고리듬을 실행했을 때 결괏값일 수도 있다. 이 매개 변수는 점수를 얻기 위해 계산된다.

그다음에 알고리듬은 점수를 향상시키기 위해 어떤 방향으로 진행할지를 판단하면서 매개 변수의 값을 변화한다. 이것은 각 매개 변수마다 인접한 값을 관찰하면서 수행된다. 다른 것들은 고정하면서 각각의 매개 변수를 차례로 변화시키면서 점수를 계산한다. 만약 점수가 한 방향이나 여러 방향으로 증가한다면 알고리듬은 가장 가파른 기울기로 등반한다. 그림 7.2는 적합도 지형상에서 언덕 오르기 알고리듬을 보여 준다.

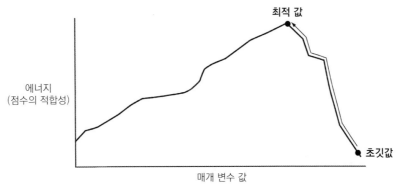

그림 7.2 적합도 지형을 오르는 언덕 오르기

매개 변수가 하나인 경우에는 2개의 이웃 값이면 충분하다. 비록 더 많은 샘플이 더 나은 결과를 가져오더라도 실행 시간이 증가하기 때문에 2개의 매개 변수에는 4개의 샘플만 사용된다.

언덕 오르기는 매우 간단한 매개 변수 최적화 기술이다. 실행 속도가 빠르고 종종 매우 좋은 결과를 얻는다.

의사 코드

알고리듬의 한 단계는 다음과 같이 구현될 수 있다.

```
1  function optimizeParameters(parameters: float[], func) -> float[]:
2      # 현재로서의 최적의 매개 변수를 적는다.
3      bestParameterIndex: int = -1
```

```
 4      bestTweak: float = 0

 5

 6      # 초깃값이 현재 매개 변수의 최적의 값이고,

 7      # 좋지 않은 값은 손대지 않는다.

 8      bestValue: float = func(parameters)

 9

10      # 각 매개 변수마다 반복문을 실행힌다.

11      for i in 0..parameters.size():

12          # 현재의 매개 변수 값을 저장한다.

13          currentParameter: float = parameters[i].value

14

15          # 위아래로 수정한다.

16          for tweak in [-STEP, STEP]:

17              # 수정한 값을 저장한다.

18              parameters[i].value += tweak

19

20              # 함수의 결괏값을 취한다.

21              value: float = func(parameters[i])

22

23              # 최적의 값인지 판단한다.

24              if value > bestValue:

25                  # 저장한다.

26                  bestValue = value

27                  bestParameterIndex = i

28                  bestTweak = tweak

29

30              # 매개 변수의 값을 이전 값으로 돌린다.

31              parameters[i].value = currentParameter

32

33      # 모든 매개 변수 값을 실행했고,

34      # 좋은 집합을 발견했는지 체크한다.

35      if bestParameterIndex >= 0:

36          # 매개 변수 값을 최종적으로 교체한다.

37          parameters[bestParameterIndex] += bestTweak

38

39      # 더 나은 집합의 값을 발견했다면 수정된 매개 변수 값을 반환하고,

40      # 그렇지 않다면 다른 것을 시작한다.

41      return parameters
```

이 함수의 STEP 상수는 각각의 수정 항목의 크기를 말한다. 이것을 배열로 대체할 수 있는데 이 배열은 매개 변수들이 다른 스텝step 사이즈를 갖고 있을 때 유용하다.

678

optimizeParameters 함수는 언덕 오르기 알고리듬을 연달아 수행하기 위해 여러 번 호출될 수 있다. 각 반복마다 이전 optimizeParameters 결과를 매개 변수의 초깃값으로 사용한다.

```
1   function hillClimb(initial: float[], steps: int, func) -> float[]:
2     # 매개 변수 초깃값을 설정한다.
3     parameters: float[] = initial
4
5     # 매개 변수 초깃값에 들어갈 만한 값을 찾는다.
6     value: float = func(parameters)
7
8     # steps 횟수만큼 반복문을 실행한다.
9     for i in 0..steps:
10      # 새로운 매개 변수 값을 설정한다.
11      newParameters: float[] = optimizeParameters(parameters, func)
12
13      # 새로운 값을 구한다.
14      newValue: float = func(newParameters)
15
16      # 개선할 만한 값을 찾지 못하면 중단한다.
17      if newValue <= value:
18        break
19
20      # 다음 반복을 위한 new value를 저장한다.
21      value = newValue
22      parameters = newParameters
23
24    # 반복을 끝냈거나 개선하지 못거나 둘 중 하나다.
25    return parameters
```

자료 구조 및 인터페이스

매개 변수 리스트는 size 메서드의 개수만큼 요소들을 갖고 있다. 이것 외에는 특별한 인터페이스나 자료 구조가 필요 없다.

구현 노트

위에 있는 구현에서는 드라이버와 최적화 함수 내부에 중복된 매개 변수 집합을 만들어서 함수를 평가했다. 이것은 낭비가 심하다. 특히 평가 함수가 복잡하거나 시간이 오래 걸릴수록 심하다.

캐시를 사용하거나(평가 함수가 다시 호출됐을 때 중복으로 계산하지 않도록), optimizeParameters에서 매개 변수와 값을 동시에 처리해 같은 값이 공유될 수 있도록 해야 한다.

성능

각 반복마다 알고리듬은 $O(n)$시간이 걸리고 여기서 n은 매개 변수의 수다. 메모리 소모량은 $O(1)$이다. 반복의 횟수는 steps 매개 변수에 의해 제어된다. 만약 steps 매개 변수가 충분히 많다면 알고리듬은 해답을 발견할 때 결괏값을 반환할 것이다(즉 더 이상 개선될 수 없는 매개 변수의 집합을 가진다).

7.2.3 기본적인 언덕 오르기 확장하기

앞쪽에서 다룬 언덕 오르기 알고리듬은 매우 풀기 쉽다. 최대 꼭지점을 향해 단조롭게 증가하는 그림을 가졌다. 언덕을 따라 올라가면 언제나 최대점에 도달할 수 있다. 그림 7.3에 나오는 적합도 지형은 더 복잡하다. 언덕 오르기 알고리듬으로 최적의 매개 변수 값은 절대 발견될 수 없다. 최대 꼭지점에 도달하기 전에 작은 꼭지점에 막혀 버리기 때문이다.

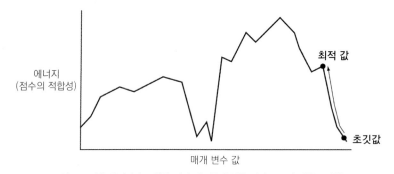

그림 7.3 작은 꼭지점이 포함된 전혀 단조롭지 않은 언덕 오르기 적합도 지형

이 작은 꼭지점은 지역적인 최댓값(극댓값)이라고 불린다(에너지 지형을 사용한다면 지역적인 최솟값(극솟값)이라고 불린다). 지역적인 꼭지점이 많이 존재할수록 알고리듬을 해결하기 힘들어진다. 최악의 경우에는 모든 적합도가 랜덤으로 분포돼 인접한 값과 전혀 상관 관계가 없을 수 있다. 이것은 그림 7.4에서 볼 수 있고, 문제를 해결할 구조적으로 탐색 가능한 메커니즘이 존재하지 않는다.

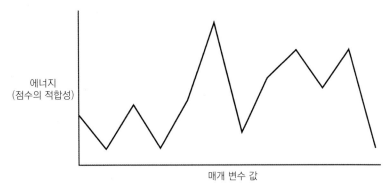

그림 7.4 랜덤 적합도 지형

기본적인 언덕 오르기 알고리듬은 극대점이 존재할 때 사용될 수 있는 여러 확장이 존재한다. 확장들은 완벽한 해결책을 제시해 주지는 않으며 지형이 무작위에 가깝다면 작동하지 않을 것이다. 하지만 문제가 최적 상태에 빠지지 않는다면 도움이 될 수도 있다.

관성

그림 7.3과 비슷한 경우에는 관성^{momentum}을 사용함으로써 문제를 해결할 수 있다. 만약 탐색으로 인해 지속적으로 한 방향을 향해 개선된다면 개선이 중단되더라도 일단 조금 더 진행해 본다.

이것은 관성 수식을 사용해 구현될 수 있다. 만약 언덕 오르기가 한 방향을 향해 움직인다면, 그 단계에 달성되는 개선 점수를 계속해서 기록해 놓는다. 같은 방향으로 계속 진행하기 위해 다음 단계에서는 개선 점수의 일부분을 더한다. 그리고 알고리듬에 계속 같은 방향으로 진행되도록 편향성을 준다.

이 방법은 의도적으로 목표를 과도하게 탐색하고 지속적으로 악화되는 것을 판단하는 단계를 여럿 거친 다음 방향을 거꾸로 돌린다. 그림 7.5는 언덕 오르기 알고리듬에서 관성을 사용한 것을 보여 준다. 최적의 매개 변수에 도달하기 위해 더 오래 걸렸다는 점에 주목할 수 있겠지만 가장 큰 꼭지점에 의해 쉽게 막히지 않는다.

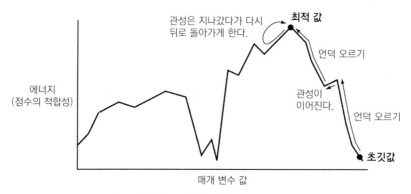

그림 7.5 전혀 단조롭지 않은 적합도 지형에서의 관성

적응형 해상도

지금까지 매개 변수가 알고리듬의 각 단계에서 동일한 양만큼 변화된다고 가정해 왔다. 매개 변수가 최적의 값으로부터 너무 멀리 있을 때 작은 단계들을 가진다는 것은 학습이 느리다는 것을 의미한다(게임을 플레이하면서 AI가 점수를 생성하는 동안에 특히 심하다). 반면에 단계들이 크다면 최적화는 항상 과다하게 탐색하게 되고 절대로 최적의 값에 도달하지 못하게 될 수도 있다.

적응형 해상도는 주로 탐색 초기에는 멀리 점프하고 탐색 후기에는 가까이 점프한다. 언덕 오르기 알고리듬이 성공적으로 개선을 수행하고 있는 동안에는 점프의 거리를 어느 정도씩 늘릴 것이다. 개선이 중단된다면 점프가 너무 과도하다고 가정하고 거리를 줄인다. 이 방법은 관성 수식과 결합될 수 있기도 하고 단독으로 사용되기도 한다.

다중 시도

언덕 오르기는 초기 추측에 크게 좌우된다. 초기 추측이 최적 매개 변수 값을 향하는 비탈면에 존재하지 않다면 언덕 오르기는 완전히 잘못된 방향으로 움직일 것이고 작은 꼭지점을 등반할 것이다. 그림 7.6은 이런 상황을 보여 준다.

대부분의 언덕 오르기 알고리듬은 전체 지형을 통틀어 다양하게 분포된 여러 초깃값을 사용한다. 그림 7.6에서는 세 번째 시도에서 올바른 최적값을 찾는다.

학습이 온라인으로 수행되고 AI가 갑자기 악화되는 것을 원하지 않는 사람이라면(새로운 매개 변수 값으로 다시 시도해야 하기 때문에) 다중 시도는 적합한 기술이 아니다.

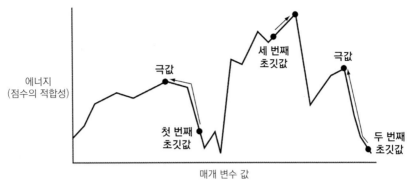

그림 7.6 언덕 오르기에서의 다중 시도

보편적인 최적값 찾기

지금까지 최적의 해답을 찾는 것을 목표로 삼았다. 이것은 의심할 여지없이 궁극적인 이상향이지만 문제에 직면한다. 최적의 해답을 알지 못한다는 것이 문제이고, 언제 해답을 발견할지도 모른다는 것도 문제다.

예를 들어 실시간 전략 게임에서 채취한 자원을 건설과 연구에 최적으로 사용되도록 노력한다고 가정해 보자. 200번쯤 테스트를 해보고 한 집합의 매개 변수를 확실히 최적으로 여긴다. 그러나 이 집합을 모든 집합 중에서 최적이라고 보장할 수 없다. 마지막 50번의 테스트가 같은 값을 결과로 도출한다고 하더라도 테스트를 추가로 했을 때 더 나은 매개 변수 집합을 발견하지 못한다고 보장할 수 없다. 갖고 있는 해답이 최적의 해답인지 아닌지 분간해 주는 함수는 존재하지 않는다.

관성, 적응형 해상도, 다중 시도와 같은 언덕 오르기의 확장들은 최적의 해답을 얻는 것을 보장해 주지 못한다. 그러나 기본 언덕 오르기 알고리듬과 비교하면 확장들은 대부분의 경우 더 나은 해답을 더 빨리 도출해 낸다. 게임 내에서 해답의 질과 시간 소모 사이에서 균형점을 찾아야 한다. 결국 게임에서는 더 이상의 시도를 멈추고 현재 갖고 있는 해답을 사용하기로 결론을 내려야 한다. 더 좋은 최적 값이 존재할 수도 있지만 말이다.

이것은 때때로 '희생'이라고 불린다. 우리는 최적의 해답을 찾기보다는 만족스러운 해답을 찾는 것으로 타협한다.

7.2.4 담금질

담금질은 뜨겁게 달궈진 금속을 천천히 식히면서 정련해 단단하게 만드는 물리적 과정이다. 온도를 급하게 낮추면 국지적인 스트레스가 발생해 약해지거나 바라지 않는 결과가 나올 수도 있다. 천천히 식히는 것은 금속으로 하여금 가장 낮은 에너지 배열을 찾도록 만든다.

매개 변수 최적화 기술에서의 담금질은 온도를 나타내는 임의의 용어를 사용한다. 처음에 뜨거울 때는 알고리듬의 행동은 랜덤이다. 시간이 지나 온도가 떨어지면 알고리듬은 좀 더 예측 가능해진다.

담금질은 보통의 언덕 오르기 알고리듬에 기초를 두고 있다. 하지만 적합도 지형보다는 에너지 지형을 사용하는 것이 관례다(이러면 언덕 오르기는 언덕 강하가 된다).

언덕 강하 알고리듬에 랜덤 성향을 가미하는 것은 여러 방법이 있다. 오리지널한 방법에서는 계산된 볼츠만 확률 계수$^{Boltzmann\ probability\ coefficient}$를 사용한다. 이것에 대해 나중에 알아볼 것이다. 그러나 간단한 매개 변수 학습 애플리케이션에서는 간단한 방법이 더 흔하게 사용된다.

직접적인 방법

언덕 오르기의 각 단계마다 현재 값의 각 이웃을 측정할 때 랜덤한 숫자가 더해진다. 이 방식으로 여전히 최적의 이웃이 선택될 가능성이 높지만, 큰 랜덤 값에 의해 과다 탐색될 가능성이 있다. 랜덤 숫자의 범위는 처음에는 크지만 시간이 가면서 줄어든다.

예를 들어 랜덤 숫자의 범위가 ±10이고, 현재 값이 0이고, 이웃 값은 20에서 39 사이의 값이다. 측정할 때마다 ±10의 범위를 가진 랜덤 숫자가 더해진다. 처음에 랜덤 숫자를 +10을 뽑고, 둘째로 −10을 뽑는 경우에만 숫자 20의 첫 번째 값을 선택받는 것이 가능하다. 대단히 다수의 경우에서 두 번째 값이 선택될 것이다.

여러 단계 후에 랜덤 숫자의 범위는 ±1이 될 것이다. 이런 경우에는 첫 번째 이웃은 절대로 선택될 수 없다. 반면에 담금질을 시작할 때는 랜덤 범위가 ±100일 수도 있는데 이런 경우에는 첫 번째 이웃이 선택될 확률이 높다.

의사 코드

이것을 직접 앞서 살펴본 언덕 오르기 알고리듬에 적용할 수 있다. optimizeParameters 함수는 annealParameters로 대체된다.

```
1   function annealParameters(parameters: float[],
2                             func,
3                             temp) -> float[]:
4
5     # 현재로서의 최적의 매개 변수를 유지한다.
6     bestParameterIndex: int = -1
7     bestTweak: float = 0
8
9     # 초기 최적값이 현재 매개 변수의 값이고,
10    # 더 좋지 않은 값에는 변화를 주지 않는다.
11    bestValue: float = func(parameters)
12
13    # 각 매개 변수마다 반복문을 실행한다.
14    for i in 0..parameters.size():
15      # 현재의 매개 변수 값을 저장한다.
16      currentParameter: float = parameters[i].value
17
18      # 위아래로 수정한다.
19      for tweak in [-STEP, STEP]:
20          # 수정한 값을 적용한다.
21          parameters[i].value += tweak
22
23          # 함수의 결괏값을 취한다.
24          value = func(parameters[i]) +
25                      randomBinomial() * temp
26
27          # 최적의 값인지를 판단한다.
28          # (지금은 언덕 강하 중인 것을 기억하라).
29          if value < bestValue:
30            # 저장한다.
31            bestValue = value
32            bestParameterIndex = i
33            bestTweak = tweak
34
35      # 매개 변수의 값을 이전 값으로 돌린다.
36      parameters[i].value = currentParameter
37
```

```
38      # 모든 매개 변수 값을 실행했고,
39      # 좋은 집합을 발견했는지 체크한다.
40      if bestParameterIndex >= 0:
41          # 매개 변수의 값을 최종적으로 교체한다.
42          parameters[bestParameterIndex] += bestTweak
43
44      # 더 나은 집합의 값을 발견했다면 수정된 매개 변수의 값을 반환하고,
45      # 그렇지 않다면 다른 것을 시작한다.
46      return parameters
```

randomBinomial() 함수는 이전의 장들에서 본 것처럼 다음과 같이 구현된다.

```
1   function randomBinomial() -> float:
2       return random() - random()
```

optimizeParameters 함수는 사용되지 않고 반드시 annealParameters를 호출해야 한다.

┃ 구현 노트

알고리듬의 중간에서 비교 연산의 방향을 바꿨다. 왜냐하면 담금질 알고리듬은 보통 에너지 지형을 기초로 작성되기 때문이다. 낮은 꼭지점 값을 찾기 위해 구현을 바꿨다.

┃ 성능

성능은 전과 같다. $O(n)$의 실행 시간을 갖고 $O(1)$의 메모리를 차지한다.

볼츠만 확률

물리적 담금질 과정에 영감을 받아서, 오리지널로 시뮬레이션된 담금질 알고리듬은 더 복잡한 랜덤 함수를 도입하는 방법을 사용했다. 이것은 약간 덜 복잡한 언덕 오르기 알고리듬에 기초를 두고 있다.

언덕 오르기 알고리듬에서는 현재 값의 모든 이웃을 측정해 어떤 이웃으로 이동하는 것이 최선인가를 알아본다. 이것은 종종 '가장 가파른 기울기' 언덕 오르기로 불리운다. 왜냐하면 이것이 최선의 결과를 가져오는 방향으로 이동하기 때문이다. 간단한 언덕 오르기 알고리듬은 더 나은 점수를 가진 첫 번째 이웃을 발견하는 즉시 단순하게 이동해 버린다. 이것은 최선의 방향이 아닐지는 몰라도 개선이기는 하다.

담금질과 이런 간단한 언덕 오르기 알고리듬을 다음과 같이 결합한다. 만약 이웃이 더 나은 점수를 가진다고 하면 평소처럼 이것을 선택한다. 만약 이웃이 안 좋은 점수를 가진다면 해당 이웃으로 이동했을 때 얻을 수 있는 에너지 ΔE를 계산한다. 이동은 $e^{-\frac{\Delta E}{T}}$에 비례한 확률로 수행된다. 여기서 T는 시뮬레이션에서의 현재 온도다. 앞에서와 같은 방법으로 T값은 프로세스가 진행됨에 따라 낮아진다.

| 의사 코드

볼츠만 최적화를 다음과 같은 방법으로 구현할 수 있다.

```
1   function boltzmannAnnealParameters(parameters, func, temp):
2     # 초깃값을 저장한다.
3     initialValue = func(parameters)
4
5     # 각 매개 변수마다 반복문을 실행한다.
6     for i in 0..parameters.size():
7       # 현재의 매개 변수 값을 저장한다.
8       currentParameter = parameters[i].value
9
10      # 위아래로 수정한다.
11      for tweak in [-STEP, STEP]:
12        # 수정한 값을 적용한다.
13        parameters[i].value += tweak
14
15        # 함수의 결괏값을 취한다.
16        value = func(parameters[i])
17
18        # 최적의 값인지를 판단한다.
19        if value < initialValue:
20          # 반환한다.
21          return parameters
22
23        # 최적이 아닐 경우 그 방향으로 이동할지 계산한다.
24        else:
25          # energy gain과 coefficient를 계산한다.
26          energyGain = value - initialValue
27          boltzmannCoe   = exp(-energyGain / temp)
28
29          # 이것을 받아들일지 랜덤으로 결정한다.
30          if random() < boltzmannCoeff:
31            # 이 방향으로 이동할 것이다. 반환한다.
32            return parameters
```

```
33
34          # 매개 변수의 값을 예전 값으로 돌린다.
35          parameters[i].value = currentParameter
36
37      # 더 나은 매개 변수를 발견하지 못했다면 원래의 값을 반환한다.
38      return parameters
```

exp 함수는 독립 변수의 힘을 늘려 준 e 값을 반환한다. 이것은 대부분의 수학 라이브러리에서 표준이다.

대부분의 코드는 이전과 같다. 그러나 이제는 optimizeParameters 대신에 boltzmannAnnealParameters 를 사용한다.

| 성능

이전과 같이 O(n)의 실행 시간을 갖고 O(1)의 메모리를 차지한다.

최적화

보통의 언덕 오르기에서와 같이 담금질 알고듬은 더 나은 최적화를 위해 관성과 적용된 해법 기술과 결합할 수 있다. 그러나 이러한 결합은 시도와 실패로 귀착되기 쉽다. 관성의 정도를 조정하고 단계의 크기를 변경하고 담금질의 온도를 변경해 조화를 이루는 것이 굉장히 까다로울 수 있다.

우리의 경험상 비록 조정된 단계 크기가 유용하더라도 담금질에 관성을 결합해 믿을 만한 개선을 아주 드물게 이룰 수 있었다.

7.3 행동 예측

사람 플레이어가 다음 동작을 어떻게 할 것인지 추측할 수 있는 것은 종종 유용하다. 플레이어가 어떤 통로를 택할 것인지, 어떤 무기를 선택할 것인지, 공격 루트를 어떤 것을 선택할 것인지 예상하는 것은 더 강력한 적을 생성할 수 있게 해준다.

사람은 비예측적으로 행동하지 못하는 것으로 매우 유명하다. 심리학자들이 수십 년간의 연구로 알아낸 것은 우리가 의도적으로 예측 불가능하게 행동하려고 해도 반응이 예측 가능하다는 것이다. 심리 마술사와 전문 포커 플레이어는 이러한 사실을 잘 활용한다. 우리가 했던 과거의 아주 작은 반응만으로도 우리가 다음에 어떤 행동을 할 것인지, 어떤 생각을 하고 있는지 쉽게 예측한다.

종종 동일한 플레이어의 행동을 관찰하는 것조차 필요없다. 한 플레이어의 행동을 예측하기 위해 매우 깊게 학습한 특성을 다른 플레이어와 공유할 수 있다.

7.3.1 오른쪽 또는 왼쪽

포커 플레이어가 좋아하는 간단한 예측 게임은 '오른쪽 또는 왼쪽'이다. 한 사람은 동전을 왼손이나 오른손에 쥔다. 다른 사람은 어떤 손에 동전을 감췄는지 맞힌다.

비록 사람의 선택을 표현하는 신체적 방식이 복잡하지만 컴퓨터도 이 게임에서 상당히 좋은 점수를 기록할 수 있다는 것이 밝혀졌다. 이것을 예측 작업의 예제로 사용할 것이다.

게임의 문맥에서 한 집합의 선택 사항을 가진 아이템을 선택하는 것에서 '오른쪽 또는 왼쪽'을 적용해 볼 수 있다. 통로의 선택, 무기의 선택, 전술의 선택, 숨기 장소의 선택을 예로 들 수 있다.

7.3.2 원시 확률

플레이어의 선택을 예상하는 가장 간단한 방법은 플레이어가 선택할 때마다 숫자를 기록해 놓는 것이다. 이렇게 해서 플레이어가 행동을 반복할 때의 원시 확률을 작성한다.

예를 들어 한 지형에서 플레이를 20번 반복한 뒤에 만약 첫 번째 통로가 72번 선택됐고 두 번째 통로가 28번 선택됐다면, AI는 플레이어가 첫 번째 통로를 다음번에 선택할 것이라는 예측해 볼 수 있다.

물론 만약 AI가 항상 첫 번째 통로만을 예상한다면 플레이어는 재빠르게 두 번째 통로를 사용하려고 학습할 것이다.

이런 종류의 초보적인 확률 예측은 매우 쉽게 구현되지만 이것은 플레이어에게 많은 피드백을 줘서 플레이어가 자신의 결정을 더 무작위로 하도록 만든다.

우리의 예에서 캐릭터는 가장 가능성이 높은 통로를 선택하려고 한다. 캐릭터에게 플레이어가 당하는 것은 한 번뿐이고, 플레이어는 다른 통로를 사용할 것이다. 확률이 균형을 이루기 전까지 캐릭터는 첫 번째 통로에서 계속 기다릴 것이다. 결국 플레이어는 다른 통로를 사용하게 되고 항상 캐릭터를 따돌릴 것이다.

선택이 한 번만 이뤄졌다면 이런 종류의 예측은 항상 가능하게 된다. 만약 확률이 많은 플레이어에게서 얻어진다면 새로운 플레이어가 어디로 향할지를 알려 주는 좋은 지표가 될 수 있다.

같은 선택을 반복하거나 일련의 다른 선택을 하든지 간에 일련의 선택은 반드시 이뤄져야 한다. 초기의 선택은 나중의 선택보다 나은 예측력을 가진다. 원시 확률을 사용하는 것보다 더 잘할 수 있다.

7.3.3 스트링 매칭

선택이 여러 번 반복될 때에는(예를 들어 숨기 장소를 선택할 때와 적을 공격할 무기를 선택할 때) 간단한 스트링 매칭 알고리듬은 좋은 예측을 제공한다.

일련의 선택은 스트링으로 저장된다(글자뿐만 아니라 숫자나 오브젝트의 스트링이 될 수도 있다). 예를 들면 '오른쪽 또는 왼쪽' 게임에서는 'LRRLRLLLRRLRLRR'의 스트링으로 나타날 수 있다. 다음 선택을 예상하기 위해 마지막 몇개의 선택이 스트링에서 탐색되고 예측에 사용된다.

위의 예에서 마지막 2개의 선택은 'RR'이었다. 스트링을 쭉 관찰하면 두 번의 연속된 'R' 뒤에는 'L'이 나왔다. 따라서 우리는 플레이어가 왼쪽 손을 다음 차례에 선택할 것이라고 예측한다. 이 예에서 마지막 2개의 움직임을 관찰했다. 이것을 '창문 크기$^{window\ size}$'라고 부른다. 이 예에서 창문 크기는 2다.

7.3.4 N-그램

스트링 매칭 기술은 스트링을 매칭하는 방법으로는 드물게 구현된다. 앞에서 살펴본 원시 확률과 유사한 확률의 집합을 사용하는 것이 더 흔하다. 이것은 N-그램$^{N-Gram}$ 예측자로 알려져 있다(여기서 N은 창문 크기 매개 변수보다 1 더 크다. 따라서 3-그램은 창문 크기가 2인 예측자다).

N-그램에서 이전의 N 횟수의 선택의 모든 조합에 따르는 확률을 기록해 놓는다. 따라서 3-그램에서 '오른쪽 또는 왼쪽' 게임에 대해 네 가지 순서의 확률을 기록해 놓는다. 즉 'LL', 'LR', 'RL', 'RR'이다. 여기에는 8개의 확률이 존재하는데 각 짝은 반드시 1 더해진다.

이동의 순서는 다음과 같이 나타난다.

	..R	..L
LL	$\frac{1}{2}$	$\frac{1}{2}$
LR	$\frac{3}{5}$	$\frac{2}{5}$
RL	$\frac{3}{4}$	$\frac{1}{4}$
RR	$\frac{0}{2}$	$\frac{2}{2}$

원시 확률 방법은 창문 크기가 0인 경우에는 스트링 매칭 알고리듬과 동일하다.

컴퓨터 공학에서의 N-그램

N-그램은 다양한 통계적 분석 기술에서 사용되며 예측에 국한돼 있지 않다. 사람들의 언어를 분석할 때 주로 사용된다.

엄격하게 말하자면, N-그램 알고리듬은 각 순서의 확률이 아니라 주파수를 추적하는 것이다. 즉 3-그램은 각 3개의 선택이 보이는 순서마다의 횟수를 기록할 것이다. 예측을 위해서라면 처음의 두 가지 선택이 창문을 구성하고 세 번째 선택 사항에 확률을 계산한다.

우리는 알고리듬을 구현할 때 확률보다는 주파수를 저장함으로써 이러한 패턴을 따라갈 것이다(또한 주파수는 쉽게 업데이트 가능하다는 장점도 있다). 그렇다고 하더라도 창문 선택만을 사용해 예측에 대한 데이터 구조를 최적화할 것이다.

의사 코드

N-그램 예측자를 다음과 같은 방법으로 구현할 수 있다.

```
1   class NGramPredictor:
2      # 주파수 데이터를 유지한다.
3      data: Hashtable[any[] -> KeyDataRecord]
4
5      # 창문 사이즈에 +1을 유지한다.
6      nValue: int
7
8      # 데이터를 업데이트하면서 예측자에 대한 행동의 집합을 등록한다.
9      # actions에 nValue가 들어 있다고 가정한다.
10     function registerSequence(actions: any[]):
11        # key와 value로 순서를 분리한다.
```

```
12        key = actions[0:nValue]
13        value = actions[nValue]
14
15        # 저장 공간이 있다고 확신한다.
16        if not key in data:
17          keyData[key] = new KeyDataRecord()
18        else:
19          keyData = data[key]
20
21        # total을 더해 주고, value에 대한 count를 더해 준다.
22        keyData.counts[value] += 1
23        keyData.total += 1
24
25    # 가장 가능성이 높은 다음 action을 구한다.
26    # actions에 nValue에 - 1한 수의 요소가 들어 있다고 가정한다.
27    function getMostLikely(actions: any[]) -> any:
28        # key data를 구한다.
29        keyData = data[actions]
30
31        # 가장 높은 확률을 구한다.
32        highestValue = 0
33        bestAction = null
34
35        # 저장돼 있는 actions의 리스트를 구한다.
36        actions = keyData.counts.getKeys()
37
38        # 각각을 실행한다.
39        for action in actions:
40          # 가장 높은 값을 확인한다.
41          if keyData.counts[action] > highestValue:
42            # action을 저장한다.
43            highestValue = keyData.counts[action]
44            bestAction = action
45
46        # 우리는 모든 actions를 관찰했다. 만약 최적의 action이 존재하지
47        # 않는다면 창문에 데이터가 존재하지 않기 때문이거나,
48        # 아니면 이미 최적의 action을 갖고 있다.
49        return bestAction
```

행동^{action}이 발생할 때마다 registerActions 메서드를 사용해 게임에서 최후의 n개의 a행동을 등록한다. 이것은 N-그램에 대한 수를 업데이트한다. 게임에서 다음에 무슨 일이 일어날지 예

측할 필요가 있다면 getMostLikely 메서드 속으로 창문 행동을 주입한다. getMostLikely 메서드는 가장 가능성 높은 행동을 반환하고 만약 주어진 행동에 대한 데이터를 관찰한 적이 없다면 아무것도 반환하지 않는다.

자료 구조 및 인터페이스

이 예에서 데이터의 수를 저장하기 위해서 해시 테이블을 사용한다. 해시의 각 장소 안의 데이터는 핵심 데이터 기록이고 다음과 같은 구조를 가진다.

```
1  class KeyDataRecord:
2      # 뒤따라오는 행동의 수를 유지한다.
3      counts: Hashtable[any -> int]
4
5      # 창문이 관찰된 횟수의 총 숫자를 유지한다.
6      total: int
```

각 창문 행동의 각 집합마다 KeyDataRecord 인스턴스가 하나씩 있다. 이것은 뒤따라오는 행동이 얼마나 자주 관찰되는지에 대한 횟수의 숫자를 포함하고, 창문이 총 몇 번이나 관찰 되는지에 대한 횟수의 숫자를 포함한다.

뒤따라오는 행동의 횟수를 총 횟수로 나눠 줌으로써 확률을 계산할 수 있다. 이것은 직전에 다룬 알고리듬에는 사용되지 않는다. 그러나 예측이 얼마나 정확한지 판단하는 데 사용될 수 있다. 예를 들어 플레이어가 어떤 길로 온다는 확실한 가능성이 있어야만 캐릭터는 위험한 장소 안에서 매복하고 있을 수 있다.

counts 멤버는 예측된 행동으로 색인된 해시 테이블에 저장된다. getMostLikely 함수에서 counts의 해시 테이블에 있는 모든 키를 찾을 수 있어야 한다. 이것은 getKeys 메서드를 사용해 수행된다.

구현 노트

위에서 구현한 것은 어떤 창문 크기에도 작동하고 2개 이상의 행동도 지원한다. 이것은 대부분의 행동 조합이 관찰할 수 없게 되면 해시 테이블이 과하게 비대해지지 않도록 한다.

만약 단지 작은 수의 행동만이 있고 모든 가능한 시퀀스가 방문 가능하다면 난잡한 해시 테이블을 일차 배열array로 교체하는 것이 더 효과적일 것이다. 이 절을 시작할 때 나온 테이블과 같이 배열은 창문 행동과 예측된 행동으로 색인된다. 배열의 값은 0으로 초기화되는데 시퀀스가 등록될 때 증가된다. 따라서 일차 배열은 최댓값과 가장 가능성 높은 행동을 찾기 위해 탐색될 수 있다.

성능

해시 테이블이 가득 차지 않았다고 가정하면(즉 해시 할당과 꺼내기가 항상 일정한 시간의 프로세스일 경우) registerActions 함수는 O(1)의 실행 시간을 가진다. getMostLikely 함수는 $O(m)$의 실행 시간을 가진다. 여기서 m은 가능한 행동의 숫자다(최적의 행동을 찾기 위해 가능성 있는 뒤따라오는 행동을 모두 탐색해야 하기 때문이다). counts 해시 테이블을 값에 의해 정렬된 상태를 유지하기 위해 위 두 함수를 바꾼다. 이런 경우는 registerActions 함수가 $O(m)$이 되고, getMostLikely 함수가 O(1)이 된다.

그러나 대부분의 경우에서 행동은 예상한 것보다 훨씬 자주 등록될 필요가 있을 것이다. 따라서 주어진 균형점이 최적이다.

이 알고리듬은 $O(m_n)$의 메모리를 가진다. 여기서 n은 N값이다. N값은 창문 안에 있는 행동의 숫자에 1을 더한 값이다.

7.3.5 창문 크기

창문 크기를 증가시키면 예측 알고리듬의 성능을 향상시킬 수 있다. 창문에 행동을 추가할 때마다 개선 효과가 줄어들기 때문에 창 크기가 커져도 아무런 이점이 없다. 나중에는 더 큰 창문을 사용할수록 예측의 성능이 악화되는데, 단순히 랜덤으로 예측할 때보다 더 나쁜 예측을 가져오게 된다.

그 이유는 미래의 행동은 결국 과거의 행동에 의거해 예측되기 때문이고, 이 예측이 장황한 인과관계의 프로세스일 경우는 거의 없다. 특정 행동과 짧은 순서의 행동에 대해 관심 있지만, 길이가 긴 순서는 단지 짧은 순서들로 구성될 뿐이다. 행동의 특정한 정도의 무작위성 randomness이 존재한다면 매우 긴 순서는 특정 정도의 무작위성을 갖고 있을 것이다. 따라서 매우 큰 크기의 창문은 더 많은 무작위성을 지니게 되고 결국 예측하기 힘든 것이 되고 만다. 행동이 서로 상호 영향을 미치는 것을 정확하게 발견하기 위해 창문 크기가 적당히 크도록 하는 균형점이 있고, 무작위성에 의해 너무 방해받을 정도로 크기가 커지면 안 된다. 행동의 순서가 더 무작위적일수록 창문 크기는 줄어들 필요가 있다.

그림 7.7은 오른쪽 또는 왼쪽 게임을 1000번의 순서로 시행해 다른 창문 크기에 대해 N-그램의 정확도가 달라짐을 보여 준다. 5-그램에서 가장 예측이 잘됨을 볼 수 있고, 그 이상의 크기에서는 성능이 떨어짐을 볼 수 있다. 그러나 5-그램의 예측력 대부분은 3-그램에도 있다. 만약 3-그램만 사용한다면 거의 최상의 성능을 갖게 되고 너무 많은 샘플을 가질 필요가 없다. 10-그램 이상의 크기를 사용하면 예측 성능이 매우 나빠진다. 예측이 매우 쉬운 순서에서도 랜덤으로 예상하는 것보다 나쁜 성능을 갖게 될 것이다. 이 그래프는 웹사이트에서의 N-그램 구현을 사용해 생성됐으며 앞쪽에서 나온 알고리듬을 따랐다.

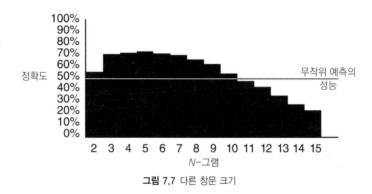

그림 7.7 다른 창문 크기

선택 사항이 2개 이상인 경우에서 예측을 할 때는 최소 창문 크기는 조금 더 증가될 필요가 있다. 그림 7.8은 선택 사항이 다섯 가지인 게임에서의 예측력의 결과를 보여 준다. 3-그램은 4-그램보다 현저하게 낮은 예측력을 보여 준다.

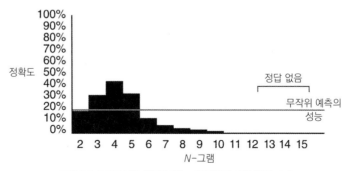

그림 7.8 5개의 선택 사항이 있는 게임에서의 다른 창문 크기

또한 창문의 크기가 커질수록 더 빨리 예측력이 악화되는 경향이 선택 사항이 많은 경우에 생기는 것을 관찰할 수 있다.

N-그램 예측이 얼마나 잘 수행되는지 말해 줄 수 있는 수학적 모델이 있다. 이 모델은 최적의 창문 크기를 조정할 때 종종 사용된다. 그러나 여러분은 이것이 게임에서 사용되는 것을 절대 볼 수 없다. 왜냐하면 이 모델은 입력 순서에서 어떤 불편한 통계적 성질을 발견할 수 있어야 하는 점에 의존하기 때문이다. 개인적으로 나는 4-그램으로 실험하고 교정하는 것을 시작하는 경향이 있다.

메모리 문제

예측력을 향상시키는 것과 상호 교환적인 관계에 있는 것은 메모리와 알고리듬의 데이터 요구 사항이다. 오른쪽 또는 왼쪽 게임에서 창문 크기를 하나 증가시킬 때마다 저장이 필요한 확률의 수가 두 배로 증가한다(만약 선택 사항이 세 가지인 게임에서는 세 배가 될 것이다). 비록 해시 테이블같이 촘촘하지 않은 데이터 구조를 사용하면 조금 도움이 되겠지만(모든 값이 저장될 필요가 없기 때문), 경우에 따라서는 필요한 저장 공간이 통제 불능에 달할 정도로 증가할 수 있다.

순서 길이

확률의 경우의 수가 많은 경우에는 더 많은 샘플 데이터가 필요하다. 만약 순서의 대부분이 전에 본 적이 없는 새로운 것이라면 예측력은 떨어질 것이다. 최적의 예측력에 도달하기 위해서는 대부분의 창문의 순서가 여러 번 방문된 적이 있어야 한다. 이것은 학습이 훨씬 오래 걸릴 수 있다는 것을 의미하고 예측력이 매우 나빠지는 것으로 보일 수 있다는 것을 의미한다. 이 마지막 문제는 계층적 N-그램 알고리듬의 변형을 사용해 어느 정도 해결할 수 있다.

7.3.6 계층적 N-그램

N-그램 알고리듬이 온라인 학습에 사용된다면 학습의 초기 단계에서 최대 예측력과 알고리듬의 속도 사이에 균형이 필요하다. 창문 크기가 커지면 잠재적인 성능을 향상시킬지는 몰라도 납득할 수 없는 정도로 알고리듬이 느려질 수 있다는 것을 의미한다.

계층적 N-그램 알고리듬은 여러 N-그램 알고리듬이 효과적으로 병렬로 작동하고 각각의 알고리듬의 창문 크기는 점차 증가한다. 계층적 3-그램에서는 1-그램(원래의 확률 방법), 2-그램,

3-그램 알고리듬이 병렬로 같은 데이터를 갖고 작동한다.

일련의 행동이 입력되면 N-그램에 저장된다. 예를 들어 'LRR'이라는 순서가 계층적 3-그램을 통과한다면, 3-그램에는 'LRR'이 저장되고, 2-그램에는 'RR'이 저장되고, 1-그램에는 'R'이 저장된다.

예측이 요청되면 알고리듬은 3-그램에 있는 창문 행동을 먼저 관찰한다. 만약 여기에서 충분한 예가 있다면 알고리듬은 3-그램을 예측의 재료로 사용한다. 만약 이것으로 충분하지 않다면 알고리듬은 2-그램을 관찰한다. 만약 이것으로 예가 충분하지 않다면 알고리듬은 1-그램을 관찰한다. 만약 N-그램에서 충분한 예를 찾지 못했다면 알고리듬은 예측이 없다고 리턴하거나 그냥 랜덤 예측을 사용한다.

여기서 충분하다는 개념은 경우에 따라 다르다. 예를 들어 만약 3-그램의 순서 중에 'LRL'에 해당하는 경우가 1개밖에 없다면 알고리듬은 이 1개의 경우를 근거로 예측을 하기에는 자신감이 부족할 것이다. 만약 2-그램의 순서 중에 'RL'이 총 4개가 들어 있다면 조금 더 자신감이 생길 것이다. 더 많은 행동이 존재할수록 더 많은 예가 정확한 예측을 위해 필요하다.

자신감을 주기 위해 필요한 요소의 정확한 개수는 없다. 이는 시행 착오를 통해 어느 정도 알 수 있다. 그러나 온라인 학습에서는 AI에게 주어진 정보가 매우 개략적인 경향이 있기 때문에 자신감을 주는 수치는 3이나 4 정도로 작다. N-그램 학습에 대한 어떤 논문에서는 자신감 수치가 매우 크다. AI의 많은 분야에서 게임 AI는 더 많은 위험을 무릅쓸 여유가 있다.

의사 코드

계층적 N -그램 시스템은 원래의 N-그램 예측자를 사용하고 다음과 같이 구현될 수 있다.

```
1   class HierarchicalNGramPredictor:
2     # N-그램의 배열을 증가하는 n 값에 따라 유지한다.
3     ngrams: NGramPredictor[]
4
5     # 최대 창문 크기 +1을 유지한다.
6     nValue: int
7
8     # 예측을 허락하기 전에 N-그램의 샘플의 최소 개수를 유지한다.
9     threshold: int
```

```
10
11      function HierarchicalNGramPredictor(n: int):
12          # N-그램 크기의 최대치를 저장한다.
13          nValue = n
14
15          # N-그램의 배열을 만든다.
16          ngrams = new NGramPredictor[nValue]
17
18          for i in 0..nValue:
19              ngrams[i].nValue = i+1
20
21      function registerSequence(actions):
22          # 각 N-그램에 대해 반복한다.
23          for i in 0..nValue:
24              # 행동의 부분 리스트를 만들고 저장한다.
25              subActions = actions[nValue-i:nValue]
26              ngrams[i].registerSequence(subActions)
27
28      function getMostLikely(actions):
29          # 내림차순으로 각 N-그램에 대해 반복한다.
30          for i in 0..nValue-1:
31              # 관계있는 N-그램을 찾는다.
32              ngram = ngrams[i]
33
34              # 창문 행동의 부분 리스트를 얻는다.
35              subActions = actions[i..]
36
37              # 우리가 충분한 요소를 갖고 있는지 확인한다.
38              if subActions in ngram.data and
39                  ngram.data[subActions].count > threshold:
40
41                  # 예측을 하기 위해 N-그램을 취한다.
42                  return ngram.getMostLikely(subActions)
43
44          # 이곳에 도달했다면 충분한 요소를 가진 N-그램이 없다는 의미다.
45          # 그러므로 행동이 없다고 리턴한다.
46          return None
```

N-그램의 배열의 구조를 보여 주기 위해 명시적 생성자explicit constructor를 추가했다.

자료 구조 및 구현

이 알고리듬은 이전과 동일한 자료 구조와 구현 주의 사항을 가진다. count 변수가 모든 가능한 창문 행동에서 사용할 수 있다는 전제하에 이 알고리듬의 N-그램은 여러분이 필요한 어떤 것을 선택하더라도 구현 가능하다.

성능

이 알고리듬은 $O(n)$의 메모리를 소모하고 $O(n)$의 시간을 소모한다. 여기서 n은 N-그램에서 가장 높은 계층의 n이다.

registerSequence 메서드는 N-그램 클래스마다 $O(1)$이기 때문에 총합은 $O(n)$이다. getMostLikely 메서드는 N-그램 클래스마다 $O(n)$인데 총 한 번만 사용되기 때문에 총합이 $O(n)$이다.

자신감

어떤 계층의 N-그램을 사용할지, 더 낮은 단계를 관찰할지를 판단할 때 샘플의 수를 기준으로 삼았다. 이것은 실용적으로 좋은 결과를 주지만 엄격하게 보면 근사치에 불과하다. 이 자신감에 대해 우리가 관심 있는 사항은 이 예측이 어떤 결과를 보여 주느냐는 것이다. 비록 자신감이 특성에 따라 여러 다른 버전을 갖고 있지만, 자신감은 확률 이론에서 정량화된 수치로 정의된다. 샘플의 수는 단지 자신감에 영향을 주는 요소 중의 하나일 뿐이다.

일반적으로 자신감은 우연히 도래되는 상황이 발생할 확률을 측정한 것이다. 어떤 상황이 우연히 발생할 확률이 낮다면 자신감은 높다.

예를 들어, 만약 'RL'이 4번 발생하고, 4번 모두 'RL'의 다음에 'R'이 나온다면 RL 다음에 R이 나오는 확률이 높게 되고, R이 다음으로 나온다고 예측하는 자신감이 높아진다. 만약 1000번의 횟수 동안에 모두 'RL'의 다음에 'R'이 나온다면 R이 다음으로 나온다고 예측하는 자신감이 훨씬 더 높아진다. 그런데 만약 'RL' 다음에 R이 4번 나오고 L이 2번 나오면 어떤 것이 나올지 예측하지 못하게 된다.

현실의 자신감은 이것보다 훨씬 복잡하다. 확률에 대한 다음과 같은 상황을 고려할 필요가 있다. 즉 작은 창문 크기로 정확한 데이터를 얻는 데 반해 더 정확한 N-그램이 랜덤 변형에 의해 농락당하고 있는 상황이다.

이것에 관련한 수학은 간결하지 않고 성능의 증가를 가져오지 않는다. 나는 이런 종류의 알고리듬에서 간단한 '횟수 버리기'만을 사용해 왔다. 이 책의 출판을 준비하면서 나는 더 복잡한 자신감 값을 고려하기 위해 구현물을 실험하고 변경했다. 그러나 눈에 띄는 향상을 가져오지는 못했다.

7.3.7 전투에서의 응용

N-그램 예측은 전투 게임에서 가장 널리 사용되고 있다. 빗엠업$^{Beat-em-up}$, 결투 게임, 콤보를 주로 사용하는 격투 게임은 움직임의 시간적 순서와 관계가 있다. N-그램 예측자를 사용하는 것은 플레이어가 움직임의 순서를 시작하려고 할 때 무엇을 할 것인지를 AI가 예측할 수 있도록 해준다. 그렇게 되면 AI는 적절한 대응을 선택할 수 있게 된다.

그러나 이 방법은 매우 강력해서 무적의 AI를 만들 수 있다. 플레이어가 어느 정도 게임을 즐길 수 있도록 하기 위해서 이런 게임에서는 AI의 능력을 어느 정도 줄이는 것이 필요하다.

이런 애플리케이션은 개발자가 다른 상황에 대해 차선책을 주지 않는 기술과 깊게 연관돼 있다. 플레이어가 어디로 이동할지, 어떤 무기를 사용할지, 어떻게 공격할지 등이 모두 N-그램 예측이 적용될 수 있는 분야다. 열린 마음으로 보는 것이 가치 있다.

7.4 의사결정 학습

지금까지 상대적으로 제한된 영역에서만 작동되는 학습 알고리듬에 대해 알아봤다. 즉 매개변수의 값과 제한된 선택 옵션을 가진 플레이어를 예측하는 것이다.

AI 학습의 잠재 능력을 현실화하기 위해서는 AI가 의사결정을 학습하도록 허락할 필요가 있다. 5장에서 의사결정의 여러 방법을 설명했다. 7.4절에서는 자신의 경험에 기초해 의사결정자가 선택하는 것에 대해 알아볼 것이다.

이런 접근 방법들은 기본적인 의사결정 도구를 대체할 수 없다. 예를 들어 상태 기계는 특정 상황에 적용이 안 되는 의사결정을 캐릭터가 내리는 것을 명백하게 제한한다(예를 들어 탄약이 다 떨어진 상황에서는 사격을 계속하려는 행동을 제한시킨다). 학습은 확률적이다. 즉 여러분은 대개의 경우 각 행동을 수행할 때 약간씩 확률을 사용한다. 뛰어난 사람 플레이어를 상대할 때 적합한 행동의 패턴을 학습하는 것, 큰 제약 사항을 학습하는 것, 이 둘을 결합하는 것은 굉장히 어렵다.

7.4.1 의사결정 학습의 구조

의사결정 학습 프로세스를 이해하기 쉬운 모델로 단순화할 수 있다. 우리가 학습하려고 하는 캐릭터는 여러 선택 가능한 행동 옵션의 집합을 몇 개 갖고 있다. 이것은 조종 행동, 애니메이션, 전쟁 게임에서의 고급 전략 등이 될 수 있다. 게다가 게임 지형으로부터 얻어질 수 있는 관찰 가능한 값의 집합을 갖고 있다. 이것은 가장 가까이 있는 적으로부터의 거리, 탄약이 몇 발 남았는지, 각 군대의 상대적인 크기 등을 포함할 수 있다.

관찰을 통해 관련된 의사결정(단독 행동의 형태)을 배울 필요가 있다. 시간을 거치면서 AI는 관찰을 통해 적합한 의사결정을 학습할 수 있고, 자신의 성능을 향상시킬 수 있다.

약하거나 강한 감독

성능을 향상시키기 위해서는 학습 AI에게 피드백을 줄 필요가 있다. 이 피드백은 '감독'이라고 불리며, 각기 다른 학습 알고리듬에 사용되는 두 가지의 다른 형태의 감독이 있다. 이 두 가지 형태의 감독은 같은 알고리듬에 사용되지만 다른 취향에 따라 갈릴 수 있다.

강한 감독은 올바른 대답의 집합의 형태를 취한다. 일련의 관찰마다 각각 선택돼야만 하는 행동과 결합된다. 이 학습 알고리듬은 관찰 값이 입력 값으로 주어지면 올바른 행동을 선택하도록 학습한다. 이 올바른 대답은 종종 사람 플레이어에 의해 주어신다. 개발자는 게임을 플레이해 보고 AI가 어떻게 반응하는지 관찰할 수 있다. 이 AI는 관찰의 집합과 사람 플레이어가 내리는 결정을 기록해 놓는다. 이 AI는 같은 방법으로 행동을 학습할 수 있다.

약한 감독은 올바른 대답의 집합을 필요로 하지 않는다. 대신에 선택된 행동이 얼마나 좋은지에 대해 약간의 피드백이 주어진다. 이 피드백은 개발자에 의해 주어질 수도 있지만, 보통 AI의 성능을 관찰하는 알고리듬에 의해 주어진다. 만약 AI가 공격당해 죽으면 성능을 관찰하는 알고리듬은 부정적인 피드백을 준다. 만약 AI가 지속적으로 적을 격파해 나간다면 긍정적인 피드백을 받는다.

강한 감독은 구현하기가 더 쉽고 수정하기도 더 쉽다. 그러나 덜 유연하다. 이것은 누군가가 알고리듬에게 어떤 것이 옳고 그른지 알려 주는 것을 필요로 한다. 약한 감독은 스스로 옳고 그른 것을 배울 수 있지만 옳도록 만들기가 훨씬 더 어렵다.

7장에서 배울 나머지 학습 알고리듬은 이런 종류의 모델과 함께 작동한다. 관찰을 입력받아서 다음에 취할 하나의 행동을 반환한다. 이것은 강하거나 약하게 감독받는다.

7.4.2 무엇을 학습할 것인가?

현실적인 크기의 게임에서는 관찰 가능한 데이터 항목의 수는 어마어마하게 많을 것이고 그러므로 행동의 범위가 적절히 제한돼야 할 것이다. 매우 특별한 경우에 매우 복잡한 규칙을 갖는 행동을 배우는 것이 가능하다.

이러한 세부적인 학습은 캐릭터가 고도의 능력을 수행하게 만들기 위해 필요하다. 이것은 사람 행동의 특징이다. 환경의 작은 변화가 행동에 극적인 영향을 미친다. 극단적인 예를 들면 적의 공격을 피하려고 할 때 장애물 뒤에 숨는 것이다. 이 장애물이 단단한 강철로 돼 있는 경우와 종이 박스로 돼 있는 경우 차이가 클 것이다.

반면에 학습의 과정에 있을 때 모든 특별한 상황의 분위기를 배우려면 매우 많은 시간이 걸릴 것이다. 우리는 행동을 빠르게 하기 위해 보편적인 규칙을 버리고 싶다. 그것들은 자주 잘못되지만(좀 더 세부적일 필요가 있다) 대체로 최소한 분간할 수 있을 정도는 된다.

온라인 학습에서는 특히 보편적인 원칙에서부터 세부적인 것까지 작동하는 학습 알고리듬을 사용하는 것이 필수적이다. 이 알고리듬은 너무 똑똑하게 작동하려고 만들기보다는 합리적인 정도로만 만든다. 보통 똑똑한 단계는 배우기가 너무 어려워서 학습 AI가 절대로 도달할 수 없다. 그것은 보편적인 행동에 의존해야 할 것이다.

7.4.3 네 가지 기술

네 가지 의사결정 학습 기술을 7장의 나머지 부분에 걸쳐 배울 것이다. 네 가지 기술 모두 어느 정도 게임에서 사용되고 있었고 이 기술들을 채용하는 것이 심하게 어려운 일은 아니었다. 첫 번째 기술인 나이브 베이즈 분류^{Naive Bayes classification}는 항상 먼저 시도해야 하는 기술이다.

이것은 구현하기 간단하고 더 복잡한 기술의 기초가 될 수 있다. 이런 이유로 대학교에서 학습 알고리듬을 연구할 때도 나이브 베이즈 분류를 무결점 체크를 하는 용도로 사용한다. 사실은 상당수의 유망해 보이는 학습의 연구 수준 기술들은 나이브 베이즈 기술보다 더 문제를 잘 풀지 못하는 것으로 나타났다.

두 번째 기술인 의사결정 트리 학습은 매우 실용적이다. 여러분이 학습의 결과가 논리적으로 말이 되는지 관찰할 수 있는 것보다 더 중요한 성질을 갖고 있다. 마지막 두 가지 기술은 강화 학습과 신경망 네트워크다. 이것들은 게임 AI에 대한 어느 정도의 잠재력을 갖고 있다. 그러나 이것들은 이 책에서 대략적으로만 다룰 수 있을 정도로 방대한 분야다.

다른 학습 기술들도 존재하는데 논문을 찾아보면 읽어 볼 수 있다. 현대의 머신러닝은 베이즈 통계와 확률 이론에 크게 바탕을 두고 있다. 따라서 여기서 나이브 베이즈에 대해 소개하는 것은 이 분야들에 대한 소개를 제공하는 추가적인 효과가 있다.

7.5 나이브 베이즈 분류

나이브 베이즈 분류를 설명하는 가장 쉬운 방법은 예를 드는 것이다. 레이싱 게임을 만들고 있고 플레이어가 코너를 도는 스타일을 AI 캐릭터가 학습하길 원한다고 가정해 보자. 코너 스타일을 판단하는 여러 요소가 있지만 문제를 단순화해 플레이어가 자신의 속도에서 얼마나 감속하는지와 코너로부터의 거리만을 사용할 것이다. 시작하기 위해 학습에 사용할 게임 플레이 데이터를 기록할 수 있다. 다음은 이 데이터의 일부를 보여 주는 작은 도표다.

break?(브레이크?)	distance(거리)	speed(속도)
Y	2.4	11.3
Y	3.2	70.2
N	75.7	72.7
Y	80.6	89.4
N	2.8	15.2
Y	82.1	8.6
Y	3.8	69.4

데이터에 있는 패턴을 가능한 한 명확하게 만드는 것이 중요하다. 그렇게 하지 않으면 학습 알고리듬은 지나치게 많은 시간과 데이터를 소모해서 실용적이지 못하게 된다. 그래서 어떤 문제에 대한 학습을 적용하려고 고려 중인 여러분이 가장 먼저 해야 하는 일은 데이터를 관찰하는 것이다. 도표에 있는 데이터를 관찰할 때 어떤 패턴이 나타나는 것을 보게 된다. 플레이어는 코너를 가깝거나 멀게 돌고, 속도도 빠르거나 느리게 간다. 이것을 20 이상의 거리를 가지면 'far'로, 20 이하이면 'near'로 변환한다. 마찬가지로 속도의 10을 경계로 'fast'와 'slow'로 변환한다. 이렇게 하면 다음과 같은 이진 특성을 가진 도표가 나온다.

brake?	distance	speed
Y	near	slow
Y	near	fast
N	far	fast
Y	far	fast
N	near	slow
Y	far	slow
Y	near	fast

특성 값과 행동의 선택 사이에 연결을 관찰하는 것은 사람에게조차도 쉽다. 이것은 빠르게 배우고 너무 많은 데이터를 요구하지도 않는 정확하게 우리가 바라는 것이다.

실제의 예에서는 분명하게 고려해야 할 것이 더 많고, 패턴이 분명하지 않은 경우가 많다. 그러나 보통의 경우에 게임에서 얻어진 지식은 이것을 단순화하는 방법을 매우 쉽게 만든다. 예를 들어 대다수의 사람 플레이어는 물체를 '앞에 있는 것', '오른쪽에 있는 것', '왼쪽에 있는 것', '뒤에 있는 것'으로 분류한다. 이와 유사한 분류 과정을 통해 정확한 각도를 계산하지 않고도 학습에서도 맥락상 말이 되게끔 분류할 수 있다.

여기서 도움이 될 수 있는 통계학적 도구가 있다. 이러한 도구들은 군집하고 있는 물체를 발견할 수 있고 통계학적으로 중요한 특성의 조합을 알아낼 수 있다. 그러나 이 도구들은 상식적인 면과 실용적인 면에 부합하지 않는다. 합리적인 특성을 갖고 있는 학습이 머신러닝 애플리케이션의 기술 중 일부이고 학습이 잘못되는 것이 실패의 주된 원인임을 확인하자.

이제 우리가 학습하고자 하는 것이 도대체 무엇인가를 정확하게 특정화할 필요가 있다. 우리는 플레이어가 자신의 속도와 코너에서의 거리를 바탕으로 브레이크를 걸 것인지 결정하는 조건부 확률을 배우기를 원한다. 수식은 다음과 같다.

$$P(\text{brake?}|\text{distance, speed})$$

베이즈 규칙을 적용하기 위한 그다음의 단계는 다음과 같다.

$$P(A \mid B) = \frac{P(B \mid A)P(A)}{P(B)}$$

베이즈 규칙에 대한 중요한 점은 베이즈 규칙이 B에 대한 A의 조건부 확률을 표현할 때 A에 대한 B의 조건부 확률을 사용한다는 점이다. 이 점이 왜 중요한지는 적용할 때 알게 될 것이다. 그러나 우선 베이즈 규칙을 다음과 같이 살피서 다시 언급하려고 한다.

$$P(A \mid B) = \alpha P(B \mid A)P(A)$$

여기서 $\alpha = \frac{1}{P(B)}$이다. 나중에 설명할 것이지만 이 버전은 우리가 사용하려는 것과 쉽게 어울리는 것으로 밝혀졌다.

다음은 우리의 예에 적용되는 재서술된 베이즈 규칙이다.

$$P(\text{brake?}|\text{distance, speed}) = \alpha P(\text{distance, speed}|\text{brake?})P(\text{brake?})$$

다음은 조건부 독립일 때의 나이브 가정을 적용해 봤다.

$$P(\text{distance, speed}|\text{brake?}) = P(\text{distance}|\text{brake?})P(\text{speed}|\text{brake?})$$

만약 여러분이 확률 이론 중 일부라도 기억애 낸다면 독립을 정의할 때 이것과 같은 수식(조건부위는 제외하고)을 본 적이 있을 것이다.

베이즈 규칙의 응용과 나이브 가정의 조건부 독립을 결합하면 다음과 같은 최종 수식이 나온다.

$$P(\text{brake?}|\text{distance, speed}) = \alpha P(\text{distance}|\text{brake?})P(\text{speed}|\text{brake?})P(\text{brake?}) \quad (7.1)$$

이 최종 버전의 대단한 점은 바로 다양한 확률을 관찰하기 위해 앞에서 살펴본 도표의 값을 사용할 수 있다는 점이다. 코너와의 거리 값이 79.2이고 속도가 12.1인 상황에서 AI 캐릭터가 브레이크를 걸 것인가를 판단하는 경우를 고려해 보자. 우리는 사람 플레이어가 같은 상황에서 브레이크는 걸 것이라는 조건부 확률을 계산하기 원하고, 이것을 우리의 판단에 사용하려고 한다.

여기에는 브레이크를 걸 것과 안 걸 것의 두 가지 경우의 수만 존재한다. 따라서 차례로 하나씩 고려해 본다. 먼저 브레이크를 걸 경우의 확률을 계산해 보자.

$$P(\text{brake?} = Y \mid \text{distance} = 79.2, \text{speed} = 12.1)$$

다음과 같이 변환한다.

$$P(\text{brake?} = Y \mid \text{far, slow})$$

이제 앞에서 도출해 낸 수식을 사용한다.

$$P(\text{brake?} = Y \mid \text{far, slow}) = \alpha P(\text{far} \mid \text{brake?} = Y) P(\text{slow} \mid \text{brake?} = Y) P(\text{brake?} = Y)$$

도표의 값들 중에서 브레이크를 밟은 다섯 가지 경우를 셀 수 있다. 그중 두 가지 경우가 멀리 있는 경우다.

$$P(\text{far} \mid \text{brake?} = Y) = \frac{2}{5}$$

마찬가지로, 속도가 느린 상태에서 브레이크를 밟는 경우는 총 다섯 경우에서 두 경우다.

$$P(\text{slow} \mid \text{brake?} = Y) = \frac{2}{5}$$

총 일곱 경우에서 브레이크를 밟은 경우는 두 번이다.

$$P(\text{brake?} = Y) = \frac{5}{7}$$

이 값은 현재 상황에 대해 다른 어떤 지식보다 브레이크를 거는 것에 대한 확률을 나타내 주기 때문에 '우선 확률prior'이라는 말로 알려져 있다. 우선 확률에 대해 중요한 점은 사건이 본질적으로 발생하지 않을 것 같으면 '우선 확률'의 값은 낮다. 현재 상황에 대해 아는 것이 전체적인 확률이라고 말할 수 있는데 이 값은 역시 낮다. 예를 들어 에볼라Ebola는 매우 드문 질병이기 때문에 여러분이 이 질병을 가질 '우선 확률'은 거의 0에 가깝다. 따라서 여러분이 증상 중에 한 가지를 겪고 있다고 하더라도 '우선 확률'에 곱셈을 한 값은 여전히 낮고, 여러분이 그 병을 진단받을 확률은 극히 낮다.

다시 브레이크 예시로 돌아가서 사람 플레이어가 현재 상황에 브레이크를 걸 것인지에 대한 조건부 확률을 계산하기 위해 이러한 모든 계산을 합칠 수 있다.

$$P(\text{brake?} = Y \,|\, \text{far, slow}) = \alpha \frac{4}{35}$$

그러나 α에 대한 값이 무엇일까? 이 값은 중요하지 않은 것으로 밝혀졌다. 그 이유를 알기 위해 브레이크를 걸지 않는 확률을 계산해 본다.

$$P(\text{brake?} = N \,|\, \text{far, slow}) = \alpha \frac{1}{14}$$

α의 값을 몰라도 되는 이유는 α가 소거되기 때문이다(단, α는 확률이 음수가 될 수 없기 때문에 양수여야 한다).

$$\alpha \frac{4}{35} > \alpha \frac{1}{14} \implies \frac{4}{35} > \frac{1}{14}$$

따라서 브레이크를 거는 확률은 브레이크를 걸지 않는 확률보다 높다. 만약 우리가 모은 데이터를 토대로 AI 캐릭터가 사람처럼 행동하기를 원한다면 캐릭터는 브레이크를 걸어야 한다.

7.5.1 의사 코드

가장 간단한 NaiveBayesClassifier 클래스 구현은 우리가 오직 이진 개별 속성밖에 갖고 있지 못하다고 가정한다.

```
1   class NaiveBayesClassifier:
2       # 예(양수)의 수, 초깃값은 0이다.
3       examplesCountPositive = 0
4
5       # 예(음수)의 수, 초깃값은 0이다.
6       examplesCountNegative = 0
7
8       # 각 특성 참인 예(양수)의 수, 초깃값은 0이다.
9       attributeCountsPositive[NUM_ATTRIBUTES] = zeros(NUM_ATTRIBUTES)
10
11      # 각 특성 참인 예(음수)의 수, 초깃값은 0이다.
12      attributeCountsNegative[NUM_ATTRIBUTES] = zeros(NUM_ATTRIBUTES)
13
```

```
14    function update(attributes: bool[], label: bool):
15      # 양수의 예와 음수의 예인지를 확인하고 각각에 대해 수를 센다.
16      if label:
17        # Using element-wise addition
18        attributeCountsPositive += attributes
19        examplesCountPositive += 1
20      else:
21        attributeCountsNegative += attributes
22        examplesCountNegative += 1
23
24    function predict(attributes: bool[]) -> bool:
25      # Predict는 반드시 이 예를 양수나 음수의 예로 이름을 붙여야 한다.
26      x = naiveProbabilities(attributes,
27          attributeCountsPositive,
28          float(examplesCountPositive),
29          float(examplesCountNegative))
30      y = naiveProbabilities(attributes,
31          attributeCountsNegative,
32          float(examplesCountNegative),
33          float(examplesCountPositive))
34
35      return x >= y
36
37    function naiveProbabilities(attributes: bool[],
38                                counts: int,
39                                m: float,
40                                n: float) -> float:
41      # 우선 확률을 계산한다.
42      prior = m/(m+n)
43
44      # 조건부 독립일 때의 나이브 가정
45      p = 1.0
46
47      for i in 0..NUM_ATTRIBUTES
48        p /= m
49        if attributes[i]:
50          p *= counts[i]
51        else:
52          p *= m - counts[i]
53      return prior * p
```

이 알고리듬을 이진이 아닌^{non-binary} 개별 이름과 이진이 아닌 개별 속성으로 확장하는 것은 어렵지 않다. 또한 예측 메서드의 속도를 최적화하길 보통 원한다. 이것은 특히 오프라인 학습 애플리케이션에서 더욱 그렇다. 이런 경우들에서 여러분은 업데이트 메서드에서 가능한 한 많은 확률을 미리 계산해야 할 것이다.

7.5.2 구현 노트

작은 숫자들(확률 같은 것들)을 모두 곱하는 것의 문제 중의 하나는 다음과 같다. 유한한 정확도의 부동 소수점이 포함되면 급격하게 정확도를 잃게 되고 결국에는 0이 된다. 이 문제를 풀기 위한 일반적인 방법은 모든 확률을 로그 함수로 표현해 곱하지 않고 더해 버린다. 이 점이 바로 논문의 저자들이 로그 함수에 대해 글을 자주 쓰는 것처럼 보이는 이유다.

7.6 의사결정 트리 학습

5장에서 의사결정 트리에 대해 살펴봤다. 의사결정 트리는 관찰을 토대로 행동을 생성하는 의사결정을 모아 놓은 것이다. 트리의 각 분기마다 게임상의 어떤 판단이 요구되고 다른 가지가 선택된다. 결국 일련의 분기가 행동에 이른다(그림 7.9).

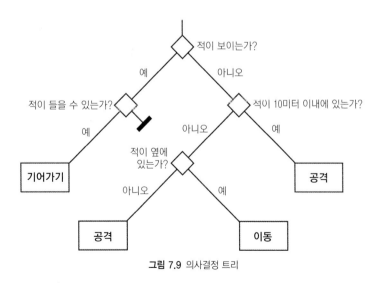

그림 7.9 의사결정 트리

분기 장소가 많은 트리는 매우 상세할 수 있고 관찰의 매우 자세한 부분을 토대로 의사결정을 내릴 수 있다. 분기 장소가 별로 없는 작은 트리는 넓고 일반적인 행동을 준다.

의사결정 트리는 매우 효율적으로 학습될 수 있다. 철저한 감독이 있다는 전제하에 관찰과 행동의 집합을 통해 역동적으로 제작된다. 제작된 트리는 게임 플레이 동안에 의사결정을 하도록 평범한 방법으로 사용될 수 있다.

분류와 예측과 통계 분석에 사용되는 의사결정 트리 학습 알고리듬은 매우 다양하다. 게임 AI 에 사용되는 이 알고리듬들은 보통 퀸란^{Quinlan}의 ID3 알고리듬을 기초로 사용한다. 7.6절에서 이 알고리듬을 다룰 것이다.

7.6.1 ID3

ID3은 '귀납적인 의사결정 트리 알고리듬3$^{Inductive\ Decision\ tree\ algorithm\ 3}$' 또는 '반복적인 이분법자 3$^{Iterative\ Dichotomizer\ 3}$'의 2개로 해석되는데 이에 대한 의견이 분분하다. 이것은 구현하기 간단하고 상대적으로 효율적인 의사결정 트리 학습 알고리듬이다.

다른 알고리듬처럼 이 알고리듬은 다양한 상황에 따라 유용한 최적화 방법을 각각 갖고 있다. 이 알고리듬은 산업용 AI에 사용되는 최적화 버전들이 있다(C4, C4.5, C5). 이 책에서는 ID3의 기본 알고리듬에 집중할 것이다. 이 기본 알고리듬은 최적화 버전의 토대를 제공한다.

알고리듬

기본 ID3 알고리듬은 관찰의 예와 행동의 예제 집합을 사용한다. ID3에서의 관찰은 종종 속성^{attribute}이라고 불린다. 이 알고리듬은 의사결정 트리에서 하나의 단말 노드$^{leaf\ node}$로 시작하고 예제 집합을 단말 노드에 할당한다.

그다음에 초기 시작 단말 노드를 분리해 두 그룹의 예들로 나눈다. 이 분리는 속성에 기초해 선택되고 분리 선택은 가장 효율적인 트리를 만드는 가능성이 높은 것이다. 분리가 이뤄지면 새로운 2개의 노드 각각에 맞는 예의 부분 집합이 각 노드에 부여되고 이 알고리듬은 이를 다시 그 노드들에 대해 반복한다.

이 알고리듬은 재귀적이다. 하나의 노드를 의사결정으로 대체하는 것부터 시작해 전체 의사결정 트리가 만들어질 때까지 반복한다. 각 분기를 만들 때마다 트리는 자신의 자식 중에서 예제 집합으로 분리된다. 이것은 모든 예가 같은 행동에 동의할 때까지 반복된다. 이 시점에서는 행동이 수행될 수 있다. 왜냐하면 더 이상 분기를 할 필요가 없기 때문이다.

이 분리 과정은 각각의 속성을 차례로 관찰하고(즉 의사결정을 내릴 수 있는 각각의 가능한 방법) 각각의 가능한 분기마다 얻어질 수 있는 정보를 계산한다. 최고의 정보를 획득하는 분기가 이 노드에 대한 의사결정으로 선택된다. 정보 획득은 수학적 성질의 것이고 우리는 이것에 관해 더 살펴볼 필요가 있다.

엔트로피와 정보 획득

각각의 단계에서 어떤 속성이 고려돼야 하는지를 알아내기 위해 ID3은 집합 안에 있는 행동의 엔트로피를 사용한다. 엔트로피는 예제 집합에 있는 정보를 측정하는 것이다. 우리의 경우 엔트로피는 예제 집합에 있는 행동이 다른 행동에 얼마나 일치하는지 측정한다. 만약 모든 예가 같은 동작을 한다면 엔트로피는 0이 될 것이고 행동이 동등하게 분배된다면 엔트로피는 1이 될 것이다. 정보 획득은 전체적인 엔트로피를 단순하게 감소시킨다.

여러분은 집합에 속한 정보가 집합에서 어떤 요소가 결과를 결정하는지를 나타내는 정도 값으로 생각해 볼 수 있다. 만약 모든 다른 행동의 예제 집합을 갖고 있다면, 집합 내부에 속해 있는 것만으로는 어떤 행동을 취할지에 대해 충분히 우리에게 알려 주지 않는다. 이상적으로 우리는 취하려고 하는 행동이 정확하게 집합 내부에 속해 있는 상황에 도달하기를 원한다.

이것은 명확하게 예를 통해 증명된다. '공격'과 '방어'의 두 가지 행동으로 구성된 것을 생각해 보자. 우리는 체력, 숨기, 탄약의 세 가지 속성을 갖고 있다. 단순하게 하기 위해서 각 속성이 '참'이나 '거짓'으로 분류된다고 가정한다(건강함 또는 다쳤음, 잘 숨이 있음 또는 노출돼 있음, 탄약이 있음 또는 탄약이 없음). 나중에 속성이 단순히 참과 거짓으로 분류되지 않는 상황에 대해 다룰 것이다.

예제 집합은 다음과 같을 것이다.

Healthy(건강함)	In Cover(숨어 있음)	With Ammo(탄약 있음)	Attack(공격)
Hurt(다쳤음)	In Cover	With Ammo	Attack
Healthy	In Cover	Empty(탄약 없음)	Defend(방어)
Hurt	In Cover	Empty	Defend
Hurt	Exposed(노출돼 있음)	With Ammo	Defend

두 가지 가능한 결과인 attack과 defend에서의 행동의 집합의 엔트로피는 다음과 같다.

$$E = -p_A \log_2 p_A - p_D \log_2 p_D,$$

여기서 p_A는 예제 집합에서의 공격 행동의 비율이고, p_D는 수비 행동의 비율이다. 예제에서 전체 집합의 엔드로피는 0.971이다.

알고리듬의 첫 번째 노드에서 차례로 각각의 가능한 속성을 살펴보고 예제 집합을 나누고 각 분리와 관계 있는 엔트로피를 계산한다.

다음과 같이 분리된다.

Health	$E_{\text{healthy}} = 1.000$	$E_{\text{hurt}} = 0.918$
Cover	$E_{\text{cover}} = 1.000$	$E_{\text{exposed}} = 0.000$
Ammo	$E_{\text{ammo}} = 0.918$	$E_{\text{empty}} = 0.000$

각각의 분리에 대한 정보 획득은 현재의 예제 집합에 있는 엔트로피부터 자식 집합에 있는 엔트로피까지 감소시킨다. 다음과 같은 수식을 갖는다.

$$G = E_S - p_\top E_\top - p_\perp E_\perp$$

여기서 $p_\top$는 속성 값이 참인 예의 비율이고, $E_\top$는 이 예들의 엔트로피다. 마찬가지로 $p_\perp$와 $E_\perp$는 속성 값이 거짓일 때의 비율과 엔트로피다. 이 방정식은 각 카테고리에 있는 예의 비율과 엔트로피를 곱해야 한다는 것을 보여 준다. 이것은 각 카테고리로 이동하는 예의 수가 유사하도록 분기를 균형 있는 방향으로 탐색하도록 조정해 준다.

예에서 우리는 각 속성 값으로 나눠 줌으로써 정보 획득을 계산할 수 있다.

$$G_{\text{health}} = 0.020$$
$$G_{\text{cover}} = 0.171$$
$$G_{\text{ammo}} = 0.420$$

따라서 세 가지 특성 중에 탄약은 우리가 취해야 할 행동에 대한 단연 최고의 지시자임을 알 수 있다(탄약이 없으면 공격을 할 수가 없기 때문이다). 가장 일반적인 것을 처음에 다루는 학습의 원칙에 의해 탄약을 의사결정 트리에서 첫 번째 분기로 사용한다.

만약 우리가 이러한 기조를 유지한다면 그림 7.10과 같은 의사결정 트리를 만들 것이다.

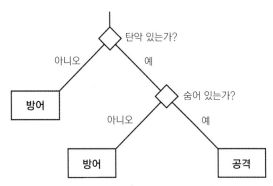

그림 7.10 단순한 예로부터 만들어지는 의사결정 트리

이 트리에 캐릭터의 체력이 빠져 있는데 체력이 이 의사결정과는 상관이 없기 때문이다. 만약 더 많은 예가 주어졌다면 체력이 상관 있는 상황을 찾을지도 모르는데 거기서 의사결정 트리는 체력을 사용할 것이다.

2개 이상의 행동

2개 이상의 행동에서도 같은 처리를 한다. 이 예에서 엔트로피 계산은 다음과 같이 일반화 된다.

$$E = -\sum_{i=1}^{n} p_i \log_2 p_i$$

여기서 n은 행동의 수이고, p_i는 예제 집합에서의 각 행동의 비율이다.

대부분의 시스템은 2를 밑으로 하는 로그 함수만 사용하지는 않는다. 특정한 밑을 사용하는 로그 함수에 대해 다음과 같은 수식을 사용한다.

$$\log_n x = \frac{\log x}{\log n}$$

이 로그 함수는 어떤 밑을 사용해도 된다(특히 e를 밑으로 사용하면 가장 빠르다. 하지만 최적화할 자신만 있으면 10을 밑으로 사용해도 빠르다). 따라서 밑이 2인 로그 함수를 사용하고 싶으면 로그 함수에 log2로 나눠 주면 간단하게 된다.

이진이 아닌 별개의 속성

카테고리가 2개 이상이라면 의사결정에 2개 이상의 자식 노드가 있을 것이다.

정보 획득에 대한 수식은 다음과 같이 일반화된다.

$$G = E_S - \sum_{i=1}^{n} \frac{|S_i|}{|S|} E_{S_i}$$

여기서 S_i는 각 n에 해당하는 속성에 대한 예제 집합이다. 하단의 리스트는 이런 상황을 자연스럽게 다룬다. 속성이 가질 수 있는 값의 수에 대한 가정은 하지 않는다. 불행하게도, 5장에서 살펴본 바와 같이 의사결정마다 2개 이상의 분기를 가지면 별로 실용적이지 못하다.

그러나 여전히 이것은 애플리케이션의 대부분을 다루지 못한다. 게임에서는 대부분의 속성은 연속적이거나, 쓸모없는 가지들로 구성된 너무 많은 값을 가진다. 기본 알고리듬을 연속적인 속성을 다룰 수 있도록 확장할 필요가 있다. 7.6절의 뒷부분에서 이 확장에 대해 다룰 것이다.

의사 코드

makeTree를 가장 간단하게 구현하는 방법은 재귀를 사용하는 것이다. 이것은 예제 집합의 분리를 수행하고 스스로 가지를 구성하는 부분 집합에 적용한다.

```
 1  function makeTree(examples, attributes, decisionNode):
 2      # 엔트로피 초깃값을 계산한다.
 3      initialEntropy = entropy(examples)
 4
 5      # 엔트로피가 없다면 더 이상 분리할 수 없다.
 6      if initialEntropy <= 0:
 7        return
 8
 9      # 예의 수를 찾는다.
10      exampleCount = examples.length()
11
12      # 지금까지의 최적의 분리를 유지한다.
13      bestInformationGain = 0
14      bestSplitAttribute
15      bestSets
16
17      # 각 속성에 대해 실행한다.
```

```
18    for attribute in attributes:
19      # 분리를 실행한다.
20      sets = splitByAttribute(examples, attribute)
21

22      # 총 엔트로피와 정보 획득을 찾는다.
23      overallEntropy = entropyOfSets(sets, exampleCount)
24      informationGain = initialEntropy - overallEntropy
25

26      # 지금껏 최적을 찾았나 확인해 본다.
27      if informationGain > bestInformationGain:
28        bestInformationGain = informationGain
29        bestSplitAttribute = attribute
30        bestSets = sets
31

32    # 의사결정 노드의 테스트를 구성한다.
33    decisionNode.testValue = bestSplitAttribute
34

35    # 트리의 아래를 향해 통과하는 속성의 리스트는
36    # 우리가 제거했던 것이어야 한다.
37    newAttributes = copy(attributes)
38    newAttributes -= bestSplitAttribute
39

40    # 자식 노드를 채운다.
41    for set in bestSets:
42      # 이 집합의 속성 값을 찾는다.
43      attributeValue = set[0].getValue(bestSplitAttribute)
44

45    # 트리의 자식 노드를 만든다.
46    daughter = new MultiDecision()
47

48    # 자식 노드를 트리에 추가한다.
49    decisionNode.daughterNodes[attributeValue] = daughter
50

51    # 이 알고리듬을 재귀한다.
52    makeTree(set, newAttributes, daughter)
```

이 의사 코드는 세 가지 핵심 함수에 의존한다. splitByAttribute()는 부분 집합 각각의 예가 속성에 대해 같은 값을 공유하게 만들기 위해 예의 리스트와 속성을 갖고, 여러 부분 집합으로 나눈다. entropy()는 예의 리스트의 엔트로피를 반환한다. entropyOfSets()은 리스트들의 리스트의 엔트로피를 반환한다(기본 엔트로피 함수를 사용한다). entropyOfSets() 함수는 리스트 안에

있는 각 리스트의 크기를 합산할 필요가 없도록 예의 총 수를 갖고 있다. 다음에서 살펴볼 점은 이것이 구현을 매우 쉽게 만든다는 점이다.

SplitByAttribute

SplitByAttribute 함수는 다음과 같은 형태를 지닌다.

```
1   function splitByAttribute(examples, attribute):
2       # 우리는 리스트의 집합을 만든다.
3       # 그래서 우리는 속성값으로 각 리스트에 접근할 수 있게 된다.
4       sets = {}
5
6       # 각각의 예를 반복한다.
7       for example in examples:
8           # 올바른 집합에 예를 할당한다.
9           sets[example.getValue(attribute)] += example
10
11      return sets
```

이 의사 코드는 sets 변수를 리스트의 주소록(그것들의 값에 기초를 둔 예를 더할 때)과 리스트들의 리스트(마지막에 변수를 리턴할 때)로 다룬다. sets가 주소록으로 사용될 때는 현재의 예를 추가하기 전에 이전에 사용되지 않았던 요소를 비어 있는 리스트로 초기화하도록 확인할 필요가 있다.

이중성은 구현하기 쉽고 자주 필요로 하는 기능임에도 불구하고 일반적인 자료 구조에서 지원하지 않는다.

entropy

entropy 함수는 다음과 같은 형태를 가진다.

```
1   function entropy(examples):
2       # 예제 수를 얻는다.
3       exampleCount = examples.length()
4
5       # 예가 하나밖에 없으면 엔트로피는 0이다.
6       if exampleCount == 0:
7           return 0
8
9       # 그렇지 않다면 우리가 얼마나 많은 종류의 각기 다른 행동을
```

```
10      # 갖고 있는지 총계를 집계할 필요가 있다.
11      actionTallies = {}
12
13      # 각 예에 대해 실행한다.
14      for example in examples:
15        # 적합한 총계를 증가시킨다.
16        actionTallies[example.action]++
17
18      # 이제 우리는 집합에 있는 각 행동에 대한 수를 가졌다.
19      actionCount = actionTallies.length()
20
21      # 만약 행동이 1개만 있다면 엔트로피는 0이다.
22      if actionCount == 0:
23        return 0
24
25      # 0 엔트로피로부터 시작한다.
26      entropy = 0
27
28      # 각 행동의 엔트로피의 공헌도에 의해 더한다.
29      for actionTally in actionTallies:
30        proportion = actionTally / exampleCount
31        entropy -= proportion * log2(proportion)
32
33      # 총 엔트로피를 반환한다.
34      return entropy
```

이 의사 코드에서 밑이 2인 log2 함수를 사용했다. 앞에서 살펴본 바와 같이 이것은 다음과 같이 구현될 수 있다.

```
1  function log2(x: float) -> float:
2    return log(x) / log(2)
```

이것이 엄격하게 옳지만 필요하지는 않다. 우리는 정확한 정보를 획득하는 데 관심이 없다. 단지 최대 정보 획득을 구하는 것에만 관심이 있다. 로그 함수의 진수가 양수이면 같은 부등호를 유지하기 때문에(예를 들어 $\log_2 x > \log_2 y$이면 $\log_e x > \log_e y$), 우리는 $\log_2$ 대신에 기본 로그 함수를 쉽게 사용할 수 있고 소수점 나누기를 하지 않아도 된다.

actionTallies 변수는 행동에 의해 인덱스된 주소록으로도 사용되고(우리는 이 값을 증가시킨다) 리스트(이 값을 통해 반복한다)로도 사용된다. 이것은 기본 해시 맵으로 구현될 수 있다. 비록 이것을 증가시키려고 하기 전에 이전에 사용하지 않은 요소를 0으로 초기화하는 주의를 할 필요가 있다.

| entropyOfSets

마지막으로 리스트의 엔트로피를 구하는 함수를 다음과 같이 구현할 수 있다.

```
1   function entropyOfSets(sets, exampleCount):
2       # 0 엔트로피로부터 시작한다.
3       entropy = 0
4
5       # 각 집합의 엔트로피 공헌도를 구한다.
6       for set in sets:
7           # 현재 집합의 전체에 대한 비율을 계산한다.
8           proportion = set.length() / exampleCount
9
10          # 엔트로피 공헌도를 계산한다.
11          entropy -= proportion * entropy(set)
12
13      # 총 엔트로피를 반환한다.
14      return entropy
```

자료 구조 및 인터페이스

부분 집합을 모으고 행동의 수를 갖고 있는 함수에 사용된 평범하지 않은 자료 구조와 더불어 이 알고리듬은 단지 간단한 예제 리스트만을 사용한다. 이것들은 만들어진 뒤에 크기를 변경하지 않으므로 배열로 구현될 수 있다. 예로 만들어진 추가적인 집합은 작은 그룹으로 분리된다. C나 C++에서, 예의 데이터를 영구적으로 복사하는 것보다는 하나의 예제 집합에 대해 배열을 가리키는 포인터를 사용하는 것이 현명하다.

이 의사 코드는 예제에 다음과 같은 인터페이스가 있다고 가정한다.

```
1   class Example:
2       action
3       function getValue(attribute)
```

여기서 getValue는 주어진 속성의 값을 반환한다. ID3 알고리듬은 속성의 수에 의존하지 않는다. 놀랍지 않게도 action은 속성 값이 주어졌을 때 취해야 하는 행동을 보유하고 있다.

알고리듬 시작하기

이 알고리듬은 예의 한 집합으로부터 시작한다. makeTree를 호출할 수 있지만 그 전에 속성의 리스트와 의사결정 트리 노드의 초깃값을 얻는 것이 필요하다. 속성의 리스트는 보통 모든 예제에 대해 동일하고 사전에 고정된다(즉 선택할 속성을 미리 알 것이다). 그렇지 않다면 사용되는 속성을 알아내기 위해 추가적인 애플리케이션에 의존적인 알고리듬이 필요할지도 모른다.

초기 의사결정 노드는 비어 있는 채로 간단하게 만들어질 수 있다. 따라서 다음과 같은 호출을 한다.

```
makeTree(allExamples, allAttributes, new MultiDecision())
```

성능

이 알고리듬은 $O(a \log_v n)$의 메모리를 소모하고 $O(avn \log_v n)$의 실행 시간이 걸린다. 여기서 a는 속성의 수이며, v는 각 속성에 들어 있는 값의 수이고, n은 초기 예제 집합의 수다.

7.6.2 연속적인 속성 값을 가진 ID3

ID3에 기초한 알고리듬은 연속적인 속성을 직접적으로 다룰 수 없고, 각 속성에 들어가는 것이 가능한 값이 많이 있다면 이 알고리듬은 실용적이지 못하다. 양쪽의 경우 모두 속성 값은 반드시 소수의 별개의 카테고리(보통은 2개)로 분리돼야 한다. 이 분리는 독립적인 프로세스로 자동으로 수행될 수 있으며 의사결정 트리 학습 알고리듬의 나머지 부분에 위치한 카테고리는 동일하게 유지돼야 한다.

단독 분리

연속적인 속성은 역치 값을 선택함으로써 이진 의사결정의 기초로 사용될 수 있다. 역치보다 낮은 값은 한 카테고리에 있고, 역치를 넘는 값은 또 다른 카테고리에 있다. 예를 들어 연속적인 체력 값은 역치 값을 통해 건강한 카테고리와 부상당한 카테고리로 나뉠 수 있다.

분기에서 어떤 속성을 사용할지 판단하는 데 사용되는 것과 유사한 프로세스에 사용하기 위해 역동적으로 최적의 역치 값을 계산할 수 있다.

우리가 관심 있어 하는 속성을 사용하는 예를 정렬한다. 정렬된 리스트에서 첫 번째 요소를 카테고리 A로 집어넣고, 나머지 요소는 카테고리 B로 집어넣는다. 분류가 다 됐으면 이제 분리를 수행할 수 있고 정보 획득을 계산할 수 있다.

가장 낮은 값을 가진 예를 카테고리 B에서 카테고리 A로 옮기는 프로세스를 반복하고 정보 획득을 계산하는 것을 마찬가지 방법으로 반복한다. 최대의 정보 획득을 얻게 해주는 분류를 사용한다. 결과 트리에 의해 아직 집합에 있지 않는 미래에 들어올 예를 올바르게 분류하려면 숫자로 된 역치 값이 필요하다. 카테고리 A의 최댓값과 카테고리 B의 최솟값을 평균 내면 이 역치 값을 찾을 수 있다.

다른 자식 예제 집합을 주는 역치 값을 가능한 한 모든 장소에 위치시켜 보는 것으로 이 프로세스가 작동한다. 이것은 최적의 정보 획득을 하게 해주는 분리를 찾아주고 사용하게 해준다.

마지막 단계로 자식 집합 안으로 예를 올바르게 나눠주는 역치 값을 만든다. 의사결정 트리가 의사결정을 내릴 때 이 값이 필요해지는데 예에서 같은 값을 얻는다는 보장은 없다. 왜냐하면 이 역치 값이 카테고리 안으로 모든 가능한 값을 위치시키는 데 사용되기 때문이다.

예로 사용하기 위해 앞 절에서와 유사한 상황을 고려해 보자. 체력 속성을 갖고 있는데 이 속성은 0에서 200 사이의 어떤 값도 취할 수 있다. 다른 관찰은 무시할 것이고 단지 이 속성과 함께하는 예제 집합만 고려할 것이다.

$$
\begin{array}{ll}
50 & \text{Defend} \\
25 & \text{Defend} \\
39 & \text{Attack} \\
17 & \text{Defend}
\end{array}
$$

이 예를 정렬하면서 시작한다. 이 예를 두 가지 카테고리로 위치시키고 정보 획득을 계산한다.

카테고리	속성 값	행동	정보 획득
A	17	Defend	
B	25	Defend	
	39	Attack	
	50	Defend	0.12

카테고리	속성 값	행동	정보 획득
A	17	Defend	
	25	Defend	
B	39	Attack	
	50	Defend	0.31

카테고리	속성 값	행동	정보 획득
A	17	Defend	
	25	Defend	
	39	Attack	
B	50	Defend	0.12

역치 값을 25와 39에 놓는다면 대부분의 정보가 획득되는 것을 관찰할 수 있다. 이 둘의 평균 값은 32이고, 32가 역치 값이 된다.

역치 값이 집합에 있는 예에 의존한다는 것에 주목하자. 트리의 각 분기에서 예제 집합이 작아지기 때문에 트리의 다른 위치마다 다른 역치 값을 얻을 수 있다. 이것은 나뉘는 선이 정해진 것이 없고 문맥에 의존한다는 것을 의미한다. 더 많은 예가 사용 가능해지면 역치 값이 정밀하게 교정될 수 있고 더 정확해질 수 있다.

연속적인 속성을 어디로 분리할 것인가를 판단하는 것은 어떤 속성을 분리할 것인지를 판단하는 엔트로피 확인과 결합할 수 있다. 이런 형태의 알고리듬은 C4.5 의사결정 알고리듬과 매우 유사하다.

의사 코드

이 역치 단계를 앞선 의사 코드의 splitByAttribute 함수와 결합할 수 있다.

```
1  function splitByContinuousAttribute(examples, attribute):
2    # 리스트의 집합을 만든다. 그래서 속성 값으로
3    # 각각의 리스트에 접근할 수 있다.
4    bestGain = 0
5    bestSets
6
7    # 예가 정렬됐는지 확인한다.
```

```
8     setA = []
9     setB = sortReversed(examples, attribute)
10
11    # 예의 수와 초기 엔트로피를 알아낸다.
12    exampleCount = len(examples)
13    initialEntropy = entropy(examples)
14
15    # 마지막 예를 제외하고 실행하면서 A집합으로 이동한다.
16    while setB.length() > 1:
17      # 가장 낮은 예를 A에서 B로 이동한다.
18      setB.push(setA.pop())
19
20      # 전체적인 엔트로피와 정보 획득을 구한다.
21      overallEntropy = entropyOfSets([setA, setB], exampleCount)
22      informationGain = initialEntropy - overallEntropy
23
24      # 최적인지 확인한다.
25      if informationGain >= bestGain:
26        bestGain = informationGain
27        bestSets = [setA, setB]
28
29    # 역치를 계산한다.
30    setA = bestSets[0]
31    setB = bestSets[1]
32    threshold = setA[setA.length()-1].getValue(attribute)
33    threshold += setB[setB.length()-1].getValue(attribute)
34    threshold /= 2
35
36    # 집합을 반환한다.
37    return bestSets, threshold
```

sortReversed 함수는 예의 리스트를 취하고, 속성 값을 기준으로 내림차순으로 예의 리스트를 반환한다.

이전에 makeTree를 사용한 틀에서는 역치 값을 사용할 수 있도록 하는 장치가 없었다(모든 다른 속성 값이 다른 분기로 보내진다면 이것은 적합하지 않다). 이 경우에는 makeTree에게 계산된 역치 값을 주도록 할 필요가 있고 트리가 사용할 수 있도록 의사결정 노드를 만들어 줄 필요가 있다. 5장의 5.2절에서 살펴본 FloatDecision 클래스가 여기에 적합할 것이다.

자료 구조 및 인터페이스

위의 코드에서 예제 리스트를 스택처럼 사용했다. push와 pop을 사용해 오브젝트는 한 리스트에서 제거돼 다른 리스트로 추가된다. 많은 데이터를 모으는 데이터 구조는 이런 근본적인 작업을 한다. 예를 들어 만약 자체 리스트를 링크드 리스트[linked list]를 사용해 구현한다면 'next' 포인터를 하나에서 다른 것으로 옮기는 것으로 쉽게 구현될 수 있다.

성능

속성을 분리하는 알고리듬은 메모리와 실행 시간 모두 $O(n)$이다. 여기서 n은 예의 수다. 속성 하나당 $O(n)$임을 주의하자. 만약 ID3를 사용한다면 각 속성에 대해서 한 번씩 이 알고리듬을 호출해야 한다.

구현 주의 사항

이번 절에서 2진(또는 분기가 적은) 또는 임곗값 의사결정 트리에 대해 설명했다.

실제 게임에서는 이 두 가지를 따로 사용하지 않고 결합해서 사용할 필요가 있다. makeTree 알고리듬은 각 알고리듬에 적합한 splitByAttribute를 호출하고, 그 결과는 MultiDecision 노드 또는 FloatDecision 노드(예를 들어 정수 임곗값 노드와 같은 것들도 포함)에 조합된다. 이 선택은 개발하고 있는 게임의 속성에 따라 달라질 수 있다.

다중 카테고리

하나의 역치 값을 기초로 해서 2개의 카테고리로 분리되는 것이 모든 연속적인 값에서 최적인 것은 아니다. 어떤 속성에 대해서는 다른 의사결정을 필요로 하는 2개 이상의 명확한 구역이 존재한다. 예를 들어 몸이 약간만 다친 캐릭터는 거의 죽기 일보 직전인 캐릭터와는 다르게 행동할 것이다.

유사한 접근 방법이 하나 이상의 역치 값을 만드는 데 사용될 수 있다. 분리의 수가 증가할수록 시나리오의 수가 기하급수적으로 증가하는데 시나리오마다 정보 획득이 계산돼야 한다.

최소의 엔트로피에 대한 입력 데이터를 다중 분리하는 여러 알고리듬이 존재한다. 보통의 경우에는 신경망과 같은 분류 알고리듬을 사용해 동일한 일을 해낼 수 있다.

그러나 게임 애플리케이션에서 다중 분리는 거의 필요하지 않다. ID3 알고리듬이 트리를 재귀함에 따라 동일한 속성 값에 기초해 여러 분기 노드를 만들 수 있다. 이런 분리마다 다른 예제 집합을 갖기 때문에 역치 값은 다른 장소에 위치할 것이다. 따라서 이 알고리듬은 속성을 2개 이상의 분기 노드에 걸쳐서 2개 이상의 카테고리 속으로 속성을 효과적으로 나눌 수 있다. 추가적인 분기는 최종 의사결정 트리를 느리게 만들겠지만 의사결정 트리를 실행하는 것이 워낙 매우 빠른 프로세스이기 때문에 느린 것이 별로 눈에 띄지는 않을 것이다.

그림 7.11은 예의 데이터가 이 알고리듬의 두 단계를 거쳐 의사결정 트리가 만들어지는 것을 보여 준다. 두 번째 분기가 부분 분리돼 원래의 속성을 세 가지 부분으로 분리하는 점을 주목하자.

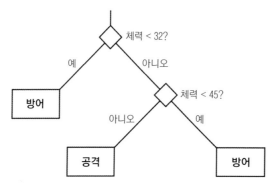

그림 7.11 동일한 속성에 대한 두 가지의 순차적 의사결정

7.6.3 점진적 의사결정 트리 학습

지금까지 의사결정 트리를 단독의 프로세스로 알아봤다. 최종 예제 집합이 주어지면 이 알고리듬은 사용 가능한 최종 의사결정 트리를 반환한다. 이것은 오프라인 학습에서는 괜찮다. 오프라인 학습에서는 큰 수의 관찰과 행동의 예가 한 번에 제공될 수 있다. 이 학습 알고리듬은 예제 집합을 처리해 의사결정 트리를 생성하는 데 적은 시간을 소모할 수 있다.

그러나 온라인의 경우에는 새로운 예가 게임이 실행되고 있는 도중에 생성되고, 새로운 예를 추가하기 위해 의사결정 트리가 계속 변경돼야 한다. 예의 수가 적은 경우에 대충대충 작업하는 것만이 관찰될 수 있고 트리는 매우 평평할 필요가 있다. 예의 수가 수천 개일 경우에는 속성과 행동 사이에 사소한 상호작용이 알고리듬에 의해 발견될 수 있고 트리가 매우 복잡해질 수 있다.

이 크기 변화에 적응하는 가장 간단한 방법은 새로운 예가 추가될 때마다 알고리듬을 재실행하는 것이다. 이것은 의사결정 트리가 각 순간마다 최고의 대안이라는 것을 보장한다. 불행하게도, 우리는 의사결정 트리 학습이 어느 정도 비효율적인 프로세스라는 것을 관찰해 왔다. 예의 데이터베이스가 크다면 시간이 많이 소모된다는 것이 자명하다.

점점 커지는 알고리듬은 전체 트리를 새롭게 만들 필요 없이도 새로운 정보에 기초를 두고 의사결정 트리를 업데이트한다.

가장 간단한 접근 방법은 새로운 예를 취하고 의사결정 트리를 둘러보기 위해 자신의 관찰을 사용한다. 트리의 말단 노드에 도달하면 예제에 있는 행동과 말단 노드에 있는 행동을 비교한다. 만약 이것들이 동일하다면 업데이트가 필요 없고 새로운 예는 간단하게 그 노드의 예제 집합에 추가된다. 만약 행동이 동일하지 않다면 SPLIT_NODE를 정상적인 방법으로 사용해 그 노드를 의사결정 노드로 변경한다.

이 방법은 실행이 잘 되는 경우에 한해 좋은 방법이다. 그러나 이 방법은 항상 트리의 말단에 예를 추가함으로써 많은 순차적인 가지를 가진 거대한 트리를 생성할 수 있다. 최대한 트리를 평평하게 만드는 것이 이상적이다. 평평한 트리일수록 행동의 수행이 최대한 빠르게 판단되기 때문이다.

알고리듬

점진적 알고리듬 중 가장 간단한 것은 ID4다. 이름에서 유추되듯이 ID4는 기본 ID3 알고리듬과 연관이 있다.

ID3 알고리듬에 의해 만들어진 것과 같은 의사결정 트리로부터 시작한다. 의사결정 트리의 각 노드는 항상 그 노드에 도달하는 모든 예의 기록을 갖고 있다. 다른 가지를 따라 내려올 수 있는 예는 트리의 어느 곳이라도 저장 가능하다. 그림 7.12는 앞에서 다뤘던 예를 사용한 초반의 ID4 트리를 보여 준다.

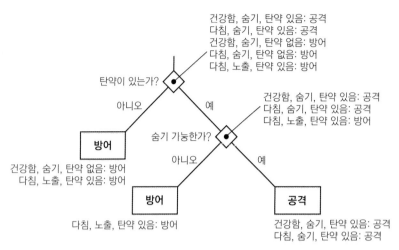

그림 7.12 ID4 형식의 예와 트리

ID4에서는 의사결정 트리와 의사결정 트리 학습 알고리듬을 효과적으로 결합한다. 점진적 학습을 지원하기 위해 새로운 예가 주어질 때 트리가 스스로 노드에 업데이트할 수 있는지 질문할 수 있다.

스스로 업데이트를 할 수 있는지 질문을 받았을 때 세 가지 경우 중에 한 가지 경우가 생긴다.

1. 만약 노드가 말단 노드이면(즉 이 노드가 행동을 표현하면) 그리고 추가된 예가 동일하다면 그 예는 이 노드의 예의 리스트에 추가된다.

2. 만약 노드가 말단 노드이지만, 추가된 예의 행동이 동일하지 않다면 의사결정 노드를 생성하고 ID3 알고리듬을 사용해 최적의 분리를 알아본다.

3. 만약 노드가 말단 노드가 아니면 이것은 이미 의사결정 노드다. 새로운 예를 현재 리스트에 추가하면서 의사결정에 대한 최적의 속성을 판단한다. ID3에서 봤듯이 정보 획득 수준을 사용해 최적의 속성이 판단된다.

   ○ 만약 반환된 속성이 의사결정에 대한 현재 속성과 동일하다면(대부분의 경우에 해당) 새로운 예에 적합한 자식 노드가 어떤 것인지 판단한다. 그리고 새로운 예를 자식 노드에 추가한다.

   ○ 만약 반환된 속성이 다르다면 새로운 예가 다른 최적의 의사결정을 내린다는 것을 의미한다. 만약 이 시점에서 의사결정을 바꾼다면 현재 분기점 아래에 위치한 트리 부

분은 잘못된 것이 된다. 따라서 현재의 의사결정 아래에 있는 트리를 지운다. 그리고 새로운 예를 추가한 기본 ID3 알고리듬을 수행한다.

의사결정에 대한 속성을 다시 고려할 때 여러 속성이 같은 정보 획득을 제공할 수 있다. 만약 그중 하나가 현재 의사결정에서 우리가 사용하고 있는 속성이라면 트리를 다시 만드는 불필요한 행동을 하지 않는 것을 선호할 것이다.

요약하면 트리의 각 노드에서 ID4는 새로운 예에 대해 고려해 현재의 의사결정이 최적의 정보 획득을 제공해 주는지 확인한다. 만약 그렇다면 새로운 예는 적합한 자식 노드로 내려갈 것이다. 만약 그렇지 않다면 그 시점에서 모든 트리가 다시 계산 돼야 한다. 이것은 트리가 최대한 평평할 것을 보장해 준다.

사실 ID4에 의해 생성된 트리는 같은 예를 입력으로 받으면 항상 ID3로 만들어진 트리와 동일하다. 최악의 경우에는 트리를 업데이트할 때 ID4가 ID3와 동일한 일을 해야만 한다. 최고로 좋은 경우는 ID4가 간단한 업데이트 절차처럼 효율적이다. 실제로 적당한 수의 예제 집합을 다룰 때는 반복적으로 ID3를 매번 호출하는 것보다 ID4가 훨씬 빠르다. 종국에는 ID4가 간단한 업데이트 절차보다 빠르게 된다(왜냐하면 평평한 트리를 만들기 때문이다).

단계별 알아보기

ID4 알고리듬 하나만을 갖고, ID4의 동작을 시각화하는 것은 어렵기 때문에 예제를 통해 알아보도록 하자.

7개의 예가 있다. 첫 번째 5개는 이전과 유사하다.

Healthy	Exposed	Empty	Run
Healthy	In Cover	With Ammo	Attack
Hurt	In Cover	With Ammo	Attack
Healthy	In Cover	Empty	Defend
Hurt	In Cover	Empty	Defend

이것들을 그림 7.13에 나오는 의사결정 트리의 초깃값으로 사용할 것이다.

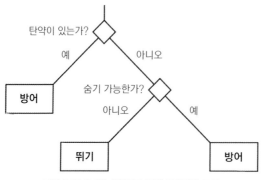

그림 7.13 ID4를 실행하기 전의 의사결정 트리

ID4를 사용해 한 번에 하나씩, 2개의 새로운 예를 더한다.

Hurt   Exposed   With Ammo Defend
Healthy   Exposed   With Ammo Run

첫 번째 예가 첫 번째 의사결정 노드에 들어간다. ID4는 5개의 기존의 예와 함께 새로운 예를 사용해 의사결정에서 ammo가 최적의 속성인지 판단한다. 이것은 현재의 의사결정과 동일하다. 따라서 그 예는 적합한 자식 노드로 보내진다.

현재로서는 자식 노드의 행동은 attack이다. 행동이 동일하지 않으므로 새로운 의사결정을 만들어야 할 필요가 있다. 기본 ID3 알고리듬을 사용해 cover에 기초해 의사결정을 내리도록 결정한다. 이 새 의사결정의 자식들은 오직 1개의 예와 1개의 행동 노드만을 갖고 있다. 현재의 의사결정 트리는 그림 7.14에 나타난다.

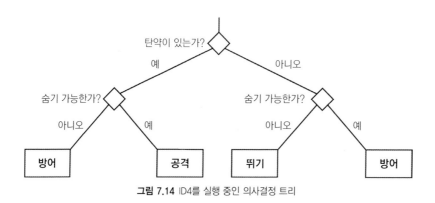

그림 7.14 ID4를 실행 중인 의사결정 트리

이제 둘째 예를 더한다. 루트 노드로 들어간다. ID4는 이번에는 ammo가 사용될 수 없다고 판단한다. 그래서 cover가 이번 의사결정에서 최적의 속성이다.

따라서 이 점의 하부 트리를 제거하고(우리가 첫 번째 의사결정을 하고 있기 때문에 전체 트리가 된다), 모든 예와 함께 ID3 알고리듬을 구동한다. ID3 알고리듬이 구동돼 트리를 완성한다. 이것은 그림 7.15에 나온다.

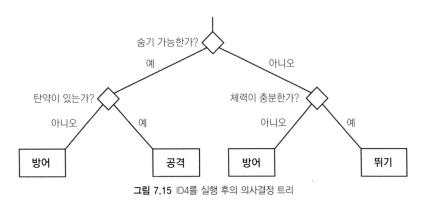

그림 7.15 ID4를 실행 후의 의사결정 트리

ID4의 문제점

ID4 그리고 이와 유사한 알고리듬은 최적의 의사결정 트리를 만드는 데 매우 효과적일 수 있다. 시작하면서 몇 개의 예가 들어올 때마다 트리는 크게 다시 만들어져야 한다. 예제 데이터베이스가 커짐에 따라 트리를 변경하는 양이 적어지면서 실행 속도를 빠르게 한다.

그러나 특정한 순서로 속성 값이 트리에 입력되면 상태가 매우 병적으로 악화될 수 있다. 트리는 거의 모든 단계마다 새롭게 만들어지는 것이 반복된다. 이렇게 되면 ID3를 각 단계마다 실행하는 것보다 느려지게 될 것이다. ID4는 어떤 의미로는 학습하는 것이 간혹 불가능해질 때가 있다고 알려졌다. 이것은 ID4가 잘못된 트리를 생성한다는 것을 의미하지 않다(이것은 ID3와 같은 트리를 생성한다). 이것은 그냥 새로운 예가 들어옴에 따라 트리가 불안정해진다는 것을 의미한다.

그러나 현실에서 ID4의 이러한 문제를 겪지 않는다. 현실의 데이터들은 급격하게 안정화되는 경향이 있고 ID3로 매번 트리를 재생성하는 것보다 ID4가 훨씬 빠르게 된다.

ID5, ITI 등등의 다른 점점 커지는 학습 알고리듬은 수송 시스템, 각 노드에서 통계 기록, 트리를 재생성하는 것을 피하기 위해 추가적인 재건설 과정 등을 사용한다.

발견적 알고리듬

엄격하게 말하자면 ID3은 발견적 알고리듬^{heuristic algorithm}이다. 왜냐하면 정보 획득 값이 분기의 효용을 측정하는 데 좋기 때문인데 이 값이 최적의 값은 아닐 수 있다. 분기에서 어떤 속성값을 사용할지 판단하는 다른 방법이 사용돼 왔다. 그중 가장 흔한 방법은 '획득 비율^{gain-ratio}'인데, ID3의 원래 창안자인 퀸란에 의해 제안된 방법이다.

이 수학적 방법은 ID3에 있는 것보다 훨씬 더 복잡하다. 그리고 개선이 이뤄지지만 결괏값들이 특정 집합에 머물러 있는 경향이 있다. 의사결정 트리의 실행 비용이 매우 작아서 추가적인 조치가 필요한 경우가 드물다. 간단한 ID3 최적화보다 더 나아간 것을 개발하는 데 투자한 몇 몇 개발자를 알고 있다.

더 두드러진 속도 상승이 온라인 학습을 할 때 점점 커지는 업데이트 알고리듬에서 달성될 수 있다. 발견적 알고리듬은 점점 커지는 알고리듬의 효율과 속도의 향상을 위해 사용될 수 있다. 이 방법은 SITI와 의사결정 트리 학습의 색다른 버전의 알고리듬에서 사용된다.

7.7 강화 학습

강화 학습^{reinforcement learning}은 경험을 토대로 하는 학습에 대한 기술들을 가리키는 말이다. 강화 학습 알고리듬의 일반적인 형태는 세 가지 요소를 갖고 있다. 이 요소들은 게임에서의 다른 행동을 알아내기 위한 탐색 전략, 각 행동이 얼마나 좋은지에 대한 피드백을 주는 강화 함수, 이 둘을 연결하는 학습 규칙이다. 애플리케이션에 따라서 각 요소들은 여러 다른 구현과 최적화를 한다.

강화 학습은 게임 AI에서 인기 있는 주제다. 신규 AI 미들웨어^{Middleware} 판매자들이 강화 학습을 차세대 게임 플레이를 가능케 하는 핵심 기술로 사용하고 있을 정도다.

7.7절의 후반부에서 강화 학습 기술을 어느 정도 간략하게 알아볼 것이다. 그러나 게임 애플리케이션에서 Q-학습^{Q-learning} 알고리듬부터 시작하는 것이 좋다. Q-학습은 구현하기 간단하고 게임이 아닌 프로그램들에서 많이 테스트됐으며 이론적 지식이 별로 없어도 쉽게 조정 가능하다.

7.7.1 문제점

우리는 게임 캐릭터가 시간이 지날수록 더 나은 행동을 선택하길 원한다. 디자이너가 좋은 행동을 만드는 것에 관여하는 것이 힘들 수도 있다. 이것은 플레이어의 행동 양식에 달려 있을 수도 있고, 디자인이 불가능한 랜덤 지도^{random map}의 구조에 달려 있을 수도 있다.

캐릭터에게 어떤 상황에서 어떤 행동이라도 취할 수 있는 자유 선택권을 주고 싶어하고 캐릭터가 주어진 상황에 최선의 행동을 알아낼 수 있게 해주고 싶다.

불행하게도, 행동이 만들어지는 시점에서는 행동이 좋은지 안 좋은지를 판단하는 것은 보통의 경우에 명확하지 않다. 캐릭터가 능력 상승 아이템을 얻었거나 적을 사살했을 때 좋은 피드백을 주는 알고리듬을 만드는 것은 상대적으로 쉬운 일이다. 그러나 적을 사살하는 행동은 1~100개의 세부 행동이 결합된 결과다. 각 세부 행동은 순서에 맞게 정리될 필요가 있다.

따라서 뭔가 중요한 일이 발생했을 때만 피드백을 줄 수 있도록 매우 부분적인 정보를 주려고 한다. 피드백이 없는 상황에서조차도 캐릭터가 사건에 이르는 세부 행동을 모두 학습하는 것은 좋은 일이다.

7.7.2 알고리듬

특별한 방식으로 표현되는 문제에 Q-학습이 의존한다. 이러한 표현이 생기면 취할 수 있는 행동을 알아내기 위해 Q-학습은 관련 정보를 저장하고 업데이트할 수 있다.

Q-학습의 세계 표현

Q-학습은 게임 세계를 상태 기계처럼 취급한다. 특정 시점에서 알고리듬은 특정 상태에 있다. 이 상태는 캐릭터의 환경과 내부 데이터에 관련한 상세 내용을 표현해야 한다.

따라서 만약 캐릭터의 체력이 학습할 때 중요하다면, 그리고 만약 캐릭터가 2개의 각기 다른 체력 수준마다 2개의 동일한 상황에 처해 있는 것을 알게 된다면 캐릭터는 이 상황들을 다른 상황으로 간주한다. 상태에 포함이 안 돼 있는 것은 학습될 수 없다. 만약 체력 수준을 상태의 일부로 포함시키지 않는다면 의사결정을 고려할 때 체력 수준을 학습에 사용할 수 없다.

게임에서 상태는 위치, 적과의 인접도, 체력 수준 등 많은 요소로 구성돼 있다. Q-학습은 상태의 구성 요소를 이해할 필요가 없다. 알고리듬이 관심 있는 것은 정수 값으로 이뤄진 상태 숫자 정도밖에 없다.

반면에 게임은 학습 알고리듬을 사용하기 위해 게임의 현재 상태를 상태 숫자로 변환할 수 있을 필요가 있다. 운 좋게도, 이 알고리듬은 상태 숫자를 게임의 현재 상태로 변환하는 반대의 경우는 절대 필요로 하지 않는다(예를 들어 길 찾기 알고리듬에서 했던 것처럼).

Q-학습은 세계관이 어떻게 작동하는지에 대한 모델을 만들 필요가 없기 때문에 모델 없는 알고리듬으로 알려져 있다. 이것은 단순하게 모든 것을 상태로 취급한다. 알고리듬이 방문한 상태로부터 발생했던 일을 재현하려는 알고리듬은 모델 없는 알고리듬이 아니다. Q-학습과 같은 모델 없는 알고리듬은 구현하기 매우 쉬운 경향이 있다.

각각의 상태에서 알고리듬은 각 상태에서 사용 가능한 행동에 대해서 이해할 필요가 있다. 많은 게임에서 행동은 모든 때에 사용 가능하다. 그러나 더 복잡한 환경에서 어떤 행동들은 캐릭터가 특정 위치에 있을 때에만(예를 들어 레버를 당기기) 사용 가능하기도 하고, 특정 물체를 갖고 있을 때에만(예를 들어 열쇠로 문을 열기) 사용 가능하기도 하고, 사전에 특정 행동을 했을 때에만(예를 들어 열린 문을 통과하기) 사용 가능할 때도 있다.

캐릭터가 현재 상태에서 행동을 수행한 다음, 강화 함수는 피드백을 줘야 한다. 피드백은 긍정적이거나 부정적일 수 있으며, 명확한 인과관계가 없으면 0일 수도 있다. 피드백 값에 특별한 제약은 없지만 보통 $[-1, 1]$의 범위로 제한하는 일이 많다.

특정 상태에서 수행되는 행동에 대해 강화 값이 매번 같아야 된다는 조건은 없다. 알고리듬의 상태를 만들 때 사용되지 않는 문맥적 정보가 있을 것이다. 앞에서 살펴본 바와 같이 알고리듬은 상태의 일부가 아닌 문맥을 이용하려는 학습을 할 수는 없다. 그러나 이것은 결과를 용인할 것이고, 단 한 번의 시도에 이은 성공보다는 행동의 전체적인 성공에 대해 학습할 것이다.

행동을 수행한 다음에 캐릭터는 새로운 상태에 들어가기 마련이다. 동일한 상태에서 동일한 행동을 정확히 수행하더라도 항상 같은 상태에 도달하는 것은 아니다. 다른 캐릭터와 플레이어도 또한 상태에 영향을 미친다.

예를 들어, FPS의 어떤 캐릭터는 체력 회복 아이템을 찾으려고 노력하고 있고, 교전을 피하려고 하고 있다. 이 캐릭터는 기둥 뒤에서 숨어 있다. 방의 다른 편에서는 적 캐릭터가 문 앞에서서 주변을 둘러보고 있다. 따라서 이 캐릭터의 현재의 상태는 '1번 방에 있음, 숨어 있음, 적이 근처에 있음, 죽기 일보 직전임'이 될 것이다. 이 캐릭터는 '숨기' 행동을 계속 숨어 있기 위해서 선택한다. 적은 멈춰 있는 상태에 있다. 따라서 '숨기' 행동은 같은 상태로 돌아가게 만든다. 그래서 이 캐릭터는 같은 행동을 다시 선택한다. 이번에는 적이 떠난다. 따라서 '숨기' 행동은 '1번 방에 있음, 숨어 있음, 적이 없음, 죽기 일보 직전임'의 상태를 만든다.

Q-학습 알고리듬과 대부분의 다른 강화 알고리듬의 강력한 특징 중의 하나는 이런 종류의 불확실성에 대처할 수 있다는 점이다.

시작 상태^{start state}, 실행 행동^{action taken}, 강화 값^{reinforcement value}, 결과 상태^{resulting state}의 네 가지 요소는 경험 집합으로 불리는데 종종 $<s, a, r, s'>$로 쓰인다.

학습하기

Q-학습은 각각의 가능한 상태와 행동을 담은 질적인 정보(Q-값)의 집합을 따라 이름 지어진 것이다. 이 알고리듬은 이것이 시도한 모든 상태와 행동의 값을 갖고 있다. Q-값은 어떤 상태에서 취할 수 있는 행동이 얼마나 좋은지 판단한 값을 나타내 준다.

경험 집합은 두 가지 부분으로 나뉜다. 앞의 두 가지 요소(상태와 행동)는 저장돼 있는 Q-값을 관찰하는 데 사용한다. 뒤의 두 가지 요소(강화 값과 경과 상태)는 행동이 얼마나 좋은지와 다음 상태에서 얼마나 좋을지를 근거로 Q-값을 업데이트하는 데 사용된다.

이 업데이트는 다음과 같은 Q-학습 규칙에 의해 수행된다.

$$Q(s,a) = (1 - \alpha)Q(s,a) + \alpha(r + \gamma max(Q(s', a')))$$

여기서 α는 학습 속도이고, γ는 할인 속도다. 둘 다 알고리듬에서의 매개 변수다. $(1-\alpha)$이 곱해짐과 관련해 이 규칙은 때때로 약간 다른 형태로 작성된다.

작동 방식

Q-학습 규칙은 학습 속도 매개 변수를 선형적인 섞기^{linear blend}를 제어함으로써 2개의 요소를 섞는다. 섞기를 제어하는 학습 속도 매개 변수는 [0, 1]의 범위를 가진다.

앞의 요소인 $Q(s, a)$는 단순하게 상태와 행동의 현재 Q-값이다. 이런 방법으로 현재 값의 일부를 따라가는 것은 이전에 발견한 정보를 절대로 버리지 않는다는 것을 의미한다.

뒤의 요소는 자체적으로 2개의 요소를 갖고 있다. 여기서 r 값은 경험 집합으로부터의 새로운 강화 값이다. 만약 강화 규칙이 다음과 같다면 이 규칙은 과거 Q-값과 행동으로부터의 새로운 피드백을 섞을 것이다.

$$Q(s,a) = (1-\alpha)Q(s,a) + \alpha r$$

뒤의 요소인 $\gamma \max(Q(s', a'))$는 경험 집합으로부터의 새로운 상태에 대해 관찰한다. 이 상태에서 취할 수 있는 모든 행동을 고려한 다음, Q-값에 가장 부합하는 행동을 선택한다. 이것은 나중의 행동의 성공을 이전의 행동에 돌려주도록 도와준다. 즉 다음 상태가 좋은 것이라면 현재 상태도 이 좋은 덕을 봐야 된다는 것이다.

할인 매개 변수는 현재 상태와 행동이 얼마나 다음 상태의 Q-값에 의존할지 제어한다. 높은 값의 할인은 좋은 상태로의 큰 유인이 될 것이고, 낮은 값의 할인은 성공에 근접하는 값만 줄 것이다. 할인 수준은 [0, 1]의 범위 안에 있어야 한다. 1보다 큰 값은 Q-값을 계속 커지게 만들 수 있으며 학습 알고리듬을 최적의 해답으로 절대 수렴하지 못하게 만들 것이다.

요약하면, Q-값은 현재 값과 새로운 값의 혼합이고, 행동 강화와 취해야 할 행동 상태의 질을 결합한다.

탐색 전략

지금까지 강화 함수, 학습 규칙, 알고리듬의 내부 구조를 다뤘다. 어떻게 경험 집합으로부터의 학습을 업데이트하는지와 상태와 행동으로부터 경험 집합을 어떻게 생성하는지를 이제 알고 있다. 강화 학습 시스템은 탐색 전략 또한 필요하다. 탐색 전략은 주어진 상태에서 취할 행동을 선택하는 정책이다. 이것은 종종 쉽게 '정책^{policy}'으로 불린다.

탐색 전략은 엄격하게 말하자면 Q-학습 알고리듬의 부분이 아니다. 비록 뒤에서 개요를 설명할 이 전략은 Q-학습에서 매우 흔하게 사용되지만, 장단점을 갖고 있는 다른 것들이 있다. 게임에서는 플레이어의 행동을 포함하는 강력한 대안의 기술이 플레이어의 플레이에 기초를 두고 경험 집합을 생성한다. 7.2.2절에서 이 아이디어에 대해 다룰 것이다.

Q-학습 탐색 전략의 기본은 부분적으로 무작위다. 대부분의 경우 알고리듬은 현재 상태로부터 가장 높은 Q-값을 가진 행동을 선택할 것이다. 나머지 시간 동안에 알고리듬은 무작위 행동을 선택할 것이며 이러한 무작위 수준은 매개 변수로 제어될 수 있다.

수렴과 종결

만약 문제가 항상 동일하게 존재하고 보상이 일정하다면(게임에서 랜덤 이벤트에 의존한다면 별로 일정하지 않을 것이다) Q-값은 최종적으로 수렴할 것이다. 학습 알고리듬의 더 이상의 실행은 Q-값을 전혀 변화시키지 못할 것이다. 이 시점에서의 알고리듬은 문제를 완전하게 학습한 것이다.

매우 작은 간단한 문제에서는 수천 번 이상의 반복을 통해 수렴에 도달 가능하다. 그러나 현실 문제에서는 무수히 많은 반복이 필요하다. Q-학습의 실용적인 애플리케이션에서는 수렴에 도달할 시간이 부족한데 그래서 Q-값이 안정화되기 전에 사용된다. 학습이 완료되기 전에 학습된 값의 영향력 안에서 행동을 시작하는 것이 흔하다.

7.7.3 의사 코드

일반적인 Q-학습 시스템은 다음과 같은 구조를 가진다.

```
1   # 학습에 기초한 의사결정을 위해 Q-값을 저장하고 사용한다.
2   store = new QValueStore()
3
4   # 문제를 조사해서 저장된 Q-값을 업데이트한다.
5   function QLearning(problem, iterations, alpha, gamma, rho, nu):
6     # 시작 상태를 얻는다.
7     state = problem.getRandomState()
8
9     # 반복한다.
10    for i in 0..iterations:
11      # 한 번에 한 번씩 새로운 상태를 선택한다.
12      if random() < nu: state = problem.getRandomState()
13
14      # 가능한 행동의 리스트를 구한다.
15      actions = problem.getAvailableActions(state)
16
17      # 이번에 랜덤 행동을 사용할까?
18      if random() < rho:
19        action = oneOf(actions)
20
21      # 그렇지 않으면 최적의 행동을 선택한다.
22      else:
23        action = store.getBestAction(state)
```

```
24
25        # 행동을 수행하고 보상과 새로운 상태를 꺼낸다.
26        reward, newState = problem.takeAction(state, action)
27
28        # 저장소에서 현재 Q를 꺼낸다.
29        Q = store.getQValue(state, action)
30
31        # 새로운 상태로부터 최적 행동의 Q를 얻는다.
32        maxQ = store.getQValue(newState,
33                               store.getBestAction(newState))
34
35        # Q-학습을 실행한다.
36        Q = (1 - alpha) * Q + alpha * (reward + gamma * maxQ)
37
38        # 새로운 Q-값을 저장한다.
39        store.storeQValue(state, action, Q)
40
41        # 상태를 업데이트한다.
42        state = newState
```

random 함수가 [0, 1] 사이의 부동 소수점을 반환한다고 가정한다. oneOf 함수는 리스트에서 아이템을 무작위로 뽑는다.

7.7.4 자료 구조 및 인터페이스

이 알고리듬은 어떤 상태가 들어 있는지, 어떤 행동을 취할 수 있는지에 대한 문제를 이해할 필요가 있다. 그리고 행동을 취한 뒤에 적합한 경험 집합에 접근할 필요가 있다. 위의 코드는 다음과 같은 인터페이스를 통해 이 필요들을 다룬다.

```
1   class ReinforcementProblem:
2     # 문제를 위한 랜덤 시작 상태를 선택한다.
3     function getRandomState()
4
5     # 주어진 상태에 대한 가능한 행동을 구한다.
6     function getAvailableActions(state)
7
8     # 주어진 행동과 상태를 취해서
9     # 보상과 새로운 상태를 구성하는 것을 반환한다.
10    function takeAction(state, action)
```

게다가 Q-값은 state와 action의 둘 모두로 색인되는 자료 구조에 저장된다. 이것은 다음과 같은 형태를 가진다.

```
1   class QValueStore:
2       function getQValue(state, action)
3       function getBestAction(state)
4       function storeQValue(state, action, value)
```

getBestAction 함수는 주어진 상태에서 가장 높은 Q-값을 가진 행동을 리턴한다. 가장 높은 Q-값(학습 규칙에서 필요함)은 getBestAction의 결과와 함께 getValue를 호출함으로써 발견될 수 있다.

7.7.5 구현 노트

만약 Q-학습 시스템은 온라인에서 작동하도록 만들어졌다면 한 번에 한 번씩만 반복을 수행하고 현재 상태와 데이터 구조에 들어 있는 Q-값을 저장하기 위해 Q-학습 함수가 재작성돼야 한다.

이 저장은 행동-상태의 짝으로 색인되는 해시 테이블로 구현될 수 있다. 오직 값으로 저장된 행동-상태의 짝만이 데이터 구조에 들어갈 수 있다. 다른 색인은 모두 0으로 된 값을 가진다. 따라서 getQValue는 주어진 행동-상태 짝이 해시에 있지 않으면 0을 반환한다. 간단히 한 번의 학습을 수행하는 경우는 이런 간단한 구현이 유용할 수 있다. getBestAction이 항상 최적의 행동을 반환하지 않는다는 점이 문제를 일으킨다. 만약 주어진 상태에서 방문한 행동이 모두 음수의 Q-값을 갖고 모든 행동을 방문한 것이 아니라면 이 알고리듬은 방문하지 않은 행동에 있는 0을 선택하지 않고, 가장 큰 음수 값을 선택한다.

Q-학습은 모든 가능한 상태와 행동이 대략 여러 번 실행될 수 있도록 만들어진다(뒤에서 현실성에 대해 알아볼 것이다). 이런 경우에 해시 테이블은 시간 낭비다. 최적의 해답은 상태로 색인되는 배열이다. 이 배열의 각 요소는 행동으로 색인되는 Q-값의 배열이다. 모든 배열 값은 0의 Q-값으로 초기화된다. 이제 Q-값은 바로 찾아볼 수 있게 되고, 바로 저장될 수 있게 된다.

7.7.6 성능

이 알고리듬의 성능은 상태의 수와 행동의 수와 반복의 수에 기초해 측정된다. 이 알고리듬이 모든 상태와 행동을 여러 번 방문하도록 실행시키는 것이 바람직하다. 이 경우에는 O(i)의 시간이 소요되는데 여기서 i는 학습의 반복 횟수다. O(as)의 메모리를 소모한다. 여기서 a는 행동의 수이고 s는 행동별 상태의 수다. 이 경우에 Q-값을 저장하기 위해 배열이 사용되는 것을 가정했다.

만약 O(i)가 O(as)보다 훨씬 적다면 해시 테이블을 사용하는 것이 더 효율적일 것이다. 그러나 이에 대응해 실행 시간이 증가한다.

7.7.7 매개 변수 재단

이 알고리듬에는 위의 의사 코드에 있는 변수에 동반되는 알파[alpha], 감마[gamma], 로[rho], 뉴[nu]라는 4개의 매개 변수가 있다. 앞의 2개는 Q-학습 규칙의 α와 γ에 대응된다. 이 2개는 각각 알고리듬의 결과에 다른 영향을 주고 자세히 살펴볼 가치가 있다.

알파: 학습 속도

학습 속도는 저장된 Q-값에 대해 현재의 피드백 값이 얼마나 영향을 미치는지를 제어한다. 이것은 [0, 1]의 범위를 가진다.

0의 값은 알고리듬을 학습하지 않게 만든다. 왜냐하면 저장된 Q-값이 고정되고 새로운 정보로 바뀌는 것이 없기 때문이다. 1의 값은 이전의 경험을 모두 신뢰하지 않는 것이다. 혼자서 Q-값을 업데이트하는 것에 사용되는 경험 집합이 아무 때에 생성된다.

비록 조정이 필요하지만 경험과 실험으로부터 0.3의 값을 초깃값으로 삼는 것이 현명하다는 것을 발견했다. 일반적으로 상태 변화에서의 높은 수준의 무작위성(즉 행동을 취함으로써 달성되는 보상이나 최종 상태는 각 횟수마다 매우 다를 경우)은 낮은 알파 값을 필요로 한다. 반면에 적은 횟수의 반복은 높은 알파 값이 수행되는 것을 허락할 것이다.

많은 머신러닝 알고리듬의 학습 속도 매개 변수는 시간이 지나면서 변화되는 것으로부터 이득을 본다. 처음에는 학습 속도 매개 변수가 상대적으로 높을 수 있다(0.7이라고 해보자). 시간이 지나 이 값은 정상 값보다 낮아질 때까지 점진적으로 감소한다(예를 들어 0.1). 이것은 저장된 정보가 별로 없을 때에는 Q-값을 급격하게 변화하는 학습을 허용해 준다. 그러나 나중에 힘들게 습득하는 학습을 막는다.

감마: 할인 속도

할인 속도는 행동의 Q-값이 얼마나 도달하려는 상태의 Q-값에 의존하는지 제어한다. 이것은 [0,1]의 범위를 지닌다.

0의 값은 모든 행동이 직접적으로 보상을 제공하는 것을 나타내는 속도다. 이 알고리듬은 일련의 행동에 관련된 장기적인 전략을 별로 학습하지 못한다. 1의 값은 현재 행동이 도달하려는 상태의 질과 동일하게 중요한 것을 나타내는 속도다.

높은 값은 좀 더 긴 일련의 행동을 선호하지만 이에 비례해 학습하는 시간을 더 많이 소모한다. 낮은 값은 빠르게 안정화되지만 보통 짧은 길이의 행동 순서를 지원한다.

행동의 순서의 길이를 증가시키기 위해 보상 방식을 선택하는 것이 가능하다. 하지만 이렇게 하면 학습 시간이 오래 걸린다.

우리의 경험과 실험에 의하면 0.75 값은 시도해 볼 만한 좋은 초깃값이다. 이 값으로 보상이 1인 행동은 순서에서 10단계나 먼저 행동의 Q-값에 0.05를 공헌할 것이다.

로: 탐색을 위한 무작위성

이 매개 변수는 알고리듬이 현재 시점에서 최적의 행동이 아니고 무작위 행동을 얼마나 자주 취할지를 제어한다. 이것은 [0, 1]의 범위를 가진다.

0의 값은 순수하게 이용 전략을 나타낸다. 알고리듬은 이미 알고 있는 것을 강화하면서 현재의 학습을 이용하려고 할 것이다. 1의 값은 순수하게 탐색 전략을 준다. 알고리듬은 언제나 새로운 것을 시도하려고 할 것이고 기존의 지식을 활용하려고 하지 않는다.

이것은 학습 알고리듬의 전통적인 트레이드 오프다. 어느 정도까지는 새로운 것을 시도하려고 할 것이며(기존 지식보다 훨씬 안 좋을 수도 있다), 어느 정도까지는 기존의 지식을 이용하려고 할 것이다. 학습이 온라인으로 수행되는지 또는 오프라인으로 수행되는지의 값을 선택할 때 가장 큰 요소다.

만약 학습이 온라인으로 수행된다면 플레이어는 어느 수준의 지능적인 행동을 보기를 원할 것이다. 학습 알고리듬은 지니고 있는 지식을 이용해야 한다. 만약 1의 값이 사용된다면 알고리듬은 절대로 배웠던 지식을 사용하지 않을 것이고 의사결정을 항상 무작위로 내리는 것으로 보일 것이다(실제로도 무작위로 하고 있을 것이다). 온라인 학습은 낮은 값을 요구한다(0.1이나 이것보다 낮은 값도 괜찮다).

그러나 오프라인 학습에서 우리는 단순히 최대한 많이 학습하기를 원한다. 비록 높은 값이 선호되지만 여전히 상호 교환은 존재한다.

종종 특정 상태와 행동이 훌륭하다면(높은 Q-값을 갖고) 이와 유사한 상태와 행동도 역시 좋을 것이다. 예를 들어 만약 적 캐릭터를 죽임으로써 높은 Q-값을 학습해 왔다면 아마도 캐릭터를 죽기 일보 직전으로 만들기 위해 높은 Q-값을 가질 것이다. 따라서 이미 알고 있는 높은 Q-값을 지향하는 것은 좋은 Q-값을 가진 다른 행동-상태 짝을 찾는 좋은 전략이 된다.

만약 웹사이트에 있는 심플 Q-학습 프로그램을 구동한다면 높은 Q-값이 동작 순서를 따라 다시 전파되기 위해 여러 번 반복해야 한다는 것을 알게 될 것이다. 일련의 행동을 따라오게 하는 Q-값을 분산시키기 위해 같은 구역에 있는 알고리듬의 반복을 여러 번 실행할 필요가 있다.

좋은 것으로 알려진 행동을 따르는 것은 온라인, 오프라인 학습에 모두 도움이 된다. 오프라인 학습에서 좋은 매개 변수 초깃값은 0.2이다. 이 값은 이전의 경험으로부터 습득한 우리가 좋아하는 초깃값이다.

뉴: 걷기의 길이

걷기의 길이는 연결된 행동의 순서에 의해 수행되는 반복의 수를 제어한다. 이것은 [0, 1]의 범위를 가진다.

0의 값은 알고리듬은 항상 이전의 반복에서 도달한 상태를 다음 반복의 초기 상태로 사용한다는 것을 의미한다. 이것은 알고리듬에게 최종적으로 성공할 것으로 보이는 일련의 행동을 관찰하도록 하는 장점이 있다. 벗어날 수 없거나 낮은 Q-값(거의 선택이 안 되는)을 가진 일련의 행동으로만 벗어날 수 있는 비교적 소수의 상태에서 알고리듬이 빠져나올 수 없는 단점이 있다.

1의 값은 모든 반복이 랜덤 상태에서 출발한다는 것을 의미한다. 만약 모든 상태와 모든 행동이 동일한 가능성이 있다면 이것은 최상의 전략이다. 이것은 최단 시간 내에 가장 광범위하게 가능한 범위의 상태와 행동을 다룬다. 그러나 현실에서는 몇몇 상태와 행동이 훨씬 더 만연해 있다. 어떤 상태들은 많은 수의 행동 순서를 끌어당기는 것으로 행동한다. 이런 상태들은 다른 상태보다 앞서서 탐색돼야 하고 이것을 성취하는 일련의 행동을 따라 알고리듬이 배회하도록 허락해 준다.

강화 학습에 사용된 많은 탐색 전략은 이 매개 변수가 없고 이 값을 0으로 가정한다. 이것들은 항상 연결된 일련의 행동들을 배회한다. 온라인 학습에서 알고리듬에서 사용되는 상태는 게임의 상태에 의해 직접적으로 제어된다. 따라서 새로운 랜덤 상태로 이동하는 것이 불가능하다. 이 경우에 0의 값이 강화된다.

강화 학습에 대한 내 실험에 의하면 한정된 횟수의 반복만이 가능한 애플리케이션에서는 특히 0.1 정도의 값이 적절하다. 이것은 대략 9개의 행동을 연속으로 생산한다.

보상 선택하기

강화 학습 알고리듬은 알고리듬을 인도하는 데 사용되는 보상 값에 매우 민감하다. 알고리듬을 사용할 시점에 어떻게 보상 값이 사용될지를 고려하는 것이 중요하다.

전형적으로 보상이 제공되는 데는 두 가지 이유, 즉 목표에 도달하기 위하는 것과 유익한 행동을 수행하기 위한 것이 있다. 마찬가지로 게임에서 패배하는 것과 바람직하지 않은 행동을 취하는 데 음수의 강화 값이 주어진다. 이것은 억지로 구별하는 것으로 보일 수도 있다. 결국에는 목표에 도달하는 것은 단지 유익한 행동이고, 캐릭터는 스스로 죽음을 바람직하지 못한 것으로 알아내야 한다.

강화 학습에 대한 많은 논문은 문제에 해답이 존재히고 복표 상태에 도달하는 것이 잘 정의된 행동이라고 가정한다. 게임과 여러 다른 애플리케이션에서는 그렇지 않다. 다양한 해답이 있을 수 있고 다른 특징들이 있을 수 있다. 그리고 최종 해답이 없을 수도 있지만 대신에 유익하거나 문제가 있는 수천의 다른 행동이 있을 수 있다.

단일 해답을 갖고 있는 강화 학습 알고리듬에서 해답에 이르는 행동에 큰 보상(1이라고 가정)을 줄 수 있고 그 외의 행동에는 보상을 주지 않는다. 충분히 반복한 후, 해답에 이르는 Q-

값의 길게 나 있는 자국이 있을 수 있다. 그림 7.16은 작은 문제에 이름표가 붙은 Q-값을 보여 준다(상태 머신 그래프처럼 표현된다). Q-학습 알고리듬이 수많은 횟수에 걸쳐 실행되는 동안 Q-값은 수렴돼 더 이상의 추가적인 실행에서 변하지 않는다.

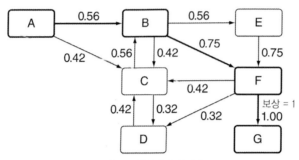

그림 7.16 학습된 상태 머신

A 노드에서 시작해 해답을 얻기 위해, 단순하게 점점 커지는 Q-값의 자취를 따라갈 수 있다. 앞에서 공부했던 탐색의 언어를 빌리자면 우리는 언덕 오르기를 하고 있다. Q-값이 매우 작은 해답을 멀리하는 것이 문제가 안 되는 이유는 작은 Q-값의 대부분이 여전히 올바른 방향을 가리키고 있기 때문이다.

만약 추가적인 보상을 더한다면 상황은 달라진다. 그림 7.17은 또 다른 학습 예제의 결과를 보여 준다.

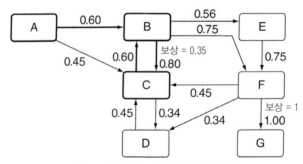

그림 7.17 추가적인 보상이 있는 학습된 머신

만약 A 상태에서 시작한다면 B 상태로 향할 것이다. 그 결과 C로 이르는 행동으로부터 작은 보상을 얻을 수 있다. 그러나 C에서 우리는 해답과 멀리 있는데 최적의 행동은 B로 돌아서 작

은 보상을 다시 얻는 것이다. 이 상황에서의 언덕 오르기는 차선의 전략으로 우리를 인도한다. 그것은 해답을 향해 나아가는 것보다 작은 보상을 계속해 취득하는 것이다.

언덕이 하나밖에 없는 문제를 단봉형이라고 말하고, 언덕이 여러 개가 존재하는 문제를 다봉형이라고 말한다. 언덕 오르기 알고리듬은 다봉형 문제에 잘 대처하지 못하는데 Q-학습도 마찬가지다.

다중 해답이 있는 경우나 많은 보상 포인트가 있는 경우에 상황이 악화된다. 보상을 추가하는 것이 학습의 속도를 상승시킬 수 있지만(해답을 향해 보상을 줌으로써 학습을 보상 쪽으로 인도할 수 있다), 종종 학습에 실패하기도 한다. 도달해야 하는 정교한 균형점이 있다. 해답이 아닌 보상에 매우 작은 값을 사용하는 것이 도움이 되겠지만 문제를 완전하게 제거할 수는 없다.

경험으로 보건대 해답이 하나만 존재하도록 학습을 단순화하자. 그러면 여러분은 해답이 아닌 보상을 전혀 주지 않을 것이다. 학습이 너무 오래 걸리거나 나쁜 결과를 준다면 이와 다른 해답과 작은 보상을 더하자.

7.7.8 애플리케이션의 현실과 약점

강화 학습은 게임 개발에서 널리 사용되지 않았다. 이것은 학부 AI 과정에서 종종 가르쳐지는 새로운 유망한 기술들 중 하나로서 업계에 관심을 받고 있다.

다른 많은 새로운 기술처럼 실용성은 잠재력과 일치하지 않는다. 게임 개발 웹사이트와 업계 밖의 사람들에게 쓰여진 기사들은 비효율적으로 보일 수 있지만 실제 적용 가능성은 냉정하게 살펴볼 가치가 있다.

알고리듬의 한계

Q-학습은 행동들로 연결된 상태의 집합으로 게임이 표현되는 것이 필요하다. 이 알고리듬은 상태와 행동의 수에 관한 메모리 요구에 매우 민감하다. 게임의 상태는 전형적으로 매우 복잡하다. 만약 캐릭터의 위치가 삼차원 벡터로 표현되면 사실상 무한한 수의 상태가 있다. 당연히 Q-학습 알고리듬에 보내기 위해 상태의 집합 그룹이 필요하다.

길 찾기에서와 마찬가지로 게임 지형의 구역을 나눌 수 있는데 소수의 분리된 다른 값으로 표현될 수 있도록 체력 값, 탄약 정도, 그 밖의 상태를 정량화할 수 있다. 마찬가지로 별개의 근사치와 함께 유연한 행동(이차원에서의 움직임과 같이)을 표현할 수 있다.

그러나 이런 모든 요소의 조합으로 이뤄지는 게임 상태는 많은 문제를 만든다. 만약 게임에 100개의 장소가 있고, 20개의 캐릭터가 있고, 4개의 체력 값이 있고, 4개의 탄약 레벨이 있으면 $(100 * 4 * 4 * 5)^{10}$의 상태가 존재할 것이고 대략 10^{50} 정도 된다. 분명 여기서 $O(as)$의 메모리를 감당할 수 있는 알고리듬은 없다.

상태의 수를 대폭 줄여서 메모리에 들어갈 수 있게 된다고 하더라도 또 다른 문제가 있다. 각 상태마다 각 행동을 여러 번 수행해 보기 때문에 이 알고리듬은 큰 실행 시간을 가진다. 사실 알고리듬의 질은 오직 수렴성에 의해서 증명된다. 즉 알고리듬은 올바른 것을 학습하는 것으로 종결될 것이다. 그러나 결국 각 상태에 수백 개의 많은 횟수의 방문을 수반할 수 있다.

현실에서는 학습 속도 매개 변수를 조정하면서 그럭저럭 대처할 수 있다. 학습에 도달하기 위해 추가적인 보상을 사용하고 매우 적은 수의 반복만을 사용해야 한다.

약간의 실험을 통해 우리는 실용적으로 기술이 100만 개의 상태와 상태마다 10개의 행동으로 제한돼야 한다고 추정한다. 쓸 만한 결과를 얻기 위해 알고리듬에서 10억 반복을 수행할 수 있다. 이렇게 하면 납득할 만한 실행 시간(대략 수 분) 안에 수행될 수 있고 납득할 만한 메모리를 소모한다. 분명 고사양 컴퓨터로 오프라인으로 문제를 푼다면 이 크기를 늘려 줄 수도 있겠지만 아주 약간의 크기만 증가가 가능하다.

온라인 학습에서는 문제에서 대략 1,000개의 상태로 제한한다. 상태를 탐색할 수 있는 속도가 매우 제한적이기 때문이다.

애플리케이션

강화 학습은 대부분 오프라인 학습에 적합하다. 캐릭터의 그룹의 행동을 최적화하는 일이나 순서가 필수적인 행동의 순서를 찾는 것과 같이 서로 다른 상호 작용하는 요소가 많은 문제에서 강화 학습이 잘 동작한다. 강화 학습의 주된 강점은 불확실성을 균일하게 다루는 능력에 있다. 강화 학습은 강화 학습에 노출된 상태를 단순화하도록 허락해 준다. 즉 우리는 알고리듬에 모든 것을 말해 줄 필요가 없다.

해답이 얼마나 가까운지를 볼 수 있는 쉬운 방법이 있는 경우(여기서는 계획 같은 것을 사용할 수 있다), 상태가 너무 많은 경우, 횟수를 거듭해 성공적으로 변화하는 전략이 있는 경우(즉 상당한 안정화가 필요하다)에서는 강화 학습이 문제에 적합하지 않다.

강화 학습은 적의 행동에 대한 지식을 근거로 전술을 선택하는 데 적용될 수 있다. 강화 학습은 간단한 캐릭터를 위한 캐릭터 AI의 예비적 명령에 사용될 수 있고(우리는 캐릭터에게 단순한 목표와 행동의 범위를 준다), 캐릭터와 이동 수단 움직임에 대한 한정된 컨트롤을 위해서 사용될 수 있고, 멀티플레이어 게임에서 사회적으로 소통하는 법을 배우는 데 사용될 수 있고, 언제 그리고 어떻게 특정 행동을 적용할지 판단하는 데 이용될 수 있고(점프를 정확하게 하는 것을 학습하는 것이나 사격을 하는 법을 배우는 것과 같은 경우), 다양한 실시간 애플리케이션에서 사용될 수 있다.

강화 학습은 특히 보드 게임 AI에서 보드 위치의 이용을 측정하면서 강하게 증명돼 왔다. 여기서 멈추지 않고 강화 학습은 턴제turn-based 게임과 천천히 이동하는 전략 게임에서 전략적 배치를 하는 것에 큰 역할을 수행했다.

강화 학습은 플레이어의 플레이를 학습하고 플레이어의 스타일을 흉내내는 것에 사용될 수 있고 동적인 데모 모드를 구현하는 것에 하나의 선택지가 될 수 있다.

사례 연구: 전술적 수비 장소 선택하기

3명의 보초병으로 이뤄진 팀이 군사 시설의 입구를 수비하고 있는 지형이 있다고 가정해 보자. 이 팀이 차지할 수 있는 방어 장소의 크기의 범위가 있다(최대 15). 각 캐릭터는 스스로 어떤 비어 있는 장소에도 움직일 수 있는데, 우리는 모든 캐릭터가 동시에 이동하는 것을 피하려고 노력할 것이다. 우리는 플레이어가 입구로 안전하게 들어오는 것을 막는 캐릭터의 움직임에 대한 최적 전략을 판단하려고 한다.

각 캐릭터가 여전히 살아 있는지와 플레이어를 캐릭터가 볼 수 있으면 표시하도록 하는 것에 대한 상태가, 각 캐릭터가 차지하고 있는 방어 장소로 표현된다(이동 중에는 장소가 없다). 따라서 캐릭터마다 17개의 위치 상태(15개의 장소 + 이동 중 + 죽음)가 가능하고, 2개의 시야 상태가 가능하다(플레이어가 보인다 또는 안 보인다). 따라서 플레이어 1명당 34개의 상태가 있으며, 평균적으로 총합 40,000개의 상태가 있다.

각 상태에서 만약 움직이고 있는 캐릭터가 없으면 하나의 캐릭터가 장소를 변경할 수 있다. 이런 경우에는 56개의 행동이 가능하고 하나의 캐릭터라도 움직이고 있으면 가능한 행동이 없다.

만약 플레이어가 죽으면 보상 함수가 제공된다(캐릭터는 보이는 즉시 사격한다고 가정한다). 만약 캐릭터가 죽거나 플레이어가 입구로 진입에 성공하면 부정적인 보상이 주어진다. 플레이어가 단순 시야에 들어오는 것만으로는 보상이 없다. 비록 플레이어가 보이는 것이 굉장히 중요한 일이지만 플레이어가 진입에 성공했을 때만 부정적인 보상을 적용하는 것은 입구에 가까이 오는 것이 훨씬 위험하다는 것을 전략이 학습해야 한다는 것을 의미한다.

강화 학습 알고리듬은 이 문제와 관련해 구동이 가능하다. 이 게임 모델은 간단한 플레이어 행동이고(예를 들어 입구를 향한 랜덤 루트) 현재 게임 상황에 근거해 알고리듬의 상태를 만든다.

그래픽을 표현할 필요가 없으면 시나리오를 구동하는 것은 매우 빨리 수행될 수 있다.

우리는 앞에서 다뤘던 0.3 알파^{alpha}, 0.7 감마^{gamma}, 0.3 로^{rho} 값을 사용한다. 이 상태가 활성화된 게임 상태에 연결되기 때문에 뉴^{nu} 값은 0이 될 것이다(랜덤 상태에서 재시작할 수 없다. 그리고 플레이어가 죽거나 입구에 도달했을 경우에 한해 항상 같은 상태로부터 출발할 것이다).

7.7.9 강화 학습에서의 다른 개념들

강화 학습은 큰 주제이고 이 책에서 광범위하게 다룰 수 없는 주제다. 게임에서는 강화 학습을 많이 사용하지 않기 때문에 가장 중요한 변형이 어떤 것이 될지를 말하는 것이 어렵다.

Q-학습은 강화 학습에서 잘 정립된 표준이고 넓은 범위의 문제에 적용돼 왔다. 7.7.9절의 나머지 부분에서는 다른 알고리듬과 애플리케이션을 빠르게 살펴볼 것이다.

TD

Q-학습은 임시적 차이$^{TD, Temporal Difference}$로 불리는 강화 학습 기술의 그룹 중 하나다. TD 알고리듬은 강화 신호와 이전의 같은 상태의 경험에 기초를 두고, 값을 업데이트하는 학습 규칙을 갖고 있다.

기본적인 TD 알고리듬은 행동-상태 짝을 사용하기보다는 상태 기반의 값을 저장한다. 따라서 만약 상태마다 행동이 많다면 메모리 소모에서 큰 절약을 할 수 있다.

우리는 행동과 상태를 저장하지 않기 때문에 이 알고리듬은 다음 상태로 도달하기 위해 행동에 더 많이 의존한다. 평범한 TD보다 Q-학습은 상태 사이의 변화에서 많은 수준의 무작위성을 다룰 수 있다.

이러한 특성을 제외하면 TD와 Q-학습은 매우 비슷하다. 이 두 학습은 학습 규칙, 알파와 베타[beta] 매개 변수, 조정에 비슷하게 반응한다.

off-정책과 on-정책 알고리듬

Q-학습은 off-정책 알고리듬이다. 취할 행동을 선택하는 정책은 이 알고리듬에서 중요한 부분이 아니다. 대안의 전략이 사용될 수 있고, 가능한 모든 상태를 방문하는 한 이 알고리듬은 유효하다.

on-정책 알고리듬은 학습의 일부로 탐색 전략을 갖고 있다. 만약 다른 정책이 사용된다면 이 알고리듬은 합리적인 해답에 도달하지 못할 것이다. TD의 오리지널 버전은 이런 특성을 갖고 있었다. 이 알고리듬들의 정책(높은 값을 가진 상태로 향할 가능성이 높은 행동을 선택한다)은 본질적으로 그들의 작동에 연결돼 있다.

보드 게임 AI에서의 TD

단순화된 버전의 TD는 사무엘의 체스 프로그램[Samuel's Checkers-playing]에 사용됐다. 이것은 AI 역사상 가장 유명한 프로그램 중의 하나다. 비록 이 프로그램이 정규 TD 알고리듬을 보완하는 강화 학습의 최신 개선 사항을 빼먹었지만 같은 접근을 하고 있었다.

다른 수정된 버전의 TD는 제리 테사로[Gerry Tesauro]에 의해 고안된 그 유명한 백개먼 프로그램[Backgammon-playing]에서 사용됐다. 이 게임은 국제적인 레벨의 플레이에 도달하는 데 성공했다. 전문가 플레이어에게 사용된 백개먼 이론에 통찰을 주는 데 성공했다. 제리 테사로는 강화 학습 알고리듬과 신경망을 결합했다.

저장을 위한 신경망

앞서 살펴본 것처럼 메모리는 강화 학습 문제의 사이즈와 관련된 중대한 제한 요소다. 신경망을 Q-값(상태 값, TD 알고리듬의 V값도 된다)의 저장 매개체처럼 사용할 수 있다.

신경망(7.8절에서 살펴볼 것이다)은 데이터의 패턴을 발견하고 일반화하는 능력을 갖고 있는데 앞서 강화 학습이 경험을 통해 일반화할 수 없다고 언급했었다. 왜냐하면 특정 상황에서 수비병을 공격하는 것이 좋은 일이라고 하더라도 다른 상황에서도 마찬가지로 수비병을 공격하는 것이 좋다는 보장이 없기 때문이다. 신경망을 사용하면 강화 학습 알고리듬이 일반화를 하도록 허락해 줄 수 있다. 만약 신경망이 여러 상황에서 적을 공격하는 것이 높은 Q-값을 갖고 있다고 알려 준다면 일반화될 수 있고 다른 상황에서도 적을 공격하는 것 또한 좋은 일이라고 가정할 수 있다.

단점으로, 신경망은 자신에게 주어진 Q-값을 동일하지 않게 리턴하는 경향이 있다. 행동-상태 짝에 대한 Q-값은 학습 과정을 거치면서 변동이 심할 것이고 심지어 업데이트가 없는 도중에도 변동한다. 따라서 Q-학습 알고리듬은 합리적인 결과를 보장하지 못한다. 신경망은 문제를 더욱더 다봉형으로 만드는 경향이 있다. 앞에서 살펴본 바와 같이 다봉형 문제는 차선의 캐릭터 행동을 만드는 경향이 있다.

지금껏 이런 조합을 성공적으로 사용하는 개발자를 찾지 못했지만, TD 백개먼 프로그램에서의 성공은 복잡도가 진정될 수 있다는 것을 암시한다.

배우-비평가

배우-비평가$^{AC, Actor-Critic}$ 알고리듬은 2개의 분리된 데이터 구조를 유지한다. 하나는 학습 규칙(학습의 선호도에 따라 Q-값, V-값)에서 사용되는 값이고, 다른 하나는 정책에서 사용된다.

여기서 '배우'는 탐색 전략을 의미하며, 정책은 어떤 행동이 선택되는지 제어한다. 정책은 '비평가'로부터 피드백을 받는데 이는 일반적인 학습 알고리듬이다. 알고리듬에 보상^{reward}이 주어지고, 비평가의 학습에 사용된다. 그 이후 비평가는 '비평'이라는 신호를 배우에게 전달해 더 간단한 형태의 학습을 유도한다.

배우는 다양한 방법으로 구현될 수 있으며 비판을 지원하기 위한 강력한 후보들이 존재한다. 비평가는 보통 기본적인 TD 알고리듬을 사용해 구현될 수 있지만 Q-학습 역시 사용될 수 있다.

배우-비평가 방법은 여러 개발자에 의해 게임에 사용되도록 제안돼 왔다. 배우-비평가 방법이 학습과 행동을 분리하는 것은 이론적으로 의사결정을 크게 제어할 수 있게 해준다. 나는 이 방법이 주는 이득이 별로 없다고 느끼고 있지만 다른 개발자에 의해 내 판단이 잘못됐다는 것이 증명되길 바란다.

7.8 인공 신경망

인공 신경망^{ANN, Artificial Neural Network}(또는 신경망이라고 짧게 부른다)은 1970년대의 컴퓨터 기술이 생물학적인 영감을 얻는 붐이 일어났을 당시의 선구자였고 넓은 범위의 애플리케이션에 적합한 기술로 사용됐다.

포괄적으로 자연 컴퓨팅^{NC, Natural Computing}이라고 불리는 많은 생물학에서 영감을 얻은 기술들은 과도한 흥행과 관심을 겪기 마련이었다. 게임 업계에서 웹사이트와 포럼을 위시한 언론들은 전문가를 따라다니며 자연 컴퓨팅의 매력에 빠졌다. 그들은 자연 컴퓨팅을 마치 AI의 모든 문제를 해결할 만병통치약처럼 여겼다.

큰 범위의 행동을 제어하는 신경망 네트워크를 실험해 왔던 개발자들은 이 접근 방법의 약점을 확인한 후 떠나갔다. 과도한 관심과 실망스러움이 결합돼 문제가 제기되기 시작했다. 신경망 AI의 맹신자들은 왜 업계에서 신경망을 광범위하게 활용하지 못하는지 이해하지 못했다. 그리고 개발자들은 신경망을 쓸모없고 사장된 것으로 여기는 풍조가 생겼다.

개인적으로 나는 한 번도 신경망을 게임에서 사용하지 않았다. 몇몇 AI 프로젝트와 관련해 신경망 네트워크의 프로토타입을 만들었지만 그중에서 활용에 성공한 것은 없었다. 그러나 신경망이 게임 개발자의 유용한 기술인 것은 관찰할 수 있다. 특히 신경망을 분류 기술로 사용할 것을 고려 중인데 왜냐하면 분류가 신경망의 최고 강점이기 때문이다.

신경망 기반 AI는 10년 동안 흥미로울 것으로 기대하고 있다. 게임 산업은 한두 가지의 성공한 게임 스튜디오가 게임에 사용된 기술을 바라보는 관점을 바꾸게 할 수 있다. 딥러닝이 보드게임 또는 게임 플레이에 사용될 수도 있을 것이다. 그와 동시에 개발자들은 여전히 긴단힌 일고리듬을 사용할 수 있고 그것으로 충분할 것이다. 이 책의 초판을 썼을 때 딥러닝이 올 것이라고 예상하지 못했고, 이 책의 4판이 나올 때쯤에는 어떤 기술이 최첨단 기술이 될 것인지 예상하지 못하고 있다. 하지만 현재 개인적으로 딥러닝을 개인적인 개발 도구 집합에 넣어 두고 있다는 것은 분명하다.

신경망은 매우 작은 작업에 특화된 다양한 종류의 네트워크와 학습 알고리듬으로 가득한 매우 큰 주제이므로 이 절에서 나는 신경망이나 딥러닝의 기초만을 다룰 것이다. 물론 신경망의 기초 이론만으로도 게임에 적용 가능하며, 가장 유용한 기본 기법들을 알아볼 것이다. 딥러닝에 대해서는 전체적인 개요와 깊은 신경망^{deep neural network}에 초점을 맞추고 설명한다. 9장에서 보드 게임에 적용한 딥러닝 애플리케이션에 대해서 다룰 것이다. 딥러닝은 신경망의 기본 알고리듬을 기반으로 하기 때문에 7.8절에서는 가장 간단한 용어로 설명하고 다음에 딥러닝을 설명하겠다.

신경망 네트워크 동물학

우리는 다양한 신경망 네트워크를 볼 수 있는데 그것들은 모두 하나의 그룹으로 이뤄져 있고 트리로 표현할 수 있고 그 분류의 깊이가 매우 깊을 정도로 세분화돼 발전해 왔다. 특히 우리가 신경망 네트워크에 대해 말할 수 있는 모든 것에 예외가 존재한다. 신경망 네트워크에 대해 여러분이 말할 수 있는 모든 것 중의 일부만 사실이다.

따라서 현명하게 다층 퍼셉트론^{multi-layer perceptron}이라는 특정 신경망에만 집중해 자세하게 다룰 것이다. 역전파^{backpropagation} 알고리듬이라는 하나의 특정 학습 규칙을 설명할 것이고 다른 기술은 지나가는 말로 설명할 것이다.

다층 퍼셉트론이 게임 애플리케이션에 가장 적합한 것인지는 정답이 아직 없는 질문이다. 그러나 다층 퍼셉트론은 신경망 AI의 가장 흔한 형태이며 아직도 개발자들이 신경망 네트워크에서 확실한 기술을 찾고 있지만, 나는 다층 퍼셉트론이 매우 광범위한 기술 중에서 시작하기 제일 좋은 것이라고 생각한다.

7.8.1 개요

신경망 네트워크는 상대적으로 간단한 많은 수의 노드로 이뤄져 있고, 각 노드는 같은 알고리듬에서 구동된다. 이 노드는 인공 뉴런^{artificial neuron}(신경세포)이고 단일 뇌세포의 활동을 자극하려는 목적을 갖고 있다. 각 뉴런은 네트워크에 있는 다른 뉴런과 소통한다. 신경망 네트워크의 패턴으로 각 뉴런은 연결된다. 이 패턴은 신경망 네트워크의 구조일 수도 있고 위상 기하학적 패턴일 수도 있다.

구조

그림 7.18은 다층 퍼셉트론 네트워크의 전형적인 구조를 보여 준다. 퍼셉트론(특정 타입의 인공 뉴런이 사용한다)은 층으로 정렬된다. 각 층에 있는 각 퍼셉트론은 바로 앞 층과 뒤 층에 있는

모든 퍼셉트론과 연결된다.

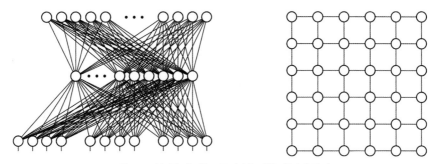

그림 7.18 신경망 네트워크 구조(다층 퍼셉트론과 홉필드)

오른쪽 그림에는 홉필드^{Hopfield} 네트워크라는 다른 타입의 신경망 네트워크를 보여 준다. 여기서 뉴런은 격자로 정렬되고, 각 이웃 지점 사이에서 연결이 만들어진다.

피드포워드와 되풀이

신경망 네트워크의 많은 타입에서 어떤 연결들은 입력으로, 다른 연결들은 출력으로 사용된다. 다층 퍼셉트론은 앞에 나오는 층의 모든 노드로부터 입력을 받고, 다음에 나오는 층의 모든 노드로 출력을 보낸다. 이 점이 피드포워드 네트워크^{feedforward network}로 알려진 이유다. 프로그래머가 맨 왼쪽의 층(입력 층으로 불린다)에 입력을 주고, 맨 오른쪽의 층에서 받는 출력이 어딘가 유용한 곳에 최종적으로 사용된다.

피드포워드 네트워크는 반복 루프^{loop}를 가질 수 있는데 이 루프는 뒤에 나오는 층에서 앞에 나오는 층으로 연결되는 것을 말한다. 이러한 구조는 재귀적인 네트워크^{recurrent network}라고 알려져 있는데 매우 복잡하거나 행동이 불안정하고 제어하기 훨씬 더 어려운 경향이 있다.

다른 신경망 네트워크는 특정 입력과 출력이 없다. 각 연결은 동시에 입력과 출력이 된다.

뉴런 알고리듬

구조뿐만 아니라 신경망 네트워크는 알고리듬을 특정화한다. 뉴런은 언제나 특정 상태를 가진다. 이 상태를 뉴런으로부터의 출력 값으로 생각할 수 있다(보통은 부동 소수점으로 표현된다).

이 알고리듬은 뉴런인 입력을 근거로 어떻게 상태를 생성할지 제어한다. 다층 퍼셉트론 네트워크에서는 상태가 다음 층을 향해 출력처럼 통과된다. 특정 입력과 출력이 없는 네트워크에서 이 알고리듬은 연결된 뉴런의 상태에 근거해 상태를 생성한다.

이 알고리듬은 병렬로 각 뉴런에 대해 구동한다. 병렬 처리 능력이 없는 게임 머신에서는 각 뉴런에 대해 차례로 수행되면서 병렬 처리가 자극된다. 각기 다른 뉴런이 완전히 다른 알고리듬을 갖고 있는 것이 흔하지는 않지만 가능하다.

각 뉴런을 개인적인 독립체로 취급할 수 있는데 그림 7.19에 이 퍼셉트론 알고리듬을 보여준다.

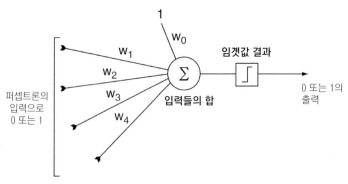

그림 7.19 퍼셉트론 알고리듬

각 입력은 관련된 가중치를 갖고 입력 값(0이나 1이라고 가정한다)은 상응하는 가중치로 곱해진다. 추가적인 편향 가중치가 더해진다(이 편향 가중치는 항상 1인 또 다른 입력 값과 동등하다). 최종 합은 역치 함수를 통과한다. 만약 최종 합이 0보다 작다면 이 뉴런은 off될 것이다(0의 값을 갖게 될 것이다). 그렇지 않으면 on이 될 것이다(1의 값을 가진다).

역치 함수는 입력 가중치 합을 출력 값으로 변환한다. 우리는 하드한 단계의 함수(즉 출력 값이 0에서 바로 1로 점프한다)를 사용해 왔다. 그러나 많은 수의 다른 함수도 사용된다. 학습을 가능하게 만들기 위해서 다층 퍼셉트론 알고리듬은 약간 부드러운 함수를 사용한다. 이 부드러운 함수는 단계에 인접한 값이 바로 출력 값에 매칭이 된다. 다음 절에서 이 부분을 다룰 것이다.

학습 규칙

지금까지는 학습에 대해 언급하지 않았는데 신경망 네트워크는 학습을 구현하는 것과 다르다. 어떤 네트워크 학습은 뉴런 알고리듬과 분리될 수 없도록 꼬여 있는데 대부분의 경우 뉴런 알고리듬과 네트워크 학습은 분리된다.

다층 퍼셉트론은 두 가지의 모드로 작동할 수 있다. 앞 절에서 설명한 보통의 퍼셉트론 알고리듬은 사용할 네트워크를 형성할 때 사용된다. 이 네트워크는 입력 층에 있는 입력이 들어오고, 각 뉴런이 제 역할을 수행하고, 출력 층에서 출력이 나간다. 이것은 전형적으로 매우 빠른 프로세스이고 학습과 관계가 없다. 같은 입력 값은 항상 같은 출력 값을 준다(재귀적인 네트워크에서는 그렇지 않지만 여기서는 무시한다).

학습을 위해서 다층 퍼셉트론 네트워크는 특정 학습 모드가 된다. 학습 규칙이라는 또 다른 알고리듬이 여기서 적용된다. 비록 이 학습 규칙이 오리지널 퍼셉트론 알고리듬을 사용하지만 더 복잡하다. 다층 퍼셉트론 네트워크에서 사용되는 가장 흔한 알고리듬은 역전파다. 각 층이 앞의 층에 대해 출력을 생성하면서 네트워크가 정상적으로 피드포워드하면 역전파는 출력을 거꾸로 보내서 반대 방향으로 작동한다.

이 절의 막바지에 헤비안 학습을 알아볼 것이다. 헤비안 학습은 게임에서 유용할 수 있는 완전히 다른 학습 규칙이다. 일단 지금은 역전파와 다층 퍼셉트론 알고리듬에 대해 좀 더 알아보겠다.

7.8.2 문제점

각 그룹에 대해 다르게 행동할 수 있게 하기 위해 입력 값(적과의 거리, 아군 유닛의 체력 값, 탄약 레벨과 같은 것)의 집합을 함께 그룹화하려고 한다. 예를 들어 탄약과 체력 수치가 높고 적과의 거리가 멀면 '안전'한 상황의 그룹을 갖고 있을 수 있다. 이 상황에서 AI는 능력 강화 아이템을 찾고 다니거나 지뢰를 매설하고 다닐 수 있다. 탄약과 체력이 매우 낮으며 적이 다가오고 있는 '목숨이 위험한' 상황을 다른 그룹이 표현하고 있을 수 있다. 이 상황에서는 뒤도 돌아보지 않고 도망갈 좋은 경우일 것이다. 지금까지는 간단한 예제이고 의사결정 트리만으로도 쉽게 구현된다. 그러나 우리가 '용맹하게 싸우는' 그룹을 원한다고 해보자. 만약 캐릭터가 체력 수치가 높고 탄약이 많고 적이 가까이 있으면, 용맹하게 싸울 수 있다. 그러나 체력 수치가 낮고 탄약이 많은 상황에서도 용맹하게 싸울 수 있다. 그리고 적의 수가 적어서 분대원이 쉽게 탈출할 수 있는 상황에서도 용맹하게 싸울 수 있다. 최후의 저항의 상황에서도 용맹하게 싸울 수 있다.

이렇게 더 복잡한 상황이 되면 상호 작용이 더 많이 관여하게 되고 의사결정 트리나 퍼지 상태 머신을 위한 규칙을 만드는 것이 어려운 일이 될 수 있다.

우리는 수십 개의 예를 허용해 주면서 예를 통해 학습하는 방법을 원한다(의사결정 트리에서 처럼). 이 알고리듬은 모든 만일의 사태를 다루기 위해서 예를 통해 일반화돼야 한다. 실수를 통해서 학습할 수 있도록 게임 도중에 새로운 예를 추가할 수 있도록 허용돼야 한다.

의사결정 트리 학습은 어떤가?

이러한 문제를 풀기 위해 의사결정 트리 학습을 사용할 수 있다. 즉 출력 값은 트리의 잎에 상응하고, 입력 값은 의사결정 트리 테스트에 이용된다. 만약 ID4와 같은 점차 증가하는 알고리듬을 사용한다면 게임 도중에 실수로부터 학습할 수 있다. 이와 같은 분류 문제에서 의사결정 트리 학습과 신경망 네트워크는 성공 가능한 대안이다.

의사결정 트리는 정확하다. 의사결정 트리는 주어진 예를 정확하게 분류한다. 이를 위해 의사결정 트리는 철저하고 빠르게 의사결정을 내린다. 자신의 예로 표현되지 않은 상황을 목격하게 된다면 의사결정 트리는 이 상황에 기초해 의사결정을 내린다. 의사결정이 철저하고 빠르기 때문에 예에 있는 애매한 부분을 추론해 일반화하는 것을 잘 해내지 못한다. 신경망 네트워크는 별로 정확하지 못한다. 신경망 네트워크는 주어진 예에 대한 잘못된 반응을 주기까지 한다. 그러나 애매한 부분을 추론하는 것은 더 잘한다.

이러한 정확도와 일반화의 상호 교환 관계는 여러분이 어떤 기술을 사용할지 고민할 때 고려해야 할 대상이다. 우리는 정확도의 측면을 택했다. 그러나 모든 애플리케이션마다 자신의 특징이 존재한다.

7.8.3 알고리듬

이 알고리듬의 예로서 이전에 살펴봤던 전술적 상황의 응용물을 사용할 것이다. AI 캐릭터는 19개의 입력 값을 사용한다. 이것은 가장 인접한 5명의 적으로부터의 거리, 4명의 가장 인접한 아군의 탄약과 체력 값, AI 캐릭터의 체력과 탄약 값이다. 5개의 출력 행동이 있다고 가정할 것이다. 그것은 도망가기, 맹렬하게 싸우기, 아군을 치료하기, 적을 사냥하기, 능력 증가 아이템을 찾기다. 20~100개의 초기 시나리오가 있다고 가정한다. 우리는 각 입력 값의 집합과 출력 값을 관찰하고 싶어한다.

입력 층, 출력 층, 중간 층(숨겨진 층)의 3개의 층으로 네트워크를 구성할 것이다. 입력 층은 우리의 문제에서와 같은 수인 19개의 노드를 가진다. 출력 값은 5개의 노드를 가진다. 숨겨진 층은 입력 층과 같거나 많은 수를 가지며 보통은 훨씬 크다. 이 구조는 그림 7.20에 나오는데, 가시성을 위해 몇 개의 노드는 뺐다.

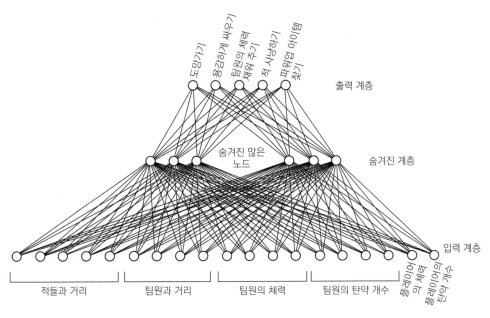

그림 7.20 다층 퍼셉트론 구조

각 퍼셉트론은 이전 층에 있는 뉴런 각각을 위한 가중치 집합을 갖고 있다. 이것은 편향 가중치도 보유하고 있다. 입력 층 뉴런은 가중치를 갖지 않는다. 그 값들은 게임에서 상응하는 값의 단순한 집합이다.

훈련 집합(학습하는 데 사용된다)과 테스트 집합(학습이 되고 있는지 확인하는 데 사용된다)의 2개의 그룹으로 시나리오를 분리한다. 10개의 훈련과 10개의 테스트 예는 이 문제에서 필요한 절대적인 최소 개수다. 50개씩 사용하는 것이 훨씬 낫다.

초기 설정과 프레임워크

네트워크에 있는 모든 가중치를 작은 무작위 값으로 초기화하면서 시작한다.

학습 알고리듬의 반복문을 여러 번 수행한다(보통은 수백, 수천 번). 각 반복마다 훈련 집합으로부터 시나리오 예를 선택한다. 보통은 차례로 예가 선택되고, 모든 순서가 다 사용되면 처음 예로 돌아간다.

각 반복에서 두 가지 단계를 수행한다. 피드포워드는 입력 값을 받아서 출력 값을 추측하며, 역전파는 실제 출력과 추측에 근거해 네트워크를 수정한다.

반복이 완료되면 네트워크의 학습은 끝나고 학습이 성공적인지 테스트할 수 있다. 이 테스트를 예의 테스트 집합에 대해 피드포워드 과정을 실행함으로써 수행한다. 만약 추출된 출력이 우리가 찾던 출력과 동일하면 이 신경망 네트워크가 적절하게 학습했다는 좋은 신호가 된다. 동일하지 않다면 알고리듬을 좀 더 수행해 볼 수 있다.

만약 네트워크가 연속해 테스트 집합을 잘못 얻는다면 훈련 집합에 충분한 예가 있지 못하다는 증거일 수도 있고, 훈련 집합과 테스트 예와 별로 유사하지 않다는 증거일 수도 있다. 더 다양한 훈련의 예를 줘야 한다.

피드포워드

먼저 보통의 피드포워드하는 방법으로 입력 값으로부터 출력 값을 생성할 필요가 있다. 입력 층 뉴런의 상태를 직접적으로 설정한다. 그다음에 숨겨진 층의 각 뉴런에 대해 뉴런 알고리듬을 수행하기 위해 다음의 것들을 얻는다(가중치가 부여된 입력 값 더하기, 역치 함수를 적용하기, 출력 값을 생성하기). 출력 층 뉴런 각각에 대해 같은 작업을 수행할 수 있다.

도입부에 소개했던 역치 함수와 약간 다른 함수를 사용할 필요가 있다. 이것은 ReLU^{Rectified} ^{Linear Unit}라고 불리며 그림 7.21과 같다. 0보다 작은 입력 값은 계단 함수와 같이 0이 된다. 0보다 큰 값은 활성화 값이 선형으로 증가한다. 이것은 학습할 때 매우 중요해진다. 왜냐하면 매우 강하게 활성화되는 뉴런과 그들의 결정에 대해 그렇지 않은 뉴런들과 구별할 수 있기 때문이다.

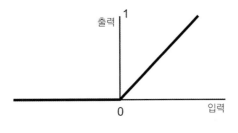

그림 7.21 ReLU 함수

학습에 사용할 이 함수는 다음과 같다.

$$f(x) = \max(0, x)$$

또는 약간 더 매끄러운 버전의 함수도 있다(softplus라고 부르기도 하지만 보통은 ReLU라고 한다).

$$f(x) = \log(1 + e^x)$$

ReLU[16]는 2011년에 소개됐고 그 이전에 자주 사용됐던 시그모이드^{sigmoid} 함수를 교체했다.[1] 시그모이드 함수는 여전히 작은 망에서 사용되지만 층이 깊게 되면 ReLU로 바꾼다.

ReLU의 주된 한계는 경계가 없다는 점이다. 계단 함수와 달리 뉴런이 얼마나 많은 활성화를 일으킬 수 있는지에 대한 상한 값이 없다. 어떤 경우에는 이것이 신경망을 학습하기 어렵게 만들기도 한다. 그런 경우에는 다른 방법을 사용해야 할 수도 있다.

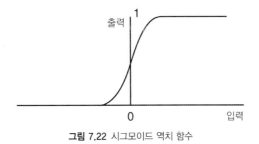

그림 7.22 시그모이드 역치 함수

---

1   시그모이드 함수는 층이 많아졌을 때 역전파가 용이하지 않은 문제가 있어 요즘 딥러닝을 연구하는 사람들은 거의 대부분 ReLU를 사용한다. – 옮긴이

그림 7.22의 시그모이드 함수는 이제는 자주 볼 수 없지만 0에서 먼 경우 계단 함수로 볼 수 있고 입력 값이 0의 근처에 있을 때는 더 매끄러운 중간 값을 얻을 수 있다. 함수는 다음과 같다.

$$f(x) = \frac{1}{1 + e^{-hx}}$$

여기서 h는 함수의 모양을 제어하는 조정 가능한 매개 변수다. h가 커질수록 계단 함수에 가깝게 된다. h의 최적 값은 각 층에 있는 뉴런의 수와 네트워크에 있는 가중치의 크기에 달려 있다. 두 요소는 h값을 낮추는 경향이 있다. h값을 올바르게 결정해 학습이 원활하도록 하는 것이 어렵고 이것이 ReLU를 사용하는 한 가지 이유이기도 하다. 상대적으로 ReLU는 새로운 것이고 신경망 문헌의 대부분이 여전히 시그모이드 함수를 가정하고 있다. 알아 둘 가치가 있지만 우리는 ReLU를 사용하는 것을 고수할 것이다.

역전파

학습을 위해서 출력 노드의 상태와 현재 패턴을 비교한다. 우리가 원하는 행동에 대응하는 1의 값을 제외하고 모든 출력 노드에 바람직한 출력은 0이다. 출력 층으로부터 한 번에 한 층씩 모든 가중치를 업데이트하면서 거꾸로 작업한다.

뉴런 상태의 집합을 o_j라고 해보자. 여기서 j는 뉴런이고 w_{ij}는 i와 j라는 뉴런 사이의 가중치다. 업데이트된 가중치 값에 대한 방정식은 다음과 같다

$$w'_{ij} = w_{ij} + \eta \delta_j o_i$$

여기서 η는 획득 수식이며, δ_j는 오류 수식이다(두 가지 모두 밑에서 논의할 것이다).

이 방정식은 한 뉴런에 대한 현재 출력에서의 오류를 계산하는 것이고, 어떤 뉴런이 오류에 영향을 받는지에 근거해 가중치를 업데이트한다. 따라서 만약 뉴런이 나쁜 결과를 낳는다면(즉 음수의 오류 수식을 가진다면) 뒤로 돌아가서 모든 입력 값을 살펴본다. 나쁜 출력 값에 공헌하는 입력 값에 대해, 가중치를 누그러뜨린다. 반면에 만약 결과가 매우 좋으면(양수의 오류 수식을 가진다면) 돌아가서 이를 도와준 뉴런으로부터의 가중치를 강화한다. 만약 오류 수식이 어느 정도 중간이면(0 근처이면) 가중치에 아주 조금만 변화를 준다.

오차 항

오차 항인 δ_j는 출력 값(우리가 원하는 출력을 주는 패턴에 대해)과 숨겨진 노드(오류를 절감해야만 하는 곳)에 대해 우리가 고려하고 있는 점에 의존해 약간 다르게 계산된다.

출력 노드에 대해 오차 항은 다음과 같이 주어진다.

$$\delta_j = o_j(1 - o_j)(t_j - o_j)$$

여기서 t_j는 노드 j의 목표 출력이다. 숨겨진 노드에 대해 오차 항은 다음 층에 있는 오차에 관계한다.

$$\delta_j = o_j(1 - o_j) \sum_k w_{jk}\delta_k$$

여기서 k는 다음 층에 있는 노드의 집합이다. 이 수식은 한 뉴런에 대한 오차는 다음 층에 기여하는 오차의 총량과 동일하다는 것을 말해 준다. 다른 노드에 기여하는 오차는 $w_{jk}\delta_k$인데 그 노드의 가중치는 그 노드의 오차에 의해 곱해진다.

예를 들어 A 뉴런이 on이라고 가정해 보자. 이것은 B 뉴런에 강하게 기여한다. B 뉴런 역시 on이다. 우리는 B 뉴런이 높은 오차 값을 갖는 것을 알고 있다. 따라서 A 뉴런은 B 뉴런이 오차를 발생하도록 영향을 끼칠 책임을 가져야 한다. 따라서 A와 B 사이의 가중치는 약해진다.

획득

획득gain 수식인 η은 학습 과정의 속도를 제어한다. 만약 이것이 0에 가까우면 새로운 가중치는 과거 가중치아 매우 유사할 것이다. 만약 가중치가 천천히 변화안나면 학습은 이에 대응해 느려진다. 만약 η이 큰 값이면(가능하긴 하지만 1보다 큰 값을 갖는 경우는 적다) 가중치가 큰 속도로 변화된다.

낮은 획득 수식은 상대적으로 안정화된 학습을 생산한다. 최종적으로는 더 나은 결과를 생산한다. 이 네트워크는 학습할 때 별로 불안해하지 않을 것이고, 단일 예에 반응해 큰 조정을 하지 않을 것이다. 이 네트워크에 여러 반복을 거쳐 발생하는 오류들을 조정할 것이다. 단일 오류 값은 약한 효과만을 가진다.

높은 획득 수식은 빠르게 학습을 가능하게 해주고, 완벽하게 사용 가능할 수 있게 해준다. 이것은 단일의 입력–출력 예에 근거해 계속적으로 가중치에 큰 변화를 줄 위험을 가진다.

0.3이 획득 수식의 초기 수치로 적절하다.

다른 좋은 타협짐은 0.7 정도의 높은 획득 값을 사용해 가중치를 올바른 근사치로 얻는 것이다. 점진적으로 정교한 조정과 안정화를 위해 획득이 감소된다(예를 들어 0.1로 감소한다).

7.8.4 의사 코드

다층 퍼셉트론을 위한 역전파 알고리듬을 다음과 같이 구현할 수 있다.

```
1   class MLPNetwork:
2       # 퍼셉트론 입력 값을 보유한다.
3       inputPerceptrons
4
5       # 숨겨진 층의 퍼셉트론을 보유한다.
6       hiddenPerceptrons
7
8       # 출력 층 퍼셉트론을 보유한다.
9       outputPerceptrons
10
11      # 주어진 입력 값에 대해 주어진 출력 값을 생성하는 것을 학습한다.
12      function learnPattern(input, output):
13          # 학습되지 않은 출력을 생성한다.
14          generateOutput(input)
15          # 역전파를 수행한다.
16          backprop(output)
17
18      # 입력의 주어진 집합에 대해 출력을 생성한다.
19      function generateOutput(input):
20          # 각 입력 퍼셉트론을 실행시켜서 상태를 설정한다.
21          for index in 0..inputPerceptrons.length():
22              inputPerceptrons[index].setState(input[index])
23
24          # 각 숨겨진 퍼셉트론을 실행시켜서 피드포워드한다.
25          for perceptron in hiddenPerceptrons:
26              perceptron.feedforward()
27
28          # 각 출력 퍼셉트론을 실행시켜서 피드포워드한다.
```

```
29        for perceptron in outputPerceptrons:
30            perceptron.feedforward()
31
32    # 역전파 학습 알고리듬을 수행한다.
33    # 우리는 입력 값이 이미 제공돼 왔다고 가정하고,
34    # 그리고 피드포워드 단계로 완료됐다고 가정한다.
35    function backprop(output):
36        # 각 출력 퍼셉트론을 실행한다.
37        for index in 0..outputPerceptrons.length():
38            # 생성된 상태를 찾는다.
39            perceptron = outputPerceptrons[index]
40            state = perceptron.getState()
41
42            # 오차 항을 계산한다.
43            error = state * (1-state) * (output[index]-state)
44
45            # 퍼셉트론의 가중치를 조정한다.
46            perceptron.adjustWeights(error)
47
48        # 각 숨겨진 퍼셉트론을 실행한다.
49        for index in 0..hiddenPerceptrons.length():
50            # 생성된 상태를 찾는다.
51            perceptron = outputPerceptrons[index]
52            state = perceptron.getState()
53
54            # 오차 항을 계산한다.
55            sum = 0
56            for output in outputs:
57                weight = output.getIncomingWeight(perceptron)
58                sum += weight * output.error
59            error = state * (1-state) * sum
60
61            # 퍼셉트론의 가중치를 조정한다.
62            perceptron.adjustWeights(error)
```

7.8.5 자료 구조 및 인터페이스

위의 코드는 단일 뉴런의 작동을 Perceptron 클래스 안으로 감싸고, 퍼셉트론이 자신의 데이터를 업데이트할 수 있도록 해준다. 이 클래스는 다음과 같은 방법으로 구현될 수 있다.

```
1   class Perceptron:
2     # 퍼셉트론 안으로 들어가는 입력 값에는 2 bits의 데이터가 필요하고,
3     # 이 구조 안에 들어 있다.
4     class Input:
5       # 입력을 주는 퍼셉트론
6       inputPerceptron
7
8       # 작은 랜덤 값으로 초기화되는 입력 가중치
9       weight
10
11    # 퍼셉트론에 필요한 입력 값의 리스트를 보유한다.
12    inputs
13
14    # 현재 출력 상태를 보유한다.
15    state
16
17    # 퍼셉트론 출력에 있는 현재 오류를 보유한다.
18    error
19
20    # 피드포워드 알고리듬을 수행한다.
21    function feedforward():
22      # 각 입력 값과 공헌의 합을 실행한다.
23      sum = 0
24      for input in inputs:
25        sum += input.inputPerceptron.state * input.weight
26
27      # 역치 함수를 적용한다.
28      this.state = threshold(sum)
29
30    # 역전파 알고리듬에 있는 업데이트를 수행한다.
31    function adjustWeights(currentError):
32      # 각 입력 값을 실행한다.
33      for input in inputs:
34        # 가중치의 변화가 필요한지 찾는다.
35        state = input.inputPerceptron.state
36        deltaWeight = gain * currentError * state
37
38        # 적용한다.
39        input.weight += deltaWeight
40
41      # 나중에 필요할 앞에 있는 층의 오류와 퍼셉트론을 저장한다.
42      error = currentError
```

```
43
44    # 주어진 퍼셉트론으로부터 도착하는 입력 값의 가중치를 찾는다.
45    # 이것은 발신중인 오류 공헌을 계산하기 위해 숨겨진 층에서 사용된다.
46    function getIncomingWeight(perceptron):
47      # 입력에서 첫 번째로 적합한 퍼셉트론을 찾는다.
48      for input in inputs:
49        if input.inputPerceptron == perceptron:
50          return input.weight
51
52      # 없으면 가중치가 없다.
53      return 0
```

이 코드에서 역치 계산을 수행할 수 있는 threshold 함수의 존재를 가정해 왔다. 이것은 ReLU 함수로서 다음과 같이 구현될 수 있다.

```
1    function threshold(input):
2      return max(0, input)
```

다른 종류의 역치 계산(다음에 살펴볼 방사radial 함수와 같은)을 지원하기 위해 이는 다른 수식으로 교체할 수 있다.

7.8.6 구현 시 유의 사항

구현할 때에 각 입력에 대해 getIncomingWeight를 순차적 탐색으로 구현하는 것은 추천할 만한 일이 못 된다. 대부분의 시간 동안 연결 가중치는 데이터 배열에 정렬돼 있다. 뉴런에는 숫자가 매겨져 있고, 가중치는 색인에 의해 직접적으로 배열로 접근될 수 있다. 이것은 웹사이트에서 사용되는 접근 방법이다. 그러나 직접적인 배열 접근은 전체적인 알고리듬의 흐름을 더 복잡하게 만든다. 이 의사 코드는 각 단계에서 일어나는 일을 보여 준다. 또한 이 의사 코드는 특별한 구조를 가정하지 않는다. 각 퍼셉트론은 퍼셉트론이 입력 값을 형성하는 것에 대한 요구 사항을 만들지 않는다.

데이터 구조를 최적화하는 것 이상으로, 신경망 네트워크가 병렬 처리되려는 경향이 있다. 구현 스타일을 변경함으로써 막대한 시간을 절약할 수 있다. 분리된 배열에 있는 뉴런의 상태와 가중치를 표현함으로써 단일 명령 다중 데이터 처리SIMD, Single Instruction Multiple Data를 사용해 피드포워드와 역전파를 모두 작성할 수 있다. 한 번에 4개의 뉴런을 작업할 뿐만 아니라 관련 데이터가 캐시에 저장되는 것을 확인한다. 실험을 해보니 좀 더 큰 네트워크에서 거의 한 자릿수의 속도 향상을 얻었다.

7.8.7 성능

이 알고리듬은 $O(nw)$의 메모리를 소모한다. 여기서 n은 퍼셉트론의 수이고, w는 퍼셉트론 각각에 대한 입력의 수다. 피드포워드 함수인 generateOutputs와 역전파 함수는 backprop의 두 경우 모두 $O(nw)$의 실행 시간을 소모한다. 나는 의사 코드에 나온 perceptron 클래스 내부에 있는 getIncomingWeights 메서드에서의 탐색을 무시했다. 구현 유의 사항에서 봤듯이 이 코드 덩어리는 정상적으로 최적화될 것이다.

7.8.8 다른 접근 방법

신경망 네트워크 이론으로 가득한 많은 책이 있고 모든 것을 설명할 수 없었다. 그러나 이 이론의 내용 중 극히 일부만이 게임에서 사용될 뿐이다. 이를 우회하고 다른 분야로 주의를 돌리기 위해 세 가지 다른 기술에 대해 언급하려고 한다. 그것들은 방사 기반 함수^{radial basis function}, 약한 감독 학습^{weakly supervised learning}[2], 헤비안 학습이다. 앞의 2개는 실제로 내가 사용했던 것이고, 세 번째는 전 동료가 사랑했던 기술이다.

방사 기반 함수

앞서 살펴본 역치 함수는 ReLU 기반 함수로 불린다. 기반 함수는 인공 뉴런의 행동의 기초로 사용되는 함수다.

ReLU 기반 함수의 행동은 자신의 입력을 2개의 카테고리로 분리한다. 높은 값은 높은 출력을 주고 낮은 값은 낮은 출력을 준다. 두 카테고리를 분리하는 선은 항상 0이다. 이 함수는 간단한 카테고리 분리 작업을 수행한다. 이 함수는 낮은 값으로부터 높은 값을 분리한다.

지금까지 나는 편향 가중치를 역치를 통과시키기 전의 합산의 일부로 포함해 왔다. 이것은 구현의 관점에서 봤을 때 현명하다. 그러나 편향을 분리선이 위치돼 있는 지점을 바꾸는 것으로 간주할 수도 있다. 예를 들어 단일 입력 값을 가진 단일 퍼셉트론이 있다고 생각해 보자.

2　감독 학습은 다른 말로 지도 학습이라고도 불리며 비감독 학습은 비지도 학습이라고도 한다. – 옮긴이

그림 7.23의 왼쪽 그림은 편향이 0일 때의 퍼셉트론의 출력 값을 보여 준다. 오른쪽 그림은 편향이 1일 때의 동일한 퍼셉트론으로부터의 동일한 출력을 보여 준다. 편향이 항상 입력의 가중치에 더해지기 때문에 편향은 결과를 왜곡한다.

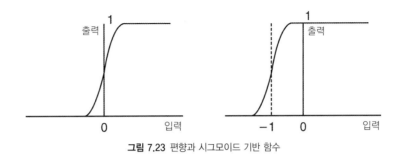

그림 7.23 편향과 시그모이드 기반 함수

물론 이것은 고의적인 것이다. 여러분은 각 뉴런을 의사결정 트리의 노드처럼 생각할 수 있다. 뉴런은 입력을 살펴보고 입력이 2개의 카테고리 중의 어디로 들어가야 할지를 결정한다. 그렇다면 항상 0에서 분리가 이뤄지는 것은 말이 안 된다. 0.5가 하나의 카테고리로 들어가고 0.9가 다른 카테고리로 들어가는 것을 원할 수도 있다. 이 편향이 입력 값을 분리하는 지점이 어디든지 될 수 있도록 허락해 준다.

그러나 카테고리 분리점이 항상 하나의 지점일 수는 없다. 종종 다르게 취급받아야 하는 범위의 입력이 있다. 오직 범위 안에 있는 값만이 1의 출력 값을 받는다. 이 범위보다 높거나 낮은 값은 0의 출력 값을 받는다. 충분히 큰 신경망 네트워크가 이런 상황에 항상 대처할 수 있다. 한 뉴런이 낮은 경계가 되고 다른 뉴런이 높은 경계가 된다. 그러나 이것은 여러분이 이러한 추가 뉴런을 모두 갖고 있을 필요가 있다는 것을 의미한다.

그림 7.24에는 기반 함수를 사용해 방사 기반 함수가 이 사안을 다루는 것을 보여 준다.

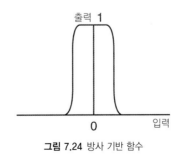

그림 7.24 방사 기반 함수

여기서 범위는 명확하다. 뉴런은 편향 가중치를 사용해 범위를 미리 제어한다. 이 범위(출력이 0.5보다 큰 최소 입력과 최대 입력 사이의 거리)는 가중치의 전체적인 크기에 의해 제어된다. 만약 입력 가중치가 모두 높다면 이 범위는 줄어들 것이다. 만약 가중치가 낮다면, 이 범위는 넓어질 것이다. 이 가중치를 단독으로 변경함으로써(편향 가중치도 포함해), 어떤 최솟값과 최댓값도 학습될 수 있다.

방사 기반 함수는 다양한 수학적 정의를 가질 수 있다. 대부분은 그림 7.24와 같이 나타내며 시그모이드 함수 2개를 반대로 놓은 함수의 조합이다. 시그모이드 함수와 같이 학습이 매우 느리지만 반대로 일부 문제들의 경우 데이터를 보다 밀접하게 맞춰 네트워크가 더 작고 효율적이다.

약한 감독 학습

위의 알고리듬은 예제 집합에 의존한다. 이 예는 수기로 입력될 수 있고 게임 플레이 경험으로부터 생성될 수도 있다.

역전파 과정에서 오류 수식을 생성하기 위해 예가 사용된다. 그다음에 오류 수식은 학습 과정을 제어한다. 이것은 감독 학습supervised learning으로 불리며 알고리듬에게 정확한 답을 제공하는 것을 말한다.

온라인 학습에서 사용되는 대안적인 방법이 약한 감독 학습이다(때때로 비감독 학습으로 불리기도 한다. 비록 엄격하게는 약간 다른 형태이긴 하지만 말이다). 약한 감독 학습은 예제 집합을 필요로 하지 않는다. 약한 감독 학습은 예제 집합을 출력 층에 대한 오류 수식을 직접적으로 계산함으로써 대체한다.

예를 들어 전술적 신경망 네트워크 예를 다시 떠올려 보자. 캐릭터는 인접한 아군과 적에 기초해 의사결정을 내리며 지형을 돌아다닌다. 캐릭터가 내리는 의사결정이 안 좋을 수 있다. 예를 들어 적이 급습하는 상황에서 아군을 치료하려고 할 수도 있고, 적의 매복이 있는 바로 앞에서 아이템을 주우려고 돌아다닐 수 있다. 감독 학습은 캐릭터가 각 상황에서 취해야 하는 행동을 계산하려고 할 것이고, 그다음 이전의 모든 예에 더해 이 예를 학습하면서 네트워크를 업데이트하려고 할 것이다.

약한 감독 학습 방법은 캐릭터가 했어야 하는 행동이 무엇이었는지를 쉽게 말하지 못한다는 것을 알고 있다. 그러나 캐릭터가 했던 일이 잘못된 것이라는 점은 쉽게 말해 줄 수 있다. 해답에 도달하기보다는 약한 감독 학습은 얼마나 심하게 AI 캐릭터가 혼나는지에 근거해 오류 수식을 계산한다. 예를 들어 만약 AI와 캐릭터의 동료가 전사한다면 이 오류는 매우 높을 것이다. 만약 몇 대 맞은 것에 불과하다면 이 오류는 작을 것이다. 긍정적인 피드백과 성공적인 선택을 줌으로써 성공을 위해 같은 작업을 수행할 수 있다.

학습 알고리듬은 전과 동일한 방식으로 작동한다. 그러나 예로부터 계산된 것보다는 출력 층을 위해 생성된 오류 수식을 사용한다. 숨겨진 층을 위한 오류 수식은 전과 동일하게 남는다.

우리는 약한 감독 학습을 게임 프로토타입(군사 훈련을 위해 만든 시뮬레이션)에 있는 캐릭터를 제어하기 위해 사용해 왔다. 약한 감독 학습은 캐릭터의 행동을 부트스트랩^{bootstrap}하기 위한 간단한 방법으로 증명됐고 행동의 라이브러리를 많이 작성할 필요없이 흥미로운 변형을 얻게 해준다.

약한 감독 학습은 개발자가 모르는 것을 학습할 잠재 능력을 갖고 있다. 이 잠재력은 신나게 사용될 수 있지만 단점이 될 수도 있다. 신경망 네트워크는 개발자가 원하지 않는 것(명백히 잘못된 것)을 쉽게 학습할 수 있다. 신경망 네트워크는 지루하고 예측 가능한 방식으로 게임을 플레이하는 것을 학습할 수도 있다. 앞에서 캐릭터가 살아남기 힘든 순간에도 결사 항전을 할 가능성에 대해 언급했었다. 이런 특성을 가진 AI는 상대하기 즐거운 상대다. 그러나 만약 캐릭터가 순전히 결과에만 근거해 학습한다면 이런 행동은 절대로 하지 않을 것이고 도망갈 것이다. 이 경우에(다른 대부분의 경우에서도 마찬가지로) 게임 디자이너가 최적안을 알고 있다.

헤비안 학습

헤비안 학습[22]은 도널드 헵^{Donald Hebb}이 1949년에 제안했으며, 생물학적 뉴런이 이 학습 규칙을 따른다고 했다. 생물학적 신경망이 헵의 법칙에 얼마나 부합하는지는 아직 분명하지 않지만 인공신경망에 생물학적으로 가장 그럴듯한 기법 중 하나로 여겨진다. 또한 실용성이 입증됐으며 구현하기에도 간단하다.

헤비안 학습은 비감독 기술이다. 이것은 예제들을 필요로 하지 않으며 생성된 오류 값도 필요로 하지 않는다. 이것은 오직 이것이 관찰하는 패턴에만 근거해 카테고리를 분류한다.

비록 헤비안 학습이 어떤 네트워크에서도 사용 가능하지만 주로 격자 구조에서 사용된다. 그림

7.25를 보면 격자 구조에서는 각 노드가 이웃 노드와 연결돼 있다.

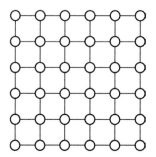

그림 7.25 헤비안 학습을 위한 그리드 구조

뉴런은 앞에서 살펴본 학습 없는 알고리듬에서 뉴런과 동일하다. 그 알고리듬들은 가중치가 부여된 입력의 집합을 합산한 다음 역치 함수에 기초해 자신의 상태를 결정한다. 이 경우에는 앞에 있는 층에서의 뉴런으로부터 입력을 취하지 않고 이웃으로부터 입력을 취한다.

헤비안 학습 규칙에서는 만약 어떤 노드와 그 이웃 노드가 동일한 상태를 보유하는 경향이 있다면 두 노드 사이의 가중치가 증가돼야 한다. 만약 다른 상태를 갖는 경향이 있다면 가중치가 감소돼야 한다.

이 로직은 간단하다. 만약 두 이웃 노드가 종종 같은 상태를 가진다면(둘 다 on이거나 둘 다 off거나) 당연히 두 노드가 상호 관련 있다. 만약 한 뉴런이 on이면 on인 다른 뉴런의 가중치를 증가시키면서 가능성을 증가시켜 줘야 한다. 만약 상호 관련이 없다면 두 뉴런이 같은 상태일 경우의 수와 다른 상태일 경우의 수가 비슷할 것이다. 그러면 둘의 연결 가중치는 증가되는 만큼 다시 감소될 것이다. 대체적으로 연결을 강하게 하거나 약하게 하는 것이 없을 것이다.

도널드 헵은 실제 신경 활동에 대한 연구에 기초해 자신의 학습 규칙을 제안했다(AI 신경망 네트워크가 개발되기 전에). 그리고 헤비안 규칙은 가장 생물학적으로 그럴듯한 신경망 네트워크 기술로 인정받는다.

헤비안 학습은 출력을 생성하는 용도보다는 데이터의 패턴과 상호 관계를 찾는 용도로 사용된다.

예를 들어 그림 7.26은 실시간 전략 게임에서 적군의 구조를 대략적으로 이해하는 양상을 보여 준다(전장의 안개 때문에).

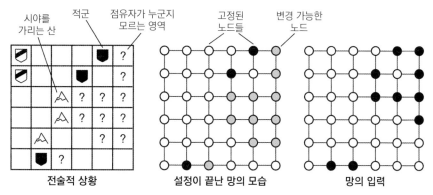

그림 7.26 헤비안 학습과 함께하는 영향력 지도

헤비안 학습과 함께 격자 기반의 신경망 네트워크를 사용할 수 있다. 이 격자는 게임 지도를 표현한다. 만약 게임이 타일 기반이라면 노드마다 1 또는 4 또는 9개의 타일을 사용해야 한다.

각 뉴런의 상태는 대응되는 게임 속의 장소가 안전한지 아닌지를 지시해 준다. 여러 번의 게임 플레이를 마치고, 이 네트워크는 안전한 타일과 위험한 타일을 각 턴마다 줌으로써 훈련될 수 있다(예를 들어 6장의 영향력 지도로부터 생성된다).

많은 수의 게임 플레이 후에 이 네트워크는 안전한 패턴을 예측하는 것에 사용될 수 있다. 이 AI는 타일의 안전을 설정할 수 있다. 이 타일은 뉴런의 격자 안에 있는 상태 값으로 간주될 수 있다. 이러한 값들은 고정돼서 변경이 허용되지 않는다. 그다음에 이 네트워크의 나머지 부분은 보통 합과 역치 알고리듬을 따르도록 허락받는다. 패턴이 안정화될 때까지 시간이 좀 걸릴 수 있다. 그러나 시야에 들어오지 않는 구역이 안전한지 아니면 피해야 하는지를 알려 주는 결과를 얻는다.

7.9 딥러닝

2010년 중반 딥러닝은 학문 분야에서 미디어 센세이션을 일으켰다. 구글과 딥마인드(이후에 구글이 인수) 같은 기업에서 연구를 추진하면서 딥러닝이라는 용어는 곧 AI가 됐다. 그래서 '딥러닝이 진짜 무엇인가?'라는 질문에 대한 답은 꽤 어려울 수 있다. 이 인기가 계속해서 유지될 것인지는 지켜봐야 한다. 이전의 AI 겨울과 같이 기법의 한계가 분명해지면 환멸의 시기가 뒤따를 수도 있다.

공학적 접근법으로서 딥러닝은 눈에 띄게 강력하다. 많은 게임 개발 스튜디오에서 활발하게 연구하고 있고, 만약 이것을 연구하고 있지 않다면 나는 꽤나 놀랄 것이다. 그러나 게임 개발에 있어 딥러닝은 무엇에 유용한가라고 생각해 본다면 명확하지는 않다. 많은 AI 기술과 같이 동작 방법을 이해하는 것이 중요하다. 딥러닝은 지금도 여전히 활발하게 연구가 진행되고 있고 계속해서 변화하고 있다. 그러므로 이 책에서 딥러닝의 개요보다 더 자세히 설명할 수는 없을 것 같다. 딥러닝에 대해 자세히 알고 싶다면 [18]을 참고하거나 더 쉬운 설명을 원한다면 제프 히턴$^{Jeff\ Heaton}$의 AI for Human 시리즈 [21]을 추천한다.

7.9.1 딥러닝이란 무엇인가?

지금까지 7장에서 살펴본 신경망들은 모두 얕은 신경망이었다. 얕은 신경망은 입력과 출력 층 사이에 층들이 몇 개 되지 않는다. 멀티 레이어 퍼셉트론은 하나의 숨겨진 층$^{hidden\ layer}$을 갖고 있고, 출력층을 포함하면 2개를 가진다. 이전 절의 헤비안 망의 경우 오직 하나의 층만을 가진다.

딥 신경망은 더 많은 층을 가질 수 있다. 이때 층들을 몇 개까지 가져야만 하는지 정해져 있지 않기 때문에 어디가 얕은 것이고 어디가 깊은 것인지 말하기 어렵지만 딥 신경망의 경우 최소한 6개 또는 그 이상의 숨겨진 층들을 가진다. 멀티 레이어 퍼셉트론과는 다르게 일부 신경망 구조는 정확히 뭐가 층인지 말하기 어려운 경우도 있다(예를 들어 재귀적 신경망의 경우 반복이 있을 때). 층을 세는 방식이 무엇인가에 따라서 100개 또는 1,000개도 될 수 있다.

딥러닝은 신경망과 동의어이기는 하지만 완전히 같지는 않다. 다른 적응할 수 있는 방법들이 사용될 수 있으며(예를 들어 7장의 앞부분에서 살펴본 의사결정 학습) 다른 알고리듬들(예를 들어 몬테 카를로 트리 검색)도 같이 사용될 수 있다. 하지만 다른 기술을 사용하더라도 인공 신경망을 기반으로 한다. 나는 이 개요에서 딥 신경망에 초점을 맞출 것이다.

그림 7.27은 딥러닝 시스템의 전체적인 모습을 보여 주고 있다. 각 층은 종류에 상관없이 매개 변수 조정이 가능한 구조로 구성된다. 예를 들어 퍼셉트론의 배열이나 이미지 필터(컨볼루션 신경망, 일명 CNN의 컨볼루션 필터), 인간 언어의 확률 모델(음성 인식 또는 기계 번역 시스템에서 사용된다)이 될 수 있다. 시스템이 깊어질 경우 전체적으로 성공 또는 실패한다. 즉 학습 알고리듬은 반드시 전체에 적용돼야 한다. 학습이 진행됨에 따라 모든 매개 변수는 모든 레이어에서 변

경된다. 실제 적용에 있어서 글로벌 매개 변수화^{parameterization}의 조합이 있을 수 있으며 지역 학습 알고리듬에 의해 변경되는 일부 변화가 있을 수 있으나 시스템을 깊게 만드는 것은 전반적인 글로벌 학습이다.

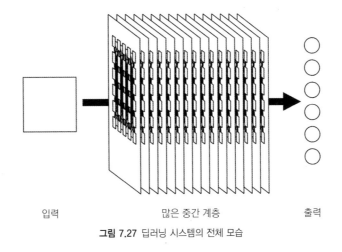

입력 　　　　　　　　　　 많은 중간 계층 　　　　　　　 출력

그림 7.27 딥러닝 시스템의 전체 모습

7.9.2 데이터

7.8절에서 신뢰 할당 문제^{CAP, Credit Assignment Problem}를 설명했다. 망이 실행되고 출력이 생성되며 출력으로 품질을 판단한다. 지도 학습은 비교하기 위한 정답 목록을 필요로 한다. 약한 또는 비지도 학습에서는 출력을 테스트하고 결과를 지켜보면서 성공했는지 실패했는지 알 수 있다. 두 경우 모두 학습을 위해서 출력에서 거꾸로 갈 수 있어야 하며 만들어진 매개 변수가 더 좋은 결과를 만들어 낼 수 있어야 한다. 변경할 매개 변수를 결정하는 문제가 신뢰 한당 문제다. 많은 층의 매개 변수를 조정하는 것은 신뢰 할당 경로 깊이라고 알려져 있다. 일반적으로 수십 년 동안 깊은 CAP를 학습하는 것은 단순히 난해한 것이라고 생각됐다. 이것은 2010년 이후로 세 가지 이유로 바뀌었다.

1. ReLU와 같은 신경망의 새로운 기술 그리고 오류 역전파 과정 중 드롭아웃^{dropout3}을 통해 무작위로 뉴런들을 리셋해 주는 기술들 발견

3　드롭아웃은 토론토 대학의 제프리 힌턴(Geoffrey Hinton) 교수가 제안했다. 딥러닝 학습이 진행될 때 과적합(overfitting)되는 것을 피하기 위한 방법 중 하나다. – 옮긴이

2. 계산 성능의 발전. 부분적으로 무어의 법칙을 따르지만 고수준의 병렬 처리와 저렴한 비용으로 GPU 활용 가능

3. 웹의 발전과 함께 생명공학에서 자율적인 도구로 인해 정보 수집이 용이해지고 더 큰 데이터셋 사용 가능

게임에서 딥러닝 활용을 제한하는 가장 큰 이유는 마지막 이슈 때문이다. 딥러닝은 매우 많은 매개 변수를 바꿔야 하고 성공적인 학습은 매개 변수가 아닌 아주 많은 데이터를 필요로 한다.[4] 그림 7.28의 상황을 고려해 보자. 여기서 우리는 위협적인 적들이 누구인지 알아내려고 하고 있다. 그림에서 볼 수 있듯이 의도적으로 상황을 단순화시켰다. 8개의 시나리오에는 각각 위협적인지 아닌지에 대한 라벨이 붙어 있다. 그림 7.29에 학습해야 할 네트워크를 볼 수 있다. 중간층에 8개의 노드가 있다.

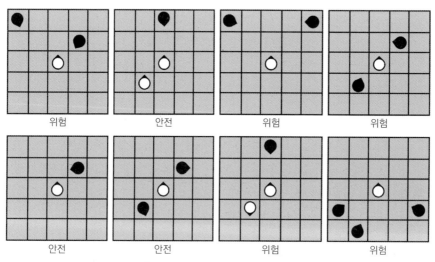

그림 7.28 전략적 위협 평가를 학습하는 상황

---

4 스탠퍼드 대학의 피터 노빅(Peter Norvig) 교수의 유명한 말이 있어 인용하고자 한다. "Simple models and a lot of data trump more elaborate models based on less data."

역자도 동공 추적 프로그램을 만들 때 완전히 동일한 모델임에도 불구하고 동작하지 않던 프로그램이 단순히 데이터만 수 백배 더 늘린 결과 동공 추적 프로그램이 원하는 결과를 만들어 내는 것을 보고 놀랐던 경험이 있다. 물론 단순히 많은 데이터보다는 잘 정제된 데이터들이 많은 것이 더 낫다. - 옮긴이

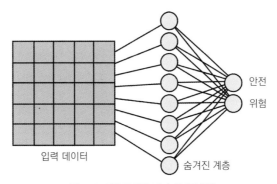

그림 7.29 전략적 위협 평가 신경망 학습

학습을 통해 훈련 데이터를 네트워크가 제대로 분류하고 난 후, 그림 7.30의 상황이 네트워크에 주어지면 거의 십중팔구 잘못 분류할 가능성이 크다. 이것은 학습 알고리듬의 실패 또는 구현의 실수가 아니다. 숨겨진 층의 각 뉴런이 하나의 입력 시나리오에 대한 답을 단순하게 학습할 정도로 데이터가 적기 때문이다. 이때 새로운 데이터가 테스트되면 네트워크의 일반화 능력은 최소화되며 사실상 출력은 무작위가 된다. 이러한 네트워크를 과적합$^{over-fit}$됐다고 말한다. 네트워크는 일반적인 규칙을 습득한 것이 아니라 입력을 배우고 만 것이다.

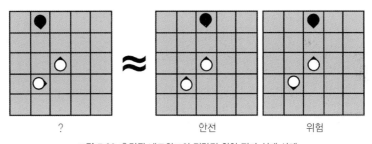

그림 7.30 훈련된 네트워크의 전략적 위협 평가 실패 사례

학습해야 할 매개 변수가 많으면 더 많은 데이터를 필요로 한다. 이것은 수작업으로 학습 데이터에 대한 라벨링 작업을 하거나 테스트를 위해 게임 플레이를 필요로 할 경우 문제가 될 수 있다. [32]에서 설명한 딥러닝의 획기적인 발전 중 하나는 5개 계층에 65만 개의 뉴런을 가진 네트워크를 사용해 120만 개의 손으로 라벨링된 이미지들^{ImageNet5}을 $\frac{2}{3}$의 성공 확률로 분류하

---

5   역자는 ImageNet의 시도와 결과가 없었다면 컴퓨터 과학이 몇십 년은 더 뒤처졌을 것이라고 확신한다. 나를 포함해 여러분들도 알게 모르게 참여했을 것이다. 가령 주어진 이미지에서 신호등을 찾아본 적 없는 사람은 나는 들어본 적 없다. – 옮긴이

는 네트워크를 만들어 낸 점이다. 게임 캐릭터 AI를 위해 이렇게 많은 데이터를 획득하고 검증하는 것은 매우 어렵다. 또한 게임의 버그 및 취약점을 발견하고 악용하는 데 익숙한 게이머들에게 $\frac{2}{3}$은 인상적이지 않을 것이다.

연습 문제

7.1 3장의 3.5.1절에서 조준과 사격에 대해 논의했다. 사격 해법을 판단하기 위해 언덕 오르기를 사용하면 어떨까?

7.2 몇몇 간단한 문제를 위해 사격 해법을 판단하는 언덕 오르기 방법을 구현하라.

7.3 속도와 정확도의 측면에서 여러분이 연습 문제 7.2에서 구현한 결과와 3장에서 주어진 방정식으로부터 분석적으로 얻어진 해법을 비교해 보라. 여러분이 얻은 결과를 갖고, 사격 해법을 발견하기 위해 언덕 오르기나 다른 학습 기술을 사용하는 것이 왜 타당하지 않은지를 설명하라.

7.4 AI 캐릭터가 전장을 향해 직접 대포를 쏠 수 있는 상황을 가정해 보자. 캐릭터는 포탄을 낙하 후 폭파시켜서 적의 피해를 최대화하고 아군의 피해를 최소화하려는 것을 원한다. 폭파는 고정된 반경 r을 가진 치명적인 후폭풍 동그라미로 모델링된다. 적 유닛과 아군 유닛의 위치를 알고 있다고 가정하고, 2D 지형(x, y)에서의 예상되는 폭발의 성과를 계산하는 함수를 작성하라.

7.5 여러분이 아직 다 안 했다면, 연습 문제 7.4의 답으로 작성 중인 함수를 수정하라. 아군 오인 사격이 발생했을 때 잠재적으로 사기에 영향을 주는 것도 고려해 보라.

7.6 왜 단순한 언덕 오르기 연습 문제 7.4에서 여러분이 작성한 함수에 대해 포괄적 최적값을 찾지 못하는지를 설명해 보자. 대신에 여러분이 어떤 기술을 사용해야 할까?

7.7 많은 격투 게임에서는 특정 순서로 버튼을 누름으로써 스페셜한 움직임을 생성한다(즉 콤보). 예를 들어 'BA'는 '잡아서 던지기'를 생성하고 'BAAB'는 '날라차기'를 생성한다. 여러분은 어떻게 N-그램을 사용해 플레이어의 다음 버튼 동작을 예상할 수 있을까? 왜 이

방법을 사용해 적 AI를 창조하려고 하는 것이 시간 낭비일까? 어떤 애플리케이션이 여기에 들어맞을까?

7.8 어떤 격투 게임에서는 제어되는 캐릭터가 웅크린 자세로 있을 때 수행되는 콤보가 캐릭터가 서 있을 때와는 다른 결과를 낳는다. 연습 문제 7.7 문제에서 살펴본 방법이 이 문제를 다룰 수 있을까? 만약 안 된다면 이 문제를 어떻게 고칠 수 있을까?

7.9 'go', 'stop', 'jump', 'turn'과 같은 단어의 집합을 인식하는 목소리 언어 인식기가 내장된 게임을 작성한다고 가정해 보자. 게임을 발매하기 전에 테스트를 진행할 때 여러분은 각 단어의 목소리의 주파수를 측정했고 다음과 같은 표를 얻었다.

단어	주파수
"go"	100
"stop"	125
"jump"	25
"turn"	50

이 데이터를 사용해 우선순위 $P(word)$를 만들어 보라.

7.10 연습 문제 7.9 문제를 푸는 동안에 추가적인 가정을 해보자. 테스트를 하는 도중에 플레이어가 각 단어를 말할 때 걸리는 시간을 측정했다. 이 시간이 어떤 단어를 말하는지 알아낼 수 있는 좋은 지시자가 될 수 있다는 것을 발견했다. 예를 들어 여기에 플레이어가 단어를 말할 때 1/2초 이상을 소모할 조건부 확률이 있다.

Word	P(length(signal) > 0.5|word)
"go"	0.1
"stop"	0.05
"jump"	0.2
"turn"	0.1

게임 플레이 도중에 플레이어가 어떤 단어를 발언하는 시간을 측정했다고 가정해 보자. 0.9초가 걸렸다면 플레이어가 말했을 확률이 가장 높은 단어는 무엇일까? 그것의 확률은 무엇일까? (힌트: 베이즈 규칙은 $P(A|B) = \alpha P(B|A)P(A)$이다. 여기서 α는 정규화 상수다. 그다음에 연습 문제 7.9에서 구한 우선순위를 사용하고 주어진 조건부 확률을 사용하라.)

7.11 플레이어가 언제 사격을 실시할지에 기초해 다양한 스타일의 게임 플레이를 학습하려고 노력한다고 가정해 보자. 다음의 표에는 특정 플레이어에 대해 우리가 수집한 데이터가 들어 있다.

shoot?	distanceToTarget	weaponType
Y	2.4	pistol
Y	3.2	rifle
N	75.7	rifle
Y	80.6	rifle
N	2.8	pistol
Y	82.1	pistol
Y	3.8	rifle

distanceToTarget의 적합한 이산화/양자화를 사용해 더 쉬운 학습이 가능하도록 다음의 새로운 표를 채워 넣어라.

shoot?	distanceToTargetDiscrete	weaponType
Y		pistol
Y		rifle
N		rifle
Y		rifle
N		pistol
Y		pistol
Y		rifle

7.12 연습 문제 7.11에서 여러분이 빈칸을 채운 새로운 테이블의 데이터를 사용해 주어진 상황에서 NPC가 사격을 실시할지 또는 안 할지를 결정하기 위해 나이브 베이즈 분류를 제작하기를 원한다고 가정해 보자. 우리는 다음을 계산하기를 원한다.

$$P(\text{shoot?}|\text{distanceToTargetDiscrete},\text{weaponType})$$

(shoot? = Y인 것과 shoot? = N인 것에 대해 계산해 본다.)

그리고 높은 확률에 대응되는 것을 선택한다.

7.13 연습 문제 7.12에서 여러분은 오직 사격하지 않는 것과 사격하는 것에 대한 상대적인 조건부 확률만 계산하면 됐다. 그러나 실제의 조건부 확률은 무엇일까? (힌트: 확률의 합산이 1이 돼야 한다는 것을 기억하라.)

7.14 연습 문제 7.12에서 사격 행동, 적과의 거리, 무기 타입이 조건부 독립임을 가정했다. 이 가정이 합리적이라고 생각하는가? 여러분의 대답을 설명하라.

7.15 부동 소수점 언더플로underflow6 현상을 피하면서 로그 함수를 이용해 7.5절의 나이브 베이즈 분류를 재구현해 보라.

7.16 다음과 같이 생긴 예제 집합을 가정해 보자.

Healthy	Exposed	With Ammo	In Group	Close	Attack
Healthy	In Cover	With Ammo	In Group	Close	Attack
Healthy	In Cover	With Ammo	Alone	Far Away	Attack
Healthy	In Cover	With Ammo	Alone	Close	Defend
Healthy	In Cover	Empty	Alone	Close	Defend
Healthy	Exposed	With Ammo	Alone	Close	Defend

주어진 예제들로 의사결정 트리를 만들기 위해 정보 획득을 사용하라.

7.17 연습 문제 7.16에서 여러분이 만든 의사결정 트리에 대응되는 간단한 규칙을 작성하라. 이 규칙이 말이 되는가?

7.18 어떤 데이터를 생성하기 위해 웹사이트에 있는 장애물 회피 코드를 사용하라. 환경과 캐릭터에 대응되는 조종 선택과 관련된 정보를 이 데이터에 기록해야 하다.

7.19 연습 문제 7.18에서 여러분이 생성한 데이터를 관찰해 보자. 이 데이터를 학습하기가 얼마나 쉽다고 생각하는가? 학습 문제를 최대한 다루기 쉽도록 하기 위해 어떻게 데이터를 표현할 수 있을까?

7.20 연습 문제 7.18에서 여러분이 생성한 데이터를 사용해 신경망 네트워크와 함께 장애물 회피를 학습하려고 시도해 보라. 이 문제는 여러분이 상상하는 것보다 아마도 어려울 것이다. 따라서 만약 이것이 작동하는 데 실패한다면 연습 문제 7.19를 다시 풀어 보자. 이

---

6 부동 소수점 연산의 결과가 컴퓨터가 표현할 수 있는 가장 작은 양보다 작을 때 발생하는 상태 - 옮긴이

것이 실제로 작동하도록 여러분이 훈련시키지 않았다는 설정하에 여러분이 테스트를 수행할 필요가 있다는 것을 기억하라.

7.21 장애물 회피는 충돌이 발생하는 횟수에 기초해 선천적으로 자신을 오류 수식을 만드는 데 빌려준다. 연습 문제 7.20에서 여러분이 시도했던 장애물 회피를 학습하기 위해 감독 학습을 사용하지 말고 약한 감독 학습을 사용해 보자.

7.22 연습 문제 7.21에서 여러분이 시도했던 약한 감독 방법 대신에 비감독 강화 학습 방법을 시도하라. 보상 함수는 충돌이 없는 움직임으로 초래되는 행동 선택을 보상해야 한다. 여러분이 훈련시키지 않았다는 설정하에 테스트를 수행할 필요가 항상 있다는 것을 기억하라.

7.23 신뢰 가능한 장애물 회피 행동이 손수 코딩을 하는 것에 의해 얻어지기가 훨씬 더 쉽다는 사실을 고려했을 때, 머신러닝을 사용하는 것은 엉뚱한 일이 되는 것인가? 찬반 양론을 논의해 보라.

절차적 콘텐츠 생성   8장

절차적 콘텐츠 생성^{PCG, Procedural Content Generation}은 게임 개발에서 뜨거운 주제이지만 새로운 것은 아니다. 이 기술의 사용은 1980년대의 8비트 시대로 거슬러 올라간다. 두 게임 〈엘리트^{Elite}〉[82]와 〈엑자일^{Exile}〉[181]은 게임 콘텐츠의 상당 부분을 절차적으로 생성한다. 〈엘리트〉는 별의 은하를 절차적으로 생성하고 〈엑자일〉은 지하 동굴 시스템을 위해서 절차적 콘텐츠 생성을 사용한다. 두 게임 모두 플레이는 같았지만 게임 콘텐츠는 32kB 램에 넣기에 너무 컸다. 그들은 절차적 생성을 압축의 한 형태로서 사용했다. 특히 〈엘리트〉는 〈스포어^{Spore}〉[137], 〈데인저러스^{Dangerous}〉[118], 〈노 맨즈 스카이^{No Man's Sky}〉[119]와 같은 게임들로 직결되는 높은 영향력을 입증했다.

1980년 조기에 〈로그^{Rogue}〉[139]는 메인프레임 기계들을 위해 프리웨어로서 출시됐다. 게임을 할 때마다 절차적 생성을 사용해 새로운 던전^{dungeon}을 만들어 냈다. 〈로그〉는 비상업적, 취미로 제작된 많은 게임에게 영향을 줬으며 보통 텍스트로만 구성된 인터페이스를 갖추고 있다. 이 게임은 로그라이크^{Rogue-like}라는 하나의 장르를 탄생시켰다. 절차적 콘텐츠 생성과 영구적 죽음은 인디 게임^{independent game}에 많은 영향을 줬고 〈아이작의 번제^{The Binding of Isaac}〉[138], 〈스펠렁키^{Spelunky}〉[146]와 같은 게임 장르를 이끌었다. 이러한 게임들은 로그라이트^{Rogue-lite1} 장르

---

1   로그라이트(Rogue-lites)라는 장르의 이름은 로그라이크(Rogue-likes)라는 장르의 이름을 지키기 위한 팬들의 열성적인 운동이 벌어진 이후에 정해졌다. 로그라이트 외에도 Rogue-like-likes와 같은 이름도 제안됐으나 너무 번거롭다는 의견이 많았다.

라고 한다. 절차적 던전 생성은 〈디아블로Diablo〉[88]와 〈블러드본Bloodborne〉[116]과 같은 AAA 타이틀에도 적용됐다.

〈스포어〉의 경우에는 다른 형식의 절차적 콘텐츠 생성을 사용한다. 데모 신demo scene에서는 프로그램 크기에 제한을 두고 가장 화려한 비주얼과 오디오 효과를 제작하기 위해 경쟁하기도 한다. 이러한 프로그램을 만들 때는 보통 손으로 작성된 최적화된 어셈블리 코드를 사용한다. 〈스포어〉의 제작자 월라이트Will Wright는 특히 〈스포어〉 개발을 위해 데모 신을 제작할 수 있는 프로그래머들을 고용하기도 했다.

〈문명Civilization〉[147]과 같은 전략 게임에서 절차적 레벨 생성을 사용해 멀티플레이를 위한 다양한 지도를 생성한다. 지형 생성은 대부분의 게임 아티스트가 콘텐츠를 만들기 위해 작업하는 부분이기도 한데, 게임에서 생성되는 것이 아니라 개발 단계에서 생성되는 콘텐츠다. 〈마인크래프트Minecraft〉[142]에서는 게이머들이 지형과 월드 생성에 직접 참여하기도 한다. 간단한 블록들을 사용해 복잡한 건축물들을 만들 수 있고, 모장Mojang2은 사람이 만든 것과 같은 느낌을 주기 위해 지속적으로 광산, 마을, 신전과 같은 건물들을 위한 생성 로직들을 추가했다.

마지막으로 〈드워프 포트리스Dwarf Fortress〉[81]를 언급하지 않는다면 용서받지 못할 것 같다. 게임의 그래픽적 요소들은 로그라이크 게임들과 비슷하지만 절차적 콘텐츠 생성은 게임 내 모든 시스템에 적용돼 있다. 게임 월드, 던전, 캐릭터, 배경 이야기, 문명, 심지어 전설들과 유물까지 절차적으로 생성된다. 이러한 게임 디자인에 관한 책에서[58] 절차적 콘텐츠 생성에 대한 조언들을 설명하고 있으며, 책의 저자는 〈드워프 포트리스〉의 공동 개발자이기도 하다.

절차적 콘텐츠 생성에 대한 조사 결과 주요한 두 가지 용도를 보여 주고 있다. 첫째는 게임에 다양성을 부여할 수 있다는 점이고, 둘째는 개발 과정에서 게임 에셋asset을 풍부하게 만들 수 있다는 점 또는 더 값싸게 만들 수 있다는 점이다. 두 경우 모두 디자이너나 아티스트가 작업해야 하는 것들을 교체할 수 있다. 그리고 놀랄 것 없이, 이미 우리가 다뤄 봤던 비슷한 기술들을 사용한다. 경우에 따라서는 연관성이 없어 보일 수도 있다. 나는 8장에서 절차적 음악 생성에 관한 내용은 설명하지 않을 것이다. 왜냐하면 이것들은 오디오와 음악 이론에 특정되기 때문이다. 비슷하게 게임 텍스처의 경우에도 절차적으로 생성될 수 있다. 이것은 이미지 필터링

---

2   마인크래프트의 개발자 – 옮긴이

과 그래픽 기술들에 기반해 이뤄 낼 수 있다. 다른 극단적인 경우에는 〈레프트 4 데드^{Left 4 Dead}〉 [196], 〈어스폴^{Earthfall}〉[120]과 같은 게임에서처럼 절차적 게임 플레이를 만들어 내는 경우도 있다. 현재 게임 상태를 분석해 새로운 적들이 언제 나와야 하는지를 결정한다. 이러한 종류의 콘텐츠 생성은 5장, 6장에서 이미 살펴봤던 기술들을 기반으로 구현할 수 있다. 8장에서는 간단한 무작위 숫자의 생성에서부터 모양 문법^{shape grammar}과 같은 기술들을 알아볼 것이다.

8.1 의사 난수

난수는 이 책에서 이미 여러 번 다뤘다. 단순히 random 함수를 호출하면 됐다. 프로그래밍에서는 난수를 세 가지 종류로 나눠 볼 것이다.

1. 진짜 난수는 열 잡음^{thermal noise}, 핵 붕괴, 확률적 물리적 현상을 샘플링하는 특수 하드웨어가 필요하다.
2. 암호화 난수는 진정한 무작위는 아니지만 예측할 수 없고 충분히 반복되지 않아 암호화 소프트웨어의 기저로 사용할 수 있다.
3. random 함수와 같은 일반 의사 난수는 시드^{seed} 값을 기반으로 하며 항상 동일한 시드에 동일한 난수를 반환한다. 많은 의사 난수를 생성하는 알고리듬들은 가역이며 이 말은 난수가 주어졌을 때 시드를 추론할 수 있다는 것이다.

역사적으로 운영체제 또는 프로그래밍 언어에서 제공하는 기본 난수 생성기는 의사 난수였지만 컴퓨터 보안에 대한 우려가 높아짐에 따라 암호화 난수가 표준으로 채택됐다.

난순한 의사 난수 생성기는 일반적으로 라이브러리에서 제공되고 있으며 이 책을 쓰는 시점에서 C/C++, 자바스크립트^{Javascript}, C#과 같은 언어에서는 여전히 비암호화 난수 생성을 사용하고 있다. 만일 여러분이 다른 플랫폼이나 언어를 사용한다면 난수를 사용할 때 이 부분을 체크하면 좋을 것이다.

대부분의 게임 코드에서는 난수가 어떻게 생성되는지 알 필요가 없다. 하지만 난수가 어떻게 생성되느냐에 따라 약간 다른 속성을 가질 수 있는데 값이 반복적이거나 자연적으로 무리를 이룰 수 있다.

8.1.1 숫자 혼합 그리고 게임 시드

엄밀히 말해 시드를 사용하는 의사 난수 생성기는 혼합^{mixing} 함수다. 시드 값이 주어지면 여기에 연관된 숫자가 반환된다. 이것은 혼합 함수라 하는데 왜냐하면 시드 값에 있는 어떠한 정보를 사용해 결과적으로 난수를 얻기 때문이다. 만약 두 시드 값의 첫 번째 비트만 다른 경우 결과로 생성되는 난수는 1비트 자리 이상 달라야 한다.

2개의 동일한 시드 값은 항상 동일한 결과를 반환한다. 플레이어는 자신의 시드 값을 공유하고 다른 사람도 동일한 시드 값으로 생성된 레벨을 플레이하면 같은 게임 플레이를 경험할 수 있기 때문에 이러한 방법이 많은 게임에서 사용된다.

게임에서 하나 이상의 난수를 사용하는 경우가 많은데 이때 random 함수를 계속해서 호출해서 값을 얻을 수 있다. 함수 호출의 이면에서 시드 값이 업데이트되고 있는데 의사 난수 생성기는 다음과 같은 업데이트를 수행한다.

$$s_0 \rightarrow s_1, r$$

s는 시드 값이며 첨자는 시간을 의미한다. r은 의사 값의 결과다. 업데이트된 시드 값 s_1은 s_0에 의해 결정된다. 그러므로 난수의 순열은 항상 특정 시드 값에 의해 결정되며 시드 값이 같다면 항상 반환되는 난수는 같다.

게임에서 반복성을 만들기 위한 까다로운 부분은 매번 동일한 수의 함수 호출이 수행돼야 한다는 점이다. 초기 시드에서 무작위로 던전을 생성하는 시스템을 상상해 보자. 이때 모든 레벨에 대한 던전을 초반에 모두 생성할 필요는 없을 것이다. 대신 첫 번째 레벨의 끝부분에 도달하면 다음 레벨을 만들게 하는 것이 좋다. 그리고 이때 두 번째 레벨은 시드 값이 같을 경우 항상 같은 수준의 레벨이 만들어져야 한다.

이것은 여러 의사 난수 생성기로 이뤄져 있으며 보통 Random 클래스로 캡슐화돼 있다. 마스터 생성기만 게임 시드를 갖고 있고 다른 생성기들은 이 시드로부터 순서대로 생성된다. 코드는 다음과 같다.

```
1  class Random:
2      function randomLong(): long
3
```

```
4   function gameWithSeed(seed):
5       masterRNG = new Random(seed):
6       treasureRNG = new Random(masterRNG.randomLong())
7       levelsRNG = new Random(masterRNG.randomLong())
8
9   function nextLevel():
10      level += 1
11      thisLevelRNG = new Random(levelsRNG.randomLong())
12
13      # thisLevelRNG를 사용해 레벨을 생성한다.
```

운영체제와 프로그래밍 언어에서 의사 난수 생성기를 제공하지만 일부 개발자들은 직접 만든 것들을 사용하기도 한다. 다양한 알고리듬은 성능과 성향에 따라 서로 다른 트레이드 오프를 가진다. 여러분의 게임이 여러 플랫폼에서 동작하거나 이전에 설정된 시드 값을 무효화하지 않고 게임을 개선시키기 위해서 이것은 특히 중요하다. 예를 들어 웹 브라우저의 경우 자바스크립트 함수 Math.random을 사용자가 선택할 수 있다(대부분은 xorshift[3] 알고리듬을 사용). 다른 플랫폼은 시간이 흐름에 따라 구현 내부 사항이 바뀔 수 있으며 이것으로 인해 게임의 반복성을 보장할 수 없는 경우도 있다. 그러므로 플랫폼 의존적이지 않은 구현을 알 필요가 있다. 가장 일반적인 알고리듬은 메르센 트위스터^{Mersenne Twister}다. 여기서 유사 코드를 제공하지는 않겠지만 인터넷에서 매우 쉽게 관련 자료를 구할 수 있을 것이다. 개인적으로는 Boost C++ 라이브러리[4]의 구현을 수년 전부터 사용해 오고 있다. 전체 소스가 아닌 일부분만 가져와서 사용해도 된다.

8.1.2 할톤 시퀀스

난수는 종종 부자연스럽게 보이도록 뭉치는 경향이 있다. 무작위로 오브젝트를 배치할 때 이러한 숫자를 사용하면 뭉치는 것이 문제가 될 수 있기 때문에 공간을 더 부드럽게 분포시키는 숫자를 얻어내는 방법이 필요하다. 가장 간단한 접근법은 할톤 시퀀스^{Halton sequence}라고 한다. 그림 8.1의 왼쪽은 일반적 난수의 결과이고 오른쪽은 할톤 시퀀스에 의한 결과다.

---

3   xorshift는 선형 피드백 시프트 레지스터(LFSR, Linear Feedback Shift Register)의 한 종류다. 대표적인 사용 예는 게임 〈둠(Doom)〉이다. 한국어로 번역된 책 『게임 엔진 블랙 북: 둠』(한빛미디어, 2021)에 재미있는 내용이 있으니 관심 있는 분들은 참고하면 좋을 것이다.

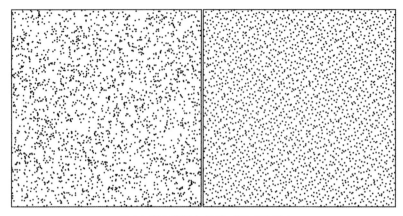

그림 8.1 할톤 시퀀스는 뭉치는 것을 줄여 준다.

시퀀스는 작은 서로소를 사용해 제어한다. 각 차원에 하나의 숫자가 할당된다. 2차원의 경우 결과적으로 2개의 숫자가 필요하다. 각 차원은 0~1 사이의 분수 시퀀스를 형성한다. 예제를 통해 과정을 알아보자. 먼저 시퀀스의 제어 수가 $n = 3$이라고 가정해 보자.

첫 번째 범위 $(0, 1)$는 $\frac{1}{3}$로 나뉘어 있다. 이것들은 순서대로 사용될 수 있고 시퀀스는 다음과 같다.

$$\frac{1}{3}, \frac{2}{3}$$

이제 범위를 $\frac{1}{3^2} = \frac{1}{9}$ 부분으로 나누면 값이 시퀀스 초기에 반환되지 않는 경우 특정한 순서로 다음과 같이 된다($\frac{3}{3} = \frac{1}{3}$ 그리고 $\frac{6}{9} = \frac{2}{3}$).

$$\frac{1}{3}, \frac{2}{3}, \frac{1}{9}, \frac{4}{9}, \frac{7}{9}, \frac{2}{9}, \frac{5}{9}, \frac{8}{9}$$

계속해서 $\frac{1}{3}$을 제곱해 값을 계산한다. $\frac{k}{9}$ 부분의 순서는 $\frac{1}{9}$에서 $\frac{1}{3}$씩 증가하며 $\frac{2}{9}$에서도 같다.

2차원 시퀀스의 경우 제어 수를 2, 3 사용하며 다음과 같다.

$$\left(\frac{1}{2}, \frac{1}{3}\right), \left(\frac{1}{4}, \frac{2}{3}\right), \left(\frac{3}{4}, \frac{1}{9}\right), \left(\frac{1}{8}, \frac{4}{9}\right), \left(\frac{5}{8}, \frac{7}{9}\right), \left(\frac{3}{8}, \frac{2}{9}\right), \left(\frac{7}{8}, \frac{5}{9}\right)$$

시퀀스는 구현보다 설명하는 것이 더 어렵다. 일차원은 다음과 같다.

```
1  function haltonSequence1d(base, index):
2      result = 0
3      denominator = 1
4
5      while index > 0:
6          denominator *= base
7          result += (index % base) / denominator
8          index = floor(index / base)
9
10     return result
```

floor은 가까운 정수로 내림한다. 2차원은 더 간단하다.

```
1  function haltonSequence2d(baseX, baseY, index):
2      x = haltonSequence1d(baseX, index)
3      y = haltonSequence1d(baseY, index)
4      return x, y
```

제어 수가 커지면 명백한 문제점이 보이게 된다. 예를 들어 11, 13으로 제어 수를 사용하면 다음과 같은 시퀀스를 얻는다.

$$(\frac{1}{11}, \frac{1}{13}), (\frac{2}{11}, \frac{2}{13}), (\frac{3}{11}, \frac{3}{13}), (\frac{4}{11}, \frac{4}{13}), (\frac{5}{11}, \frac{5}{13}), (\frac{6}{11}, \frac{6}{13})$$

이것을 피하려면 숫자 n으로 제어되는 할톤 시퀀스의 적어도 첫 번째 n개의 숫자를 건너뛰는 것이 일반적이다. 시뮬레이션 프로그램에서는 초깃값들이 보통 생략된다. 이 값들은 몇백 개가 될 수도 있고 어떤 경우에는 n에 서로소인 k 값들만 사용하는 경우도 있다. 절차적 콘텐츠 생성을 위해는 이 같은 방법이 자주 사용되지 않는다. 일반적으로 n번째에서 시작하는 수를 사용하는 것만으로도 충분하다.

할톤 시퀀스는 무작위도 아니고 의사 난수도 아니다. 이것은 유사 난수$^{quasi-random}$라고 할 수 있다. 무작위로 보이기 때문에 통계적 시뮬레이션에서 사용하기에 충분하지만 시드 값에 의존하지 않으며 항상 같은 값을 얻는다.

반복을 피하기 위해 다른 제어 수를 사용할 수 있지만 앞서 살펴본 바와 같이 제어 수가 클 경우에는 명백하게 반복된 패턴을 볼 수 있다. 다른 방법으로 무작위 오프셋을 사용할 수도 있다. 그림 8.2에 여러 할톤 시퀀스의 모양을 볼 수 있다. 세 가지 경우 모두 일부 프로그램에서는 문제가 될 소지가 있다. 별도의 덩어리로 쪼개기보다는 더 큰 영역과 낮은 제어 수를 사용하는 것이 더 좋다.

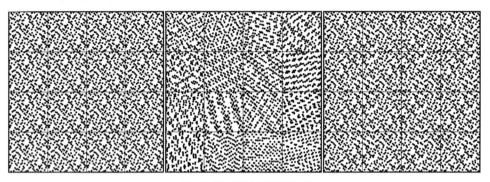

그림 8.2 할톤 시퀀스의 반복되는 예

8.1.3 잎차례 각도

할톤 시퀀스는 2차원 물체의 배치를 만족스럽게 배열해 준다. 잎 또는 꽃잎과 같은 것들을 자연스럽게 중심축을 기준으로 방사형으로 배치하기 위해 금속 비율과 같은 것들을 사용한다. 가장 유명한 것은 황금 비율이라고 한다.

$$\phi = \frac{1 + \sqrt{5}}{2} \approx 1.618033989$$

이것은 피보나치 수열의 연속적인 숫자들이 수렴되는 비율이다. 다른 금속비는 일반적으로 덜 사용되지만 모두 피보나치 수열의 변종과 같다.

그림 8.3에서 잎들은 $\frac{2\pi}{\phi}$ 라디안 간격으로 배치되고(222.4도) 나란히 다른 잎들을 $\frac{2\pi}{\phi} \pm r$ 간격을 두고 배치했다. 이때 r은 작은 무작위 수(최대 $\frac{\pi}{12}$ 라디안)를 사용했다. 매우 작은 무작위 오프셋은 인위적으로 덜 완벽한 결과를 낳는다. 하지만 실제로 잎들은 이 각도에서 크게 벗어나지 않는다(물론 큰 무작위 수는 모든 효과를 무용지물로 만든다).

일부 무작위 성분이 황금 비율에 추가되지 않는 한, 이것은 예제에서 봤듯이 무작위가 아니며 할톤 시퀀스와 같이 빈 공간을 채운다. 자연 식물은 잎의 위치에 이러한 간격을 표시한다(잎차례phyllotaxis라고 한다).

786

그림 8.3 황금 비율을 사용해 잎들이 배치된 모습

8.1.4 푸아송 원반

무작위로 아이템을 배치할 때 그것들이 겹치지 않도록 하는 것이 중요하다. 할톤 시퀀스의 경우 오브젝트를 시각적으로 뭉치지 않도록 배치하지만 겹치지 않는다는 것을 보장하지는 않는다. 간단한 방법은 새로운 위치를 검사해서 이전의 위치와 겹치면 해당 위치를 무시하는 것이다. 이것은 할톤 시퀀스와 무작위 위치를 동시에 사용해서 구현할 수 있다. 이것은 푸아송 원반Poisson disk 분포라고 알려져 있고 그림 8.4와 같다. 할톤 시퀀스가 잔디, 머리카락을 배치하는 데 사용할 수 있다면 푸아송 원반 분포는 돌이나 빌딩을 배치하는 데 사용될 수 있다.

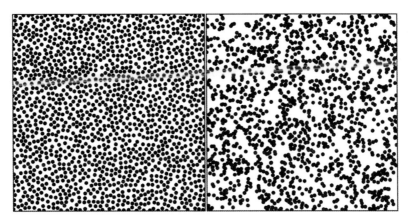

그림 8.4 푸아송 원반의 분포 (L)과 무작위 위치 (R)의 비교

이렇게 분포를 생성하는 것은 느릴 수 있다. 느려도 상관이 없다면 2007년 로버트 브리슨Robert Bridson이 제안한 알고리듬[5]을 사용할 수 있다.

알고리듬

알고리듬은 첫 번째 원반의 중심을 위한 하나의 포인트로 시작한다. 특정 지점(보통 채워야 할 영역의 중심)을 설정할 수도 있고 무작위로 선택될 수도 있다. 이 위치는 저장되고 활성화 리스트라는 곳에 들어간다. 그 이후 반복해서 처리한다.

각 반복에서 활성화 리스트로부터 원반을 선택한다. 이것을 활성화 원반이라고 한다. 원반 주변을 감싸는 위치들을 생성하고 각 거리는 $2r \sim 2r + k$로 설정한다. 이때 r은 원반의 반지름이며 k는 밀도를 결정한다. 각 위치 생성에서 이미 생성된 원반들과 겹치는지 체크한다. 겹치지 않는다면 원반은 배치되며 활성화 리스트에 추가된다. 그렇지 않으면 다른 원반을 고려한다. 만약 여러 번 시도했음에도 원반을 배치할 수 없다면 활성화 원반은 활성화 리스트에서 삭제되며 반복은 끝난다. 알고리듬은 k값에 의존하며 k가 작다면(예를 들어 6) 적게 검사하고 k가 r과 비슷하다면 더 좋은 결과를 얻는다.

의사 코드

알고리듬은 입력으로 초기 원반 위치와 반지름을 갖고 활성화 리스트에 더 이상 고려할 위치가 없을 때 종료된다.

```
1   class Disk:
2       x: float
3       y: float
4       radius: float
5
6   function possonDisk(initial: Disk) -> Disk[]:
7       active = new ActiveList()
8       placed = new PlacedDisks()
9
10      active.add(initial)
11      placed.add(initial)
12
13      # 같은 반지름을 사용한다.
14      radius = initial.radius
```

```
15
16    outer: while not active.isEmpty():
17        current = active.getNext()
18
19        for i in 0..MAX_TRIES:
20            # 새로운 후보 원반을 만든다.
21            angle = i / MAX_TRIES * 2 * pi
22            r = 2 * radius + separation * random()
23            disk = new Disk(
24                current.x + r * cos(angle),
25                current.y + r * sin(angle),
26                radius
27                )
28
29            # 맞는지 본다.
30            if placed.empty(disk):
31                placed.add(disk)
32                active.add(disk)
33                continue outer
34
35        # 현재 원반의 자식들은 실패했다.
36        active.remove(current)
37
38    return placed.all()
```

자료 구조

2개의 자료 구조가 필요하다. 활성화 위치를 담기 위한 리스트와 기존 원반과 겹치는지 검사 및 배치된 원반을 담고 있는 리스트가 필요하다. 활성화 리스트는 다음 구조를 가진다.

```
1  class ActiveList:
2      function add(disk: Disk)
3      function remove(disk: Disk)
4      function isEmpty() -> bool
5      function getNext() -> Disk
```

이것은 언어에서 기본적으로 제공하는 가변 길이 배열을 사용하거나 선입선출[FIFO, First-In First-Out] 큐를 사용해서 구현할 수 있다.

배치된 원반을 위한 자료 구조는 다음과 같다.

```
1  class PlacedDisks:
2      function add(disk: Disk)
3      function empty(disk: Disk) -> bool
4      function all() -> Disk[]
```

성능의 중요 부분은 교차를 검사하는 것이다. 이것은 보통 그리드로 구현되며 디스크를 배치하면 겹치는 그리드 셀에 위치와 반지름이 기록되고, 적절한 셀을 조회해 교차하는지 검사한다. 배치된 원반은 절대로 삭제되지 않으므로 두 가지 자료 구조를 사용해 구현될 수 있다. 교차 검사를 위한 그리드와 알고리듬이 끝났을 때 배치된 원반을 반환하기 위한 간단한 배열이 있다.

예를 들어 다음과 같다.

```
1   class PlacedDisks:
2       cells: bool[GRID_WIDTH * GRID_HEIGHT]
3       disks: Disk[]
4
5       # 주어진 원반에 대한 모든 셀 인덱스를 반환한다.
6       function allCells(disk: Disk) -> int[]
7
8       function add(disk: Disk):
9           # 푸아송 원반 구현에서 비어 있는지 검사한다.
10          for cell in allCells(disk):
11              cells[cell] = true
12          disks.add(disk)
13
14      function empty(disk: Disk) -> bool:
15          for cell in allCells(disk):
16              if cells[cell]:
17                  return true
18          return false
19
20      function all() -> Disk[]:
21          return disks
```

성능

알고리듬은 $O(n)$이며 n은 배치된 원반 개수다. 비록 활성화 리스트에서 원반을 삭제하기 전까지 교차 검사를 여러 번 하지만 k 값에 기반한 위치들의 개수는 원반 개수에 의존하지 않기 때문에 무시한다.

알고리듬 성능은 교차 검사에 민감한데 왜냐하면 가장 많은 시간이 걸리는 부분이기 때문이다. 잘 만들어진 그리드를 사용하면 $O(1)$이 될 수 있으며 보통 $O(n)$으로 처리될 수 있다. 물론 자료 구조가 좋지 않으면 $O(n^2)$가 되기도 한다. n은 게임에서 특히 커질 수 있기 때문에 문제가 될 수도 있다(예를 들어 숲속에서 나무의 개수가 n이 될 수 있다).

가변 반지름

앞서 살펴본 코드에서 모든 원반은 같은 크기라고 가정했지만 일반적으로는 그렇지 않다. 이 알고리듬은 게임 레벨에 기능들을 배치할 때 유용하며(예를 들어 돌, 식물과 같은) 이들의 크기는 각기 다르다. 알고리듬은 쉽게 확장될 수 있으며 원반은 위치와 반지름으로 저장될 수 있다(보통 배치된 것이 무엇인지 식별하기 위한 식별자도 포함한다). 주변 원반 위치들은 $r_1 + r_2$에서 $r_1 + r_2 + k$ 범위로 생성된다. 루프의 첫 번째 부분은 다음과 같이 바뀐다.

```
1  # 새로운 후보 원반을 만든다.
2  angle = i / MAX_TRIES * 2 * pi
3  nextRadius = randomRange(MIN_RADIUS, MAX_RADIUS)
4  r = current.radius + nextRadius + separation * random()
5  disk = new Disk(
6      current.x + r * cos(angle),
7      current.y + r * sin(angle),
8      nextRadius
9      )
```

이 함수는 더 확장될 수 있으며 애플리케이션에 따라 조절될 수 있다. 예를 들어 특정 오브젝트 주위로 큰 공간을 만들고 싶을 수도 있고 두 오브젝트가 서로 가깝게 붙어 있게 하고 싶을 수도 있다. 또는 이웃된 두 오브젝트의 종류에 따라 다르게 여백을 줄 수 있다. 이 알고리듬의 수정 버전은 몇몇 상용 게임에서 생태계 생성의 기초로 사용됐다.

8.2 린덴마이어 시스템

8.1절에서 식물을 현실적으로 배치할 수 있는 알고리듬을 살펴봤다. 푸아송 원반 분포는 나무를 배치할 수 있지만 나무 자체는 다른 방식으로 만들어진 것을 가져오거나 생성해야 한다. 나무를 만들어 낼 수 있는 상업용 도구들이 있는데 대표적으로 스피드트리^{SpeedTree}가 있다. 스피드트리는 가장 많이 알려져 있으며 다양한 게임 엔진을 위한 플러그인을 제공하고 있다.

코드로 나무를 만들려면 재귀적 접근법으로 알려진 '린덴마이어 시스템$^{Lindenmayer system}$'(또는 L-시스템)이 사용된다. 이것은 8장의 끝에서 살펴볼 더 광범위한 버전의 재귀적 접근법(모양 문법$^{shape grammar}$)의 간소화된 버전이다. L-시스템은 트리나 가지^{branch} 구조를 가진 모양을 만들 때 잘 맞는다.

8.2.1 간단한 L-시스템

L-시스템 모델은 1968년 조류의 자기 성장에 대한 설명으로 아리스티드 린덴마이어$^{Aristid Lindenmayer}$에 의해 제안됐다. 이것을 나무에 적용하면 언어의 문법적 규칙과 같은 일련의 규칙으로 가지의 자기 유사성을 표현할 수 있다.

1. root → branch(1미터 길이)
2. branch(x 길이) → branch($\frac{2x}{3}$ 길이, −50도), branch($\frac{2x}{3}$ 길이, +50도)

규칙 1에 루트^{root}는 규칙의 왼쪽에 위치하고 있다. 이것은 시작 규칙을 표현한다. 규칙 2는 가지가 어떻게 만들어지는지 보여 준다. 알고리듬이 실행되면 나무는 그림 8.5의 왼쪽과 같다. 두 번째 나무는 똑같은 방식으로 만들어지지만 두 번째 규칙을 살짝 변형해야 한다.

2. branch(x 길이) → branch($\frac{2x}{3}$ 길이, −25도), branch($\frac{1x}{2}$ 길이, +55도)

두 모양 모두 나무처럼 보이지만 현실의 나무처럼 보이지는 않는다. 8.2.1절에서는 우선 간단한 모델에 집중하고 정교하게 만드는 것은 이후에 설명할 것이다.

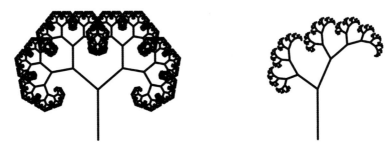

그림 8.5 2차원 L-시스템으로 만들어진 두 나무의 모습

이 규칙들에는 스스로 종료되는 규칙이 없다는 것에 주목하자. 나무는 영원히 가지를 치며 성장할 것이다. 영원히 성장하는 나무를 만들지 않으려면 종료하는 방법이 있어야 한다. 현재의 경우에는 가지의 길이가 충분히 작아졌을 때 종료하게 하면 된다. 규칙의 상위에서 가지의 길이를 체크하거나 세 번째 규칙을 다음처럼 추가해도 된다.

3. branch ($< \frac{1}{10}$m 길이) →

오른쪽에 아무것도 없다는 것은 곧 종료를 의미한다. 또는 규칙이 적용되는 횟수를 저장하고 있다가 정해진 숫자보다 커지게 되면 종료하게 할 수도 있다.

실제로는 두 가지 접근법 모두 사용된다. 어떤 기준들은 미적이거나, 나무 전체에 영향을 미치거나, 생성된 모델과 그 주변 환경의 상호 작용을 수반한다. 이러한 기준들은 규칙으로 표현하기 어려울 수 있기 때문에 전역 테스트가 규칙 생성 함수에 추가된다.

알고리듬

루트만 들어 있는 힐성 가시 목록으로 시작해 반복 처리한다. 각 반복에서 첫 번째 아이템은 목록에서 삭제되며 조건에 맞는 규칙을 찾은 후, 규칙의 오른쪽에 있는 항목들을 활성 목록에 넣는다.

알고리듬은 활성 목록이 비어 있을 때까지 처리되거나 전역에서 종료 조건을 충족할 때 종료된다. 알고리듬이 완료되면 생성된 가지들로 이뤄진 나무를 얻을 수 있다.

의사 코드

규칙 실행은 다음 코드에 의해 실행된다.

```
1  function lSystem(root: Branch, rules: Rule[]) -> Branch[]:
2      tree = [root]
3      active = [root]
4
5      while active:
6          current = active.popHead()
7          tree.push(current)
8
9          # 처음으로 매치되는 규칙을 찾고 실행한다.
10         for rule in rules:
11             if rule.matches(current):
12                 # 새로운 가지를 추가한다.
13                 results = rule.rhs(current)
14                 for result in results:
15                     active.push(result)
16
17                 break
18
19     return tree
```

자료 구조

코드는 가지 객체의 구조에 대해 어떠한 가정도 하지 않는다. 빌딩 나무의 경우 위치, 방향, 길이, 외적인 정보를 표현하기 위해 추가적으로 두께나 색상, 텍스처를 필요로 할 수도 있다. 간단한 가지 객체(예를 들어 그림 8.5를 만들기 위한)는 다음과 같다.

```
1  class Branch:
2      position: Vector2
3      orientation: float
4      length: float
```

알고리듬에 있어 가장 많은 부분은 규칙 객체에 있다. 규칙 객체는 현재 활성화 가지에 매치되는지 검사하고 결과를 생성한다. 이는 다음과 같다.

```
1  class Rule:
2      function matches(branch: Branch) -> bool
3      function rhs(branch: Branch) -> Branch[]
```

이전에 살펴본 규칙들은 다음과 같이 구현될 수 있다.

```
1  class Rule2a:
2      function matches(branch: Branch) -> bool:
3          return true
4
5      function rhs(branch: Branch) -> Branch[]:
6          a = new Branch(
7              branch.end(),
8              branch.orientation - 45 * deg,
9              branch.length * 2 / 3)
10         b = new Branch(
11             branch.end(),
12             branch.orientation + 45 * deg,
13             branch.length * 2 / 3)
14         return [a, b]
15
16 class Rule2b:
17     function matches(branch: Branch) -> bool:
18         return true
19
20     function rhs(branch: Branch) -> Branch[]:
21         a = new Branch(
22             branch.end(),
23             branch.orientation - 25 * deg,
24             branch.length * 2 / 3)
25         b = new Branch(
26             branch.end(),
27             branch.orientation + 55 * deg,
28             branch.length / 2)
29         return [a, b]
```

마지막으로 가지의 길이가 매우 짧다면 종료한다.

```
1  class Rule3:
2      function matches(branch: Branch) -> bool:
3          return branch.length < 0.1
4
5      function rhs(branch: Branch) -> Branch[]:
6          return []
```

활성 가지의 목록은 FIFO 큐로 관리된다. 이것은 대부분의 프로그래밍 언어에서 기본적으로 지원되거나 표준 라이브러리들이 존재한다. 코드에는 가지를 큐의 끝에 추가하는 add가 있다고 가정했고, remove 함수는 큐의 처음 요소를 반환하고 목록에서 삭제한다고 가정했다.

FIFO 큐를 사용하면 알고리듬이 너비 우선으로 동작하게 된다. 같은 레벨에 있는 모든 가지가 처리되고 다음 레벨의 가지가 처리된다. 이것은 린덴마이어의 논문에 설명된 L 시스템의 수학적 모델에 해당한다. 이것은 절차적 콘텐츠 생성을 위한 문법 기반 방법에서 매우 중요하며 이후에 더 자세히 알아볼 것이다. 전역 종료 함수를 제외하고 알고리듬의 동작은 너비 우선이거나 깊이 우선에 상관없이 동일하게 동작할 것이다. 깊이 우선으로 동작하려면 우리가 사용하고 있던 큐 자료 구조를 스택으로 바꾸어야 한다. 이 경우 가지는 확장할 수 있는 한 끝까지 확장한 뒤에 다음 가지가 처리된다. 이는 꽤 중요한데 왜냐하면 스택은 큐보다 메모리 사용에 있어서 더 효과적이고 일반적으로 깊이 우선 알고리듬이 너비 우선 알고리듬보다 더 적게 저장 공간을 사용한다. 가지가 2개로 분리되며 이것이 10번 넘게 반복되면 큐에는 $2^{10} = 1024$의 엔트리가 존재하게 되며 스택은 최대 11이 된다. 실제로 분리가 10개 정도가 되면 이것은 꽤 많다고 느껴질 것이고, 이 문제는 현재 우리와는 관련은 없지만 이러한 문제가 생길 수 있다는 것을 인지하는 것이 좋다.

앞서 전역 종료 함수를 제외시킨 이유는 종료 함수의 의사결정을 위해서 완전한 나무가 필요하기 때문이다. 만약 가지의 개수가 일정 개수가 됐을 때 종료하길 원한다면, 아마도 그 가지들은 루트에 가장 가깝고 나무는 한쪽으로 기울어져 있을 것이다. 여러분이 원하는 종료 함수의 구현에 따라 활성 목록을 위한 자료 구조가 결정되고 모든 가지는 가변 길이 배열에 저장된다.

성능

알고리듬은 시간 복잡도는 $O(kn)$이며 공간 복잡도는 $O(n)$이다. n은 생성되는 가지의 개수이며 k는 규칙의 개수다. 나무의 경우 보통 고정된 규칙을 갖기 때문에 시간 및 공간 복잡도 모두 $O(n)$으로 볼 수 있다.

8.2.2 L 시스템에 무작위성 추가하기

앞서 살펴본 코드가 생성하는 나무는 매우 규칙적인 형태를 갖고 있다. 좀 더 실제와 같은 모양이 나오려면 무작위성이 필요하다. 먼저 규칙에 무작위성을 추가해 가지의 모양에 변형을 줄 수 있고 다른 방법으로는 하나 이상의 규칙을 추가하고 적용할 때 무작위로 한 가지를 선택해서 적용하는 것이다.

첫 번째 방법은 다음과 같이 구현할 수 있다.

```
1   class RuleRandom:
2       function matches(branch: Branch) -> bool:
3           return true
4
5       function rhs(branch: Branch) -> Branch[]:
6           a = new Branch(
7               branch.end(),
8               branch.orientation + randomRange(-55, -25) * deg,
9               branch.length * randomRange(0.4, 0.8))
10          b = new Branch(
11              branch.end(),
12              branch.orientation + randomRange(25, 55),
13              branch.length * randomRange(0.4, 0.8))
14          return [a, b]
```

두 번째의 경우 알고리듬을 살짝 변경해야 한다. 매치가 되는 가장 첫 번째 규칙을 선택하는 대신 매치가 되는 규칙 목록을 얻고 그중에 하나를 무작위로 선택하면 된다.

```
1   function lSystem(root: Branch, rules: Rule[]) -> Branch[]:
2       tree = [root]
3       active = [root]
4
5       while active:
6           current = active.popHead()
7           tree.push(current)
8
9           # 매치되는 모든 규칙을 찾는다.
10          matching = []
11          for rule in rules:
12              if rule.matches(current):
13                  matching.push(rule)
14
15          if matching:
16              # 무작위로 규칙을 선택한다.
```

```
17              rule = randomChoice(rule)
18
19              # 새로운 가지를 추가한다.
20              results = rule.rhs(current)
21              for result in results:
22                  active.push(result)
23
24              break
25
26      return tree
```

코드의 앞부분이 친숙하게 느껴지는 이유는 이것이 5.8절의 룰 베이스 시스템과 비슷하기 때문이다. 린덴마이어 시스템은 문법의 종류이고 문법은 룰 베이스 시스템의 특수한 케이스로 볼 수 있다. 의사결정 시스템의 완전한 룰 베이스 시스템이 있다고 하더라도 나무 구현을 위한 L 시스템 구현은 여전히 유용하다. 특히 의사결정의 경우 자료 구조가 복잡할 수 있지만 가지를 위한 자료 구조는 간단하기 때문에 아티스트나 레벨 디자이너가 도구를 사용해 값을 수정하기에 용이하다.

8.2.3 레벨에 특화된 규칙

편집을 쉽게 하기 위해 알고리듬에 제한을 가하기도 하며 이를 위해 명확한 규칙 집합을 정의한다. 각 집합은 하나의 분리에 적용된다. 첫 번째 규칙들을 위한 집합은 첫 번째 분리에 적용되며(나무의 몸통에서 큰 가지로 분리되는 경우) 두 번째 집합은 두 번째 규칙들에 적용된다(큰 가지에서 작은 가지들로 분리될 때). 보통 마지막 집합은 나무를 완료하기 위해 존재한다(작은 가지들에서 잎사귀가 달린 잔 가지들로 분리). 몇 가지 도구들은 특수한 경우를 위해 더 많은 단계를 필요로 하기도 한다. 이를 위해 규칙으로부터 다른 객체들을 반환할 수 있다.

```
1  class BoughRule:
2      function matches(branch: Branch) -> bool:
3          return branch isinstance Trunk
4
5      function rhs(branch: Branch) -> Branch[]:
6          a = new Bough(
7              branch.end(),
8              branch.orientation + randomRange(-55, -25) * deg,
```

```
 9              branch.length * randomRange(0.4, 0.8))
10          b = new Bough(
11              branch.end(),
12              branch.orientation + randomRange(25, 55),
13              branch.length * randomRange(0.4, 0.8))
14          return [a, b]
```

또는 가지에 얼마나 분리가 됐는지 저장하거나 하나 이상의 규칙 집합들을 저장하고 있을 수 있다.

```
 1  class Branch:
 2      level: int
 3      position: Vector2
 4      orientation: float
 5      length: float
 6
 7  function lSystem(root: Branch, rules: Rule[][]) -> Branch[]:
 8      tree = [root]
 9      active = [root]
10      while active:
11          current = active.popHead()
12          tree.push(current)
13
14          # 올바른 레벨로부터 규칙을 찾고 실행한다.
15          for rule in rules[current.level]:
16              # 이전과 같이 알고리듬을 유지한다.
17              if rule.matches(current):
18                  results = rule.rhs(current)
19                  for result in results:
20                      active.push(result)
21                  break
22      return tree
```

그림 8.6에 이 방식으로 생성한 나무의 모습을 볼 수 있고 텍스처 맵이 입혀진 모습은 게임에 바로 사용할 수 있을 정도로 준비돼 있다. L-시스템은 무작위성, 곡선으로 표현된 가지, 줄기와 잔가지 사이의 세 가지 규칙 집합들을 특징으로 한다.

그림 8.6 일부 무작위를 도입, 3차원 L-시스템으로 만든 나무의 모습

8.3 지형 생성

8장에서 배경에 객체들을 배치하는 방법과 이러한 객체가 유기체라면 자라나게 하거나 잎사귀를 배치하는 방법에 대해 알아봤다. 사람이 만든 구조물을 생성하는 방법에 대해 알아보기 이전에 객체들을 배치하기 위해 필요한 사실적인 지형 생성에 대해 알아보자.

현실에 존재하는 지형은 지질학과 기후의 복잡한 상호 작용에 의해 생성된다. 암석의 층은 다른 물리적 특성들을 가진다. 예를 들어 밀도, 경도, 무게, 가소성, 녹는 점 등 다양한 특성이 있다. 지각의 움직임에 따라 힘, 온도, 압력이 변화해 암석의 층이 서로 움직이고 찌그러지고 접혀지고 미끄러진다. 이와 동시에 바람으로부터 침식, 온도 변화, 침전은 암석의 표면을 부수고 강과 빙하를 통해 표면을 그룹화며 재조립된다. 어떤 경우에는 암석층을 보고 그것을 형성한 과정을 추론할 수도 있지만 물리가 매우 어렵고 복잡하기 때문에 예측은 미약한 수준에서만 가능하며, 지형을 만들기 위한 처리는 단지 미적 효과만을 위한 것임을 인지하자.

8.3.1 변경자 그리고 높이 맵

지형 생성을 시뮬레이션하지 않기 때문에 물리적 처리가 일종의 변경자로 적용된다. 지형이 주어지면 비침식을 적용할 수 있다. 단층선을 추가하는 다른 변경자와 빙하 계곡을 생성하는 다른 변경자가 있을 수 있다. 변경자들은 다른 효과를 만들기 위해 다른 순서로 적용될 수 있다. 물리 기반 변경자뿐만 아니라 다른 변경자를 만들 수도 있다. 예를 들어 섬을 만들기 위해 지도 가장자리의 고도를 해수면 아래로 이동할 수 있다. 이것은 현실 세계에서 섬이 형성되는 과정과 일치하지 않지만 우리가 만들어 낼 가상의 지형에 원하는 효과를 줄 수 있다.

그 결과 지형 생성에는 독립적으로 구성돼 조합할 수 있는 다양한 변경자들이 있으며 모두 같은 데이터 구조에 기반해서 동작한다. 데이터를 위해 일반적으로 사용하는 두 가지 구조가 있다.

〈마인크래프트〉, 〈드워프 포트리스〉와 같은 게임에서 플레이어는 게임 월드의 바닥을 팔 수 있고 바닥 안쪽의 모양을 드러나게 할 수 있으므로 지형 데이터 구조는 3차원 배열이 될 것이다. 배열의 각 요소는 공간에서의 박스이며 타입으로서 돌을 담고 있거나 빈 공간 또는 동굴의 안쪽이 된다. 이것은 흔하지 않지만 자원 집약적이며 표면 지형은 조잡하거나 덩어리지는 경향이 있다.

대부분의 게임들은 높이 맵height-map으로 지형을 생성하며 2차원 표면 그리드로 표현된다. 높이 맵은 고도만 표현할 수 있지만 여러 데이터 레이어를 사용할 수 있다.

1. **고도**: 지형의 높이를 의미
2. **표면 텍스처**: 돌, 잔디 또는 물속인지?
3. **물의 흐름**: 어느 쪽으로 물이 흐르는지?
4. **X-Z 오프셋**: 고도뿐만 아니라 현재 위치에서 XZ에서 약간 움직여 돌출부를 만들거나 가파른 절벽을 표현
5. **게임플레이 데이터**: 플레이어가 갈 수 있는 곳인지, 지형 위에 뭔가를 설치할 수 있는지 등

지형 생성 알고리듬은 다른 데이터들도 사용 가능하다. 앞서 살펴본 모든 레이어 데이터를 사용할 필요는 없다. 대부분의 지형 생성 시스템은 고도 값만을 사용하며 그 외의 데이터들은 아티스트가 사용할 수 있는 별도로 분리된 도구를 사용해서 텍스처, 강을 추가한다.

8장에서는 자유도가 높은 시스템을 가정할 것이다. 이름으로 정의된 레이어를 갖춘 정사각형 높이 맵이 있다.

```
1   class Landscape:
2       size: int
3       elevation: float[size][size]
4       # 추가 레이어들
```

지형을 만들기 위해 데이터를 바꿀 수 있는 변경자들이 있다. 8.3절의 나머지 부분에서 중요한 예제들을 살펴볼 것이다.

8.3.2 잡음

지형은 매끄럽게 바뀌지 않으며 모든 곳에서 고도의 변화가 있을 수 있다. 자세히 살펴보면 평평해 보이는 지형도 무수히 많은 돌기로 구성돼 있으며, 그중 일부는 배수로나 나무가 자라고 있는 언덕이 있을 것처럼 보일 것이다. 그러나 대부분은 명확한 이유가 없을 것이다.

이러한 무작위성 또는 잡음[noise]은 지역 고도에 변화를 줄 수 있다. 가장 간단한 종류의 잡음 변경자는 무작위 고도 값에 따라 각 위치 값을 조정한다. 이것은 그림 8.7과 같이 매우 쉽게 구현될 수 있다. 그림에서 사각형으로 나타낸 부분은 높이 맵을 나타내며 어두운 부분이 낮은 지역을 나타낸다. 가운데 나타낸 부분은 높이 맵으로 3D를 구성한 모습이다.

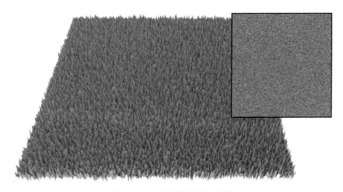

그림 8.7 고도에 잡음을 줘 높이 맵 구성

8.3.3 펄린 잡음

앞서 살펴본 간단한 잡음은 현실적으로 보이지는 않지만, 나름대로 사용 예가 있다. 특히 크기를 줄이게 되면 고도를 적게 반영한다. 문제는 이웃과 상관 관계가 없다는 점이다. 즉 한 위치에서의 고도 값은 주변 이웃과 관계를 반영하지 않는다. 이것은 실세계에서 잡음이 동작하는 방식과 다르다. 더 현실적인 접근법은 1985년 켄 펄린Ken Perlin이 영화 〈트론Tron〉[47]에 참여하고 있을 때 제안한 방법이 있다. 이것은 컴퓨터 그래픽스에서 연기, 구름, 먼지, 날씨와 같은 아주 다양한 분야에서 광범위하게 사용되고 있으며 1997년 펄린은 기술적인 성과로서 오스카상을 수상했다.

펄린 잡음Perlin noise은 격자를 사용해서 동작한다. 만약 우리의 지형이 1024×1024 셀을 가진다면 아마도 펄린 잡음은 64×64 격자로 구성할 것이다. 격자 각 위치에서 무작위 기울기를 만든다(잡음의 기울기는 3차원이다). 격자 각 위치에서 근처 4개의 위치로부터 기울기를 보간한다. 이 보간된 기울기는 높이를 만드는 데 사용되며 원하는 범위로 다시 매핑된다.

작은 격자의 크기에 따라 최종 잡음의 세부 사항이 결정된다. 펄린 잡음을 연속적으로 두 배 스케일(옥타브라고 알려져 있다)로 결합하는 것이 일반적이다. 이러한 이유로 지형의 크기를 $2^n \times 2^n$로 갖고 옥타브는 $1, 2, 4, \dots, n^{n-1}$ 격자 크기를 사용한다. 보통은 옥타브의 크기에 제한을 두기 위한 매개 변수 또는 가중치가 존재한다. 그림 8.8에 펄린 잡음과 옥타브를 사용해서 만든 지형을 볼 수 있다.

그림 8.8 고도에 펄린 잡음을 줘 높이 맵 구성. 여러 옥타브가 결합돼 있다.

의사 코드

기본적인 2차원 펄린 잡음 알고리듬은 다음과 같다.

```
1   class PerlinOctave:
2       gradient: float[][][2]
3       size: int
4
5       function PerlinOctave(size: int):
6           this.size = size
7
8           # 무작위 기울기 벡터의 격자를 만든다.
9           gradient = float[size + 1][size + 1][2]
10          for ix in 0..(size + 1):
11              for iy in 0..(size + 1):
12                  gradient[ix][iy][0] = randomRange(-1, 1)
13                  gradient[ix][iy][1] = randomRange(-1, 1)
14
15      function scaleHeight(ix: int, iy: int, x: float, y: float) -> float:
16          # 셀과의 거리를 계산한다.
17          dx: float = x - ix
18          dy: float = y - iy
19
20          # 셀과 기울기 벡터의 내적을 구한다.
21          return dx * gradient[ix][iy][0] + dy * gradient[ix][iy][1]
22
23      function get(x: float, y: float) -> float:
24          # 어느 셀에 있는지, 거리를 계산한다.
25          ix = int(x / size)
26          iy = int(y / size)
27          px = x - ix
28          py = y - iy
29
30          # 코너 높이를 보간한다.
31          tl = scaleHeight(ix, iy, x, y)
32          tr = scaleHeight(ix + 1, iy, x, y)
33          t = lerp(tl, tr, px)
34          bl = scaleHeight(ix, iy + 1, x, y)
35          br = scaleHeight(ix + 1, iy + 1, x, y)
36          b = lerp(bl, br, sx)
37          return lerp(t, b, sy)
```

옥타브는 다음과 같이 조합될 수 있다.

```
1   class PerlinNoise:
2       octavies: PerlinOctave[]
```

```
 3        weights: float[]

 4

 5        function PerlinNoise(weights: float[]):
 6            this.weights = weights

 7

 8            # 크기를 두 배씩 하면서 임의의 옥타브를 만든다.
 9            size = 1
10            for _ in weights:
11                octaves.push(PerlinOctave(size))
12                size *= 2

13

14        function get(x: float, y: float) -> float:
15            result = 0
16            for i in 0..octaves.length():
17                weight = weights[i]
18                height = octaves[i].get(x, y)
19                result += weight * height
20            return result
```

weights는 각 옥타브마다 가중치 배열로 돼 있다.

성능

2차원 펄린 잡음의 생성 시간은 $O(n^2)$이다. n은 정사각형 지형의 한쪽 크기다(예제에서 1024가 된다). 옥타브 전체 개수는 $\log_2 n$이며 시간 복잡도는 $O(n^2 \log n)$이다. 격자에 무작위 기울기를 저장할 필요가 있으며 공간 복잡도는 $O(n^2)$다. 여러 옥타브는 같은 저장 공간을 사용할 수 있다.

8.3.4 단층

단층은 지각이 2개의 조각으로 끊어져 어긋난 지질 구조다. 3차원에서 이것은 평면이지만 하늘에서 봤을 때 2차원 높이 맵에서 선으로 표현될 수 있으며, 한쪽은 올라가고 나머지 반대쪽은 내려간다.

실제 지형에서 급격한 고도 변화는 단층 위의 암석층 또는 노출된 표면의 풍화 작용으로 인해 평탄해진다. 지형 시뮬레이션에서 단층은 보통 다른 변경자가 적용되기 이전에 추가된다.

가장 간단한 단층 변경자는 지형에서 무작위로 선을 선택한 후, 한쪽은 모두 올리고 반대쪽은 모두 내린다. 얼마나 올리거나 내릴지는 알고리듬의 매개 변수에 의해 결정하면 된다. 구현은 다음과 같다.

```
1   function faultModifier(landscape: Landscape, depth: float):
2       # 무작위로 진원지와 방향 벡터를 만든다.
3       cx = random() * landscape.size
4       cy = random() * landscape.size
5       direction = random() * 2 * pi
6
7       dx = cos(direction)
8       dy = sin(direction)
9
10      # 단층을 적용한다.
11      for x in 0..landscape.size:
12          for y in 0..landscape.size:
13              # 단층과 함께 위치를 내적한다.
14              ox = cx - x
15              oy = cy - y
16              dp = ox * dx + oy * dy
17
18              # 내적의 결과가 양수이면 올리고, 음수면 내린다.
19              if dp > 0:
20                  change = depth
21              else:
22                  change = -depth
23              landscape.elevation[x][y] += change
```

만약 여러분이 적은 수의 단층을 생성하지만 강도가 센 경우 단층선에서 멀어질수록 고도의 변화가 줄어드는 알고리듬의 다른 버전을 사용할 수 있다.

```
1   function faultDropoffModifier(landscape: Landscape, depth: float, width: float):
2       # 무작위로 진원지와 방향 벡터를 만든다.
3       cx = random() * landscape.size
4       cy = random() * landscape.size
5       direction = random() * 2 * pi
6       dx, dy = cos(direction), sin(direction)
7
8       # 단층을 적용한다.
9       for x in 0..landscape.size:
10          for y in 0..landscape.size:
```

```
11              # 단층과 함께 위치를 내적한다.
12              ox, oy = cx - x, cy - y
13              dp = ox * dx + oy * dy
14
15              # 내적의 결과가 양수이면 올리고, 음수면 내린다.
16              if dp > 0:
17                  change = depth * width / (width + dp)
18              else:
19                  change = -depth * width / (width - dp)
20              landscape.elevation[x][y] += change
```

가장 먼저 살펴본 단층 알고리듬은 작은 단층을 많이 사용하면 유용한 결과를 얻을 수 있다. 그림 8.9에 이 방법으로 생성한 지형을 볼 수 있다.

그림 8.9 100여 개의 단층을 사용해 생성한 지형의 모습

8.3.5 열화 침식

믿을 만한 지형을 만들기 위해서 두 가지 주요한 침식 방법이 있다. 바로 열화 침식^{thermal erosion}과 수화 침식^{hydraulic erosion}이다.

열화 침식은 매우 간단하다. 이것은 작은 알갱이 무더기들이 퍼져 나가고 일정 기울기에서 구조를 형성한다는 관찰에 근거한다. 알갱이들이 작으면 작을수록 더 촘촘하게 쌓이고 기울기는 이에 맞게 부합한다. 이 기울기 각은 안식각이라고 하며 이 각도를 갖는 지형 특징을 애추 사면^{talus slope} 또는 돌더미 사면^{scree slope}이라고 한다. 열화 침식은 가열과 냉각을 통해 돌을 부순다. 특히 물이 틈새로 스며 들어서 얼어붙으면 돌이 쉽게 부서진다. 이 침식은 작은 알갱이 또는 퇴적물을 만들고 산악 지역에서 암석층은 낮은 경사면을 갖는 특징이 있다.

열화 침식을 시뮬레이션하기 위해 안식각에 기반해 인접한 두 셀의 높이 차이를 계산한다. 만약 각이 θ이고 두 셀 간의 거리가 d라고 하면 높이 임곗값은 다음과 같다.

$$\Delta h = d \tan \theta$$

지형의 각 셀에 대해 인접한 4개의 이웃 고도를 본다. 이웃 고도값들이 낮고 높이 임곗값을 넘기면 고도는 원래 셀에서 그들에게 전달된다. 전달되는 고도의 양은 임곗값을 초과하는 추가 높이에 비례한다. 낮은 값이 높게 되거나 높은 값이 매우 낮게 되는 일은 발생하지 않는다. 구현은 다음과 같다.

```
1   function thermalErosion(landscape: Landscape, threshold: float):
2       neighbors = [ (1,0), (-1, 0), (0, 1), (0, -1) ]
3
4       # 업데이트하는 중간에 읽기 위해 데이터의 복사본을 만든다.
5       elevation = copy(landscape.elevation)
6
7       for x in 1..(landscape.size - 1):
8           for y in 1..(landscape.size - 1):
9               height = landscape.elevation[x][y]
10              limit = height - threshold
11
12              for (dx, dy) in neighbors:
13                  nx = x + dx
14                  ny = y + dy
15                  nHeight = landscape.elevation[nx][ny]
16
17                  # 이웃이 임곗값보다 낮다면?
18                  if nHeight < limit:
19                      # 높이가 높이의 차이에 따라 임곗값의 0에서 1/4만큼 이동한다.
20                      delta = (limit - nHeight) / threshold
21                      if delta > 2:
22                          delta = 2
23                      change = delta * threshold / 8
24
25                      # 복사본에 쓴다.
26                      elevation[x][y] -= change
```

```
27                          elevation[nx][ny] += change
28
29          # 원본을 업데이트
30          landscape.elevation = elevation
```

그림 8.10에 펄린 잡음을 사용해 지형을 생성하고 간단한 열화 침식을 적용한 모습을 볼 수 있다. 애추 사면은 산을 표현하는 기본적인 특징이기 때문에 알고리듬은 필요에 따라 낮은 기울기에만 적용하도록 수정될 수 있다. 매우 큰 영역, 예를 들어 도시나 대륙을 만들려면 이것은 불필요하다.

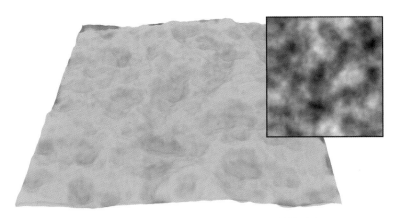

그림 8.10 무작위로 생성된 지형에 간단한 침식을 적용한 결과

8.3.6 수화 침식

앞서 살펴본 열화 침식 변경자는 실제 물리 시뮬레이션을 하지는 않고 단지 그리친 현상을 모방할 뿐이다. 결과적으로 부드럽고 현실에서의 침식 현상과 비슷하며 계산하기도 간단한 방법을 얻었다.

수로 또는 운하 그리고 여기에 관련된 구조물들(예를 들어 하곡)은 앞서 배운 방법을 사용할 수 없다. 물리적으로 더 현실적인 변경자가 필요하다. 수화 또는 하천에 의한 침식은 침식 및 퇴적물과 함께 지형 위 강우 이동을 시뮬레이션한다.

이것을 만들기 위한 다양한 방법이 존재하며 여전히 활발한 연구 영역에 속한다. 완전한 솔루션을 만드는 것은 매우 복잡하며 속도가 느리다. 또한 많은 튜닝 매개 변수가 존재한다. 상업용 지형 생성 도구는 독자적인 수화 침식 변경자를 탑재하고 있으며 지적 재산의 중요한 부분이기도 하다. 8.3.6절에서는 출발 지점을 위한 간단한 방법을 알아볼 것이다.

우리의 접근법은 유한 요소법^{FEM, Finite Element Method}을 사용해 물의 움직임을 시뮬레이션한다. 이 방법은 이전에 정의한 지형 데이터 구조에 잘 동작한다. 다른 방법으로 줄기를 선분으로, 배수 시설을 폴리곤으로 표현한 방법을 사용할 수 있다. 이 방법은 [28]에 설명돼 있으며 상황에 따라서 매우 효과적으로 동작한다(특히 3D 지형이 아닌 지도에 강을 만들어야 할 필요가 있는 경우). 하지만 우리의 지형 도구와 조합하기에는 더 어렵다.

유한 요소법에서 물의 흐름은 여러 단계를 거쳐서 시뮬레이션된다.

1. 지형에 비가 내린다.
2. 물의 높이, 지형의 고도에 기반해 이웃 위치로 물의 흐름이 계산된다.
3. 물질이 물에서 퇴적되거나 침식된다.
4. 물은 부유 물질과 함께 지형을 가로질러 움직인다.
5. 물이 증발된다.

두 번째 단계에서 각 위치에서의 기울기를 구해 물의 속도와 방향을 결정한다. 만약 물이 충분히 빠른 속도로 이동한다면(기울기가 충분히 크다면) 위치에서 고도는 삭제된다. 만약 물이 느리게 움직인다면 퇴적물이 움직인다. 이것이 세 번째 단계다. 남아 있는 재질들은 물의 흐름에 따라 움직일 수 있다. 이것이 네 번째 단계다.

지형의 각 위치에서 결과적으로 다양한 데이터가 필요하다.

a. 지형 고도
b. 물의 양
c. 물속에 있는 재질의 양

나머지 2개는 계산으로 구한다.

d. 이웃 셀로 향하는 물의 흐름
e. 셀을 통한 전반적인 물의 속도

그림 8.11에 수화 침식으로 정제된 지형 그리고 물길의 또렷한 패턴을 볼 수 있다.

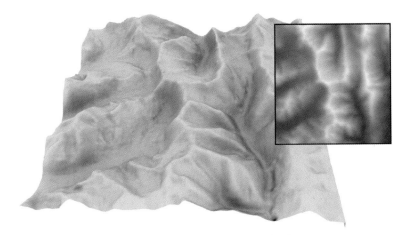

그림 8.11 지형에 대한 수화 침식의 효과

의사 코드

수화 침식 변경자의 모든 단계는 올바르게 조정된 매개 변수들, 예를 들어 비의 양, 증발, 재질의 줍기, 버리기, 기울기 등에 의존한다. 물의 방향 역시 지형의 크기에 따라 다르다. 물의 흐름과 재질에 대한 정확한 계산 방법은 다양하지만 기본적인 구조는 다음과 같이 구현할 수 있다.

```
1  class WaterData:
2      size: int
3
4      # 소스 데이터
5      elevation: float[size][size]
6      water: float[size][size]
7      material: float[size][size]
8
9      # 원본 덮어쓰는 것을 방지하기 위한 복사본 준비
10     previousMaterial: float[size][size]
11
12     # 계산된 데이터
13     waterFlow: float[size][size][4]
14     totalFlow: float[size][size]
15     waterVelocity: Vector2[size][size]
16
17     # 단계 1, 각 위치마다
```

```
18    function rain(x: int, y: int):
19        water[x][y] += RAINFALL
20
21    # 단계 2, 각 위치마다
22    function calculateFlow(x: int, y: int):
23        dirns = [(0, 1, 0), (1, 0, 1), (2, 0, -1), (3, -1, 0)]
24        # 각 이웃들로 흐름
25        totalFlow[x][y] = 0
26        for i, dx, dy in dirns:
27            dh = elevation[x][y] - elevation[x + dx][y + dy]
28            dw = water[x][y] - water[x + dx][y + dy]
29            waterFlow[x][y][i] += FlOW_RATE * (dh + dw)
30            if waterFlow[x][y][i] < 0:
31                waterFlow[x][y][i] = 0
32            totalFlow[x][y] += waterFlow[x][y][i]
33
34        # 갖고 있는 물보다 더 적다면
35        if totalFlow[x][y] > water[x][y]:
36            prop = water[x][y] / totalFlow[x][y]
37            for i in 0..4:
38                waterFlow[x][y][i] *= prop
39
40        # 전반적인 흐름
41        hOut = waterFlow[x][y][0] - waterFlow[x][y][3]
42        hIn = waterFlow[x+1][y][3] - waterFlow[x-1][y][0]
43        vOut = waterFlow[x][y][1] - waterFlow[x][y][2]
44        vIn = waterFlow[x][y+1][2] - waterFlow[x][y-1][1]
45        waterVelocity[x][y] = Vector2(hOut + hIn, vOut + vIn)
46
47    # 단계 3, 각 위치마다
48    function erodeDeposit(x: int, y: int):
49        waterSpeed = waterVelocity[x][y].magnitude()
50
51        if waterSpeed > PICK_THRESHOLD:
52            pick = waterSpeed * SOLUBILITY
53            material[x][y] += pick
54            elevation[x][y] -= pick
55
56        else waterSpeed < DROP_THRESHOLD:
57            prop = (DROP_THRESHOLD - waterSpeed) / DROP_THRESHOLD
58            drop = prop * material[x][y]
59            material[x][y] -= drop
```

```
60              elevation[x][y] += drop
61
62      # 단계 4, 각 위치마다
63      function flow(x: int, y: int, srcMat: float[int][int]):
64          dirns = [(0, 1, 0), (1, 0, 1), (2, 0, -1), (3, -1, 0)]
65          # 각 이웃들로 흐름 적용
66          for i, dx, dy in dirns:
67              waterFlow = waterFlow[x][y][i]
68              prop = waterFlow / totalFlow[x][y]
69              materialFlow = prop * srcMat[x][y]
70
71              water[x][y] -= waterFlow
72              water[x + dx][y + dy] += waterFlow
73              material[x][y] -= materialFlow
74              material[x + dx][y + dy] += materialFlow
75
76      # 단계 5, 각 위치마다
77      function evaporate(x: int, y: int):
78          water[x][y] *= (1 - EVAPORATION)
79
80  function hydraulicErosion(landscape: Landscape, rain: float):
81      data = new WaterData(landscape.size)
82      data.elevation = landscape.elevation
83
84      for _ in ITERATIONS:
85          # 지형의 각 셀마다 단계들을 실행한다.
86          data.rain(0..size, 0..size)
87          data.calculateFlow(0..size, 0..size)
88          data.erodeDeposit(0..size, 0..size)
89          srcMaterial = copy(material) # 업데이트 중간에 바뀌는 것을 피하기 위해
90          data.flow(0..size, 0..size, srcMaterial)
91          data.evaporate(0..size, 0..size)
92
93      # 원본 데이터를 업데이트한다.
94      landscape.elevation = data.elevation
```

알고리듬에 전달되는 매개 변수들은 상숫값들이며 모두 대문자로 표시했다. flow 메서드는 다른 셀 위치를 읽거나 쓴다. 반복 중간에 원본 데이터를 유지하기 위해 material 배열의 복사본을 갖고 있어야 한다. flow에서 복사본의 데이터를 이용하고 마지막에 현재 배열에 쓴다.

성능

변경자의 공간 복잡도는 $O(n^2)$이고 n은 지형의 한쪽 면의 크기다. 시간 복잡도는 $O(kn^2)$이며 k는 반복 횟수다. $k \geq n$이면 물은 전체 지형을 통과한다고 가정할 수 있다. 실제로 각 단계에서 새로운 강우를 소개했고 알고리듬은 간단히 만족스러운 결과가 나올 때까지 반복한다. 이경우 k는 보통 n보다 크며 알고리듬은 $O(n^3)$ 시간 복잡도를 가진다.

현실적인 조정

현재 상태의 알고리듬은 여전히 강우와 강 흐름이 여전히 조잡하다. 물리적 처리를 고려함으로써 좀 더 세련되게 만들 수 있다.

지형을 가르는 일률적인 강우를 사용하지 않고 탁월풍을 모델링해 특정 지역에 더 많은 강우를 생성할 수 있다. 이 처리는 더 현실적인 산을 만들어 낼 수 있지만 지형의 크기가 작을 경우에는 이상하게 보일 수 있기도 하다.

지형의 각 위치에서 기울기만을 사용해 물의 속도를 결정하기보다는 물의 양에 따른 모멘텀을 사용하거나 운반하고 있는 재질에 따라서 속도를 결정하면 더 현실적인 결과를 얻을 수 있으며 작은 언덕을 통과하는 통로를 끊는 경향이 있을 것이다.

물에 떠 있는 침전물은 시간이 지남에 따라 가벼워진다. 이것은 침전율과 침식률에 영향을 준다. 앞서 살펴본 코드에서 이것들은 상수로 처리됐지만 침전물이 얼마나 이동했느냐에 따라 다르게 할 수 있다.

맵의 지역과 돌의 종류에 따라 침식의 특성이 다르므로 매개 변수를 전역으로 사용하지 않고 지역적으로 사용할 수도 있다. 이렇게 하면 지역마다 다른 모습을 볼 수 있다.

이것들은 모두 제안일 뿐이고 다른 방법 역시 적용 가능하다. 매개 변수를 조정하는 것만으로도 알고리듬이 충분히 사용 가능한 결과를 만들어 낼 수도 있지만 여러분이 원하는 결과물의 품질이 어느 정도에 따라서 연구가 필요할 수도 있다.

8.3.7 고도 필터링

하곡$^{river\ valley}$은 사실적인 물리적 시뮬레이션이 필요할 수도 있지만 다른 많은 특징은 더 간단하게 생성될 수 있다. 한 가지 유연한 방법은 고도를 필터링하거나 매핑하는 것이다. 즉 개별적인 고도에 함수를 대응시키면 된다. 이 방법은 특히 지형이 작거나 일반적인 게임 레벨과 같은 크기의 지형을 생성할 때 유용하다. 지형이 매우 클 경우에는 이 접근법은 사용하기 어렵다.

예를 들어 바위가 많은 메사^{mesa}와 평평한 사막을 특징으로 하는 지형을 생성할 수 있다. 이것은 다음과 같은 변경자를 사용하면 된다.

```
1  class DesertFilter:
2      # 지형의 각 셀을 반복한다.
3      function filter(landscape: Landscape):
4          for x in 0..landscape.size:
5              for y in 0..landscape.size:
6                  height = landscape.elevation[x][y]
7                  landscape.elevation[x][y] = newHeight(x, y, height)
8
9      # 각 위치를 위한 새로운 높이를 계산한다.
10     function newHeight(x: int, y: int, height: float) -> float:
11         # S 커브를 얻기 위한 로지스틱 함수를 사용한다.
12         halfMax = MAX_HEIGHT / 2
13         scaledHeight = SHARPNESS * (height - halfMax / halfMax)
14         logistic = 1 / (1 + exp(scaledHeight))
15         return MAX_HEIGHT * (1 + logistic / 2)
```

이것은 아래 지역은 평탄하게, 높은 곳은 고지로, 중간은 오목한 경사를 만든다. 지형의 결과는 그림 8.12의 첫 번째 부분이다. 빙하곡의 특징적인 둥근 바닥은 다음과 같은 변경자를 사용해 얻을 수 있다.

```
1  class GlacierFilter:
2      # filter() 함수는 이전과 같고
3
4      function newHeight(x: int, y: int, height: float) -> float:
5          # U 모양을 얻기 위해 로지스틱 함수의 반쪽을 사용한다.
6          scaledHeight = SHARPNESS * (height - MAX_HEIGHT / MAX_HEIGHT)
7          logistic = 1  / (1 + exp(scaledHeight))
8          return MAX_HEIGHT * (1 + logistic / 2)
```

보면 저지대는 둥글게 돼 V 모양이 U 모양이 된다. 이것은 그림 8.12의 두 번째 그림이다. 마지막 예제는 층이 있는 지형을 구현하는 것이다. 함수는 다음과 같다.

```
1   class TieredFilter:
2       # filter() 함수는 이전과 같다.
3
4       function newHeight(x: int, y: int, height: float) -> float:
5           # theta - sin(theta)는 부드럽게 계단 처리된다.
6           stepProportion = height / MAX_HEIGHT * TIERS
7           theta = stepProportion * 2 * pi
8           newHeight = theta - sin(theta)
9           return newHeight / 2 / pi / TIERS * MAX_HEIGHT
```

일련의 라인들은 인근 고도를 끌어당기고 부드러운 경사는 계단이 된다. 이것은 값을 양자화 해서 얻을 수도 있고 각 고도는 가까운 값으로 붙는다. 이 방법으로 얻는 부드러운 효과는 더 만족스럽다. 결과는 그림 8.12의 마지막 그림과 같다.

앞에서 지형의 경계 부분을 끌어당겨 섬을 만들 수 있다고 설명했었다. 이것은 다음과 같이 구현하면 된다.

```
1   class IslandFilter:
2       # filter() 함수는 이전과 같다.
3
4       function newHeight(x: int, y: int, height: float) -> float:
5           halfSize = landscape.size / 2
6           cx = x - halfSize
7           cy = y - halfSize
8           r = sqrt(cx * cx + cy * cy) / halfSize
9
10          # 반경의 마지막 1/4에서 0으로 떨어진다.
11          p = (1 - r) * 4
12          if p < 0:
13              return 0
14          elif p >= 1:
15              return height
16          else:
17              return p * height
```

이 외에도 생성하고자 하는 지형의 종류에 따라 다양한 필터링 함수가 존재한다. 내가 자주 사용하는 필터링 함수가 있는데 바로 비트맵 이미지에 기반해 고도를 조절하는 것이다. 만약 높이 맵이 실측 데이터에 기반해서 생성됐다면 최종 지형은 실제와 매우 비슷할 것이다. 구현은 다음과 같다.

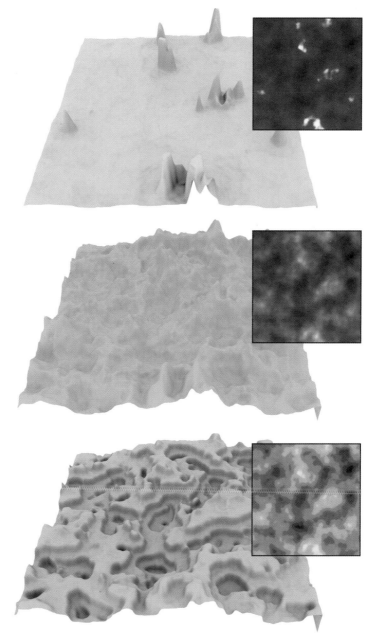

그림 8.12 다양한 고도 필터를 사용한 지형의 모습

```
1  class BitmapFilter:
2      # filter 함수는 이전과 같다.
3
4      function newHeight(x: int, y: int, height: float) -> float:
5          # 얼마나 섞어야 하는지 조절하는 데 사용
6          return blend * bitmap[x][y] + (1-blend) * height
```

bitmap은 고도의 배열이며 지형과 같은 크기를 가진다. 그림 8.13에 이것을 적용한 그림을 볼 수 있다.

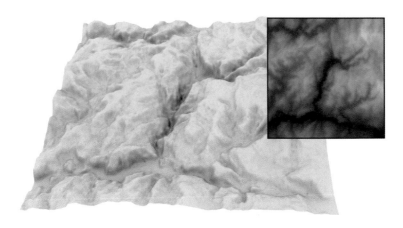

그림 8.13 실측 데이터를 사용한 지형의 모습

8.4 던전 그리고 미로 생성

지금까지 자연에 있는 구조물들, 예를 들어 식물이나 지형을 표현하는 방법에 대해 알아봤다. 이것은 많은 게임에서 절차적으로 콘텐츠를 생성하는 거의 모든 것이라 보아도 무방하다. 만일 사람이 만든 구조물을 사용한다면 절차적 콘텐츠 생성은 단순히 이것들을 배치만 하는 데 사용될 것이다. AI는 충분히 이것보다 더 많은 것을 할 수 있다. 8.4절에서 임의의 건물들을 생성하는 방법에 대해 배워 볼 것이지만 지금은 가장 오래된 절차적 콘텐츠 생성 알고리듬인 미로 및 던전 생성에 대한 알아보자. 이들은 다양한 환경으로 대체될 수 있다. 예를 들어 동굴, 광산, 하수도, 빌딩 속의 방들을 표현하는 데도 사용할 수 있다.

절차적으로 생성되는 던전들은 이전에 살펴본 로그라이크와 같은 게임들에서 매우 중요한 게임 플레이 요소로서 사용된다. 여기에는 아주 다양한 알고리듬과 변형들이 존재하며 이들에 관한 설명으로만 책 한 권을 쓸 수 있을 정도가 된다. 그러므로 8.4절에서는 다양한 예제를 위한 다양한 접근법에 대해 살펴보자.

8.4.1 깊이 우선 백트래킹에 의한 미로

만들고자 하는 구조를 방 그리고 복도 두 가지로 나눌 수 있다. 모든 게임이 두 가지 구조를 모두 사용하지 않는다. 〈스펠렁키〉 그리고 〈아이작의 번제〉와 같은 게임에서 방은 그리드로 연결돼 있다.

다른 한편으로는 복도로만 이뤄진 게임 레벨도 존재한다. 이것을 미로^{maze}라고 한다. 엄밀하게 말해 복도의 네트워크에 루프 또는 막다른 길이 있다면 미로라고 말할 수 있다. 시작과 끝이 지그재그로 돼 있고 복잡한 경로나 분기가 없는 경우에는 라비린토스^{Labyrinth}라고 한다. 8장에서는 이것을 구분하는 것은 목적이 아니므로 구분은 무시하기로 하자.

미로를 만들려면 간단한 백트래킹 알고리듬을 사용할 수 있다. 레벨은 셀의 그리드로 나눌 수 있고 모든 것은 초기에 사용하지 않는 것으로 초기화된다. 시작 셀은 방문한 것으로 되고 현재 셀이 된다. 그 이후에 알고리듬은 반복적으로 수행된다. 각 반복에서 사용되지 않은 이웃 셀을 무작위로 선택한다. 현재 셀은 이웃 셀에 연결돼 있으며 이웃 셀은 곧 새로운 현재 셀로 설정된다. 만일 사용되지 않은 셀이 이웃에 없다면 이전 현재 셀로 돌아간다. 뒤로 돌아가서 처음 시작 셀까지 돌아왔을 때 그리고 더 이상 사용되지 않은 이웃이 없을 때 알고리듬은 끝난다. 셀들은 그 결과 스택에 쌓이게 된다. 새로운 이웃이 현재 셀이 될 때 이것은 스택의 가장 위에 쌓이게 된다. 만약 현재 셀이 더 이상 사용하지 않은 이웃 셀이 없을 경우 이것은 스택으로부터 빠지게 된다.

보통 미로는 시작 지점과 끝 지점이 있기 때문에 끝 지점은 평범한 사용되지 않은 셀로 보일 것이고 알고리듬이 끝나고 연결된다. 알고리듬은 그리드에 연결된 모든 셀에 방문 가능하다는 것이 보장되고 끝 지점 역시 마찬가지다.

그림 8.14에 다양한 크기로 생성된 미로의 예를 볼 수 있다.

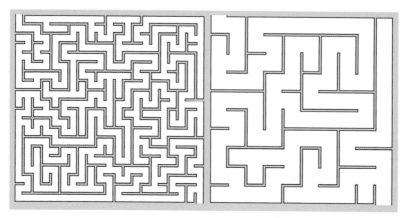

그림 8.14 생성된 미로들

의사 코드

```
1   function maze(level: Level, start: Location):
2       # 분기가 가능한 위치를 위한 스택
3       locations = [start]
4       level.startAt(start)
5
6       while locations:
7           current = locations.top()
8
9           # 이웃 위치로 연결해 보기
10          next = level.makeConnection(current)
11          if next:
12              # 성공적이라면 다음 반복이 된다.
13              locations.push(next)
14          else:
15              locations.pop()
```

자료 구조

미로가 만들어지는 환경은 다음과 같은 구조를 가진다.

```
1   class Level:
2       function startAt(location: Location)
3       function makeConnection(location: Location) -> Location
```

다음과 같이 구현된다.

```
1  class Location:
2      x: int
3      y: int
4
5  class Connections:
6      inMaze: bool = false
7      directions: bool[4] = [false, false, false, false]
8
9  class GridLevel:
10     # Connections.directions 배열에 들어가는 dx, dy, index 값
11     NEIGHBORS = [(1, 0, 0), (0, 1, 1), (0, -1, 2), (-1, 0, 3)]
12
13     width: int
14     height: int
15     cells: Connections[width][height]
16
17     function startAt(location: Location):
18         cells[location.x][location.y].inMaze = true
19
20     function canPlaceCorridor(x: int, y: int, dirn: int) -> bool:
21         # 반드시 미로의 내부여야 하고 이미 방문하지 않았어야 한다.
22         return 0 <= x < width and 0 <= y < height and not cells[x][y].inMaze
23
24     function makeConnection(location: Location) -> Location:
25         # 무작위 순서로 이웃을 고려한다.
26         neighbors = shuffle(NEIGHBORS)
27
28         x = location.x
29         y = location.y
30         for (dx, dy, dirn) in neighbors:
31             # 위치가 유효한지 검사한다.
32             nx = x + dx
33             ny = y + dy
34             fromDirn = 3 - dirn
35             if canPlaceCorridor(nx, ny, fromDirn):
36                 # 연결을 수행한다.
37                 cells[x][y].directions[dirn] = true
38                 cells[nx][ny].inMaze = true
39                 cells[nx][ny].directions[fromDirn] = true
40                 return Location(nx, ny)
```

```
41
42          # 이웃이 유효하지 않다.
43          return null
```

성능

알고리듬의 시간 복잡도는 $O(n)$이고 n은 그리드 내 셀의 개수다. 공간 복잡도는 $O(k)$이며 k는 미로에서 가장 긴 경로다(보통 목표에서 엔드포인트로 가는 경로가 아니지만 플레이어가 걸어온 가장 긴 길이가 될 수는 있다). 비록 $k \propto n$이 가능하더라도 만약 그리드가 거의 직선과 같다면 보통 $k \propto \log n$이 되며 공간 복잡도는 $O(\log n)$가 된다.

동굴

앞서 살펴본 미로 알고리듬의 의사 코드는 구현에서 그리드 사용을 가정하고 있지 않으며 인터페이스도 없다. 미로 레벨의 구현은 그리드 기반이지만 알고리듬 자체는 다른 구조에도 잘 동작한다.

이웃을 표현하기 위해 그리드를 사용하지 않고 푸아송 원반 알고리듬과 같은 접근법을 사용할 수 있다(8.1.4절). 복도를 무작위로 더 움직일 수 있으며 레벨 인터페이스는 다음과 같이 구현할 수 있다.

```
1   class Location:
2       x: float
3       y: float
4       r: float
5       passageFrom: Location = null
6
7   class CavesLevel:
8       locations: Location[]
9       collisionDetector # 동굴이 막혀 있는지 체크한다.
10
11      function startAt(location: Location):
12          locations.push(location)
13          collisionDetector.add(location)
14
15      function makeConnection(location: Location) -> Location:
16          # 무작위로 방향을 검사
```

```
17         initialAngle = random() * 2 * pi
18
19         # 다음 동굴은 무작위로 크기를 가진다.
20         nextRadius = randomRange(MIN_RADIUS, MAX_RADIUS)
21         offset = r + nextRadius
22
23         x = location.x
24         y = location.y
25         z = location.z
26         for i in 0..ITERATIONS:
27
28             # 다음 동굴을 배치한다.
29             theta = 2 * pi * i / ITERATIONS + initialAngle
30             tx = x + offset * cos(theta)
31             ty = y + offset * sin(theta)
32
33             # 충돌 검사기에 공간이 있으면 동굴 위치 목록에 추가한다.
34             candidate = new Location(tx, ty, nextRadius, location)
35             if collisionDetector.valid(candidate):
36                 collisionDetector.add(candidate)
37                 locations.push(candidate)
38                 return candidate
39
40     return null
```

그림 8.15에서 우리가 만든 동굴과 같은 미로를 볼 수 있다.

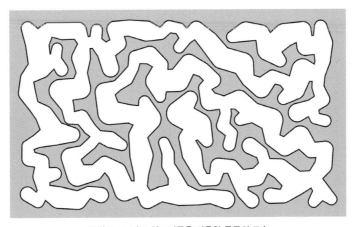

그림 8.15 미로 알고리듬을 사용한 동굴의 모습

방

지금까지 우리는 알고리듬에서 모든 위치를 사용했다. 하지만 이것은 결코 강제 사항이 아니다. 여러분은 기본적으로 플레이어가 닿을 수 없는 곳을 만들고 싶거나(대신 금이 묻혀 있다거나) 단지 눈으로 보기에 멋진 구조를 만들고 싶을 수도 있다. 다시 말하자면 모든 위치를 사용해야 할 강제 사항이 있는 것이 아니다. 레벨 데이터 구조가 위치로 다룰 수 있는 한, 방 배치가 가능하며 이들을 연결하기 위해 미로가 생성된다.

의사 코드는 다음과 같다.

```
1  class Room:
2      width: int
3      height: int
4
5  class GridLevelWithRooms extends GridLevel:
6      unplacedRooms: Room[]
7
8      function canPlaceRoom(room: Room, x: int, y: int) -> bool:
9          inBounds = (
10             0 <= x < (width - room.width) and
11             0 <= y < (height - room.height))
12         if not inBounds:
13             return false
14
15         for rx in x..(x + room.width):
16             for ry in y..(y + room.height):
17                 if cells[rx][ry].inMaze:
18                     return false
19
20         return true
21
22     function addRoom(room: Room, location: Location):
23         for x in location.x..(location.x + room.width):
24             for y in location.y..(location.y + room.height):
25                 cells[x][y].inMaze = true
26                 # 어디에 벽이 그려져야 하는지 결정하기 위해서 연결들을 사용한다면
27                 # 방 안의 모든 연결을 설정한다.
28
29     function makeConnection(location: Location) -> Location:
30         # 방을 맞추려고 시도한다.
```

824

```
31        if unplacedRooms and random() < CHANGE_OF_ROOM:
32            x = location.x
33            y = location.y
34
35            # 방을 선택하고 원점을 설정한다.
36            room = unplacedRooms.pop()
37            (dx, dy, dirn) = randomChoice(NEIGHBORS)
38            nx = x + dx
39            ny = y + dy
40            if dx < 0: nx -= room.width
41            if dy < 0: ny -= room.height
42
43            if canPlaceRoom(room, nx, ny):
44                # 방을 채운다.
45                addRoom(room)
46
47                # 연결을 수행한다.
48                cells[x][y].directions[dirn] = true
49                cells[x + dx][y + dy].directions[3 - dirn] = true
50
51                # 방이 미로의 일부분이 아니라면 아무것도 반환하지 않는다.
52                # 그렇지 않으면 방출구를 반환한다.
53                return null
54
55        # 그렇지 않으면 이전과 같이 이웃을 방문한다.
56        return super.makeConnection(location)
```

닿지 않는 위치와 방을 포함한 미로의 최종 모습은 그림 8.16에서 볼 수 있다.

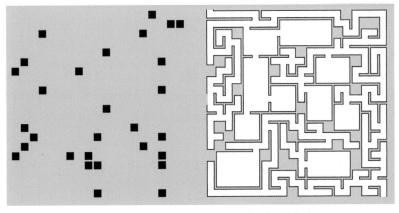

그림 8.16 닿을 수 없는 미리 배치된 영역과 방을 사용한 미로

방으로만 이뤄진 미로

복도의 정사각형 영역을 그리드로 표현하지 않고 각 위치를 방으로 만들 수 있다. 그러면 미로는 방으로 이뤄져 있고 각 방들은 문으로 연결된다. 이것은 오리지널 〈젤다^{Zelda}〉 시리즈의 던전 또는 〈아이작의 번제〉와 매우 비슷하다. 각 방들은 다양한 역할을 가질 수 있고 또는 방의 콘셉트에 맞는 콘텐츠로 채워질 수 있다. 최종 모습은 그림 8.17과 같다.

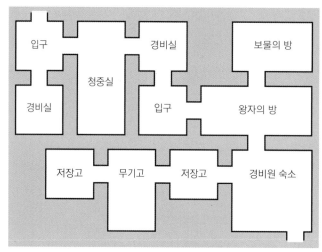

그림 8.17 방으로만 이뤄진 미로

조립식 요소

동굴 시스템에서 이미 설명했듯이 그리드에는 방이 배치돼야 할 강제성이 없다. 만약 우리가 조립식으로 만들어진 방, 복도 영역, 출구 목록을 갖고 있다면 레벨 인터페이스의 구현은 간단히 현재 위치의 각 출구에 대해 방이 들어갈 수 있는지 체크하면 된다. 구현은 다음과 같다.

```
1  class Position:
2      x: float
3      y: float
4      orientation: float
5
6  class Prefab:
7      function getExits(position: Position): Position[]
8      function originFromEntry(position: Position): Position
9
```

```
10  class Location:
11      origin: Position
12      prefab: Prefab
13      passageFrom: Location = null
14
15  class PrefabLevel:
16      prefabs: Prefab[]
17      locations: Location[]
18      collisionDetector # 프리팹이 막혀 있는지 체크한다.
19
20      function startAt(location: Location):
21          locations.push(location)
22          collisionDetector.add(location)
23
24      function makeConnection(location: Location) -> Location:
25          # 무작위로 출구를 검사한다.
26          exits = location.prefab.getExits(location.origin)
27          exits = shuffle(exits)
28          for exit in exits:
29              # 무작위로 프리팹을 선택한다(무작위로 각 프리팹을 시도해도 된다).
30              prefab = randomChoice(prefabs)
31
32              # 현재 위치에서 주어진 출구에 맞는 위치를 찾는다.
33              origin = prefab.originFromEntry(exit)
34
35              # 위치에 들어갈 수 있는지 검사한다. 이 코드는 동굴 미로 생성기에서
36              # 사용했던 방법과 동일하다.
37              candidate = new Location(origin, prefab, location)
38              if collisionDetector.valid(candidate):
39                  collisionDetector.add(candidate)
40                  locations.push(candidate)
41                  return candidate
42
43          return null
```

알고리듬에 의해 생성된 미로는 조립식 방과 어우러져 더 사실적으로 보인다. 그림 8.18에서 그 모습을 확인할 수 있다.

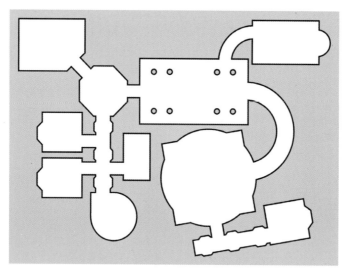

그림 8.18 조립식 방이 적용된 미로의 모습

두꺼운 벽

기본 미로 생성 알고리듬은 그리드 레벨 환경을 사용하고 인접한 셀들을 연결한다. 복도는 연결 없이 바로 옆에 배치될 수 있으며 결과로 미로는 얇은 벽으로 만들어진다. 울타리와 같은 벽으로 만들어진 미로도 충분하겠지만 대부분의 경우 두꺼운 벽을 원한다.

이것은 다른 방법으로 구현할 수 있다. 가장 간단한 방법은 생성된 그리드와 기존의 각 쌍 사이에 행과 열을 추가로 사용하는 것이다. 만약 2개의 쌍이 연결돼 있다면 추가 복도 위치를 새로운 행과 열로서 사이에 배치한다. 이것은 그림 8.19에서 확인할 수 있다. 추가된 행이나 열에는 막다른 골목이나 확장된 복도가 없고 흰색 복도 위치 사이에만 발생한다. 간단한 미로의 경우에는 이것으로 충분하지만 여러분이 미로에 방을 추가하거나 조립식 공간을 사용한다면 그리드 스케일을 변경하는 것으로 왜곡이 발생할 수 있다.

그림 8.19 행과 열을 추가해 두꺼운 벽을 만든 모습

다른 대안으로 기존 복도에서 정해진 거리에만 새로운 복도 영역을 배치하는 것이다. 만약 복도
위치가 얇은 벽을 만들게 된다면 위치는 사용하지 않는다. 이것은 GridLevel의 canPlaceCorridor
메서드를 재정의해서 구현할 수 있다.

```
1   class ThickWallGridLevel extends GridLevel:
2       function canPlaceCorridor(x: int, y: int, dirn: int) -> bool:
3           # 사이드를 제외한 모든 이웃들(대각선 포함)
4           # 우리가 온 곳은 반드시 비어야 한다.
5           from_dx, from_dy, _ = NEIGHBORS[dirn]
6           for dx in (-1, 0, 1):
7               if dx == from_dx: continue
8               for dy in (-1, 0, 1):
9                   if dy == from_dy: continue
10                  if not super.canPlaceCorridor(x + dx, y + dy):
11                      return false
12
13          return true
```

이것은 모든 그리드 셀을 사용해야 하는 제한에 국한되지 않으면서 더 흥미로운 미로를 제공한다. 반면에 이제 알고리듬은 공간을 채운다는 것을 보장할 수 없다. 만약 여러분이 특정 종료 지점을 목표로 하는 경우에는 이 접근법은 해당 지점을 도달할 수 없게 만들 수도 있다.

부분적으로 생성된 미로

많은 게임에서, 우리는 미로가 게임 레벨 전체를 채우길 원하지 않는다. 영역의 경계에 대해 신경쓰지 않을 수도 있으며, 영역 바깥은 단순히 무한의 영역으로 만들어 버릴 수도 있다. 하지만 언제 멈춰야 하는지에 대한 다음과 같은 기준도 있다.

- 레벨의 최소/최대 크기
- 분기의 최소/최대 개수
- 반드시 배치돼야 하는 고정된 방 집합
- 막다른 곳의 최소/최대 개수

이러한 기준들은 미로 생성을 종료하는 데 사용될 수 있다. 레벨의 크기를 추적하려면 다음과 같이 하면 된다.

```
 1  class SizeLimitedGridLevel extends GridLevel:
 2      size: int = 0
 3
 4      function makeConnection(location: Location) -> Location:
 5          result = super.makeConnection(location)
 6          if result:
 7              size += 1
 8          if canTerminate(now, next):
 9              return false
10          return result
11
12      function canTerminate(now: Location, next: Location) -> bool:
13          return size >= MAX_SIZE
```

canTerminate는 추가되는 연결의 개수를 테스트하며 의사결정을 하기 위해 True, False를 반환한다.

8.4.2 최소 신장 트리 알고리듬

백트래킹 알고리듬은 쉽고 빠르게 구현할 수 있으며 어느 정도 사용자 정의가 가능하다. 앞서 살펴본 구현 사항에서 레벨 자료 구조나 메인 알고리듬의 약간의 수정만으로 다른 결과를 얻을 수 있었다. 또한 앞에서는 알고리듬의 종료 기준에 대해서 살펴봤다. 가끔씩 더 많은 사용자 정의가 필요한데 특히 특수한 연결을 만들기 위해 사용자 정의를 사용한다.

최소 신장 트리^{minimal spanning tree}는 가중 그래프 기반하에 동작하며 4장 길 찾기와 6장 전술 및 전략 AI에서 본 것과 비슷하다. 그래프에서 에지^{edge}는 미로에서 연결 가능한 연결들을 표현하고 가중치는 최종 출력에 연결이 포함될 것인지 결정하기 위해 사용되는 비용을 뜻한다. 그래프에서 노드는 분기를 의미하며 보통 방이다. 최소 신장 트리 알고리듬은 점에서 시작하며(보통 미로의 출입구) 해당 지점에서 그래프의 모든 노드로 퍼져 나가며 비용이 최소가 되는 에지들을 포함한다.

이것은 특히 여러분이 일련의 방들로 시작해서 이것들을 연결하기 위한 복도를 계산하고자 할 때 유용하다. 최소 신장 트리 알고리듬은 방의 배치와는 아무런 관련이 없고 그들 사이의 모든 가능한 연결 계산도 하지 않는다. 인디 게임 〈타이니킵^{TinyKeep}〉[158]에서 사용되고 [2]에서 설명한 접근법은 방을 서로 위로 놓고 게임의 물리 엔진 충돌 반응을 이용해 분리한다. 이웃 방들은 그래프에서 연결되고 최소 신장 트리 알고리듬은 동작한다. 방을 무작위로 배치할 수 있고 방이 맞을 때까지 다른 위치를 시도하려고 할 것이다. 하지만 이것은 방들 사이가 더 분리되도록 만든다. 다른 방법으로는 방들을 그리드에 추가하거나 백트래킹 알고리듬을 사용해서 배치하는 것이다. 8.4.3절에서 방들을 배치하는 다른 방법, 재귀적 하위 분할^{recursive subdivision}을 알아볼 것이다.

그래프를 만들 때 비용은 보통 거리에 기반해서 계산된다. 하지만 길 찾기 그래프를 설명할 때 봤듯이 전술적 고려 사항들이 포함될 수 있다. 가령 2개의 방 사이의 연결에 어려운 적들이 있다면 가중치는 더 높게 설정될 수 있다. 방들의 배치가 끝나고 나면 그래프는 그림 8.20과 같을 것이다.

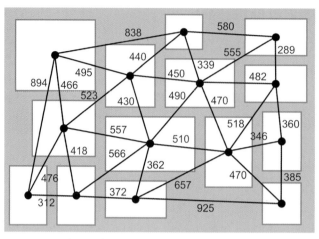

그림 8.20 최소 신장 트리를 만들기에 적합한 방 그래프

알고리듬

최소 신장 트리를 만들기 위한 다양한 알고리듬이 존재한다. 가장 일반적인 알고리듬은 프림 Prim 알고리듬[50]과 크루스칼Kruskal 알고리듬[33]이 있다. 만약 그래프가 하나의 최소 신장 트리를 갖는다면(예를 들어 오직 하나의 최소 비용을 갖는 트리를 갖는다) 모든 알고리듬은 같은 결과를 갖는다. 만약 상대적으로 적은 수의 값에서 가져온 연결 비용을 사용하는 경우 하나 이상의 트리가 같은 비용을 가질 수 있게 된다. 이 경우 다양한 알고리듬이 다양한 결과를 만들게 된다.

다른 접근법을 설명하기 전에 먼저 프림 알고리듬에 대해 알아보자. 프림 알고리듬은 이해 및 구현이 쉽고 이런 목적으로 가장 많이 사용되는 알고리듬이기도 하다. 알고리듬은 시작 노드만 제외하고 모든 노드를 방문하지 않은 목록에 추가한다. 시작 노드는 트리에 추가돼 최종 결과로 성장한다. 알고리듬은 반복적으로 수행되는데 각 반복에서 트리의 노드에서 방문하지 않은 그래프 내 모든 에지를 고려하고 최소 비용을 선택한다. 에지와 미방문 노드는 트리에 추가되고 마지막에는 미방문 목록에서 삭제된다. 만약 하나 이상의 에지가 같은 최소 비용을 가진다면 아무거나 선택돼도 된다. 무작위 선택 알고리듬을 사용해도 되지만 나는 간단히 하기 위해 첫 번째 에지를 선택했다. 알고리듬은 모든 노드가 방문되고 나면 종료된다. 만약 고려해야 할 에지가 더 이상 없고 여전히 미방문 노드들이 존재한다면 해당 노드들은 도달할 수 없는 노드들이다.

그림 8.21에서 프림 알고리듬의 각 단계별 모습을 볼 수 있다. 처음 5개 그림에서 단계를 확인할 수 있고 마지막 그림은 최종 트리의 모습이다. 채워지지 않은 원이 미방문 노드들이며 채워진 원들이 자라난 최소 신장 트리다.

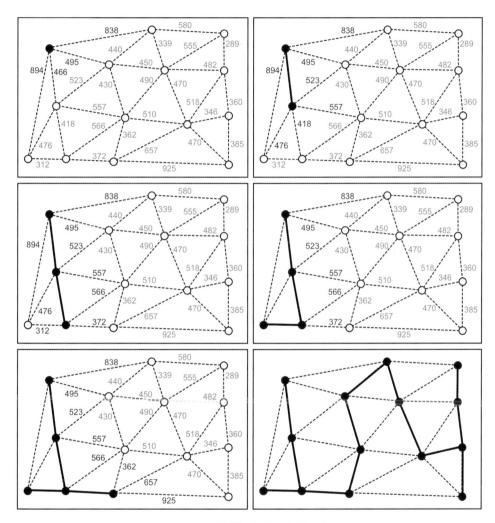

그림 8.21 단계별 프림 알고리듬의 모습

의사 코드

```
1   # 기본 그래프 인터페이스
2   class Edge:
3       from: Node
4       to: Node
5       cost: float
6
7   class Node:
8       edges: Edge[]
9
10  class Graph:
11      nodes: Node[]
12
13  # 프림 알고리듬을 위한 데이터
14  class UnvisitedNodeData:
15      node: Node
16      minCostToTree: float = infinity
17      minCostEdge: Edge = null
18
19  class UnvisitedNodeList:
20      function add(node: Node)
21      function remove(node: Node)
22      function getLowestMinCost() -> UnvisitedNodeData
23      function getData(node: Node) -> UnvisitedNodeData
24      function setData(node: Node, cost: float, edge: Edge)
25
26  function primsMST(graph: Graph, start: Node) -> Edge[]:
27      unvisited = new UnvisitedNodeList()
28      tree: Edge[] = []
29
30      # 도움 함수
31      function addNodeToTree(node: Node):
32          unvisited.remove(node)
33          for edge in node.edges:
34              data = unvisited.getData(edge.to)
35              if data and edge.cost < data.minCostToTree:
36                  unvisited.setData(edge.to, edge.cost, edge)
37
38      # 연결되지 않은 초기 데이터를 만든다.
39      for node in graph.nodes:
40          unvisited.add(node)
```

```
41          addNodeToTree(start)
42
43      while unvisited:
44          next: UnvisitedNodeData = unvisited.getLowestMinCost()
45          if next:
46              tree.push(edge)
47              addNodeToTree(edge.to)
48          else:
49              # 그래프는 완전히 연결되지 않았다. addNodeToTree에 반환 노드를
50              # 추가하고 계속해서 하나 이상의 끊어진 그래프를 반환하거나 종료할 수 있다.
51              break
52
53      return tree
```

성능

알고리듬의 성능은 미방문 노드와 비용을 저장하고 있는 UnvisitedNodeList 구조에 의존한다. 단순하게 구현하면 배열에서 최소 비용 노드를 찾기 위해 시간 복잡도 $O(n^2)$가 되며 n은 노드의 개수다. 이것은 4장에서 살펴본 길 찾기 알고리듬의 미방문 목록과 비슷하다. 더 좋은 자료 구조를 사용하면 성능을 개선할 수 있다. 우선순위 큐의 경우 많은 프로그래밍 언어에서 기본적으로 제공하며 이것을 사용하면 시간 복잡도 $O(e \log n)$이 된다. 이때 e는 그래프에서 에지의 개수다. 단순하게 구현된 알고리듬은 공간 복잡도 $O(e + n)$이 되며 이것은 다른 자료 구조의 크기를 증가시킨다.

최종 레벨 만들기

최소 신장 트리 알고리듬은 노드 간 연결만 결정한다. 연결된 복도의 모양은 특정하지 않고 이를 위해선 추가적인 단계가 필요하다. 목적지를 만날 때까지 연결된 방향으로 복도를 파내 가면서 구현할 수 있으며 두 지점이 직선이 아니면 코너를 추가한다. 그림 8.22는 이전에 사용했던 그래프를 최소 신장 트리 알고리듬을 사용해 생성한 최종 레벨의 모습이다.

게임이 더 복잡한 지형을 필요로 한다면 경로 중간에 구조물을 배치할 수도 있다. 이전에 언급한 〈타이니킵^{TinyKeep}〉 게임처럼 노드가 레벨 내 중요한 곳들을 표현한 경우 복도를 따라 방들을 추가하면 된다.

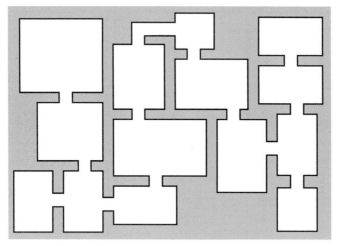

그림 8.22 프림 알고리듬으로 생성된 레벨의 최종 모습

8.4.3 재귀적 하위 분할

던전과 같은 레벨을 만들기 위한 이전에 살펴본 두 가지 접근법은 상향식 방식이라고 한다. 이 접근법들은 큰 가능성의 수에서 시작해(복도 또는 방이 배치될 수 있는 위치) 점진적으로 공간을 콘텐츠로 채워 나간다. 이것은 강력한 기법이지만 특징을 가진 무작위성이 보일 수 있으며, 또한 레벨에 배치되는 요소들이 전체적으로 보았을 때 이해되지 않은 방식으로 환경에 배치될 수 있다. 대안으로 하향식 접근법이 있다. 이것은 전체 공간에서 시작해 작은 영역으로 정제하면서 작아진다.

가장 일반적으로 알려진 하향식 접근법은 재귀적 하위 분할이 있다. 최소 신장 트리와 같이 이것은 방들을 배치하고 복도를 연결한다. 알고리듬은 연결을 결정하기 위해 간단한 접근법을 갖고 있으며 이것은 예측 가능할 정도로 간단하다. 대안으로 더 많은 제어를 위해 최소 신장 트리를 같이 사용할 수 있다. 두 기술은 같이 사용해도 매우 잘 동작한다.

알고리듬

알고리듬은 두 가지 단계로 동작한다. 첫 번째는 방을 배치하기 위해 공간을 분할한다. 두 번째는 복도로 이들을 연결한다. 두 번째 단계는 여러분이 사용하는 연결 방법, 예를 들어 최소 신장 트리나 백트래킹을 사용한다면 생략될 수 있다.

하위 분할

먼저 전체 레벨과 재귀를 사용하는 것으로 시작한다. 각 단계에서 현재 공간을 무작위로 2개로 분할한다. 만약 분할된 공간이 특정 품질 기준에 들어가면(아래에 설명) 차례대로 재귀해 처리한다.

품질 기준은 보통 크기에 연관돼 있다. 만약 목적이 분할된 공간에 방을 배치하는 것이라면 공간은 방이 들어갈 정도로 충분히 커야 하며 알맞은 모양을 갖춰야 한다. 또한 복도를 연결하기 위한 경계를 포함한다. 방 사이의 복도를 만들기 위해. 분할된 각 공간들은 더 작게 분할된 작은 공간들을 추적한다. 그 결과 하위 분할^{subdivision}은 트리 구조를 가지며 그림 8.23과 같다.

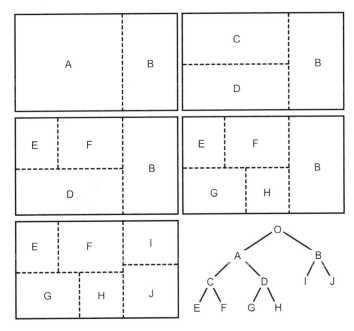

그림 8.23 공간을 방으로 분할

연결

트리로 표현된 공간은 연결을 의미한다. 두 잎 공간(더 이상 분할 되지 않은 말단 노드)이 공통된 부모를 가지면 복도로 이것들을 연결한다. 복도는 트리에서 공통된 부모를 의미한다. 잎이 없는 2개의 노드는 다른 방으로 연결돼 있거나 복도로 연결돼 있을 수 있다.

이 과정 역시 재귀적으로 이뤄질 수 있다. 루트 노드에서 시작하고 자식들이 연결돼 있는지 검사한다. 재귀적으로 각 자식들이 방문할 필요가 있다면 방문한다. 잎 공간의 경우 이미 연결돼 있는 것으로 간주한다.

그 이후 자식들을 복도로 연결한다. 복도는 자식안에 있는 방(잎 노드라면 방 또는 하위 트리 내의 모든 방) 또는 복도에 연결될 수 있다. 알고리듬은 루트 노드의 자식들이 연결되면 종료된다. 이 과정은 그림 8.24에서 볼 수 있으며 그림 8.23에서는 만들어진 트리를 볼 수 있다.

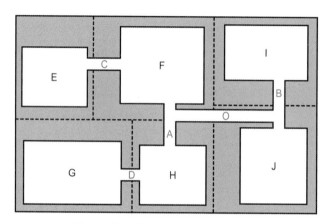

그림 8.24 하위 분할된 방들을 재귀적으로 연결한다.

추가적인 품질 기준

분할 여부를 결정하기 위해 몇 가지 기준을 사용할 뿐만 아니라 재귀 이후에 공간을 평가해 하위 트리가 요구 사항을 만족하는지 여부를 결정할 수 있다.

예를 들어 트리에 일정 개수의 방이 있는지 확인하고 싶을 수도 있다. 이것은 알고리듬이 루트로 되돌아갈 때 체크하는 것으로 알아낼 수 있다. 만약 방이 충분히 만들어졌다면 알고리듬은 평소처럼 종료할 수 있고 그렇지 않은 경우에는 다시 재사용해서 효과적으로 새로운 하위 분할 트리를 만들 수 있다. 만약 기준이 루트 노드에 적용된다면 기준을 만족할 때까지 전체 레벨을 새로 만들 수 있다. 물론 기준은 트리의 아래에 내려가 적용할 수 있으며 이렇게 하면 하위 트리만 다시 만들 수 있다. 예를 들어 레벨의 영역들이 좋은 교전의 범위를 갖게 만들거나 의도적으로 넓게 만들 수 있다.

이 알고리듬의 재귀적 특성은 이러한 기준들을 만날 때까지 역추적하는 것이 사소하다는 것을 의미한다. 하지만 기준은 만날 수 있고 보장돼야 한다. 그렇지 않으면 재귀는 영원히 지속된다.

의사 코드

하위 분할은 다음과 같이 구현될 수 있다.

```
1  function subdivide(space: Space):
2      while true: # 아니면 반복의 최대 개수를 설정
3          # 분할을 수행한다.
4          splits = space.split()
5          if not splits:
6              return
7
8          # 각 품질을 테스트한다.
9          if not splits[0].validSpace() or
10             not splits[1].validSpace():
11             continue
12
13         # 전반적인 품질을 테스트한다.
14         if candidates:
15             space.children = candidates
16             if space.validSubtree():
17                 return
18
19     space.children = []
```

연결은 다음과 같이 구현한다.

```
1  function connect(space: Space):
2      if not space.children:
3          space.corridor = null
4          return
5
6      children = space.children
7      children[0].connect()
8      children[1].connect()
9
10     space.corridor = new Corridor(
11         children[0].getConnectionPoint(children[1]),
12         children[1].getConnectionPoint(children[0])
```

자료 구조

하위 분할을 위한 Space 인터페이스는 다음과 같다.

```
1  class Space:
2      width: int
3      height: int
4      parent: Space = null
5
6      children: Space[] = []
7
8      # 이 공간을 위한 품질 기준
9      function validSpace() -> bool
10
11     # 자식들을 위한 품질 기준 추가
12     function validSubtree() -> bool
13
14     # 가능하다면 공간을 무작위로 2개로 분할한다.
15     function split() -> Space[2]
```

하위 분할을 위한 품질 기준은 validSpace 메서드로 확인한다. 하위 트리를 위한 품질 기준은 validSubtree 메서드로 처리한다. 연결을 지원하려면 Space는 확장될 수 있다.

```
1  class Corridor extends Room:
2      from: Room
3      to: Room
4
5  class Space:
6      # ... 다른 구현 사항들은 이전과 같다.
7      room: Room
8      corridor: Corridor
9
10     function getConnectionPoint(other: Space) -> Room:
11         if not corridor:
12             return room
13         else:
14             # 여기서 복도를 반환하지만 일부 기준(예를 들어 최소화 거리 같은)을 사용해
15             # children[0].getConnectionPoint(other) 또는
16             # children[1].getConnectionPoint(other)를 반환할 수 있다.
17             return corridor
```

성능

앞서 설명했듯이 하위 분할은 품질 기준을 만족해야만 종료하고 그렇지 않으면 영원히 실행된다. 그러므로 성능은 이론적으로 계산될 수 없다. 해당 기준을 제외하면 시간 복잡도는 $O(n)$이며 n은 최종 결과에서의 방의 개수다. 추가적인 품질 기준을 적용하면 $O(n)$이 가장 좋은 케이스이며, 둘 다 공간 복잡도는 $O(n)$이다.

8.4.4 생성 및 테스트

미로가 생성됨에 따라 일부 조건들은 시행될 수 있지만 불가피하거나 쉽게 시행될 수 없는 경우도 있을 수 있다. 재귀 하위 분할을 사용하더라도 다른 하위 트리에 걸쳐 있는 기준이 있을 수 있다. 위병소와 무기고 사이의 거리가 복도 공간의 일정 범위 내에 있는지 또는 시작 위치에서 끝 위치까지 최소한 몇 개의 막다른 길이 있어야 하는지 보장받고자 할 수 있다. 여러분이 사용하는 알고리듬에 따라 이러한 속성으로 레벨을 생성하는 규칙을 만들 수 있지만 나중에 매개 변수를 수정하기 어렵거나 취약할 수 있다. 대신에 8장의 모든 무작위 절차적 콘텐츠 알고리듬에서 일반적으로 사용된 접근 방식은 생성 및 테스트다.

```
1  function generate():
2      while true:
3          candidate = generateCandidate()
4          if checkQuality(candidate):
5              return candidate
```

이 접근법의 위험한 부분은 while 처리 부분이다. 만약 무작위 알고리듬이 원하는 결과물을 만들어 내지 못할 경우 무한정 반복될 수 있다. 개발자가 생성 및 테스트를 사용하는 것은 막지 못했지만 이를 피할 수 있는 간단한 방법도 없다. 우리가 할 수 있는 것은 단지 게임에서 사용 가능한 모든 매개 변수에 대해 신중하게 테스트가 필요할 뿐이다.

8.5 모양 문법

8장에서는 게임에서 절차적 콘텐츠 생성의 일반적인 두 가지를 제외한 모든 기술을 설명했다. 두 가지 방법은 각각 텍스처 생성과 애니메이션이다. 텍스처 생성은 AI 알고리듬에서 드물게 사용된다. 현 시점에서 가장 최신 기술은 아티스트가 만든 시퀀스에 무작위 이미지 필터를 적용하는 것이다. 애니메이션 합성은 AI를 사용한다. 특히 물리 시뮬레이션에 의존하는 스켈레탈 애니메이션을 위한 신경망 모델이 있다. 애니메이션 합성과 같이 까다롭고 전문적인 내용은 8장에서 설명하지 않을 것이다. 왜냐하면 기술적인 면에서 신경망 알고리듬은 7장에서 소개했고 물리 시뮬레이션은 이 책에서 다루는 범위에서 벗어나기 때문이다.

하지만 8.5절에서 다루는 내용은 최첨단 기술이다. 8.2절에서 나무를 만들어 내는 L-시스템 또는 방들을 배치하거나 지형을 만들어 내는 기술들을 살펴봤다. 하지만 빌딩의 경우 배치만 가능하고 빌딩 자체를 만들어 낼 수는 없었다. 모양 문법은 이것을 가능하게 해주는 기술이지만, 추측에 기반한 기술이라는 것을 인지할 필요가 있다. 모양 문법은 보통 데모 신 개발에서 주로 사용됐고 출시된 게임에서 사용된 것은 드물다. 〈스포어〉[137]와 〈리퍼블릭: 더 레볼루션 Republic: The Revolution〉[109]에서 이 접근법과 비슷한 방법이 사용됐지만, 두 게임 모두 현재 출시되는 게임보다 훨씬 더 원시적인 그래픽을 사용한다. 에셋의 절차적 콘텐츠 생성은 흥미롭지만 매우 어려운 방법이기도 하다. 내가 알고 있는 한 개발자는 이 기술에 너무 심취한 나머지 예상했던 개발 기한을 훨씬 넘겨 버리고 결국에는 게임을 출시하지 못했다. 여기는 용이 사는 곳이고 조심해서 다뤄야 한다.

모양 문법shape grammars은 본래 회화와 조각[64]에서 설명됐다. 그 이후 이 아이디어는 건축 분야[42]에서 빌딩 디자인을 설명하는 용도로 사용됐다. 즉 모양 문법은 빌딩을 처음부터 생성하는 것보다는 보통 빌딩의 구조를 이해하거나 수정하기 위해서 사용됐다는 것이다. 모양 문법은 자연어 문법과 유사하게 이름이 붙었으며 비슷한 수준에서 작동한다. 예를 들어 문법으로부터 언어를 말하도록 컴퓨터 프로그램을 만드는 것보다 언어를 이해하기 위해 문법을 사용하는 것이 쉽다.

8장에서는 이미 하나의 모양 문법을 살펴봤다. 린덴마이어 시스템이 바로 모양 문법이다. L-시스템은 루트로 시작해 규칙들을 적용해 나가며 가지, 분기, 잔가지, 잎들을 생성한다. 모양 문법은 이것을 일반화시킨다. 루트에서 시작하며 트리를 만들지 않을 때 이것은 보통 공리axiom라 부른다. 그 이후 규칙들을 적용한다. 규칙은 기준에 해당되는 특징 그리고 구조에 적용할 방법들을 갖고 있다. 8.2절에서 언급한 바와 같이 이것은 5.8절에서 설명한 규칙 기반 시스템의 한 형태와 같다.

예를 들어 고층 건물을 만들려고 한다고 하자(모양 문법의 가장 일반적인 사용 예). 먼저 모든 건축의 시작인 기초 공사로 시작하고 다음 규칙 집합을 적용한다.

1. 기초 공사 → 1층(+4미터) + 바닥의 윗부분
2. 바닥의 윗부분 → 바닥(+3미터) + 바닥의 윗부분
3. 바닥의 윗부분(충분히 크다면) → 바닥의 윗부분 | 지붕
4. 바닥의 윗부분 → 지붕

+ 기호의 뜻은 다른 것 위로 쌓는다는 의미이며 | 기호의 뜻은 두 요소가 나란히 있는 분할을 나타낸다. 여러 규칙이 동시에 매치될 때는 하나를 무작위로 선택한다. 이러한 규칙을 적용해서 빌딩을 만들면 그림 8.25와 같은 빌딩을 얻을 수 있다. 이 규칙들은 빌딩의 배치는 할 수 있지만 생김새는 결정할 수 없다. 규칙들을 더 추가할 필요가 있다.

5. 바닥 → 외관 벽
6. 외관 벽 → 창문 공간(3m) …
7. 창문 공간 →
8. 창문 공간 → 전망 창
9. 창문 공간 → 다용도 창문

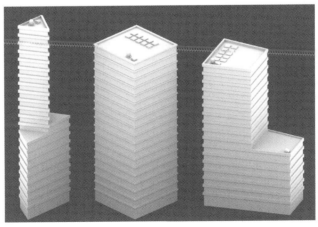

그림 8.25 모양 문법을 사용해 만든 고층 빌딩의 모습

기호 …은 같은 종류의 오브젝트가 다수 반환될 수 있다는 뜻이다. 그림 8.26의 첫 번째 이미지가 우리가 만들고 싶은 빌딩이고 현재 상태로는 결과적으로 두 번째 이미지가 생성된다. 원하는 효과를 얻기 위해서는 다용도 창문이 지정된 위치에 나타나게 하기 위해 기준이 더 필요하다.

7. 창문 공간(벽에서 두 번째라면) →

8. 창문 공간(벽에서 두 번째 또는 세 번째가 아니라면) → 전망 창

9. 창문 공간(벽에서 세 번째라면) → 다용도 창문

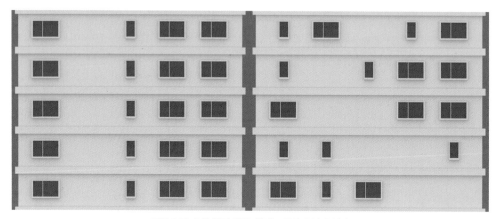

그림 8.26 층별 창문 위치, 원하는 위치와 실제 위치

예를 들어 규칙 집합은 다용도 창문이 모든 두 번째 바닥에 나타나게 하기 위해 조정될 수 있다. 이 과정은 수작업으로 무작위성을 줄이기 때문에 더 현실과 같은 모습을 가질 수 있게 한다. 따라서 원하는 결과물을 얻기 위한 규칙의 잦은 수정이 불가피하다.

원하는 결과물이 나오게끔 규칙을 수정하거나 추가할 수 있다. 하지만 보통은 미리 만들어진 요소를 배치하는 것으로 문제를 해결한다. 프리팹prefab은 매개 변수를 가질 수 있으며 매개 변수에 따라 크기, 범위가 바뀌기도 하지만 보통은 아티스트가 만들어진 모양 그대로 사용한다. 문법 규칙과 필요로 하는 아트를 만들기 위한 비용 사이에서 균형이 필요하다.

8.5.1 문법 실행

알고리듬과 규칙 구현

모양 문법을 실행하려면 순방향 규칙 기반 시스템이 필요하다. 이 알고리듬은 5.8절에서 이미 살펴봤다. 알고리듬 사용 자체는 어렵지 않지만 규칙을 준비하는 것이 어렵다. 지금까지 텍스트를 사용해 모양 문법을 사용했지만 규칙들은 사용자 정의 그래픽 포맷을 사용하거나 코드로 표현할 수도 있다. 물론 코드로 표현했을 때는 프로그래머가 전적으로 필요하다. 규칙을 만들기 위해 도구를 사용하는 시도가 있었지만[4] 콘텐츠의 제한이 없는 완벽한 도구는 아직까지 보지 못했다. 그래서 아직까지는 코드로 작성하는 것 외에는 대안을 찾지 못했다.

의사 코드

규칙 기반 시스템은 다음과 같이 구현할 수 있다.

```
1   class Grammar:
2       rules: Rule
3
4       object: Object
5
6       function getTriggeredRules() -> Rule[]:
7           triggered = []
8           for rule in rules:
9               if rule.triggers(object):
10                  triggered.push(rule)
11          return triggered
12
13      # 트리거되는 규칙을 실행하고 반환한다.
14      function runOne() -> Rule:
15          triggered = getTriggeredRules()
16          if not triggered:
17              return null
18
19          rule = randomChoice(triggered)
20          rule.fire(object)
21          return Rule
```

---

4   2004년도에 데모 신(Demo scene) 작품 중 하나인 .kkreiger라는 1인칭 FPS의 레벨을 제작하기 위해 사용된 .werkkzeug라는 도구가 있었다. 몇 가지 기본적인 작업을 수행할 수 있었고 FPS 게임을 위한 레벨 제작이 가능했지만 실제로 사용했을 때 제한 사항이 많았으며 이후 버전에서는 주로 텍스처 생성에 중점을 뒀다. 현재는 역사 속의 한편에 머물러 있다.

```
22
23    function run():
24        while runOne():
25            pass
```

자료 구조

앞서 살펴본 구현에서 대부분의 복잡도는 오브젝트의 구현에 의존한다. 규칙들은 시스템에 실행될 수 있음을 알리기 전에 원하는 검사를 수행할 수 있으며 조건에 부합하면 실행된다.

```
1    class Rule:
2        function triggers(object: Object) -> bool
3        function fire(object: Object)
```

이러한 방식으로 규칙들을 구현하는 것은 매우 유연하지만 문법 구조를 숨기는 경향이 있기 때문에 명확하지 않을 수 있다. 생성되는 객체를 나타내는 데이터 구조로 중간 솔루션을 구현할 수 있다.

```
1    class Object:
2        string: Token[]
```

규칙의 target은 매치가 될 이름을 담고 있고 result은 교체를 담고 있다. trigger와 fire 메서드는 이름을 검색하고 교체하기 위해 일반화될 수 있다.

```
1     class TargetRule extends Rule:
2         target: String
3         result: String[]
4
5         function triggers(object: Object) -> bool:
6             index = object.string.find(target)
7             return index >= 0
8
9         function fire(object: Object):
10            # 문자열을 바꾼다.
11            index = object.string.find(target)
12            object.string.remove(index)
13            object.string.insert(index, result)
14
```

```
15        # 원본 액션을 수행한다.
16        super.fire(object)
```

유감스럽게도 우리는 이름 목록만을 필요로 하는 것이 아니다. 최종적으로는 3D 모델 또는 게임 콘텐츠와 같은 복잡한 자료 구조를 만들어 내야 한다. 여전히 규칙이 트리거되는지 여부를 확인하기 위해 코드를 실행해야 하고 실행 시 더 많은 임의의 코드를 실행해야 한다. 앞서 살펴본 첫 번째 구현은 간단하지만 다른 대안이 있는 것은 아니다. 나는 첫 번째 버전을 가정하고 계속해서 진행하겠다.

규칙 편향

앞서 살펴본 코드에서 나는 모든 규칙이 균형 있게 실행된다고 가정했다. 이 접근법을 위해 trigger 함수에서 단순히 참과 거짓을 반환하는 것이 아닌 중요도 값을 반환하도록 할 수 있다. 그렇게 되면 규칙을 무작위로 선택하는 데 가중치를 반영할 수 있다.

```
1   class Rule:
2       function triggers(object: Object) -> float
3       function fire(object: Object)
4
5   class Grammar:
6       # 이전과 같은 구현 사항
7
8       function runOne() -> bool:
9           triggered = []
10          totalImportance = 0
11          for rule in rules:
12              importance = rule.triggers(object):
13              if importance > 0:
14                  totalImportance += importance
15                  triggered.push((totalImportance, rule))
16
17          if not triggered:
18              return false
19
20          _, rule = binarySearch(triggered, random() * totalImportance)
21          rule.fire(object)
22          return true
```

성능

알고리듬의 시간 복잡도는 $O(n)$이며 n은 최종 결과물을 얻기 위해 사용된 규칙의 개수다. 원본 버전의 경우 상태가 없지만 가중치를 위한 버전은 공간 복잡도 $O(k)$이며 $k \leq n$ 그리고 k는 트리거 될 때 규칙의 개수를 의미한다.

8.5.2 계획

문법 규칙들의 실행은 나무를 만드는 것과 같이 보일 수 있다. 그림 8.27을 보면 고층 빌딩의 나무 형태를 볼 수 있다. 이것은 문장을 분석할 때 문법으로 만들어진 구문 분석 트리와 비슷하다. 이것으로 각 객체의 종류 그리고 어디에서 왔는지 알 수 있다.

초기 코드는 조금 더 복잡하다. 규칙에 임의 조건을 허용하며 예제에서는 왼쪽에 항상 하나의 항목을 갖고 있다. 또한 여러 조건이 충족됐을 때만 트리거되도록 규칙을 설정할 수도 있다. 예를 들어 문과 가게 앞마당이 있을 때만 가리개가 추가되게 할 수 있다. 이 경우 규칙들은 트리가 아니라 그래프의 형태를 갖게 되지만 루트는 여전히 갖고 있다. 하나의 아이템에서 시작해(예를 들어 빌딩의 기초 공사) 여러 부분으로 분해된다(바닥, 창문, 지붕).

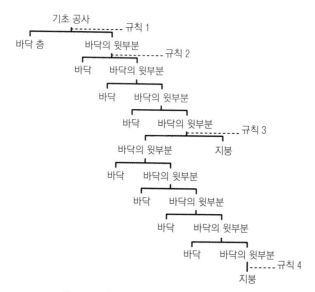

그림 8.27 고층 빌딩의 규칙을 나무 형태로 표현한 모습

앞서 살펴본 문법의 구현은 규칙을 항상 선택할 수 있다고 가정하고 있으며 결과적으로 요구하는 객체를 만들 수 있다. 하지만 실제로 규칙이 선택되지 않을 수도 있다. 알고리듬이 끝날 때 아무 규칙도 선택되지 않을 수 있으며 제약은 더 복잡해지고 미완성인 객체가 남게 된다. 이 경우 우리는 계획을 필요로 하며 격발될 수 있는 규칙들 중에서 해결책을 찾아야 한다. 만일 규칙의 실패가 많지 않으면 생성 및 테스트 방법을 사용해서 이 문제를 해결할 수 있고 그렇지 않으면 좀 더 체계적인 방법이 필요하다.

이 책에서 살펴본 여러 검색 알고리듬을 사용할 수 있는데, 문제를 간단하게 하기 위해서 깊이 우선 탐색을 사용할 것이다. 더 큰 문제에 있어서는 다익스트라를 사용하면 된다. 만약 솔루션에 휴리스틱을 사용해야 한다면 A* 알고리듬을 사용하는 것이 효과적일 수도 있다.

의사 코드

알고리듬은 다음과 같이 구현할 수 있다.

```
1   class GrammarPlanner extend Grammar:
2       # 성공하면 true를 반환한다.
3       function plan(object: Object) -> bool:
4           progress = []
5           topRule = null
6           do:
7               # 역추적할 필요가 있다면 객체를 수정하고
8               # 격발될 수 있는 모든 규칙의 목록을 얻는다.
9               objectAfterRule = object.clone()
10              triggered = runOne(objectAfterRule, triggered)
11
12              if triggered:
13                  if not topRule: topRule = triggered.peek()
14
15                  # 역추적에 필요하지 않으므로 방금 실행한 규칙을 지운다.
16                  triggered.pop()
17
18                  # 이후 역추적에 필요할 수도 있는 남아 있는 격발된 트리거들을 저장한다.
19                  progress.push((object, triggered))
20
21                  # 다음 반복을 준비한다.
22                  object = objectAfterRule
23                  triggered = null
```

```
24
25              elif progress:
26                  # 역추적
27                  object, triggered = progress.pop()
28
29              else:
30                  return false
31
32          while not topRule.complete(object)
33
34          return true
35
36      # 트리거의 목록으로부터 다음 규칙을 실행한다.
37      # 그렇지 않으면 모든 규칙에서 가져온다.
38      function runOne(object: Object,
39                              triggered: Rule[]) -> Rule[]:
40
41          if not triggered:
42              triggered = getTriggeredRules(object: Object)
43              if not triggered:
44                  return null
45              triggered.shuffle()
46
47          rule = triggered.peek()
48          rule.fire(object)
49          return triggered
```

자료 구조

우리가 만들고 있는 객체는 하나 이상의 규칙들을 시도하기 위해 clone 메서드를 가진다.

```
1   class Object:
2       function clone() -> Object
```

규칙들은 complete 함수를 통해 성공했는지 아닌지 알 수 있다.

```
1   class Rule:
2       function complete(object: Object) -> bool
3       function triggers(object: Object) -> bool
4       function fire(object: Object)
```

850

complete 함수는 규칙의 태스크가 끝나면 true를 반환하며 현재는 전체 계획 작업이 끝났는지 체크하는 데만 사용된다. 코드는 계획의 일부를 저장하거나 재사용하기 위해 확장될 수 있으며 계획은 실행 중에 규칙을 종료할 수 있다. 예를 들어 고층 빌딩에서 바닥을 표현하는 규칙의 경우 객체에 모든 개선 사항이 추가되고 나면 종료할 수 있다(창문이 추가되거나 문이 배치되는 경우).

객체가 시작되지 않았을 때 트리거할 수 있는 규칙은 전체 작업을 나타낸다. 만약 complete가 true를 반환하면 객체는 성공적으로 만들어졌다고 볼 수 있고 알고리듬은 종료된다.

성능

우리가 해결하려고 하는 문제는 잠재적으로 비결정적이며 조건을 처리하고 적용하는 결과로 알고리듬이 끝나지 않는 경우가 있을 수 있다. 원칙적으로 깊이 우선 탐색 알고리듬의 시간 복잡도는 $O(n)$이고 n은 검색 공간의 크기, 즉 규칙으로부터 만들어질 수 있는 객체의 개수다. 규칙 집합이 많으면 이것은 사실상 무한대가 될 수도 있다. 마찬가지로, 깊이 우선 탐색 알고리듬의 공간 복잡도는 $O(k)$이며 k는 객체에 적용할 수 있는 규칙의 개수다. 역시 이것도 규칙 집합이 많으면 무한대가 될 수 있다.

검색은 결과를 찾을 때 종료가 되며 솔루션을 찾기 어렵게 만들 정도로 규칙이 제한되지 않는 한 효율적으로 동작한다. 이것은 곧 효과적으로 솔루션을 찾을 때까지 규칙의 밸런스를 잘 조절해야 한다는 것을 의미하기도 한다.

계층적 작업 네트워크

분해된 구조 작업과 일반적인 제약들은 계층적 작업 네트워크(HTN, Hierarchical Task Network)라 알려진 AI 계획 기술과 비슷하지만 다른 점도 존재한다. HTN에서 규칙은 결과 객체의 속성이 아니라 작업을 나타낸다. 작업은 수행 및 다른 작업으로 분해, 조합될 수 있다. 대부분의 HTN 시스템에서 조합 작업은 스스로 수행하는 경우는 없고 다른 작업과 조합을 하기 위한 용도로만 사용된다. 우리의 경우 모든 규칙은 효과를 가질 수 있으며 다른 구조물들(창문과 같은) 또는 작업(창문을 만든다거나)을 가질 수 있다. 우리가 찾고자 하는 최종 계획은 그래프이며 그림 8.27과 같다. HTN에서 이것은 보통 수행될 액션 시퀀스로 이뤄져 있다.

규칙을 다음과 같이 대체함으로써 접근 방식을 조정할 수 있다.

2. 바닥의 윗부분 → 바닥(+3미터) + 바닥의 윗부분

은 다음과 같이

2. 바닥 최상층 → 바닥의 최상층을 만들기 위해 지붕을 올린다.

HTN 접근법의 장점은 순서의 제약이 매우 명확하다는 점이다. 하지만 절차적 콘텐츠 생성에서 기준과 규칙의 효과들은 순서보다는 최종 결과물의 시각적 품질에 더 관심이 있다.

HTN을 위한 가장 잘 알려진 검색 알고리듬은 깊이 우선 탐색이며 TFD^{Total-Order Forward Decomposition}라고 알려진 방법이다. 보통은 캐릭터의 의사결정을 위한 기술로 많이 사용되는 기술이지만 일부 개발자들의 경우 절차적 콘텐츠 생성을 위해 HTN을 사용했다. 내 경험으로는 절차적 콘텐츠 생성을 위해서 HTN을 사용하는 것은 덜 명확하고 조정하기 어렵기만 했다.

연습 문제

8.1 8장에서 설명했듯이 사용되는 분야에 따라 여러 난수 생성기를 갖는 것이 유용하다고 배웠다. 만약 암호 난수 생성기를 사용한다면 왜 이것이 불필요한가?

8.2 무작위 난수 생성기를 사용해 극좌표 값(각 $0 \sim 2pi$, 거리 $0 \sim 1$)을 생성하려고 할 때 결과가 단위 원에 고르게 분포되는지 또는 아닌지 이유를 알아보자.

8.3 할톤 시퀀스의 제어 수 29, 31을 사용해 31번째까지 수를 계산해 보자. 왜 이런 형태가 나타나는가? 제어 수가 더 커지면 어떻게 되는가?

8.4 그림 8.2의 두 번째 부분을 보면 초기 점들을 생략해도 큰 제어 수 쌍으로 만들어지는 구별되는 패턴을 볼 수 있다. 이러한 패턴이 사라지려면 얼마나 많은 포인트를 생략해야 하는가? 그 이유는?

8.5 황금 비율이 아닌 은 비율^{silver ratio}을 사용해 줄기 주위에 나뭇잎을 그려 보자. 은 비율은 다음과 같다.

$$\delta_S = \frac{2 + \sqrt{8}}{2}$$

나뭇잎 사이의 대략적인 각도는 몇인가?

8.6 브리슨 알고리듬을 사용해 $2r$에서 $2r + k$(r은 각 원반의 반지름이고 k는 상수) 범위의 푸 아송 원반 분포를 만들어 보자. 대략 몇 퍼센트의 빈 공간이 생기는가?

8.7 디스크 주변 위치를 무작위 각도로 테스트하는 대신 일정한 규칙을 가진 간격으로 공간 을 테스트할 수 있다. k 거리에 있는 디스크의 경우 위치는 닿지만 겹치지 않도록 할 때 몇 개의 각도를 테스트해야 하는가?

8.8 브리슨 알고리듬에 약간의 수정을 가하면 그림 8.15에서 본 동굴 미로를 만들 수 있다. 어떤 동굴을 통로와 연결시키려면 어떻게 결정할 것인가?

8.9 L-시스템에 종료 규칙이 없으면 나무는 가지를 영원히 세분화하면서 진행된다. 하지만 그림 8.5를 보면 나무의 크기가 무한히 크지 않다. 하나의 가지가 항상 부모의 크기보다 반이 줄어든 크기로 설정된다면 가지들의 최대 길이는 얼마인가?

8.10 L-시스템에 다음과 같은 규칙이 있다.

a) 루트 → 가지(1미터 길이)

b) 가지(x 길이) → 가지($\frac{2x}{3}$ 길이, −25도), 가지($\frac{1x}{2}$ 길이, +55도)

현재 규칙은 항상 긴 가지가 오른쪽에 나타난다. 규칙을 수정해 긴 가지가 항상 위를 가 리키도록 바꿔 보자.

8.11 다른 옥타브 없이 그리드 크기와 동일한 그리드 크기를 가진 펄린 노이즈를 사용하면 어 떤 효과가 있는가?

8.12 단층 모델은 비선형 단층선을 사용할 수 있다. 단층이 (x, y, r)로 주어진 원이라 가정하 고 faultModifier를 위한 유사 코드를 수정해 보자.

8.13 바람 침식은 열화 침식과 유사한 효과를 갖지만 강한 바람 방향에서 더 두드러진다. 열 화 침식이 같은 효과를 갖기 위해 수정자를 어떻게 수정해야 할까? (힌트: 방향은 이미 코 드에 고려돼 있다.)

8.14 수화 침식 수정자는 호수와 강이 형성되는 장소를 결정한다. 어떤 데이터가 이 정보를 갖고 있는가?

8.15 슬롯 협곡은 좁고 가파르다. 이것을 만들기 위한 필터링 함수를 설계해 보자.

8.16 역추적 알고리듬으로 만들어진 미로의 경우 벽에 왼손을 대고 미로를 돌아다니면 언젠가는 미로를 탈출하게 된다. 이 전략을 막으려면 알고리듬을 어떻게 수정해야 하는지 생각해 보자.

8.17 〈아이작의 번제: 리버스The Binding of Isaac: Rebirth〉에 있는 레벨은 1×1, 2×1, 2×2 또는 L 모양의 2×2(1×1 부분이 삭제된)로 이뤄져 있다. 이들은 문으로 연결돼 있으며 복도는 없다. 미로를 위한 역추적 알고리듬을 사용해 이러한 레벨을 만들려면 어떻게 해야 하는가? 레벨 데이터 구조를 위한 유사 코드를 제시해 보자.

8.18 프림 알고리듬을 사용해 4장의 그림 4.3에 있는 가중 그래프를 위한 최소 신장 트리를 계산해 보자.

8.19 품질을 체크할 때 단순히 참 또는 거짓을 반환하지 않고 숫자 값을 반환할 수 있다. 임곗값을 넘어가는 첫 번째 솔루션을 반환하도록 생성 및 테스트를 수정하면 이것으로 무한히 반복하는 생성 및 테스트를 피할 수 있게 할 수 있을까?

8.20 8장에서 제시된 창문 배치 규칙은 다음과 같다.

a) 윈도우 공간(벽에서 두 번째라면) →

b) 윈도우 공간(벽에서 두 번째 또는 세 번째가 아니라면) → 전망 창

c) 윈도우 공간(벽에서 세 번째라면) → 다용도 창문

그림 8.26의 첫 부분과 같다. 창문이 5개가 아니라 7개가 된다면 어떻게 보일지 나타내 보도록 하자.

8.21 이러한 규칙들은 무작위적이지 않다. 약간의 무작위성이 포함되도록 규칙을 수정해 보도록 하자. 대신 그림의 두 번째 부분처럼 보여서는 안 된다.

8.22 던전을 만들기 위한 모양 문법을 위한 규칙 집합을 만들어 보자. 역추적 미로 생성 알고리듬 또는 하위 분할 알고리듬을 참고하면 된다.

보드 게임   9장

컴퓨터 게임에 가장 먼저 응용된 AI는 일반적인 보드 게임의 상대를 시뮬레이션한 것이다. 서양에서 가장 전형적인 보드 게임은 체스이며, 최근 40년간 체스를 플레이하는 컴퓨터들의 역량이 급격하게 증가했다.

같은 시기의 다른 게임으로는 틱택토Tic-Tac-Toe, 커넥트 4Connect Four, 오델로Othello, 바둑Go이 연구됐고 다양한 종류의 괜찮은 AI들이 만들어졌다.

AI 기술은 컴퓨터가 보드게임을 플레이할 때 이 책의 다른 부분에 기술된 것보다 더욱 다양하게 플레이하도록 요구한다. 차트를 점령한 실시간 게임에서는 이런 종류의 AI는 한계를 지니고 있다. 이러한 AI는 전쟁 게임에서 전략 단계의 장기적인 결정을 내리는 데 이용한다.

체스, 체커Checkers, 백개먼Backgammon, 오델로의 최고 AI 상대들은 전략의 미묘한 차이를 위해 특수하게 만들어진 전용의 하드웨어나 알고리듬, 최적화들을 사용한다. 이런 AI들은 세계 최고 선수들과 멋진 경쟁이 가능하다. 이것은 곧 변화할지도 모른다. 딥러닝 보드 게임 AI, 특히 딥마인드Deep Mind에 의해 만들어진 게임 AI의 등장으로, 엘리트 수준의 접근법을 여러 게임에 적용할 수 있다는 조짐이 보이고 있다. 성공이 다른 사람에 의해 복제될 수 있는지 또는 추가적인 전문화를 통해 더 나은 결과를 얻을 수 있는지 여부는 여전히 풀어야 할 숙제다.

이러한 종류의 게임들을 위한 알고리듬들은 보통 잘 공유되고, 특정 보드 게임에 대해서는 응용도 가능하다. 9장에서는 미니맥스Minimax 계열의 알고리듬과, 가장 유명한 보드 게임 AI 테크닉을 살펴볼 것이다. 최근 새로운 계열의 알고리듬이 여러 애플리케이션 측면에서 우월하다고 증명됐는데 그것은 바로 메모리–강화 테스트 드라이버MTD, Memory-enhanced Test Driver다. 미니맥스와 MTD 모두 트리–탐색 알고리듬이며 특별한 트리로의 표현을 필요로 한다.

이러한 알고리듬들은 보드 게임 AI를 구현하기 위해 완벽하지만 게임에 대한 지식에 의존한다. 알고리듬은 가장 좋은 움직임을 찾도록 만들어지지만 여기서 '가장 좋은'이 무엇을 의미하는지 컴퓨터는 알 수 없다. 가장 간단한 방법은 '가장 좋은 움직임이 게임을 이긴다'라는 것인데 틱택톡과 같은 게임에서 미니 맥스나 MTD를 사용해 모든 이동 가능한 순서를 검색하는 것이다. 하지만 컴퓨터는 대부분의 게임을 위한 모든 검색 결과를 검색하는 데 필요한 충분한 자원이 없기 때문에 중간 상태에 관한 지식이 필요하다. 예를 들어 가장 좋은 움직임은 가장 좋은 위치로 이끈다. 그렇다면 가장 좋은 위치는 어떻게 판단하는가? 이를 위해서 정적 평가 함수static evaluation function라는 것을 사용한다.

이것은 1장 1.1절의 기호 AI의 황금 규칙에서 설명한 트레이드 오프와 같다. 더 많은 검색을 하면 더 작은 지식만을 필요로 하며 그 반대도 마찬가지다. 복잡한 보드 게임의 경우 사용할 수 있는 검색의 양은 제한적일 수밖에 없으며 성능이 좋은 검색 알고리듬이 있다 하더라도 도움은 극히 일부분에 불과하다. 그러므로 AI의 품질은 정적 평가 함수의 품질에 더 의존하게 된다. 이것은 미니맥스 알고리듬 절에서 소개하고 있지만, 9장의 뒷부분에서 게임 지식 습득에 대한 딥러닝 접근법에 초점을 맞춰 더 자세히 설명했다.

9장의 마지막 부분에서 상업적인 턴 기반 전략 게임이 이런 종류의 AI 장점을 사용하기에 왜 복잡한지 설명할 것이고, 필요한 다른 기술들은 이 책의 나머지 부분에서 설명했다.

만일 보드 게임의 AI에 흥미가 없다면 9장은 건너뛰어도 괜찮다.

9.1 게임 이론

게임 이론은 추상적이고 이상적인 게임에 대한 연구에 영향을 받은 수학적인 규율이다. 실시간 컴퓨터 게임에는 적용이 거의 불가능하지만, 턴 기반 게임에서 사용되는 이 용어들은 여기서 나온 것이다. 9.1절에서는 게임 이론에 대해 수학적인 복잡한 설명 없이도 충분히 턴 기반의 AI를 이해하고 구현할 수 있도록 소개한다. 게임 이론에 관한 포괄적인 소개는 [67], 더 쉬운 접근은 [61]을 참고하자.

9.1.1 게임의 종류

게임 이론은 여러 목적을 지닌 사람의 수와 플레이어들이 가진 게임에 대한 정보에 따라 게임을 분류한다.

플레이어의 수

보드 게임으로부터 영감을 받은 턴 기반의 AI 알고리듬은 보통 두 플레이어로 이뤄진다. 그리해 많은 유명한 알고리듬은 기본적인 형태에서는 2명으로 제한된다. 더 많은 수의 플레이어에게도 적용될 수는 있지만 2명이 아닌 알고리듬에 대한 서술은 거의 찾을 수 없다. 게다가 대대수의 이런 알고리듬의 최적화는 보통 2명의 플레이어만 있다고 가정한다. 기본 알고리듬들은 적용 가능한 편이지만 많은 수의 최적화는 쉽게 사용하기 어렵다.

▎플라이, 수, 턴

게임 이론에서는 보통 1명의 플레이어의 턴을 '플라이^{ply}'라고 언급한다. 모든 플레이어의 턴을 포함한 한 라운드는 '수^{move}'[1]라고 부른다.

어원은 체스로부터 왔는데, 한 번의 수가 각 플레이어들의 한 턴으로 이뤄졌기 때문이다. 많은 턴 기반의 AI가 체스를 기반으로 싣고 있기 때문에 '수'는 이런 맥락으로 주로 쓰인다.

각 플레이어의 턴 하나를 각각의 수로써 취급하는 게임들의 대다수는 턴 기반의 전략 세임이다. 9장에서 용어 '턴'과 '수'는 상황에 따라 번갈아 사용하며 '플라이'는 전혀 쓰지 않을 것이다. 필요하다면 다른 책이나 논문에서 사용법을 확인하기 바란다.

게임의 목표

거의 모든 전략 게임에서 목표는 이기는 것이다. 플레이어로서 모든 상대가 진다면 당신은 이긴다. 제로섬 게임$^{zero-sum\ game}$으로 알려진 이것은 상대의 패배가, 즉 당신의 승리라는 것이다. 이기는 것이 1점을 얻는다는 것은 지는 것은 1점을 잃는다는 것과 같다. 하지만 카지노같이 모

---

1   체스에서도 move는 수라고 표현하나 책 전반에 걸쳐 수로만 번역하기에는 무리가 있다. 이에 따라 수를 행하는 것을 '착수'라 표현하고, 가능한 수 들은 '행마'로 번역했다. 해당 표현은 바둑에서 따왔다. – 옮긴이

두가 잃기만 할 경우는 여기에 포함되지 않는다.

제로섬 게임에서 이기려고 하거나 상대를 지게 하는 것의 결과는 같다. 제로섬 게임이 아닌 경우, 즉 모두가 이기거나 질 수 있는 경우에는 상대가 지는 것보다 자기 스스로의 승리에 집중할 수 있다(당신이 무척 이기적이지 않다면).

2명 이상의 게임에서 상황은 더욱 복잡해진다. 제로섬 게임이라 할지라도 상대가 지는 것이 항상 최선의 전략이 되지 않는다. 약한 상대에게 이득을 줘도 그들을 후에 제거하기를 기대하며 가장 강력한 상대를 견제하는 것이 더 나을 수 있다.

정보

체스, 체커, 바둑, 오델로와 같은 게임에서는 양 플레이어가 게임의 모든 상태를 알고 있다. 플레이어들은 매 착수 후의 결과와 다음 수에 대한 선택지들을 안다. 이것을 게임의 시작부터 알 수 있다. 이런 종류의 게임들은 '완전 정보 게임perfect information'이라 부른다. 상대가 어떤 선택을 할지는 알 수 없지만 상대의 모든 가능한 행마와 그로 인한 효과는 완벽히 알 수 있다.

백개먼과 같은 게임에서는 변수가 존재한다. 앞으로 나올 주사위의 눈을 모르기에 어떠한 수가 가능할지 알 수 없다. 마찬가지로 상대의 주사위 눈을 알 수 없기에 상대 역시도 어떠한 착수를 할지 알 수 없다. 이런 종류의 게임을 '불완전 정보 게임Imperfect information'이라 부른다.

많은 턴 기반의 전략 게임이 불완전 정보 게임, 즉 가능한 행동(예를 들어 스킬 체크 또는 전투의 가변성)을 정하는 몇몇 변수가 존재하는 게임이다. 그런데 완전 정보 게임은 보통 분석에 유리하고, 따라서 많은 턴 기반 AI의 알고리듬과 테크닉은 완전 정보 게임을 가정한다. 이런 알고리듬과 테크닉은 다른 종류의 게임에 적용 가능하지만 보통 좋은 결과가 나오지는 않는다.

알고리듬의 적용

턴 기반의 게임에 제일 알려지고 가장 진보된 알고리듬은 두 플레이어, 제로섬, 완전 정보 게임을 위한 것이다.

체스 AI에 있어서는 최선이다. 하지만 많은 턴 기반의 컴퓨터 게임은 더욱 복잡해 더 많은 플레어어가 있으며 불완전 정보 게임이다.

9장에서는 두 플레이어, 완전 정보 게임에 대한 가장 일반적인 알고리듬을 소개한다. 앞으로 보겠지만 이 알고리듬들은 다른 종류의 게임에도 적용 가능하다.

9.1.2 게임 트리

턴 기반의 게임들은 게임 트리로 표현 가능하다. 그림 9.1은 틱택토 게임의 트리 일부다. 트리의 각 노드는 보드 위상^{board position2}을 나타내고, 각 분기는 하나의 가능한 수를 나타낸다. 착수는 보드의 위상을 다른 보드의 위상으로 바꾼다.

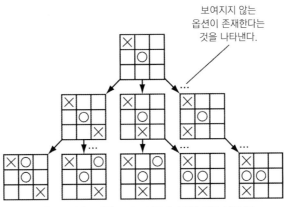

그림 9.1 틱택토 게임 트리 – 보여지지 않은 다른 선택지들

각 플레이어는 번갈아가며 트리의 층계를 움직인다. 게임이 턴 기반이기에 보드는 한 플레이어가 착수했을 때에만 바뀐다.

각 보드의 분기 수는 플레이어가 할 수 있는 행마의 개수랑 같다. 틱택토에서 첫 플레이어의 턴에는 9개이고, 그다음에는 8개, 그리고 그렇게 계속 줄어든다. 다른 많은 게임에서는 각 플레이어가 수백, 수천 개의 선택지를 갖기도 한다.

특정 보드 위상에서는 가능한 행마가 없을 수도 있다. 이를 가리켜 종료 상태^{terminal position}라 하고 게임이 끝났음을 나타낸다. 각 종료 상태에는 각 플레이어가 최종 점수를 지닌다. 이는 간단히 이기면 +1, 지면 −1일 수도 있고, 승리의 크기를 반영할 수도 있다. 비기는 것도 또한 가

---

2 여기서 말하는 보드는 단지 말판을 의미하는 것이 아니라 말판 위의 말들 및 모든 다른 상태를 포함한 것이라 볼 수 있다. 즉 보드 위상이란 이렇게 조합된 하나의 보드를 의미한다. – 옮긴이

능하며 점수는 0이다. 제로섬 게임에서는 각 플레이어의 점수 총합은 0이다. 제로섬 게임이 아닌 경우 점수는 각 플레이어의 승리 또는 패배의 크기를 반영한다.

대부분의 경우 게임 트리는 보드에 대한 자세한 표현 없이 추상적으로 최종 점수만 보여 준다. 그림 9.2는 제로섬을 가정하고 플레이어 1의 점수만을 보여 준다.

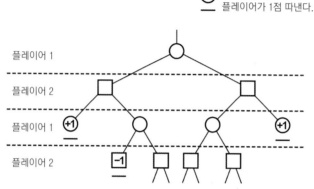

그림 9.2 종료와 플레이어의 행마를 추상적으로 표현한 게임 트리

분기 계수와 깊이

트리의 분기점에서 분기 수는 분기 계수^branching factor라 불리는데 이는 컴퓨터가 게임을 진행하며 얼마나 어려운지에 대한 좋은 지표가 된다.

게임들은 트리의 깊이가 서로 다르다. 즉 최대 턴 수가 다르다. 틱택토에서는 각 플레이어는 심벌을 보드에 놓는 것으로 턴을 소모한다. 보드에는 총 9개의 공간이 있기에 9턴이 최대다. 같은 상황이 오델로에서도 8×8 보드이기에 발생한다. 오델로에서는 게임 시작에 4개의 말이 보드에 놓여지기에 최대 60턴까지 진행된다. 체스와 같은 게임은 거의 무한에 가까운 턴을 지닌다(체스의 50턴 룰은 이를 제한한다). 이런 종류의 게임 트리는 분기 계수가 매우 작더라도 그 깊이가 무지막지할 수 있다.

컴퓨터는 얕고 큰 분기 계수를 지닌 트리보다 깊고 작은 분기 계수를 지닌 트리에서 더 쉽게 다음 수를 찾는다.

전위

많은 게임에서 같은 보드 위상으로 몇 번씩이나 도달하는 것은 있을 수 있는 일이다. 더 많은 게임에서 다른 수순[3]으로 같은 상태에 도달하는 것도 마찬가지다.

다른 흐름으로 같은 보드 위상에 도달하는 것을 전위^{transposition}라 한다. 이는 많은 게임에서 게임 트리가 트리가 아니게 된다는 뜻이다. 즉 분기는 분리될 뿐만 아니라 합쳐지기도 한다는 것이다.

중국 게임인 님^{Nim}의 한 변종인 스플릿-님$^{Split-Nim}$에서는 시작 시 한 무더기의 동전을 갖고 시작한다. 각 턴마다 플레이어들은 한 파일을 동일하지 않은 2개의 파일로 쪼개야 한다. 착수를 할 수 있는 마지막 사람이 승자다. 그림 9.3은 완벽한 7-스플릿-님$^{7\text{-Split-Nim}}$, (한 무더기에 7개의 동전을 갖고 시작)의 게임 트리를 보여 준다. 많은 수의 합쳐지는 분기를 확인할 수 있다.

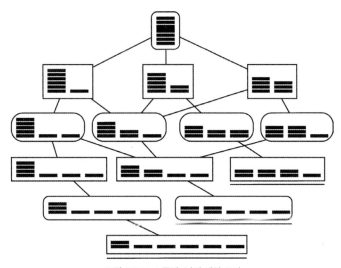

그림 9.3 7-스플릿-님의 게임 트리

(9.2절에서 살펴볼) 미니맥스^{minimax} 기반의 알고리듬은 순수한 트리로 고안됐다. 분기들은 합쳐질 수 있지만 각 합쳐진 분기마다 복제돼야 한다. 분기를 합칠 때 복제를 피하기 위해서는 전환 표를 확장시킬 필요가 있다. 두 번째 키 알고리듬인 MTD는 이런 전환을 염두에 두고 만들어졌다.

---

3   영어로는 sequence of moves다. 이 역시 바둑의 용어를 빌려 '수순'이라고 표현했다. – 옮긴이

9.2 미니맥스

턴 기반의 게임에서 컴퓨터는 이번 행마에 가능한 행동들을 살펴보고 그중 하나를 고르는 것으로 진행한다. 행마 중 하나를 선택하기 위해서 어떤 것이 더 나은지를 알아야 한다. 이 지식은 프로그래머를 동해 휴리스틱 방식으로 컴퓨터에게 제공되는데, 그것을 정적 평가 함수라고 부른다.

9.2.1 정적 평가 함수

턴 기반의 게임에서 정적 평가 함수는 보드의 현재 상태를 보고 한 플레이어의 관점에서 점수를 매기는 방식이다.

보드가 종료 위상에 있다면 이 점수는 곧 최종 점수가 될 것이다. 따라서 보드에서 흑이 체크메이트checkmate를 불렀다면 흑은 +1점을(또는 몇 점이든 승리 점수를 책정한 만큼), 백은 −1점을 얻을 것이다. 이 방식은 승리 위상에 대한 점수를 산정하기에 쉽다. 한 측은 받을 수 있는 가장 높은 점수를 받을 것이고, 반대쪽은 가능한 가장 낮은 점수를 받을 것이다.

게임의 중반에는 점수 산정이 어려워진다. 점수는 플레이어가 현재의 보드 위상에서 얼마나 승리하기 쉬운지를 반영해야 하기 때문이다. 따라서 현재 보드가 한 상대에게 압도적으로 유리한 상태라면 그 플레이어는 승리 점수에 매우 근접한 점수를 받아야 할 것이다. 많은 경우 승리와 패배를 판정하기에 명확하지 않다.

오델로 게임을 예로 들면, 자신의 색의 말을 가장 많이 확보해야 이길 수 있다. 하지만 게임 중반까지 최선의 전략은 가장 적은 수의 말을 지니고 있는 것인데, 그렇게 해야 게임의 주도권을 가져올 수 있기 때문이다.

이것이 게임을 어떻게 하는지가 중요한 이유다. 우리가 살펴볼 게임 플레이 알고리듬은 어떠한 전략도 계산에 넣지 않을 것이다. 어떤 위상이 좋은가에 대한 모든 전략적 정보는 정적 평가 함수에 포함돼야 한다.

오델로를 예로 들면, 적은 수의 말로 게임 중반에 좋은 위상을 얻고 싶다면 정적 평가 함수는 이런 상황에 대해 높은 점수를 줄 수 있어야 할 것이다.

점수 값

이론적으로 평가 기능은 어떠한 규모에서도 값을 도출해 낸다. 많은 경우 그 값은 정수다. 9장의 대다수 알고리듬 역시 정수 값을 기반으로 삼고 있다. 게다가 대부분의 기기에서 실수 연산보다 정수 연산이 빠르다.

나올 수 있는 값의 범위는 중요하지 않다. 어떤 알고리듬은 작은 범위(예를 들면 −100부터 +100까지)에서 잘 동작하고, 반대로 큰 범위에서 잘 동작하는 것도 있다. 턴 기반의 AI에 대한 작업은 거의 체스에 관한 것이다. 체스에서의 점수는 주로 폰pawn의 가치에 따라 주어진다. 일반적으로 폰을 10점의 가치로 뒀을 때 승패는 +/−1000 정도에서 정해진다. 이 경우 폰의 1/10 정도의 가치가 전략적 점수가 될 수 있다.

도출된 점수의 범위는 승리와 패배 점수보다 안쪽에 있어야 한다. 정적 평가 함수가 특정 위상에 대해 +1000의 점수를 도출해 내었다면 거의 이겼다는 것이다. 하지만 이기는 데 +100점이 필요하다면 AI는 이기려고 하지 않을 것인데 승리 점수에 가까운 것이 더 좋기 때문이다.

단순한 행마 선택

좋은 정적 평가 함수로 컴퓨터는 가능한 행마를 탐색해 가장 높은 점수를 받은 행마를 선택할 수 있다. 그림 9.4는 정적 평가 함수로 계산된 가능한 행마들을 보여 주고 있다. 두 번째 행마가 최고의 보드 위상임이 명확하며 두 번째가 선택될 것이다.

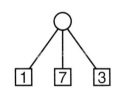

그림 9.4 행마 1회에 대한 의사결정 처리

완벽한 평가 방식이 주어졌을 때 AI가 해야 할 모든 것은 가능한 행마들을 살펴보고 가장 높은 점수를 택하는 것이다. 불행하게도, 완벽한 평가 방식은 순수한 환상이다. 심지어 현실 최고의 평가 방식을 이 방식으로 행하면 안 좋은 결과가 나온다. 컴퓨터는 다른 플레이어의 가능한 응수를 찾고, 그 응수의 응수를 찾고, 그렇게 계속해 나가야 한다.

이것은 사람이 한 수 앞, 또는 더 많은 수의 앞을 바라보는 것과 동일한 방식이다. 하지만 직관적으로 승리하는 법을 알고 있는 사람과 달리 컴퓨터의 휴리스틱은 주로 좁고, 제한적이고, 형편없다. 그래서 컴퓨터는 사람이 할 수 있는 것보다 더 앞선 수를 바라보려 한다.

많은 유명한 게임 검색 알고리듬은 미니맥스다. 다양한 형태의 미니맥스는 턴 기반의 AI를 위해 최근까지 계속해서 사용되고 있다.

9.2.2 미니맥스

행마를 고를 때 보통 좋은 위상으로 갈 수 있는 행마를 고르려 한다. 즉 선택된 행마는 우리를 가장 좋은 위치로 인도한다고 가정한다. 다른 말로, 행마를 고를 때 점수를 최대화하도록 고른다(그림 9.5).

반대로 상대가 착수할 때 그 행마는 우리를 최악의 위상에 놔두려 한다고 가정한다. 상대는 우리의 점수를 최소화하려 한다(그림 9.6).

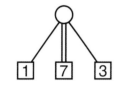

그림 9.5 착수 1회 트리, 우리의 차례

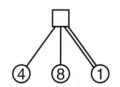

그림 9.6 착수 1회 트리, 상대의 차례

우리가 상대의 응수에 대한 우리의 응수를 찾을 때 우리는 우리의 점수를 최대화하려는 중이고, 상대는 우리의 점수를 최소화하려는 중이라는 것을 상기할 필요가 있다. 게임 트리를 검색할 때 이런 최대화와 최소화 사이에서 계속 변화하는 것을 미니맥스라 한다.

그림 9.5와 그림 9.6에 나타난 게임 트리는 단지 하나의 착수만 가능하다. 최선의 착수를 위해서는 상대의 응수를 고려할 필요가 있다.

그림 9.7에서 각 위상에 대한 점수는 두 번의 착수 후에 알 수 있다. 1번으로 착수한다면 10점으로 마무리할 수 있는 상태에 놓일 수 있다. 하지만 상대가 그렇게 놔두지 않고 2점으로 남길 수도 있다는 것을 가정해야 한다. 따라서 1번으로의 착수의 결과는 2점이고, 이것이 이 착수로 기대할 수 있는 모든 점수다. 반면, 2번으로 착수한다면 10점을 받을 수 있는 희망은 전혀 없다. 하지만 상대가 어떻게 하든지 적어도 4점은 얻을 수 있다. 따라서 2번의 착수 후에 4점

을 얻을 수 있다고 기대할 수 있다. 따라서 2번으로 움직이는 것이 1번보다 낮지만 우리의 최선의 선택지인 3번보다 여전히 좋지 않다.

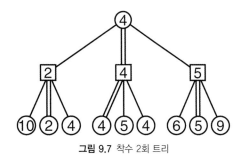

그림 9.7 착수 2회 트리

트리의 바닥부터 점수는 미니맥스 룰에 따라 점수는 더해진다. 우리의 턴에 점수는 최고의 점수가 더해졌다가 상대의 턴에 최저의 점수가 더해진다. 결국 각 착수에 대한 정확한 점수를 얻을 것이며 그중 최고의 점수를 뽑으면 된다.

위와 같은 방식의 점수 계산이 미니맥싱 알고리듬의 방식이다. 얼마나 괜찮은 행마인지 결정하기 위해 이 알고리듬은 더 이상 찾을 수 없을 때까지 응수[4]를 찾고 그 응수의 응수를 찾을 것이다. 그 방식이 멈췄을 때 정적 계산 방식이 쓰인다. 이제 가능한 모든 행마에 대해 반대로 타고 올라가며 점수를 더해 갈 것이다. 단지 몇 수 앞을 내다보는 경우에도 미니맥싱은 단지 휴리스틱만 적용한 것보다 더 좋은 결과를 줄 것이다.

9.2.3 미니맥스 알고리듬

여기서 살펴볼 미니맥스 알고리듬은 재귀다. 각 재귀마다 미니맥스 알고리듬은 현재의 보드 위상에서 맞는 값을 계산한다.

먼저 현재의 보드 위상에서 가능한 행마를 찾는다. 각 착수마다 보드 위상의 결과를 계산하기 위해 각 위상의 값을 재귀 호출로 찾는다.

무한히 검색하지 않기 위해(트리가 매우 깊을 경우) 알고리듬은 최대 깊이가 설정된다. 현 위상이 최대 깊이인 경우 정적 평가 계산의 값을 결과로 반환한다.

---

4   영어는 response이며, 이 역시 바둑에서 온 용어인 '응수'라 번역했다. – 옮긴이

알고리듬이 현 플레이어가 착수하려는 위상이면 그 값은 나타난 값 중 최고값이며, 반대의 경우는 최저값이다. 이것은 최소화와 최대화 단계에 번갈아 나타난다.

검색 깊이가 0이면 최선의 행마를 저장한다. 이것이 다음 착수가 될 것이다.

의사 코드

미니맥스 알고리듬은 다음과 같은 방식으로 구현할 수 있다.

```
1    function minimax(board: Board,
2                     player: id,
3                     maxDepth: int,
4                     currentDepth: int) -> (float, Move):
5
6        # 재귀 호출이 끝났는지 확인한다.
7        if board.isGameOver() or currentDepth == maxDepth:
8            return board.evaluate(player), null
9
10       # 끝나지 않았다면 밑에서부터 값을 더한다.
11       bestMove: Move = null
12       if board.currentPlayer() == player:
13           bestScore: float = -INFINITY
14       else:
15           bestScore: float = INFINITY
16
17       # 각 행마마다 진행한다.
18       for move in board.getMoves():
19           newBoard: Board = board.makeMove(move)
20
21           # 재귀 호출
22           currentScore, currentMove = minimax(
23               newBoard, player, maxDepth, currentDepth+1)
24
25
26           # 최고 점수를 갱신한다.
27           if board.currentPlayer() == player:
28               if currentScore > bestScore:
29                   bestScore = currentScore
30                   bestMove = move
31           else:
32               if currentScore < bestScore:
```

```
33                bestScore = currentScore
34                bestMove = move
35
36        # 최선의 행마와 점수를 반환한다.
37        return bestScore, bestMove
```

이 코드에서 minimax 함수는 두 가지(최선의 행마와 그 점수)를 반환한다고 가정한다. 하나의 값만 반환할 수 있는 언어에서 행마는 포인터나 구조체로 반환할 수 있다.

INFiNITY 상수는 board.evaluate 함수보다 큰 값으로 설정돼야 한다. 이 제약은 그 점수의 결과가 얼마나 형편없든지 최선의 행마가 항상 존재한다는 것을 확실히 하기 위해 쓰이곤 한다.

minimax 함수는 그저 최선의 행마를 반환하기만 할 뿐인 더욱 단순한 함수에서 불린다.

```
1   function getBestMove(board: Board, player: id,
2       maxDepth: int) -> Move:
3
4       # Minimax 함수의 실행 결과를 받아와 반환한다.
5       score, move = minimax(board, player, maxDepth, 0)
6       return move
```

자료 구조 및 인터페이스

위의 코드는 허용된 행마들을 계산하고 적용하는 작업을 하기 위한 보드를 받아온다. Board 클래스의 인스턴스는 게임 내의 한 위상을 가리킨다. 해당 클래스는 다음과 같은 형태를 띤다.

```
1   class Board:
2       function getMoves() -> Move[]
3       function makeMove(move: Move) -> Board
4       function evaluate(player: id) -> float
5       function currentPlayer() -> id
6       function isGameOver() -> bool
```

getMoves 함수는 Move 객체의 리스트를 반환하는데(어떠한 포맷이든 괜찮다. 이 알고리듬에서 중요한 것은 아니다) 그 객체들은 보드 위상으로부터 만들어질 수 있는 행마들과 일치한다. makeMove 함수는 하나의 move 인스턴스를 받아 그 행마 후에 가리킬 위상을 표현한 보드 객체를 반환한다. evaluate 함수는 정적 평가 함수다. 그 함수는 주어진 플레이어의 관점에서의 현 위상으로부터 점수를 계산한다. currentPlayer 함수는 턴 플레이어를 반환할 것이다. 이것은 지금 최선의 행마를 계산 중인 플레이어와는 다를 수 있다. 마지막으로, isGameOver 함수는 보드 위상이 끝점이면 참^{true}을 반환할 것이다.

이 구조는 두 플레이어의 완전 정보 게임인 어떠한 게임에도 적용되는데 틱택토부터 체스까지 가능하다.

둘 이상의 플레이어

같은 알고리듬을 3명 이상의 플레이어로 확장할 수도 있다. 최소화와 최대화를 반복하는 대신, 우리가 차례가 아닐 때에는 최소화를, 우리의 차례에는 최대화를 수행한다. 위의 코드는 이 상황을 평범하게 다룬다. 3명의 플레이어가 있으면,

```
board.currentPlayer() == player
```

는 세 번의 단계 중 한 번은 참이 될 것이다. 따라서 한 번의 최대화 단계마다 두 번의 최소화 단계를 거칠 것이다.

성능

알고리듬은 O(d)의 공간 복잡도를 갖는데 d는 검색의 최대 깊이(또는 트리가 충분히 작다면 트리의 최대 깊이)다. 시간 복잡도는 O(nd)이며 n은 현 보드 위상의 가능한 행마의 개수다. 넓고 깊은 트리에서는 매우 비효율적일 수 있다. 9.2절의 나머지 부분에서는 퍼포먼스의 최적화 방식을 살펴볼 것이다.

9.2.4 네가맥스

미니맥스 구간은 지속적으로 한 플레이어의 관점을 기반으로 점수를 매긴다. 거기에 누구의 차례인지, 그래서 더해질 점수가 최대화가 돼야 하는지, 최소화가 돼야 하는지를 추적하는 특수한 코드를 넣는다. 어떤 종류의 게임에서는 이런 유연함이 필요하지만, 확실한 상황에서는 이를 발전시킬 수 있다.

두 플레이어 용이면서 제로섬인 게임에서는 한 플레이어가 얻는 것은 다른 플레이어가 잃는 것이라는 것을 안다. 한 플레이어가 −1을 받으면 상대는 +1을 받아야 한다. 이런 사실을 미니

맥스 알고리듬을 단순화하는 데 쓸 수 있다.

각 더해 가는 과정stage of bubbling up에서 최소와 최대를 선택하지 않고 전 단계의 점수 부호를 바꾼다. 그러면 그 행마에서의 점수들이 수정될 것이다(즉 그 점수들은 더 이상 검색하면서 수정한 그 플레이어의 점수가 아니다). 이제 각 플레이어는 그들의 점수를 최대화시키려고만 할 것이기에 매번 가장 높은 점수가 선택될 것이다.

매번 점수를 더할 때마다 점수의 부호를 바꾸고 최댓값을 선택했기에 이 알고리듬은 '네가맥스negamax'라 알려져 있다. 결과는 미니맥스 알고리듬과 동일하나 트리의 높이마다 더하는 방식이 동일하다. 더 이상 누구의 차례인지 확인해 다르게 수행할 필요가 없다.

그림 9.8은 게임 트리의 각 높이마다 더하는 방식을 보여 준다. 각 단계마다 반전된 값들이 다음 단계에서 가장 높은 값이다.

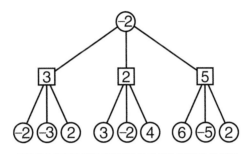

그림 9.8 트리를 타고 올라오면서 계산된 네가맥스의 값들

네가맥스와 정적 평가 함수

정적 평가 함수는 한 플레이어의 관점에서 보드의 섬수를 매긴다. 기본 미니맥스 알고리듬에서 각각의 높이마다 같은 값들이 점수를 계산하는 데 쓰인다. 이를 구현하기 위해 점수 계산 함수는 어떤 플레이어의 관점으로 보고 있는 중인지 받아들여야 한다.

네가맥스는 각 턴마다 플레이어 간에 관점을 바꾸기 때문에 평가 함수는 항상 그 보드에서 착수하는 플레이어의 관점으로부터 점수를 계산해야 한다. 따라서 관점은 착수마다 플레이어 사이에서 바뀔 것이다. 이를 구현하기 위해 평가 함수는 더 이상 관점을 입력으로 받아들일 필요가 없다. 단순히 누구의 턴인지 바라볼 것이다.

의사 코드

네가맥스를 위한 수정된 알고리듬은 다음과 같다.

```
1   function negamax(board: Board,
2                    maxDepth: int,
3                    currentDepth: int) -> (float, Move):
4
5       # 재귀 호출이 끝났는지 확인한다.
6       if board.isGameOver() or currentDepth == maxDepth:
7          return board.evaluate(), Non
8
9       # 끝나지 않았다면 밑에서부터 값을 더한다.
10      bestMove: Move = null
11      bestScore: float = -INFINITY
12
13      # 각 행마다 진행한다.
14      for move in board.getMoves():
15          newBoard: Board = board.makeMove(move)
16
17          # 재귀 호출
18          recursedScore, currentMove = negamax(
19              newBoard, maxDepth, currentDepth+1)
20          currentScore = -recursedScore
21
22          # 최고 점수를 갱신한다.
23          if currentScore > bestScore:
24              bestScore = currentScore
25              bestMove = move
26
27      # 최선의 행마와 점수를 반환한다.
28      return bestScore, bestMove
```

더는 evaluate 함수에 인자를 전달할 필요가 없기에 player 인자는 전혀 필요 없다는 것을 주의하라.

자료 구조 및 인터페이스

Board.evaluate 함수에 player를 전달할 필요가 없기에 Board 인터페이스는 다음과 같다.

```
1   class Board:
2       function getMoves() -> Move[]
```

```
3    function makeMove(move: Move) -> Board
4    function currentPlayer() -> id
5    function isGameOver() -> bool
```

성능

네가맥스 알고리듬은 수행 능력 특성에서 미니맥스 알고리듬과 동일하다. 공간 복잡도는 $O(d)$이며, d는 검색의 깊이다. 시간 복잡도는 $O(nd)$이며, n은 각 보드 위상의 행마들의 개수다. 네가맥스는 구현이 간단해져 실행이 빨라졌으나 큰 트리에서는 같은 비율로 느려진다.

구현 주의 사항

네가맥스에 적용될 수 있는 많은 최적화는 미니맥스의 엄격한 접근 방식으로 같이 적용이 가능하다. 9장의 최적화들은 네가맥스의 용어로 소개될 것인데, 네가맥스가 실제로 더 널리 쓰이기 때문이다.

개발자가 미니맥스에 대해 이야기할 때 현업에서는 주로 네가맥스 기반의 알고리듬을 사용한다. 미니맥스는 모든 최적화 방식을 포함하는 일반적인 용어로 주로 쓰인다. 특히 게임 AI에 대한 책에서 '미니맥스'를 읽을 때면 대부분 네가맥스의 최적화 방법인 '알파-베타[AB, Alpha-Beta] 네가맥스'를 언급한다. 다음으로, AB 최적화에 대해 살펴보자.

9.2.5 AB 가지치기

네가맥스 알고리듬은 효과적이지만 필요한 것보다 더 많은 보드 위상을 조사한다. AB 가지치기[AB prune]는 알고리듬이 최선의 행마를 가진 가능성이 없는 부분을 무시할 수 있게 해준다. 가지치기는 두 종류로 이뤄져 있는데 알파와 베타다.

알파 가지치기

그림 9.9는 점수가 다 더해진 게임 트리를 나타낸다. 더 쉽게 점수가 매겨지는지 보기 위해 여기서는 이 그림에 미니맥스 알고리듬을 이용할 것이다.

전과 같은 방식으로 점수를 먼저 더한다. 만일 플레이어 1이 행마 A를 착수했다면, 그 상대는 행마 C로 응수할 것이고 플레이어는 5점을 얻을 것이다. 따라서 더해 올려진 점수는 5점이다. 이제 알고리듬에서 B의 수순을 살펴보자. B에 대한 첫 응수는 E임을 볼 수 있고 점수는 4점

이다. F를 고려하지 않아도 플레이어 1은 B의 행마가 틀렸다는 것을 알 수 있다. 행마 A로는
5점을 얻을 수 있고 행마 B의 최댓값은 4인데 그보다 작을 수도 있다.

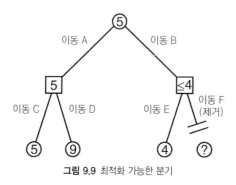

그림 9.9 최적화 가능한 분기

이런 방식으로 불필요한 부분을 가지치기하기 위해서는 우리가 알고 또 저장할 수 있는 최고
점수들을 기록할 필요가 있다. 사실 이 값은 저장할 수 있는 값의 최저 값이다. 이후 검색으로
부터 더 좋은 수순을 찾을 수도 있지만 더 낮은 점수를 가진 수순을 채택할 일은 없을 것이다.
이 낮은 경계 값이 알파 값(드물게 그리스 문자 α로 쓰기도 한다)이라 부르고, 이런 가지치기 방식
을 알파 가지치기라고 한다.

알파 값을 기록하는 것으로 상대가 이 상황을 더욱 악화시킬 수 있는 행마에 대해 고려하지 않
을 수 있다. 상대가 상황을 얼마나 더 악화시킬 수 있는지에 대해서도 걱정하지 않을 수 있다.
우리는 상대에게 그런 기회를 주지 않을 것이란 사실을 이미 알고 있기 때문이다.

베타 가지치기

베타 가지치기는 같은 방식으로 동작한다. 베타 값(드물게 β라고 쓰이는)은 바랄 수 있는 상한 점
수를 기록한다. 상대가 우리를 특정 행마로 몰아갈 수밖에 없을 때 베타 값을 갱신한다.

그 시점에서 베타 값보다 더 나은 점수를 얻을 수 있는 방법은 없다는 것을 알지만, 상대가 우
리를 제한하기 위해 쓸 수 있는 수순을 찾을 수도 있다. 베타 값보다 높은 점수를 지닌 수순을
찾으면 무시해도 되는데, 상대가 절대 우리에게 그렇게 만들어 주지는 않을 것이기 때문이다.

알파와 베타 값을 함께 쓰면 가능한 점수들의 영역을 볼 수 있다. 우리는 절대로 알파 값보다
적은 값을 선택하지 않을 것이며, 상대 역시 우리가 베타보다 많은 점수를 얻도록 하지 않

을 것이다. 트리를 탐색할수록 알파와 베타 값은 바뀔 것이다. 트리의 분기가 이 값들 바깥에 있다면 그 분기는 가지치기할 수 있다.

각 플레이어에 대해 최소화와 최대화를 번갈아 쓰기 때문에 하나의 값은 각 보드 위상에 대해 각각 검사할 필요가 있다. 상대가 플레이할 턴의 보드 위상에서는 점수를 최소화할 것이고, 따라서 최솟값만 변경되니 알파 값만 확인하면 된다. 우리가 플레이할 턴이라면 점수를 최대화할 것이고, 따라서 베타 값만 확인하면 된다.

AB 네가맥스

미니맥스 알고리듬에서 알파–베타 가지치기 방식의 차이점은 단순하지만 보통 이들은 네가맥스와 주로 쓰인다. 각 연속된 턴에 알파와 베타 값을 번갈아 확인하는 대신, AB 네가맥스는 알파와 베타 값을 바꾸고 부호를 바꾼다(이는 트리의 다음 층계에서 점수의 부호를 뒤바뀌는 것과 같은 방식이다). 그렇게 해 오직 베타 값만 확인하고 가지치기한다.

네가맥스와 AB 가지치기 방식을 사용함으로써 가장 단순한 실용적인 보드 게임 AI 알고리듬을 얻을 수 있다. 이 형태는 앞으로 나올 이 절의 모든 최적화의 근간이 된다.

그림 9.10은 알파와 베타 인자가 네가맥스 알고리듬의 게임 트리의 각 노드에 전달된 뒤의 알고리듬의 진행에 따른 결과를 보여 준다. 알고리듬이 트리의 왼쪽에서 오른쪽으로 검색하면서 알파와 베타 값이 점점 가까워지고 검색의 폭을 좁히고 있다. 또한 알파와 베타의 값이 트리의 층계에 따라 부호가 바뀌고 서로 뒤바뀌는 방식을 확인할 수 있다.

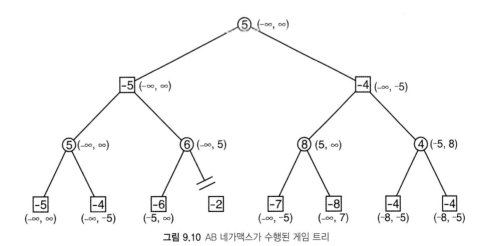

그림 9.10 AB 네가맥스가 수행된 게임 트리

의사 코드

AB 네가맥스 알고리듬의 구조는 다음과 같다.

```
1   function abNegamax(board: Board,
2                      maxDepth: int,
3                      currentDepth: int,
4                      alpha: float,
5                      beta: float) -> (float, Move):
6
7       # 재귀 호출 중인지 확인한다.
8       if board.isGameOver() or currentDepth == maxDepth:
9           return board.evaluate(player), null
10
11      # 그렇지 않다면 바닥에서부터 값을 더해 온다.
12      bestMove: Move = null
13      bestScore: float = -INFINITY
14
15      # 각 행마를 진행한다.
16      for move in board.getMoves():
17          newBoard: Board = board.makeMove(move)
18
19          # 재귀 호출
20          recursedScore, currentMove = abNegamax(
21              newBoard, maxDepth, currentDepth+1,
22              -beta, -max(alpha, bestScore))
23          currentScore = -recursedScore
24
25          # 최고 점수를 갱신한다.
26          if currentScore > bestScore:
27              bestScore = currentScore
28              bestMove = move
29
30          # 값이 경계 밖에 있다면, 가지치기한다. 즉시 종료한다.
31          if bestScore >= beta:
32              break
33
34      return bestScore, bestMove
```

이 함수는 다음과 같은 형태로 호출된다.

```
1   function getBestMove(board: Board, maxDepth: int) -> Move:
2       # 미니맥스의 결과의 점수와 행마를 받는다.
3       score, move = abNegamax(board,
4                       maxDepth, 0, -INFiNITY, INFiNITY)
5       return move
```

자료 구조 및 인터페이스

이 구현은 정규 네가맥스의 게임 보드 클래스와 동일하다.

성능

다시 말해, 알고리듬은 O(d)의 공간 복잡도를 지니며 d는 검색의 최대 깊이를 말한다. 시간 복잡도는 O(nd)이며 n은 각 보드 위상의 가능한 행마의 개수를 말한다.

그렇다면 어째서 같은 수행 능력을 가졌는데 최적화를 해야 하는가?

복잡도 자체는 동일할 수 있으나 AB 네가맥스는 정규 네가맥스보다 거의 모든 경우에 있어서 더 나은 수행능력을 보여 줄 수 있다. 그렇지 않은 유일한 경우는 행마가 잘 짜여 있어 가지치기 가능한 분기가 하나도 없을 때다. 이 경우 알고리듬은 절대로 참이 될 수 없는 추가적인 비교를 해야만 하고 이로 인해 느려질 수 있다.

이 경우는 오직 행마가 의도적으로 배치됐을 때에나 발생 가능하다. 여러 많은 경우에 있어서 수행 능력은 기본 알고리듬보다 뛰어나다.

9.2.6 AB 검색 경계

AB 알고리듬의 알파와 베타 값의 간격을 검색 경계^{search window}라 한다. 새로운 행마 중에서 오직 이 윈도우 안에 있는 점수를 지닌 것들만이 고려 대상이다. 나머지는 가지치기된다.

윈도우가 작을수록 많은 분기가 제거될 수 있다. 초기에 AB 알고리듬은 무한히 큰 검색 경계 $(-\infty, +\infty)$를 지녔다. 연구가 진행될수록 검색 경계는 점점 작아졌다. 검색 경계를 빠르게 작게 만들면 만들수록 가지치기된 분기의 수는 늘어나고 알고리듬의 속도 역시 빨라진다.

행마 정렬

초기에는 많은 행마가 고려되는 만큼 검색 경계는 더 빨리 작아진다. 나중에는 더 적은 행마가 고려되고 더 많은 분기가 가지치기된다.

물론 어떤 행마가 더 나은가를 결정하는 것은 AI의 모든 것이나 다름없다. 우리가 최선의 행마를 알 수 있다면 알고리듬을 돌릴 필요는 없을 것이다. 따라서 여기에는 검색을 더 적게 하는 것(진행될수록 어떤 행마가 최선인지 알기 위해)과 더 적은 정보를 갖는 것(더 많이 찾기 위해) 간의 기회 비용이 존재한다.

가장 단순한 경우로써 알맞은 정렬 방식을 결정하기 위해 행마에 정적 평가 함수를 이용할 수 있다. 정적 평가 함수는 보드 위상이 얼마나 좋은지에 대한 대략적인 지침을 알려 주므로 AB 가지치기의 검색 규모를 줄이는 데 효과적이다. 하지만 자주 발생하는 경우인데 반복적으로 평가 함수를 이렇게 호출하는 것은 알고리듬을 느리게 만든다.

그런데 더 효율적인 정렬 기법은 이전의 미니맥스 검색 결과를 이용하는 것이다. 이는 반복적 깊이 증가 알고리듬iterative deepening algorithm을 사용할 때 이전 깊이까지의 검색 결과일 수도 있고 미니맥스 알고리듬의 이전 턴의 결과일 수도 있다.

메모리-강화 검사memory-enhanced test 계열의 알고리듬은 평가 전에 행마를 정렬하는 데 명시적으로 이런 접근 방식을 이용한다. 몇몇 이런 형태의 행마 정렬 방식은 AB 미니맥스 알고리듬에 이용되기도 한다.

이런 행마 정렬 방식 없이도 AB 알고리듬은 미니맥스를 단독으로 사용한 것보다 10배 낫다. 잘 만들어진 행마 정렬 방식은 10배 빠른 것은 물론이고 일반 미니맥스보다 100배 빠를 수도 있다. 이는 주로 몇몇 추가 턴을 탐색하는 데 차이가 난다.

들숨 검색

검색 경계가 작다는 것은 인위적으로 윈도우 크기를 제한할 만도 한 엄청난 속도 증가를 의미한다. 알고리듬을 $(-\infty, +\infty)$의 범위로 돌리는 것 대신, 예측된 범위로 돌릴 수도 있다. 이 구간을 들숨aspiration 구간이라 부르고, 이 방식으로 돌아가는 AB 알고리듬을 들숨 검색aspiration search이라 한다.

이렇게 더 작은 범위로 이뤄진 검색은 더 많은 분기를 가지치기하고 알고리듬의 속도를 높인다. 반면 해당 구간에 적당한 수순이 없을 수도 있다. 이 경우에는 알고리듬은 최선의 행마를 찾을 수 없다고 실패를 반환할 것이다. 그 경우 더 넓은 윈도우로 재검색을 실시한다.

검색의 영감은 이전 검색의 결과에 기초한다. 전의 검색에서 5점을 받은 보드를 찾았다면 플레이어가 그 보드를 찾은 시점부터 (5 − 윈도우 크기, 5 + 윈도우 크기)로 들숨 검색을 실시한다. 윈도우 크기는 평가 함수의 결괏값에 따라 정해진다.

들숨 검색을 행하는 간단한 구동 함수는 다음과 같다.

```
1   function aspiration(board: Board,
2                       maxDepth: int, prev: float) -> Move:
3       alpha = prev - WINDOW_SIZE
4       beta = prev + WINDOW_SIZE
5
6       while True:
7           result, move = abNegamax(board, maxDepth, 0, alpha, beta);
8           if result <= alpha:
9               alpha = -NEAR_INFINITY
10          else if result >= beta:
11              beta = NEAR_INFINITY
12          else
13              return move;
```

9.2.7 네가스카웃

검색 경계를 좁히는 것을 극도로 해 윈도우 너비를 0으로 만들 수도 있다. 이 검색은 트리의 거의 모든 분기를 가지치기하고, 매우 빠른 검색을 실시한다. 안타깝게도, 의미 없는 분기와 함께 모든 유용한 분기도 모두 가지치기할 것이다. 따라서 알고리듬을 수정된 결과로 시작하지 않으면 실패할 것이다. 윈도우 크기 0은 테스트 방식으로 쓰일 수 있다. 이는 실제 점수가 추측과 동일한지 테스트한다. 놀랍지 않게도 이런 방식을 테스트[test]라 부른다.

여태까지 논의된 방식의 AB 네가맥스는 '실패에 유연한[fail-soft]' 버전이라 불리기도 한다. 실패하면 여태 나온 값 중 최선의 결과를 반환한다. AB 네가맥스의 가장 기본적인 버전은 실패하면 알파와 베타 값 중 하나를 점수로 반환한다(이는 높게 실패했는지 또는 낮게 실패했는지에 따라 달려 있다). 실패에 유연한 버전에서 추가 정보는 해법을 찾도록 도와준다. 이 버전에서는 초기 예측 값을 움직여 더 합리적인 윈도우로 검색을 반복한다. 실패의 유연한 방식 없이는 예측 값을 얼마나 움직여야 할지 알 수 없을 것이다.

원래의 정찰 알고리듬은 미니맥스 검색(AB 가지치기도)과 너비 0 테스트와 함께 이뤄졌다. 미니맥스 검색을 이용하기에 널리 쓰이지는 않았다. 네가스카웃negascout 알고리듬은 AB 네가맥스 알고리듬을 테스트로 구동한다.

네가스카웃은 첫 착수의 각 보드 위상에 대한 전수 검토로 이뤄진다. 이는 넓은 검사 윈도우로 이뤄지기에 알고리듬은 실패하지 않는다. 계속되는 착수는 첫 착수의 점수를 기반으로 만들어진 윈도우를 쓰는 정찰 경로를 이용해 검토가 이뤄진다. 실패하면 전체 너비 윈도우로 반복한다(일반적인 AB 네가맥스와 동일하다).

초기 첫 착수에 대한 넓은 윈도우 탐색은 정찰 테스트에 대한 좋은 예측 값을 얻을 수 있다. 이는 수많은 실패를 피할 수 있고 정찰 테스트가 가지치기를 많이 할 수 있다는 사실에 대한 이점을 챙길 수 있다.

의사 코드

네가맥스 알고리듬과 들숨 검색의 조합은 강력한 게임 AI를 만들 수 있다. 들숨 네가스카웃은 많은 세계 최고의 게임 플레이어 소프트웨어의 심장인데, 여기에는 챔피언 플레이어들을 이길 수 있는 체스, 체커, 오델로 프로그램을 포함한다. 들숨 구동은 이전에 구현했던 것과 같다.

```
1   function abNegascout(board: Board,
2                         maxDepth: int,
3                         currentDepth: int,
4                         alpha: float,
5                         beta: float) -> (float, Move):
6
7       # 재귀 호출 중인지 확인한다.
8       if board.isGameOver() or currentDepth == maxDepth:
9           return board.evaluate(player), null
10
11      # 아니라면 바닥부터 값을 더해 온다.
12      bestMove: Move = null
13      bestScore: float = -INFINITY
```

```
14
15        # 테스트 윈도우 값을 기록한다.
16        adaptiveBeta: float = beta
17
18        # 각 행마를 진행한다.
19        for move in board.getMoves():
20            newBoard: Board = board.makeMove(move)
21
22            # 재귀 호출
23            recursedScore, currentMove = abNegamax(
24                newBoard, maxDepth, currentDepth+1,
25                -adaptiveBeta, -max(alpha, betaScore))
26            currentScore = -recursedScore
27
28            # 최고 점수를 갱신한다.
29            if currentScore > bestScore:
30                # '좁은 방식' 중이라면 넓히고
31                # 일반 AB 네가맥스 검색을 한다.
32                if adaptiveBeta == beta || currentDepth >= maxDepth-2:
33                    bestScore = currentScore
34                    bestMove = move
35
36                # 아니라면 테스트를 할 수 있다.
37                else:
38                    negativeBestScore, bestMove = abNegascout(
39                        newBoard, maxDepth, currentDepth,
40                        -beta, -currentMoveScore)
41                    bestScore = -negativeBestScore
42
43                    # 값이 윈도우 밖에 있다면 가지치기한다. 즉시 빠져나간다.
44                    if bestScore >= beta:
45                        return bestScore, bestMove
46
47                    # 아니라면 윈도우 위치를 갱신한다.
48                    adaptiveBeta = max(alpha, bestScore) + 1;
49
50        return bestScore, bestMove
```

자료 구조 및 인터페이스

전에 사용된 것과 같은 게임 Board 인터페이스를 이용하며 어떤 게임에도 적용할 수 있다.

성능

예측하기로, 알고리듬은 $O(d)$의 공간 복잡도를 지니고 d는 검색의 최대 깊이를 의미한다. 그리고 $O(nd)$의 시간복잡도를 지니고 n은 각 보드 위상의 가능한 행마 개수를 의미한다.

그림 9.11은 AB 네가맥스를 소개하기 위해 사용됐던 게임 트리를 나타낸다. 알파와 베타 값은 네가맥스보다 더 이곳저곳에 보이지만, 이어지는 네가스카웃 알고리듬은 검색으로부터 추가적인 분기를 제거할 것이다. 일반적으로, 네가스카웃은 AB 네가맥스보다 월등하며 항상 같거나 적은 보드만을 검토한다.

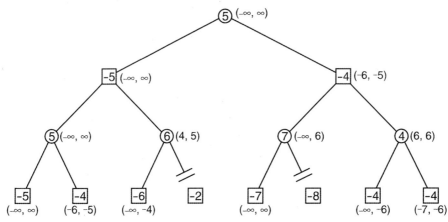

그림 9.11 네가스카웃이 수행된 게임 트리

최근까지, 들숨 네가스카웃은 게임 알고리듬 계에서 넘볼 수 없는 위치를 차지했다. 그러나 메모리 강화 테스트[MT, Memory-enhanced Test]를 기반으로 한 한 줌의 새로운 알고리듬들이 많은 경우에서 더 낫다고 증명되고 있다. 이론적으로 낫지는 않지만 확실한 속도 증가가 MT 방식으로 보고됐다. MT 알고리듬은 9장의 후반부에 기술돼 있다.

행마 정렬 방식과 네가스카웃

네가스카웃은 탐색 경로를 안내하기 위해 각 보드 위상의 첫 착수에 대한 점수에 의존하고 있다. 이런 연유로 행마가 정렬돼 있을 때 AB 네가맥스보다 더 낫다. 최선의 수순이 첫 번째에 있다면 초기 넓은 윈도우 경로는 매우 정확할 것이고, 탐색 경로는 덜 실패할 것이다.

게다가 네가스카웃 알고리듬은 재검색이 필요하기에 이전 검색의 결과를 상기해야 하는 메모리 시스템 측면(다음 절에서 살펴볼 것이다)에서 큰 이점을 지닌다.

주요한 다양 검색

네가스카웃은 주요한 다양 검색PVS, Principal Variation Search이라 불리는 알고리듬과 깊은 연관이 있다. 네가스카웃이 정찰 경로에 대해 실패했을 때 더 넓은 윈도우로 재귀 반복한다. PVS는 이런 상황에서 AB 네가맥스를 이용한다. PVS는 또한 네가맥스와 비교해 많은 수의 자잘한 차이가 있으나 실제 애플리케이션 면에서는 대체로 네가스카웃이 더 좋은 수행 능력을 보인다. 보통 PVS로 네가스카웃 알고리듬을 잘못 언급하곤 한다.

9.3 전위 표와 메모리

여태까지 살펴봤던 알고리듬에서 각 착수는 유일한 보드 위상으로 이끈다고 가정했다. 전에 봤듯이 같은 보드 위상은 다른 수순의 결과로 도달할 수 있다. 많은 게임에서 같은 보드 위상은 한 게임 내에서 몇 번이고 도달할 수 있다.

몇 번이고 같은 보드 위상을 탐색하는 것을 피하기 위해 알고리듬은 전위 표transposition table를 이용할 수 있다.

전위 표가 전위 시의 중복 작업을 피하기 위해 고안되긴 했지만 다른 효과도 있다. 몇몇 알고리듬은 전위 표를 여태까지 고려된 보드 위상의 작업 메모리로 여긴다. 메모리-강화 테스트, 반복적인 깊이 탐색iterative deepening, 상대 턴에 대한 사고와 같은 기법늘은 모두 같은 전위 표를 이용한다(모두 9장에서 소개할 것이다).

전위 표는 보드 위상의 기록과 그 위상에서의 탐색 결과를 지닌다. 보드 위상이 알고리듬에 주어지면 먼저 보드가 메모리에 있는지 확인하고, 맞다면 저장된 값을 이용한다.

전체 게임 상태를 비교하는 것은 매우 비싼 과정인데 게임 상태는 수십, 수백 가지의 정보를 갖고 있을 수 있다. 이런 값들을 메모리에 저장된 상태와 비교하는 것은 꽤 많은 시간이 걸릴 수 있다. 빠르게 전위 표를 확인하기 위해서 해시 값이 사용된다.

9.3.1 게임 상태 해시

이론적으로는 어떤 해시 알고리듬도 동작할 테지만 전위 표에 게임 상태를 해시하는 특별히 기이한 것들이 있다. 보드 게임에서 많은 가능한 보드 상태는 보통 발생하지 않는다. 그 결과들은 부적합하거나 이상한 수순을 나타낸다. 좋은 해시 계획^{scheme}은 해시 값 전반에 걸쳐 위상들이 가능한 한 넓게 뿌려지게 한다. 게다가 많은 게임에서 보드는 착수마다 매우 작은 변화를 가져오기에 해시 값은 보드의 작은 변화에도 널리 변경되는 것이 유용하다. 이는 하나의 검색에 두 보드 위상이 충돌할 가능성을 줄여 준다.

조브리스트 키

전위 표 해시의 일반적인 알고리듬은 조브리스트 키$^{Zobrist\ key}$라고 불린다. 조브리스트 키는 보드의 가능한 위치의 가능한 상태들마다 고정 길이의 임의의 비트 패턴$^{bit\ pattern}$을 부여한 값들의 묶음이다. 체스에는 64개의 칸이 있고, 각 칸은 비어 있거나 6개의 다른 말 중 하나이고 가능한 두 가지 색이 있다. 체스 게임에서 조브리스트 키는 $64 \times 2 \times 6 = 768$ 항목 만큼이 필요하다.

각 비지 않은 칸마다 조브리스트 키를 찾아내어 실행 중인 총 해시 값과 XOR한다.

다른 게임 상태를 표현하기 위한 추가적인 조브리스트 키가 있을 수 있다. 백개먼에서 더블 주사위의 상태를 예로 들면 6항목의 조브리스트 키가 필요하다. 체스에서 다량의 다른 조브리스트 키는 동형 반복, 50수, 그 외의 미묘한 것들에 대해 필요하다. 몇몇 구현은 추가적인 키를 누락시키기도 하는데, 필요할 때가 드문 데다가 이런 거의 없는 상황에 대한 모호성으로 인해 소프트웨어가 힘들어 할 수 있기 때문이며, 그로 인해 다양한 주요 사례에 대해 더 빠른 해싱을 기대할 수 있다. 이것과 전위 표에 대한 다른 사안은 후에 논의하기로 한다.

추가적인 조브리스트 키는 같은 방식으로 사용된다. 조브리스트 키를 찾아내어 실행 중인 총 해시 값과 XOR한다. 결국 최종 해시 값이 만들어진다.

구현에서 조브리스트 키의 해시 값의 길이는 보드의 다른 상태의 수에 영향을 받을 것이다. 체스 게임은 32비트로도 가능하지만 64비트 키가 제일 낫다. 체커는 32비트로 충분하지만 더 복잡한 턴 기반의 게임은 128비트도 필요할 수 있다.

조브리스트 키는 적당한 크기의 임의의 비트-문자열$^{bit\text{-}string}$로 초기화된다.

C 언어의 rand 함수에는 (많은 언어에서 주로 언급되는) 알려진 이슈가 있는데 몇몇 개발자들로부터 조브리스트 키를 초기화할 때 문제가 있다고 알려졌다. 다른 개발자는 rand를 잘 사용했다고 한다. 임의의 수 생성의 질을 분석하는 것은 어렵기에(수행 능력의 저하로 인해 추적하기 힘들어진다) rand보다 자유로이 이용 가능한 많은 임의의 수 생성기를 이용하는 것이 더 신뢰가 갈 것이다.

해시 구현

이 구현은 틱택토에 쓰이는 조브리스트 해시의 일반적인 경우를 나타낸다. 각 9칸은 비었거나 하나 또는 두 종류의 말이 올라갈 수 있다. 따라서 배열에는 $9 \times 2 = 18$개의 항목이 있다.

```
1   # 조브리스트 키
2   ZobristKey: int[9*2]
3
4   # 키를 초기화
5   function initZobristKey():
6       for i in 0..(9*2):
7           zobristKey[i] = randomInt()
```

64비트 기기에서 이 구현은 64비트 키를 사용하며(16비트도 틱택톡 게임으로는 충분히 크지만 64비트 연산이 더 빠르다) 무작위 정숫값을 반환하는 randomInt 함수를 사용한다.

키가 마련되면 보드는 해시될 수 있다. 이 해시 함수의 구현은 보드의 각 칸의 내용을 나타내는 9항목 배열을 포함하는 보드 자료 구조를 이용한다.

```
1   # 해시 값을 계산
2   function hash(ticTacToe: Board) -> int:
3       # 비워진 비트-문자열로 시작
4       result: int = 0
5
6       # 턴마다 차지한 위치마다 XOR 연산을 한다.
7       for i in 0..9:
8           # 그 위치의 말이 무엇인지 알아낸다.
9           piece = board.getPieceAtLocation(i)
10
11          # 비었다면 해시 값을 찾아 XOR 연산을 한다.
12          if piece != UNOCCUPIED:
13              result = result xor zobristKey[i*2+piece]
```

```
14
15        return result
```

점진적인 조브리스트 해싱

조브리스트 키의 특별히 괜찮은 특색 중 하나는 점진적으로 갱신될 수 있다는 것이다. 각 항목은 서로 XOR됐기에 항목을 추가하는 것은 다른 값을 XOR하는 것만큼이나 단순하다. 위의 예제로 보면 새 말을 추가하는 것은 새 말의 조브리스트 키를 XOR하는 것만큼이나 단순하다.

체스와 같은 게임에서 착수는 한 위치에서 말을 제거하고 다른 말을 추가하는 것으로 이뤄져 있는데, 원복하려는 습성이 있는 XOR 연산은 갱신이 여전히 점진적으로 이뤄질 수 있다는 것을 의미한다. 말과 이전 칸의 조브리스트 키는 해시 값과 XOR되고, 뒤이어 말과 새 칸의 키가 XOR된다.

이런 방식의 점진적인 해시는 첫 번째 이론으로 계산하는 것보다 꽤 빠를 수 있는데, 특히 수십 또는 수백 개의 말들이 한 번에 참여하는 게임일수록 특히 그렇다.

다시 보는 게임 클래스

해시를 지원하기 위해서, 특히 점진적인 조브리스트 해시를 위해서는 여태 사용했던 Board 클래스는 일반적인 해시 방법을 제공하도록 확장될 수 있다.

```
1    class Board:
2        # 이 보드의 현재 해시 값을 보존한다.
3        # 이는 이 값이 필요한 때마다 재계산되는 것을 방지한다.
4        hashCache: int
5
6        function hashValue() -> int
7        function getMoves() -> Move[]
8        function makeMove(move: Move) -> Board
9        function evaluate() -> float
10       function currentPlayer()  -> id
11       function isGameOver() -> bool
```

해시 값은 이제 클래스 인스턴스에 저장될 수 있다. (move 함수에서) 착수했을 때 해시 값은 전체 재계산 없이 점진적으로 갱신될 수 있다.

9.3.2 표에 저장돼야 하는 것들

해시 표는 보드 위상과 연계된 값을 저장해 재계산되지 않게 한다. 네가맥스 알고리듬에서 트리를 타고 올라가며 점수를 계산하는 방식으로 인해 각 보드 위상에 대해 최선의 행마도 알게된다(이는 보드 계산 결과가 가장 높은 반전된 점수인 방식 중 하나다). 이 행마는 또한 저장될 수 있어서 필요하다면 직접 착수할 수 있다.

검색의 정수는 정적 평가 방식의 정확도를 높이는 데 있다. 보드의 미니맥스 값은 검색의 깊이에 영향을 받는다. 열 번의 착수만큼 탐색한다면 세 번의 착수 후의 탐색 결과 값을 지니고 있는 표의 값에는 흥미가 없을 것이다. 충분히 정확하지 않을 수 있기 때문이다. 테이블 항목의 값에 따라서 값을 계산하기 위한 깊이를 저장하곤 한다.

AB 가지치기를 이용해 탐색할 때면 각 보드 위상에 대한 확실한 점수를 계산할 필요가 없다. 점수가 검색 경계의 밖에 있다면 전위 표에 값을 저장하는 경우 정확한 값을 저장할 수도 있고, 가지치기 후의 결과에서 '실패에 유연한' 값을 저장할 수도 있다. 값이 정확한지, 아래로 실패할 수 있는 값fail-low value(가지치기될 알파 값)인지, 위로 실패할 수 있는 값fail-high value(가지치기될 베타 값)인지 기록하는 것은 중요하다. 이는 단순한 플래그로 해결할 수 있다.

해시 표의 각 항목은 다음과 같이 생겼다.

```
 1  class TableEntry:
 2      enum ScoreType:
 3          ACCURATE
 4          FAIL_LOW
 5          FAIL_HIGH
 6
 7      # 이 항목의 해시 값을 보존
 8      hashValue: int
 9
10      # 저장된 점수의 종료를 보존
11      scoreType: ScoreType
12      score: float
13
14      # (이전 계산까지의) 최선의 행마를 보존
15      bestMove: Move
16
17      # 점수가 나온 계산의 깊이를 보존
18      depth: int
```

9.3.3 해시 표 구현

빠른 구현을 위해 해시 표 구현은 주로 해시 배열을 쓴다.

일반적인 해시 표는 배열 리스트를 지니는데 이 배열은 주로 '버킷bucket'이라 불린다. 항목이 해시되면 해시 값으로 일맞은 버킷을 찾아낸다. 그리고 해시 값과 버킷의 각 항목이 일치하는지 확인한다. 보통 가능한 키보다 적은 양의 버킷이 존재한다. 키는 버킷의 수만큼 각기 곱해지며 새로운 값은 조사할 버킷의 번호가 된다.

더 효율적인 해시 표 구현이 C++ 표준 라이브러리에 있는데 일반적인 형태는 이렇다.

```
1   class BucketItem
2       # 이 지점의 표
3       entry: TableEntry
4
5       # 버킷의 다음 항목
6       next: BucketItem
7
8       # 이 버킷과 일치하는 항목을 반환한다.
9       # 리스트의 꽤 밑에 있더라도 행한다.
10      function getElement(hashValue):
11          if entry.hashValue == hashValue:
12              return entry
13          if next:
14              return next->getElement(hashValue);
15          return null
16
17  class HashTable:
18      # 표의 내용을 보존
19      buckets: BucketItem[MAX_BUCKETS]
20
21      # 저장된 값이 있는 버킷을 찾는다.
22      function getBucket(hashValue: int) -> BucketItem:
23          return buckets[hashValue % MAX_BUCKETS]
24
25      # 표에서 항목을 찾아낸다.
26      function getEntry(hashValue: int) -> TableEntry:
27          return getBucket(hashValue).getElement(hashValue)
```

목적은 가능한 한 많은 버킷을 정확히 한 항목과 일치시키는 것이다. 버킷이 가득 차면 검색이 느려지고 더 많은 버킷이 필요하게 된다. 버킷이 너무 비면 여분이 너무 많이 남아서 적은 양의 버킷만 사용 가능하다.

행마를 검색함에 있어 해시 검색이 빠른 것은 해시 표의 내용의 영속성을 보장하는 것보다 중요하다.

이런 연유로 해시 배열이 주로 쓰이며 버킷 크기는 1이다. 배열에 직접 접근하는 것으로 구현하면 위의 코드를 다음과 같이 간단하게 만들 수 있다.

```
1  class HashArray:
2      # 항목들을 보존한다.
3      entries: TableEntry[MAX_BUCKETS]
4
5      # 표에서 항목을 꺼내 온다.
6      function getEntry(hashValue: int) -> TableEntry:
7          entry = entries[hashValue % MAX_BUCKETS];
8          if entry.hashValue == hashValue:
9              return entry
10         else:
11             return null
```

9.3.4 교체 전략

각 버킷마다 1개의 항목만 있기에 충돌 발생 시 어떻게 그리고 언제 저장된 값을 바꿀 것인지에 대한 메커니즘이 필요하다.

가장 단순한 기법은 항상 덮어쓰는 것이다. 충돌한 항목을 저장할 때마다 표 항목의 내용이 교체된다. 이는 구현하기 쉽고 이로써 충분한 경우가 많다.

그다음 일반적인 휴리스틱은 충돌한 노드가 더 나중의 행마일 때마다 교체하는 것이다. 따라서 여섯 번째 행마가 열 번째 행마와 충돌하면 열 번째 행마가 쓰인다. 이는 열 번째 행마가 여섯 번째 행마보다 더 오랫동안 쓸모 있다는 가정에 기반한 것이다.

더 복잡한 교체 전략이 많지만, 어떤 것이 최고라는 일반적인 동의는 없다. 이는 게임마다 최적의 전략이 다르기 때문으로 보인다. 아마도 실험이 필요할 것이다. 몇몇 프로그램은 전략의 범위에 따른 여러 전위 표를 유지하는 데 성공했다. 경기의 턴마다 각 전위 표를 체크하는데 이는 다른 방식의 약점을 상쇄시키는 것으로 보인다.

9.3.5 완전 전위 표

완전 전위 표의 의사 코드는 다음과 같다.

```
1   class TranspositionTable:
2       tableSize: int
3       entries: TableEntry[tableSize]
4
5       function getEntry(hashValue: int) -> TableEntry
6           entry = entries[hashValue % tableSize];
7           if entry.hashValue == hashValue:
8               return entry
9           else:
10              return null
11
12      function storeEntry(entry: TableEntry):
13          # 항상 현재 항목과 교체한다.
14          entries[entry.hashValue % tableSize] = entry
```

성능

위 getEntry 함수와 storeEntry 함수의 구현은 시간과 공간 모두에 있어 O(1)이다. 게다가 표는 그 자체로 $O(n)$의 공간 복잡도를 지니는데 n은 표의 항목 수다. 이는 게임의 가지치기 인자와 사용된 최대 탐색 깊이에 연관돼 있다. 많은 수의 보드 위상 확인으로 인해 큰 표가 필요하다.

구현 노트

이 알고리듬을 구현할 때 특정 시점에 사용한 버킷의 수, 덮어씌워진 횟수, 이전에 추가한 항목을 추가하려는 실책의 수를 측정하기 위한 디버그 데이터를 추가하기를 강력히 추천한다. 이는 전위 표가 얼마나 잘 수행되고 있는지 이해하도록 해줄 것이다.

표에서 유용한 항목이 거의 없다면 표의 지표는 나쁠 것이다(예를 들면 버킷의 수가 너무 적거나 교체 전략이 불안정하거나). 경험상으로 이런 종류에서의 디버깅 정보는 기대한 만큼 AI가 동작하지 않을 때에는 가치가 없다.

9.3.6 전위 표에 대한 쟁점

전위 표는 턴 기반의 AI에서 적법한 속도를 얻기 위한 중요한 도구다. 만병통치약은 아니고 여기서 그 문제점들을 소개한다.

경로 의존성

몇몇 게임은 이동의 순서에 의존해 점수를 매길 필요가 있다. 체스에서 같은 보드 위상을 세 번 반복하는 것을 예로 들면 비기는 결과를 낸다. 보드 위상의 점수는 해당 조합에서 처음 라운드인지 마지막 라운드인지에 따라 다를 것이다. 전위 표를 유지한다는 것은 그러한 반복이 항상 동일한 점수를 받는다는 것을 의미할 것이다. 이는 AI가 조합을 반복함으로써 실수로 승리 위상을 버리는 것을 의미한다.

이런 사례에서 문제는 해시 함수에서 '반복 회수'에 대한 조브리스트 키를 합체하는 것으로 해결될 수 있다. 이런 방법으로 연속적인 반복은 다른 해시 값을 지니고 따로 기록된다.

하지만 일반적으로 조합-의존적인 점수 계산 방식을 필요로 하는 게임은 더 복잡한 해시 방식 또는 이런 상황을 감지하기 위한 탐색 알고리듬을 포함한 특수한 코드를 필요로 한다.

불안정성

더 어려운 문제는 같은 검색 동안 저장된 값이 변동되는 불안정성이다. 각 표 항목은 다른 기회마다 덮어씌워질 수 있기 때문에 살펴봤던 위상에서 항상 같은 값을 줄 것이라고 보증할 수 없다.

예를 들면 처음으로 노드를 검색할 때 전위 표에서 발견됐다면 그 값을 살펴본다. 후에 같은 검색 과정에서 표의 해당 위치는 새로운 보드 위상에 의해 덮어씌워질 수 있다. 더 나중의 (다른 수순을 통한 또는 네가스카웃 알고리듬의 재탐색을 통한) 검색에서는 그 보드 위상이 반환된다. 이 경우 값은 표에서 발견되지 않고 검색으로 의해 계산된다. 이 검색에서 반환된 값은 표에서 살펴본 값과 다를 수 있다.

매우 드문 경우이지만 보드 점수가 두 값 사이를 반복할 수도 있는데 이는 몇몇 버전의 (기본 네가스카웃은 아닌) 재검색 알고리듬에서 무한히 반복될 수 있다.

9.3.7 상대의 생각하는 시간을 이용하기

전위 표는 사람 플레이어가 생각하는 시간에 검색을 개선하도록 이용할 수도 있다.

플레이어의 턴에 따라 컴퓨터는 플레이 중인 시간에 행마에 대한 검색을 할 수 있다. AI의 턴으로 넘어오면 검색은 더욱 빨라질 수 있는데 많은 보드 위상이 평가받고 저장됐을 것이기 때문이다.

대부분의 상용 보드 게임 프로그램은 상대의 생각하는 시간을 추가적인 검색과 결과를 메모리에 저장하는 데 사용하고 있다.

9.4 메모리-강화 테스트 알고리듬

메모리-강화 테스트 알고리듬은 알고리듬의 메모리처럼 동작하는 효율적인 전위 표의 존재에 의존하고 있다.

메모리-강화 테스트는 단순히 0-너비 AB 네가맥스이고 전위 표를 중복 작업을 피하는 데 쓴다. 메모리가 있으면 알고리듬이 검색 트리를 뛰어다니며^{jump} 가장 처음으로 행할 행마를 찾도록 해준다. 재귀적인 네가맥스 알고리듬의 본성은 뛸 수 없다는 것을 의미한다. 이는 계산돼 올라와야만 하고 밑으로 재귀돼 간다.

9.4.1 테스트의 구현

테스트의 윈도우 크기는 항상 0이기에 테스트는 주로 하나의 입력 값만 받도록 재작성된다(알파와 베타 값이 동일하다). 이 값을 '감마^{gamma}'라 부를 것이다.

같은 테스트가 네가맥스 알고리듬에 쓰이곤 하지만 그 경우 네가맥스 알고리듬은 테스트와 정규 네가맥스로서 불리게 돼 알파와 베타 값이 필요하게 된다.

단순화된 네가맥스 알고리듬에 추가된 것은 전위 표를 접근하는 코드다. 사실 이 코드의 꽤 많은 부분이 단순히 메모리에 접근을 위한 것이다.

의사 코드

test 함수는 다음과 같은 형태로 만들어진다.

```
1   function test(board: Board,
2                 maxDepth: int,
3                 currentDepth: int,
4                 gamma: float) -> (float, Move):
5
6       if currentDepth > lowestDepth:
7           lowestDepth = currentDepth
8
9       # 전위 표에서 항목을 찾는다.
10      entry: TableEntry = table.getEntry(board.hashValue())
11
12      if entry and entry.depth > maxDepth - currentDepth:
13          # 저장된 위상은 바로 반환한다.
14          if entry.minScore > gamma:
15              return entry.minScore, entry.bestMove
16          else if entry.maxScore < gamma:
17              return entry.maxScore, entry.bestMove
18          else:
19              # 새 항목을 만들 필요가 있다.
20              entry.hashValue = board.hashValue()
21              entry.depth = maxDepth - currentDepth
22              entry.minScore = -INFINITY
23              entry.maxScore = INFINITY
24
25      # 전위 표가 있으므로 텍스트에 대응할 수 있다.
26      # 재귀 중인지 확인한다.
27      if board.isGameOver() or currentDepth == maxDepth:
28          entry.minScore = entry.maxScore = board.evaluate()
29          table.storeEntry(entry)
30          return entry.minScore, null
31
32      # 이제 점수를 계산해 올릴 때다.
33      bestMove: Move = null
34      bestScore = -INFINITY
35      for move in board.getMoves():
36          newBoard: Board = board.makeMove(move)
37
38          # 재귀 호출
```

```
39          recursedScore, currentMove = test(
40              newBoard, maxDepth, currentDepth+1, -gamma)
41          currentScore = -recursedScore
42
43          # 최고 점수를 갱신한다.
44          if currentScore > bestScore:
45          # 현 최선의 행마를 추적한다.
46              entry.bestMove = move
47              bestScore = currentScore
48              bestMove = move
49
50      # 가지치기됐다면 최저 점수이거나 최고 점수다.
51      if bestScore < gamma:
52          entry.maxScore = bestScore
53      else:
54          entry.minScore = bestScore
55
56      # 항목을 저장하고 최고 점수와 최선의 행마를 반환한다.
57      table.storeEntry(entry)
58      return bestScore, bestMove
```

전위 표

이 버전의 테스트는 약간은 다른 표 항목 자료 구조를 쓴다. 네가맥스 체계에서 표 항목의 점수는 정확하거나 '실패에 유연한' 검색의 결과일 수도 있다는 것을 상기해 보자. 메모리-강화 테스트의 모든 검색은 0-너비 윈도우를 이용하므로 정확한 점수를 얻기보다는 몇몇 검색을 통해 가능한 점수의 범위에 대한 단서를 쌓아 나가려 한다. 전위 표는 최솟값, 최댓값 모두를 기록한다. 이것은 AB 가지치기 알고리듬에서의 알파와 베타 값과 유사하게 동작한다.

딱 이 두 값만이 저장될 필요가 있으므로 점수의 유형을 저장할 필요는 없다. 새 표 항목 구조는 다음과 같다.

```
1   class TableEntry:
2       hashValue: int
3       minScore: float
4       maxScore: float
5       bestMove: Move
6       depth: int
```

9.4.2 메모리-강화 테스트 드라이버 알고리듬

메모리-강화 테스트는 구동부^{driver routine}에 의해 반복적으로 불려진다. 구동부는 메모리-강화 테스트를 반복적으로 이용해 올바른 미니맥스 값으로 확대하거나 과정에서 다음 행마를 계산할 책임이 있다. 이런 종류의 알고리듬을 메모리-강화 테스트 드라이버^{MTD}라 부른다.

첫 MTD 알고리듬은 매우 다르게 짜여 있었는데 특별한 코드와 정렬 로직 검색의 복잡한 조합을 이용했다. 제일 유명한 SSS*와 DUAL*은 모두 MTD 알고리듬의 특별한 경우를 단순화하려고 했다. 단순화 과정은 또한 원래의 알고리듬과 함께 몇몇 돋보이는 쟁점들을 해결했다.

일반 MTD 알고리듬은 다음과 같다.

- 점수 값의 상위 경계를 쭉 지켜본다. 이것을 (알파와 베타와 혼동을 피하기 위해) 감마라 한다.
- 감마가 점수의 첫 추정이 되게 한다. 이는 고정된 값일 수도 또는 이전에 행했던 알고리듬의 결과일 수도 있다.
- 현 보드 위상, 최대 깊이, 현재 깊이를 0으로, 감마 값으로 테스트를 호출함으로써 다른 추정 값을 계산한다(일반적으로 감마 값보다 살짝 낮은 값, 즉 감마 $-\varepsilon$를 사용하는데 여기서 ε는 평가 함수의 가장 작은 증가 값보다 작은 값이다. 이는 테스트가 == 연산자를 피할 수 있게 하는데 이로 인해 재귀적으로 점수의 부호를 바꿔 갈 때 비대칭을 유발한다).
- 추정 값이 감마 값과 같지 않으면 3을 다시 행한다. 이로써 추정 값이 정확하다는 것을 확인할 수 있다. 가끔 수치적 불안정성[5]으로 인해 절대 참이 되지 않거나 한계 값이 주로 반복 횟수에 놓이기도 한다.
- 추정 값을 점수로 반환하는데 이는 정확하다.

MTD 알고리듬은 추정 값을 인자로 받는다. 이는 첫 추정 값으로 알고리듬으로부터 기대된 미니맥스 값처럼 쓰인다. 추정 값이 더 정확해질수록 MTD 알고리듬은 더 빨라진다.

MTD 변형

SSS* 알고리듬은 무한의 추정 값으로 시작하는 MTD(MT-SSS 또는 MTD+∞)와 관계가 있어 보인다. 유사하게, DUAL* 알고리듬은 초기 추정 값으로 음의 무한 대수를 이용(MTD-∞)해 모

---

5 어떤 문제에 대한 수치해에서 그 오차가 지수적(exponential)으로 증가하거나 또는 어떤 구간에서 진동하거나 유효 숫자의 개수가 0이 돼 전혀 부정확한 결과를 낳게 되는 것. 이런 현상은 초기값의 선택, 계산의 정확성, 방법의 적용 등과 같은 원인에 의해 오차가 확산되기 때문에 발생한다(네이버 IT용어사전). - 옮긴이

방할 수 있다. 가장 강력한 일반적인 MTD 알고리듬인 MTD-f는 추정 값으로 이전 검색의 결과를 이용한다.

MTD 변형으로 각 보드 위상에 대해 정확한 점수를 계산하지 않는 MTD-best는, 그럼에도 최선의 행마를 반환할 수 있다. 이는 MTD-f보다 미미하게 빠르지만 꽤나 더 복잡하며 행마가 얼마나 좋은지 결정하지 못한다. 많은 턴-기반의 게임에서 행마가 얼마나 좋은가는 중요하기에 MTD-best는 보통 쓰이지 않는다.

메모리 크기

MTD는 많은 메모리가 필요하다. 그 수행 능력은 전위 표에서 충돌이 발생하거나 다른 보드 위상이 같은 표 항목에 매핑될 때 현저히 느려진다. 최악의 경우 알고리듬은 덮씌워져야 할 저장소를 유지해야 할 때 결과를 반환할 수 없을 수 있다.

필요한 표의 크기는 분기 인자, 검색 깊이, 해싱 스킴^{hashing scheme}의 질에 달려 있다. 체스 AI로 깊은 검색을 할 때 수십 메가바이트 단위(수백만 표 항목)의 표는 일반적이다. 검색이 적거나 게임이 단순하다면 두세 자릿수는 줄어들 수 있다.

모든 메모리 쟁점에 있어서 큰 자료 구조에 흔한 메모리 수행 능력 문제를 야기하지 않기 위해 주의가 필요하다. 32비트 PC에서 메가바이트가 넘는 자료 구조를 감당하기 위해 캐시 수행 능력을 올바르게 관리하는 것은 어렵다.

9.4.3 의사 코드

이전에 주어진 테스트 코드와 함께 이용되는 MTD 구현에 대한 의사 코드는 다음과 같다.

```
1  function mtd(board: Board, maxDepth: int, guess: float) -> Move:
2      for i in 0..MAX_ITERATIONS:
3          gamma: float = guess
4          guess, move = test(board, maxDepth, 0, gamma-1)
5
6          # 더 이상 개선할 것이 없다면 종료한다.
7          if gamma == guess:
8              break
9
10     return move
```

이 형태에서 MTD는 초기 추정 값으로 무한하게 쓰이거나(MT-SSS), 이전 검색 값에 기반한 추정 값을 쓰는 MTD-f를 이용할 수도 있다. 이를 위해 정적 행마 평가가 쓰일 수도 있고, 검색들의 추정 값을 지켜보는 반복적 깊이 증가 알고리듬iterative deepening algorithm의 일부로 구동될 수도 있다. 반복적 깊이 증가 알고리듬은 9.7.1절에서 더욱 상세히 알아볼 것이다.

성능

이 알고리듬의 퍼포먼스는 시간 복잡도로는 여전히 전과 동일하다($O(nd)$이고, n은 보드별 행마의 수, d는 트리의 깊이). 공간 복잡도는 $O(s)$이고, s는 전위 표의 항목 개수다.

MTD-f는 가장 빠른 게임 트리 검색으로써 들숨 검색aspiration search의 숙적이다. 테스트는 MTD-f가 주로 상당히 빠르지만 앞으로 수행 능력을 더 발전시키는 데 각 알고리듬이 얼마나 더 최적화될 수 있는지에 대해서는 논쟁의 여지가 있다. 많은 최상위의 보드 게임 프로그램은 네가스카웃을 사용하지만 대부분의 최신 AI는 이제 MTD에 기반하고 있다.

AI에 대한 모든 수행 능력에 대한 쟁점에서 어느 것이 빠르다고 말할 수 있는 유일하고 확실한 방법은 둘 다 써보고 성능 평가를 하는 것이다. 운 좋게도 두 알고리듬이 모두 복잡해도 같은 기반 코드를 쓸 수 있다(전위 표, AB 네가맥스 함수, Game 클래스).

9.5 몬테카를로 트리 검색

미니맥스 접근법은 좋은 품질의 정적 평가 함수를 사용할 수 있고 분기가 적은 게임에서 잘 작동하지만 이 두 가지 기준을 모두 갖춘 경우는 드물다. 1987년 브루스 아브림슨Bruce Abramson이 몬테카를로 트리 검색MCTS, Monte Carlo Tree Search이라고 알려진 선택적인 무작위 접근법[1]을 사용한다. 이 알고리듬에 장점이 있음에도 알파고의 딥러닝 기술 중 일부인 MCTS가 성공적으로 사용돼 세계 최고의 바둑 선수들을[6] 물리치기 전까지는 미니맥스 접근법에 의해 가려지기도 했다. 이것은 특히 딥러닝 기술에 잘 맞지만 보드 및 전략 게임의 AI에서 사용되기도 한다.

---

6   대한민국에는 이세돌이 있다. – 옮긴이

9.5.1 순수한 몬테카를로 트리 검색

몬테카를로 방법은 무작위다. 무작위로 시도하는 과정을 반복하면서 전체적인 결과를 만들어 낸다. 이름은 모나코에 있는 유명한 카지노의 이름을 따라서 지어졌다. MCTS의 경우 시도 자체는 게임의 플레이(플레이아웃이라고 한다)이며 우리가 찾고자 하는 결과는 최선의 행마다.

턴이 주어질 때 가능한 행마 집합을 사용해 시도한 후 결과 위치로부터 무작위 플레이아웃을 얻는다. 플레이아웃의 승패 기록으로부터 행마가 얼마나 좋은지 대략 알 수 있다. 이와 같은 접근법은 정적 평가 함수를 필요로 하지 않는다. 승패 기록은 행마가 얼마나 좋은지 말해 주기 때문에 효과적으로 평가 함수를 찾을 수 있다.

하지만 이 접근법에는 문제가 존재한다. 바로 실전 문제에서 행마는 무작위로 선택되지 않는다는 점이며, 무작위로 행했을 때 가장 좋은 행마를 놓치거나 상대편이 이와 같은 사실을 알아차릴 수 있다. 플레이아웃을 수행할 때 무작위로 행마를 선택하는 것보다는 더 정확한 행마를 찾을 수 있도록 시뮬레이션해야 한다.

이것은 같은 처리를 재귀적으로 반복함으로써 성취할 수 있다. 상대방의 반응이 어떤지 판단할 때 행마에 대한 승패 통계를 살펴볼 수 있다. 결과적으로 행마를 위해서 우리는 승패 통계에 의존한다. 또한 통계 데이터를 다 써버리고 나면 그때서야 무작위로 플레이아웃을 수행한다.

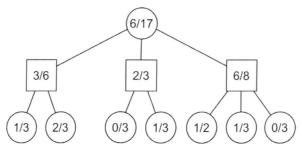

그림 9.12 승리 통계가 표시된 게임 트리

그림 9.12는 각 노드에 승/플레이했던 통계를 표시한 게임의 예를 볼 수 있다. 승리의 합계는 플레이어의 관점으로 표현되고 노드는 플레이어를 위한 행마다. 노드의 자식들 $i = 1...n$만큼 가질 수 있으며 승/플레이횟수가 w_i/p_i이라면 노드는 총 w/p를 갖는다.

$$w = p - \sum_{i=1}^{n} w_i$$

그리고

$$p = \sum_{i=1}^{n} p_i$$

한 가지 염두에 둬야 할 것은 그림 9.12에는 통계를 가진 노드만 포함돼 있다는 점이다. 즉 표현된 트리는 알고리듬이 처리되면서 나오는 전체 게임 트리의 일부분만 보여 주고 있다.

알고리듬

알고리듬은 반복적으로 수행될 수 있고 원하는 만큼 반복할 수 있다. 더 많이 반복할수록 더 좋은 결과를 얻는다. 일반적으로 반복 횟수보다는 시간 제한을 두고 가장 좋은 결과가 나올 때까지 반복된다.

각 반복은 4단계로 동작한다.

1. **선택**: 완전히 탐색되지 않은 노드에 도달할 때까지 이전의 총계를 바탕으로 행마를 선택하며 나무를 내려간다.
2. **확장**: 탐색되지 않은 행마를 무작위로 선택하고 하위 트리에 새로운 노드로 추가한다.
3. **시뮬레이션**: 새로운 노드로부터 완전한 무작위로 플레이한다.
4. **역전파**: 플레이의 승/패에 트리의 총계를 업데이트한다.

그림 9.13에 각 단계별 모습을 볼 수 있다. 시간이 지남에 따라 알고리듬은 가장 좋은 분기를 따라 점점 더 깊이 탐색한다. 성공적인 통계는 트리의 상위권으로 올라가 현재 위치에서(하위 트리의 윗부분) 어떤 행마가 가장 좋은지에 대한 평가를 개선시킨다.

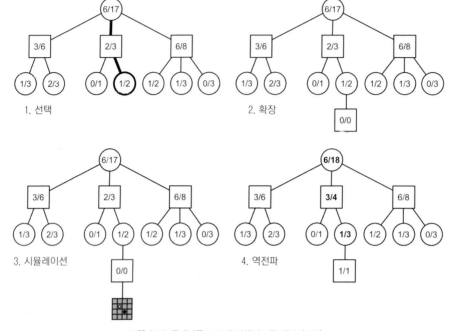

그림 9.13 몬테카를로 트리 검색의 1회 반복의 모습

행마의 선택

알고리듬은 선택 단계에서 승리한 통계를 기반으로 트리를 내려가며 행마를 선택한다. 이때 균형이 필요하다. 한쪽에서는 괜찮아 보이는 행마를 분석하고 다른 한편으로는 다른 대안을 충분히 검토하고 싶다. 더 많은 데이터를 얻으면 행마를 위한 통계는 더 확실해지고 트리를 더 깊게 검색하기 위해 편향 값을 수정하는 것이 타당할 것이다. 하지만 다른 한편으로 성공적으로 보인다는 이유만으로 무작위성이 주는 기발한 해법들을 선택할 기회를 놓치고 싶지도 않다.

새로운 지식을 얻기 위해 더 탐색하거나 이미 알고 있는 지식을 사용하는 것 사이에서 균형이 필요하다. 여기에는 다양한 접근법들이 존재한다. 가장 간단하면서도 일반적으로 많이 사용되는 것은 신뢰 상한 트리^{UCT, Upper Confidence bound applied to Tree}라고 알려진 것으로 각 행마 u_i 가중치가 있고 다음과 같은 식을 사용한다.

$$u_i = \frac{w_i}{n_i} + k\sqrt{\frac{\ln N}{n_i}}$$

w_i는 노드의 승리 개수, p_i는 플레이아웃 개수, N은 모든 후보 노드를 위한 플레이아웃 개수, k는 탐색을 조정하기 위한 상숫값이다. 각 단계에서 가장 높은 u_i를 가진 노드가 선택된다.

의사 코드

몬테카를로 트리 검색의 반복은 다음과 같이 구현할 수 있다.

```
1   function mcts(board: Board):
2       # 1. 선택
3       current: Board = board
4       moveSequence: Board[] = [current]
5       while current.fullyExplored():
6           move: Move = current.selectMove()
7           current = current.makeMove(move)
8           moveSequence.push(current)
9
10      # 2. 확장
11      move = current.chooseUnexploredMove()
12      current = current.makeMove(move)
13      moveSequence.push(current)
14
15      # 3. 시뮬레이션
16      winner: id = playout(current)
17
18      # 4. 역전파
19      for current in moveSequence:
20          if winner == current.currentPlayer:
21              current.wins += 1
22          current.playouts += 1
```

playout 함수는 주어진 보드 위치에서 무작위로 게임을 수행하고 결과를 반환한다. 만약 몬테카를로 트리 검색이 AI가 사용할 행마를 반환해야 한다면 다음 코드에서 드라이버 코드를 사용하면 된다.

```
1   function mctsDriver(board: Board, thinkingTime: float) -> Move:
2       deadline = time() + thinkingTime
3       while time() < deadline:
4           mcts(board)
5
6       # 탐색을 멈추고 행마를 선택한다.
7       return board.selectMove(0)
```

자료 구조

각 보드 위치마다 승리 및 플레이아웃 개수를 저장할 필요가 있다. 앞서 살펴본 의사 코드는 보드가 다음 자료 구조를 갖고 있다고 가정하고 있다.

```
1    class Board:
2        wins: int = 0
3        playouts: int = 0
4
5        function fullyExplored() -> bool
6        function selectMove(exploreCoeff: float = EXPLORE) -> Move
7        function chooseUnexploredMove() -> Move
8
9        function getMoves() -> Move[]
10       function makeMove(move:Move) -> Board
```

fullyExplored 함수는 현재 위치에서 모든 행마가 승리로 이끈다면 true을 반환한다. 다음과 같이 간단하게 구현할 수 있다.

```
1    class Board:
2        function fullyExplored() -> bool:
3            for move in getMoves():
4                next = makeMove(move)
5                if next.playouts == 0:
6                    return false
7            return true
```

행마의 선택은 UCT 계산을 사용한 selectMove에 의해 수행된다.

```
1    class Board:
2        function selectMove(exploreCoeff: float = EXPLORE) -> Move:
3            lnN = ln(playouts)
4            bestMove = None
5            bestUCT = 0
6            for move in getMoves():
7                next = makeMove(move)
8                uct = next.wins / next.playouts +
9                    exploreCoeff * sqrt(lnN / next.wins)
10               if uct > bestUCT:
11                   bestUCT = uct
```

```
12                  bestMove = move
13            return bestMove
```

이 구현에서 탐사 계수는 함수 매개 변수로 전달된다. 기본적으로 이 값은 전역 값으로 설정된다. mctsDriver 함수가 찾은 최선의 행마(예를 들어 UCT에서 탐사 계수 0인 경우)를 반환하기 위해 같은 함수가 사용될 수 있다. 마지막으로 chooseUnexploredMove 함수에 의해 무작위로 새로운 행마를 선택한다.

```
1   class Board:
2       function chooseUnexploredMove() -> Move:
3           unexplored = []
4           for move in getMoves():
5               next = makeMove(move)
6               if next.playouts == 0:
7                   unexplored.push(move)
8           return randomChoice(unexplored)
```

board 인터페이스의 나머지 함수들은 이전과 같지만 구현 내부 사항은 다를 수도 있다. 이전과는 달리 보드 위치는 필요할 때마다 생성할 수 없기 때문에 승리 데이터는 유지돼야 한다. 동일한 보드 상황에서 이전과 동일한 행마를 선택하면 여전히 동일한 보드 객체를 반환해야 한다.

성능

몬테카를로 트리 검색의 공간 복잡도는 $O(n)$이며 n은 승리 데이터를 사용할 수 있는 나무의 노드 개수다. 시간 복잡도는 게임의 플레이 아웃 시간에 따라 다르기 때문에 정의할 수 없지만 이론적으로는 무제한이기도 하다. 물론 실제 구현에서는 게임이 승리하는 가장 좋은 추측에 기반해 종료돼야 한다. 플레이 아웃을 제외하면(플레이 아웃 시간이 상수라고 가정한다) 나무의 순회, 역추적을 위한 알고리듬의 시간 복잡도는 $O(\log n)$이다.

9.5.2 지식의 추가

앞서 설명한 몬테카를로 트리 검색은 무지식 알고리듬이다. 승리한 플레이아웃을 경험하지 않은 상태라면 게임에 대해서 알고 있는 사전 지식이 없다. 지식을 추가하면 AI가 더 빠르게 게임에 대해서 적응할 수 있고 게임 플레이를 위한 뭔가를 빠르게 생산하거나 지식 습득이 어려운 게임을 쉽게 지원할 수 있다. 하지만 이것은 자동으로 얻어지는 것이 아니다. AI의 황금 규칙이 여전히 적용된다. 우리가 지식을 더 적게 제공하면 더 많은 검색을 필요로 한다. 실제로 몇 가지 부분에서 시스템에 더 많은 지식을 추가해 검색을 줄이고 잠재적으로는 최종 AI의 품질을 개선할 수 있다.

무거운 플레이아웃

단순히 무작위로 행마를 선택해 플레이아웃을 수행하는 것이 아니라 할 가능성이 더 많은 행마를 선택할 수 있다. 플레이아웃 중에 행마를 선택하는 데 있어 정교함의 수준이 올라감에 따라 플레이아웃은 더 무겁다고 말한다.

가장 무거울 때 각 턴에서 최선의 행마를 검색하기 위해 미니맥스 알고리듬을 사용해 플레이아웃을 수행할 수 있지만 이것은 MCTS를 사용하는 목적이 없어지는 셈이다. 또한 AI의 품질에 역효과를 낼 수도 있다(너무 똑똑해도 문제다). MCTS는 플레이아웃에 비교적 정확하지 않은 플레이가 있을 때 좋은 결과를 만들어 내며 결과적으로 다가오는 위험 요소들을 피할 수 있다.

일반적으로 검색할 때는 휴리스틱을 사용한다. 가능한 행마들을 고려하고 가장 좋은 것을 선택한다. 9장의 정적 평가 함수에서 이미 이 방법을 배웠다. 휴리스틱을 사용하는 것이 미니맥스 트리 검색에서 사용된 정적 평가 함수보다 대부분의 경우에 있어 매우 간단하지만 이것은 단지 정도의 차이일 뿐이다. 두 경우 모두 보드의 위치와 숫자를 반환한다.

다른 방법으로는 보드 위치를 평가하는 대신 행마만 고려하는 휴리스틱을 만들 수 있으며 이 것은 게임 장르에 의존한다. 보드 위치가 조각으로 채워진 게임은 플레이할 때 시간에 관계없이 동일한 행마가 거의 항상 비슷하다고 간주할 수 있다. 이것은 체스와 같은 게임에서는 제대로 동작하지 않는다.

승률 사전

몬테카를로 트리 검색에 지식을 추가하는 다른 방법은 승리한 통계 값을 사용해 하위 트리에 노드로 추가하는 것이다. 알고리듬의 행마 선택에 있어 영향을 주기 때문에 이것을 사전 편향이라고 알려져 있다.

만약 우리가 UCT를 사용해서 행마를 선택 또는 비슷한 기준을 적용한다면 승리한 횟수와 플레이아웃 횟수 모두 중요하다. 비율은 행마가 얼마나 좋은지, 플레이아웃 횟수는 평가에 있어 얼마나 자신 있는지 나타낸다. 사전 역시 무거운 플레이아웃에서 살펴본 바와 같이 행마 휴리스틱 또는 간단히 만든 정적 평가 함수를 통해 계산 가능하다.

이것은 상당히 강력한 방법이지만 사용할 때는 주의를 필요로 한다. 만약 사전이 실제에서 너무 동떨어져 있다면 MCTS는 실수를 만회하기 위해 매우 많은 반복을 필요로 하기 때문이다.

정적 평가 함수

평가 함수를 사용해서 행마를 평가하는 경우 선택 과정에 직접적으로 관여할 수 있다. 이것은 UCT의 수정을 필요로 하고 평가 함수를 포함해야 한다.

$$u_i = \frac{w_i}{n_i} + k\sqrt{\frac{\ln N}{n_i}} + ce(B_i)$$

$e(B_i)$는 i 이동 이후의 보드에서의 평가 함수의 값이다.

9.6 오프닝[7] 북과 정석[8]

예로부터 많은 게임에서 고수들은 게임의 시작에 어떠한 행마가 더 좋은지에 대해 몸으로 체득해 쌓아 왔다. 체스의 오프닝 북은 다른 어떤 것들보다 명백하다. 고수들은 고정된 오프닝에 대한 방대한 지식을 연구해 최선의 응수를 익혔다. 그랜드마스터[9] 체스 게임Grandmaster Chess Game에서 초반 20, 30수에 대해 미리 계획하고 오는 것은 드문 것이 아니다.

오프닝 북은 수순의 목록인데 그런 수순을 사용함으로써 얼마나 좋은 평균 결과를 얻을 수 있는지에 대한 지표에 따라 정리돼 있다. 이런 법칙 조합을 사용함으로써 컴퓨터는 미니맥스를 통한 최선의 행마를 계산할 필요가 없어진다. 간단히 수순에서 다음 행마를 선택할 수 있고 수순의 끝이 유용할 때까지 가능하다.

---

7 위키피디아에 의하면 체스 오프닝(chess opening)은 체스 게임 초반부와 게임 초반부의 수들을 정리해 놓은 것을 가리킨다. 많은 곳에서 오프닝이라는 어휘를 그대로 쓰고 있어 여기서도 따로 번역하지 않는다. 참고를 위해 장기에서는 '포진', 바둑에서는 '포석'이라고 쓴다. – 옮긴이

8 체스에서 set play라는 용어는 없다. 가장 유사하다고 생각되는 바둑 용어인 '정석'을 가져다 썼다. – 옮긴이

9 위키피디아에 의하면 그랜드마스터(Grandmaster)는 국제 체스 연맹에 의해 부여되는 체스 선수의 최상위 칭호다. – 옮긴이

오프닝 북 데이터베이스는 몇몇 다른 게임에서 내려받을 수 있으며 유명한 게임의 체스 유료 데이터베이스 역시 새 게임마다 허가를 받아 가능하다. 원래의 턴-기반의 게임에서 오프닝 북은 (유용하다면) 수동으로 만들 필요가 있다.

9.6.1 오프닝 북의 구현

주로 오프닝 북은 전위 표와 매우 유사하게 해시 테이블을 통해 구현된다. 수순의 목록은 소프트웨어로 가져와 변환될 수 있어 각 중간 위상은 속한 오프닝 수순의 지표와 각 수순의 강점을 지니고 있다.

주의해야 할 점은 정규 전위표와 다르게 각 보드 위상마다 하나 이상의 추천하는 행마가 있을 수 있다는 것이다. 보드 위상은 주로 여러 다른 오프닝 수순에 속해 있고 게임의 나머지 부분과 같이 오프닝은 트리의 형태로 분기돼 나간다.

이런 구현은 전위를 자동적으로 다룬다. AI는 오프닝 북에서 현 보드 위상을 찾아 착수 가능한 행마들의 조합을 찾는다.

평가 함수에서의 오프닝 북

오프닝 북을 특별한 도구로 사용함에 있어 추가로 일반적인 목적의 탐색 알고리듬에 포함될 수 있다. 오프닝 북은 주로 정적 평가 함수의 요소 중 하나로 구현되곤 한다. 현 보드 위상이 기록된 오프닝의 일부라면 정적 평가 함수는 그 조언을 통해 가중치를 꽤 높인다. 게임이 오프닝 북을 넘어서서 진행되면 이는 무시되고 함수의 다른 요소들이 쓰인다.

9.6.2 오프닝 북을 통한 학습

몇몇 프로그램은 초기 오프닝 북 라이브러리를 쓰고 학습 단계를 추가한다. 학습 단계는 각 오프닝 수순에 점수를 할당하고 갱신해 더 나은 오프닝이 선택되도록 한다.

이는 두 방식 중 하나로 이뤄진다. 가장 기본적인 학습 기법은 각 오프닝으로 얼마나 성공했는지를 통계적으로 기록하는 것이다. 오프닝이 좋다고 나와 있는데 프로그램이 그것으로 자꾸 진다면 점수를 바꿔 후에 해당 오프닝을 피하도록 만든다.

많은 과정, 경험, 분석들이 유료 데이터베이스의 각 오프닝 수순의 점수에 할당된다. 많은 수의 점수 계산 방식이 국제적인 전문 게임의 긴 역사에 기반하고 있다. 이는 모든 플레이어에 걸쳐 틀리지 않을 것이다. 그러나 각 게임-플레이 AI는 다른 성격을 지닐 것이다. 데이터베이스에서 좋다고 평가된 오프닝은 치열한 전시 상황에 끝날 수도 있는데 사람은 잘 헤쳐나갈 수 있지만 컴퓨터는 많은 지평선 효과[10]로 인해 고통받을 수 있다. 통계적인 학습 단계는 컴퓨터가 고유한 강점을 지닐 수 있게 한다.

몇몇 게임은 스스로 수순을 학습한다. 많은 게임을 통해 (전형적으로 수천 번) 특정 오프닝 수순은 계속해서 반복될 것이다. 초기에 컴퓨터는 점수를 매기기 위해 검색에 의존할 수밖에 없으나 시간이 지날수록 점수는 (통계적인 승리의 경향 정보에 따라) 평균 내어지고 기록될 것이다.

체스의 오프닝 데이터베이스가 클수록, 그리고 덜 유명한 게임의 대다수의 오프닝 데이터베이스는 이런 방식으로 만들어지는데, 강력한 컴퓨터는 스스로 플레이하며 가장 유리한 오프닝 수순을 기록한다.

9.6.3 정석 북

수순 조합이 대다수 게임의 시작에 일반적이지만 나중에 적용될 수도 있다. 많은 게임에서 게임 중간에 행마 조합이 발생하며 특히 게임의 끝에 발생한다.

거의 모든 게임에서 게임의 가능한 보드 위상의 범위는 무시무시하다. 특정한 보드 위상이 완벽히 데이터베이스의 하나와 맞아떨어지지 않는 편이다. 더 복잡한 패턴 매칭이 필요한데 전체 보드 구조 중에서 특별한 패턴을 찾아야 한다.

이런 종류의 데이터베이스에서 가장 일반적인 애플리케이션은 보드의 세부 항목을 위한 것이다. 오델로를 예로 들면 보드의 각 모서리를 따라 두는 강력한 플레이가 키[key]다. 많은 오델로 프로그램은 가장자리 배치에 대한 포괄적인 데이터베이스를 지니고 있는데 그에 따라 얼마나 강력한지 점수로 나타내고 있다. 네 보드의 가장자리 배치는 쉽게 발췌되고 데이터 베이스 항목들도 쉽게 찾아진다. 게임 중반에 이 가장자리에 대한 점수는 정적 평가 함수에서 높은 가중치를 받는다. 게임 후반부에는 덜 유용하다(많은 오델로 프레그램이 마지막 10-15 행마 또는 그 정도의 게임에서 완전히 탐색할 수 있기에 평가 함수는 필요하지 않다).

---

10 지평선 효과(horizon effect)란, 검색 알고리듬에서 찾아야 하는 트리가 너무 방대해 좁은 부분만 탐색이 가능한 상황을 말한다. 이로 인해, 그 후에 더 나빠지는 상황을 제대로 파악하지 못할 수 있다. – 옮긴이

몇몇 프로그램은 정석을 사용하기 위해 복잡한 패턴 인식으로 실험해 봤는데 특별히 고^{Go}와 체스 위주로 행해졌다. 지금까지는 모든 보드게임에서 일반적으로 쓰일 수 있는 우세한 방식은 나오지 않았다.

엔딩 데이터베이스

(체스, 백개먼, 체커와 같은) 몇몇 게임에서 보드는 꽤 간단해진다. 주로 이 시점에 오프닝 북 스타일의 색인^{lookup}을 이용하는 것이 가능하다.

몇몇 유료 체스의 엔딩 데이터베이스가 있는데 기물^{material}의 조합으로 체크메이트를 만들 수 있는 최선의 방법을 커버한다. 이는 플레이어가 알려진 결말로 치달을 때 돌을 던지려는 전문적인 게임에서는 거의 필요하지 않다.

9.7 그 이상의 최적화

기본 게임-플레이 알고리듬이 상대적으로 단순하지만 당황스러울 정도의 다른 최적화 방식들이 있다. AB 가지치기와 전위 표와 같은 몇몇 최적화는 좋은 성능에 있어서 필수적이다. 다른 최적화 방식은 성능 향상의 마지막 한 방울까지 짜내는 데 유용하다.

9.7절에서는 턴-기반의 AI에 쓰이는 몇몇 다른 최적화 방식을 알아볼 것이다. 대다수 방식의 구현 상세까지 알아보기에는 이 책의 여백이 부족하다. 부록에서 구현에 대한 그 이상의 정보를 기록해 뒀다. 추가로, 상대적으로 적은 수의 보드 게임에 쓰인 특수한 최적화 방식들은 포함되지 않았다. 체스의 경우에는 많은 수의 최적화 방식이 다른 시나리오로는 얼마 되지 않게 쓰이는 경우가 많다.

9.7.1 반복적 깊이 증가

검색 알고리듬의 질은 살펴볼 수 있는 행마의 수에 달려 있다. 많은 분기 인자를 지닌 게임에서는 단지 몇 수 앞을 바라보는 것만으로도 긴 시간을 필요로 한다. 가지치기는 많은 양의 검색을 줄이지만 많은 보드 위상이 여전히 고려돼야 한다.

대다수의 게임에서 컴퓨터는 원하는 만큼 생각할 수 있는 사치를 누릴 수 없다. 체스와 같은 보드 게임은 타이밍 메커니즘을 쓰고, 최근의 컴퓨터 게임은 플레이어가 설정한 시간에 따라 플레이할 수 있게 한다. 미니맥스 알고리듬이 고정된 깊이만 탐색하기에 컴퓨터가 착수해야 할 시간 안에 검색이 끝난다고 보증할 수 없다.

행마를 선택하지 못하는 것을 피하기 위해 반복적 깊이 증가^{iterative deepening}라는 것이 쓰일 수 있다. 반복적 깊이 증가 미니맥스 검색^{iterative deepening minimax search}은 정규 미니맥스에 점진적으로 깊이를 증가시키는 방식으로 수행한다. 초기에 알고리듬은 한 수 앞만을 탐색하고, 시간이 있다면 두 수 앞을, 그리고 시간이 다 할 때까지 계속해서 찾는 것이다.

검색이 완료되기 전 시간이 다한다면 이 전 깊이의 검색 결과를 사용한다.

MTD 구현

반복적 깊이 증가를 이용하는 MTD 알고리듬($MTD-f$)은 게임 검색에 있어 일반적인 목적으로는 가장 빠른 검색 방식으로 보인다. 전에 나온 MTD 구현은 다음의 반복적 깊이 증가 프레임워크를 통해 호출된다.

```
1   function mtdf(board: Board, maxDepth: int) -> (float, Move):
2       guess: float = 0
3
4       # 반복적 깊이 검색
5       for depth in 2..maxDepth:
6           guess, move = mtd(b, depth, guess)
7
8           # 결과가 필요한지 체크한다.
9           if outOfTime():
10              break
11
12      return guess, move
```

초기 반복적 깊이 증가의 깊이는 2다. 처음에 한 층 깊이만을 검색하는 것은 보통 속도 면에서 이득이 없다. 이 단계에서는 거의 유용한 정보가 없다. 많은 분기 인자를 가졌거나 시간이 짧은 몇몇 게임은 1레벨 깊이 검색이 포함될 수도 있다. outOfTime 함수는 검색이 계속될 수 없으면 참을 반환한다.

휴리스틱 기록

전위 표나 다른 메모리를 쓰는 알고리듬에서 반복적 깊이 증가는 알고리듬에 긍정적인 이점을 제공할 수 있다. 네가스카웃이나 AB 네가맥스와 같은 알고리듬은 최선의 첫 행마를 고려함으로써 성능이 눈에 띄게 향상될 수 있다. 반복적 깊이 증가와 메모리를 함께 쓰면 얕은 깊이에서는 빠른 분석 결과를 주며 깊은 검색 결과는 나중에 받게 된다. 얕은 검색 결과는 더 깊은 탐색에 대한 행마의 배치에 사용될 수 있다. 이는 가지치기 수를 늘려 주며 이로써 알고리듬의 속도 향상을 기대할 수 있다.

행마를 배치하기 위해 이전 반복의 결과를 사용하는 것을 휴리스틱 기록^{history heuristic}이라 한다. 이 방식은 휴리스틱이나 다름없는데 이전 반복은 최선의 행마에 대한 좋은 측정 값을 제공한다고 어림짐작하기 때문이다.

9.7.2 가변 심도 접근 방식

AB 가지치기는 가변 심도 알고리듬^{variable depth algorithm}의 한 예다. 모든 분기가 같은 깊이로 탐색되는 것은 아니다. 몇몇 분기는 컴퓨터가 더 이상 고려할 필요가 없다고 여길 때 가지치기된다.

일반적으로 검색은 고정 깊이로 이뤄진다. 검색 조건은 최대 깊이에 도달했는지 확인하고 그 부분의 알고리듬을 중단한다.

알고리듬은 가변 심도가 얼마나 많은 수의 지면, 다른 가지치기 기법을 사용할지에 따라 다른 이름으로 변경될 수 있다. 이 접근들은 새로운 알고리듬은 아니고 단순히 언제 분기의 탐색을 멈출지에 대한 지침이라 볼 수 있다.

확장

턴-기반의 게임에서 컴퓨터 플레이어의 주요 약점은 지평선 효과다. 지평선 효과는 특정 수순이 훌륭한 위상으로 판단됐지만 하나의 추가적인 착수로 최악의 위상으로 변할 때 발생한다.

체스를 예로 들면 컴퓨터는 상대의 퀸을 사로잡는 수순을 찾을 수 있다. 불행하게도, 이렇게 상대의 퀸을 사로잡자마자 체크메이트를 당할 수 있다. 컴퓨터가 조금 더 깊게 탐색을 했다면 이런 결과를 볼 수 있었을 것이고, 그렇다면 이런 무서운 수는 두지 않았을 것이다.

컴퓨터가 얼마나 깊이 지켜볼 수 있는지와 상관없이 이 현상은 발현될 수 있다. 다만, 이런 경우에는 검색이 매우 깊어서 컴퓨터는 문제가 발생해도 더 나은 행마를 고를 수 있는 충분한 시간이 있다.

검색이 많은 분기로 인해 더 깊이 탐색할 수 없는데 지평선 효과가 발현됐다면 미니맥스 알고리듬은 확장extension이라는 기법을 이용할 수 있다.

확장은 깊이를 다양화하는 기법인데 적지만 더 확실한 수순을 더 깊게 탐색하는 것이다. 확장은 매 턴 가장 유망한 행마를 선택해 더 깊이 탐색한다. 확장에 있어서 기본 검색이 8 또는 9 행마를 탐색하는 동안 10에서 20 행마를 탐색하는 것은 흔한 일이다.

확장은 반복적 깊이 증가 방식을 주로 이용하는데 유망한 수순은 좀 더 깊이 진행한다. 이는 지평선 효과를 곧잘 해결하지만 정적 평가 함수에 심히 의존하고 빈약한 평가는 컴퓨터가 쓸모없는 선택들에 투자하게 한다.

휴지[11] 가지치기

세상에는 이길 것 같은 플레이어가 급격히 뒤바뀌는 게임들이 많은데 심할 경우 매 턴마다 바뀌기도 한다. 이런 게임에서 지평선 효과는 자주 나타나며 턴-기반의 AI를 만드는 데 매우 어렵게 만든다. 보통 이런 급격한 게임 판도의 변화는 일시적이고 결국에는 주도권이 명확해지면 보드 위상이 안정적이 된다.

상대적으로 잠잠한 시기가 오면 더 깊은 검색으로부터 추가적으로 얻을 수 있는 정보가 보통은 전무하다. 이 경우 트리의 다른 영역을 검색하거나 확장을 이용해 유망한 수순을 검색하는 데 시간을 투자하는 것이 더 낫다. 보드의 안정성을 기반으로 가지치기하는 것을 휴지 가지치기quiescent pruning라 한다.

이 방식은 연속된 수순 검색에서 휴리스틱 값이 변하지 않는 분기를 가지치기할 것이다. 이는 휴리스틱 값이 정확하고 그곳의 탐색을 계속하는 것이 아마 필요 없으리라는 것을 의미한다. 확장과 조합한 휴지 가지치기는 모든 수고를 좋은 플레이에 있어 핵심적인 영역에 집중할 것이다.

---

11 휴지(休止). 더 이상 변동이 없는(휴지기에 있는) 트리를 가지치기한다는 뜻이다. – 옮긴이

9.8 게임 지식

9장에서 지금까지 살펴봤던 알고리듬들은 모두 검색 알고리듬이며 효율적으로 가능한 행마들을 고려한다(또는 복잡한 게임 트리를 사용할 수 있을 만큼 효율적이다). 하지만 이들만으로는 간단한 게임조차 플레이할 수 없다. 이들 모두 지식을 필요로 한다. 특히 알고리듬이 게임을 플레이하고 추론할 수 있게 하는 지식의 두 가지(첫 번째는 필수적, 두 번째는 선택적인)를 사용한다.

1. 정적 평가 함수는 주어진 플레이어의 시점에서 보드의 위치가 얼마나 좋은지에 대한 지식을 표현한다.
2. 행마 순서는 가장 유망한 행마를 먼저 고려함으로써 검색의 성능을 크게 향상시킬 수 있다. 여기서 '가장 유망한'이 게임에 대한 지식이다.

행마 순서가 선택적인 이유는 정적 평가 함수의 관점에서 지정될 수 있기 때문이며 가장 유망한 행마는 더 높은 점수를 가질 수 있도록 하는 행마가 된다. 최근까지 별도의 행마 순서를 위한 함수를 갖는 것은 일반적이지 않았지만 트리가 매우 큰 게임, 예를 들어 바둑과 같은 경우 다양한 행마 순서 휴리스틱은 전체적인 성능을 개선시키는 것을 봤다. 여기서 가장 유망한 움직임은 상대방이 선택할 가능성이 가장 높은 행마이며 이것은 정적 평가 함수에서 말하는 가장 좋은 행마와 같은 것이 아닐 수 있다. 바둑과 같이 잘 정립된 세트 플레이(바둑에서는 보통 정석이라고 한다)에서 교육받은 엘리트 인간 상대와 대결하는 게임에서는 규칙적으로 다르다.

행마 순서가 정적 평가 함수에서 분리된다면 지식의 두 번째 소스가 될 수 있다. 여전히 흔치 않지만 철저히 하기 위해 여기서 설명할 것이며 다음 절에서는 정적 평가 함수에 중점을 둘 것이다.

확률과 평가

정적 평가 함수에서 반환되는 값은 위치의 품질에 대한 확률론적 평가다. 위치가 얼마나 좋은지, 컴퓨터 또는 함수 제작자가 그 사실을 얼마나 확신하는지 인코딩한다. 1이라는 값은 확실한 승리, 0은 패배를 의미하며 0.5는 비기거나 둘 중에 하나가 결정된다는 의미다.

2명의 플레이어가 존재하는 게임에서 완벽한 정보에 기반한 완벽한 정적 평가 함수는 0, 0.5(비기는 것을 허용한다면) 또는 1만을 할당한다. 틱택톡과 같은 게임에서 가장 완벽한 행마만을 선택한다면 게임은 항상 비기는 것으로 끝난다. 빈 보드는 0.5의 값을 갖고 사실 트리 내 모든 보드는 큰 일을 저지르지 않는 한 같은 값을 가진다. 그림 9.14에서 이 모습을 확인할 수 있다.

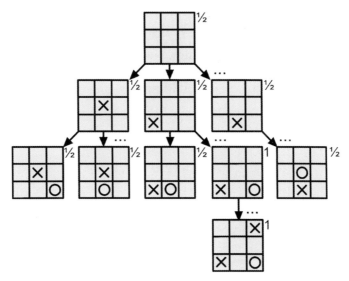

그림 9.14 틱택토 전체의 경로를 보여 주고 있다.

시작 위치의 점수를 알고 있는 경우 게임은 약하게 해결됐다고 말할 수 있는데, 예를 들어 플레이가 승리, 패배 또는 무승부로 이어질지 이미 알고 있는 경우를 말한다. 틱택토와 체커는 해결됐고 커넥트 4는 첫 번째 플레이어가 이긴다. 강하게 해결하는 게임은 더 나아가 보드 위치에서 최적의 움직임을 결정한다. 이는 모든 위치에 대해 완벽한 정적 평가 함수를 결정할 수 있는 것과 같다.

완벽한 정보를 갖지 않은 게임도 해결 가능하다. 〈게스 후?Guess Who?〉와 같은 게임을 예를 들면 두 플레이어가 완벽하게 플레이했을 때 첫 번째 플레이어의 승률은 63%가 된다. 게임이 시작됐을 때 정적 평가 함수는 0.63을 반환하며 이는 첫 번째 플레이어의 관점에서의 확률이다.

다소 복잡한 게임을 해결하는 것은 매우 어려운 수학적 도전이다. 체커 및 커넥트 4와 같은 게임을 해결하는 데 몇 년이 걸렸고, 대부분의 전문가들은 체스 같은 게임을 위한 해결책은 아직 멀었다는 데 동의하고 있다. 가장 강력하게 또는 약하게 해결된 모든 게임의 경우에 있어 실용적인 AI가 되려면 확률적이어야 한다. 정적 평가 함수에서 값은 위치의 품질과 알고리듬의 신뢰도를 포함하고 있다.

점수 함수 범위

미니맥스 알고리듬의 경우 패배를 위해 0, 승리를 위해 1을 사용하고 네가맥스의 경우 패배, 승리를 위해 같은 값을 사용하고 다른 부호를 사용한다. 하지만 일반적으로 승리를 위해 $+k$, 패배를 위해 $-k$, 비기는 것을 위해 0을 사용한다. 이때 k는 함수의 범위다.

앞서 설명한 것과 같이 일부 검색 알고리듬에서 정적 평가 함수를 위해 정수를 사용한다. 특히 괄호는 상한과 하한을 의미하며 값에 다다르면 종료한다. 실제로 승리를 위해 $+1$, 패배를 위해 -1을 사용하는 것은 그다지 도움이 되지 않는다. 더 큰 값이 주로 사용된다. 일부 검색 알고리듬은 값의 범위가 작을 때 잘 동작한다(예를 들어 ±100). 작은 범위를 사용할 때는 위치의 품질의 미묘한 변화를 나타내기 위해 충분한 값을 갖는 것이 중요하다. 알고리듬은 다른 값만을 구별할 수 있으며 범위가 클수록 더 많은 중간 값을 표현할 수 있다.

턴 기반 AI에 대한 많은 작업은 체스 프로그램에 의해 비롯됐다. 체스에서 점수는 보통 폰의 가치로 주어진다. 일반적인 비율은 폰에 100을 부여한다. 폰 값 1/100을 가진 것을 센티폰^{centipawn}이라고 하며 이것은 100 센티폰이 1 폰과 같다는 의미다. 이 스케일에서 승패의 결과는 정적 평가 함수가 반환할 수 있는 값보다 커야 한다. 함수가 전통적인 방식으로 가치를 계산하면(비숍과 나이트의 가치는 3개의 폰과 같고, 룩은 5점, 퀸은 8점) 승리하기 위해 30개 이상의 폰(±3000 센티폰)이어야 한다. 실제로는 훨씬 더 큰 값을 사용해 전술적, 전술략인 점수뿐만 아니라 조각 캡처도 수용할 수 있으며 $\pm10,000$ 범위 또는 그 이상을 사용하는 것이 현명하다.

9.8.1 정적 평가 함수 만들기

지금까지 머신러닝에서 정적 평가 함수는 보통 직접 프로그램됐다. 머신러닝은 새로운 것이 아니다. 보드 게임을 위한 AI 중 유명한 사례는 1956년 개발된 아서 사무엘^{Arthur Samuel}의 체스 프로그램이 있다[55]. 그는 상대방에게 전략을 적용하기 위해 머신러닝의 간단한 형태를 사용했고 전략 자체는 손으로 직접 프로그램됐다.

2010년 이후로 고수준의 게임에서 사용되는 AI들은 평가 함수를 위해 신경망을 사용하고 있고 특히 기존 트리 검색 알고리듬과는 별도로 자체 개발된 트리 검색이 있는 심층 신경망을 사용한다. 9.8.1절에서는 손으로 직접 평가 함수를 만드는 것에 집중할 것이고 다음 절에서 머신러닝 접근법에 대해서 설명할 것이다.

지식 습득

보드 게임을 위한 정적 평가 함수 개발은 지식 습득 태스크다. 이것은 실력이 좋은 사람을 이해하고 코드로 변환하는 과정이 필요하다. 경우에 따라서 개발자가 해당 게임에 대해서 전문가인 경우도 있을 수 있지만 대부분의 경우에는 다른 전문 어드바이저를 필요로 한다. 지식 습득은 AI 분야에서 오랫동안 어려움을 겪어 왔는데 특히 특정 주제에 대한 전문가의 이해를 요약하도록 설계된 전문가 시스템이 그렇다.

전문가의 모든 지식을 포함하는 하나의 평가 함수를 만드는 것은 대단히 어려운 일이다. 너무 어렵기 때문에 거의 대부분은 시도조차 하지 않는다. 대신 여러 평가 함수를 만들고 각각의 함수들은 전술 또는 전략의 한 부분만을 처리한다. 예를 들어 체스의 경우 현재 선수들의 기물의 개수를 반환하는 함수가 하나 존재한다. 다른 하나는 왕이 얼마나 안전한지 중앙(중요한 전술적 고려 사항)에 대한 각 플레이어의 제어권을 수치적 추정치로 제공하기도 한다. 결과적으로 10개 또는 100여 개가 넘는 이러한 함수들이 존재한다. 그림 9.15에 사무엘의 체커 프로그램의 논문에서 '매개 변수'라고 말하는 것들을 볼 수 있다.

이러한 평가 함수들을 제한된 도메인에서 다루면 코딩 및 테스트가 더 편하지만 검색 알고리듬은 하나의 값만을 필요로 하고 여러 값을 하나의 값으로 만드는 과정이 매우 중요하게 된다. 이 이슈에 대해서는 이후에 다시 자세히 알아보도록 하겠다.

APEX (Apex)
The parameter is debited with 1 if there are no kings on the board, if either square 7 or 26 is occupied by an active man, and if neither of these squares is occupied by a passive man.

BACK (Back Row Bridge)
The parameter is credited with 1 if there are no active kings on the board and if the two bridge squares (1 and 3, or 30 and 32) in the back row are occupied by passive pieces.

CENT (Center Control I)
The parameter is credited with 1 for each of the following squares: 11, 12, 15, 16, 20, 21, 24 and 25 which is occupied by a passive man.

CNTR (Center Control II)
The parameter is credited with 1 for each of the following squares: 11, 12, 15, 16, 20, 21, 24 and 25 that is either currently occupied by an active piece or to which an active piece can move.

which the active side may advance a piece and, in so doing, force an exchange.

EXPOS (Exposure)
The parameter is credited with 1 for each passive piece that is flanked along one or the other diagonal by two empty squares.

FORK (Threat of Fork)
The parameter is credited with 1 for each situation in which passive pieces occupy two adjacent squares in one row and in which there are three empty squares so disposed that the active side could, by occupying one of them, threaten a sure capture of one or the other of the two pieces.

GAP (Gap)
The parameter is credited with 1 for each single empty square that separates two passive pieces along a diagonal, or that separates a passive piece from the edge of the board.

GUARD (Back Row Control)

그림 9.15 사무엘의 체커 프로그램에서 사용된 38개의 전략

만약 여러분이 정적 평가 함수를 직접 만든다면 앞서 살펴본 바와 같이 문제를 잘게 나누는 것을 추천하고 싶다. 이렇게 나누면 컴퓨터와 대전을 하거나 AI를 테스트할 때 가장 중요한 전략만 골라서 테스트 가능하며 약점을 찾고 쉽게 개선할 수 있을 것이다.

문맥 인식

정적 평가 함수에서 '정적'이라는 의미는 같은 보드 위치를 입력으로 취했을 때 결괏값이 항상 같다는 의미다. 물론 이것은 동일한 코드가 매번 같은 방식으로 실행된다는 뜻은 아니다. 특히 평가 함수가 다른 함수들과 조합될 때 컴포넌트의 중요도는 게임의 진행 상황에 따라 달라질 수 있다.

예를 들어 게임 오델로에서는 가장 많은 카운터^{counter} 색상을 가진 플레이어가 승리하게 된다. 그러므로 더 많은 카운터 컬러를 갖는 것이 좋은 것처럼 보일 수 있다. 하지만 게임 중반에 이르게 되면 가장 좋은 전략은 카운터 수를 최소화하는 것이 된다. 이는 게임에서 경기의 주도권을 가질 수 있기 때문이다. 오델로 플레이어들은 이것을 이동성^{mobility}이라고 한다. 물론 미묘한 부분들은 있지만(예를 들어 상대가 코너를 갖는 것을 허용하는 것과 같은) 일반적으로 게임 중반에서는 카운터 수가 적은 플레이어가 유리하다.

만약 중반에 적은 카운터를 갖도록 선호하고 후반에 가서 더 탐욕스러워지려면 두 가지 선택이 있다. 돌의 개수를 계산하는 함수를 코딩해 후반에 더 많은 돌을 갖지만 게임 초반에는 페널티를 줄 수 있다. 또는 돌의 점수 계산 기능은 항상 동일한 값을 반환하지만 시간이 지남에 따라 가중치를 다르게 매길 수도 있다. 실제로 가장 좋은 접근법은 두 가지를 섞는 방법이다. 어떤 함수는 문맥 인식에 의해 코딩하기 더 쉽고 다른 함수는 결합할 때 조정하기가 쉽다.

점수 함수들의 조합

점수 계산을 하는 방법은 굉장히 다양하다. 예를 들어 점수 메커니즘은 각 팀이 제어하는 유닛의 개수를 고려하거나 얼마나 많은 영토를 갖는지 또는 특정 함정과 위험 지역을 고려할 수 있다. 복잡한 게임은 10개 또는 수백 개에 이르는 점수 계산 방법이 있을 수 있다.

이러한 모든 점수 계산 함수는 결국은 조합돼 하나의 값으로 표현돼야 한다. 가장 까다로운 부분은 각 함수들의 가중치를 어떻게 부여하는가다. 사무엘의 체커 프로그램에서 이 부분을 설명했는데 가중치의 합을 사용해 점수 계산에 사용하고 간단한 학습 알고리듬을 사용해 가중치를 조정하는 것이다. 초기 접근법으로는 좋지만 완전한 자동화는 힘들고 여전히 사람이 튜닝하는 과정을 필요로 한다. 이 학습 가중치에 대해서는 이후에 더 설명하도록 하겠다.

마지막 절에서 게임이 진행되는 동안 변경되는 평가 함수에 대해 설명했으며 이러한 함수는 함수 자체가 아닌 가중치를 변경해 구현되는 경우가 많다고 설명했다. 오델로에서 돌의 개수가 많은 경우를, 예를 들면 게임 후반에서는 좋은 의미이지만 중반에서는 문제가 될 수 있다는 것을 배웠다. 예를 들어 체스에서는 게임 시작 시 제어되는 스퀘어 개수에 더 많은 주의를 기울이는 것이 일반적이다. 스퀘어 개수의 의미는 게임이 진행되면서 계속 변하므로 가중치를 이용해서 표현하는 것이 좋다.

중첩된 점수 계산 함수는 6장의 전술 분석(기본 전술들은 상황에 따라 정교하게 조합된다)과 같다. 보드 게임에서도 마찬가지로 같은 조언들을 적용할 수 있다. 나는 개인적으로 오델로를 위한 AI 그리고 〈아톰스^Atoms〉라 부르는 게임에서 그림 9.16과 같은 간단한 구조를 가진 기술을 성공적으로 사용했다. 평가 함수 중 일부는 더해지고 나머지는 곱으로 결합됐다.

하나의 함수는 보드의 전략적 관심사(예를 들어 제어되는 스퀘어의 개수)를 나타낼 수 있고, 다른 함수는 해당 관심사의 중요도(오델로에서 중반에는 음의 값이지만 후반에 가서 높은 양의 값을 갖는 것과 같은)를 나타낼 수 있다. 함수를 이러한 방식으로 구성함으로써 계산 중인 전략을 시각화하는 것이 간단해진다.

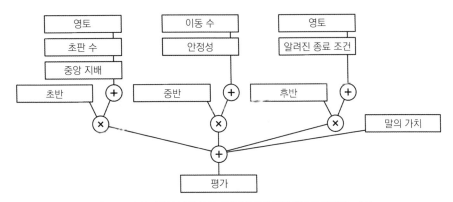

그림 9.16 하나 이상의 문맥 인식 전략들을 정적 평가 함수에 조합하는 모습

9.8.2 정적 평가 함수 학습

정적 평가 함수를 수동으로 코딩하는 것은 지루하고 오류가 발생하기 쉽기 때문에 AI를 사용하는 보드 게임에서 머신러닝이 매우 유익할 것이라는 점이 분명했다.

가장 빠르고 간단한 접근 방법은 머신러닝을 개별 전략의 가중치에 적용하는 것이었다. 전략들 자체는(예를 들어 플레이어당 조각 개수, 제어하고 있는 위치의 개수와 같은) 간단하고 손으로 구현됐으며 학습 알고리듬은 각 전략들이 어느 정도 중요한지 결정한다. 이 접근법은 초기 체스 프로그램[55]으로서 사람을 상대로 승리하기에 충분했다.

테사우로Tesauro는 백개먼을[68] 위한 평가 함수를 구현할 때 손으로 작성된 전략들에 의존하지 않고 대신 얕은 신경망을 사용해 평가 함수를 초기부터 구현했다. 이것은 사람과 대적하기에 충분했지만 널리 알려지지 못했다. IBM의 딥블루Deep Blue가 체스 세계 챔피언 게리 카스파로프Gary Kasparov를 이겼을 때 IBM은 내부 동작 원리를 자세히 설명하는 것을 꺼렸다(하드웨어를 판매하는 회사 입장에서 보면 놀라운 일도 아니다). 평가 함수가 복잡하며[24] 하드웨어, 소프트웨어 각각 부분적으로 실행됐다고 말했다. 매개 변수를 조정하는 데 학습을 사용했는지와는 관계없이 프로젝트에 참여한 그랜드 마스터 컨설턴트들이 많았으므로 전문 지식 습득에 매우 크게 의존했음을 알 수 있다.

최근에 개발자들은 컴퓨터가 플레이하기 가장 어렵다고 알려진 바둑에 집중했다. 주로 어려운 작업은 전략을 개별적인 관심사로 분해하는 것이었다. 바둑에서는 실제 이동이 발생하기 전까지 해당 영역이 의미하는 바를 완전히 이해하는 것이 매우 어렵다. 전문 바둑 기사들은 '가중치', '균형' 또는 '아름다움', '추함'과 같은 코드로 표현하기 어려운 기능에 대해 주로 말하곤 한다. 또한 강력한 전략 구성품이 없는 경우 머신러닝으로 매개 변수를 조정하는 것은 그다지 유용하지 않다. 바둑에서 혁신은 보드 게임 고유의 딥러닝 기술을 개발해([59] 및 [60]) 전체 정적 평가 함수를 만들어 냈다.

9.8.2절에서 나는 두 접근법 모두를 설명할 것이다. 내 경험에 의하면 간단한 접근법은 아직도 유용하며 특히 간단한 보드 게임에 있어서 더 그렇다.

가중치 매개 변수 최적화

숫자 값을 반환하는 각각의 전략 집합이 주어지고 우리는 각각에 맞는 일련의 가중치 값들을 학습하고 싶다. 각 전략들의 값들은 가중치 값과 곱해지고 결과적으로 모두 더해져서 정적 평가 함수의 출력을 만들어 낸다.

이 학습은 7장에서 소개한 모든 기술을 사용해 이뤄 낼 수 있다. 어떤 방법을 쓰든 약한 감독 하에 학습이 이뤄진다. 정적 평가 함수의 경우 무엇이 올바른 값인지 알 수 없고, 우리가 알고 있는 것은 AI가 얼마나 성공적인지 아닌지다. 가중치 집합이 좋을수록 정적 평가 함수는 완벽한 값에 가까워지고 AI는 더 잘 작동한다고 가정한다.

성공을 결정하기 위한 두 가지 접근법이 있다.

1. 위치 값이 명확해질 때까지 게임을 계속해서 진행하고 나중에 이 값을 사용해 이전 가중치를 업데이트할 수 있다.
2. 가중치가 다른 두 가지 버전의 AI를 서로 플레이하고 누가 이기는지 확인한다.

첫 번째 접근 방식은 기본적으로 사무엘의 체커 프로그램에서 사용되는 것으로 '백업'으로 알려져 있다. 트리 검색을 효과적으로 사용해(9장의 알고리듬을 사용) 개선한다. 몇 번의 사전 검색으로 성능이 향상되면 몇 번의 검색으로 어떤 결과가 나타나는지 반환하는 평가 함수를 배울 수 있다.

이는 효과적이고 효율적이지만 심각한 부트스트래핑^{bootstrapping} 문제를 겪고 있다. 만약 가중치가 안 좋아 결과적으로 함수가 안 좋다면 단지 안 좋은 결과만을 만들어 내는 학습만 할 뿐이다. 이것을 피하기 위해 일부 가중치는 종종 고정된다. 체커에서 이것은 조각 개수이고 체스에서 이것은 총 조각 값일 수 있다. 두 경우 모두 값을 고정하면 평가 함수가 고정되고 현재 버전이 안 좋게 플레이되면 학습에 반영된다.

효율성은 1950년대와 비교했을 때 비교적 문제는 적다. 현재는 초당 수백 개의 게임을 소비자 수준의 하드웨어에서 쉽게 실행할 수 있으며(검색은 거의 하지 않는다고 가정) 7.2.2절에서 본 알고리듬을 사용해 언덕 오르기의 형태를 사용할 수 있다(최적화를 통해 가장 높은 건강 수치 지점을 찾거나 낮은 에너지 지점을 찾을 수 있음을 기억해 보자. 현재의 경우 후자가 더 일반적이며 이 알고리듬을 보통 경사 하강^{gradient descent}이라고 한다). 요약하면 초기 무작위 가중치 집합에서 각 가중치를 차례로 변경하고 원래 집합과 게임을 한다. 그다음 가장 큰 개선으로 이어지는 변경이 커밋^{commit}되고 알고리듬이 다시 시작된다. 모든 변경이 좋지 않다고 판단되면 현재 집합을 저장하고 새 무작위 가중치로 다시 시작한다.

이 접근 방식을 사용하려면 AI와 게임이 너무 무작위적인 것은 바람직하지 않다. 가중치에 대한 훨씬 더 나쁜 돌연변이가 순전히 우연히 성공한다면 알고리듬은 더 나쁜 상태 공간을 가진 곳으로 가거나 단지 우연에 따라 비슷한 가중치 사이에서 순환이 일어날 수도 있다. 이 기술은 실제로 시뮬레이션 담금질^{annealing}에 대해 7.2.4절에서 봤던 것처럼 무작위성을 지원하므로 작은 무작위성이 국소 최소화를 방지하는 데 도움이 될 수 있다. 그러나 무작위성이 많을수록 알고리듬이 최적의 가중치로 수렴되는 속도가 느려진다.

실제로 두 가지 접근 방식은 결합되는 경우가 많다. 시스템은 자체적으로 가중치를 학습하지만 예측 검색을 통해 가중치를 작은 방식으로 저장할 수도 있다. 학습의 일부로 검색을 내장하는 것은 다음 절에서 볼 수 있듯이 더 간단한 구성 전략을 사용하지 않는 경우에도 적용된다.

신경망과 딥러닝

이전 절에서는 개별 전략 평가 벡터로부터 정적 평가 함수를 학습하는 방법에 대해 설명했다. 각 구성 요소 평가는 현재 보드 위치에서 작동해 숫자를 반환한다. 대부분의 경우 전문 지식이 AI의 품질에 기여할 수 있도록 해주기 때문에 가장 실용적이다. 그러나 신경망과 특히 딥러닝의 등장으로 이러한 중간 평가는 제거될 수 있으며 AI는 보드 위치에서 평가 함수를 직접 학습하는 임무를 수행할 수 있다.

1990년대 백개먼 AI로 성공한 TD-Gammon은 이 방식을 성공적으로 활용했다. 신경망의 일종인 시간차$^{TD, Temporal Difference}$ 학습을 적용했다. 백개먼의 무작위성은 이 접근법에 특히 적합해 보였으며, 이를 다른 게임, 특히 완전 정보 게임에 적용하려는 시도는 성공적이지 못했다. 딥마인드의 바둑 플레이 AI의 등장으로 알파 제로^{AlphaZero}(즉 처음부터 모든 것을 학습)가 절정에 달하면서 이 접근 방식이 바둑과 체스 모두에서 손으로 최적화된 전략들을 쉽게 능가할 수 있음을 입증했다[60].

알파고 제로$^{Alpha Go Zero}$는 보드에 대한 데이터를 가져와 매개 변수로 변환하는 컨볼루션 필터의 여러 레이어로 구성된 심층 신경망을 사용한다. 이는 이미지 처리에서 파생된 필터를 사용해 전술 정보를 계산하는 6장에서 설명한 것과 유사한 접근 방식이다. 구체적인 네트워크 구조는 알파고 문서에 설명돼 있다. 이 자체만으로는 혁명적이지도 않고 특별히 특이하지도 않다. 혁신은 그림 9.17과 같이 네트워크가 훈련되는 방식에 있다.

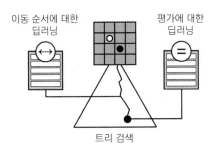

그림 9.17 알파고의 학습 알고리듬의 대략적인 표현

네트워크는 보드를 표현하고 평가 함수를 반환한다. 또한 가능한 이동에 대한 순서를 반환한다(이동 순서가 검색 성능에 매우 중요하다는 것을 기억하자). 이는 각 이동이 선택될 확률을 나타낸다. 알고리듬은 반복적으로 신경망을 사용해 스스로 플레이되며 각 이동 시 몬테카를로 트리 검색을 수행한다. 트리 검색은 이동 순서, 즉 상대적 품질을 계산한다. 현재 위치의 전체 값은 불필요하다. 다음으로 네트워크를 훈련시켜 이동 순서가 트리 검색에 의해 반환되는 이동 순서와 더 일치하도록 한다. 이것은 간접적으로 평가 함수를 향상시키지만, 시스템이 더 큰 기준 집합과 일치하기 때문에 시스템이 훨씬 더 빨리 학습할 수 있게 해 할당 문제를 더 간단하게 만든다.

알파고 제로는 보드 게임 AI의 최신 기술을 나타낸다. 이 논문은 자유롭게 사용할 수 있는 딥러닝 툴킷 중 하나(예를 들어 케라스 및 텐서 플로)를 사용해 복사할 수 있도록 충분한 세부 정보를 제공한다. 여러 복사본에 대한 소스 코드는 깃허브^{GitHub}에서 사용할 수 있지만 문서에 보고된 것과 동일한 수준의 성능을 달성한 것은 없다.

나는 아직 이 기술을 이용한 보드 게임용 AI를 출시해 본 적은 없지만 실험해 보는 것은 즐거웠다. 세계 챔피언인 Go AI만큼 놀라운 것을 만들었다고 주장할 수는 없지만, 〈리버시〉 및 〈아톰스〉과 같은 간단한 게임에서 나를 이길 수 있는 시스템을 만드는 것이 비교적 쉽다는 것을 알았다. 보드 게임 AI에서는 흥미진진한 시기이지만 이 분야는 빠르게 변화하고 있다. 예를 들어 이러한 접근 방식이 전문 지식에 기반한 수동 튜닝 엔진을 완전히 대체할지 여부는 아직 명확하지 않다. 나는 순전히 직관에 근거하고 있지만 제로 지식 딥러닝과 전문 지식의 융합이 여전히 더 강할 것이라고 생각한다.

9.9 턴-기반의 전략 게임

9장은 보드 게임 AI에 대해 조명한다. 보기에는 보드 게임 AI는 턴-기반의 전략 게임과 많은 유사성이 있다. 상용 전략 게임은 9장에서 기술한 트리-기반 기법을 주 AI 도구로는 거의 사용하지 않는다. 이런 게임에서의 복잡함은 알고리듬이 합리적인 의사결정을 하기도 전에 수렁에 빠뜨린다. 많은 트리-검색 기법은 2명의 플레이어, 제로섬, 완전 정보 게임으로 고안됐고 많은 최적화 전략들은 일반적인 전략 게임에 적용이 불가능하다.

몇몇 단순한 턴-기반의 전략 게임은 9장에서 기술한 트리-검색 알고리듬을 통해 직접적으로 이득을 볼 수 있다. 연구, 건축, 진군, 군사 행동들은 모두 행마 조합의 형태로 볼 수 있다. 보드 위상은 턴이 진행되는 동안 정적이다. 위에서 기술한 게임의 인터페이스는 이론적으로 대다수의 복잡한 턴-기반의 게임에 반영될 수 있다. 이런 인터페이스는 정규 트리-검색 알고리듬에 쓰일 수 있다.

9.9.1 불가능한 트리 크기

불행하게도, 복잡한 게임에서의 트리의 크기는 너무 커졌다.

일례로 전략 건축 게임[12]에서 플레이어가 5개의 도시와 30 군사 유닛을 지니고 있다고 하자. 각 도시는 경제 관련 속성을 손쉽게 큰 범위로 조절할 수 있다고 하자. 좀 더 자세하게 5 속성이 있고 각 속성은 100까지의 값을 설정할 수 있다 치면 도시마다 500개의 다른 옵션이 있고 전체 2,500개가 있는 셈이다. 각 병력은 대여섯 칸을 이동할 수 있다면 각 칸마다 500개의 가능한 행마가 있고, 총 15,000개의 다른 행마가 있게 된다. 최종적으로 전체 세력에게 가능한 행마 조합이 또 있는데 다음에 무엇을 연구할지, 국가 단위의 세금은 얼마나 거둘 것인지, 정부를 바꿀 것인지, 기타 등등이다. 아마 20,000개쯤의 가능한 행마들이 있는 셈이다.

하지만 이는 시작에 불과하다. 한 턴에 플레이어는 각각의 도시와 유닛에 대해 다른 행마들로 조합할 것이다. 20,000개의 행마가 한꺼번에 택해지는 것은 아니지만 어림잡아 계산해 보아도 10^{90}개의 다른 가능한 행마 조합이 각 턴마다 발생한다.

기본 미니맥스 알고리듬으로는 한 턴의 가능성에 대해 둘러보지도 못할 것이다.

12　시드마이어의 문명과 같은 게임을 말한다. - 옮긴이

분할 정복[13]

각 턴마다 몇몇 가능한 행마들을 그룹 지어 가능한 선택지를 줄일 수 있다.

그룹화된 전략들은 보통 개별적인 행마로 취급된다. 일례로 플레이어가 이웃나라를 침공하려 한다면 보드 게임 AI는 다양한 계층의 AI 중 최상위에 있는 것처럼 행동한다.

최상위 행동을 달성하기 위해 낮은 수준의 AI는 20개의 다른 최소 단위 행동을 취할 것이고, 높은 수준의 전략은 그 행동들을 지시할 것이다. 이 경우 미니맥스 알고리듬은 그림 9.18에 보여진 것과 같은 전략 게임 트리의 단계로 진행될 것이다.

이런 접근은 실시간 게임에도 동등하게 적용이 가능한데 특정한 행마들을 추상화하고 게임의 흥망성쇠를 전체적으로 지켜보는 것으로 가능하다.

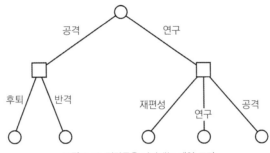

그림 9.18 전략들을 나타내는 게임 트리

휴리스틱

공격적인 분할 정복으로 문제가 더 커질 수 있다. 전략 게임 AI는 휴리스틱에 심히 기반하고 있어, 개발자들은 진행을 안내하는 데 있어 미니맥스를 지양하고 주로 휴리스틱 값을 이용하려 한다. 휴리스틱은 지배하는 영역, 적 병력의 추산, 기술적 우위, 인구 만족도 등등에 이용될 수 있다.

9.9.2 턴-기반의 게임에서의 실시간 AI

대부분의 턴-기반의 전략 게임은 대응되는 RTS와 매우 유사한 AI를 지니고 있다(자세한 내용은 6장 참고).

---

13 https://ko.wikipedia.org/wiki/분할_정복_알고리듬 – 옮긴이

RTS 장의 알고리듬 대부분은 직접적으로 턴-기반 게임에 응용이 가능하다. 특히 지형 분석과 같은 시스템, 영향력 분포, 전략 스크립트, 높은 수준의 계획은 모두 턴-기반의 게임에 적용 가능하다. 영향력 분포는 원래 턴-기반의 게임에서 쓰였다.

연습 문제

9.1 틱택토의 점수 계산 함수를 만들어 보자.

9.2 그림 9.19 트리에서 어떻게 미니맥스 값이 계산돼 올라오는지 설명해 보자.

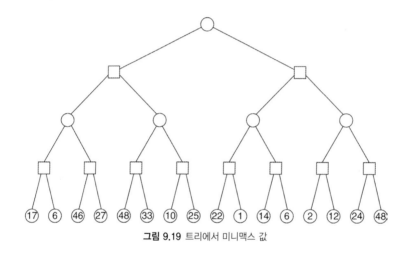

그림 9.19 트리에서 미니맥스 값

9.3 연습 문제 9.2에서 네가맥스 값이 어떻게 계산돼 올라오는지 설명해 보자.

9.4 연습 문제 9.2에서 AB 미니맥스 값이 어떻게 계산돼 올라오는지 설명해 보자.

9.5 연습 문제 9.2에서 AB 네가맥스 값이 어떻게 계산돼 올라오는지 설명해 보자.

9.6 연습 문제 9.2에서 (5, 20)의 범위 안에 들숨 검색 값이 어떻게 계산돼 올라오는지 살펴 보고 결과에 대해 설명해 보자.

9.7 연습 문제 9.2에서 네가스카웃 알고리듬이 어떻게 동작하는지 설명해 보자.

9.8 커넥트 4 게임을 위한 조브리스트 해시 구조를 만들어 보자(해당 게임에 대해 들어 본 적이 없다면 직접 찾아보자). (힌트: 보드 위에서 각 위치는 빨간 말, 노란 말, 또는 빈칸인지로 명시할 수 있다.)

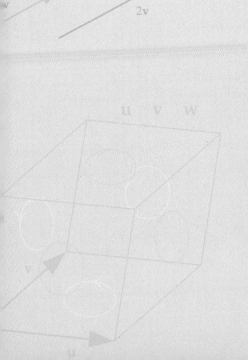

지원 기술

3 ^{PART}

실행 관리　10장

게임에는 제한된 프로세서 자원만 사용할 수 있다. 전통적으로 이들 대부분은 게임의 주요 원동력인 훌륭한 그래픽을 만드는 데 사용돼 왔다. 대부분의 그래픽 기능이 그래픽 카드로 이전됨에 따라 AI 개발자에게 주어진 프로세서 예산이 꾸준히 증가하고 있다. AI가 프로세서 시간의 50% 이상을 차지하는 것이 전례 없는 일은 아니지만, 5~25%가 더 일반적인 범위다.

사용 가능한 실행 시간이 늘어나도 프로세서 시간은 길 찾기, 복잡한 의사결정, 전술적 분석 과정에 의해 쉽게 점유될 수 있다. 또한 AI는 본질적으로 일관성이 없다. 때에 따라 결정(예를 들어 경로를 계획)을 내리는 데 많은 시간이 필요하거나 적은 예산으로 충분할 수도 있다. (경로를 따라 움직인 때) 캐릭터들은 동시에 길을 찾을 수도, 또는 수백 프레임 동안 빌나른 일이 일어나지 않을 수도 있다.

우수한 AI 시스템은 제한된 처리 시간을 최대한 활용할 수 있는 기능이 필요하다.

AI 중에서 필요한 실행 시간을 나누는 것, 여러 프레임에 걸쳐 조금씩 작동하는 알고리듬을 갖는 것, 리소스가 부족할 때 중요 캐릭터에게 우선 할당하는 것 등 크게 세 가지 요소가 있다.

10장에서는 종합적인 AI 스케줄링 도구를 구축하기 위한 성능 관리 이슈들을 살펴본다.

이 해결책은 AI로부터 시작됐으나 복잡한 AI가 아니라면 이 기술은 필요로 하지 않는다. 그러나 좋은 AI 스케줄링 시스템을 갖춘 개발자들은 다른 많은 용도로도 AI를 사용하는 경향이 있다. 우리는 AI 스케줄링 시스템에 대한 다양한 애플리케이션을 본 적이 있다. 새로운 레벨 영역의 점진적인 로딩, 텍스처 관리, 게임 로직, 오디오 스케줄링^{scheduling}, 물리 업데이트 모두 원래 AI를 위해 설계된 스케줄링 시스템으로 제어된다.

10.1 스케줄링

게임의 많은 요소는 빠르게 변하기에 매 프레임 처리돼야 한다. 화면에 보이는 캐릭터는 대개 애니메이션으로 표시되므로 프레임마다 지오메트리를 업데이트해야 한다. 물체의 위치와 동작은 물리 시스템으로 처리된다. 이것은 공간 사이로 물체가 정확하게 이동하고, 튕겨서 제대로 된 상호 작용을 하도록 하기 위해 빈번한 업데이트가 필요하다. 원활한 게임 플레이를 위해서는 사용자의 입력을 신속하게 처리하고 화면에 피드백을 제공해야 한다.

이와는 대조적으로 일부 캐릭터를 통제하는 AI는 훨씬 덜 바뀐다. 만약 군부대가 전체 게임 맵을 가로질러 움직이고 있다면 경로는 딱 한 번 계산되며 목적지에 도착할 때까지 그 경로를 따라갈 수 있다. 공중전에서 AI 기체는 사냥감들과의 긴장 상태를 유지하기 위한 복잡한 동작을 계속 계산해야 할 것이다. 하지만 기체가 누구를 쫓을지 결정된 후에는 전술적이나 전략적으로 자주 계산할 필요는 없다.

스케줄링 시스템은 어떤 작업이 언제 실행되는지 관리한다. 그것은 다른 실행 빈도와 작업 지속 시간에 대응한다. 이는 큰 처리 부하가 일어나지 않게 해 게임의 실행 프로파일을 원활하게 하는 데 도움이 돼야 한다. 10.1절에서 만들어 볼 스케줄링 시스템은 대부분의 게임 애플리케이션, AI, 그 외의 것들에 일반적으로 적용하기 충분할 것이다.

스케줄러의 설계에서 중요한 요소는 속도다. 스케줄러 코드를 처리하는 데 많은 시간을 들이는 것은 우리가 원하는 바가 아니며, 특히 지속적으로 실행될 때 프레임마다 수십 작업이 아닌 수백, 수천 개의 작업을 관리하는 것은 더욱 아니다.

10.1.1 스케줄러

스케줄러는 다양한 작업들에 실행 시간을 할당하는 것으로 동작하는 데 시간이 필요한 작업들을 기반으로 할당된다.

다른 AI 작업들은 다른 주기로 실행될 수 있고 그래야 한다. 어떤 작업은 단순히 두세 프레임마다 실행되게 할 수 있고, 다른 작업들은 좀 더 자주 실행되게 할 수 있다. 전체 AI를 조각조각 분해해 시간 전반에 분배한다. 이는 시간 전반에 걸쳐 너무 많은 AI 시간을 소모하지 않도록 확실하게 해주는 강력한 기법이며 더 복잡한 작업들은 드물게 실행될 수 있다. 이는 전체 게임에서 AI 시간에 너무 차지하지 않으며 복잡한 작업을 자주 실행하지 않도록 하는 매우 강력한 기술이다.

그림 10.1의 내용에서 확인할 수 있다.

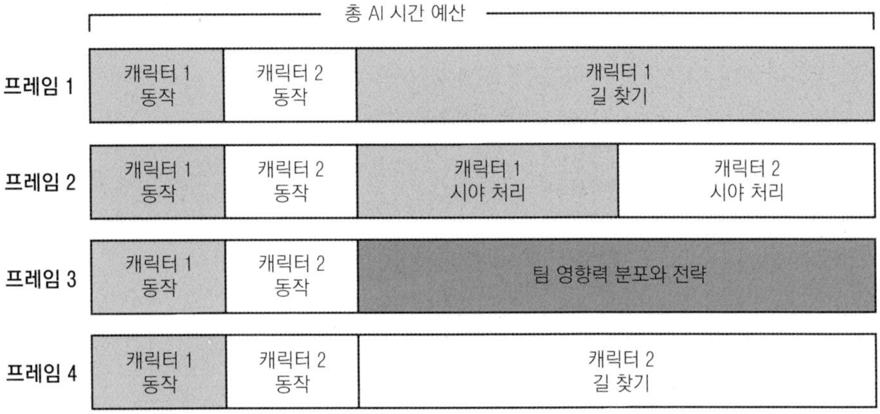

그림 10.1 AI 슬라이싱

이는 일반적으로 똑똑한 캐릭터에게 기대하는 것과 일치한다. 우리는 기본적인 움직임 제어와 같은 처리를 순식간에 처리한다. 하지만 다가오는 발사체와 같은 것들에 반응하기 위해 시간을 더 사용하며 이것들을 모두 완료하는 데는 약간의 시간이 디 든다. 비슷하게 대규모 전술이나 전략적 의사결정들은 가끔씩, 예를 들어 몇 초에 한 번씩 수행한다. 이러한 대규모 결정에 일반적으로 가장 많은 시간이 소요된다.

각각 자체 AI를 가진 캐릭터가 많은 경우 동일한 슬라이싱^{slicing} 기술을 사용해 각 프레임의 캐릭터중 일부만 실행할 수 있다. 100명의 캐릭터가 30프레임마다 상태를 업데이트해야 한다면 (초당 1회) 각 프레임에 3명의 캐릭터만 처리하면 된다.

빈도

스케줄러는 각각의 태스크가 실행될 시기를 결정하는 관련 빈도가 있다. 각 프레임마다 스케줄러는 전체 AI 예산을 관리하기 위해 호출된다. 실행해야 할 동작을 결정하고 호출한다.

이는 선달된 프레임 수를 유지함으로써 수행된다. 이 값은 스케줄러가 호출될 때마다 증가한다. 프레임 수가 정확히 나눠 떨어지는 빈도를 검사해 각 동작을 실행해야 하는지 쉽게 테스트할 수 있다. 정수(%)에 대한 모듈식 분할 작업은 현재의 모든 게임 하드웨어에서 매우 빠르며 간단하고 효율적인 솔루션을 제공한다.

이 접근 방식은 그 자체로 어떤 프레임은 작업이 실행되지 않고, 다른 프레임은 작업을 예산을 분담해야 하는 등의 어려움을 겪는다.

그림 10.2에서 이 문제를 확인할 수 있다. 3개의 행동이 각각 빈도 2, 4, 8로 존재한다. 행동 B가 실행될 때마다 A는 항상 실행된다. 유사하게, 행동 C가 실행될 때마다 A와 B도 실행된다. 목적이 부하를 분산시키는 것이라면 나쁜 해법이다.

그림 10.2 페이즈별 행동

이런 경우 빈도는 공약수로 인해 충돌한다(제수는 어떤 숫자를 정확히 몇몇 묶음으로 나눌 수 있는 수다). 따라서 1, 2, 3은 6의 모든 제수다. 공약수는 다른 숫자들이 모두 나눠질 수 있는 수다. 즉 8과 12는 3개의 제수를 지니는데 1, 2, 4다. 모든 숫자는 1을 제수로 지니지만 여기서는 문제가 없다. 문제가 있는 것은 더 높은 숫자들이다.

문제를 풀기 위한 첫 발걸음은 빈도로 서로소를 뽑는 것이다. 소수는 모두 나눠질 수 있는 숫자가 없는 수다(물론 1은 제외다).

그림 9.3에서 행동 B와 C는 더 자주 불리지만 서로소를 이용했기에 충돌이 더 적다.

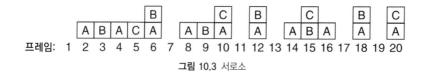

그림 10.3 서로소

928

페이즈

서로소 빈도는 여전히 충돌한다. 그림 10.3은 빈도 2, 3, 5를 채택했다. 6프레임마다 행동 A와 B는 충돌하며, 매 30프레임은 모두 충돌한다.

서로소로 빈도를 이용하는 것은 충돌점이 줄어들지만 완전히 없애지는 못한다.

문제를 해결하기 위해서는 각 행동마다 인자를 추가해야 한다. 페이즈phase라 불리는 이 인자는 빈도를 수정하지는 않으나 행동이 불려야 할 오프셋offset을 바꾼다. 모든 빈도가 3인 3개의 행동이 있다고 생각해 보자. 본래의 스케줄러 아래서는 모든 행동은 3프레임마다 동시에 실행될 것이다. 오프셋을 쓰면 연이은 프레임에 실행될 수 있고 프레임마다 하나의 행동이 실행될 것이나 모든 프레임은 3프레임마다 실행될 것이다.

의사 코드

기본 스케줄러는 다음과 같은 형태로 구현된다.

```
 1   class FrequencyScheduler:
 2
 3       # 스케줄의 행동별 데이터
 4       class BehaviorRecord:
 5           thingToRun: function
 6           frequency: int
 7           phase: int
 8
 9       # 행동 기록 목록
10       behaviors: BehaviourRecord[]
11
12       # 현 프레임 수
13       frame: int
14
15       # 행동을 목록에 추가한다.
16       function addBehavior(func: function, frequency: int, phase: int):
17           # 기록을 편집한다.
18           record = new Record()
19           record.functionToCall = func
20           record.frequency = frequency
21           record.phase = phase
22           behaviors += record
23
24       # 프레임마다 한 번 호출한다.
```

```
25      function run():
26      # 프레임 수를 올린다.
27          frame += 1
28
29          # 각 행동마다 진행한다.
30          for behavior in behaviors:
31              # 차례라면 실행한다.
32              if behavior.frequency % (frame + behavior.phase):
33                  behavior.thingsToRun()
```

구현 노트

나머지 연산이 수행되기 전에 페이즈 값이 시간 값에 바로 더해진다. 이는 페이즈를 합치는 가장 효율적인 방식이다. 다음과 같이 확인하는 것이 더 명백히 보인다.

```
  time % frequency == phase
```

페이즈 값을 추가할 때 빈도보다 더 큰 페이즈 값을 이용할 수 있다. 100에이전트를 10프레임마다 실행하도록 조율할 때 다음과 같이 쓸 수 있다.

```
1   for i in 1..100:
2       behavior[i].frequency = 10
3       behavior[i].phase = i
```

이는 에러를 덜 일으킨다. 개발자가 페이즈가 아닌 빈도 수를 수정했을 때 행동은 실행되자마자 멈추지는 않을 것이다.

성능

스케줄러는 O(1)의 공간 복잡도와 O(n)의 시간 복잡도를 지닌다. n은 관리되는 행동의 수다.

직접 접근

이 알고리듬은 일리 있는 개수(수십 또는 수백)의 행동이 있고 빈도 수가 적절히 적은 상황에 적합하다. 확인은 어떠한 행동을 실행시킬 것인지 확실히 하기 위해 필요하다(이전 구현 노트에서 기술한 대로 100개의 에이전트가 있다고 하면). 몇몇 행동이 항상 같이 수행될 것이다. 이런 상황에서 100개 각각을 확인하는 것은 낭비다.

게임에 단지 고정된 숫자의 캐릭터만 있고 모두 같은 빈도 수를 지녔을 때 간단하게 같이 수행될 모든 행동들을 배열의 하나의 원소로 구성할 수 있다. 여기에 고정된 빈도 수를 지녔다면 모든 원소는 직접 접근이 가능하고 모든 행동은 수행될 것이다. 이는 $O(m)$의 시간 복잡도를 지니고, m은 수행될 행동의 수다.

의사 코드

이는 다음과 같다.

```
1   class DirectAccessFrequencyScheduler:
2
3       # 하나의 빈도에 대한 행동들의 데이터를 모아둔다.
4       class BehaviorSet:
5           functionLists: function[]
6           frequency: int
7
8       # 각 필요한 빈도를 모아 둔 세트(set) 모음을 준비한다.
9       sets: BehaviourSet[]
10
11      # 현재 프레임 수를 지닌다.
12      frame: int
13
14      # 행동을 리스트에 추가한다.
15      function addBehavoir(func: function, frequency: int, phase: int):
16          # 알맞은 세트(set)를 찾는다.
17          set: BehaviorSet = sets[frequency]
18          # 함수를 목록에 추가한다.
19          set.functionLists[phase] += func
20
21      # 프레임마다 한 번 불린다.
22      function run():
23          # 프레임 수를 증가시킨다.
24          frame += 1
25
26          # 빈도 세트마다 돌린다.
27          for set in sets:
28              # 해당 빈도에 대한 페이즈를 계산한다.
29              phase: int = set.frequency % frame
30
31              # 배열의 적절한 위치에서 해당 행동을 실행한다.
32              for func in functionLists[phase]:
33                  func()
```

자료 구조 및 인터페이스

set의 데이터 멤버[1]는 BehaviorSet의 인스턴스를 들고 있다. 원래 구현에서 세트의 원소를 가져오기 위해 for ... in ... 연산자를 썼다. 이 구현에서 세트는 해시 테이블을 이용하며 빈도 값으로 항목을 찾는다.

빈도의 최댓값까지 완벽히 채워진 세트가 있다면(즉 최댓값이 빈도 5일 때 4, 3, 2의 BehaviorSet 인스턴스를 지니고 있다면) 해시 테이블을 이용하는 것보다 배열을 이용하는 것이 낫다.

성능

시간 복잡도는 $O(fp)$이고, f는 빈도 종류 수, p는 페이즈 값당 빈도의 수다. 모든 배열의 원소가 내용이 있다면(즉 모든 페이즈가 대응하는 행동을 지녔다면) 언급한 대로 $O(m)$과 동일하다.

공간 복잡도는 $O(fFp)$이고, F는 사용된 평균 빈도다.

고정된 개수의 행동에서 이는 좋은 해법이지만 너무 다양한 빈도와 페이즈 값이 사용됐다면 메모리 부족에 시달리고 좋은 수행 능력을 보이지 못할 것이다.

이 경우 원래 구현에 특정한 일종의 (후에 기술할) 계층적 스케줄링 방식을 덧붙인 것이 보통 최적이다.

페이즈의 품질

스파이크를 피하기 위한 좋은 페이즈 값을 찾는 것은 어렵다. 특정 빈도 세트와 페이즈 값이 일반적인 스파이크를 구성할지 아닐지를 판별하는 것은 직관적이지 않다. 게임 컴포넌트를 통합하는 개발자가 최적의 페이즈 값들을 구성할 수 있다고 기대하는 것은 너무 낙관적이다. 대신에 개발자는 어떠한 빈도들이 상대적으로 필요할지에 대한 좋은 해법을 점차 발견해 나갈 것이다.

응집량 측정 체계를 구축하는 것은 빈도와 페이즈 구현에서 발생할 수 있다. 이는 기대되는 스케줄러의 품질에 대한 피드백을 줄 수 있다.

간단히 대규모의 임의의 다른 시간 값을 표본으로 실행돼야 할 행동의 개수에 대한 통계를 누적할 수 있다. 수십 개 작업의 스케줄링 정도에 대한 수백만 프레임의 표본 조사는 몇 초 만에

---

1 위의 예제에서 BehaviorSet.functionLists, BehaviorSet.frequency, 즉 멤버 변수를 의미한다. – 옮긴이

이뤄진다. 최소, 최대, 평균, 분산 통계 값이 구해질 것이다. 최적의 스케줄링은 적은 분산을 지니고 최저와 최대 값이 평균에 근접해야 한다.

페이징의 자동화

좋은 품질의 피드백을 받더라도 페이즈 값을 변경하는 것은 직관적이지 않다. 그 짐은 개발자에게 지우는 것이 낫다.

다른 빈도들의 작업 세트에 대한 좋은 페이즈 세트를 계산하는 것은 가능하다. 이는 스케줄러로 하여금 원래 구현이 각 작업에 대해서만 빈도를 지니게끔 한다.

라이트의 방식

스케줄링에 대해 어느 정도의 깊이로 최초로 기술한(같은 형태로 많은 개발자에게 범용적으로 쓰인다) 이안 라이트[Ian Wright]는 간단하지만 강력한 페이징 알고리듬을 소개했다.

새로운 행동이 스케줄러에 추가됐을 때 빈도를 f라 하면 스케줄러는 미래의 고정된 수의 프레임 동안 시운전을 해본다. 이 시운전에서 행동을 수행하는 것보다 단순히 얼마나 많이 수행될 수 있는지 세어 본다. 이를 통해 가장 적은 행동이 수행되는 프레임을 찾을 수 있다. 행동의 페이즈 값은 이 최저 값이 발생한 프레임 수만큼 뒤로 구성된다.

고정된 프레임 개수는 일반적으로 실험적인 결과로 도출된 값으로 구성된다. 이상적으로는 스케줄러에 이용된 모든 빈도 값의 최소공배수가 돼야 한다. 하지만 보통 이 값은 매우 크며 알고리듬이 불필요하게 느려진다(2, 3, 5, 7, 11의 빈도를 예를 들면 최소공배수는 2310이다).

그림 10.4는 이를 나타낸다. 5프레임의 빈도로 수행되는 행동이 추가됐다. (현재 프레임을 포함해) 다음 10프레임을 보면 프레임 3, 8에서 최소의 조합된 행동이 나오는 것을 볼 수 있다. 따라서 페이즈 값으로 3을 쓰면 된다.

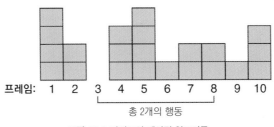

그림 10.4 라이트의 페이징 알고리듬

이런 접근은 실용적이다. 이론적으로는 여전히 심한 스파이크가 튈 수 있는데 내다본 프레임 수가 최소공배수의 크기만큼 크지 않을 때 그렇다.

단일 작업의 스파이크

상대적으로 서로소(겹치지 않도록)인 주파수와 계산된 페이즈 오프셋을 사용하면 AI의 과중한 작업을 분산시킴으로써 스파이크가 발생하는 프레임 수를 최소화할 수 있다.

대부분의 경우 이 방식은 AI 스케줄링에 충분하고 드물게 실행되는 다른 게임 요소를 수행하는 데 유용할 것이다. 어떤 환경에서는 몇몇 코드가 수행하기에 너무 과중해 수행되는 프레임 내에서 모두 스파이크가 발생할 수 있다.

더 진보된 스케줄러는 여러 프레임에 걸쳐 프로세스가 수행되는 것이 필요하다. 이것이 중단 가능한 프로세스^{interruptible processes}다.

10.1.2 중단 가능한 프로세스

중단 가능한 프로세스는 원할 때 일시 중지 및 재개가 가능한 것이다. 길 찾기와 같은 복잡한 알고리듬은 이상적으로는 각 프레임마다 짧은 시간에 수행돼야 한다. 충분한 시간이 지난 후에는 결과를 이용할 수 있지만, 시작한 그 프레임에는 끝나지 않을 것이다. 많은 알고리듬이 사용한 총 시간은 하나의 프레임에는 너무 크지만, 조금씩 수행되는 것은 예산을 저해하지 않는다.

스레드

시중에는 이미 중단 가능한 프로세스를 구현할 수 있는 일반적인 프로그래밍 툴이 있다. 스레드^{thread}는 모든 게임 머신에 이용 가능하다(몇몇 제한된 성능을 지닌 내장형 프로세스들은 예외로 어떠한 상황에서도 복잡한 AI를 돌리기 힘들 것이다). 스레드는 코드 조각을 멈추고 후에 실행되게 한다.

많은 스레딩 시스템은 선점형 멀티태스킹^{preemptive multitasking}이라 불리는 메커니즘을 이용하는 스레드들 사이를 전환한다. 이는 무엇을 하고 있든 코드를 멈추는 메커니즘이다. 모든 설정은 저장되고 다른 코드가 해당 위치에 올려진다. 이는 하드웨어 단계에서 구현되며 보통 운영체제에 의해 제어된다.

스레드 그 자체에 시간 소모가 큰 작업을 배치하는 것으로 이득을 볼 수 있다. 이 방식을 통해서 특별한 스케줄링 시스템을 사용하지 않아도 된다. 불행히도, 단순한 구현임에도 보통 합리적인 해법이 되지는 않는다.

스레드 간 전환은 스레드를 나가면서 데이터를 내리는 것과 새로운 스레드에 모든 데이터를 다시 올리는 것을 포함한다. 이는 꽤 많은 시간이 든다. 각 전환은 메모리 캐시를 날리는 것과 많은 잡일을 하는 것을 포함한다. 많은 개발자는 그렇게 해서 많은 스레드를 쓰는 것을 지양한다. PC에서 스레드의 개수가 10개 정도라면 성능 이슈가 생기지 않겠지만 RTS 게임에서 각 캐릭터마다 스레드를 사용해 길 찾기를 수행한다면 그것은 지나치다고 볼 수 있다.

소프트웨어 스레드

동시에 많은 행동을 관리하기 위해서는 수동 스케줄러가 보통 주로 쓰인다. 이 방식에서는 행동들을 기록할 수 있어야 하며 이를 통해 짧은 시간 동안 수행된 후 제어권을 반납한다. 하드웨어는 스레드 프로세스를 강제로 켜고 끄는 반면, 스케줄러는 행동이 짧은 시간 동안 적절히 수행 후 스스로 제어권을 포기하는 방식이다.

이 방식은 스레드를 바꿀 때 스케줄러가 청소와 잡일을 관리할 필요가 없다는 데 이점이 있다. 작업은 제어권을 반납하기 전 필요한 모든 데이터와 그런 데이터만을 저장한다고 가정한다.

이런 스케줄링은 '소프트웨어 스레드' 또는 '경량 스레드'로 알려져 있다(후자는 마이크로 스레드를 의미하는 데 쓰이기도 한다. 다음에 추가적으로 기술한다).

지금까지 살펴본 스케줄링 시스템은 중단 가능한 프로세스를 수정 없이 다뤘다. 어려운 점은 계획될 행동을 기록하는 것이다. 빈도 1의 행동은 프레임마다 불릴 것이다. 코드가 이런 방식으로 쓰여졌다면 더 많은 처리를 하고 반환하는 데 더 짧은 시간이 걸릴 것이며 결국 반복된 호출로 완결된 것이다.

마이크로 스레드

운영체제가 스레드를 지원하기는 하지만 주로 많은 추가적인 작업과 부하가 추가된다. 이런 부하는 스레드 전환을 더 잘 관리하도록 하는데, 에러를 추적하거나 진보된 매모리 방식을 지원하는 데 쓰인다.

이런 부하는 게임에 있어서는 불필요할 수 있어 많은 개발자는 그들만의 스레드 전환 코드를 실험해 봤는데, 이것을 마이크로 스레드(또는 헷갈리게도 경량 스레드)라 부른다.

스레드 부하를 줄임으로써 상대적으로 빠른 스레드 구현이 가능해진다. 각 스레드의 코드가 어떤 스레드로 전환될 것인지 안다면 연산을 피할 수 있는 지름길이 보일 수 있다.

이런 방식은 매우 빠른 코드를 만들어 내지만 디버그와 개발에 있어 극도로 어려울 수 있다. 적은 수의 핵심적인 시스템을 돌리는 데는 적합할 수 있으나 게임 전반을 이런 방식으로 개발하는 것은 악몽일 것이다. 개인적으로 나는, 항상 이런 방식을 지양하려 하지만 이 절에서 소개한 다른 스케줄링 방식을 섞는 데 꽤 익숙한 몇몇 소수의 AI 개발자를 알고 있다.

하이퍼 스레드와 멀티코어

최신 PC에서는 새로운 스레딩 방식이 쓰이고 있다. 최신 CPU는 별개의 프로세싱 파이프라인으로 나뉘어 동시에 실행된다. 최신 PC와 현 세대 게임 기기들은 멀티코어, 즉 여러 완전한 CPU가 하나의 은색 실리콘에 들어가 있는 것을 사용한다.

일반적인 연산에서 CPU는 실행 작업을 조각으로 나눠 각 파이프라인에 전송한다. 그리고 그 결과를 받아와 서로 합친다(가끔 다시 돌아가 연산을 다시 해야 되는 경우도 있는데 하나의 파이프라인 결과는 다른 결과와 충돌하기도 하기 때문이다).

하이퍼 스레딩은 스레드에 파이프라인들이 제공되는 기법이다. 문자 그대로 다른 스레드들을 동시에 돌린다. 멀티코어 머신에서는 스레드마다 각 프로세스가 주어진다.

이런 병렬 구조가 PC, 콘솔, 휴대용 게임 기기 전반에 걸쳐 점차 흔해지고 있다는 것은 자명한 사실이다. 이는 잠재적으로 매우 빠르다. 스레드는 여전히 일반적인 방식으로 전환되며 많은 수의 스레드들은 여전히 효율적인 해법은 아니다.

서비스 품질

콘솔 제조사는 게임을 자신들의 플랫폼에 출시하기 전에 충족시켜야 할 엄격한 요구 사항들이 있다. 프레임률은 게이머들에게 의미 있는 수준이어야 하며, 콘솔 제조사는 안정적임을 보장하는 프레임률을 명시해야 한다.[2] 30, 50, 60Hz는 가장 일반적인 프레임률이고 게임 프로세싱은 33, 20, 16밀리초 안에 행해져야 한다.

---

2 콘솔 게임의 경우 프레임 레이트에 대한 기술적 요구 사항이 매우 엄격했지만 10여 년이 지난 지금은 그 제한이 낮아졌다. 경우에 따라 프레임이 떨어지는 것이 일반적이라고 생각할 수 있을 정도다. 하지만 이러한 요구 사항이 결코 사라진 것은 아니다. 다시 이러한 제한이 생길 수 있으므로 완전히 무시해서는 안 된다. (실제로 이 문제를 두고 회사에서 콘솔 게임을 주로 개발했던 개발자들과 PC 게임 개발자들 간에 사소한(?) 다툼이 있던 경우도 있었다. 콘솔 개발자들에게 있어서 프레임 드롭은 사실상 절대로 용납할 수 없는 부분이기 때문이다. 하지만 시대가 변했다. 개인적으로 아주 안 좋은 쪽으로 말이다. - 옮긴이)

60Hz에서 전반적인 프로세싱은 16밀리초를 이용한다면 모든 것이 잘 돌아간다. 15밀리초에 이뤄져도 좋으나, 콘솔은 남은 밀리초 동안 아무것도 하지 않고 기다릴 것이다. 이 시간은 게임을 더욱 인상깊게 남기는 데 이용되는데, 가령 추가적인 시각적 효과, 옷감 시뮬레이션, 또는 캐릭터의 더 많은 뼈대를 이용하는 데 쓰인다.

이런 연유로 시간 예산은 가능한 한 한계치에 가깝게 사용된다. 프레임률이 떨어지지 않도록 확실하게 하려면 얼마나 그래픽, 물리, AI가 시간을 쓸 것인지에 대해 제한을 두는 것이 중요하다. 보통 길게 수행되는 요소를 쓰는 것이 넓게 자주 변동되는 요소를 쓰는 것보다 낫다.

지금까지 살펴본 스케줄링 시스템은 행동이 짧은 시간 동안 수행되기를 기대한다. 실행 시간의 변동은 결국 평균적으로 안정적인 AI 시간을 이용할 것이라 믿는다. 많은 경우 이는 충분하지 않고 추가적인 제어 방식이 필요하다.

스레드는 동기화시키기 어렵다. 행동이 결과를 내기 전 계속 방해를 받는다면(일례로 스레드 전환으로 인해) 캐릭터는 단순히 서서 아무것도 하지 않을 것이다. 프로세싱 양의 작은 변화는 보통 이런 종류의 문제를 키우며, 디버그하기 매우 어렵고 고치기는 더욱 어려운 상황을 야기한다. 이상적으로는 총 실행 시간을 제어할 수 있고 실행되는 행동을 보증할 수 있는 시스템이 좋다. 또한 사용된 프로세싱 시간과 행동들이 파이를 어떻게 분배해 가져가는지 알 수 있는 통계를 접근할 수 있는 시스템이 좋다.

10.1.3 부하 균형 스케줄러

부하 균형 스케줄러load-balancing scheduler는 실행돼야 할 때를 이해하며 실행돼야 할 행동들 사이에서 시간을 분배한다. 현재의 스케줄러를 간단히 타이밍 데이터를 추가하는 것으로 부하 균형 스케줄러로 바꿀 수 있다.

스케줄러는 해당 프레임에 실행돼야만 하는 행동들의 수에 따라 주어진 시간을 분할한다. 호출된 행동은 타이밍 정보를 넘김으로써 스케줄러는 언제 멈추고 반환할 것인지 결정할 수 있다.

이는 여전히 소프트웨어 스레딩 모델이기에 원하는 만큼 실행되는 행동을 멈출 수 있는 방법이 없다. 스케줄러는 행동들이 잘 수행된다고 믿는다. 행동 실행 시간의 사소한 에러를 조율하기 위해, 스케줄러는 매 행동이 실행된 뒤 시간을 재계산한다. 이 방식으로 초과 동작한 행동은 같은 프레임의 다른 행동에 주어진 시간을 줄이게 될 것이다.

```
1   class LoadBalancingScheduler:
2
3       # 계획될 행동별 데이터
4       class BehaviorRecord:
5           thingToRun: function
6           frequency: int
7           phase: int
8
9       # 행동 레코드 목록
10      behaviors: BehaviorRecord[]
11
12      # 현 프레임 수
13      frame: int
14
15      # 행동을 목록에 추가한다.
16      function addBehavior(func: function, frequency: int, phase: int):
17          # 레코드를 기록한다.
18          record = new Record()
19          record.thingToRun = func
20          record.frequency = frequency
21          record.phase = phase
22          behaviors += record
23
24      # 프레임당 한 번 호출한다.
25      function run(timeToRun: int):
26          frame += 1
27          runThese: BehaviorRecord[] = []
28
29          # 각 행동마다 진행한다.
30          for behavior in behaviors:
31              # 마감 시한이 있다면 계획을 세운다.
32              if behavior.frequency % (frame + behavior.phase):
33                  runThese.append(behavior)
34
35          # 현재 시간을 기록해 둔다.
36          CurrentTime: int = time()
37
38          # 실행할 행동의 수를 찾는다.
39          numToRun: int = runThese.length()
40
41          # 실행될 행동마다 진행한다.
```

```
42        for i in 0..numToRun:
43            # 가능한 시간을 찾는다.
44            lastTime = currentTime
45            currentTime = time()
46            timeUsed = currentTime - lastTime
47
48            # 남아 있는 시간을 분산시킨다.
49            timeToRun -= timeUsed
50            availableTime = timeToRun / (numToRun - i)
51
52            # 함수를 실행한다.
53            runThese[i].thingToRun(availableTime)
```

자료 구조 및 인터페이스

등록한 함수는 이제 time 값을 지니는데 이는 실행해야 할 최대 시간을 가리킨다.

실행을 원하는 함수 목록은 length 함수를 통해 항목의 개수를 알아올 수 있다고 가정한다.

성능

알고리듬은 $O(n)$의 시간 복잡도이나 (n은 스케줄러의 총 행동의 수), 이제 공간 복잡도는 $O(m)$이며, m은 실행될 행동의 수다. 공간복잡도 $O(1)$를 만들기 위해 루프 2개를 조합하는 것은 할수 없는데, 허용된 시간을 계산할 수 있기 전에 얼마나 많은 행동이 실행돼야 하는지 알 필요가 있기 때문이다. 이 값들에서 프로세싱 시간과 행동의 메모리는 제외됐다. 이 알고리듬의 모든 목표는 프로세싱 자원이 행동들의 스케줄링보다 이미 스케줄된 행동들을 위해 주로 쓰는 것이기 때문이다.

10.1.4 계층적 스케줄링

단일 스케줄링 시스템도 어떠한 수의 행동도 제어할 수 있으나 여러 스케줄링 시스템을 쓰는 쪽이 보통 편하다. 캐릭터는 실행해야 할 몇몇 다른 행동들을 지닐 것이다. 예를 들면 길을 찾는다거나, 감정 상태를 갱신하거나, 지역 스티어링 결정을 내리거나 하는 등이다. 캐릭터가 그 자체로, 또 개별 컴포넌트가 계획될 수 있게 하고 시간을 분배받을 수 있게 실행할 수 있다면 편리할 것이다. 그리하면 단일 최상위 스케줄러는 각 캐릭터에게 시간을 할당만 하면 되며 시간은 캐릭터의 구성에 따라 시간을 나눠 줄 것이다.

계층적 스케줄링은 스케줄링 시스템이 다른 스케줄러로 하여금 행동처럼 실행할 수 있게 해준다. 스케줄러는 전의 예제처럼 하나의 캐릭터에 대해 모든 행동을 실행하도록 할당될 수 있다. 그림 10.5에서 다른 스케줄러는 캐릭터 별로 기반해 시간을 할당할 수 있다. 이는 캐릭터의 AI를 전체 게임 타이밍의 불균형 없이 쉽게 개선할 수 있게 만든다.

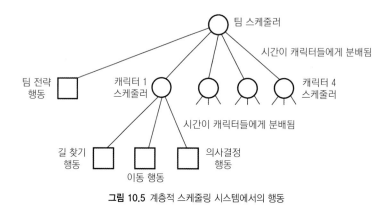

그림 10.5 계층적 스케줄링 시스템에서의 행동

이런 계층적 접근법으로 인해 다른 층위의 스케줄러가 동종일 필요가 없다. 빈도 기반의 스케줄러를 게임 전반에 사용하고 (후에 기술할) 우선권 기반의 스케줄러를 개별 캐릭터에 사용하는 것도 가능하다.

자료 구조 및 인터페이스

이를 지원하기 위해서는 스케줄러로부터 함수 호출 부분을 모든 행동에 대한 일반적 인터페이스로 빼둬야 한다.

```
1    class Behavior:
2        function run(time)
```

계획될 수 있는 어떠한 것들도 이 인터페이스를 따라야 한다. 계층적 스케줄링을 하기 원한다면 스케줄러 스스로도 해당 인터페이스를 따를 필요가 있다(부하–분산 스케줄러는 정확히 이 함수가 있어 그저 Behavior를 상속받기만 해도 된다). LoadBalancingScheduler 클래스를 다음과 같이 고쳐 줌으로써 스케줄러가 동작하게 할 수 있다.

```
1   class LoadBalancingScheduler (Behavior):
2       # ... 이전 모든 내용 ...
```

이제 행동이 함수가 아니라 클래스이기에 호출하는 방식도 바뀔 필요가 있다. 이전에는 함수 호출을 썼으나 이제는 멤버 함수를 써야 한다. 따라서

```
entry(availableTime)
```

대신, LoadBalancingScheduler 클래스의

```
entry.run(available)
```

를 호출한다.

행동 선택

계층적 스케줄링은 그 자체로 제공되는 것이 없어 단일 스케줄러는 이를 제어할 수 없다. 이는 후에 기술할 정밀도^{level of detail} 시스템과 함께 조합했을 때 작동하기 시작한다. 정밀도 시스템은 행동 선택자인데 실행될 단 하나의 행동을 선택한다.

계층적 구조란 전체 게임에 돌고 있는 스케줄러가 각 캐릭터의 행동이 어떤 것인지 알 필요가 없다는 것을 의미한다. 평면적 구조에서 주 스케줄러는 선택이 변경될 때마다 매번 행동을 제거하고 등록해야 한다. 이는 런타임 에러, 메모리 누수, 추적하기 힘든 버그를 일으키기 쉽다.

10.1.5 우선권 스케줄링

빈도 기반 스케줄링 시스템에 있어 몇 가지 가능한 개선점이 있다. 가장 명백한 것은 다른 행동들이 가능한 시간의 서로 다른 지분을 가질 수 있게 된다는 점이다. 각 행동에 우선권을 할당하고 이에 기반해 시간을 할당하는 것은 좋은 접근 방식이다.

실제에서, 이런 편향은 (일반적으로 우선권이라 불림) 단지 구현할 수 있는 많은 시간 할당 정책 중 하나다. 우선권을 갖고 좀 더 파보면 빈도의 필요성을 전체적으로 없앨 수도 있다.

각 행동은 우선권에 따라 AI 시간의 비율을 배당받는다.

```
1   class PriorityScheduler:
2
3       # 계획될 행동별 데이터
4       class BehaviorRecord:
5           thingToRun: function
6           frequency: int
7           phase: int
8           priority: float
9
10      # 행동 레코드 목록
11      behaviors: BehaviorRecord[]
12
13      # 현 프레임 수
14      frame: int
15
16      # 행동을 목록에 추가한다.
17      function addBehavior(func: function,
18                           frequency: int,
19                           phase: int,
20                           priority: float):
21
22          # 레코드를 기록한다.
23          record = new Record()
24          record.thingToRun = func
25          record.frequency = frequency
26          record.phase = phase
27          record.priority = priority
28          behaviors += record
29
30      # 프레임당 한 번 호출한다.
31      function run(timeToRun: int):
32          # 프레임 수를 증가시킨다.
33          frame += 1
34
35          # 실행할 행동의 목록과 총 우선권을 저장한다.
36          runThese: BehaviorRecord[] = []
37          totalPriority: float = 0
38
39          # 각 행동마다 진행한다.
40          for behavior in behaviors:
```

```
41          # 마감 시한이 있다면 계획을 세운다.
42          if behavior.frequency % (frame + behavior.phase):
43              runThese.append(behavior)
44              totalPriority += behavior.priority
45
46      # 현재 시간을 기록해 둔다.
47      currentTime: int = time()
48
49      # 실행할 행동의 수를 찾는다.
50      numToRun = runThese.length()
51
52      # 실행될 행동마다 진행한다.
53      for i in 0..numToRun:
54          # 가능한 시간을 찾는다.
55          lastTime = currentTime
56          currentTime = time()
57          timeUsed = currentTime - lastTime
58
59          # 남은 시간을 분산시킨다.
60          timeToRun -= timeUsed
61          availableTime = timeToRun * behavior.priority / totalPriority
62
63          # 행동을 실행한다.
64          runThese[i].thingToRun(availableTime)
```

성능

이 알고리듬은 부하 분산 스케줄러와 동일한 특성을 지니고 있다. $O(n)$의 시간 복잡도와 $O(m)$의 공간 복잡도, 계획된 행동이 사용한 프로세싱 시간과 메모리는 제외된다.

그 외 정책

내가 돌렸던 한 우선권 기반 스케줄러는 빈도에 대한 데이터가 전혀 없었다. 우선권은 시간을 분배하는 데만 쓰였고, 모든 행동은 프레임마다 계획돼졌다. 스케줄러는 모든 행동이 방해 가능하고 완료되지 않아도 다음 프레임으로 넘어가 계속 처리할 수 있다고 추정했다. 이 경우에서 모든 행동이 시간이 아무리 짧아도 실행될 수 있다면 이는 일리 있는 방식이다.

대안으로 이러한 정책을 쓸 수도 있는데 각 행동은 필요한 시간을 알려 주며, 스케줄러는 가능한 시간을 쪼개 행동들이 원한 시간만큼을 할당해 주게 된다. 만일 행동이 요구한 시간이 가능한 시간보다 많다면 요청을 처리하기 위해 다른 프레임까지 기다려야 할 수도 있다. 이는 주로 일종의 순차 방식과 조합되며 더 중요한 행동은 예산을 할당할 때 좀 더 선호될 것이다.

또 다른 대안으로 편향에 따라 시간을 분배할 수도 있으며 이 경우 행동이 실제 작업한 시간만큼 편향을 변경한다. 일례로 항상 과중하게 동작하는 행동은 다른 행동을 너무 쥐어짜지 않도록 적은 시간을 부여받게 될 것이다.

물론 못할 것은 없지만 현실적인 우려들은 있다. 게임의 부하가 과중할 때 시간을 분배하는 데 있어 완벽한 전략을 찾기 위한 약간의 꼼수가 있다. 복잡한 게임에서 AI가 어떠한 스케줄링 방식에서도 이득을 못 찾는 경우는 본 적이 없다(AI가 너무 단순해 언제나 한 프레임에 실행이 끝나는 게임들은 제외한다). 그 방식은 주로 꼼수를 필요로 한다.

우선권 문제

우선권 기반 접근 방식에 있어 미묘한 문제점들이 있다. 몇몇 행동은 정규적으로 실행될 필요가 있고, 다른 것들은 그렇지 않다. 몇몇 행동은 작은 시간 단위로 나눌 수 있으나 다른 행동은 한 번에 실행돼야 할 수도 있다. 몇몇 행동은 시간을 분할하는 데 이득이 있을 수 있으나 다른 행동은 향상이 되지 않을 수 있다. 우선권과 빈도 스케줄링의 혼합 접근 방식은 이러한 이슈를 얼마간 해결할 수 있으나 전부는 아니다.

같은 이슈가 스레드를 구현하는 하드웨어와 운영체제 개발자에게서 발생할 수 있다. 스레드는 우선권, 다른 할당 정책, 다른 빈도를 지닐 수 있다. 스케줄링 접근 방식의 실제 구현부를 알고 싶다면 스레딩 구현에 관한 정보를 찾아보는 것을 추천한다. 내 경험으로는 대다수의 게임은 복잡한 스케줄링을 필요로 하지 않는다. 앞에서 소개했던 빈도 구현과 같은 단순한 접근 방식으로도 충분히 강력하다.

10.2 애니타임 알고리듬

중단 가능한 알고리듬의 문제는 완료되는 데 시간이 오래 걸린다는 점이다. 매우 큰 게임 레벨에서 나아갈 길을 계획하는 캐릭터를 상상해 보라. 프레임당 100~200마이크로초인 환경에서는 완료되는 데 몇 초가 걸릴 수 있다.

플레이어가 큰 뜻을 품고 움직이기 전에 몇 초 동안 아무것도 하지 않고 가만히 서 있을 것이다. 인지 창^{perception window}이 매우 크지 않다면 즉시 플레이어에게 경고를 보낼 것이고, 캐릭터는 똑똑하지 않은 것처럼 보일 것이다. 진행 과정과 AI가 더 복잡해질수록 더 많은 시간이 걸리고 캐릭터가 더 바보처럼 보인다는 것은 참 아이러니한 일이다.

우리가 현실에서 같은 과정을 진행할 때 보통 생각을 마무리하기 전에 행동하곤 한다. 이런 행위와 사고의 교차는 조악하지만 빠른 해법을 생성해 내고 시간이 지날수록 더 나은 해법으로 정제해 가는 능력에 달려 있다. 예를 들어 처음에는 목표를 향해 대강의 방향을 잡아 움직이려고 하고, 몇 초가 지나면 완전한 경로를 찾아낼 것이다. 처음의 예측이 어느 정도 맞다면 목표로 향하는 길에 벗어나지 않을 테지만, 가끔 중요한 무엇인가를 기억해 내고 오던 길로 되돌아가야만 할 수도 있다(예를 들면 차까지 절반쯤 와서 열쇠를 놓고 왔다는 것을 깨달을 수도 있다).

이런 속성을 지닌 AI 알고리듬을 '애니타임 알고리듬^{anytime algorithm}'이라 부른다. 요청받은 시점에 현재까지의 최선의 방향을 수립하고, 시스템이 더 길게 수행해 더 나은 결과를 내도록 놔둔다.

애니타임 알고리듬을 현존하는 스케줄러에 추가하는 데는 다른 수정 사항이 필요하지 않다. 행동은 다음과 같은 방향으로 씌어져야 하는데, 스케줄러에게 제어권을 돌려주기 전에 전보다 나은 예측 값을 항상 도출해 내야 한다. 그래야 다른 행동이 예측을 하는 동안 애니타임 알고리듬은 그 해법을 정제할 것이다.

애니타임이 가장 보편적으로 쓰이는 곳은 이동 또는 길 찾기다. 이는 주로 시간을 가장 소모하는 AI 프로세스다. 특정 일반적인 길 찾기 기법의 변종은 애니타임 알고리듬으로 쉬이 만들어질 수 있다. 다른 후보군으로는 턴 기반의 AI, 학습, 스크립트 언어 번역기, 전술 분석이 있다.

10.3 레벨 오브 디테일[3]

2장에서 인지 창(게임플레이 동안 플레이어의 주의가 선택적으로 돌아다니는 것)에 대해 살펴봤다. 어떤 시점에서나 플레이어는 게임 레벨의 작은 지역에 신경을 쓰도록 돼 있다. 이는 해당 지역이 그럴싸해 보이고 나머지 레벨이 방대하더라도 현질적인 캐릭터를 구축하는 것을 확실히 하기에 합리적이다.

3　보통 '정밀도'라고 표현하기도 하나 너무 알려진 개념이라 원어 그대로 사용했다. 줄여서 LOD라고도 한다. – 옮긴이

10.3.1 그래픽 LOD

레벨 오브 디테일^{LOD, Level Of Detail} 알고리듬은 몇 년 동안 그래픽 프로그래밍에 쓰였다. 플레이어에게 가장 중요한 게임 지역에 가장 많은 연산을 행하도록 하는 것이다. 가까운 물체를 멀리 있는 물체보다 더 정밀하게 그리는 것이다.

많은 최신 그래픽 LOD 기법에서 정밀도란 기하적 정밀도, 즉 모델에 있어 폴리곤^{polygon}의 개수를 의미한다. 멀리 떨어진 물체는 몇 개의 폴리곤으로도 있어 보이나 가까운 물체는 수천 개의 폴리곤이 필요할 것이다.

다른 일반적인 접근으로는 텍스처^{texture} 정밀도가 있다. 이는 많은 그래픽 카드에서 하드웨어 방식으로 지원된다. 텍스처는 밉맵^{mipmap} 방식이 쓰이는데 다양한 LOD에 대해 저장해 두고 멀리 있는 물체는 낮은 해상도 버전을 쓴다. 추가로 텍스처와 기하에 있어 다른 시각적 요소들은 단순화될 수 있다. 특별한 효과와 애니메이션은 모두 일반적으로 감소되거나 먼 거리의 물체에서는 아예 제거될 수도 있다.

LOD는 거리에 기반하고 있지만 배타적이지는 않다. 많은 지형 렌더링 알고리듬에 있어, 예를 들면 거리가 있는 언덕의 윤곽은 플레이어 바로 옆에 있는 평평한 땅보다 더 정밀하게 그려진다. 소니^{Sony}와 렌더웨어^{Renderware} 기술자들이 말하기를, 매우 많은 개발자가 단순히 거리에 따른 LOD를 연구한다고 한다. 현실적으로 플레이어들이 더 신경쓰는 것들은 정밀함이 더 필요하다.

낡은 오토바이의 반구형 헤드라이트의 예를 들면, 적은 폴리곤으로 이뤄져 있다면 눈에 거슬린다(인간의 눈은 모서리를 쉽게 인식한다). 결국 전체 오토바이의 15%에 해당하는 폴리곤을 할당하게 되는데, 우리는 구형 물체의 모서리를 보기 원하지 않기 때문이다. 실제로는 더 정밀한 오토바이의 내부는 더 적은 폴리곤을 써도 되는데, 눈은 모서리의 매끄러움에 대해서는 관대하기 때문이다.

여기에는 2개의 일반적인 원칙이 있다. 첫째, 신경쓰이는 것들에 더 많은 힘을 쓰고, 둘째, 쉽게 뭉개지지 않는 것들에 많은 힘을 쏟는 것이다.

10.3.2 AI LOD

AI에서의 LOD 알고리듬은 그래픽에서의 것과 별 차이가 없다. 플레이어의 관점에서 중요하고 에러에 민감한 캐릭터들에 대한 선호도에 따라 컴퓨터 시간을 할당하는 것이다.

도로에 다니는 차량의 경우 정확히 도로의 규율을 따를 필요는 없다. 차량이 차선을 맘대로 바꾼다고 해서 플레이어들이 개의치는 않는다. 정말 먼 거리에 있어서는 많은 차량이 서로의 차량을 통과해 지나간다손 치더라도 신경쓰지 않을 것이다. 유사하게 멀리 있는 캐릭터가 10초 뒤에 다음에 움직일 곳을 정한다 하더라도 같은 기간에 근처의 캐릭터가 멈추는 것보다는 덜 신경쓰일 것이다.

이런 예제에도 불구하고 AI LOD는 거리가 주된 요소가 아니다. 캐릭터를 먼 거리에서 바라보는 경우에도 캐릭터는 제대로 움직여야 한다. 캐릭터를 보지 않고 있다 하더라도 항상 캐릭터가 동작하기를 바랄 것이다. 만약 AI가 화면에 떠 있는 캐릭터들에게만 적용된다면 잠시 뒤돌아 있다가 돌아봤을 때 같은 캐릭터가 정확히 그 위치에 걸음을 걷고 있는 순간을 본다면 이상하게 느껴질 것이다. 거리뿐만 아니라 플레이어가 캐릭터를 보고 있는지 또는 움직였는지를 확인하고 싶은지에 따라 고려돼야 한다. 이는 게임에서 캐릭터의 역할에 따라 달려 있다.

AI에서 중요도는 게임의 줄거리에 따라 바뀐다. 많은 게임 캐릭터는 취향에 따라 추가된다. 고정된 패턴에 따라 시내를 계속 돌아다니는 것은 중요하지 않다. 이를 신경쓰는 사람은 거의 없기 때문이다. 여러분은 결국 하드코어 게이머가 돼 포럼에 다음과 같이 남길 수도 있다. "내가 도시 안의 대장장이를 쫓아다녀 봤는데, 항상 같은 길로 다니고, 절대 자거나 용변을 보지 않아." 이는 주류 플레이어들에게는 하나도 중요하지 않고 판매에도 전혀 영향을 미치지 않는다.

게임 줄거리의 중심에 위치한 캐릭터가 중앙 광장에서 빙빙 돌고 있는 것은 대다수의 플레이어가 신경쓰게 된다. 그 캐릭터는 좀 더 다양성을 추구할 가치가 있다. 물론 이는 게임 플레이를 고려해 잘 조율돼야 한다. 캐릭터의 질문이 플레이어가 퀘스트를 함에 있어 주요한 정보를 지니고 있다면, 질문 한 번 더 하려고 그 캐릭터를 쫓아 도시 전체를 찾아다니는 것을 원하지는 않기 때문이다.

중요도

이 절에서 중요도는 게임의 각 캐릭터마다 하나의 수치 값으로 표현된다고 가정한다. 여태 봤듯이 많은 요소가 중요도를 형성하는 데 조합된다. 초기 구현은 주로 거리에 따라 결정되는데 이는 단순히 모든 사항이 준비돼 실행되게 하려 함에 있다.

10.3.3 스케줄링 LOD

단순하면서도 효과적인 LOD 알고리듬은 이미 살펴봤다. 이 알고리듬은 캐릭터의 중요도에 따라 스케줄링 빈도를 조절함으로써 동작한다. 중요도가 높은 캐릭터는 스케줄러 시스템에 의해 다른 캐릭터보다 더 많은 처리 시간을 할당받는다. 만약 여러분이 우선순위 기반의 스케줄링 시스템을 사용한다면 우선순위, 빈도 모두 중요도에 의존한다.

이 의존 관계는 함수로 표현할 수 있으며 중요도가 증가하면 빈도 값이 감소하거나 카테고리로 구조화될 수도 있다. 예를 들어 중요도 값의 범위가 하나의 빈도에 할당되고 다른 빈도에 대응하는 범위 값이 될 수 있다. 빈도는 정숫값이므로 후자의 방식에 유리하며(수백 개의 빈도 값이 있다면 함수로 생각하는 것이 더 합리적이다) 우선순위는 방식에 상관없이 동작한다.

이 제도하에서 캐릭터는 같은 행동에 높거나 낮은 중요도 값을 지닌다. 가능한 소모 시간은 캐릭터가 빈도 기반 스케줄러를 쓰는지 우선권 기반의 스케줄러를 쓰는지에 따라 다른 효과를 지닌다.

빈도 기반 스케줄러

빈도 기반의 구현에서 덜 중요한 캐릭터는 덜 결정을 내리게 된다.

도시를 통과하는 캐릭터를 예로 들면, AI의 호출마다 직선으로 걷게 될 것이다. AI가 덜 호출되면 캐릭터는 목표를 지나칠 수도 있고 그 경우에는 되돌아와야 한다. 그렇지 않더라도 다른 보행자와 충돌했을 때 제 시간에 반응하지 못할 수도 있다.

우선권 기반 스케줄러

우선권 기반의 구현은 중요한 행동이 시간을 더 쓸 수 있다. 모든 행동은 프레임마다 실행되나, 중요한 것들이 더 오래 실행된다. 애니타임 알고리듬이 쓰인다고 가정하면 캐릭터는 AI 프로세스가 완료되기 전에 행동을 시작할 수 있다.

덜 중요한 캐릭터는 중요한 캐릭터보다 어리석은 결정을 내리는 경향이 강해질 것이다. 이런 캐릭터들은 목표를 통과하지는 않겠지만, 명백히 보이는 지름길보다 이상한 길을 택하기도 할 것이다(즉 길 찾기 알고리듬은 최선의 결과를 위한 충분한 시간을 받지 못할 수 있다). 그렇지 않더라도 다른 보행자를 피할 때 행동은 새로운 길이 괜찮은지 확인할 시간이 부족할 것이며, 이는 또 다른 보행자와 충돌을 야기할 것이다.

스케줄링 조합

빈도와 우선권 기반 스케줄링을 조합하는 것은 스케줄링 LOD에 발생하는 문제점을 줄일 수 있다. 우선권 기반 스케줄링은 AI가 더 자주 실행되게 하며(목표 지점보다 더 나아가는 행동 고정을 줄인다) 빈도 기반 스케줄링은 AI가 더 오래 실행되게 한다(더 나은 결정을 내린다).

하지만 이는 만병통치약은 아니다. 덜 중요한 캐릭터는 더 자주 다른 캐릭터와 부딪칠 것이다. 접근법을 조합하는 때에는 충돌 회피에, 특히 가까운 캐릭터에게 더 많은 처리 과정을 거쳐야 한다는 것을 피할 수 없다. 중요도가 떨어지면 전반적인 캐릭터의 행동은 더 나은 결과를 낸다.

10.3.4 행동 LOD

행동 LOD는 캐릭터의 중요도에 따라 다른 행동을 선택하도록 한다. 시간이 지남에 따라 중요도에 의해 행동을 선택하며 중요도가 변하면 실행하는 행동도 달라질 수 있다. 최종적인 목표는 중요하지 않은 행동의 경우, 최소한의 처리 자원만 사용하게 하는 데 있다.

가능한 중요도 값마다 연관된 행동이 있다. 각 시간 단계마다 행동은 중요도 값에 기반해 선택된다.

RPG 게임에서 중요도가 높은 NPC의 경우 복잡한 충돌 처리, 장애물 회피, 길 찾기가 필요할 수 있다. 하지만 플레이어로부터 멀리 떨어져 있거나 잘 보이지 않는 경우에는 행동의 주변에서 발생하는 충돌 처리는 하지 않아도 된다. 예를 들어 NPC가 서로 걸어 다닐 때 서로 통과하면서 지나가는 경우 생각보다 알아차리기 힘들다. 왜냐하면 우리의 눈은 부드러운 움직임보다 움직임의 변화를 더 감지할 수 있도록 조정돼 있기 때문이다.

출입 프로세스

행동은 프로세스 부하만큼이나 메모리를 필요로 한다. (RPG나 전략 게임 같은) 많은 캐릭터가 있는 게임에서 한 번에 모든 캐릭터의 가능한 행동의 데이터를 메모리에 올리는 것은 불가능하다. 여기에 LOD 방법을 이용하면 실행 시간 만큼이나 메모리 사용을 가능한 한 적게 줄일 수 있다.

알맞게 데이터가 생성되고 파괴되기 위해서 코드는 행동 출입 시 실행돼야 한다. 퇴장 코드는 이전 LOD에서 사용한 메모리를 비우고, 입장 코드는 새로운 LOD가 실행할 준비가 되도록 알맞게 데이터를 구성해야 한다.

이런 추가적인 작업을 지원하기 위해서 LOD 시스템은 마지막에 수행된 행동을 저장해야 한다. 동일한 행동이 수행되려 한다면 출입 프로세스entry/exit process는 필요하지 않다. 행동이 다르면 현재 행동의 퇴장 코드가 불리고, 그 뒤로 새로운 행동의 입장 코드가 불려야 한다.

행동 압축

저정밀 행동은 주로 고정밀 행동의 근사appoximations다. 예를 들어 길 찾기 시스템은 간단한 '찾기' 행동을 제공하기도 한다. 고정밀 행동에 저장된 정보는 저정밀 행동에 쓸모 있을 수 있다.

AI가 메모리를 효율적으로 쓰기 위해서는 신경쓰지 않는 행동의 데이터는 일반적으로 버려야 한다. 출입 단계에서, 행동 압축은 새로운 LOD에 쓸 만한 데이터를 적절한 포맷으로 바꿔 제공한다.

다양한 목표 결정 시스템에서 광장 시장에 있는 RPG 캐릭터들을 상상해 보라. 그 캐릭터들이 중요하다면 필요성에 따라 어떻게 만날지 계획할 것이다. 캐릭터들이 중요하지 않다면 그 캐릭터들은 시장의 의자들을 돌아다닐 것이다. 행동 압축을 이용하면 행동 간의 신경 쓰이는 변경은 줄어들 수 있다. 캐릭터의 중요도가 높아지면 경로 계획을 수립하고 원래 향하고 있던 의자는 계획의 첫 번째 목표로 삼는다. 이로써 경로 중간에 다른 목표로 향하는 것을 피할 수 있다. 캐릭터의 중요도가 낮아진다고 임의의 목표를 즉시 설정하지 않는다. 대신, 목표는 계획의 첫 번째 항목으로 설정된다.

행동 압축은 덜 중요한 행동에 더 많은 신뢰성을 부여한다. 중요도가 높은 행동은 덜 수행되며, 활성화된 것들은 더 적은 범위의 중요도 값을 지닌다. 불이익은 많은 개발 노력이 필요하다는 점으로, 순차적으로 쓰일 각 행동 쌍마다 특유의 코드가 작성돼야 한다. 중요도가 절대로 급격히 변하지 않는다 하더라도 단순한 출입 코드로는 충분치 않고 행동의 각 쌍마다 전환 코드가 필요하다.

이력

플레이어로부터 10미터 거리에 도달한 캐릭터는 행동이 전환된다고 가정하자. 이 값보다 가까운 캐릭터는 복잡한 행동을 하고, 거리가 멀수록 멍청해진다. 플레이어가 캐릭터 뒤를 따라 걷는다고 치면, 10미터 경계를 넘나들 때마다 행동은 바뀔 것이다.

가끔 발생한다면 알아차리기 힘든 행동의 전환은 심하게 요동친다면 곧 주목받을 것이다. 애니타임 알고리듬을 이용한다면 지속적으로 전환되기에, 알고리듬은 절대로 적절한 결과를 만들 충분할 시간을 얻지 못할 것이다. 행동 전환이 연관된 출입 과정 단계가 있다면 이런 요동은 하나의 레벨이나 다른 레벨을 선택한 것보다 시간을 덜 받게 될 것이다.

행동 전환 과정에 있어 이력^{hysteresis}이라는 좋은 개념을 소개한다. 현재 값(현 상황에서 중요도)이 증가하거나 감소하느냐에 따라 경계가 다른 것이다.

LOD에서 각 행동은 중첩된 유효한 중요도 범위가 주어진다. 캐릭터마다 현재의 중요도가 현재의 행동 범위 안에 들어 있는지 확인한다. 들어 있다면 행동은 실행된다. 들어 있지 않다면 행동은 변경된다. 하나의 행동만 가능하다면 그것이 선택될 수도 있다. 둘 이상의 행동이 가능하다면 중재 메커니즘을 통해 행동을 선택한다. 가장 일반적인 중재 기법은 여기에 있다.

가능한 행동 아무거나 선택하기

이는 가장 효율적인 선택 방법이다. 각 행동이 해당 범위에서 정렬돼 있음을 확인하고 이진 검색을 수행함으로써 수행 가능한 행동을 찾을 수 있다.

범위는 두 값(최대, 최소)에 의해 제어되지만, 정렬이 포함되지는 않아서 이진 검색이 올바른 결과를 나타내지 않을 수도 있다. 초기 행동이 가능하지 않으면 근처 범위를 살펴볼 필요가 있다. 정렬은 일반적으로 범위의 중점에 가까운 순으로 이뤄진다.

목록의 가능한 첫 행동을 선택하기

이는 행동 선택의 효율적인 방법인데 얼마나 많은 행동이 유효한지 확인할 필요가 없기 때문이다. 하나를 찾자마자 그것을 사용한다. 5장에서 언급했듯이 이 방식은 기초적인 우선권 제어 방식을 제공한다. 가능한 행동을 우선권 순으로 정렬함으로써 가장 높은 우선권을 지닌 행동이 선택되게 할 수 있다.

이 방식은 또한 구현하기 가장 간단하며 아래 의사 코드의 기본 형태이기도 하다.

▎가장 중심의 행동을 선택하기

이 방식은 중요도 값이 범위의 중심에 있는 행동을 선택하는 것이다. 이 휴리스틱 방식은 새로운 행동이 제거되기 전 가장 오래 남겨지게 하는 경향이 있다. 이는 출입 과정이 과중할 때 쓸모 있는 방식이다.

▎제일 작은 범위의 가능한 행동을 선택하기

이 휴리스틱 방식은 가장 특수한 행동을 선호한다. 이는 행동이 작은 구간에서만 실행 가능할 때 가능한 시점에 실행되게 하는데 적은 조합의 중요도 값으로 조율됐기 때문이다.

▎대비책 행동

두 번째(목록의 가능한 첫 행동을 선택하기)와 네 번째(제일 작은 범위의 가능한 행동을 선택하기) 선택 방식은 대비책 행동이 다른 가능한 행동이 없을 때만 실행될 수 있게 한다. 대비책 행동은 가능한 모든 중요도 값을 커버한다. 두 번째 방식에서는 다른 행동이 가능하다면 마지막 행동은 절대 불리지 않을 것이다. 네 번째 방식에서 큰 범위는 행동이 항상 다른 행동으로부터 취소당한다는 것을 의미한다.

의사 코드

행동 LOD 시스템은 다음과 같은 방식으로 구현될 수 있다.

```
1  class BehavioralLOD extends Behavior:
2      # 행동 기록 목록
3      records: BehaviorRecord[]
4
5      # 현재 행동
6      current: Behavior = null
7
8      # 현재 중요도
```

```
 9        importance: float
10
11        # 실행할 알맞은 기록을 찾아내어 실행한다.
12        function run(time: int):
13            # 새로운 행동을 찾을 필요가 있는지 확인한다.
14            if not (current and current.isValid(importance)):
15
16                # 해당 턴에 행동들을 각각 확인해 새로운 행동을 찾는다.
17                next: BehaviorRecord = null
18                for record in records:
19                    # 기록이 유효한지 확인한다.
20                    if record.isValid(importance):
21                        # 유효하다면 사용한다.
22                        next = record
23                        break
24
25                # 현재 행동이 빠져나가는 중이라면 다음 행동을 알려 준다.
26                if current and current.exit:
27                    current.exit(next.behavior)
28
29                # 유사하게, 새로운 행동에게 이전 행동을 알려 준다.
30                if next and next.enter:
31                    next.enter(current.behavior)
32
33                # 현재 행동을 찾아낸 행동으로 설정한다.
34                current = next
35
36            # 이전 행동을 쓸 것인지, 새로 찾은 행동을 쓸 것인지 결정해야 한다.
37            # 어찌됐건 current 변수에 저장돼 있으므로 그것을 실행한다.
38            current.behavior.run(time)
```

자료 구조 및 인터페이스

행동은 다음과 같은 구조를 지닌다고 가정했다.

```
1    class Behavior:
2        function run(time: int)
```

전과 동일하다.

알고리듬은 행동 기록을 관리하는데 행동에 정보를 추가한 것이다. 행동 기록은 다음과 같은 구조를 지닌다.

```
1   # 하나의 가능한 행동에 대한 데이터
2   class BehaviorRecord:
3       behavior: Behavior
4       minImportance: float
5       maxImportance: float
6       enter: function
7       exit: function
8
9       # 중요도가 올바른 범위 내에 있는지 확인한다.
10      function isValid(importance: float) -> bool:
11          return minImportance >= importance >= maxImportance
```

enter와 exit 멤버 변수는 함수 포인터를 지닌다(이는 오버로드를 통해 구현될 수도 있으나 여기서는 행동 기록의 다양한 서브클래스를 통해 다룬다). 구성 또는 고장이 필요하지 않다면 설정되지 않은 채로 남겨질 수도 있다.

이 두 함수는 해당하는 행동이 출입 시 각각 불린다. 함수들은 다음과 같은 형태를 띤다.

```
1   function enterFunction(previous: Behavior)
2   function exitFunction(next: Behavior)
```

함수들은 다음 또는 이전 행동을 인자로 받아옴으로써 행동 압축을 지원한다. 행동의 exit 함수에서는 주어졌던 적법한 데이터를 다음 행동으로 넘길 수 있다.

이는 더 선호되는 방식인데 퇴장하는 행동이 데이터를 모두 비울 수 있게 하기 때문이다. enter 함수가 이전 행동의 데이터에 접근하려 했을 때 데이터는 이미 다 비워졌을 수 있다. 물론 두 함수의 순서를 바꿔 exit가 불리기 전 enter를 호출할 수 있다. 불행히도, 이는 두 행동의 메모리가 동시에 활성화돼 메모리 스파이크를 일으킬 수 있게 된다.

구현 노트

위의 의사 코드는 행동 LOD가 행동 스스로 그 권리를 지니고 수행되도록 고안돼 있다. 이를 통해 이전 절에서 논의했던 계층적 스케줄링 시스템의 일부가 될 수 있게 한다.

전체 구현에서는 어떠한 행동이 실행돼야 할지 결정하는 데 든 시간을 기록하고 행동에 전달하는 시간에서 차감해야 한다. LOD 선택이 빠르더라도 이상적으로는 가능한 한 정확한 타이밍을 유지해야 한다.

성능

알고리듬의 공간 복잡도는 O(1)이며 시간 복잡도는 O(n)이고, n은 LOD에 의해 관리되는 행동의 수다. 이는 우리가 선택한 중재 방식에 따라 달렸다. '가능한 행동 아무거나 선택하기' 방식을 사용하면 알고리듬은 O($\log n$)의 시간 복잡도를 지닐 수 있다. 전형적으로 캐릭터에 대해 매우 적은 LOD를 사용하므로(전형적으로 우리의 경험에 의하면 최대 4개) O(n)의 시간 복잡도에 대해서는 걱정할 필요가 없다.

10.3.5 그룹 LOD

가장 간단한 행동일지라도 많은 수의 캐릭터는 많은 처리력^{processing power}을 필요로 한다. 수천 캐릭터의 게임 세계에서는 단순한 동작 행동일지라도 효율적으로 처리하기에는 너무 많다. 중요하지 않은 캐릭터는 동작을 끌 수도 있지만 플레이어들에게 쉽게 눈에 띈다.

더 나은 해법은 캐릭터 그룹이 개별적으로 실행되지 않고 전체적으로 실행되는 낮은 LOD를 추가하는 것이다.

RPG에서 4개의 도시를 구성할 때 멀리 떨어진 도시들의 모든 캐릭터는 하나의 행동을 통해 갱신될 수 있다. 개인의 재산을 변경하고, 자식을 낳고, 다양한 시민을 죽이고, 보물의 위치를 변경할 수 있다. 각 거주자의 일상의 세세함은 버려지는데 여기에는 시장에 가서 돈을 쓴다든지, 물품을 구매하든지, 세금을 납부한다든지, 전염병에 걸린다든지 등이 포함된다. 그러나 전반적인 커뮤니티의 발전은 유지된다. 이는 정확히 〈리퍼블릭: 더 레볼루션^{Republic: The Revolution}〉[109]에 이용된 접근 방식과 동일하다.

그룹을 전환하는 것은 계층적 스케줄링 시스템을 이용하면 구현하기 쉽다. 최상층에서 행동 LOD 컴포넌트는 전체 도시를 어떻게 처리할지 선택한다. 여기서 단순히 하나의 '경제' 행동을 시행할 수도 있고 각 도시 구역을 묘사할 수도 있다. 도시 구역 접근 방식을 선택한다면 스케줄링 시스템에 제어권을 주어 프로세서 시간을 각 도시 구역의 행동 LOD 알고리듬들에게 배분한다. 해당 턴에 이 알고리듬들은 그들의 시간을 스케줄링 시스템에 전달해 각각 다른 LOD 알고리듬을 이용해 각 캐릭터를 개별적으로 제어하도록 할 수 있다. 이런 경우가 그림 10.6에 표현돼 있다.

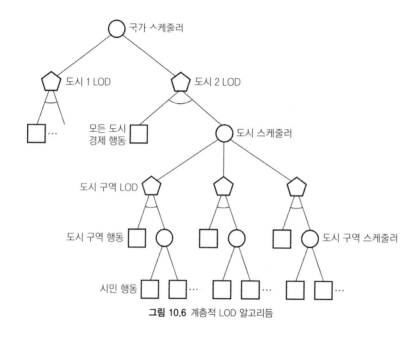

그림 10.6 계층적 LOD 알고리듬

플레이어가 현재 하나의 도시 구역에 있다면 그 구역에서는 개별 행동이 실행되고 '구역' 행동이 도시의 다른 구역에 실행되고 다른 도시에서는 '경제' 행동이 돌아갈 것이다. 이는 그림 10.7에 표현돼 있다.

이는 다른 LOD 또는 스케줄링 접근 방식과 끊김 없이 조합된다. 예제의 계층의 최하단에서는 우선권 LOD 알고리듬을 이용해 현 도시의 개인마다 프로세서 시간을 얼마나 플레이어에 근접하느냐에 따라 배분할 수 있다.

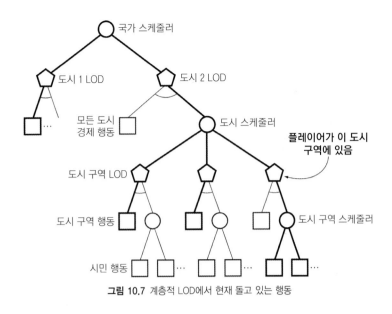

그림 10.7 계층적 LOD에서 현재 돌고 있는 행동

가능성 분배

여태까지의 그룹 LOD 접근 방식은 게임의 각 캐릭터마다 유지돼야 할 뼈대 데이터를 필요로 한다. 이는 단순히 나이, 재력, 체력이거나 소유물의 목록, 집과 직장의 위치, 그리고 동기를 포함할 수도 있다.

많은 수의 캐릭터와 함께 변변찮은 저장소도 너무 대단지고 있다. 최근에 게임은 그룹 LOD 를 이용해 캐릭터 데이터를 함께 병합하기 시작했다. 각 캐릭터의 값을 저장하는 것보다 캐릭터 수와 각 값의 분포를 저장한다.

그림 10.8은 각 캐릭터 모음의 재력 값을 나타낸다. 데이터가 병합됐을 때 각각의 재력 값은 없어지나 분포는 남는다. 가장 중요한 LOD가 필요하면 압축 코드는 같은 분배를 사용하는 새로운 캐릭터의 정확한 수를 만들 수 있다. 각 캐릭터의 개성은 없어지나 커뮤니티의 전체 구조는 동일하다.

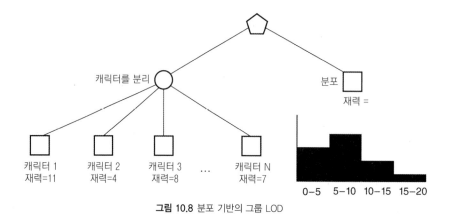

그림 10.8 분포 기반의 그룹 LOD

많은 실세계의 수량은 종형 곡선, 즉 정규분포 곡선(그림 10.9) 모양을 지닌다. 이는 두 값으로 표현될 수 있는데 평균(곡선의 최고점에서의 평균값)과 표준 분산(곡선이 얼마나 평평한지 나타내는)이다.

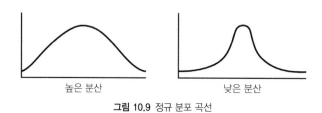

그림 10.9 정규 분포 곡선

수량이 정규분포가 아닌 것들도 멱함수 분포^power distribution는 보통 유사하다. 멱함수 분포는 많은 개별 점수가 낮고 몇몇 점수만 높을 때 이용된다. 사람들의 화폐 분포는 보통 멱법칙을 따른다(그림 10.10). 멱함수 법칙 분포는 지수(곡선이 얼마나 평평한지 나타내는)라는 하나의 값으로 표현될 수 있다.

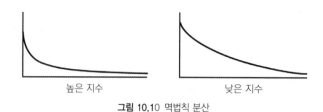

그림 10.10 멱법칙 분산

따라서 데이터의 하나 또는 두 가지 항목으로 모든 캐릭터 모음에 대해 현실적인 분포 값을 생성하는 것이 가능하다.

958

10.3.6 요약

10장에서는 행동을 다른 빈도로 실행하거나 다른 프로세서 자원을 이용해 실행하는 스케줄링 시스템에 대해 살펴봤다. 캐릭터가 플레이어에게 있어 얼마나 중요한지에 따라 빈도, 우선권 또는 전체 행동이 변화하는 방식에 대해 살펴봤다.

많은 게임에서 스케줄링 요청은 그다지 크지 않다. 액션 게임은 레벨당 200캐릭터 정도를 가지며, 보통 '끄'거나 '켤' 수 있다. 이런 상황을 다루기 위해 복잡한 스케줄링을 필요로 하지 않는다. 현재 '켜진' 캐릭터들에게 단순히 빈도-기반 스케줄러를 이용할 수 있다.

좀 더 힘든 단계에서 〈그랜드 테프트 오토 3 Grand Theft Auto 3〉[104]와 같은 도시 모사는 이론적으로 수천의 인구 중 적은 수의 캐릭터의 모사만을 필요로 한다. 화면 안에 있지 않은 캐릭터는 정체성을 지니지 않는다(줄거리에 나온 소수의 특정 캐릭터 외에). 플레이어가 움직이면 새로운 캐릭터는 도시 구역의 일반적 속성과 하루 중 시간에 기반해 생성된다. 이는 그룹 LOD 기법의 상당히 기본적인 사용법이다.

더 나아가서 〈리퍼블릭 Republic〉과 같은 국가 기반의 전략 게임은 캐릭터가 뚜렷한 정체성을 갖기를 요구한다. 10장에서 살펴본 그룹 LOD 알고리듬은 그 게임의 거대한 확장성을 다루기 위해 크게 고안됐다. 이런 방식은 많은 실시간 게임에서 다양한 형태로 사용됐다.

연습 문제

10.1 그림 10.2의 상황에서 새로운 페이즈와 빈도를 결정해 충돌이 없게 하고 각 행동이 적어도 자주 실행되게 하라.

10.2 그림 10.4의 상황에서 각 2프레임마다 실행돼야만 하는 새로운 행동의 최적 페이즈 값은 얼마일까? 당신의 계산에서 10프레임을 포함하는 것은 어째서 불공평할 수 있는가?

10.3 부하-분산 스케줄러를 구현하라. 먼저 인위적인 데이터로 테스트한 뒤 가능하다면 실제 게임 코드에 포함하라.

10.4 많은 캐릭터가 마음대로 배회하는 환경을 만들어라. LOD 시스템을 구현해 카메라 근처의 캐릭터들은 충돌을 회피하게, 멀리 있는 캐릭터들은 제한 없이 서로 통과하게 하라. 캐릭터가 충돌할 때 폭발하게 한다면 이 방식은 어떤 문제가 발생하는가?

10.5 캐릭터로부터 멀리 떨어진 지역의 직업 분포를 표현하는 그림 10.11의 히스토그램을 사용한다고 가정하라.

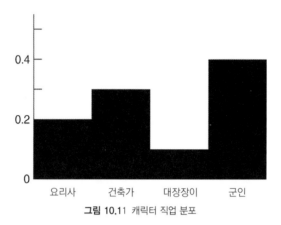

그림 10.11 캐릭터 직업 분포

캐릭터가 갑자기 그 영역으로 텔레포트한다면 그 영역에 캐릭터들을 분포에 맞춰 거주시켜야 한다. 임의로 5캐릭터를 고른 뒤 모두가 대장장이일 가능성은 얼마인가? 10캐릭터를 만든 뒤 군인이 없을 가능성은 얼마인가? 게임의 줄거리에 있어 어떠한 결말을 낼 수 있겠는가?

월드 인터페이싱

11장

AI 개발자로서 가장 어려운 일 중 하나는 AI와 게임 세계 간의 상호 작용이다.

각각의 캐릭터는 행동하기 위해 당연히 알고 있거나 적절한 시기에 게임 세계에서 인식할 수 있는 정보를 얻어야 한다. 또한 일부 알고리듬은 올바르게 처리하기 위해 세계의 정보를 올바른 방식으로 표현해야 한다.

범용 AI 시스템을 구축하려면 적절한 형식의 적절한 AI 코드로 정보를 쉽게 가져올 수 있는 인프라가 필요하다. 특수 목적의 단일 게임 AI의 경우에는 월드 인터페이스[1]와 AI 코드 사이에 구분이 없을 수 있다. 즉 AI가 정보를 필요로 한다면 그 즉시 찾아볼 수 있다. 그러나 여러 게임을 지원하기 위해 설계된 엔진에서는 단일 중앙 월드 인터페이스 시스템을 갖는 것이 안정성과 재사용성을 위해 필수적이다. 한 게임 내에서도 중앙 허브를 통해 모든 정보가 흐르도록 만들어 디버깅을 획기적으로 지원해 시각화, 기록, 검사할 수도 있다.

11장에서는 이벤트 전달과 폴링이라는 두 가지 기술을 응용해 강력하고 재사용 가능한 월드 인터페이스 구축에 대해 살펴볼 것이다. 이벤트 전달 시스템은 현 세대 게임 AI의 화두인 감각 인식 시뮬레이션으로 확대될 것이다.

---

1   게임에서 플레이어가 존재하는 공간을 레벨(level), 월드(world), 세계라고 한다. 이 책에서는 세계라는 용어를 전반적으로 사용했으나 문맥에 따라 '월드(world)'가 더 많이 사용되는 경우에는 '월드'를 그대로 사용했다. 예를 들어 '월드 인터페이스'가 이 경우에 해당한다. 월드 인터페이스라는 용어는 게임 내 플레이어 캐릭터와 캐릭터가 존재하는 공간과 서로 정보를 공유하는 인터페이스를 의미한다. – 옮긴이

11.1 통신

주변 세계와 게임 내 다른 캐릭터를 의식하지 않고 자신만의 행동을 하는 캐릭터는 구현하기 쉽다. 경비원은 순찰로를 따라갈 수 있고 군부대는 시키는 대로 바로 이동 가능하며 비플레이어 캐릭터는 플레이어를 무시할 수 있다. 하지만 그것은 그다지 현실적으로 보이거나 재밌어 보이지는 않을 것이다. 게임 세계에서 일어나는 일들은 올바르게 처리돼야 하며 에이전트는 자신과 동료 또는 적에게 무슨 일이 일어나고 있는지 알아야 한다. 게임 세계에서 정보를 얻는 가장 간단한 방법은 정보를 찾는 것이다. 예를 들어 캐릭터가 근처에 있는 사이렌이 울리는지 여부를 알아야 하는 경우 해당 캐릭터의 AI 코드에서 직접 사이렌의 상태를 체크해 알아낼 수 있다. 마찬가지로 캐릭터가 다른 캐릭터와 충돌할지 알아야 한다면 각 캐릭터의 위치로 하여금 궤적을 계산할 수 있어야 한다. 이 궤적을 자신의 궤적과 비교해 캐릭터는 충돌이 언제 일어나는지 결정할 수 있고 이후 충돌을 피하기 위한 단계를 밟을 수 있다.

11.1.1 폴링

흥미로운 정보를 찾는 것을 폴링^{polling}이라고 한다. AI 코드는 게임 상태의 다양한 요소를 폴링해 행동을 취해야 할 사항들이 있는지 판단한다.

이 과정은 매우 빠르고 구현하기 쉽다. AI는 자신이 무엇에 관심이 있는지 정확히 알고 있고 바로 알아낼 수 있다. 데이터와 이를 필요로 하는 AI 사이에는 특별한 인프라나 알고리듬이 없다.

그러나 흥미로운 것들의 개수가 많아짐에 따라 AI는 부정적인 결과를 반환하는 검사를 하는데 대부분의 시간을 할애하기 시작한다. 예를 들어 사이렌의 경우 켜져 있는 상태보다는 꺼져 있는 상태가 더 많을 것이며 캐릭터는 한 프레임에 둘 이상의 캐릭터들과 충돌할 가능성은 낮다.

폴링은 각각의 검사가 매우 빠르더라도 처리돼야 할 요구 사항이 빠르게 증가할 수 있다. 100개의 캐릭터가 있는 레벨의 경우 충돌을 예측하려면 10,000번의 궤적 검사가 필요하다.

폴링의 가장 간단한 구현은 각 AI 알고리듬이 필요할 때마다 필요한 정보를 요청하는 것이다. 각 캐릭터들은 임의의 방식으로 정보를 요청하므로 게임을 통한 정보가 어디로 전달되는지 추적하는 것이 어렵게 될 수 있고 게임을 디버깅하는 것이 어려울 수 있다.

폴링 스테이션

폴링 기술을 보다 쉽게 유지할 수 있는 방법이 있다. 폴링 스테이션은 모든 정보가 통과되는 중앙 장소로 사용될 수 있으며 이를 통해 디버깅에 대한 요청 및 응답을 추적하는 데 사용할 수 있다. 또한 데이터를 캐시하는 데 사용할 수 있으므로 각 요청에 대한 복잡한 검사를 반복할 필요가 없다. 11장의 뒷부분에서 폴링 스테이션에 대해 좀 더 자세히 살펴볼 것이다.

11.1.2 이벤트

앞서 살펴본 하나의 사이렌 예에서 본 것처럼 폴링 방식이 최적일 수 있는 상황이 많다. 그러나 충돌 예제에서 본 바와 같이 각 캐릭터 쌍은 첫 번째 캐릭터 입장에서 한 번, 두 번째 입장에서 두 번 체크된다. 이러한 항목들이 캐시된 경우에도 폴링은 차선으로 수행된다. 에이전트 목록들을 단계별로 진행하는 대신 한 번에 캐릭터 그룹을 고려하고 모든 충돌을 한 번에 생성하는 더 빠른 방법이 있다.

이 경우 중요한 일이 발생했을 때 각 캐릭터에게 알릴 수 있는 중앙 체크 시스템이 필요하다. 이것을 이벤트 전달 메커니즘이라 한다. 알고리듬의 핵심은 흥미로운 정보를 찾고 뭔가를 발견했을 때 그 지식으로부터 이익을 얻을 수 있는 어떤 코드를 알려 준다.

이벤트 메커니즘은 사이렌 예제에 사용될 수 있다. 사이렌이 울릴 때 각 프레임에서 검사 코드는 범위 내에 있는 각 캐릭터에게 이벤트를 전달한다. 이 접근 방식은 11장의 뒷부분에서 더 자세히 살펴보겠지만 캐릭터의 인식^{perception}을 더 자세히 시뮬레이션하고자 할 때 사용된다.

이벤트 메커니즘은 원칙적으로 폴링보다 빠르지 않다. 폴링은 속도면에서 좋지 않은 성능을 갖고 있지만 대부분의 경우는 이벤트 전달이 더 비효율적이다. 이벤트가 발생했는지 확인하려면 확인을 하기 위한 과정이 존재하기 마련이다. 이벤트 메커니즘은 폴링과 마찬가지로 여전히 검사를 수행해야 한다. 대부분의 경우는 이벤트 메커니즘이 모든 검사 코드를 한 번에 수행하고 이후에 이 정보를 사용하므로 이점이 있다. 그러나 결과를 공유할 수 없는 경우에는 각 캐릭터가 스스로 확인하는 것과 동일한 시간이 걸린다. 실제로는 추가 메시지 전달 코드를 사용하게 되면 이벤트 관리 방식이 더 느려지게 된다.

사이렌 예제를 다시 생각해 보자. 이벤트 관리자는 캐릭터가 사이렌에 관심이 있다는 것을 알고 있어야 한다. 사이렌이 울리면 이벤트 관리자는 캐릭터에게 이벤트를 보낸다. 캐릭터는 사이렌에 대해 정확히 알아야 할 필요는 없다. 단지 이벤트 관리자가 캐릭터에게 이벤트를 보낼 뿐이다.

이벤트에는 캐릭터가 알아야 할 정보들이 포함되며 이 정보에는 캐릭터가 사이렌을 폴링할 때 필요했던 정보들과 동일하게 있을 수 있다.

이때 이벤트가 만병통치약이 아니라는 점을 알아야 할 필요가 있다. 검사 결과를 공유힐 수 없는 경우 이벤트 전달 속도가 상당히 느려질 수 있다.

이벤트 매니저

이벤트 전달은 일반적으로 이벤트 자체를 확인하거나 게임 플레이 코드로 이벤트 발생을 알리고 관심 있어 하는 수신자에게 전달하는 간단한 코드 집합으로 관리된다. 이벤트 매니저는 모든 이벤트가 한곳으로 집중되는 중앙 집중식 메커니즘을 구성한다. 이벤트 매니저는 캐릭터의 관심사 등을 추적하고(따라서 캐릭터에게 유용한 이벤트만 전달된다) 이벤트를 대기열^{queue}에 넣은 후 여러 프레임에 걸쳐 이벤트를 처리해 프로세서를 효율적으로 활용한다.

중앙 집중식 이벤트 전달은 코드 모듈화 및 디버깅에서 상당한 이점을 갖고 있다. 모든 조건을 중앙 위치에서 검사하기 때문에 검사 결과와 결과의 로그를 쉽게 저장할 수 있다. 각 캐릭터에 전달된 이벤트를 쉽게 표시하거나 기록할 수 있으므로 복잡한 의사결정을 훨씬 쉽게 디버깅할 수 있다.

11.1.3 접근법 결정

모든 것이 그렇듯이 절충이 이뤄져야 한다. 폴링은 매우 빠르지만 확장성이 좋지 않고 이벤트 전달은 추가로 작성해야 하는 코드가 있기 마련이며 상황에 따라서 과도한 경우도 있다.

최적의 실행 속도는 애플리케이션에 따라 다르므로 미리 예상하기가 힘들다. 일반적으로 모든 캐릭터가 동일한 정보를 알아야 하는 경우에는 이벤트를 사용하는 것이 더 빠르다. 반면에 캐릭터가 특정 상태일 때만 정보를 알아야 할 경우에는 폴링하는 것이 더 빠르다.

폴링과 이벤트를 조합해서 사용하는 것이 가장 빠른 솔루션인 경우가 많지만 이는 코드 개발에 영향을 미친다. 정보는 여러 가지 방법으로 수집되고 발송되며 어디서 무엇을 하고 있는지 알아내기가 어려울 수 있다.

속도에 상관없이 일부 개발자들은 이벤트만을 사용해 게임 정보를 관리하는 것이 더 쉽다고 하기도 한다. 예를 들어 모든 이벤트를 화면에 표시하고 디버그에 사용할 수 있다. 게임에서 특수 키를 누르면 이벤트를 수동으로 생성해 실행하기도 하며 AI가 이 이벤트에 반응하는지 확인할 수 있다. 유연성이 뛰어나기 때문에 이벤트가 가장 빠른 방식은 접근법은 아니더라도 선호되는 경우가 많다는 것을 알 수 있다.

하지만 아주 간단한 경우에는 폴링을 사용해 손쉽게 정보를 취하고 활용할 수도 있다. 만약 모든 정보가 폴링 스테이션을 통한다면 속도와 디버깅에서 손해 보지 않고도 유용하게 정보를 활용할 수 있다.

11.2 이벤트 매니저

이벤트 기반 통신 방식은 중앙 집중화된다. 흥미로운 이벤트가 발생하면 캐릭터들에게 알려주는 중앙 검사 메커니즘이 존재한다. 이를 수행하는 코드를 이벤트 매니저(관리자)라 한다.

이벤트 매니저는 다음과 같은 네 가지 요소로 구성된다.

1. 검사 엔진 checking engine(선택 사항일 수 있음)
2. 이벤트 큐 event queue
3. 이벤트 수신자의 주소
4. 이벤트 디스패처 event dispatcher

이벤트를 받고자 하는 캐릭터는 이벤트가 발생하는 것을 듣고 있기 때문에 종종 리스너 listener라고 한다. 이것은 소리에만 관심이 있다는 것을 의미하지는 않는다. 이벤트는 시야, 무선 통신, 특정 시간(예를 들어 오후 5시에 집에 가는 캐릭터) 또는 게임 데이터의 다른 비트를 나타낼 수 있다.

검사 엔진은 리스너 중 한 명이 관심 가질 만한 일이 발생했는지 확인해야 한다. 모든 게임 상태를 위해 검사를 진행할 수 있지만, 이렇게 되면 작업이 너무 많을 수 있으므로 보다 효율적인 검사를 위해 엔진은 리스너의 관심사에 해당하는 부분만 고려한다.

검사 엔진은 일반적으로 게임에서 제공되는 다른 서비스들과 연결돼야 한다. 캐릭터가 벽에 부딪혔는지 알아야 할 경우에 검사 엔진은 결과를 얻기 위해 물리 엔진이나 충돌 감지기를 사용해야 할 수도 있다. 검사해야 할 항목의 개수는 많고 종류에 따라 다양한 방법으로 검사될 수 있다. 사이렌의 경우 단일 부울 값을 보고 사이렌의 켜짐/꺼짐을 확인할 수 있으며, 기하학적 알고리듬으로 충돌을 예측해야 할 수도 있고, 음성 인식 엔진의 경우에는 플레이어의 음성 입력을 분석해 명령을 받아야 할 수도 있다. 이러한 이유로 보통 특정 유형의 정보(충돌, 소리 또는 레벨의 스위치 상태 등등)만 확인하는 전문 이벤트 매니저가 있는 것이 일반적이다. 11.2.2 절의 브로드캐스팅broadcasting과 내로캐스팅narrowcasting에서 더 자세히 살펴볼 것이다.

대부분의 경우 모든 검사를 수행할 필요는 없다. 예를 들어 군대에서 등장 인물들은 전투 준비가 됐을 때 서로 대화를 시도할 수 있다. 캐릭터가 유한 상태 기계를 이용해 구현되면 이들의 '전투 상태'가 활성화되고 이벤트 매니저에게 직접 '전투 준비 상태' 이벤트를 보낼 수 있다. 이러한 이벤트는 이벤트 큐에 배치되고 평소와 같이 적절한 리스너로 전달된다.

이벤트 매니저에서 검사 메커니즘을 따로 분리하는 것도 일반적이다. 정해진 프레임이 지날 때마다 검사를 수행하며 검사가 발견되면 이벤트 매니저에게 이벤트를 보낸다. 그 이후에 이벤트 매니저가 이러한 이벤트들을 처리한다. 검사 메커니즘은 게임 상태를 폴링하고(캐릭터가 게임 상태를 폴링하는 것과 마찬가지로) 그 결과를 관심 있어 하는 캐릭터에게 공유한다. 11.2.2절의 이벤트 매니저의 구현에서는 이벤트 큐에 이벤트를 직접 배치할 수 있도록 하는 방법이 포함돼 있다.

검사하는 코드 외에도 게임 플레이 코드에서 이벤트가 발생할 수도 있다. 예를 들어 점수가 증가되면 캐릭터가 레벨을 올릴 수 있음을 이미 알고 있을 수 있다. 이 경우 별도의 검사를 수행하는 것은 의미가 없고 대신 점수 증가 코드에서 이벤트를 이벤트 매니저에게 직접 보내면 된다.

이벤트 큐의 경우 이벤트가 이벤트 매니저에 알려지면(직접 전달되거나 검사를 통해) 이벤트가 전송dispatch될 때까지 보류돼야 한다. 이벤트는 이벤트 데이터 구조로 표시되며 다음에 그 구조에 대해 살펴볼 것이다.

간단한 이벤트 매니저는 발생하는 모든 이벤트를 전달해 이벤트 리스너가 적절하게 응답하도록 한다. 이것이 이벤트 매니저가 가장 일반적으로 사용되는 접근 방식이다. 이렇게 되면 이벤트 큐를 유지하기 위한 공간적인 오버헤드가 없으며 복잡한 큐 관리를 위한 코드도 필요하지 않다.

더 복잡한 이벤트 매니저는 대기열의 이벤트를 추적해 최적화 시간에 리스너에게 전달할 수 있다. 이를 통해 이벤트 매니저는 AI가 처리할 수 있는 시간이 있을 때만 이벤트를 보내는 알고리듬(10장 참고)으로 실행될 수 있다. 이 방법은 많은 이벤트 및 캐릭터가 있을 때 특히 중요하다. 워낙 개수가 많아 여러 프레임으로 분할할 수 없는 경우에는 일부 프레임은 다른 프레임보다 훨씬 더 많은 부담을 갖게 될 수도 있다.

시간 기반 이벤트 큐는 우선순위 및 전달 기한이 다를 수 있으므로 매우 복잡하다. 캐릭터에게 사이렌이 울고 있다는 것은 몇 초 정도 지연돼도 괜찮지만 총에 맞았다는 사실은 지연돼서는 안 된다(특히 '죽음' 애니메이션의 재생이 이벤트에 의존하는 경우).

리스너 레지스트리registry of listener를 사용해 이벤트 매니저가 올바른 리스너에 이벤트를 전달할 수 있다.

특수 목적(충돌을 결정하는 등)을 가진 이벤트 매니저의 경우 리스너는 매니저가 생성할 수 있는 모든 이벤트에 관심을 가질 수 있다. 다른 경우들은(예를 들어 집에 귀가하는 시간과 같은) 관심이 없을 수 있으므로 이벤트는 쓸모가 없을 수도 있다.

군인은 막사를 언제 떠나야 하는지 프레임마다 시간을 검사할 필요가 없다(예를 들어 12:01을 체크하고 다시 12:01을 체크하고...). 관심사를 레지스트리에 등록하면 검사를 계속할 필요가 없고 디스패처가 적절한 시간에 이벤트만 보내도록 허용해 불필요한 검사 및 메시지의 비효율성을 줄일 수 있다.

레지스터에 등록하기 위한 정보 포맷은 단일 이벤트 코드처럼 간단할 수 있다. 예를 들어 캐릭터는 '폭발' 이벤트에 대한 관심을 등록할 수 있다. 물론 '현재 위치에서 50미터 이내의 수류탄 폭발'과 같이 더 자세한 정보를 필요로 할 수도 있다.

관심사에 대한 좀 더 자세한 정보를 등록하면 검사 엔진이 찾는 항목에 더 집중할 수 있고 원하지 않는 이벤트가 전달되는 횟수를 줄일 수 있다. 반면에 리스너에게 메시지를 보내야 하는지 아닌지를 검사하는 데 시간이 더 오래 걸리거나 게임에 의존하게 될 수도 있다(관심 대상의 종류가 게임마다 변경될 수 있기 때문에).

일반적으로 대부분의 개발자는 간단한 이벤트 코드 기반 등록 처리와 내로캐스팅 방식(11.2.2절)을 사용한다.

이벤트 디스패처는 이벤트가 발생할 때 적절한 리스너들에게 알림을 보낸다.

레지스트리에 각 리스너의 관심사에 대한 정보가 포함돼 있는 경우 디스패처는 리스너가 이벤트에 대해 알아야 하는지 여부를 확인할 수 있다. 이 기능은 필터 역할을 해 원하지 않는 이벤트를 제거하고 효율성을 향상시킨다.

리스너가 이벤트에 대한 알림을 받는 가장 일반적인 방법은 함수를 호출하는 것이다. 객체 지향 언어에서 이것은 클래스의 메서드다. 함수를 호출하고 이벤트에 대한 정보를 해당 인수로 전달할 수 있다.

대부분의 운영체제에서 제공되는 이벤트 관리 시스템에서는 이벤트 객체 자체가 리스너에게 전달된다. 보통은 다음과 같은 인터페이스를 갖고 있다.

```
1  class Listener:
2      function notify(event: Event)
```

11.2.1 구현

이제 모든 준비가 됐으니 이벤트 매니저를 구현해 보자.

의사 코드

```
1  class EventManager:
2      # 리스너에 정보를 저장한다. 같은 리스너에 하나 이상의 리스너들이 붙을 수 있다.
3      class ListenerRegisteration:
4          interestCode: id
5          listener: Listener
6
7      # 등록된 리스너들의 목록
8      listeners: Listener[]
9
10     # 대기된 이벤트들의 큐
11     events: Event[]
12
13     # 새로운 이벤트가 있는지 검사한 후 큐에 추가한다.
14     function checkForEvents()
15
16     # 가능한 한 빨리 이벤트를 보내기 위해 예약한다.
```

```
17    function scheduleEvent(event: Event):
18        events.push(e)
19
20    # 리스너를 레지스트리에 등록
21    function registerListener(listener: Listener, code: id):
22        # 등록을 위한 구조체를 만든다.
23        lr = new ListenerRegistration()
24        lr.listener = listener
25        lr.code = code
26
27        # 리스너 저장
28        listeners.push(lr)
29
30    # 보류 중인 모든 이벤트를 디스패치한다.
31    function dispatchEvents():
32        # 보류 중인 모든 이벤트들을 반복한다.
33        while events:
34            # 다음 이벤트를 얻고 큐에서 제거한다.
35            event = events.pop()
36
37            # 각 리스너를 처리한다.
38            for listener in listeners:
39                # 관심이 있다면 알린다.
40                if listener.interestCode == event.code:
41                    listener.notify(event)
42
43    # 매니저를 실행하기 위해 함수를 호출한다.
44    function run():
45        checkForEvents()
46        dispatchEvents()
```

자료 구조 및 인터페이스

이벤트 리스너는 EventListener 인터페이스를 구현해야 이벤트 관리자에 등록 가능하며 알림을 받을 수 있다.

캐릭터는 발생하는 이벤트에 대한 정보가 필요하며 캐릭터가 팀에게 적으로부터 조준당하고 있다는 사실을 알리면 적의 위치와 상태를 포함해야 한다.

앞서 살펴본 코드에서 나는 이벤트 구조가 있다고 가정했다. 기본적인 이벤트 구조는 스스로를 식별할 수만 있으면 되므로 다음과 같이 구현했다.

```
1  class Event:
2      code: id
```

이 방법은 많은 윈도우 애플리케이션에서 사용하고 있는 알림 방법, 즉 마우스가 눌리거나 키가 눌리거나 하는 것들이다.

Event 클래스를 상속해 다른 서브 타입으로 만들어 사용할 수 있다.

```
1  class CollisionEvent:
2      code: id = 0x4f2ff1438f4a4c99
3      character1: Character
4      character2: Character
5      collisionTime: int
6
7  class SirenEvent:
8      code: id = 0x9c5d7679802e49ae
9      sirenId: id
```

C기반의 이벤트 관리 시스템에서는 void*를 이벤트 구조에 포함시켜 구현한다. 포인터를 통해 어떠한 데이터 타입, 구조를 전달할 수 있다.

```
1  typedef class event_t
2  {
3      unsigned long long eventCode;
4      void  *data;
5  } Event;
```

성능

이벤트 매니저의 시간 복잡도는 $O(nm)$, n은 큐에 있는 이벤트 개수 m은 등록된 리스너의 개수다. 공간 복잡도는 $O(n + m)$이며 리스너가 이벤트를 처리하는 데 필요한 시간이나 메모리는 고려하지 않는다. 일반적으로는 알고리듬을 실행하는 데 걸리는 시간도 포함한다.[2]

구현 노트

이 클래스는 여러 수정을 통해 개선할 수 있다. 가장 분명한 것은 리스너가 둘 이상의 이벤트

---

2   모든 이벤트 관리 알고리듬이 해당 사항은 아니지만, 나중에 살펴볼 센서 관리 시스템은 많은 시간을 필요로 한다.

코드를 수신할 수 있도록 하는 것이다. 하나 이상의 코드로 리스너를 여러 번 등록할 수도 있지만 더 유연한 방법은 이벤트 코드를 2의 거듭제곱 형태로 표현해서 비트 마스크로 표현하는 것이다.

11.2.2 이벤트 캐스팅

이벤트 관리를 적용하기 위한 두 가지 다른 철학이 있다. 매우 일반적인 이벤트 매니저를 사용할 수 있으며, 각 이벤트 매니저는 많은 리스너에게 많은 이벤트를 전송한다. 리스너들은 그 이벤트에 관심이 있는지 없는지 체크할 필요가 있다.

또는 전문적인 이벤트 매니저를 많이 사용할 수도 있다. 전문적인 이벤트 매니저에 관심이 있는 리스너들의 개수는 소수에 불과하지만 이 리스너들은 생성하는 이벤트에 더 많은 관심을 가질 가능성이 높다. 리스너들은 일부 이벤트를 무시할 수 있지만 더 많은 이벤트가 올바르게 전달된다.

산탄총 접근 방식을 브로드캐스팅이라고 하며 타기팅 접근 방식을 내로캐스팅이라고 한다.

두 가지 접근 방식 모두 어떤 에이전트가 어떤 이벤트를 보낼지 결정하는 문제를 해결한다. 브로드캐스팅 방식은 모든 이벤트를 전달하고 필요로 하는 대상이 스스로 해결하게 함으로써 문제를 해결한다. 내로캐스팅은 프로그래머에게 책임을 부여한다. AI는 관련 이벤트를 정확한 매니저 세트에 등록돼야 한다.

브로드캐스팅

레지스트리에 추가 데이터를 추가해 행동이 자신의 관심사가 어떤 것인지 보여 줄 수 있도록 했다. 일반화를 만드는 것은 간단한 과정이 아니다. 매우 구체적인 요구가 있는 리스너를 파악할 수 있도록 충분한 세부 사항을 등록 가능하게 하는 시스템을 설계하는 것은 어렵다.

예를 들어 AI는 튕기는 재질로 만들어진 벽에 뭔가가 부딪히는 시기를 알아야 할 필요가 있을 수 있다. 이를 지원하기 위해 레지스트리는 게임 세계의 모든 객체에 대해 가능한 모든 재질들을 보관하고 각 충격에 대한 유효한 재질 목록과 체크해야 한다.

AI가 모든 충돌에 대해 알려 주고 관심이 없는 충돌을 필터링할 수 있다면 쉬운 작업이 될 것이다.

이 접근 방식을 브로드캐스팅이라고 한다. 브로드캐스팅 이벤트 매니저는 리스너들에게 매우 많은 이벤트를 보낸다. 일반적으로 모든 종류의 이벤트를 관리하며 따라서 리스너도 많다.

텔레비전 프로그램이 브로드캐스팅이다. 시청에 관심이 있는 사람이 있든 없든 상관없이 케이블이나 무선 신호를 통해 송신된다. 거실에는 항상 이런 데이터로 가득 차 있다. TV를 꺼서 이러한 신호를 무시하거나 보고 싶은 프로그램을 시청할 수 있다. TV를 보고 있다고 하더라도 TV에 전달되는 대부분의 정보는 표시되지 않는다. 수신자에게 쓸모없는 많은 데이터가 전달되기 때문에 브로드캐스팅은 낭비가 있는 편이다.

장점이라면 유연성이다. 만약 캐릭터가 데이터를 전달받고 나서 많은 양의 데이터를 바로 버리지만 갑자기 관심이 생길 경우 원하는 데이터를 즉시 사용할 수 있게 된다. 이것은 캐릭터의 AI가 스크립트에 의해 실행될 때 특히 중요하다. 왜냐하면 프로그래머는 스크립트 작성자가 어떤 정보를 사용할지 미리 알지 못하기 때문이다.

버섯 밭을 돌아다니며 버섯을 줍는 게임 캐릭터가 있다고 상상해 보도록 하자. 플레이어가 버섯을 훔치는지 알 수 있도록 캐릭터를 만들려고 한다. 현재 문이 열려 있는지에 대한 정보는 관심이 없다. 캐릭터는 모든 문 열림 이벤트를 무시하지만 버섯 도난 이벤트에 응답하도록 개발된다.

이후 개발 과정에서 레벨 디자이너가 버섯 선택기의 집을 레벨에 추가하고 AI 스크립트를 수정해 플레이어가 집에 들어왔을 때 반응하도록 한다.

이벤트 매니저가 이벤트를 브로드캐스트하는 것은 어렵지 않다. 스크립트는 문 열기 이벤트에 반응할 수 있고 만약 이벤트 매니저가 내로캐스팅 접근법을 사용하면 레벨 디자이너는 프로그래머에게 요청해 문 열림 리스너에게 캐릭터를 등록해야 한다.

물론 문제를 해결하는 다른 방법들도 있다. 예를 들어 등록 처리를 스크립트에서 가능하도록 할 수 있다(이렇게 되면 레벨 디자이너가 이벤트 채널에 접근할 수 있으므로 의존도도 올라간다). 브로드캐스팅 접근법을 사용하면 확실히 유연성은 높아진다.

내로캐스팅

내로캐스팅은 프로그래머가 직접 특수화된 이벤트 매니저에게 직접 등록을 함으로써 AI가 어떤 이벤트에 관심이 있는지를 해결한다.

만약 RTS 게임 내 유닛팀들이 정보를 공유해야 한다면 각자 고유의 이벤트 매니저를 가질 수 있다. 그룹당 하나의 이벤트 매니저를 사용하면 모든 이벤트는 올바른 개인들에게 이벤트가 전달될 수 있다. 지도상에 수백 개의 팀들이 있다면 수백 개의 이벤트 매니저가 있어야 한다.

추가적으로 이러한 팀들은 더 큰 그룹으로 조직될 수도 있다. 이 큰 그룹들은 대대^{battalion}를 중심으로 정보를 공유하는 그들만의 이벤트 매니저를 갖고 있다. 결국에는 전 세계적으로 정보를 공유하는데 한쪽당 하나의 이벤트 매니저가 있게 된다.

내로캐스팅은 매우 효율적인 접근 방법이다. 낭비되는 이벤트는 거의 없으며 정보는 정확히 필요로 하는 개인을 목표로 한다. 리스너의 관심사에 대한 어떠한 기록도 없어도 된다. 각 이벤트 매니저는 매우 특수화돼 있으므로 모든 리스너가 모든 이벤트에 관심을 가질 수 있다. 이것 또한 속도를 향상시킨다.

인게임^{in-game} 속도는 내로캐스팅 접근법을 사용하면 최적화되지만 캐릭터 설정은 훨씬 복잡해진다. 만약 100여 개가 넘는 이벤트 매니저가 있다고 하면 어떤 리스너를 어떤 이벤트 매니저에 연결해야 하는지 결정하는 상당한 양의 설정 코드가 있어야 한다.

캐릭터가 시간이 지남에 따라 변경된다면 상황은 더 복잡해진다. 예를 들어 RTS 게임에서 팀 내 대부분의 유닛들은 전투 중에 죽게 된다. 나머지 구성원들은 새로운 팀으로 다시 배정받게 된다. 이것은 곧 동적으로 등록이 이뤄진다는 것이다. 단순한 계층 구조를 가진 이벤트 매니저에서는 이것이 여전히 가능하지만 더 복잡한, 서로 다른 관련 없는 이벤트 집합을 제어하는 '국물^{soup}'과 같이 섞인 이벤트 매니저들의 경우 이것을 사용하는 이익보다 더 많은 노력이 들 수도 있다.

타협

실제로 복잡한 등록 정보를 가진 이벤트 매니저와 명시적으로 이해 관계가 전혀 없는 이벤트 매니저 간에 타협이 필요하다. 마찬가지로, 내로캐스팅과 브로드캐스팅 사이에서도 타협이 필요하다.

현업에서 개발자들은 매우 빠르게 필터링할 수 있는 단순한 관심 정보를 사용하려고 한다. 예제 구현에서 우리는 이벤트 코드를 사용했다. 만약 이벤트 코드가 리스너의 관심과 일치하다면 리스너에게 알림이 전송된다. 이벤트 코드는 이벤트 매니저가 게임에서 코드가 의미하는 바를 알 필요 없고 모든 종류의 관심 정보를 나타내는 데 사용할 수 있다. 이것은 여러 상황에서 동일한 이벤트 매니저를 사용할 수 있음을 의미한다.

브로드캐스팅과 내로캐스팅 사이의 타협은 애플리케이션에 의존한다. 특히 생성될 수 있는 이벤트의 개수가 중요하다. 보통은 브로드캐스팅이 느려지게 만들 정도로 AI 이벤트가 많은 경우는 실제로 많지 않다.

나는 개인적으로 개발 중에는 브로드캐스팅 접근법을 사용해 캐릭터 행동을 더 쉽게 만들 수 있는 것을 추천한다. 개발이 진행되면서 이벤트 시스템이 느리다면 출시 전에 여러 개의 내로캐스팅 매니저를 사용해 최적화를 할 수 있다.

이 규칙에 예외가 있다면 매우 특수한 기능을 가진 이벤트 매니저에 대한 것인데 이벤트 매니저가 특정 게임 시간에 캐릭터에게 알려 줘야 한다면(예를 들어 병사들에게 언제 퇴근할 것인지 알려 주기 위한) 브로드캐스팅 매니저 또는 다른 종류의 이벤트와 함께 통합되기는 어려울 것이다.

11.2.3 에이전트 간 통신

AI가 필요로 하는 대부분의 정보는 플레이어의 행동과 게임 환경에서 나오지만, 게임들은 서로 협력하거나 소통하는 캐릭터들이 점점 더 많이 등장하고 있다.

예를 들어 경비대는 침입자를 포위하기 위해 서로 협력해야 한다. 침입자의 위치가 알려지면 경비대는 모든 출구를 봉쇄하고 동료들이 제자리에 있을 때까지 기다린다.

이런 종류의 행동을 하기 위한 알고리듬은 6장에서 논의됐다. 하지만 사용된 기술에 상관없이 캐릭터는 다른 사람들이 무엇을 하고 있고 무엇을 하려고 하는지 이해할 필요가 있다. 각 캐릭터가 다른 캐릭터의 내부 상태를 볼 수 있도록 하거나 그들의 의도를 알기 위해 폴링을 사용할 수 있다. 이것은 속도가 빠르긴 하지만 오류가 발생하기 쉽고 캐릭터의 AI가 변경될 때마다 코드를 재작성해야 할 수도 있다. 더 나은 방법은 이벤트 메커니즘을 사용해 각 캐릭터가 다른 캐릭터에게 자신의 의도를 알릴 수 있도록 하는 것이다. 이것은 이벤트 관리자가 AI 팀 구성원 간에 보안 무전기를 사용하는 것으로 생각할 수 있다.

11장의 기본 이벤트 메커니즘은 협력 메시지 전달을 처리하기에 충분하다. 각 스쿼드에 내로캐스팅 이벤트 관리자를 사용하면 데이터가 올바른 캐릭터에 빠르게 전달될 수 있고 다른 스쿼드의 구성원들과 혼동되지 않는다.

11.3 폴링 스테이션

폴링이 이벤트보다 더 효율적인 상황이 있다. 문을 열어야 하는 캐릭터가 문을 향해 이동해 잠겨져 있는지 체크한다. 반면에 문이 프레임마다 '잠겨 있음'이라는 메시지를 보내는 것은 좋지 않다.

때로는 체크하는 데 시간이 많이 걸리는 경우가 있다. 특히 게임 레벨의 지오메트리와 관련된 경우에 검사가 오래 걸릴 수 있다. 경비원은 출입구에서 제어실까지 제어판의 상태를 수시로 점검할 수 있다. 플레이어가 패널 앞으로 상자를 밀면 시야가 차단되는데 시선 계산은 비용이 많이 든다. 경비원이 둘 이상이라면 추가적으로 계산하는 것이 낭비가 될 수 있다.

이벤트 기반 시스템에서는 모든 항목을 한 번만 확인할 수 있다. 폴링 시스템에서는 각 캐릭터가 개별적으로 확인해야 한다.

다행스럽게도 타협점이 있다. 폴링이 최선의 접근법이지만 체크하는 데 시간이 오래 걸린다면 폴링 스테이션^{polling station}이라고 불리는 구조를 사용할 수 있다.

폴링 스테이션은 두 가지 목적을 갖고 있다. 첫째, 여러 캐릭터가 사용할 수 있는 폴링 정보를 캐싱하는 것이다. 둘째, AI에서 게임 레벨로 가는 중간 역할을 한다. 모든 요청이 한 곳을 통과하기 때문에 더 쉽게 모니터링 가능하고 AI를 디버깅할 수 있다.

여러 캐싱 메커니즘을 사용해 데이터가 자주 재계산되는 것을 방지할 수 있다. 다음의 의사 코드에서는 프레임 번호 카운터를 사용해 오래된 데이터를 표시한다. 데이터는 필요에 의해서 각 프레임에 한 번씩 계산되고 데이터를 필요로 하지 않으면 다시 계산되지 않는다.

11.3.1 의사 코드

폴링 스테이션은 다음과 같이 구현될 수 있다.

```
1  class PollingStation:
2      # 게임의 불리언 속성을 위한 캐시
3      class BoolCache:
4          value: bool
5          lastUpdated: int
6
7      # 하나의 주제를 위한 캐시
```

```
 8        isFlagSafe: BoolCache[MAX_TEAMS]
 9
10        # 요구되면 캐시를 갱신한다.
11        function updateIsFlagSafe(team: int)
12            isFlagSafe[team].value = # ... 게임 상태를 조회 ...
13            isFlagSafe[team].lastUpdated = getFrameNumber()
14
15        # 캐시된 주제를 조회
16        function getIsFlagAtBase(team: int) -> bool:
17            # 주제가 갱신돼야 하는지 체크한다.
18            if isFlagSafe[team].lastUpdated < getFrameNumber():
19                # 캐시가 오래됐으므로 갱신한다.
20                updateIsFlagSafe(team)
21
22            # 그렇지 않으면 값을 반환한다.
23            return isFlagSafe[team].value
24
25        # ... 다른 주제들의 폴링 스테이션들을 추가한다.
26
27        # 캐시를 사용하지 않는 폴링 스테이션들
28        function canSee(fromPos: Vector, toPos: Vector) -> bool:
29            # ... 게임 상태를 항상 조회한다.
30            return not raycast(from, to)
```

11.3.2 성능

폴링 스테이션은 지원하는 각 폴링 주제에 대해 시간 및 공간 복잡도는 O(1)이다. 이것은 활동 중인 폴링 자체의 성능을 제외한 경우다.

11.3.3 구현 노트

앞서 살펴본 폴링 스테이션은 일반적인 시스템용이 아닌 특정 폴링 스테이션을 위한 것이다. 2개의 다른 폴링 주제인 getIsFlagAtBase와 canSee를 볼 수 있다. 전자는 캐시된 결과의 패턴을 보여 주고 후자는 필요할 때마다 계산된다.

캐싱 부분은 오래된 항목을 추적하기 위해 getFrameNumber 함수를 사용한다. 완성된 구현 사항에서는 다양한 데이터 타입들을 위해 BoolCache와 비슷한 몇 가지 추가 캐시 클래스가 있을 것이다.

폴링 스테이션은 종종 AI를 단순화시키기도 한다. 위 코드에서 캐릭터는 폴링 스테이션의 canSee 함수만 호출하면 된다. 검사 자체를 구현할 필요는 없다. 이 경우 함수는 시야 확보를 위해 재계산을 항상 실행하며 이 값은 캐시되지 않는다.

AI는 결과가 캐시를 사용하는지 재계산됐는지 신경쓰지 않는다. 즉 결과를 가져오는 방법에 관심이 없다. 이것은 프로그래머가 이후에 최적화 구현을 위해서 많은 코드를 재작성할 필요가 없음을 의미한다.

11.3.4 추상 폴링

앞서 살펴본 폴링 스테이션들은 가장 간단한 형태들이다. 보통 표준 인터페이스로서 게임 월드 클래스에 추가되는 함수들이 있는데, 이러한 경우 이후에 확장을 하기가 어려운 단점이 존재한다. 결국에 가서는 폴링 스테이션이 매우 크고 많은 데이터를 갖게 된다.

모든 폴링을 주관하는 중앙 요청 방법을 추가해 폴링 스테이션을 개선할 수 있다. 이 요청 함수는 검사가 필요한 신호를 보내는 요청 코드를 사용한다. 추상 폴링abstract polling 모델을 사용하면 인터페이스를 변경하지 않고 폴링 스테이션에 의존하는 다른 코드를 변경하지 않고도 폴링 스테이션을 확장할 수 있다. 또한 모든 폴링 요청이 중앙식 함수를 통해 전달되기 때문에 디버깅 및 로깅에도 도움이 된다.

하지만 다른 한편으로는 어떤 요청이 전달되고 있고 있는지 확인하는 추가 단계가 있어 실행 속도가 느려질 수 있다.

폴링 스테이션 구현은 '플러그 가능한' 폴링을 허용해 확장도 가능하다. 폴링 작업의 인스턴스는 스테이션에 등록될 수 있으며, 각각은 폴링 가능한 데이터 조각들을 나타낸다. 캐시 제어 로직은 모든 항목에 대해 동일하다(이전과 동일한 프레임 번호 기반 캐싱).

```
1    # 폴링 가능한 주제들을 위해 베이스가 되는 추상 클래스
2    class PollingTask:
3        taskCode: id
4        value: any
5        lastUpdated: int
6
7        # 캐시가 오래됐는지 체크한다.
8        function isStale() -> bool:
```

```
 9          return lastUpdate < getFrameNumber()
10
11      # 캐시 안에 값을 갱신한다. - 자식 클래스에서 구현한다.
12      function update()
13
14      # 폴링 태스크를 위한 올바른 값을 얻는다.
15      function getValue() -> any:
16          # 필요하다면 내부 값을 갱신한다.
17          if isStale():
18              update()
19
20          # 반환
21          return value
22
23  class AbstractPollingStation:
24      # 코드로 해시 값을 얻고 태스크를 등록한다.
25      task: HashTable[id -> PollingTask]
26
27      function registerTask(task: PollingTask):
28          tasks[task.code] = task
29
30      function poll(code: id) -> value:
31          return tasks[code].getValue()
```

이 시점에서 이벤트 매니저 시스템은 복잡해진 상태이고, 두 시스템 간의 트레이드 오프는 약간 모호해진다. 실제로 이러한 복잡한 폴링 스테이션에 의존하는 개발자는 거의 없다고 봐도 된다.

11.4 감각 관리

지금까지 관심을 가져야 하는 캐릭터의 손에 적절한 지식을 전달하는 기술을 다뤘다. 우리의 관심사는 캐릭터가 적절한 결정을 내릴 수 있게 하기 위해 필요한 정보를 얻도록 하는 것이다.

하지만 모두가 알다시피 뭔가를 원하는 것과 그것을 실제로 얻는 것과는 다르다. 캐릭터가 관심 있어 하는 지식을 습득할 수 있도록 해야 한다.

게임 환경은 적어도 어느 수준 이상으로 물리적 세계를 시뮬레이션한다. 캐릭터는 감각을 사용해 환경에 대한 정보를 얻는다. 그러므로 캐릭터가 물리적으로 정보를 감지할 수 있는지 확인하는 것이 좋다. 게임에서 큰 소리가 들린다면 어떤 캐릭터가 들었는지 확인할 수 있어야 한다. 레벨의 반대편에 있는 캐릭터는 소리를 들을 수 없을 수 있으며 방음창 뒤에 있는 캐릭터들도 마찬가지다.

적이 방 한가운데를 가로질러 가고 있을 때도 불이 꺼져 있거나 캐릭터가 잘못된 방향을 바라보고 있는 경우에는 적을 볼 수 없다.

감각 인식을 시뮬레이션하는 것은 다른 것들에 비해서 여전히 새롭고, 접근법은 여전히 흔하지 않다(기껏해야 보이는지 검사하기 위해서 레이 캐스트를 사용하는 정도다). 그러나 일부 게임에서는 인식이 게임 플레이의 핵심이기도 한 경우도 있다. 시각 인식을 사용하는 것이 가장 일반적이다. 예를 들어 〈스프린터 셀Splinter Cell〉[189], 〈시프: 더 다크 프로젝트Thief: The Dark Project〉[132], 〈메탈 기어 솔리드Metal Gear Solid〉[129]와 같은 게임에서 AI는 빛을 내고 있는 물체만 볼 수 있고 이것은 스텔스 게임 플레이의 기본이 된다.

이러한 추세는 계속될 것임을 알 수 있다. 영화 산업(웨타의 매시브Weta's Massive) 및 군사 시뮬레이션에서 사용되는 AI 소프트웨어는 정교한 그룹 행동을 유도하기 위해 보다 포괄적인 인식 모델을 사용한다.[3] 감각 인식은 게임 디자인 면에서 보면 전략 게임, 롤플레잉role-playing, 플랫포머platformer 등과 같은 여러 게임 장르에서 필수 요소가 될 것으로 예상된다.

11.4.1 속이기

당연히 가능하면 지름길을 사용할 수 있다. 캐릭터의 머리에 달려 있는 헤드폰에서 귀를 통해 들려오는 소리를 시뮬레이션하는 것은 의미가 없다. 단순히 캐릭터에게 줄 수 있는 지식만 필요할 뿐이다.

지식을 전달하는 데 있어서도 10장에서 설명한 방법을 사용할 수 있다. 예를 들어 방마다 이벤트 매니저를 사용할 수 있다. 방에서 발생하는 소리는 현재 그 방에 있는 모든 캐릭터와 소통할 수 있고 이벤트 매니저에 등록할 수 있다. 이때 이벤트 매니저는 앞에서 설명한 것과는 약간 다른 방식으로 사용된다. 분배 시스템을 사용하는 대신 이벤트 매니저에게 제공되지 않는 정보는 리스너가 얻을 수 없다는 사실에 의존할 수 있다. 캐릭터가 데이터를 얻기 위해 폴링을 사용하는 경우에는 앞서 설명한 사실이 아닐 수도 있다. 하지만 동일한 효과를 위해 폴링 스테

---

3 흥미롭게도 여기서 사용되는 AI 모델들은 매우 간단한 경우가 많다. 행동의 복잡도는 거의 대부분 감각 시뮬레이션에 기반해서 동작한다.

이션에 필터링 코드를 추가할 수도 있다.

이벤트 매니저가 사운드 알림을 가능하게 하려면 캐릭터가 방 사이를 이동할 때마다 이벤트 매니저를 바꾸거나 듣고자 하는 이벤트를 조정해야 한다. 이것은 특수한 게임 레벨이나 매우 간단한 게임 프로젝트와 같은 상황에서 사용될 수 있다. 예를 들어 복도에서 매우 큰 소음이 들렸는데 1미터 떨어진 방에 있었다는 이유만으로 아무 소리가 들리지 않는다면 현실적이지 않다고 느낄 것이다.

다른 감각에 대해서는 어떻게 해야 할까? 시각의 경우 보통 레이 캐스트를 사용해 시야를 검사하지만 캐릭터가 많다면 통제 불가능한 상황이 될 수도 있다.

인식의 수준이 정확해야 한다면 전용 감지 시뮬레이션 코드가 필요할지도 모른다.

11.4.2 우리가 알고 있는 것은?

캐릭터는 게임에서 다양한 지식들을 얻을 수 있다. 5장에서 간단하게 지식을 내부 지식과 외부 지식 두 가지로 나눠 살펴봤다.

캐릭터의 내부 지식은 예를 들어 현재 체력, 장비, 정신 상태, 목표, 움직임과 같은 자신에 대한 정보를 말한다. 외부 지식은 적의 위치, 문이 열려 있는지의 여부, 파워업이 가능한지, 살아 있는 분대원의 수 또는 캐릭터 환경의 다른 모든 것을 다룬다.

내부 지식은 본질적으로 자유롭게 접근할 수 있어야 하며 외부 지식의 경우 게임의 상태에 기반해 캐릭터에게 전달된다. 많은 게임에서 캐릭터들은 전지전능한 수준에 있는데, 예를 들어 플레이어가 어디에 있는지 알고 있다. 이것은 보통 AI가 속임수를 사용하고 있다는 느낌을 줄 수 있는데, 이것을 방지하기 위해서 캐릭터의 행동이 약간 지식이 없는 것처럼 보이도록 설계할 수도 있다.

예를 들어 캐릭터는 플레이어의 위치를 찾기 위해 주기적으로 바라보기 행동을 할 수 있으며, 플레이어가 충분히 가까워지면 캐릭터는 추적 액션을 시작할 수 있다. 이것은 캐릭터가 충분히 가까워질 때까지 플레이어를 볼 수 없는 것처럼 보이게 만들 수 있다. 이는 AI 디자인의 기능이지 캐릭터가 지식을 습득하는 것이 아니다.

좀 더 좋은 방법은 이벤트 매니저 또는 폴링 스테이션을 사용해 게임 환경의 실제 사용자가 알고 있는 정보에 대한 접근 권한만 부여하는 것이다. 최종적으로는 물리 시뮬레이션을 기반으로 한 정보를 분배하는 감각 매니저가 있을 것이다.

감각 관리가 정교한 게임에서도 두 접근 방식을 혼합해 사용하는 것이 합리적이다. 내부 지식은 항상 사용할 수 있지만, 외부 지식은 정보에 대한 접근, 선택한 정보에 대한 알림 및 인식 시뮬레이션의 세 가지 방법 중 하나로 접근할 수 있다.

11.4.2절의 나머지 부분에서는 마지막 요소인 감지 관리에만 초점을 맞출 것이다. 나머지 부분들은 이미 모두 살펴봤다.

폴링과 알림 재검토

폴링 기반으로 인지 관리 시스템을 구현하는 것은 이론적으로 가능하지만 실제 사용 예는 본 적이 없다. 예를 들어 폴링 상태가 정보를 요청받을 때마다 매번 감각 처리를 테스트할 수 있고 테스트가 통과된 경우에만 전달하면 된다. 이 접근 방식 자체에는 아무런 문제가 없지만 내가 제안하고자 하는 방식은 아니다.

감각 인식은 알림에 의해서 더 자연스럽게 동작하는 것처럼 느껴진다. 캐릭터는 뭔가를 인지함으로써 정보를 발견하며 특정 정보를 찾기 위해 실패할 수 있는 많은 인지를 시도하지 않는다. 폴링 구조에서 감지 관리를 실행하면 대부분의 폴링 요청이 실패하기 때문에 성능은 크게 낭비된다.

이제부터는 감각 관리를 위해 이벤트 기반 모델을 사용할 것이다. 게임 상태에서 얻은 지식이 센스 매니저에게 알려지고 이를 인지할 수 있는 캐릭터에게 알린다. 그 이후 이 정보는 나중에 사용하기 위해 저장되거나 즉시 수행하는 등의 적절한 조치를 취할 수 있다.

11.4.3 감각 양식

게임에서 사용하기 좋은 인간의 네 가지 감각은 시각, 촉각, 청각, 후각이며 설명한 순서대로 사용되는 경우가 줄어든다. 미각은 인간의 다섯 번째 감각을 구성하지만 캐릭터의 미각을 사용한 게임플레이는 아직 보지 못했다.

이제 각각의 감각 양식들을 차례대로 고려해 보도록 하자. 이들의 특성은 감각 관리자의 기본 요구 사항을 형성한다.

시각

시각은 가장 명백한 감각이다. 너무 분명하기 때문에 이상하게 동작하면 게임 시뮬레이션이 잘못되고 있다는 것을 쉽게 할 수 있다. 이것은 설득력 있는 시각 모델을 개발하기 위해 더 열심히 노력해야 함을 의미한다. 우리가 만들어 낼 모든 양식들 중에서 시각에 가장 많은 인프라가 필요하다.

뭔가를 볼 수 있으면 게임플레이에 많은 영향을 줄 수 있다.

속도

빛은 약 3억m/s로 이동한다. 게임 레벨이 엄청나게 크지 않은 이상 빛은 한 프레임 안에 게임 레벨을 가로질러 갈 수 있다. 그러므로 시각은 순간적인 것으로 취급할 수 있다.

시각 원뿔

먼저 우리는 시각 원뿔을 갖고 있다. 시각은 그림 11.1에서 볼 수 있듯이 우리 앞에 있는 원뿔 모양으로 제한된다.

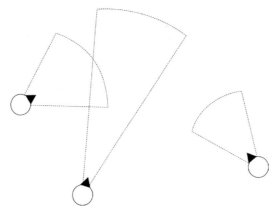

그림 11.1 다양한 시각 원뿔들의 모습

사람의 머리는 가만히 있으면 수직 각도가 약 120도이고 수평 각도가 220도 정도인 시각 원뿔이 있다. 몸을 움직이지 않은 채로 목과 눈을 움직이면 어떤 방향이든 360도로 볼 수 있으며 이것은 정보를 찾기 위한 캐릭터에게 가능한 부분이다.

일상적인 업무를 하는 사람들의 경우 시야는 매우 작은 부분에 집중된다. 의식적으로 주변을 둘러볼 수 있지만 눈의 움직임을 더하면 더 빠르게 더 많은 시야를 확보할 수 있다.

심리학 연구에 따르면 특별히 찾고자 하는 것이 있지 않을 경우에는 대부분 알아차리지 못하는 것으로 나타났다. 사람은 우리가 상상하는 것 이상으로 찾고 있는 것을 알아차리는 데 둔감하다.

하나의 실험 결과의 예가 있다. 사람들이 농구 연습을 하고 있고 동물 의상을 입은 사람이 주변을 배회하는 비디오를 제작하고, 다른 피실험자들에게 비디오를 제공하면서 농구 선수들의 패스 횟수를 세어 보라는 질문을 했을 때 대부분의 사람은 동물 의상을 입은 사람이 팔을 흔들고 있다는 것을 알아차리지 못했다.

이러한 제한적인 특징 때문에 보통 약 60도 정도의 시각 원뿔이 사용된다. 일반적인 눈의 움직임을 고려하면 캐릭터가 볼 수 있는 넓은 공간에 대해 효과적으로 대응하지는 못하지만 주의를 기울일 것 같지는 않다.

▎ 가시선

시야의 가장 큰 특징은 코너를 돌 수 없고 뭔가를 보려면 직접적인 가시선^{line of sight}을 필요로 한다는 점이다.

이것은 명백하지만 엄밀히 말하면 사실이 아니다. 캐릭터가 복도의 한쪽 끝에서 서 있고, 반대편 끝에 서 있는 적이 있다면 캐릭터는 적을 볼 수 없게 된다. 하지만 적이 총을 쏘는 순간에는 총구에서 빛이 발산되고, 이때 캐릭터는 반사된 빛을 볼 수 있게 된다. 모든 표면은 어느 정도 빛을 반사하며 코너 쪽에서도 이 모습을 쉽게 볼 수 있다.

내가 함께 작업해서 만든 감각 관리 시스템 중 하나에는 이 기능이 있었다. 안타깝게도 그 효과가 너무 미미해서 시뮬레이션 처리를 할 가치가 없었다(게임 배급사는 이 기능을 구현하는 데 노력할 가치가 없다고 결정했고 결국 이 기능은 출시되기 전에 취소됐다). 이러한 실패에도 불구하고 이 게임에서 감각 시뮬레이션은 내가 본 그 어떤 것들보다 뛰어났는데, 11.4.3절의 뒷부분에서 몇 가지 기능을 언급할 것이다.

11장에서는 시야는 직선으로만 발생한다고 가정할 것이다. 라디오시티^{radiosity} 또는 거울 효과 같은 효과를 시뮬레이션하려면 프레임워크를 확장해야 할 것이다.

거리

평균적인 수준의 게임 레벨로 모델링된 크기에서 인간은 시야에 있어 거리 제한이 없다. 대기 효과(예를 들어 안개나 아지랑이)와 지구의 곡선은 매우 먼 거리를 볼 수 있는 능력을 제한하지만, 이러한 제한이나 방해 요소들이 없다면 인간은 수백만 광년 동안 먼 거리를 보는 데 문제가 없다.

하지만 거리가 시야의 한계로 사용되는 게임들이 굉장히 많다. 그리고 이것은 꼭 나쁜 것은 아니다. 예를 들어 플랫폼 게임인 〈잭 앤 덱스터: 더 프리케서 레거시Jak and Daxter: The Precursor Legacy〉[148]에서 모든 적이 플레이어를 보고 있는 것은 게이머들이 원하지 않을 것이다. 보통 게임에서는 플레이어가 특정 거리 내에 있을 때만 적들이 플레이어를 인지하는 규칙을 사용하며 의도적으로 캐릭터에게 더 낮은 시야를 주기도 한다.

이러한 제한 사항을 따르지 않는 〈톰 클랜시의 고스트 리콘Tom Clancy's Ghost Recon〉[170]과 같은 게임도 있다. 이 게임은 다른 스타일의 게임플레이를 필요로 하며 일반적으로 은밀하게 진행된다.

거리가 의미가 있는 것은 보고 있는 사물의 크기다. 모든 동물은 충분히 크게 보이는 경우에만 물체를 구별할 수 있다(밝기와 패턴은 일단 무시하기로 하자). 인간 척도에서 대부분의 게임 레벨은 문제가 되지 않는다. 예를 들어 우리는 1킬로미터 이상 떨어진 곳에 있는 사람을 구별할 수 있다.

시각 원뿔과 같은 방식으로 능력과 가능성의 차이가 있다. 우리는 수백 미터 떨어진 곳에 있는 사람을 구별할 수는 있지만 특별히 누군가를 찾아야만 하는 이유가 없으면 무시할 것이다. 거리를 제한하지 않는 게임에서도 마찬가지로 작은 물체를 감지하기 위한 거리 임곗값을 사용하는 것이 좋다.

밝기

우리는 뭔가를 보기 위해 눈에 들어오는 광자에 의존한다. 눈에는 빛에 민감한 세포들이 있고 광자가 그들을 칠 때 흥분하며 다음 몇 밀리초에 걸쳐 서서히 이완된다. 충분한 광자가 세포가 이완되기 전에 도달하면 점점 더 흥분돼 결국 신호를 뇌로 보낸다.

희미한 빛에서는 보기가 매우 어렵다. 〈스프린터 셀〉은 플레이어가 그림자 속에 숨어 있고 경비원들에게 들키지 않게 함으로써 인간의 시력 기능을 좋은 효과로 활용한다(주인공 캐릭터는 이마에 3개의 밝은 녹색 횃불이 달려 있음에도 불구하고).

실제로 어두운 환경에서는 뭔가를 알아보기가 굉장히 어려운데 이는 광자가 부족한 것 때문이 아니라 변별력의 문제다.

변별력

인간의 시각은 생존 요구에 따라 진화했다. 마음의 눈에서 바깥 세계의 그림으로 보는 것은 사실 다른 많은 신호와 기대로 재구성된 환상이다.

모든 시각적 자극은 필터링되고 처리되는데, 예를 들어 머리를 옆으로 기울였을 때 보이는 이미지는 기울어져 보이지 않는다. 우리의 시각 시스템에는 수직을 찾는 데 특수화된 세포가 있다. 시각 시스템의 나머지 결과들은 우리의 뇌에 도달하기 전에 내부적으로 다시 회전된다. 또한 인간은 대부분 물리적으로 기울어진 것을 볼 수 없다. 이러한 이유로 대부분의 레이싱 게임에서 자동차가 코너를 돌 때 카메라를 회전시키지 않는 이유이기도 하며 회전시킨다 해도 최소한으로 한다.

감각 관리에서 가장 중요한 것은 대비 감지다. 우리의 눈은 색상이나 음영이 변경되는 영역을 식별하는 모든 범위의 세포를 갖고 있다. 이러한 세포들 일부는 서로 다른 각도에서 구별되는 선을 찾는 데 사용되며, 어떤 세포들은 대조되는 변화를 감지한다. 일반적으로 충분한 대비 변화가 없는 뭔가는 알아보기가 어렵다. 대비 변화는 한 가지 색 구성 요소에서만 발생할 수 있는데 이것이 바로 색맹 검사의 기초다. 만약 여러분이 빨간색과 녹색의 차이를 감지할 수 없다면 빨간색과 녹색의 강도가 동시에 반대로 변화되는 감지를 할 수 없기 때문에 숫자를 볼 수 없다.

이것이 의미하는 바는 배경과 대조되지 않는 물체는 볼 수 없으며 대조를 이루는 물체를 매우 잘 볼 수 있다는 것이다. 모든 위장술은 이 원칙에 따라 동작한다. 어떤 사물의 가장자리와 배경 사이에 대조적인 변화가 없도록 만든다. 희미한 빛에서 사물을 볼 수 없는 이유는 충분한 대비가 없기 때문이지 광자가 우리의 눈에 닿지 않기 때문이 아니다.

〈고스트 리콘〉이라는 게임은 배경 위장이 잘 구현돼 있다. 분대가 군용 잔디밭에 있고 나뭇잎 덤불 사이에 누워 있다면 적 캐릭터는 그들을 볼 수 없다. 하지만 벽 앞에 똑같은 패턴의 제복을 입고 있다면 오리들이 앉아 있는 것처럼 보일 것이다.

반면에 잠입 게임으로 유명한 〈스프린터 셀〉이라는 게임에서는 배경을 고려하지 않는다. 샘 피셔Sam Fisher(주인공 캐릭터)는 밝게 빛나는 복도에 반쯤 덮여져 있는 그늘에 서 있을 수 있고, 복도 한쪽 끝에 있는 적은 그를 보지 못한다. 만약 실제였다면 밝은 배경에 거대한 검은 실루 엣을 보고 적 무리들은 샘을 찾으려고 달려들 것이다(게임 디자이너는 이러한 상황이 자주 발생하지 않도록 많은 노력을 했을 것이다).

청력

청력은 직선으로 제한되지 않는다. 소리는 물리적 매체를 통해서 압축파로 이동한다. 파동은 움직이는 데 시간이 걸리고, 퍼져 나가며 마찰을 일으킨다. 두 가지 요인 모두 거리에 따라 소 리의 강도(볼륨)를 줄이는 역할을 한다. 저음의 경우 마찰이 적기 때문에(진동이 느리므로) 고음 에 비해 더 멀리 이동한다.

저음은 장애물 주변으로 휘어질 수 있으며 그런 이유로 장애물 뒤에서 들리는 소리가 더 탁하 고 피치가 낮다. 코끼리는 수킬로미터 떨어진 곳의 다른 무리들과 소통하기 위해 사람이 들을 수 있는 청각 범위보다 낮은 초저주파를 사용한다. 이에 비해 박쥐는 나방을 인식하기 위해 초 음파를 사용한다. 저주파는 먹이 주위를 파악하기 위해 사용될 뿐이다.

게임 AI에서 이런 부분까지 고려하는 것은 약간 미묘한 부분이 있기 때문에 우리는 모든 소리 를 똑같이 다룰 것이다. 즉 거리에 따라 균일하게 소리가 줄어든다. 예를 들어 폭발음이 발생 했을 때 각 캐릭터들의 거리에 따라 소리를 들을 수 있거나 가까이에 있었다면 청각 장애를 일 으킬 수 있다.

AI가 진행될 때 사운드는 음의 높낮이에 관계없이 구석들을 돌아다니며 공기를 통해 이동 한다. 배경 오디오 기술은 플레이어를 위해 3차원 오디오가 사용되며 차폐를 시뮬레이션하는 데 더 포괄적인 기능을 갖고 있다. 플레이어가 들을 때는 효과가 중요하지만 캐릭터가 뭔가를 알게 됐는지를 결정하는 데는 효과가 별로 중요하지 않다.

현실에서는 모든 재질이 소리를 어느 정도 전달한다. 예를 들면 밀도가 높고 단단한 재질들은 소리를 더 빨리 전달하는데, 강철은 물보다 소리를 더 빠르게 전달하며 물은 공기보다 빠르게 소리를 전달한다. 같은 이유로 높은 온도의 공기는 소리를 더 빨리 전달한다.

공기 속 음속은 초당 345미터다. 그러나 게임에서는 일반적으로 모든 재질을 별도로 구분하지 않고 소리를 전달하는 것과 전달하지 않는 두 가지 범주로 나눈다. 소리를 전달하는 재질들은 모두 공기처럼 취급된다.

게임 레벨의 크기는 일반적으로 작은 경향이 있기 때문에 소리의 속도는 눈에 띄지 않을 정도로 빠르게 처리된다. 빛과 마찬가지로 많은 게임에서 소리는 순간적으로 처리된다. 예를 들어 〈메탈 기어 솔리드〉에서는 소리의 속도를 식별할 수 없는 반면에 〈컨플릭트: 데저트 스톰 Conflict: Desert Storm〉[159]에서는 식별하는 기능이 있다.

여러분이 개발하는 게임에서 소리의 속도를 사용해야 한다면 약간 늦출 필요가 있다. 일반적으로 3인칭 게임에서 소리의 속도는 초당 100미터 정도를 사용하며 이 정도면 충분히 현실적이며 눈에 띄는 효과를 줄 수 있다.

촉감

촉감은 직접적인 신체 접촉을 필요로 하는 감각이다. 게임에서는 충돌 감지를 사용해서 캐릭터가 다른 캐릭터와 충돌했을 때 알림을 받는다.

스텔스 게임에서 이것은 게임의 일부로 동작한다. 만약 캐릭터를 건드린다면(또는 고정된 거리에 있다면) 캐릭터는 볼 수 있든 없든 상관없이 여러분을 감지할 것이다.

충돌 감지를 사용해서 촉감을 구현하기 쉽기 때문에 이 절에서 다시 설명하는 것은 생략하겠다. 이미 충돌 감지를 위한 두 가지 좋은 책 [14], [73]이 있으니 참고 바란다.

실제 제품을 위한 시스템에서는 터치 기능을 감각 매니저 프레임워크에 통합하는 것이 유용하다. 충돌이 감지되면 터치 이벤트가 캐릭터에 보내진다. 감각 매니저를 통해 이러한 메시지가 보내지넌 캐릭터는 하나의 통일된 경로를 통해 이벤트를 수신하게 되며 터치가 다른 방식으로 발생하더라도 동일한 방식으로 처리될 수 있다.

후각

후각은 게임에서 상대적으로 미개척 분야이기도 하다. 냄새는 공기를 통한 기체의 확산에 의해 발생한다. 이것은 느리고 거리 제한적이다. 확산 속도는 바람 효과를 더욱 두드러져 보이게 한다. 소리 역시 바람에 의해 전달될 수 있지만 소리가 더 빨리 이동한다는 것을 알아차리기 힘들다. 반면에 냄새는 바람에 큰 영향을 받고 쉽게 감지할 수 있다.

일반적으로 농축된 화학 물질과 관련이 없는 냄새들은(예를 들어 적의 냄새) 약 3~6미터 정도만 이동한다. 냄새에 민감한 동물들은 적절한 바람 조건이 주어지면 훨씬 더 먼 거리에서 인간을 감지할 수 있다. 사냥 게임들은 일반적으로 이러한 냄새를 모델링한 유일한 게임이기도 하다.

후각을 사용하는 다른 사용 예들을 볼 수 있는데 이전에 언급한(간접광 모델을 사용한) 게임은 냄새로 독가스의 확산을 나타내기도 했다. 예를 들어 가스 수류탄은 초소 밖에서 폭발힐 수 있고 감각 매니저는 가스 냄새가 날 때 경비원에게 신호를 보낸다. 이 경우 경비원들은 이벤트를 받고 죽음 처리했다.

후각 시뮬레이션의 가장 좋은 사례는 〈에일리언 vs 프레데터^{Alien vs. Predator}〉[79]라는 게임이 있다. 에일리언은 냄새를 사용하 플레이어의 존재를 감지한다. 냄새가 퍼지면서 흔적을 남기고 오래될수록 냄새의 강도가 올라간다. 이때 플레이어는 몇 가지 전술을 사용할 수 있는데 좋은 매복 지점에 오랫동안 서 있다가 재빠르게 엄폐물 뒤에 숨으면 에일리언의 시점에서는 매복 지점에 강한 냄새를 맡고 해당 지점으로 이동하는 순간, 엄폐물 뒤에 숨은 플레이어에게 공격당할 수 있다.

판타지 양식

시각, 청각, 후각 외에도 감각 매니저를 사용할 수 있는 다른 용도들이 있다. 비록 시뮬레이션은 세 가지 양식으로 제한할 것이지만 관련된 매개 변수들은 다른 가상의 감각을 시뮬레이션할 수 있음을 의미한다.

아우라^{aura} 또는 마법과 같은 판타지 감각들은 수정된 시각으로 표현될 수 있다. 텔레파시는 청각의 수정된 버전으로 사용될 수 있으며 두려움, 명성, 매력들은 후각의 변형된 버전일 수도 있다. 감각 매니저를 사용해 광역 주문을 발송하면 모든 캐릭터는 광역 주문에 영향을 받을 것이다. 이렇게 되면 각 캐릭터마다 주문을 따로 처리하기 위한 코드가 불필요해진다.

11.4.4 지역 감각 매니저

감각 관리를 위한 두 가지 알고리듬을 설명할 것이다. 첫 번째는 고정된 속도를 갖는 구체의 영역을 사용하는 간단한 기술이다. 이 기술의 변형된 버전들이 많은 게임의 감각 시뮬레이션으로 사용되며 애니메이션과 군용 시뮬레이션 소프트웨어에서 선호하는 접근 방식이기도 하다.

알고리듬

알고리듬은 세 가지 단계로 동작한다. 잠재적 센서들은 응집 단계에서 발견되고, 테스트 단계에서 신호가 통과됐는지 확인된다. 통과되지 못한 신호들은 통보 단계에서 전송된다.

캐릭터는 위치, 방향, 감각 능력과 같은 것들을 감각 매니저를 통해 관심사를 등록한다. 이것은 이벤트 매니저의 리스너 구조와 동일한 센서로서 저장된다.

실제로 구현할 때는 위치와 방향은 보통 캐릭터의 위치 데이터에 대한 포인터로 제공되기 때문에 캐릭터가 움직일 때마다 감각 매니저에게 업데이트 요청할 필요는 없다. 감각 능력들은 캐릭터가 감지할 수 있는 각 양식에 대한 한계치로 구성된다.

감각 매니저는 여러 양식, 예를 들어 양식과 관련된 감쇠 계수, 최대 범위, 역전송 속도와 같은 것들을 처리할 수 있다.

감각 매니저는 게임 레벨에서 발생한 어떤 사건을 나타내는 메시지(이벤트 매니저에서 이벤트와 같은)와 같은 신호를 수신할 수 있다. 신호는 이벤트 매니저에서 이벤트와 비슷하지만 세 가지 추가 데이터(신호가 전송돼야 하는 방식, 신호의 강도, 신호의 소스)가 있다.

각 양식에 해당하는 감쇠 계수는 사운드의 볼륨이나 거리에 따른 냄새의 강도가 떨어지는 방식을 결정한다. 거리의 각 단위에 대해 신호의 강도에 감쇠 계수가 곱해진다. 알고리듬은 최대 범위를 넘어가면 전송을 중단한다.

신호의 강도가 캐릭터의 임곗값보다 아래로 떨어지면 캐릭터는 이것을 감지할 수 없다. 당연한 이야기지만 적절한 신호가 모든 캐릭터에게 전달될 수 있기 위해 각 양식의 최대 범위는 충분히 크게 설정돼야 하다.

그림 11.2는 사운드 신호가 어떻게 처리되는지 보여 주고 있다. 감각 매니저는 사운드에 대해 0.9의 감쇠를 등록했고 소스로부터 방출되는 신호의 강도는 2로 설정된다. 소스로부터 1단위당 소리의 강도는 1.8이고 2단위 거리에서는 1.62다. 캐릭터 A는 사운드 임곗값 1을 갖고 있다. 1.5 유닛의 거리에서 사운드의 강도는 1.7이다. 그러므로 캐릭터 A는 사운드를 들을 수 있다. 캐릭터 B는 임곗값 1.5를 갖고 있고 2.8 거리 단위에서 사운드의 강도는 1.49를 가진다 그러므로 캐릭터 B는 사운드를 들을 수 없다.

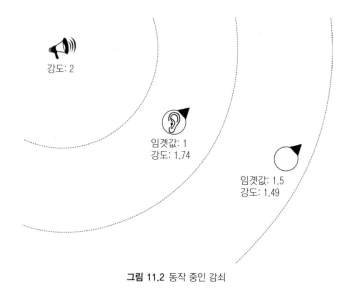

강도: 2

임곗값: 1
강도: 1.74

임곗값: 1.5
강도: 1.49

그림 11.2 동작 중인 감쇠

역전송 속도는 신호가 한 단위의 거리를 이동하는 데 걸리는 시간을 나타낸다. 우리는 비전과 관련해서 무한의 속도를 갖고 처리하길 원하기 때문에 반전되지 않은 속도를 사용하지 않는다.

기본 알고리듬은 각 양식에 대해 동일한 방식으로 동작한다. 신호가 감각 매니저에 전달되면 해당 양식의 최대 반경 내에 있는 모든 캐릭터를 찾은 후, 캐릭터에 신호가 도달하면 신호의 강도와 발생 시간을 계산한다. 강도가 캐릭터의 임곗값보다 낮다면 신호는 무시된다.

신호의 강도가 통과되면 알고리듬은 양식의 종류에 따라 추가적인 테스트를 실행한다. 모든 테스트가 통과되면 캐릭터에게 알리기 위한 큐에 추가되며 이것이 곧 테스트 단계다.

큐 대기열은 신호, 알림을 받을 센서, 강도, 메시지 전달 시간(신호가 발생한 시간과 신호가 캐릭터로 이동하는 데 걸리는 시간에서 계산된)을 저장한다. 감각 매니저가 실행될 때마다 큐 그리고 메시지 전달 시간이 지난 메시지를 확인해 전달한다. 이것을 알림 단계라고 한다.

이 알고리듬은 냄새와 소리가 동작하는 방식을 통합한다(소리는 단순히 냄새보다 빠를 뿐이다). 이 두 가지 모두 추가적인 테스트는 필요 없다. 강도 테스트만으로 충분하다. 반면에 비전에 기반한 양식들은 테스트 단계에서 두 가지 추가적인 테스트를 필요로 한다.

첫 번째로 신호의 발신지를 테스트해 캐릭터가 현재 시야 원뿔 내에 있는지 체크한다. 만약 테스트가 통과한다면 가시선이 존재하는지 확인하기 위해 광선 추적을 실행한다. 만약 그늘에 숨는 것과 같은 기능을 추가하고 싶다면 여기에 추가 테스트를 작성하면 된다. 이러한 확장에 관련해서는 다음에 설명할 주요 알고리듬 뒤에 설명돼 있다.

현재 이 모델의 경우 캐릭터들은 모두 고정된 뷰 거리를 갖지만 거리에 따라 시각 신호를 감쇠시키고 캐릭터들마다 다른 임곗값을 갖게 할 수 있다. 만약 신호의 강도가 항상 같다면(합리적 가정) 임곗값은 캐릭터 주위의 최대 반지름을 적용한다.

의사 코드

감각 매니저는 다음과 같이 구현할 수 있다.

```
1  class RegionalSenseManager:
2      # 정확한 시간에 센서에 알릴 준비가 된 알림 대기열의 레코드
3      class Notification:
4          time: int
5          sensor: Sensor
6          signal: Signal
7
8      # 센서들의 목록
9      sensors: Sensor[]
10
11     # 적용하기 위해 대기하고 있는 대기열 큐
12     notificationQueue: Notification[]
13
14     # 게임에 신호라는 개념을 도입. 또한 신호가 필요하다는 알림을 계산한다.
15     function addSignal(signal: Signal):
16         # 응집 단계
17         validSensors: Sensor[] = []
18
19         for sensor in sensors:
20             # 테스트 단계
21
22             # 양식을 먼저 체크한다.
23             if not sensor.detectsModality(signal.modality):
24                 continue
25
26             # 신호의 거리를 찾고 범위를 체크한다.
27             distance = distance(signal.position, sensor.position)
28             if signal.modality.maximumRange < distance:
29                 continue
30
```

```
31        # 신호의 강도를 찾고 임곗값을 체크한다.
32        intensity = signal.strength * pow(signal.modality.attenuation, distance)
33        if intensity < sensor.threshold:
34            continue
35
36        # 양식별 추가적인 검사를 실행한다.
37        if not signal.modality.extraChecks(signal, sensor):
38            continue
39
40        # 알림 단계
41
42        # 이제 시간에 따라 센서에 알림을 줄 것이다.
43        time = getCurrentTime() +
44                distance * signal.modality.inverseTransmissionSpeed
45
46        # 알림 레코드를 생성하고 큐에 추가한다.
47        notification = new Notification()
48        notification.time = time
49        notification.sensor = sensor
50        notification.signal = signal
51        notificationQueue.add(notification)
52
53    # 신호를 곧바로 보내야 하는 경우를 대비해 신호를 보낸다.
54    sendSignals()
55
56 # 현재 시간까지 도달할 수 있는 알림들을 큐에서 꺼낸다.
57 function sendSignals():
58    # 알림 단계
59    currentTime: int = getCurrentTime()
60
61    while notificationQueue:
62        notification: Notification = notificationQueue.peek()
63
64        # 알림을 보낼 수 있는지 체크한다.
65        if notification.time < currentTime:
66            notification.sensor.notify(notification.signal)
67            notificationQueue.pop()
68
69        # 현재 시간보다 이전에 있다면 진행을 멈춘다. 이때 가정은 모든 큐가
70        # 정렬돼 있다는 것이다.
71        else:
72            break
```

getCurrentTime 함수는 현재 게임의 시간을 반환한다고 가정한다. 또한 pow 수학 함수도 이미 있다고 가정하고 있다. sendSignals 함수의 경우 신호의 존재 여부에 상관없이 매 프레임에 실행돼 캐시된 알람이 제대로 전달되도록 한다.

자료 구조 및 인터페이스

양식, 센서, 신호를 위한 인터페이스는 다음과 같다.

```
1  class Modality:
2      maximumRange: float
3      attenuation: float
4      inverseTransmissionSpeed: float
5
6      function extraChecks(signal: Signal, sensor: Sensor) -> bool
```

extraChecks 함수는 테스트 단계에서 양식을 위한 특수 케이스가 있는지 검사한다. 이것은 각 양식마다 다르게 구현되며 어떤 양식은 이 단계가 존재하지 않을 수도 있다. 예를 들어 시야를 위한 양식은 다음과 같다.

```
1  class SightModality:
2      function extraChecks(signal: Signal, sensor: Sensor) -> bool
3          if not checkSightCone(signal.position,
4                                sensor.position,
5                                sensor.orientation):
6              continue
7          if not checkLineOfSight(signal.position,
8                                  sensor.position):
9              continue
```

checkSightCone과 checkLineOfSight 함수들은 독립적으로 테스트된다. 두 테스트 모두 통과된다면 true가 반환된다. 센서들은 다음과 같은 인터페이스를 가진다.

```
1  class Sensor:
2      position: Vector
3      orientation: Quaternion
4
5      function detectsModality(modality: Modality) -> bool
6      function notify(signal: Signal)
```

detectsModality은 센서가 주어진 양식을 찾게 되면 true를 반환한다. notify 함수의 경우 이전에 이벤트 매니저에서 봤던 것과 같이 신호의 센서를 알린다.

신호는 다음과 같은 인터페이스를 가진다.

```
1    class Signal:
2        strength: float
3        position: Vector
4        modality: Modality
```

세 가지 인터페이스에 추가적으로 notificationQueue가 필요하며 시간 값으로 정렬된다.

```
1    class NotificationQueue:
2        function add(notification: Notification)
3        function peek() -> Notification
4        function pop() -> Notification
```

add 함수는 알림을 큐의 올바른 위치에 추가한다. 자료 구조는 우선순위 큐로 이뤄져 있으며 4장의 A* 알고리듬에 더 자세한 구현 사항을 설명했다.

성능

지역 감각 매니저의 시간 복잡도는 $O(nm)$이며 n은 등록된 센서의 개수, m은 신호의 개수다. 이것은 신호만을 저장하고 있으므로 공간 복잡도는 $O(p)$이며 p는 축적된 신호의 개수다. 신호의 속도에 따라 공간 복잡도는 $O(m)$이 될 수 있고 일반적으로 매우 작다.

위장 그리고 그림자

위장을 지원하기 위해 SightModality 클래스에 추가적인 테스트를 추가할 수 있다. 광선 추적을 한 이후에 캐릭터 너머로 하나 이상의 추가적인 광선 추적을 진행하고 각 광선이 교차하는 첫 번째 객체와 관련된 재질을 찾는다.

보통 레벨 디자이너는 패턴 유형에 따라 재질을 설정한다. 예를 들어 벽돌, 잔디, 돌, 나뭇잎, 하늘과 같은 열 가지 정도의 패턴 유형이 있을 수 있다. 배경의 재질 종류에 따라 추가적인 감쇠 팩터가 계산된다. 캐릭터가 초록색으로 위장을 하고 있다고 생각해 보자. 디자이너는 나뭇잎 배경에 추가적인 감쇠를 0.1로 설정할 수 있으며 하늘의 경우 추가 감쇠가 1.5라고 설정한다. 추가적인 감쇠는 신호의 강도에 곱해지고 캐릭터 임곗값보다 높은 경우에만 전달된다.

캐릭터가 그림자 속에 숨는 것을 지원하기 위해 비슷한 방법을 사용할 수 있다. 가장 간단한 방법은 초기 신호의 강도를 빛의 발생 지점에서부터 빛에 비례하도록 만드는 것이다. 만약 캐릭터에 조명이 100% 가해진 경우 신호는 매우 강하게 전달된다. 곧 '나 여깄어!'라는 신호를 감각 매니저에 전달한다. 반면에 캐릭터가 그림자 안에 있을 경우에는 신호의 강도는 더 낮을 것이며 캐릭터가 높은 임곗값을 가지면 캐릭터는 이를 인식하지 못할 것이다.

약점

그림 11.3을 보면 간단한 감각 매니저 구현이 어떻게 망가질 수 있는지 볼 수 있다. 캐릭터 C가 캐릭터 B보다 더 멀리 있음에도 B가 먼저 소리를 들을 수 있다. 전송은 항상 거리에 의해 처리되며 가시선 테스트를 제외하고 레벨의 모양을 고려하지 않기 때문이다.

약간의 타이밍 차이는 그다지 눈에 띄지 않을 수도 있는데 그림 11.4의 경우는 더 심각한 상황을 보여 주고 있다. 그림에서 캐릭터 B는 소리를 들을 수 있는데 실제로는 소리 근처에도 없으며 방음이 돼 있는 벽에 있더라도 소리를 전달된다.

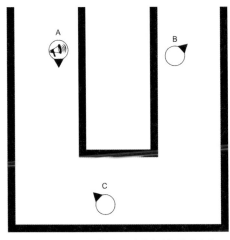

그림 11.3 각도가 있는 복도에서의 전송 실패의 예

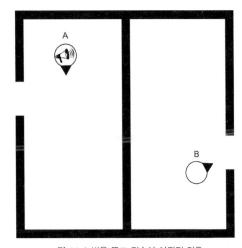

그림 11.4 벽을 뚫고 전송이 이뤄진 경우

지금까지 살펴본 코드에서는 캐릭터가 멈춰 있다고 가정하기도 했다. 그림 11.5와 같이 두 캐릭터가 같은 시간에 같은 거리를 이동한다고 가정해 보자. 한 캐릭터는 매우 빠른 속도로 음

원 방향으로 향하고 다른 캐릭터는 반대로 움직인다. 현실에서는 캐릭터 A가 캐릭터 B보다 먼저 소리를 들을 수 있다. 현재 우리가 만든 모델에서는 두 캐릭터 모두 동시에 소리를 들을 수 있다. 이것은 보통 눈에 띄지 않는데, 왜냐하면 소리는 훨씬 빠르게 움직이는 경향이 있기 때문이다. 반면에 냄새의 경우에는 매우 큰 약점이 될 수도 있다.

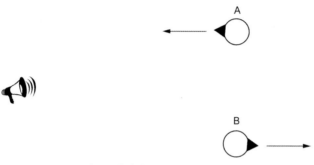

그림 11.5 움직이는 캐릭터의 타이밍 차이

감각 관리를 위한 알고리듬은 매우 간단하고, 빠르고, 강력하지만 이것은 넓은 공간 또는 큰 실내 공간에서 유용하게 사용될 수 있다. 그러나 일반적으로 1인칭 또는 3인칭 액션 게임의 배경에서는 원하지 않는 결과를 얻을 수도 있다.

우리가 구현한 감각 매니저는 약점도 존재하지만 간단하게 여러분의 게임을 위한 추가적인 테스트, 특수 케이스, 휴리스틱을 사용해 더 확장할 수 있다.

물론 기본 시스템을 확장하는 데 시간을 들이지 않고 11.4.5절에서 더 포괄적인 솔루션을 설명할 것이다. 그러나 표현이 정교해질수록 구현 또는 요구 사항이 더 많아질 것이다.

11.4.5 유한 요소 모델 감각 매니저

시각, 청각, 후각을 정확하게 모델링하기 위해서는 진지한 개발 노력이 필요하다. 2000년대 초 AI 미들웨어 회사에서 수행한 코딩 실험에서 우리는 실제 기하학적 모델 데이터를 사용해 정확한 감각 시뮬레이션을 구축하는 것을 살펴봤다. 그 작업은 어마어마했고 당시에는 비현실적이었다. 심지어 현재 하드웨어 시대에도 이것을 구현할 수 있는 실용적인 방법이 없다고 확신하고 있다.

대신, 유한 요소 모델에 기초한 적당히 잘 동작하는 메커니즘을 고안했다. 또한 적어도 2명의 다른 개발자가 독자적으로 고안한 기술이라는 것 역시 알게 됐다(이 책의 다른 게임 알고리듬과의 유사성을 고려하면 놀랄 만한 일도 아니다).

유한 요소 모델

유한 요소 모델FEM, Finite Element Model은 연속적인 문제를 유한한 수의 이산 요소로 분할한다. 연속적인 세계에서 무한한 수의 위치에 대한 문제 해결의 어려움을 유한한 수의 위치에 대한 문제로 대체한다.

비록 길 찾기는 FEM을 엄격하게 사용하지는 않지만 매우 유사한 접근법을 사용한다. 길 찾기 알고리듬은 우리가 만들어 낼 알고리듬에서 필요한 것과 매우 비슷한 방식으로 연속 문제를 유한 요소로 분할해서 문제를 해결한다(각 영역에 대해 병렬로 알고리듬을 적용하지 않기 때문에 엄격하게 FEM이 아니라고 할 수 있다).

연속 문제를 영역으로 나누면 간단한 알고리듬을 적용할 수 있게 된다. 길 찾기에서 우리는 임의의 3D 지오메트리를 간단한 그래프 문제로 바꿔 해결했다.

FEM을 사용해 문제를 해결할 때는 반드시 단순화된 근사를 해야 한다. 실제 문제를 해결하는 것은 아니지만 근사치가 좋으면 모델은 동작할 것이고, 이때 근사치에 대한 솔루션만 얻는 것은 어느 정도 위험을 감수하는 것이기도 하다.

길 찾기 그리고 전술 분석에서 근사 처리를 어떻게 하는지 이미 어느 정도 깊게 설명했으며, 레벨을 지역으로 나누는 방법, 예를 들어 분할하는 방법과 전술이 일관되도록 하는 방법에 대한 팁을 설명했었다. 마찬가지로 FEM을 사용해 게임에서 인식을 모델링할 때 캐릭터의 인식 패턴 결과가 신뢰할 수 있도록 만들기 위해 지역을 신중하게 선택할 필요가 있다.

감각 그래프

길 찾기와 같은 방식으로 감각 관리를 위해 게임 레벨을 방향성 비순환 그래프로 변환할 수 있다.

그래프의 각 노드는 신호가 방해받지 않고 통과할 수 있는 게임 레벨의 영역을 나타낸다. 각 냄새 기반 양식을 위해 노드는 초당 어느 정도 냄새가 감쇠되는지를 나타내는 소멸 값을 가진다. 예를 들어 0.5의 소멸 값은 냄새가 초당 절반씩 사라진다는 것을 의미한다. 모든 양식에 대해 노드는 신호가 이동하는 동안 거리의 각 단위당 어느 정도 감쇠하는지 나타내는 감쇠 값을 갖고 있다.

하나 이상의 양식은 해당 영역을 지나가는 연결로 표현되며 이는 노드의 한 쌍으로 이뤄져 있다.

그림 11.6에 하나의 예가 존재한다. 2개의 분리된 방은 방음창으로 나뉘어 있으며 방향은 한 방향으로만 전달된다. 감각 그래프는 2개의 노드를 갖고 있고 각각 방을 표현한다. 방 A는 방 B에 연결돼 있고 볼 수 있지만 소리와 냄새는 전달되지 않는다. 방 B는 방 A로 연결돼 있지 않다. 왜냐하면 어떠한 자극도 해당 방향으로 전달되지 않기 때문이다.

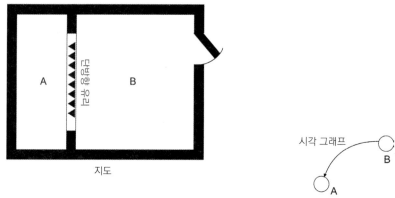

그림 11.6 단방향 유리를 위한 감각 그래프

각 양식에 대해 연결에는 해당 감쇠 계수와 거리가 있다. 이것은 전달되는 신호의 양을 계산할 수 있도록 해준다. 앞선 예에서 연결은 냄새 및 소리를 위한 감쇠 값으로 모두 0을 갖는다(통과를 허용하지 않는다). 시야에 있어서는 감쇠 값을 0.9로 갖는데 이렇게 해 창이 어둡게 색칠되는 것을 시뮬레이션할 수 있다. 단순함을 위해 연결에는 값을 1로 준다(따라서 창을 통한 전체 감쇠는 0.9가 된다). 감쇠와 거리 모두 갖는 주된 이유는 천천히 움직이는 신호(냄새)가 연결을 따라 이동하는 데 시간이 걸릴 수 있도록 하기 위함이다.

연결은 그림 11.7에서 볼 수 있듯이 연관된 3D 위치를 갖고 있다. 연결 위치는 들어오는 연결에서 노드를 통해 전송되는 방법을 알아내는 데 사용된다. 보통 노드들은 경계를 이루고 연결의 시작점과 끝점이 같은 위치에 있는 것이 일반적이기 때문에 알고리듬은 이 상황을 잘 처리해야 한다. 거리에 관련된 연결은 3D 거리와 같을 필요는 없다. 이것과 관련돼 알고리듬은 완전히 별도로 처리된다.

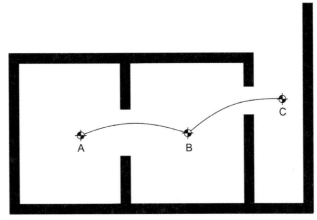

그림 11.7 감각 그래프에서 연결 위치들

연결은 인근 지역으로 제한될 이유는 없다. 그림 11.8에서 냄새만 통과할 수 있는 장거리 연결을 볼 수 있다. 이전에 언급한 게임의 한 감각 기반 게임의 예다. 연결은 에어컨 덕트^{A/C duct}를 나타내며 게임 내 중요한 퍼즐 요소다. 해결책은 방 A에 독가스 수류탄을 터뜨린 뒤 에어컨을 동작시켜 방 B에 있는 경비원을 죽이는 것이다. 배관은 두 방 사이의 유일한 연결점이기 때문이다.

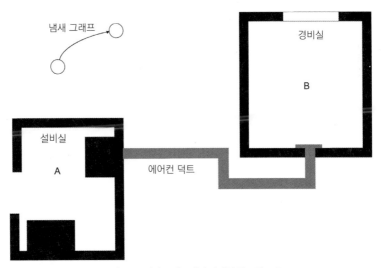

그림 11.8 감각 그래프에서 에어컨 덕트의 모습

또 다른 경우는 하나의 방에서 여러 방을 감시할 수 있는 비디오 제어실이 있을 수도 있다. 예를 들어 멀리 떨어져 있더라도 회의실과 조사실 사이에 비주얼 링크가 있는 경우에 우리는 볼 수 있다. 제어실에 있는 경비원은 카메라에 포착된 이벤트에 대해 알림을 받고 대응할 수 있을 것이다.

▎시각

시각은 특별히 언급이 더 필요하다. 두 노드 사이의 연결은 목적지 노드가 소스의 모든 위치에서 보이는 경우 시각 신호가 전달될 수 있도록 해야 한다. 일반적으로 목적지 노드는 소스의 여러 위치에서 볼 수 없는 경우가 많다. 앞으로 살펴보겠지만 이런 경우에는 알고리듬의 가시선 테스트에 의해 알 수 있다. 이때 노드들이 연결돼 있지 않으면 가시선 테스트는 실행되지 않는다. 그림 11.9를 보면 A에서 B로의 아주 작은 지역만 볼 수 있다.

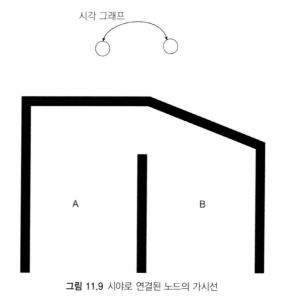

그림 11.9 시야로 연결된 노드의 가시선

알고리듬은 시야를 가진 모든 노드의 쌍이 연결돼야 한다는 것이다. 길 찾기와는 달리 정보를 전달하기 위한 중간 노드를 사용할 수 없다. 이것은 시각을 제외한 다른 모든 양식과는 다르다. 그림 11.10을 보면 방 A와 방 C 사이에 방 B가 있다고 하더라도 A와 C 사이에 연결이 존재한다. 물론 A와 C 사이에 후각, 청각에 관련된 연결은 없다.

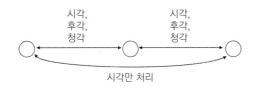

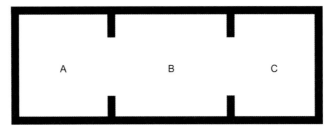

그림 11.10 시각 감각 그래프

이 모델을 사용하는 감각 매니저는 시각을 위해 별도의 그래프를 사용한다. 특히 사운드 구현에 있어서 렌더링 엔진에서 구현된 PVS^{Potentially Visible Set} 데이터를 사용해 시각 그래프를 계산한다. PVS는 매 프레임에 화면을 그려야 하는 그래픽스 엔진에서 지오메트리의 양을 줄이는 데 사용되는 그래픽 기술에 부여된 이름이다. 이것은 거의 대부분의 최신 렌더링 엔진에서 제공되는 기능이기도 하다.

다음에서 설명할 알고리듬에서 모든 감각을 위해 하나의 그래프를 사용할 것이다. 하지만 각 감각이 다르게 처리되기 때문에 하나 이상의 그래프로 나누는 것이 비교적 어려운 일은 아닐 것이다.

알고리듬

알고리듬은 이전과 마찬가지로 세 가지 단계로 동작한다. 알림을 받을 수 있는 센서들을 모으고, 센서가 유효한지 테스트하고, 신호를 알리는 것이다.

이전과 마찬가지로 감각 매니저는 외부 코드(보통 폴링 메커니즘이 사용된다)로부터 신호에 대한 알림을 받는다. 신호는 위치, 강도, 양식, 추가로 전달돼야 하는 추가 데이터가 함께 제공된다.

감각 매니저는 또한 센서들의 목록(하나 이상의 양식을 감지할 수 있는 이벤트 리스너)을 가진다. 다시 말하면 이러한 양식들의 목록과 신호의 강도, 임곗값들이 제공된다. 이들은 감지할 수 있는 모든 신호에 대해 알림을 받게 된다.

알고리듬에는 게임 세계의 위치들을 감각 그래프의 노드로 양자화하는 일부 메커니즘과 함께 감각 그래프가 제공된다. 알고리듬이 동작하기 이전에 센서, 신호들은 노드로 양자화돼야 한다. 더 자세한 내용은 4장 길 찾기에서 살펴볼 수 있다. 내부적으로 감각 매니저는 노드별로 센서를 저장하기 때문에 주어진 노드에 어떤 센서가 있는지 바로 알 수 있다.

양식의 종류에 따라 알고리듬은 약간 다르게 동작하기도 하는데 복잡싱이 증기히는 순서대로 시각, 청각, 후각의 순으로 다른 하위 알고리듬에 의해 처리된다.

시각

시각은 가장 간단하게 처리할 수 있는 신호다. 시야가 보이면 알고리듬은 잠재적 센서 목록을 가져온다. 이것이 응집 단계다. 센서 목록은 신호와 동일한 노드에 있는 모든 센서와 해당 노드에 연결된 모든 노드의 센서로 구성돼 있다. 오직 하나의 연결 집합만이 이어진다. 이것은 곧 시각적 신호가 레벨 전체에 퍼지는 것을 허용하지 않는다는 의미다. 만약 여러분이 라디오 시티를 시뮬레이션할 필요가 있다면 이전에 설명했듯이 시각 신호가 빛을 방출하는 경우에 2개의 연결 집합을 이어 줄 수 있다.

알고리듬은 그 이후에 테스트 단계로 이동한다. 잠재적 센서 목록은 지역 감각 매니저와 완전히 동일한 방식으로 테스트된다. 시각적 자극 관심이 있는지, 충분한 신호의 강도를 가질 수 있는지, 신호가 시야 원뿔에 있는지, 가시선 안에 존재하는지 여부를 점검한다. 이전과 마찬가지로 배경의 대비도 확인한다.

타이밍 및 신호의 강도에 대한 데이터는 각 연결의 위치, 전송, 거리 데이터에 기반해 계산되며 이는 세 가지 양식 모두 동일하다. 아래에 더 자세히 설명돼 있다.

만약 센서가 모든 테스트를 통과하게 되면 매니저는 자극으로부터의 거리(다른 양식들과는 다르게 유클리드 거리를 계산해)를 기준으로 언제 알림을 보내야 할지 검사한다. 알림은 이전과 마찬가지로 알림 큐에 추가되고 만약 시야가 항상 볼 수 있는 경우라면 이 단계를 건너뛰고 바로 센서에 알림을 보낼 수 있다.

소리

소리와 냄새는 모두 비슷하게 취급되지만 한 가지 중요한 차이점이 있다. 냄새는 시간이 지나도 지역에 남아 있을 수 있지만 소리는 그렇지 않다(물론 프레임마다 새로운 소리를 전송해 모델링할 수 있긴 하다).

소리는 파동으로 취급해 소스에서 퍼지고 점점 희미해진다. 최소 강도 한계에 도달하면 소리는 영원히 사라진다. 이것은 곧 파형이 여러분을 통과할 때만 소리를 감지할 수 있음을 의미한다. 만약 음파가 방 안의 끝 쪽에 도달하면 더 이상 방 안에서 소리가 들리지 않게 될 것이다.

소리를 모델링하려면 소리가 발생하는 위치에 있는 노드에서 시작돼야 한다. 알고리듬은 이 노드에 있는 모든 센서를 조회한다. 그 이후 노드는 방문했다는 표시를 해둔다. 다음으로 연결 표시가 된 노드로 이동하면서 연결이 지정한 양만큼 강도를 줄인다. 이 과정은 소리가 갈 수 있는 만큼 계속해서 연결을 따라가며 진행된다. 물론 방문한 노드는 방문했다는 표시를 해두는 것은 동일하다.

만약 노드가 이미 방문했다면 해당 노드는 처리하지 않고 생략한다. 노드는 거리에 따른 순서로 처리되며(소리가 고정된 속도로 이동한다고 가정하면 시간 순서와 동일하다) 방문하는 각 노드에서 잠재적 센서 목록이 수집된다.

만약 소리의 강도가 최소 강도보다 작다면 더 이상 노드는 처리되지 않는다. 소리의 강도는 각각의 양식에 따라 같은 방식으로 계산되며 아래에 설명했다.

테스팅 단계에서 센서마다 개별적으로 강도 검사가 이뤄진다. 신호를 받을 수 있는 센서에는 전송 단계를 위해 준비된 대기열에 알림 요청이 추가된다.

▎냄새

냄새는 소리와 마찬가지로 매우 비슷하게 동작한다. 소리는 통과한 각 노드들을 추적하고 처리했던 노드들은 처리하지 않는다. 냄새는 저장된 강도나 연관된 타이밍 정보를 교체한다. 각 노드는 지속되는 냄새의 강도를 표현하기 위해 이 값을 저장한다. 이 값은 정확하게 업데이트돼야 하기 때문에 시간 값 역시 저장한다. 타이밍 값은 언제 마지막으로 업데이트됐는지를 나타낸다.

알고리듬이 실행되면 연결 사이의 전송 및 거리를 기반으로 주변에 냄새를 전파한다. 전파 과정에서 소스 또는 목적지 강도가 임곗값보다 낮거나 감각 관리자가 시뮬레이션하는 시간 안에 신호가 대상에 도달할 수 없는 경우에는 전파되지 않는다. 시뮬레이션 시간은 보통 감각 관리자 호출 사이의 지속 시간(하나의 프레임)을 사용한다. 이런 식으로 시간을 제한하게 되면 레벨을 통과하는 것보다 감각 그래프를 통해 더 빨리 냄새가 퍼지는 것을 막을 수 있다.

단일 노드의 냄새는 노드의 소멸 값에 의해 사라지게 된다.

감각 매니저를 반복할 때마다 노드가 여러 번 업데이트되는 것을 방지하기 위해서 타임 스탬프가 저장된다. 노드는 타임 스탬프가 현재 시간 값보다 작을 때만 처리된다.

각 반복에서 최솟값보다 큰 강도를 가진 각 노드로부터 센서들이 모이고, 이것들은 테스팅 단계에서 각 양식들 및 임곗값에 대한 관심도가 테스트된다. 알림 요청은 통과된 요청들에 대해 예약된다.

▌노드에서 노드로의 강도 계산

비시각적 자극이 노드에서 다른 노드로 이동할 때 강도 및 이동 시간을 계산하기 위해 세 가지, 즉 하나의 소스에서 연결의 시작까지의 이동 경로, 연결을 따르는 이동 경로, 연결 끝에서 센서까지의 경로(또는 여러 단계를 이동하는 경우에는 다음 연결의 시작 지점까지)로 나눴다.

총 시간의 길이는 신호에서 연결의 시작 지점까지(3D 유클리드 거리), 연결을 따르는 거리(명시적으로 저장됨), 센서까지의 거리(3D 유클리드 거리)로 양식의 속도를 나눠 계산된다.

총 감쇠는 각 구성 요소의 감쇠 계수(소스가 있는 노드의 감쇠, 연결의 감쇠 및 센서 노드의 감쇠)에 의해 주어진다.

▌반복 알고리듬

지금까지 시각과 청각에 대한 모든 전파가 감각 매니저의 하나의 실행에서 처리된다고 가정했다. 냄새는 주변을 맴돌고 전진적으로 확산되기 때문에 반복적으로 처리할 필요가 있다. 반면에 시각은 매우 빠르기 때문에 효과를 즉시 처리해야 한다.

소리는 중간 형태로서 충분히 느리게 이동하면 냄새처럼 취급하는 것이 유리할 수도 있다. 감각 관리자가 실행될 때마다 몇 개의 노드와 연결에 의해 전파된다. 냄새를 업데이트하는 데 사용되는 동일한 타임 스탬프는 소리 업데이트에도 사용할 수 있다. 이때 음파가 전파되는 방식과 관련해서 완벽한 정확도를 원하는 것은 아니다(노드를 외부로 처리하는 것이 이상적이지만 하나의 타임 스탬프만 사용하므로 모든 소스에 대해 처리할 수가 없다).

이 알고리듬을 사용해 동료들이 만든 감각 매니저 미들웨어는 이런 종류의 느린 소리를 표현할 수 있도록 했다. 하지만 실제로는 사용되지 않았는데 왜냐하면 소리가 즉각 처리돼도 소리의 표현에 있어서 별다른 문제가 없었기 때문이다.

디스패치

마지막으로 알고리듬은 모든 자극 이벤트를 모든 센서에게 전달하고 테스트한다. 이는 시간에 기반해 동작하고 이전에 살펴봤던 지역 감각 매니저와 똑같이 동작한다.

냄새 또는 느리게 움직이는 소리의 경우 조만간 처리할 수 있는 경우에만 알림을 생성한다. 만약 소리가 한 번의 반복에서만 처리되면 큐에는 몇 밀리초 또는 몇 초 동안 알림을 갖고 있을 수 있다.

구현 노트

만약 냄새가 제외되면 알고리듬은 지역 기반 감각 매니저와 비슷하게 동작한다. 그래프 기반 표현을 사용하면 후보가 되는 센서들을 효과적이고 빠르게 찾기(응집 단계)가 가능하며 알고리듬이 잘못 동작하는 경우(예를 들어 벽을 통과하는 것과 같은)를 피할 수 있으며 상대적으로 자유롭다(소리 전송을 위해 확인된 노드만 저장하면 되기 때문).

냄새를 추가하거나 소리 검사를 여러 번 반복하면 매우 다른 결과를 얻을 수 있다. 더 많은 상태를 필요로 하며 노드 간에 앞뒤로 전달되는 경우에는 계산이 매우 많아질 수 있다. 냄새는 그 용도가 있으며 새로운 게임 플레이를 가능하게 하지만 필요한 경우에만 구현하는 것이 좋을 것이다.

약점

사운드가 하나의 프레임에 모두 처리되면 지역 감각 매니저와 마찬가지로 알고리듬에 동일한 약점이 생긴다. 즉 잘못된 시간에 알림을 받을 수 있다. 매우 빠르게 움직이는 캐릭터의 경우 약점이 눈에 띄게 나타날 수 있다. 이 알고리듬의 경우 냄새를 구현하는 데 발생하는 문제를 해결했고, 소리가 반복적으로 처리되면 문제를 완전히 해결할 수 있다. 물론 추가적으로 메모리와 시간이 더 필요하다.

콘텐츠 제작

이 알고리듬은 신뢰할 수 있는 감각 시뮬레이션을 제공한다. 예를 들어 단방향 유리, 에어컨 장치, 비디오 카메라, 바람과 같은 요소를 사용해 흥미로운 레벨 디자인을 할 수 있도록 해준다. FEM 감각 관리 및 이와 유사한 알고리듬들은 감각 시뮬레이션에 있어서 현재 최신 기술이기도 하다.

이 책에서 흔히 볼 수 있듯이 최신state of art이라는 말은 복잡함의 동의어다. 알고리듬의 가장 어려운 요소는 소스 데이터인데 감각 그래프를 정확하게 지정하기 위해서 전용 도구가 필요하다. 레벨 디자이너는 다양한 양식이 어디로 갈 수 있는지 표시할 수 있어야 하며, 레벨 지오메트리를 사용해 광선을 주위에 발사해 대략적인 근사치를 만들 수는 있지만 유리창, 배관 또는 CCTV와 같은 특수 효과들은 대응하기 힘들다.

여기서 소개한 감각 시뮬레이션은 사치처럼 보일 수 있지만 여러분이 개발하는 게임에 이 수준의 기능이 필요 없다면 간단한 지역 감각 매니저 또는 이벤트 매니저 정도로도 충분할 것이다. 하지만 현재 추세는 스텔스 요소가 있는 1인칭 또는 3인칭 액션 게임에서 감각 시뮬레이션을 보편적으로 사용하고 있으며(비현실적인 장르의 게임에서는 중요하지 않다) 복잡한 감각 시뮬레이션을 사용하는 순간이 머지않아 곧 다가올 것이라 예상할 수 있다.

연습 문제

11.1 사운드의 강도는 4이고 감쇠 계수는 0.8이라고 가정하자. 임곗값이 2.6인 소리에서 2단위 떨어져 있는 캐릭터와 임곗값이 2이고 3단위 떨어져 있는 캐릭터가 각각 2개일 경우 소리는 들을 수 있을까? 전송 속도가 200이면 소리가 각각 도달하는 데 얼마나 시간이 걸리는가?

11.2 그림 11.11에 표시된 감각 그래프와 일치하는 레벨을 그려 보자.

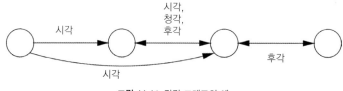

그림 11.11 감각 그래프의 예

11.3 이벤트 매니저를 구현해 보자. 먼저 테스트를 위해 임시 값을 사용하고 가능하다면 실제 게임 코드에 통합해 보자.

11.4 폴링 스테이션을 구현해 보자. 먼저 테스트를 위해 임시 값을 사용하고 가능하다면 실제 게임 코드에 통합해 보자.

툴 그리고 콘텐츠 제작

아주 큰 게임 시장에서 프로그래밍 자체는 매우 적은 노력만을 필요로 한다. 대부분의 개발 시간은 콘텐츠 제작, 모델 만들기, 텍스처, 환경, 소리, 음악, 애니메이션에 들어가고, 콘셉트 아트부터 세부화된 레벨 디자인까지 모든 것이 포함된다.

지난 15년간 개발자들은 그들의 기술을 다양한 제품에 사용하고 여러 가지 제품에서 돌아갈 수 있게 이러한 기술을 게임 엔진에 추가해 프로그래밍 비용을 줄이고자 노력했다. AI의 종합적인 기능을 엔진에 추가하는 것은 최근 추세다.

대부분의 개발자들은 거기서 그만두기를 원하지 않는다. 왜냐하면 콘텐츠 제작에 포함된 노력이 매우 중요해서 콘텐츠 제작과 과정 또한 표준화기 필요하다고 생각하고 실행 시간 노구노 개발 도구와 매끄럽게 통합될 필요가 있기 때문이다. 이러한 완벽한 툴체인^{toolchain}은 게임 개발에 필수적이다. 유니티^{Unity} 엔진의 경우 폭발적인 성장을 했고 작은 게임 스튜디오, 독립 개발자들 또는 취미로 게임을 개발하는 사람들에게 효과적인 도구이기도 하다.

현대 게임 개발에서 툴체인의 중요성을 과장하기란 어렵지만 툴체인의 품질은 배급사^{publisher}의 의사결정에 매우 중요한 결정 요소다. 예를 들어 개발자의 최첨단 툴 세트는 엔진 구매 결정에 매우 중요한 요소였는데 〈파 크라이^{Far Cry}〉(유비소프트 몬트리얼 스튜디오, 2008)와 〈월드 랠리 챔피언십^{World Rally Championship}〉 개발자들은 엔진의 특정 기능보다 최첨단 툴 세트에 기대감을 표시했다.

미들웨어^{Middleware} 판매자 또한 이것을 깨닫고 모든 미들웨어 판매자들은 그들의 편집 툴을 기술 패키지의 일부분으로 가져갔다. 렌더웨어 스튜디오^{Renderware Studio}도 크라이테리온^{Criterion}의 미들웨어로 제공하고 있으며 그래픽스 기술을 넘어 물리, 오디오, AI 기술까지 포함하고 있다. 현재는 유니티 또는 언리얼 엔진을 웹에서 다운로드받을 수 있으며 아주 간단한 라이선스만을 갖고 있기도 하다. 그러한 영향으로 매우 많은 사람이 이러한 엔진들을 사용하고 있으며 심지어 도구를 사용하는 것은 공짜이기도 하다. 추가적으로 오픈 소스인 고도^{Godot} 엔진, 아마존의 럼버야드^{Lumberyard}(크라이텍^{Crytek}의 크라이엔진^{CryENGINE}을 기반으로 한) 엔진도 있다.

12.0.1 툴체인의 AI 제한

툴체인은 AI에 제한을 준다. 신경망 네트워크^{neural network}, 유전 알고리듬^{genetic algorithm}, 목표지향적 행동 계획^{GOAP, Goal-Oriented Action Planning} 같은 진보된 기술들은 상업적 제품에 사용하지 못했는데 왜냐하면 이것은 본질적으로 레벨 편집 툴에 자연스럽게 매핑시키기 어렵기 때문이다. 이것들은 캐릭터를 위해 특정 프로그래밍을 요구하며 여러 프로젝트에서 재사용된다.

대다수의 AI 전용 다지인 툴은 가장 기본적인 기술에 관심이 있다. 유한 상태 기계, 이동, 길찾기와 같은 이런 정보들은 간단한 방법과 중요한 지식에 기반을 둔다. 툴체인은 본질적으로 디자이너들이 코드를 수정하는 것보다는 데이터를 수정하는 것에 더 기반을 두며 그러한 이유로 고전적인 기술 사용이 강요되고 있다.

12.0.2 AI의 지식은 어디서 오는가

좋은 AI는 많은 지식을 필요로 한다. 이 책에서 많이 봤듯이 게임 환경에 있어 적절하고 좋은 지식을 갖는 것은 엄청난 양의 처리 시간을 절약해 준다. 실행 시간에 게임이 기록해야 할 많은 것들이 있을 때 처리 시간은 중요한 자원이 된다.

AI 알고리듬이 요구하는 지식은 게임 환경에 달려 있다. 예를 들어 캐릭터의 움직임이 어디로 또는 어떻게 움직일지에 관한 지식이 필요한 것이다. 즉 AI가 필요로 하는 데이터를 프로그래머가 직접 제공해야 한다. 또한 게임 레벨이 변하면 새로운 종류의 데이터를 다시 제공한다. 이것은 다양한 게임에서 재사용할 수 없음을 의미하며 간단한 수정도 어렵게 만든다. 툴체인은 게임 개발에 접근해 필요한 AI 지식을 제공하기 위해 콘텐츠 제작팀에게 책임을 전가한다.

이러한 절차는 가공되지 않은 레벨 정보로부터 데이터베이스의 지식을 자동적으로 만들어 내는 오프라인 처리에 의해 도움을 받을 수 있다.

콘텐츠 제작팀이 이동과 경로를 위해 AI 지식을 제공해 온 것은 최근에는 아주 흔한 일이 됐는데 좀 더 최근에는 의사결정과 높은 수준의 AI 기능이 툴체인에 통합됐다.

12.1 길 찾기를 위한 지식과 웨이포인트 전략

길 찾기 알고리듬^{pathfinding algorithm}은 방향 그래프에서 동작하며 길 찾기 알고리듬에 최적화된 형식으로 게임 레벨이 요약돼 사용된다.

4장에서 기하학적인 실내/외 환경은 경로 사용을 하는 지역이 다양한 방법으로 파괴될 수 있다고 알아봤다. 이러한 종류의 데이터 구조는 AI 전략으로 사용된다. 다행스럽게도 경로에 대한 같은 종류의 툴은 웨이포인트^{waypoint} 전략에서도 적용된다.

레벨의 기하학 구조를 조각 내어 노드와 연결로 만드는 것은 레벨 디자이너가 수동으로 작업하거나 오프라인에서 자동적으로 생성할 수 있다. 경로 그래프를 수동으로 만드는 작업은 시간이 매우 많이 소비될 수 있기 때문에(레벨이 바뀌면 다시 작업해야 하므로) 많은 개발자는 자동으로 처리하는 방법에 대해 연구했다. 결과는 여러 방식이 혼합됐는데 한 가지 확실한 것은 최상의 결과를 얻기 위해서 사람의 감독이 필요하다는 것이다.

12.1.1 수동으로 지역 데이터 만들기

만들어 낼 필요가 있는 경로 그래프에는 세 가지 요소가 있다. 그래프 노드의 위치(관련 위치 정보), 노드들의 연결, 연결과 관련된 비용이다.

전체 그래프는 한 번에 만들어지기도 하는데 각각의 요소가 다른 기술을 사용해 따로 만들어지는 일이 더 흔하다. 레벨 디자이너들은 수동으로 노드를 게임상에 배치할지도 모른다. 연결은 시야 정보에 근거해 계산될 수 있고 그 비용도 마찬가지로 알고리듬으로 계산된다.

같은 과정으로 노드 사이의 비용과 연결은 알고리듬으로 계산되기 쉽다. 노드의 위치를 올바르게 배치하는 것은 레벨 구조의 이해와 나타나길 원하는 이동 패턴을 감상하기 위한 의도가 포함된다. 이러한 작업은 알고리듬보다 사람에게 더 쉽다.

12.1.1절에서 구체적인 그래프(대부분 그래프의 노드들)를 수동적으로 포함하는 문제들을 볼 수 있고, 12.1.2절에서 그래프의 자동 계산을 검토하고 연결과 비용에 대해서 알아볼 것이다.

그래프 노드의 수동 제작을 지원하려면 레벨 에디팅 도구가 사용하고 있는 월드의 표현법에 의존한다.

타일 그래프

타일 그래프는 디자이너들이 모델링 툴에서 임의의 데이터 수정을 수동으로 작업하지 않도록 해준다. 레벨의 레이아웃은 보통 고정돼 있다(예를 들어 RTS 게임의 경우 일반적으로 그리드의 사이즈는 고정돼 있거나 변경된다 하더라도 크기에 제한이 있다).

길 찾기에 사용되는 비용 함수는 명시화될 필요가 있다. 대부분의 비용 함수는 거리와 경사도에 기반해 작성되며 캐릭터의 종류에 설정된 특정 매개 변수를 사용해 수정된다. 이러한 값들은 보통 자동으로 생성된다(예를 들어 경사도는 높이 값으로 계산될 수 있다). 캐릭터에 특정된 수정자들은 보통 캐릭터 데이터에 의해 제공된다. 예를 들어 포병은 경장갑 수색대보다는 열 배나 많은 경사도 비용을 가질지도 모른다.

보통 타일 기반 게임을 위한 레벨 디자인 도구는 AI 데이터를 포함할 수 있다. 예를 들어 숲을 배치하는 경우 해당되는 타일에 이동 비용이 자동으로 증가될 수 있다. 레벨 디자이너는 비용을 명시적으로 변경하거나 AI 데이터가 계산되고 있다는 사실조차 알 필요가 없다.

결과적으로 타일 기반 그래프에서는 길 찾기를 위한 추가적인 기반 구조를 필요로 하지 않는다. 따라서 게임의 그래픽 수준은 스프라이트 수준을 넘어 현실과 같은 그래픽 수준으로 도달했지만 여전히 게임 AI에서는(특히 RTS처럼 많은 길 찾기를 필요로 하는 경우) 타일 기반 기술이 광범위하게 사용된다.

디리클레 도메인

디리클레Dirichlet 도메인은 다양한 장르의 게임 세계를 표현하는 데 아주 유용하다. 게임을 운영하는 것부터 전략 게임의 슈터들까지 모든 것에 해당된다.

레벨 에디터는 그래프상의 노드를 명시화하기 위해서 몇 세트의 지점들을 게임상에 두기만 하면 된다. 각각의 지점과 관련된 지역은 다른 것보다는 제일 가까운 볼륨^{volume}이다.

대부분의 레벨 에디터와 모든 3D 모델링 툴은 사용자로 하여금 눈에 보이지 않는 헬퍼^{helper}를 추가할 수 있도록 허락한다(한 지점에 어떤 물체로서).

이것은 적절히 태그될 수도 있고, 그래프상에서 노드로써 사용될 수도 있다. 4장에서 논의된 바에 따르면 디리클레 도메인은 그것들과 관련된 문제들도 있다. 그림 12.1에서 2개의 디리클레 도메인에 2개의 인접한 통로를 보여 주고 있다. 각각의 노드와 관련된 지역들을 볼 수 있다. 하나의 통로의 끝자락은 부정확하게 다음 통로와 접근 가능하게끔 돼 있다는 것을 알 수 있다. 이 지역에 잘못 들어선 캐릭터는 완전히 다른 레벨의 지역에 있다고 생각할 것이다. 그러므로 계획된 경로는 잘못된 것이다.

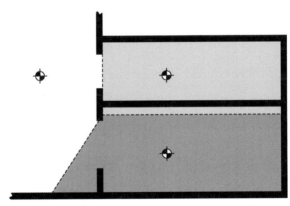

그림 12.1 통로를 잘못 분류하고 있는 디리클레 도메인

지역 그룹화와 유사한 문제가 수직적으로 발생하며 하나의 경로가 또 다른 경로를 통과친다. 이런 문제들은 다른 '무게^{weights}'가 각각의 노드와 관련이 있을 때 더욱 상황을 악화시킨다(그래서 더 큰 볼륨이 또 다른 노드보다 한 노드에 더 끌린다). 이것은 4장에서 분명히 보여 줬다.

이러한 오분류에 의한 문제를 해결하는 것은 많은 테스트와 레벨 디자이너의 불만까지 포함돼야 한다.

그리고 각각의 도메인과 관련된 지역의 시각화를 지향하는 툴이 매우 중요하다. 만약 레벨 디자이너들이 각각의 노드와 관련된 장소를 볼 수 있다면 그들은 문제를 좀 더 빨리 예측하고 진단할 수 있을 것이다.

갈 수 있는 지역이 인접해 있지 않는 레벨을 디자인함으로써 모든 문제를 전체적으로 피할 수 있기도 하다. 얇은 벽을 갖고 있는 레벨부터 방을 통한 통로들 그리고 많은 수직적 움직임을 디리클레도 메인에서 적절히 나누기 힘들 것이다. 당연하게도 AI 툴을 위해 게임의 느낌을 바꾸는 것은 실현 불가능하다.

내비게이션 메시

렌더링에 사용되는 폴리곤 메시와 같은 폴리곤 메시가 길 찾기에 사용된다. 각 바닥 폴리곤은 그래프의 노드가 되고 노드 사이의 연결을 폴리곤 사이의 연결에 의해 받게 되는 것이다.

이러한 방법은 폴리곤을 '바닥'이라는 부분으로 명시화하게 한다. 이것은 흔히 어떤 재질을 사용하게 되며 이러한 재질을 사용한 각 폴리곤들을 우리는 바닥이라고 한다. 3D툴과 레벨 에디터는 사용자가 폴리곤에 추가적인 데이터를 설정할 수 있도록 해준다.

또한 수동으로 바닥 폴리곤이라고 표시할 수 있도록 해주는 기능과 레벨 에디터에서 이러한 폴리곤들을 구분할 수 있게 해주는 것은 매우 유용하다. 아주 흔하게 볼 수 있는 문제는 방 한 가운데 있는 장식용 텍스처들이 '바닥이 아님'으로 설정돼 내비게이션 시스템이 해당 방을 방문할 수 없게 되는 문제가 있다. 폴리곤이 쉽게 시각화될 수 있다면 이것을 눈치채는 것은 매우 쉬운 일이 될 것이다.

내비게이션 메시는 전 세계적으로 신뢰할 만한 평판을 갖고 있으며 이러한 인기는 계속해서 증가하고 있다. 이미 인기가 있든 없든 흔한 기술력이 돼 버릴 것이다.

경계 지역

길 찾기 그래프의 가장 일반적인 형태는 레벨 디자이너들이 임의로 경계 구조물을 설정하고 그래프 노드를 구성할 수 있게 하는 것이다. 이렇게 하면 디리클레 도메인에서 생기는 제한적인 문제 또는 바닥 폴리곤의 제한을 피할 수 있다.

임의의 경계 지역은 모델링 툴이나 레벨 디자인 도구에서 제공하기 어렵다. 이러한 접근법은 보통 임의로 정렬된 경계 박스 배치로 단순화된다. 레벨 디자이너는 바운딩 박스를 게임 레벨의 지역으로 드래그해서 가져오고 박스 안의 내용물들은 그래프 안의 노드라고 여긴다. 노드들은 서로 연결되고 비용은 수동 혹은 박스 안의 기하학적인 속성들로 계산돼 자동으로 설정된다.

12.1.2 자동 그래프 생성

이전 방법들은 알고리듬을 그래프상의 연결과 관련된 비용을 계산하는 데만 이용하곤 했었다. 수동으로 명시된 시각화에 기반을 둔 접근법 또는 디리클레 도메인은 알고리듬을 사용하는 데 이것은 노드 사이에서의 연결을 결정짓기 위해서다.

처음에 자동으로 노드를 배치하는 것은 상당히 어려운 일이며 일반적인 실내 레벨에서 하나의 최적화된 기술은 존재하지 않는다. 우리의 경험상 자동 노드 배치에 의존하는 개발자들은 항상 하나의 메커니즘을 갖고 있었는데 이것은 레벨 디자이너에게 어느 정도 영향력을 행사할 수 있고, 결과 그래프를 개선할 수 있게 해주는 것이었다.

자동화된 노드 배치 기술은 2개의 접근법으로 나뉜다.

1. 기하학적 분석
2. 데이터 마이닝

12.1.3 기하학적 분석

기하학적 분석 기술은 직접적으로 게임 레벨의 구조에 접근한다. 이것은 게임 레벨의 구조를 분석하고 적절한 길 찾기 그래프의 요소를 계산하기도 한다. 구조 분석은 또한 다방면의 게임 발전에 사용되기도 한다. 예를 들어 잠재적으로 눈에 보이는 구조물 계산이라든지 월드 라디오시티 계산 수행 또는 전역 렌더링과 같은 것들이 있다.

비용 계산하기

길 찾기 데이터에서 대부분의 구조 분석은 노드 사이에서 연결 시 발생되는 비용을 계산한다. 이것은 상당히 간단한 과정인데 너무 간단한 나머지 그래프 비용을 수동으로 계산했다는 게임을 찾기가 힘들 정도다.

대부분의 연결 비용은 거리에 따라 계산된다. 경로는 대개 짧은 길을 발견하는 것과 관련이 있고 그 거리는 자연적인 미터법이다. 두 지점 사이의 거리는 매우 간단하게 계산된다. 노드가 지점으로 간주되면 그 연결의 거리는 두 지점 사이의 거리로 받아들여질 수도 있다.

내비게이션 메시는 연결 비용을 갖고 있고 이것은 붙어 있는 삼각형의 가운데 사이의 거리에 기반을 두고 있다. 경계 지역은 비슷하게도 지역의 가운데 지점의 거리를 계산해서 사용하게 된다.

연결 계산하기

어떤 노드가 연결됐는지 계산하는 것도 흔하다. 이것은 두 지점 사이에서 시선 체크를 수행해 계산될 수 있다.

점 기반 표현

점 기반 노드 표현(예를 들어 디리클레 도메인이나 가시점 표현)은 각 노드들이 하나의 대표 지점으로 표현된다.

시선 확인은 각각의 지점 사이에서 만들어질 수 있다. 만약 지점들 사이에 시선이 있다면 노드 사이에 연결이 만들어질 수 있다는 것이다. 이러한 접근법은 그래프에 방대한 양의 연결을 만들어 낼 수 있다. 그림 12.2를 보면 간단한 방을 시각에 근거한 그래프로 표현하면 얼마나 복잡해질 수 있는지 보여 주고 있다. 이러한 이유로 AI 프로그래머는 보통 시각화에 근거한 그래프에 대해 우려한다. 하지만 이러한 우려 사항들은 후처리를 통해 바로잡을 수 있다.

1. 각 연결들은 차례대로 진행된다.
2. 하나의 노드로부터 시작하고 다른 곳에서 끝난다. 만약 연결이 다른 노드를 지나간다면 해당 연결은 삭제된다.
3. 오직 남아 있는 연결들만이 길 찾기 그래프에 사용된다.

이 알고리듬은 시선상에 있지만 그들 사이에 직접적인 경로가 없는 노드의 쌍을 찾는다. 캐릭터는 다른 노드들을 통과해야 하기 때문에 연결을 유지하는 것은 의미가 없다. 그림 12.2의 두 번째 그림에서 원본 그래프에 알고리듬을 적용하고 난 결과를 볼 수 있다.

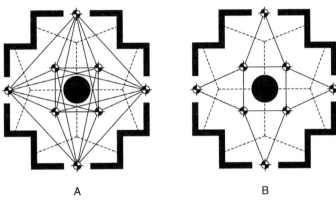

A   B

그림 12.2 시각에 근거한 그래프와 후처리 결과

| 임의 경계 지역

임시 경계 지역은 대개 지점들이 비슷한 방식으로 연결된 것을 말한다. 각각의 지역 내에서 샘플 지점의 장소가 선택되고 시선 검사가 실행된다. 시선 검사가 통과되면 연결이 추가된다. 지역 쌍에 대해 여러 검사를 사용하는 것 외에는 점 표현과 동일하다.

보통 필요로 하는 패스 비율은 0으로 설정된다. 시선 검사를 통과하면 연결이 추가되는데 대부분의 경우 어떤 시선 검사를 통과한다면 대부분은 통과하게 될 것이다. 검사를 통과하자마자 검사하는 것을 멈추고 연결을 추가할 수 있다.

서로 멀리 떨어져 있는 지역의 경우 몇 개의 시선 검사는 출입문을 비집고 들어가거나 각진 모서리를 둔감하게 하고 경사도를 높이는 등의 방법으로 통과할 수 있다. 이러한 지역 쌍들은 연결되면 안 된다.

통과 비율을 올려서 문제는 해결할 수 있지만 연결 분석을 위한 시간이 증가된다. 후처리 알고리듬을 추가하면 거의 모든 잘못된 연결을 제거할 수 있다(예를 들어 두 지역 사이에 수직 틈이 있을 때). 두 솔루션을 조합하면 상황을 개선할 수 있지만 내 경험상 수동으로 해결해야만 하는 경우가 여전히 존재했었다.

시각적 접근 방법의 한계

시각적 접근법에 관한 주된 문제는 가항성, 즉 이동이다. 레벨에서 두 지역이 서로 보일 수 있다고 해서 그 사이에서 움직일 수 있다는 것은 아니다.

일반적으로 한 게임에서 두 지역 사이를 이동할 수 있는지 여부를 알 수 있는 간단한 방법은 없다. 3인칭 액션 어드벤처 게임의 경우 특정 위치에 도달하기 위해 복잡한 구성의 정확한 움직임을 필요로 할 수도 있다. 이러한 움직임의 순서를 예측하는 것은 엄청나게 어렵다. 다행스럽게도 AI 캐릭터가 이런 액션 연기를 할 필요는 거의 없다. 왜냐하면 이동할 수 있는 지역이 아주 제한적이기 때문이다.

기하학적 분석이 복잡한 환경에서 정확한 그래프를 만들어 낼 수 있는지 없는지에 관한 공개 연구가 있었는데 이동에 제한을 둔 분석 알고리듬이 성공적으로 동작했다. 메시 표현은 문제를 피할 수 있었지만 새로운 문제들(특히 점프를 포함하는 것은 어렵다)을 만들어 낸다. 데이터 마이닝(12.1.4절에서 볼 수 있다)은 복잡한 이동에 관한 길 찾기 그래프를 만드는 가장 유명한 접근 방식이다.

메시 표현

메시 표현은 경로 탐색에 필요한 연결 정보를 명시적으로 제공한다. 삼각형에 기초한 메시 표현은 각 바닥 삼각형을 그래프 노드와 연결한다. 삼각형은 3면을 따라 인접 바닥 삼각형에 선택적으로 연결될 수 있다.

각 노드마다 최대 3개의 연결이 있고 지오메트리 데이터로부터 쉽게 열거할 수 있다. 2개의 정점을 공유하면 2개의 삼각형이 연결되며 둘 다 바닥 삼각형으로 표시된다.

한 지점에서 만나는 삼각형(예를 들어 하나의 정점만 공유하는 삼각형)을 연결할 수도 있는데, 이것은 복잡한 메시를 가로질러 이동할 때 나타나는 길 찾기 캐릭터의 흔들림을 줄여 주지만 절차를 무시하는 캐릭터 문제를 야기할 수도 있다.

노드 계산하기

기하학 분석에 의한 노드의 지오메트리와 배치 계산은 아주 어렵다. 그러므로 대부분의 개발자는 이 문제를 피하려고 하며 가장 현실적으로 사용될 수 있는 솔루션은 그래프 축소^{graph reduction}다.

그래프 축소는 수학적 그래프 이론에서 아주 널리 연구됐다. 수백, 수천 개의 노드를 가진 복잡한 그래프로 시작해 하나의 새로운 그래프를 만들어 내는데 그것은 큰 그래프의 필수 내용을 포함하고 있다. 4장에서 계층적 그래프를 만들어 내는 과정을 살펴본 바 있다.

이 접근법을 사용하기 위해 수백만 개가 넘는 그래프 노드를 가진 레벨 지오메트리가 있어야 한다. 이것은 그리드를 사용해 간단히 할 수 있다. 그래프 노드는 레벨 전체에 걸쳐 0.5미터마다 배치된다. 예를 들어 땅에서 접근하기 어렵거나 벽이 있는 그리드 노드는 제거될 수 있다. 만약 두 부분으로 레벨이 나뉜다면 그리드 노드는 부분 부분마다 추가될 수 있다.

그래프는 지금까지 우리가 살펴본 기술들을 사용해 연결되고 비용이 계산된다. 이 단계에서 그래프는 매우 거대하고 밀도가 높을 것이다. 평균적인 레벨은 수천만 개의 노드와 수억 개의 연결을 가질 수 있다. 일반적으로 그래프를 만드는 데 매우 많은 처리 시간과 메모리가 필요하다.

그런 다음 그래프를 단순화해 합리적인 수(예를 들면 수천 개)의 노드로 그래프를 만들 수 있다. 높은 수준에서 나타낸 구조는 단순화된 그래프에서도 어느 정도 포착될 것이다.

이것은 충분히 단순하게 들릴 수 있는데 실제로 이러한 접근법에 의해 생성된 그래프는 수정 없이는 만족할 만한 결과물을 얻기가 힘들다. 왜냐하면 이것은 종종 인간이 찾아낼 수 있는 중요한 정보마저도 간소화시킬 수 있기 때문이다. 더 나은 단순화 기법에 대한 연구가 진행 중이지만 아쉽게도 툴체인에 이 방법을 사용하는 팀은 항상 누군가가 결과 그래프를 보고 확인하고 수정하는 것에 의존하고 있다.

12.1.4 데이터 마이닝

그래프 생성의 데이터 마이닝 접근 방식은 게임 세계에서 캐릭터들의 움직임 데이터를 살펴봄으로써 노드를 찾는다.

게임 환경이 구축되고 레벨이 만들어진다. 그런 다음 캐릭터는 레벨에 배치된다. 캐릭터는 플레이어에 의해 또는 자동화할 수 있다.

레벨에서 캐릭터가 이동할 때 위치가 끊임없이 로그 파일로 기록된다. 기록된 위치 데이터는 분석을 위해 저장되는데 이렇게 로그 파일로 저장되면 게임에서 캐릭터는 모든 가능한 움직임

(뛰기, 날기 등)을 그 위치에서부터 다시 사용할 수 있고 캐릭터가 갈 수 있는 어느 장소든 복잡한 계산의 필요성이 없어진다.

노드 계산하기

게임 레벨에서 캐릭터가 가까이에 있는 장소에는 보통 분기점 및 주요 도로들로 구성돼 있을 것이다. 이러한 것들은 길 찾기 그래프에서 노드로 설정이 돼 확인이 가능하다. 로그 파일에는 근처의 로그 지점들이 하나의 위치로 병합된다.

이것은 4장에서 살펴본 압축 알고리듬에 의해 또는 폴리곤의 중심점(예를 들어 폴리곤 기반의 내비게이션 메시)을 사용해 수행될 수 있다.

내비게이션 메시와 함께 사용할 수 있지만 데이터 마이닝은 일반적으로 레벨의 디리클레 도메인 표현과 함께 사용된다. 이 경우 노드는 이동 지역의 각 정점마다 놓일 수 있다. 일반적으로 그래프의 크기는 고정돼 있다(그래프의 노드수는 미리 지정돼 있다). 그런 다음 알고리듬은 그래프에서 같은 정점의 위치에 선택되는데 이때 그 두 장소는 전혀 가깝지 않도록 한다.

연결 계산하기

그래프는 가시성 포인트 접근법 또는 로그 파일 데이터 분석을 사용해 만들어진다.

가시성 포인트 접근 방식은 실행 속도가 빠르지만 선택한 노드가 보여질 것이라는 보장은 없다. 2개의 고밀도 영역은 각각의 구석마다 나타날 수 있다. 가시성 접근법은 정확하지 않는데 왜냐하면 2개의 노드 사이에 그 어떠한 연결도 없기 때문이다.

더 나은 접근 방식은 로그 파일 안의 연결 데이터를 사용하는 것이다. 로그 파일 데이터는 분석되고 다른 노드들 사이의 경로는 계산될 것이다. 각각의 로그 파일로 들어가기 위해서 해당되는 노드로 계산해야 한다(노멀 로컬라이제이션을 사용한다. 4장에서 더 자세한 내용을 참고하자). 로그 파일에 캐릭터가 노드 간에 직접 이동했음을 나타내는 경우 노드 간에 연결을 추가할 수 있다. 이것은 그래프에서 아주 강한 연결을 생성하게 된다.

캐릭터 이동

데이터 마이닝 알고리듬을 구현하기 위해서 게임 레벨에서 캐릭터를 이동시킬 방식이 필요하다. 이것은 플레이어들이 캐릭터를 조정하는 것 또는 게임의 베타 버전을 플레이하는 것만큼이나 간단한 일이다.

하지만 대부분의 경우 완전하게 자동화된 기술이 필요하다. 이 경우 캐릭터는 AI에 의해 조종된다. 가장 간단한 접근법은 레벨을 무작위로 돌아다니게 하기 위해 조종 행동의 조합을 사용하는 것이다. 이 방식은 배회하기 행동만큼이나 간단하지만 장애물을 피하거나 벽을 피하는 추가적인 행동을 필요로 하기도 한다.

점프하거나 날 수 있는 캐릭터의 경우 조종 행동은 다양한 범위의 이동 옵션을 사용할 수 있도록 해야 한다. 그렇지만 이렇게 되면 로그 파일은 불완전해질 것이고 길 찾기 그래프는 전체 레벨을 정확하게 커버하지 못할 것이다. 이런 종류의 탐험 캐릭터를 생성하는 것은 AI 구현에 있어 도전거리가 될 것이다. 이상적으로 캐릭터는 레벨의 모든 지역을, 심지어 닿기 힘든 부분까지도 탐험할 수 있어야 한다. 하지만 현실에서 자동 탐사 캐릭터는 막히거나 작은 지역만 반복적으로 탐험할 수 있다.

일반적으로 자동화된 캐릭터는 비교적 짧은 시간 동안만 탐색할 수 있다. 그러므로 레벨의 정확한 로그를 작성하려면 매번 임의의 위치에서 캐릭터를 재시작해야 한다. 그렇게 되면 어딘가에 갇혀 버리거나 막힌 캐릭터에 의해 만들어진 오류는 최소화될 것이고 로그 파일은 대다수의 레벨을 커버해 줄 것이다.

제한

이러한 접근법의 단점은 바로 시간이다. 한 지역에서 계속해서 머문다거나 노드 사이의 모든 가능성이 있는 연결들을 로그 파일에 해당되도록 만들려면 캐릭터가 오랫동안 이동할 필요가 있다. 특히 캐릭터가 무작위로 이동하거나 점프 또는 이동 을 계속해서 요구하는 상소가 있을 수 있다.

보통 게임 레벨(최대 속도로 캐릭터가 이동만 했을 때 30초가 소요되는 크기)은 수백만의 로그 포인트가 기록될 수 있다.

플레이어가 통제하면 더 적은 샘플들만 필요로 할 수 있다. 플레이어는 정확하게 움직이고 철저히 모든 지역을 탐험하는 조합을 만들어 낼 수 있다. 하지만 불행하게도 이러한 접근 방식은 시간이 매우 제한적이다. 플레이어로 하여금 모든 조합에서 가능한 모든 지역에서 움직이는 데 긴 시간이 걸리기 때문이다. 자동화된 캐릭터는 이런 일들을 밤새도록 할 수 있는 반면에 인간은 이러한 작업들이 대개 시간 낭비일 수 있다. 처음부터 길 찾기 그래프를 수동으로 만드는 것이 더 빠를 것이다.

몇몇 개발자는 이러한 접근법 등을 혼합해서 사용하는 것을 실험해 왔다. 자동으로 돌아다니는 캐릭터를 갖는 것, 접근하기 힘든 장소에 플레이어에 의해 생성된 로그 파일을 조합하는 것이다.

현재 활발히 연구하고 있는 것은 이전 로그 파일 데이터를 사용해 잘못 기록된 영역을 체계적으로 탐구하는 자동화된 캐릭터를 구현하는 것으로 현재 탐색되지 않은 위치에 도달하기 위한 새로운 움직임 조합을 시도한다.

AI가 믿을 만한 탐사 결과를 만들어 내기까지 이 접근 방식의 제한은 사용 가능한 그래프를 일관되게 생산하기 위한 수작업 최적화가 여전히 필요하다는 것이다.

다른 표현법들

지금까지 지점 기반 그래프 표현에 관한 데이터 마이닝을 살펴봤다. 메시 기반 표현은 데이터 마이닝 접근법을 필요로 하지 않는다. 노드들은 메시에서 폴리곤으로 명시적으로 정의된다.

데이터 마이닝을 사용해 일반 경계 지역을 식별할 수 있는지에 대한 질문의 답을 말하자면 로그 데이터의 밀도 맵에 일반 지역을 맞히는 문제는 확실히 어려우며 실용적인 시간 내에 수행하기가 불가능하다는 것이다. 참고로 지금까지 우리가 알고 있는 실제 데이터 마이닝 도구는 포인트 표현을 기반으로 했다.

12.2 이동에 대한 지식

길 찾기와 웨이포인트 전략은 가장 일반적이며 아주 까다로운 툴체인을 필요로 하지만 이동 데이터를 얻는 것은 거의 같은 시간이 걸린다.

12.2.1 장애물

평평한 바닥에서 캐릭터를 조종하는 것은 매우 간단하다. 실내 환경에서는 일반적으로 캐릭터 이동에 많은 다른 제약이 존재한다. AI 캐릭터는 그러한 제약들이 어디에 있는지, 어떻게 조종해야 하는지 이해해야 한다. 레벨 지오메트리를 실시간으로 계산하는 것은 가능하지만 대부분의 경우 이것은 시간 낭비다. 그렇기 때문에 보통은 AI를 위해 미리 계산된 데이터를 사용한다.

벽

벽과 충돌하는 것을 예측하는 것은 사소한 문제가 아니다. 조종 행동은 캐릭터를 입자로 취급하지만 캐릭터는 게임에서 강체로 행동할 필요가 있다. 충돌 계산은 레벨 지오메트리와 여러 계산(예를 들어 캐릭터의 왼쪽 부분과 오른쪽 부분에서 검사)을 통해 수행된다. 하지만 이것은 캐릭터가 갇힌다거나 하는 문제를 발생시킬 수 있다.

해결책은 별도의 AI용 지오메트리를 사용하는 것이다. 즉 모든 벽으로부터 캐릭터 반지름(캐릭터를 구 또는 실린더로 나타낼 수 있다고 가정) 크기만큼 옮겨진 지오메트리를 사용한다. 이 지오메트리는 충돌 검사를 포인트 위치로 계산할 수 있게 하고 충돌 예상과 피하기의 비용을 크게 감소시킬 수 있다.

이러한 지오메트리의 계산은 보통 지오메트리 알고리듬으로 자동적으로 실행된다. 불행하게도 이러한 알고리듬은 종종 캐릭터가 움직일 수 없게 되는 코너나 틈새와 같은 문제를 만들어내기도 한다. 그림 12.3에 지오메트리가 앞서서 말한 것과 같은 틈을 만드는 것을 볼 수 있다. 아주 복잡한 수준의 레벨 지오메트리의 경우 모델링 패키지에서 AI 지오메트리의 시각화 또는 수정 기능이 필요할 수도 있다.

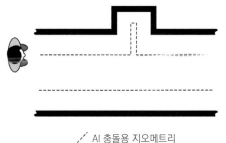

／· AI 충돌용 지오메트리

그림 12.3 지오메트리 확장으로 만들어진 틈

장애물 표현

AI는 가공되지 않은 폴리곤 지오메트리 레벨에서 제대로 동작하지 않는다. 이러한 레벨에서 장애물을 찾는 것은 굉장히 시간 소모적인 일이고 거의 대부분 형편없이 수행된다.

충돌 지오메트리는 렌더링 지오메트리의 단순화된 버전이다. 많은 개발자는 충돌 지오메트리를 기반으로 검색하는 AI를 사용한다. 보통 추가적인 AI 지오메트리가 장애물에 적용돼 깨끗하게 장애물이 제거될 수 있다.

사물의 복잡한 윤곽은 모든 것을 피하려고 하는 캐릭터에게는 별 문제가 되지 않는다. 그림 12.4에서 볼 수 있듯이 전체 경계 구로 충분하다.

그림 12.4 용도별 지오메트리의 모습, 렌더링, 물리, AI

환경이 더 복잡해지면서 캐릭터 움직임에 대한 제약이 더 증가했다. 1개의 상자가 들어 있는 방은 통과하기 쉬운 반면(상자가 어디에 있든) 상자들이 흩어져 있는 방을 통해 길을 찾는 것은 어렵다.

경계 구가 겹치기 때문에 제외된 지오메트리를 통한 경로가 있을 것이다. 이런 경우에는 좀 더 복잡한 AI 지오메트리가 요구된다.

12.2.2 하이 레벨 스테이징

원래 영화 산업에서 사용하기 위해 설계됐지만 게임 효과에 대한 AI 스테이징^{staging}이 점차 검토되고 있다. 스테이징은 움직임을 기반으로 하는 게임 이벤트를 조정하는 것을 포함한다.

전형적으로 레벨 디자이너들은 게임 레벨에 트리거를 배치해 특정 캐릭터를 켜거나 끌 수 있다. 캐릭터 AI는 캐릭터가 올바르게 동작하도록 만든다. 역사적으로 이것은 종종 플레이어들에게 들키지만(캐릭터가 다가가면 갑자기 움직인다거나 하는 등) 지금은 일반적으로 나타나면 안되는 부분이긴 하다.

스테이징은 하나의 스테이지보다 더 거슬러 올라가고 레벨 디자이너들은 트리거에 대응해 캐릭터의 높은 레벨의 액션을 만들 수 있도록 한다. 전형적으로 한 장면에 많은 AI 캐릭터(거미떼나 군부대)가 있을 때 적용된다.

이러한 방식으로 설정된 액션들은 움직임에 많은 관련이 있다. 이는 캐릭터의 의사결정 도구의 상태로 구현되며 매개 변수의 움직임으로 실행된다(보통 '이 위치로 이동'과 같은 매개 변수) 이 매개 변수는 스테이징 도구에서 설정되거나 게임 플레이 중간에 트리거의 결과로 설정될 수 있다.

좀 더 세분화된 스테이징은 더 복잡한 일련의 결정들을 필요로 한다. 이를 위해 캐릭터의 의사 결정을 수정할 수 있는 더 완벽한 AI 디자인 도구를 필요로 할 수도 있다. 예를 들어 레벨의 트리거로 인해 캐릭터의 내부 상태 변경을 요청할 수 있어야 한다.

12.3 의사결정을 위한 지식

아주 간단한 레벨에서 의사결정은 정보를 얻기 위해 게임 레벨 전체를 폴링함으로써 구현될 수 있다. 캐릭터는 위험에 처했을 때 도망갈 수 있어야 한다. 예를 들어 매 프레임에 주위를 둘러보고 위험이 사실로 판단되면 도망칠 수 있어야 한다. 이러한 수준의 의사결정은 턴이 바뀔 때까지 게임에서 흔히 볼 수 있었다.

12.3.1 오브젝트 유형

대부분의 현대 게임들은 의사소통을 위한 메시지 시스템을 사용한다. 캐릭터는 위험이 보인다는 말을 들을 때까지 서 있다가 도망갈 것이다. 이때 '위험이란 무엇인가?'라는 결성은 캐릭터에 달려 있지 않다. 이는 전체적으로 게임 특성에 달려 있다.

이것은 개발자들이 새로운 오브젝트를 생성할 수 있게 하고, 위험하다고 표시할 수 있으며, 위치를 지정하는 등 하나의 레벨을 디자인할 수 있게끔 한다. 캐릭터는 이러한 사물에 반응해 달아날 것이고 추가적인 프로그래밍도 필요가 없게 된다. 알고리듬을 통과하는 메시지와 캐릭터의 AI만 존재한다.

툴체인은 이러한 종류의 객체별 데이터를 지원할 필요가 있다. 레벨 디자이너들은 AI가 사물의 중요성을 이해하기 위해 필요한 표시를 할 필요가 있으며 이것은 AI에 특화된 과정이 아니다.

예를 들어 플랫폼 게임에서 파워업 아이템은 수집품으로 표시돼야 플레이어가 그 안으로 들어갈 수 있다(플레이어가 튕겨 나가게 하는 것과는 반대로). 이 '수집 가능한'이라는 플래그는 AI에 의해 사용될 수도 있다.

대부분의 툴체인은 데이터 드리븐^{data driven}을 사용한다. 사용자들이 오브젝트에 추가적인 데이터를 추가할 수 있고 이러한 데이터는 의사결정을 하는 데 사용된다.

12.3.2 구체적인 행동

몇 안 되는 게임에서 플레이어에게 주어진 행동은 플레이어 근처에 있는 사물에 따라 달라진다. 예를 들어 버튼을 누르거나 레버를 내리는 것들이 있다. 좀 더 복잡한 의사결정을 하는 게임에서 캐릭터는 다양한 기기, 기술, 일상 생활의 사물을 사용할 수 있어야 한다. 캐릭터는 테이블을 방패처럼 사용하거나 클립으로 문을 열거나 하는 기술을 사용할 수 있다.

대부분의 게임이 플레이어를 위한 이런 상호 작용을 배제하는 반면에 시뮬레이션 게임은 광범위한 능력을 가진 캐릭터의 폭넓은 선택을 유도하고 있다.

이것을 가능하게 하기 위해 오브젝트는 캐릭터에게 어떤 행동을 취할 수 있는지 알려 줄 필요가 있다. 버튼은 눌러져야 하며, 테이블은 위에 올라가거나 밀거나 던지거나 다리를 잘라내 방패막이로 사용할 수 있다. 가장 간단한 구현은 데이터 아이템을 추가하는 것으로 구현할 수 있다. 모든 사물은 '밀 수 있다' 표시를 가질 수 있다. 그러면 캐릭터가 간단히 그 표시만을 체크하면 된다. 하지만 이러한 의사결정의 레벨은 대개 목표지향적 행동과 연관이 있다. 목표를 달성하는 데 도움이 될 것이라고 믿기 때문에 해당하는 행동이 선택된다. 이러한 경우 버튼과 테이블은 둘 다 밀릴 수 있다는 것을 아는 것은 도움이 되지 않는다. 캐릭터는 무슨 일이 일어날지 예상할 수 없으므로 적절한 행동도 취할 수 없으며 결과적으로 목표는 점점 더 멀어진다.

엘리베이터에서 버튼을 누르는 것과 지붕 아래로 테이블을 밀어 버리는 것은 매우 다르다. 그러므로 매우 다른 목표를 달성한다. 목표지향적 행동 또는 어떠한 종류의 행동 계획들을 지원하려면 객체는 행동 그 자체와 함께 행동의 의미를 전달할 필요가 있다. 가장 일반적으로 이러한 의미는 단순히 액션을 취할 경우 달성될 목표 리스트와 같다.

목표지향적 AI를 위한 툴체인은 액션을 구체적인 객체처럼 다룰 필요가 있다. 이러한 액션, 보통 게임에서의 게임 오브젝트는 그것과 관련된 데이터를 가질 수 있다. 이러한 데이터는 전제 조건, 시간 정보, 재생할 애니메이션과 함께 액션을 수행함으로써 월드 상태의 변화를 포함한다. 이 액션은 그 이후에 레벨 내 오브젝트와 연관된다.

12.4 툴체인

지금까지 개별적인 AI 기술들의 툴 요구 사항에 대해 설명했다. 전체 게임을 통합하려면 이러한 개별적인 함수들을 한 곳으로 모을 필요가 있고 만들어진 모든 게임 데이터를 컴파일된 게임으로 가져올 수 있어야 한다. 이렇게 서로 다른 편집 기능을 하나의 결과로 묶는 과정을 툴체인이라고 하는데, 이는 완성된 게임을 만드는 데 필요한 도구들의 사슬이라고 보면 된다.

역사적으로 2000년대 초반까지 개발자들은 통합을 수행하기 위해 스크립트 및 공통된 파일 포맷을 사용했다. 게임 엔진 공급 업체들은 툴체인이 개발자들에게 가장 큰 핵심적인 고충임을 깨닫고 통합 편집기와 관련된 솔루션을 만들기 시작했다. 가장 눈에 띄는 두 게임 엔진은 언리얼 엔진과 유니티이며 현재 게임 산업에서 가장 널리 사용되는 게임 엔진이다. 두 엔진 모두 개발자들이 확장 기능을 만들 수 있도록 해준다.

대부분 이러한 엔진들을 사용하지만 전부는 아니기도 하다. 여전히 많은 스튜디오에서는 서로 다른 도구에서 만들어진 데이터를 통합하는 툴체인을 개발하고 인하우스 게임 엔진을 사용하기도 한다. 모든 사람이 유니티 엔진을 사용하려는 것은 아니며 엔진을 사용하지 않는다면 도구로서 사용하는 경우도 많지 않을 것이다.

12.4절에서는 이미 잘 만들어진 게임 엔진 사용자와 혼자서 게임 엔진을 구축하기 위한 사람들 모두를 위해 필요한 툴체인의 AI 관련 요소들을 간략하게 살펴볼 것이다. 독립적인 행동 편집 도구, 게임 엔진 노드를 위한 사용자 정의 확장, 3D 모델링 소프트웨어를 위한 플러그인에 이르기까지 다양한 방법을 고려할 것이다.

12.4.1 통합 게임 엔진

12장의 시작 부분에서 라이선스 가능한 렌더웨어 엔진(2004년에 일렉트로닉 아츠$^{Electronic\ Arts}$에서 인수한 뒤로 마켓에서 구매할 수 없게 됐다)을 위한 툴체인 및 편집 애플리케이션인 렌터웨어 스튜디오에 대해 간략히 언급했다. 주요 경쟁사인 게임브리오^{Gamebryo}와 언리얼 엔진$^{Unreal\ Engine}$은 대규모 개발자를 위한 많은 통합 시스템과 함께 자체 통합 시스템도 추가했다. 하지만 이러한 엔진들은 대규모 게임 개발사를 위한 라이선스 조건과 비용에 맞춰 판매됐다.

유니티 엔진은 2005년부터 사용자 장벽을 낮추고, 대규모 시장을 타깃으로 하는 게임 스튜디오가 사용하는 것과 동일한 기능을 갖춘 엔진을 제공했다. 결국 독립 게임 개발자 산업과 취미로 하는 개발자들이 성공할 수 있는 기회가 됐다. 비록 초기에는 맥 버전 전용이었지만 이후 PC에서도 사용할 수 있게 됐고 다른 PC에서 사용할 수 있는 많은 엔진과 경쟁에 직면했지만 결국 유니티가 성공했다. 현재 세계에서 가장 많이 사용되는 게임 엔진으로 수백만 명의 개발자(아마도 수천만 명이 넘겠지만 구체적인 숫자를 얻기는 어려웠다)와 확장 가능한 레벨 에디터 모델이 사실상 업계 표준이 됐다.

내장 도구

유니티 그리고 비슷한 엔진(언리얼 엔진이 가장 일반적이지만 이 책을 저술하는 시점에서 오픈 소스 고도 엔진과 아마존의 럼바야드가 출시됐다)은 에디터에서 즉시 사용 가능한 기본 도구 세트를 제공한다.

가장 간단한 방법으로 추가 데이터를 레벨의 객체와 연결할 수 있다. 사용자 정의 데이터 슬롯을 정의할 수 있으며 레벨 디자이너는 이러한 슬롯에 데이터를 채워 넣을 수 있다. 여기에는 픽업 값, 표면의 탐색 난이도 또는 커버 포인트의 배치가 포함될 수 있다. 모든 엔진은 사용자에게 보이지 않는 객체를 제공할 수 있는데 이러한 객체들은 모든 캐릭터가 접근 가능한 전역 데이터를 들고 있을 수 있다. 또는 장면에 보이지 않게 하기 위해 웨이포인트로서 사용할 수 있거나 지역마다 특색을 표현하기 위한 정보를 담고 있을 수 있다. 이러한 도구는 일반적으로 레벨 디자이너가 값을 편집할 수 있도록 키-값 쌍의 목록으로 표현된다.

유니티와 언리얼 엔진 모두 길 찾기와 내비게이션을 지원하기 위해 기본적으로 제공하는 기능들이 있으며 이들 모두 에디터에서 길 찾기 데이터를 직접 볼 수 있으며 편집 가능하다.

추가적으로 커스텀 상태 기계 에디터도 제공되는데 보통 애니메이션을 미세 조정하기 위해서 제공된다. 최종적인 상태 기계는 프로그래머가 접근할 수 있으며 상태 기계 AI로서 사용할 수도 있다. 그러나 이러한 것들은 특정 목적을 위해서 최적화돼 있지 않기 때문에 전용 플러그인에 비해서 사용하기에 다소 번거로울 수 있다.

그 외에도 많은 도구, 예를 들어 파티클 에디터^{particle effect}, 사운드 믹싱^{sound mixing}, 폰트^{font}와 같은 도구들이 제공된다. 하지만 AI에 대해서는 내비게이션을 제외한 도구들은 존재하지 않기 때문에 이러한 경우에 플러그인이 필요하다.

에디터 플러그인

게임 엔진을 제공하는 업체들은 모든 게임을 위한 요구 사항을 예상하기 힘들다. 그런 이유로 플러그인 시스템을 제공하는데, 이를 통해 사용자 정의 코드를 추가하거나 고유한 인터페이스를 개발할 수 있도록 해준다.

이 절의 나머지 부분에 있는 도구 요구 사항들은 보통 에디터의 동작을 수정하기 위한 플러그인으로 구현된다. 언리얼 엔진과 유니티 모두 플러그인을 판매할 수 있는 온라인 스토어를 보유하고 있으며 게임에 필요한 도구를 직접 상점에서 구매할 수 있다. 약간의 수정을 필요로 할 순 있지만 적어도 빠른 프로토타이핑이 가능하며 커스텀화된 솔루션의 영감을 얻는 용도로 사용하기에 충분하다.

그림 12.5에 행동 트리를 만들고 동작할 수 있는 스크린샷을 볼 수 있다.

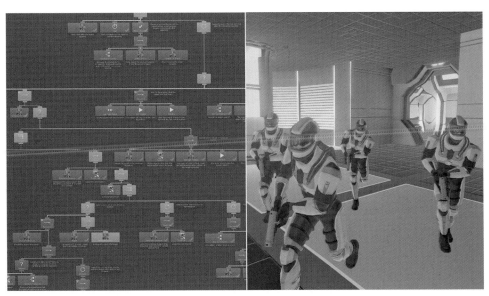

그림 12.5 Opsive에서 개발한 행동 트리가 유니티 엔진에서 동작하는 모습

에디터 스크립팅

통합 에디터의 강력한 힘은 바로 스크립팅 언어에서 비롯된다. 통합된 스크립팅을 사용하면 C++와 같은 로우 레벨low-level 수준의 언어로 모든 게임 로직을 구현할 필요가 없다. 13장에서 설명하겠지만 코드 조각을 작성할 수 있는 기능으로 하여금 간단한 의사결정 AI 기술의 필요성을 줄여 준다. 의사결정 트리 편집 도구를 사용하면 의사결정 트리를 직접 사용하는 것보다 더 쉽게 if 문statement 목록이 있는 스크립트로 동일한 효과를 가질 수 있다.

소스 코드로 작성돼 있다면 스크립트는 프로그래머가 직접 개입해서 작성될 수밖에 없다. 게임 디자이너가 게임 프로그래밍 작업을 맡는 인디 스튜디오에서는 이러한 방법이 괜찮을 수 있지만 좀 더 전문화 돼 있는 대규모 팀에서는 어려울 수 있다. 다행히도 기술적 이해가 있지만 비프로그래머들에게 더 접근성이 쉬운 방법이 있다.

언리얼 엔진(버전 4부터 시작)은 비주얼 프로그래밍 언어인 블루프린트Blueprint를 제공하는데 이것으로 하여금 AI 상태 기계를 만들거나 행동 트리, 의사결정 트리를 만들 수 있다. 비슷한 도구가 유니티의 애셋 스토어asset store에도 많이 있다. 이 글을 쓰는 시점에서 후통 게임즈 LLCHutong Games LLC에서 제공하는 플레이메이커Playmaker라는 도구가 가장 유명하며 몇 가지 다른 대안 솔루션들도 많다.

13장의 13.3절에서 이러한 시각적 스크립팅 언어에 대해 더 자세히 살펴볼 것이다.

12.4.2 사용자 정의 데이터 드리븐 에디터

자체 엔진을 사용하는 개발자는 데이터를 준비하기 위해 사용자 정의 에디터를 만들어야 한다.

게임 레벨에는 AI가 필요로 하는 데이터만 있는 것은 아니다. 게임 로직, 물리, 네트워킹, 오디오와 같은 많은 영역에서 데이터를 필요로 한다. 개발자들은 점점 더 많은 게임에서 재사용될 커스텀화된 레벨 에디팅 도구로 이동하고 있다. 이러한 도구를 가진다는 것은 3D 패키지에서 하기 힘들었던 복잡한 편집 기능을 가능하게 하는 유연성을 제공한다.

이러한 레벨 편집 패키지를 보통 '데이터 드리븐' 또는 '객체지향'이라고 부른다. 게임 세계에서 각 오브젝트들은 그것과 관련된 데이터셋을 갖고 있다. 이 데이터 집합은 객체의 행동, 게임 로직에 의해 어떻게 처리되는지를 제어한다.

이런 상황에서 AI 데이터의 편집 기능을 제공하는 것은 매우 쉽다. 종종 이것은 각 객체를 위한 추가 데이터를 더하는 문제일 수 있다(예를 들어 특정 오브젝트를 '피해야 하는'으로 표시하거나 '수집해야 하는'으로 표시하는 것과 같은).

이런 종류의 도구를 만드는 것은 소규모 스튜디오, 인디 개발팀 또는 취미로 개발하는 사람들에게는 선택 사항이 아니다. 또한 이러한 툴을 사용한다고 해도 데이터 드리븐 도구에 대한 제한은 있을 수 있다.

캐릭터의 AI를 만드는 작업은 단순히 변수 값들을 설정하는 문제가 아니다. 각기 다른 캐릭터들은 다양한 의사결정 로직을 필요로 하며 적절한 시기에 적절한 행동을 선택할 수 있는 능력도 요구한다. 이를 위해서는 특정 AI 설계 도구가 필요하다(이러한 도구들이 데이터 드리븐 에디터에 일반적으로 통합되는 경우가 많다).

12.4.3 AI 디자인 도구

지금까지 AI가 게임 레벨을 더 잘 이해하고 합리적인 결정을 하기 위해 필요한 정보에 접근할 수 있는 도구를 살펴봤다. AI 기술의 수준이 높아지면서 개발자들은 레벨 디자이너들이 배치하는 캐릭터의 AI에 접근할 수 있는 방법들을 찾고 있다.

예를 들어 레벨 디자이너들이 실내 실험실을 만든다고 할 때 아마 다수의 경비원 캐릭터들을 만들 필요가 있을 수도 있다. 경비원들은 서로 다른 순찰 경로와 침입자를 감지하는 능력 그리고 플레이어를 발견하게 되면 수행해야 하는 다양한 행동들이 있을 수 있다.

레벨 디자이너들에게 이러한 수준의 AI를 설정할 수 있게 하려면 전문 AI 실세 도구가 필요하다. 도구가 없으면 디자이너는 AI에게 적절한 행동을 설정하기 위해 프로그래머의 도움을 받을 수밖에 없다.

스크립팅 도구

이런 종류의 개발을 지원하기 위한 가장 첫 번째 도구는 스크립팅 언어에 기반을 두고 있다. 스크립트는 재컴파일할 필요 없이 수정될 수 있고 테스트하기도 쉽다. 스크립트를 지원하는 많은 게임 엔진은 수정, 디버깅, 단계별 수정 메커니즘을 제공한다. 이것은 주로 게임 레벨 로직(버튼을 누르면 문이 열린다 등등)을 개발하는 데 사용돼 왔다.

하지만 AI는 이 레벨에서 한 단계 더 진화하고 스크립팅 언어는 이를 지원하기 위해 업그레이드됐다. 스크립팅 언어는 프로그래밍 언어라는 근본적인 문제를 갖고 있으며 개발자가 아닌 레벨 디자이너들은 AI를 제어하기 위한 복잡한 스크립트를 작성하는 데 어려움을 느낄 수 있다.

상태 기계 디자이너[1]

2000년대 중반에는 사전에 만들어진 동작의 조합을 지원하는 도구를 널리 사용할 수 있게 됐다. 하복^{Havok}의 AI 지원과 같은 일부 상용 미들웨어 도구는 물론 대기업 개발사와 배급사가 만든 여러 오픈 소스 및 사내 툴에 해당된다. 이러한 도구를 통해 레벨 디자이너는 AI 동작들을 결합해서 사용할 수 있다.

예를 들어 캐릭터는 알람 소리를 듣고 해당 지역을 조사할 때까지 순찰 경로를 돌아다니게 할 수 있다. 순찰 경로와 조사하기 행동은 프로그래밍 팀에 의해 만들어지고 AI 도구에 의해 노출 된다. 레벨 디자이너는 이후에 경보의 상태에 기반해 의사결정하는 과정을 조합한다.

레벨 디자이너에 의해 선택된 행동들은 조종 행동과 다를 바 없다. 3장에서 설명했듯이 이것은 대부분의 게임 캐릭터에게 요구하는 행동이다.

개발자들에게 압도적으로 인기를 끌고 있는 의사결정 과정을 상태 기계라고 한다. 몇몇 개발자들은 의사결정 트리를 성공적으로 사용한 경우도 있었지만 대부분은 유한 상태 기계^{FSM}를 선호한다. 그림 12.6에 심바이오닉^{SimBionic} 미들웨어 도구의 스크린샷을 보여 주고 있다. 현재이 도구는 오픈 소스로 전환됐다.

이런 종류의 도구에서 가장 필요로 하는 기능은 스크립팅 언어를 디버깅할 수 있게 해주는 것이다. 예를 들어 레벨 에디터에서 FSM 연산들을 단계별로 수행할 수 있고, 캐릭터의 현재 상태와 이러한 내부 상태 값들을 수동으로 설정할 수 있게 하는 기능들이 필요하다.

---

1   역자가 〈샤이아〉라는 게임을 만들 때 사용했던 상태 기계 디자이너 도구에 대해 간략하게 설명했던 칼럼(https://www.thisisgame.com/webzine/series/nboard/212/?series=99&n=52375)이 있다. 관심 있는 분은 참고하면 도움이 될 것이다. – 옮긴이

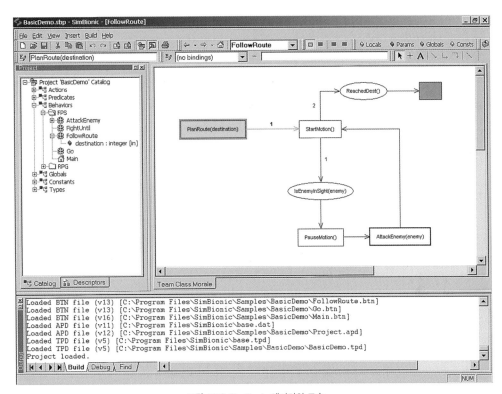

그림 12.6 SimBionic 에디터의 모습

12.4.4 원격 디버깅

AI 문제를 진단하는 데 있어 실시간으로 게임의 디버깅 정보를 얻는 것은 격리된 상태에서 정보를 얻는 것보다 매우 중요하다. 일반적으로 개발자들은 게임이 실행될 때 정보를 표시하기 위해 디버깅 코드를 추가한다. 이 정보들은 화면에 표시하거나 파일에 기록해 오류의 원인을 알아내고 분석할 수 있다.

PC에서 게임을 실행할 때는 게임 내부 정보를 얻기 위해 게임 안으로 들어가는 것이 비교적 쉽다. 디버깅 도구는 게임 프로세스에 연결할 수 있으며 내부 상태에 대한 세부 정보를 얻어낼 수 있다. 비슷하게 콘솔 플랫폼 역시 원격 디버깅 도구를 사용해 콘솔 게임기에 PC를 연결할 수 있다.

이런 방법으로 할 수 있는 일들이 굉장히 많기 때문에 개발자들은 점점 더 정교한 디버깅 도구를 필요로 하고 있다. 메모리 위치나 변수 값을 분석하는 것은 디버깅 작업에서 매우 유용하게 사용된다. 하지만 복잡한 상태 기계가 어떻게 반응하는지는 알아내기 어렵고 신경망의 성능을 이해하는 것은 거의 불가능에 가깝다.

디버깅 도구는 실행 중인 게임에 연결할 수 있고 AI(또는 기타 모든 게임 내 활동에 대한 내용들)를 위한 데이터를 읽거나 쓸 수 있다. 원격 디버깅의 가장 일반적인 애플리케이션 중 하나는 상태 머신의 시각화다. 종종 상태 기계 편집 툴을 조합하면 개발자들이 캐릭터의 상태를 볼 수 있고 이벤트 관리 시스템에 특정 이벤트를 설정할 수도 있다.

원격 디버깅은 디버깅 애플리케이션이 PC에서 실행되거나 네트워크를 통해 게임과 통신, 다른 PC나 콘솔에서 실행되도록 요구한다. 네트워크 통신의 경우에는 데이터 신뢰성과 타이밍에 문제를 일으킬 수도 있다(예를 들어 개발자가 보고 있는 게임 상태는 이미 게임에서는 과거가 된 상태일 수도 있다). 게다가 특정 콘솔과 대부분의 소형 기기들은 네트워크 연결을 지원하지 않는 경우도 있다.

인터넷에 연결된 플랫폼은 게임 출시 후 플레이어의 컴퓨터에서 실행되는 디버깅 정보에 접근할 수 있는 기회를 제공하기도 한다. 이것은 개인 정보 보호법에 따라 법적인 문제가 있을 수 있지만, 많은 개발자가 패치를 통해 게임을 최적화하기 위해 사용하는 표준 도구가 되기도 했다. 특히 모바일 기기에서 게임 내 분석을 위해 여러 솔루션을 사용할 수 있다.

12.4.5 플러그인

사용자 정의 레벨 에디팅 도구들이 점점 더 흔해지고 있지만 3D 디자인, 모델링, 텍스처와 같은 도구들은 여전히 오토데스크^Autodesk의 3DS 맥스^3DS Max와 같은 고급 모델링 패키지를 통해 만들어진다. 취미 삼아서 프로그램을 개발하거나 작은 팀에서 사용되는 오픈 소스 툴들도 있는데 가장 유명한 것으로 블렌더^Blender가 있다.

각각의 도구는 소프트웨어 개발 키트^SDK, Software Development Kit을 사용해 새로운 기능을 플러그인 형태로 실행되게 한다. 이 기능으로 하여금 개발자들은 AI 데이터를 위한 플러그인을 추가할 수 있다. 보통 이러한 플러그인들은 C/C++로 작성되고 컴파일된다. 그리고 이러한 도구들은 내부적으로 스크립팅 언어를 갖고 있는 경우도 있다.

각 소프트웨어 패키지의 내부 동작은 플러그인 설계에 제약을 두고 있으며 애플리케이션 내기존부터 존재하던 도구들, 실행 취소 시스템, 사용자 인터페이스, 내부 데이터 포맷과 통합을 한다는 것은 매우 어려운 일이다. 각 도구는 기본적으로 서로 다르고 SDK는 매우 다른 설계를 갖고 있기 때문에 맥스 SDK에서 작업했던 부분들을 마야나 블렌더에서 사용하려고 하면 매우 어려운 작업이 될 것이다.

AI를 지원하는 것은 플러그인 개발을 하거나 레벨 에디팅 도구에서 기능을 구현하는 것에 큰 차이가 없다. 최근에는 레벨 에디팅 도구에서 이러한 기능들을 구현하기 때문에 3D 모델링 소프트웨어를 위한 AI 플러그인을 개발하는 추세는 점점 줄어들고 있다.

연습 문제

12.1 레벨 지오메트리에 배치된 웨이포인트들을 분석하고 그림 12.1에 보이는 것과 같은 잠재적 문제들을 인식할 수 있는 도구를 개발해 보자. 염두에 둘 것은 웨이포인트를 자동으로 배치하거나 문제를 해결하라는 것이 아니다. 처음 시작할 때 지오메트리의 경우 간단한 그리드를 사용해도 좋다.

12.2 그림 12.7에 보인 그래프를 후처리해 링크를 간소화시켜 보라.

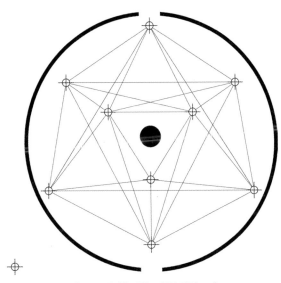

그림 12.7 간단한 방을 표현한 밀집 그래프

12.3 그림 12.8은 게임 플레이 중 방문한 부분들을 로그 파일로 기록하고 시각적으로 표현한 것이다. 로그 파일이 웨이포인트 그래프를 자동적으로 생성하는 데 사용되면 어떤 문제가 발생할까? 로그 파일의 문제를 해결하기 위해 어떤 추가적인 정보가 기록돼야 할까?

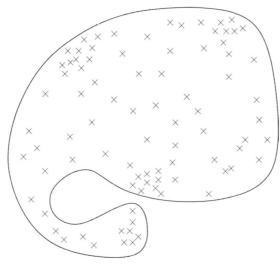

그림 12.8 레벨에 표시된 방문된 위치들

12.4 그림 12.9는 AI 캐릭터가 다리 위에 서 있는 적을 이용하는 두 가지 대안을 보여 준다. 왼쪽은 웨이포인트를 사용하는 것이고 오른쪽은 내비게이션 메시를 사용하는 것이다.

웨이포인트 표현을 사용했을 때 발생할 수 있는 문제는 어떤 것이 있을까? 내비게이션 메시가 더 좋은 점은 어떤 것이 있을까?

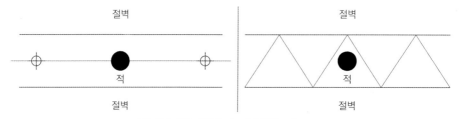

그림 12.9 같은 상황을 다르게 표현한 모습

게임 AI 프로그래밍

에디터와 다른 도구들은 게임을 위한 게임플레이 데이터 구축 및 레벨의 지오메트리에 대해 캐릭터의 동작을 구성하는 AI 알고리듬의 구성에 이르기까지 콘텐츠 제작에 매우 중요하다. 12장에서 살펴봤듯이 AI 접근법에는 다양한 방법이 존재하고 그러한 이유로 다양한 도구를 필요로 한다. 기존 레벨 에디터를 확장하거나 3D 모델링 도구 또는 의사결정을 위한 데이터 사용자 정의 및 시각화를 위한 도구들이 필요하다. 정확한 요구 사항은 어떤 접근법을 사용하느냐에 따라서 달라진다.

반면에 항상 필요한 도구가 있다. 지원 기술을 논의할 때 쉽게 무시되는 경우가 있는데 바로 모든 AI는 프로그래밍된다는 점이다. 그러므로 프로그래밍 언어가 AI 디자인에 큰 영향을 미친다.

이 책에서 다룬 대부분의 기술은 특정 게임에 종속되지 않은 기술들에 중점을 뒀다. 예를 들어 길 찾기, 의사결정 트리는 특정 게임이 아닌 대부분의 게임을 위한 일반적인 접근 방식 및 기술이다. 이러한 기술들은 직접 구현될 필요가 있다. 10년 전에는 이러한 기술들이 C++로 구현되지 않는다는 것을 상상할 수도 없었지만 지금은 시대가 바뀌었다. 게임 엔진은 여전히 C와 C++로 구현되지만 대부분의 AI는 일반적으로 다른 언어로 구현된다. 가장 일반적인 상용 게임 엔진인 유니티와 언리얼 엔진 4는 C++로 작성된 길 찾기 시스템을 제공하지만 다른 AI 기술들, 예를 들어 행동 트리나 조종 행동과 같은 것들은 직접 작성해야 하거나 다른 서드파티로부터 라이선스를 받아야 한다. 언리얼 엔진 4는 여전히 C++ 코딩을 필요로 할 수 있지만 유니티의 경우 C#으로 구현해야 할 수도 있다. 두 경우 모두 코드는 게임플레이 코드와 마찬가지로 플러그인 형태로 동작하며 네트워킹 및 3D 렌더링과 같이 엔진의 코어 기능으로 처리되지 않는다.

동시에 모바일 및 온라인 개발 분야가 급성장해 구현 언어가 타깃 플랫폼에 제한되는 경우가 많다. 예를 들어 스위프트Swift(이전에는 오브젝티브 CObjective-C)는 iOS에서 동작하며 자바(또는 코틀린Kotlin과 같은 JVM 언어)는 안드로이드, 자바스크립트는 웹에서 동작한다. 이러한 추세는 AI 기술이 훨씬 더 광범위한 언어로 구현되고 있음을 의미한다. 13.1절에서 지금까지 설명한 기술들에 대해 서로 다른 언어 요구 사항을 고려할 것이다.

일반적 목적으로 만들어진 AI 기술들은 AI 코드가 프로그래밍 지원을 필요로 하는 유일한 부분일 것이다. 캐릭터 행동을 제어하기 위해 임베디드 프로그래밍 언어로 작성된 작은 스크립트를 사용하는 것이 일반적이며, 범용 기술을 사용하고 올바르게 동작하는 도구를 개발하는 것보다 쉽다. 캐릭터 행동을 만드는 사람이 간단한 프로그래밍 기술에 충분히 익숙하다면 비주얼 도구를 사용해 블록과 연결을 사용해 상태 기계를 구현하는 것보다 간단한 if 문을 사용해 캐릭터 행동을 생성하는 것이 더 간편할 수도 있다.

상용 게임 엔진은 어떤 형태로든 스크립트를 지원한다. 만약 여러분이 자체 엔진을 개발하고 있다면 이 기능은 꼭 지원해야 할 것이다. 다행히도 여러 스크립트 언어는 어렵지 않게 여러분의 엔진에 직접 통합 가능하다. 13.2절에서 이 방법에 대해 설명할 것이다. 여전히 많은 개발자는 직접 스크립트 시스템을 직접 개발하곤 하는데 이 책의 범위는 벗어나지만 13.3절에서 관련 내용에 대해 설명하고 있다.

13.1 언어 구현

내가 이 산업에 뛰어든 1990년대에 대부분의 게임은 C로 작성됐다. 일부 최적화가 필요하고 더 빠르게 실행돼야 하는 부분들은 어셈블리어로 다시 구현되는 경우가 많았다(확실히 더 빨라지긴 했다). 이 책의 초판을 작성할 즈음에는 업계는 마지못해 대부분 C++를 사용하는 쪽으로 바뀌는 중이었다. 여기서 내가 '마지못해'라는 단어를 사용한 이유는 C++는 C보다 더 큰 언어이고 조심해서 사용하지 않으면 성능 면에서 많은 함정이 존재했기 때문이다. C++가 충분한 성능을 발휘할 수 있는지에 대한 진지한 논쟁이 있었고 이때 가장 많이 팔리는 게임 타이틀의 코드를 직접 볼 수 있는 기회가 있기도 했다. 예를 들어([25] 참고) 〈퀘이크 3^{Quake 3}〉[124]의 C++ 소스는 개발자들에게 가장 아름답고 잘 작성된 C++ 코드 베이스 중 하나로 자주 언급된다.

지난 20년 동안 업계에는 게임 개발 방식에 대한 두 가지 중대한 변화가 있었다.

첫 번째로 모바일 시장의 성장이다. C++로 모바일 게임을 개발하는 것이 가능하긴 했지만 소수의 개발자만이 C++를 사용하고 애플^{Apple}의 경우 iOS 개발자를 위해 스위프트(이전에는 오브젝티브 C)를 사용하도록 권장하고 안드로이드의 경우 자바 또는 코틀린을 권장하고 있다.

두 번째로 중요한 변화는 게임 엔진을 사용하는 것이다. 데스크톱 및 콘솔 게임(모바일 포함)용 개발자는 대부분 상용 엔진을 사용하고 있다. 일렉트로닉 아츠와 같은 큰 개발사의 경우에는 그들만의 내부 엔진을 사용하는 경우도 있지만 대부분의 경우 유니티나 언리얼 엔진을 사용하고 있다.

C++는 여전히 이러한 게임 엔진들을 만드는 데 사용하는 기본 언어다. 또한 언리얼 엔진 4를 사용하는 일부 게임 개발자는 게임플레이를 위해 여전히 C++를 사용하기도 한다. 그러나 컴퓨터는 이전보다 훨씬 빨라지고 있는 추세이므로 저수준 언어로 프로그래밍된 대부분의 코드들은 이제 스크립팅 언어로 구현될 수 있다. 언리얼 엔진 4의 블루프린트나 유니티의 C#이 그렇다. 게임 외에도 교육, 취미, 영화 산업을 포함해 사용자들이 폭발적으로 증가하면서 유니티 및 언리얼 엔진 사용자가 더 많이 늘어났으며 유니티의 경우 C#이 주 언어이므로 사용자 층이 매우 많아졌다. 그러므로 C#이 게임을 구현하기 위한 주요 언어라고 말하는 것이 아주 터무니없는 이야기는 아니게 됐다.

이 책에서 주는 조언들은 대부분 언어 중립적이다. 13.1절에서 나는 게임 구현을 위해 5개의 언어(C++, C#, 스위프트, 자바, 자바스크립트)를 간략하게 살펴볼 것이고 각 언어를 요약 및 알고리듬을 구현할 때 특수성을 고려해야 하는 모든 방법을 설명할 것이다.

13.1.1 C++

C++는 원래 객체지향 프로그래밍을 지원하기 위한 C 언어의 확장 버전이었다. 여전히 대부분 C의 상위 호환이 가능하며 새로운 기능들이 두 언어 사이에서 다른 시간에 나타나기도 한다. 지난 몇 년 동안 러스트^{Rust}는 로우레벨 수준의 시스템 코드(운영체제 또는 기타 리소스 및 성능이

중요한 부분을 위한)를 작성하기 위한 새로운 언어로 자리 매김하긴 했지만 C++ 역시 여전히 로우레벨 수준의 프로그래밍을 위한 가장 인기 있는 언어를 유지하고 있다.

C++는 매우 큰 언어다. 1985년 첫 번째 릴리스 이후에 꾸준히 성장해 왔다. 새로운 표준들이 현재 3년마다 릴리스되고 있으며 각각 고유한 새로운 기능들, 구문들이 추가되고 있다. 이러한 기능들은 지난 15년간 C++에 있어서 일관되게 비판적인 요소들이었지만 여러 언어로 효과적으로 분할됐다. 스킴^{Scheme}과 리스프^{LISP}가 그렇듯이 여러 구현으로 인한 것이 아니라 이를 채택하는 각 회사들이 전체 언어의 일부만 채택해 복잡성을 완화하는 경향이 있기 때문이다. 템플릿 언어, 연산자 오버로드에 대한 포괄적인 지원, 다중 상속, 런타임 타입 정보 및 예외 처리와 같은 기능들은 모두 정기적으로 금지된다.

C++는 핵심 언어 외에도 표준 템플릿 라이브러리$^{STL, Standard Template Library}$를 갖추고 있다. 이것은 C++ 템플릿을 사용해 구현된 기본 데이터 타입의 집합이다. 다른 언어에서 핵심 부분인 기본 데이터 유형들, 예를 들어 크기 조절 가능한 배열, 해시맵$^{hash-map}$, 스택^{stack}, 큐^{queue}와 같은 모든 것이 STL을 통해 제공된다. 불행히도 STL의 구현은 다양하며 게임 개발자들 사이에서는 관리하기가 어렵거나 성능이 낮거나 메모리 사용이 불규칙하다는 평가를 받고 있다. 나는 실제로 게임 개발사에서 STL 사용을 금지하는 경우도 봤으며 이런 회사들은 보통 자체 버전의 자료 구조 및 알고리듬을 구현해서 사용한다.[1] 부스트^{Boost}와 같은 라이브러리를 사용해 핵심 언어의 일부 문제를 해결하는 것은 훨씬 복잡하다. 현재는 C++가 발전함에 따라 부스트의 좋은 아이디어를 채용해 약간은 다르게 구현되기도 하지만 잠재적으로 보면 이것은 비호환성을 의미하기도 한다.

나는 이 책에서 어떤 알고리듬도 C++의 특정 용어로 설명하지 않으려고 노력했지만 내게 가장 익숙한 언어인 것도 사실이다. 결과적으로 의사 코드는 C++로 자연스럽게 변환 가능하지만 알고리듬을 구현하기 위한 좋은 자료 구조들이 필요하기도 하다. 경험상 STL(특히 기본 알로케이터^{allocator}를 사용자 정의 알로케이터로 교체했었다)을 사용해서 성공한 프로젝트가 있지만 여러분이 자료 구조를 직접 구현하기를 선택했다면 AI를 구현하는 것보다 더 큰 도전이 될 수도 있다는 것을 명심하자.

---

1   역자가 EA 캐나다에서 근무할 당시에 EA에서 만든 EASTL을 사용했었다. 지금은 코드가 공개됐기 때문에 여러분도 참고하면 좋을 것 같다. – 옮긴이
    https://github.com/electronicarts/EASTL

13.1.2 C#

C#은 자체 공통 언어 런타임^{CLR, Common Language Runtime}을 기반으로 마이크로소프트가 자바의 경쟁 상대로 만들어졌다. 언어 초기 버전은 자바와 비슷했지만 시간이 지남에 따라 언어의 핵심 기능들이 변경되면서 자바와는 달라지게 됐다.

마이크로소프트는 C# 언어를 오픈 소스로 제공하고 CLR은 마이크로소프트의 독점으로 유지했기 때문에 이러한 런타임을 오픈 소스로서 제공하는 모노^{Mono}라는 프로젝트가 시작됐다. 모노는 다른 프로젝트에서 C#을 무료로 사용할 수 있게 해주고 그러한 이유로 유니티 엔진은 모노를 사용한다.

이론적으로 모든 CLR 언어를 유니티 엔진과 함께 사용할 수 있다. 유니티는 이전에 스크립트 언어로서 C#뿐만 아니라 자바스크립트, 부^{Boo}라는 언어도 사용할 수 있었지만 현재는 C#만 사용 가능하다. 내 주변에 F#을 사용하는 개발자들을 알고 있지만 대부분 실험적으로 사용하고 있으므로 현재 유니티로 작성된 코드의 대부분은 C#이라고 볼 수 있다.

현재 유니티 엔진에 대한 일반적인 비판은 엔진이 사용하고 있는 C#의 버전이 현재 버전의 C#보다 훨씬 뒤늦게 따라가고 있다는 점이다. 이것은 모노가 마이크로소프트의 CLR보다 뒤처져 있기 때문이다. 또한 유니티가 엔진에서 사용하고 있는 모노 버전을 업그레이드하는 데 매우 보수적이기 때문이기도 하다. C# 프로그래머를 위한 온라인 자료들이 엔진의 언어 버전과 호환되지 않는 경우가 많기 때문에 개발자에게 영향을 미칠 수도 있지만 다행스러운 점은 이러한 자료들이 초보 프로그래머들을 타깃으로 하고 있기 때문에 C# 언어의 특정 기능 혹은 새로운 기능들을 사용하지 않으므로 다행이라고 볼 수도 있겠다.

C#와 C++의 가장 큰 차이점은 모노가 사용하고 있는 메모리 관리 방식 때문일 것이다. 명시적인 메모리 할당 및 해제 대신 모노의 경우 프로그램에서 사용하고 있는 메모리를 추적하며 더 이상 사용되지 않는 메모리는 주기적으로 자동으로 해제한다(가비지 컬렉션^{garbage collection}이라고 한다). 불행한 점이라면 메모리를 자동으로 해제하기 위해서는 시간을 필요로 하고 이 시간이라는 것은 예측하기가 어렵다. 나쁜 상황에서는 수십 밀리초가 걸리는 경우도 있으며 마지막으로는 통제하기가 불가능하다는 점이다. 이러한 설계에 의존하는 게임들은 때때로 느려지거나 프레임이 떨어지는 현상, 즉 끊김 현상을 피할 수가 없다.

다행이라면 가비지 컬렉션은 수집할 항목이 없는 경우에는 일반적으로 매우 빠르다(수집할 내용이 없음을 증명하는 데 시간이 걸리는 특별한 경우들이 있기는 하지만 일반적인 사용 패턴에서는 드물다). 가비지 컬렉션은 어떤 객체가 또 다른 객체의 존재를 알고 있는지 추적해 작동한다. 알려진 객체 집합에서 시작해 그래프를 단계별로 따라가고 도달할 수 있는 모든 객체를 한 단계 또는 여러 단계로 표시한다. 이 과정이 끝날 때 객체가 표시되지 않으면 아무도 해당 객체에는 접근할 수 없으며 이 객체는 자유롭게 해제할 수 있다. 이 알고리듬을 마크-앤드-스윕^{mark-and-sweep} 또는 가비지 컬렉션 추적^{tracing garbage collection}이라고 한다.

가비지 컬렉션을 피하기 위해서 사용하는 방법 중 하나는 게임이 시작될 때 한 번에 모든 객체들을 할당하고 게임 플레이가 완료되면 모든 객체를 한꺼번에 해제하는 것이다. 이렇게 하면 끊김 현상을 피할 수 있다. C#에서 메모리를 명시적으로 할당하거나 해제할 수 없으므로 마크 앤드 스윕 알고리듬과 같은 알고리듬으로 해결한다. 레벨이 시작할 때 모든 객체를 생성하고 그들에 대한 참조를 유지한다(예를 들어 객체인 경우에 배열에 보관한다). 이렇게 하면 항상 배열을 통해 항상 객체에 연결이 가능하므로 가비지 수집이 되지 않는다. 레벨이 끝나면 사용 여부에 상관없이 모든 객체에 대한 참조가 삭제된다. 이렇게 되면 가비지 컬렉터는 수집할 준비가 됐다는 것을 감지하게 될 것이다. 모노의 가비지 컬렉션의 속도 문제는 실제로 매우 심각하기 때문에 이러한 접근 방식이 필수적이다. 이 책에서 제시한 다른 알고리듬들에 큰 영향을 주지는 않지만 C#을 사용할 경우에는 항상 염두에 둬야 한다.

최근에 모노는 프레임 드롭^{frame drop}과 끊김 현상을 줄일 수 있는 더 개선된 가비지 컬렉션을 구현했다. 글을 쓰는 시점에서 이것은 유니티의 옵션으로 사용할 수 있지만 기본적으로 활성화돼 있지는 않다. 이것이 기본적인 가비지 컬렉션으로 사용될 때는 이전에 사용하던 객체 풀^{object pool}에 대한 필요성이 다소 줄어들 것이다. 하지만 가비지 컬렉션의 특성상 언제나 시간을 소요할 것이고, 예를 들어 A*와 같은 알고리듬의 경우 객체 수가 충분히 많아지면 어떤 형태로든 사전 할당을 필요로 할 것이다.

13.1.3 스위프트

스위프트^{Swift}는 MacOS 및 iOS에서 앱을 구현하기 위한 애플에서 개발한 언어다. 이것은 컴파일된 언어이고 이론상 어떠한 컴파일된 언어, 예를 들어 C++와 같은 것들도 사용될 수 있지만 운영체제 API가 스위프트에 바로 노출되고 애플의 개발 도구인 Xcode에서 포괄적인 지원이 제공된다. 유니티 같은 통합형 게임 엔진을 사용하지 않는 한 iOS에서 다른 언어로 작업하는 것은 대단히 어려운 일이다.

스위프트는 기존 애플에서 앱을 개발하기 위해 제공되던 오브젝티브 C와 같이 C++의 확장 형태인 언어를 사용했는데 이를 교체할 수 있는 언어다. 하지만 두 언어는 객체를 상상하는 방식이 매우 다르기 때문에 두 언어를 동시에 사용하는 것은 상당히 어렵다. 오브젝티브 C는 C++처럼 널리 사용되지 못했고 사용자 수도 줄어드는 추세였다. 스위프트는 초기에 오브젝티브 C와 같은 것으로 소개했지만 이는 새로운 것을 배우는 것에 대한 개발자들의 우려를 완화하기 위한 마케팅 전략이었다. 실제로 이 언어는 매우 다르다.

스위프트는 C#이나 자바와는 다르게 특정 하드웨어를 위한 머신 코드를 생성한다. 그러나 자바나 C#과 마찬가지로 스위프트 코드는 운영체제에 대한 인터페이스를 다루는 포괄적인 런타임을 사용하며 메모리 관리 및 가비지 컬렉션과 같은 기능도 같이 사용된다. 실제로 아주 작은 차이만 있을 뿐 스위프트 자체는 C나 C++가 아닌 자바나 C#과 같이 느껴진다.

스위프트가 사용하는 가비지 컬렉션 접근법은 모노와는 다르다. 이 책을 쓰고 있는 시점에서 스위프트는 ARC^Automatic Reference Counting라는 것을 사용하고 있다. 이 접근법에서 각 객체는 카운트를 저장한다. 이 카운트의 의미는 객체에 대해 알고 있는 장소의 수를 의미한다. 객체를 가리키도록 설정된 변수는 이 카운트를 증가시킨다. 객체를 배열에 넣을 때도 카운트는 증가시키며 다른 객체의 멤버 변수에 저장될 때도 카운트가 증가한다. 만약 변수가 스코프를 벗어나면 카운트는 감소한다. 배열에서 객체가 삭제되거나 객체를 들고 있는 컨테이너가 없어질 때도 카운트는 감소한다. 카운트가 0이 되면 객체는 코드 어디에서도 접근하지 않는다는 의미이므로 안전하게 해제시킬 수 있다. 이처럼 단순한 참조 카운팅 시스템이 있지만 메모리 누수^memory leak가 발생할 수 있다. 예를 들어 사용되지 않지만 참조는 하고 있고 그룹으로서는 도달할 수 없는 경우가 있다. 객체 A가 유일하게 객체 B에 대해 알고 있고 객체 B 역시 유일하게 객체 A를 알고 있다. 즉 객체 A, B 모두 가비지 수집될 수 있지만 서로 참조를 갖고 있기 때문에 카운트 값은 1이 되며 해제되지 않는다. 이러한 주기는 객체들이 많아지면 더 복잡해질 수 있으며 가비지 컬렉션이 느려지는 이유는 이러한 복잡한 주기 때문이다. 두 가지 접근법(스위프트의 참조 카운팅과 모노의 마크-앤드-스윕) 모두 13장의 설명 범위는 벗어난다. 실제로 사용해 보면 게임이 버벅거린다거나 끊김이 발생하는 것은 스위프트 접근법을 사용했을 때 더 적은 것으로 보인다. 하지만 적다고 하는 것은 절대로 일어나지 않는다는 것이 아니다. 원하지 않는 가비지 수집을 피하는 것은 여전히 가치가 있다.

그러므로 C#에서 살펴본 바와 같이 똑같은 방식을 사용할 수 있다. 필요한 모든 객체를 미리 할당하고 레벨이 끝나면 모든 참조를 삭제함으로써 해제할 수 있다. 업그레이드된 모노의 가비지 컬렉션 시스템에 비해 스위프트의 가비지 컬렉터가 일반적으로 더 빠르고 문제를 일으키지 않는다. 그러나 게임이 어느 정도 진행되고 난 이후에는 종종 아무런 경고 없이 문제가 나타날 수 있다. 그러므로 가장 좋은 방법은 AI를 위한 객체들을 미리 생성하고 주의해서 사용하는 것이 가장 좋다고 볼 수 있다.

13.1.4 자바

이 글을 쓰는 시점에 자바는 세계에서 가장 인기 있는 프로그래밍 언어로 1등이며[2] 2001년으로 거슬러 올라가 보겠다. 자바는 자바 가상 머신$^{JVM, Java Virtual Machine}$에서 동작하며 바이트 코드를 생성해 내는 범용 언어로 설계됐다. 자바로 작성한 소스 코드는 바이트 코드를 생성해 내고 이 바이트 코드는 동일 시스템 또는 여러 다른 시스템에서 실행될 수 있다. 마케팅할 당시에는 '한 번 작성하면 어디에서든 실행 가능$^{write once, run anywhere}$'이라는 문구를 사용했고 자바는 이것으로 큰 성공을 거뒀다. 2개의 서로 다른 시스템이 서로 다른 운영체제를 기반으로 동작하고 있어도 자바 런타임은 이러한 차이를 뛰어넘을 수 있게 했다.

한 번만 컴파일하고 어디에서나 동작 가능하다는 것은 모바일 애플리케이션 개발에 특히 더 매력적이다. 최신 스마트폰에는 다양한 하드웨어가 있으며 하드웨어에 따라 게임을 컴파일하는 것은 매우 번거로운 작업임이 틀림없다. 하드웨어 특성으로 하여금 여러 기기에서 테스트할 필요성을 완전히 제거할 수는 없지만 C++와 같은 기계어 코드로 컴파일되는 언어로 개발되는 경우에는 상황이 훨씬 악화될 수 있다. 구글이 모바일을 위한 운영체제 안드로이드를 개발할 때 자바를 기본 언어로 선택한 것은 바로 이러한 이유였다.

---

2 프로그래밍 언어의 인기는 2001년부터 TIOBE 회사에 의해 측정되고 있으며 웹사이트 [69]에서 확인할 수 있다(1988년까지 부분적인 데이터가 있기는 하지만). 다만 인기 측정의 기준이 검색 엔진과 웹사이트에만 의존한다는 점으로 비판받았으며, 그 방법의 세부 사항들은 논쟁의 여지가 있다. 그러나 현재는 전반적으로 산업에서 인정받는 유용한 방법임이 증명됐다.

프로그래밍 언어로서 자바는 다소 장황한 것으로 유명하다. 그 장황함의 대부분은 상용구 코드 사용이 대부분이다. 상대적으로 적은 코드이지만 같은 방식, 패턴으로 반복해서 쓰여져야 하는 상황이 많고 코드 에디터가 자동으로 코드를 생성해 줘 이 작업을 쉽게 만들어 주기는 하지만 여전히 코드는 더 커지고 유지 관리해야 한다.

또한 자바는 변화가 매우 느린 것으로 유명하다. 어떤 면으로는 이것이 장점이기도 하지만 중요한 생산성 향상과 다른 언어의 좋은 아이디어가 천천히 채택됨을 의미한다. 타입에 안전한 type-safe 자료 구조는 최종적으로 도입되기까지 10년 이상이 걸렸다. 물론 구현 사항에 있어서는 견고하지 않은 것으로 비판받고 있다[3](JVM 위에서 동작하는 13.1.4절의 다른 언어로 확장될 수 있는 문제다).

자바를 사용하는 가장 큰 이점은 JVM 때문이다. JVM은 모든 플랫폼에서 동일하게 컴파일된 코드를 실행하도록 설계됐다. 컴파일된 바이트 코드가 실행되면 가상 머신은 해당 코드가 어떻게 생성됐는지 알지 못한다. 1990년대 후반에 나는 간단한 대화 상자로부터 바이트 코드를 생성해 내는 비게임 산업에서 일한 적이 있었다. 함수형 스칼라, 리스프 계열의 클로저Clojure, 스크립트 언어 그루비Groovy를 포함한 수십 가지 다른 언어를 지원하는 데 일반적으로 사용되며 모두 유효한 JVM 바이트 코드로 컴파일된다. 자바는 매우 큰 표준 라이브러리를 제공하기 때문에 이러한 기능은 모두 JVM 언어에서 사용할 수 있다. 마찬가지로 안드로이드도 모든 언어에서 호출할 수 있는 방식으로 인터페이스를 노출시킨다.

최근 구글은 젯브레인스JetBrains에서 개발한 JVM 언어인 코틀린을 추가했다. 코틀린은 자바와 유사한 기능과 정신을 가졌지만 더 현대적인 스타일의 언어다. 향후 몇 년 동안 안드로이드 앱 개발은 새로운 언어인 코틀린을 사용하는 것으로 옮겨갈 것이다. 동시에 모바일 게임 개발자들은 점점 더 많은 멀티 플랫폼 게임 엔진을 사용하고 있다. 어떤 추세가 더 빠르게 갈지는 예상하기 어렵지만 코틀린이 게임 산업에서 중요한 역할은 하지 못할 것이라고 본다.

구현의 조언 측면에서 JVM은 모노를 만드는 것과 유사하다. JVM은 System.gc()를 수동으로 실행해 가비지 수집을 요청할 수 있는 마크-앤드-스윕 가비지 컬렉터를 사용한다. 모노와 마찬가지로 가비지 컬렉터의 구현은 많은 수의 작은 객체를 할당하는 경우 효율적이지 않다. 이전 절에서 설명한 바와 마찬가지로 동일한 메모리 할당 풀링 방식을 사용하는 것이 좋다.

13.1.5 자바스크립트

자바스크립트는 웹페이지를 위한 스크립트 언어로 만들어졌다. 두 가지 목적으로 게임 개발에서 사용되고 있는데 웹에서 플레이 가능한 게임을 구현하기 위함과 Node.js를 사용해 온라인 멀티플레이어 게임을 위한 서버를 만들기 위함이다.

다른 모든 스크립트 언어와 마찬가지로 자바스크립트로 작성된 코드는 때때로 중요한 순간에 느리게 실행될 수 있다. 따라서 자바스크립트로 성능을 위한 알고리듬을 만드는 경우는 거의 없다. 자바스크립트로 상태 기계나 행동 트리를 만드는 것은 가능하지만 계획, 길 찾기, 미니맥싱 또는 학습과 같은 것들을 자바스크립트로 만드는 것은 리소스에 많은 주의를 기울여야 한다. 서버에서 성능에 중요한 알고리듬들은 C++로 만들어지며 자바스크립트 런타임에 연결할 수 있다. 브라우저 내부에서도 이러한 것이 가능했지만 보안상의 이유로 브라우저 공급업체에서 이 기능을 제거했다.

자바스크립트는 게임 또는 게임 엔진에 포함된 스크립트 언어로서 게임 개발에 더 널리 사용되고 있다. 13.2절에서 스크립팅 언어로서의 사용에 대해 더 자세히 설명할 것이다.

언어적 관점에서 자바스크립트는 프로토타입 상속을 사용하는 것으로 유명하다. 프로토타입 상속은 기존 C++ 및 파이썬과 같은 언어에서의 클래스 기반 상속과 다르다. 최신 버전의 자바스크립트는 다른 프로그래밍 언어 사용자들을 위한 class 키워드를 추가했는데 여전히 클래스는 내부적으로 프로토타입을 사용해 구현돼 있다.

모든 객체가 다른 객체에서 상속할 수 있다는 점에서 클래스와 다르다. 클래스 기반 언어들의 객체는 클래스와 인스턴스 두 가지 타입으로 제공된다. 인스턴스는 클래스로부터만 상속할 수 있으며 클래스는 서브클래싱^{subclassing}이라 부르는 제한된 형식의 상속만을 갖는다. 프로토타입 상속 언어는 훨씬 간단하다. 상속만이 있으며 모든 객체는 다른 객체로부터 상속할 수 있다. 결론적으로는 클래스와 인스턴스의 두 가지 수준의 계층 구조에서만 국한되지 않는다는 것이다. 5.4절에서 행동 트리를 살펴볼 때 AI를 정의하고 인스턴스를 만들 때 일반적으로 필요로 하는 3단계를 설명했었다. 이것은 자바스크립트로 표현할 때 매우 잘 어울린다. 개발자는 캐릭터를 위한 하나의 루트 객체를 생성하고 다음 객체가 특정 캐릭터 타입에 맞게 설정을 구성하도록 상속할 수 있다(이 단계는 레벨 디자이너나 테크니컬 아티스트가 만들 수도 있다). 마지막 단계로 레벨 곳곳에 다양한 캐릭터 타입에 대한 캐릭터 객체를 인스턴스화한다.

13.1절에서 살펴본 다른 언어들과 다르게 자바스크립트는 단일 스레드다. 본래 웹 페이지를 확장하기 위한 언어로서 이벤트 기반으로 설계됐다. 자바스크립트 런타임은 특정 이벤트들(사용자 입력, 네트워크 활동, 시간 예약 등)에 반응하고 이벤트가 발생하면 등록된 함수를 호출한다. 이 코드들은 필요한 만큼 순차적으로 실행되며 더 이상 실행할 것이 없다면 런타임은 대기 상태로 바뀐다. 코드가 실행 중일 때는 중단되지 않으며 동시에 다른 코드가 실행되지 않는다는 것을 보장한다. 이것은 브라우저의 간단한 스크립트에는 적합하지만 일부 작업의 경우 완료하는 데 시간이 오래 걸리는 것들도 있다. 그 누구도 결과를 기다리는 동안 자바스크립트 프로세스가 멈추는 것을 원하지 않을 것이다. 웹 브라우저에서 이것은 네트워크를 통해 데이터를 질의하는 것일 수도 있으며 경우에 따라 몇 초 또는 몇 분이 걸릴 수도 있다. 자바스크립트는 이럴 때 콜백callback을 사용한다(자바스크립트의 이후 버전에서는 더 사용하기 쉽도록 하기 위한 'async'와 같은 방법을 제공하기도 한다. 내부적으로 동작 방식은 같다). 콜백은 이벤트 처리와 같이 동일한 방법을 사용한다. 액션이 완료될 때 호출돼야 하는 코드를 먼저 등록한다(예를 들어 서버에서 결과를 받을 때). 그 이후에 액션을 시작한다. 이러한 방법으로 많은 콜백을 등록할 수 있으며 데이터를 기다릴 수 있다. 이것은 데이터베이스로부터 데이터를 기다리거나 다른 서비스 또는 파일 처리를 위한 IO 대기가 많은 서버 애플리케이션에 적합하다.

불행하게도 오랜 시간 동작하며 계산이 많은 작업인 상황에는 적합하지 않다. 그리고 게임이 바로 이러한 경우에 속한다. 자바스크립트 엔진이 계산을 수행하는 경우 코드의 다른 부분에 이벤트를 보낼 수 없다. 예를 들어 길 찾기를 수행하고 길 찾기가 모두 끝나면 알림을 받도록 하는 작업을 하려는 경우 길 찾기 작업이 모두 완료될 때까지 멈추게 된다.

물론 이러한 경우를 해결하기 위한 두 가지 방법이 존재한다. 첫 번째 방법은 코드는 '협력식 다중 작업cooperative multitasking'을 수행하도록 작성될 수 있다는 것이다. 오랜 시간이 걸리는 작업의 경우 작업을 잘게 나눠 순서대로 처리하면서 런타임으로 복귀하고 다른 작업이 필요한 경우 다른 작업을 실행하고 다시 되돌아와 이전에 멈췄던 부분에서 이어서 작업을 실행하는 것이다. 이것은 동작하지만 이를 지원하기 위한 알고리듬은 직접 구현해야 한다. 10장에서 여러 렌더링 프레임을 나눠서 하나의 긴 작업을 어떻게 끝낼 수 있는지 살펴봤으니 이 부분을 참고하자. 자바스크립트에서 이러한 기능은 필요 없다고 생각됐지만 현재는 필수적인 것으로 여겨지고 있다.

두 번째 방법은 여러 개의 자바스크립트 인터프리터를 사용하고 통신 코드를 작성해 이들의 동기화를 유지하는 것이다. 길 찾기 함수를 호출하는 대신에 다른 프로세스(길 찾기를 수행하는)에 메시지를 보낸다. 작업이 완료되면 완료된 메시지를 보낸다. 이 접근법은 브라우저에서 Web-Workers API를 통해 사용되고 있다. 다시 말하자면 이것은 효과적이지만 협동 다중 작업보다 더 신중하게 설계된 코드를 필요로 하며 서로 다른 프로세스 간에는 데이터를 변경할 수 없기 때문에 프로세스 간 메시지를 통해 데이터를 교환하는 오버헤드가 발생할 수 있다(보통 텍스트 또는 JSON 포맷을 사용한다).

13.2 스크립트 AI

게임에서 의사결정의 중요한 부분은 13장에서 여태 설명한 기법들을 사용하지 않는다. 1990년 초중반에 대부분의 AI는 의사결정을 하기 위해 개별적으로 작성된 코드를 사용해 하드 코딩됐다. 프로그래머가 게임 캐릭터의 행동을 직접 디자인하는 것이 소규모 개발 팀에서는 빠르고 잘 작동했다. 이것은 아직도 중간 정도 규모의 게임 플랫폼 개발에 필요한 주요한 모델이다.

게임이 복잡해짐에 따라 개발 직업 역시 커지게 됐다. 수백 명의 직원이 있는 대형 게임 개발사는 개발 작업을 작은 제한된 역할로 나누는 경향이 있다. 이런 경우에는 엔진에서 콘텐츠(행동 디자인)를 분리할 필요가 있다. 레벨 디자이너는 코드를 수정하지 않고 캐릭터의 광범위한 행동들을 디자인할 수도 있다. 이것은 12장에서 설명한 일반적 기술들, 사용자 정의 에디터와 같은 것들을 사용해야 한다.

중간 단계로서 일련의 기술 집합들을 프로그래밍하고 기술적으로 유능한 레벨 디자이너가 메인 게임 코드와 별도로 간단한 프로그래밍 언어를 사용해 이들을 결합하는 것이다. 이를 종종 스크립트라고 한다. 스크립트는 데이터 파일로 취급되기도 하며 스크립트 언어가 사용하기 간단한 경우에는 레벨 디자이너 또는 테크니컬 아티스트가 행동을 직접 만들 수 있기도 하다.

스크립트 언어를 지원함으로써 생기는 유용한 부작용은 게이머가 자신만의 캐릭터 행동을 만들거나 게임을 확장할 수도 있다는 점이다. 모딩modding은 PC 게임에서 매우 중요한 요소로서 (다른 게임들보다 8주 이상 게임 가격을 유지할 수도 있다) 많은 AAA 게임은 일종의 스크립트 시스템을 포함하고 있다(보통은 엔진의 일부 기능으로서 포함돼 있다).

그러나 부정적인 면도 있다. 프로젝트에서 스크립트를 광범위하게 사용하는 것, 특히 기존 기능을 스크립트로 확장하거나 정교한 동작을 만드는 것이 쉬울 것이라는 확신이 없다. 경험상 스크립트를 사용하기 시작하는 것은 쉽지만 결국 확장 또는 디버깅할 때 매우 어려웠다.

확장 문제뿐만 아니라 이 접근법은 AI 기술의 중요한 요점을 놓치고 있다. 스크립트가 존재하는 것은 행동 문제에 있어서 풀기가 쉬워서이지 C++으로 프로그래밍하기가 어려워서가 아니다. 스크립트 언어를 사용해도 캐릭터 스크립트를 위해 생각해야 할 알고리듬들이 많을 것이다. 스크립트로 코드를 작성하는 것은 C++로 작성하는 것만큼 어렵고 거의 확신 있게 말할 수 있는 것은 디버깅 도구가 부족하다는 점이다.

우리가 아는 여러 개발자는 스크립팅 언어로 캐릭터가 구현되는 방법에 대해 생각할 필요가 없다고 가정하는 함정에 빠졌다. 여러분이 스크립팅 언어를 사용한다고 하더라도 스크립트에서 사용하는 아키텍처와 알고리듬에 대해 생각하기를 권한다. 스크립트는 13장의 다른 기법들 중의 하나를 구현할 수 있거나 스크립팅 언어를 사용하지 않거나 C++ 구현이 더 실용적일 수 있다.

그러나 이러한 모든 제한 사항은 제쳐두고 스크립트에는 의심할 여지없이 몇 가지 중요한 이점이 있다. 예를 들어 간단한 트리거 또는 게임 레벨단에서의 구현(어떤 자물쇠로 어떤 문을 여는지 등) 또는 게임 메커니즘을 테스트하기 위해 캐릭터 AI를 위한 프로토타입을 빠르게 만들 수 있는 장점들이 있다.

13.2절에서는 게임에서 AI를 실행할 수 있을 만큼 강력한 스크립트 언어를 지원하기 위한 간단한 입문서를 제공할 것이다. 의도적으로 얕지만 스크립트 사용하기에 앞서 판단하기 위한 충분한 정보를 제공할 것이다. 인터넷 검색을 해보면 기존 언어들을 비교할 수 있는 웹사이트들이 존재하며 경우에 따라 처음부터 고유의 언어를 구현하는 방법에 대한 내용들도 있으니 참고하길 바란다.

13.2.1 스크립트된 AI란?

'스크립트된 AI'라는 말은 조금 모호하다. 13장의 목표는 캐릭터의 행동을 제어하기 위해 스크립트 언어를 사용하는 것인데 게임 리뷰 또는 마케팅 자료에서 '스크립트된 AI'라는 말은 보통 문맥과는 상관없이 동일한 작업을 수행하는 멍청해 보이는 AI를 말한다(보통 모욕으로 사용되는 경우가 많다). 예를 들어 경로가 차단되더라도 항상 동일한 순찰 경로를 따르려고 하는 캐릭터는 사람들이 흔히 '스크립트된 AI'라고 부르게 된다. 이 용어의 또 다른 의미는 그나마 덜 모욕적이다. 세트 피스set piece 역시 스크립트된 AI로 설명될 수 있다. 체력이 부족한 캐릭터가 엄폐물로 굴러들어가 바리케이트를 세우고 치유하기 시작하는 경우 AI가 스크립트됐다고 볼 수 있다. 이러한 행동의 연속들이 행동 트리를 사용한다고 해도 마찬가지다. 13장의 목적을 위해 첫 번째 정의를 고수할 것이다. 스크립트된 AI는 스크립트 언어로 작성된 AI다.

13.2.2 좋은 스크립트 언어란 무엇인가?

게임에서 사용하기 위한 스크립트 언어에서 항상 요구하는 몇 가지 기능이 있는데 언어의 선택은 주로 이 문제들의 트레이드 오프로 귀결된다.

속도

게임을 위한 스크립팅 언어는 가능한 한 빠르게 실행돼야 한다. 게임 레벨에서 캐릭터 행동과 이벤트에 많은 스크립트를 쓰고 싶으면 스크립트는 메인 게임 루프의 일부로 실행해야 한다. 이것은 느리게 동작하는 스크립트가 장면을 렌더링하거나 물리 엔진을 실행시키거나 오디오를 준비하는 데 필요한 시간을 다 써버린다는 것을 의미한다.

대부분의 언어는 여러 프레임에 걸쳐 실행되는(상세한 내용은 10장을 참고) 애니타임 알고리듬 anytime algorithm일 수 있다. 이것은 속도의 압력을 얼마간 감소 시키나 완전히 문제를 해결하지는 못한다.[3]

컴파일과 인터프리트

스크립트 언어는 비록 각 기법에 여러 변형이 있지만 넓게는 인터프리트interpret되거나 바이트-컴파일byte-compile되거나 완전히 컴파일된다.

인터프리트되는 언어는 텍스트를 입력으로 취한다. 인터프리터는 각 줄을 보고 그것이 의미하는 바를 알아내어 지정하는 액션을 수행한다.

바이트-컴파일되는 언어는 텍스트에서 바이트 코드byte code라고 불리는 내부 형식으로 변환된다. 이 바이트 코드는 대개 텍스트 형식보다 훨씬 조밀하다. 바이트 코드는 실행에 최적화된 형식이기 때문에 훨씬 빨리 수행될 수 있다.

바이트-컴파일되는 언어는 컴파일 단계가 필요한데 그것들은 시작하는 데 더 오래 걸리지만 그 후에는 더 빠르게 실행된다. 레벨이 로드될 때 더 비싼 컴파일 단계가 수행될 수 있으나 보통 게임이 출시되기 전에 수행된다.

가장 일반적인 게임 스크립트 언어는 모두 바이트-컴파일된다. 루아Lua 같은 일부는 컴파일러를 떼어 내어 최종 게임에 그것을 배포하지 않을 수 있다. 이 방법으로 모든 스크립트는 게임 제작이 완료되기 전에 컴파일될 수 있고 컴파일된 버전만 게임에 포함돼야 한다. 그러나 이렇게 하면 사용자들이 직접 스크립트를 만들 수 없게 된다.

완전히 컴파일되는 언어는 기계 코드를 만든다. 이것은 보통 메인 게임 코드와 연결돼 있다. 이것은 별개의 스크립트 언어를 갖는 이유를 없앤다. 나는 실행 시간에 기계 코드를 컴파일하고 링크할 수 있는 훌륭한 실행 시간 링킹linking 시스템을 쓰는 한 개발자를 알고 있지만 일반적으로 이 방법으로 생기는 문제들의 범위가 너무 크다. 나는 더 많은 사람이 사용하고 테스트된 것을 사용함으로써 여러분의 시간과 노력을 아끼길 권장한다.

확정성과 통합

스크립트 언어는 게임에서 중요한 함수에 대해 접근할 수 있어야 한다. 예를 들어 캐릭터를 제어하는 스크립트는 그것이 무엇을 볼 수 있는지를 게임에게 물어봐 그 결과로 무엇을 하고 싶은지 게임에 알려 줄 수 있어야 한다.

접근해야 하는 함수 집합은 스크립트 언어가 구현되거나 선택될 때에는 거의 알려져 있지 않다. 메인 게임 코드에서 함수를 호출하거나 클래스를 사용하는 것을 쉽게 하는 언어를 갖는 것이 중요하다. 이와 동등하게, 스크립트 작성자가 요청할 때 프로그래머가 새 함수나 클래스를 쉽게 노출시킬 수 있는 것이 중요하다.

어떤 언어(루아가 가장 좋은 예)는 스크립트와 나머지 프로그램 사이에 아주 얇은 층을 둔다. 이것은 복잡한 변환 없이 스크립트 안에서 게임 데이터를 매우 쉽게 조작할 수 있게 한다.

재진입성

스크립트가 재진입성$^{\text{re-entrancy}}$을 허용하는 것은 일반적으로 유용하다. 스크립트는 잠시 동안 실행될 수 있고, 시간 예산이 고갈되면 정지 상태가 될 수 있다. 스크립트가 다음에 실행할 시간을 얻으면 떠났던 곳을 다시 집어 들 수 있다.

스크립트가 잠잠해질 때 제어를 양보하는 것이 자주 유용하다. 스케줄링 알고리듬을 사용할 수 있다면 시간을 더 주거나 그렇지 않으면 계속 진행할 수 있다. 예를 들어 캐릭터를 제어하는 스크립트는 다섯 단계(상황 조사, 체력 검사, 이동 결정, 경로 계획, 이동 실행)를 가질 수 있다. 이 것들은 모두 각 부문 사이에서 양보하는 하나의 스크립트에 들어갈 수 있다. 그러면 각각은 다섯 프레임마다 실행돼 AI의 부담은 분산될 것이다.

모든 스크립트가 인터럽트되고 계속돼야 하는 것은 아니다. 빠르게 변하는 게임 이벤트를 모니터하는 스크립트는 모든 프레임의 처음에서 실행돼야 한다(그렇지 않으면 그것은 잘못된 정보를 처리할 수 있다). 더 복잡한 재진입성은 스크립트 작성자에게 일부분을 인터럽트 불가로 표시할 수 있게 한다.

이러한 세부 요소들은 대부분의 기성 언어에는 없다. 그러나 여러분이 만들기로 결정하면 많은 도움이 될 것이다.

13.2.3 임베딩

임베딩은 확장성과 연관된다. 임베디드 언어는 또 다른 프로그램에 통합되도록 고안됐다. 워크스테이션에서 스크립트 언어를 실행할 때는 보통 소스 코드 파일을 인터프리트하기 위해 전용 프로그램을 실행한다. 게임에서는 메인 프로그램 안에서 스크립트 시스템이 제어돼야 한다. 게임은 어떤 스크립트가 실행돼야 하는지 결정해야 하고, 처리할 스크립트 언어에게 전달할 수 있어야 한다.

13.2.4 오픈 소스 언어 선택

스크립트 언어는 매우 다양하며 많은 언어가 게임에 포함하기에 적합한 라이선스로 출시된다. 일반적으로 오픈 소스의 변형이 존재한다.

게임 산업에서 사용되기 위한 상용 스크립트 언어 개발에 대한 다양한 시도가 있었지만 독점 언어가 수많은 고품질 오픈 소스 제품들과 경쟁하기는 어려웠다.

오픈 소스 소프트웨어는 요금을 내지 않고 사용자들이 자신의 소프트웨어에 포함할 수 있는 권리를 주는 라이선스로 배포된다. 어떤 오픈 소스 라이선스는 사용자가 새로 만든 제품을 반드시 오픈 소스로 배포하도록 요구하기도 하는데 이러한 것들은 명백히 상용 게임에는 적합하지 않다.

오픈 소스 소프트웨어라는 이름이 말해 주고 있듯이 누구나 소스 코드를 볼 수 있으며 변경할 수 있다. 이로 하여금 개발자들 스스로 소프트웨어의 버그를 고치거나 개선하게 된다. 개발자로서 문제의 원인을 알 수 있고 수정할 수 있다는 것은 신뢰성이 매우 높다는 것이다. 예를 들어 내가 컨설팅했던 어느 한 회사의 경우, 루아^{Lua} 커미터 중 한 명에게 사용자 정의 구문 확장 기능을 의뢰했고, 며칠 만에 구현이 완료돼 해당 프로젝트의 작업을 획기적으로 개선한 적이 있었다.

수정이 가능하다고 해서 항상 가능한 것은 아니다. 말장난 같지만 실제로 그렇다. 일부 오픈 소스 라이선스의 경우(예를 들어 GPL^{General Public License}) 상용 제품에서 사용 가능하지만, 코드를 수정했을 경우에는 수정한 코드를 공개해야 하거나 최악의 경우에는 해당 라이브러리에 관련된 코드를 모두 공개해야 할 수도 있다. 여러분이 오픈 소스 게임을 개발하려는 의도가 없다면 이것은 향후 프로젝트에 큰 문제가 될 수 있다.

스크립트 언어가 오픈 소스인지에 관계없이 그 언어를 여러분의 프로젝트에 쓰는 법적 함의가 있다. 배포할(상용이든 아니든) 제품에 외부 기술을 사용하기 전에 항상 훌륭한 지적 재산권 변호사에게 의견을 받아야 한다. 이 책은 제3자 언어를 사용하는 것의 법적 함의를 조언할 수 없다. 아래에 문제를 일으킬 수 있는 것들의 종류에 대해 언급했다. 물론 다른 것들도 많이 있다.

아무도 여러분에게 소프트웨어를 팔지 않으므로 소프트웨어가 이상하게 작동해도 책임이 없다. 이것은 개발 중에 찾기 어려운 버그가 일어난다면 조금 성가실 뿐이다. 그러나 여러분의 소프트웨어가 게이머의 PC 하드 디스크를 지워 버린다면 법적으로 큰 문제일 수 있다. 대부분의 오픈 소스 소프트웨어는 제품의 행동에 대해 여러분의 책임이 있다.

회사로부터 기술 라이선스를 받을 때 그 회사는 보통 여러분과 저작권 위반이나 특허 위반으로 고소당하는 것의 격리 층으로 작용한다. 예를 들어 새 기법을 개발하고 특허를 내는 연구자는 그것의 상용화에 대한 권리가 있다. 같은 기법이 그 연구자의 허락 없이 소프트웨어 코드에서 구현되면 그는 법적인 액션을 취할 수 있다. 여러분이 회사로부터 소프트웨어를 살 때 그것은 소프트웨어의 내용에 대한 책임을 취한다. 따라서 연구자가 여러분 뒤에 있으면 여러분에게 소프트웨어를 판 회사가 보통 위반에 대해 책임이 있다(이것은 보통 계약서에 따라 다르다).

오픈 소스 소프트웨어를 사용할 때 아무도 그 소프트웨어를 라이선스해 주지 않는다. 우리 스스로 작성하지 않기 때문에 코드 일부가 다른 프로젝트로부터 훔쳤거나 복사된 것인지 모른다. 오픈 소스 프로젝트를 매우 주의 깊게 보지 않은 한 그것이 특허나 다른 지적 재산권을 침해하는지 모를 수 있다. 즉 결론적으로 위반에 대해 책임이 여러분에게 있을 수가 있다.

여러분은 '자유free' 소프트웨어를 사용하는 법적 함의를 이해해야 한다. 비록 초기 투자 비용이 낮아도 그것이 항상 가장 저렴하거나 최고의 선택이 아닐 수가 있다. 행동하기 전에 법률가에게 의견을 구하라.

이러한 종류의 법적 문제로 하여금 과거에는 개발자가 자신의 언어를 만들도록 동기를 부여하기도 했다. 하지만 현재는 상용 게임 엔진에서 제공하는(예를 들어 UE4[4]의 블루프린트) 기능을 넘어서는 스크립트 언어를 만드는 것은 매우 드문 일이 돼버렸다.

13.2.5 언어 선택

모두들 가장 좋아하는 언어가 따로 있으며 이미 만들어진 스크립트 언어 중에서 가장 좋은 것 하나를 고르라고 하는 것은 매우 어려운 일이다. 아무 프로그래밍 언어 뉴스그룹을 읽어 보면 '내 언어가 당신 것보다 낫다'라는 끝없는 연인 전쟁flame war을 발견하게 된다. 당연한 이야기지만 모든 언어는 장점과 단점이 존재하며 여러분의 프로그램 팀에서 가장 편하게 사용할 수 있는 언어(특정 언어 또는 구문)가 당연 최고일 것이다.

그렇다고 하더라도 어떤 언어가 일반적인 후보인지와 그것들의 강점과 약점이 무엇인지를 이해하는 것은 좋은 생각이다. 그것들의 명백한 결점을 보완하기 위해 핵hack, 재구조화 또는 기존 언어 재작성이 일반적으로 가능하다는 것을 염두에 두자. 스크립트 언어를 사용하는 많은 (아마도 대부분의) 상용 게임 개발자는 이렇게 할 것이다. 다음에서 설명하는 언어들은 원래 그대로의 형태out-of-the-box로 논의된다.

---

4   참고로 현재 UE5로 버전이 업데이트됐다. 대부분의 AAA 개발사들은 UE5를 사용하고 있다. - 옮긴이

네 가지 언어를 개인적으로 추천하는 순서로 살펴볼 것이다. 루아^{Lua}, 스킴^{Scheme}, 자바스크립트^{JavaScript}, 파이썬^{Python}이다.

루아

루아는 임베딩 언어로서 만들어진 간단한 절차적 언어다. 이 언어의 디자인은 확장성에 동기가 있다. 대부분의 임베디드 언어와 다르게 새 함수나 C나 C++의 자료형을 추가하는 것으로 제한이 있지 않다. 루아 언어가 작동하는 방식도 개조할 수 있다.

루아는 기본 기능을 제공하는 적은 수의 핵심(코어) 라이브러리를 갖는다. 하지만 이것은 루아가 인기 있는 부분적 이유이기도 하다. 게임에서 수학과 로직 이외의 것을 처리하는 라이브러리를 필요로 할 리는 거의 없으며 작은 코어는 배우기 쉽고 매우 유연하다.

루아는 재진입적 함수를 지원하지 않는다. 전체 인터프리터(엄밀히는 '상태' 객체, 이것은 인터프리터의 상태를 캡슐화한다)는 C++ 객체이고 완전히 재진입적이다. 여러 상태 객체를 사용하는 것은 메모리와 그것들 간의 통신을 잃는 대가로 얼마간의 재진입성 지원을 제공한다.

루아는 '이벤트'와 '태그'의 개념을 가진다. 이벤트는 스크립트의 실행 중의 지점, 예를 들어 두 값이 더해질 때, 함수가 호출될 때, 해시 테이블이 질의될 때, 가비지 컬렉터가 실행될 때 일어난다. C++나 루아에서의 루틴은 이 이벤트들에 등록될 수 있다. 이 '태그' 루틴들은 이벤트가 일어날 때 호출돼 루아의 기본 행동이 변경될 수 있다. 이렇게 밑바닥 부분에서 행동을 바꿀 수 있다는 점은 루아가 스크립트 언어로서 가장 변경이 자유롭다는 의미다.

이벤트와 태그 메커니즘은 기초적인 객체지향 지원을 제공하기 위해 사용된다(루아는 엄밀하게 객제지향이 아니다. 그러나 원하는 만큼 가깝게 그것의 행동을 조정할 수 있다). 복잡한 C++ 타입을 루아에 노출하거나 간결하게 메모리 관리를 하기 위해 사용될 수도 있다.

C++ 프로그래머에 의해 사랑받는 또 다른 루아의 기능은 'userdata' 자료 형이다. 루아는 float, int, string과 같은 공통 자료 형을 지원한다. 또한 관련된 서브 타입(태그)을 갖는 일반적인 'userdata'를 지원한다. 기본 상태로 루아는 userdata로 어떻게 할지 모른다. 그러나 tag 메서드를 사용함으로써 어떤 요구되는 행동도 추가될 수 있다. userdata는 보통 C++ 인스턴스 포인터를 저장하기 위해 사용된다. 포인터 그대로 처리하는 것은 문제를 일으킬 수 있지만 루아가 게임 오브젝트와 동작하게 만들기 위해 훨씬 적은 수의 인터페이스를 사용하게 만들 수 있다.

스크립트 언어로서 루아는 매우 빠르며 단순한 실행 모델을 가진다. 많은 인터페이스 코드 없이 C나 C++ 함수를 호출할 수 있는 능력과 결합해 성능이 훌륭하다는 것을 의미한다.

루아의 문법은 C와 파스칼^{Pascal} 프로그래머는 바로 알아볼 수 있지만 아티스트와 레벨 디자이너에게 있어 쉽게 배울 수 있는 언어는 아니다. 그러나 비교적 적은 문법으로 인해 훌륭한 직원들은 이것을 배울 수 있다는 것을 의미한다.

여기에 있는 다른 두 주요 언어들보다 문서화가 잘 안 돼 있지만 루아는 게임에서 가장 널리 사용되는 기성 스크립트 언어다.[5] 루카스 아츠$^{Lucas\ Arts}$의 내부 언어인 SCUMM을 루아로 바꾼 것은 여러 개발자가 루아의 사용 여부를 검토하도록 만들었다. 유니티나 언리얼 엔진은 루아를 사용하지 않는다. 하지만 고도 엔진은 자신들이 직접 만든 언어를 제공하기 이전에 루아를 간략하게 지원하고 있다.

더 자세한 내용은 『프로그래밍 루아$^{Programming\ in\ Lua}$』[26]를 참고하자. 온라인에서 무료로 구할 수 있다.

스킴과 변종들

스킴은 리스프^{LISP}에서 파생된 스크립팅 언어다. 이것은 1990년대 이전에 클래식 AI 시스템의 대부분을 만드는 데 쓰인 오래된 언어다(그때 이후로 많이 쓰이지만 여전히 우세진 않다).

스킴에 대해 처음 알아야 하는 것은 문법이다. 리스프에 익숙하지 않은 프로그래머에게는 스킴이 이해하기 어려울 수 있다.

괄호가 함수 호출(그리고 거의 모든 것이 함수 호출이다)이며 다른 코드 블록을 둘러싼다. 이는 곧 많은 것이 중첩될 수 있음을 의미한다. 좋은 코드 들여쓰기는 도움을 준다. 그러나 상용 제품 수준의 개발을 위해서는 감싸는 괄호를 검사할 수 있는 에디터가 필수다. 각 괄호 안에서 첫 번째 원소는 그 블록이 무엇을 하는지 정의한다. 그것은 산술 함수

```
(+ a 0.5)
```

또는 흐름 제어문일 수 있다.

---

5 현재 미국에서 아이들에게 가장 유명한 게임이라면 〈로블록스(Roblox)〉가 아닐까 싶다. 〈로블록스〉에서 사용하는 스크립트 언어가 루아다. – 옮긴이

```
(if (> a 1.0) (set! A 1.0))
```

이것은 컴퓨터가 이해하기에는 쉽지만 우리의 자연어에는 반한다. 비프로그래머와 C 같은 언어에 익숙한 사람들은 잠시 스킴으로 생각하기 어렵다고 생각할 수 있다.

이 절의 다른 언어들과는 다르게 말 그대로 수백 가지 버전의 스킴이 있다. 임베디드 언어로 쓸 만한 다른 리스프 변종은 말할 것도 없다. 각 변종은 고유한 장단점이 있는데 속도나 메모리 사용에 대해 일반화하기 어렵다. 그러나 가장 좋은 것으로 미니스킴^{minischeme}과 타이니스킴^{tinyscheme}이 생각난다. 그것들은 매우 매우 작고(미니스킴은 전체 시스템이 C 코드로 2500줄도 안 된다. 비록 전체 스킴 구현의 특이한 기능은 없지만) 개조하기 아주 쉽다. 가장 빠른 구현체는 다른 스크립트 언어만큼 빠를 수 있고 컴파일은 다른 언어들보다 훨씬 효율적일 수 있다(리스프 문법은 원래 쉬운 파싱을 위해 고안됐기 때문이다).

그러나 스킴이 정말 빛을 발하는 부분은 유연성이다. 이 언어에서 코드와 데이터 간에는 구별이 없다. 이것은 스킴 안에서 스크립트를 전달, 수정, 나중에 실행하기 쉽게 한다. 이 책의 기법을 사용하는 가장 유명한 AI 프로그램들이 원래 리스프로 작성됐던 것은 우연의 일치가 아니다.

나는 스킴의 이상한 문법이 무시될 정도로 스킴을 많이 사용했다(당시 대부분은 학부 때 AI에서 리스프를 배워야 했다). 직장에서는 게임에서 스킴을 수정하지 않고 사용하는 것을 보지 못했다(물론 그대로 사용하는 개발사[6]도 알고 있다). 나는 어떤 다른 언어보다 스킴에 기반해 많은 언어를 만들었다(지금까지 7개이고 여러 개가 더 진행 중이다). 여러분이 고유의 언어를 만들고자 한다면 처음에 스킴을 배우고 여러 간단한 구현을 읽는 것을 강력히 추천한다. 언어를 만들기가 얼마나 쉬운지 눈을 뜨게 해 줄 것이다.[7]

자바스크립트

자바스크립트는 웹 페이지를 위해 설계된 스크립트 언어다. 자바라는 이름이 있지만 사실 해당 언어와는 거의 관련이 없다. 한 시대를 풍미했던 브라우저 개발사인 넷스케이프^{Netscape}와 당시 자바의 소유자였던 선마이크로시스템즈^{Sun Microsystems} 사이에 마케팅 합의가 있었던 것 같다. 엄격하게 말해서 이 언어는 ECMAScript이며 줄여서 ES(특히 ES6과 같이 명세 버전을 포함)

---

6   게임 회사 '너티독'이 리스프의 변종을 사용한다. - 옮긴이

7   재미있게도 리스프 계열의 언어들을 설명하는 책 혹은 교육 과정에는 다른 프로그래밍 언어를 만드는 방법을 교육 과정으로 포함하고 있다. - 옮긴이

라고 부르기도 하지만 이전 이름이 고착돼 제거될 가능성이 낮아 보인다.

자바스크립트 구현에 있어서는 표준이 없다. 게임 내 많은 자바스크립트 구현 또는 게임 엔진들은 언어 자체를 구현하는 것보다 자바스크립트에서 영감을 받은 것에 가깝다. 유니티 엔진은 더 이상 유니티스크립트를 사용할 수 없다.[8] 이러한 유사 자바스크립트는 동일한 구문(C와 비슷한)을 사용할 수 있지만 경우에 따라 프로토타입 상속을 지원하지 않는 경우도 있다.

그 외 대부분의 개발자는 브라우저에서 동작하는 게임을 개발하기 위해 자바스크립트를 사용한다. 이 경우 임베딩된 스크립트 언어가 없다. 스크립트는 실행할 브라우저에 전달하기만 하면 된다.

마지막으로 크롬 브라우저를 위해 만들어진 자바스크립트의 V8 구현이 있으며 여러 분야에서 사용 중이다. 예를 들어 Node.js는 V8을 사용해 자바스크립트 코드를 실행하며 일부 완성된 게임들이 출시됐고 서버단에서 동작하는 많은 기술에 사용되고 있다. 또한 기존에 존재하는 엔진에도 포함시킬 수 있다. 데이터를 넣고 꺼내기 위한 함수들을 자바스크립트로 노출시키는 방법은 매우 간단하고 문서화가 잘 돼 있다. V8은 재진입성을 갖추고 있으며 동일한 코드에서 여러 개의 격리된 인터프리터 사용을 지원한다. 즉 서로 다른 캐릭터가 동시에 스크립트를 실행할 수 있다.

자바스크립트는 임베딩을 위한 강력한 언어다. 그러나 가장 큰 장점은 친숙함일지도 모르겠다. 웹을 위한 언어이기 때문에 많은 프로그래머에게 알려져 있고 잘 정리된 문서 및 학습 자료가 풍부하다(일부는 초보자가 작성하고 나쁜 조언을 하는 경우도 있으니 유의해야 한다). 하지만 C와 유사한 구문을 사용하기 때문에 루아나 파이썬과 같이 좀 더 자연스러운 언어들과 비교하면 비프로그래머들이 어려움을 겪는 경우가 있다.

파이썬

파이썬은 훌륭한 확장성과 임베딩 지원을 갖춘 쉽게 배울 수 있는 객체지향 스크립트 언어다. 파이썬에서 C와 C++을 호출하는 능력을 포함해 언어를 섞어서 쓸 수 있는 프로그래밍 지원이 훌륭하다. 파이썬은 버전 2.2부터 코어 언어의 일부로 재진입성 함수를 지원한다(제너레이터Generator라고 불림).

---

8   이전에는 C#이 아닌 유니티스크립트를 사용해서 프로그램 제작이 가능했다. – 옮긴이

파이썬은 매우 넓은 범위의 라이브러리를 갖고 사용자 층이 두텁다. 파이썬 사용자들은 도움을 잘 주기로 유명하고 comp.lang.python 뉴스 그룹은 문제 해결과 조언의 훌륭한 원천이다.

파이썬의 주요 단점은 속도와 크기다. 비록 최근 몇 년간 중요한 발전이 실행 속도 부분에서 있었지만 여전히 느리다. 파이썬은 많은 기초적인 연산(함수 호출, 변수 액세스, 객체지향 프로그래밍)을 해시 테이블 찾기(문자열로)에 의존하며 이것들은 많은 부담을 준다.

좋은 프로그래밍 습관은 속도 문제를 감소시키지만 파이썬의 몸집이 크다는 평판도 갖고 있다. 파이썬은 루아보다 훨씬 많은 기능을 갖고 있으므로 게임 실행 파일에 링크될 때 훨씬 크다.

파이썬 2.X와 나아가 파이썬 2.3은 언어에 많은 기능을 추가시켜서 나왔다. 각각의 추가된 릴리스는 소프트웨어 공학 툴로서의 파이썬은 약속을 많이 충족시켰다. 그러나 그 연장선으로 게임의 임베디드 언어로는 덜 매력적이게 됐다. 초기 버전의 파이썬은 이 점에서는 훨씬 나았다. 그러한 이유로 파이썬을 사용하는 개발자들은 예전 버전을 종종 선호한다.

파이썬은 C나 C++ 프로그래머에게 종종 이상하게 보이는데 왜냐하면 명령들을 그룹 짓기 위해 이 책의 의사 코드처럼 들여쓰기를 사용하기 때문이다.

이 특징은 비프로그래머에게는 배우기 쉽게 한다. 괄호를 까먹을 일이 없고 코드를 들여쓰기하는 습관을 익히는 단계가 따로 없기 때문이다.

파이썬은 가독성이 매우 높다고 알려져 있다. 비교적 초심자 프로그래머도 스크립트가 무엇을 하는지 빠르게 알 수 있다. 최근에 파이썬에 추가된 문법은 이 명성을 어느 정도 훼손시키지만 여전히 경쟁자에 비해서는 훨씬 낫다.

내가 작업한 스크립트 언어 중에 파이썬이 레벨 디자이너와 아티스트들이 가장 배우기 쉬웠다. 이전의 프로젝트에서 나는 이 특성을 사용하고 싶었지만 속도와 크기 문제로 포기했던 적이 있다. 해결책은 고유의 언어를 만들지만(다음 절에서 설명할 것이다) 파이썬의 문법을 사용하는 것이었다.

다른 옵션들

가능한 언어들은 많다. 내 경험에 의하면 이러한 언어들은 게임에서 전혀 사용되지 않거나(내가 아는 한) 경쟁자들에 비해 심각한 약점이 있다. 이 절의 언어들은 게임 내 스크립트 툴로 상업적으로 사용된 적은 없다. 그러나 항상 그렇듯이 특정한 언어에 열정이 있는 팀은 이 제약 사항을 극복하고 쓸 만한 결과를 낸다.

┃Tcl

Tcl은 잘 사용되는 임베디드 언어이며 여러 언어로 작성된 시스템들을 연결하는 통합 언어로써 디자인됐다. Tcl은 Tool control language를 의미한다.

대부분의 Tcl의 처리는 문자열에 기반하기 때문에 실행 속도가 매우 느리다. 또 다른 단점은 이상한 문법이다. 제대로 사용하려면 문법에 익숙해지는 것이 필요하고 스킴과 달리 추가 기능을 약속하지 않는다. 문법의 비일관성(값이나 이름으로 매개 변수 전달 같은)은 비전문적으로 배우는 사람에게 심각한 결함이다.

┃자바

자바는 여러 프로그래밍 영역에서 점점 많이 사용되고 있다. 그러나 컴파일되는 언어이기 때문에 스크립트 언어로서의 사용은 제한적이다. 하지만 그러한 이유로 다른 언어에 비해 빠를 수 있다. JIT 컴파일(바이트 코드가 실행 전에 네이티브용 기계 코드로 변환됨)을 사용하면 속도에서 C++에 필적한다. 그러나 실행 환경이 매우 크고 메모리 사용량도 크다.

정작 가장 심각한 것은 통합 문제다. 자바 네이티브 인터페이스^{Java Native Interface}(자바와 C++ 코드를 연결)는 임베드보다는 자바를 확장하기 위해 고안됐으므로 활용하기가 어렵다.

스크립트 언어로서 사용되기보다는 자바를 사용해 완전한 게임을 만드는 경우가 있다. 예를 들어 〈마인크래프트〉[142]는 인디 게임 역사상 가장 큰 게임이며 모두 자바로 작성된 게임이다. 모딩 또는 확장 역시 모두 자바로 작성된다.

┃루비

루비^{Ruby}는 파이썬에서 발견되는 것과 같은 우아한 디자인을 갖춘 매우 현대적인 언어다. 그러나 그것의 객체지향 문법 지원은 더 뿌리 깊다. 자체 코드를 매우 효율적으로 조작할 수 있게 하는 좋은 기능이 있다. 이것은 스크립트가 다른 스크립트의 행동을 호출하고 수정해야 할 때 유용하다. C++ 쪽에서 그렇게 재진입적이지 않지만 루비 안에서는 복잡한 재진입성을 만들기가 아주 쉽다.

또한 C 코드와 통합하기가 매우 쉽다(예를 들어 루아보다는 어렵고 파이썬보다는 쉽다). 그러나 루비는 이제 막 사용되기 시작했고 13장의 다른 언어들만큼 사용자가 많지 않다. 루비는 내가 아는 한 게임에서 사용된 경우를 보지 못했다. 단점으로서 문서화가 부실하다는 것인데 사용자가 많아지면 변할 것이며 비슷한 이유로 루비로 코딩하는 좋은 사례를 찾기가 어렵다는 점이다. 이러한 단점들은 향후 몇 년이 지나면 바뀔 것이라고 본다.

13.3 언어 만들기

2000년대 초반까지만 하더라도 게임에서 사용되는 스크립트 언어는 임베디드 오픈 소스 언어처럼 개발자가 필요로 하는 요구 사항에 맞게 직접 제작했다. 지난 10년 동안 이것은 바뀌었지만 여전히 사용자 정의 언어가 유용한 상황이 있다. 특히 게임 스타일이 독특해 요구 사항이 특별한 경우에 그렇다.

스티븐 라벨Stephen Lavelle[35]의 퍼즐스크립트PuzzleScript 플랫폼과 그레엄 넬슨Graham Nelson[44]의 인폼 7Inform 7의 대화식 픽션 시스템은 두 게임 모두 절차적, 객체지향 또는 함수형 언어가 아닌 규칙 기반 언어를 사용한다. 잉클Inkle의 Ink 언어는 유니티 게임 엔진용으로 작성됐다. 그들 모두 기존에 존재하는 언어로는 표현하기가 더 어려웠기 때문에 직접 개발된 것이다.

상용 게임 엔진은 스크립트 언어 지원이 포함되며 한때 오픈 소스 제품과 유사한 언어들이 제공됐다. 예를 들어 언리얼 엔진에는 언리얼스크립트UnrealScript가 있고 유니티에는 유니티스크립트UnityScript가 있다. 하지만 이들은 더 이상 개발되지 않고 지원은 중단됐다. 결론적으로 기존에 존재하는 언어들과 비슷한 언어를 만들기 위해 개발사 내부에서 처음부터 개발하고 유지할 이유가 없어 보인다. UE4에는 블루프린트라 불리는 커스텀 언어가 있는데 이는 시각적으로 프로그래밍 가능하며 어찌 보면 프로그래밍과 행동 트리를 정의하는 중간에 있는 느낌이 든다.

그렇다면 우리는 어떠한가? 직접 언어를 개발해야 할까? 장점과 단점을 알아보자.

장점

여러분 스스로 자체 스크립트 언어를 만들게 되면 정확히 원하는 부분만 동작하게 만들 수 있다. 게임은 메모리와 속도에 매우 민감하므로 필요한 기능들만 언어에 추가할 수 있다. 앞서 설명한 바와 같이 기존 언어들은 재진입성 지원은 하지만 기능이 부족하거나 성능이 떨어질 수 있다. 직접 언어를 만들 때 이러한 기능들에 초점을 맞춰 핵심 기능으로 지원할 수 있다. 또한 일반적 언어들에서는 필요 없지만 특정 게임만을 위한 기능들을 추가할 수 있다. 13.2절에서 규칙 기반 언어의 경우 근본적으로 다른 방식으로 언어를 구성할 수 있다.

게임 개발사 내부에서 언어를 만들기 때문에 언어의 기능에 문제가 생기면 여러분 또는 팀은 어떻게 만들어졌는지 누구보다 잘 알고 있으며 따라서 생겨나는 버그들을 더 빨리 해결할 수도 있다.

게임에 타사에서 제작된 코드를 포함하는 경우 대부분의 경우 제어권의 일부를 잃게 된다. 대부분의 경우 유연성의 부족보다 장점이 중요하지만 일부 프로젝트의 경우에는 제어가 필수적인 경우도 있다.

단점

새로 생성된 언어는 기존 언어들보다 더 기본적인 기능들을 갖추고 있고 덜 강력하다. 만약 여러분이 앞서 설명한 기존 언어들을 선택한다면 다른 많은 사람에 의한 개발 시간, 디버깅 작업 및 최적화의 이점을 누릴 수 있다. 다시 말하면 여러분이 언어를 사용하기 이전에 사용한 모든 언어 사용자로부터 이미 해당 언어는 많이 테스트되고 어느 정도의 품질을 보증한다. 반면에 자체 제작한 언어는 철저한 테스트가 필요하며 이것은 곧 비용과 연결돼 있다.

여러분의 팀이 기본적인 언어를 구축하고 다른 코딩 작업으로 이동한다면 언어 개발은 중단될 수도 있다. 추가 비용 없이 언어를 계속해서 개선하고 버그를 제거하는 숙련된 개발자 및 커뮤니티가 없을 것이다. 많은 오픈 소스 언어는 이러한 문제를 신속하게 보고하고 논의하며 문서를 다운로드할 수 있는 웹사이트(보통 깃허브)를 제공한다.

많은 게임, 특히 PC 게임은 의도적으로 게이머들이 직접 게임의 행동을 수정할 수 있도록 작성된다. 게이머들은 새로운 객체, 레벨 또는 완전히 새로운 모드를 만들어 기존 게임의 수명을 연장시켜 준다. 여러분의 게임만을 위한 스크립트 언어를 제작했다면 게이머들은 이 언어를 새로 배워야 하고, 이것이 의미하는 바는 곧 스크립트 언어를 위한 튜토리얼, 예제 코드, 개발자 지원이 필요할 수도 있다는 점이다. 여러분이 만든 스크립트가 아니라 이미 존재하던 스크립트 언어를 사용하면 여러분이 직접 고객과 마주할 필요 없이 뉴스 그룹 또는 기존 스크립트 언어를 사용하던 수많은 숙련된 개발자의 도움을 받을 수 있다.[9] 여러분이 직접 만든 스크립트 언어로 기존 스크립트 언어들과 경쟁하려고 한다면 매우 비싼 경험을 치르게 될 것이다.

만약 여러분이 취미로 개발을 한다면 연습용으로 여러분만을 위한 언어를 만드는 것을 추천한다. 또는 상업용 게임을 만들고 있는 개발자라면 여러분이 만들고 있는 게임 또는 게임 엔진에 독특한 기능이 있는 경우에만 언어를 만들길 권한다.

13.3.1 직접 만들어 보기

최종 언어의 모양과 능력에 상관없이 스크립트는 실행되는 도중에 같은 과정을 겪는다. 모든 스크립트 언어는 같은 기본 요소 집합을 제공해야 한다. 이 요소들이 공통적이기 때문에 도구들이 만들기 쉽게 개발되고 정제된다.

이 책에서 고유한 스크립트 언어를 만드는 완전한 가이드를 줄 수는 없다. 언어 만들기에 대해 여러 다른 책이 있다(놀랍게도 완전히 컴파일되는 언어 말고 스크립트 언어를 만드는 좋은 책은 보지 못했다). 13.3.1절에서는 매우 높은 수준에서, 구현보다는 이해에 목적을 두고 스크립트 언어 만들기의 요소에 대해 살펴볼 것이다.

언어 처리의 단계들

텍스트 파일의 텍스트로 시작해서 스크립트는 대개 네 단계, 즉 토큰화tokenize, 파스parse, 컴파일, 인터프리트를 거친다.

네 단계는 파이프라인을 형성한다. 각각은 입력을 더 쉽게 조작할 수 있는 형식으로 변환시킨다. 단계들은 차례로 일어나지 않을 수도 있다. 모든 단계는 연결되거나 어떤 단계들은 개별적으로 형성될 수 있다. 예를 들어 스크립트는 나중에 인터프리트하기 위해 토큰화, 파스, 오프라인에서 컴파일될 수 있다.

| 토큰화

토큰화는 텍스트에서 요소를 식별한다. 텍스트 파일은 단지 문자들(ASCII 문자들)의 연쇄일 뿐이다. 토크나이저tokenizer는 어떤 바이트들이 함께 속하고 그것들이 어떤 그룹을 형성하는지 알아낸다.

---

9   스택오버플로우가 있지 않은가! – 옮긴이

다음 형식의 문자열

```
1   a = 3.2;
```

은 여섯 토큰으로 나뉠 수 있다.

```
1   'a' 텍스트
2   <space> 공백
3   '=' 같음 연산자
4   <space> 공백
5   3.2 단정밀도 소수점
6   ';' 문장의 끝을 나타내는 식별자
```

토크나이저는 이것들이 어떻게 의미 있는 덩어리로 속하는지 알아내지 못한다. 그것은 파서parser의 일이다.

토크나이저에 대한 입력은 일련의 문자들이다. 출력은 일련의 토큰이다.

파싱

프로그램의 의미는 매우 계층적이다. 예를 들어 변수명은 대입문, 함수 몸체 안의 if 문, 클래스 정의, 네임스페이스 선언에서 발견될 수 있다. 파서는 토큰의 연속을 받아 프로그램에서의 각 역할을 식별하고 프로그램의 전체 계층 구조를 식별한다.

다음 코드는

```
1   if (a < b) return;
```

다음 토큰 연쇄로 변환된다.

```
1   keyword(if), whitespace, open-brackets, name(a), operator(<),
2   name(b), close-brackets, whitespace, keyword(return),
3   end-of-statement
```

이것은 파서가 그림 13.1에 나타난 것 같은 구조로 변환시킨다.

이 계층적 구조는 파스 트리parse tree, 때로는 신택스 트리syntax tree, AST Abstract Syntax Tree라고 알려져 있다. 전체 언어에서의 파스 트리는 여러 타입의 심벌이나 문장들을 묶는 추가적인 층이 있어 더 복잡할 수 있다. 대개 파서는 트리와 함께 추가적인 데이터를 출력한다. 가장 주목할 만한 것은 코드에서 어떤 변수나 함수 이름이 사용됐는지 식별하는 심벌 테이블이다. 이것은 필수적인 것은 아니다. 어떤 언어는 인터프리터에서 실행될 때 동적으로 변수 이름을 찾아본다(예를 들어 파이썬이 이렇게 한다).

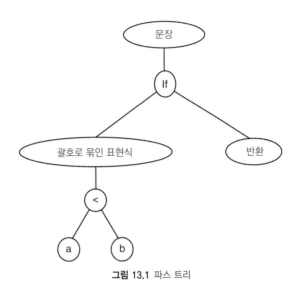

그림 13.1 파스 트리

코드의 문법 에러는 파싱 중에 나타난다. 왜냐하면 그것들은 파서가 출력을 만들 수 없게 하기 때문이다. 파서는 프로그램이 어떻게 실행돼야 하는지에 대해 처리하지 않는다. 그것은 컴파일러의 역할이다.

컴파일링

컴파일러는 파스 트리를 인터프리터에 의해 실행될 수 있는 바이트 코드로 변환시킨다. 바이트 코드는 대개 연속적인 2진 데이터다.

비최적화 컴파일러는 대개 파스 트리의 글자 그대로 번역한 것으로 바이트 코드를 출력한다. 따라서 다음과 같은 코드는

```
1  a = 3;
2  if (a < 0) return 1;
3  else return 0;
```

다음과 같이 컴파일된다.

```
 1  load 3
 2  set-value-of a
 3  get-value-of a
 4  compare-with-zero
 5  if-greater-jump-to LABEL
 6  load 1
 7  return
 8  LABEL:
 9  load 0
10  return
```

최적화 컴파일러는 프로그램을 이해하고 생성되는 코드를 더 빠르게 만들기 위해 선행 지식을 이용하려고 노력한다. 어떤 최적화 컴파일러는 위의 if 문에 도달했을 때 a가 3임에 틀림없다는 것을 알아차릴 수 있다. 그것은 따라서 다음과 같이 생성할 수 있다.

```
 1  load 3
 2  set-value-of a
 3  load 0
 4  return
```

효율적인 컴파일러를 만드는 것은 이 책의 범위를 넘어선다. 단순한 컴파일러는 만들기 어렵지 않다. 그러나 좋은 해법을 만드는 데 필요한 노력과 경험을 과소평가하지 말자. 좋지 않은 컴파일러를 가진 수백 개의 집에서 만든 언어들이 있다. 우리는 그것을 매우 여러 번 봤다.

토크나이징, 파싱, 컴파일링은 주로 오프라인에서 수행되고 세 단계 모두를 포함해 보통 '컴파일링'이라고 불린다. 생성된 바이트 코드는 저장돼서 실행 시간에 인터프리트될 수 있다. 파서와 컴파일러는 클 수 있다. 그리고 최종 게임에 이 모듈들을 포함하는 오버헤드를 갖지 않는 것이 바람직하다.

인터프리팅

파이프라인의 최종 단계는 바이트 코드를 실행한다. C나 C++ 같은 언어의 컴파일러에서 최종 산물은 프로세서에 의해 직접 실행될 수 있는 기계 명령이다. 스크립팅 언어에서는 기계어로 쉽게 달성하지 못하는 서비스(재진입성과 보안 실행 같은)를 종종 제공할 수 있어야 한다.

최종 바이트 코드는 '가상 기계virtual machine'에서 실행된다. 이것의 효과는 하드웨어로 존재한 적 없는 기계에 대한 에뮬레이터다. 여러분은 기계가 실행할 수 있는 명령들을 결정하며 이것들이 바이트 코드 명령들이다. 이전의 예제에서 다음 코드는 모두 바이트 코드.

```
1  load <value>
2  set-value-of <variable>
3  get-value-of <variable>
4  compare-with-zero
5  if-greater-jump-to <location>
6  return
```

바이트 코드 명령들은 실제 하드웨어에서 볼 수 있는 것들로 제한돼야 하는 것은 아니다. 예를 들어 '데이터를 게임 좌표로 변형시킨다'라는 바이트 코드가 있을 수 있다. 이것은 컴파일러를 만들기 쉽게 하지만 실제 하드웨어를 필요로 하지 않는다.

대부분의 가상 기계는 C에서 큰 switch 문으로 구성된다. 각 바이트 코드는 작은 바이트 코드가 인터프리터에 도달할 때 실행되는 C 코드 조각을 갖는다. 따라서 'add' 바이트 코드는 더하기 작업을 수행하는 C/C++ 코드의 조각을 갖는다. 우리의 변환 예제는 요구되는 변환을 수행하고 결과를 적절한 장소에 복사하는 두세 줄의 C++ 코드를 가질 수 있다.

즉각 반응 컴파일링

바이트 코드의 높은 순차적 성질 때문에 그것을 빠르게 실행시키는 가상 기계를 만드는 것이 가능하다. 비록 인터프리트되지만 소스 언어를 한 줄씩 인터프리트하는 것보다 몇 배 빠르다.

그러나 추가 컴파일 단계를 도입함으로써 인터프리트 단계를 완전히 제거하는 것도 가능하다. 어떤 바이트 코드는 대싱 하드웨어의 기계어로 컴파일될 수 있다. 실행 바로 전에 가상 기계에서 이것이 수행되면 즉각 반응JIT, Just-In-Time 컴파일링이라고 불린다. 이것은 게임 스크립트 언어에서는 흔한 것이 아니지만 자바와 마이크로소프트의 .NET 바이트 코드에서는 언어의 중심이기도 하다.

도구: 렉스와 야크에 대한 간략한 설명

렉스Lex와 야크Yacc는 각각 토크나이저와 파서를 만드는 데 사용되는 중요한 도구다. 각각은 여러 구현을 갖고 대부분의 유닉스UNIX 배포판과 함께 제공된다(다른 플랫폼을 위한 버전들도 있다).

내가 가장 많이 사용한 리눅스^{Linux} 버전은 플렉스^{Flex}와 바이슨^{Bison}이다.

렉스로 토크나이저를 만들기 위해서는 무엇이 언어에서 토큰을 만드는지 말해 줘야 한다. 예를 들어 숫자를 구성하는 것이다(이것조차도 언어마다 다를 수 있다 0.4f와 1.2e−9를 비교해 보라). 이 도구들은 프로그램의 텍스트 스트림을 토큰 코드와 토큰 데이터의 스트림으로 변환하는 C 코드를 생성한다. 생성하는 소프트웨어는 여러분이 스스로 작성하는 것보다 대부분의 경우 좋고 빠를 것이다.

야크는 파서를 만든다. 예를 들어 어떤 토큰이 결합하고 어떤 큰 구조가 작은 것들로부터 만들어질 수 있는지와 같은 언어의 문법 표현을 취한다. 이 문법은 어떻게 더 큰 구조가 더 단순한 것이나 토큰으로부터 만들어질 수 있는지를 보여 주는 룰 집합으로 주어진다. 예를 들어 다음과 같다.

```
1  assignment: NAME '=' expression;
2  expression: expression '+' expression;
3  expression: NAME
```

이 룰은 야크에 그것이 NAME 토큰과 이어 나오는 등호와 수식이라고 알려진 구조(다른 곳에 식별할 수 있는 것이 있다)를 발견했을 때 이것이 대입이라는 것을 알 수 있다.

야크도 C 코드를 생성한다. 여러분이 파서를 작성하는 데 익숙하지 않다면 대부분의 경우에 결과 소프트웨어는 손으로 만드는 것만큼 이상으로 좋다. 렉스와 다르게 최종 코드는 속도가 절대적으로 중요하다면 더 최적화될 수 있다. 다행히도, 게임 스크립트에서 코드는 게임이 플레이되지 않을 때 보통 컴파일될 수 있다. 따라서 약간의 비효율성은 중요하지 않다.

렉스와 야크는 모두 토크나이징 또는 파싱 소프트웨어에 여러분의 C 코드를 추가하는 것을 허용한다. 그러나 컴파일을 하는 사실상의 표준 도구는 없다. 언어가 행동하는 방식에 따라 크게 다르다. 보통 야크가 작업할 컴파일러를 위한 AST를 만들도록 한다. 그리고 이것을 하는 데는 각각 특이한 출력 형식을 갖는 여러 도구가 있다.

많은 야크 기반 컴파일러는 구문 트리^{syntax tree}를 만들 필요가 없다. 그것들은 야크 파일에 적힌 C 코드를 사용한 룰로 바이트 코드 출력을 만들 수 있다. 예를 들어 할당이 발견되자마자 그것의 바이트 코드가 출력된다. 그러나 이 방식으로 최적화 컴파일러를 만드는 것은 매우 어렵다. 따라서 전문적인 솔루션을 만들고자 한다면 일종의 파스 트리를 만들어야 한다.

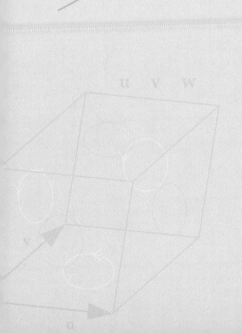

게임 AI 디자인

PART 4

게임 AI 디자인　14장

지금까지 이 책에서 다양한 AI 기법과 AI가 동작하기 위한 기반 구조들을 모두 만들어 봤다. 2장에서 게임 AI 개발은 다양한 기술(휴리스틱, 해킹, 즉석에서 만든 것과 같은)과 기반 구조들을 조합할 필요가 있다고 언급했었다.

14장에서는 모든 요소가 실제 게임에 어떻게 적용되는지, 개발자들이 원하는 게임 플레이를 얻기 위해 어떤 게임 기술들이 적용되는지 살펴볼 것이다.

게임 AI 기술들에 대한 가능성과 위험성에 대해 장르별로 살펴볼 것이다. 여기에는 어떠한 기술적인 내용도 포함되지 않으며 단지 책에서 설명된 기술들이 어떻게 적용되는지를 보여 줄 것이다. 징르의 구분은 느슨하게 했으며 어떤 게임들은 다른 마케팅 분류를 따르기도 했다. 아지만 AI 관점에서 달성해야 하는 것들이 비교적 제한적이므로 그에 따라 게임의 장르를 구분했다.

각 장르에 뛰어들기 전에 여러분의 게임 AI를 디자인하기 위한 일반적인 과정을 살펴보자.

14.1 디자인

이 책 전체에서 같은 모델의 게임 AI를 사용해 왔다. 그림 14.1에서 게임 AI 모델을 다시 보도록 하자. 이 다이어그램은 AI를 디자인할 때 고려해야 할 부분에 대한 계획과 적용 가능한 기술들을 소개한다.

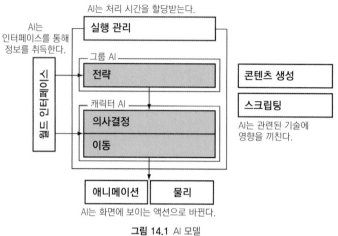

그림 14.1 AI 모델

게임을 위한 AI를 만들 때 게임 기획 문서에서 추출한 일련의 행동들에서 그것들을 지원하기 위한 가장 간단한 기술들을 찾으려고 노력했다.

먼저 게임의 요구 사항들을 충족하는 행동들을 이해하고, 그러한 행동들을 구현하기 위한 기술과 이러한 기술들을 통합하기 위한 기본적인 접근 방식을 선택한다. 그 이후에 통합될 AI와 게임 엔진 사이를 통합하기 위한 중간 레이어를 만든다. 처음에는 캐릭터를 대신하기 위한 임시 로직을 사용하고 이후에 기반 구조들이 만들어지고 나면 그때 캐릭터로 교체한다.

물론 이것은 프로젝트에 대한 모든 통제권을 갖고 있을 때의 이야기다. 실제로 여러분은 계획에 영향을 줄 수 있는 다른 요소가 많이 있을 것이고 이러한 제약에 직면하게 될 것이다. 특히 퍼블리셔의 일정은 개발 일정에 많은 영향을 주고 최대한 빠른 기간에 해당 기능이 구현될 필요가 있다는 것을 의미한다. 많은(또는 대부분) 프로젝트 콘텐츠는 일정을 지키기 위한 기능이 구현되고, 삭제된 후 다시 작성된다. 많은 프로젝트에서 걱정스러운 점은 짧은 기간에 작성된 로직들은 대부분 버려지기 마련이고 정석이 아닌 방법으로 개발돼 이후에 수정이 불가능하거나 또는 완성이 안 된 상태에서 출시까지 된다는 점이다.

하지만 이런 종류의 일들은 평범할 정도로 누구에게나 일어난다. 해킹 수준으로 작성된 AI 코드와 미완성된 AI 코드로 게임이 출시됐다고 해서 스스로를 너무 자책하지는 말자. 반면에 여러분이 미리 생각하고 신뢰할 수 있고 좋은 AI를 작성하게 된다면 경력에 많은 도움이 될 것이라는 점도 잊어서는 안 된다.

14.1.1 예제

14.1.1절에서 가상 게임의 2단계 디자인 사항들을(이것들을 구현하기 위해 필요한 행동들과 기술들) 살펴볼 것이다. 게임 자체는 매우 간단하지만 AI 요구 사항들은 다양하다.

게임의 이름은 '유령의 집'이고 유령이 나오는 집을 배경으로 하고 있다는 것은 그다지 놀랄 일이 아니다. 이 집은 유령이 나오는 것으로 유명한데 먼 곳에서 온 사람들이 돈을 내고 이 집을 찾아온다. 플레이어는 집을 소유하고 있고 집에 방문한 사람들에게 겁을 줌으로써 돈을 얻는다.

방문객들은 집에 도착하고 플레이어는 그들이 공포에 질려 도망가게 해야 한다. 이를 위해 플레이어는 집 안에 적용할 유령들과 기계적인 효과들을 적용해야 한다. 이전 방문객들은 이들이 겪었던 경험들을 다른 사람들과 공유할 것이고, 다른 사람들은 유령의 정체를 알아내기 위해 방문할 것이다.

플레이어는 방문객들이 집 안에 숨겨진 트릭들, 마술 거울, 유령과 같은 장치들이 어디에 있는지 모르게 해야 한다.

이러한 아이디어를 가진 게임은 〈고스트 마스터^{Ghost Master}〉[177]에서 볼 수 있는데 이곳에서는 다양한 집이 거주자들과 함께 제공된다. 거주자들은 공포에 떨고 싶어하지 않고 〈심즈〉 같은 삶을 따를 것을 기대하지도 않는다. 비슷한 게임으로 〈던전 키퍼^{Dungeon Keeper}〉[90]와 〈이블 지니어스^{Evil Genius}〉[110]가 있다.

14.1.2 행동 평가

첫 번째 작업은 게임에서 캐릭터가 부여 줄 행동을 설계하는 것이다. 여러분이 개인으로서 게임을 만들고 있다면 여러분의 게임에서 보여 줄 수 있는 비전일 것이고 만약 회사를 위해 게임을 만들고 있다면 게임 디자이너의 일이 될 것이다.

게임 디자이너가 게임 내 캐릭터가 어떻게 행동해야 하는지에 대한 아이디어를 내는 동안, 우리의 경험으로 봤을 때 캐릭터는 확정되지 않는 경우가 많았다. 디자이너들은 종종 사소해 보이는 것들을 이해하지 못하지만 실제로 이것들은 매우 어렵다(그러므로 게임의 핵심 포인트만을 다루도록 해야 한다). 그리고 외부에서 봤을 때는 어려워 보이지만 간단한 기능을 추가하는 것만으로 캐릭터의 행동이 개선되는 경우도 있다.

게임 내 캐릭터의 행동은 여러분이 새로운 기능들을 구현하거나 시도하면 할수록 자연스럽게 진화할 것이다. 이것은 단순 취미로 하는 프로젝트나 연구 개발 단계인 게임뿐만이 아니다. 아무리 노력한다 하더라도 AI 코드를 개발하기 전에는 완전하게 이해하지 못할 수도 있다.

여러분은 아무리 하고 싶어도 게임 개발을 시작하기 전에 AI의 요구 사항들을 완전히 이해하지 못할 것이다. 하지만 융통성을 위해 초기 기획 단계에서 어느 정도 계획을 할 필요가 있다.

예를 들어 게임의 요구 사항들을 고정하고 AI를 만들면 프로젝트의 막바지에 추가적인 요구 사항들이 생길 것이므로 다시 작업하게 되는 경우가 많을 것이다(경험상 이런 일들은 항상 발생했다. 왜 미리 알 수 없을까?).[1] 필연적으로 디자이너들은 요구 사항들을 요청할 것이고 AI 코드는 재작업을 할 수밖에 없다. 이러한 이유로 처음 디자인할 때 유연성 측면에서 실수를 많이 하며 같은 이유로 코드 최적화를 이때 하지 않고 나중으로 미룬 후에 최적화를 하는 것이 훨씬 쉽다.

이제 우리가 보고자 하는 행동 집합에서 시작해 AI 모델의 각 구성 요소들에 대한 질문에 답을 해보자.

- 이동
  - 캐릭터는 개별적으로 표현(대부분의 게임처럼)될 것인가? 아니면 그룹 효과만(예를 들어 도시 시뮬레이션 같은) 볼 것인가?
  - 캐릭터는 주변 환경을 돌아다닐 필요가 있을까? 아니면 원하는 곳에 배치만 하면 되는 것일까(예를 들어 타일 기반 턴 게임)?
  - 예를 들어 자동차 게임과 같은 캐릭터의 움직임에 물리 시뮬레이션이 필요할까? 물리는 얼마나 현실적이어야 하는가(물리에 기반한 사실적인 이동 알고리듬을 만드는 것은 물리 수치를 수정해 AI 캐릭터를 멍청하게 보이게 하는 것보다 더 어렵다는 것을 명심하자)?
  - 캐릭터들이 어디로 가야 할지 알아야 할 필요가 있을까? 배회하기, 디자이너가 설정한 경로 따라가기, 좁은 지역에 머무르기 또는 다른 캐릭터를 추적하는 것으로 충분할까? 또는 길 찾기 시스템을 사용해 게임 레벨 전체를 돌아다닐 수 있게 해야 할까?

---

1   역자의 개인적인 생각을 이야기해 보자면 게임의 재미를 정의하기가 어렵다는 데 있다. 재미라는 것을 단순히 특정 신경 세포들을 자극하는 것이라고 정의해도 재미를 정의할 수 없다. 왜냐하면 신경 세포들의 임곗값이 사람마다 다르기 때문이다. 물론 여기서 중추 신경계에 직접적으로 영향을 미치는 것은 제외로 한다. 그렇기 때문에 재미를 만드는 것이 정말 어렵다는 것이며 반복적 실험을 통해 재미의 방향과 강도를 알아내 앞으로 나아가는 것이 게임플레이, AI 프로그래밍의 본질이 아닐까 싶다. – 옮긴이

- 캐릭터의 행동이 다른 캐릭터들에게 영향을 받을 필요가 있을까? 추적하기/피하기 행동들이 이 문제를 해결하기에 충분할까? 아니면 캐릭터들이 위치나 진형을 조정할 필요가 있을까?

- 의사결정
  - 의사결정은 AI 디자이너들이 가장 열중하는 분야이며 일반적으로 게임을 시작할 때 게임에 적용된 새로운 AI 기술들을 볼 수 있다. 하지만 개발의 막바지에 가면 대부분의 것이 상태 기계로 구현되는 것을 볼 수 있다. 내 경험으로 보면 프로젝트 초기는 야심 차게 시작하지만 막바지에 다르면 일반적인 형태로 바뀌는 것을 볼 수 있었다 (물론 몇가지 주목할 만한 예외들도 있었다).
  - 게임에서 여러분의 캐릭터가 수행해야 할 다양한 액션의 범위는 무엇인가?
  - 여러분의 캐릭터는 몇 가지 명확한 상태들을 가질 것인가? 다시 말하면 캐릭터의 목표를 위해 이러한 행동들이 어떻게 그룹화되는가? 나는 여기서 여러분이 상태 기계를 사용하거나 목표 기반 행동들을 사용할 것이라고 가정하지 않고 있다는 것에 유의하자. 어떤 기술을 사용하든지 캐릭터는 목표를 갖고 있는 것처럼 보여야 하며 하나의 목표를 이루기 위해 행동을 할 때 그들이 한 상태에 있다고 생각할 수 있다.
  - 캐릭터는 언제 행동을 바꿀 것인가, 다른 상태로 전환할 것인가, 아니면 다른 목표를 선택하는가? 무엇이 이러한 변화를 만들어 내는가? 적절한 시기에 변화를 주기 위해 무엇을 알아야 할까?
  - 최적의 의사결정을 내리기 위해 캐릭터가 미래를 내다볼 필요가 있는가? 행동을 계획할 필요가 있을까? 아니면 간접적으로 목표를 이끌어 가는 행동을 할 필요가 있을까? 이러한 행동들이 행동 계획을 필요로 할까? 아니면 더 복잡한 상태 기반 또는 규칙 기반 접근법을 사용해야 할까?
  - 여러분의 캐릭터는 플레이어가 어떻게 행동하느냐에 따라 의사결정을 바꿀 필요가 있을까? 플레이어의 행동들을 기억했다가 이것에 기반해서 반응하거나 일종의 학습을 사용할 필요가 있을까?

- 전술적 및 전략적 AI
  - 캐릭터가 합리적인 의사결정을 내리기 위해 게임 레벨의 대규모의 속성들을 이해할 필요가 있는가? 적절한 행동을 선택하기 위한 전술적, 전략적 상황을 표현할 필요가

있는가?

- 여러분의 캐릭터들은 같이 행동할 필요가 있는가? 올바른 순서대로 행동하고 정해진 타이밍에 의존하는가?
- 캐릭터 스스로 생각하고 행동한 것들이 그룹 행동을 대변하는가? 아니면 캐릭터들의 그룹 행동을 만들기 위해 또 다른 의사결정을 필요로 하는가?

예제

'유령의 집' 예에서 다음 질문들에 대한 답을 해보자.

- 이동
  - 캐릭터들은 개별적으로 표현되고 자유롭게 환경을 돌아다닐 것이다. 여기에 현실적인 물리 시뮬레이션은 필요하지 않다. 조종 행동을 사용하기보다는 운동학적 이동 알고리듬을 사용한다. 캐릭터들은 종종 특정 위치(예를 들어 탈출구)로 이동하고 싶어한다. 이를 위해 내비게이션을 필요로 하며 결과적으로 길 찾기 솔루션이 필요하다.

- 의사결정
  - 캐릭터는 행동할 수 있는 범위의 행동들을 갖고 있다. 뛰거나, 가만히 서 있거나, 살금살금 돌아다닐 수 있다. 그들은 사물을 검사하거나 이러한 사물들에 반응할 수 있다. 각 사물들은 하나의 액션을 갖고 있다(예를 들어 조명 스위치를 켜거나 끌 수 있고 문의 경우에는 열 수 있다).
  - 캐릭터들은 서로 도움을 줄 수 있는데 네 가지 타입의 행동을 할 수 있다. 정신을 차리기 위한 겁먹은 행동이나, 물건을 검사하고 탐구하기 위한 호기심 행동, 그룹을 함께 유지하고 그룹 구성원을 위로하기 위한 사회적 행동, 환불을 요구하기 위해 고객 서비스 데스크로 가는 지루한 행동이 있다.
  - 캐릭터들은 공포 레벨에 따라 행동을 바꿀 것이다. 각각의 캐릭터마다 공포 레벨 값을 갖고 있다. 캐릭터의 공포 값이 임곗값을 넘어갈 경우 겁먹은 행동을 하게 된다. 캐릭터가 겁먹은 다른 캐릭터 근처에 가면 사회적 행동을 취한다. 만약 캐릭터의 공포 레벨이 매우 떨어지게 된다면 지루한 행동을 하게 되며 그렇지 않으면 호기심 행동을 하게 된다.

- 캐릭터들은 이상한 것들을 보거나, 듣거나, 냄새를 맡음으로써 공포 레벨을 바꾸며 유령과 함정들은 이 세 가지 감각에 영향을 준다.
- 캐릭터는 어떤 것들을 보거나, 듣거나, 냄새를 맡을 때 이것들을 이해할 필요가 있으며 그들이 이전에 가보지 못했거나 즐겼던 장소를 탐색할 것이다. 방문객들은 재밌었던 장소와 흥미로운 장소들을 기억하며 이런 장소들을 다른 그룹들 사이에서 공유할 수 있다.

- 전술적 및 전략적 AI
  - 캐릭터들이 정신을 차리려고 할 때 겁먹을 수 있는 장소들을 피할 필요가 있으며, 탐험을 할 때도 지루하고 재미없는 지역들을 피하려고 할 것이다.

14.1.3 기술 선택

행동 기반 질문을 사용해 여러분이 어느 정도까지 AI를 사용해야 하는지 알 수 있을 것이다. 예를 들어 길 찾기가 필요한지, 이동 행동이 필요한지 알아봤을 수도 있다. 하지만 특정 종류의 길 찾기 알고리듬 또는 조종 행동을 사용해야 할 필요는 없다.

다음 단계는 여러분이 사용하고자 하는 기술들의 후보 목록을 구축하는 것이다. 경험에 따르면 이것은 꽤 간단하다. 길 찾기가 필요하다고 결정했다면 A*는 명백한 선택이다. 만약 캐릭터가 진형을 따라 움직일 필요가 있다면 포메이션 모션 시스템이 필요하다. 일부 결정들은 좀 까다롭다. 특히 의사결정 부분은 두통을 일으킬 정도다.

5장에서 봤듯이 의사결정 시스템을 선택하는 명확하고 빠른 규칙은 없다. 대부분의 경우 하나의 시스템으로 해결할 수 있다. 내가 추천하는 방법은 가장 간단한 기술, 예를 들어 행동 트리나 상태 기계 또는 이 둘을 합쳐서 사용하는 것이다. 경험상 이 기술들은 대부분의 경우 유연하게 잘 동작했고 프로젝트에서 증명됐다.

이 단계에서 여러분이 알아낸 행동들에 심취하지 않길 바란다. 이런저런 신기술을 사용하면 멋진 행동들을 보여 줄 수 있을 것이라고 생각하는 것은 꽤나 유혹적인데 더 중요한 것은 멋진 효과를 내고 AI를 95% 정도 견고하게 작동시키는 능력을 조화시키는 것이다.

예제

'유령의 집' 예에서 다음과 같은 기술들을 사용해 우리의 행동 요구 사항들을 충족시킬 수 있다.

- 이동
  - 캐릭터는 운동학적 이동 알고리듬으로 움직이며 두 가지 이동 속도로 어느 방향이든 선택해서 이동할 수 있다.
  - 호기심, 겁먹은 상태에서 그들은 이동 대상을 방으로 선택하고 A*를 사용해 길 찾기 경로를 찾는다. 그리고 그 길을 따라가는 행동을 할 것이다. 전술적 및 전략적 AI를 위해서는 웨이포인트 그래프를 사용할 것이다.
  - 사회적 상태에서는 겁먹은 사람들에게 다가가기 위해 찾기 행동을 사용할 것이다.

- 의사결정
  - 캐릭터는 매우 간단한 유한 상태 기계를 사용해 큰 범주의 행동 패턴을 결정하고 각 상태에서 행동 트리를 사용해 실제로 무엇을 하는지 결정한다.
  - 상태 기계는 네 가지 상태(겁먹음, 호기심, 사회적, 지루함)를 갖고 있다. 상태들의 전환은 캐릭터의 공포 레벨과 시야에 들어온 다른 캐릭터들에 기반한다.
  - 각 모드에는 사용 가능한 액션 범위가 있을 수 있다. 호기심 모드에서는 캐릭터가 특정 위치나 사물을 조사할 수 있고, 겁먹음 모드에서는 정신을 차리기 위한 가장 안전한 위치를 선택할 수 있다. 이러한 각각의 행동들은 선택자^{selector}에 의해 선택된 다양한 전략들과 함께 의사결정 트리로 구현될 수 있다. 각 전략들은 트리의 시퀀스 노드에 추가될 수 있는 하나 이상의 요소들을 가질 수 있다.

- 전술적 및 전략적 AI
  - 무섭고 안전한 위치의 학습을 쉽게 하기 위해 레벨의 웨이포인트 맵을 유지한다. 캐릭터의 공포 수치가 변화할 때 맵에 이러한 이벤트를 저장한다. 이것은 6장에서 살펴본 파편 지도와 같은 방식이다.

- 월드 인터페이스
  - 캐릭터들은 게임에서 발생한 이상한 소리, 냄새, 광경들에 대한 정보를 얻을 필요가 있다. 이것은 감지 관리 시뮬레이션으로 처리돼야 한다(지역 감지 관리자 정도면 충분하다). 캐릭터들은 또한 호기심 모드에 있을 때 가능한 행동들에 대한 정보를 얻을 필

요가 있다. 캐릭터들은 상호 작용이 가능한 오브젝트 목록을 요청할 수 있고 이러한 정보들은 게임 내 오브젝트 데이터베이스를 통해서 얻을 수 있다. 이런 데이터들을 얻기 위해 컴퓨터 비전으로 물체를 인식하거나 시뮬레이션할 필요는 없다.

- 실행 관리
  - 여기에는 두 가지 기술이 사용된다. 바로 길 찾기와 감지 관리다. 두 가지 모두 시간이 많이 걸리는 작업이다.
  - 집 안에 방이 몇 개 없는 상황에서 개별적인 길 찾기는 많은 시간이 걸리지 않는다. 하지만 집 안에 캐릭터들이 많다면 풀^{Pool} 개념을 사용해 길 찾기 요청을 큐잉해야 할 수도 있다. 길 찾기 알고리듬은 언제나 필요한 것은 아니기 때문에 캐릭터가 길 찾기를 요청하면 길 찾기 관리자가 시간이 생길 때까지 기다렸다가 한 번에 경로를 얻는다.
  - 감지 관리 시스템은 매 프레임에 호출되고 점진적으로 업데이트된다. 기본적인 설계 자체가 매 프레임에 호출되고 한 번에 처리 못하는 것은 여러 프레임에 걸쳐 분산돼 계산된다.
  - 집 안에는 매우 많은 캐릭터가 있을 수 있다(예를 들어 10명이 있다고 생각하자). 각 캐릭터는 상대적으로 느리게 행동하고 있으며 프레임마다 모든 AI를 처리할 필요는 없다. 복잡한 계층적 스케줄링 시스템을 사용하지 않고 프레임마다 몇 개의 캐릭터를 업데이트할 수 있다. 프레임당 5명의 캐릭터를 업데이트하고 게임당 50캐릭터를 업데이트한다면 초당 30프레임으로 렌더링될 때 캐릭터는 0.5초 미만으로 대기해야 한다. 이 딜레이는 실제로 유용할 수도 있는데 공포에 직면했을 때 공포에 반응하는 시간을 일정 부분 가질 수 있기 때문이다.

결국 게임을 구현하기 위해 필요한 몇 가지 모듈들만 갖게 될 것이다. 감각 관리 시스템이 가장 복잡한 시스템이 될 것이며 나머지는 대체로 간단한 형태 요소들만 갖게 될 것이다. 심지어 무작위로 숫자를 생성하는 것까지 포함시켰다. 이는 2장에서 살펴본 첫 번째 AI 기술이다.

14.1.4 게임의 범위

이 책에서 소개했던 기술 목록들을 보면 '유령의 집'을 만들 때 다양한 알고리듬을 사용해 복잡하게 만들 것으로 기대했을지도 모른다. 결국 디자인에서 다른 점이라면 캐릭터들에게 발생했던 사건들을 알리기 위해 감각 관리 시스템을 사용했다는 점이다.

실제로 게임 내 AI는 이렇게 동작하며 매우 간단한 기술들이 대부분을 차지한다. 여러분이 특별히 사용하고 싶거나 사용해야만 구현될 수 있는 AI 기반 게임플레이 효과가 있다면 1~2개 정도의 기술들을 적용할 수도 있다. 만약 여러분이 게임을 디자인할 때 신경망, 감지 관리, 스티어링 파이프라인, 전문가 시스템과 같은 여러 시스템을 필요로 할 것 같은 경우에는 아마 게임에서 가장 중요한 것이 무엇인지 다시 생각해 봐야 할 것이다.

이 책에서 소개했던 특이한 기술들은 어떤 게임에서는 매우 중요할 수 있으며 지루한 게임과 멋진 캐릭터 행동을 보여 주는 게임 사이에서 차이를 만들 수 있다. 하지만 아무리 훌륭한 양념이라고 할지라도 요리의 맛을 더하기 위해 조금만 사용돼야 함을 잊지 말아야 한다. 14장의 나머지 부분에서는 다양한 장르의 상업용 게임을 살펴보기로 한다. 신기술을 사용해 장르에 변화를 줄 수 있는 기술들에 중점을 둘 것이다.

아쉽게도 모든 게임 장르를 살펴볼 수 없기 때문에 AI 개발자들에게 가장 중요한 몇 가지 장르들만 살펴볼 것이다. 이 책의 마지막 장인 15장에서 AI가 게임플레이를 제공하는 장르들을 다룰 것이다.

14.2 슈터

1인칭, 3인칭 슈터 게임들은 게임에서 가장 중요한 장르로서 비디오 게임이 처음 만들어진 이후로 매우 다양한 형태로 존재해 왔다.

〈울펜슈타인 3D^Wolfenstein 3D〉[121]와 〈둠^Doom〉[122]이 등장하면서 슈터 장르는 플레이어의 시점에 카메라가 붙어서 동작했다(〈트라이브즈 2^Tribes II〉[105]도 같은 장르의 게임이다).

적들은 화면상에 나타나고 이러한 적들을 보통 봇^bot이라고 불렸다. 이러한 봇들은 컴퓨터가 조종하는 캐릭터를 뜻하며 신체적으로 플레이어와 비슷한 능력을 갖추고 있다. 이 장르의 게임에서 가장 중요한 AI 요소들은 다음과 같다.

1. 이동 – 적들의 제어
2. 발사 – 정교한 조준 제어

3. 의사결정 – 보통 간단한 상태 기계 수준

4. 퍼셉션 – 누구를 맞춰야 하는지 결정하고 그들이 어디 있는지 알아낸다.

5. 길 찾기 – 보통(항상 그렇지는 않지만) 캐릭터가 레벨을 통과하는 경로를 계획할 수 있도록 하기 위해 사용한다.

6. 전술적 AI – 보통 안전한 장소로 이동 또는 매복 위치를 설정하는 진보된 전술을 위해 사용된다.

가장 먼저 소개한 두 가지는 모든 게임에서 볼 수 있는 요소다. 나머지 요소들은 게임 타이틀에 따라 필요한 경우가 있으며 점진적으로 중요한 요소가 되고 있다. 그림 14.2는 1인칭 또는 3인칭 슈터 게임에서 기본적인 AI 구조를 보여 주고 있다.

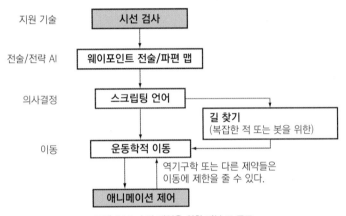

그림 14.2 슈터 게임을 위한 기본 AI 구조

14.2.1 이동, 발사

이동은 캐릭터의 행동에서 가장 눈에 띄는 항목이며, 두 번째로 슈터 게임에서 가장 많이 쓰이는 항목은 복잡한 애니메이션 세트다. 역운동학이나 랙돌rag doll 물리학 같은 수십에서 수백 개의 애니메이션 세트를 조합하는 것은 드문 일이 아니다. 〈F.E.A.R. 2: 프로젝트 오리진F.E.A.R. 2: Project Origin〉[145]에서 캐릭터들은 뛰기, 쏘기, 바라보기와 같은 모든 것이 동시에 진행된다. 뛰기와 쏘기는 애니메이션에서 담당하고 캐릭터가 바라보는 것은 절차적 애니메이션으로 구현된다.

〈노 원 리브스 포에버 2No One Lives Forever 2〉[143]에서 닌자 캐릭터는 이동과 애니메이션을 동기화하기 어려운 정교한 기술을 갖고 있다. 그들은 옆으로 뛸 수도 있고 장애물을 뛰어넘고 건물들 사이를 뛰어다닐 수 있다.

레벨을 돌아다니는 단순한 이동도 때때로 도전적일 수 있다. AI는 경로만 계산하는 것이 아니라 움직임을 애니메이션으로도 바꿀 수 있어어 한다. 대부분의 게임에서 이것은 두 부분으로 나눈다. AI는 어디로 이동해야 하는지 결정하고 다른 부분에서 이것을 애니메이션으로 바꾼다. 이렇게 하면 AI는 이동을 결정할 때 애니메이션에 대한 제한이 없기 때문에 플레이어에게 이상하게 보일 수 있는 경로를 만들 수 있다. 이 문제는 더 많은 애니메이션을 사용하고 조합해 해결할 수 있다.

여러 게임에서 스크립트 언어를 사용해 캐릭터를 제어하며 플레이어가 사용하는 것과 동일한 제어권을 AI가 가질 수 있도록 한다. AI는 목표 위치나 필요한 모션을 사용하기보다는 플레이어가 사용하는 것과 같은 입력을 필요로 한다. 이렇게 하면 이후에 AI 캐릭터를 제거하고 인간 (예를 들어 네트워크 플레이로 바꿀 때)으로 대체하는 것이 매우 쉬워진다. 예를 들어 상업용 게임 엔진들의 경우 대부분 다음과 같은 매크로 명령어를 갖고 있다.

```
1  sleep 3
2  gotoactor PathNodeLoc1
3  gotoactor PathNodeLoc2
4  agentcall Event_U_Wave 1
5  sleep 2
6  gotoactor PathNodeLoc3
7  gotoactor PathNodeLoc0
```

대부분의 슈터 게임에서 캐릭터들은 실내 레벨의 제한적인 특성들 때문에 경로 찾기를 위한 확실한 기술이 필요하다. 이것은 앞서 살펴본 언리얼 스크립트의 gotoactor 문장처럼 간단할 수도 있고 새로운 형태의 길 찾기 시스템일 수도 있다. 캐릭터는 경로의 형태와 상관없이 따라갈 필요가 있다. 불행히도 게임 레벨은 동적이고 움직이는 다른 캐릭터에 적절하게 반응해야 한다. 이것은 일반적으로 간단한 반발력을 사용해서 해결할 수 있다. 캐릭터들이 서로 너무 가까이 있다면 그들은 서로 멀어지려고 할 것이다. 〈메이스 그리핀: 바운티 헌터Mace Griffin: Bounty Hunter〉[197]에서 캐릭터와 지형, 우주선들끼리 충돌을 피하기 위해 같은 기술을 사용했다. 일반적으로 실내에서는 길 찾기를 사용하고 우주 공간에서는 포메이션 시스템을 사용한다.

〈헤일로^{Halo}〉[91]와 〈에일리언 vs 프레데터 2^{Alien vs. Predator2}〉[167]는 바닥뿐만 아니라 천장도 따라 움직일 수 있다. 어느 쪽도 캐릭터 이동에 대해 2.5차원 표현을 사용하지 않는다. 발사 AI는 슈터 게임에서 매우 중요한 요소인데 둠의 초기 타이틀에서 믿을 수 없을 정도로 빠르고 정확한 슈팅 때문에 심하게 비난받았다(그래서 개발자들은 플레이어가 탄약을 비켜갈 수 있도록 발사체의 속도를 낮췄다). 더 현실적인 게임들, 예를 들어 〈ARMA〉[89]와 〈파 크라이^{Far Cry}〉[100]에서 캐릭터는 플레이어가 재미를 느낄 정도의 총 쏘기 모델을 사용한다(예를 들어 적들은 플레이어가 바라보고 있는 곳에 플레이어가 맞지 않도록 탄약을 쏜다).

14.2.2 의사결정

의사결정은 일반적으로 유한 상태 기계를 사용하며 최근에는 행동 트리는 사용하는 경우가 많아지고 있다.

슈터 게임에서 가장 일반적인 의사결정 접근법은 봇 스크립트 시스템을 개발하는 것이다. 특정 게임을 위한 스크립트 언어(경우에 따라 속도를 위해 JIT로 컴파일된 스크립트)로 작성된 스크립트를 호출한다. 스크립트는 게임 내 모든 범위의 함수들을 갖고 있으며 보통 현재의 게임 상태를 직접 폴링해서 구현된다. 스크립트에서 애니메이션 재생, 이동, 일부 경로 탐색 요청을 포함한 다른 작업들을 요청할 수 있다. 일부 스크립팅 언어는 게이머에게도 공개돼 AI를 수정하거나 그들만의 자율적인 캐릭터를 만들 수 있도록 제공되기도 한다. 〈언리얼^{Unreal}〉[103]을 포함한 여러 성공적인 게임에서 이러한 방식을 고수하고 있으며 〈네버윈터 나이츠^{Neverwinter Nights}〉[83]와 같은 여러 장르의 게임에서 채택돼 사용되고 있다.

〈스나이퍼 엘리트^{Sniper Elite}〉[168]에서 리벨리온^{Rebellion}은 게임을 플레이할 때마다 다른 창발적인 행동들을 보고 싶어했다. 이를 위해 그들은 게임 레벨 내 웨이포인트와 다양한 상태 기계를 사용했다. 많은 행동은 다른 캐릭터들의 행동 또는 근처에 있는 웨이포인트의 전술적 상황에 따라 다르게 동작한다. 의사결정 과정에서 약간의 무작위 요소를 도입해 매번 다르게 행동하는 게임 플레이를 어렵지 않은 방법으로 만들어 냈다.

〈노 원 리브스 포에버 2〉[143]는 자율 AI를 위해 다른 접근법을 사용했다. 그들은 목표 기반 행동과 상태 기계들을 혼합했다. 각 캐릭터들은 행동에 영향을 줄 수 있는 미리 결정된 목표 집

---

2   〈에일리언 대 프레데터〉[79]와 혼동하지 말자. 오락실 및 SNES를 위한 게임 모두 같은 이름과 장르(횡 스크롤)지만 말이다.

합들을 갖고 있다. 캐릭터는 주기적으로 목표를 평가하고 가장 적절한 목표를 선택한다. 선택된 목표는 캐릭터의 행동을 주도하며 목표 안에는 다른 목표가 선택될 때까지 캐릭터를 제어하는 유한 상태 기계가 있다.

게임에서 웨이포인트(노드)는 캐비넷을 뒤지거나, 컴퓨터를 사용하거나, 라이트를 켜는 것과 같은 행동을 위한 위치를 제공하며 또한 캐릭터 근처에 이러한 웨이포인트들이 있으면 캐릭터는 어떤 행동을 할 수 있는지 이해할 수 있다.

모노리스^{monolith}는 이러한 AI 엔진 작업을 계속해서 진행하고 있다. 〈F.E.A.R.〉[144]에서는 미리 만들어진 상태 기계를 사용하지 않고 목표를 달성하는 방식인 계획 엔진으로 대체해 최초의 완전한 목표지향 행동 계획 시스템 중 하나를 갖게 됐다.

〈헤일로 2〉와 〈헤일로 3〉[92]에서 AI 캐릭터는 행동 트리를 사용해서 구현됐다. 행동 트리에서 셀렉터의 노드가 실패하면 AI는 다른 계획을 나타내는 노드로 돌아가고 상태 기계로 구현하기 어려운 광범위한 전술적 행동을 한다.

14.2.3 퍼셉션

퍼셉션은 적 캐릭터의 주변에 보이지 않는 반경을 배치하고 그 안으로 플레이어가 들어왔을 때 반응함으로써 생명력을 갖춘 것처럼 보이게 한다. 이것은 둠이라는 게임에서 취했던 접근법이다. 〈골든아이 007 $^{Goldeneye\ 007}$〉[165]의 성공 이후, 더 정교한 퍼셉션 시뮬레이션을 기대하게 됐다. 이것은 단순히 감각 관리 시스템을 의미하는 것이 아니며 캐릭터들은 주변에서 일어나고 있는 일들을 메시지를 통해 알 수 있어야 한다.

〈고스트 리콘〉[170]에서는 퍼셉션 시뮬레이션이 매우 복잡하다. 감각 관리 시스템은 AI 캐릭터에게 덤불이 제공하는 커버 양을 고려하고, 캐릭터 뒷배경을 테스트해 위장이 가능한지 여부를 판단해 알려 준다. 이것은 게임 내 각 머터리얼^{material}의 패턴 아이디를 유지함으로써 구현가능하다. 시야 검사를 할 때도 투명한 물체들은 뒤에 있는 물체들까지 고려한다.

〈스프린터 셀$^{Splinter\ Cell}$〉[189]에서는 다른 방식을 사용한다. 캐릭터가 1명만 나오기 때문에(〈고스트 리콘〉은 여러 명이 나온다) 각 AI가 보이는지 확인만 하면 된다. 각 레벨은 동적인 그림자, 안개, 은신 효과를 갖고 있다. 플레이어 캐릭터는 이러한 요소들을 확인해 은폐 수준을 결정한다. 만약 이 값이 임곗값 이하라면 적 AI가 주인공 캐릭터를 발견하게 된다. 은폐 수준은 〈고스트 리콘〉처럼 배경을 고려하지는 않는다. 만약 캐릭터가 밝은 복도 한가운데 있는 어두운 그림자에 숨어 있을 때 그림자가 보인다고 하더라도 AI들은 이것을 알아차리지 못한다. 그렇기 때문에 레벨 디자인 수준에서 이러한 상황을 최대한 피하기 위해 배경이 디자인돼 있다.

〈스프린터 셀〉의 AI 캐릭터 또한 시야 검사를 위해 원뿔을 사용하며 소리에도 반응하기 위한 모델이 존재한다. 〈메탈 기어 솔리드〉[129] 시리즈 역시 매우 유사한 기법이 사용됐다.

14.2.4 길 찾기 그리고 전술적 AI

〈솔저 오브 포춘 2: 더블 헬릭스Soldier of Fortune 2: Double Helix〉[166]에서 길 찾기 그래프 안의 연결에는 이들을 경유할 때 필요한 행동 유형들이 표시돼 있었다. 캐릭터가 경로의 연결에 도달했을 때 행동을 바꿔 마치 지형 배경에 대한 지식이 있는 것처럼 보이게 만들 수 있었다. 연결은 열기 위한 문, 돌파해야 하는 장애물, 철거한 벽, 뛰어 넘어야 하는 장애물과 같은 것들을 표현할 수 있다. AI 담당인 크리스토퍼 리드Christopher Reed와 벤 가이슬러Ben Geisler는 이 접근법을 '임베디드 내비게이션embedded navigation'이라고 불렀다.

슈터 장르 게임에서 웨이포인트 전술을 사용하는 것은 거의 보편화되고 있는 추세다. 〈하프 라이프Half-Life〉[193]에서 AI가 웨이포인트를 사용해 플레이어를 둘러싸는 방법을 알아냈다. AI 캐릭터 그룹은 플레이어의 현재 위치를 감싸도록 좋은 수비 위치들을 알아낸다. 이 게임에서 AI 캐릭터들은 종종 플레이어의 측면을 차지하기 위해 필사적으로 뛰는 것들을 볼 수 있다.

적 캐릭터들이 〈둠〉에서처럼 플레이어 쪽으로 항상 뛰어오지 않는 이상, 여러분은 길 찾기 레이어를 구현해야 할 수도 있다. 대부분의 슈터 게임에서 실내 레벨은 비교적 작은 길 찾기 그래프로 표현 가능하고 빠르게 검색될 수 있다. 리벨리온은 〈스나이퍼 엘리트Sniper Elite〉라는 게임에서 길 찾기 및 전술적 AI를 위해 웨이포인트 시스템을 사용했고, 모노리스에서는 〈노 원 리브스 포에버 2〉에서 완전히 다른 표현을 사용했다. 모노리스의 경우 캐릭터가 이동할 수 있는 영역을 'AI 볼륨'으로 표현하고 이것들이 이후에 길 찾기 그래프로 변환된다. 이것의 액션 시스템의 웨이포인트는 길 찾기에 사용되지 않았다.

1판을 출판할 당시에 개발자들은 길 찾기를 위해 다양한 표현을 사용했다. 하지만 시간이 흘러 현재는 내부 공간을 나타내기 위해 내비게이션 메시를 사용하는 것이 보편화됐다. 현재 개발자들은 내비게이션 메시 접근법에 강력한 전술 분석을 통합하는 노력을 기울이고 있으며 그리드 기반 전술 분석과 길 찾기에 내비게이션 메시를 개별적으로 사용하고 있는 것은 보기 드문 일은 아니다.

이것들 외에도 다른 접근법들이 존재한다. 모노리스의 길 찾기 볼륨도 다른 접근법이며 야외 레벨을 가진 많은 게임은 여전히 그리드 기반 길 찾기 그래프에 의존한다.

실내 기반의 게임들은 자연스럽게 레벨의 부분들을 포털(렌더링 최적화 기술)에 의해 분리되는 섹터로 세분화한다. 이 섹터들은 장거리 경로 계획을 위한 길 찾기 그래프에서 사용되며 자연스럽게 계층적 길 찾기 알고리듬에서 사용된다.

14.2.5 슈터 같은 게임들

다양한 게임은 사람과 같은 캐릭터와 함께 1인칭 또는 3인칭 카메라를 사용한다. 플레이어는 하나의 캐릭터를 조종하며 게임의 뷰포인트로 사용된다.

적 캐릭터들은 일반적으로 사람과 같은 신체적 능력들을 갖고 있다. 슈터 장르라고 표현할 수 없었던 여러 장르가 매우 유사한 AI 기법을 사용하고 있고 당연하게도 동일한 AI 구조들을 갖는 경향이 있다.

똑같은 부분을 다시 설명하기보다는 기본 슈터 장르의 설정에서 무엇이 추가되거나 제거되는지에 대한 관점에서 살펴보자.

플랫폼 그리고 어드벤처 게임들

플랫폼 게임은 1인칭 슈터 게임보다 젊은 게이머들을 대상으로 만들어진다. 주요 설계 목표는 적 캐릭터를 흥미롭고 예측 가능하게 만드는 것이다. 캐릭터의 행동을 명백하게 패턴화시키고 플레이어는 이 적들의 행동을 관찰한 후 약점 그리고 약점을 이용하는 방법을 파악했을 때 보상을 받는다.

이것은 퍼즐을 풀어야 하는 어드벤처 게임도 마찬가지다. 〈비욘드 굿 앤드 이블^{Beyond Good and Evil}〉[192]에서 알파 섹션, 죽지 않는 적은 공격한 후 몇 초 동안 방패를 내린다.

두 경우 모두 AI는 슈터 게임에서 보이는 것과 마찬가지로 비슷하면서도 단순한 기술을 사용할 것이다. 플랫폼 게임들은 보통 날아다니는 적을 갖고 있지만 일반적으로 같은 접근법을 사용한다. 2.5차원(3장 3.1.2절 참조) 또는 3D 이동 알고리듬을 사용한다. 어드벤처 게임의 경우에는 캐릭터 액션을 위해 애니메이션에 더 많은 투자를 한다. 소수의 게임에서 캐릭터 스스로 길을 찾을 수 있도록 하는데 〈잭 앤 덱스터〉[148]는 내비게이션 메시 표현을 사용해 캐릭터가 지능적으로 이동할 수 있도록 해준다.

의사결정은 여전히 간단한 기법을 사용하고 있다. 일반적으로 캐릭터는 두 가지 상태 '플레이어 발견', '정상적인 행동'을 가진다. 정상적인 행동은 정해진 애니메이션을 재생하거나 고정된 순찰 경로를 돌아다니는 것을 의미한다. 〈오드월드Oddworld〉[156] 시리즈에서 일부 동물들은 주인공을 발견할 때까지 배회하기 행동을 사용해 레벨을 돌아다닌다.

캐릭터가 플레이어를 발견하면 찾기 또는 추적하기 행동을 사용해 플레이어를 따라간다. 일부 게임에서 플레이어를 추적할 때 플레이어를 앞서 나가는 것은 제한된다. 또 다른 게임에서는 캐릭터의 이동 능력을 증가시키기도 한다. 예를 들어 〈툼 레이더 3Tomb Raider III〉[96] 및 그 이후에 나온 게임에서는 라라Lara를 잡기 위해 건물들을 올라가기도 한다. 이것은 〈다크소울Dark Souls〉[115] 시리즈에서 더 발전하고 있다. 〈다크소울 3Dark Souls 3〉[117]의 다양한 적은 사다리, 절벽, 환경의 다양한 기능을 사용해 공격할 때 레벨을 가로질러 멀리 이동할 수 있다. 또한 이 게임의 이전 시리즈와는 다르게 배경에 갇히거나 가장자리에서 떨어질 가능성이 적어졌다.

물론 여러 변형이 존재한다. 어떤 캐릭터들은 몇 가지 상태를 더 가질 수 있고 주변에 도움을 요청하거나 거리에 따라 다른 행동들이 있을 수 있다. 하지만 이런 장르의 게임에서 캐릭터들이 목표지향 행동이나 규칙 기반 시스템 또는 웨이포인트 전술과 같은 복잡한 시스템을 사용할 것이라고 생각하지는 않을 것이다.

14.2.6 근접전

14.2.5절에서 〈다크 소울〉과 그 속편들에 대해 언급했는데 이러한 게임들은 슈터 장르라고 보기는 어렵다. 슈터 장르와 액션 게임에는 비슷한 점이 많지만 캐릭터 AI와 관련해서 접근전과 총기 사용은 근본적으로 다르다. 근접 전투 메커니즘은 단순한 것에서부터 복잡한 것까지 다양하게 존재한다. 가장 간단한 것은 단순 시퀀스 애니메이션이며 캐릭터가 무기 범위 내에 있을 때 성공하며, 적들의 확률에 따라 방패 또는 회피를 할 수 있다. 복잡한 격투 게임의 경우 취소, 반전, 콤보, 특수 공격과 같은 굉장히 다양한 메커니즘이 있을 수 있다.

단순한 게임을 넘어 근접전은 근본적으로 타이밍에 관한 것이다. 그림 14.3에 근접 전투 시스템이 움직이는 예를 보여 주고 있다. 여기에는 몇 가지 단계가 있다.

1. 와인드업^{windup} 구간, 공격 애니메이션이 시작됐지만 데미지를 줄 수 없는 구간이며 캐릭터는 이때 공격에 취약하다.

2. 중단 가능 구간, 캐릭터가 데미지를 줄 수 있는 구간이지만 적에 의해 공격이 중단되거나 멈출 수 있다.

3. 무적 구간, 캐릭터가 데미지를 줄 수 있는 구간이지만 멈출 수 없다.

4. 쿨다운^{cool-down} 구간, 공격은 더 이상 피해를 줄 수 없지만 이 구간 동안 다른 행동을 할 수 없다.

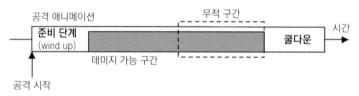

그림 14.3 근접 전투 게임에서 타이밍이 움직이는 예

애니메이션이 재생 중인지, 액션이 처리되고 있는지, 플레이어가 공격당하거나, 중단되거나, 적에게 데미지를 줄 수 있는지의 여부, 현재 재생 중인 애니메이션을 멈추고 다른 액션을 취할 수 있는지와 같은 아주 다양한 기준이 있다. 그림을 살펴보면 어떻게 배치해야 하는지 보여 주고 있지만 각 게임마다 배치하는 방식이 다를 수 있다. 보통 캐릭터 또는 다양한 무기에 따라서 전부 다르다. 거의 모든 경우에서 단계는 동일하더라도 타이밍은 다를 수 있다.

게임 AI는 어떤 움직임을 실행해야 할지 결정해야 할 뿐만 아니라 언제 해야 하는지도 결정해야 한다. 이 책 전체에서 살펴본 것과 동일한 의사결정 도구를 사용할 수 있지만 이를 위해 고유한 알고리듬이 필요한 것은 아니다. 하지만 콘텐츠(예를 들어 상태 기계의 특정 패턴 또는 행동 트리의 노드)는 타이밍을 고려해 디자인돼야 한다. 그림 14.4에 행동 트리의 일부분을 보여 주고 있으며 그림 14.5에는 트리가 타이밍 정보를 고려해 공격이 방어 처리된 경우와 성공적으로 공격 처리가 된 두 가지 경우를 보여 주고 있다.

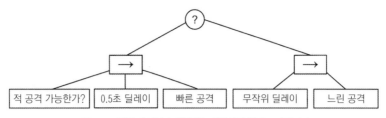

그림 14.4 근접 타이밍과 협동하는 간략화된 행동 트리의 모습

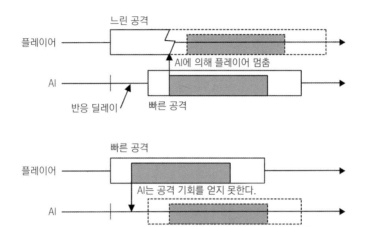

그림 14.5 접근전을 위한 행동 트리의 두 가지 시나리오의 예

근접 전투가 있는 액션 어드벤처 게임에서 캐릭터의 스킬 개발 중 일부는 적들이 행동할 수 있는 패턴들을 이해하고 각 캐릭터들이 플레이어의 액션에 어떻게 반응하는지 이해하는 것이다. 간단한 의사결정 알고리듬은 이 경우 유용하게 사용될 수 있다. 플레이어는 특정 적 캐릭터가 느리게 휘두르는 검에 있어서 반격 처리하는 것을 배우게 될 것이다. 이것은 약간 로봇처럼 보일 수도 있다. 그러므로 약간의 무작위성을 부여해 다섯 번 중에 네 번만 반격 처리하도록 만들 수 있다. 이것 역시 의사결정 트리, 상태 기계 또는 행동 트리를 사용해서 구현할 수 있다.

아주 간단한 도구만 사용한 AI도 정교하게 만들 수 있다. 사실 어떤 공격에도 완벽하게 대응할 수 있는 완벽한 AI를 만드는 것은 비교적 간단하다. 정말 어려운 것은 적당히 도전적인 AI를 만드는 것이다. 그러한 이유로 게임 AI가 과학보다는 예술이라고 보는 견해가 있으며 어떤 기술을 사용하는 것보다 중요한 것은 수많은 플레이 테스트와 게임 튜닝이다.

대규모 멀티플레이어 온라인 게임

대규모 멀티플레이어 온라인 게임^{MMOG}은 보통 수많은 플레이어를 포함한다. 이 장르의 게임의 가장 큰 특징은 게임이 실행되고 있는 서버와 플레이어가 게임을 즐기는 클라이언트 사이의 분리다.

클라이언트와 서버를 구분해서 개발하는 것은 슈터 장르(다른 게임도 마찬가지)의 게임에서도 멀티플레이어 모드 개발을 쉽게 만들어 준다. 하지만 MMOG의 경우 서버는 클라이언트와 같은 컴퓨터에서 실행되지 않고 전용 하드웨어를 갖춘 컴퓨터에서 실행될 것이다. 이렇게 되면 클라이언트는 더 많은 메모리와 프로세서 자원을 사용할 수 있다.

어떤 대규모 멀티플레이어 게임에서 AI는 매우 제한적으로 사용된다. 간단하게 행동하는 동물들이나 크리처에만 AI를 사용한다. 그 외에 게임 내 모든 캐릭터는 사람에 의해서 플레이된다.

이것은 이상적이지만 언제나 실용적인 것은 아니다. 왜냐하면 게임은 플레이어를 필요로 하고 언제 플레이될지 모르기 때문이다.

이처럼 게임 세계가 매우 클 때 AI 개발자가 마주치는 문제는 바로 크기다. 큰 규모의 게임에서도 사용되는 기술은 대체로 슈터 장르에서 사용되는 것과 동일하지만 많은 수의 캐릭터와 큰 규모의 세계를 처리하려면 구현이 다를 필요가 있다. 단순한 A*의 경우에는 5~50여 개의 캐릭터를 사용해도 무방하지만 1,000개의 캐릭터를 처리하는 것은 다른 문제다.

큰 규모의 게임에서 특히 길 찾기나 퍼셉션 처리는 기존과 약간 다르게 처리할 필요가 있다. 이러한 것들 몇 가지를 이미 살펴봤다. 예를 들어 길 찾기는 풀^{pool}을 사용할 수 있고 계층적 길 찾기나 인스턴스 지오메트리를 사용할 수 있다.

14.3 레이싱

레이싱 장르는 개발자에게 가장 전문화된 장르별 AI 작업 중 하나다. 다른 장르와 다르게 모든 AI 작업은 이동에 초점이 맞춰져 있다. 작업 자체는 사실적인 목표 기반 행동이나 똑똑한 전술적 추론 또는 길 찾기를 만드는 것이 아니다. 플레이어는 AI가 자동차를 얼마나 잘 운전하느냐에 따라 AI 능력을 판단할 것이다.

그림 14.6은 레이싱 트랙에서 주행하는 레이싱 게임을 위한 AI 구조를 보여 주고 있다. 그림 14.7은 이런 구조를 도심 주행에 맞게 확장한 버전이다.

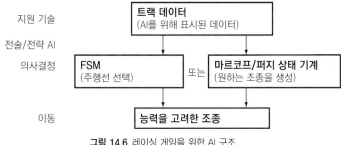

그림 14.6 레이싱 게임을 위한 AI 구조

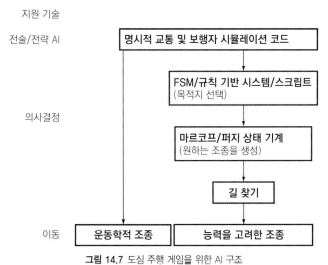

그림 14.7 도심 주행 게임을 위한 AI 구조

14.3.1 이동

레이싱 게임에서 자동차 움직임을 구현하는 두 가지 옵션이 있다. 가장 간단한 접근 방식은 레벨 디자이너가 하나 또는 그 이상의 레이싱 라인을 만들고 차량이 최적의 속도로 이 라인들을 따라가는 것이다. 이렇게 하면 차량은 다소 경직된 움직임을 보일 수 있으며 조종 행동이 전혀 필요하지 않을 수도 있다. 컴퓨터가 조종하는 차량은 간단하게 미리 정의된 경로를 따라가기만 하면 된다.

전형적으로 이런 종류의 라인은 스플라인^{spline}으로 정의되며 수학적 곡선이다. 스플라인은 공간에서 곡선으로 정의되지만 또 다른 추가 데이터도 추가할 수 있다. 스플라인에 추가된 속도 데이터를 통해 AI는 언제든지 차량의 위치와 속도를 알 수 있고 그에 따라 차량을 렌더링할 수 있다. 하지만 이 시스템은 제한이 존재한다. 차량은 서로 추월할 수 없고 충돌이 예상됨에도 불구하고 충돌을 피하지 않을 것이다. 이러한 명백한 제한들을 피하기 위해 추가 코드가 작성된다. 차량이 차선을 벗어날 것 같으면 간단한 조종 행동으로 차선으로 복귀할 수 있도록 할 수 있다.

〈포뮬러 1^{Formula 1}〉[84]과 같은 초창기 버전의 레이싱 게임들은 이 접근법을 사용했으며 〈GTA 3〉[104]과 같은 게임에서 배경에 나타나는 차량들을 제어하기 위해 같은 방법이 사용됐다.

두 번째 접근법은 최근에 출시되는 대부분의 레이싱 게임에서 사용되고 있는 접근법이다. 바로 AI가 자동차를 운전하도록 하는 것이다. 자동차는 물리 시뮬레이션을 기반으로 동작하며 AI나 플레이어가 조종하는 자동차의 입력을 똑같이 사용한다. 한 가지 알아 둬야 할 점은 플레이어가 조종하는 자동차의 물리 처리는 AI가 조종하는 자동차의 물리 처리와는 다소 다른 점이 있다는 것이다.

이런 종류의 게임을 위해 레이싱 라인을 사용하는 것은 매우 흔한 일이다. AI가 조종하는 자동차는 레이싱 라인을 레일의 역할로 사용하기보다는 차를 운전하면서 라인을 따라가려고 한다. 이 의미는 실제로 AI가 자동차를 운전할 때 원하는 대로 라인을 따라갈 수 없다는 것을 의미한다. 왜냐하면 다른 차량들과 부딪혀 밀릴 수도 있기 때문이다. 이것은 또 다른 문제를 야기한다. 〈그란 투리스모^{Gran Turismo}〉[160]는 이 접근법을 사용했기 때문에 플레이어의 차량이 AI 차량과 부딪히면 차선에서 벗어날 수 있으며 이때 AI는 다시 라인으로 복귀하기 위해 노력한다.

차선에 느리게 움직이는 차량이 있으면 추월하기 위해 특별한 조종 행동을 추가한다. 차량은 길게 뻗은 직선 차선이 나올 때까지 기다렸다가 옆으로 지나가면서 추월한다. 이것은 〈그란 투리스모〉에서 〈번아웃^{Burnout}〉[98]까지 많은 레이싱 게임에서 흔히 볼 수 있는 추월 조종 행동이며 고성능 자동차 경주가 아닌 실제 레이싱에서 볼 수 있는 방법이다. 하지만 세계에서 가장 빠른 레이싱 경주(예를 들어 포뮬러 원)에서 추월은 대부분 코너에서 이뤄진다. 이것은 레벨 디자이너가 정의한 레이싱 라인을 사용해 구현할 수 있다. 자동차가 추월하기를 원하면 이 차선의 위치를 설정하고 여기에서 브레이크를 밟고 코너에서 추월하도록 한다. 이러한 설정을 AI 수준에서 자동으로 만들어 주는 경우를 보질 못했고 대부분 디자이너가 수동으로 만들었다.

이 접근법의 변형들은 많은 랠리 게임에서 사용되며 '토끼 추적'이라고 불리기도 한다. 보이지 않는 대상(토끼)은 위치 업데이트 함수를 사용해 레이싱 라인을 따라 이동한다. AI가 조종하는 차량은 이후에 토끼를 목표로 해 이동한다. 이때 '도착하기' 행동을 사용할 수 있다. 토끼는 항상 차량보다 앞서 있기 때문에 코너에서 회전도 먼저하게 되며 차량은 타이밍에 맞게 핸들을 움직여 줘야 한다. 이것은 특히 랠리 게임에 적합한데 왜냐하면 드리프트를 자연스럽게 보여줄 수 있기 때문이다. 차량은 코너 이전에 자동적으로 핸들을 움직이고 물리 시뮬레이션이 차량의 뒷부분을 빠져나오게 만들어 드리프트 효과를 만든다.

다른 개발자들은 레이싱 AI의 부분으로서 의사결정 도구를 사용하기도 했다. 카트 시뮬레이터 〈매니악 카트Manic Karts〉[134]는 레이싱 라인을 사용하지 않고 퍼지fuzzy 의사결정을 사용했다. 근처 카트들의 위치, 앞에 있는 차량 그리고 트랙의 왼쪽, 오른쪽 거리를 사용하고 직접 구현한 마르코프Markov 상태 기계로 다음에 무엇을 할지 결정한다.

〈포르자 모터스포츠Forza Motorsport〉[188]에서는 신경망을 사용해 인간 플레이어를 관찰함으로써 운전하는 방법을 학습시켰다. 게임과 함께 출시된 AI는 개발팀이 수백 시간 동안 신경망을 훈련시킨 결과였다.

14.3.2 길 찾기 그리고 전술적 AI

〈드라이버Driver〉[171]는 기존 레이싱 장르의 게임과는 다른 종류의 장르를 선보였다. 이 게임에는 고정된 트랙이 없다. 게임 자체는 도시를 배경으로 하고 있으며 게임의 목표는 다른 차량을 잡거나 피하는 것이다. 차량은 어느 경로를 택해도 되며 경찰로부터 쫓길 때는 도시 전체를 누비고 다닐 것이다. 그러므로 이런 종류의 게임에는 하나의 고정된 트랙을 사용할 수 없다.

이러한 장르의 게임에서 적 AI가 플레이어로부터 도망갈 때 경로를 따라가거나 플레이어를 잡으려고 할 때 간단한 자동 추적 알고리듬을 사용한다. 〈GTA 3〉에서는 플레이어 위치를 둘러싸고 있는 몇 개의 블록에 대해서만 자동차가 만들어진다. 경찰이 플레이어를 추적할 때 그들은 이 지역의 자동차에서 생성되고 나머지 추가되는 자동차들은 적절한 위치에 설정된다.

플레이어를 추적하는 차량들은 넓은 지역에서 플레이어를 잡기 위해 길 찾기를 수행할 필요가 있다. 이것은 플레이어의 탈출로를 찾아내고 차단하기 위해 전술적 분석을 사용하는 것과 같다. AI는 플레이어를 둘러싸기 위해 간단한 알고리듬을 사용한다. 우리가 알고 있는 최소한 하나의(아직 출시되지 않은) 게임은 현재 플레이어가 이동하고 있는 방향을 기준으로 전술 분석을 실행하고 경찰차 AI에게 길을 막도록 한다. 이후에 경찰차는 전술적 길 찾기를 사용해 플레이어의 경로를 지나치지 않는 위치로 이동한다.

14.3.3 레이싱과 같은 게임들

레이싱 게임에서 사용되는 기본적인 접근법은 다른 장르의 게임에도 적용될 수 있다.

익스트림 스포츠 게임 장르인 〈SSX〉[106]나 더 최근에는 〈스팁Steep〉[190]은 레이싱 게임 메카닉을 핵심 기능으로 사용하고 있다. 그리고 일반적으로 점프했을 때 특정 동작을 요구하는 미니 게임들을 갖고 있다. 이것들은 레이싱 라인에 미리 정의된 포인트들을(예를 들어 캐릭터가 이 지점에 도착하면 특정 동작들을 할 수 있는 시간을 부여한다) 추가해서 구현할 수 있고 의사결정 시스템을 통해 트릭 지속시간을 스케줄링할 수 있다.

미래지향적인 레이싱 게임, 예를 들어 〈와이프아웃Wipeout〉[162]과 같은 게임들도 마찬가지로 레이싱 AI 기술에 기반을 두고 있다. 그리고 이런 종류의 게임에 무기를 포함하는 것도 일반적이다. 이것을 지원하려면 AI 구조에 타기팅(보통 자동으로 추적하는 미사일)과 의사결정(차량은 미사일을 뒤에서 겨냥하기 위해 의도적으로 속도를 줄일 필요가 있다)을 포함할 필요가 있다.

14.4 실시간 전략 게임

〈듄 2Dune II〉[3][198]를 개발한 웨스트우드Westwood는 배급사의 주축이 된 새로운 장르[4]를 만들어 냈다. 전체 게임 판매에서 차지하는 비중은 작지만 PC 플랫폼에서는 가장 잘 팔리는 장르이기도 하다.

---

3   〈듄〉[99]이라는 게임과 혼동해서는 안 된다. 이 게임은 상당히 평범한 그래픽 어드벤처 게임이다.
4   일부 게임 역사가들은 〈허족 쯔바이(Herzog Zwei)〉[184]가 전략 게임으로서 더 오래됐다고 말하지만 AI 관점에서 보면 이 게임은 매우 다르다.

실시간 전략 게임을 위한 핵심 AI 요구 사항들은 다음과 같다.

1. 길 찾기
2. 그룹 이동
3. 전술 및 전략적 AI
4. 의사결정

그림 14.8은 실시간 전략 게임$^{RTS, Real-Time Strategy}$를 위한 AI 구조를 보여 주고 있다. 이는 이전 게임 장르보다 게임플레이 특징에 따라 더 달라진다. 다음 모델은 여러분이 개발할 첫 번째 프로젝트의 시작점으로서 유용할 것이다.

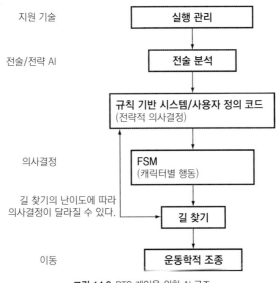

그림 14.8 RTS 게임을 위한 AI 구조

14.4.1 길 찾기

〈워크래프트^{Warcraft}〉[85]와 〈커맨드 앤 컨커$^{Command and Conquer}$〉[199] 같은 초기 RTS 게임들은 게임 자체가 길 찾기 알고리듬이라고 부를 수 있을 만큼 길 찾기 알고리듬의 효율이 굉장히 중요했다. 매우 큰 그리드 기반 레벨(보통 수만개의 타일을 포함하는 경우), 긴 경로 문제(플레이어는 지도의 반대쪽 끝으로 유닛을 이동시킬 수 있다) 그리고 많은 수의 유닛을 사용할 때 길 찾기 알고리듬의 속도가 매우 중요하다.

비록 대부분의 게임들은 더 이상 타일 기반 그래픽을 사용하지 않지만 내부적인 표현은 그리드 기반이다. 많은 게임은 지형을 표현하기 위해 일정한 높이의 배열(높이 필드 또는 하이트필드 height field)을 사용하며 길 찾기에서도 같은 배열을 사용한다. 일부 개발자들은 각 레벨에서 공통된 경로들을 위해 미리 계산된 경로 데이터를 만들어 둔다.

〈스타크래프트 2StarCraft II〉[87]의 경우 폭파될 수 있는 게임 배경 요소를 없애면 내비게이션 그래프가 수정된다. 최근의 〈컴퍼니 오브 히어로즈Company of Heroes〉[173]와 같은 게임에서는 게임 플레이를 통해 지형에 변형을 가할 수 있는데 이럴 때는 미리 계산해 두기가 어렵다.

14.4.2 그룹 이동

게임 〈코한Kohan〉[187]과 〈워해머Warhammer〉[5][141] 같은 게임들은 4명의 캐릭터가 하나의 팀으로서 이동한다. 이것은 미리 정의된 패턴이 있는 포메이션 운동 시스템을 이용해서 구현할 수 있다.

〈홈월드Homeworld〉[172]에서는 포메이션을 3차원으로 확장해 위아래로도 움직일 수 있어 우주에서 비행하는 느낌을 줄 수 있었다. 〈코한〉의 경우 포메이션은 제한된 크기를 갖고 있었지만 〈홈월드〉에서는 개수에 제한이 없도록 했다. 이를 위해서 확장 가능한 포메이션 시스템이 필요하며 유닛의 개수가 변경됨에 따라 슬롯 위치가 달라질 수 있다.

현재 출시되는 대부분의 RTS 게임들은 포메이션 시스템을 사용하고 있다. 거의 모든 것들이 전체적으로 움직이는 고정된 패턴 형태로 포메이션을 정의한다. 〈풀 스펙트럼 워리어Full Spectrum Warrior〉[157]에서 포메이션은 그것을 둘러싼 레벨의 특징에 따라 달라진다. 벽 옆으로 분대는 하나의 선을 가정하고, 숨을 수 있는 장애물 뒤, 몸을 웅크리고, 열린 곳에서 대형을 만든다. 플레이어는 포메이션의 모양을 간접적으로 조종만 할 수 있을 뿐이다. 플레이어는 분대가 이동해야 하는 곳을 결정하고 AI가 어떤 포메이션을 사용할지 결정한다. 이 게임은 다른 게임과는 다르게 캐릭터가 이동한 후에만 캐릭터의 최종 위치를 조절한다는 점이다. 이동하는 중간에 유닛들은 독립적으로 움직이며 요청이 있을 경우에 서로 커버해 준다.

---

5 〈워해머〉는 캐릭터를 성장시키는 관점에서 스스로 롤플레잉 게임이라고 설명하지만 게임 플레이 자체는 RTS라고 봐야 한다.

14.4.3 전술적 그리고 전략적 AI

초기 RTS 게임들이 길 찾기를 사용하면서 게임 AI를 개척했다면 1990년대 후반에 나온 게임들은 전술적 AI를 개척했다. 영향력 매핑^{influence mapping}은 RTS 게임에서 사용하기 위해 고안됐고 최근에는 다른 장르의 게임에서도 이것을 사용하기 위해 연구 중이다.

지금까지 전술적 그리고 전략적 AI의 결과물들은 길 찾기에서 사용하기 위한 가이드로서 역할을 했다. 초기 예제로서 〈토탈 어나힐레이션^{Total Annihilation}〉[94]을 들 수 있다. 여기서 유닛들은 지형의 복잡성을 고려하며 경로를 돌아다니며 분석된 내용이 게임 내 전략적 의사결정에도 사용된다.

두 번째로 일반적인 적용은 건설을 위한 장소 선택에 있다. 영향력 지도는 플레이어가 통제 가능한 장소를 알려 줄 수 있고 여기에 중요한 건물들을 지을 수 있다. 게임 내에 사용되는 벽은 하나의 위치를 차지할 수 있고 많은 RTS 게임에서 흔하게 사용되는 기능 중 하나다. 예를 들어 〈워크래프트〉에서 벽은 레벨 디자이너에 의해 만들어졌다. 〈엠파이어 어스^{Empire Earth}〉[179]에서 벽 건설을 위한 AI는 영향력 매핑과 공간 추론을 조합해 구현했다(AI는 적들의 위치와 경제에 관련된 건물 사이에 벽을 배치하려고 시도한다).

게임 AI 업계에서는 전술적 분석을 통해 적군의 포메이션에서 취약점을 찾고, 이것을 부수기 위한 대규모 병력 배치에 대한 많은 논의가 있어 왔다. 이것은 거의 모든 RTS 게임에서 필요로 하는 기능이다. AI는 유닛을 무작위로 이동시키지 않고 적들이 있다고 판단되는 곳으로 유닛을 이동시킨다. 〈엠파이어: 토탈워^{Empire: Total War}〉[186]에서 AI는 미사일 무기와 대포의 사정권 밖에서 이동하며 여러 측면에서 공격을 감행한다. 이러한 분석은 바람이 중요한 해상전에서 특히 더 어렵다.

전술 및 전략적 AI는 공격 가능한 전략들의 전술적 분석과 취약점을 공격하기 위한 공격 루트를 알아내는 것과 같은 잠재력을 갖고 있다. 나는 이 정도의 분석을 활용하는 몇 안 되는 회사들만 봤다.

전술적 분석은 RTS 게임과 매우 밀접하게 관련돼 있기 때문에 6장에서 이 부분에 대한 설명을 많이 했다. 이제 남은 것은 컴퓨터가 조종할 것으로 기대하는 행동들을 분석하고 실행하기 위한 적절한 분석 세트를 선택하는 것이다.

14.4.4 의사결정

RTS 게임에서 의사결정이 이뤄져야 하는 몇 가지 계층이 있기 때문에 항상 다중 계층 AI 접근법을 필요로 한다.

간단한 의사결정은 종종 개별적인 캐릭터에 의해 수행되기도 한다. 예를 들어 〈워크래프트〉의 궁수들은 현재 위치를 유지할 것인지 아니면 적과 싸우기 위해 이동할 것인지 스스로 결정한다.

중간 레벨에서 캐릭터의 포메이션이나 그룹은 의사결정을 내려 줄 필요가 있다. 예를 들어 〈풀스펙트럼 워리어〉에서 분대원들은 적군의 공격에 노출됐을 때 커버하기 위한 결정을 내릴 수 있다. 이 결정은 이후에 각 개별적인 캐릭터에게 전달되며 커버하기 가장 좋은 행동을 수행한다(예를 들어 바닥에 엎드리는).

대부분의 까다로운 의사결정은 게임 내 전반적인 상황을 고려해서 이뤄진다. 일반적으로 자원수집, 연구, 건설, 유닛 업그레이드, 병력 생산과 같은 모든 것이 동시에 이뤄진다.

각 요소는 별개의 AI 컴포넌트로 생성될 수 있는데 이것은 게임의 복잡성에 따라 다르게 구현될 수 있다. 예를 들어 연구의 순서를 결정할 때 각각의 연구 결과에 대한 숫자 중 가장 높은 값을 선택해 연구를 진행할 수 있다. 다른 방법은 다익스트라와 같은 알고리듬을 사용해 최적의 경로를 찾은 후 목표를 이룰 수도 있다.

〈워크래프트〉와 같은 게임에서 이러한 AI 모듈들은 독립적으로 동작한다. AI는 이후에 지어야할 건물을 위해 필요한 자원을 확보하기 위해 계획하지 않는다. 대신 현재 갖고 있는 자원에서 가장 균형 잡힌 결정을 내릴 뿐이다. 비슷하게 적과 싸우기 위한 AI 로직은 충분한 병력이 집결될 때까지 기다린다.

〈워크래프트 3〉[86]과 같은 게임은 일부 또는 전체에 영향을 줄 수 있는 중앙 제어형 AI를 사용한다. 이 경우 AI가 공격형 게임을 원한다고 할 때 건설, 유닛 훈련을 포함한 모든 것이 공격형으로 수행된다.

RTS 게임에서 다양한 수준의 AI는 보통 군사 계급(장군, 대령, 중령과 같은)으로 이름 짓는다. 이러한 체계는 일반적이긴 하지만 각 단계별로 어떻게 이름을 붙여야 하는지에 대한 것은 합의가 이뤄지지 않아 혼란스러울 수 있다. 어떤 게임에서는 일반 AI가 모든 것을 처리할 수도 있고, 또 다른 게임에서는 최상위 AI의 지도하에 전투 부분만 담당하는 AI가 있을 수도 있다.

일반적으로 대부분의 의사결정은 상태 기계와 의사결정 트리를 사용한다. 마르코프 또는 다른 확률론적 방법들은 다른 장르의 게임보다 RTS 게임에 잘 어울린다. 병력 배치에 대한 의사결정은 주로 전술적 분석 엔진의 출력에 의존하는 간단한 규칙 집합(규칙 기반 시스템이라고 부르기도 하지만 보통은 하드 코딩된 IF-THEN 문들이다)을 사용한다.

14.4.5 모바

멀티플레이어 온라인 배틀 아레나는 2010년대 초에 가장 중요한 게임 장르 중 하나가 됐다. 처음에는 〈워크래프트 3〉[86]의 모드/맵인 'Defense of the Ancients'로 처음 시작해 경쟁자인 〈리그 오브 레전드League of Legends〉[175]와 또 다른 게임 〈도타 2Dota 2〉[195]와 함께 유명해졌다. 새로운 장르에서 경쟁하기 위해서 다른 게임들도 많이 출시됐지만 상업적으로 성공을 거둔 게임은 없다. 이 책을 쓰는 시점에서 배틀 로얄Battle Royale 장르로 옮겨졌지만 여전히 e 스포츠 영역에서는 모바MOBA, Multiplayer Online Battle Area가 가장 중요한 게임 장르로서 자리를 지키고 있다. 상금이 가장 높은 게임 20개의 e 스포츠 토너먼트 게임 중 18개가 MOBA 게임에 해당한다.

이 장르의 기원은 여전히 실시간 전략 게임이며 AI 역시 마찬가지다. 게임에는 두 가지 유형의 캐릭터, 영웅과 크립(게임에 따라 미니언minion 또는 몹mob이라고 한다)이 존재한다. 영웅은 플레이어가 조종할 수 있으며 AI 봇들은 인간 플레이어와 싸우기 위해서 만들어졌지만 인간 플레이어를 이길 만큼 똑똑하지 않다. 미니언들은 RTS 게임에서 각각의 유닛과 비교할 수 있는데 고정된 동선을 따라가거나 맵 속에 배치(〈도타〉 또는 〈리그 오브 레전드〉에서 정글이라고 말하는)돼 있다. 라인에 존재하는 미니언은 한 팀에 소속되며 다른 팀의 영웅 또는 미니언들을 공격한다. 정글 몹들은 자신을 공격하는 캐릭터 모두를 공격한다. 특히 공격 상태에 있은 때 정글 몹들은 가장 가까운 적들을 공격한다.

미니언은 간단하고 예측하기 쉽도록 설계됐지만 게임을 플레이하는 기술의 일부는 이러한 미니언의 단순한 행동에 변화를 주기 위해 미니언을 조작하고 공격을 예상하거나 공격을 다른 곳으로 돌리는 플레이를 한다. 이러한 이유로 가장 간단한 AI 기법이 주로 사용되며 정교한 AI를 가져서는 안 된다. 따라서 보통 간단한 상태 기계로 구현하는 것으로 충분하다.

미니언의 이동이 매우 제한적이기 때문에(동선을 따라가거나 적을 향해 단순히 이동) 길 찾기는 거의 사용되지 않는다. 〈도타〉에 영감을 받은 일부 게임의 경우 영웅이 소환하면 뭔가를 배달해 주는 자율적인 행동을 가진 유닛이 있는데 이 경우 길 찾기 기능이 필요할 수도 있지만 대부분은 길 찾기를 사용하지 않기 위해 비행 유닛으로 구현된다.

전반적으로 모바 게임을 위한 AI 요구 사항들은 RTS 게임보다 적다. RTS 게임처럼 동시에 많은 유닛들이 전투를 치를 수는 있지만 AI의 경우 기본적인 의사결정 및 스티어링을 제외한 다른 정교한 AI를 필요로 하는 경우는 없다.

14.5 스포츠

스포츠 게임들은 주요 스포츠 프랜차이즈 게임인 〈매든 NFL 18^{Madden NFL 18}〉[108]부터 당구 시뮬레이션 게임인 〈월드 스누커 챔피언십^{World Snooker Championship}〉[102]까지 다양하다. 스포츠에는 엄청난 지식을 갖고 있는 전문가들이 많고 쉽게 사용 가능하다는 장점이 있다. 하지만 이러한 지식들이 언제나 게임에 적용하기가 쉬운 것은 아니며 인간 수준의 AI를 만드는 것은 굉장히 도전적인 일이기도 하다.

팀 스포츠의 경우 가장 도전적인 것은 다양한 캐릭터가 팀의 나머지 부분들을 고려한 상황에 반응하도록 만드는 것이다. 야구 또는 축구와 같은 스포츠는 매우 강력한 팀 패턴들을 갖고 있다. 예를 들어 3장에서 소개한 야구의 더블 플레이가 좋은 예다(그림 3.62 참고). 야수들의 실제 위치는 공이 어디에 맞았느냐에 따라 달라지겠지만 전체적인 움직임 패턴은 항상 똑같다.

그 결과 스포츠 게임들은 일반적으로 다중 계층 AI를 사용한다. 높은 레벨에서 AI는 전략적 의사결정을 내리며 낮은 레벨에서 AI는 게임 이벤트에 반응해 주어진 패턴을 플레이하는 모션을 수행한다. 가장 낮은 수준에서 개별적인 플레이어들은 자신만의 AI 의사결정을 가진다. 테니스 같은 팀플레이 스포츠가 아닌 경우에는 중간 계층을 생략하기도 한다. 그림 14.9에서 전형적인 스포츠 게임들의 AI 구조를 볼 수 있다.

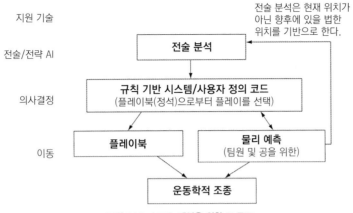

전술 분석은 현재 위치가
아닌 향후에 있을 법한
위치를 기반으로 한다.

지원 기술

전술/전략 AI

전술 분석

의사결정

규칙 기반 시스템/사용자 정의 코드
(플레이북(정석)으로부터 플레이를 선택)

이동

플레이북

물리 예측
(팀원 및 공을 위한)

운동학적 조종

그림 14.9 스포츠 게임을 위한 AI 구조

14.5.1 물리 예측

많은 스포츠 게임은 물리에 영향받는 움직이는 공을 갖고 있다(테니스공, 축구공, 당구공과 같은).
각각의 경우 AI는 의사결정을 위해 공이 어떻게 움직일지 예측해야 할 필요가 있다.

게임 내에서 공의 역학 계산이 복잡한 경우 결과를 예측하기 위해 물리가 실행될 필요가 있다.

야구, 축구와 같이 간단한 역학을 가진 경우에는 공의 궤적을 비교적 쉽게 예측할 수 있으며
3장에서 살펴본 발사체 예측과 같다.

또한 스포츠 게임에서도 슈팅 게임에서 사용했던 같은 총 쏘기 솔루션을 사용할 수 있다.

14.5.2 플레이북 그리고 콘텐츠 생성

잘 만들어진 플레이북^{playbook}을 구현하는 것은 스포츠 AI가 가질 수 있는 공통적인 문제다. 플
레이북은 팀이 가진 특정 상황에서 사용할 수 있는 일련의 이동 패턴으로 구성된다. 플레이북
은 전체 팀을 지칭하기도 하지만 그룹 내 개별적인 선수들을 지칭할 수도 있다. 여러분의 게임
이 플레이북 플레이를 포함하지 않으면, 실제 스포츠를 즐기는 게이머들은 게임이 부족하다고
느낄 것이다.

3장의 조직적 움직임 절에서 캐릭터가 올바른 시간에 이동하는지 확인하기 위한 알고리듬을
설명했었다. 이것은 일반적으로 팀 멤버들이 현실적으로 움직이게 하기 위해 포메이션 시스템
과 통합될 필요가 있다.

플레이북을 구현하는 기술 외에도 플레이를 어떻게 만들어 낼 수 있는지에 대한 고민도 해야 한다. 게임에 플레이가 들어가기 위해서는 이러한 콘텐츠를 쉽게 만들어 낼 수 있는 방법이 필요하다. 일반적으로 프로그래머들은 최종 게임에 들어가는 모든 플레이를 알 수 없을 것이고 이러한 플레이들을 모두 테스트할 수도 없다. 스포츠 전문가가 최종 게임을 위한 패턴을 만들기 위해 가장 중요한 것은 포메이션과 동기화된 모션이다.

14.6 턴 기반 전략 게임

턴 기반 전략 게임들은 보통 RTS 게임에서 사용한 AI와 같은 기술을 사용한다. 초기 턴 기반 게임은 기존 보드 게임들(〈3D 틱택톡^{3D Tic-Tac-Toe}〉[80])의 변형 또는 단순한 책상용 전쟁 게임(《컴퓨터 비스마르크^{Computer Bismark}》[180])이었다. 두 게임 모두 보드 게임에서 사용된 미니맥스와 같은 기술을 사용했다(9장 참고).

전략 게임들이 점점 더 정교해짐에 따라 각 턴에 움직일 수 있는 동작의 수가 엄청나게 늘어났다. 최근 게임들, 예를 들어 〈시드 마이어의 문명 4^{Sid Meier's Civilization VI}〉[113]의 경우 각 이동이 이산적이라도(예를 들어 캐릭터는 하나의 그리드에서 다른 그리드로 바로 이동 가능하다) 플레이어 턴에 움직일 수 있는 가능한 수에 제한이 없다. 〈웜즈^{Worms}〉[182] 시리즈와 같은 게임에서는 상황이 훨씬 크다. 플레이어의 턴에 각 캐릭터를 조종할 수 있고 이들은 3차원에서 움직인다. 즉 캐릭터는 어느 곳으로 갈 수 있으며 이때 미니맥스 기술은 그다지 도움이 되지 않는다.

대신, 사용된 기술들은 RTS 게임에서 사용되는 기술들과 매우 유사하다. 턴 기반 게임은 비슷한 종류의 캐릭터 이동 AI를 필요로 한다. 턴 기반 게임이라고 해서 특별히 다른 이동 알고리듬을 사용할 필요가 없기 때문이다. 이동 알고리듬 또는 직접적인 위치 업데이트로도 충분하다(즉 캐릭터를 원하는 위치에 바로 배치해도 된다). 더 높은 수준에서 경로 계획, 의사결정, 전술 및 전략적 AI는 같은 기술을 사용하며 풀어야 할 도전적인 문제들도 비슷하다.

그림 14.10에 턴 기반 전략 게임을 위한 AI 구조를 볼 수 있다. 그림 14.8의 RTS 게임 구조와 매우 비슷한 것을 알 수 있을 것이다.

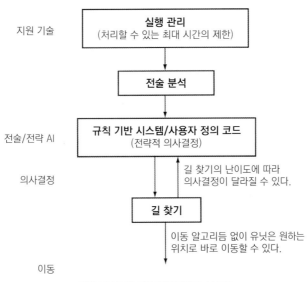

그림 14.10 턴 기반 전략 게임의 AI 구조

14.6.1 타이밍

턴 기반과 실시간 전략 게임들의 가장 큰 차이점은 컴퓨터와 플레이어 모두 지켜야 하는 시간이다.

동시에 시간이 많이 걸리는 작업(렌더링, 물리, 네트워킹 등)들을 하려 하지 않는다면 실행 관리 시스템의 필요성은 줄어든다. 보통 AI 처리는 운영체제 스레드를 사용해 수 초에 걸쳐 실행하는 것이 일반적이다.

그러나 이것은 타이밍^{timing} 이슈가 없다고 말하는 것은 아니다. 플레이어들은 보통 이동을 결정하는 데 제한 시간이 없다. 만약 동시에 여러 행동이(병력 이동, 경제 관리, 연구, 건설 등) 가능하다면 플레이어는 조합을 최적화하는 데 시간을 할애해 턴을 최대한 활용할 수 있다. 이런 수준의 플레이를 AI가 하려면 생각보다 구현하기가 만만치 않다. 이를 구현하려면 AI 도구를 쉽게 만들기 위한 의사결정 구조, 전술 분석을 쉽게 하기 위한 레벨의 물리적인 속성 선택, 검색하기 쉬운 연구 트리, 적은 턴을 사용해 같은 목적을 이루는 방법을 사용하는 것 등을 통해 달성될 수 있다. 또한 개발을 하면 할수록 결국에는 실행 관리가 필요할 것이다.

RTS 게임과 마찬가지로 게임의 특징에 따라 다양한 의사결정 도구들이 있다(경제 시스템, 연구 시스템 등). 턴 기반 게임에서 이런 알고리듬의 동작 속도를 최대한 빠르게 만드는 것이 좋다.

왜냐하면 추가로 남는 시간이 있을 때 특정 알고리듬에서 시간을 더 많이 사용하고 특히 전술 분석에 유용하기 때문이다.

14.6.2 플레이어 도와주기

턴 기반 게임(RTS 게임에서도 같은 기술이 사용되지만 훨씬 작은 수준)에서 AI의 다른 기능은 플레이어가 생각하지 않아도 되는 부분들을 자동으로 결정해 줄 수 있도록 돕는 것이다.

〈마스터 오브 오리온 3 Master of Orion 3〉[163]에서 플레이어는 매우 다양한 의사결정을 AI에게 할당할 수 있다. 이후에 AI는 같은 의사결정 구조를 사용해 플레이어를 돕는다.

이러한 방식으로 보조 AI를 지원하려면 전략적 정보가 없는 의사결정 도구를 만들어야 한다. 예를 들어 식민지 건설을 위한 행성을 결정하는 AI 모듈이 있을 때 어느 방향으로 먼저 확정하려는지 알고 있다면 더 나은 결정을 내릴 수 있을 것이다. 이런 결정이 없다면 가장 가까우면서 안전한 쪽이 선택될 것이다.

고수준 의사결정에서 얻어진 결과와 함께 모듈이 플레이어를 지원하려면 플레이어의 전략이 무엇이 될 것인지 결정할 필요가 있다. 이것은 단순히 관찰만 해서는 알기가 어렵다. 나는 지금까지 이것을 시도한 어떤 게임도 찾을 수가 없었다. 〈마스터 오브 오리온 3〉는 문맥 자유 의사결정을 사용하기 때문에 플레이어 또는 적 모두 같은 모듈을 사용할 수 있다.

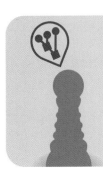

AI 기반의 게임 장르   15장

대부분의 게임은 사용하고 있는 AI 기술들을 게이머가 알아차리지 못하도록 만들어 진다. 즉 눈에 띄는 AI는 일반적으로 좋은 AI가 아니다. 하지만 특정 AI 기술을 게임 메커니즘으로서 사용하는 게임들이 있는데 이러한 게임들은 게이머가 어떠한 조작을 함으로써 게임 내 캐릭터들의 마음을 조정하고 이것을 게임의 재미로서 느낀다.

AI 프로그래머로서 이런 종류의 타이틀을 더 많이 볼 수 있다면 좋겠지만 아직까지는 이러한 스타일의 게임들은 많이 출시되지 않았다.

15장에서는 AI 중심의 게임 플레이에 대한 두 가지 옵션을 살펴볼 것이다. 앞으로 설명할 장르의 게임들은 상업적으로 성공한 소수의 타이틀이다. 기존 게임 장르에서 채용할 수 있을 만한 독특한 게임 플레이 메커니즘이 발견될 수도 있지만 같은 접근법을 사용하는 게임들이 더 많이 만들어질 것인지는 예측하기 어렵다.

각 게임의 유형에 따라 게임 플레이를 지원하는 일련의 기술들을 설명할 것이다. 각 장르의 특정 게임에 대한 세부 사항은 특허가 없지만, 알고리듬의 세부 사항들은 대부분 기밀 사항이다. 심지어 정보가 어느 정도 있다고 해도 출시된 게임의 개수가 많지 않아 어떤 것들이 동작했는지 안 했는지는 알기가 어렵다. 따라서 15장의 내용은 다소 추측이 있을 수 있지만 대안을 제시하기 위해 노력할 것이다.

15.1 캐릭터 가르치기

서툰 캐릭터에게 여러분의 의지에 따라 행동하도록 가르치는 것은 여러 게임에서 나타났다. 그러한 종류의 원조 게임인 〈크리처Creatures〉[101]는 1996년에 발표됐으며[1] 〈블랙 앤 화이트 Black and White〉[131]가 가장 유명하다.

소수의 캐릭터(〈블랙 앤 화이트〉에서는 단 하나)는 플레이어의 피드백을 받아 자신이 본 행동을 수행하는 방법을 배우는 학습 메커니즘을 갖고 있다. 관찰적 학습 메커니즘은 다른 캐릭터와 플레이어의 액션을 보고 그것들을 복제하려고 한다. 액션을 복제할 때 플레이어는 같은 액션이 다시 수행되지 않도록 장려하기 위해 긍정적 또는 부정적 피드백(보통 때림이나 간지럽힘)을 줄 수 있다.

15.1.1 액션 표현

관찰적 학습의 기본 요구 사항은 데이터의 이산적 조합으로 게임에서 액션을 표현하는 능력이다. 그러면 캐릭터는 약간의 변형도 가능하며 스스로 이 액션들을 흉내내는 것을 배울 수 있다.

대개 액션은 세 아이템, 즉 액션 자체, 액션의 선택적 목적어object, 선택적 간접 목적어로 표현된다. 예를 들어 액션은 '싸움', '던짐', 또는 '수면'일 수 있다. 주어는 '적'이나 '바위'일 수 있다. 그리고 간접 목적어는 '칼'일 수 있다. 모든 액션이 목적어를 필요로 하는 것은 아니다(예를 들어 수면). 그리고 주어를 갖는 모든 액션이 간접 목적어를 갖는 것은 아니다(예를 들어 던짐).

어떤 액션은 여러 형태로 나타날 수 있다. 예를 들어 바위를 던지거나 바위를 특정인에게 던질 수 있다. 따라서 던짐 액션은 항상 목적어를 갖고 선택적으로 간접 목적어도 가질 수 있다.

구현에서는 사용 가능한 액션의 데이터베이스가 있다. 각 타입의 액션에 대해 게임은 그것이 목적어나 간접 목적어를 필요로 하는지 기록한다.

캐릭터가 뭔가를 할 때 액션 구조체가 그것을 표현하기 위해 만들어질 수 있다. 액션 구조체는 액션 타입과 필요하다면 목적어와 간접 목적어로서 행동하는 게임에서의 세부 사항으로 구성된다.

---

1   스티브 그랜드(Steve Grand)는 크리처 디자이너로서 내부가 어떻게 동작하는지 설명하는 책[19]을 썼다. 20년이나 지난 책이지만 내용을 보면 얼마나 미래지향적인지 놀랄 것이다.

```
1   Action(fight, enemy, sword)
2   Action(throw, rock)
3   Action(throw, enemy, rock)
4   Action(sleep)
```

이것은 액션을 표현하는 기본적인 구조체다. 다른 게임은 더 복잡한 액션을 표현하는 액션 구조체에 다른 수준의 복잡함을 추가할 수도 있다(예를 들어 간접 목적어와 목적어 외에 특정 위치를 요구한다).

15.1.2 세계 표현

액션에 추가해 캐릭터는 세계를 만들 수 있어야 한다. 이것은 액션을 문맥에 연관시킬 수 있게 한다. 예를 들어 음식을 먹는 방법을 배우는 것은 좋지만 적에게 공격받고 있을 때는 아니다. 그때는 달아나거나 싸울 시간이다.

제공된 문맥 정보는 대개 좁은 편이다. 많은 양의 문맥 정보는 행동을 개선시킬 수 있지만 학습 속도를 극도로 감소시킨다. 플레이어가 캐릭터를 가르칠 책임이 있기 때문에 플레이어는 비교적 짧은 시간에 명백한 향상을 보기를 원한다. 이것은 명청한 행동을 초래하지 않고 가능한 한 빨리 학습이 돼야 함을 의미한다.

대개 캐릭터의 내부 상태는 소수의 중요한 외부 데이터와 함께 문맥에 포함된다. 이것은 가장 가까운 적과의 거리, 안전지대(집이나 다른 캐릭터)까지의 거리, 시각, 보고 있는 사람의 수나 다른 게임에 의존적인 양을 포함할 수 있다.

일반적으로 캐릭터가 정보를 제공받지 않으면 의사결정할 때 무시하는 효과가 있다. 이것은 특정 조건에서 의사결정이 부적절하면 그 조건들이 캐릭터에게 표현돼야 함을 의미한다.

문맥 정보는 일련의 매개 변수 값(흔한 기법) 또는 이산적 사실의 집합(액션 표현과 매우 비슷한)의 형태로 캐릭터에게 제공될 수 있다.

15.1.3 학습 메커니즘

여러 학습 메커니즘이 캐릭터에게 가능하다. 이 장르의 발표된 게임들은 신경망과 의사결정 트리 학습을 사용해 왔다. 이 책으로부터 나이브 베이즈$^{Naïve\ Bayes}$와 강화 학습이 시도할 만한 흥미로운 방법일 수 있다. 광범하게 실행된 예제로 15.1.3절에서 신경망을 사용하는 것을 볼 것이다.

신경망 학습 알고리듬에 대해서는 감독의 두 타입, 즉 관찰로부터의 강한 감독과 플레이어 피드백으로부터의 약한 감독이 희미하게 있다.

신경망 아키텍처

이 타입의 게임에 여러 망 아키텍처가 사용될 수 있지만, 그림 15.1에 나타난 것처럼 멀티레이어 퍼셉션multi-layer perceptron망이 사용된다고 가정한다. 이것은 7장에서 구현됐고 최소한의 수정으로 적용될 수 있다.

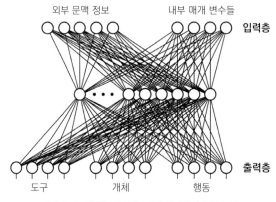

그림 15.1 생물을 가르치는 게임에 대한 신경망 구조

신경망에 대한 입력 층은 게임 세계로부터 문맥 정보를 받는다(캐릭터의 내부 매개 변수를 포함).

신경망에 대한 출력 층은 액션의 타입을 컨트롤하는 노드들과 액션의 목적어 및 간접 목적어로 구성된다(여기에 액션을 만드는 데 필요한 다른 정보들도 추가해).

학습과 독립적으로, 망은 현재 문맥을 입력으로 제공하고 출력된 액션을 읽음으로써 캐릭터에게 의사결정을 하게 할 수 있다.

필연적으로 대부분의 출력 액션은 올바르지 않을 것이다(그때에 해당 액션이 가능하지 않거나 목적어 또는 간접 목적어가 사용 가능하지 않을 수 있다). 그러나 올바른 액션이 수행된다. 액션이 제시될 때마다 약하게 감독되는 학습 단계를 통함으로써 올바르지 않은 액션을 자제하게 할 수 있다. 실제로는 이것이 단기간에 성능을 향상시키지만 장기간으로는 병적인 상태를 초래할 수 있다(15.1.4절 참고).

관찰적 학습

관찰에 의해 학습하기 위해서는 캐릭터가 다른 캐릭터나 플레이어의 액션을 기록한다. 이러한 액션이 시야에 있는 한, 정보를 사용해 배운다.

먼저, 캐릭터가 본 액션의 표현과 현재 문맥의 표현을 찾을 수 있어야 한다. 그러면 입력–출력 패턴으로 신경망을 훈련시킬 수 있다. 한 번 또는 망이 입력에 대해 올바른 출력을 배울 때까지 반복적으로 수행돼야 한다.

학습 알고리듬에 하나만 통과하도록 하는 것은 캐릭터의 행동에 작은 변화를 가져오는 경향이 있다. 반면에 여러 반복을 실행하는 것은 망이 이미 배운 유용한 행동을 잊어버리게 할 수 있다. 학습과 망각의 속도에 적당한 균형을 찾는 것이 중요하다. 플레이어는 그의 생물이 학습이 느리다면 다시 가르치는 것에 좌절할 수 있다.

마음 읽기

관찰에 의한 학습의 한 가지 중요한 이슈는 관찰된 액션을 매치하기 위해 문맥 정보를 결정하는 것이다. 배고프지 않은 캐릭터가 배고픈 캐릭터가 먹는 것을 관찰한다면, 그것은 배고프지 않은 것과 먹는 것을 연관시키는 것을 배울 수 있다. 다시 말해, 자신의 문맥 정보는 다른 이의 액션에 매치될 수 없다.

플레이어가 대부분의 가르침을 행하는 게임에서 이 문제는 일어나지 않는다. 대개 플레이어는 캐릭터에게 다음에 무엇을 할지 보여 주려고 노력한다. 캐릭터의 문맥 정보가 사용될 수 있다.

캐릭터가 다른 캐릭터를 관찰하는 경우에 그것 자신의 문맥 정보가 관련이 없다. 실제 세계에서 다른 이의 액션을 볼 때 그의 모든 동기와 내부 과정을 이해하는 것은 불가능하다. 우리는 다른 이가 액션을 수행하기 위해 무엇을 생각해야 하는지 짐작하고 마음을 읽으려고 한다. 게임 상황에서 우리는 관찰된 캐릭터의 문맥 정보가 변하지 않음을 활용할 수 있다.

비록 다른 이의 생각을 아는 어려움을 나타내기 위해 어떤 불확실성을 추가할 수 있지만, 실제에서 이것은 캐릭터를 더 현실감 있게 만들지 않고 극적으로 학습 속도를 느리게 한다.

피드백 학습

피드백에 의해 학습하기 위해 캐릭터는 최근 입력에 대해 그것이 만든 출력의 리스트를 기록한다. 이 리스트는 적어도 몇 초 뒤로 거쳐야 한다.

피드백 이벤트가 플레이어로부터 도착할 때(예를 들어 때리거나 간지럽히기) 정확히 어떤 액션에 플레이어가 기뻐했거나 화났는지 알 방법이 없다. 이것은 전통적인 AI의 '원인 할당 문제'다. 일련의 액션에서 무엇이 도움이 됐고 그렇지 않은지 어떻게 알 수 있을까?

수 초간의 입출력 쌍 리스트를 유지함으로써 사용자의 피드백이 전체 액션 연쇄에 관련된다고 가정한다. 피드백이 도착할 때 시간이 지남에 따라 입출력 쌍을 강화하거나 약화시키기 위해 신경망이 훈련된다(약하게 감독된 방법을 사용해).

과거로 갈수록 입출력 쌍의 피드백을 점점 줄이는 것이 자주 유용하다. 캐릭터가 피드백을 받으면 그것은 대개 몇 초 전에 수행된 액션에 대한 것일 가능성이 많다(이보다 더 적은 시간이고 사용자가 때리거나 간지럽히기 위해 커서를 아직 움직이는 시간).

15.1.4 예측 가능한 정신 모델

이러한 종류의 게임에는 AI의 공통적인 문제점이 있는데 플레이어의 액션이 캐릭터에 미치는 영향이 무엇인지 알기 어렵다는 것이다. 게임의 한 시점에 캐릭터가 매우 쉽게 배우는 것처럼 보인다. 반면에 다른 시점에서는 플레이어를 완전히 무시하는 것처럼 보인다. 캐릭터를 실행시키는 신경망이 어떤 플레이어에게도 이해되기 너무 어려워서 종종 잘못된 행동을 하는 것처럼 보일 수 있다.

플레이어 기대는 좋은 AI를 만드는 데 필수적인 요소다. 2장에서 논의된 바와 같이 캐릭터는 매우 지능적인 것을 할 수 있다. 그러나 플레이어가 보고자 기대하는 것이 아니라면 그것은 종종 멍청하게 보일 수 있다.

위 알고리듬에서 플레이어로부터의 피드백은 여러 입출력 액션에 분배된다. 이것은 기대하지 않은 학습의 일반적인 원인이다. 플레이어가 피드백을 줄 때 판정하는 것이 어떤 특정한 액션이나 액션의 부분인지 말할 수 없다.

예를 들어 캐릭터가 바위를 집어먹으려고 하면 플레이어는 바위는 먹기에는 나쁜 것이라는 것을 가르치기 위해 캐릭터를 때린다. 조금 이따가 캐릭터가 독버섯을 먹으려고 한다. 다시 플레이어는 때린다. 플레이어에게는 캐릭터에게 무엇이 먹기에 좋고 나쁜지를 가르치는 것이 논리적으로 보인다. 그러나 캐릭터는 단지 '바위를 먹는 것'이 나쁘고 '독버섯을 먹는 것'이 나쁨을 이해한다. 신경망이 대개 일반화에 의해 학습하므로 플레이어는 단순히 캐릭터에게 먹는 것이 나쁨을 가르친 셈이다. 생물은 서서히 굶어서 건강한 것도 먹지 않으려고 한다. 결국 올바른 것을 먹어서 플레이어의 간지럼을 받을 기회를 얻지 못했다.[2]

이러한 혼합된 메시지는 종종 급작스럽게 캐릭터의 행동을 나쁘게 할 수 있는 원천이다. 플레이어는 캐릭터가 더 잘하고 올바른 방법으로 행동하는 것을 기대하지만, 종종 그것은 정체기에 접어들어 더 나빠지는 것처럼 보인다.

이러한 문제를 해결하는 일반적인 절차는 없으며 이 방법의 약점이기도 하다. 그러나 뇌의 학습 부분과 함께 '본능'(즉 꽤 잘하는 고정된 기본 행동)을 사용해 그것은 어느 정도 경감될 수 있다.

본능

본능은 게임 세계에서 유용할 수 있는 내장 행동이다. 캐릭터는 먹거나 자는 본능을 부여받을 수 있다. 예를 들면 이것들은 절대로 잊어버릴 수 없는 입출력 쌍을 규정한 효과다. 감독된 학습 과정을 통해 주기적으로 강화될 수 있거나 신경망에 상관없이 때때로의 행동을 만드는 데 사용될 수 있다. 어떤 경우든 본능이 플레이어에 의해 강화되면 캐릭터의 학습된 행동의 일부가 되고 더 자주 수행된다.

캐릭터의 뇌사

신경망을 이치에 맞는 어떤 행동도 할 수 없게 만드는 학습의 조합이 있다. 〈크리처〉와 〈블랙 앤 화이트〉에서 가르침을 받은 캐릭터를 불구로 만들 수 있다.

비록 그러한 캐릭터를 구제하는 것이 가능하지만, 연관된 게임플레이는 예측 불가하고(왜냐하면 플레이어는 그의 피드백의 진짜 효과를 모르기 때문) 지루하다. 그것이 사용된 AI의 불가피한 결과처럼 보이기 때문에 게임 디자인에서 이 결과를 고려하는 것이 좋다.

---

2 간지럼은 칭찬받을 때 플레이어가 해줄 수 있는 행동이다. – 옮긴이

15.2 무리 짓기 게임

간단한 무리 짓는 시뮬레이터가 1980년대부터 있어 왔다. 그러나 최근에 최신 기술을 진보시킨 소수의 게임들이 발표됐다. 이 게임들은 (보통 적대적인) 게임 세계를 통과하는 움직이는 캐릭디 그룹을 수반한다. 비록 상업적으로는 잘 되지 않았지만 〈허디 거디Herdy Gerdy〉[97]가 가장 진보한 것이다. 〈피크민Pikmin〉[153], 〈피크민 2Pikmin 2〉[155], 〈오드월드: 먼치스 오디세이Oddworld: Munch's Oddysee〉[156]의 몇몇 레벨은 비슷한 기법을 사용한다.

비교적 많은 수의 캐릭터는 큰 스케일의 출현을 야기하는 간단한 개별 동작을 갖는다. 캐릭터는 특히 위험에 노출될 때 같은 종류와 무리 짓고, 일정한 방법으로 플레이어에게 반응한다(그들이 포식자인 양 그들에게서 달아나거나 그들을 쫓아가며). 캐릭터는 반응해 적에게서 달아나고 기본 조종과 장애물 회피를 수행할 것이다. 다른 타입의 캐릭터는 플레이어가 하나 이상의 먹이 종을 안전하게 지키는 동안 종종 먹이 사슬이나 생태계에 설정된다.

15.2.1 생물 만들기

각 개별 캐릭터나 생물은 조종 행동을 컨트롤하는 간단한 의사결정 프레임워크로 구성된다. 의사결정 과정은 매우 간단한 방법으로 게임 세계에 응답해야 한다. 그것은 유한 상태 기계나 의사결정 트리로 구현될 수 있다. 단순한 양 같은 생물에 대한 유한 상태 기계는 그림 15.2에 나타나 있다.

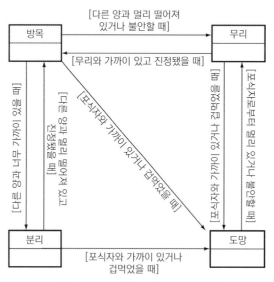

그림 15.2 단순한 생물에 대한 유한 상태 기계

조종 행동은 비교적 단순할 수 있다. 이런 종류의 게임이 보통 적은 제약의 지역을 실외로 설정하기 때문에 조종 행동은 지역적으로 행동하고 복잡한 중재 없이 결합될 수 있다. 그림 15.2는 FSM에서 각 상태의 이름으로 실행되는 조종 행동을 보여 준다(풀 뜯어먹기는 때때로 먹기 위해 멈추는 느린 어슬렁거림으로 구현될 수 있다).

풀 뜯기와는 별개로 각 조종 행동은 기본적인 목표 찾기 행동(예를 들어 달아나기)이나 간단한 목표 찾기 행동의 합(무리 짓기 같은)이다. 상세한 것은 3장을 참고하자.

무리 짓는 게임에서 포식자조차도 생물에 대해 복잡한 AI를 필요로 하는 경우는 드물다. 생물이 일단 게임 세계를 자율적으로 돌아다닐 수 있게 되면, 그것은 대개 플레이어에 의해 쉽게 조작되기에는 너무 영리해 게임의 의의가 훼손된다.

15.2.2 상호 작용을 위해 조종을 튜닝하기

게임에서의 애니메이션이나 배경 효과 시뮬레이션에서 유연한 조종 움직임은 사실성을 높여 준다. 그러나 상호작용 문맥에서는 플레이어가 종종 그룹의 움직임에 빠르게 반응하지 못한다. 예를 들어 무리가 흩어질 때 그들을 하나씩 충분한 속도로 되가져 오는 것이 어렵다. 캐릭터에게 이 종류의 움직임 능력을 주는 것은 게임 디자인의 다른 측면을 훼손시킨다.

이 문제를 피하기 위해 조종 행동은 대개 덜 유연하도록 매개 변수를 갖는다. 캐릭터는 짧게 움직이고 응집하는 그룹을 형성하는 욕구는 증가한다.

캐릭터의 움직임에 멈춤을 추가하는 것은 전체적인 진행을 느리게 하고 플레이어가 순회하며 그들의 액션을 조작할 수 있게 한다. 이것은 그들의 움직임 속도를 낮춰서 달성될 수 있나. 그러나 이것은 종종 인위적으로 보이고 직접 추격당할 때 최고속의 연속 움직임을 못 하게 한다. 짧게 움직이는 것은 캐릭터에게 교활하고 신경질적인 느낌을 주며 이는 도움이 된다.

속도와 응집의 측면으로는 움직이는 캐릭터의 관성을 줄이는 것이 중요하다. 무리 짓는 시뮬레이션에서의 새들이 대개 큰 관성을 갖지만(그들이 속도나 방향을 바꾸는 데는 많은 노력이 필요하다), 플레이어에 의해 조작되는 생물은 갑자기 멈춰 새로운 방향으로 갈 수 있어야 한다.

큰 관성으로, 생물이 방향을 바꾸는 결정은 여러 프레임의 결과를 갖고 전체 그룹의 움직임에 영향을 줄 수 있다. 작은 관성으로, 같은 결정이 쉽게 번복될 수 있고 결과는 더 작다. 이것은 덜 사실적인 행동을 만들 수 있다. 그러나 플레이어가 컨트롤하기에는 더 쉽다(따라서 덜 불만족 스럽다).

수년간의 훈련을 필요로 하는 실제 세계의 무리 짓기 경쟁이 있다는 것을 알면 흥미로울 것이다. 실제 양들을 무리 짓기는 어렵다. 게임은 플레이하기 위해 이 정도의 스킬 레벨을 필요로 하면 안 될 것이다.

15.2.3 조종 행동 안정성

생물 그룹의 의사결정과 조종 행동이 더 복잡해짐에 따라 그룹이 스스로 알맞게 행동할 수 없는 지점이 종종 발생한다. 이것은 흔히 행동의 급격한 변화와 불안정한 군중의 모습의 특징을 갖는다. 불안정은 종종 각 단계에서 증폭되는 그룹을 통한 의사결정 전파에 의해 초래된다.

예를 들어 양 그룹은 조용히 풀을 뜯어먹고 있을 수 있다. 그들 중 하나가 이웃에 너무 가깝게 움직여서 이웃이 길을 이탈해 계속 또 다른 이웃이 움직이게 할 수 있다.

모든 의사결정에서처럼 불안정을 피하기 위해 일정한 지연이 필요하다. 양은 다른 양이 매우 가까이 와도 꽤 만족할 수 있다. 그러나 그것이 멀리 이동할 때만 그것들을 향해 이동할 것이다(즉 무리를 형성한다). 이것은 양이 이웃에 전혀 반응하지 않는 거리의 범위를 제공한다.

그러나 개별 행동에서의 단순한 지연으로 해결될 수 없는 여러 생물 그룹에서 일어나는 불안정 종류가 있다.

각각이 다른 그룹이 행동을 변경하게 함에 따라 생물의 그룹은 진동을 나타낼 수 있다. 예를 들어 포식자는 시야에서 사라질 때까지 먹이 무리를 추격할 수 있다. 그 먹이들은 이동을 멈추고 그것들은 안전하다. 그리고 포식자가 멈추기까지 지연이 있다. 포식자는 이제 더 가깝다. 그리고 먹이는 다시 움직이기 시작한다. 이러한 종류의 진동은 쉽게 통제를 벗어날 수 있고 인공적으로 보인다. 두 종만 연관된 반복은 쉽게 개조될 수 있다. 그러나 여러 종이 함께 있을 때의 반복은 디버그하기 어렵다.

대부분의 개발자는 게임 레벨에서 생물 간에 거리를 두거나 동시에 소수의 종을 두어 여러 종이 동시에 나올 때의 예측 불가능성을 피한다.

15.2.4 생태계 디자인

대개 무리 짓는 게임에는 여러 종의 생물이 있다. 그리고 플레이어에게 게임 세계가 흥미롭게 보이게 하는 것은 모든 종의 상호 작용이다. 장르로서 흥미로운 전략을 위한 여러 방을 제공한다. 한 종이 또 다른 것에 영향 주기 위해 사용될 수 있다. 이것은 게임에서 예상하지 못한 해법을 낳는다. 가장 기본적인 것으로 종은 먹이 사슬로 정렬될 수 있다. 여기서 플레이어는 종종 취약한 그룹의 생물을 보호하는 과제를 받는다.

게임의 먹이 사슬이나 생태계를 디자인할 때 긍정적이지만 기대하지 않는 것뿐만 아니라 원치 않는 효과가 나타날 수 있다. 모든 생물이 급속도로 먹히는, 게임 레벨이 녹아내리는 것을 방지하려면 일정한 기본 가이드라인을 따를 필요가 있다.

먹이 사슬의 크기

먹이 사슬은 1차 생물 위에 두 레벨과 아래에 한 레벨을 가져야 한다. 여기서 '1차 생물'은 플레이어가 무리 짓기에 일반적으로 관여하는 생물을 말한다. 생물 위에 두 레벨을 갖는 것은 포식자가 다른 포식자에게 상성을 갖는 것을 가능케 한다(생쥐 제리^{Jerry}가 고양이 톰^{Tom}의 거슬리는 소리를 피하기 위해 불독 스파이크^{Spike}를 이용하는 것처럼). 더 많은 레벨로는 '도움되는 포식자'가 도움을 주러 근처에 없을 위험이 있다.

행동 복잡성

먹이 사슬에서 높이 위치한 생물은 더 단순한 행동을 가져야 한다. 플레이어가 간접적으로 다른 생물의 행동에 영향을 주기 때문에 중간자들이 증가함에 따라 컨트롤하기 더 어려워진다. 생물 무리를 옮기는 것은 충분히 어렵다. 또 다른 생물의 행동을 컨트롤하기 위해 그 무리를 사용하는 것은 어려움을 더하는 것이다. 그리고 다시 또 다른 것에 영향을 주기 위해 그 생물을 사용하는 것은 정말 어렵다. 먹이 사슬의 최상부에 도달할 즈음에 생물들은 매우 간단한 행동을 가져야 한다. 그림 15.3은 한 포식자의 고수준 행동 예제를 보여 준다.

먹이 사슬에서 높은 곳에 위치한 생물은 그룹으로 행동하면 안 된다. 이것은 이전의 가이드라인에서 온 것이다. 함께 행동하는 생물 그룹은 거의 항상 더 복잡한 행동을 한다(개별적으로는 간단할지라도). 예를 들어 비록 〈피크민〉에서 많은 포식자가 그룹으로 나타날지라도 행동은 거의 조정되지 않으며 단순히 개별적으로 행동한다.

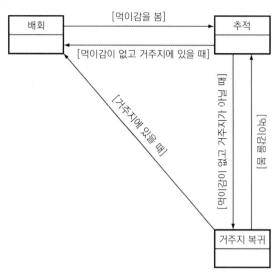

그림 15.3 한 포식자의 단순한 행동

감각의 제한

모든 생물은 물체를 알아차리는 잘 정의된 범위를 가져야 한다. 생물이 알아채는 한계를 고정시키면 플레이어가 그것의 액션을 더 잘 예측할 수 있다. 포식자의 시야를 10미터로 제한하면 플레이어가 무리를 11미터 거리에서 잡을 수 있다. 이 예측 가능성은 복잡한 생태계에서 중요하다. 왜냐하면 어떤 생물이 어떤 시점에 반응할지를 예측할 수 있는 것이 전략에 중요하기 때문이다. 따라서 현실감 있는 감각 시뮬레이션은 일반적으로 이러한 종류의 게임에서 적절하지 않다는 결론이 나온다.

이동 범위

생물은 스스로 너무 멀리 가면 안 된다. 생물의 배후지가 작을수록 레벨 디자이너가 레벨을 더 잘 조절할 수 있다. 생물이 무작위로 떠돌아다닐 수 있으면 플레이어가 도착하기 전에 포식자 옆에 있게 될 수가 있다. 플레이어는 어떤 지점에 도착해서 무리가 이미 먹힌 것을 발견하고 싶지 않을 것이다. 생물의 범위를 제한하는 것(적어도 그것들이 플레이어에게 영향받을 때까지)은 게임 세계 경계를 설정하는 것(펜스, 문, 관문 등)으로도 달성될 수 있다. 그러나 대개 생물들은 단순히 플레이어가 가까이 있지 않을 때 잠을 자거나 제자리에 서 있다.

모두 합치기

모든 AI에서처럼 플레이하기 좋은 게임을 만드는 가장 중요한 부분은 캐릭터를 만들고 개조하는 것이다. 무리 짓는 게임의 특징은 여러분이 만들고 테스트하기 전에는 정확한 행동을 예측할 수 없다는 것을 의미한다.

훌륭한 게임 경험을 제공하는 것은 일반적으로 조작성을 위해 일정하게 현실성을 희생해 게임에서 생물의 행동에 확고한 제한을 요구한다.

| 참고 문헌 |

단행본, 간행물, 논문, 웹사이트

[1]   Bruce D. Abramson. *The Expected-Outcome Model of Two-Player Games*. PhD thesis, Columbia University, New York, NY, USA, 1987. AAI8827528.

[2]   A. Adonaac. Procedural dungeon generation algorithm. *Gamasutra*, March 2015.

[3]   Nada Amin and Ross Tate. Java and Scala's type systems are unsound: The existential crisis of null pointers. In *Proceedings of the 2016 ACM SIGPLAN International Conference on Object-Oriented Programming, Systems, Languages, and Applications*, OOPSLA 2016, pages 838–848, New York, NY, USA, 2016. ACM.

[4]   Boost. Boost C++, 2018. URL: https://www.boost.org/

[5]   Robert Bridson. Fast poisson disk sampling in arbitrary dimensions. In *ACM SIGGRAPH 2007 Sketches*, SIGGRAPH '07, New York, NY, USA, 2007. ACM.

[6]   David S Broomhead and David Lowe. Radial basis functions, multi-variable functional interpolation and adaptive networks. Technical report, Royal Signals and Radar Establishment Malvern (United Kingdom), 1988.

[7]   James J. Buckley and Esfanfiar Eslami. *An Introduction to Fuzzy Logic and Fuzzy Sets*. Springer, 2002.

[8]   B. Jack Copeland. *Colossus: The Secrets of Bletchley Park's Code-Breaking Computers*. Oxford University Press, 2010.

[9]   토머스 코멘Thomas H. Cormen, 찰스 레이서손Charles Leiserson 외 2명. 『Introduction to Algorithms』. 한빛아카데미, 2014.

[10] E. W. Dijkstra. A note on two problems in connexion with graphs. *Numerische Mathematik*, 1(1):269–271, 1959.

[11] Richard Durstenfeld. Algorithm 235: Random permutation. *Commun. ACM*, 7(7), July 1964.

[12] 데이빗 에벌리David Eberly. 『게임 물리Game Physics』. 와우북스, 2014.

[13] David Eberly. Converting between coordinate systems. URL: www.geometrictools.com/Documentation, 2014.

[14] Christer Ericson. *Real-Time Collision Detection*. Morgan Kaufmann Publishers, 2005.

[15] Joseph C. Giarratano and Gary D. Riley. *Expert Systems: Principles and Programming*. Course Technology Inc, 4th edition, 2004.

[16] Xavier Glorot, Antoine Bordes, and Yoshua Bengio. Deep sparse rectifier neural networks. In *Proceedings of the Fourteenth International Conference on Artificial Intelligence and Statistics*, pages 315 – 323, June 2011.

[17] Rafael C. Gonzalez and Richard E. Woods. *Digital Image Processing*. Prentice Hall, 2nd edition, 2002.

[18] 이안 굿펠로Ian Goodfellow, 요슈아 벤지오Yoshua Bengio, 에런 쿠빌Aaron Courville. 『심층 학습Deep Learning』. 제이펍, 2018.

[19] Steve Grand. *Creation: Life and How to Make It*. Harvard University Press, 2003.

[20] P. E. Hart, N. J. Nilsson, and B. Raphael. A formal basis for the heuristic determination of minimum cost paths. *IEEE Transactions on Systems Science and Cybernetics*, 4(2):100 – 107, 1968.

[21] Jeff Heaton. *Artificial Intelligence for Humans, Volume 3: Deep Learning and Neural Networks*. CreateSpace Independent Publishing Platform, 2015.

[22] Donald Hebb. *The Organization of Behavior*. Wiley & Sons, New York, 1949.

[23] Mary Hillier. *Automata & Mechanical Toys: An Illustrated History*. Bloomsbury Books, 1988.

[24] Feng-hsiung Hsu, Murray S. Campbell, and A. Joseph Hoane, Jr. Deep blue system overview. In *Proceedings of the 9th International Conference on Supercomputing*, ICS '95, pages 240 – 244, New York, NY, USA, 1995. ACM.

[25] id Software. Quake-III-Arena, 2018.
URL: https://github.com/id-Software/Quake-III-Arena

[26] Roberto Ierusalimschy. *Programming in Lua*. lua.org, Distributed by Ingram (US) and Bertram Books (UK), 4th edition, 2016.

[27] Inkle Studios. ink – inkle's narrative scripting language.
URL: https://www.inklestudios.com/ink/

[28] Alex D. Kelley, Michael C. Malin, and Gregory M. Nielson. Terrain simulation using a model of stream erosion. In *Proceedings of the 15th Annual Conference on Computer Graphics and Interactive Techniques*, SIGGRAPH '88, pages 263 – 268, New York, NY, USA, 1988. ACM.

[29] S. Koenig, M. Likhachev, and D. Furcy. Lifelong planning A*. *Artificial Intelligence Journal*, 155:93 – 146, 2004.

[30] Richard E. Korf. Depth-first iterative-deepening: An optimal admissible tree search. *Artificial Intelligence*, 27(1):97 – 109, 1985.

[31] Major–General M. Kourkolis. *APP-6 Military Symbols for Land-Based Systems*. NATO Military Agency for Standardization (MAS), 1986.

[32] Alex Krizhevsky, Ilya Sutskever, and Geoffrey E. Hinton. Imagenet classification with deep convolutional neural networks. In *Proceedings of the 25th International Conference on Neural Information Processing Systems – Volume 1*, NIPS'12, pages 1097–1105. Curran Associates Inc., 2012.

[33] Joseph B. Kruskal. On the shortest spanning subtree of a graph and the traveling salesman problem. *Proceedings of the American Mathematical Society*, 7(1):48–50, 1956.

[34] P. J. van Laarhoven and E. H. Aarts. *Simulated Annealing: Theory and Applications*. Springer, 1987.

[35] Stephen Lavelle. PuzzleScript – an open–source HTML5 puzzle game engine. URL: https://www.puzzlescript.net/

[36] Eric Lengyel. *Foundations of Game Engine Development, Volume 1: Mathematics*. Terathon Software LLC, Lincoln, California, 2016.

[37] Aristid Lindenmayer. Mathematical models for cellular interaction in development: Parts I and II. *Journal of Theoretical Biology*, 18, 1968.

[38] Max Lungarella, Fumiya Iida, Josh Bongard, and Rolf Pfeifer. *50 Years of Artificial Intelligence*. Springer Science & Business Media, 2007.

[39] W. S. McCulloch and W. Pitts. A logical calculus of the ideas immanent in nervous activity. *Bulletin of Mathematical Biophysics*, 5, 1943.

[40] Ian Millington. *Game Physics Engine Development*. CRC Press, 2nd edition, 2010.

[41] Melanie Mitchell. *An Introduction to Genetic Algorithms*. MIT Press, 2nd edition, 1998.

[42] William Mitchell. *The Logic of Architecture*. MIT Press, 1990.

[43] Volodymyr Mnih, Koray Kavukcuoglu, David Silver, Alex Graves, Ioannis Antonoglou, Daan Wierstra, and Martin Riedmiller. Playing Atari with deep reinforcement learning. *arXiv:1312.5602 [cs]*, December 2013.

[44] Graham Nelson. Inform 7, 2018. URL: http://inform7.com/

[45] A. Newell and H. A. Simon. Computer science as empirical enquiry: Symbols and search. *Communications of the Association for Computing Machinery*, 19(3), 1976.

[46] Gerard O'Regan. *A Brief History of Computing*. Springer Science & Business Media, 2012.

[47] Ken Perlin. An image synthesizer. *ACM SIGGRAPH Computer Graphics*, 19(3):287–296, July 1985.

[48] Dan Pilone and Neil Pitman. *UML 2 in a Nutshell*. O'Reilly and Associates, 2005.

[49] Jamey Pittman. The Pac-Man dossier. *Gamasutra*, February 2009.

[50] R. C. Prim. Shortest connection networks and some generalizations. *The Bell System Technical Journal*, 36(6):1389–1401, Nov 1957.

[51] Craig Reynolds. Steering behaviors for autonomous characters. In *The Proceedings of The Game Developers Conference 1999*, pages 763–782. Miller Freeman Game Group, 1999.

[52] Timothy J. Ross. *Fuzzy Logic with Engineering Applications*. Wiley-Blackwell, 4th edition, 2016.

[53] Stuart Russell. Efficient memory-bounded search methods. In *In ECAI-92*, pages 1–5. Wiley, 1992.

[54] Stuart Russell and Peter Norvig. *Artificial Intelligence: A Modern Approach*. Pearson Education, 3rd edition, 2015.

[55] A. L. Samuel. Some studies in machine learning using the game of checkers. *IBM Journal of Research and Development*, 3(3):210–229, July 1959.

[56] Philip J. Schneider and David Eberly. *Geometric Tools for Computer Graphics*. Morgan Kaufmann Publishers, 2003.

[57] Robert Sedgewick and Kevin Wayne. *Algorithms*. Addison-Wesley Professional, 4th edition, 2011.

[58] Tanya X. Short and Tarn Adams, editors. *Procedural Generation in Game Design*. A K Peters/CRC Press, 2017.

[59] David Silver, Aja Huang, Chris J. Maddison, Arthur Guez, Laurent Sifre, George van den Driessche, Julian Schrittwieser, Ioannis Antonoglou, Veda Panneershelvam, Marc Lanctot, Sander Dieleman, Dominik Grewe, John Nham, Nal Kalchbrenner, Ilya Sutskever, Timothy Lillicrap, Madeleine Leach, Koray Kavukcuoglu, Thore Graepel, and Demis Hassabis. Mastering the game of Go with deep neural networks and tree search. *Nature*, 529:484, January 2016.

[60] David Silver, Julian Schrittwieser, Karen Simonyan, Ioannis Antonoglou, Aja Huang, Arthur Guez, Thomas Hubert, Lucas Baker, Matthew Lai, Adrian Bolton, Yutian Chen, Timothy Lillicrap, Fan Hui, Laurent Sifre, George van den Driessche, Thore Graepel, and Demis Hassabis. Mastering the game of Go without human knowledge. *Nature*, 550(7676):354–359, 2017.

[61] William Spaniel. *Game Theory 101: The Complete Textbook*. CreateSpace Independent Publishing Platform, 2011.

[62] Anthony Stentz. Optimal and efficient path planning for unknown and dynamic environments. *International Journal of Robotics and Automation*, 10:89–100, 1993.

[63] Anthony Stentz. The focussed D* algorithm for real-time replanning. In *Proceedings of the International Joint Conference on Artificial Intelligence*, pages 1652–1659, 1995.

[64] George Stiny and James Gips. Shape grammars and the generative specification of painting and sculpture. In *Information Processing: Proceedings of the IFIP Congress*, volume 71, pages 1460–1465, January 1971.

[65] Brian Stout. Smart moves: intelligent path-finding. *Game Developer Magazine*, pages 28–35, October 1996.

[66] Peter Su and Robert L. Scot Drysdale. A comparison of sequential Delaunay triangulation algorithms. In *The Proceedings of the Eleventh Annual Symposium on Computational Geometry*, pages 61–70. Association for Computing Machinery, 1995.

[67] Steven Tadelis. *Game Theory: An Introduction*. Princeton University Press, 2013.

[68] Gerald Tesauro. Temporal difference learning and TD-gammon. *Commun. ACM*, 38(3):58–68, March 1995.

[69] TIOBE. TIOBE Index, 2018. URL: https://www.tiobe.com/tiobe-index/

[70] Alan M. Turing. Computing machinery and intelligence. *Mind*, 59, 1950.

[71] US Army Infantry School. *FM 7-8 Infantry Rifle Platoon and Squad*. Department of the Army, Washington DC, 1992.

[72] US Army Infantry School. *FM 3-06.11 Combined Arms Operation in Urban Terrain*. Department of the Army, Washington DC, 2002.

[73] Gino van den Bergen. *Collision Detection in Interactive 3D Environments*. Morgan Kaufmann Publishers, 2003.

[74] Adelheid Voskuhl. *Androids in the Enlightenment: Mechanics, Artisans, and Cultures of the Self*. University of Chicago Press, 2013.

[75] Frederick M. Waltz and John W. V. Miller. An efficient algorithm for Gaussian blur using finite-state machines. In *Proceedings of the SPIE Conference on Machine Vision Systems for Inspection and Metrology VII*, 1998.

[76] David H. Wolpert and William G. Macready. No free lunch theorems for optimization. *IEEE Transactions on Evolutionary Computation*, 1(1), 1997.

[77] Ian Wright and James Marshall. More AI in less processor time: 'egocentric' AI. *Gamasutra*, June 2000.

게임

이 절은 책에서 언급한 게임들의 포괄적인 정보를 제공한다. 게임은 개발사, 배급사 그리고 게임이 출시된 플랫폼 및 출시 연도와 함께 제공되며 목록은 책에서 사용된 인용 방식에 따라 개발사 이름으로 순서를 정했다.

개발사들은 이름을 자주 바꾸는 경향이 있으므로 목록은 게임이 개발된 시점의 개발사 이름을 사용했다. 또한 하나의 플랫폼에서 게임을 출시한 이후에 다른 플랫폼으로 포팅한 경우에는 게임을 처음으로 출시했던 플랫폼을 기준으로 목록을 작성했으며 게임이 2개 이상의 플랫폼으로 출시된 경우에는 'Multiple Platforms(다중 플랫폼)'으로 나타냈다.

[78] 2015 Inc. Medal of Honor: Allied Assault. Published by Electronic Arts, 2002. PC.

[79] Activision Publishing Inc. Alien vs. Predator. Published by Activision Publishing Inc., 1993. SNES and Arcade.

[80] Atari. 3D Tic-Tac-Toe. Published by Sears, Roebuck and Co., 1980. Atari 2600.

[81] Bay 12 Games. Dwarf Fortress. Published by Bay 12 Games, 2006. Multiple Platforms.

[82] Ian Bell and David Braben. Elite. Published by Acornsoft Limited, 1984. BBC Micro.

[83] Bioware Corporation. Neverwinter Nights. Published by Infogrames, Inc., 2002. PC.

[84] Bizarre Creations. Formula 1. Published by Psygnosis, 1996. PlayStation and PC.

[85] Blizzard Entertainment Inc. Warcraft: Orcs and Humans. Published by Blizzard Entertainment Inc., 1994. PC.

[86] Blizzard Entertainment, Inc. Warcraft 3: Reign of Chaos. Published by Blizzard Entertainment Inc., 2002. PC.

[87] Blizzard Entertainment Inc. StarCraft II: Wings of Liberty. Published by Blizzard Entertainment Inc., 2010. PC.

[88] Blizzard Entertainment Inc. and Blizzard North. Diablo. Published by Blizzard Entertainment Inc., 1996. Multiple Platforms.

[89] Bohemia Interactive Studio s.r.o. ArmA: Combat Operations. Published by Atari, Inc., 2006. PC.

[90] Bullfrog Productions Ltd. Dungeon Keeper. Published by Electronic Arts, Inc., 1997. PC.

[91] Bungie Software. Halo. Published by Microsoft Game Studios, 2001. XBox.

[92] Bungie Software. Halo 2. Published by Microsoft Game Studios, 2004. XBox.

[93] Bungie Software. Halo 3. Published by Microsoft Game Studios, 2007. XBox 360.

[94] Cavedog Entertainment. Total Annihilation. Published by GT Interactive Software Europe Ltd., 1997. PC.

[95] Core Design Ltd. Tomb Raider. Published by Eidos Interactive Inc., 1996. Multiple platforms.

[96] Core Design Ltd. Tomb Raider III: The Adventures of Lara Croft. Published by Eidos Interactive Inc., 1998. Multiple platforms.

[97] Core Design Ltd. Herdy Gerdy. Published by Eidos Interactive Ltd., 2002. PlayStation 2.

[98] Criterion Software. Burnout. Published by Acclaim Entertainment, 2001. Multiple platforms.

[99] Cryo Interactive Entertainment. Dune. Published by Virgin Interactive Entertainment, 1992. Multiple platforms.

[100] Crytek. Far Cry. Published by UbiSoft, 2004. PC.

[101] Cyberlife Technology Ltd. Creatures. Published by Mindscape Entertainment, 1997. PC.

[102] Dark Energy Digital Ltd. WSC Real 2011: World Snooker Championship. Published by Dark Energy Sports Ltd., 2011. PlayStation 3, Xbox 360.

[103] Digital Extremes, Inc. and Epic MegaGames, Inc. Unreal. Published by GT Interactive Software Corp., 1998. Multiple platforms.

[104] DMA Design. Grand Theft Auto 3. Published by Rockstar Games, 2001. PlayStation 2.

[105] Dynamix. Tribes II. Published by Sierra On-Line, 2001. PC.

[106] Electronic Arts Canada. SSX. Published by Electronic Arts, 2000. PlayStation 2.

[107] Electronic Arts Tiburon. Madden NFL 2005. Published by Electronic Arts, 2004. Multiple platforms.

[108] Electronic Arts Tiburon. Madden NFL 2018. Published by Electronic Arts, 2017. Multiple platforms.

[109] Elixir Studios Ltd. Republic: The Revolution. Published by Eidos, Inc., 2003. PC.

[110] Elixir Studios Ltd. Evil Genius. Published by Sierra Entertainment, Inc., 2004. PC.

[111] Epic Games, Inc., People Can Fly, and Sp. z o.o. Fortnite: Battle Royale. Published by Epic Games, Inc., 2017. Multiple Platforms.

[112] Firaxis Games. Sid Meier's Civilization III. Published by Infogrames, 2001. PC.

[113] Firaxis Games. Sid Meier's Civilization VI. Published by 2K Games, Inc., 2016. Multiple Platforms.

[114] Firaxis Games East, Inc. Sid Meier's Civilization IV. Published by 2K Games, Inc., 2005. Multiple platforms.

[115] FromSoftware, Inc. Dark Souls, 2011. PlayStation 3, Xbox 360.

[116] FromSoftware, Inc. Bloodborne. Published by Sony Computer Entertainment America LLC, 2015. PlayStation 4.

[117] FromSoftware, Inc. Dark Souls III, 2016. Multiple Platforms.

[118] Frontier Developments Plc. Elite: Dangerous. Published by Frontier Developments plc, 2015. Multiple Platforms.

[119] Hello Games Ltd. No Man's Sky. Published by Hello Games Ltd., 2016. Multiple Platforms.

[120] Holospark. Earthfall. Published by Holospark, 2017. Multiple Platforms.

[121] id Software, Inc. Wolfenstein 3D. Published by Activision, Apogee and GT Interactive, 1992. PC.

[122] id Software, Inc. Doom. Published by id Software, Inc., 1993. PC.

[123] id Software, Inc. Quake II. Published by Activision, Inc., 1997. PC.

[124] id Software, Inc. Quake III. Published by Activision, Inc., 1999. Multiple Platforms.

[125] id Software, Inc. Doom 3. Published by Activision, 2004. PC.

[126] Incog Inc Entertainment. Downhill Domination. Published by Codemasters, 2003. PlayStation 2.

[127] Ion Storm. Deus Ex. Published by Eidos Interactive, 2000. PC.

[128] K-D Lab Game Development. Perimeter. Published by 1C, 2004. PC.

[129] Konami Corporation. Metal Gear Solid. Published by Konami Corporation, 1998. PlayStation.

[130] Linden Research, Inc. Blood and Laurels. Published by Linden Research, Inc., 2014. iPad.

[131] Lionhead Studios Ltd. Black & White. Published by Electronic Arts, Inc., 2001. PC.

[132] Looking Glass Studios, Inc. Thief: The Dark Project. Published by Eidos, Inc., 1998. PC.

[133] LucasArts Entertainment Company LLC. Star Wars: Episode 1 – Racer. Published by LucasArts Entertainment Company LLC, 1999. Multiple Platforms.

[134] Manic Media Productions. Manic Karts. Published by Virgin Interactive Entertainment, 1995. PC.

[135] Maxis Software, Inc. SimCity. Published by Infogrames Europe SA, 1989. PC / Mac.

[136] Maxis Software, Inc. The Sims. Published by Electronic Arts, Inc., 2000. PC.

[137] Maxis Software, Inc. Spore. Published by Electronic Arts, Inc., 2008. Macintosh, PC.

[138] Edmund McMillen and Florian Himsl. The Binding of Isaac. Published by Edmund McMillen, 2011. PC.

[139] Glenn Wichman Michael C. Toy and Ken Arnold. Rogue. Freeware, 1982. VAX−11.

[140] Midway Games West, Inc. Pac−Man. Published by Midway Games West, Inc., 1979. Arcade.

[141] Mindscape. Warhammer: Dark Omen. Published by Electronic Arts, 1998. PC and PlayStation.

[142] Mojang AB. Minecraft. Published by Mojang AB, 2010. Multiple Platforms.

[143] Monolith Productions, Inc. No One Lives Forever 2. Published by Sierra, 2002. PC.

[144] Monolith Productions, Inc. F.E.A.R. Published by Vivendi Universal Games, 2005. PC.

[145] Monolith Productions, Inc. F.E.A.R. 2: Project Origin. Published by Warner Bros. Interactive Entertainment Inc., 2009. PC / Mac.

[146] Mossmouth, LLC. Spelunky. Published by Mossmouth, LLC, 2009. PC.

[147] MPS Labs. Civilization. Published by MicroProse Software, Inc., 1991. Multiple Platforms.

[148] Naughty Dog, Inc. Jak and Daxter: The Precursor Legacy. Published by SCEE Ltd., 2001. PlayStation 2.

[149] Naughty Dog, Inc. The Last of Us. Published by Sony Computer Entertainment America LLC, 2003. PlayStation 3.

[150] Niantic, Inc., Nintendo Co., Ltd., and The Pokémon Company. Pokémon Go. Published by Niantic, Inc., 2016. Multiple platforms.

[151] Nicalis, Inc. The Binding of Isaac: Rebirth. Published by Nicalis, Inc., 2014. Multiple Platforms.

[152] Nintendo Co., Ltd. and Systems Research & Development Co., Ltd. Super Mario Bros. Published by Nintendo Co., Ltd., 1985. Nintendo Entertainment System.

[153] Nintendo Entertainment, Analysis and Development. Pikmin. Published by Nintendo Co. Ltd., 2001. GameCube.

[154] Nintendo Entertainment, Analysis and Development. Super Mario Sunshine. Published by Nintendo Co. Ltd., 2002. GameCube.

[155] Nintendo Entertainment, Analysis and Development. Pikmin 2. Published by Nintendo Co. Ltd., 2004. GameCube.

[156] Oddworld Inhabitants. Oddworld: Munch's Oddysee. Published by Microsoft Game Studios, 1998. XBox.

[157] Pandemic Studios. Full Spectrum Warrior. Published by THQ, 2004. PC and XBox.

[158] Phigames. Tiny Keep. Published by Digital Tribe Entertainment, Inc., 2014. Multiple Platforms.

[159] Pivotal Games Ltd. Conflict: Desert Storm. Published by SCi Games Ltd., 2002. Multiple Platforms.

[160] Polyphonic Digital. Gran Turismo. Published by SCEI, 1997. PlayStation.

[161] Procedural Arts LLC. Façade. Published by Procedural Arts LLC, 2005. PC / Mac.

[162] Psygnosis. Wipeout. Published by SCEE, 1995. PlayStation.

[163] Quicksilver Software, Inc. Master of Orion 3. Published by Infogrames, 2003. PC.

[164] Radical Entertainment. Scarface. Published by Vivendi Universal Games, 2005. Multiple platforms.

[165] Rare Ltd. Goldeneye 007. Published by Nintendo Europe GmbH, 1997. Nintendo 64.

[166] Raven Software. Soldier of Fortune 2: Double Helix. Published by Activision, 2002. PC and XBox.

[167] Rebellion. Alien vs. Predator. Published by Atari Corporation, 1994. Jaguar.

[168] Rebellion. Sniper Elite, 2005. Multiple platforms.

[169] Rebellion. Cyberspace, Unreleased. Nintendo Game Boy.

[170] Red Storm Entertainment, Inc. Tom Clancy's Ghost Recon. Published by Ubi Soft Entertainment Software, 2001. PC.

[171] Reflections Interactive. Driver. Published by GT Interactive, 1999. PlayStation and PC.

[172] Relic Entertainment. Homeworld. Published by Sierra On-Line, 1999. PC.

[173] Relic Entertainment. Company of Heroes. Published by THQ Inc., 2006. PC.

[174] Revolution Software Ltd. Beneath a Steel Sky. Published by Virgin Interactive, Inc., 1994. PC.

[175] Riot Games, Inc. League of Legends. Published by Riot Games, Inc., 2009. Multiple Platforms.

[176] SEGA Entertainment, Inc. Golden Axe. Published by SEGA Entertainment, Inc., 1987. Arcade.

[177] Sick Puppies Studio and International Hobo Ltd. Ghost Master. Published by Empire Interactive Entertainment, 2003. PC.

[178] Sony Computer Entertainment. Otostaz. Published by Sony Computer Entertainment, 2002. PlayStation 2 (Japanese Release Only).

[179] Stainless Steel Studios Inc. Empire Earth. Published by Sierra On-Line, Inc., 2001. PC.

[180] Strategic Simulations, Inc. Computer Bismark. Published by Strategic Simulations, Inc., 1980. Apple II.

[181] Superior Software Ltd. Exile. Published by Peter J. M. Irvin, Jeremy C. Smith, 1988. BBC Micro.

[182] Team 17. Worms 3D. Published by Sega Europe Ltd, 2003. Multiple platforms.

[183] Team Cherry. Hollow Knight. Published by Team Cherry, 2017. Multiple Platforms.

[184] TechnoSoft. Herzog Zwei. Published by TechnoSoft, 1989. Sega Genesis.

[185] The Creative Assembly Ltd. Rome: Total War. Published by Activision Publishing, Inc., 2004. PC.

[186] The Creative Assembly Ltd. Empire: Total War. Published by SEGA of America, Inc., 2009. PC.

[187] TimeGate Studios. Kohan: Ahriman's Gift. Published by Strategy First, 2001. PC.

[188] Turn 10 Studios. Forza Motorsport. Published by Microsoft Game Studios, 2005. Xbox.

[189] Ubi Soft Montreal Studios. Splinter Cell. Published by Ubi Soft Entertainment Software, 2002. Multiple Platforms.

[190] Ubisoft Annecy Studios. Steep, 2016. Multiple Platforms.

[191] Ubisoft Divertissements Inc. Far Cry 2. Published by UbiSoft, 2008. Multiple platforms.

[192] UbiSoft Montpellier Studios. Beyond Good and Evil. Published by UbiSoft Entertainment, 2003. Multiple platforms.

[193] Valve Corporation. Half-Life. Published by Sierra On-Line, 1998. PC.

[194] Valve Corporation. Half-Life 2. Published by Valve Corporation, 2004. PC.

[195] Valve Corporation. Dota 2. Published by Valve Corporation, 2013. Multiple Platforms.

[196] Valve South and Valve Corporation. Left 4 Dead. Published by Valve Corporation, 2008. Multiple Platforms.

[197] Warthog Games. Mace Griffin: Bounty Hunter. Published by Vivendi Universal Games, 2003. Multiple platforms.

[198] Westwood Studios. Dune II. Published by Virgin Interactive Entertainment, 1992. PC.

[199] Westwood Studios. Command and Conquer. Published by Virgin Interactive Entertainment, 1995. PC.

[200] Zipper Interactive. SOCOM: U.S. Navy SEALs. Published by SCEA, 2002. PlayStation 2.

| 찾아보기 |

게임을 위한 AI 3/e

3판 발행 | 2023년 10월 30일

옮긴이 | 문 기 영
지은이 | 이안 밀링턴

펴낸이 | 권 성 준
편집장 | 황 영 주
편 집 | 김 진 아
　　　　　 임 지 원
디자인 | 윤 서 빈

에이콘출판주식회사
서울특별시 양천구 국회대로 287 (목동)
전화 02-2653-7600, 팩스 02-2653-0433
www.acornpub.co.kr / editor@acornpub.co.kr